湖北省学术著作出版专项资金资助项目

中国科举文化通志

主编　陈文新

唐代试律试策校注

罗积勇　张鹏飞　校注

武汉大学出版社
WUHAN UNIVERSITY PRESS

《中国科举文化通志》总序

陈文新

（一）

科举是中国古代最为健全的文官制度。它渊源于汉，始创于隋，确立于唐，完备于宋，兴盛于明、清两代。如果从隋大业元年（605）的进士科算起，到清光绪三十一年（1905）被废除，科举制度在中国有整整1300年的历史。科举制度还曾“出口”越南、朝鲜等国，扩大了汉文化的影响。始于19世纪的西方文官考试制度，其创立也与中国科举的启发相关。孙中山在《五权宪法》等演讲中反复强调：中国的科举制度是世界各国中所用以拔取真才之最古最好的制度。胡适也说：“中国文官制度影响之大，及其价值之被人看重”，“是我们中国对世界文化贡献的一件可以自夸的事”。①

科举制度具有如此强大的生命力，其原因在于，它在保证“程序的公正”方面具有空前的优越性。官员选拔的理想境界是“实质的公正”，即将所有优秀的人才选拔到最合适的岗位上。但这个境界人类至今未达到过。不得已而求其次，“程序的公正”就成为优先选择。“中国古代独特的社会结构是家族宗法制，家长统治、任人唯亲、帮派活动、裙带关系皆为家族宗法制的派生物，在重人情与关系的社会文化背景下，若没有可以操作的客观标准，任何立意美妙的选举制度都会被异化为植党营私、任人唯亲的工具，汉代的察举推荐和魏晋南北朝的九品官人法走向求才的死胡同便是明证。”“古往今来科举考试一再起死回生的历史说明：自古以来，中国就是一个人情社会，人情与关系在社会生活中起着重要的作用，为了防止人情的泛滥，使社会不至于陷入无序的状态，中国人发明了考试，以考试作为维护社会公平和社会秩序的调节阀。悠久的科举历史与普遍的考试现实一再雄辩地证明，考试选才具有恒久的价值。”② 从这一角度看，科举制度不但在诞生之初有着巨大的进步意义，而且在整个中国历史和世界历史上，都是一个了不起的创造。较之前代的选官制度，如汉代的察举、征辟制和魏文帝时开始推行的九品中正制等，科举制度都更加公正合理。

---

① 胡适：《考试与教育》，《胡适文集》第12册，北京大学出版社1998年版，第508页。

② 刘海峰：《科举学导论》，华中师范大学出版社2005年版，第113、136页。

作为一项从整体上影响国民生活的官员选拔制度，科举制度对于维护我们这个幅员辽阔的多民族国家的统一稳定，其作用是无论怎样估计也不会过高的。胡适这位新文化运动的领袖，虽然一再愤愤不平地说到中国文化的种种不是，但在《考试与教育》一文中，他也毫不含糊地指出：在古代那种交通极为不便的情形下，中央可以不用武力来维持国家的统一是由于考试制度的公开和公平。胡适所说的公平，包括三种含义：一是公开考选，标准客观。二是顾及各地的文化水准，录取的人员，并不偏于一方或一省，而是遍及全国。三是实行回避制度，“就是本省的人不能任本省的官吏，而必须派往其他省份服务。有时候江南的人，派到西北去，有时候西北的人派到东南来。这种公道的办法，大家没有理由可以反对抵制。所以政府不用靠兵力和其他工具来统治地方，这是考试制度影响的结果”①。这些话出于胡适之口，足以说明，即使是文化激进主义者，只要具有清明的理性，也不难看出科举制度的合理性。

作为一项从整体上影响国民生活的官员选拔制度，科举制度不仅具有历史研究的价值，而且有助于我们思考当今人事制度的改革问题。2005年，任继愈曾在《古代中国科举考试制度值得借鉴》一文中提出设立“国家博士”学位的设想。其立论前提是：我国目前由各高校授予的博士学位缺少权威性和公正性。之所以不够权威和公正，不外下述几个原因。其一，“各校有自己的土标准，执行起来宽严标准不一，取得学位后，它的头衔在社会上流通价值都是同等的”，这当然不公平。其二，研究生入学后，第一年大部分时间用在外语上，第二年大部分时间忙于在规定的某种等级的刊物上发论文，第三年忙于找工作，这样的情形，怎么可能培养出货真价实的博士？其三，几乎所有名牌大学都招收“在职博士生”，有的博士研究生派秘书代他上课，甚至不上课而拿文凭，这样的博士能说是名副其实的吗？只有设立“国家博士”学位，采用统一标准选拔人才，这样的“博士学位”才具有权威性和公正性。而国家在高级人才的选拔方面统一把关，不仅可以避免“跑”博士点和博士生扩招带来的许多弊病，有助于社会风气的改善，而且，由于只管考而不必太多地管教，还可以节省大量开支。就这一点而言，中国古代的科举制度的确是值得参考借鉴的。任继愈的这篇文章现已收入《皓首学术随笔·任继愈卷》（中华书局2006年版），有心的读者不妨一阅。

与任继愈的呼吁相得益彰，早在1951年，钱穆就发表了《中国历史上的考试制度》一文。针对民国年间（1911—1949）人事管理腐败混乱的状况，他痛心疾首地指出：科举制“因有种种缺点，种种流弊，自该随时变通，但清末人却一意想变法，把此制度也连根拔去。民国以来，政府用人，便全无标准，人事奔竞，派系倾轧，结党营私，偏枯偏荣，种种病象，指不胜屈。不可不说我们把历史看轻了，认为以前一切要不得，才聚九州铁铸成大错”②。钱穆的意思是明确的：参考借鉴科举制度，有助于人事管理的规范化和公正性。1955年，他在《中国历代政治得失》一书中进一步指出：“无

① 胡适：《胡适文集》第12册，北京大学出版社1998年版，第506页。

② 钱穆：《国史新论》，东大图书公司1984年版，第114~115页。

论如何，考试制度，是中国政治制度中一项比较重要的制度，又且由唐迄清绵历了一千年以上的长时期。中间递有改革，递有演变，在历史进程中逐渐发展，这绝不是偶然的。直到晚清，西方人还知采用此制度来弥缝他们政党选举之偏陷，而我们却对以往考试制度在历史上有过上千年以上根柢的，一口气吐弃了，不再重视，抑且不再留丝毫顾惜之余地。那真是一件可诧怪的事。"① 现代中国的人事管理理应借鉴源远流长的科举制度，这是毫无疑问的。至于如何借鉴，则是我们需要认真思考的问题。

（二）

作为一项从整体上影响国民生活的官员选拔制度，科举制度以其"程序的公正"为国家选拔了大量行政官员，在提高全民族的文化水准和维护我们这个多民族国家的统一稳定方面，发挥了直接而巨大的作用，这是其显而易见的功能；它还有其他不那么显著却同样值得重视的功能，即意识形态功能和人文教育功能：科举制度以其对社会的整体影响力将儒家经典维持世道人心的作用发挥到极致。我们试就此略作讨论。

明清时代有一项重要规定：科举以《四书》《五经》为基本考试内容。这一规定是耐人寻味的。《论语》《孟子》等儒家经典是秦汉以来中国传统社会维系人心、培育道德感的主要读物。我们经常表彰"中国的脊梁"，一个毋庸置疑的事实是，秦汉以降，"中国的脊梁"大多是在儒家经典的教育下成长起来的。以文天祥为例，这位南宋末年的民族英雄，曾在《过零丁洋》诗中说："人生自古谁无死？留取丹心照汗青。""丹心"，就是蕴蓄着崇高的道德感的心灵。他还有一首《正气歌》，开头一段是："天地有正气，杂然赋流形。下则为河岳，上则为日星。于人曰浩然，沛乎塞苍冥。皇路当清夷，含和吐明庭。时穷节乃见，一一垂丹青。"身在治世，正气表现为安邦定国的情志；身在乱世，则表现为忠贞坚毅的气节。即文天祥所说："当其贯日月，生死安足论。"1282年，他在元大都（今属北京）英勇就义，事前他在衣带中写下了这样的话："孔曰'成仁'，孟曰'取义'。惟其义尽，所以仁至。读圣贤书，所学何事？而今而后，庶几无愧。"《四书》《五经》的教诲，确乎是他的立身之本。

文天祥是宝祐四年（1256）状元。这是一个值得关注的事实。它表明：进士阶层在实践儒家的人格理想方面，其自觉性远远高于社会的平均水平。宋代如此，明代如此，甚至连元代也是如此。清代史学家赵翼曾论及"元末殉难者多进士"这一现象："元代不重儒术，延祐中始设科取士，顺帝时又停二科始复。其时所谓进士者，已属积轻之势矣，然末年仗节死义者，乃多在进士出身之人。"（赵翼《廿二史劄记》卷三十《元末殉难者多进士》）接下来，赵翼列举了余阙、泰不华、李齐、李黼、王士元、赵琏、周镗、聂炳元、刘耕孙、丑闾、彭庭坚、普颜不花、月鲁不花、迈里古思等死难进

---

① 钱穆：《中国历代政治得失》，三联书店2001年版，第89页。

士，最后归结说："诸人可谓不负科名者哉，而国家设科取士亦不徒矣。"① 在元末殉难的进士中，余阙（1303—1358）是最早战死的封疆大臣。他的朋友蒋良，一次和他谈起国难，余阙推心置腹地说："余荷国恩，以进士及第，历省居馆阁，每愧无报。今国家多难，授予兵戎重寄，岂余所堪。然古人有言：'为子死孝，为臣死忠。'万一不幸，吾知尽吾忠而已。"余阙殉难后，蒋良作《余忠宣公死节记》，开篇即强调说："有元设科取士，中外文武著功社稷之臣历历可纪。至正辛卯，兵起淮、颍，城邑尽废，江、汉之间能捍御大郡、全尽名节者，守豫帅余公廷心一人而已。"② 在余阙"擢高科"的履历与他忠勇殉节的人格境界之间，人们确认有其内在联系。无独有偶，《元史·泰不华传》在记叙元末另一著名的死节之臣泰不华（1305—1352）时，也着重指出：其人生信念的基本依据是他作为"书生"所受的儒家经典教育。在与方国珍决战前夕，泰不华曾对部从说过一番词气慷慨的话："吾以书生登显要，诚虑负所学。今守海隅，贼甫招徕，又复为变。君辈助我击之，其克则汝众功也，不克则我尽死以报国耳。""书生""所学"与捐躯"报国"之间关系如此密切，足见以《四书》《五经》作为基本考试教材的科举制度，它在维持世道人心方面的作用的确是巨大而深远的。

儒家经典维持世道人心的功能不仅泽及宋元，泽及明清，甚至泽及已经废除了科举制度的现代。其实这并不令人感到奇怪。原因在于，不少现代名流的少年时光是在科举时代度过的，他们系统地受过这种教育，耳濡目染，其人生观在早年即已确立并足以支配一生。儒家经典的生命力由此可见。科举制度的余泽亦由此可见。

这里我想特别提及五四新文化运动的领袖胡适，并有意多引他的言论。之所以关注他，是因为，世人眼中的胡适，只是一个文化激进主义者，以高倡"打倒孔家店"著称。人们很少注意到，胡适在表面上高呼"打倒孔家店"，但在内心里仍对孔子和儒家保留了足够的敬意，是儒家人生哲学的虔诚信奉者和实行者。唐德刚编译《胡适口述自传》，第二章有胡适的如下自白："有许多人认为我是反孔非儒的。在许多方面，我对那经过长期发展的儒教的批判是很严厉的。但是就全体来说，我在我的一切著述上，对孔子和早期的'仲尼之徒'如孟子，都是相当尊崇的。我对十二世纪'新儒学'（Neo-Confucianism）（'理学'）的开山宗师的朱熹，也是十分崇敬的。""在这场伟大的'新儒学'（理学）的运动里，对那（道德、知识；也就是《中庸》里面所说的'诚则明矣，明则诚矣'的）两股思潮，最好的表达，便是程颐所说的：'涵养须用敬，进学则在致知。'后世学者都认为'理学'的真谛，此一语足以道破。"同一章还有唐德刚的一段插话："'要提高你的道德标准，你一定要在"敬"字上下功夫；要学识上有长进，你一定要扩展你的知识到最大极限。'适之先生对这两句话最为服膺，他老人家不断向我传教的也是这两句。一次我替他照相，要他在录音机边作说话状，他说的便是这两句。所以胡适之先生骨子里实在是位理学家。他反对佛教、道教乃至基督教，都

① 赵翼著，王树民校证：《廿二史劄记校证》，中华书局 1984 年版，第 706 页。

② 杨讷等编：《元代农民战争史料汇编》中编第一分册，中华书局 1985 年版，第 268 页。

是从‘理学’这条道理上出发的。他开口闭口什么实验主义的，在笔者看来，都是些表面账。吾人如用胡先生自己的学术分期来说，则胡适之便是他自己所说的‘现代期’的最后一人。”① 胡适是在少年时代接受儒家经典教育的，在经历了废止科举、“打倒孔家店”等种种变故后，儒家的人生哲学仍能贯彻其生命的始终，由此不难想见，在中国传统社会尤其是科举时代，儒家经典对社会精神风貌的塑造可以发挥多么强大的功能。虽然生活中确有教育目标与实际状况两歧的情形，但正面的成效仍是不容忽视的。

“精神文明”是中国人常用的一个概念。“精神文明”是相对物质文明而言的，就个人而言，需要长期的修养，就民族而言，需要长期的培育。中国古人对这一点体会很深，所以常常强调“潜移默化”，经由耳濡目染的长期熏陶，价值内化，成为一种道德规范。如果这种道德规范大体近于人情，既“止乎礼义”而又“发乎性情”，它对社会的稳定，对人类精神境界的提升，都将发挥重要作用。这就是文化的功能。目前教育界所说的“深厚的人文知识素养，有助于塑造高尚的精神世界，提高健康的审美能力”，与这个意思是相通的。《四书》《五经》作为科举时代的基本读物，人文教育功能是其不容抹杀的价值，并因制度的保障而得到了充分的发挥。

美国学者罗兹曼认为：科举制在中国传统社会结构中居于中心的地位，是维系儒家意识形态和儒家价值体系正统地位的根本手段。科举制在1905年被废止，从而使这一年成为新旧中国的分水岭：它标志着一个时代的结束和另一个时代的开始，其划时代的重要性甚至超过辛亥革命；就其现实和象征性的意义而言，科举革废代表着中国已与过去一刀两断，这种转折大致相当于1861年沙俄废奴和1868年的日本明治维新后不久的废藩。② 罗兹曼的意见也许是对的。而我想要补充的问题是：在科举制废止之后，如何保证《四书》《五经》的人文教育功能继续得到发挥？

（三）

科举制度曾经有过辉煌的历史，科举制度对现代中国的发展更有足资借鉴的意义。整理与研究历代科举文献，其意义也需要从历史与现实两个角度加以说明：一方面是传承文化，传承文明，让这份丰厚的遗产充分发挥塑造民族精神的作用，另一方面是去粗取精，古为今用，让它在现实的中国社会重放异彩，成为人事制度改革的重要智力资源。这是我们编纂出版《中国科举文化通志》的初衷，也是我们不辞劳苦从事这一学术工作的动力。

《中国科举文化通志》重点包括下述内容：

1. 整理、研究反映科举制度沿革、影响及历代登科情形的文献。

---

① 胡适：《胡适文集》第1册，北京大学出版社1998年版，第418、433页。

② ［美］吉尔伯特·罗曼兹主编，国家社会科学基金“比较现代化”课题组译：《中国的现代化》中译本，江苏人民出版社1988年版，第335、635页。

从《新唐书》开始，历代正史多有《选举志》。历代《会要》、《实录》、《纪事本末》等史传、政书之中，相当一部分是关于科举制度沿革的资料。还有黄佐《翰林记》、陆深《科场条贯》、张朝瑞《明贡举考》、冯梦祯《历代贡举志》、董其昌《学科考略》、陶福履《常谈》等一批专书。历代《登科录》和杂录类书籍，也保存了大量关于科举的材料。唐代登科记多已散失亡佚，有清代徐松的《登科记考》可供参考。宋元登科记保存稍多，明清有关文献尤为繁富。

2. 整理、研究与历代考试文体相关的教材、试卷、程文及论著等。

八股文是最引人注目的考试文体。八股文集有选本、稿本之分。重要的选本，明代有艾南英编《明文定》、《明文待》，杨廷枢编《同文录》，马世奇编《澹宁居文集》，黎淳编《国朝试录》等；清朝有纪昀《房行书精华》，王步青编《八法集》；还有《百二十名家集》，选文3000篇，以明代为主；《钦定四书文》，明文4集，选文480余篇，清文1集，选文290余篇。稿本为个人文集。明清著名的八股大家，如明代的王鏊、钱福、唐顺之、归有光、艾南英，清代的刘子壮、熊伯龙、李光地、方苞、王步青、袁枚、翁方纲等人，均有稿本传世。相关著述数量也不少。清梁章钜《制义丛话》等，是研究八股文的重要论著。其他考试文体，如试策、试律等，也在我们关注的范围之内。这些科举文献，一般读者不易见到，或只能零零星星地见到一些，或虽然见到了也难以读懂，亟待系统地整理出版，以供研究和阅读。

《中国科举文化通志》包括以下数种：《历代制举史料汇编》、《历代律赋校注》、《唐代试律试策校注》、《八股文总论八种》、《七史选举志校注》、《四书大全校注》、《游戏八股文集成》、《明代科举与文学编年》、《明代状元史料汇编》、《钦定四书文校注》、《翰林掌故五种》、《贡举志五种》、《〈游艺塾文规〉正续编》、《钦定学政全书校注》、《梁章钜科举文献二种校注》、《〈清实录〉科举史料汇编》、《二十世纪科举研究论文选编》、《明代科举与文学编年》、《〈礼部韵略〉与宋代科举》、《元明科举与文学考论》、《游戏八股文研究》、《明代八股文选家考论》、《唐代科举与试赋》、《〈儒林外史〉的现代误读》、《科举废止前后的晚清社会与文学》等。我们这套《中国科举文化通志》，以涵盖面广和分量厚重为显著特征，可以从多方面满足阅读和研究之需。而在整理、研究方面投入的心力之多，更是有目共睹。我们的目的是为推进学术作出力所能及的贡献。

《中国科举文化通志》是一项规模宏大、任务艰巨、意义深远的大型出版文化工程。编纂任务主要由武汉大学专家承担，并根据需要从中国人民大学、南京大学、中国艺术研究院、厦门大学、华中师范大学、陕西师范大学、扬州大学、中南民族大学、中南财经政法大学等高校或科研院所聘请了若干学者。南京大学卞孝萱先生、中华书局傅璇琮先生、中国社会科学院邓绍基先生等在学术上给我们提供了若干指导；参与这一工程的各位专家不辞辛苦，努力工作，保证了编纂进度和质量；武汉大学出版社鼎立支持《中国科举文化通志》的出版；所有这些，我们将永远铭记在心。

2015年4月13日

于武汉大学

目　录

试律校注

试策校注

前　言

随着唐代文学史研究的深入，近十年来学界开始注意唐代的试律和试策这样一些科举文体。应该说，这项研究是由程千帆、傅璇琮等前辈学者首先倡导的。到今天，人们已经不仅仅是关注唐代科举与唐代文学繁荣的关系，而是提出了许多新的课题，找到了许多新的角度。但是，真正要解决问题，最根本的还是要将相关文本整理好。武汉大学文学院教授陈文新先生主持的《中国科举文化通志》工程正是顺应了这一趋势。笔者受命整理注释唐代试律试策，在此，先将唐代试律试策的有关问题作一简单考述分析，然后交代一下我们这次校注整理的大致情况。

一

这一部分谈唐代试律诗，先考述唐代试律诗的文献问题，然后分析唐代试律诗的文体特征，最后讨论唐代试律诗中体现出的“诗艺”。

笔者这次整理注释唐代试律诗，系以《文苑英华》卷一百八十至卷一百八十九“省试诗”（州府试附）下所收文本为基础。

所谓“省试”，是指由尚书省主持的针对乡贡生和国子监、州县学等学校考生的科举考试。省试中举后即取得做官的身份。在开元二十四年（736）及以前，省试由尚书省吏部考功员外郎主持，以后则改归尚书省礼部，通常由礼部侍郎负责，但皇帝有时也以他官权贡举。《文苑英华》“省试诗”下所收主要部分是这一类。这些诗的诗题有时标明“省试”字样，如《文苑英华》“省试诗”下敬括的《七月流火》，裴杞等人的《风光草际浮》，梁锽的《方士进恒春草》，孟封的《行不由径》，阙名、柳宗元、李行敏的《观庆云图》等，在《全唐诗》中，题名中均有“省试”字，《全唐诗》当另有所本。有时也标“都堂试”，如在《文苑英华》卷一百八十二，李衢、李景、李损之三人均有《都堂试贡士日庆春雪》诗。“都堂”是尚书省左、右仆射的总办公处，省试考场往往设于此，故“都堂试”即省试。省试中，还有一种是在东都洛阳举行的“东都试”，如《文苑英华》卷一百八十韩濬、史延、王濯等人均有《清明日赐百僚新火》诗，这就是代宗大历九年（774）东都试及第进士的试律诗。其实，东都试是从武则天代唐建周、于洛阳登基后开始实行的，当时分东都与西京两处考试，时值永昌元年(689)。代宗初年，兵戎倥偬，权从武后之制。而到大历十一年（776）就停废了东都试。

省试诗，按理仅指上述场合下产生的诗作，但是，在《文苑英华》卷一百八十至一百八十九“省试诗”下，还有监试诗、国学试诗，如喻凫《监试夜雨滴空阶》(《文苑英华》卷一百八十九)、刘得仁《监试莲花峰》(《文苑英华》卷一百八十七)、薛能《国学试风化下》(《文苑英华》卷一百八十九)。在说明监试、国学试之前，先交代一下唐代隶属于国子监的“六学”。《新唐书·选举志》曰：“凡学六，皆隶于国子监。国子学，生三百人，以文武三品以上子孙若从二品以上曾孙及勋官二品、县公、京官四品带三品勋封之子为之；太学，生五百人，以五品以上子孙、职事官五品期亲若三品曾孙及勋官三品以上有封之子为之；四门学，生千三百人，其五百人以勋官三品以上无封、四品有封及文武七品以上子为之，八百人以庶人之俊异者为之；律学，生五十人，书学，生三十人，算学，生三十人，以八品以下子及庶人之通其学者为之。”而针对六学学生的毕业考试就是监试，它是向着科举的选拔考试。及第者，要报尚书省礼部备案（据《唐六典》），而所谓“国学试”是指六学中规格最高的国子学的业成考试，国子学不光是三品以上官员子弟云集的地方，而且是儒学教化中举行“释奠”、“论衡”等各种典礼和高级学术活动的场所，所以国学试的成绩对日后的科举录取与否大有影响。

唐代中央一级考试，除了省试、监试、国学试之外，还有铨选类的考试，指针对省试及第者和已具有做官资格的候选人的考试。这类考试中最著名的是吏部的“博学弘词试”。另外，朝廷在选拔翰林院学士时，也有奉敕举行的入翰林试。再就是皇帝临时下诏选拔考录特殊人才的“制举”。制举一般只试策，但玄宗亲自主持的一次考试，却临时加试了诗赋。《册府元龟·贡举部》载：“（天宝）十三载十月，御含元殿，亲试博通坟典、洞晓玄经、词藻宏丽、军谋出众等举人，命有司供食，既而暮罢。其词藻宏丽科，问策外更试律赋各一首。”像这些铨选类和制举类科考中的作品是否在《文苑英华》中也收有呢？

玄宗那次制举针对词藻宏丽科加试的诗没能留存下来，《文苑英华》中自然没有。至于吏部博学弘词试中产生的试律诗，据学者们考证，却是有流传下来的。《文苑英华》卷一百八十有张莒《元日望含元殿御扇开合》，而宋代蒲积中《岁时杂咏》卷一也收有张莒此首，并且题下注曰：“大历十三年吏部试。”除此之外，在《文苑英华》中，还有下列几首：《文苑英华》卷一百八十以《中和节诏赐公卿尺》为题的陆复礼、裴度、李观的三首，以《恩赐耆老布帛》为题的李绛、张复元的二首；卷一百八十一陈讽、庾承宣均有的《冬日可爱》；卷一百八十四独孤申叔、吕温均有的《终南精舍月中闻磬》，吕炅、王起均有的《贡举人谒先师闻雅乐》；卷一百八十六独孤绶、独孤良器均有的《沉珠于渊》；卷一百八十七李程、席夔、张仲方均有的《竹箭有筠》。

入翰林时奉敕试的那种试律诗，流传下来的仅有白居易的《太社观献捷》诗，《文苑英华》卷一百八十九收有，本题后小字注曰：“入翰林试，以功字为韵。”查，《白氏长庆集》、《白香山诗集》均有题后注，而《白香山诗集》、《全唐诗》本并存原注，证明了考试时间（元和二年十一月四日）、地点、缘由以及试后的除授等项内容。

《文苑英华》"省试"类收录的诗中，还有一大宗州府试诗。州试诗有两首，一是卷一百八十七张乔的《华州试月中桂》，另一首是卷一百八十五张籍的《反舌无声》，该诗在《全唐诗》和《张籍集》中诗题的前部多"徐州试"三字（经有的学者考证，"徐"当作"汴"）。

在唐代，京兆、河南、太原、凤翔、成都、江陵诸府为解送乡贡进士而举行的考试叫做府试。《文苑英华》中直接标以"府试"之名者有：马戴《府试观开元皇帝东封图》（卷一百八十）、郑谷《京兆府试残月如新月》（卷一百八十一）、李频《府试观老人星》（卷一百八十一）、马戴《府试水始冰》（卷一百八十二）、郑谷《府试木向荣》（卷一百八十七）、殷尧恭《府试中元观道流步虚》（卷一百八十九）、吕温《河南府试乡饮酒》（卷一百八十九）、刘得仁《京兆府试目极千里》（卷一百八十九）、无名氏《府试古镜》（卷一百八十九）、卢肇《江陵府试澄心如水》（卷一百八十九）。另有一首王维《清如玉壶冰》诗（卷一百八十六），据考也是府试诗。

除以上各类被《文苑英华》编者归到"省试诗"之下外，还有一些为准备考试而拟作的诗篇，其精彩的，也被收入了《文苑英华》，如所收白居易大量拟作诗，就是如此。

由上可见，《文苑英华》卷一百八十至卷一百八十九所收录的诗除省试诗外，尚有中央和地方的其他各种铨选试和预选试等考试中产生的作品，还有因备考而产生的拟作，试律诗的范围极为宽泛。而《文苑英华》卷一百八十至卷一百八十九也并未囊括现存的各类试律诗的全部。据笔者搜罗，至少还有下列数种试律诗未收入：

1. 黄滔《省试一一吹竽》（乾符二年）（《全唐诗》卷七百六）。
2. 黄滔《省试内出白鹿宣示百官》（乾宁二年）（《全唐诗》卷七百六）。
3. 姚康《礼部试早春残雪》（《全唐诗》卷三百三十一）。
4. 祖咏《终南望余雪》（《文苑英华》卷一百五十五）。
5. 荆冬倩《奉试咏青》（《国秀集》卷下）。
6. 韩愈《学诸进士作精卫衔石填海》（《五百家注昌黎文集》卷九）。
7. 孟简《惜分阴》（《全唐诗》卷四百七十三）。
8. 侯洌（一作列）《金谷园花发怀古》（《全唐诗》卷四百八十八）。
9. 李商隐《赋得月照冰池诗》（《李义山诗集》卷中）。
10. 黄滔《广州试越台怀古》（《全唐诗》卷七百六）。
11. 黄滔《襄州试白云归帝乡》（《全唐诗》卷七百六）。
12. 黄滔《河南府试秋夕闻新雁》（《全唐诗》卷七百六）。
13. 李频《府试丹浦非乐战》（《全唐诗》卷五百八十九）。
14. 李频《府试风雨闻鸡》（《全唐诗》卷五百八十九）。
15. 李频《府试观兰亭图》（《全唐诗》卷五百八十九）。

16. 许彬（一作郴，一作琳）《府试莱城晴日望三山》(《全唐诗》卷六百七十八)。

17. 吴融《府试雨夜帝里闻猿》(《全唐诗》卷六百七十八)。

18. 李商隐《赋得桃李无言》(《李义山诗集》卷下)。

19. 王棨《原隰荑绿柳》（王棨《麟角集·附录》)。

此为省试诗题(《文苑英华》卷一百八十八有温庭筠同名诗)。王棨之作盖为拟作。

20. 杜荀鹤《御沟柳》(《全唐诗》卷六百九十一)。

《文苑英华》卷一百八十八有类似诗题“御沟新柳”六首。

关于试律诗的文体，我们拟讨论下面几个问题：（一）试律诗的赋韵；（二）试律诗押韵的特征；（三）试律诗句数和格律；（四）试律诗的象征和试律诗的结尾。

试律诗是考试文体，它的押韵依据官方颁布的韵书，并且它给出题目的同时，也给出了可以押哪一个或哪一些韵部的韵。一般有四种情况，下面分别分析。

一是出了题，考生可以选题中任何一个平声字，押这个平声字所属官韵韵部的韵。这是最常见的情况。

如周存《白云向空尽》(《文苑英华》卷一百八十二）韵脚字为：空、终、风、穷、中、功。可见是押诗题中的“空”字韵，亦即押平声东部（冬、钟部合用）韵。要指出的是，同一考题，不同考生可以选题中不同的字作韵，如在《文苑英华》卷一百八十五，同是《临川羡鱼》题，张正元取“临”字韵，而薛少殷取“川”字韵。

二是出了题，考生可以选题中一个仄声字，押与这个字的同声韵不同调的平声字所属韵部的韵。这在唐代是允许的，而在后代，则被认为出韵。

如薛存诚《御箭连中双兔》(《文苑英华》卷一百八十)，取题中“箭”的平声而押之，“箭”在官方韵书的去声线韵，乃取其平声仙韵，而按规定，先仙二韵可合用。该诗韵脚为：田、鞭、连、弦、天、篇。其中鞭、连、篇在仙韵，田、弦、天在先韵。

又如陈季《鹤警露》(《文苑英华》卷一百八十五）用“警”的平声，警字在官方韵书的去声梗韵，对应平声庚韵，而庚耕清三韵可合用。该诗韵脚依次为：鸣、惊、情、声、轻、明。其中鸣、惊、明在庚韵，情、声、轻在清韵。

三是出了题，考生可以选取题中一个仄声字，全诗押这个仄声字所属官韵韵部的韵。这种情况比较少见。

如裴次元《亚父碎玉斗》(《文苑英华》卷一百八十六)，一本题下注：“用仄韵。”全诗的韵脚依次为：爱、碎、佩、内、悔、载。可见是以诗题中的“碎”字为韵的。碎字在官方韵书去声对韵，按规定对代二韵可合用，上述韵脚字中，碎、佩、内、悔在对韵，爱、载则在代韵。

四是应当押的韵不在题目中，出题时同时限韵，即指出押哪一个韵部的韵。这也是一种比较普遍的情况。

如陈讽《冬日可爱》(《文苑英华》卷一百八十一）诗的韵脚为：时、帷、遗、诗、追、私。属支脂之同用（时、诗属之韵，其余脂韵)。而题中无支脂之三韵之字，故知另有限韵。

有时这种限韵会被记录下来，如前举白居易的《太社观献捷》诗，《文苑英华》卷一百八十九收录，且本题后有小字注曰：“入翰林试，以功字为韵。”但大部分没有记载，不过通过比较同一场考试中由不同考生作的同一题目的试律诗，就可以推知当时考官是否设定了诗题之外的限韵。如陈至《芙蓉出水》诗(《文苑英华》卷一百八十八)押滨、津、苹、鳞、新、人。这是押的平声真韵，所押之韵不在题中。而此题唐人存诗尚有贾謩一首，所押韵也属真韵。由此可知，当是试官在诗题之外另外规定了一个一致的“限韵”。臧岳《应试唐诗类释》称“官限‘津’字”，当有所本。

有时，考官可以允许“任用韵”。李肱《霓裳羽衣曲》(《文苑英华》卷一百八十四)，为开元二年（714）进士科省试诗，它的韵脚为：岁、制、曳、细、替、继。其中岁、制、曳为去声祭韵字，细、替、继为去声霁韵字，按官定韵书，霁、祭合用。去声霁韵对应平声齐韵，诗题中“霓”字为齐韵字，但未见有人提及“据平声推出相应仄声而用之”的用韵条例，故此诗用韵可疑，而据《云溪友议》卷上载，开元二年试此题，系“任用韵”。

唐代官定韵书中，韵部有宽有窄，为方便考试用韵，当时就已规定了同用、独用的办法。据王兆鹏《唐代科举考试诗赋用韵研究》一书的考证发现，“同用”、“独用”的规定在开元五年（717）就已确定。王兆鹏先生将流传至今且年代考定明确的189首试律诗和139篇甲赋的用韵逐一分析归纳，发现在开元五年以后长达一百八十余年的唐代科举考试中，有99.17%的用韵与《广韵》的“同用”、“独用”一致。

下面随机选取《文苑英华》卷一百八十中几篇试律诗加以验证。

潘孟阳《元日和布泽》押：恩、元、繁、轩、元、坤。恩在平声痕韵，坤在平声魂韵，其他属平声元韵，可见，此诗通押元、魂、痕韵。又如薛存诚《御题国子监门》，此诗也通押元韵字（翻、言）、魂韵字（门、坤、蹲）、痕韵字（恩）。此三韵在当时官方韵书中规定为“同用”。

薛存诚《谒见日将至双阙》押：陪、开、来、雷、台、回。其中陪、雷、回在平声灰韵，其他在平声咍韵。这反映灰韵、咍韵同用，也是符合韵书的规定的。

但是王先生只是统计确有年代可考的159首试律诗，而据估计，唐代试律诗有500首左右。那些未被统计的篇目虽不能确考年代，但却可以确定是唐代的试律诗，其中说不定会有例外。另外，就是在王先生已统计的篇目中，也还有0.83%的例外。这些例外，同样是有原因的，是值得研究的。

在考试限时的情况下，考生也许对官韵记不牢、记不清，这时，考生的实际语音便会起作用。

下面我们再讨论一下试律诗的句数及其相关问题。唐代试律诗一般是五言六韵，偶尔最长者有八韵十六句。在特殊情况下，有不足六韵的，如宋代计有功《唐诗纪事》卷二十记载了考生祖咏的一件事。在开元十二年（724），“有司试《终南山望余雪》诗，咏赋云‘终南阴岭秀，积雪浮云端。林表明霁色，城中增暮寒’四句，即纳于有司。或诘之，咏曰：‘意尽。’”。也有因为时限已到而未写完的，如《乾𦠆子》载，阎济美担心自己帖经考试没有及格，按制度，主司允许他写一首律诗以补救，称为“赎帖诗”，但这首诗他只写了四句（新霁洛城端，千家积雪寒。未收清禁色，偏向上阳残），“已闻主司催纳诗甚急，日势又晚”，于是便交了卷。结果考官读诗后赞赏有加，便放他过关了。有时，也有一些不足六韵的诗格，是考官自己硬性规定的。如贞元十四年（798）进士省试诗题为《青出蓝》，《文苑英华》卷一百八十九所录吕温该题诗只有八句四韵。查《吕衡州集》卷一此诗题注为：“题中用韵，限四十字成。”可见这并非吕温擅自做主，而是当时那场考试规定的。四十字的五言诗，就只能写成五律的样子了。

试律诗多据典故、圣贤事迹、经典中名言等为题，在唐代，也有许多是以唐代的时事为题的，这些时事当然是足以显示国泰民安、风调雨顺、万邦来朝等气象的事。因此，试律诗就不免要歌功颂德。现在大家也许觉得这是谄谀之辞，算不上文学作品，但其实不然。首先，封建文人不管是有抱负的，还是仅仅只想谋生的，都必须有赖于君主朝廷，有赖于政治的清明，因此，说他们的歌颂完全没有一点真心，那也是不一定符合事实的。所以，大部分试律诗的结尾都有表忠心之类的话。其次，这些试律诗歌功颂德，往往用的是象征手法，比如经常根据月令一类理论，以时令物候和各种祥瑞来美化歌咏对象，如：王濯《清明日赐百僚新火》(《文苑英华》卷一百八十）“助律和风早，添炉暖气新”。还有罗让的《闰月定四时》、员南溟的《玉烛》、张濯的《迎春东郊》（均见《文苑英华》卷一百八十一）都是如此，这不能不说是一种文学手法。

因此，我们有必要讨论一下唐代试律诗中体现出的“诗艺”。因为近一二十年来，学界在关于科举与唐代文学特别是唐诗繁荣的关系的探讨中，产生了一些分歧，而弄清试律诗中的诗艺有助于弥合这些分歧。

开始时，大家趋向于认为“以诗取士的制度，对于重视诗歌、爱好诗歌的社会风尚的形成，对于诗人们一般诗歌技巧的培养和训练，对于诗歌艺术经验的积累和研究，无疑起了重要的作用……唐代诗歌的繁荣，离不开这个诗歌大普及的局面的”①。后来，程千帆先生在《唐代进士行卷与文学》一书中，强调了进士行卷对唐代文学的作用，而认为科举中产生的甲赋、律诗，对文学只有“促退作用”。再到后来，傅璇琮先生更从年代学的角度，指出：“进士科在八世纪初开始采用考试诗赋的方式，到天宝时以诗赋取士成为固定的格局，正是诗歌的发展繁荣对当时社会生活产生广泛影响的结果。”②这些发现都是很重要的。但是，有一个基本的事实不应被忘记，这就是，任何繁荣都是因为社会的需要促成的，即繁荣是要有一个“市场”作后盾的。元明时戏曲的繁荣，是因为新兴的市民阶层的强烈需要促成的。而诗歌，特别是近体诗，其声律节奏是很美好的，趣味比较高的文化人欣赏它是没有问题的。但光有这些人是不足以产生一种很大的需求的。唐代的诗歌越来越繁荣，必定是有一种很大的群体需要诗歌。这个群体就是

① 中国社会科学院文学研究所：《唐诗选·前言》，人民文 学出版社 1978 年版。

② 傅璇琮：《唐代科举与文学》，陕西人民出版社 2003 年版，第 408 页。

全国无数的想考进士科的读书人。我们知道，唐代进士科考试中有杂文一项，包括试律诗（五言排律）。进士科要考帖经、杂文和策论，并且如果担心帖经及不了格，还可以再作一首律诗以赎帖。应该说，诗写得如何，对进士科考试是否能通过，关系还是很大的。考取进士后，日后的仕途就比较被看好。包括进士科在内所有常科面对全国的读书人，是开放的，不论在校与不在校，不论身份地位，不论年龄大小，只要能通过州府的或国子监的选拔考试就能够参加科举考试，而这些选拔考试也是都含有诗赋考项的。在这样的情形下，全国的读书人都想通过科举谋出身，也就是说他们中绝大多数是需要读诗、写诗的，他们既是读者，又是作者，是为作而读的读者。并且，他们读的诗，并不会仅仅局限于过往的试律诗汇编，因为正如傅璇琮先生所说，是唐代诗歌的初步繁荣促使诗赋取士制度的产生。换言之，试律诗的源头是唐初的五言近体诗。即使在分流之后，试律诗与非试律诗也是互相影响的。唐代诗歌发展中逐渐形成的一些审美境界的追求，也直接影响到对试律诗好坏的评价，这一影响并不因为唐代试律诗的程序化而消失，如前举阎济美赎帖诗虽由于天气寒冷和时间紧迫，没有凑足六韵，但考官读后还是拍节激赏，放他过关。还有钱起的《省试湘灵鼓瑟》诗，因为诗中“不”字出现两次，曾引起争议，但由于诗歌将湘灵的瑟声描写为山水为之传情、神人为之驻足、天地为之感动的稀世之音，而在最后又突然来一句留给人们少许惆怅的结句，使其诗歌艺术性到达了非常高的境界，所以，后来，钱起还是被录取了。可见，就考官而言，重字与否，落韵与否，句数够了没有，这些程式上的东西尽管还是要看的，但如果确实在诗艺上突出，程式上的微瑕则可忽略，或者说可被赎救。我们再从考生的角度来讲，考生备考时进行一些程式之作的训练肯定是必需的，但是，诗歌不同于其他文体，知道了一大堆规则，并不就能写出诗歌来，更不用说写出好诗来。要想写出好诗，就必须在平时揣摩、练习“诗艺”，就必须多看大家、名家的诗作。总之，无论从哪个角度看，唐代非试律诗和试律诗在“诗艺”上都是互相借鉴、互相促进的。所以，我们整理研究唐代试律诗，就不能不讨论它的“诗艺”。

关于唐代试律诗的“诗艺”，可以从很多方面去分析，最好是能抓住最有唐代特色的方面来分析。我们对试律诗的注释整理还处在初步阶段，限于材料，我们这里着重分析唐代试律诗中的对偶特征、叠音词和联绵词的运用、炼字以及意境的营造等问题。

唐代近体诗中的对偶、对仗是很有特点的，而这些特点在唐代试律诗中也有鲜明体现。

首先，唐人喜用的“数字对”，在试律诗中得到了很好发展，作者们能将数字对运用到各种场合，产生特殊的增效作用。如失名《日暮山河清》(《文苑英华》卷一百八十一，以下例句只出卷数）“山列千重静，河流一带明”、蒋防《望禁苑祥光》（卷一百八十）“树摇三殿际，日映九城旁”，这描绘的是一种大气象的美景。而李子昂《西戎即叙》（卷一百八十）“肃杀三边劲，萧条万里空”，则体现出一种寥廓悲凉之美。又如，薛存诚《膏泽多丰年》（卷一百八十）“厥庾千箱在，幽流万壑通”分明是一种大气派的丰年图。崔琮《长至日上公献寿》（卷一百八十）“应律三阳首，朝天万国同”，这着重从空间上展示场面的盛大。而沈亚之《九月九日勤政楼下观百僚献寿》（卷一百八十）“菊樽过九日，凤历肇千秋”，这又是从时间上给出宏大的祝愿。就连对最高统治者的赞颂之辞，有时也用数字对作出妙不可言的表达，如失名《寿星见》：“祥为一人寿，色映九霄明。”一人，指皇帝。如果这里只说寿星是为皇帝一人祝寿，这还是很俗的谀词，但接着来了一句“色映九霄明”，就一扫“寿星”的委琐形象，从而见出寿星为一人寿即为天下苍生福的更高境界。

其次，为了避免对偶、对仗的僵化、死板，唐人在试律诗中充分发展了一种“形式上对偶而语义上并不对偶”的对子模式。如纥干讽《新阳改故阴》（卷一百八十一）：“有截知遐布，无私荷照临。”这一联对得很工整，特别是“有截”、“无私”可谓字字相对。但是，在意思上“无私”就是无私，而“有截”却有出处，《诗经·商颂·长发》：“九有有截。”这里的“九有”即九域、九州的意思，“有截”本是整齐划一的意思。但由于古汉语用典时有一种“藏词”的手法，故“有截”可以代表“九有”，表示九州、天下的意思，纥干讽这两句诗中，“有截”正是取这个意思，因此，它在语义上与下句的“无私”并不对偶。我们可将这种语表相对偶而语里并不对偶的情形简略称为“表对里不对”。据我们分析，在唐代试律诗中，这种“表对里不对”现象可分为四种类型：

（一）利用词义与词中语素义的不尽一致造成的表对里不对。如王良士《南至日隔霜仗望含元殿炉香》：“节当南至日，星是北辰天。”“南至”指冬至。因为冬至时太阳最偏南，故又称南至。在这一词中，语素“南”加语素“至”的意义并不能完全与“南至”的词义吻合，与“北辰”的情形是不一样的，故“南至”与“北辰”在语里上并不相对偶。

（二）借对。当某个词或短语中的语素存在多义现象时，人们可能会有意借这些语素离开这个词或短语时的另外的意义来形成对偶。如薛存诚《嵩山望幸》（卷一百八十）：“象车因叶瑞，龙驾愿升中。”古人认为，山林中生出的一种自然圆曲之木，乃是吉祥的象征，用它制车，称为象车。可见，象车之象是象征之义。但当它与下句的“龙驾”相对时，人们便联想它的“大象”义，以形成对偶。

（三）以缩略语作对偶一方。古代有些常见常用的词语和熟语，在诗歌这种文体中，有时会以缩略语的形式出现。如张叔良《长至日上公献寿》：“九重初启钥，三事尽称觞。”这里的“三事”是“三事大夫”的缩略语，即指三公，亦即题中的上公。它在语里上与“九重”并不对偶。又如薛存诚《御制段太尉碑》：“雅词黄绢并，渥泽紫泥分。”下句“紫泥”是皇帝封诏书的印泥，整句是说皇帝下诏书令制碑是对段氏家族的大恩泽。上句中的“黄绢”，字面上虽与“紫泥”构成对偶，但实际上，“黄绢”是“黄绢幼妇，外孙齑臼”的缩略语，这八个字实际上是“绝妙好辞”的隐语，原是蔡邕用来称赞东汉曹娥碑文的话，详见《世说新语·捷悟》。

再如薛存诚《御箭连中双兔》：“三驱仍百步，一发遂双连。”这里“百步”是“百步穿杨”这个成语的缩略语。

（四）词性相对偶而句法不对偶，这种情况最普遍，表现形式也非常多。

比如名词对名词符合对偶法则，但对出来的句子，在语法结构上并不一定相同，因为名词在句中可以作主语、宾语和状语等不同成分。看例句就能明白这个道理。刘公兴《望凌烟阁》（卷一百八十）：“丹楹崇壮丽，素壁绘勋贤。”第一句，名词“丹楹”是主语，第二句名词“素壁”则是状语。同样的例子如陶拱《秋日悬清光》（卷一百八十一）：“烟霞轮乍透，葵藿影初生。”第一句是说：在烟霞之中，一轮太阳时隐时现。“烟霞”作状语。

再如，陈彦博《恩赐魏文贞公诸孙旧第以道直臣》（卷一百八十）：“雨露新恩日，芝兰旧里春。”后一句的句法结构比第一句要紧密些，芝兰是两种香草，是有德君子的象征，则“芝兰”句的意思是：芝兰（有德君子）使旧时宅里荣耀如春。

总之，“表对里不对”的手法使得唐代试律诗中的对偶不呆板。其实，在试律诗中，使对偶不呆板的办法还有使用“流水对”。如丁泽《主上元日梦王母献白玉环》（卷一百八十）“仿佛瞻王母，分明献玉环”。陆复礼《中和节诏赐公卿尺》（卷一百八十）“如荷丘山重，思酬尺寸功”。裴次元《南至日隔霜仗望含元殿炉香》（卷一百八十）“始看浮阙在，稍见逐风迁”。

众所周知，流水对在宋代的诗赋中得到了很大发展。但其实，它的发展在唐代的试律诗中就开始了。

关于唐代试律诗中的对偶特征分析到此。其他诗艺，再简单分析一下。

唐代试律诗对叠音词、联绵词的运用也很娴熟。它们用作句子的状语或宾语，其位置可前，可后，也可中。一般情况是放在前边作状语。偶尔有放在动词后的，如柳宗元《观庆云图》（卷一百八十）“高标连汗漫，回望接虚无”。“汗漫”放在后边，作宾语。又如柴宿《初日照华清宫》（卷一百八十一）“影动参差里，光分缥缈中”，则是放在句中。

唐代试律诗中的炼字，在《文苑英华》中也有不少好的例子，如：

沈亚之《九月九日勤政楼下观百僚献寿》（卷一百八十）：“御气黄花节，临轩紫陌头。早阳生彩仗，荠色入仙楼。” “生”字当是经过推敲后选用的，它的意思为：使……生动；为……增辉。

王良士《南至日隔霜仗望含元殿炉香》（卷一百八十）：“霜戟罗仙仗，金炉引御烟。”这个“引”也很传神。

滕迈《春色满皇州》（卷一百八十一）：“色媚青门外，光摇紫陌头。”“上林荣旧树，太液镜新流（类诗作泛新流）。”前一联中的“摇”，后一联中的“镜”，都较有特色。

至于唐代试律诗作者，对诗歌境界的追求，也是时有其例的。如张嗣初《春色满皇州》最后结句联，就摆脱了试律诗最后说希望被录取的陈词滥调，而是宕开一笔，写道：“不知幽远地，今日几枝新。”

又如钱起《省试湘灵鼓瑟》末联“曲终人不见，江上数峰青”，其意境与其他诗歌糅合曲之韵与山之韵而创造出的和谐宁静之美有所不同。此乃是欲觅弹曲人而不见，惟见无情之江上数峰，绝对的美景，而又绝对地与我无关，是这样一种令人惆怅的凄美境界。它与李商隐《蝉》诗中的“一树碧无情”是差不多的境界。

综上所述，唐代试律诗是一个宝库，它为研究许多文学问题和史学问题提供珍贵的原始材料，因此，应该对它认真细致地加以注释和整理。

二

这一部分我们讨论唐代试策。

唐代试策包括“策问”和“对策”。“策问”是以皇帝或考方的名义就经典或时务提出一些疑难问题，要考生按要求写出自己的意见。“对策”则是考生针对策问中提及的问题而展开的论析、作出的回答。唐代试策主要收录在宋人所编《文苑英华》中，该书卷四百七十三至卷四百七十六为“策问”，卷四百七十七至卷五百二为“对策”文。

关于对策文的流传，陈飞《唐代试策考述》第175页说：“就目前所知，唐代明经科的对策文本今已大抵失传，进士对策亦传世极少。”今所传者，绝大多数为制举的对策文和与之对应的“策问”。但是，明经、进士以及其他诸科和州府试、国学试、吏部试中的一些策问，却是有不少保存了下来，《文苑英华》卷四百七十三至卷四百七十六就收录了包括制举策问在内的各科目种类的“策问”。这几卷分量还是很大的，但收录得仍不完全。我们对《唐大诏令集》和部分曾经知贡举的唐代大臣的作品进行了调查，有了一些发现。

先以韩愈所撰策问辑佚为例。

《文苑英华》卷四百七十四收韩愈《试进士问九道》，而《全唐文》卷五百四十七录十三道。两相比较，发现《文苑英华》卷四百七十四少了以下四道：

问：《书》称“汝则有大疑，谋及乃心，谋及卿士，以至于庶人、龟筮，考其从违，以审吉凶”，则是圣人之举事兴为，无不与人共之者也。于《易》则又曰：“君不密，则失臣；臣不密，则失身；几事不密，则害成。”而《春秋》亦有讥漏言之词，如是则又似不与人共之而独运者。《书》与《易》、《春秋》，经也。圣人于是乎尽其心焉耳矣。今其文相戾悖如此，欲人之无疑，不可得已。是二说者，其信有是非乎？抑所指各殊，而学者不之能察也？谅非深考古训，读圣人之书者，其何能辨之？此固吾子之所宜无让者，愿承教焉。

问：古之人有云：夏之政尚忠，殷之政尚敬，而周之政尚文，是三者相循环终始，若五行之与四时焉。原其所以为心，皆非故立殊而求异也，各适于时，救其弊而已矣。夏殷之书存者可见矣，至周之典籍咸在。考其文章，其所尚若不相远然，焉所谓三者之异云乎？抑其道深微，不可究欤？将其词隐而难知也？不然，则是说为谬矣。周之后秦、汉、蜀、吴、魏、晋之兴与霸，亦有尚乎无也？观其所为，其亦有意云尔。循环之说安在？吾子其无所隐焉！

问：夫子之序帝王之书，而系以秦、鲁；及次列国之风，而宋、鲁独称颂焉。秦穆之德，不逾于二霸；宋、鲁之君，不贤乎齐、晋。其位等，其德同。升黜取舍如是之相远，亦将有由乎？愿闻所以辨之之说。

问：夫子曰："洁、净、精、微，《易》教也。"今习其书，不识四者之所谓，盍举其义而陈其数焉？

查，以上四道《文苑英华》其他卷亦未见收录。

又查《五百家注昌黎文集》卷十四有《进士策问十三首》，《全唐文》多出的这四道俱在，可知《全唐文》是据韩愈集增收的。韩愈的门人李汉很早就为他的老师编集了，此后该文集屡经校勘注解，故韩愈集所收足可征信，当据以辑录。

《文苑英华》未收的策问，除上举韩愈的以外，还有一些。

（一）《文苑英华》漏收了张说所作的十道策问。

张说的作品，《文苑英华》卷四百七十七录其对词标文苑科策三道。但《全唐文》除在卷二百二十四录张说对词标文苑科策三道外，又在卷二百二十二收录：○试洛州进士策问四道；○兵部试将门子弟策问三道；○兵部试沈谋秘策举人策问三道。这三项相加共十道。

（二）从《唐大诏令集》中发现了两篇不见于《文苑英华》的策问。

《唐大诏令集》卷一百六《政事・制举》门分别收录了建中元年、贞元元年、贞元四年、元和元年、元和三年、长庆二年（实当为"元年"）、宝历元年、太和二年的制举策问，其中贞元元年有三道，其他年各一道，共十道。将这十道与《文苑英华》卷四百七十三至卷四百七十六"策问"门所收和卷四百七十七至卷五百二"策"门随对策而收的策问进行对比，发现：

《唐大诏令集》卷一百六《政事・制举》门所收贞元四年贤良方正策问，不见于《文苑英华》。另外，《唐大诏令集》卷一百六《政事・制举》门又收了玄宗《亲试四子举人敕》，而《册府元龟》卷六百四十三《贡举部・考试》门则将它认定为开元二十九年八月玄宗御兴庆门楼亲试明道德经及文列庄子举人的问策，《全唐文》卷四十亦载玄宗《策道德经及文列庄子问》，说明《全唐文》编者认同《册府元龟》的处理，所以，这个敕本是一道策问。

故在《唐大诏令集》中共发现了两篇不见于《文苑英华》的策问：开元二十九年玄宗御兴庆门楼亲试明道德经及文列庄子举人的策问；贞元四年贤良方正策问。

另外，还有一点要交代的就是，权德舆所作各类策问，《文苑英华》均收录了，但有些未署权德舆之名。我们将四部丛刊五十卷本《权载之文集》中卷四十"策问"所收与《文苑英华》所收比对，发现这些作品都在《文苑英华》卷四百七十五和卷四百七十六中，但有些未署权德舆之名。《全唐文》当是据权德舆文集将这些作品的作者均定为权德舆。

以上各项调查，共发现《文苑英华》未收的策问十六道，再加上我们在上面提到的《文苑英华》未收的两道对策文前面附的两道策问，则这次我们共发现十八篇未见于《文苑英华》的策问。

关于唐代对策文的调查，我们也有所收获。

在将《文苑英华》与《全唐文》对照过程中，我们发现《文苑英华》未收的对策两道，另外还有两道可疑。现将详情分述如下：

（一）冯万石的作品，《文苑英华》卷五百收录：对历数一道（并问）；卷五百一收录：对议边塞一道（并问）。但《全唐文》卷二百八 则收录《对文词雅丽策》、《对求贤策》、《对历数策》、《对议边塞事策》四道，前面均附有策问。经核，《全唐文》确实多出《对文词雅丽策》和《对求贤策》两道。

（二）苏晋的作品，《文苑英华》卷四百八十收录：对贤良方正一道（并问）。但《全唐文》卷三百收录：○应贤良方正科对策（并问）；○又应贤良方正科对策（并问）。今查，这第二个策（包括策问和对策），在《文苑英华》卷四百八十中也有，但是对策作者项标“阙名”。《全唐文》落实为苏晋，不知何据。

（三）李绛有关对策方面的文章，《文苑英华》无。但《全唐文》卷六百四十五收录李绛《对宪宗得贤兴化问》和《对宪宗论朋党》二篇，然均未出宪宗原问，而李绛之答，答后也未说“谨对”，不符唐人答策问之格式。估计此乃大臣李绛答宪宗平时之问。

《旧唐书》卷一百六十四《李绛传》：“李绛，字深之，赵郡赞皇人也。……绛举进士，登宏辞科，授秘书省校书郎，秩满补渭南尉。贞元末拜监察御史，元和二年以本官充翰林学士。未几，改尚书主客员外郎，逾年转司勋员外郎，五年迁本司郎中知制诰，皆不离内职。”这个“宏辞科”（博学弘词科），据《登科记考》卷十三，是在德宗贞元九年（793）举行的。而宪宗时，李绛已是大官，元和年间的博学弘词科或其他科未闻有李绛参考的。因此，前面二对，当是因皇帝有所顾问，故作答对。李绛深明治道政理和前朝掌故，曾任监察御史，后为内职近臣，直言能谏，忠心耿耿，尤为宪宗信任，每事多承顾问。

以上就是我们初步调查得出的情况，但是，我们感到这项工作尚未做完。无论是《文苑英华》未收的策问，还是《文苑英华》未收的对策，我们所发现的都不是全部，我们还在扩大范围继续搜寻。

由于在试律诗方面和策问与对策文方面的辑佚还不全面，所以，我们这次就没有将这些辑出的内容拿来校注。

试策，在唐代科举中占有重要地位，各科必考。在进士科和制举中，对策尤其重要。进士科所考试策主要是时务策，而制科所策试的内容更是与当时政治社会中热点问题分不开。在策问和对策中有时偏重学术，有时偏重政治，更多的时候则是将学术、学说与政治结合起来出题或答题，因此极具学术史、科举史和社会政经史等方面的史料价值。另一方面，由于唐代科试崇尚文采，所以，应试者必须用或优美典雅、或生动感人、或丝丝入扣的文笔，将自己的主张表述出来。因此，试策是文章学的极好史料。同时，这些表述又必须随策问所问去展开，必须揣摩出题者的意图，这样，对策的文体特征也显得十分鲜明。这两点构成它在文学方面的史料价值。

现存策问，有针对明经、进士、弘文馆和崇文馆生的，还有道举策问，但最多的还是制举的策问。现存对策除了个别常科有所保留外，大宗流传下来的多是属于制举的。我们所说试策包括策问、对策，依《文苑英华》，还包括流传下来的一些拟策问、拟对策。下面拟就以下几个方面分析唐代试策的史料价值：

（一）对研究科举制度的价值

许多策问、对策标明了出题者、应考者姓名和举行该场考试的时间，即使《文苑英华》没标，也有可能从其他书中考知，因为同一文本有可能在相应别集被收录或在有关政书（如《唐会要》）和类书（如《玉海》）中被提及，并且有可能在彼处发现上述相关情况。参与《全唐文》编纂的清代学者徐松在其《登科记考》中努力为情况不明的一些唐代试策找出作者，并为绝大部分试策系年。我们根据他的成果和后人进一步的补考，经排比发现，现存唐代试策，最早的有高祖时的，最晚为唐文宗时的。其中唐德宗时保留得最多，武则天时次之。而历史上，武周时和唐德宗时举行科举也较频繁。

有的策问、对策还标明了考试种类、科目，当然，有的标得简省、笼统，如“贤良科”和“神岳举”，但通过分析文本内容，我们也可以知道考试科目的详细情况。

比如标“贤良科”者，我们就策问中所问内容来看，有些并不局限于“贤良”方面。《文苑英华》卷四百七十三《策贤良问五道》之第三道（颜师古作）有：“爰及两汉魏晋已来，历载遐长，廉直众矣。其间尤异，凡有几人？必须具列姓名，分条事迹，无或非当，意状殊违。先古有言，惟德作乂，既充廉洁之选，又应正直之科，诚宜追踪曩人，尚想同志，并驱前烈，诚可比肩。”这里涉及“廉直”、“廉洁”。同卷同篇第四道：“学以从政，昔贤令则。博文强识，君子所尚。结发升朝，敷袵受职。开物成务，率由兹道。是以登高能赋，可列大夫；试讽籀篇，乃得为史。然而筭祀悠邈，载籍寔繁，钻仰虽多，罕能择练。今将少论古昔，庶异见闻，勿用浮辞，当陈指要。”以下全是问一些异闻、典故方面的问题。而第五道又是问工商之利，经国之方。由此看来，此处“贤良科”或当是“贤良方正能言极谏科”的简称。

总之，这份资料是研究唐代科举制度不可或缺的，有时甚至是独一无二的。

在出题方面，我们发现，明经、五经、弘文、道举策问有共享之题。如卷四百七十五《明经诸经策问七道》之《春秋第一问》、《礼记第二问》题后均注：“五经弘文生同。”《周易三问》题后注：“五经道举同。”《尚书第四问》、《毛诗第五问》、《穀梁第六问》题后均注：“五经同。”卷四七六《策问明经八道》之《礼记第二道》题后注：“五经、明经、弘文、崇文生同。”《毛诗第六道》题后注：“五经、明经同。”《论语第八道》题后注：“明经、弘文、崇文生同。”

道举，是唐代科举特有的，我们可以从道举试策中发现有关唐代道举的一些细节。

道举是唐代科举制度的重要组成部分，狭义的道举是指唐玄宗时开始设置的以道教经典为研修和考试对象、在制度上与明经科并肩的一种科举常科；广义的道举则通常还包括一些以道教经典为研修和考试对象的制科等其他考试项目，如明四子科、洞晓玄经科等。通过道举文本的分析，我们可以发现，出题者和应考者都力图从道家经典（主要是四子五经）中寻找治国御天下的策略、方法，都试图调合道家在某些问题上与儒家的矛盾。道举的目的由此可见，而道举中的道教观念与唐代社会的道教观念的关系也可循此作进一步的研究。

道举的策问与对策现存不多，《文苑英华》卷四百七十五载道举策问三道，又明经诸经策问七道之周易第三问后注“五经道举同”，卷四百七十六载道举策问二道，卷四百七十七载洞晓玄经策问一道并独孤及对策一道，此外《册府元龟》卷五十三《帝王部·尚黄老》载开元二十九年九月御兴庆门亲试明道德经及庄文列子举人问策一道。这些都是研究道举相关问题的第一手史料，显得尤为珍贵。下面试举数例。

关于道举试策的方式：据《通典》卷十五《选举三·历代制下》，道举“课试与明经同”。而明经科，自开元二十五年后照例应试策三道。那么，这三道试策的内容如何安排，明经和道举是否相同呢？根据现存明经科策问来看，每年明经科策问并无两策以上试同一经者，明经科的要求是至少通两经，且必须兼修《孝经》、《论语》。可以推测，应明经科的考生需试两经策各一道，再加《孝经》或《论语》策一道，合为三道。而道举科则不然，根据《文苑英华》卷四百七十五载道举策问三道和卷四百七十六载道举策问二道来看，道举策问既有一经一问的情况，也有将数经汇通考察的情况。这是否说明，道举考生“三年业成”需要兼通群经，而不能和明经科一样只需通二经即可？也许正是因为这种兼通群经的试策难度较高，所以会有建中二年降低录取标准，使道举考生只需三策通一策即可及第的诏令。

关于《周易》与道举的关系：《文苑英华》卷四百七十五明经诸经策问七道之周易第三问后注“五经道举同”，而卷四百七十六只载道举策问二道。道举照明经例试策三道，且卷四百七十六所载道举试策二道采取的是一经一策的方式，正好与卷四百七十五明经试周易策相符，故很有可能这道周易策就是与卷四百七十六中二道道举策问同年的另一道道举策问。《周易》与道举的关系原本应该是很密切的，开元初玄宗就曾诏“举能治《易》、《老》、《庄》者”，但后来确定四子五经为道举考试经典时并无《周易》在内，而至天宝十三年，才让道举停习《道德经》，加《周易》。《文苑英华》所载道举策问俱为德宗时权德舆所作，可见其中确实无《道德经》策而有《周易》策。这一奇怪的现象的背后是否有更深层次的思想背景，也是值得进一步研究的。

道举考试思想的演变：现存道举试策，玄宗开元天宝之际明四子科策问一道中云：“又礼乐刑政，所以经邦国；圣智仁义，所以序人伦。使之废绝，未知其旨。……明征其言，使一理混同，二教兼举。”天宝末洞晓玄经科策问对策各一道中云：“粤若舜举八元，致垂拱之化；汉用三杰，成霸王之业。夏殷之末，任佞去（集作弃）贤，宗社沦亡，为无匡辅。经称不尚贤者，其旨何也（集作哉）。”德宗贞元后期道举策问六道，其中一年三策无题，涉及内容不出《庄》、《列》诸经，另一年三策则分别题为“南华经”、“通玄经”、“周易”。考察试策内容，可以看出，在玄宗时期，道举刚刚建立起来，统治者积极尝试调和儒道二教，希望儒道思想能够互相补充，提供更有效的治国方针，同时也可以减少推行老庄道学的阻力。而到德宗时期，道举建立已久，策问中完全看不出调和儒道的倾向，已成为单纯的道家学说考察。可以推测，道举的建立和推行，对于道家学说的独立和复兴应该起到了重要作用。而另一方面，因为需要儒道二者合作以更好地治理国家，统治者并未完全放弃调和儒道的努力，也许《周易》的重新引入，就是希望这部在儒道二教中都具有重要地位的经典，能够成为重新沟通儒道的一个契机吧。

（二）对研究社会政治、经济史的价值

一些策问和对策往往触及当时的热点问题，记录了一些真实的社会历史面貌。现存的唐代试策中，很大一部分属于时务策，其中保存了大量关于当时社会政治、经济方面的史料。尤为可贵的是，时务策往往关心的正是当时社会的焦点问题，而策问者和对策者又都是当时时代的亲历亲为者。唐代史料保存至今的远远不如宋代以后那么丰富，故这些试策往往可以给唐史研究提供一些有趣甚至至关重要的线索。下面分几个方面论述。

边境形势

《文苑英华》卷四百七十八开元九年《知合孙吴可以运筹决胜策》中云：“又卬南一方之地，碛西万里之域，将弃之以促境，宁守之以劳人？”可见，在开元初期，唐王朝的主要边境压力仍然来自于西北和西南，至于天宝后日益突出的东北边境问题，当时似乎还没有成为唐王朝的主要关注对象。根据史书记载，在西南，唐王朝已于开元七年置剑南节度使加强管理。但此试策说明，因为边境防守压力很大，统治者甚至到开元九年仍在考虑是否要弃守以收缩防线。

又卷四百七十五载贞元十九年《礼部策问进士五道》第二问中云：“今北方和亲，亟通礼命；南诏纳款，屡献奇功。而蠢兹西戎，尚有遗类，犹调盛秋之戍，颇勤中夏之师。……乃者戎人愿修前好，因请其俘，或曰：……”唐德宗时，北方突厥问题早已解决，西南的南诏也已内附，并在贞元十八、十九年多次配合唐朝军队与吐蕃作战。此时唐王朝最大的边境威胁无疑来自西方的吐蕃，而贞元十九年吐蕃也遣使臣入贡。这些外交事件都立刻反映在当年的策问里。而且史书未载此次来使的具体目的，而这篇试策则说明其乃“愿修前好，因请其俘”，这也与之前吐蕃在唐西南边境多次作战失利，吐蕃大首领论莽热被擒至京师的情节相吻合。

又卷四百九十二载长庆元年《贤良方正直言极谏策》沈亚之对策。这篇对策可以说是对宪宗以来唐朝内忧外患总体局势的很好说明。另外，其中提到“臣尝仕于边，又尝与戎降人言，自瀚海已东神鸟、炖煌、张掖、酒泉，东至于金城、会宁，东南至于

上邽、清水，凡五十郡、六镇、十五军，皆唐人子孙，生为戎奴婢，田牧种作，或贬（集作聚）居城落之间，或散处野泽之中”，又是关于当时唐朝边境人民具体处境的一条重要材料，为区域史、民族交流史、人口迁移史等诸方面研究提供了一条可贵的线索。

社会经济

经济问题当然也是历代统治者所重点关心的问题，唐代试策中也保存了不少关于唐代社会经济的史料，对于研究唐代国家经济的具体运作是有帮助的。

《文苑英华》卷五百一载唐高宗时《议漕运策》中云：“今送纳之所物贱，本州欲赍直买输，利益兼倍。”反映出唐朝初期漕运中一个重要的经济矛盾。

又卷四百七十四所载乾元元年《华州试进士策问五道》第三问，记载了当时一次运河治理工程的失败，以及引起的相关经济问题。

又卷四百七十四载贞元元年《贤良方正能直言极谏策》策问及穆质的对策，提到当时关中粮食短缺，漕运又有很多困难，往往不能及时满足需要，以至于要减少军队供给并削减吏员。

又卷四百九十九所载贞元十六年《礼部试》第五道“仓廪之实”中云：“开元之二十四年，又于京城大署，贱则加价收籴，贵则约平出粜，所以时无艰食，亦无伤农。”记载了唐开元时一项重要的平准物价的经济制度，而从下文看，这项制度至德宗贞元时早已废止。

又卷四百七十五载贞元十八年《策进士问五道》第三问：“丰年则平籴于毂下，恒制则转漕于关东。”据此可推断，关中地区粮食供给常年需要依靠漕运，且可以推测，似乎被废止的平籴制度又重新开始实施了。

而经济问题的核心环节则是赋税，关于这一点，除前文提到的沈亚之对策中关于开元时代赋税的主要来源和用途的记载之外，《文苑英华》卷四百七十五载贞元十九年《礼部策问进士五道》第二问中云：“齐人之所以务于赋输，用给公上，大抵馈军实奉边备而已。”说明至德宗贞元时，军事支出已成为国家赋税收入的主要开支。又卷四百八十八载元和元年《才识兼茂明于体用策》独孤郁对策，其中有大段关于唐代社会经济结构和赋税情况的分析议论，同样是研究唐代社会经济史的宝贵材料。

（三）对研究经学史的价值

关于经学史，研究者通常到一些经学大师的经典注疏中去找，其实，在策问和对策中也存在很有价值的材料。唐代策问多就经典中互相矛盾之处发问，有时是有关经典文本或文献方面的问题，如《文苑英华》卷四百七十五《明经诸经策问七道》之《春秋第一问》就《春秋》记事起止年代与记载不相符合的情况发问：“孔圣属词，丘明同耻，裁成义类，比事系年。居体元之前，已有先传；在获麟之后，尚列余经。岂脱简之难征，复绝笔之云误?”

更多是拈出一些观点上的矛盾，如《文苑英华》卷四百七十四白居易《试进士策问》（元和二年为府试官作）第一道，拈出了《礼记》中关于事君是否应当犯颜而谏的前后矛盾的观点，还有《周易》“知命不忧”与《论语》“忧道不忧贫”的矛盾，要考生辨析。

还有一种是用事实质疑圣贤的观点。如《文苑英华》卷四百七十四白居易《试进士策问》（元和二年为府试官作）第二道，用自然现象、历史事实来反证圣人所谓“大时不齐，大信不约，大白若辱，大直若屈”的似不可通，要考生辨析。尽管出题者并不是要否认圣贤的观点，只是出点难题，考一下考生的思辨能力和折中的技巧，但这些问题的提出，本身就开了一个疑古的口子。事实上，考生在回答时大多是“和稀泥”，无法在考场解决问题，而这些没有解决的问题对唐代长期死守《五经正义》的经学研究是一个很好的触动，甚至可以说对宋代经学研究中疑古风气的形成也是有先导作用的。对此我们可以通过以下例子来看：

《文苑英华》卷四百七十五权德舆《策进士问五道》之第二道：“《易》曰：‘君子夕惕若厉。’《语》曰：‘君子坦荡荡。’《礼》之言絅衣则曰：‘恶其文之著也。’《儒行》则曰：‘多文以为富。’或全归以为孝，或杀身以成仁；或玉色以山立，或毁方以瓦合；皆若相戾，未能尽通。颜回三月不违仁，孟轲四十不动心，何者为优？柳下惠三黜而不去，子文三已而无愠，何者为愈？召忽死子纠，管仲相小白，棠君赴楚召，子胥为吴行人，何者为是？析疑体要，思有所闻。”

这一段策问中所涉及经典中的矛盾有两点最引人注目：一是“全归以为孝”和“杀身以成仁”的矛盾。二是“召忽死子纠，管仲相小白”，何者为是，即如何评价管仲的问题。而这两点，宋代的理学家仍是经常加以讨论的。

关于“全归以为孝”和“杀身以成仁”的矛盾，在唐代试策以外的文章中也常提及，如《白氏长庆集》卷四十九《田布赠右仆射制》：“朕闻古之臣子有忍死效节为忠者，有不伤发肤全归为孝者，有不顾性命引决为忠者，但问所操所蹈何如耳，岂系去就生死之间耶。”而宋代理学家对这一类问题也在继续关注。

《朱子语类》卷二十：“孝根原是从仁来。仁者，爱也。爱莫大于爱亲，于是乎有孝之名。既曰孝，则又当知其所以。孝子之身得之于父母，父母全而生之，子全而归之，故孝不特是承顺养志为孝，又当保其所受之身体，全其所受之德性，无忝乎父母所生，始得所以为人子止于孝。”按朱子的理论，保护受之父母之身体，与继承父母的品德是一件事情的两个方面。假如父母品性为忠君死节，则上述矛盾仍未解决。而从朱熹在其他地方的论述看，他实际上是主张在大义上面，是要死节的，而在其他方面是要保身的，保身才能侍亲、事君。

关于管仲的评价：

《朱子语类》卷四十四：“子贡曰管仲非仁章。安卿问伊川言：仲始与之同谋，遂与之同死，可也；知辅之，争为不义，将自免以图后功，亦可也。窃谓天下无两可之理，一是则一非，如两可之说，恐亦失之宽否？曰：虽无两可，然前说亦是可，但自免以图后功，则可之大者。淳曰：《孟子》‘可以死，可以无死’，是始者见其可以死，后细思之又见其可以无死，则前之可者为不可矣。曰：即是此意。(义刚○淳录同)”

又如：“管仲不死子纠，圣人无说，见得不当死。后又有功可称，不是后功可以偿前不死之罪也。伊川有此意，亦恐看得不曾仔细。魏郑公则是前仕建成矣，不当更仕太宗。后却有功。温公论嵇绍、王裒，谓绍后有死节之功，须还前不是。后既策名委质，只得死也，不可以后功掩前过。王魏二公谓功可以补过犹可，管仲则前无过而后有功也。(扬)”

由以上例证不难看出，宋代经学研究中疑古风气与唐代策问中早已存在的挑经典矛盾处发问的做法是有渊源关系的。

(四) 对文章史和文体学研究的价值

先看对文章史研究的价值。

一场科举考试，许多考生在同一“策问”题下作答，同科高中的考生的对策被保留下来的往往不止一人，这种同题下的不同人的作文，为我们研究文章学提供了可供比较的资料。

我们就《文苑英华》卷四百八十一房晋、皇甫琼针对“词标文苑科”策问所作的对策来试作比较。

武周光宅元年词标文苑科策是问如何“革因循之弊，蹑稽古之踪”，选拔出有真才实学、堪为大臣的人才，以为国之用。因为这是词标文苑科，策问是用藻饰的骈体写的，房晋、皇甫琼二人的对策也是用骈体作答的，其辞藻华丽、多用典故的特点二文均具备。就文章的结构看，房晋是先铺张描写先秦两汉国家得士之盛及因此而致的国泰民安局面，然后通过胪列古代圣君求士之法，给出了见人才即不按资历次序超迁的办法。皇甫琼的文章先铺张描写了“圣人”、“元后”开国之气势，然后用一句“未有巨川已济，不资舟楫之功；大厦已成，不假栋梁之力”过渡到描写得士之盛。与房晋对策不同的是，皇甫琼接着又从反面描写了嬴秦、衰汉时选举不公、“位以恩升”、“荣非德进”的乱象，然后用很大的一段极力美化武周“圣母皇帝”的圣治，最后才给出求得贤才的办法：放松法网，礼贤下士。

由以上分析，我们不难看出皇甫琼的文章比房晋的复杂，层次比较多。虽然层次多，但层之间的逻辑联系却是很紧密的：存在过古帝王的盛世，盛世需要贤才，存在正反例证，歌颂武则天的圣明，附带给“圣母皇帝”提两点小意见。可见，房文简洁，皇甫之文繁富，它既有内在的逻辑，又使用了一些言语策略。

再看对文体学研究的价值。

制举试策，在开元九年以前，一般是三道，无论是策问，还是对策，都比较简短。故唐代试策文体特征的成熟定型应在开元九年以后。

据我们观察，策问具有公文体的某些特点。它跟诏令一样，都讲究对偶的运用，但由于策问所针对的是经地方选拔和学校解送的学子，所以策问的语气和态度又明显不同于诏令。

对策的文体特征更丰富些。唐代对策在文章结构上一般是受制于策问中所问问题的顺序，结构的紧凑与否也往往依赖于策问所问各问题的相关性。但是，一些对策者也在努力尝试突破，特别是有主见的对策者，他们善于接过所问问题，加以重新分析和组织，然后选择重点，避其枝节，用“答而引申之”的方法，采用各种言语策略和散收自如的结构，构造出非常好的文章，如刘蕡的对策。

唐代对策在文采风格方面，主要是继承两汉射策文的一些手法，但也有唐代文章的一些新气象，一般来说，比两汉类似文章要典雅和委婉些。

三

最后，我们交代一下本书对《文苑英华》中唐代试律试策的校注情况。

先谈校勘。

据《宋会要辑稿》载，《文苑英华》于北宋雍熙三年十二月修成后，宋太宗降诏“以书付史馆”，而并未言开版刊刻，则《文苑英华》最初惟有此抄本藏于史馆。同书又载，北宋真宗景德四年八月，以《文苑英华》“前所编次未精”，令三馆、秘阁、直馆对其“重加编录，芟繁补阙换易之，卷数如旧”，二年后即真宗大中祥符二年，又令张秉、薛映、戚纶和陈彭年“校之”。则《文苑英华》有此一整理校勘本，然而“未几，宫城火，二书(《文选》、《文苑英华》)皆烬”，此本不复存在。但最初之抄本应仍存史馆，故周必大《文苑英华序》说至南宋孝宗时，“虽秘阁有本，然舛误不可读”，指的就是此最初未校之抄本。且又经南渡，更添混乱。在周必大建议之下，孝宗下诏重新对此本进行校勘。此次官方整理之后，“缮写装饰，付之秘阁，后世将遂为定本”，可见仍未刊刻，只有缮写的抄本。由于此次校勘过程十分疏忽敷衍，校勘官员“往往妄加涂注”，故周必大致仕回乡后，主持对此秘阁抄本再次进行了校勘，主要工作则是由彭叔夏负责。校勘完成后，由周必大在江西吉安雕印，南宋宁宗嘉泰元年开版，嘉泰四年秋雕成，印数不详。同时有彭叔夏《文苑英华辩证》问世。此刊本为《文苑英华》第一种刊刻本，周必大《文苑英华序》此本刊行之前“今二书(《太平御览》、《册府元龟》)闽、蜀已刊，惟《文苑英华》士大夫家绝无而仅有”可证。后世称此本为嘉泰本，或广陵本，或径称宋刊本。此本今存十五册一百五十卷，其中卷二百一至二百一十装为一册，1995年在嘉德拍卖会上被境外人氏购走；卷二百三十一至二百四十装成一册、卷二百五十一至二百六十装成一册、卷二百九十一至三百装成一册、卷六百一至七百百卷十册现藏北京图书馆，卷二百七十一至二百八十装作一册藏于台湾“中央研究院”史语所。除最后一册藏于台湾没有刊行外，其余十四册一百四十卷全被影印入中华书局本《文苑英华》。而试律部分（卷一百八十至一百八十九）、试策部分（卷四百七十三至卷五百二），此本全缺。

从嘉泰本刊行至明代隆庆之前《文苑英华》再无新刻本，但有多种抄本出现和流传。胡维新入闽后，取一民间家藏善抄本为底本，校勘整理后，从明世宗嘉靖四十五年六月开版雕印，穆宗隆庆元年刻成，后世称此本为闽本，或隆庆本，或径称明刊本。

清乾隆年间修《四库全书》，收《文苑英华》入内。据《钦定四库全书总目提要》载“此本为明万历中所刊，校证颇详”，则四库本《文苑英华》底本并非隆庆本，而是万历重刊校证本。余嘉锡《四库提要辩证》对此无异词。中华书局本《文苑英华》前言称“万历年间重印，又对原版作了修补”或据此而言。但也有观点认为《提要》乃误将“隆庆”题作“万历”，实四库本以隆庆本为底本，并无所谓万历重刊本。

清嘉庆年间修《全唐文》，以一内府藏旧抄《全唐文》为底本，而此一旧抄《全唐文》中所取《文苑英华》之部分据前人考证亦为明隆庆本。叶树人《〈全唐文〉研究》中称，在编纂《全唐文》过程中，编者对这一部分用一明“影宋钞本《文苑英华》”复校过，并称笔者见到了这一抄本。中华书局本《全唐文》用嘉庆原刊本缩印，未作校勘，只加注标点和重新编订了目录。上海古籍出版社也有原刊缩印本印行。

民国时，傅增湘先生从1937年9月起开始校勘《文苑英华》，历时二年而成。傅称：“余自亲见宋雕百余卷，又家藏明时写本二部，审其行款，亦出宋刻。”据称，傅氏广储异本，利用其藏园景宋抄本、明写本诸种，对明隆庆刊本《文苑英华》细加校勘，多有订正补缺。详考史料，傅曾见过宋本一百四十卷，即除卷二百九十一至卷三百那一册之外的全部传世十四册宋刻本。又有周叔弢藏明抄本一部，称“似据宋本所校”，宋本所无者，以此本为底。又有一明抄“百衲本”参订。又以范校本，即康熙时范履平从叶石君校本移录者，补其疏漏。以宋刻本而言，傅《藏园群书题记》称“二百六十一至二百七十之秩为余所藏”，实应为其民国十九年（1930）从颍川陈氏处购得之卷二百五十一至二百六十装成一册。傅校本现藏于北京图书馆，有北京图书馆出版社傅增湘《〈文苑英华〉校勘记》十册行世。

中华书局本《文苑英华》，以新中国成立前商务印书馆之印样为底本。此印样以宋刊本和明刊本合制，宋刊一百四十卷，明刊八百六十卷补足。印样所不足之宋本二十卷、明本二千余页以北京图书馆藏原本拍照补配。但此本并未收入藏于台湾的宋刊卷二百七十一至卷二百八十那一册，故虽同为十四册一百四十卷宋刊，但与傅本所存之卷次不同。中华书局版《前言》又称曾见三种明抄本，但都不适合作为影印底本，故皆未采用。又中华本原样影印，没有进行校勘，无新校记，只对总目进行了重新编订和校勘。

以上为《文苑英华》全本之版本情况。从以上情况不难看出，《文苑英华》中的试律和试策部分，实际上只有一些明刊本可资参校。

即便是明刊本，我们能见到原本的机会也很少。不过，清代以来，有些学者已经做了一些考校工作，比如清代徐松《登科记考》。徐松为《全唐文》主要编者之一，《登科记考》是在其《全唐文》编修工作完成之后所著，其所引《文苑英华》中之试律试策部分应与《全唐文》所用之《文苑英华》本相同，即明隆庆本和明影宋抄本的合校本。《登科记考》先有清末王先谦南菁书院丛书刻本，又有中华书局赵守俨点校本，对其中所引《文苑英华》部分称“检核原书”，进行了校勘，但对原书是何版本没有说明。后又有北京燕山书社出版的北京大学孟二冬先生以赵本为底本的《登科记考补正》。

据以上而言，现存十五册一百五十卷宋刻本《文苑英华》中并无试律试策内容，则明刊本及明清诸善抄本校本皆可珍贵。故我们这次所作的初步校勘，是以中华书局版《文苑英华》为主，校以四库本、傅校本和《全唐诗》、《全唐文》、《登科记考》，个别疑难之处，检核了孟氏《登科记考补正》。如某唐人本身已有别集传世，或有较好之新校本，有疑难时也作了些检核。有三点要说明的是：第一，虽然中华书局本《文苑英华》整体上保存更早版本的情况比其他传世本好，但由于其省试诗、策问和对策三个部分所据均为明刊本，且未经校勘，明显的、公认的错讹不在少数，特别是省试诗部分，所以我们采取的态度是，在异文均通的情况下，优先考虑中华书局本，而在中华书局本明显错讹的情况下，则择善而从。第二，由于本书的重头工作是注释，所以，未出详细的校勘记。第三，《文苑英华》每卷开头原有该卷所收内容的目录，但存在个别正文标目与目录略有文字差异的情况。我们只对不涉及实质的地方加以处理，其他则保留原貌。

现举三例，以见我们工作的情形。

例一，《文苑英华》卷四百七十五《道举策问三道》之第一问："庄生曰：吾闻庖丁之言，得养生焉。……御寇则曰：养生如何，肆之而已。庄生曰：嗜欲深者天机浅。御寇则以朝穆善理内而性交逸。何二论背驰之甚耶？夫一气之暂聚，为物之逆旅，诚不当伤性沽名，以耗纯白。倘昧者未通矫抗之说，因遂耳目之胜，甘心寘（一作宜）力，则如之何?"

关于"甘心寘（一作宜）力"，甘，《登科记考》作"其"，意不可解，当为形近而误。"甘心"即纵情之意。《后汉书·皇甫规传》："凡诸宿猾、酒徒、戏客，皆耳纳邪声，口出谄言，甘心逸游，唱造不义。"《太平广记》卷二百七十三引唐高彦休《唐阙史·杜牧》："闻湖州名郡，风物妍好，且多奇色，因甘心游之。"据此，不从《登科记考》。

例二，同上第三问："盖有以诚信安于死而不迁者，未有以诚信蹈难而必不死者。"《全唐文》作"不必"，果如此，则意为以诚信蹈难必死，然揆之情理，以诚信蹈难，或可免，或不可免，死与不死均有可能。细玩文义，"必不"似更合理。

例三，《文苑英华》卷四百八十一《神岳举贤良方正策（策问阙）》袁映的对策曰："于是柴于岱宗，望于秩首，三光全而五行序，八荒协而万国谐，皇灵丕应，象物昭格，无疆惟休，能事毕矣。"秩首：山名。秩，疑当作"社"，《史记》卷二十八《封禅书》："周成王封泰山，禅社首。"《集解》："应劭曰：山名，在博县。晋灼曰：在巨平南十三里。"可为证。我们在只有他证时，一般称"疑当作"。

实际上，校勘出异文这个工作，宋代彭叔夏就已开始做了。现在所见《文苑英华》中所收文章，往往随文以小字出异文。但要判断相传的这些异文的是非，却并不是一件容易的事。

我们认为，后出之文集在文字上的某些异文，有些是编集者改正作者匆忙对策中的偶误（大多典故记忆之误），有些则是整理者的修改加工。但其所改，并非一定都对，其中不免有因改而致误者。

有些是形近而误改，如卷四百八十《贤良方正策（神龙二年）》第一道："凡此歧路，罔识所从，迟冀如律（或作知津），弘其利涉。"按，此处本当作"知津"，此乃用典。本《论语·微子》："长沮、桀溺耦而耕。孔子过之，使子路问津焉。长沮曰：夫执舆者为谁？子路曰：为孔丘。曰：是鲁孔丘与？对曰：是也。曰：是知津矣。"后遂以"知津"作为识途的代语，另此处"知津"，与下句"弘其利涉"意思连贯，共同构成一个比喻，"利涉"是《易·需》"利涉大川"的略语，也是有出处的。

有些是不明当时实际情况且未细味上下文而妄自校改而导致的错误，如《文苑英华》卷四百七十四杜甫《乾元元年华州试进士策问五道》之第五道："顷之问孝秀（集作麻），取备寻常之对，多忽经济之体。"此当以作"孝秀"为是，盖指当时应孝廉科、秀才科的考生。而如果作"麻"，孝麻则属丧礼之事，与下文"经济之体"（经邦济世的大体）联系不上。这里所谓"集"是指整理者（彭叔夏或别的人）所见到的杜甫集。我们知道，杜甫生前对自己作品的传播是持谨慎态度的，曾有"将诗莫浪传"的叮咛，他生前没有编集，死后，诗作也是以极不完整的抄本流传的，《旧唐书》杜甫本传中所谓六十卷的集子，在唐代罕见记载，白居易也只得到千余篇杜诗。除诗之外，杜甫的文章即所谓"杂文"一直不为世所重，所以，它的流传更成问题。宋人所整理的集子绝大多数是诗集，而收录"杂文"的杜集十分罕见。由此看来，杜甫的文章更多的是靠唐代诗文总集来保存的，《文苑英华》所存杜甫的策问之作的文字就比杜甫集中所收更为准确、更为可信了。

有些则是改者知识有限、不明作者所用典故而导致的误改，如《文苑英华》卷四百八十一《词标文苑科策（光宅元年）》皇甫琼（登科记作皇甫伯琼）对策："伏惟圣母皇帝陛下，辟阴阳之一气，独化初皇；启日月之三光，混成太极。……吹尘（一作竽）钧璜之侣，接武于阶墀；骑星弄电之夫，肩随于廊庙。"吹尘：本于《史记·五帝本纪》："举风后、力牧、常先、大鸿以治民。"张守节《正义》引《帝王世纪》："黄帝梦大风吹，天下之尘垢皆去。又梦人执千钧之弩，驱羊万群。帝寤而叹曰：'风为号令，执政者也。垢去土，后在也，天下岂有姓风名后者哉……于是依二占而求之，得风后于海隅，登以为相。'"后以"吹尘"为得良相之兆。至于此处的异文"吹竽"，虽也是一个典故（即滥竽充数），但其意思与此处上下文不能衔接，故当是后来者臆改。

以下谈注释。

清人在唐代试律诗的选、评和笺注方面的著作，主要有：

1. 毛奇龄《唐人试帖》，康熙四十年初刻，以后有重刊。

2. 臧岳《应试唐诗类释》，康熙五十四年初刻，乾隆四十年重刊。

3. 纪昀《唐人试律说》，乾隆二十五年刊本。

4. 范文献等《唐人试帖纂注》，乾隆宝奎堂刻本。

5. 朱琰《唐试律笺》，附《试律举例》，乾隆二十二年刊本。

6. 叶忱《唐诗应试备体》，乾隆最古园刊本。

据笔者调查，清人这类本子，不少于十六个，此处不一一列举。

清人对试律诗的整理出于科试实用，所选多不全面、不纯粹，其简单的笺释并不能满足今天的研读者的需要，而太多的体验性的评论现在看来颇觉喧宾夺主。今天有彭国忠主编的《唐代试律诗》（2006 年版），但也属选评本，只有简注。

今人对唐诗别集、总集的一些笺注涉及试律诗的有：钱钟联《韩昌黎诗系年集释》，刘学锴、余恕诚《李商隐诗歌集解》以及陈贻焮主编《增订注释全唐诗》，等等。

以上这些资料，凡我们能找得到的，都进行了翻检参考。

我们这次对试律诗的注释，主要解释诗篇中艰深疑难之字词和典故，疏通文句，如句段中运用了比较曲折的或巧妙的修辞方式，亦加简略分析。在注释中，还简介了诗作者（第一次出现时）和诗篇的创作时间（无考则阙），有时也介绍诗篇的赋韵情况、押韵特点（当古今差异很大的时候）。

试策文的选评和笺注，情况如下：

选评主要见于宋明学者的选本和评点本中。当代学者傅璇琮《唐代科举与文学》对个别策文也有所评介。

另外，《四库全书》中收有佚名《增注唐策》十卷，《提要》据该书避讳推定此书为宋人所作。该书兼收唐人策、论、书、状、表、奏，其中卷一、卷二为“策”，先后收裴垍、牛僧孺、元稹、白居易、刘蕡等五人之对策，而略施简注。

关于策文笺注的其他资料主要见于古今学人对唐代别集的校笺和考论中。《文苑英华》所录策问和对策的作者，其文集或诗文集，古今（含古或今）有笺注的计有：骆宾王、杜甫、陆贽、韩愈、元稹、白居易、李商隐等，而有集无注的有（以下按《文苑英华》录文顺序）：权德舆、张说、张九龄、吴师道、皇甫湜、沈亚之。

总之，一些名家所撰策问或对策，随其文集的整理而得到整理，但这种整理大多是顺带而过的。另外还有许多文名不高的人没有文集而其对策未被整理，有的二三流作家虽有文集亦未得到整理。这种不全面、不集中的情况，不利于通观唐代试策文的特性和概貌。

这次对策问和对策文的注释，包括施句读，加标点，分段落，辨析疑难字词和生僻典故，提供策文中某些议论的文献背景或史实背景，必要时分析文章的结构特点。除此之外，还简介策文作者和该策文的创作时间（无考则阙，“拟作”不论）。

我们这次对唐代试律试策的注释，费时最多的是对诗文中不常见典故的出处查找、对诗文特别是试策文所论问题的历史背景的考索。其间甘苦，自不待言。但为了能给学界提供一个好的注本，我们这样做是值得的。尽管我们已经作了最大的努力，但限于学识、水平，加上时间仓促，疏误在所难免，敬请海内方家指正赐教。

试律校注

文苑英华卷一百八十

宋　李昉等编

省试一　四十七首

玄元皇帝应见贺圣祚无疆①（三首）

殷　寅②

应历生周日，修祠表汉年③。复兹秦岭上，更似霍山前④。昔赞神功起，今符圣祚延。已题金简字，仍访玉堂仙⑤。睿祖光元始，曾孙体又玄⑥。言因六梦接，庆叶九灵传⑦。北阙心超矣，南山寿固然⑧。无由同拜庆，窃抃贺陶甄⑨。

注释：

① 玄元皇帝：唐奉老子为始祖，于乾封元年二月追号为“太上玄元皇帝”，天宝二年正月加尊号“大圣祖”，天宝八载六月又加尊号为“圣祖大道玄元皇帝”。见《旧唐书·高宗纪下》及《礼仪志四》。祚（zuò）：皇位。封演《封氏闻见记·道教》：“国朝以李氏出自老君，故崇道教。高祖武德三年，晋州人吉善行于羊角山，见白衣老父，呼善行谓曰：‘为我语唐天子，吾是老君，即汝祖也。今年无贼，天下太平。’高祖即遣使致祭，立庙于其地，遂改浮山县为神山县，拜善行为朝散大夫。高宗乾封元年，还自岱岳，过真源县，诣老君庙追尊为玄元皇帝。”

② 殷寅：名知人，陈郡人。早孤，事母以孝闻。应宏词举，为永宁尉。与赵晔、颜之推、萧颖士善。今存诗二首。行状见《旧唐书》卷一百八十七下《忠义下》。

③ 应历：本指应合乐律。这里指应合历象。周日：周朝时代的太阳；周，周代；老子生于东周。古人常以日喻君，老子被封玄元皇帝，故以“周日”双关。修祠：祭祀。《史记·封禅书》：“修祠太一，若有象景光。”汉：古指华夏族、汉族及其活动范围，中华民族中人数最多的为汉族。这两句是说当今皇帝之大位乃是继承了华夏正统。

④ 秦岭：指陕西的终南山，亦称太一山、南山。霍山：《尔雅·释山》：“霍山为南岳。”郭璞注以为天柱山，邢昺疏则以为即当时衡山之别名。这两句以秦岭、霍山喻皇位之稳固。

⑤ 金简：金质的简册，指道教仙简、金箓。玉堂：神仙之居所。这两句是说唐玄宗之皇位得神仙护佑。

⑥ 睿祖：圣明的祖先。光：光大。元始：起始；这里犹言始祖。

⑦ 六梦：古代以梦占卜吉凶，先分梦为六类：正梦，噩梦，思梦，寤梦，喜梦，惧梦。详见《周礼·春官·占梦》。后因以“六梦”泛指做梦。庆：喜事。叶（xié）：相合。九灵：《应试唐诗类释》录该诗作“九龄”。九龄，九十岁。语本《礼记·文王世子》：“文王谓武王曰：‘女何梦矣？’武王对曰：‘梦帝与我九龄。’文王曰：‘女以为何也？’武王曰：‘西方有九国焉，君王其终抚诸。’文王曰：‘非也！古者谓年龄，齿亦龄也。我百、尔九十，我与尔三焉。’文王九十七乃终，武王九十三而终。”郑玄注：“九龄，九十年之祥也。”后引申为长寿。

⑧ 南山寿：即“寿比南山”，祝颂语，祝福长寿。语本《诗·小雅·天保》：“如月之恒，如日之升，如南山之寿，不骞不崩。”

⑨ 窃：副词，偷偷地，暗地里。抃（biàn）：拍手，鼓掌。陶甄（zhēn）：用转轮制陶器，烧制陶器。比喻陶冶、教化。此言“贺陶甄”，即祝贺天下大治，国运长久之意。

同　前

李　岑①

皇纲归有道，帝系祖玄元②。运表南山祚，神通北极尊③。大同齐日月，兴废应乾坤④。圣后趋庭礼，宗臣稽首言⑤。千官欣赐睹，万国贺深恩。锡宴云天接，飞声雷地喧⑥。祥云飞紫阁，喜气绕皇轩⑦。未预承天命，空勤望帝门。

注释：

① 李岑：天宝大历间人。安史之乱时任宋州刺史。

② 皇纲：朝廷的纲纪。系：世系，谱系。祖：以……为祖。唐朝皇室认为自己与先秦的老聃有关系，故云“祖玄元”。

③ 南山祚：如南山般稳固的国祚。同时，“运表南山祚”双关唐玄宗梦见城南山趾有天尊之像一事。北极：北极星，又名北辰，天枢。古人把它当作帝王的象征。

④ 大同：指太平盛世。“大同”为战国末至汉初的儒家学派提出的一种理想社会，与“小康”相对。《礼记·礼运》：“大道之行也，天下为公，选贤与能，讲信修睦，故人不独亲其亲，不独子其子，使老有所终，壮有所用，幼有所长，矜寡孤独废疾者皆有所养，男有分，女有归，货恶其弃于地也，不必藏于己，力恶其不出于身也，不必为己，是故谋闭而不与，盗窃乱贼而不作，故外户而不闭，是谓大同。”这种理想社会曾为许多人所向往。乾坤：指乾卦和坤卦。

⑤ 圣后：指皇后。趋：指低头弯腰、小步快走以表示恭敬的一种行走方式。皇后为家人，故庭见皇帝，只需快步走以示尊敬即可。宗臣：与君主同宗之臣。稽首：古时一种跪拜礼，叩头至地，是九拜中最恭敬者。

⑥ 锡：通“赐”，音 cì。

⑦ 轩：这里指窗户。

同 前

赵 铎①

圣主今司契，神功格上玄②。岂唯求傅野，更有叶钧天③。雷梦西山下，焚香北阙前④。道光尊圣日，福应集灵年⑤。咫尺真容近，巍峨大象悬⑥。觞从百寮献，形为万方传。声教惟皇美，英威固邈然⑦。惭无美周颂，徒上祝尧篇⑧。

注释：

① 赵铎：一作驿。天宝四载（745）进士。行状见《登科记考》卷九。今存诗一首。

② 司契：即司契，掌管法规。《新唐书·刘蕡传》：“朕闻古先哲王之治也，玄默无为，端拱司契。”《老子》：“是以圣人执左契而不责于人。”此黄老御天下之术，唐玄宗后亦慕此术。格：至，接近。

③ 傅野：傅说版筑之野。《书·说命上》：“高宗梦得说（傅说），使百工营求诸野，得诸傅岩……”傅岩，亦称“傅险”，古地名，相传商代贤士傅说为奴隶时版筑于此，故称。叶（xié）：同“协”。钧天：天的中央。古代神话传说中天帝住的地方。《吕氏春秋·有始》：“中央曰钧天。”高诱注：“钧，平也。为四方主，故曰钧天。”这里是“钧天广乐”的略语，指天上的音乐。

④ 雷梦：四库本作“审梦”，当从。见前殷寅诗注⑦。西山：当作“南山”。

⑤ 灵：指灵异，祥瑞。

⑥ 真容：真实的容貌，亦指画像、塑像；这里指老子的雕像。《资治通鉴·唐纪》：“（开元二十九年）庚子，上还宫。上梦玄元皇帝告云：‘吾有像在京城西南百余里，汝遣人求之，吾当与汝兴庆

宫相见。’上遣使求，得之于盩厔楼观山间。夏闰四月，迎置兴庆宫。五月，命画玄元真容分置诸州。”大象：天象，指日月星辰等运行现象。

⑦ 皇美：当从四库本作“皇矣”。《诗·大雅·皇矣》：“皇矣上帝，临下有赫。”毛传：“皇，大。”邈：远。

⑧ 周：周朝。这里借古喻今，指唐朝。周颂：《诗》“三颂”之一，共三十一篇，为西周宗庙祭祀乐章。因多颂德之作，故后用以指朝廷颂歌。尧：喻圣君唐玄宗。

皇帝移晦日为中和节①

王季友②

皇心不向晦，改节号中和。淑气同风景，佳名别咏歌③。湔裙移旧俗，赐尺下新科④。历象千年正，酺醵四海多⑤。花随春令发，鸟度岁阳过⑥。天地齐休庆，欢声欲荡波⑦。

注释：

① 晦：农历每月的最后一日。这里指农历正月最后一日，在唐代为春节中最后一个小节日，当天人们在河边洗涤并祭祀，以祓除不祥。中和节：唐德宗贞元五年，下诏废除正月晦日之节，以二月初一为中和节。是日民间以青囊盛百谷瓜果种互相赠送，称为献生子。里闾酿宜春酒，以祭勾芒神，祈求丰年。百官进农书，表示务本。

② 王季友：王季友，河南人，按《豫章图经》云鄷城人。家贫卖履，博极群书。李勉引为宾客，甚敬之。善为诗，杜甫诗云：“鄷城客子王季友”是也。殷璠云：“季友诗爱奇，务险远，出常情之外，然而白首短褐良可悲夫!”行状见《唐才子传》卷二。《全唐诗》卷三百七作吕渭诗。吕渭，字君载，河中人。第进士，为浙西支使，后贬歙州司马。贞元中累迁礼部侍郎，出为潭州刺史。今存诗五首。

③ 淑气：温和之气。

④ 湔（jiān）：洗涤。旧俗于农历正月元日至月底，士女酹酒洗衣于水边，以禳除灾厄。隋杜台卿《玉烛宝典》卷一：“元日至于月晦，民并为酺食、渡水，士女悉湔裳、酹酒于水湄，以为度厄。”注：“今世唯晦日临河解除，妇女或湔裙也。”唐德宗既废晦日节，则湔裙之俗亦被移除，故曰“移旧俗”。赐尺：天子以尺赐臣下，以此勉励臣下治理政事裁度有方。《新唐书》卷一百三十九《李泌传》：“帝以‘前世上巳、九日，皆大宴集，而寒食多与上巳同时，欲以三月名节，自我为古，若何而可?’泌请：‘废正月晦，以二月朔为中和节，因赐大臣戚里尺，谓之裁度。民间以青囊盛百谷瓜果种相问遗，号为献生子。里闾酿宜春酒，以祭勾芒神，祈丰年。百官进农书，以示务本。’帝悦，乃着令，与上巳、九日为三令节，中外皆赐缗钱燕会。”这是唐德宗贞元五年的事，史载德宗之移晦为中和节，正是采纳大臣李泌的建议。新科：新立的科条。

⑤ 历象：历法；天文星象。《新唐书》卷一百三十九《李泌传》：“帝以‘前世上巳、九日，皆大宴集，而寒食多与上巳同时’。”是所谓历象不正。此言“历象千年正”是说德宗改历、是正历法。酺醵（pú jù）：聚会饮食。中和节民得聚饮庆祝。出钱为醵，出食为酺。

⑥ 春令：春季的节令。又，古人主张君主按季节时令的特性、顺其阴阳变化之理来安排不同政令的实施，春令即指春季所行的政令，即宽和的政令。岁阳：岁指太岁星，古人观察太岁的视运动轨迹以纪年纪月。中和节时当仲春，太岁所经历者为阳月，故称此时为岁阳。

⑦ 休：美善，喜庆。

主上元日梦王母献白玉环①

丁　泽②

梦中朝上日，阙下拜天颜。仿佛瞻王母，分明献玉环。灵姿趋甲帐，悟道契玄关③。似见霜姿白，如看月彩弯。霓裳归物外，凤历晓人寰④。仙圣非相远，昭昭寤寐间。

注释：

① 元日：正月初一。与诗中“上日”异名同实。上日：朔日，即农历初一。《书·舜典》：“正月上日，受终于文祖。”孔传：“上日，朔日也。”《初学记》卷四引隋杜台卿《玉烛宝典》：“正月为端月，其一日为元日，亦曰上日。”王母：即西王母的略称，为古代神话中的女仙。最早的形象颇为狰狞。传说，西周穆天子和西汉武帝刘彻均与西王母有来往，从之访求长生不老之术。故西王母的形象，在《汉武帝内传》中已被描绘为仪态万方、冠冕堂皇的中年女性。后世帝王梦见西王母，即被认为是具有仙根的表现。

② 丁泽：大历十年（775）试东都第一。今存诗三首。

③ 甲帐：古帝王行在，结帐篷为营，帐以甲乙编次，故有甲帐、乙帐之称。《北堂书钞》卷一百三十二引《汉武帝故事》：“上以琉璃珠玉、明月夜光杂错天下珍宝为甲帐，次为乙帐。甲以居神，乙以自居。”契：体会，领悟。玄关：入道之门。这两句是说王母进居甲帐，与唐皇帝交谈，皇帝得以领悟入道之门。

④ 霓裳：神仙的衣裳，相传神仙以云为裳。借指云雾，云气。凤历：《左传·昭公十七年》：“我高祖少皞挚之立也，凤鸟适至，故纪于鸟，为鸟师而鸟名，凤鸟氏，历正也。”后因用“凤历”称岁历。这里指仙家之历法。《汉武帝内传》西王母回忆往事时每称若干千年以前，又在上元夫人授帝秘籍后，嘱曰：“受之者四十年传一人，无其人八十年可顿受二人；得道者四百年一传，得仙者四千年一传，得真者四万年一传，升太上者四十万年一传。”此即仙历。

元日望含元殿御扇开合①

张　莒②

万国来初岁，千年睹圣君。辇迎仙仗出，扇匝御香焚③。俯对朝元近（杂咏作见），先知曙色分④。冕旒开处见，钟磬合时闻⑤。影动承朝日，花攒似庆云⑥。蒲葵那可比，徒用隔炎氛⑦。

注释：

① 含元殿：唐大明宫正殿。高宗龙朔三年建成，该殿位于大明宫中轴线上，元旦、冬至以及宣赦、改元等大型典礼多在此举行，唐帝亦经常在此亲试或接见应制举人。御扇：皇帝的仪仗扇。皇帝上

朝时，左右有数位侍从举大扇遮护。

② 张莒：长山人。登大历九年（774）进士第。大中时，官吏部员外郎。诗一首。

③ 仗：仪仗。匝（zā）：环绕。

④ 朝元：古代诸侯和臣属在每年元旦贺见帝王。唐罗邺《岁仗》诗："玉帛朝元万国来，鸡人晓唱五门开。"此指朝元阁，唐代阁名，在陕西省临潼县骊山。玄宗朝，改名降圣阁。这两句写皇帝早朝接受群臣朝见的情形。

⑤ 冕旒（liú）：指皇冠，皇帝所戴礼冠有十二旒。旒即冠冕前后悬垂的玉串。这一句是说分开御扇即可见到戴着礼冕的皇帝的面目。

⑥ 影：指扇影。花：指扇上画的花。攒（cuán）：攒动。与上句"动"偶对。庆云：五色云。古人以为喜庆、吉祥之气。

⑦ 蒲葵：常绿乔木，叶子大，大部分掌状分裂，裂片长披针形，圆锥花序，生在叶腋间，花小，果实椭圆形，成熟时黑色。生长在热带和亚热带地区，叶子可以做扇子。这里指蒲葵扇。《晋书》卷七十九《谢安传》："安少有盛名，时多爱慕。乡人有罢中宿县者，还诣安，安问其归资，答曰：'有蒲葵扇五万。'安乃取其中者，捉之。京师士庶竞市，价增数倍。"那：同"哪"。徒：只。炎氛：热气，暑气。

元日和布泽①

潘孟阳②

至德生成泰，咸欢煦育恩③。流辉沾万物，布泽在三元④。北阙祥云迥，东方嘉气繁⑤。青阳初应律，苍玉正临轩⑥。恩洽因时令，风和比化元⑦。自惭同草木，无以答乾坤⑧。

注释：

① 和：以诗歌酬答、应和；这里指唱和，赞美。布泽：指天子于喜庆之时普施恩泽，比如赐民酒食，赐民爵，免民赋役，以及天下大赦等。

② 潘孟阳：礼部侍郎潘炎之子。孟阳以父荫进登博学宏词科。公卿多父友及外祖宾从，故得荐用。累迁殿中侍御史、兵部郎中、州刺史、节度使等。历德宗、顺宗、宪宗朝。孟阳气尚豪俊，不拘小节，居第颇极华峻，终为宪宗贬弃。今存诗三首。见《旧唐书》卷一百六十二，《新唐书》卷一百六十。

③ 泰：卦名。《周易》六十四卦之一。乾下坤上，为上下交通之象。煦育：抚育，养育。唐方干《除夜》诗："煦育诚非远，阳和又欲升。"

④ 三元：农历正月初一。是日为年、月、日之始，故谓之三元。

⑤ 迥（jiǒng）：高远。

⑥ 青阳：指春天。《尔雅·释天》："春为青阳。"郭璞注："气清而温阳。"青阳初应律，指应大簇之律。苍玉：即"仓玉"，青玉。《礼记·月令》："孟春之月……律中大簇……天子居青阳左个，乘鸾路，驾仓龙，载青旗，衣青衣，服仓玉。"孔颖达疏："龙兴玉言仓者，仓亦青也。"

⑦ 恩洽："洽"有浸润、沾湿之意，故恩洽即恩泽。时令：犹月令。古时按季节制定政令。《礼记·月令》："[季冬之月] 天子乃与公卿大夫共饬国典，论时令，以待来岁之宜。"风和：指自然界的和谐。化元：造化的本原；造化。这里指教化。

⑧ 乾坤：《易》的乾卦和坤卦，也称天地、日月。这里指帝王。

中和节诏赐公卿尺[①]（三首）

陆复礼[②]

春仲令初吉，欢娱乐大中[③]。皇恩贞百度，宝尺赐群公[④]。欲使方隅法，还令规矩同[⑤]。捧观珍质丽，拜受圣心崇。如荷丘山重，思酬分寸功[⑥]。从兹度天地，与国庆无穷。

注释：

① 赐尺：天子以尺赐臣下。以此勉励臣下治理政事裁度有方。参见前《皇帝移晦日为中和节》注④。
② 陆复礼：贞元八年宏词第一人。今存诗一首。
③ 春仲：中和节在二月朔，时当仲春。初吉：朔日，即阴历初一日。《诗·小雅·小明》："二月初吉，载离寒暑。"毛传："初吉，朔日也。"大中：指无过与不及的中正之道，亦即所谓中和、中庸。
④ 贞：正也；定也。百度：百事；各种制度。
⑤ 方隅：四方，四边。法：效法，有所遵循。规矩：规和矩。校正圆形和方形的两种工具。《礼记·经解》："规矩诚设，不可欺以方圜。"孔颖达疏："规所以正圆，矩所以正方。"引申指礼法，法度。
⑥ 酬：报答。

同　前

裴　度[①]

淑景风光媚（景杂咏作节），皇明宠赐重[②]。具寮颁玉尺，成器幸良工[③]。岂止寻常用，将传度量同[④]。人何不取则，物亦赖其功[⑤]。紫翰宣殊造，丹诚励匪躬[⑥]。奉之无失坠，恩泽自天中。

注释：

① 裴度：字中立，河东闻喜人。贞元中擢第。授河阴县尉，迁监察御史，出为河南府功曹，迁起居舍人。历宪宗、穆宗、敬宗朝，累官司封员外郎、知制诰、中书舍人、御史中丞、门下侍郎同中书门下平章事、招讨使、门下侍郎、集贤殿大学士等，卒赠太傅。度状貌不逾中人，而风采俊爽，占对雄辩，出入中外，经事四朝，以身系国之安危者二十年。集二卷，今编诗一卷。见《旧唐书》卷一百七十、《新唐书》卷一百七十三。
② 淑景：春天里的美好景象。此处原注："景，《杂咏》作节。"按，《杂咏》，指《岁时杂咏》。皇明：皇帝的圣明。重（chóng）：再。皇帝移晦为中和节，以顺应时令民便，此为一重恩赐，而又同时赐群臣玉尺，则为第二重恩赐。

③ 具寮：即“具僚”，指官员，百官。具寮颁玉尺，意谓向百官颁发玉尺。成器：良器。《礼记·王制》：“锦文珠玉成器，不粥于市。”郑玄注：“成犹善也。”幸：幸亏。良工：技术精良的工匠。

④ 度量同：统一度量衡标准，这是国家统一、政令统一的标志。这曾是秦始皇统一六国后首先采取的措施之一。

⑤ 取则：取作准则、规范。

⑥ 紫翰：犹“紫书”，指帝王的诏书。殊造：至尊；代称帝王。匪躬：忠心耿耿，不顾自身。典出《易·蹇》：“王臣蹇蹇，匪躬之故。”孔颖达疏：“尽忠于君，匪以私身之故而不往济君，故曰：匪躬之故。”匪：通“非”，不。躬：身体。引申指生命。

同　　前

李　观①

阳和行庆赐，尺度为臣工（一作及群工）②。宠荷乘（一作承）佳节，倾心立大中③。短长思合制，远近贵相同。共荷裁成德，将酬分寸功④。作程施有用（一作政），垂范播无穷⑤。愿续延洪（一作南山）寿，千春奉圣躬。

注释：

① 李观：字符宾，洛阳人，其先自赵郡徙焉。贞元八年进士、宏辞擢第。授太子校书郎。集三卷，诗四首。见《旧唐书》卷一百四十四、《新唐书》卷一百五十六。

② 阳和：春天的暖气，借指春天。臣工：群臣百官。

③ 荷：承受；承蒙。这里特指承受恩德。乘：趁，正逢。大中：见前陆复礼《中和节诏赐公卿尺》注③。

④ 荷：肩负，扛。这里指承受，承蒙。裁成：剪裁成就；裁剪制成。

⑤ 作程：立法度，做准则。施有用：“用”当据另本作“政”，“施有政”犹言“施于有政”，即将用尺作准则这个道理应用到治理政事上去。取则依尺，则为政治国当依法。《论语·为政》：“或谓孔子曰：‘子奚不为政？’子曰：‘《书》云：孝乎惟孝，友于兄弟，施于有政。是亦为政，奚其为为政？’”播：传布，传扬。

清明日赐百僚新火①（三首）

韩　濬②

朱（一作玉）骑传红烛，天厨赐近臣③。火随黄道见，烟绕白榆新④。荣耀分他日（一作室），恩光拱紫宸⑤。更调金鼎味（一作膳），还暖玉堂人⑥。灼灼千门晓，辉辉万井春⑦。应怜萤聚夜，瞻望及东邻⑧。

注释：

① 清明：二十四节气之一，在农历三月，约当阳历四月六日前后。清明节前一、二日为寒食节，旧

俗禁火三日，其间冷食。故到清明节时，古人要钻木取新火，恢复熟食。此当是原始社会之遗俗，后人遵以为制。但也有附会之说，相传春秋时晋文公辜负其功臣介之推。介之推愤而隐于绵山。文公悔悟，烧山逼令出仕，之推抱树焚死。人民同情介之推的遭遇，相约于其忌日禁火冷食，以为悼念。以后相沿成俗，谓之寒食。新火：古代钻木取火，四季各用不同的木材，易季时新取之火称新火。亦称“改火”。唐宋习俗是清明前一日禁火寒食，到清明节再起火赐百官，称为“新火”。皇帝赐百官新火，亦取除旧去厄，万事更新之意。

② 韩濬：江东人，大历九年（774）进士及第。今存诗一首。

③ 天厨：天庭的庖厨。《汉武帝内传》：“王母自设天厨，真妙非常，丰珍上果，芳华百味……非地上所有。”引申指皇帝的庖厨。

④ 黄道：地球一年绕太阳转一周，我们从地球上看成太阳一年在天空中移动一圈，太阳这样移动的路线叫做黄道。它是人们在天球上假设的一个大圆圈，即地球轨道在天球上的投影。这里指帝王出游时所走的道路。唐李白《上之回》诗：“万乘出黄道，千骑扬彩虹。”王琦注：“萧士赟曰：《前汉·天文志》：日有中道。中道者，黄道也。日，君象，故天子所行之道亦曰黄道。”榆（yú）：榆树。榆树叶椭圆，木材坚固，古人常钻以取火。榆树皮呈褐色，而此云“白榆”，则是指用来钻火之榆木块。

⑤ 宸（chén）：北极星所在为宸。后借以喻帝王所居。“拱紫宸”，四库本作“共此宸”。

⑥ 金鼎：青铜铸成的鼎。鼎既是食器，又是权位的象征。先秦天子九鼎，贵族各依地位拥有数量不等的鼎，平时列鼎而食。此新火所赐百僚，地位相当于上古贵族，故云“更调金鼎味”。玉堂：玉饰的殿堂。亦为宫殿的美称。

⑦ 万井：犹言“千家万户”。相传古人聚居，八家共一井。

⑧ 怜：怜惜，喜爱。萤聚：即聚萤。收聚萤光以照明。《晋书·车胤传》：“家贫不常得油，夏月则练囊盛数十萤火以照书，以夜继日焉。”后常以“聚萤”喻指刻苦力学。东邻：《列女传》卷六：齐女徐吾，东海上贫妇人也，与邻妇李吾等共用蜡烛在夜里绩麻，李吾拒绝她。徐吾曰：“夫一室之中，益一人，烛不为暗，损一人，烛不为明，何爱东壁之余光，不使贫妾得蒙见哀之？恩长为妾役之事，使诸君常有惠施于妾，不亦可乎！”

同 前

史 延①

上苑连侯第，清明及暮春②。九天初改火，万井属良辰③。颁赐恩逾洽，承时庆自（杂咏作亦）均④。翠烟和柳嫩，红焰出花新。宠命尊三老，祥光烛万人⑤。太平当此日，空复荷陶甄。

注释：

① 史延：登大历九年（774）进士第。今存诗一首。

② 上苑：皇家的园林。第：官邸；大的住宅。侯第：本义为王侯的住宅，这里指大臣的住宅。“上苑连侯第”写中使奉命颁传新火的路线。

③ 九天：本指天之中央与八方。《楚辞·离骚》王逸注：“九天谓中央八方也。”这里指普天下。改火：古代钻木取火，四季换用不同木材，称为“改火”，又称改木。亦用以比喻时节改易。《论语·阳货》：“旧谷既没，新谷既升，钻燧改火，期可已矣。”何晏集解引马融曰：“《周书·月令》

有更火之文。春取榆柳之火，夏取枣杏之火，季夏取桑柘之火，秋取柞楢之火，冬取槐檀之火。一年之中，钻火各异木，故曰改火也。”属（zhǔ）：注目；专注。这里是盼望的意思。

④ 洽：周遍，广博。承时：正逢太平之时。庆：赏赐；福泽。

⑤ 宠命：加恩特赐的任命。封建社会中对上司任命的敬辞。三老：指上寿、中寿、下寿。《左传·昭公三年》：“公聚朽蠹，而三老冻馁。”杜预注：“三老、谓上寿、中寿、下寿。皆八十已上。”后泛指有声望的老人。烛：照。

同　前

王　濯①

御火传香殿，华光及侍臣。星流中使马，烛耀九衢人②。转影连金屋，分辉丽锦茵③。焰迎红蕊发，烟染绿条春。助律和风早，添炉暖气新④。谁怜一寒士，犹望照东邻⑤。

注释：

① 王濯：大历九年（774）进士第。今存诗一首。

② 中使：宫中派出的使者。多以宦官充任。星流中使马，是形容颁传烛火的中使驰马若飞。九衢：纵横交叉的大道；泛指繁华的街市。《楚辞·天问》：“靡蓱九衢，枲华安居。”王逸注：“九交道曰衢。”

③ 茵：茵席，褥垫。

④ “助律”句：律指乐律。古人以特定乐律对应特定季节，并据此决定政事的轻重缓急。《礼记·月令》：“季春之月……其音角，律中姑洗。”又曰：“是月也，生气方盛，阳气发泄。”按，角音姑洗之律渐趋激昂，犹季春三月阳气发泄，日趋温暖，而新火正助此趋势，使和风早发，渐向夏日。

⑤ 东邻：用《列女传》弃女徐吾故事。见前韩濬诗注⑧。旧题晋·葛洪《西京杂记》卷一：“匡衡字稚圭，勤学而无烛，邻舍有烛而不逮，衡乃穿壁引其光，以书映光而读之。”

九月九日勤政楼下观百僚献寿①

沈亚之②

御气黄花节，临轩紫陌头③。早阳生彩仗，霁色入仙楼④。献寿皆鸳鹭，瞻天尽冕旒⑤。菊樽过九日，凤历肇千秋⑥。乐奏薰风起，杯酣瑞影收⑦。年年歌舞度，此地庆皇休⑧。

注释：

① 九月九日：即重阳节，九为阳数，二九同现，故曰“重阳”。古人逢此节则登高远眺，饮酒赏菊。又因九与“久”同音，故重阳祝寿，最得敬老之意。勤政：勤劳于政事。勤政楼：即勤政务之楼。唐代长安，以大明宫为中心，其南有兴庆宫，勤政楼在兴庆宫西南隅。建于开元年间，《旧唐书·

音乐志》说：“玄宗在位多年，善音乐，若宴设酺会，即御勤政楼。”

② 沈亚之：字下贤，吴兴人（今浙江湖州）。登元和十年（815）进士第。历殿中丞、御史、内供奉，太和初，为德州行营使柏耆判官，柏耆贬亚之亦谪南康尉，终郢州掾。集九卷，今编诗一卷。

③ 御气：指驾驭、掌握、顺应时令之气。黄花：菊花。重阳赏菊、饮菊花酒，故重阳节可称为“黄花节”。紫陌：指京师郊野的道路。

④ 生：使……生动，为……增辉。霁（jì）色：晴朗的天色。

⑤ 鸳鹭：《禽经》一卷（旧本题师旷撰、晋张华注）：“‘寀寮雝雝，鸿仪鹭序。’鸿雁属，大曰鸿、小曰雁，飞有行列也。鹭，白鹭也；小不踰大，飞有次序，百官缙绅之象。《诗》以‘振鹭’比百寮，雍容喻朝美。《易》曰：‘鸿渐于干，于盘圣人。’皆以鸿鹭之群，拟官师也。”鸳和鹭止有班，立有序，故以比喻朝官的行列。

⑥ 菊樽：指喝菊花酒的酒杯。九日：即九月九日。凤历：见前《主上元日梦王母献白玉环》注④。肇（zhào）：开始，创始。《书·舜典》：“肇十有二州。”孔传：“肇，始也。”

⑦ 薰风：和暖的风。这里双关传说中虞舜所作之《南风》。《礼记·乐记》：“昔者舜作五弦之琴，以歌《南风》。”《孔子家语·辨乐解》：“昔者舜弹五弦之琴，造《南风》之诗。其诗曰：‘南风之薰兮，可以解吾民之愠兮；南风之时兮，可以阜吾民之财兮。’”

⑧ 休：树荫。引申为荫庇，恩泽。《周书·静帝纪》：“藉祖考之休，凭宰辅之力。”周代铜鼎金文多有“对扬王休”颂语。

南至日隔霜仗望含元殿炉香①（三首）

崔立之②

千官贺长至，万国拜含元③。隔仗炉光出，浮霜烟气翻④。飘飘萦内殿，漠漠澹前轩⑤。圣日开如捧，卿云近欲浑⑥。轮囷洒宫阙，萧索散乾坤⑦。愿惹天风便，披香捧至尊⑧。

注释：

① 南至：即冬至。冬至之日，日最偏南，故曰南至。霜仗：闪耀着寒光的仪仗。含元殿：唐大明宫正殿。见上张莒《元日望含元殿御扇开合》注①。

② 崔立之：贞元进士第。诗三首。

③ 长至：有二说，一指夏至。夏至白昼最长，故称。《礼记·月令》：“［仲夏之月］是月也，日长至，阴阳争，死生分。”一指冬至。自夏至后日渐短，自冬至后日又渐长，故称。这里当指冬至，自冬至后白天的时间渐长，故称长至。

④ 翻（fān）：同“翻”，飞也。

⑤ 漠漠：寂静无声貌。这里指炉烟迷蒙貌。澹（dàn）：淡薄，不浓厚。

⑥ 圣日开如捧：是写红霞托日的情形。卿云：即“庆云”。五色云，古人视为祥瑞。《史记·天官书》：“若烟非烟，若云非云，郁郁纷纷，萧索轮囷，是谓卿云。卿云见，喜气也。”浑：混沌，混合，模糊。

⑦ 轮囷（qūn）：盘曲貌。萧索：疏散；稀少。此二句描绘御炉之香气。

⑧ 惹：沾染；染上。披：拨开。捧：扶拥；仰承。至尊：最尊贵，最崇高。引申指帝王。

同　前

裴次元①

冕旒初（一作亲）负扆，卉服尽朝天②。旸谷初移（一作移初）日，金炉渐起（一作出御）烟③。芬香流远近，散漫入貂蝉④。霜仗凝逾白，朱栏映转鲜。始看浮阙在，稍见（一作竟）逐风迁⑤。为沐皇家庆，来瞻羽卫前⑥。

注释：

① 裴次元：贞元四年（788）第进士（据孟二冬《登科记考补正》）。元和中为福州刺史、河南尹，终江西观察使。今存诗三首。

② 冕旒：本指皇帝礼冠；此处代指皇帝。扆（yǐ）：指置于门窗之间的屏风。《书·顾命》："狄设黼扆缀衣。"孔传："扆，屏风，画为斧文，置户牖间。"负扆：背靠屏风。指皇帝临朝听政。卉服：本指用草织的衣服；这里代指边远地区少数民族。"卉服尽朝天"，是写四方少数民族都派使节前来朝贡，以表示归服。中原汉族政权，被归附的少数民族视为天朝。

③ 旸谷：旸当为"旸"。《全唐诗》卷四百六十六正作"旸"。旸（yáng）谷，古称日出之处。《书·尧典》："分命羲仲，宅嵎夷，曰旸谷，寅宾出日。"孔传："旸，明也。日出于谷而天下明，故称旸谷 。"

④ 貂蝉：貂尾和附蝉，古代为侍中、常侍等贵近之臣的冠饰。因以之代指侍中、常侍之官。此处则泛指朝廷显贵大臣。

⑤ 稍：渐渐。

⑥ 羽卫：帝王的卫队和仪仗。

同　前

王士良①

抗殿疏龙首，高楼接上玄②。节当南至日，星是北辰天。霜（一作宝）戟罗仙仗，金炉引御（一作瑞）烟。霏微霜阙近，溶曳九门（一作州）连③。拂树祥光满，分晴曙（一作晓）色鲜④。一阳今在历，生植愿陶甄⑤。

注释：

① 王士良：四库本作"王良士"。王良士，贞元进士。为西川刘辟幕僚，辟败应坐，高崇文宥之。今存诗二首。

② 抗殿：高大的殿堂。抗：高。疏：分。龙首：山名。在陕西省长安县北，一名龙首原。萧何营未央宫于此。汉张衡《西京赋》："疏龙首以抗殿，状巍峨以岌嶪。"唐人诗赋咏当时事，每以汉制比拟之。上玄：上天。

③ 霏微：迷蒙。溶曳：同"溶泄"。晃动貌，荡漾貌。以上两句是描写作者隔炉烟看到的门阙宫殿的

情形。

④ 拂：掠过；轻轻飘过。

⑤ 一阳：古人称农历十一月冬至一阳生，十二月二阳生，正月三阳开泰，合称“三阳”。生植：生物，指世间一切有生命的东西。

长至日上公献寿[①]（三首）

张叔良[②]

凤阙晴钟度（一作动），鸡人晓漏长[③]。九重初启钥，三事尽（一作正）称觞[④]。日至龙颜近，天旋圣历昌[⑤]。休光连雪净，瑞气杂炉香[⑥]。化被君臣洽，恩沾士庶康[⑦]。不因稽旧典，谁得记（一作纪）朝章[⑧]。

注释：

① 长至：冬至。上公：周制，三公（太师、太傅、太保）称为上公。这首诗描写的是朝廷大臣给皇帝祝寿的情景。

② 张叔良：字房卿。登广德二年（764）进士第。今存诗一首。

③ 凤阙：汉宫殿名，《三辅黄图》称其高二十丈，上有铜凤凰。后以“凤阙”泛指宫殿。鸡人：古代报晓之官。《周礼·春官·鸡人》：“鸡人掌共鸡牲，辨其物。大祭祀，夜嘑旦以嘂百官。”后代沿用以称呼报晓官。漏：古代计时器刻漏。它通过漏桶中水的渐渐滴漏、水上刻度浮标的渐渐下沉来计时。

④ 九重：指宫门。皇帝深居禁中，门有多重。钥：锁。三事：三件事。所指随文而异。如指正德、利用、厚生。这里指三公，即三事大夫。《诗·小雅·雨无正》：“三事大夫，莫肯夙夜。”孔颖达疏：“三事大夫为三公耳。”称觞：即称觞上寿，举杯饮酒，表示祝寿。

⑤ 日至：太阳最偏南时。这是冬至的特征之一。龙颜：皇帝的尊容。旋：运转。圣历：帝王的更迭命运。犹言“国祚”、国运。

⑥ 休：喜庆，吉祥。

⑦ 化：改变人心风俗；教化。“化被”指教化之所覆及，即受感化的意思。康：安乐；安宁。

⑧ 稽：查考。旧典：指原有的典制规章。得：能够。朝章：朝廷的礼仪典章。

同 前

李 竦[①]

候晓金门辟，乘时玉历长[②]。羽仪瞻上宰，云物丽初阳[③]。汉礼方传佩，尧年正捧觞[④]。日行临观阙，帝锡洽珪璋[⑤]。盛美超三代，洪休降百祥[⑥]。自怜朝不坐，空此咏无疆。

注释：

① 李竦：大历二年登进士第。官户部尚书，邓岳观察使。今存诗一首。

② 候晓：指大臣早朝前在朝堂等候。辟（pì）：开启门户，今亦简化为“辟”。玉历：原指正朔；引申为历数、国运。“乘时玉历长”是指冬至时因时令变化白天变长，此亦暗含国运长久。

③ 羽仪：仪仗中以羽毛装饰的旌旗之类；这里指帝王卫队。上宰：同“上公”。三公在先秦和秦汉被视为宰辅。云物：指云的色彩。

④ 汉礼、尧年：尊汉之礼，行尧之年。这是讲唐王朝为华夏正统，为皇上祝寿之礼典正可观。

⑤ 观（guàn）：古代宫门外的双阙。锡：通“赐”，赐予。

⑥ 盛美：美善。三代：指夏、商、周。是孔子盛赞的太平盛世。降：中华书局本作“除”，这是降的俗字。《全唐诗》卷二百八十一作“降”，是也。祥：祥瑞。

同　前

崔　琮①

应律三微（一作阳）首，朝天万国同②。斗边看子月，台上候祥风③。五夜钟初晓，千门日正融④。玉阶文物盛，仙仗虎（杂咏作武，唐讳“虎”字）貔雄⑤。率舞皆群辟，称觞即上公⑥。南山为圣寿，长对未央宫⑦。

注释：

① 崔琮：登大历二年（767）进士第。今存诗一首。

② 三微：三正。三正之始，万物皆微，故又称三微。《后汉书·陈宠传》：“三微成著，以通三统。”李贤注引《三礼义宗》：“三微，三正也。言十一月阳气始施，万物动于黄泉之下，微而未着，其色皆赤，赤者阳气。故周以天正为岁，色尚赤，夜半为朔。十二月万物始牙，色白，白者阴气。故殷以地正为岁，色尚白，鸡鸣为朔。十三月万物始达，其色皆黑，人得加功以展其业。夏以人正为岁，色尚黑，平旦为朔，故曰三微。”三微首：《全唐诗》卷二百八十一录此诗作“三阳首”。三阳首：农历十一月冬至一阳生，十二月二阳生，正月三阳开泰，合称“三阳”。故称冬至日为三阳首。

③ 斗：北斗星。子月：新生之月。

④ 五夜：五更。《文选·陆倕〈新刻漏铭〉》：“六日不辨，五夜不分。”李善注引卫宏《汉旧仪》：“昼夜漏起，省中用火，中黄门持五夜。五夜者，甲夜、乙夜、丙夜、丁夜、戊夜也。”这里指戊夜，即第五更。

⑤ 文：彩色交错；亦指彩色交错的图形、花纹；引申指礼仪制度。文物：指车服旌旗仪仗之类。这里指礼乐制度。古代用文物明贵贱，制等级，故云。貔（pí）：猛兽名。似虎。虎貔雄，是形容皇帝的仪仗队排出的阵势。

⑥ 率舞：相率而舞。《书·舜典》：“夔曰：于，予击石拊石，百兽率舞。”孔传：“乐感百兽，使相率而舞。”群辟（bì）：犹“百辟”，指群臣百官。辟，执法者，泛指臣下。

⑦ 未央宫：西汉皇帝朝见群臣之正宫，在长安故城西南角。此代指皇宫。

恩赐耆老布帛[①]（二首）

李　绛[②]

涣汗中天发，殊私海外存[③]。衰颜逢圣代，华发受皇恩[④]。烛物明尧日，垂衣辟禹门[⑤]。惜时悲落景，赐帛慰余魂[⑥]。厚泽沽翔泳，微生保子孙[⑦]。盛明今尚齿，欢洽九衢樽[⑧]。

注释：

① 耆（qí）：古称六十岁曰耆。耆老：老年人。《礼记·王制》："养耆老以致孝，恤孤独以逮不足。"中国自古注重养老、敬老，皇帝赐耆老布帛为举措之一。

② 李绛：字深之，赞皇人。登宏词科，授秘书省校书郎。贞元末拜监察御史，元和中以本官充翰林学士，改中书舍人，寻拜中书侍郎辅政，多所匡益，以疾求罢，出为河中观察使，改兖海节度使，宝历初入为尚书左仆射，李逢吉恶之，罢为太子少师，分司东都。文宗即位，征为太常卿，复出为山南西道节度使，兵乱遇害。集二十二卷，今存诗二首。见《旧唐书》一百六十四、《新唐书》一百五十二。

③ 涣汗：流布。这里喻帝王的圣旨、号令。即"涣汗大号"，谓帝王号令，如人之汗，一出不复收。《易·涣》："九五，涣汗其大号。"孔颖达疏："人遇险阨惊怖而劳，则汗从体出，故以汗喻险阨也。九五处尊履正，在号令之中，能行号令以散险阨者也。"古人认为皇帝发布诏书号令，为天下人带来福祉，皇恩浩荡，流布四方，故美称皇帝的圣旨、号令为"涣汗"。殊私：谓帝王对臣民的特别恩宠。

④ 华发：花白头发。这里"衰颜"、"华发"皆代指老年人。

⑤ 烛：照。禹门：即"龙门"，地名。在山西河津县西北、陕西韩城东北，相传为夏禹所凿，故名。此处泛指都门、国门。

⑥ 落景：夕阳。景：日光，太阳。"悲落景"指老年人面对夕阳余辉而感伤。

⑦ 沽（gū）：获取。翔泳：指飞鸟游鱼。"沽翔泳"指得以像飞鸟游鱼那样自由自在。"厚泽沽翔泳"是说皇帝的大恩泽使老年人有了一个优游自在的晚年生活。

⑧ 尚齿：尊崇年长者。《礼记·祭义》："昔者有虞氏贵德而尚齿，夏后氏贵爵而尚齿，殷人贵富而尚齿，周人贵亲而尚齿。"郑玄注："贵，谓燕赐有加于诸臣也；尚，谓有事尊之于其党也；臣能世禄曰富。"又："是故朝廷同爵则尚齿。"郑玄注："同爵尚齿，老者在上也。"尚：尊崇；重视。齿：门牙、牙齿；引申指人的年龄。欢洽：欢乐和谐。

同　前

张复元[①]

殊私及耆老，圣虑轸黎元[②]。布帛忻天锡，生成在主恩[③]。情均皆挟纩，礼异贲丘园[④]。庆洽时方泰，仁瞻月告存[⑤]。宁知酙雨露，空识荷乾坤[⑥]。击壤将何幸，徘徊对九门⑦。

注释：

① 张复元：贞元九年（793）登进士第，又中博学宏词科。十六年为秘书正字，与刘禹锡等会于扬州。见《刘禹锡集》卷二十四、《登科记考》卷十三、今存诗一首。《全唐诗》卷三百一十九作崔枢诗。崔枢，顺宗朝历中书舍人，充东宫侍读，终秘书监。今存诗二首。

② 殊私：谓帝王对臣下的特别恩宠。《北史·姚僧垣传》："［宣帝］谓曰：'尝闻先帝呼公为姚公，有之？'对曰：'臣曲荷殊私，实如圣旨。'"唐刘禹锡《同州谢上表》："臣幸逢昌运，累沐殊私。空荷生成之恩，宁酬雨露之泽。"轸（zhěn）：车后横木。这里指顾念，悯惜。唐韩愈《殿中少监马君墓志》："王问而怜之，因得见于安邑里第。王轸其寒饥，赐食与衣。"黎元：即黎民，老百姓。

③ 忻（xīn）：通"欣"，心喜。锡：赐予。生成：养育。

④ 挟纩（kuàng）：纩，古指新丝绵絮；后泛指绵絮。挟纩即披上丝绵衣，比喻受人抚慰而感到温暖。典出《左传·宣公十二年》："冬，楚子伐萧……申公巫臣曰：'师人多寒。'王巡三军，拊而勉之，三军之士皆如挟纩。"贲（bì）：文饰；装饰。丘园：家园；乡村。后以"丘园"指贤人隐居之处。《易·贲》："六五，贲于丘园，束帛戋戋。吝，终吉。"王弼注："处得尊位，为饰之主，饰之盛者也。施饰于物，其道害也。施饰丘园，盛莫大焉，故贲于束帛，丘园乃落，贲于丘园，帛乃'戋戋'。用莫过俭，泰而能约，故必'吝'焉乃得终吉也。"孔颖达疏："辅嗣云：'用莫过俭，泰而能约，故必吝焉，乃得终吉。'此则普论为国之道，不尚华侈，而贵俭约也。若从先师，唯用束帛招聘丘园，以俭约待贤，岂其义也？"而此诗作者举"贲丘园"之例，正取其以俭约待贤。"礼异贲丘园"，是说当今皇帝不惜巨额开支，普赐天下耆老以布帛，与《易·贲》说的那种吝啬截然不同。

⑤ 告存：问候，慰问。《礼记·王制》："七十，不俟朝。八十，月告存。"郑玄注："每月致膳。"

⑥ 酧（chóu）："酬"的异体字。酬答，献答。

⑦ 击壤：相传帝尧在位时，天下太平，人人乐得其所。汉王充《论衡·艺增》、《艺文类聚》卷十一引晋皇甫谧《帝王世纪》："［帝尧之世］天下大和，百姓无事，有五十老人击壤于道。曰：'日出而作，日入而息，凿井而饮，耕田而食，帝何力于我哉！'"后因以"击壤"为颂太平盛世的典故。九门：禁城中的九种门。古宫室制度，天子设九门。《礼记·月令》："毋出九门。"郑玄注："天子九门者，路门也、应门也、雉门也、库门也、皋门也、城门也、近郊门也、远郊门也、关门也。"后泛称宫门。

恩赐魏文贞公诸孙旧第以道直臣①（二首）

陈彦博②

阿衡随逝水，池馆主他人③。天意能酬德，云孙喜庇身④。生前由直道，殁后振芳尘⑤。雨露新恩日，芝兰旧里春⑥。勋庸留一代，光彩映诸邻⑦。共贺升平日，从兹得谏臣⑧。

注释：

① 魏文贞公：即唐代名臣魏征（580—643），字玄成。馆陶（今属河北）人。隋末参加瓦岗起义军，后辗转入唐，为太子洗马。太宗即位，擢为谏议大夫，前后陈谏二百余事，敢于廷争，以忠直闻名。贞观三年（629）任秘书监，参预朝政，并主持修史。贞观七年（633）一度任侍中，封郑国公。死后谥文贞。旧第：旧宅。道（dǎo）：诱导，奖掖倡导。《资治通鉴》卷二百三十七载：元和四年闰三月，魏征玄孙魏稠贫甚，卖祖传宅院，平卢节度使李师道请以私财赎之，德宗从白居易所奏，以内库钱二千缗赎之，赐魏稠。另见《唐书·白居易传》。

② 陈彦博：字朝英，闽县人（今福建福州）。元和五年（810）进士第。今存诗一首。

③ 阿衡：本为商代官名。伊尹曾任此职，为师保之官，负责辅佐君王。因引申指辅弼之任，宰相之职。此处用引申义。唐初以三省（尚书、中书、门下）长官为宰相，魏征曾任门下省长官侍中，故以“阿衡”视之。池馆：池苑馆舍。池馆主他人：义为魏征旧宅历经变故，后来为他人所据有。

④ 云孙：从本身算起的第九代孙，泛指远孙。《尔雅·释亲》：“仍孙之子为云孙。”郭璞注：“言轻远如浮云。”这两句是说为了纪念答酬魏征，唐朝皇帝将其易主旧宅收回重新赐予其远孙。

⑤ 由：奉行，遵从。直道：正道。指确当的道理、准则。殁（mò）：死，去世。芳尘：落花。引申指美好的风气、声誉。《宋书·谢灵运传论》：“屈平、宋玉导清源于前，贾谊、相如振芳尘于后。”

⑥ 芝兰：芷和兰。芝，通“芷”。芷、兰皆香草，古人以把它当作有德君子的象征。这里喻优秀子弟。

⑦ 勋庸：功勋。

⑧ 升平：太平。谏臣：直言规劝之臣，掌谏诤的官员。

同　前

裴大章①

邢茅虽旧锡，第邸是初荣②。迹往伤遗事，恩深感直声③。云孙方庆袭，池馆忽春生④。古甃开泉井，新禽绕画楹⑤。自然垂带砺，况复激忠贞⑥。必使千年后，长书竹帛名⑦。

注释：

① 裴大章：宪宗元和五年（810）进士。今存诗一首。

② 邢：疑为“荆”字之误。“荆茅”指楚产之包茅，亦称“菁茅”。西周王朝各种祭祀中所用包茅，例由楚国贡献。管仲伐楚时，数楚罪过，其一即为“尔贡包茅不入，王祭不共，无以缩酒”。故称“荆茅”。又，古分封王侯时，天子即按将授封地的方向，在自家的由五色土筑成的社祭之坛上取一方土，以白茅包之（称为茅土），给受封者在封国内立社，藉此以明宗法隶属关系。魏征曾被封为郑国公，按唐制虽不授土，但不妨文人仿古以称之。邸第：达官贵族的府第。此指魏征旧宅，此旧宅当初为皇帝赐予，故曰“是初荣”。

③ 迹：追寻，追忆。直：直道。指魏征生前以直道事君。

④ 袭：继承（旧宅）。

⑤ 甃（zhòu）：以砖瓦等砌的井壁；引申指井。楹：厅堂的前柱。画楹：有彩绘的堂柱。

⑥ 垂：传承。带砺：带指衣带，砺指磨刀石。此以“带砺”指皇家许诺的永不改变的恩宠。该典故出自《史记·高祖功臣侯者年表》：“封爵之誓曰：‘使黄河如带，泰山若厉。国以永宁，爰及苗裔。’”裴骃集解引应劭曰：“封爵之誓，国家欲使功臣传祚无穷。带，衣带也；厉，砥石也。河当何时如衣带，山当何时如厉石，言如带厉，国乃绝耳。”厉，通“砺”。砺即磨刀石。

⑦ 竹帛：指史册。“长书竹帛名”，即让其名载青史，传之永远。

御制段大尉碑①（二首）

叶元良②

多难全高节，时清轸圣君③。园茔标石篆，雨露降天文④。义激忠贞没，词伤兰蕙焚⑤。国人皆堕泪，王府已铭勋⑥。揭出临新陌，长留对古坟⑦。睿情幽感处，应使九泉闻⑧。

注释：

① 段太尉：即唐代名臣段秀实（719—783），字成公，陇州汧阳人。历仕玄宗、肃宗、代宗、德宗四朝。多在节度使幕府任职，善于整肃军纪，稳定人心。德宗即位，加检校礼部尚书，张掖郡王。因与宰相杨炎不和，旋除司农卿。建中四年（783），叛军占据京城，推朱泚为首，德宗逃亡奉天（今陕西干县）。朱泚欲伪迎德宗而害之，乃引段秀实为助，秀实佯从之，而中加阻之，后事急，乃廷劫朱泚，终遇害。德宗兴元元年（784）二月，诏赠太尉，谥曰忠烈。后又诏令修葺墓所，立碑旌功，以鼓励忠君者。以后历朝均有褒奖纪念。至文宗太和二年（828）庙成碑立，复奖赐其子。

② 叶元良：一作业元亮。德宗贞元年间与薛存诚同年应试。今存诗一首。

③ 高节：高其节操，坚守高尚的节操。轸（zhěn）：顾念。

④ 园茔：墓地；这里指墓石。篆：指碑文。古碑文系用篆体字凿刻。

⑤ 激：激发，激励。兰蕙：兰、蕙皆香草。此连用以喻贤者。

⑥ 铭勋：记功于金石之上，称为铭勋。

⑦ 揭：通“楬（jié）”。作标记用的小木桩。相当于墓碑。《周礼·秋官·蜡氏》：“若有死于道路者，则令埋而置楬焉。”郑玄注引郑司农曰：“楬，欲令其识取之，今时揭橥是也。”新陌：新修的通向墓所的道路。

⑧ 睿情：指皇帝的情意。睿（ruì）：通达，明智。引申作古时臣下对君王、后妃等所用的敬词。

同　前

薛存诚①

葬仪从俭礼，刊石荷尧君②。露迹垂繁藻，天哀满丽文③。诏深荣嗣子，海变记孤坟④。宝思皆涵象，皇心永念勋⑤。雅词黄绢妙，渥泽紫泥分⑥。青史应同久，芳声万古闻。

注释：

① 薛存诚：字资明，河东人。登贞元进士第。官至御史中丞等。今存诗十二首。见《旧唐书》卷一百五十三。

② 俭礼：俭约的礼仪。刊：刻，雕刻。刊石：刻石；这里指刻碑。荷：承受（恩德）。尧君：喻唐朝皇帝。

③ 露迹：指垂露书。繁藻：华丽的词藻；这是指碑文富于文采。"丽文"与"繁藻"同义偶对。《全唐诗》卷四百六十六作"天哀洒丽文。"

④ 嗣子：旧时称嫡长子。嗣：子孙，后代；继承，接续。海变：苍海变桑田。"海变记孤坟"是说：立了碑后，不管经历多大的变化，后人都还能辨认段太尉之坟。

⑤ 宝思：赞美之词。多以称扬人的襟怀、谋划、文思等。南朝梁沈约《高松赋》："擢柔情于蕙圃，涌宝思于珠泉。"

⑥ 雅词：典雅的文辞。黄绢：黄色之绢。这里是"绝妙好辞"的隐语，用典"黄绢幼妇"。指像东汉曹娥碑文那样的绝妙好辞。《世说新语·捷悟》："魏武尝过曹娥碑下，杨修从。碑背上见题作'黄绢幼妇，外孙齑臼'八字。魏武谓修曰：'解不？'答曰：'解。'魏武曰：'卿未可言，待我思之。'行三十里。魏武乃曰：'吾已得。'令修别记所知。修曰：'黄绢，色丝也，于字为绝。幼妇，少女也，于字为妙。外孙，女子也，于字为好。齑臼，受辛也，于字为辞。所谓绝妙好辞也。'"后用以指极其美妙的文辞。"雅词黄绢并"，意为段太尉碑文富于雅词丽句，可以与被称赞为"绝妙好辞"的东汉曹娥碑文相媲美。渥（wò）泽：指皇帝的恩泽。渥：浓厚，优厚。紫泥：古人以泥封书信，泥上盖印。皇帝诏书则用紫泥。分：分明，清楚。

御题国子监门①

前　人②

宸翰符玄造，荣题国子门③。笔锋回日月，字势动乾坤④。檐下云光绝，梁间鹊影翻。张英圣莫拟，索靖妙难言⑤。为着盘龙迹，能彰舞凤蹲⑥。更随垂露像，常以沐皇恩⑦。

注释：

① 国子监：封建王朝的教育管理机构和最高学府。唐代以国子监总辖国子、太学、四门等学。这首诗歌颂皇帝亲自为国子监题写门匾。另外，在押韵上，这首诗通押元韵字（翻、言）、魂韵字（门、坤、蹲）、痕韵字（恩），因为在当时官方韵书中规定，此三韵可以"同用"。后在诗韵中，此三韵合为"平声十三元"。

② 前人：前一人，指与前一作者相同。即本首诗作者也是"薛存诚"。他皆同。

③ 宸（chén）翰：指帝王的墨迹。宸：屋檐，屋边。北极星所居即紫微垣；借指帝王之所居。引申为王位或帝王的代称。玄造：犹"造化"，指自然，天地。

④ 回：使……运转。

⑤ 张英：东汉书法家张芝，字伯英，善草书。《白孔六帖》卷三十二《书》"临池尽墨草圣"条："张芝，伯英。善草书。凡家之衣帛，必先书而染练之；临池学书，池水尽墨，寸纸不遗，韦仲将谓之'草圣'。"索靖：晋人，字幼安，敦煌人，亦善草书。《晋书·卫瓘列传》："瓘，学问深博，

明习文艺，与尚书郎敦煌索靖俱善草书，时人号为一台二妙。汉末张芝亦善草书，论者谓瓘得伯英筋，靖得伯英肉。”

⑥ 蹲：“蹲蹲”，起舞貌。《诗·小雅·伐木》：“坎坎鼓我，蹲蹲舞我。”毛传：“蹲蹲，舞貌。”“能彰舞凤蹲”是说（皇帝题字的书法）能显示凤凰起舞时的神韵。

⑦ 垂露：露珠下滴。这里指垂露书。指书法运笔的一种笔法。相传汉曹喜工篆隶，善悬针垂露之法。《初学记》卷二十一引王愔《文字志》曰：“垂露书，如悬针而势不遒劲，阿那若浓露之垂，故谓之垂露。”从“更随垂露象，常以沐皇恩”的句意看，这里的“垂露”又双关垂降甘露之意，是用的双关修辞手法。

御箭连中双兔

前　人

宸游经上苑，羽猎向闲田①。狡兔初迷窟，纤骊讵着鞭②。三驱仍百步，一发遂双连③。影射含霜草，魂消向月弦④。驩声动寒木，喜气满晴天⑤。那似陈王意，空随乐府篇⑥。

注释：

① 宸（chén）：本指北极星所居，即紫微垣；因喻指帝王之所居；又引申为王位或帝王的代称。此处即指皇帝。上苑：皇家的园林。羽猎：帝王出猎，士卒负羽箭随从，故称“羽猎”。《文选·宋玉〈高唐赋〉》：“传言羽猎，衔枚无声。”李善注引张晏曰：“以应猎负羽。”《汉书·扬雄传上》：“其十二月羽猎，雄从。”颜师古注引服虔曰：“士负羽。”

② 窟：指兽、虫、鱼等栖止的洞穴。《战国策·齐策四》：“狡兔有三窟，仅得免其死耳。”纤骊（xiān lí）：古骏马名。骊本指黑色马。《艺文类聚》卷九十三引魏文帝与孙权书曰：“纤骊马……朕之常所自乘，甚调良，善走，数万匹之极选者，乘之真可乐也。”这里指皇帝当时所乘良马。讵（jù）：岂，难道。“纤骊讵着鞭”是说皇帝所乘良马本来跑得快，哪里还用加鞭呢！

③ 驱：鞭马前进。仍：乃，于是。

④ 这两句是描写野兔的死状。野兔在吃草时被射死，所以还含着打了霜的草；传说月中有玉兔，所以，作者设想兔死后魂向月宫。月未满时有上弦月、下弦月，故此言“月弦”。或曰：月弦喻指弓弦。

⑤ 驩（huān）：通“欢”。高兴，快乐。

⑥ 陈王：指陈思王，即曹植。随，四库本作“垂”。曹植有乐府诗《白马篇》，描写战场上骑士杀敌等情景。曹植《名都篇》：“左挽因右发，一纵两禽连。”曹植一直都想请缨沙场，建功立业，但终未遂愿，故作者在此讥曹植“空垂乐府篇”，用以反衬皇帝的真正骁勇。

太学创置石经①

前　人

圣唐复古制，德义功无替②。奥旨悦《诗》《书》，遗文分篆隶。银钩互交映，石壁靡尘翳③。永与乾坤期，不逐日月逝④。儒林道益广，学者心弥锐。从此理化成，恩光遍遐裔⑤。

注释：

① 太学：国学，我国古代设于京城的最高学府。唐在中央设国子、太学、广文、四门、律、书、算七学，属国子监。石经：汉代以来，书多抄传，为避免儒家经典在传抄中以讹传讹，国家往往将这些经典刊刻于石，立于太学，以供四方儒生校对。著名的石经如汉熹平石经、唐开成石经等。这里指唐开成石经，文宗太和九年（835）开雕，开成二年（837）雕成，共十二经，与后世“十三经”相比，惟无《孟子》（案：《孟子》在宋代才列入儒家经典）。唐开成石经题首隶书，正文字体为楷书，内容只有经文而无注。

② 德义：道德信义。替：废弃。

③ 银钩：比喻遒健刚劲的书法。杜甫《陈拾遗故宅》诗：“到今素壁滑，洒翰银钩连。”靡：无。翳：遮蔽，掩盖。

④ 逐：追逐，追随。

⑤ 理化：治理与教化。遐裔：遐，远；裔，本指衣服的边缘，引申指边郊、边远之地。“遐裔”指边远之地的人。

观南郊回仗①

前　人

传警千门寂，南郊彩仗回②。但惊龙再见，谁识日双开。德泽施云雨，恩光变烬灰③。阅兵貔武振，听乐凤凰来④。候刻移宸辇，尊时集观台⑤。多惭远臣贱，不得礼容陪⑥。

注释：

① 南郊：即南郊大祀。古代天子每年冬至日按例要到京都南面的郊外筑圜丘以祭天的地方。《礼记·月令》：“［孟夏之月］立夏之日，天子亲帅三公、九卿、大夫，以迎夏于南郊。”回仗：皇帝的仪仗、车驾返回。

② 传警：古代礼仪，帝王车驾出行时，先禁行人以清道，是为传警。

③ 变烬灰：使死灰复燃。此极言皇帝恩泽之深，有如再造。另，“灰”字与此诗前后之韵脚字回、陪，为灰韵字，开、来、台则属咍韵字。按当时官方韵书规定，此两韵字可“同用”。

④ 貔武：即“貔虎”。唐高祖李渊之祖名虎，故唐代因避讳改“虎”为“武”。这里比喻勇猛的将士。貔（pí）：猛兽名，似虎。凤凰来：即“凤皇来仪”。凤凰来舞，仪表非凡。指吉祥之兆。

⑤ 候刻：等候刻漏报时。宸辇（chén niǎn）：宸，代称帝王。宸辇即指皇帝所乘的车。

⑥ 贱：地位低下。《论语·里仁》：“贫与贱，是人之所恶也。”邢昺疏：“无位曰贱。”礼容：礼制仪容。《史记·孔子世家》：“孔子为儿嬉戏，常陈俎豆，设礼容。”

闻　击　壤①

前　人

尧年听野老，击壤复何云。自谓欢由己，宁知德在君②。气平闲易畅，声贺作难分③。耕凿方随日，恩威比望云④。篑桴均下调，和木等南薰⑤。无落于吾事，谁将帝已闻⑥。

注释：

① 击壤：相传帝尧在位时，天下太平，有老人击壤于道，自得其乐。人们见此情景，遂赞颂帝尧之德，而老者歌曰："日出而作，日入而息，凿井而饮，耕田而食，帝何力于我哉!"见前张复元《恩赐耆老布帛》注⑦ 。

② 宁：哪里。

③ 气平闲易畅：是说老者心平气静，悠然自得，故可畅所欲言。声贺作难分：是说别人见此情景而同声庆贺帝尧之德，但老者安于自己的作息，对这些比较远的事是不关心的。

④ 耕凿方随日：此句概括《击壤歌》中"日出而作，日入而息，凿井而饮，耕田而食"四句话的意思。恩威比望云：帝尧的恩威，对老者说来，就像天上的云，自己虽受其庇荫，但云远在天边，看不出它与自己有什么关系。

⑤ 篑桴：篑（kùi），盛土的竹筐。桴（fú），鼓槌。"篑"字义不类，"篑"当为"蒉（kuài）"，《全唐诗》卷七百七十九所录石殷士的同题且同内容的诗正作"蒉"。蒉桴，指用草和土抟成的鼓槌。蒉，通"凷"，土块。《礼记·礼运》："夫礼之初，始诸饮食。其燔黍捭豚，污尊而抔饮，篑桴而土鼓，犹若可以致其敬于鬼神。"均：都是。下调：低俗的乐调。和木：和，小笙，管乐器；木，柷、敔之类的打击乐器。借指高雅的音乐。等：与……一样。南薰：指《南风》歌。相传为虞舜所作，歌中有"南风之薰兮，可以解吾民之愠兮"等句。

⑥ 落：耽误，荒废。帝已：当作"帝力"。《全唐诗》卷七百七十九所录石殷士的同题且同内容的诗正作"帝力"。这两句也是以击壤老者的口吻说的话，意思是：（你们这些歌颂尧德的人，）不要耽误我的正事，你们说的帝尧教化的力量与我无关。

膏泽多丰年①

前　人

帝德方多泽，莓莓井径同②。八方甘雨布，四远报年丰③。厥庾千箱在，幽流万壑通④。候时勤稼穑，击壤乐农功。畎亩人无惰，田庐岁不空⑤。何须忧伏腊，千载贺尧风⑥。

注释：

① 膏泽：滋润作物的雨水。三国魏曹植《赠徐干》诗："良田无晚岁，膏泽多丰年。"这里比喻皇帝

的恩惠。

② 莓莓（méi méi）：草盛貌。井径：田间小路。《文选·鲍照〈芜城赋〉》："边风起兮城上寒，井径灭兮丘陇残。"李善注："《周礼》曰：'九夫为井。'又曰：'夫间有遂，遂上有径。'"

③ 四远：四方。

④ 庾庾（áo yǔ）：廒：贮存粮食的库房。庾：露天的谷堆。《诗·小雅·甫田》："曾孙之稼，如茨如梁；曾孙之庾，如坻如京。乃求千斯仓，乃求万斯箱。"引申指露天谷仓；粮库。千箱：形容丰年储粮之多。

⑤ 畎（quǎn）亩：田地；田野。岁：，年。"岁不空"意为每年都丰收。

⑥ 伏腊：本为古代两种祭祀的名称。"伏"在夏季伏日，"腊"在农历十二月。伏日，又称三伏，即初伏、中伏、末伏。农历夏至后第三庚日起为初伏，第四庚日起为中伏，立秋后第一庚日起为末伏。是一年中最热的时候。"腊"则是最冷的时候。这里所谓"忧伏腊"，主要是忧伏，即担忧夏日干旱少雨。尧风：帝尧时人们安居乐业、无忧无虑的那种淳朴民风。这一句与上文"击壤乐农功"句相照应。

东都父老望幸①

前　人

銮舆秦地久，羽卫洛阳空②。彼土虽凭固，兹川乃得中③。龙颜觐白日，鹤发仰清风④。望幸诚逾邈，怀来意不穷。昔因封泰岳，今伫蹑维嵩⑤。天地心无异，神祇理亦同⑥。翠华翔渭北，玉检候关东⑦。众愿其难阻，明君早勒功⑧。

注释：

① 东都：指洛阳。隋唐时京都在长安，洛阳在长安之东，故称洛阳为东都，此称沿袭汉代。幸：古称帝王亲临为幸。

② 銮（luán）舆：即銮驾，天子车驾。这两句是说皇帝久在长安，东都洛阳百姓很久没有目睹圣驾了。

③ 彼土：指长安一带，三秦之地。凭固：有险要地形和坚固城郭可以依恃。兹川：这里的山川地势，指洛阳。中：指天下之中。《史记·周本纪》："成王在丰，使召公复营洛邑，如武王之意。周公复卜申视，卒营筑，居九鼎焉。曰：'此天下之中，四方入贡道里均。'"

④ 觐（jìn）：此指朝见皇帝。"龙颜觐白日"是说看着天上的太阳就想望什么时候能见到皇帝。鹤发：白发。鹤的羽毛为白色，故以之喻白发。"鹤发仰清风"是说盼望见皇帝，头发都盼白了。

⑤ 封泰岳：泰岳指东岳泰山。盛世天子按例要到泰山进行封禅，以答谢天地。在泰山之上筑土为坛以祭天叫"封"，在泰山下梁父山上辟地为场以祭地叫"禅"。伫：此指长时间地站着等候。蹑：攀登。维嵩：指中岳嵩山。嵩山这一名称源于《诗·大雅·崧高》："崧高维岳，骏极于天。"毛传："崧，高貌，山大而高曰崧。"后即以"维嵩"形容高，亦用指中岳嵩山。嵩山在今河南登封，地属洛阳。

⑥ 祇：此处同"祇（qí）"，地神。这两句是说中岳嵩山与东岳泰山同样通天地，有神灵，皇帝既封泰山（史载唐玄宗时曾至泰山封禅），则不当弃嵩山于不顾。暗指皇帝既常住西都，也当驾幸东都，不应厚此薄彼。

⑦ 翠华：本指天子仪仗中以翠羽为饰的旗帜或车盖。这里代指御驾。渭：渭水。黄河最大支流，横

贯陕西省中部，至潼关入黄河。玉检：玉牒书的封篋。古代登山祭天之文（玉牒书），在未宣读之前要藏于封篋。“玉检候关东”是说皇帝登中岳嵩山祭天之文，东都人已准备好了。关东：函谷关、潼关以东地区。唐代亦指洛阳。

⑧ 众愿：多数人（指东都人）的愿望。其：表推测、估计的副词。义为或许，恐怕。勒功：把记功文字刻在石上。勒，刻，雕刻。

嵩山望幸①

前　人

峻极位何崇，方知造化功②。降灵逢圣主，望幸表维嵩③。隐映连青壁，嵯峨向碧空④。象车因叶瑞，龙驾愿升中⑤。万岁声长在，千岩气转雄⑥。东都歌盛事，西笑伫皇风⑦。

注释：

① 嵩山：在今河南登封，地属洛阳。嵩山望幸，类似前“东都望幸”。

② 造化：自然。

③ 降灵：指嵩山上出现灵异祥瑞。表：标记。此指祭祀后在山上立碑作标记。维嵩：嵩山。

④ 隐映：犹掩映。嵯（cuó）峨：高耸，屹立。这两句描写嵩山高峻奇伟的山势。

⑤ 象车：古人认为在太平盛世，山林中会生出一种自然圆曲之木，是一种瑞应之物，以它制车，称为象车。《宋书·符瑞志下》：“象车者，山之精也，五者德泽流洽四境则出。”叶（xié）：相合，相一致。中：指中岳嵩山。升中：《礼记·礼器》：“因名山升中于天。”注：“名，犹大也；升，上也；中，犹成也。谓巡守至于方岳，燔柴祭天，告以诸侯之成功也。”

⑥ 万岁声长在：史载汉武帝封禅，登山过程中，侍从曾听到山呼“万岁”。《汉书·武帝纪》：“（元封二年）……翌日亲登崇嵩，御史乘属在庙旁，吏卒咸闻呼‘万岁’者三。”此句用此典故，说唐朝皇帝封禅泰山时曾给人留下深刻印象。

⑦ 东都：唐都城长安。西笑：语本汉桓谭《新论·祛蔽》：“人闻长安乐，则出门西向而笑；肉味美，对屠门而嚼。”长安是汉的京城，西望长安而笑，谓渴慕帝都。伫：长时间站立等待。

华清宫望幸①

前　人

骊岫接新丰，岧峣驾碧空②。凿山开秘殿，隐雾蔽仙宫。绛阙犹栖凤，雕梁尚带虹③。温泉曾浴日，华馆旧迎风④。肃穆瞻云辇，深沉闭绮栊⑤。东郊望幸处，瑞气霭蒙蒙⑥。

注释：

① 华清宫：唐宫名。故址在今陕西临潼县骊山上，山有温泉。唐贞观十八年（644）置。初名汤泉

宫，后来改称温泉宫，至天宝六载（747）大加扩充，更名华清宫，终唐不改。该宫有华清池，又环山为宫室、筑罗城。唐玄宗与杨贵妃曾流连于此，《全唐文》卷二百九十五韩休《驾幸华清宫赋》记其盛况。但安史之乱后，唐朝历代皇帝很少来此。此诗所谓“望幸”，盖为实录。又，《全唐文》卷六百三十二载有李程《华清宫望幸赋》，可与此诗相参看。

② 岫（xiù）：峰峦。骊岫：指骊山 。新丰：县名。汉高祖七年置，唐废。治所在今陕西省临潼县西北，本秦骊邑。汉高祖定都关中，其父太上皇居长安宫中，思乡心切，郁郁不乐。高祖乃依故乡丰邑街里房舍格局改筑骊邑，并迁来丰民，改称新丰 。岧峣（tiáo yáo）：高峻；高耸。

③ 绛阙：宫殿寺观前的朱色门阙。亦借指朝廷、仙宫等。绛：深红色。阙：宫门；城门两侧的高台。借指宫廷，帝王所居之处。

④ 浴日：《淮南子·天文训》：“日出于旸谷，浴于咸池。”后以“浴日”指太阳初出从水面升起。远古传说日出于“汤谷”（据屈原《天问》），《尚书·尧典》及孔传则作“旸谷”。太阳出来之前先要在汤谷之咸池中沐浴一番，可能是先民对于温泉形成原因的猜测。故此处说“温泉曾浴日”。浴日又双关唐朝皇帝（唐玄宗）在华清宫沐浴一事，古人以日比皇帝。

⑤ 云辇（niǎn）：本指有云状文饰的车子。此则泛指华美的车子。绮栊（qǐ lóng）：指雕绘美丽的窗户。栊：窗上棂木；窗户。

⑥ 霭：云气，烟雾；引申为缭绕。蒙蒙：云气笼罩貌。

谒见日将至双阙①

前　人

晓色临双阙，微臣礼位陪②。远惊龙凤睹，谁识冕旒开。蔼蔼千年盛，颙颙万国来③。天文标日月，时令布云雷④。迥出黄金殿，全分白玉台⑤。雕虫竟何取，瞻恋不知回⑥。

注释：

① 谒（yè）：晋见，拜见。双阙：古代宫殿前两边高台上的楼观。

② 微臣：卑贱之臣，常用作谦词。这里指作者自己。

③ 蔼蔼：盛多貌。《诗·大雅·卷阿》：“蔼蔼王多吉士。”颙颙（yǒng yǒng）：仰慕貌。汉荀悦《汉纪·平帝纪》：“建辟雍，立明堂，班大法，流圣化，天下颙颙，引领而叹，颂声洋洋满耳。”

④ 天文：古人把日月星辰风云雨露霜雪的分布运行现象和规律称为天文。《易·贲》：“观乎天文，以察时变。”标：悬挂。“天文标日月”意为朝廷观天文以洞察时变，明明白白，就像日月高悬。时令：犹月令。古时按季节制定有关农事的政令。“时令布云雷”意为天子按月令行政，就像云布雷动，自然应节。《易·屯》：“云雷屯，君子以经纶。”孔颖达疏：“经谓经纬，纶谓纲纶，言君子法此屯象有为之时，以经纶天下，约束于物。”

⑤ 迥（jiǒng）：高远。“迥出黄金殿，全分白玉台”是描写双阙的形势。

⑥ 雕虫：“虫”指虫书。雕虫比喻从事不足道的小技艺，此处指写作诗文辞赋。汉·扬雄《法言·吾子》：“或问：‘吾子少而好赋？’曰：‘然。童子雕虫篆刻。’俄而曰：‘壮夫不为也。’”

望凌烟阁[①]

刘公兴[②]

画阁凌虚构，遥瞻在九天[③]。丹楹崇壮丽，素壁绘勋贤[④]。霭霭浮元气，亭亭出瑞烟。近看分百辟，远揖误群仙[⑤]。图列青霄外，仪刑紫禁前[⑥]。望中空睿景，骧首几留连[⑦]。

注释：

① 凌烟阁：封建王朝为表彰功臣而建筑的绘有功臣图像的高阁。唐太宗贞观十七年、代宗广德元年都有画功臣像于凌烟阁之事，而以贞观之举最著名。唐刘肃《大唐新语·褒锡》："贞观十七年，太宗图画太原倡义及秦府功臣赵公长孙无忌、河间王孝恭、蔡公杜如晦、郑公魏征、梁公房玄龄、申公高士廉、鄂公尉迟敬德、郧公张亮、陈公侯君集、卢公程知节、永兴公虞世南、渝公刘政会、莒公唐俭、英公李绩、胡公秦叔宝等二十四人于凌烟阁，太宗亲为之赞，褚遂良题阁，阎立本画。"

② 刘公兴：当作"刘公舆"。尉氏（今属河南）人。宪宗元和二年（807）为承务郎守京兆府兵曹参军，历官祠部员外郎。见《白氏长庆集》卷五、《新唐书·宰相世系表》。今存诗一首。

③ 画阁：彩绘华丽的楼阁。凌虚构：凌空构作。构：架木造屋。九天：谓天空最高处。

④ 楹：厅堂的前柱。丹楹：朱漆的楹柱。借指华丽之居。素壁：白壁。勋贤：有功勋有才能的人。

⑤ 百辟（bì）：百官。此指凌烟阁功臣图中的人物。这里"百辟"、"群仙"皆指凌烟阁群贤画像。

⑥ 仪刑：效法。《诗·大雅·文王》："仪刑文王，万邦作孚。"朱熹集传："仪，象。刑，法。"刑：效法。紫禁：指皇宫。古以紫微垣比喻皇帝的居处，因称宫禁为"紫禁"。

⑦ 睿景：对圣君的景仰。睿：古时臣下对君王、后妃等所用的敬词。景：仰慕。骧（xiāng）首：抬头。骧，上仰，上举。

望禁苑祥光[①]

蒋　防[②]

佳气生天苑，葱茏几效祥[③]。树摇三殿际，日映九城傍[④]。山雾宁同色，卿云未可彰[⑤]。眺汾疑鼎气，临渭想荣光[⑥]。当并春陵发，应开圣历长[⑦]。微臣时一望，短羽欲飞翔。

注释：

① 禁苑：皇帝的园林。"禁"义为御用的，属于帝王的。蔡邕《独断》卷上："汉天子正号曰皇帝……所居曰禁中，后曰省中。"又："禁中者，门户有禁，非侍御者不得入，故曰禁中。"

② 蒋防：字子征，常州义兴人（今江苏宜兴）。官右拾遗，元和中李绅荐为司封郎中、知制诰，进翰林学士。李逢吉逐绅，因出防为汀州刺史。集一卷。今存诗十二首。

③ 葱茏：犹朦胧。几：隐微。多指事物的迹象、先兆。《易·系辞下》："几者，动之微，吉之先见者也。"效祥：呈露祥瑞。

④ 三殿：此指唐大明宫之麟德殿。宋·王应麟《玉海》卷一百六十《宫室·唐三殿》："三殿者，麟德殿也。一殿而有三面，故名。亦曰三院。结邻郁仪楼即三殿之东西廊也。"杜甫《送翰林张司马南海勒碑》诗："诏从三殿去，碑到百蛮开。"或泛指皇宫中众宫殿，唐代如武德殿、含元殿、紫宸殿、宣政殿等等。

⑤ 宁：哪里。卿云：即庆云。五色云，古人视为祥瑞。《竹书纪年》卷上："十四年，卿云见，命禹代虞事。"《史记·天官书》："若烟非烟，若云非云，郁郁纷纷，萧索轮囷，是谓卿云。卿云见，喜气也。"

⑥ 汾（fén）：水名，即汾河。源出山西省宁武县，至河津县西入黄河。汉武帝时曾于汾阴得宝鼎。见《汉书》卷六十四上《吾丘寿王传》。汾水中既然有宝鼎，则其上自然有祥气罩盖。渭：水名。黄河最大支流，源出甘肃省乌鼠山，横贯陕西省中部，至潼关入黄河。荣光：五色云气，古时迷信以为吉祥之兆。《初学记》卷六引《尚书中侯》："荣光出河，休气四塞。"

⑦ 舂陵：舂陵，汉县名，在今湖北枣阳南，东汉光武帝刘秀微贱时家居于此。《后汉书·光武帝纪下》王莽时，望气者苏伯阿遥望舂陵，叹曰："气佳哉！郁郁葱葱然！"此即言"舂陵之光"，为东汉光武帝微贱时之祥瑞。《东观汉记》曰："世祖光武皇帝，高祖九世孙，出自长沙定王，定王生舂陵节侯，舂陵本在零陵郡，节侯孙孝侯，以土地下湿，元帝时，求封南阳蔡阳白水乡，因故国名曰舂陵。上隆准日角，大口，美须眉，身长七尺三寸，仁智明达，多权略，乐施爱人，在家重慎畏事，勤于稼穑，兄伯升，好侠，笑上事田作，比之高祖兄仲，上归旧庐，望见庐南有火光，以为人持火，呼之，光遂赫然属天，有顷不见，上异之，初伯升之起也，诸家子弟皆亡逃自匿，曰：伯升杀我，及闻上至，绛衣大冠，乃惊，以为独伯升如此，谨厚者亦为之。"圣历：犹言"国祚"。

晨光动翠华①

阙　名

早朝开紫殿，佳气逐清晨②。北阙华旌在，东方曙景新。影连香露合，光媚庆云频③。鸟羽飘初定，龙文照转真④。直宜冠佩入，长爱冕旒亲⑤。摇动祥云里，朝朝映侍臣。

注释：

① 翠华：天子仪仗中以翠羽为饰的旗帜或车盖。
② 紫殿：帝王宫殿。逐：随。
③ 媚：艳丽，美好。这两句是描写太阳下天子翠华的影和光。
④ 鸟羽、龙文：指天子仪仗中旗帜或车盖上的翠鸟羽毛和龙的图案。
⑤ 冠佩入：指正衣冠、挂玉佩而后入朝。

观北蕃谒庙①

王　卓②

肃肃层城里，巍巍祖庙清③。圣恩覃布濩，异域献精诚④。冠盖分行列，戎夷变姓名⑤。礼终齐百拜，心洁尽忠诚。瑞气千重色，箫韶九奏声⑥。仗移迎日转，旆动逐风轻⑦。休运威仪盛，丰年俎豆盈⑧。不堪惭颂德，空此望簪缨⑨。

注释：

① 藩（fān）：指节度使。藩本义为篱笆，引申有在四周保卫的意思。封建王朝分封到各地方的王侯或属国、属地，皇帝也是想让他们遮护中央，故称其为“藩”。唐代节度使辖区称为“藩镇”。谒（yè）：祭告。庙：这里指皇帝的祖庙。

② 王卓：曾应进士试。玄宗天宝十二载（753）撰有《右骁卫将军刘仲奘碑》。广德中为华阴尉。见《宝刻丛编》卷八、《金石萃编》卷一百四。今存诗一首。

③ 层城：本义为重城，高城。这里指京师，皇城。

④ 覃（tán）：遍及，广施。布濩（hù）：遍布，布散。《史记·司马相如列传》：“鲜枝黄砾，蒋芧青薠，布濩闳泽，延曼太原。”濩：布散。

⑤ 变姓名：唐朝声威所及，四边颇有少数民族内附称臣，有的内迁氏族因皇帝赐姓而改变自己的原有的姓氏，就像北魏时鲜卑拓拔氏改姓元一样。唐林宝《元和姓纂》就有很多记载。

⑥ 箫韶：本为上古帝舜乐名。《书·益稷》：“《箫韶》九成，凤皇来仪。”这里泛指美妙的音乐。

⑦ 仗：仪仗。旆（pèi）：同“旆”。此处泛指旌旗。

⑧ 休：好，美好。俎豆：俎和豆是古代祭祀时盛食物用的两种礼器，泛指各种礼器。盈：满。

⑨ 簪缨：古代官吏的冠饰，比喻显贵。

西戎即叙①

李子昂②

悬首藁街中，天兵破犬戎③。营收低陇月，旗偃度湟风④。肃杀三边劲，萧条万里空⑤。元戎咸服罪，余孽尽输忠⑥。圣理符轩化，仁恩契禹功⑦。降逾洞庭险，枭拟郅支穷⑧。已散年（疑）容捷，还资妙算通⑨。今朝观即叙，非与献獒同⑩。

注释：

① 西戎：古代西北戎族的总称。《书·禹贡》指织皮、昆仑、析支、渠搜。《史记·匈奴列传》指绵诸、绲戎、翟獂、义渠、大荔、乌氏、朐衍等。后用以称我国西北方吐蕃等少数民族。即叙：就序；归顺。《书·禹贡》：“织皮、昆峇、析支、渠搜、西戎即叙。”

② 李子昂：一作李子昆。生平事迹未详。今存诗一首。

③ 悬首：指打败敌人后，将敌人的首级悬挂于旗杆上以示众。藁（gǎo）街：汉时街名，在长安城南门内，为属国使节馆舍所在地。唐诗人例以汉拟唐，写当时之事。犬戎：旧时对我国少数民族的蔑称。

④ 陇：指今甘肃省一带地方。偃（yǎn）：倒伏。湟（huáng）：水名，即西宁河。源出青海省海晏县，东南流经西宁、乐都，与大通河汇合，注入黄河。

⑤ 肃杀：严酷萧瑟貌。多用以形容深秋或冬季的天气和景色。三边：指东、西、北边疆。

⑥ 元戎：指敌方大军；这里指敌方主将、统帅。咸：都。余孽：指残余的敌人。输忠：献纳忠心。输：交出，献纳。

⑦ 轩化：即黄帝轩辕氏之风化。传说黄帝姓公孙，居于轩辕之丘，故名曰轩辕。曾战胜炎帝于阪泉，战胜蚩尤于涿鹿，诸侯尊为天子，而后天下大治。契：合，符合。与上句“符”同义偶对。

⑧ “降逾洞庭险”：逾：超过，胜过。洞庭，此指三苗，古国名。《书·舜典》：“窜三苗于三危。”《史记·五帝本纪》：“三苗在江淮、荆州数为乱。”张守节正义：“吴起曰：‘三苗之国，左洞庭而右彭蠡。’……以天子在北，故洞庭在西为左，彭蠡在东为右。今江州、鄂州、岳州，三苗之地也。”这一句是说西戎虽降服，但包藏祸心，比三苗还要危险。“枭拟郅支穷”：枭：斩首悬以示众，泛指斩，杀。拟：比拟，类似。郅（zhì）支，匈奴单于名号，即呼屠吾斯。在汉宣帝甘露年间，他曾遣使奉献，但元帝初复叛，建昭三年（公元前40年），被汉将攻杀。此句是说西戎归顺，类似于郅支被枭首，是穷途末路之后的选择。

⑨ 年容：当作“军容”。军容：指军队和军人的礼仪法度、风纪阵威和武器装备。《司马法·天子之义》：“古者，国容不入军，军容不入国。”《全唐诗》卷七百八十一收李子昂此诗，正作“军容”。妙算：《全唐诗》卷七百八十一李子昂此诗作“庙算”，是也。庙算指皇帝与大臣在朝廷庙堂上对战事进行的谋划。《孙子·计》：“夫未战而庙算胜者，得算多也；未战而庙算不胜者，得算少也。”这两句是歌颂皇帝运筹帷幄之中，决胜千里之外。

⑩ 獒（áo）：高大凶猛的狗。《书·旅獒》：“西旅献獒。”孔传：“西戎远国贡大犬。”

焚　裘①

阙　名

今主临前殿，惩奢爇异裘②。忽看阳焰发，如睹吉光流。丽彩辞宸扆，余香在御楼③。火随余烬灭，气逐远烟浮。素朴回风变，琱华逐志休④。大垂恭俭德，千古揖皇猷⑤。

注释：

① 焚裘：指晋武帝焚雉头裘之事。《晋书·武帝纪》：“（咸宁四年十一月）太医司马程据献雉头裘，帝以奇技异服典礼所禁，焚之于殿前。”后用作称赞帝王抵制奢侈的典实。

② 惩：惩罚，惩戒；鉴戒。爇（ruò）：烧，焚烧。异：奇特的，非常美艳的。

③ 宸扆（chén yǐ）：宸，本指帝王之所居；扆，本指宫殿中门窗之间的屏风。此以“宸扆”代指帝廷、皇宫。

④ 素朴：质朴无华。素，生丝；朴，原始木材。琱（diāo）：治玉，引申为雕刻，刻镂。这里指用彩绘装饰。

⑤ 垂：垂范，垂示。揖：作揖表示恭敬，这里可理解为敬佩。皇猷：帝王的谋略或教化。猷（yóu）：谋略；计划。

观庆云图①（三首）

阙　名②

五云从表瑞，藻绘宛成图③。柯叶何时改，丹青此不渝④。非烟色尚丽，似盖状应殊⑤。渥彩看犹在，轻阴望已无⑥。方将偶翠幄，那羡起苍梧⑦。欲识从龙处，今逢圣合符⑧。

注释：

① 庆云：五色云。古人以为喜庆、吉祥之气。《列子·汤问》："庆云浮，甘露降。"《汉书·天文志》："若烟非烟，若云非云，郁郁纷纷，萧萧轮囷，是谓庆云。庆云见，喜气也。"

② 阙名：《全唐诗》卷三百六十八作李程。李程（766—842），字表臣，陇西人。贞元十二年（796）登进士第。累辟使府为监察御史，充翰林学士。元和中知制诰，拜礼部侍郎。敬宗即位，以吏部侍郎同平章事，后罢为河东节度使。程在翰苑日过八砖，乃至时号八砖学士。今存诗五首。

③ 从：聚合；归属。《庄子·渔父》："同类相从，同声相应，固天之理也。"此谓五色云气聚合彰表祥瑞。瑞：祥瑞。古人所认定的能够兆示吉祥的某种自然现象叫做祥瑞。藻绘：作美丽的描绘。

④ 柯（kē）叶：枝叶。渝：改变。这两句是说：其他有关花草树木的图画，到了时候都会褪色脱落有所改变；而这张庆云图却怎么也不会改变。

⑤ 盖：车盖，伞盖。

⑥ 渥（wò）：浓厚。

⑦ 偶：匹配。翠幄（wò）：翠色的帐幔。可特指皇帝行在。如《晋书·刘琨传》："臣等祖考以来，世受殊遇，入侍翠幄，出簪彤管。"苍梧：山名。又名九嶷。相传舜葬于苍梧之野。参见《礼记·檀弓上》。地处今湖南宁远县南。苍梧亦有云气，乃帝舜所乘。以之比庆云则不如，故曰"不羡起苍梧"。

⑧ 从龙：《易·乾》："云从龙，风从虎，圣人作而万物睹。"旧以龙为君象，因以称随从帝王或领袖创业。今有庆云，则当兆示皇帝之吉祥。合符：符信相合，合验符信。古代以竹木或金石为符，上书文字，剖而为二，各执其一，合之为证。引申泛指相符合。

同　前

柳宗元①

设色方成象，卿云示国都②。九天开秘旨，百辟赞嘉谟③。抱日依龙衮，非烟近御炉④。高标连汗漫，回望接虚无⑤。裂素荣光发，舒华瑞色敷⑥。恒将配尧德，垂庆代河图⑦。

注释：

① 柳宗元（773—819）：字子厚，河东人（今山西永济）。贞元九年（793）登进士第，十二年应举宏辞，授校书郎，调蓝田尉。贞元十九年为监察御史里行。王叔文、韦执谊用事，尤奇待宗元，擢尚书礼部员外郎；会叔文败，贬永州司马。宗元少精警绝伦，为文章雄深雅健，踔厉风发，为当时流辈所推仰。既罹窜逐，涉履蛮瘴，居闲益自刻苦，其堙厄感郁一寓诸文，读者为之悲恻。元和十年（815）移柳州刺史，江岭间为进士者走数千里从宗元游，经指授者为文辞皆有法，世号柳柳州。元和十四年卒，年四十七。集四十五卷，内诗二卷，今编为四卷。见《旧唐书》卷一百六十、《新唐书》卷一百六十八。

② 卿云：即"庆云"。

③ 九天：指宫禁，皇宫。百辟（bì）：百官。谟：谋略。嘉谟：犹嘉谋。美好的谋略。

④ 抱日：指图上庆云围绕太阳。龙衮（gǔn）：古代帝王穿的绘有卷龙的礼服。

⑤ 高标：高耸，矗立；这里指庆云高悬。汗漫：广大，漫无边际。回望：回头远看。虚无：天空；清虚之境。

⑥ 裂素：裁剪白绢以绘画。华：彩色，这里指绘画用的丹青。敷：铺开，扩展。

⑦ 垂：悬挂。庆：庆云。河图：本是古代儒家关于《周易》卦形来源的传说。《易·系辞上》："河出图，洛出书，圣人则之。"河，黄河。据汉儒解说：伏羲时有龙马出于黄河，马背有旋毛如星点，称作龙图。伏羲取法以画八卦生蓍法。古代认为出现"河图洛书"是帝王圣者受命之祥瑞。此句言天垂庆云以代河图，昭示祥瑞。

同 前

李行敏①

缣素传休祉，丹青状庆云②。非烟凝漠漠，似盖乍纷纷。尚驻从龙意，全舒捧日文③。光因五色起，影向九霄分。裂素观嘉瑞，披图贺圣君。宁同窥汗漫，方此睹氛氲④。

注释：

① 李行敏：贞元十二年宏词登第。今存诗一首。

② 缣（jiān）素：细绢。可供绘画。缣：双丝织的浅黄色细绢。休祉：犹福祉。庆云：五色云。古人以为喜庆、吉祥之气。《汉书·天文志》："若烟非烟，若云非云，郁郁纷纷，萧萧轮囷，是谓庆云。庆云见，喜气也。"

③ 驻：住留。捧日：双手捧起太阳。喻忠心辅佐帝王。语本《三国志·魏志·程昱传》"表昱为东平相，屯范 "裴松之注引晋王沈《魏书》："昱少时常梦上泰山，两手捧日，昱私异之，以语荀彧……彧以昱梦白太祖。太祖曰：'卿当终为吾腹心。'""从龙"、"捧日"除字面义外，又分别双关"随从君王创业"、"忠心辅佐帝王"的意思。文：指彩色交错的图形；这里指文章。

④ 氛氲（yūn）：云雾朦胧貌。

府试观开元皇帝东封图①

马 戴②

俨若翠华举，登封图乍开③。冕旒明主立，冠剑侍臣陪④。迹类飞仙去，光同拜日来。粉痕疑检玉，黛色讶生苔⑤。挂壁云将起，陵风仗若回。年年复东幸，鲁叟望悠哉⑥。

注释：

① 府试：州府为选拔乡贡生而举行的考试，一般在每年的仲冬举行。考试合格者方可送京城参加科

举省试。开元皇帝：即唐玄宗。东封：即到东岳泰山封禅。

② 马戴：字虞臣，曲阳人（今江苏东海西南）。会昌四年（844）进士第。宣宗大中初，太原李司空辟掌书记，以正言被斥为龙阳尉。懿宗咸通末，佐大同军幕，终太学博士。诗集一卷，今编二卷。

③ 登封：登山封禅。指古帝王登泰山祭天祭地。《史记·封禅书》："［武帝］遂登封太山，至于梁父，而后禅肃然。"

④ 明主：贤明的君主。冠剑：古代官员戴冠佩剑，因以"冠剑"指官职或官吏。

⑤ 疑：怀疑。这里指类似，好像。检玉：古封禅有金策、石函、金泥、玉检之封。玉牒书的封箧叫玉检，而将玉牒书以金泥封缄，则就是此诗所说"检玉"。检：封缄。古书以竹木简为之，书成，穿以皮条或丝绳，于绳结处封泥，在泥上钤印，谓之检。黛色：青黑色。

⑥ 幸：封建时代称帝王亲临。鲁叟：指孔子。《孟子·尽心上》："孟子曰：'孔子登东山而小鲁，登泰山而小天下'。"悠：闲适貌。

藩臣恋魏阙①

蒋　防②

剖竹随皇命，分忧镇大藩③。恩波怀魏阙，献纳望天阍④。政奉南风顺，心依北极尊⑤。梦魂通玉陛，动息寄朱轩。直以蒸黎念，思陈政化源⑥。如何子牟意，今古道斯存⑦。

注释：

① 藩臣：拱卫王室之臣。这里指藩国之臣。魏阙：古代宫门外两边高耸的楼观。楼观下常为悬布法令之所。此借指朝廷。

② 蒋防：见卷一百八十《望禁苑祥光》注。

③ 剖竹：古代授官封爵，以竹符为信。剖分为二，君臣各执其一，后因以"剖符"、"剖竹"为分封、授官之称。分忧：指为皇帝分担忧患。大藩：很重要或辖地很大的藩镇。唐代节度使所辖称藩镇。

④ 恩波：谓帝王的恩泽。献纳：指献忠言供采纳。天阍（hūn）：这里指帝王宫殿的门。阍：守门人，代指门；常指天门、宫门。

⑤ 南风：古代乐曲名。相传为虞舜所作。《礼记·乐记》："昔者舜作五弦之琴，以歌《南风》。"《孔子家语·辨乐解》："昔者舜弹五弦之琴，造《南风》之诗。其诗曰：'南风之薰兮，可以解吾民之愠兮；南风之时兮，可以阜吾民之财兮。'"这里指淳朴的风化。北极：代指皇帝。

⑥ 直：特，只不过。蒸黎：百姓，黎民。"蒸"同"烝"，众、多。《孟子·告子上》："《诗》曰：'天生蒸民，有物有则。'"陈：陈述，禀告。政化：政治和教化。

⑦ 子牟：即魏公子牟，战国时人。因封于中山，也叫中山公子牟。曾言："身在江海之上，心居乎魏阙之下。"见《庄子·让王》、《吕氏春秋·审为》。后常用作心存朝廷或忧国的典故。

文苑英华卷一百八十一

宋　李昉等编

省试二（州府试附）　四十九首

冬日可爱①（二首）

陈 讽（贞元十年及第）②

寒日临清昼，寥天一望时。未消埋径雪，先暖读书帷。属思光难驻，舒情影若遗③。晋臣曾比德，谢客昔言诗④。散彩宁偏照，流阴信不追。余辉如可就，回烛幸无私。

注释：

① 冬日：特指冬天的太阳。

② 陈讽：贞元十年（794）擢进士第，又登博学宏词科。今存诗一首。《全唐诗》卷三百一十九题张正元作。张正元，登贞元五年进士第，诗二首。

③ 属（zhǔ）思：构思。属有联缀、组织的意思。

④ 晋臣：春秋时晋臣赵衰，即狐射姑，狐偃之子。《左传·文公七年》：“酆舒问于贾季曰：‘赵衰、赵盾，孰贤?’对曰：‘赵衰，冬日之日也。赵盾，夏日之日也。’”杜预注：“冬日可爱，夏日可畏。”谢客：指南朝宋谢灵运。谢灵运幼名客儿，故称谢客。传见沈约《宋书》卷六十七、颜延年《南史》卷十九，灵运尤擅山水田园诗，风格清奇。南朝梁钟嵘《诗品》卷一：“故知陈思为建安之杰，公干、仲宣为辅；陆机为太康之英，安仁、景阳为辅；谢客为元嘉之雄，颜延年为辅；此皆五言之冠冕。”其咏日之诗名句如：《登江中孤屿》之“云日相辉映，空水共澄鲜”。《从游京口北固应诏》之“远岩映兰薄，白日丽江皋。原隰荑绿柳，墟囿散红桃”。

同 前

庾元亮（贞元八年及第）①

宿雾开天霁，寒郊见初日②。林疏照逾远，冰轻影微出。岂假阳和气，暂忘玄冬律③。愁抱望自宽，羁情就如失④。欣欣事几许，曈曈状非一⑤。倾心傥知期，良愿自兹毕。

注释：

① 庾元亮：正史无传。《全唐诗》卷三百六十八作庾承宣。庾承宣，贞元十年及第。太和中终检校吏部尚书，天平军节度使。今存诗一首。

② 寒郊：寒天的郊野。初日：刚升起的太阳。

③ 玄冬：指冬天，冬季。玄为黑色，按阴阳五行的说法，冬天对应黑色。律：节气，时令。古人以律与历附会，用十二律对应一年的十二个月。其说始于《吕氏春秋》。

④ 愁抱：忧伤的怀抱。羁情：旅居的情怀。

⑤ 欣欣：草木茂盛貌。曈曈：日初出渐明貌。

日华川上动①

石殷士②

曙霞攒旭日，浮景弄晴川③。杲曜曾潭上，悠扬极浦前④。岸高时拥媚，波远渐澄鲜。萍实空随浪，珠胎不照渊⑤。早暄依曲渚，微动触轻涟⑥。孰假咸池望，幽情得古篇⑦。

注释：

① 日华：太阳的光华。南朝齐谢朓《和徐都曹》："日华川上动，风光草际浮。"

② 石殷士：唐代进士。今存诗二首。

③ 攒（cuán）：攒有聚集义，此处指朝霞聚集在太阳周围，故可理解为围住、围绕。晴川：晴天下的江面。

④ 杲（gǎo）：日出明，光明。曾潭：曾，音 céng，深；曾潭：深渊。晋郭璞《江赋》："曾潭之府，灵湖之渊。"悠扬：夕阳西下貌。南朝梁萧子晖《冬草赋》："日悠扬而少色，天阴霖而四下。"浦：水边，河岸。

⑤ 萍实：萍草的果实。汉刘向《说苑·辨物》："楚昭王渡江，有物大如斗，直触王舟，止于舟中。昭王大怪之，使聘问孔子。孔子曰：'此名萍实，令剖而食之，惟霸者能获之，此吉祥也。'"珠胎：蚌体中正在成长的珠子。《汉书·扬雄传上》："［雄］因《校猎赋》以风，其辞曰……'椎夜光之流离，剖明月之珠胎。'"颜师古注："珠在蛤中若怀妊然，故谓之胎也。"

⑥ 暄：温暖。

⑦ 咸池：神话中谓日浴之处。《楚辞·离骚》："饮余马于咸池兮，总余辔乎扶桑。"王逸注："咸池，日浴处也。"幽情：深远或高雅的情思。

日南长至①

独孤铉（元和年吏部）②

玉历颁新（一作穷）律，凝阴发一阳③。轮辉犹惜短，圭影此偏长④。晷度经南斗，流星（一作晶）尽北堂⑤。乍疑同（一作周）户耀，可爱逗林光。积雪销微煦，初萌动早芒⑥。更升台上望，云物已昭彰⑦。

注释：

① 长至：一指夏至。夏至白昼最长，故称。《礼记·月令》："［仲夏之月］是月也，日长至，阴阳争，死生分。"一说指冬至。自夏至后日渐短，自冬至后日又渐长，故称。此诗指冬至。

② 独孤铉：陇右人。登元和进士第。今存诗一首。

③ 玉历：原指正朔，引申为历数、国运。这里指历书。律：节气；时令。一阳：指冬至时一阳伊始。

④ 轮：指月亮。轮辉：即月亮的光辉。圭：古代测日影的仪器叫圭表。石座上的横尺叫圭，南北两

端的标杆叫表，用以测量日影长短。圭影：土圭与日影。

⑤ 晷度：在日晷仪上投射的日影长短的度数。南斗：星名，即斗宿，有星六颗。在北斗星以南，形似斗，故称。北堂：明堂五室之一，在太室之后，位于北方，故称。

⑥ 芒：草的末端；这里代指草。

⑦ 云物：云的色彩；云气。昭彰：亦作“昭章”，显著；光耀。

白日丽江皋①

陈昌言②

迟景临遥水，晴空似不高。清明开晓镜，昭晰辨秋毫③。郁郁长堤土，离离浅渚毛④。烟销占一候，风静拥千艘⑤。独媚青春柳，宜看白鹭涛。何年谢公赏，遗韵在江皋⑥。

注释：

① 白日丽江皋：谢灵运《从游京口北固应诏》诗有“远岩映兰薄，白日丽江皋。原隰荑绿柳，墟囿散红桃”。《六臣注文选》，良（刘良）曰：“薄，业也。丽，美也。江皋，江曲也。”丽：美好；光彩焕发。皋：岸，水边地。江皋：亦作“江皐”，江岸，江边地。

② 陈昌言：贞元十六年（800）进士。今存诗二首。

③ 清明：清新明朗。秋毫：亦作“秋豪”，鸟兽在秋天新长出来的细毛。喻细微之物。这两句是说清新明朗之太阳光辉映照万物，清晰可辨，就像晨起梳妆打开了镜子一样。

④ 郁：郁郁，一般解作“繁茂貌”。离离：草木茂盛貌。毛：指地面所生的植物。此二句为互文，即言长堤和洲渚之上均长着茂盛的草木。

⑤ 候：驿站，驿馆。

⑥ 谢公：谢灵运，袭封康乐公。遗韵：指其诗《从游京口北固应诏》之“远岩映兰薄，白日丽江皋”。

夏日可畏①

张　籍（类诗作丘为）②

赫赫温风扇，炎炎夏日徂③。火威驰迥野，畏景烁（一作铄）遥途④。势矫翔阳翰，功分造化炉⑤。禁城千品烛，黄道一轮孤⑥。落照频空簟，余晖卷夕梧⑦。如何倦游子，中路独踟蹰⑧。

注释：

① 夏日：特指夏天的太阳。泛指夏天。

② 张籍（约766—830）：字文昌，苏州吴人（今江苏苏州），或曰和州乌江人（今安徽和县乌江镇，张籍曾寓居于此）。贞元十五年（799）登进士第。授太常寺太祝，久之，迁秘书郎。韩愈荐为国

子博士，历水部员外郎、主客郎中，当时有名之士皆与游，而愈贤重之。籍为诗长于乐府，多警句。仕终国子司业。诗集七卷，今编为五卷。丘为：《全唐诗》卷一百二十九：“苏州嘉兴人丘为，作《省试夏日可畏》。”类诗：盖指《分门纂类唐歌诗》。

③ 赫赫：形容炎热炽盛。徂（cú）：至。

④ 迥：即“逈”，遥远；僻远。景：太阳；这里指日光。烁：热；烤。

⑤ 矫：强健；雄健。翔阳翰：指传说中太阳中的金乌。翰，本义为羽毛，借以代鸟类。造化炉：陶冶创造万物的熔炉。

⑥ 品：种。黄道：地球一年绕太阳转一周，中国古人看成太阳一年在天空中移动一圈，太阳这样移动的路线叫做黄道。它是天球上假设的一个大圆圈，即地球轨道在天球上的投影。

⑦ 频：靠近，临近。簟：竹席。这里指西边的天际。

⑧ 踟蹰（chí chú）：徘徊不前貌；缓行貌。

秋日悬清光①（二首）

陶　拱（一作洪）②

秋至云容敛，天中日景清③。悬空寒色净，委照曙光盈④。泫泫看弥上，辉辉望最明⑤。烟霞轮乍透，葵藿影初生⑥。鉴下应无极，升高自有程⑦。何当回盛彩，一为表精诚。

注释：

① 秋日：这里指秋天的太阳。江淹《望荆山》句：“寒郊无留影，秋日悬清光。”

② 陶拱：一作洪。德宗贞元间进士。见《登科记考》卷十三。今存诗一首。

③ 敛：收敛。“云容敛”指秋天天高云淡。

④ 委：垂。

⑤ 泫泫（xuàn）：流动貌。

⑥ 轮：日轮。“烟霞轮乍透”意为：在烟霞之中，太阳时隐时现。葵藿：指葵与藿，均为菜名。这里单指葵。葵性向日。古人多用以比喻下对上赤心趋向。

⑦ 鉴：古盛水器；镜子；这里作动词，镜照，照察。程：法式，标准；章程，规格。

同　前

王　维①

寥廓凉天静②，晶明白日秋。圆光含万象，碎影入闲流。迥与青冥合，遥同江甸浮③。昼阴殊众木，斜影下危楼④。宋玉登高怨，张衡望远愁⑤。余辉如可托，云路岂悠悠。

注释：

① 王维（约701—761）：字摩诘，河东人（祖籍山西祁县，迁居山西永济）。维工书画，与弟缙俱有俊才。开元九年（721）进士擢第，调太乐丞。坐累为济州司仓参军，历右拾遗、监察御史、左补阙、库部郎中，拜吏部郎中；天宝末为给事中。安禄山陷两都，维为贼所得，服药阳瘖，拘于菩提寺，禄山宴凝碧池，维潜赋诗悲悼，闻于行在。贼平，陷贼官三等定罪，特原之责，授太子中允，迁中庶子、中书舍人，复拜给事中，转尚书右丞。维以诗名盛于开元、天宝间。宁、薛诸王，驸马、豪贵之门，无不拂席迎之。得宋之问辋川别墅，山水绝胜，与道友裴迪浮舟往来，弹琴赋诗，啸咏终日，笃于奉佛。晚年长斋禅诵，一日忽索笔作书，数纸别弟缙及平生亲故，舍笔而卒。赠秘书监。宝应中，代宗问缙："朕常于诸王坐闻维乐章，今存几何？"缙集诗六卷，文四卷，表上之。苏轼云："维诗中有画，画中有诗也。"今编诗四卷。

② 寥廓：空旷深远。

③ 迥：即"迥"，遥远，僻远；与下句"遥"相对。青冥：形容青苍幽远。指青天。甸：区域；流域。

④ 殊：别，使……互相区别。危：高，高耸。

⑤ 宋玉、张衡句：王逸《楚辞章句》卷八："《九辩》者，楚大夫宋玉之所作也。……宋玉者，屈原弟子也。闵惜其师忠而放逐，故作《九辩》以述其志。"词句哀怨，开篇"悲哉秋之为气也！萧瑟兮草木摇落而变衰，憭栗兮若在远行，登山临水兮送将归，泬寥兮天高而气清，寂寥兮收潦而水清……"故言"宋玉登高怨"。《文选》卷二十九有张衡《四愁诗》并序："张衡不乐久处机密，阳嘉中，出为河间相。时国王骄奢，不遵法度……时天下渐弊，郁郁不得志，为《四愁诗》。屈原以美人为君子，以珍宝为仁义，以水深雪雰为小人。思以道术相报，贻于时君，而惧谗邪不得以通。"四首诗中分别有"侧身东望涕沾翰"、"侧身南望涕沾襟"、"侧身西望涕沾裳"、"侧身北望涕沾巾"句以表达忧虑和愁思，故言"张衡望远愁"。

初日照华清宫①

柴　宿②

灵山初煦泽，远近见离宫③。影动参差里，光分缥缈中。鲜飙收晚翠④，佳气满晴空。林润温泉入，楼深复道通⑤。璇题生炯晃，珠缀引葱胧⑥。凤辇何时幸⑦，朝朝此望同。

注释：

① 初日：刚升起的太阳。华清宫：唐宫殿名，在陕西省临潼县城南骊山麓，其地有温泉。《旧唐书·玄宗下》："（天宝六载）冬十月戊申，幸温泉宫，改为华清宫。"

② 柴宿：元和元年（806）中才识兼茂、明于体用科。今存诗二首。

③ 灵山：此指华清宫所在的骊山。煦泽：覆育恩泽，此指受到阳光照耀，沐浴在和暖的初日光辉之中。离宫：别处之宫，非天子所常居，即天子出游之宫。

④ 鲜飙：清新的风。飙（biāo）：疾风。《文选·江淹〈杂体诗·效许询"自序"〉》："曲棂激鲜飙，石室有幽响。"吕向注："鲜飙，鲜洁之风。"

⑤ 复道：楼阁间架空的通道，也称阁道。

⑥ 璇题：璇，美玉；题，指物体的前端或顶端。此指华清宫的榱椽以美玉饰头，金碧辉煌。炯晃：

亦作“炯晃”，光明貌。珠缀：指联珠而成的帘子。葱胧：四库全书本作“曈昽”（tónglóng）。曈昽，犹蒙胧，不明貌。

⑦ 辇：人拉的车。秦汉后专指帝王后妃所乘的车。凤辇：指纹饰有精美凤鸟图案的人拉车。幸：封建时代称帝王亲临。唐代试律诗中多有以“华清宫望幸”为题材者，但自玄宗以后，唐朝皇帝很少前去游览，盖惩于玄宗逸乐之覆败，心有所忌也。

初日照凤楼①

李虞仲②

旭日烟云殿，朝阳烛帝居③。断霞生峻宇，通阁丽晴虚④。流彩连朱槛，腾辉照绮疏⑤。曈昽晨景里，明灭晓光初。户牖仙山近，轩楹凤翼舒⑥。还如王母过，遥度五云车⑦。

注释：

① 凤楼：帝王所居之楼。

② 李虞仲：字见之，赵郡人。李端之子。元和初登进士第。累官中书舍人、知制诰，终吏部侍郎。诗集四卷，今存一首。见《旧唐书》卷一百六十三。

③ 烛：火炬，火把；蜡烛。这里作动词，照亮，照见，映照。

④ 虚：这里指空际，天空。

⑤ 绮疏：指雕刻成空心花纹的窗户。《后汉书·梁冀传》：“窗牖皆有绮疎青琐，图以云气仙灵。”李贤注：“绮疎谓镂为绮文。”

⑥ 轩楹：堂前的廊柱。

⑦ 五云车：仙人所乘之车。《汉武帝内传》曰：“汉武帝好仙道，七月七日夜漏七刻，王母乘云车而至于殿。”《渊鉴类函》卷三百一十九“九节杖、五云车”下注：“五云车，仙人所乘也。”

日暮碧云合①

许康佐②

日际愁阴生，天涯暮云碧。重重不辨盖③，沉沉乍如积。林色黯疑暝，隟光俄已夕④。出岫且从龙，萦空宁触石⑤。余辉澹瑶草，浮影凝绮席⑥。时景讵能留，几思轻尺璧⑦。

注释：

① 江淹《杂体诗三十首·休上人》：“日暮碧云合，佳人殊未来。”

② 许康佐：贞元中举进士宏辞。累迁中书舍人、翰林学士，与王起俱为文宗宠礼，终礼部尚书。卒年七十二，赠吏部尚书。撰《九鼎记》四卷。今存诗二首。见《旧唐书》卷一百八十九、《新唐书》卷二百。

③ 盖：指天盖，天幕。我国古代的一种天体学说叫盖天说，认为天像一个斗笠，地像覆着的盘子。天在上，地在下，日月星辰随天盖而运动。
④ 隟光："隟"同"隙"，缝隙，空隙；隟光，透过云层缝隙照射出来的阳光。
⑤ 岫：有洞穴的山。《尔雅·释山》："山有穴为岫。"这里指峰峦。从龙：《周易》曰："云从龙，风从虎。"触石：《公羊传·僖公三十一年》："触石而出，肤寸而合，不崇朝而遍雨乎天下者，唯泰山尔。"后以"触石"谓山中云气与峰峦相碰击，吐出云来。这两句是说碧云飞腾在天，遮蔽天空，已非出山之云。
⑥ 澹：同"淡"。瑶草：泛指珍美的草。绮席：华丽的席具。古人称坐卧之铺垫用具为席。
⑦ 讵：岂，难道。尺璧：直径一尺的璧玉。言其珍贵。语本《淮南子·原道训》："圣人不贵尺之璧而重寸之阴，时难得而易失也。"

日暮天无云①

熊孺登②

杳杳复苍然，无云日暮天③。象分青气外，景尽赤霄前④。渐吐星河色，遥生水木烟⑤。从容难附丽，顾步欲澄鲜⑥。但见收三素，何能测上玄⑦。应非暂呈瑞，不许出山川⑧。

注释：

① 陶渊明《拟古诗》："日暮天无云，春风扇微和。"
② 熊孺登：钟陵人。登进士第。元和中终藩镇从事。今存诗一卷。
③ 杳杳（yǎo）：昏暗貌。苍：青。
④ 青气：青色的云气。景：太阳；日光。赤霄：极高的天空。
⑤ 星河：银河。木：指树林，森林。
⑥ 顾步：徘徊自顾；回首缓行。澄鲜：清新。南朝宋谢灵运《登江中孤屿》诗："云日相辉映，空水共澄鲜。"
⑦ 三素：本为道教所称三元君。此指三素云。即三元君所驾之彩云。"收三素"指天无云。道教谓人身中元气有紫、白、黄三色；脾为黄素，肺为白素，肝为紫素，合称"三素云"。亦泛指各色云烟。上玄：上天。《文选》扬雄《甘泉赋》："惟汉十世，将郊上玄。"李善注："上玄，天也。"
⑧ 这两句是说：应该不是上天为了暂时呈现祥瑞而不许云气出山川。

日暮山河清①

失　名②

天高爽气晶，驰景忽西倾③。山列千重静，河流一带明④。想同金镜彻，宁让玉壶清⑤。纤翳无由出，浮埃不复生⑥。萦纡分汉苑，表里见秦城⑦。逸兴终难系，抽毫仰此情⑧。

注释：

① 江淹《杂体诗三十首 · 王侍中粲》："倚棹汎泾渭，日暮山河清。"
② 失名：即"佚名"。
③ 晶：清朗。唐宋之问《明河篇》："八月凉风天气晶，万里无云河汉明。"景：日光。
④ 一带：像一条带子一样。
⑤ 想：希望。彻：通"澈"，澄澈。玉壶：美玉制成的壶。
⑥ 纤翳：纤，细小，微细；翳，指云雾。
⑦ 萦纡：盘旋环绕。汉苑：苑，畜养禽兽的园林。汉苑本指汉代"上林苑"，这里泛指皇家园林。秦城：指秦长城 。
⑧ 抽毫：提笔。

三让月成魄（不得泛说乡饮之事）①

刘　瑰②

为礼依天象，周旋逐月成③。教人三让美，为客一宵生④。初进轮犹暗，终辞影渐明⑤。幸陪宾主位，取舍任亏盈。

注释：

① 三让：古人相见礼，主人三揖，宾客三让。魄：通"霸"。月初出或将没时的微光。乡饮：古代嘉礼之一，指乡饮酒礼。《礼记 · 乡饮酒义》："乡饮酒之义，主人拜迎宾于庠门之外；入，三揖而后至阶，三让而后升，所以致尊让也……宾主，象天地也；介僎，象阴阳也；三宾，象三光也；让之三也，象月之三日而成魄也。四面之坐，象四时也。"陆德明音义："介，音戒，下放此，辅宾者。僎，音遵，辅主人者。魄，普百反，《说文》作'霸'，云月始生魄然也。"《新唐书 · 选举志》："而举选不繇馆学者，谓之乡贡，皆怀牒自列于州县。试已，长吏以《乡饮酒礼》会属僚设宾主、陈俎豆、备管弦，牲用少牢，《歌鹿鸣》之诗，因与耆艾叙长少焉。"
② 刘瑰：唐代进士。今存诗一首。
③ 周旋：古代行礼时进退揖让的动作。《礼记 · 乐记》："升降上下，周还裼袭，礼之文也。"陆德明《释文》："还，音旋。"孔颖达疏："周谓行礼周曲回旋也。"
④"为客一宵生"是说月魄为了客人而在一晚上就生出了。
⑤ 轮：指月亮。

月照冰池

叶季良①

霁夕云初敛，栖娥月未亏②。圆光生碧海，素色满瑶池③。天迥轮空见，波凝影讵窥④。浮霜玉比彩，照像镜同规⑤。皎洁寒偏净，徘徊夜转宜⑥。谁怜幽境在，长与赏心随⑦。

注释：

① 叶季良：登贞元进士第。今存诗三首。
② 霁夕：晴夜。娥：月里嫦娥。
③ 圆光：月亮。唐李白《古风》之二："圆光亏中天，金魄遂沦没。"素色：白色，这里指月色。瑶池：古代传说中昆仑山上的池名，西王母所居。
④ 波凝：指池水已被冻结。影：指月在水中的倒影。讵：岂，怎么。
⑤ 规：画圆的工具，引申指圆形；同规，言月、镜同圆。
⑥ 宜：合适，适当，适宜。这里指"宜人"，谓合人心意。
⑦ 怜：喜爱，疼爱。

海上生明月

朱　华①

皎皎秋中月，团圆（一作团）海上生。影开金镜满，轮抱玉壶清②。渐出三山岊，将凌一汉横③。素娥尝药去，乌鹊绕枝惊④。照水光偏白，浮云色最明。此时尧砌下，蓂荚自将荣⑤。

注释：

① 朱华：丹阳人（今属江苏）。武则天时朱敬则之后。约中唐后期人。曾任楚州录事参军。见《新唐书·宰相世系表》。今存诗一首。
② 玉壶：美玉制成的壶，这里比喻明月。古诗人以玉壶为清凉之象征，如"一片冰心在玉壶"。
③ 三山：传说中的海上三神山。晋王嘉《拾遗记·高辛》："三壶，则海中三山也。一曰方壶，则方丈也；二曰蓬壶，则蓬莱也；三曰瀛壶，则瀛洲也。"岊：同"峊"（jié），山曲折处。汉：天河；银河。
④ 素娥尝药：素娥，嫦娥的别称；亦用作月的代称。"素娥尝药"用嫦娥偷食不死之药的典故。《淮南子·览冥训》："羿请不死之药于西王母，姮娥窃以奔月。"高诱注："姮娥，羿妻。羿请不死之药于西王母，未及服之，姮娥盗食之，得仙，奔人月中，为月精也。"案，汉代因避文帝刘恒讳，改称"姮娥"为"常娥"，通作嫦娥。乌鹊：乌鸦和喜鹊。这句是说乌鹊被月亮出没所惊扰。
⑤ 尧砌：尧，传说中古部落陶唐氏首领之号；砌，台阶。蓂荚：古代传说中唐尧时的一种瑞草。它每月从初一至十五，每日结一荚；从十六至月终，每日落一荚。所以从荚数多少，可以知道是何日。一名历荚。《竹书纪年》卷上："又有草夹阶而生，月朔始生一荚，月半而生十五荚；十六日以后，日落一荚，及晦而尽；月小，则一荚焦而不落。名曰蓂荚，一曰历荚。"

璧池望秋月①

张子容②

凉夜窥清沼，池空水月秋。满轮沉玉镜，半魄落银钩③。蟾影摇轻浪，菱花渡浅流④。漏移光渐洁，云敛色偏浮⑤。似璧悲三献，疑珠怯再投⑥。能将千里意，来照楚乡愁⑦。

注释：

① 璧池：即璧沼。古代学宫前半月形的水池。《新唐书·归崇敬传》："古天子学曰辟雍。以制言之，壅水环缭如璧然；以谊言之，以礼乐明和天子云尔。在《礼》为泽宫，故前世或曰璧池，或曰璧沼，亦言学省。"

② 张子容：襄阳人（今湖北襄阳），早年曾隐居襄阳白鹤山。先天二年（713）擢进士第。为乐城尉，与孟浩然友善。今存诗一卷。另参见《唐才子传》卷一。

③ 魄：通"霸"。详见《三让月成魄》注①。

④ 蟾影：月影。

⑤ 漏：漏壶，古代计时器。漏移，漏壶中浮标刻度的移动，指时间流逝。

⑥ 璧：玉器名。扁平、圆形、中心有孔。边阔大于孔径。"璧"也泛指美玉。三献：三次呈献。卞和，春秋楚人，相传他得玉璞，先后献给楚厉王和楚武王，都被认为欺诈，受刑砍去双脚；楚文王即位，他抱璞哭于荆山下，文王使人琢璞，得宝玉，名为"和氏璧"。疑：好像，类似。与上句"似"同义偶对。"疑珠怯再投"，化用了"明珠暗投"典故，亦作"明珠夜投"、"明珠投暗"。《史记·鲁仲连邹阳列传》："臣闻明月之珠，夜光之璧，以暗投人于道路，人无不按剑相眄者。何则？无因而至前也。"后多用"明珠暗投"比喻人虽有才能，但无人引荐仍然得不到赏识和重用；或好人误入歧途；亦比喻贵重的东西落到不识货的人手里。此为唐代举子怀才难遇心情之写照。《全唐诗》卷二百五十三王之涣《古兴》诗："投珠恐见疑，抱玉但垂泣。道在君不举，功成叹何及！"

⑦ 楚乡愁："楚"指"楚客"。楚客：特指屈原。屈原忠而被谤，身遭放逐，行吟他乡，故称"楚客"。泛指客居他乡的人。张子容，襄阳人，后值乱离流寓江表……故有"楚乡愁"。

秋月悬清辉

蒋　防①

秋月沿霄汉，亭亭委素辉②。山明桂花发，池满夜珠归③。入牖人偏揽，临枝鹊正飞。影连平野净，轮度晓云微④。晶晃浮轻露⑤，徘徊映薄帷。此时千里道，延望独依依⑥。

注释：

① 蒋防：见卷一百八十《望禁苑祥光》注。

② 亭亭：明亮美好貌。委：下垂；坠落。素辉：白色的亮光。

③ 夜珠：即夜明珠。唐宋之问《奉和晦日幸昆明池应制》："不愁明月尽，自有夜珠来。"

④ 轮：指月亮。

⑤ 晶晃：光亮闪耀。浮清露：浮于清露。

⑥ 延望：引颈远望；形容盼望或仰慕之切。

月映清淮流[①]（二首）

徐　敞[②]

遥夜淮弥净，浮空月正明。虚无含气白，凝淡映波清。见底深还浅，居高缺复盈。处柔知坎德，持洁表阴精[③]。利物功难并，和光道已成[④]。安流方利涉，应鉴此时情[⑤]。

注释：

① 淮：淮河。
② 徐敞：建中（780—782）进士，与颜粲同榜。今存诗五首。
③ 坎德：《易·说卦》："坎为水。"坎德，指水就下的性质。因以喻君子谦卑的美德。阴精：《礼记·月令》"月令第六"唐孔颖达疏："月是阴精，日为阳精。"
④ 利物：益于万物。和光：谓才华内蕴，不露锋芒。《老子》："和其光，同其尘。"王弼注："无所特显，则物无所偏争也；无所特贱，则物无所偏耻也。"后以"和光同尘"指随俗而处，不露锋芒。
⑤ 安流：平稳的流水；舒缓平稳地流动。引申指安然顺流。利涉：顺利渡河。

同　前

失　名

淮月秋偏静，含虚夜转明[①]。桂花窥镜发，蟾影映波生[②]。滄滟轮初上，徘徊魄正盈[③]。遥塘分草树，近浦写山城[④]。桐栢流光逐，蠙珠濯景清[⑤]。孤舟方利涉，更喜照前程[⑥]。

注释：

① 含虚：即"涵虚"，氤氲水气。孟浩然《洞庭湖》："八月湖水平，涵虚混太清。"
② 蟾影：月影；月光。
③ 滟：水浮动貌；水光耀貌。滄滟（yàn）：荡漾。轮：月轮。魄：指月亮。
④ 浦：水边，河岸。山城：依山而筑的城市。
⑤ 栢：即"柏"，木名，常绿乔木或灌木。蠙珠：即蚌珠，珍珠。
⑥ 前程：此处双关。一指前面的路程；二比喻未来的功名成就。

圆灵水镜①（二首）

徐　敞②

浮光上东洛③，扬彩满圆灵。明灭沦江水，盈虚逐砌蓂④。不分沙岸白，偏照海山青。练色临窗牖，蟾光霭户庭⑤。成轮疑璧影，初魄类弓形。远近凝清质，娟娟出众星⑥。

注释：

① 圆灵：天。《文选·谢庄〈月赋〉》："柔祇雪凝，圆灵水镜。"李善注："圆灵，天也。"水镜：指倒映在水中的月亮。

② 徐敞：见前《月映清淮流》注。

③ 东洛：指洛阳。汉、唐时以洛阳为东都，故称。

④ 沦：落。砌蓂：指尧砌、蓂荚。尧，传说中古部落陶唐氏首领之号；砌，台阶。蓂荚，古代传说中唐尧时的一种瑞草；每月从初一至十五，每日结一荚；从十六至月终，每日落一荚。所以从荚数多少，可以知道是何日。一名历荚。《竹书纪年》卷上："又有草夹阶而生，月朔始生一荚，月半而生十五荚；十六日以后，日落一荚，及晦而尽；月小，则一荚焦而不落。名曰蓂荚，一曰历荚。"

⑤ 练色：指白色。蟾光：月色；月光。霭：笼罩。

⑥ 娟娟：明媚貌。众星：群星。《论语·为政》："子曰：'为政以德，譬如北辰，居其所而众星共之。'"

同　前

张　聿①

凤池开月镜，清莹写寥天②。影散微波上，光含片玉悬③。菱花凝泛滟，桂树映清鲜④。乐广披云日，山涛卷露（疑作雾）年⑤。濯缨何处去，鉴物自堪妍⑥。回首看云液，蟾蜍势正圆⑦。

注释：

① 张聿：建中（780—783）进士。《旧唐书》卷十三：曾官秘书正字、翰林学士，迁左拾遗等。今存诗五首。

② 写：通"泻"，指月光如水流泻而下。寥天：辽阔的天空。

③ 片玉：喻弯月。

④ 菱花：菱的花。也指菱花镜，泛指镜。这里指月亮。桂树：指传说的月中桂树。

⑤ 乐广：字彦辅，南阳淯阳人。《世说新语·赏誉》："卫伯玉为尚书令，见乐广与中朝名士谈议，奇之。曰：'自昔诸人没已来，常恐微言将绝，今乃复闻斯言于君矣。'命子弟造之。曰：'此人人之

水镜也，见之若披云雾睹青天。’” 山涛：字巨源，河内怀人；竹林七贤之一。《世说新语·赏誉》：“人问王夷甫山巨源义理何如？是谁辈？王曰：‘此人初不肯以谈自居，然不读《老》《庄》，时闻其咏，往往与其旨合。’” 卷露：当作“卷雾”。《晋书·刘惔韩伯传论》：“刘韩俊爽，标置轶群，胜气笼霄，飞谈卷雾；并兰芬菊耀，无绝于终古矣！”

⑥ 濯缨：洗濯冠缨。语本《孟子·离娄上》：“沧浪之水清兮，可以濯我缨。”后以“濯缨”比喻超脱世俗，操守高洁。妍：美丽，美好。

⑦ 云液：一般指雨水、露水。但据上下文，此或指水中云天。蟾蜍：亦作“蟾蠩”、“蟾诸”，月亮的代称，出“姮（嫦）娥奔月”故事。

京兆府试残月如新月①

郑　谷（见集本）②

荣落何相似，初终却一般③。犹疑和夕照，谁信堕朝寒。水国辉华别，诗家比象难④。佳人应悞拜，栖鸟反求安⑤。屈指期轮满，何心谓影残。庾楼清赏处，吟彻曙钟看⑥。

注释：

① 京兆：汉代京畿的行政区域，为三辅之一，全称“京兆尹”，在今陕西西安以东至华县之间。唐代亦设有京兆府。府试：科举时代府一级考试。

② 郑谷：字守愚，袁州宜春人（今江西宜春）。光启三年（887）擢第。官右拾遗，历都官郎中。幼即能诗，名盛唐末。有《云台编》三卷，《宜阳集》八卷，《外集》三卷，今编诗四卷。

③ 荣落：花开花落，此喻月相盈亏之过程。一般：一样。新月是农历每月初出的弯形的月亮，残月是满月（望月）之后亏缺之月，故其形状差不多。

④ 水国：犹水乡。比象：亦作“比像”。比拟象征。《左传·桓公二年》：“五色比象，昭其物也。”

⑤ 悞：同“误”。《全唐诗》卷六百七十五同诗即写作“佳人应误拜”。佳人拜月许愿或成婚，当就新月拜之，而因残月似新月，故往往误拜。而栖鸟时无满月光辉之惊扰，故反而乐得清静。

⑥ 庾楼：楼名，一名庾公楼，在江西九江，传说为晋庾亮镇江州时所建。宋陆游《入蜀记》卷四：“楼正对庐山之双剑峰，北临大江，气象雄丽……庾亮尝为江荆豫州刺史，其实则治武昌。若武昌南楼名庾楼，犹有理。今江州治所，在晋特柴桑县之湓口关耳，此楼附会甚明。”宋范成大《吴船录》卷下：“甲午，泊江州登庾楼……此楼他处不能兼有，此独擅之，庾元亮故事本是武昌南楼，后人以元亮尝刺江州，故亦以庾名此楼。”彻：达。“吟彻曙钟看”意为：通宵达旦地吟咏。

玉绳低建章①

张仲素②

迢迢玉绳下，芒彩正阑干③。稍复临鸡鹊，方疑近露寒④。微明连粉蝶，的皪映仙盘⑤。横接河流照，低将夜色残。天榆随影没，宫树与光攒⑥。遐想西垣客，长吟欲罢难⑦。

注释：

① 玉绳：星名。常泛指群星。建章：建章宫的省称，汉代长安宫殿名，在未央宫之西。泛指宫阙。谢玄晖《暂使下都夜发新林至京邑赠西府同僚一首》："大江流日夜，客心悲未央。徒念关山近，终知反路长。……金波丽鳷鹊，玉绳低建章。"李善注："《汉书》歌云：'月穆穆以金波。'……张楫《汉书注》曰：'鳷鹊观，在云阳甘泉宫外。'《春秋元命包》曰：'玉衡北两星为玉绳星。'《汉书》曰：'栢梁灾，于是作建章宫也。"

② 张仲素：字绘之，河间人（今属河北）。贞元十四年（798）进士及第，又中博学宏词科。宪宗时为翰林学士，后终中书舍人。今存诗一卷。

③ 芒彩：光彩，光芒。阑干：横斜貌。三国魏曹植《善哉行》："月没参横，北斗阑干。"

④ 鳷（zhī）鹊、露寒：汉代宫观名。在长安甘泉宫外，汉武帝建元中建。《文选·司马相如〈上林赋〉》："过鳷鹊，望露寒，下棠梨，息宜春 。"郭璞注引张揖曰："此四观，武帝建元中作，在云阳甘泉宫外。"这里指唐宫阙。

⑤ 的皪：光亮、鲜明貌。粉蝶：当为"粉堞"。粉堞，用白垩涂刷的女墙（矮墙）。唐骆宾王《晚泊江镇》诗："夜乌喧粉堞，宿雁下芦洲。"仙盘：指承露盘。汉武帝迷信神仙，于建章宫筑神明台，立铜仙人舒掌捧铜盘承接甘露，冀饮以延年。后三国魏明帝亦于芳林园置承露盘。《汉书·郊祀志上》："其后又作柏梁、铜柱、承露仙人掌之属矣。"颜师古注："《三辅故事》云：建章宫承露盘高二十丈，大七围，以铜为之，上有仙人掌承露，和玉屑饮之。"

⑥ 榆：星名。《春秋运斗枢》："玉衡星散为鸡，为鹍……为荆，为榆。"攒（cuán）：聚集。

⑦ 西垣：宫阙西侧。即"西掖"，中书或中书省的别称，唐宋时中书省因设于宫中西掖故称。应劭《汉官仪》卷上："左右曹受尚书事，前世文士，以中书在右，因谓中书为右曹。又称西掖。"建章宫在未央宫之西，故云。

七月流火①

敬　括②

前庭一叶下，言念忽悲秋。变节金初至，分空（一作寒）火正流③。气含凉夜早，光拂夏云收。助月微明散，沿河丽景浮。礼标时令爽，诗异（一作兴）国风幽④。自此观邦正（一作邪正），深知玉叶（一作王业）休⑤。

注释：

① 七月流火：《诗·豳风·七月》："七月流火，九月授衣。"毛传："火，大火也；流，下也。"火：星名，指大火。即心宿二。《书·尧典》："日永星火，以正仲夏。"孔传："火，苍龙之中星。"《左传·昭公十八年》："夏五月，火始昏见。"杜预注："火，心星。"七月流火，是说火星西移，天气转凉。

② 敬括：字叔弓，河东人。少以文词称，乡举进士；又应制登科。累官右拾遗、内供奉、殿中侍御史，天宝末以不附杨国忠出为刺史，迁给事中、兵部侍郎、大理卿，大历初诏选循良为近辅，以括为同州刺史入为御史大夫，卒。今存诗一首。

③ 金：五行之一。五行学说谓西方、秋天为金。空：一作“寒”。七月流火（火星西移，天气转凉），故言“寒”。

④ 标：标举，树立。国风：指通过诗歌谣谚反映出来的一国或一地的风俗。幽：幽情，深远或高雅的情思。

⑤ 邦正：即“邦政”，国家军政。《周礼·夏官司马》：“惟王建国，辨方正位，体国经野，设官分职，以为民极。乃立夏官司马，使帅其属而掌邦政，以佐王平邦国。”郑注：“政，正也，政所以正不正者也。《孝经说》曰：‘政者，正也，正德名以行道。’”邪正：邪恶与正直。玉叶：喻皇家子孙。王业：帝王之事业，谓统一天下，建立王朝。休：美善，福禄；荫庇。

寿星见①

失　名②

玄象今何应，时和政亦平③。祥为一人寿，色映九霄明④。皎洁垂银汉，光芒近十（疑作斗）城。含规同月满，表瑞得天清⑤。甘露盈条降，祥烟向日生。无如此嘉祉，率土荷秋成⑥。

注释：

① 寿星：《尔雅·释原》：“寿星，角亢也。”郭璞注：“数起角亢，列宿之长，故曰寿。”《史记·孝武本纪》：“寿星仍出，渊耀光明。”《索隐》：“寿星，南极老人星也。见则天下理安，故言之也。”

② 失名：《全唐诗》卷五百六十六作卢渥。卢渥（820—905），字子章，范阳（今属河北涿县）人。登大中进士第。累迁中书舍人、陕虢观察使、礼部侍郎。光启二年，拜户部尚书，充山南西道留后。以检校司徒致仕。今存诗二首，见司空图《卢渥神道碑》、《新唐书·宰相世系表三》、《唐诗纪事》卷五十九。

③ 玄象：天象，谓日月星辰在天所成之象。应：感应。儒家认为，时和政平，则天象感应，为之呈现祥瑞。

④ 一人：指当时的皇帝。

⑤ 规：圆形。

⑥ 嘉祉：犹福祉。率土：“率土之滨”之省，谓境域之内。秋成：秋季成熟。收获，收成。

老人星①

赵　蕃②

太史占南极，秋分见寿星③。增辉延宝历，发曜起祥经④。灼烁依狼地，昭彰近帝庭⑤。高悬方杳杳，孤白乍荧荧⑥。应见光新吐，休征德自形⑦。既能符圣祚，从此表遐龄⑧。

注释：

① 老人星：亦省称“老人”。南部天空一颗光度较亮的二等星。古人认为它象征长寿，故又名“寿

星”。《史记·天官书》：“狼比地有大星，曰南极老人。老人见，治安；不见，兵起。”张守节正义：“老人一星在弧南，一曰南极，为人主占寿命延长之应。常以秋分之曙见于景，春分之夕见于丁；见则国长命，故谓之寿星，天下安宁；不见人主忧也。”

② 赵蕃：元和进士第。今存诗二首。

③ 太史：官名。三代时为史官及历官之长，掌管文史档案、天文占候和历法制订等。唐代设有太史局。

④ 宝历：指国祚，皇位。曜（yào）：光辉。祥经：指吉祥的光线。光之传播呈射线，故作者以“经”称之。其实，作者凑一“经”字，乃为押韵所迫。

⑤ 狼地：即“狼比地”的省略。《史记·天官书》：“三曰九斿，其东有大星曰狼，狼角变色多盗贼……狼比地有大星，曰南极老人。老人见，治安；不见，兵起。常以秋分时候之于南郊附耳，入毕中兵起。”裴骃《集解》：“晋灼曰：比地，近地也。”“狼比地”指与“狼星”分野接近的地方。

⑥ 杳杳：幽远貌；隐约，依稀。荧荧：光闪烁貌，光艳貌。

⑦ 休征：吉祥的征兆。《书·洪范》：“曰休征。”孔传：“叙美行之验。”《汉书·终军传》：“故周至成王，然后制定，而休征之应见。”颜师古注：“休，美也。征，证也。”

⑧ 遐龄：高龄，长寿。

府试观老人星①

李　频②

良宵出户庭，极目向青冥③。海内逢康日，天边见寿星。临空遥灼灼，竟晓独荧荧。春后先依景，秋来忽近丁④。垂休归有道，作瑞掩前经⑤。岂比周王梦，徒言得九龄⑥。

注释：

① 老人星：又名“寿星”，见前诗注①。

② 李频：字德新，睦州寿昌人（今浙江建德县）。少秀悟，逮长，庐西山，多所记览，其属辞于诗尤长。给事中姚合名为诗士，多归重，频走千里丐其品，合大加奖挹，以女妻之。大中八年（854）擢进士第。调秘书郎，为南陵主簿；判入等，再迁武功令，俄擢侍御史，守法不阿徇，累迁都官员外郎，表丐建州刺史，以礼法治下，建赖以安。卒官，父老为立庙梨山，岁祠之。有《建州刺史集》一卷，又号《梨岳集》，今编为三卷。

③ 青冥：形容青苍幽远，指青天。

④ 景、丁：景即“丙”，唐人避唐高祖李渊父李昞讳，以景为“丙”。丁：天干的第四位。五行中丙、丁均属火，位次南方。一说“景”即“景星”，或称德星；古谓现于有道之国。《文子·精诚》：“故精诚内形气动于天，景星见，黄龙下，凤凰至，醴泉出，嘉谷生，河不满溢，海不波涌。”《史记·天官书》：“狼比地有大星，曰南极老人。”张守节正义：“老人一星……常以秋分之曙见于景，春分之夕见于丁。”

⑤ 掩前经：盖过以前经典中的任何记载。

⑥ 周王梦：周王，指周文王。九龄：九十岁。语本《礼记·文王世子》：“文王谓武王曰：‘女何梦矣？’武王对曰：‘梦帝与我九龄。’文王曰：‘女以为何也？’武王曰：‘西方有九国焉，君王其终

抚诸。’文王曰：‘非也！古者谓年龄，齿亦龄也。我百、尔九十，我与尔三焉。’文王九十七乃终，武王九十三而终。”郑玄注：“九龄，九十年之祥也。”后引申为长寿。

虹藏不见①

徐　敞②

迎冬小雪至，应节晚虹藏。玉气徒成象，星精不散光③。美人初比色，飞鸟罢呈祥④。石涧收晴影，天津失彩梁⑤。霏霏空暮雨，杳杳映残阳。舒卷应时令，因知圣历长⑥。

注释：

① 见（xiàn）：同“现”。“虹藏不见”，题本《礼记·月令》：“孟冬之月……水始冰，地始冻。雉人大水为蜃，虹藏不见。”“是月也，天子始裘。命有司曰：天气上腾，地气下降，天地不通，闭塞而成冬，命百官谨盖藏。”

② 徐敞：见卷一百八十一《月映清淮流》注。

③ 玉气：白色的云气。即指从山中出来的云气。星精：犹言星之灵气。星之灵气即天气，地之云气即地气，二者既不相交通，则不能形成彩虹。

④ 罢：返回。《国语·吴语》：“夫吴之边鄙，远者罢而未至。”韦昭注：“罢，归也。”“美人”句：按古人说法，星精散光，才能形成虹的彩色。今星精不散光，则只有白色的“玉气”呈现，而美人面部白晰，故可相比。

⑤ 天津：天上的河，指银河。梁：桥。《诗·大雅·大明》：“造舟为梁，不显其光。”孔颖达疏：“造其舟以为桥梁。”此“彩梁”喻指彩虹。“石涧”句是说地气下降，冬日不能蒸腾山涧之水气。“天津”句是说不能形成彩虹。

⑥ 圣历：谓帝王的历数，国运。

闰月定四时①（五首）

罗　让②

月闰随寒暑，畴人定职司③。余分将考日，积筭自成时④。律候行宜表，阴阳运不欺⑤。气薰灰管验，数扐卦辞推⑥。六律文明序，三年理暗移⑦。当知岁功立，唯是奉无私⑧。

注释：

① 闰月：农历一年较回归年相差约10日21时，即每一农历年比公历年少十余天，三年少一个月的时间，故须置闰，五年置二闰，十九年置七闰。每逢闰年所加的一个月叫闰月。最初放在岁末，称“十三月”或“闰月”；后加在某月之后，称“闰某月”。《书·尧典》：“朞，三百有六旬有六日，以闰月定四时成岁。”

② 罗让：字景宣，迴之子。少以文学知名，举进士，宏辞、贤良方正皆高第。历尚书郎、散骑常侍，终江西观察使。集三十卷，今存诗二首。

③ 畴人：古代天文历算之学，有专人执掌，父子世代相传为业，称为“畴人”。亦指精通天文历算的学者。《史记・历书》：“幽厉之后，周室微，陪臣执政，史不记时，君不告朔，故畴人子弟分散。”裴骃集解引如淳曰：“家业世世相传为畴。”

④ 余分：指地球环绕太阳运行一周的实际时间与纪年时间相比所余的零头数。《汉书・律历志下》：“后九十五岁，商十二月甲申朔旦冬至，亡余分，是为孟统。”筭：古代计数的筹码。《说文・竹部》：“筭，长六寸，计历数者。”

⑤ 律候：谓律管候气。运不欺：指按规律运行，没有差误。

⑥ 气薰灰管验：古人将苇膜烧成灰，放在律管内，到某一节气，相应律管内的灰就会自行飞出，据此可预测节气的变化。《后汉书・律历志上》：“候气之法，为室三重，涂衅必周，密布缇缦。室中以木为案，每律各一，内庳外高，从其方位，加律其上，以葭灰抑其内端，案历而候之。气至者灰动。其为气所动者其灰散，人及风所动者其灰聚。”扐：指手指之间。古代筮法，数蓍草卜吉凶，称每次将数剩零余的蓍草夹在手指间为扐。《易・系辞上》：“归奇于扐以象闰，五岁再闰，故再扐而后挂。”

⑦ 六律：古代乐音标准名。相传黄帝时伶伦截竹为管，以管之长短分别声音的高低清浊，乐器的音调皆以此为准。乐律有十二，阴阳各六，阳为律，阴为吕。六律即黄钟、大蔟、姑洗、蕤宾、夷则、无射。文：文治教化。序：次序、顺序。这里用作动词。“明序”即指六律所候节气明确有序不乱。“三年”句意谓：与公历年相比较，农历年每经过三年就少一月之时间，故不能按常理安排时令月日了，必须置闰。

⑧ 岁功：一年的时序。

同　　前

许　稷①

玉历穷三纪，推为积闰期②。月余因妙筭，岁遍自成时。乍觉年华改，翻怜物候迟③。六旬知不惑，四气本无欺④。月桂亏还正，阶蓂落复滋⑤。从斯分历象，共仰定毫厘⑥。

注释：

① 许稷：贞元进士第。今存诗二首。

② 玉历：历书。穷：尽。纪：年。《后汉书》卷二十九《郅恽传》：“显表纪世，图录豫设。”李贤注：“纪，年也。言天豫设图录之书，显明帝王之年代也。”则“三纪”即指三年。农历年每三年即积累了一个月的误差，故需置闰，这就是“玉历穷三纪，推为积闰期”的意思。

③ 翻：副词，表转折，却，反而。物候：动植物随季节气候变化而变化的周期现象。泛指时令。这一联是讲：农历数年之后，历日与季节、物候不对应了，到了该置闰的时候。

④ 六旬：六十天。不忒：没有差错。《书・尧典》：“朞，三百有六旬有六日，以闰月定四时成岁。”四气：指春、夏、秋、冬四时的温、热、冷、寒之气。

⑤ 月桂：神话传说里的月中桂树。借指月亮、月光。阶蓂：即蓂荚，瑞草名，夹阶而生，故名。《竹书纪年》卷上：“［帝尧］在位七十年……又有草荚阶而生，月朔始生一荚，月半而生十五荚，十

六日以后日落一荚，及晦而尽，月小则一荚焦而不落，名曰蓂荚。”

⑥ 历象：天文星象；历法。毫厘：毫与厘的并称，泛指长度、尺寸。毫、厘均是微小的量度单位，比喻极微细。

同 前

杜周士①

得闰因贞岁，吾君敬授时②。体元承夏道，推历法尧咨③。直取归余改，非如再失欺④。葭灰初变律，斗柄正当离⑤。寒暑功前定，春秋气可推。更怜幽谷羽，鸣跃尚须期⑥。

注释：

① 杜周士：（？—822），京兆（今陕西西安）人。德宗贞元十七年（801）进士，曾任桂馆从事、岭南从事等职，终监察御史。事迹散见柳宗元《童区寄传》、《同吴武陵送前桂州杜留后诗序》、《新唐书·南蛮传》。今存诗一首。

② 贞：卜问；占卜。岁：岁星，即木星。《说文·止部》：“岁，木星也。越历二十八宿，宣遍阴阳，十二月一次。”引申指年，一年为一岁。授时：谓记录天时以告民。后以称颁行历书。语本《书·尧典》：“历象日月星辰，敬授人时。”孔安国传：“敬记天时以授人也。”

③ 体元：谓以天地之元气为本；这里指体察天道。汉班固《东都赋》：“体元立制，继天而作。”夏道：指夏代的历法。推历：推算时历。尧咨：犹言尧之教令。语本《书·尧典》：“帝曰：咨！汝羲暨和，朞，三百有六旬有六日，以闰月定四时成岁。”据此作者将尧关于推历置闰的训令称为“尧咨”。“咨”本只是进行训令前说出的叹词，必用“咨”字者，乃是为了押韵。该诗之韵、脂韵、支韵和灰韵通押，时、欺、期为之韵字，咨为脂韵字，离为支韵字，推为灰韵字。

④ 归余：指积月之余日以置闰月。《左传·文公元年》：“先王之正时也，履端于始，举正于中，归余于终。”杜预注：“月有余日，则归之于终，积而为闰，故言‘归余于终’。”

⑤ 葭灰：葭莩之灰。古人烧苇膜成灰，置于律管中，放密室内，以占气候。某一节候到，某律管中葭灰即飞出，示该节候已到。《后汉书·律历志上》：“候气之法，为室三重，户闭，涂衅必周，密布缇缦。室中以木为案，每律各一，内庳外高，从其方位，加律其上，以葭莩灰抑其内端，案历而候之。气至者灰动。”离：这里指南方。《国语·周语下》“以遂八风”三国吴韦昭注：“正东曰震……正南曰离，为丝，为景风。”

⑥ 羽：鸟毛；鸟类或昆虫的翅膀。常用作鸟类的代称。幽谷羽：深山谷里的鸟；喻位处卑微的人。《诗·小雅·伐木》：“出自幽谷，迁于乔木。”

同 前

徐 至①

积数归成闰，羲和职旧司②。分铢标斗建，盈缩正人时③。节候潜相应，星辰自合期。寸阴宁越度，长历信无欺④。定向铜壶辨⑤，还从玉律推。高明终不谬，委鉴本无私⑥。

注释：

① 徐至：德宗贞元十七年（801）进士。《登科记考》卷十五。今存诗一首。

② 积数：累计的数目或数量。此指农历年与公历年相较，所少日数的累积。成：常。羲和：羲氏与和氏，《书·尧典》："乃命羲和，钦若昊天，历象日月星辰，敬授人时。"传说尧曾命羲仲、羲叔、和仲、和叔两对兄弟分驻四方，以观天象，并制历法。职：职掌，主管。

③ 铢（zhū）：本为古代很小的重量单位，一般认为是一两的二十四分之一。后亦作最小的货币单位。"分铢"犹言一分一毫，极言其精细也。斗建：即农历之月建。古时以北斗星的运转计算月令，斗柄所指之辰谓之斗建。如正月指寅，为建寅之月，二月指卯，为建卯之月。《汉书·律历志上》："日至其初为节，至其中斗建下为十二辰，视其建而知其次。"盈缩：指日月运行轨迹的伸屈、进退。"盈缩"等的推算方法详见《隋书·律历志》、《旧唐书·历志三》等。人时：指有关耕获的时令节气。亦指历法。

④ 宁：副词，岂，难道。长历：依历法推算，列出千百年间年月朔闰的历书，即万年历。信：的确，确实。

⑤ 铜壶：古代铜制壶形的计时器，即"刻漏"。以铜为壶，底穿孔，壶中立一有刻度的箭形浮标，壶中水滴漏渐少，箭上度数即渐次显露，视之可知时刻。汉荀悦《汉纪·哀帝纪上》："刻漏以一百二十为度。"

⑥ 委：垂。鉴：镜子。这里指镜照。无私：历法置闰，天下同之，故言无私。该诗押韵，私在脂韵，推在灰韵，其余"司"、"时"、"期"、"欺"在之韵，全诗之、脂、灰韵通押。

同　　前

乐　仲①

圣代承尧历②，恒将闰正时。六旬余可借，四序应如期③。分至宁愆素，盈虚信不欺④。斗杓重指甲，灰管再推离⑤。羲氏兼和氏，行之又则之⑥。愿言符大化，永永作元龟⑦。

注释：

① 乐仲：德宗贞元十七年（801）进士。见《登科记考》卷十五。今存诗一首。

② 圣代：旧时对于当代的谀称。尧历：尧时的历法。《书·尧典》："乃命羲和，钦若昊天，历象日月星辰，敬授人时。"

③ 四序：指春、夏、秋、冬四季。

④ 分：节候名。春分、秋分。至：夏至、冬至。愆（qiān）素：谓越过原来计划。

⑤ 斗杓（biāo）：指北斗星之柄。古时以北斗星的运转计算月令，斗柄所指之辰谓之斗建。甲：古以干支与五行相配，甲以配木，属东方，因以甲代称木或东方。"重指甲"是说斗柄所指，已历甲至癸，经过了一个轮回又指向了甲，即又指向了正东方。灰管：亦作"灰管"，古代候验节气变化的器具。以葭莩之灰置于律管，故名。《晋书·律历志上》："又叶时日于晷度，效地气于灰管，故阴

阳和则景至，律气应则灰飞。”离：指南方。见前杜周士《闰月定四时》注④。

⑥ 则：法则、法度。这里作动词，仿效；效法。

⑦ 愿言：思念殷切貌。《诗·卫风·伯兮》：“愿言思伯，甘心首疾。”郑玄笺：“愿，念也。我念思伯，心不能已。”大化：指宇宙，大自然。永永：谓长远，长久。元龟：本指古代用于占卜的大龟。比喻可资借鉴的往事。《三国志·吴志·吴主传》：“近汉高祖受命之初，分裂膏腴以王八姓，斯则前世之懿事，后王之元龟。”

玉烛（平字）①

员南溟②

历象璇玑正，休征玉烛明③。四时佳气满，五纬太阶平④。律吕风光至⑤，烟云瑞色呈。年和知岁稔，道泰喜秋成⑥。寰海皇恩被，乾坤至化清⑦。自怜同野老，帝力讵能名⑧。

注释：

① 玉烛：谓四时之气和畅。形容太平盛世。《尸子》卷上：“四气和，正光照，此之谓玉烛。”《尔雅·释天》：“四气和谓之玉烛。”平字：是规定以“平”为韵。

② 员南溟：代宗大历八年（773）进士。今存诗二首。

③ 历象：天文星象。璇玑：亦作“旋玑”、“璇玑”。古代观测天象的仪器中能运转的部分。亦指整个测天仪器。《书·舜典》：“在璇玑玉衡，以齐七政。”孔传：“玑，衡，王者正天文之器。”休征：吉祥的征兆。

④ 五纬：金、木、水、火、土五星。《周礼·春官·大宗伯》“以实柴祀日月星辰”郑玄注：“星谓五纬，辰谓日月。”贾公彦疏：“五纬，即五星：东方岁星，南方荧惑，西方太白，北方辰星，中央镇星。言纬者，二十八宿随天左转为经，五星右旋为纬。”太阶平：太阶，古星名，即三台。上台、中台、下台各二星，相比而斜上，如阶级然，故名。《文选·扬雄〈长杨赋〉》：“是以玉衡正而太阶平也。”李善注：“泰阶者，天之三阶也。上阶上星为天子，下星为女主；中阶上星为诸侯三公，下星为卿大夫；下阶上星为元士，下星为庶人。三阶平则阴阳和，风雨时，岁大登，民人息，天下平，是谓太平。”

⑤ 律吕：古代校正乐律的器具。古以律吕候气，故“律吕”又可象征时令。

⑥ 岁稔（rěn）：年成丰熟。泰：通达；通畅。

⑦ 至化：极美好的教化。

⑧ 野老：村野老人。帝力：帝王的作用或恩德。讵：副词，表示反诘。相当于“岂”、“难道”。这两句系用野老击壤之典故，相传上古帝尧在位时，天下太平，人人乐得其所，有老人击壤而歌曰：“日出而作，日入而息，凿井而饮，耕田而食，帝何力于我哉！”后来此事便成为歌颂盛世太平的典故。

新阳改故阴①

纥干讽②

律管才推候，寒郊忽变阴③。微和方应节，积惨已辞林④。暗觉余澌断⑤，潜惊丽景侵。禁城佳气换，北陆翠烟深⑥。有截知遐布，无私荷照临⑦。韶光如可及，莺谷免幽沉⑧。

注释：

① 新阳：指初春。故阴：秋冬。《文选·谢灵运〈登池上楼〉》："初景革绪风，新阳改故阴。"吕延济注："春为阳，秋为阴也。"

② 纥干讽：生平未详。今存诗一首。

③ 律管：用竹管或金属管制成的定音器具。古代亦用作测候季节变化的器具。

④ 微和：指日温，太阳温度温和。积惨：指日色，太阳的色泽浅红。这里指日积月累的寒气。

⑤ 澌：同"澌"，解冻时流动的冰。《楚辞·九歌·河伯》："与女游兮河之渚，流澌纷兮将来下。"王逸注："流澌，解冰也。"

⑥ 禁城：宫城。北陆：北方之地。

⑦ 有截：此代指九州，天下。《诗·商颂·长发》："苞有三蘖，莫遂莫达，九有有截。韦顾既伐，昆吾夏桀。"郑玄笺："九州齐一截然。""有截"本义为齐一貌，整齐貌。有，助词。但由于"有截"与"九有"相邻，后人便割取《诗经》句子中"有截"二字代称九有，即九域，九州。如《北齐书·文苑传·樊逊》："后服之徒，既承风而慕化，有截之内，皆蹈德而咏仁。"又，"有截"与下句"无私"字面上相对，此属"借对"。

⑧ 韶光：美好的时光，常指春光。莺谷：亦作"莺谷"。莺处幽谷。比喻人未显达时的处境。幽沈：亦作"幽沉"。犹堙没，指卑微不显。

迎春东郊①（二首）

张　濯②

颛顼时初谢，勾芒令复陈③。飞灰将应节，宾日已知春④。考历明三统⑤，迎祥受万人。衣冠宵执玉，坛埠晓清尘⑥。肃穆来东道，回环拱北辰⑦。仗前花待发，旗处柳凝新⑧。云敛黄山际，冰开素浐滨⑨。圣朝多庆赏，希为荐沉沦。

注释：

① 迎春：古代祭礼之一。古人以春配应五方之东、五色之青，故于立春日，天子率百官出东郊祭青帝，迎接春季到来。《礼记·月令》："［孟春之月］立春之日，天子亲帅三公、九卿、诸侯、大夫，以迎春于东郊。"郑玄注："迎春，祭仓帝灵威仰于东郊之兆也。"《后汉书·祭祀志中》："立春之日，迎春于东郊，祭青帝句芒。车骑服饰皆青。"

② 张濯：登上元进士第。今存诗二首。

③ 颛顼：上古帝王名，"五帝"之一，号高阳氏 。"颛顼时初谢"是指冬天已过，《礼记·月令》："孟冬之月……其帝颛顼，其神玄冥。"孔颖达疏谓颛顼属水德，以水承金，主孟冬之月。勾芒：又写作"句芒"。古代传说中主管树木的神。在五行中属木德，木德正好承接水德，故该神主初春。《礼记·月令》："孟春之月……其帝大皞，其神句芒。"可以为证。则"勾芒令复陈"意思就是：春天又来了。

④ 飞灰：律管中飞动的葭灰，古代以此候测节气。宾：通"傧"。引导，迎宾。"宾日"即指引导、

迎接日出。语出《书·尧典》："寅宾出日，平秩东作。"孔传："寅，敬；宾，导。"

⑤ 三统：指夏、商、周三代的正朔。夏正建寅为人统，商正建丑为地统，周正建子为天统。亦谓之三正。

⑥ 坛埤：古代祭祀的场所。筑土曰坛，除地曰埤。《礼记·祭法》："天下有王，分地建国，置都立邑，设庙祧坛埤而祭之。"

⑦ 北辰：本指北极星。《论语·为政》："子曰：'为政以德，譬如北辰，居其所而众星共之。'"此以之喻当时的皇帝。

⑧ 仗：仪仗。凝：表示程度很深。近似于"凝妆"、"凝寒"之凝。

⑨ 素浐：浐水的别名。关中八川之一。因水色素白，故称。

同　前

王　绰①

玉管潜移律，东郊始报春②。銮舆膺宝运，天仗出佳辰③。睿泽光时辈，恩辉及物新④。虬螭动旌旆，烟景入城闉⑤。御柳初含色（类诗作摇日），龙池渐启津⑥。谁怜在阴者，得与蛰虫伸⑦。

注释：

① 王绰：登上元进士第。今存诗一首。

② 玉管：亦作"玉管 "。玉制的古乐器，用以定律，亦用来测候时令。

③ 銮舆：即銮驾，天子车驾。此代指天子。膺：承受；接受。宝运：国运，皇业。天仗：天子的仪卫。佳辰：良辰，吉日。

④ 睿泽：皇帝的恩泽。时辈：当时有名的人物。恩辉：犹恩光。

⑤ 虬（qiú）螭（chī）：传说中的无角龙。《文选·屈原〈九章·涉江〉》："世溷浊而莫予知兮，吾方高驰而不顾。驾青虬兮骖白螭，吾与重华游兮瑶之圃。"吕延济注："虬、螭皆龙类。"《楚辞·离骚》："驷玉虬以乘鹥兮，溘埃风余上征。"王逸注："有角曰龙，无角曰虬。"螭：即"魑"，鬼怪。汉王充《论衡·订鬼》："鬼者，物也……或谓之鬼，或谓之凶，或谓之魅，或谓之魑。"案：疑"虬螭"为"虬蟠"之讹，螭、蟠形近而误；"虬蟠"亦作"虬龙"，谓盘屈如虬龙。因为"旌旆"当画虬龙，不绘鬼怪。旆（pèi）：常作"旆"。泛指旌旗。城闉（yīn）：城内重门。亦泛指城郭。

⑥ 御柳：宫禁中的柳树。池：城池，护城河。渐启津：指水面渐渐解冻。

⑦ 蛰：动物冬眠，潜伏起来不食不动。

东郊迎春

皇甫冉①

晓见苍龙驾，东郊春已迎②。彩云天仗合，玄象太阶平③。佳气山川秀，和风政令行。钩陈霜骑肃，御道雨师清④。律向韶阳变⑤，人随草木荣。遥欢上林苑，今日遇迁莺⑥。

注释：

① 皇甫冉：字茂政，润州丹阳人，晋高士谧之后。十岁能属文，张九龄深器之。天宝十五载举进士第。一授无锡尉，历左金吾兵曹；王缙为河南帅表掌书记；大历初累迁右补阙，奉使江表。卒于家。冉诗天机独得，远出情外。集三卷，今编诗二卷。

② 苍龙：古代二十八宿中东方七宿的总称。这里指孟春时节为天子拉车的八尺以上的青色牵引马。《礼记·月令》：“孟春之月……天子居青阳左个，乘鸾路，驾仓龙。”郑玄注：“马八尺以上为龙。”

③ 彩云：绚丽的云彩。天仗：天子的仪卫。玄象：天象。谓日月星辰在天所成之象。太阶平：见前员南溟《玉烛》注④。

④ 钩陈：亦作“钩陈”。指后宫。《文选·班固〈西都赋〉》：“周以钩陈之位，卫以严更之署。”李善注引《乐叶图》：“钩陈，后宫也。”御道：供帝王车驾通行的道路。雨师：古代传说中司雨的神。

⑤ 韶阳：明媚的春光。

⑥ 上林苑：古宫苑名。秦旧苑，汉初荒废，至汉武帝时重新扩建。故址在今西安市西及周至、户县界。此指皇家园林。迁莺：黄莺飞升移居高树。喻登第或升官。此当取后一义，应是指皇帝东郊迎春后赐民爵位之事。《礼记·月令》说迎春后，“还反，赏公、卿、诸侯、大夫于朝”。

立　春①

冷朝阳（见杂咏）②

玉律传佳节，青阳应北辰③。土牛呈岁稔，彩燕表年春④。腊尽星回次，寒余月建寅⑤。风光行处好，云物望中新⑥。流水初销冻，潜鱼欲振鳞。梅花将柳色，偏思越乡人⑦。

注释：

① 立春：二十四节气之一，在阳历二月三、四或五日。《逸周书·时训》：“立春之日，东风解冻；又五日，蛰虫始振；又五日，鱼上冰。”

② 冷朝阳：金陵人（今江苏南京）。登大历四年（769）进士第。为薛嵩从事。今存诗十一首。

③ 玉律：玉制的标准定音器。相传黄帝时伶伦截竹为筒，以筒之长短分别声音的清浊高下。乐器之音，则依以为准。分阴、阳各六，共十二律。古人又以配十二月，用吹灰法，以候气。青阳：指春天。

④ 土牛：用泥土制的牛。古代在农历十二月出土牛以除阴气。后来，立春时造土牛以劝农耕，象征春耕开始。《礼记·月令》：“［季冬之月］命有司大难，旁磔，出土牛，以送寒气。”郑玄注：“土牛者，丑为牛，牛可牵止也。”彩燕：古代立春日的一种应节饰物。南朝梁宗懔《荆楚岁时记》：“立春日悉翦彩为燕以戴之，帖‘宜春’二字。”

⑤ 腊：岁末。因腊祭而得名，通指农历十二月或泛指冬月。次：我国古代将黄道带分成十二部分，各称之为次。《逸周书·月令解》：“是月也，日穷于次，月穷于纪，星回于天。”建寅：古代以北

斗星斗柄的运转计算月令，斗柄所指之辰谓之斗建。斗柄指向十二辰中的寅即建寅，为夏历正月。

⑥ 云物：云的色彩、云气；这里指景物，景色。

⑦ 将：介词。共，与。北周庾信《春赋》：“眉将柳而争绿，面共桃而竞红。”越乡：远离故乡。王勃《他乡叙兴》诗：“边城琴酒处，俱是越乡人。”

春从何处来

白行简①

欲识春生处，先从木德来②。入门潜报柳，度岭暗惊梅③。透雪银花散，消冰水鉴开④。晓迎郊祀发，夜逐斗杓回⑤。淑气空中变，新声曲里（类诗作雨后）催⑥。偏能调律吕，应是候阳台⑦。

注释：

① 白行简（776—826）：字知退，下邽人（今陕西渭南），白居易之弟。贞元末第进士。累官度支郎中。有兄风，尝从居易谪所。天性友爱，当时无比。集二十卷，今存诗七首。

② 木德：谓上天生育草木之德。亦特指春天之德，谓其能化育万物。语出《礼记·月令》：“[孟春之月] 某日立春，盛德在木。”孔颖达疏：“盛德在木者，天以覆盖生民为德，四时各有盛时，春则为生，天之生育盛德，在于木位。”

③“度岭”句：“岭”指大庾岭，五岭之一，在江西广东交界处。又名梅岭。据《东坡诗》注：“大庾岭上梅花，南枝已落，北枝方开，寒暖之候异也。”同一岭而物候不同，故“暗惊”也。

④ 水鉴：水镜，明澈如镜之水。

⑤ 郊祀：古代于郊外祭祀天地，南郊祭天，北郊祭地。郊谓大祀，祀为群祀。斗杓：指北斗星之柄。

⑥ 淑气：温和之气。

⑦ 候阳台：观测天象、气候变化的天文台。此处双关宋玉《高唐赋》言楚王幸巫山神女典故——巫山神女去而辞曰：“妾在巫山之阳，高丘之岨，旦为朝云，暮为行雨，朝朝暮暮，阳台之下。”这里暗示自己希望得到皇帝的赏识、任用。

长安早春①（二首）

前　人②

杳霭三春色，先从帝里芳③。折杨犹恨短，测景已忻长④。莺和红楼乐，花连紫禁香⑤。跃鱼惊太液，佳气接温汤⑥。风送飞珂响，尘蒙翠辇光⑦。熙熙晴煦远⑧，徒欲奉尧觞。

注释：

① 长安：古都城名，故址包有今西安城和城东、南、西一带。唐以后诗文中常用作都城的通称。

② 前人：指与前一首诗的作者相同，即这首诗的作者也是白行简。

③ 杳霭：亦作“杳蔼”，茂盛貌。帝里：犹言帝都，京都。陆倕《石阙铭》：或以表正王居，或以光崇帝里。尚书，王曰：表正万邦。周易曰：王居无咎，正位也。桓子新论曰：昔周公光崇周道，泽被四表。蜀都赋曰：崤、函有帝皇之宅，河、洛为王者之里也。《晋书·王导传》：“建康，古之金陵，旧为帝里，又孙仲谋、刘玄德俱言王者之宅。”

④ 测景：亦作“测影”。测量日影，以推算岁时节候。忻（xīn）：喜。

⑤ 红楼：红色的楼，泛指华美的楼房。紫禁：古以天上的紫微垣比喻皇帝的居处，因称宫禁为“紫禁”。《文选·谢庄〈宋孝武宣贵妃诔〉》：“掩彩瑶光，收华紫禁。”李善注：“王者之宫，以象紫微，故谓宫中为紫禁。”

⑥ 太液：古池名。唐太液池，在大明宫中含凉殿后，中有太液亭。温汤：温泉。

⑦ 珂：白色似玉的美石。一说为螺属，贝类，因为相击有声，常作马勒的饰物。《尔雅翼·释鱼》：“贝，大者为珂，黄黑色，其骨白，可以饰马。”翠辇：饰有翠羽的帝王车驾。

⑧ 熙熙：繁盛貌。《逸周书·太子晋》：“万物熙熙，非舜而谁能？”孔晁注：“熙熙，和盛。”

同　前

张子容①

开国移东井，城池对北辰②。咸歌太平日，共乐建寅春③。雪尽黄山树，冰开黑水津④。草迎金埒马，花伴玉楼人⑤。鸿渐看无数，莺迁听欲频⑥。何当桂枝擢，还及柳条新⑦。

注释：

① 张子容：见卷一百八十一《璧池望秋月》注。

② 开国：古代指建立诸侯国。“开国承家”，谓建立邦国，继承封邑。泛指建立新的国家。移：《全唐诗》卷一百一十六同题诗作“维”。是也。维有联系的意思。东井：星宿名，即井宿，二十八宿之一。因在玉井之东，故称。“维东井”是说唐都长安与东井对应。古代分野常将某地区与相应星宿对应。

③ 建寅：古时以北斗星的运转计算月令，斗柄所指之辰谓之斗建。建寅即为夏历正月。

④ 黄山：张衡《西京赋》“绕黄山而款牛首”李善注：“《汉书》，右扶风槐里县有黄山宫。”故此黄山当指陕西兴平县北黄麓山。黑水：《书·禹贡》：“黑水西河惟雍州。”孔颖达疏：“计雍州之境，被荒服之外，东不越河，而西逾黑水。王肃云‘西据黑水、东距西河’，所言得其实也。”黑水，或谓即张掖河，或谓即党河（均在今甘肃），或谓即大通河（在今青海），诸说不一。这里“黑水”当指“渭水”。《初学记》卷六“龙饮鸡翔”注引《辛氏三秦记》曰：“龙首山长六十里，头入渭水、尾达樊川、高二十丈，云昔有黑龙从南山出，饮渭水，其行道因成土山。”

⑤ 金埒：用钱币筑成的界垣。南朝宋刘义庆《世说新语·汰侈》：“于时人多地贵，济（王济）好马射，买地作埒，编钱匝地竟埒。时人号曰‘金埒’。”此借指名贵的马匹。玉楼：华丽的楼。

⑥ 鸿渐：《易·渐》：“初六，鸿渐于干”，“六二，鸿渐于盘”，等等，谓鸿鹄飞翔从低到高，循序渐进。比喻仕宦的升迁。莺迁：本谓黄莺飞升移居高树。唐人常以此双关或比喻登第。唐韦绚《刘宾客嘉话录》：“今谓进士登第为迁莺者久矣，盖自《毛诗·伐木篇》。”

⑦ 桂枝：“桂林一枝”的省言，喻登科及第。桂林一枝：《晋书·郄诜传》：“［诜］累迁雍州刺史。武帝于东堂会送，问诜曰：‘卿自以为何如？’诜对曰：‘臣举贤良对策，为天下第一，犹桂林之一

枝，昆山之片玉。'”原为自谦之词，谓己只是群才之一。后用以喻科举考试中出类拔萃的人。濯：《全唐诗》作“擢”，是也。举拔，提升。

春色满皇州①（五首）

沈亚之②

何处春归（一作辉）好，偏宜在雍州③。花明夹城道，柳暗曲江头。风软游丝重，光融瑞气浮④。斗鸡怜短草，乳燕傍高楼⑤。绣毂盈香陌，新泉溢御沟⑥。行（一作回）看日欲暮，回骑似川流。

注释：

① 皇州：帝都，京城。谢玄晖《和徐都曹》：“宛洛佳遨游，春色满皇州。”
② 沈亚之：见卷一百八十《九月九日勤政楼观百寮献寿》注。
③ 雍州：古九州之一。此指唐代长安及其附近地区，这个地区古属雍州。
④ 游丝：指蜘蛛等布吐的飘荡在空中的丝。这里指刚抽芽叶的柳条。瑞气：瑞应之气。泛指吉祥之气。
⑤ 斗鸡：亦作“斗鸡”。指专供搏斗的鸡，极凶悍。怜：爱。
⑥ 毂：车轮中心插轴承辐的圆木。代指车。陌：田间东西向小路，亦泛指田间小路。引申指道路，街道。御沟：流经宫苑的河道；护城河。

同　前

滕　迈（类诗作薛能）①

蔼蔼复悠悠，春归十二楼②。最明云里阙，先满日边州③。色媚青门外，光摇紫陌头④。上林荣旧树，太液镜新流⑤（类诗作泛新流）。暖带祥烟起，清（一作晴）添瑞景浮⑥。阳和如启蛰，从此事芳游⑦。

注释：

① 滕迈/薛能：滕迈，婺州东阳人（今属浙江）。元和十年（815）登进士第。累官吉州太守。今存诗二首。薛能，字大拙，汾州人（今山西汾阳）。登会昌六年（846）进士第。大中末书判中选，补盩厔尉。李福镇滑，表署观察判官，历御史、都官、刑部员外郎；福徙西蜀，奏以自副。咸通中摄嘉州刺史，迁主客、度支、刑部郎中，权知京兆尹事，授工部尚书，节度徐州，徙忠武；广明元年，徐军戍溵水，经许，能以旧军馆之，为周岌所害。有集十卷，今编诗四卷。
② 蔼蔼：茂盛貌。悠悠：众多貌。晋傅玄《两仪诗》：“日月西流景东征，悠悠万物殊品名。”十二楼：本指神话传说中的仙人居处。《史记·封禅书》：“方士有言‘黄帝时为五城十二楼，以候神人于执期，命曰迎年’。上许作之如方，命曰明年。”此处泛指高层的楼阁。
③ 阙：宫门、城门两侧的高台，中间有道路，台上起楼观。日边州：即“皇州”，帝都，京城。

④ 青门：汉长安城东南门。本名霸城门，因其门色青，故俗呼为“青门”或“青城门”。此泛指京城东门。紫陌：指京师郊野的道路。
⑤ 上林：指上林苑。古宫苑名。此代指皇家园林。太液：古池名。唐太液池，在大明宫中含凉殿后，中有太液亭。镜：映，照。《墨子·非攻中》：“镜于水，见面之容。”
⑥ 瑞景：吉祥的日光。
⑦ 启蛰：节气名。动物经冬日蛰伏，至春又复出活动，故称“启蛰”，今称“惊蛰”。

同　前

裴夷直①

寒销山水地，春遍帝王州②。北阙晴光动，南山喜气浮。夭红妆暖树，急绿走阴沟③。思妇开香合，王孙上玉楼④。氛氲直城北，骀荡曲江头⑤。今日灵台下，翻然却是愁⑥。

注释：

① 裴夷直：字礼卿，河东人（今山西永济）。元和十年（815）擢进士第。文宗时历右拾遗，礼部员外郎，进中书舍人；武宗即位，出刺杭州，斥驩州司户参军；宣宗初，复拜江华等州刺史，终散骑常侍。诗一卷。
② 帝王州：指京都，义同“皇州”。
③ 夭红：鲜红。《诗》：“桃之夭夭，灼灼其花。”此指鲜红的花。绿：指绿水。走：疾趋，奔跑。阴沟：背阳处的沟渠。《文选·王延寿〈鲁灵光殿赋〉》：“玄醴腾涌于阴沟，甘露被宇而下臻。”张铣注：“沟，渠也，在殿北，故称阴沟。”
④ 合：通“盒”，香盒，梳妆盒。王孙：王的子孙，后泛指贵族子弟。玉楼：见前张子容《长安早春》注⑤。泛指华美的楼房。
⑤ 骀荡：亦作“骀宕”。无所拘束；放纵，放荡。
⑥ 灵台：本古时台名。这里指学宫。相传东汉光武帝曾立明堂、辟雍、灵台，号三雍宫。后以灵台代指学宫，如柳宗元《叔父故殿中侍御史柳公墓表》：“来游京师，观艺灵台。贡文有司，射策合程。”翻然：迅速转变貌；倒反，反而。

同　前

封　敖①

帝里春光正，葱茏喜气浮②。锦铺仙禁侧，镜写曲江头③。红萼开萧合，黄丝拂御楼④。千门歌吹动，九陌绮罗游⑤。日近风先满，仁深泽共流。应非憔悴质，辛苦在神州⑥。

注释：

① 封敖：字硕夫，蓨人（今河北景县）。元和十年（815）登第。会昌初，以左司员外郎召为翰林学

士、知制诰，迁御史中丞；大中中，历平卢兴元节度使，终尚书右仆射。《翰藁》八卷，今存诗二首。

② 帝里：帝都，京都。浮：浮字与下韵脚“游”、“流”、“州”字均属尤韵字，“头”、“楼”为侯韵字，唐代诗韵规定尤、侯二韵同用。

③ 仙禁：指皇宫。因禁卫森严，臣下不得任意出入，故称。曲江：即“曲江池”，在今陕西省西安市东南。秦为宜春苑，汉为乐游原，有河水水流曲折，故称。隋文帝以曲名不正，更名芙蓉园。唐复名“曲江”。

④ 红萼：红花。萼，花蒂。萧合：《全唐诗》卷四百七十九作“萧阁”。当作“绣阁”，绣阁，犹绣房。女子的居室装饰华丽如绣，故称。黄丝：这里指刚抽芽叶的柳条，其色嫩黄、其细如丝。

⑤ 歌吹：歌唱吹奏；歌声和乐声。九陌：汉长安城中的九条大道。泛指都城大道和繁华闹市。绮罗：指华贵的丝织品或丝绸衣服。这里指穿着绮罗的人。多为贵妇、美女之代称。

⑥ 憔悴：即“憔悴”，黄瘦，瘦损。这里指陋贱之人。《左传·成公九年》曰：“《诗》云：虽有丝麻，无弃菅蒯。虽有姬姜，无弃蕉萃。”杜注：“……蕉萃，陋贱之人。”蕉萃、憔悴，古字通。

同　前

张嗣初①

何处年华好，皇州淑气匀②。韶阳潜应律③，草木暗迎春。柳变金堤畔，兰抽曲水滨④。轻黄垂辇道，微绿映天津⑤。丽景浮丹阙，晴光拥紫宸⑥。不知幽远地，今日几枝新。

注释：

① 张嗣初：贞元八年进士。今存诗二首。

② 淑气：温和之气。

③ 韶阳：明媚的春光。

④ 曲水：古代风俗，于农历三月上巳日（上旬的巳日，魏晋以后始固定为三月三日）就水滨宴饮，认为可祓除不祥，后人因引水环曲成渠，流觞取饮，相与为乐，称为曲水。最有名的曲水聚会当数东晋永和九年（353）王羲之与谢安等人的兰亭会，羲之为此作有《兰亭集序》。“兰抽曲水滨”，似乎是因为兰亭集会生发的想象。

⑤ 辇道：指皇帝车驾所经的路。天津：银河。

⑥ 丹阙：赤色的宫阙。借指皇帝所居的宫廷。紫宸：宫殿名，天子所居。泛指宫廷。

首夏犹清和①

张　律（类诗作黎逢）②

早夏宜初景，和光起禁城③。祝融将御节，炎帝启朱明④。日送残花晚（类诗作日映林花丽），风过（类诗作风高）御苑清⑤。郊原浮麦气，池沼发荷英⑥。树影临山动

（类诗作山爽），禽飞入汉轻⑦。幸逢尧禹化，全胜谷中情⑧。

注释：

① 首夏：中华书局本作“夏首”（该本目录作首夏），义均为初夏，指农历四月。清和：天气清明和暖。谢灵运《游赤石进帆海一首》：“首夏犹清和，芳草亦未歇。”

② 张律：当作“张聿”。明王志庆编《古俪府》卷二、清编《全唐诗》卷三百一十九皆题《首夏犹清和》唐张聿作。张聿，建中（780—783）进士。《旧唐书》卷十三：曾官秘书正字、翰林学士，迁左拾遗等。今存诗五首。黎逢：黎逢，登大历十二年进士第。今存诗二首。

③ 和光：柔和的光辉。

④ 祝融：神名，帝喾时的火官，后尊为火神，命曰祝融。御节：主掌季节。这里是说炎热的夏天将至。晋陆云《征西大将军京陵王公会射堂皇太子见命作》之六：“祝融御节，火正缉熙。”炎帝：这里指神话传说中主管夏令和南方的神。《礼记·月令》：“［孟夏之月］其日丙丁，其帝炎帝，其神祝融。”朱明：指夏季。《尸子》卷上：“春为青阳，夏为朱明，秋为白藏，冬为玄英。”

⑤ 御苑：帝王的苑囿。

⑥ 郊原：原野。英：花。《诗·郑风·有女同车》：“有女同行，颜如舜英。”毛传：“舜，木槿也；英，犹华也。”

⑦ 汉：天河，银河。

⑧ 全胜：完全胜过，远远胜过。谷中情：谷，幽谷。谷中情，处于幽谷中的情怀；喻未曾通达时。

文苑英华卷一百八十二

宋　李昉等编

省试三（州府试附）　四十七首

青云干吕[1]（四首）

林　藻（类诗作吴泌）[2]

应节偏干吕，亭亭在紫氛。缀云初度影（类诗作缀空初布），捧日已成文。结盖祥光迥，为楼（类诗作为峰）翠色分。还同起封上，更似出横汾[3]。作瑞来藩国，呈形表圣君[4]。徘徊如有托（类诗作知有谓），谁道比闲云。

注释：

① 青云干吕：旧题汉东方朔撰《海内十洲记》载："（天汉）三年，武帝幸安定，西胡、月支国王遣使献香……又献猛兽一头……使者对曰：'夫威加百禽者不必系之以大小。是以神麟故为巨象之王，鸾凤必为大鹏之宗，百足之虫制于螣蛇，亦不在于巨细也。臣国去此三十万里，国有常占，东风入律，百旬不休，青云干吕，连月不散者，当知中国时有好道之君，我王固将贱百家而贵道儒，薄金玉而厚灵物也。故搜奇蕴而贡神香，步天林而请猛兽，乘毳车而济弱渊，策骥足以度飞沙。"干吕：犹入吕。古称律为阳，吕为阴，故以"干吕"谓阴阳调和。律吕：本为古代校正乐律的器具。用竹管或金属管制成，共十二管，管径相等，以管的长短来确定音的不同高度。从低音管算起，成奇数的六个管叫做"律"；成偶数的六个管叫做"吕"，合称"律吕"。古人认为律吕可感应节候时令的变化，故在律吕的孔中塞上葭莩灰，当某一时令到来时，特定的物候（比如风云霜雪雨露等）就会使相应的律孔或吕孔的葭莩灰飞动起来，因此，由这个孔吹出来的音就是这个时令的代表音。

② 林藻/吴泌：林藻，字纬干，莆阳人。贞元七年进士第。官岭南节度副使。诗一卷，今存三首。吴泌：当作"吴秘"。吴秘，贞元九年（793）登进士第。见《登科记考》卷十三。今存诗一首。

③ 封：原指疆域；分界。这里指帝王封禅时所建的祭坛或刻石。汉应劭《风俗通·正失·封泰山禅梁父》："封者，立石高一丈二赤（尺）……坛广十二丈，高三尺，阶三等。必于其上，示增高也；刻石纪号，著己绩也。"《史记·孝武本纪》："皆至泰山，然后去封禅祠。其夜若有光，昼有白云起封中。"汾：水名，即汾河。源出山西省宁武县管涔山，至河津县西入黄河。这里指汾阴，在今山西省万荣县境内，因在汾水之南而名。汉武帝元鼎四年于汾阴得周鼎。北魏郦道元《水经注·沮水》："汉武帝获宝鼎于汾阴，将荐之甘泉。鼎至中山，氤氲有黄云盖焉。"此二句言象征祥瑞的青云或起于封上、或起于汾水。另参见卷一百八十蒋防《望禁苑祥光》注④。

④ 瑞：祥瑞。来：使动用法，使……来归附。

同　前

令狐楚[1]

郁郁复纷纷，青霄干吕云。色令天下见，候向管中分[2]。远覆无人境，遥彰有德君。瑞容惊不散，冥感信稀闻[3]。湛露羞依草，南风耻带薰[4]。恭惟汉武帝，余烈尚氛氲[5]。

注释：

① 令狐楚（766—837）：字殼士，宜州华原人（今属山西）。贞元七年（791）及第。由太原掌书记至判官，德宗好文，每省太原奏，必能辨楚所为，数称之，召授右拾遗；宪宗时，累擢职方员外郎、知制诰，皇甫镈荐为翰林学士，进中书舍人，出为华州刺史，镈既相复荐，楚为中书侍郎同平章事；穆宗即位，进门下侍郎，寻出为宣歙观察使，贬衡州刺史，再徙太子宾客，分司东都；长庆二年，擢陕虢观察使；敬宗立，拜楚为河南尹，迁宣武节度使，入为户部尚书，俄拜东都留守，徙天平节度使，召为吏部尚书、检校尚书、右仆射，进拜左仆射；彭阳郡公开成元年上疏辞位，拜山南西道节度使。卒，赠司空，谥曰文。集一百三十卷，歌诗一卷，今编诗一卷。

② 候：节候，时令。管：本为古代校正乐律的器具。用竹管或金属管制成，共十二管，管径相等，以管的长短来确定音的不同高度。从低音管算起，成奇数的六个管叫做“律”；成偶数的六个管叫做“吕”。此“管”指吕管。古人认为律吕可感应节候时令的变化。见《青云干吕》注①。

③ 瑞容：这里指变幻多姿的云气。冥感：谓至诚而感通神灵。

④ 湛露：本《诗·小雅》篇名。其诗曰：“湛湛露斯，匪阳不晞。”“湛湛露斯，在彼丰草。”《左传·文公四年》：“昔诸侯朝正于王，王宴乐之，于是乎赋《湛露》。则天子当阳，诸侯用命也。”可见湛露当阳，而此时乃阴气用事之时，故尚未有依草之露。南风：本为古代乐曲名。《孔子家语·辨乐解》：“昔者舜弹五弦之琴，造《南风》之诗。其诗曰：‘南风之薰兮，可以解吾民之愠兮；南风之时兮，可以阜吾民之财兮。’”薰：薰蒸，和暖。此时阴气用事，薰风未起，故曰“南风耻带薰”。

⑤ 恭惟：亦作“恭维”，对上的谦词。一般用于行文之始。余烈：遗留下来的功业、影响。烈：功业，业绩。氛氲：指阴阳二气会合之状。此关涉汉武帝因候汾阴之云气而得宝鼎之事。

同　　前

王履贞①

异方占瑞气，干吕见青云②。表圣兴中国，来王见六君（类诗作谒大君）③。迎祥殊大乐，叶庆类横汾④。自感明时起，非因触石分⑤。映霄难辨色，从吹乍成文。须使留（一作流）千载，垂芳在典坟⑥。

注释：

① 王履贞：贞元七年（791）登第。今存诗一首。

② 异方：指异域，异国。

③ 来王：指古代诸侯定期朝觐天子。《书·大禹谟》：“无怠无荒，四夷来王。”孔传：“言天子常戒慎无怠惰荒废，则四夷归往之。”六君：当为“大君”。大君，天子。《易·师》：“大君有命，开国承家。”孔颖达疏：“大君，谓天子也。”

④ 叶（xié）：同“协”。合；共。

⑤ 感：感应。触石：指山中云气与峰峦相碰击，吐出云来。

⑥ 垂芳：留下芳香；比喻流传美名。典坟：亦作“典贲”，三坟五典的省称。指各种古代文籍。

同　前

彭　伉[①]

祥辉上干吕，郁郁又纷纷。远示无为化，将明至道君[②]。势凝千里静，色向九霄分。已见从龙意，宁知触石文[③]。状烟殊散漫，捧日更氛氲[④]。自使来宾国，西瞻仰瑞云[⑤]。

注释：

① 彭伉：宜春（今江西宜春）人。贞元七年（791）登进士第。官大理评事。今存诗三首。
② 无为：无为而治。化：教化。至道：指最好的学说、道德或政治制度。"青云干吕"为世有至道之君的瑞兆。见林藻《青云干吕》注①。
③ 从龙：《易·乾》："云从龙，风从虎，圣人作而万物睹。"旧以龙为君象，因以称随从帝王或领袖创业。这里是说青云升腾。
④ 散漫：弥漫四散；遍布。
⑤ 来宾：前来宾服，古代指藩属朝贡天子。《管子·宙合》："王施而无私，则海内来宾矣。"宾：服从，顺从。"来宾国"指依附于唐朝的周边民族政权。

白云起封中[①]（二首）

张嗣初[②]

英英白云起，呈瑞出封中[③]。表圣宁因地，逢时岂待风[④]。浮光弥皎洁，流影更冲融[⑤]。自叶尧年美，谁云汉日同[⑥]。金泥光乍掩，玉检气潜通[⑦]。欲与非烟并，亭亭不散空[⑧]。

注释：

① 封：这里指帝王封禅时所建的祭坛或刻石。参见林藻《青云干吕》注③。《史记·孝武本纪》："皆至泰山，然后去封禅祠。其夜若有光，昼有白云起封中。天子从封禅还，坐明堂。"《汉书·武帝纪》："夏四月癸卯，上还登封泰山。"颜师古注："孟康曰：'王者功成治定，告成功于天。封，崇也；助天之高也。刻石纪号，有金策石函、金泥玉检之封焉。'应劭曰：'封者，坛广十二丈、高二丈，阶三等，封于其上，示增高也。刻石，纪绩也。'"
② 张嗣初：见卷一百八十一《春色满皇州》注。
③ 英英：轻盈明丽的样子。
④ 表：显扬，表彰。"表圣"指（从封中产生的白云）彰显圣君之德。
⑤ 冲融：充溢弥漫貌。
⑥ 尧年：传说尧统治的时代天下太平，因以称颂帝王盛德和太平盛世。汉日：指汉武帝统治的时代，也是中国极盛之时代。

⑦ 金泥：以水银和金粉为泥，作封印之用。汉应劭《风俗通·正失·封泰山禅梁父》：“克石纪号，着己绩也。或曰：金泥银绳，印之以玺。”玉检：玉牒书的封箧。《汉书·武帝纪》“登封泰山”颜师古注引三国魏孟康曰：“玉者功成治定，告成功于天……刻石纪号，有金策石函，金泥玉检之封焉。”

⑧ 非烟：《史记·天官书》：“若烟非烟，若云非云，郁郁纷纷，萧索轮囷，是谓卿云。卿云，喜气也。”后因以“非烟”指庆云，五色祥云。亭亭：明亮美好貌。

同　前

李正辞（类诗作陈希烈）①

千年泰山顶，云起汉皇封②。不作奇峰状，宁分触石容③。为霖虽易得，表圣自难逢④。冉冉排空上，依依叠影重。素光非曳练，灵贶是从龙⑤。岂学无心出，东西任所从⑥。

注释：

① 李正辞/陈希烈：李正辞，贞元八年进士第。宪宗时自拾遗转补阙。今存诗一首。陈希烈，宋州人。长于名理，开元中于禁中讲老易累迁至秘书少监，代张九龄专判集贤院事，明皇凡有撰述必经其手，李林甫知上睠待，乃引为宰相，宠遇侔于林甫，后为杨国忠所嫉，罢知政事；禄山之乱，受伪命为中书令，论陷贼罪当死，肃宗以旧恩特原之，长流合浦郡。今存诗三首。

② 汉皇：指汉武帝。《史记·孝武本纪》：“封禅祠，其夜若有光，昼有白云起封中。”

③ 奇峰：陶渊明《四时》诗：“春水满四泽，夏云多奇峰。秋月扬明辉，冬岭秀孤松。”触石：《公羊传·僖公三十一年》：“触石而出，肤寸而合，不崇朝而徧雨乎天下者，唯泰山尔。”后以“触石”谓山中云气与峰峦相碰击，吐出云来。

④ 霖：甘雨，时雨。比喻恩泽。

⑤ 灵贶（kuàng）：神灵所赐福。

⑥ 无心：指云。东晋陶渊明《归去来兮辞》有：“云无心以出岫，鸟倦飞而知还。景翳翳以将入，抚孤松而盘桓。”这里两句意思是说起自泰山封禅之地的祥瑞白云，有一定之准，哪里会像一般白云一样忽东忽西，飘忽不定呢！

立春日晓望三素云①（三首）

李季何（贞元十一年见杂咏）②

霭霭青春曙，飞仙驾五云③。浮轮初缥缈（古今共用此二字，或疑韵书不收缈字，遂改作眇，下同），承盖下氤氲④。薄影随风度，殊容向日分。羽毛纷共远，环佩杳犹闻⑤。静合烟霞色，遥将鸾鹤群。年年瞻此御，应许从元君⑥。

注释：

① 三素云：道教指人身中元气有紫、白、黄三色：脾为黄素，肺为白素，肝为紫素，合称“三素云”。泛指各色云烟。《修真人道秘言》：“以立春日清朝，北望紫绿白云者，为三元君所驾之云，名三素云。”

② 李季何：贞元十一年进士第。今存诗一首。

③ 五云：青、白、赤、黑、黄五种云色。古人视云色占吉凶丰歉。这里指五色瑞云；多作吉祥的征兆。《南齐书·乐志》：“圣祖降，五云集。”

④ 缥缈：原注“古今共享此二字”。或疑韵书不收缈字，遂改作眇。下同。

⑤ 羽毛：鸟兽的毛。这里指羽旗。《左传·襄公十四年》：“范宣子假羽毛于齐而弗归，齐人始贰。”杜预注：“析羽为旌，王者游车之所建，齐私有之，因谓之羽毛。”

⑥ 御：车驾。元君：即三元君。道教谓元始天尊居玉清天之三元宫，因称其为三元君。宋高似孙《纬略·三素云》引《修真人道秘言》：“立春日清朝，北望有紫、绿、白云者，为三元君三素飞云也。”

同　前

陈师穆①

晴晓仲（疑）春日，高心望素云②。彩光浮玉辇，紫气隐元君。缥缈中天去，逍遥上界分③。鸾骖攀不及，仙吹远难闻④。礼候于斯睹，明循（二字疑）在解纷⑤。人归悬想处，霞色自氛氲⑥。

注释：

① 陈师穆：贞元十一年进士第。今存诗一首。

② 仲：原注标一“疑”字，盖此言“仲春”与诗题中之“立春日”不相符，故疑“仲”字有误。高心：心高气傲。这里指孤傲超俗之心。

③ 上界：天界，指仙佛所居之地。

④ 鸾骖：指仙人的车乘。此二句说作者自己欲攀三元君之骥尾而不可得。

⑤ 明循：原注：“二字疑。”疑此二字有误也。解纷：排解纷乱，排解纠纷。语出《老子》：“挫其锐，解其纷。”

⑥ 悬想：挂念，远念；想象，猜想。

同　前

李　应①

玄鸟初来日，灵仙望处（杂咏作里）分②。冰容朝上界，玉辇拥朝云③。碧落流轻艳，红霓间彩文④。带烟时缥缈，向斗更氤氲⑤。仿佛随风驭，迢遥出晓云⑥。兹辰三见后，希得从元君⑦。

注释：

① 李应：贞元十一年登进士第。今存诗一首。
② 玄鸟：燕子。春天飞来北方，秋天迁徙南方。为殷商之图腾，古人以为神禽，与凤凰为同类。《诗·商颂·玄鸟》："天命玄鸟，降而生商 。"《礼记·月令》："立春之日，玄鸟至。"
③ 冰容：洁白纯净的面容。
④ 碧落：道教语，指天空、青天。红霓：即虹霓，为雨后或日出、日没之际天空中所现的七色圆弧。虹蜺常有内外二环，内环称虹，也称正虹、雄虹；外环称蜺，也称副虹、雌虹或雌蜺。间：夹杂。
⑤ 斗：北斗星。
⑥ 迢遥：高远，遥远。
⑦ 希得：希望能够。

春云①（三首）

邓　倚②

摇曳自西东，依林又逐风。势移青道里，影泛绿波中③。夕霁方明日，朝阳复蔽空。度关随去马，出塞引归鸿④。色任寒暄变，光将远近同⑤。为霖如见用，还得助成功⑥。

注释：

① 春云：春天的云。
② 邓倚：德宗贞元间与焦郁、裴澄同时应进士第。今存诗一首。
③ 青道：日月运行到东方天空的那一段轨迹叫青道。《汉书·天文志》："青道二，出黄道东。立春、春分，月东从青道。"《汉书·天文志》"晷景长短之制也"王先谦补注引清沈钦韩曰："日春东从青道，夏南从赤道，秋西从白道，冬北从黑道。"（按，五方与五色相应，故日月在东南西北中所运行的轨迹分别称为青道、赤道、白道、黑道和黄道。）这里引申指春天东方的晴空。
④ 度：泛指过，用于空间或时间。归鸿：归雁。诗文中多用以寄托归思。
⑤ 寒暄：冷暖。也引申指冬夏，指岁月。将：与。庾信《春赋》："眉将柳而争绿，面共桃而竞红。"
⑥ 霖：甘雨，时雨。为霖：《尚书说命上》殷高宗命傅说为相时曾言："若济巨川，用汝作舟楫；若岁大旱，用汝作霖雨。"成功：成就功业或事业。此二句表面上是说春云如果化为时雨将有益于人，实际上双关说自己如被录取任用，将有助于君王。

同　前

焦　郁①

漫漫天涯色，乘春四望平。不分残照影，何处断鸿声②。缭绕先经塞，霏微近过城[3]。因风低未敛，带雨重还轻[4]。干吕知时泰，如膏候岁成[5]。小儒同品物，无以答皇明[6]。

注释：

① 焦郁：元和间人。贞元十八年（802）官登仕郎、泾阳县尉。今存诗三首。见毛凤枝《关中石刻文字存逸考》卷六。

② 不分：言天色、残照、物影相接而不分。断鸿：失群的孤雁。

③ 霏微：飘洒；飘溢。

④ 敛：聚集。

⑤ 干吕：感应到吕律，指阴气调合。参见前诗《青云干吕》注①。泰：通达，顺畅。膏：脂肪。《诗·桧风·羔裘》："羔裘如膏，日出有曜。"这里指膏露、甘露，谓其沾溉惠物。《礼记·礼运》："故天降膏露，地出醴泉。"此因春云而及春雨，春雨贵如油。春雨及时，风调气畅，则丰收可望，有一个好年成。"岁成"指一年的收成，即通常所说年成。

⑥ 小儒：这里指旧时文人对自己的谦称。品物：犹万物。

同　前

裴　澄[1]

漠漠复溶溶，乘春任所从[2]。映林初展叶，触石未成峰。旭日消寒翠，晴烟点净容[3]。霏微将似灭，深浅又如重。薄彩临溪散，轻阴带雨浓。空余负樵者，岭上自相逢[4]。

注释：

① 裴澄：闻喜人（今属山西）。德宗朝登第，官至苏州刺史。今存诗一首。

② 漠漠：密布貌。溶溶：宽广貌。

③ 寒翠：指常绿树木在寒天的翠色。

④ 负樵者：背负柴薪者，指樵夫，砍柴人。

山出云[1]（四首）

陆　畅[2]

灵山蓄云彩，纷郁出清晨[3]。望树繁花白，看峰小雪新。映松张盖影，依涧布鱼鳞[4]。高似从龙处，低如触石频。浓光藏半岫，浅色类飘尘[5]。玉叶开天际，遥怜占早春[6]。

注释：

① 山出云：《礼记·孔子闲居》："清明在躬，气志如神。耆欲将至，有开必先。天降时雨，山川

出云。”

② 陆畅：字达夫，吴郡人。元和元年登进士第，为皇太子僚属，后官凤翔少尹。今存诗一卷。

③ 纷郁：多盛貌。

④ 鱼鳞：这里指鱼鳞状的云。

⑤ 岫（xiù）：有洞穴的山。《尔雅·释山》：“山有穴为岫。”这里泛指峰峦。

⑥ 玉叶：对花木叶子的美称；这里比喻绚丽的云彩。南朝梁简文帝《咏云》：“玉叶散秋影，金风飘紫烟。”怜：爱。

同　　前

张　复①

山静云初吐，霏微触石新。无心离碧岫，有叶占青春②。散类如虹气，轻同不让尘③。陵空还似翼，映涧欲成鳞④。异起临汾鼎，凝随出峡神⑤。为霖终济旱，非独降贤人⑥。

注释：

① 张复：元和中人。今存诗一首。

② 青春：指春天。春季草木青绿，故称。

③ 轻同不让尘：此反用《老子》：“和其光，同其尘。”“和光同尘”指随俗而处，不露锋芒。张茂先（华）《励志诗》：“山不让尘，川不辞盈。”

④ 陵空：凌空，高入天际。《庄子·逍遥游》：“其翼若垂天之云。”鳞：鱼、龙等有鳞动物的代称；这里是说彩云映涧状似鱼、龙。

⑤ 异：指不常见之祥瑞。临汾鼎：相传汉初，在汾阴总有云气，后来汉武帝在此得宝鼎。北魏郦道元《水经注·沮水》：“汉武帝获宝鼎于汾阴，将荐之甘泉。鼎至中山，氤氲有黄云盖焉。”出峡神：指巫山神女。宋玉《高唐赋》序：“昔者先王尝游高唐，怠而昼寝。梦见一妇人，曰：‘妾巫山之女也，为高唐之客。闻君游高唐，愿荐枕席。’王因幸之。去而辞曰：‘妾在巫山之阳，高丘之阻，旦为朝云，暮为行雨，朝朝暮暮，阳台之下。’旦朝视之，如言，故为之立庙，号曰朝云。”

⑥ 非独降贤人：《隋书·天文志下》：“视四方常有大云五色具者，其下有贤人隐也。”

同　　前

李　绅①

杳霭祥云起，飘飏翠岭新②。莹峰开石秀，吐叶间松春③。林静翻空少，山明度岭频。回崖时掩鹤，幽涧或随人。姑射朝凝雪，阳台晚伴神④。悠悠九霄上，应坐玉京宾⑤。

注释：

① 李绅（772—846）：字公垂，常州无锡人（今属江苏）。身形短小精悍，于诗最有名，时号“短

李”。元和初擢进士第，补国子助教，不乐，辄去；李锜辟掌书记，锜抗命不为草表，几见害；穆宗召为右拾遗、翰林学士，与李德裕、元稹，同时号“三俊”；历中书舍人、御史中丞、户部侍郎；敬宗立，李逢吉构之，贬端州司马，徙江州长史，迁滁、寿二州刺史，以太子宾客分司东都；太和中擢浙东观察使，开成初迁河南尹、宣武节度使；武宗即位，召拜中书侍郎同平章事，进尚书右仆射，封赵郡公，居位四年，以检校右仆射平章事节度淮南；卒，赠太尉，谥文肃。《追昔游诗》三卷，《杂诗》一卷，今合编为四卷。

② 杳（yǎo）霭：云雾飘缈貌。飘飏：飘扬，飘动飞扬。飏（yáng）：飞扬。

③ 莹：装饰，涂饰。《唐诗类释》作“萦”。萦，回旋缠绕。《诗·周南·樛木》：“南有樛木，葛藟萦之。”毛传：“萦，旋也。”萦峰，指雾霭绕山峰。吐叶：指云雾升腾如枝叶开散。晋崔豹《古今注·舆服》：“华盖，黄帝所作也。与蚩尤战于涿鹿之野，常有五色云气、金枝玉叶止于帝上，有花葩之象，故因而作华盖也。”

④ 姑射：《庄子·逍遥游》：“藐姑射之山，有神人居焉，肌肤若冰雪，绰约若处子。”后代诗文中常以“姑射”为神仙或美人的代称。“阳台”：此用巫山神女与楚王阳台幽会之典故。见前一首注④。

⑤ 玉京：泛指仙都。《魏书·释老志》：“道家之原，出于老子。其自言也，先天地生，以资万类，上处玉京，为神王之宗。”

同　　前

张胜之①

片云初出岫，孤迥色难亲。盖小辞山近，根轻触石新②。飘飖经绿野，明丽照晴春③。拂树疑舒叶，临流似结鳞④。从龙方有感，捧日岂无因⑤。看取为霖去，恩沾雨露均。

注释：

① 张胜之：元和中人。今存诗一首。

② 盖：云盖，指状如车盖的云。

③ 飘飖：飘荡；飞扬。飖（yáo）：随风飘动。明丽：明净美丽。

④ 疑：类似；好像。“疑”正与下句“似”同义偶对。

⑤ 从龙：这里指云气升腾。《易·乾》：“云从龙，风从虎，圣人作而万物睹。”旧以龙为君象，因以称随从帝王或领袖创业。感：指感应。捧日：喻忠心辅佐帝王。语本《三国志·魏志·程昱传》“表昱为东平相，屯范”裴松之注引晋王沈《魏书》：“昱少时常梦上泰山，两手捧日，昱私异之，以语荀彧……彧以昱梦白太祖。太祖曰：‘卿当终为吾腹心。’”

南至日太史登台书云物①（二首）

裴　达②

圜丘才展礼，佳气近初分③。太史方（一作新）簪笔，高台起（一作纪）彩云④。

天容（一作烟空）和缥缈，晓色共氛氲。道泰资贤辅，年丰荷圣君⑤。恭惟同（一作司）国瑞，兼用察人（一作天）文⑥。应念怀铅客，终朝望碧雰（一作皆杂咏）⑦。

注释：

① 南至：即冬至。《左传·僖公五年》："春，王正月，辛亥，朔，日南至。"杜预注："周正月，今十一月。冬至之日，日南极。"孔颖达疏："日南至者，冬至日也。"太史：官名。西周、春秋时太史掌记载史事、编写史书、起草文书，兼管国家典籍和天文历法等。秦汉曰太史令，汉属太常，掌天时星历。魏晋以后，修史之职归著作郎，太史专掌历法。隋改称太史监，唐改为太史局，宋有太史局、司天监、天文院等名称。元改称太史院。明清称钦天监；修史之职归之翰林院，故俗称翰林为太史。参见《通典·职官八》、《续通典·职官八》。云物：云的色彩；云气、云彩。
② 裴达：大历进士第。今存诗一首。
③ 圜丘：古代帝王冬至祭天的地方，圆台形。《周礼·春官·大司乐》："冬日至，于地上之圜丘奏之。"贾公彦疏："土之高者曰丘，取自然之丘。圜者，象天圜也。"
④ 簪笔：谓插笔于冠或笏，以备书写。古时史官、谏官入朝，或近臣侍从，插笔于帽，以便随时记录、书写。
⑤ 资：凭借，依靠。荷（hè）：肩负，扛。这里指承受，承蒙。
⑥ 国瑞：古指国家的祥瑞。人文：指礼乐教化。《易·贲》："观乎天文以察时变，观乎人文以化成天下。"孔颖达疏："言圣人观察人文，则诗书礼乐之谓，当法此教而化成天下也。"引申指人事，人世间事。
⑦ 怀铅：即"怀铅提椠"之省，谓携带笔简，以备随时记录、著述。铅，铅粉；椠，木板。皆古代书写用具。《西京杂记》卷三："扬子云好事，常怀铅提椠，从诸计吏，访殊方绝域四方之语。"亦作"怀铅握椠"、"怀觚握椠"。

同　前

于尹躬①

至日行时令，登台约礼文②。官称伯赵氏，色辨五方云③。昼漏听初发，阳光望渐分。司（杂咏作用）天为岁备，持简出人群④。惠爱周微物，生灵荷圣君⑤。长当有嘉瑞，郁郁复纷纷⑥。

注释：

① 于尹躬：大历进士。元和间为中书舍人，左迁洋州刺史。今存诗一首。
② 约：约束，检束。《论语·雍也》："君子博学于文，约之以礼。"礼文：指礼乐仪制。
③ 伯赵氏：古官名。少皞氏时主夏至、冬至之官。《左传·昭公十七年》："伯赵氏，司至者也。"杜预注："伯赵，伯劳也。以夏至鸣，冬至止。"孔颖达疏："此鸟以夏至来鸣，冬至止去，故以名官，使之主二至也。"五方：东、南、西、北和中央。亦泛指各方。
④ 司天：掌管有关天象的事务。这里指负责观察天象等自然现象以占断吉凶的人。简：古代用以写字的竹片。
⑤ 惠爱：犹仁爱。

⑥ 嘉瑞：祥瑞。郁郁：繁茂貌。纷纷：众多貌。这里形容云彩漫天、绚烂多姿。

华山庆云见①

失　名②

圣主祠名岳，高风发庆云③。金柯初缭绕，玉叶渐氛氲④。气色含珠日，光明吐翠雰。依稀来鹤态，仿佛列仙群。万树流光影，千潭写锦文。苍生忻有望，祥瑞在吾君⑤。

注释：

① 华山：山名，五岳之一。在陕西省华阴市南，北临渭河平原，属秦岭东段。又称太华山，古称“西岳”。有莲花（西峰）、落雁（南峰）、朝阳（东峰）、玉女（中峰）、五云（北峰）等峰，为游览胜地。庆云：五色云。古人以为喜庆、吉祥之气。见卷一百八十《观庆云图三首》注。

② 失名：《全唐诗》卷四百八十三作李绅。李绅，见卷一百八十二《山出云》注。

③ 祠：祭名，春祭。《诗·小雅·天保》：“禴祠烝尝。”毛传：“春曰祠，夏曰禴，秋曰尝，冬曰烝。”这里引申泛指祭祀。

④ 金柯：树枝的美称。玉叶：对花木叶子之美称。这里用“金柯”、“玉叶”皆喻云彩。见前李绅《山出云》注③引晋崔豹《古今注·舆服》“华盖”条。陆机《云赋》：“金柯分，玉叶散。”

⑤ 忻（xīn）：心喜。

上党奏庆云见①

李　绅②

飞龙久驭宇，真气尚兴云③。五色传嘉瑞，千龄表圣君④。从风忽萧索，依汉更氛氲⑤。影彻天初霁，光鲜日未曛⑥。表祥近自远（类诗作来自远），垂化聚还分。宁作无依者，空传陶令文⑦。

注释：

① 上党：唐郡名，即潞州，治所在今山西长治。

② 李绅：见卷一百八十二《山出云》注。

③ 飞龙：飞的龙。这里比喻帝王。真气：人体的元气，生命活动的原动力。这里特指帝王的气象。

④ 五色：指五色祥云，即庆云。

⑤ 萧索：疏散，稀少。《史记·天官书》：“若烟非烟，若云非云，郁郁纷纷，萧索轮囷，是谓卿云。”汉：天河，银河。

⑥ 曛（xūn）：黄昏，傍晚。这里指夕阳的余辉。

⑦ 无依者：指云彩自由飘游，无拘无束。陶令文：陶渊明《咏贫士诗》：“万族各有托，孤云独无依。……量力守故辙，岂不寒与饥。知音苟不存，已矣何所悲！”案：此反用陶诗以言志。

梢　　云①

罗　让（类诗作曹松）②

殊质资灵贶，陵空发瑞云。梢梢含树彩（类诗作树影），郁郁动霞文③。不比因风起，全非触石分。叶光闲泛滟，枝杪静氛氲。隐见心无宰，徘徊庆自君④。翻飞如可托，长愿在横汾⑤。

注释：

① 梢云：瑞云。《文选·郭璞〈江赋〉》："梢云冠其嶓（biǎo）。"李善注引孙氏《瑞应图》曰："梢云，瑞云。人君德至则出，若树木梢梢然也。嶓，山巅也。"

② 罗让/曹松：罗让，见卷一百八十一《闰月定四时》注。曹松，字梦征，舒州人（今安徽潜山）。学贾岛为诗，久困名场，至天复初，杜德祥主文，放松及王希羽、刘象、柯崇、郑希颜等及第，年皆七十余，时号"五老榜"。授秘书省正字。集三卷，今编诗二卷。

③ 梢梢：此指劲挺貌。《文选·谢朓〈酬王晋安〉诗》："梢梢枝早劲，涂涂露晚晞。"吕向注："梢梢，树枝劲强无叶之貌。"

④ 隐见：或隐或现。君：主宰，统治。《书·说命上》："天子惟君万邦，百官承式。"

⑤ 横汾：据《汉武故事》，汉武帝尝巡幸河东郡，在汾水楼船上与群臣宴饮，自作《秋风辞》，中有"泛楼舡兮济汾河，横中流兮扬素波"句。后因以"横汾"为典，用以称颂皇帝或其作品。唐张说《奉和圣制暇日与兄弟同游兴庆宫作应制》："汉武横汾日，周王宴镐年。"

寒云轻重色①

张仲素②

佳期当可许，托思望云端③。鳞影朝犹落，繁阴暮自寒。因风方袅袅，间石已漫漫。隐映看鸿度，霏微觉树攒④。凝空多似黛，引素乍如纨⑤。每向愁中览，含毫欲状难⑥。

注释：

① 寒云：寒天的云。轻重色：这里指云色的浓与淡。

② 张仲素：见卷一百八十一《玉绳低建章》注。

③ 托思：寄托思念、思绪。

④ 攒（cuán）：簇聚，聚集。

⑤ 黛（dài）：青黑色的颜料，古时女子用以画眉。纨（wán）：白色细绢。

⑥ 含毫：含笔于口中；比喻构思为文或作画。毫：指毛笔头，毛笔。状：形容，描绘。

白云向空尽

周　存（类诗作焦郁）①

白云生远岫，摇曳入晴空。乘化随舒卷，无心任始终②。欲销仍向日（类诗作带日），将断或因（类诗作更因）风。势薄飞难定，天高色易穷③。影收元气表，光灭太虚中④。况若从龙去（一作出），还施润物功（类诗作倪若从龙去还施济物功）。

注释：

① 周存/焦郁：周存，大历八年（773）进士。与陆贽同时。今存诗二首。焦郁：见卷一百八十二《春云》注。

② 乘化：顺随自然。化，自然，造化。晋陶渊明《归去来兮辞》："聊乘化以归尽，乐夫天命复奚疑。"

③ 薄：急迫，迅速。

④ 太虚：空寂玄奥之境。《庄子·知北游》："是以不过乎昆仑，不游乎太虚。"郭象注："若夫娄落天地，游虚涉远以入乎冥冥者，不应而已矣。"这里指天，天空。

望禁门松雪①

王　涯②

宿云开霁景，佳气此时浓③。瑞雪凝清禁，祥烟羃小松④。依稀鸳瓦出，隐映凤楼重⑤。金阙晴光照，琼枝瑞色封。叶铺全类玉，柯偃乍疑龙⑥。讵比寒山上，风霜老昔容。

注释：

① 禁门：宫门。

② 王涯：字广津，太原（今属山西）人。博学，工属文。贞元八年（792）擢进士，又举宏辞，调蓝田尉，以左拾遗为翰林学士，进起居舍人；宪宗元和初贬虢州司马，徙袁州刺史，以兵部员外郎召知制诰，再为翰林学士，累迁工部侍郎。涯文有雅思，永贞、元和间训诰，多涯所槁定，拜中书侍郎同中书门下平章事，寻罢再迁吏部侍郎；穆宗立，出为剑南东川节度使；长庆三年，入为御史大夫，迁户部尚书，盐铁转运使；敬宗宝历时，复出领山南西道节度使；文宗嗣位，召拜太常卿，以吏部尚书总盐铁，岁中进尚书右仆射、代郡公。久之，以本官同中书门下平章事，俄检校司空兼门下侍郎；李训败，乃及祸。集十卷，今编诗一卷。

③ 宿云：夜晚的云气。霁景：这里指雪后晴明的景色。霁（jì）：雨止天晴；泛指风霜雨雪停止，天气晴好。

④ 羃（mì）：覆盖。

⑤ 鸳瓦：鸳鸯瓦，指成对的瓦。凤楼：宫内的楼阁，因雕镂有凤凰图案而得名。

⑥ 柯：草木的枝茎。疑：似。《太平御览·木部·松》：“抱朴子曰：‘松三千岁者，皮中有聚芝，如龙形，名曰飞节芝。’”

都堂试贡士日庆春雪①（三首）

李　衢②

锡瑞来丰岁，旌贤入贡辰③。轻摇梅共笑，飞袅柳知春。绕砌封琼屑，依阶喷玉尘④。蜉蝣吟更古，科斗映还新⑤。鹤吹（疑）迷难辨，冰壶鉴易真⑥。因歌大君德，率舞咏陶钧⑦。

注释：

① 都堂：唐尚书省署居中，东有吏、户、礼三部，西有兵、刑、工三部，尚书省的左右仆射总辖各部，称为都省，其总办公处称为都堂。宋金沿之。贡士：旧指地方向朝廷荐举人才。《礼记·射义》：“诸侯岁献，贡士于天子。”孔颖达疏：“诸侯三年一贡士于天子也。”

② 李衢：开成中，为屯田郎中。与林宝共撰《皇唐玉牒》。今存诗一首。

③ 锡：赐予。锡，古同“赐”，如《左传》引《诗》有：“孝子不溃，永锡尔类。”旌：表彰。旌贤：表彰贤人。入贡：贡士入京参加会试。

④ 绕：围绕，环绕。琼屑：玉屑；这里喻雪花。玉尘：此喻雪。

⑤ 蜉蝣：虫名。幼虫生活在水中，成虫褐绿色，有四翅，生存期极短。《诗·曹风·蜉蝣》：“蜉蝣掘阅，麻衣如雪。”毛传：“蜉蝣，渠略也，朝生夕死。”郑玄笺：“麻衣，深衣。诸侯之朝，朝服；朝夕则深衣也。掘阅，掘地解阅，谓其始生时也。”案：“阅”即“穴”，谓昆虫始生时穿穴而出。麻衣，是古代诸侯、大夫、士家居时穿的常服。多指旧时举子所穿的麻织物衣服。李贺《野歌》：“麻衣黑肥冲北风，带酒日晚歌田中。”王琦汇解：“唐时举子皆着麻衣，盖苎葛之类。”考试咏雪，此情此景让试子们自然而然地想到了《诗·曹风·蜉蝣》诗句。科斗：蝌蚪，蛙或蟾蜍的幼虫。这里指蝌蚪书。泛指古文字。

⑥ 冰壶：盛冰的玉壶。常用以比喻品德清白廉洁。语本《文选·鲍照〈白头吟〉》：“直如朱丝绳，清如玉壶冰。”李周翰注：“玉壶冰，取其絜净也。”

⑦ 大君：天子。《易·师》：“大君有命，开国承家。”孔颖达疏：“大君，谓天子也。”陶钧：制作陶器所用的转轮。这里指天地造化。

同　前

李　景①

密雪分天路，群才坐粉廊②。霭空迷昼景，临宇借寒光。似暖花消地，无声玉满堂③。洒词偏误曲，留砚忽因方④。几处曹风比，何人谢赋长⑤。春晖早相照，莫滞九衢芳。

注释：

① 李景：陇西人（今甘肃临洮）。文宗朝进士。今存诗二首。
② 粉廊：粉指"尚书省"。《太平御览》卷二百一十五引汉应劭《汉官仪》："省皆胡粉涂画古贤人烈女，郎握兰含香，趣走丹墀奏事。"世因称尚书省为"粉省"、"粉署"、"粉阁"。这里指贡士们列坐尚书省参加考试。
③ 花、玉：皆指雪花。
④ 洒词：《全唐诗》卷五百四十二同诗作"洒池"，是也。此句或牵合"阳春白雪"典。留砚句：谢惠连《雪赋》有句："既因方而为珪，亦遇圆而成璧。"
⑤ 曹风：指《诗经·曹风》，有句："蜉蝣掘阅，麻衣如雪。"谢赋：指南朝宋谢惠连《雪赋》。

同　前

李损之①

春雪昼悠扬，飘飞试士场②。缀毫疑起草，沾字共成章③。匝地如铺练，凝阶似截肪④。鹅毛萦树合，柳絮带风狂⑤。息疫方殊庆，丰年已报祥⑥。应知郢上曲，高唱出东堂⑦。

注释：

① 李损之：文宗朝进士。今存诗一首。
② 试士场：这里指贡士们在京城参加会试的考场。
③ 疑：类似，好像。起草：拟稿，打草稿。这里是说雪花落在毛笔尖儿上好像拟稿。
④ 截肪：切开的脂肪；这里比喻雪花颜色和质地白润如脂肪。
⑤ 鹅毛：鹅的羽毛；比喻雪。柳絮：南朝宋刘义庆《世说新语·言语》："谢太傅寒雪日内集，与儿女讲论文义。俄而雪骤，公欣然曰：'白雪纷纷何所似？'兄子胡儿曰：'撒盐空中差可拟。'兄女曰：'未若柳絮因风起。'公大笑乐。即公大兄无奕女，左将军王凝之妻也。"刘孝标注引《妇人集》："谢夫人名道蕴，有文才。所著诗、赋、诔、颂传于世。"后遂以"柳絮"为典，多指才女或佳句。这里用"柳絮"比喻指雪花。
⑥ 息：止息，消除。
⑦ 郢上曲：即用"阳春白雪"典，战国时楚国的高雅歌曲名。《文选·宋玉〈对楚王问〉》："其为《阳阿》、《薤露》，国中属而和者数百人，其为《阳春》、《白雪》，国中属而和者不过数十人而已。"李周翰注："《阳春》、《白雪》，高曲名也。"后因用以泛指高雅的曲子；也喻指高深典雅的诗作。东堂：东厢的厅堂。此即指尚书省之都堂。

望终南春雪①

李子卿②

山势抱西秦，初年瑞雪频③。色摇鹑野霁，影落凤城春④。晶耀琼（一作辉曜银）

峰逼，皛明玉树亲⑤。尚寒由气劲，不夜为光新⑥。荆岫全疑近，昆丘宛合邻⑦。余辉傥可借，回照读书人⑧。

注释：

① 终南：即终南山，秦岭主峰之一，在陕西省西安市南，一称南山，即狭义的秦岭。古名太一山、地肺山、中南山、周南山。
② 李子卿：字万，京兆人。大历末与崔损同第。今存诗一首。
③ 西秦：秦国，以其地处西方，故称。这里指关中陕西一带秦之旧地。
④ 鹑野：指秦地。唐骆宾王《上吏部侍郎帝京篇》："皇居帝里崤函谷，鹑野龙山侯甸服。"鹑：星次名，指南方朱雀七宿中的井宿和鬼宿。古以为秦之分野，指秦地。《汉书·地理志下》："自井十度至柳三度，谓之鹑首之次，秦之分也。"
⑤ 皛（xiǎo）：明，皎洁。皛耀：洁白明亮貌。玉树：白雪覆盖的树。
⑥ 尚：副词，尚且，还。由、为：介词，因为，由于。
⑦ 荆岫：即荆山，在今湖北省南漳县西部，山有抱玉岩，传为楚人卞和得璞处。昆丘：即昆山，昆仑山，盛产美玉。此皆以玉喻雪。
⑧ 余辉傥可借，回照读书人：此用"映雪读书"典故。晋孙康，京兆人。家贫好学，常利用雪的反光读书，即映雪读书。事见《初学记》卷二引《宋齐语》。后用为勤学苦读之典。

春雪映早梅

庾敬休①

清晨凝雪彩，新候变庭梅。树爱春荣遍，总惊曙色催。寒光添粉壁，积润履青苔。分明六出瑞，隐映几枝开②。闻笛花疑落，挥琴兴转来③。曲成非寡和，长使思悠哉④。

注释：

① 庾敬休：字顺之，邓州新野人。太和中，累官户部侍郎、尚书左丞。今存诗一首。
② 六出：花分瓣叫出，雪花六角，因以为雪的别名。《太平御览》卷十二引《韩诗外传》："凡草木花多五出，雪花独六出。雪花曰霙。"
③ 花疑落：即"疑花落"。疑，似。
④ 寡和：用"曲高和寡"典。战国楚宋玉《对楚王问》："客有歌于郢中者，其始曰《下里巴人》，国中属而和者数千人。其为《阳阿》、《薤露》，国中属而和者数百人。其为《阳春白雪》，国中属而和者不过数十人。引商刻羽，杂以流徵，国中属而和者不过数人而已。是其曲弥高，其和弥寡。"意谓曲调高雅，能跟着唱的人就少。比喻知音难得。后亦以"曲高和寡"比喻言论或作品不通俗，能理解的人很少。

墙阴残雪

可频瑜①

积雪还因地，墙阴久尚残。影添斜月白，光借夕阳寒。皎洁开帘近，清荧步履看②。状花飞着树，如玉不成盘。冰薄方宁及，霜浓比亦难。谁怜高卧处，岁暮叹袁安③。

注释：

① 可频瑜：《全唐诗》作“何频瑜”。建中中蓝田尉。今存诗一首。

② 帘：以竹、布等制成的遮蔽门窗的用具。

③ 袁安：字邵公，汝南汝阳人。家贫有操守，后举孝廉。《后汉书·袁安传》注引《汝南先贤传》曰：“时大雪积地丈余，洛阳令自出案行，见人家皆除雪，出有乞食者。至袁安门，无有行路，谓安已死，令人除雪入户，见安僵卧。问：‘何以不出？’安曰：‘大雪人皆饿，不宜干人。’令以为贤，举为孝廉也。”

早春残雪（二首）

裴干余①

霁日雕琼彩，幽庭减夜寒。梅飘余片积，日堕晚光残。零落偏依桂，霏微不掩兰②。阴林披雾殻（一作縠），小沼破冰盘③。曲槛霜凝砌，疏篁玉碎竿④。已闻三径好，犹可访袁安⑤。

注释：

① 裴干馀：一作裴虔余，元和十五年（820）进士及第。咸通末，佐北门李相蔚淮南幕；乾宁初，官太常少卿。今存诗二首。

② 依桂：咏雪落压枝之状貌。明冯惟讷《古诗纪》之沈约《咏雪应令》诗：“思鸟聚寒卢，苍云轸暮色。夜雪合且离，晓风惊复息。婵娟入绮牕，徘徊鹜情极。弱桂不胜枝，轻飞屡低翼。玉山聊可望，瑶池岂难即。”

③ 壳：物的坚硬外皮。縠（hú）：绉纱。这里当作“雾縠”。雾縠：薄雾般的轻纱。这里指像轻纱一样的烟云薄雾。五代和凝《临江仙》词：“海棠香老春江晚，小楼雾縠涳蒙。”

④ 篁：竹名，篁竹。泛指竹子。

⑤ 三径：晋赵岐《三辅决录·逃名》：“蒋诩归乡里，荆棘塞门，舍中有三径，不出，唯求仲、羊仲从之游。”后因以“三径”指归隐者的家园。

同　前

施肩吾①

春景照林峦，玲珑雪影残。井泉添碧甃，药圃洗朱栏②。云路迷初醒，书堂映渐难。花分梅岭色，尘减玉阶寒③。远称栖松鹤，高宜点露盘④。伫逢春律后，阴谷始堪看⑤。

注释：

① 施肩吾：字希圣，洪州人。元和十年（815）登第。隐洪州之西山，为诗奇丽。《西山集》十卷，今编诗一卷。
② 井泉：水井。碧甃：青绿色的井壁。甃（zhòu）：以砖瓦等砌的井壁。
③ 梅岭：山名，即大庾岭，五岭之一。在江西、广东交界处。古时岭上多植梅，故名。据《东坡诗》注："大庾岭上梅花，南枝已落，北枝方开，寒暖之候异也。"见卷一百八十一白行简《春从何出来》注③。
④ 称（chèn）：适宜，符合。与下句"宜"偶对。松鹤：松与鹤。多比喻标格出众。露盘：即承露盘。汉武帝时建于建章宫。
⑤ 春律：犹春令，春季的节令。

春雨如膏①

喻 凫②

霢霂敛轻尘，蒙蒙湿野春③。细光添柳重，幽点溅花匀。惨淡游丝景，阴沉落絮辰④。回低飞蝶翅，寒滴语禽身。洒岳摧余雪，吹江叠远蘋。东城与西（一作南）陌，晴后趣何新⑤。

注释：

① 膏：脂肪，油脂。比喻雨水对作物的滋润。
② 喻凫：毗陵人（今江苏常州）。登开成五年（840）进士第。任校书郎、长城令等，终乌程尉。今存诗一卷。
③ 霢霂（mì）：密布貌。
④ 景：日光。辰：日子，时光。此二句言在微雨的春日，日色惨淡、天气阴沉，细雨时如游丝、时如落絮。
⑤ 趣：情趣，旨趣，乐趣。

清露被皋兰①

孙 顾②

九皋兰叶茂，八月露花清③。稍与秋阴合，还将晓色并。向空罗细影，临水泫微明④。的皪添幽兴，芊绵动远情⑤。夕芳人未采，初降鹤先惊。为感生成惠，心同葵藿倾⑥。

注释：

① 皋兰：泽边的兰草。阮籍《咏怀诗十七首》："清露被皋兰，凝霜霑野草。"

② 孙顾：疑即孙颜，唐代进士。今存诗二首。见下《宿烟含白露》注②。
③ 九皋：曲折深远的沼泽。《诗·小雅·鹤鸣》："鹤鸣于九皋，声闻于野。"毛传："皋，泽也。言身隐而名著也。"
④ 罗：分布，分散。泫（xuàn）：指泪水、露水等下滴。也指露珠晶莹发亮。
⑤ 的皪（lì）：也作"的砾"。光亮、鲜明貌。芊（qiān）绵：草木茂盛貌。
⑥ 葵藿：指葵与藿，均为菜名。也单指葵。葵性向日，古人多用以比喻下对上赤心趋向。语出《三国志·魏志·陈思王植传》："若葵藿之倾叶，太阳虽不为之回光，然向之者诚也。窃自比于葵藿，若降天地之施，垂三光之明者，实在陛下。"藿（huò）：豆叶，嫩时可食。

宿烟含白露①

失　名②

析析有新意，微微曙色幽③。露含疏月静，光与晓烟浮。迥野遥凝素，空林望已秋。着霜寒未结，凝叶滴还流。比玉偏清洁，如珠讵可收④。徘徊阡陌上，瞻想但淹留⑤。

注释：

① 宿烟：夜里的烟雾。
② 失名：《全唐诗》卷七百七十九作孙颜（wěi）。孙颜，睦州（今浙江建德）人。玄宗或肃宗时登进士第，诗人郎士元曾有诗送之。今存诗二首。
③ 析：同"析"。《广韵·锡部》："析"，"析"的俗字。《楚辞九章惜颂》："令五帝以析中兮……"王逸注："析，犹分也。"洪兴祖补注："与析同。"析析：象声词。这里指露水滴落草木叶上之声。
④ 讵（jù）：副词。表示反诘，相当于"岂"、"难道"。
⑤ 淹留：羁留，逗留。

风草不留霜①

王景中②

繁霜当永夜，寒草正惊风③。飘素衰蘋末，流光晚蕙丛。悠扬方泛影，皎洁却飞空。不定离披际，难凝蓊荟中④。低昂闲散质，肃杀想成功⑤。独感玄晖咏，依依此夕同⑥。

注释：

① 风草不留霜：谢朓《冬绪羁怀示萧咨议虞田曹刘江二常侍》："去国怀丘园，入远滞城阙。寒灯耿宵梦，清镜悲晓发。风草不留霜，冰池共如月。寂寞此闲帷，琴尊任所对……"
② 王景中：曾赴进士试。今存诗一首。
③ 永夜：长夜。

④ 离披：分散下垂貌；纷纷下落貌。翳荟：草木茂盛，可为障蔽。这里指丛生的杂草。蘙荟：草木丛密貌。翳（yì）：用羽毛做的华盖；引申指遮蔽，隐藏。荟（huì）：草木繁盛貌。
⑤ 低昂：起伏，升降。肃杀：严酷萧瑟貌，多用以形容深秋或冬季的天气和景色。成功：成就功业或事业。
⑥ 玄晖：这里指南朝齐谢朓，字玄晖，善为诗，后常以指有文才的人。

白露为霜①（二首）

颜　粲②

悲秋将岁晚，繁露已成霜。遍渚芦先白，沾篱菊自黄③。应钟鸣远寺，拥雁度三湘④。气逼襦衣薄，寒侵宵梦长⑤。满庭添月色，拂水敛荷香。独念蓬门下，穷年在一方⑥。

注释：

① 为：成为，结成。《诗·秦风·蒹葭》："蒹葭苍苍，白露为霜。所谓伊人，在水一方。"
② 颜粲：颜真卿之侄。登建中（780—783）进士第。今存诗二首。
③ 芦：即芦苇。沾：浸润，沾湿。
④ 应钟：古乐律名，十二律之一。古人以十二律与十二月相配，每月以一律应之。应钟与十月相应。《礼记·月令》："［孟冬之月］其音羽，律中应钟。"《汉书·律历志上》："应钟，言阴气应亡射，该臧万物而杂阳阂种也。位于亥，在十月。"这里一语双关，既指律名应钟，又指孟冬十月白露为霜，还言及霜降则钟鸣有如应和。《山海经·中山经》："［丰山］有九钟焉，是知霜鸣。"郭璞注："霜降则钟鸣，故言知也。"拥雁：宋·孔平仲《谈苑》卷四："北方有白雁，似雁而小、色白，秋深，至则霜降；河北人谓之霜信。杜甫诗云'故国霜前白雁来'即此意也。"三湘：湖南湘乡、湘潭、湘阴（或湘源），合称三湘。见《太平寰宇记·江南西道十四·全州》。但古人诗文中的三湘，多泛指湘江流域及洞庭湖地区。
⑤ 襦衣：短衣；短袄。亦泛指衣服。
⑥ 蓬门：以蓬草为门。指贫寒之家。唐杜甫《客至》诗："花径不曾缘客扫，蓬门今始为君开。"穷年：贫困之时。

同　　前

徐　敞①

早寒青女至，零露结为霜②。入夜飞清景，陵晨积素光③。驷星初皙皙，葭菼复苍苍④。色冒沙滩白，威加木叶黄⑤。鲜辉袭纨扇，杀气掩干将⑥。葛屦那堪履，徒令君子伤⑦。

注释：

① 徐敞：见卷一百八十一《月映清淮流》注。

② 青女：传说中掌管霜雪的女神。《淮南子·天文训》："至秋三月……青女乃出，以降霜雪。"高诱注："青女，天神，青霄玉女，主霜雪也。"借指霜雪。
③ 清景：犹清光。
④ 驷星：即天驷星。《国语·周语》："驷见而陨霜，火见而清风戒寒。"韦昭注："驷，天驷，房星也。"皙皙：形容清秀白净。葭菼：芦与荻。均为水生植物名。《诗·卫风·硕人》："葭菼揭揭。"毛传："葭，芦；菼，薍也。"菼（tǎn），初生的荻，似苇而小，茎秆可以编席箔等。
⑤ 冒：覆盖，笼罩。
⑥ 汉·班婕妤《怨歌行》："新制齐纨扇，皎洁如霜雪。出人君怀袖，动摇微风发。常恐秋飙至，炎凉变时节。"干将：古剑名。相传春秋吴有干将、莫邪夫妇善铸剑，为阖闾铸阴阳剑，阳曰"干将"，阴曰"莫邪"。干将藏阳剑献阴剑，吴王视为重宝。见汉赵晔《吴越春秋·阖闾内传》。又据晋干宝《搜神记》卷十一、《太平御览》卷三百四十三引《列异志》载，楚人干将、莫邪夫妇为楚王铸雌雄二剑，三年乃成。干将以误期自分必死，乃留雄剑嘱其妻：若生男，告以剑所在。干将果被杀。其子长，得客助舍身为父复仇。后以"干将"泛称利剑。
⑦ 葛屦：用葛草编成的鞋。履：踩踏。这里是说天寒地冻，贫苦之人衣单鞋劣，难以抗寒。《诗·魏风·葛屦》："纠纠葛屦，可以履霜。"君子伤：《礼记·祭义》："霜露既降，君子履之，必有凄怆之心。"

荐冰①（五首）

鲍　溶②

西陆宜先启，春寒寝庙清③。历官分气候，天子荐精诚。已辨瑶池色，如和玉佩鸣。礼余神转肃，曙后月残明。雅合冰容洁，非同雪体轻④。空怜一掬水，珍重此时情⑤。

注释：

① 荐：进献；送上。荐冰：指天子在仲春时取出冬天凿取并藏在地窖中的自然冰块服用时，先以之献祭祖庙。《礼记·月令》："仲春，天子乃献羔开冰，先荐寝庙。"
② 鲍溶：字德源，自称"楚客"、"楚人"。元和四年（809）进士第。与韩愈、李正封、孟郊友善。集五卷，今编诗三卷。
③ 西陆：古代指太阳运行在西方七宿的区域。《左传·昭公四年》："古者日在北陆而藏冰，西陆朝觌而出之。"《后汉书·律历志下》："冬夏之间，则有春有秋。是故日行北陆谓之冬，西陆谓之春，南陆谓之夏，东陆谓之秋。"案：西陆在这里当指春天。寝庙：古代宗庙的正殿称庙，后殿称寝，合称寝庙。
④ 雅合：正好相合。《北史·长孙绍远传》："［绍远］尝经韩使君佛寺，闻浮图三层上铎鸣，其音雅合宫调，因取而配奏，方始克谐。"
⑤ 怜：喜爱，疼爱。

同　前

赵　蕃①

仲月开凌室，齐心感圣情②。寒姿分玉坐，皎质发丹楹③。积素因风壮，虚空向日明。遥涵窗户冷，近映冕旒清④。在掌光逾澈，当轩质自轻。良辰方可致，由此表精诚。

注释：

① 赵蕃：见卷一百八十一《老人星》注。

② 仲月：指每季的第二个月，即农历二、五、八、十一月。因处每季之中，故称。这里指仲春。凌室：古代藏冰之室。凌：冰；积聚的冰。

③ 玉坐：即“玉座”，器物的饰玉的底座。丹楹：朱漆的楹柱。借指华丽之居。

④ 涵：含，包含。冕旒：古代大夫以上的礼冠，顶有延，前有旒，故曰“冕旒”。天子之冕十二旒，诸侯九，上大夫七，下大夫五。后专指皇冠，借指皇帝、帝位。旒（liú）：同“鎏”，冕冠前后悬垂的玉串。

同　前

卢　钧①

荐冰朝日后，辟庙晓光清②。不改晶荧质，能彰雨露情。且无霜比耀，岂与水均明。在捧摇寒色，当呈表素诚③。凝姿陈俎豆，浮彩映璁珩④。皎皎盘盂侧，棱棱严气生⑤。

注释：

① 卢钧：字子和。举进士中第。尝为李绛、裴度幕僚，历岭南山南昭义、宣武节度；大中时召为左仆射，后以太保致仕。卒，年八十七。今存诗一首。

② 辟：开启门户。

③ 素诚：一向蓄于内心的情意。素：平素；向来。

④ 俎豆：俎和豆，古代祭祀、宴飨时盛食物用的两种礼器。亦泛指各种礼器。璁珩：玉佩。璁（cōng）：似玉的美石，多作装饰品。珩（héng）：佩上的横玉。亦泛指佩玉。

⑤ 棱棱（léng）：严寒貌。严气：寒气。

同　前

范传质①

乘春方启闭，羞献有常程②。洁朗寒光彻，辉华素彩明。色凝霜雪静，影照冕旒清。肃肃将崇礼，兢兢示捧盈③。方圆陈玉座，小大表精诚④。朝觐当西陆，桃弧每共行⑤。

注释：

① 范传质：元和进士第。今存诗一首。
② 羞献：进献食品。羞：馐，美味的食品。引申指进献食物。常程：一定、通常的程序。
③ 兢兢：小心谨慎貌。
④ 玉座：这里指器物的饰玉的底座。
⑤ 朝觌：早晨出现。《左传·昭公四年》：“古者，日在北陆而藏冰；西陆朝觌而出之。”杜预注：“春分之中，奎星朝见东方。”觌（dí）：见，相见。这里指显现、出现。桃弧：桃木制的弓。旧时用以辟邪。

同前

陈　至①

凌寒开固沍，寝庙致精诚②。色静澄三酒，光寒肃两楹③。形盐非近进，玉豆为潜英④。礼自春分展，坚从北陆成⑤。藉茅心共结，出鉴水渐明⑥。幸得来观荐，灵台一小生⑦。

注释：

① 陈至：元和四年（809）及第。今存诗二首。
② 沍（hù）：冻结；凝聚。固沍：指冰。
③ 三酒：事酒、昔酒和清酒。《周礼·天官·酒正》：“辨三酒之物，一曰事酒，二曰昔酒，三曰清酒。”郑玄注：“郑司农云：‘事酒，有事而饮也；昔酒，无事而饮也；清酒，祭祀之酒。’玄谓事酒，酌有事者之酒，其酒则今之醳酒也。昔酒，今之酋久白酒，所谓旧醳者也。清酒，今中山冬酿接夏而成。”
④ 形盐：特制成虎形的盐，供祭祀用。《周礼·天官·笾人》：“朝事之笾，其实䵄、蕡、白、黑、形盐，膴、鲍、鱼、鱐。”郑玄注：“形盐，盐之似虎者。”潜英：传说中的一种海石。晋王嘉《拾遗记·前汉上》：“暗海有潜英之石，其色青，轻如毛羽，寒盛则石温，暑盛则石冷，刻之为人像，神悟不异真人。”
⑤“礼自”两句是说：冬天储藏的凌冰，在春分之时取出来用于祭祀。《月令》：“仲春，天子乃献羔开冰，先荐寝庙。”《左传·昭公四年》：“古者，日在北陆而藏冰；西陆朝觌而出之。”
⑥ 藉（jiè）：古时祭祀朝聘时陈列礼品的草垫。藉茅：用茅草垫祭品。古代表示对神的敬意。语本《易·大过》：“藉用白茅。”孔颖达疏：“荐藉于物用絜白之茅，言以絜素之道，奉事于上也。”
⑦ 灵台：本为台名，所指非一。这里指学宫。小生：指新学后进者，旧时士子对自己的谦称。

府试水始冰①

马　戴②

南池寒色动，北陆岁阴生③。薄薄流澌聚，漓漓（集作微微）翠潋平④。暗沾霜稍厚，回照日还轻。乳窦悬残滴，湘流减恨声⑤。即堪金井贮，会映玉壶清⑥。洁白心谁识，空期饮此明。

注释：

① 府试：科举时代府一级考试。《礼记·月令》："孟冬之月……水始冰，地始冻，雉入大水为蜃，虹藏不见。"《魏书·律历志》、《隋书·律历志》皆载："立冬，菊有黄华，豺祭兽，水始冰。"

② 马戴：见卷一百八十《府试观开元皇帝东封图》注。

③ 岁阴：古代以干支纪年，十二支叫作"岁阴"。这里引申指岁暮，年底。

④ 流澌：江河解冻时流动的冰块。这里指流水。漓漓：水波连绵貌。漓（lí）：水渗流貌。潋（liàn）：水际。

⑤ 乳窦：石钟乳洞。南朝宋鲍照《从登香炉峰》诗："旋渊抱星汉，乳窦通海碧。"窦：孔穴，洞。湘流：指湘江。

⑥ 金井：井栏上有雕饰的井，一般用以指宫廷园林里的井。一说即石井。金，谓其坚固。玉壶：玉制的壶形佩饰，由皇帝颁发，寓敬老、表功之意。也指美玉制成的壶，可用以盛物。

履春冰①（二首）

张萧远②

一步一愁新，轻轻恐陷人。薄光全透日，残色半消春。蝉想行时翼，鱼惊踏处鳞③。底虚难动足，岸阔怯回身。岂暇踌躕久，宁容顾盼频④。愿将矜慎意，从此越通津⑤。

注释：

① 履：行走，踩踏。履冰：行于冰上。比喻身处险境，戒慎恐惧之至。春冰：春天的冰。因其薄而易裂，多喻指危险的境地或容易消失的事物。《尚书·君牙》："心之忧危，若蹈虎尾，涉于春冰。"孔传："春冰畏陷。"

② 张萧远：和州乌江（今安徽和县）人，张籍之弟，元和八年（813）进士及第。曾游西蜀，诗作多佚。张为《诗人主客图》将其列为瑰奇美丽主武元衡升堂者之一。今存诗三首、句十二则。见《唐诗纪事》卷八。

③ 鳞：鱼鳞。比喻形状似鳞片之物。这里指由于踩踏，冰面受损而形成的鱼鳞状的花纹。

④ 踌躕：徘徊不进。引申指犹豫，迟疑不决。

⑤ 矜慎：谨严慎重。矜：谨守，慎重。通津：四通八达之津渡。

同　　前

舒元舆①

投迹清冰上，凝光动早春。兢兢愁陷履，步步怯移身②。乌照微生水，狐听或过人[3]。细迁形外影，轻蹑镜中轮[4]。咫尺忧偏远，危疑惧已频[5]。愿坚容足分，莫使独惊神。

注释：

① 舒元舆：婺州东阳人。元和中登进士第。调鄠尉，裴度表掌兴元书记，拜监察御史，再迁刑部员外郎，改著作郎，分司东都；李训与元舆善，训用事，再迁左司郎中；御史大夫李固言表知杂事，固言辅政，权知御史中丞，不三月即真兼刑部侍郎，专附郑注，月中以本官同中书门下平章事；甘露之变，为仇士良所害。诗六首，编为一卷。

② 兢兢：小心谨慎貌。《诗·小雅·小旻》："战战兢兢，如临深渊，如履薄冰。"

③ 鸟照：当为"乌照"，指日光。乌：乌鸦，羽毛通体或大部分黑色。这里指太阳。古代神话传说太阳中有三足乌，因以"乌"为太阳的代称。《山海经·大荒东经》："一日方至，一日方出，皆载于乌。"郭璞注："中有三足乌。"狐听：郦道元《水经注·河水一》引《述征记》："冰始合，车马不敢过，要须狐行。云此物善听，冰下无水乃过。人见狐行，方渡。"

④"轻蹑"句：是说冰面如镜，中有空腔如轮。人行其上，小心而轻蹑。

⑤ 危疑：怀疑，不信任；疑惧。

观藏冰

张汇征[1]

寒气方穷律，阴精正结冰[2]。体坚风带壮，影素月临凝。冬赋凌人掌，春期命妇升[3]。凿来壶色澈，纳处镜光澄。鲁史曾流问，豳诗旧见称[4]。同观里社享，王道颂还兴[5]。

注释：

① 张汇征：一作张汇。张汇，贞元十年进士。今存诗三首。

② 律：本指乐律，音律。这里指节气，时令。古人以律与历附会，用十二律对应一年的十二个月。"穷律"犹言一年快过完了，即冬天。阴精：这里指霜雪。

③ 赋：授，给与。凌人：周代官名，掌管藏冰之事。《周礼·天官·凌人》："凌人，掌冰；正岁十有二月，令斩冰，三其凌。"郑玄注："掌冰政，主藏冰之政也。"命妇：封建时代受封号的妇人。在宫廷中则妃嫔等称为内命妇，在宫廷外则臣下之母妻称为外命妇。这两句是说冰，冬天由凌人掌管储藏，春天由命妇敬献。

④ 鲁史：鲁国的历史记载。这里指《春秋》经。《左传·昭公四年》说藏冰之事云："深山穷谷，于是乎取之。"又云："古者日在北陆而藏冰，西陆朝觌而出之。"流：当作"留"。《全唐诗》卷三百六十八同诗正作"鲁史曾留问"。豳诗：指《诗·豳风·七月》。有云："二之日凿冰冲冲，三之日纳于凌阴。四之日其蚤，献羔祭韭。"

⑤ 里社：均为古代地方行政组织。《左传·昭公二十五年》："自莒疆以西，请致千社。"杜预注："二十五家为社。"享：供祭品奉祀祖先。泛指祭祀。

文苑英华卷一百八十三

宋　李昉等编

省试四　四十四首

风光草际浮① （五首）

裴　杞②

澹荡和风至，芊绵碧草长③。徐吹遥扑翠，半偃乍浮光④。叶似翻宵露，藂疑扇夕阳⑤。逶迤明曲渚，照耀满回塘⑥。白芷生还暮，崇兰泛更香⑦。谁知揽结处，含思向余芳⑧。

注释：

① 风光：指雨后日出时风中草木上反射出的日光。《文选·谢朓〈和徐都曹〉》："日华川上动，风光草际浮。"泛指风景、景色。

② 裴杞：源出中眷裴氏。贞元九年（793）登进士第。见《新唐书·宰相世系表一上》、《登科记考》卷十三。今存诗一首。

③ 澹荡：犹骀荡，谓使人和畅；这里指春风和畅。芊绵：亦作"芊绵"，草木茂盛貌。

④ 偃：倒伏。这里指风吹草倒伏状。

⑤ 宵露：云露。藂（cóng）：同"丛"。聚集，丛生。这里指丛生的草木。疑：类似，好像。此句"疑"正好与上句"似"同义偶对。

⑥ 逶迤：联绵词，曲折绵延貌。渚：小洲，水中的小块陆地。回：曲折，迂回。

⑦ 白芷：香草名。夏季开伞形白花，果实长椭圆形，根入药，有镇痛作用，古以其叶为香料。《楚辞·招魂》："菉蘋齐叶兮，白芷生。"崇兰：丛兰，丛生的兰草。《楚辞·招魂》："光风转蕙，泛崇兰些。"

⑧ 揽结：采摘系结。此用"结草"典故。《左传·宣公十五年》："魏武子有嬖妾，无子。武子疾，命颗（武子之子）曰：'必嫁是。'疾病，则曰：'必以为殉。'及卒，颗嫁之，曰：'疾病则乱，吾从其治也。'及辅氏之役，颗见老人结草以亢杜回，杜回踬而颠，故获之。夜梦之曰：'余，而所嫁妇人之父也。尔用先人之治命，余是以报。'"后因以"结草"为受厚恩而虽死犹报之典。

同　前

张复元①

纤纤春草长，迟日度风光②。霏靡含新彩，霏微笼远芳③。殊姿媚原野，佳色满池塘④。最好垂清露，偏宜带艳阳。浅深浮嫩绿，轻丽拂余香。好助莺迁势，乘时冀便翔⑤。

注释：

① 张复元：贞元九年（793）登进士第，又中博学宏词科。十六年为秘书正字，与刘禹锡等会于扬州。见《刘禹锡集》卷二十四、《登科记考》卷十三。今存诗一首。

② 迟日：指春日。《诗·豳风·七月》："春日迟迟。"度：这里是"过"的意思。

③ 靃（suǐ）靡：草木细弱，随风披拂貌。霏微：原指雨雪细小貌。这里指日光迷蒙。芳：花，花卉。
④ 殊：差别、不同。这里指特出。与下句“佳”相偶对。
⑤ 莺迁：即“迁莺”，亦作“迁莺”。指黄莺飞升移居高树。后人多用以喻登第、升官。唐韦绚《刘宾客嘉话录》：“今谓进士登第为迁莺者久矣，盖自《毛诗·伐木篇》。”势：形势，情势，时机。乘时：乘机，趁势。

同　　前

陈　璀①

春风泛瑶草，九日遍神州②。已向花间积，还来叶上浮。晓光缘圃丽，芳气满街流③。澹荡依朱萼，飘飖带玉沟④。向空看转媚，临水见弥幽。况被崇兰色，王孙正可游⑤。

注释：

① 陈璀：贞元九年（793）登进士第。见《登科记考》卷十三。今存诗一首。
② 瑶草：原指传说中的香草。后泛指珍美的草。九日：九个太阳。古代神话，谓天有十日，九日居大木之下枝，一日居上枝，尧使后羿射之，中九日。
③ 晓光：清晨的日光。丽：美好，宜人。芳：草香。
④ 朱萼：鲜艳的花萼，这里指红花。飘飖：摇曳摆荡。玉沟：御河的美称。这两句是说春风和畅吹红了花枝，绿草摇曳襟带御河。
⑤ 被：覆盖，布满。崇兰：丛兰，丛生的兰草。王孙：王的子孙；后泛指贵族子弟。

同　　前

吴　秘①

草色春沙里，风光晓正幽②。轻明摇不散，郁昱丽仍浮③。吹缓苗难转，晖闲叶本柔。碧疑烟彩入，红是日华流④。耐可披襟对，谁应满掬收⑤。恭闻掇芳客，为此尚淹留⑥。

注释：

① 吴秘：贞元九年（793）登进士第。见《登科记考》卷十三。今存诗一首。
② 春草方生，故言“春沙里”；色泽尚浅，故言“正幽”，幽指暗淡、潜隐。
③ 轻明：薄而透明；这里指春光轻丽明媚。昱：明亮。
④ 疑：似。日华：太阳的光华。
⑤ 耐可：宁可；愿得。披襟：敞开衣襟。宋玉《风赋》：“有风飒然而至，王乃披襟而当之曰：‘快哉此风！’”掬：两手相合捧物。

⑥ 掇：拾取。这里指折取。晋葛洪《抱朴子·畅玄》："掇芳华于兰林之囿，弄红葩于积珠之池。"淹留：羁留，逗留。

同　前

陈　祐①

秀发王孙草，春生君子风②。光摇低偃处，影散艳阳中。稍稍移蘋末，微微转蕙丛③。浮烟倾绿野，远色澹晴空。泛彩池塘媚，含芳景气融④。清晖谁不挹，几许赏心同⑤。

注释：

① 陈祐（hù）：祐，疑当作佑。贞元九年（793）登进士第。元和中为淄青节度使李师道从事，长庆年间为明州长史。事迹见刘禹锡《赠同年陈长史员外》、《旧唐书·高沐传》、《登科记考》卷十三。今存诗一首。

② 王孙：王的子孙，后泛指贵族子弟。王孙草：汉淮南小山《招隐士》："王孙游兮不归，春草生兮萋萋。"这里是文人对草的雅称，见本诗注⑤。君子：对统治者和贵族男子的通称，泛指才德出众的人。君子风：或言和畅温煦如君子的风。《论语·颜渊》："君子之德风。"或言帝王之雄风。宋玉《风赋》："有风飒然而至，王乃披襟而当之曰：'快哉此风，寡人所与庶人共者邪！'宋玉对曰：'此独大王之风耳，庶人安得而共之？'"这里是文人对风的雅称。这两句以人写物，是说春草萋萋、春风和煦。

③ 稍稍：渐渐，逐渐。蘋：多年生草本植物。蘋末：宋玉《风赋》："风生于地，起于青蘋之末。"蕙：香草名。所指有二：一指薰草，俗称佩兰。古人佩之或作香焚以避疫。二指蕙兰。

④ 媚：艳丽，美好。景气：景色，景象。融：明亮、鲜丽。

⑤ 清晖：明净的光辉、光泽。这里指山水的代称。宋陆游《老学庵笔记》卷八："国初尚《文选》，当时文人专意此书，故草必称王孙，梅必称驿使，月必称望舒，山水必称清晖。"挹：酌，以瓢舀取。

春风扇微和①（九首）

陈九流②

喜见阳和至，遥知橐钥功③。迟迟散南陌，褭褭逐东风④。暗入芳（一作畦）园里，潜吹草木中。兰荪才有绿，桃杏未成红⑤。已觉寒光尽，还看淑气通⑥。由来荣与悴，今日发应同⑦。

注释：

① 扇：作动词，原指摇动扇子或扇状物以生风。这里指风起，风吹。微和：轻微的暖气。陶渊明《拟古》诗之七："日暮天无云，春风扇微和。"

② 陈九流：贞元中进士。今存诗一首。

③ 阳和：春天的暖气。借指春天。橐钥：亦作“橐爚”。古代冶炼时用以鼓风吹火的装置，犹今之风箱。《老子》：“天地之间，其犹橐钥乎？虚而不屈，动而愈出。”喻指造化，大自然。

④ 南陌：泛指南面的道路。褭褭：亦作“袅袅”，摇曳不定貌。东风：东方刮来的风；这里指春风。

⑤ 兰荪：即菖蒲，一种香草。

⑥ 淑气：温和之气。

⑦ 荣：草木的花；这里指繁茂，茂盛。悴：枯萎，憔悴。

同　　前

张　汇①

木德生和气，微微入曙风②。暗催南向叶，渐翥北归鸿③。澹荡侵冰谷，悠扬转蕙蘩④。拂尘回广路，泛籁过遥空⑤。暖上烟光际，云移律候中⑥。扶摇如可借，从此戾苍穹⑦。

注释：

① 张汇：一作张汇征，贞元十年进士。今存诗三首。

② 木德：这里指上天生育草木之德；此特指春天之德，谓其能化育万物。《淮南子·天文训》“东方，木也，其帝太皞，其佐句芒，执规而治春。”高诱注：“太皞，伏牺氏有天下号也，死，托祀于东方之帝。”和气：古人认为天地间阴气与阳气交合而成之气。万物由此“和气”而生。曙风：晓风。

③ 翥（zhǔ）：盘旋飞举，高飞。

④ 冰谷：冰冻的山谷。悠扬：起伏不定，飘忽。这两句是写春风和畅而飘忽，无处不拂。蕙：香草名。《楚辞·招魂》：“川谷径复，流潺湲些。光风转蕙，氾崇兰些。经堂入奥，朱尘筵些。”

⑤ 泛：漂浮，弥散。籁：从孔穴里发出的声音；亦泛指一切的声响。

⑥ 律候：谓律管候气。古人将苇膜烧成灰，放在律管内，到某一节气，相应律管内的灰就会自行飞出，据此，可预测节气的变化。

⑦ 扶摇：飙风，盘旋而上的暴风。《庄子·逍遥游》：“鹏之徙于南冥也，水击三千里，抟扶摇而上者九万里。”成玄英疏：“扶摇，旋风也。”戾：至，到达。

同　　前

范传正①

暖暖当迟日，微微扇好风②。吹摇新叶上，光动浅花中。澹荡凝清昼，氤氲暖碧空③。稍看生绿水，已觉散芳蘩。徙倚情偏适，徘徊赏未穷。妍华不可状，竟夕气融融④。

注释：

① 范传正：字西老，邓州人（今河南邓县）。贞元中举进士、宏辞，皆高第。今存诗三首。
② 暧暧：迷蒙隐约貌。迟日：指春日。
③ 凝：冰冻，结冰。《礼记·乡饮酒义》："天地严凝之气，始于西南而盛于西北，此天地之尊严气也。"清昼：白天。氤氲：迷茫貌，弥漫貌。
④ 妍华：美艳，华丽。这里指美丽的风光。竟夕：终夜，通宵。融融：和暖。

同 前

陈通方①

习习和风扇，悠悠淑气微。阳升知候改，律应喜春归②。池柳晴初折，林莺暖欲飞。川原浮彩翠，台馆动光辉③。泛艳摇丹阙，扬芳入粉闱④。发生当有分，枯朽幸因依。

注释：

① 陈通方：闽县人。贞元十年登第。王播荐为江西院官。今存诗二首。
② 候：古代计时的单位，五天为一候。《素问·六气藏象论》："歧伯曰：'五日谓之候，三候谓之气，六气谓之时，四时谓之岁。'"引申为节候、时令。律：节气，时令。古人以律与历附会，用十二律对应一年的十二个月。其说始于《吕氏春秋》。
③ 原：高平之地，原野。彩翠：鲜艳翠绿之色。台馆：楼台馆阁。
④ 丹阙：赤色的宫阙；借指皇帝所居的宫廷。粉闱：尚书省之别称。引申指唐宋时由尚书省举行的考选进士的考场。

同 前

柳道伦①

青阳初入律，淑气应春风②。始辨梅花里，俄分柳色中③。依微开夕（一作晓）照，澹荡媚晴空④。拂水生蘋末，经岩触桂藂。稍抽兰叶紫，微吐杏花红⑤。愿逐仁风布，将裨生植功⑥。

注释：

① 柳道伦：贞元中进士。今存诗一首。
② 青阳：指春天。《尸子·仁意》："春为青阳，夏为朱明。"入律：古代以律管候气。节候至，则律管中的葭灰飞动。"入律"犹言节气已到。
③ 俄：短暂的时间，一会儿。这两句是说春天的脚步真快，刚刚梅花报春，接着是柳色青青。

④ 依微：隐约，不清晰貌。

⑤ 稍：副词，渐，逐渐。抽：萌芽，长出。

⑥ 仁风：形容恩泽如风之流布，旧时多用以颂扬帝王或地方长官的德政。裨：弥补、补益。生植：生育繁殖。

同　　前

崔立之①

时令忽已变，年光俄又春②。高低惠风入，远近芳气新③。靡靡才偃草，泠泠不动尘④。温和乍扇物，煦妪偏感人⑤。去出桂林漫，来过蕙圃频⑥。晨辉正澹荡，披拂长相亲。

注释：

① 崔立之：见卷一百八十一《南至日隔霜仗望含元殿炉香》注。

② 年光：年华，岁月。

③ 惠风：和风。晋王羲之《兰亭集序》："是日也，天朗气清，惠风和畅。"芳气：芬香的气味。常喻美德。

④ 靡靡：犹迟迟，迟缓貌。《诗·王风·黍离》："行迈靡靡，心中摇摇。"引申为逐渐，渐渐。泠泠：寒凉的样子；这里指冷寂。

⑤ 煦妪：亦作"煦㖂"。原指抚育，爱抚，长养。《礼记·乐记》："天地欣合，阴阳相得，煦妪覆育万物。"郑玄注："气曰煦，体曰妪。"孔颖达疏："天以气煦之，地以形妪之，是天煦覆而地妪育，故言煦妪覆育万物也。"这里指春风温暖、暖和而宜人。

⑥ 漫：多。《文选·马融〈长笛赋〉》："僬眇睢维，涕洟流漫。"吕向注："漫，言多。"漫作"多"讲，与下句"频"相偶对。

同　　前

郭　遵①

微风飘淑气，散漫及兹晨②。习习何处至，熙熙与春亲③。暖空看早辨，映日度逾频。高拂非烟杂，低随众卉新。霁天轻有霭，绮陌尽无尘④。还似登台意，元和欲煦人⑤。

注释：

① 郭遵：贞元进士第。今存诗二首。

② 淑气：温和之气。

③ 习习：微风和煦貌。《诗·邶风·谷风》："习习谷风，以阴以雨。"毛传："习习，和舒貌。"熙熙：

和乐貌。《汉书·礼乐志》：“众庶熙熙，施及夭胎；群生啿啿，唯春之祺。”颜师古注：“熙熙，和乐貌也。”

④ 霁天：晴朗的天空。绮陌：繁华的街道；亦指风景美丽的郊野道路。

⑤ 元和：犹言“太和”。指天地间冲和之气。《易·乾》：“保合太和，乃利贞。”朱熹本义：“太和，阴阳会合冲和之气也。”煦：温暖。

同　前

豆卢荣①

春晴生缥缈，软吹和初遍②。池影动奫沦，山容发葱蒨③。迟迟入绮阁，习习流芳甸④。树杪扬莺啼，阶前落花片⑤。韶光恐闲放，旭日宜游宴⑥。文客拂尘衣，仁风愿回扇⑦。

注释：

① 豆卢荣：贞元进士。今存诗一首。

② 软：柔和，温和。唐杜甫《端午日赐衣》诗：“细葛含风软，香罗叠雪轻。”

③ 奫沦：水深广貌。奫（yūn），水深貌。葱蒨（qiàn）：草木青翠茂盛貌。

④ 绮阁：华丽的楼阁。芳甸：甸，古代京城郊外的地方称“甸”；泛称田野、原野；芳甸，草丰茂的原野。

⑤ 树杪：树梢。

⑥ 韶光：美好的时光，常指春光。泛指光阴。闲放：悠闲放任，闲散。游宴：亦作“游燕”，游乐宴饮。

⑦ 文客：文人墨客。《世说新语·轻诋》：“庾公权重，足倾王公。庾在石头，王在冶城。坐，大风拂尘，王以扇拂尘曰：‘元规尘污人。’”案，庾公即庾亮，王公即王导。仁风：形容恩泽如风之流布，旧时多用以颂扬帝王或地方长官的德政。这里指温煦的春风。《世说新语·言语》“江山辽落，居然有万里之势”刘孝标注引《续晋阳秋》：“太傅谢安赏宏（袁宏）机捷辩速，自吏部郎出为东阳郡，乃祖之于冶亭，时贤皆集。安欲卒迫试之，执手将别，顾左右，取一扇而赠之。宏应声答曰：‘辄当奉扬仁风，慰彼黎庶。’合坐叹其要捷。”后因以“仁风”为扇子的代称。

同　前

邵　偃①

微风扇和气，韶景共芳晨②。始见郊原绿，旋过御苑春③。三条开广陌，八水泛通津④。烟动花间叶，香流马上人。逶迤云彩曙，嘹唳鸟声频⑤。为报东堂客，明朝桂树新⑥。

注释：

① 邵偃：贞元中进士。今存诗一首。

② 韶景：指春景。南朝梁元帝《纂要》："春曰青阳……景曰媚景、和景、韶景。"芳晨：即"芳辰"，美好的时光；多指春季。

③ 御苑：帝王家的苑囿。

④ 三条：即"三条路"省称，特指都城的三条大道；亦泛指都城通衢。《后汉书·班固传》："披三条之广路，立十二之通门。"李贤注："《周礼》：'国方九里，旁三门。'每门有大路，故曰三条。"广陌：大路。八水：八川。《初学记》卷六引晋戴祚《西征记》："关内八水，一泾，二渭，三灞，四浐，五涝，六潏，七沣，八滈。"亦用来借指关中地区。通津：四通八达之津渡。

⑤ 曙：原指天亮，破晓。这里指明亮。嘹唳：形容声音响亮凄清。

⑥ 东堂：原指东厢的殿堂或厅堂；古代多指皇宫或官舍。晋武帝时郄诜于东堂殿试得第，后因以为试院的代称。《晋书·郄诜传》载：郄诜以对策上第，拜议郎。后迁官，晋武帝于东堂会送，问诜曰："卿自以为何如?"诜对曰："臣举贤良对策，为天下第一，犹桂林之一枝，昆山之片玉。"后因称科举考试及第为"东堂桂"。桂树：暗含"折桂"之意，谓科举及第。

风不鸣条①（六首）

卢 肇②

习习和风至，过条不自鸣。暗通青律起（集作暖），远望白蘋生③。拂树花仍落，经林鸟自（一作讵）惊。几牵萝蔓动，潜惹柳丝轻④。入谷迷松响（一作幽涧迷松韵），开（一作闲）窗失竹声。薰弦方在御，万国仰皇情⑤。

注释：

① 鸣条：风吹树枝发声。条，树枝、树条。《古文苑》卷十一引汉董仲舒《雨雹对》："太平之世，则风不鸣条，开甲散萌而已。"《盐铁论·水旱》："周公载纪而天下太平，国无夭伤、岁无荒年，当此之时，雨不破块、风不鸣条；旬而一雨，雨必以夜；无丘陵高下，皆熟。"这里指风调雨顺、时世太平。此句恰与杜甫诗"润物细无声"同妙。

② 卢肇：字子发，袁州人（今属江西）。会昌三年（843）登第。初为鄂岳、卢商从事，后除著作郎，迁仓部员外郎，充集贤院直学士；咸通中，出知歙州，移宣、池、吉三州（彭国忠：吉、池、万），卒。赋集八卷，诗文集十三卷，今编诗一卷。

③ 青律：古代为了预测节气，将苇膜烧成灰，放在律管内（每一律管代表一个月，共十二律管，以十二律吕命名，如黄钟、太蔟等），到某一月份，相应律管内的灰就会自行飞出。青律，则指代表春天的律管。借指春天。白蘋：亦作"白苹"，水中浮草。

④ 几：隐微，微小、细微。萝蔓：松萝的藤蔓。柳丝：垂柳枝条细长如丝，因以为称。

⑤ 薰弦：《孔子家语·辩乐》："昔者舜弹五弦之琴，造《南风》之诗。其诗曰：'南风之薰兮，可以解吾民之愠兮；南风之时兮，可以阜吾民之财兮。'"后以"薰弦"指《南风歌》。万国：万邦，天下，各国。皇情：皇帝的情意。《文选·颜延之〈应诏宴曲水作诗〉》："化际无间，皇情爰眷。"刘良注："皇情，谓天子之情也。"

同　前

姚　鹄①

吾君理化清，上瑞报升平②。晓吹何曾息，柔条自不鸣。花香知暗度，柳色觉潜生③。只见低垂势，那闻击触声。大王初溥畅，少女正轻盈④。幸遇无私力，幽芳愿发荣⑤。

注释：

① 姚鹄：字居云，蜀人。登会昌三年进士第。今存诗一卷。

② 理化：治理与教化。《后汉书·樊宏传论》："分地以用天道，实廪以崇礼节，取诸理化，则亦可以施于政也。"上瑞：最大的吉兆。《旧唐书·职官志》："凡祥瑞，皆辩其名物。有大瑞、上瑞、中瑞，皆有等差。"升平：太平。此二句是歌颂太平盛世、风不鸣条。

③ 暗度：不知不觉地过去。潜生：暗暗滋生。

④ 大王：此指"大王之雄风"，典出宋玉《风赋》，见前陈祐《风光草际浮》注②。溥（tuán）：露多貌。义不类，当为"溥"之误。《全唐诗》卷五百五十三同诗正作"溥"。溥畅：遍及各地而无阻滞。《楚辞·风赋》："夫风者，天地之气，溥畅而至。"少女：指微风。《三国志·魏志·管辂传》："（管辂）过清河倪太守。时天旱，倪问辂雨期，辂曰今夕当雨。是日旸燥，昼无形似，府丞及令在坐咸谓不然。到鼓一中，星月皆没、风云并起，竟成快雨，于是倪盛修主人礼，共为欢乐。"裴松之注："辂《别传》曰：'辂与倪清河相见，既刻雨期，倪犹未信，辂曰夫造化之所以为神，不疾而速，不行而至……'至日向暮，了无云气，众人并嗤辂。辂言：'树上已有少女微风，树间又有阴鸟和鸣；又少男风起，众鸟和翔，其应至矣。须臾，果有艮风鸣鸟。日未入，东南有山云楼起；黄昏之后，雷声动天；到鼓一中，星月皆没，风云并兴，玄气四合，大雨河倾。倪调辂言：'误中耳，不为神也。'辂曰：'误中与天期，不亦工乎！'"

⑤ 无私：公正没有偏心，不自私。

同　前

黄　颇（类诗作舒元舆）①

五纬（类诗作习习）起祥飙，无声瑞圣朝②。稍开含露蕊（类诗作露萼），才转惹烟条。密叶应潜变（类诗作潜长），低枝几暗摇③。林间莺欲啭，花下蝶微飘。初满缘堤草，因生逐水苗④。太平无一事，天外奏虞韶（类诗作云韶）⑤。

注释：

① 黄颇/舒元舆：黄颇，字无颇，袁州宜春人（今属江西）。以洪奥文章蹉跎者一十三载，至会昌三年（843）登第，官监察御史。今存诗三首。舒元舆，见卷一百八十二《履春冰》注。

② 五纬：金、木、水、火、土五星。《周礼·春官·大宗伯》"以实柴祀日月星辰"汉郑玄注："星

谓五纬，辰谓日月。”贾公彦疏：“五纬，即五星：东方岁星，南方荧惑，西方太白，北方辰星，中央镇星。言纬者，二十八宿随天左转为经，五星右旋为纬。”祥飙：瑞风。瑞：这里用作动词，使获吉祥、美好。

③ 潜：暗中，隐秘地。

④ 缘：本指边缘，这里指顺着、沿着。《全唐诗》卷五百五十二同诗作“沿”。

⑤ 虞韶：虞舜时的《韶》乐。韶：舜时乐名。《书·益稷》：“《箫韶》九成，凤皇来仪。”孔传：“《韶》，舜乐名。”

同　　前

左　牢（类诗作章孝标）①

旭日悬清景，微风在绿条②。入松声不发，过柳影空摇。长养应潜变（一作遍），扶疏每暗飘③。有林时袅袅，无树渐萧萧④。误逐青烟散，轻和树色饶⑤。丰年知有待，歌咏美唐尧。

注释：

① 左牢/章孝标：左牢，字德胶。武宗会昌三年（843）进士。今存诗二首。见《唐摭言》卷三、《唐诗纪事》卷五十五、《登科记考》卷二十二。章孝标，桐庐人登元和十四年进士第，除秘书省正字；太和中试大理评事。今存诗一卷。

② 清景：清光；景，日光。

③ 长（zhǎng）养：抚育培养。《荀子·非十二子》：“长养人民，兼利天下。”这里指生长、长大。扶疏：亦作“扶疎”、“扶疏”，枝叶繁茂分披貌。

④ 袅袅：“袅袅”，原指美女轻盈纤美貌。也指树木枝条经风摇曳、飘动貌。这里是说轻风吹拂貌。萧萧：象声词，这里形容风过旷野之声。此二句一视觉、一听觉，分别从形态和声音上极写风的形、神。

⑤ 饶：厚，浓。这里是说树色经春风而渐绿。

同　　前

王甚夷①

圣日祥风起，韶晖助发生②。蒙蒙遥野色，褭褭细条轻③。荏弱看渐动，怡和吹不鸣④。枝含余露湿，林霁晓烟平。缥缈春光媚，悠扬景气晴⑤。康哉帝尧代，寰宇共澄清⑥。

注释：

① 王甚夷：字无党。会昌三年进士第。今存诗二首。

② 圣日：犹圣时，此赞太平圣明之时代。韶晖：明丽的光景、美好的阳光。发生：萌发滋长，发芽生长。

③ 蒙蒙：模糊不清貌。裛裛：亦作“袅袅”，摇曳不定貌。

④ 荏弱：柔弱；怯弱。唐温庭筠《春日寄岳州从事李员外》诗之一：“荏弱楼前柳，轻空花外窗。”这里指初发的树木枝条纤长柔美貌。怡和：谓风日和美。

⑤ 景气：景色，景象。

⑥ 康：安乐，安宁。寰宇：天下，宇宙。澄清：原指肃清混乱局面；这里指安定。

同　前

金厚载①

寂寂曙风生，迟迟散野轻②。露华摇有滴，林叶袅无声③。暗剪蘂芳发，空传谷鸟鸣④。悠扬韶景静，淡荡霁烟横⑤。远水波澜息，荒郊草树荣。吾君垂至化，万类共澄清⑥。

注释：

① 金厚载：字化光。会昌三年进士第。今存诗二首。

② 寂寂：寂静无声貌。曙风：晓风。迟迟：这里指风行舒缓貌。

③ 露华：露水。袅：微风吹拂树叶轻摇貌。

④ 剪：修剪、裁剪。唐贺知章《咏柳》：“不知细叶谁裁出，二月春风似剪刀。”

⑤ 悠扬：起伏不定，飘忽。韶景：指春景。淡荡：水迂回缓流貌，引申为和舒。霁：雨止天晴。泛指风霜雨雪停止，天气晴好。

⑥ 至化：极美好的教化。万类：万物。

景风扇物①

张　聿②

何处青蘋末，呈祥起远空。晓来摇草树，轻度净尘蒙（类诗作轻去动溟蒙）。水上微波动，林前媚景通③。寥天鸣万籁，兰径长幽蘂④。渐扬抟扶势，应从橐钥中（类诗作钥功）⑤。开襟若有日，愿睹大王风⑥。

注释：

① 景风：原指八风之一，南风。《列子·汤问》：“景风翔，庆云浮。”《史记·律书》：“景风居南方。景者，言阳气道竟，故曰景风。”这里指祥和之风。《文选·曹丕〈与朝歌令吴质书〉》：“每一念至，何时可言。方今蕤宾纪时，景风扇物。”李善注：“《礼记》曰：‘仲夏之月，律中蕤宾。’《易通卦验》曰：‘夏至则景风至。’”

② 张聿：见卷一百八十一《圆灵水镜》注。

③ 媚景：春景。《初学记》卷三引南朝梁元帝《纂要》："春曰青阳，亦曰发生、芳春、青春、阳春……景曰媚景、和景、韶景。"

④ 寥天：本指道教所谓虚无之境，即太虚。这里指辽阔的天空。万籁：籁，从孔穴中发出的声音；万籁，各种声响。

⑤ 扬：飞扬，飘扬。抟（tuán）：鸟类向高空盘旋飞翔。《庄子·逍遥游》："抟扶摇而上者九万里。"扶：扶摇，飙风，盘旋而上的暴风，即"羊角风"。橐钥：古代冶炼时用以鼓风吹火的装置，犹今之风箱。《老子》："天地之间，其犹橐钥乎？虚而不屈，动而愈出。"

⑥ 开襟：敞开衣襟。大王风：战国宋玉《风赋》："有风飒然而至，王乃披襟而当之曰：'快哉此风，寡人所与庶人共者邪！'宋玉对曰：'此独大王之风耳，庶人安得而共之？'"本为讽喻，后转为对帝王的谀辞。犹言帝王之雄风。

清风戒寒①（二首）

前　人②

萧飒清风至，悠然发思端③。入林翻别叶，绕树败红兰④。晓拂轻霜度，宵分远籁攒⑤。稍依帘隙静，遍觉座隅寒。乍逐惊蓬振，偏催急漏残⑥。遥知洞庭水，此夕起波澜。

注释：

① 清风：清微的风，清凉的风；这里指秋风。戒寒：告诫人备寒；亦借指霜降以后天气。《国语·周语中》："驷见而陨霜，火见而清风戒寒。"韦昭注："戒寒，谓霜降以后，清风先至，所以戒人为寒备也。"

② 前人：指本诗作者也是前一人，即张聿。他皆同。《全唐诗》卷七百八十九同诗题作无名氏。

③ 萧飒：萧条冷清。悠然：忧伤貌，这里指清风（秋风）引发忧伤的思绪。

④ 翻别叶：秋风吹落叶而翻舞；叶落离枝故言"别"。败红兰：败，凋残、萎败。红兰：兰草的一种。

⑤ 度：通"渡"，过，越过。攒：聚，聚集。

⑥ 惊蓬：蓬，草名，叶形似柳叶，边缘有锯齿，花外围白色，中心黄色；秋枯根拔，遇风飞旋，故又名"飞蓬"。惊蓬，疾飞的断蓬；喻行踪的飘泊不定。急漏残：漏，古代计时器，即漏壶。漏残，残夜将尽时的滴漏。急漏残，言春秋递序，时不我待；更何况残夜将尽时的滴漏，引发悲秋之绪端，实在使人戚戚然！

同　前

穆　寂①

风清物候残，萧洒报将寒②。扫得天衢静，吹来眼界宽③。条鸣方有异，虫思乱无端④。就树收鲜腻，冲池起涩澜⑤。过山岚可掬，度月色宜看⑥。华实从兹始，何嗟岁序殚⑦。

注释：

① 穆寂：河南人（今河南洛阳）。贞元九年（793）登进士第。贞元末又应科目及第。元和五年（810）任监察御史，入湖南幕府，迁著作郎。见《杼山集》卷四、《元和姓纂》卷十、《刘宾客嘉话录》、《吕衡州文集》卷十、《登科记考》卷十三。今存诗二首。
② 风清：风轻柔而凉爽；这里指风变凉而秋至。物候：动植物随季节气候变化而变化的周期现象。泛指时令。潇洒：亦作“潚洒”，洒脱不拘、超逸绝俗貌。这里词义变迁了，指秋风清凉。
③ 天衢：天空广阔，任意通行，如世之广衢，故称天衢。这里极写秋高气爽、天空明净。
④ 虫思：或当作“虫嘶”，昆虫的鸣叫，“虫嘶”正与出句“条鸣”偶对。
⑤ 鲜腻：腻，原意肥厚、油腻。“鲜腻”在这里当指新鲜而丰腴的树果。涩澜：涩，不光滑，不滑润。澜，波纹。《释名·释水》：“风行水波成文曰澜。澜，连也，波体转流相及连也。”“涩澜”是说轻风吹皱水面而形成的波纹。
⑥ 岚：山野中的雾气。
⑦ 殚：尽。此二句言春花秋实是自然生物之一轮回，今年的春花秋实孕育着明年的春花秋实，故言“何嗟岁序殚”。

冬至日祥风应候①

前　人（见杂咏）

节逢清景空，占气二仪中②。独善登台日，先知应候风。呈祥光舜化，表庆感尧聪③。既（一作况）与乘时叶，还将入律同④。微微万井遍，习习九门通⑤。更绕炉烟起，殷勤报岁功⑥。

注释：

① 祥风：预兆吉祥的风。应：感应，应验。候：节候、时令。
② 清景：清丽的景色。占气：观云气风色以测吉凶。二仪：天、地。
③ 光：发扬光大。化：教化。聪：原指听觉灵敏；这里指明察，贤明。
④ 乘时：乘机，趁势。叶（xié）：和、合。入律：古代以律管候气，节候至，则律管中的葭灰飞动。“入律”言节气已到。“同”与“叶”义相近而偶对。
⑤ 万井：相传古制八家共一井，故万井即指千家万户。九门：禁城中的九种门。古宫室制度，天子设九门：路门、应门、雉门、库门、皋门、城门、近郊门、远郊门、关门。泛称宫门。
⑥ 殷勤：勤奋。岁功：一年农事的收获。《汉书·礼乐志》：“阳出布施于上而主岁功，阴入伏藏于下而时出佐阳。阳不得阴之助，亦不能独成岁功。”

八风从律①

蒋　防②

制律窥元化，因声感八风③。还从万籁起，更与五音同④。习习炉烟（类诗作芦灰）上，泠泠玉管中⑤。气随时物好，响彻霁天空⑥。自得阴阳顺，能令惠泽通⑦。愿吹寒谷里，从此达前蒙⑧。

注释：

① 八风：八方之风。秦、汉分别有三说，见《吕氏春秋·有始》、《淮南子·墬（dì）形训》、《说文·风部》。《礼记·乐记》："八风从律而不奸，百度得数而有常。"孔颖达疏："八风从律而不奸者：八风，八方之风也；律，谓十二月之律也。乐音象八风，其乐得其度，故八风十二月律应八节而至，不为奸慝也。八风者：《白虎通》云：'距冬至四十五日条风至；条者，至也。四十五日明庶风至；明庶者，迎众也。四十五日清明风至；清明者，芒也。四十五日景风至；景者，大也，言阳气长养也。四十五日凉风至；凉，寒也，阴气行也。四十五日阊阖风至；阊阖者，咸收藏也。四十五日不周风至；不周者，不交也，言阴气未合化矣。四十五日广莫风至；广莫者，大莫也，开阳气也。"律：时令、节气。

② 蒋防：见卷一百八十《望禁苑祥光》注。

③ 元化：造化；天地；这里指自然规律。

④ 万籁：各种声响。《庄子·齐物论》："敢问天籁。曰：'夫吹万不同，而使其自己也。'"成玄英疏："风唯一体，窍则万殊。"五音：我国古代五声音阶中的五个音级，即宫、商、角、徵、羽。唐以后又名合、四、乙、尺、工。

⑤ 习习：微风和煦貌。《诗·邶风·谷风》："习习谷风，以阴以雨。"毛传："习习，和舒貌。"炉烟：熏炉或香炉中的烟，这里指用于候气的芦灰。泠泠（líng）：清凉貌。玉管：玉制的古乐器，用以定律。这里指候节气的"灰管"，古代候验节气变化的器具，以葭莩之灰置于律管，故名。

⑥ 时物：一定时间内的事物。这里指应时景物。

⑦ 惠泽：恩泽。

⑧ 寒谷：山谷名，一名黍谷。在今北京市密云县。相传为邹衍吹律生黍的地方。汉刘向《七略·诸子略》："邹衍在燕，有谷地美而寒，不生五谷，邹子居之，吹律而温至黍生，至今名黍谷。"左思《魏都赋》："且夫寒谷丰黍，吹律暖之也；昏情爽曙，箴规显之也。"蒙：通"萌"，萌生。

春风扇微和

公乘亿（咸通宏词）①

丽日催迟景，和风扇早春②。暖浮丹凤阙，韶媚黑龙津③。澹荡迎仙仗，霏微送画轮④。绿摇宫柳散，红待禁花新⑤。舞席潜回雪，歌筵暗起尘⑥。幸当阳候律，一愿及佳辰⑦。

注释：

① 公乘亿：字寿仙，魏（今河北魏县）人。咸通末登第，为魏博节度使乐彦祯从事，加授侍郎。诗一卷，今存四首。

② 迟景：本指傍晚的日光。这里指岁末景物。

③ 丹凤阙：帝阙，京城。丹凤：头和翅膀上的羽毛为红色的凤鸟。后用丹凤城或丹凤阙、丹凤门、丹凤楼来借称帝都、朝廷。韶媚：韶光明媚。黑龙津：当指渭水上的口岸。《太平寰宇记》卷二十

五《雍州》：“钓璜浦、黑龙津，皆渭水之岸也。”《初学记》卷六“龙饮鸡翔”注引《辛氏三秦记》曰：“龙首山长六十里，头入渭水、尾达樊川、高二十丈，云昔有黑龙从南山出，饮渭水，其行道因成土山。”见卷一百八十一张子容《长安早春》注④。黑龙：神话中的黑色之龙。津：渡口。

④ 澹荡：水迂回缓流貌；引申为和舒。仗：仪仗、仪卫。霏微：迷蒙。画轮：彩饰的车轮。亦指装饰华丽的车子。《隋书·音乐志下》：“皇太子出人，奏《肆夏》辞……瑜玉发响，画轮停轫。”

⑤ 禁：帝王宫殿，帝王居住的宫中称“禁中”。

⑥ 席与筵、潜与暗同义偶对。

⑦ 候律：即候气，占验节气的变化。古人将苇膜烧成灰，放在律管内，到某一节气，相应律管内的灰就会自行飞出，据此，可预测节气的变化。佳辰：良辰，吉日。

河出荣光[①]（二首）

张良器[②]

引派昆山峻，朝宗海路长[③]。千龄逢圣主，五色瑞荣光[④]。隐映浮中国，晶明助太阳[⑤]。坤维连浩漫，天汉接微茫[⑥]。丹阙清氛里，函关紫气旁[⑦]。位尊常守伯，道泰每呈祥[⑧]。习坎灵逾久，居卑德有常[⑨]。龙门如可涉，忠信是舟梁[⑩]。

注释：

① 荣光：五色云气，古时迷信以为吉祥之兆。郦道元《水经注·洛水》：“尧帝又修坛河洛，择良即沈。荣光出河，休气四塞。白云起，回风逝。”《竹书纪年》：“帝尧陶唐氏……五十三年帝祭于洛……七十年春正月帝使四岳锡虞舜命。”沈约注：“帝在位七十年，景星出翼，凤皇在庭，朱草生，嘉禾秀，甘露润，醴泉出，日月如合璧，五星如联珠……洪水既平，归功于舜，将以天下禅之，乃洁齐修坛于河洛，择良日率舜等升首山、遵河渚……二月辛丑昧明，礼备，至于日昃，荣光出河，休气四塞。白云起，回风摇，乃有龙马衔甲，赤文绿色，缘坛而上吐甲图而去……”《宋书·符瑞志》文同。

② 张良器：会昌进士第。今存诗一首。

③ 派：江河的支流；泛指江河的流水。昆山：山名，昆仑山的简称。朝宗：本指古代诸侯春、夏朝见天子，泛称臣下朝见帝王。这里比喻小水流注大水。《书·禹贡》：“江汉朝宗于海。”孔颖达疏：“朝宗是人事之名，水无性识，非有此义。以海水大而江汉小，以小就大，似诸侯归于天子，假人事而言之也。”

④ 千龄：千岁、千年，极言时间久长。瑞：吉兆、祥瑞，此处用作动词。

⑤ 隐映：掩映。中国：上古时代，我国华夏民族建国于黄河流域一带，以为居天下之中，故称中国，而把周围其他地区称为四方，后泛指中原地区。晶明：明亮耀眼。太阳：日的通称。这两句写五色祥云的动态和光泽。

⑥ 坤维：本指西南方；这里指大地的中央、正中。浩漫：广大深远貌；这里指大海。天汉：天河。微茫：隐秘暗昧，隐约模糊；这里指遥遥宇宙。

⑦ 丹阙：赤色的宫阙，借指皇帝所居的宫廷。清氛：清明的云气或雾气。函关，当作“函关”，《全唐诗》卷五百五十七正作“函关”，是也。函关，函谷关的省称。紫气：紫色云气，古代以为祥瑞之气。

⑧ 伯：通“霸”，霸业、霸功。

⑨ 习坎：坎，《易》卦名，八卦之一。坎象征险难，代表水，为北方之卦。《易·习坎》：“彖曰：‘习坎，重险也。’”王弼注：“坎以险为用，故特名曰重险。”孔颖达疏：“两坎相重，谓之重险。”

⑩ 龙门：即禹门口，在山西省河津县西北和陕西省韩城市东北。黄河至此，两岸峭壁对峙，形如门阙，故名。《书·禹贡》：“导河积石，至于龙门。”《艺文类聚》卷九十六引辛氏《三秦记》：“河津一名龙门，大鱼集龙门下数千，不得上，上者为龙。”后代喻指科举会试中试为登龙门。梁：桥。

同　前

失　名①

符命自陶唐，吾君应会昌②。千年清德水，九折满荣光③。极岸浮佳气，微波照夕阳。澄辉明贝阙，散彩入龙堂④。近带关云紫，遥连日道黄⑤。冯夷矜海若，汉武贵宣房⑥。渐没孤槎影，仍呈一苇杭⑦。抚躬悲未济，作颂喜时康⑧。

注释：

① 失名：《全唐诗》卷五百八十四作成式。成式，字柯古，河南人，世客荆州，宰相文昌之子也。以荫为校书郎，研精苦学秘阁书籍，披阅皆遍。历尚书郎、太常少卿，连典九江、缙云、庐陵三郡，坐累退居襄阳。集七卷，今编诗一卷。

② 符命：上天预示帝王受命的符兆。会昌：会当兴盛隆昌。

③ 德水：黄河的别名。《史记·秦始皇本纪》：“始皇推终始五德之传，以为周得火德，秦代周德，从所不胜。方今水德之始……更名河曰德水，以为水德之始。”古时传说黄河水千年一清，有“河清人寿”成语。荣光：五色云气。

④ 贝阙：以紫贝为饰的宫阙。本指河伯所居的龙宫水府，后用以形容壮丽的宫室。龙堂：画有蛟龙之堂。语出《楚辞·九歌·河伯》：“鱼鳞屋兮龙堂，紫贝阙兮朱宫。”王逸注：“言河伯所居，以鱼鳞盖屋，堂画蛟龙之文……形容异制，甚鲜好也。”贝阙、龙堂皆喻指瑶台仙境或帝王宫阙。

⑤ 云紫：即紫云，紫色云，古以为祥瑞之兆。日道黄：即日黄道，太阳视运动的轨道，古人谓太阳运行之路。此二句因押韵而倒语。

⑥ 冯夷：传说中的黄河之神，即河伯；后泛指水神。海若：传说中的海神。河伯自夸于海神若的故事另见《庄子·秋水》。宣房：亦作“宣防”，宫名。西汉元光中，黄河决口于瓠子，二十余年不能堵塞，汉武帝亲临决口处，发卒数万人，并命群臣负薪以填，功成之后，筑宫其上，名为宣房宫。见《史记·河渠书》、《汉书·沟洫志》作“宣防”。故址在今河南濮阳县境。

⑦ 槎：木筏。一苇：《诗·卫风·河广》：“谁谓河广，一苇杭之。”孔颖达疏：“言一苇者，谓一束也，可以浮之水上而渡，若桴栰然，非一根苇也。”后以“一苇”为小船的代称。

⑧ 未济：《易》卦名，六十四卦之一，离上坎下。《易·未济》：“象曰：火在水上，未济，君子以慎辨物居方。”高亨注：“火炎在上，水浸在下，水未能灭火，是救火之功未成。”常指渡河未到岸或尚未渡河。喻指未成，没有成功。时康：时世太平；康，安乐、安宁。

洛出书[①]（四首）

萧 昕[②]

海内昔凋瘵，天纲斯浡潏[③]。龟灵启圣图，龙马负书出。大哉明德盛，远矣彝伦秩[④]。地敷作乂功，人免为鱼恤[⑤]。既彰千国理，岂止百川溢[⑥]。永赖至于今，畴庸未云毕[⑦]。

注释：

① 洛出书：指“河图洛书”典故。古代儒家关于《周易》卦形来源及《尚书·洪范》“九畴”创作过程的传说。《易·系辞上》：“河出图，洛出书，圣人则之。”河，黄河。洛，洛水。汉儒孔安国、刘歆等说：伏羲时有龙马出于黄河，马背有旋毛如星点，称作龙图。伏羲取法以画八卦生蓍法。夏禹治水时有神龟出于洛水，背上有裂纹，纹如文字，禹取法而作《尚书·洪范》“九畴”。见《书·顾命》、《洪范》之孔传和《汉书·五行志上》。古代认为出现“河图洛书”是帝王圣者受命之祥瑞。

② 萧昕：字中明，梁鄱阳王七世孙，居河南。中博学宏词科，调寿安尉，累迁左补阙；从明皇幸蜀，奉册于灵武；代宗立，进中书舍人、礼部侍郎；德宗朝，以太子太师致仕。今存诗二首。

③ 凋瘵：衰败，困乏；指困穷之民或衰败之象。瘵（zhài）：本义为病；引申指困苦。天纲：本指天的纲维；引申指帝位之统系，王朝之世系，即朝廷的纲纪。浡潏（bó jué）：水沸涌貌；引申指动乱。亦形容形势或人的情绪高涨。

④ 彝伦：常理，常道。

⑤ 敷：分别，区分。《书·禹贡》：“禹敷土，随山刊木，奠高山大川。”孙星衍注引马融曰：“敷，分也。”又疏云：“云‘分’者，言分为九州。乂（yì）：治理；安定。恤（xù）：忧虑，忧患。为鱼恤，人变为鱼的担忧。指洪水未得治理时，天下人普遍存在的溺毙之忧。《左传·昭公元年》：“美哉禹功，明德远矣。微禹，吾其鱼乎！”

⑥ 理：本义为治玉，雕琢。引申为治理，整理。

⑦ 赖：得益，受益。《书·吕刑》：“一人有庆，兆民赖之。”孔颖达疏：“天子有善，以善事教天下，则兆民蒙赖之。”畴庸：选贤任用。语出《书·尧典》：“畴咨若时登庸。”孔安国传：“畴，谁；庸，用也。谁能咸熙庶绩，顺是事者，将登用之。”

同 前

郭 邕[①]

德合天贶呈，龙飞圣人作[②]。光宅被寰区，图书荐河洛[③]。象登四气顺，文辟九畴错[④]。氤氲瑞彩浮，左右灵仪廓[⑤]。微造功不宰，神行利攸博[⑥]。一见皇家庆，方知禹功薄[⑦]。

注释：

① 郭邕：玄宗开元十九年（731）进士。参见《文史》第二十二辑张忱石《全唐诗无世次作者事迹考索》。今存诗一首。

② 贶（kuàng）：赐给，赐与。引申指馈赠的物品。龙飞：《易·乾》："飞龙在天，利见大人。"孔颖达疏："若圣人有龙德，飞腾而居天位。"遂以"龙飞"为帝王的兴起或即位。作：兴起，发生。

③ 光宅：原指广有。《书·尧典序》："昔在帝尧，聪明文思，光宅天下。"喻恩泽。被：及，遍及。荐：进献，送上。

④ 象：形象、图像。登：形成，完成。文：纹理、花纹。辟（pì）：开启门户。这里指分开、裂开，形容龟背文也。

⑤ 灵仪：神灵或圣贤的图像。

⑥ 造：造就，成就。这里指恩德。攸：助词，相当于"所"，卦辞常用。

⑦ 禹功：指夏禹治水的功绩。

同　　前

张钦敬①

浮空九洛水，瑞圣千年质②。奇象八卦分，图书九畴出。含微卜筮远，抱数阴阳密③。中得天地心，傍探鬼神吉④。昔闻夏禹代，今献唐尧日。谬此叙彝伦，寰宇贺清谧⑤。

注释：

① 张钦敬：玄宗开元十九年（731）进士。参见《文史》第二十二辑张忱石《全唐诗无世次作者事迹考索》。今存诗一首。

② 九洛：亦作"九雒"，即《九畴洛书》。九畴：畴，类。指传说中天帝赐给禹治理天下的九类大法，即《洛书》。《书·洪范》："天乃锡禹洪范九畴，彝伦攸叙。初一曰五行，次二曰敬用五事，次三曰农用八政，次四曰协用五纪，次五曰建用皇极，次六曰乂用三德，次七曰明用稽疑，次八曰念用庶征，次九曰向用五福、威用六极。"孔安国传："天与禹，洛出书，神龟负文而出，列于背，有数至于九。禹遂因而第之，以成九类。"后泛指治理天下的大法。质：根本。

③ 卜筮：古时预测吉凶，用龟甲称卜，用蓍草称筮，合称卜筮。数：特指方术，如占卜之类。阴阳：指星相、占卜、相宅、相墓的方术。

④ 心：本性，性情。

⑤ 清谧：清静，安宁。

同　　前

叔孙玄观①

清洛含温溜，玄龟荐宝书②。波开绿字出，瑞应紫宸居③。物著群灵首，文成列卦初。美珍翔阁凤，庆迈跃舟鱼[4]。俾姒惟何远，休皇复在诸[5]。东都主人意，歌颂望乘舆[6]。

注释：

① 叔孙玄观：玄宗开元十九年（731）进士。参见《文史》第二十二辑张忱石《全唐诗无世次作者事迹考索》。今存诗一首。

② 清洛含温溜：古代传说，王者如有盛德，则洛水先温，称为“温洛”。刘勰《文心雕龙·正纬》：“赞曰：荣河温洛，是孕图纬。”任昉《九日侍宴乐游苑》诗：“时来浊河变，瑞起温洛清。”玄龟：元龟，大龟。

③ 绿字：古代石碑上刻的文字，填以色漆，故称绿字。这里指河图上的绿色文字。《晋书·地理志序》：“大禹观于濁河，而受绿字，寰瀛之内可得而言也。”紫宸：宫殿名，天子所居；泛指宫廷。

④ 美珍、庆迈二句：用武王、成王故事。（武王）伐纣。度孟津，中流，白鱼跃入王舟，王俯取鱼，长三尺，目下有赤文成字，言纣可伐……武王没，成王少，周公旦摄政七年，制体作乐，神鸟凤凰见，蓂荚生……其言自周公迄于秦、汉盛衰之符。麒麟游苑，凤凰翔庭，成王援琴而歌曰：“凤凰翔兮于紫庭，余何德兮以感灵，赖先王兮恩泽臻，于胥乐兮民以宁。”见《宋书·符瑞上》。此二句言自黄帝迄于汉唐，每当盛世皆有瑞应，河出图、洛出书，麒麟在囿、凤凰来仪。迈：超过。

⑤ 俾：使。这里通“比”，从。姒：古代妯娌间，以兄妻为姒，弟妻为娣；相谓亦曰姒。休：树荫。引申为吉庆，福禄。皇：大，美好。这两句是说吉兆、瑞应之间相处不远，美好瑞物都集于此。

⑥ 东都：历代王朝在原京师以东的都城，此指唐东都洛阳。乘舆：古代特指天子和诸侯所乘坐的车子。后用作皇帝的代称。

秋霁望庐山瀑布[1]

夏侯楚[2]

常思瀑布幽，晴眺喜逢秋。一带连青嶂，千寻倒碧流[3]。湿云应悮鹤，翻浪定惊鸥[4]。星浦虹初下，炉峰烟未收[5]。岩高时褭褭，天净起悠悠[6]。傥见朝宗日，还须济巨舟。

注释：

① 秋霁：秋日雨后天晴。

② 夏侯楚：唐代进士。今存诗一首。

③ 寻：古代长度单位，一般为八尺。

④ 悮：同“误”，谬误。这里指迷惑。

⑤ 浦：水边，河岸；泛指江河等的水面。星浦指天河畔。炉峰：亦作“炉峰”，庐山香炉峰的省称。

⑥ 褭褭：亦作“袅袅”，摇曳不定貌；这里指庐山瀑布缭绕，缠绕。悠悠：连绵不尽貌。

泾渭扬清浊[①]

吕　牧[②]

泾渭横秦野，逶迤近帝城[③]。二渠通作润，万户映皆清[④]。明晦看殊色，潺湲听一声[⑤]。岸虚深草掩，波动晓烟轻。御猎思投钓，渔歌好濯缨[⑥]。合流知禹力，同共到沧瀛[⑦]。

注释：

① 泾渭：指泾水和渭水。《诗·邶风·谷风》“泾以渭浊，湜湜其沚”毛传：“泾渭相入而清浊异。”古人谓泾浊渭清（实为泾清渭浊），因常用“泾渭”喻人品的优劣清浊、事物的真伪是非。三国魏曹植《赠丁仪王粲》诗：“山岑高无极，泾渭扬浊清。”

② 吕牧：东平人。永泰二年擢进士第，自尚书郎为泽州刺史。今存诗一首。

③ 秦：今陕西，春秋战国时秦国土地奄有今陕西地域。逶迤：曲折绵延貌。帝城：指唐都城长安。战国时秦都咸阳亦在此。

④ 二渠：指郑国渠和都江堰。郑国渠：古代关中平原的人工灌溉渠。秦王嬴政十年（公元前237年），采纳韩国水工郑国的建议开凿，历时十余年始成。渠长三百多里，灌田四万余顷。汉魏时为泾水流域主要灌溉系统。都江堰：在今四川省都江堰市城西北岷江中，为我国古代著名水利工程之一。战国初，蜀相开明决玉垒山，分引岷江水，以排除水患。秦昭王时，蜀郡太守李冰父子访察地形，因地制宜，完成了都江堰的排灌水利工程。调剂水量，用以灌溉川西平原土地，蜀郡由此变为殷富之区，号称“天府”。因为该水利工程古时曾在都安县境内，称为都安堰。宋元后，相继修治，称都江堰。皆见《史记·河渠书》。

⑤ 明晦：明暗，晴阴；这里是从视觉上写泾渭在白天黑夜（明暗）、晴天雨天（阴晴）不同天气条件下的色感差别。潺湲：原指流不绝貌；这里指流水声；运用了通感修辞格。

⑥ 投钓：垂钓；喻隐居。濯缨：洗濯冠缨。语本《孟子·离娄上》：“沧浪之水清兮，可以濯我缨。”后以“濯缨”比喻超脱世俗，操守高洁。

⑦ 禹力：即禹功，指夏禹治水的功绩。沧瀛：沧海，大海。

春水渌波[①]

朱　休[②]

芳时淑气和，春水澹烟波[③]。涀瀁滋兰杜，沦涟长芰荷[④]。晚光扶翠潋，潭影泻清莎[⑤]。归雁追飞尽，纤鳞游泳多[⑥]。朝宗终到海，润下每盈科[⑦]。愿假中流便，从兹发棹歌[⑧]。

注释：

① 渌（lù）波：清波。三国魏曹植《洛神赋》：“迫而察之，灼若芙蕖出渌波。”南朝梁江淹《别

赋》："春草碧色，春水渌波，送君南浦，伤如之何！"

② 朱休：剑南（今四川一带）人，约生活于宪宗至文宗时，尝以赋闻名于太学。见贾岛《长江集》卷八《送朱休归剑南》。今存诗一首。

③ 芳时：良辰，花开时节。

④ 滉（huàng）瀁：水深广貌；泛指光、影等摇动、晃荡。兰：兰花。杜：香草名，即杜衡，又名杜若、土卤。沦涟：水波，微波；这里指水波起伏。芰荷：指菱叶与荷叶。《楚辞·离骚》："制芰荷以为衣兮，集芙蓉以为裳。"

⑤ 潋：潋滟，水波荡漾貌；这里指水满貌。翠潋：指春水青翠满盈之貌。莎（suō）：草名，即莎草。

⑥ 纤鳞：鱼。纤：细小；鳞：鱼等的鳞，代指鱼类。

⑦ 润下：谓水性就下以滋润万物。《书·洪范》："水曰润下，火曰炎上。"孔传："言其自然之常性。"盈科：水充满坑坎。

⑧ 假：借；凭借，依靠。中流：江河中央，水中；泛指河流的中游。棹歌：行船时所唱之歌。

四水合流①

李　沛②

禹凿山川地，因通四水流。萦回过凤阙，会合出皇州③。天影长波里，寒声占（疑）渡头。入河无昼夜，归海有谦柔④。顺物宜投石，逢时可载舟⑤。羡鱼犹未已，临水欲垂钩⑥。

注释：

① 四水：即四渎，长江、黄河、淮河、济水的合称。《尔雅·释水》："江、河、淮、济为四渎。四渎者，发原注海者也。"

② 李沛：德宗贞元二年（786）任汴州节度使判官，又尝任相州司户参军。见《金石萃编》卷一百二。今存诗二首。

③ 萦回：盘旋往复。凤阙：汉代宫阙名。《史记·孝武本纪》："其东则凤阙，高二十余丈。"司马贞索隐引《三辅故事》："北有圜阙，高二十丈，上有铜凤皇，故曰凤阙也。"泛指皇宫、朝廷。皇州：帝都，京城。

④ 无昼夜：《论语·子罕》："子在川上曰：'逝者如斯夫！不舍昼夜。'"谦柔：谦虚平和。河伯本自大，见海若而谦柔。寓言见《庄子·秋水》："……今我睹子之难穷也。吾非至于子之门，则殆矣！吾长见笑于大方之家。"

⑤ 投石：即"以石投水"。比喻互相投合。三国魏李康《运命论》："张良受黄石之符，诵《三略》之说，以游于群雄。其言也，如以水投石，莫之受也；及其遭汉祖，其言也，如以石投水，莫之逆也。"载舟：即"水能载舟"。《太平御览》卷四百五十九："且丘（孔子）闻之：'君者，舟也；民者，水也；水能载舟，亦能覆舟。"

⑥ 羡鱼：喻空存想望。成语"临河（渊）羡鱼"，比喻空有愿望，而无实际行动。垂钩：垂钓。这里暗含希望被擢用。

海水不扬波[①]

失　名[②]

明朝崇大道，寰海免波扬[③]。既合千年圣，能安百谷王[④]。天心随泽广，水德共灵长[⑤]。不挠鱼弥乐，无澜苇可杭[⑥]。化流沾率土，恩寖及殊方[⑦]。岂只朝宗国，惟闻有越裳[⑧]。

注释：

① 扬波：掀起波浪；比喻动乱。海水不扬波，乃祥瑞之兆，喻天下太平。《唐六典·尚书礼部》："凡祥瑞应见，皆辨其物名。若大瑞……"李林甫奉敕注："大瑞，谓景星，庆云，黄星，真人……江河水五色，海水不扬波之类，皆为大瑞。"

② 失名：即佚名。《全唐诗》卷七百八十题作李沛。

③ 明朝：盛明之朝；诗文中常称本朝为"明朝"。崇：尊崇，推重。大道：正道，常理；指最高的治世原则，包括伦理纲常等。

④ 百谷王：指江海，百谷之水必趋江海，故称。《老子》："江海所以能为百谷王者，以其善下之，故能为百谷王。"

⑤ 天心：天意。

⑥ 弥：益，更加。鱼乐：《庄子·秋水》："庄子与惠子游于濠梁之上。庄子曰：'鯈鱼出游从容，是鱼乐也。'惠子曰：'子非鱼，安知鱼之乐?'庄子曰：'子非我，安知我不知鱼之乐?'"谓鱼游水中，悠然自得。苇：芦苇；这里喻指小船。

⑦ 化流：德化传布。沾（zhān）：浸润，沾湿。率土："率土之滨"之省，境域之内。寖（jìn）：渗透。殊方：远方，异域。

⑧ 朝宗：古代诸侯春、夏朝见天子；后泛称臣下朝见帝王。越裳：亦作"越常"、"越尝"，古南海国名。《后汉书·南蛮传》："交阯之南，有越裳国。周公居摄六年，制礼作乐，天下和平，越裳以三象重译而献白雉。"

空水共澄鲜[①]

前　人[②]

悠然四望通。渺渺水无穷[③]。海鹤飞天际，烟林出镜中[④]。云霄澄遍碧，霞起澹微红[⑤]。落日浮光满，遥山翠色同[⑥]。樵声喧竹屿，棹唱入莲藂[⑦]。远客舟中兴，烦襟暂一空[⑧]。

注释：

① 空水：天空和水色。南朝宋谢灵运《登江中孤屿》诗："云日相辉映，空水共澄鲜。"澄鲜：清新。此谓水、天一色共清新。

② 前人：作者为前一人。《全唐诗》卷七百八十七题作无名氏。
③ 悠然：闲适貌，淡泊貌。渺渺：幽远貌，悠远貌。
④ 镜：喻指平滑、澄澈如镜子的水面。
⑤ 遍：四库全书本作“远”。
⑥ 浮光：水面或物体表面反射的光。
⑦ 喧：声音大而嘈杂。竹屿：竹林茂盛的小岛。
⑧ 远客：远方的来客。兴：高兴、兴致。烦襟：烦闷的心怀。此句言远客为眼下的温馨田园景观吸引，一时高兴暂忘了羁旅之愁。

曲池洁寒流①

崔立之②

闲寻攲岸步，因向曲池看③。透底何澄澈，回流乍屈盘④。稍随高树古，迥与远天寒。月入镜华转，星临珠影攒⑤。纤鳞时蔽石，转吹或生澜。愿假涓微效，来濡拙笔端⑥。

注释：

① 曲池：曲折回绕的水池。这里当指“曲水”，曲水得名于“上巳”节，古代风俗，于农历三月上巳日（上旬的巳日，魏晋以后始固定为三月三日）就水滨宴饮，认为可袯除不祥，后人因引水环曲成渠，流觞取饮，相与为乐，称为曲水。《后汉书·礼仪志上》：“是月上巳，官民皆絜于东流水上，曰洗濯袯除去宿垢疢为大絜。”洁：清洁，干净；这里用作动词，使清洁、干净。
② 崔立之：见卷一百八十一《南至日隔霜仗望含元殿炉香》注。
③ 寻：循着，沿着。攲（qī）：歪斜，倾斜。
④ 屈盘：曲折盘绕。
⑤ 镜华：镜子的光华。攒（cuán）：簇聚，聚集；攒动，拥挤移动。
⑥ 涓：细小水流。《说文·水部》：“涓，小流也。”涓微：细小。濡：浸渍，沾湿。拙笔：劣等的毛笔；引申指质朴的诗文；称自己所作诗文书画的谦词。这一联的意思是：希望效法曲池之清水微澜，来写好自己的文章。

寒流聚细文①

失　名

晓野方闲眺，横溪赏乱流。寒文趋浦急，圆折逐烟浮②。不谓飘疏雨，非关浴远鸥③。观鱼鳞共细，间石影疑稠④。猎猎风冷夕，潺潺濑响秋⑤。仙槎如共泛，天汉适淹留⑥。

注释：

① 寒流：清冷的小河或小溪。文：这里指水的波纹。

② 寒文：寒水的波纹。趋：疾行，奔跑。浦：水边，河岸；这里指小水汇入大水处。圆折：指水流旋转曲折。《尸子》卷下："凡水，其方折者有玉，其圆折者有珠。"
③ 谓：四库全书本作"似"。关：关联，涉及。
④ 鳞：本指鱼类、爬行类和少数哺乳类动物密排于身体表层的鳞甲；后作鱼的代称。
⑤ 猎猎：象声词，常指冷风吹物发出的声音；也形容物体随风飘拂的样子。潺潺：水流貌；也指流水声。濑（lài）：沙石上流过的水。
⑥ 适：正好，恰巧。淹留：羁留，逗留。

奉诏涨曲江池①

郑　谷（乾符丙申岁春）②

王泽尚通津，恩波此日新③。深宜一夜雨，远（集作宛）似五湖春④。泛滟翘振鹭，澄清跃紫鳞⑤。翠低孤（集作叶低临）屿柳，香失半汀蘋⑥。凤辇寻佳境，龙舟命近臣⑦。桂华如入手，愿作从游人⑧。

注释：

① 诏：旧校："集作试。"曲江池：在今陕西省西安市东南。秦为"宜春苑"，汉为"乐游原"，有河水水流曲折，故称。隋文帝以曲名不正，更名"芙蓉园"。唐复名"曲江"。开元中更加疏凿，为都人中和、上巳等盛节游赏胜地。后世文人墨客所谓"曲水"即言此。古代风俗，于农历三月上巳日（上旬的巳日，魏晋以后始固定为三月三日）就水滨宴饮，认为可祓除不祥，后人因引水环曲成渠，流觞取饮，相与为乐，称为"曲水"。晋王羲之《兰亭集序》："又有清流激湍，映带左右，引以为流觞曲水，列坐其次。"
② 郑谷：见卷一百八十一《京兆府试残月如新月》注。
③ 王泽：君王的德泽。津：本指渡口；泛指水流。
④ 宜：合适，适当；这里也有"恰如"之义，与下句"似"义近而偶对。五湖：历来众说纷纭，其实多作泛称，古人泛称分布于我国广大地区的几个大湖为"五湖"。成语"五湖四海"泛指全国各地。
⑤ 滟（yàn）：水浮动貌；水光耀貌。翘：鸟尾的长羽，代指鸟尾；这里指举起。澄清：清澈，明洁。泛滟、澄清皆形容曲江水的美好。
⑥ 屿：小岛。汀：水之平；引申指水边平地，小洲。
⑦ 凤辇：皇帝的车驾；也泛指华贵的车驾。龙舟：饰龙形的大船，专供皇帝乘御。
⑧ 桂华：桂花树。这里暗含有"蟾宫折桂"意，喻及第。作：为，充当。

昆明池石织女①

童翰卿（又云司马复）②

一片昆池石，千秋织女名。象星何皎皎，依水更盈盈③。苔作轻裾色，波为促杼声④。岸云连鬓湿，沙月对眉生⑤。有脸莲同笑，无心鸟不惊。还如朝镜里，形影两分明⑥。

注释：

① 昆明池：这里指人工池沼——昆明池。汉武帝元狩三年于长安西南郊所凿，以习水战。池周围四十里，广三百三十二顷。宋以后湮没。《汉书·武帝纪》："［元狩三年春］发谪吏穿昆明池。"颜师古注引臣瓒曰："《西南夷传》有越嶲、昆明国，有滇池，方三百里。汉使求身毒国，而为昆明所闭。今欲伐之，故作昆明池象之，以习水战，在长安西南，周回四十里。"

② 童翰卿/司马复：童翰卿，大中、咸通间人。今存诗二首。司马复无考。

③ 象：类似，好像。皎皎：洁白貌，清白貌；明亮貌。水：这里指天河、银汉。盈盈：仪态美好貌。

④ 裾：衣服的前后襟；亦泛指衣服的前后部分。这里指青青的苔藓长满了雕像的石衣襟。杼：织机的梭子。

⑤ 沙月：照在沙洲、沙滩上的月光；亦指沙洲、沙滩上空的月亮。

⑥ 镜：这里指昆明池。诗中鬓、眉、脸、心、形、影皆属织女石雕像，故言"有脸""无心"。

济川用舟楫①

胡　权②

渺渺水连天，归程想几千③。孤舟辞曲岸，轻楫济长川。迥指波涛雪，回瞻岛屿烟④。心迷沧海上，目断白云边。泛滥虽无定，维持且自专⑤。还如圣明代，理国用英贤。

注释：

① 济川：渡河。舟楫：楫，船桨；后以"舟楫"泛指船只。也比喻宰辅之臣。《书·说命上》："若济巨川，用汝作舟楫。"此处双关治国用贤人之意。

② 胡权：文宗开成（836—840）间人。参见喻凫诗。今存诗一首。

③ 渺渺：幽远貌，悠远貌。

④ 迥（jiǒng）：遥远，僻远。

⑤ 维持：维系，保持。自专：亲身独任其事。此二句是说船虽随泛滥之水漂浮不定，但我能维系自专。暗指天下滔滔，我能自持。

天际识孤（一作认归）舟①

薛　能②

斜日满江楼，天涯照背流③。同人在何处，远目认孤舟④。帆省当时席，歌闻旧日讴⑤。人浮津济晚，棹泛泬寥秋⑥。晴阔欣全见，归迟恠久游⑦。离居意无限，贪此望难休⑧。

注释：

① 天际：天边。识：辨识，识别。《文选·谢玄晖〈之宣城出新林浦向版桥一首〉》："江路西南永，归流东北骛。天际识归舟，云中辨江树。"李善注："杨雄《交州箴》曰：'交州荒裔。水与天际。'应劭《风俗通》曰：'太山岩石松树，郁郁苍苍如云中。'"

② 薛能：薛能，字大拙，汾州人（今山西汾阳）。登会昌六年（846）进士第。大中末书判中选，补盩厔尉。李福镇滑，表署观察判官，历御史、都官、刑部员外郎；福徙西蜀，奏以自副。咸通中摄嘉州刺史，迁主客、度支、刑部郎中，权知京兆尹事，授工部尚书，节度徐州，徙忠武；广明元年，徐军戍溵水，经许，能以旧军馆之，为周岌所害。有集十卷，今编诗四卷。

③ 背流：本指水背源而流。这里指水逆流、洄流。此言为辨明朋友归来的船只，既顺流而看，又逆流而看。

④ 同人：志同道合的朋友。

⑤ 省（xǐng）：省察；这里指记得，记忆。

⑥ 泬（xué）寥：清朗空旷貌。《楚辞·九辩》："泬寥兮天高而气清。"王逸注："泬寥，旷荡空虚也。或曰，泬寥犹萧条。萧条，无云貌。"亦指晴朗的天空。

⑦ 恠：即"怪"，这里指责怪、埋怨。

⑧ 离居：原指离开居处，流离失所。这里是"离群索居"之省，指离开群体孤独地散处一方。《礼记·檀弓上》："吾离群而索居，亦已久矣。"郑玄注："群，谓同门朋友也；索，犹散也。"暗含着羁旅的感伤。谢灵运《登池上楼》有"进德智所拙，退耕力难任。……索居易永久，离群难处心。"此或化用其诗意。

文苑英华卷一百八十四

宋　李昉等编

省试五　四十四首

释奠日国学观礼闻雅颂[①]（二首）

滕　珦[②]

太学时观礼，东方晓色分[③]。威仪何棣棣，环佩又纷纷[④]。古乐从空尽，清歌几处闻。六和成远吹，九奏动行云[⑤]。圣上尊儒乐，春秋奠茂勋[⑥]。幸因陪齿列，聊以颂斯文[⑦]。

注释：

① 释奠：古代在学校设置酒食以奠祭先圣先师的一种典礼。《礼记·文王世子》："凡学，春官释奠于其先师，秋冬亦如之。凡始立学者，必释奠于先圣先师。"郑玄注："释奠者，设荐馔酌奠而已。"奠：设置祭品祭祀鬼神或亡灵。这里指荐献、进献。国学：古代指国家设立的学校。观礼：观看礼乐；泛指应邀观看盛大的庆典。雅颂：原指《诗经》按内容分类的名称——风、雅、颂；这里指庙堂之乐、盛世之乐。

② 滕珦：东阳人（今浙江东阳）。历茂王傅。太和初以右庶子致仕。四品给券还乡自珦始。今存诗一首。

③ 太学：即国学。我国古代设于京城的最高学府。

④ 棣棣：雍容闲雅貌。《诗·邶风·柏舟》："威仪棣棣，不可选也。"毛传："棣棣，富而闲习也。"

⑤ 六和：这里指笙弦鼓吹八音协和。九奏：指古代行礼奏乐九曲。《书·益稷》"《箫韶》九成，凤凰来仪"孔安国传："备乐九奏而致凤凰。"孔颖达疏："成，谓乐曲成也。郑云：'成，犹终也。每曲一终，必变更奏。'故经言九成，传言九奏，《周礼》谓之九变，其实一也。"其实"六"、"九"皆虚指，言其多也，反复也。

⑥ 茂勋：丰功。

⑦ 齿列：齐齿并列，多用于人。齿，本指门牙，引申指人或物像牙齿一样排比并列在一起。斯文：指礼乐教化、典章制度；引申指儒士、文人；这里指孔子。《论语·子罕》："天之将丧斯文也，后死者不得与于斯文也。"

同　前

令狐峘[①]

肃肃先师庙，依依胄子群[②]。满庭陈旧礼，开户拜清芬。万舞当华烛，箫韶入翠云[③]。颂歌侵晓听，雅吹度风闻。澹泊调元气，中和美圣君[④]。惟余东鲁客，蹈舞向南薰[⑤]。

注释：

① 令狐峘：当作"令狐峘"。令狐峘，德棻五世孙，中唐时人，登进士第。禄山之乱，隐居南山豹林谷；司徒杨绾未仕时，亦避地谷中，尝止峘舍赏其博学，及绾为礼部侍郎，引入史馆；建中初，

为礼部侍郎，典贡举；执政杨炎有所请托，岵得其私书奏之，德宗恶其讦，贬衡州别驾。今存诗二首。

② 肃肃：恭敬貌。先师：已故的老师；这里指称孔子。胄子：古代称帝王或贵族的长子。这里指国学生员。

③ 万舞：古代的舞名。先是武舞，舞者手拿兵器；后是文舞，舞者手拿鸟羽和乐器。亦泛指舞蹈。《诗·邶风·简兮》："简兮简兮，方将万舞。"毛传："以干羽为万舞，用之宗庙山川。"箫韶：原指舜时乐名。《书·益稷》："《箫韶》九成，凤皇来仪。"泛指美妙的音乐。

④ 澹泊：原指恬淡寡欲；这里指朴实。

⑤ 东鲁：原指春秋时鲁国。东鲁客：指孔子。孔子为春秋鲁国人，故称。南薰：亦作"南熏"，指《南风》歌。相传为虞舜所作，歌中有"南风之熏兮，可以解吾民之愠兮"等句。

贡举人谒先师闻雅乐① （二首）

吕　炅②

礼圣来群彦，观光在此时③。闻歌音乍远，合乐和还迟。调朗能谐竹，声微又契丝④。轻泠流簨虡，缭绕动缨緌⑤。九变将随节，三终必尽仪⑥。国风由是正，王化自雍熙⑦。

注释：

① 贡举：古时地方向朝廷荐举人才。泛指科举考试。雅乐：古代帝王祭祀天地、祖先及朝贺、宴享时所用的舞乐。周代用为宗庙之乐的六舞，儒家认为其音乐"中正和平"，歌词"典雅纯正"，奉之为雅乐的典范。

② 吕炅：号子元，缑氏（今河南偃师南）人。德宗贞元十九年（803）应博学宏词试登科，授秘书省校书郎。事迹见《元和姓纂》卷六、《元氏长庆集》卷十七、《白氏长庆集》卷十四等。参见岑仲勉《元和姓纂四校记》。今存诗一首。

③ 礼圣：礼敬圣人，这里指谒拜孔子。彦：贤士，俊才。观光：观览国之盛德光辉。语出《易·观》："观国之光，利用宾于王。"

④ 竹：管乐器。丝：弦乐器。契：与"谐"同义偶对，指乐声和合、和谐。

⑤ 轻泠（lǐng）：即"清泠"，形容声音清越。簨虡（sǔn jù）：古代悬挂钟磬鼓的木架。横杆叫簨，直柱叫虡。《礼记·明堂位》："夏后氏之龙簨虡。"郑玄注："簨虡，所以悬钟鼓也。横曰簨，饰之以鳞属；植曰虡，饰之以赢属、羽属。"缭绕：回环盘旋。缨緌：亦作"缨緌"，冠带与冠饰。缨，冠带；緌（ruí），冠带的下垂部分。

⑥ 九变：复杂多变；这里指音乐多次变奏。三终：奏毕三章之乐，谓之"三终"。《礼记·乡饮酒义》："工人，升歌三终。"孔颖达疏："谓升堂歌《鹿鸣》、《四牡》、《皇皇者华》，每一篇而一终。"

⑦ 国风：国家的风俗。王化：天子的教化。雍熙：和乐升平。雍，和谐、和睦；熙，兴盛、兴起，和乐、和悦。

同　前

王　起①

蔼蔼观光士，来同鹄鹭群②。鞠躬遗像在，稽首雅歌闻③。度曲飘清汉，余音遏晓云④。两楹凄已合，九仞杳难分。断续同清吹，洪纤入紫氛⑤。长言听已罢，千载仰斯文⑥。

注释：

① 王起（760—847）：字举之，扬州人，宰相王播之弟。贞元十四年（798）进士第，又登制策直言极谏科。累官尚书左仆射，终山南西道节度使。王起书无不读，一经目弗忘，三典贡举，皆得人。集一百二十卷，今存诗六首。

② 蔼蔼：盛多貌。

③ 遗像：指死者的画像、塑像或照片；这里指孔子像。稽首：古时一种跪拜礼，叩头至地，是九拜中最恭敬者。

④ 度曲：原指制曲，作曲。这里指按曲谱歌唱。清汉：霄汉，天空。遏晓云：含典“响遏行云”，形容声音高昂激越。《列子·汤问》：“薛谭学讴于秦青，未穷青之技，自谓尽之；遂辞归。秦青弗止；饯于郊衢，抚节悲歌，声振林木，响遏行云。薛谭乃谢求反，终身不敢言归。”遏，抑制、阻止。

⑤ 清吹：清越的管乐，如笙笛之类。紫氛：犹言“紫气”：紫色云气，古代以为祥瑞之气。

⑥ 长言：引长声音吟唱。语出《礼记·乐记》：“言之不足，故长言之；长言之不足，故嗟叹之。”郑玄注：“长言之，引其声也。”斯文：见滕珦《释奠日国学观礼闻雅颂》注⑦。

太常寺观舞圣寿乐①

徐元弼②

舞字传新庆，人文迈旧章③。冲融和气洽，悠远圣功长④。盛德流无外，明时乐未央⑤。日华增顾盼，风物助低昂⑥。翥凤方齐首，高鸿忽断行⑦。云门与兹曲，同是奉陶唐⑧。

注释：

① 太常：官名。秦置奉常，汉景帝六年更名太常，掌宗庙礼仪，兼掌选试博士。历代因之，则为专掌祭祀礼乐之官。寺：官署，官舍。圣寿乐：唐代宫廷宴享乐曲名。高宗、武后时作，玄宗时又有新制。《旧唐书·音乐志二》：“《圣寿乐》，高宗、武后所作也。舞者百四十人，金铜冠，五色画衣。舞之行列必成字，十六变而毕。有‘圣超千古，道泰百王，皇帝万年，宝祚弥昌’字。”

② 徐元弼：《全唐诗》卷七百八十一作徐元鼎。徐元弼，徐申子。东海郯（今山东郯城北）人。寄籍京兆（今陕西西安）。元和间任右卫仓曹参军。见《元和姓纂》卷二、《李文公集》卷十一。今存

诗一首。

③ 人文：指礼乐教化。迈：超越，超出。

④ 冲融：原指充溢弥漫貌。这里指乐舞冲和，恬适。悠远：本指指空间距离的辽远。这里指长久、久远。

⑤ 无外：无穷，无所不包；远方。未央：未半；未尽，无已。

⑥ 日华：太阳的光华。顾盼：向后或左右周围看来看去。风物：风光景物。低昂：起伏、升降。顾盼、低昂，极言舞者神情姿态。

⑦ 翥（zhǔ）凤：盘旋飞举的凤凰；常喻美妙的舞姿。翥，飞举、高飞。高鸿：高飞的大雁；这里也指优美的舞姿。

⑧ 云门：周六乐舞之一，用于祭祀天神，相传为黄帝时所作。《周礼·春官·大司乐》："以乐舞教国子。舞《云门》、《大卷》、《大咸》、《大磬》、《大夏》、《大濩》、《大武》。"郑玄注："此周所存六代之乐，黄帝曰《云门》、《大卷》。黄帝能成名万物，以明民共财，言其德如云之所出，民得以有族类。"陶唐：古帝名。即唐尧。帝喾之子，姓伊祁，名放勋。初封于陶，后徙于唐。尧为古代传说中的圣主，后指称贤明的帝王。这里指当朝皇帝。

册上公太常奏雅乐①

前　人

司乐陈金石，逶迤引上公②。奏音人语绝，清韵佩声通。应律烟云改，来仪鸟兽同③。得贤因举颂，修礼便观风④。圣寿三称内，天欢九奏中⑤。寂寥高曲尽，犹自满宸聪⑥。

注释：

① 册：古代文字书于简，编连诸简谓之"册"，常用以称文献、典籍。这里指册立、册封。上公：周制，三公（太师、太傅、太保）八命，出封时，加一命，称为上公。《周礼·春官·典命》："上公九命为伯，其国家、宫室、车旗、衣服、礼仪皆以九为节。"郑玄注："上公，谓王之三公有德者，加命为二伯。二王之后亦为上公。"唐代仍设三公，但已无实权，只用来安置于国有大功大德者，以示荣宠。太常：官名，掌宗庙礼仪，兼掌选试博士。这里指官署太常寺。

② 金石：指钟磬一类乐器。《国语·楚语上》："而以金石匏竹之昌大、嚣庶为乐。"韦昭注："金，钟也；石，磬也。"这里泛指各种乐器。

③ 应律：应合乐律；此指古人候气，灰管应律，时节变换。详见卷一百八十一罗让《闰月定四时》注⑥等。来仪：谓凤凰来舞而有容仪，古人以为瑞应。

④ 颂：《诗》六义之一类，包括《周颂》、《鲁颂》、《商颂》，均为庙堂祭祀时用的舞曲歌辞。风：《诗》六义之一类，即《国风》这一部分，多反映民俗风化。

⑤ 圣寿：皇帝的年寿和生日。为皇帝祝寿多三呼"万岁"故言"三称"。九奏：见滕珦《释奠日国学观礼闻雅颂》注⑤。

⑥ 寂寥：寂静无声。宸聪：谓皇帝的听闻。

晓过南宫闻太常清乐[①]（二首）

陆 贽[②]

南宫闻古乐，拂曙听初惊。烟霭遥迷处，丝桐暗辨名[③]。节随新律改，声带绪风轻[④]。合雅将移俗，同和自感情[⑤]。远音兼晓漏，余响过春城。九奏明初日，寥寥天地清[⑥]。

注释：

① 南宫：尚书省的别称。南宫本指南方星宿的宫，即朱鸟星座；尚书省象列宿之南宫，故称。

② 陆贽（754—805）：字敬舆，嘉兴人（今属浙江）。大历六年（771）登进士第，又中博学宏词。调郑县尉，罢归；复以书判拔萃补渭南尉。德宗立，由监察御史召为翰林学士；贞元八年（792），拜中书侍郎同平章事，裴延龄构之，贬忠州别驾；顺宗立，召还，诏未至，卒，赠兵部尚书，谥曰宣。集二十七卷，今存诗三首。

③ 丝桐：指琴，古人削桐为琴，练丝为弦，故称。借指乐曲。

④ 律：乐律，音律；古人按音阶高低分为六律和六吕，合称十二律。这里指节气，时令；古人以律与历附会，用十二律对应一年的十二个月。绪风：余风。《楚辞·九章·涉江》："乘鄂渚而反顾兮，欸秋冬之绪风。"王逸注："绪，余也。"

⑤ 同和：彼此和谐，相互协和。《礼记·乐记》："大乐与天地同和，大礼与天地同节。"

⑥ 初日：刚升起的太阳。寥寥：广阔，空旷。

同 前

张 蒙[①]

玉珂经礼寺，金奏过南宫[②]。雅调乘清晓，飞声向远空。漫随飘去雪，轻逐度来风。迥出重城里，旁闻九陌中[③]。应将肆夏比，更与五英同[④]。一听南薰曲，因知大舜功[⑤]。

注释：

① 张蒙：与陆贽同时。今存诗一首。

② 玉珂：马络头上的装饰物，多为玉制，也有用贝制的。晋张华《轻薄篇》诗："文轩树羽盖，乘马鸣玉珂。"这里代指马。礼寺：即太常寺，掌宗庙礼仪，兼掌选试博士；与下句"南宫"偶对。金奏：敲击钟镈以奏乐。泛指音乐或乐声。

③ 迥（jiǒng）：远，僻远。重城：古代城市在外城中又建内城，故称。泛指城市、宫城、都城。九陌：原指汉长安城中的九条大道。《三辅黄图·长安八街九陌》："《三辅旧事》云：长安城中八街，九陌。"泛指都城大道和繁华闹市。

④ 肆夏：古乐章名。《周礼·春官·大司乐》："王出入则令奏《王夏》，尸出入则令奏《肆夏》，牲

出入则令奏《昭夏》。”郑玄注：“三夏，皆乐章名。”泛指宴饮、迎送宾客之乐。五英：亦作“五韺”，古乐曲名，相传为帝喾所作。《汉书·礼乐志》：“昔黄帝作《咸池》，颛顼作《六茎》，帝喾作《五英》。”班固《白虎通·礼乐》：“帝喾曰《五英》者，言能调和五声以养万物，调其英华也。”

⑤ 南薰：亦作“南熏”，指《南风》歌，相传为虞舜所作，歌中有“南风之熏兮，可以解吾民之愠兮”等句。大舜：对舜的尊称。《孟子·公孙丑上》：“大舜有大焉，善与人同，舍己从人。”

太常观阅骠国新乐①

胡直钧②

异音来骠国，初被奉常人③。才可宫商辨，殊惊节奏新④。转规回绣面，曲折度文身⑤。舒散随鸾吹，喧呼杂鸟春⑥。襟衽怀旧识，丝竹变恒陈。何事留中夏，长令表化淳⑦。

注释：

① 骠国：古国名，在今缅甸境内。《旧唐书·南蛮西南蛮传》：“骠国，在永昌故郡南二千余里，去上都一万四千里。其国境，东西三千里，南北三千五百里。”清魏源《圣武记》卷六：“［缅甸］于唐为骠国。”

② 胡直钧：登贞元十九年进士第。今存诗一首。

③ 常人：平常的人。

④ 宫商：五音中的宫音与商音。泛指音乐、乐曲、音律。

⑤ 转规：转动圆形器物，此喻舞姿圆转。传入唐朝的西域音乐大多是乐舞不分的。绣面：此指面涂彩饰。《新唐书·南蛮传》“群蛮种类多不可记。有黑齿、金齿、银齿三种，见人以漆及镂金银饰齿，寝食则去之；直顶为髻，青布为通袴。有绣脚种，刻踝至腓为文。有绣面种，生踰月，涅黛于面。有雕题种，身面涅黛。有穿鼻种，以金镮径尺贯其鼻下，垂过颐。”案，涅：在人身上刺涂黑色文字或图纹。文身：在身体上刺画有色的花纹或图案。这里指骠国的音乐演奏时伴舞者的情况。

⑥ 鸾吹：指笙箫等细乐。喧呼：喧闹呼叫。鸟春：春，春天、春季；又通“蠢”，振作；这里指鸟儿在春天充满生机、欢叫鸣唱。

⑦ 中夏：指华夏，中国。化淳：教化淳厚，淳厚的教化。

郊坛听雅乐①

前　人

泰坛恭祀事，彩仗下寒垧②。展礼陈嘉乐，齐心动众灵③。韵长飘更远，曲度静宜听。泛响何清越，随风散杳冥④。微悬和气聚，旋退晓山青⑤。本自钧天降，还疑列洞庭⑥。

注释：

① 郊坛：古代为祭祀所筑的土坛，一般设在南郊。古帝王祭祀天地，冬至祭天于南郊，夏至瘗（yì），埋物祭地）地于北郊。《礼记·郊特牲》："郊之祭也，迎长日之至也。"

② 泰坛：即郊坛，古代祭天之坛，在都城南郊。《礼记·祭法》："燔柴于泰坛，祭天也。"孔颖达疏："谓积薪于坛上，而取玉及牲，置柴上燔之，使气达于天也。"彩仗：彩饰的仪仗。坰（jiōng）：远郊，野外。《诗·鲁颂·駉》："駉駉牡马，在坰之野。"毛传："坰，远野也。邑外曰郊，郊外曰野，野外曰林，林外曰坰。"

③ 陈：本指陈列，排列；这里指呈上，敬献。嘉乐：美好的喜乐，古代多指用于宴飨祭祀的钟磬之乐。

④ 泛：这里指琴瑟的轻清之音。清越：清脆悠扬。杳冥：这里指天空，高远之处。

⑤ 和气：古人认为天地间阴气与阳气交合而成之气，万物由此"和气"而生。引申指能导致吉利的祥瑞之气。

⑥ 钧天：天的中央，古代神话传说中天帝住的地方。此言"钧天广乐"，天上的音乐，仙乐。《史记·赵世家》："赵简子疾，五日不知人……居二日半，简子寤。语大夫曰：'我之帝所甚乐，与百神游于钧天，广乐九奏万舞，不类三代之乐，其声动人心。'"洞庭：广阔的庭院。《庄子·天运》："帝张《咸池》之乐于洞庭之野。"成玄英疏："洞庭之野，天池之间，非太湖之洞庭也。"

舞干羽两阶①

石　倚②

干羽能柔远，前阶舞正陈③。欲称文德盛，先表乐声新④。肃肃行初列，森森气益振⑤。动容和律吕，变曲静风尘⑥。化美超千古，恩波及七旬⑦。已知天下服，不独有苗人⑧。

注释：

① 干羽：古代舞者所执的舞具。文舞执羽，武舞执干。《书·大禹谟》："帝乃诞敷文德，舞干羽于两阶。"孔安国传："干，楯；羽，翳也；皆舞者所执。修阐文教，舞文舞于宾主阶间。"

② 石倚：肃宗朝擢书判拔萃科，与杨栖梧、杜信同试《对舍嫡孙立庶子判》。参见《文史》第二十二辑张忱石《全唐诗无世次作者事迹考索》。今存诗一首。

③ 柔远：安抚远人或远方邦国。《书·舜典》："柔远能迩。"孔传："柔，安；迩，近……言当安远，乃能安近。"

④ 文德：指礼乐教化，与"武功"相对。

⑤ 肃肃：恭敬貌。森森：威严可畏貌。

⑥ 动容：举止仪容。《孟子·尽心下》："动容周旋中礼者，盛德之至也。"律吕：古代校正乐律的器具。用竹管或金属管制成，共十二管，管径相等，以管的长短来确定音的不同高度。从低音管算起，成奇数的六个管叫做"律"；成偶数的六个管叫做"吕"，合称"律吕"。后亦用以指乐律或音律。

⑦ 化：教化、习俗、风气。七旬：七十天。《书·大禹谟》："七旬有苗格。"孔传："讨而不服，不讨自来，明御之者必有道。"案：有苗，古国名，亦称"三苗"。尧、舜、禹时代我国南方较强大的

部族。

⑧ 服：归顺，降服。有苗：古国名，亦称三苗。尧、舜、禹时代我国南方较强大的部族，传说舜时被迁到三危。有，词头。《书·大禹谟》："帝曰：咨禹，惟时有苗弗率，汝徂征。"孔传："三苗之民，数干王诛。"这里指王化流被殊方，天下共享太平。

朱　丝　弦①

杨　衡②

寂寞瑶琴上，深知直者情③。幸传朱鹭曲，那止素丝名④。瑞草人空仰，王言世久行⑤。大方闻正位，乐府动清声⑥。文武音初合，宫商调屡更⑦。谁能向机杼，终日泣无成⑧。

注释：

① 朱丝弦：亦作"朱丝绳"，用熟丝制的琴弦，朱红色；代指琴瑟。《全唐诗》作"赋得直如朱丝绳"。鲍照《白头吟》有句："直如朱丝绳，清如玉壶冰。"

② 杨衡：字仲师，吴兴人。初与符载、崔群、宋济隐庐山，号"山中四友"。后登第，官至大理评事。今存诗一卷。

③ 瑶琴：用美玉装饰的琴。瑶：美玉。

④ 朱鹭曲：乐曲名，汉鼓吹铙歌十八曲的第一曲。传说战国楚威王时曾有朱鹭合沓飞翔而来舞。素丝：本色的丝，白丝。这里暗含"素丝羔羊"之义。素丝羔羊，《诗·召南·羔羊》："羔羊之皮，素丝五纶。"毛传："素，白也；纶，数也。古者素丝以英裘，不失其制。"朱熹集传："南国化文王之政，在位皆节俭正直，故诗人美其衣服有常，而从容自得如此也。"后因以"素丝羔羊"称誉正直廉洁的官吏。

⑤ 瑞草：古代以为吉祥之草，如灵芝、蓂荚之类。王言：君王的言语、诏诰。

⑥ 大方：指大地。《管子·内业》："人能正静……乃能戴大圜而履大方。"尹知章注："大方，地也。"这里指琴身，古人谓琴上圆下方，取法天圆地方。乐府：古代主管音乐的官署，起于汉代。

⑦ 文武：原指文德与武功、文治与武事，也指文舞与武舞。这里指文王和武王所加的二根琴弦，相传琴原只五弦，文王、武王各加一弦成为七弦。

⑧ 机杼：指织机。杼，织布用的梭子。

夫子鼓琴得其人①

白行简②

宣父穷玄奥，师襄授素琴③。稍殊流水引，全辨圣人心④。慕德声逾感，怀人意自深。泠泠传妙手，撼撼振空林⑤。促调清风至，操弦白日沉⑥。曲终情不尽，千古仰知音⑦。

注释：

① 夫子：这里指孔子。鼓琴：弹琴。得人：得到德才兼备的人；亦指用人得当。《论语·雍也》："子曰：'女得人焉耳乎？'" 夫子鼓琴得其人：《史记·孔子世家》孔子学鼓琴师襄子，十日不进。师襄子曰："可以益矣。"孔子曰："丘已习其曲矣，未得其数也。"有间，曰："已习其数，可以益矣。"孔子曰："丘未得其志也。"有间，曰："已习其志，可以益矣。"孔子曰："丘未得其为人也。"有间，有所穆然深思焉，有所怡然高望而远志焉。曰："丘得其为人，黯然而黑，几然而长，眼如望羊，如王四国，非文王其谁能为此也！"师襄子辟席再拜，曰："师盖云文王操也。"

② 白行简：见卷一百八十一《春从何处来》注。

③ 宣父：汉时尊称孔子为"宣尼"、唐时尊称孔子为"宣父"。宣尼：汉平帝元始元年追谥孔子为褒成宣尼公，后因称孔子为宣尼。宣父：《新唐书·礼乐志五》："［贞观］十一年诏尊孔子为宣父，作庙于兖州。"素琴：不加装饰的琴。

④ 流水：即高山流水，古琴曲名，亦泛指琴曲。引：乐曲体裁名，有序奏之意。

⑤ 泠泠（lǐng lǐng）：形容声音清越、悠扬。摵摵（shè shè）：象声词。《文选·卢谌〈时兴〉诗》："摵摵芳草零，蕊蕊芬华落。"吕延济注："摵摵，叶落声也。"

⑥ 促调：节奏急促的曲调。操弦：操琴，弹奏。

⑦ 知音：本指通晓音律。《礼记·乐记》："是故不知声者不可与言音，不知音者不可与言乐，知乐则几于礼矣。"比喻知己、同志。

夜闻洛滨吹笙[①]

张仲素[②]

王子千年后，笙音五夜闻[③]。透迤绕清洛，断续下仙云。泄泄飘难定，啾啾曲未分[④]。松风助幽律，波月动轻文[⑤]。凤管听何远，鸾声若在群[⑥]。暗空思羽盖，余气自氛氲[⑦]。

注释：

① 洛：指洛水。

② 张仲素：见卷一百八十一《玉绳低建章》注。

③ 王子：指周王子乔。王子乔：传说中的仙人名。汉刘向《列仙传·王子乔》："王子乔者，周灵王太子晋也。好吹笙作凤凰鸣。游伊洛间，道士浮丘公接上嵩高山。三十余年后，求之于山上，见柏良曰：'告我家：七月七日待我于缑氏山巅。'至时，果乘鹤驻山头，望之不可到。举手谢时人，数日而去。"五夜：即五更。《文选·陆倕〈新刻漏铭〉》："六日不辨，五夜不分。"李善注引卫宏《汉旧仪》："昼夜漏起，省中用火，中黄门持五夜。五夜者，甲夜、乙夜、丙夜、丁夜、戊夜也。"这里指第五更，即戊夜。

④ 泄泄（yì yì）：闲散自得貌，和乐貌。啾啾：象声词。原指鸟兽虫的鸣叫声，这里指吹奏管乐声。

⑤ 松风：松林之风。幽律：清越的乐律。轻文：微波。文，通"纹"，波纹。

⑥ 凤管：笙箫或笙箫之乐的美称。

⑦ 羽盖：古时以鸟羽为饰的车盖。这里指仙人车驾。氛氲：原指阴阳二气会合之状。这里指云雾朦胧貌。

缑山月夜闻王子晋吹笙① （二首）

厉　玄②

缑山明月夜，岑寂隔尘氛③。紫府参差曲，清宵次第闻④。韵流多入洞，声度半和云。拂竹鸾惊侣，经松鹤舞群。蟾光听处合，仙路望中分⑤。坐惜千岩曙，遗音过汝坟⑥。

注释：

① 缑（gōu）山：即缑氏山，山名，在河南省偃师县。传说周灵王太子晋于此飞仙，后因以为修道成仙之典。

② 厉玄：婺州人（今浙江金华），与姚合同时。登太和二年（828）进士第。官终侍御史。今存诗五首。

③ 岑寂：高而静；亦泛指寂静。

④ 紫府：道教称仙人所居。晋葛洪《抱朴子·祛惑》："及至天上，先过紫府，金床玉几，晃晃昱昱，真贵处也。"参差：本指不齐貌；也指洞箫，即无底的排箫，亦名笙，相传为舜造，像凤翼参差不齐。这里指箫声或长或短。清宵：清静的夜晚。

⑤ 蟾光：月色，月光。

⑥ 惜：爱惜。遗音：遗，遗留，剩余；遗音谓不绝之余音，这里指形容笙吹极其美妙。汝坟：指古汝水堤岸。《诗·周南·汝坟》："遵彼汝坟，伐其条枚。"毛传："汝，水名也。坟，大防也。"

同　　前

钟　辂①

月满缑山夜，风传子晋笙。初闻盈谷远，渐听入云清。杳异人间曲，遥分鹤上情②。孤鸾惊欲舞，万籁寂无声③。此夕留烟驾，何时返玉京④。唯愁音响绝，晓色出都城⑤。

注释：

① 钟辂：太和二年（828）进士及第。官崇文馆校书郎。今存诗一首。

② 杳：原指幽暗；深远、高远。这里指隐约。鹤上情：犹言仙人的情怀，传说中仙人多以鹤为坐骑，故言。

③ 万籁：各种声响。籁，从孔穴中发出的声音。

④ 烟驾：传说神仙以云为车，故称。玉京：道家称天帝所居之处。也泛称仙都或帝都。此二句是浮想仙人游旅。

⑤ 此诗庚韵与清韵通押。笙、京属庚韵，声、城、清、情则是清韵字。按当时官韵，庚、耕、清三韵同用。

湘灵鼓瑟[①]（五首）

魏 璀[②]

瑶瑟多哀怨，朱弦且莫听[③]。扁舟三楚客，藂竹二妃灵[④]。淅沥闻余响，依稀欲辨形[⑤]。柱间寒水碧，曲里暮山青[⑥]。良马悲衔草，游鱼思绕萍[⑦]。知音若相遇，终不滞南溟[⑧]。

注释：

① 湘灵：古代传说中的湘水之神。《楚辞·远游》："使湘灵鼓瑟兮，令海若舞冯夷。"洪兴祖补注："此湘灵乃湘水之神，非湘夫人也。"一说，为舜妃，即湘夫人。鼓瑟：弹瑟。

② 魏璀：天宝进士。今存诗一首。

③ 朱弦：用熟丝制的琴弦，朱红色；泛指琴瑟类弦乐器。

④ 扁舟：小船。三楚客：指屈原。屈原忠而被谤，身遭放逐，流落他乡，故称"楚客"。三楚，战国楚地疆域广阔，秦汉时分为西楚、东楚、南楚，合称三楚。藂竹：指湘妃竹。《初学记》卷二十八引晋张华《博物志》："舜死，二妃泪下，染竹即斑。妃死为湘水神，故曰湘妃竹。"二妃：指传说中舜之妻娥皇、女英，死后成为湘水之神。灵：神灵。

⑤ 淅沥：象声词，形容雪霰、风雨、落叶、机梭等的声音。这里指琴声。

⑥ 柱：琴柱，弦乐器上系弦的木头。寒水：凉水；常指清冷的河水。

⑦ 良马：骏马。衔草：谓马衔草，悲而不食。此言琴声悲戚打动了吃草的马。《荀子·劝学》："昔者，瓠巴鼓瑟而流鱼出听，伯牙鼓琴而六马仰秣。"

⑧ 知音：通晓音律。这里指喻知己，同志。滞：逗留，耽搁。南溟：即南冥，南方大海。泛指南方。

同 前

钱 起（天宝十载）[①]

善抚（一作鼓）云和瑟，常闻帝子灵[②]。冯夷空自舞，楚客不堪听[③]。逸韵谐（一作若调凄）金石，清音发（一作入）杳冥[④]。苍梧来（一作成）怨慕，白芷动芳馨[⑤]。流水传湘浦，悲风过洞庭[⑥]。曲终人不见，江上数峰青。

注释：

① 钱起：字仲文，吴兴人（今属浙江）。天宝十载（751）登进士第。官秘书省校书郎，终尚书考功郎中。大历中，与韩翃、李端辈号"大历十才子"。诗格新奇，理致清赡。集十三卷，今编诗四卷。

② 云和：山名，古取所产之材以制作琴瑟。《周礼·春官·大司乐》："孤竹之管，云和之琴瑟。"郑玄注："云和、空桑、龙门，皆山名。"后以为琴瑟琵琶等弦乐器的统称。帝子：指娥皇、女英，传说为尧的女儿，嫁为舜妻。

③ 冯夷：传说中的黄河之神，即河伯；泛指水神。这里指湘水之灵娥皇、女英也。楚客：指屈原。屈原忠而被谤，身遭放逐，流落他乡，故称“楚客”。也泛指客居他乡的人。

④ 金石：这里指钟磬一类的乐器。杳冥：天空，高远之处。

⑤ 苍梧：山丘名，传说舜葬于此。《山海经·海内经》：“南方苍梧之丘，苍梧之渊，其中有九嶷山，舜之所葬，在长沙零陵界中。”唐李涉《寄荆娘写真》诗：“苍梧九嶷在何处，斑斑竹泪连潇湘。”怨慕：泛指因不得相见而思慕。传说舜死葬于苍梧，二妃娥皇、女英（帝尧之女）寻至南方，死于江湘之间，为湘水女神。二者不得生见，故言“怨慕”。白芷：香草名，夏季开伞形白花，果实长椭圆形，古以其叶为香料。芳馨：芳香；也借指香草。《楚辞·九歌·湘夫人》：“合百草兮实庭，建芳馨兮庑门。”《楚辞·九歌·山鬼》：“被石兰兮带杜衡，折芳馨兮遗所思。”

⑥ 浦：水边，河岸。洞庭：湖名，即洞庭湖，在今湖南。

同　　前

陈　季①

神女泛瑶瑟，古祠严野亭②。楚云来泱漭，湘水助清泠③。妙指微幽契，繁声入杳冥④。一弹新月（一作斜日）白，数曲暮山青。调苦荆人怨，时遥帝子灵⑤。遗音如可赏，试奏为君听。

注释：

① 陈季：天宝十五年及第。今存诗二首。

② 神女：指湘灵，见前魏璀诗注①。泛：弹奏琴瑟。严：庄严、肃穆，这里用作动词。古祠：此指湘水旁二妃祠，即黄陵。在湖南省湘阴县北，濒洞庭湖。传说舜二妃墓在此，有黄陵亭、黄陵庙。《旧唐书·哀帝纪》：“（二年）壬寅，湖南马殷奏：岳州、洞庭、青草之侧有古祠四所，先以荒圮，臣复修庙了毕，乞赐名额者。敕旨：黄陵二妃祠，曰‘懿节’。”韩愈《黄陵庙碑》：“湘旁有庙曰黄陵，自前古以祠尧之二女舜二妃者。”野亭：野外供人休息的亭子。

③ 泱漭（mǎng）：亦作“泱莽”，广大貌；水势浩瀚貌；指浩瀚的水面。

④ 契：这里指乐声和合、和谐。

⑤ 荆人：当指屈原。《楚辞·远游》：“使湘灵鼓瑟兮，令海若舞冯夷。”荆，为楚之旧号，略当古荆州地区，在今湖北湖南一带。帝子：帝尧之女，指娥皇、女英，嫁给舜。舜死于苍梧，二妃寻至南方，死江湘之间，魂化为湘水女神。

同　　前

庄若讷①

帝子鸣金瑟，余声自抑扬②。悲风丝上断，流水曲中长。出没游鱼听，逶迤彩凤翔③。微音时扣徵，雅韵乍含商④。神理诚难测，幽情讵可量⑤。至今闻古调，应恨滞三湘⑥。

注释：

① 庄若讷：天宝进士。今存诗一首。
② 抑扬：声音高低起伏。
③ 彩凤：即凤凰，美言之“彩凤”。
④ 徵（zhǐ）：古五音之一，指宫、商、角、徵、羽五音中的征音级。商：亦五音之一。
⑤ 神理：犹神道，谓冥冥之中具有无上威力，能显示灵异，赐福降灾的神灵之道。幽情：深远或高雅的情思。讵（jù）：副词，表示反诘。相当于“岂”、“怎么”、“难道”。
⑥ 古调：古代的乐调；比喻高雅脱俗的诗文、言论。三湘：湖南湘乡、湘潭、湘阴（或湘源），合称三湘。见《太平寰宇记·江南西道十四·全州》。但古人诗文中的三湘，多泛指湘江流域及洞庭湖地区。“滞三湘”指娥皇、女英留死三湘而不归。

同　前

王　邕①

宝瑟和琴韵，灵妃应乐章。依稀闻促柱，仿佛梦新妆②。波外声初发，风前曲正长。凄清和万籁，断续绕三湘。转觉云山迥，空怀杜若芳③。谁能传此意，雅会在宫商④。

注释：

① 王邕：天宝进士。今存诗二首。
② 依稀：隐约，不清晰。与下句“仿佛”同义偶对。促柱：急弦，支弦的柱移近则弦紧，故称。妆：妆饰，女子的妆饰或妆饰的式样。
③ 云山：云和山。这里指远离尘世的地方。迥（jiǒng）：遥远，僻远。杜若：香草名，多年生草本，高一二尺。叶广披针形，味辛香。夏日开白花，果实蓝黑色。《楚辞·九歌·湘君》：“采芳洲兮杜若，将以遗兮下女。”
④ 雅会：风雅之集会。宫商：五音中的宫音与商音。泛指音乐、乐曲。

霓裳羽衣曲①

李　肱②

开元太平时，万国贺丰岁③。梨园献（文粹作厌）旧曲，玉座流新制④。凤管递参差，霞衣竞摇曳⑤。宴罢水殿空，辇余春草细⑥。蓬壶事已久，仙乐功无替⑦。谁（文粹作讵）肯听遗音，圣明知善继。

注释：

① 霓裳羽衣曲：唐代著名法曲，为开元中河西节度使杨敬忠所献。初名《婆罗门曲》，经唐玄宗润色

并制歌词，后改名《霓裳羽衣曲》。传说中亦有为唐玄宗登三乡驿望女儿山及游月宫密记仙女之歌归而所作等说，虽荒诞不可信，但每被诗人搜奇入句。省称为“霓裳”。见载《新唐书·礼乐志》。《通志·乐略》“霓裳羽衣曲”条：“河西节度使杨敬忠献。一说罗公远与明皇游月宫，见仙女数百，皆素练霓衣舞。问其曲，曰：‘霓裳羽衣。’帝默记其音调而还，故作是曲。”

② 李肱：族望陇西成纪（今甘肃泰安西北），李唐宗室。开成二年（837）第一人及第。官齐、岳二牧。今存诗一首。

③ 丰岁：丰年。

④ 梨园：亦作“棃园”，唐玄宗时教练宫廷歌舞艺人的地方。《新唐书·礼乐志十二》：“玄宗既知音律，又酷爱法曲，选坐部伎子弟三百教于梨园，声有误音，帝必觉而正之，号‘皇帝梨园弟子’。宫女数百，亦为梨园弟子，居宜春北院 。”后以“梨园”泛指戏班或演戏之所。玉座：帝王的御座。代称帝王。

⑤ 霞衣：以云霞为衣。这里比喻轻柔艳丽的衣服。

⑥ 水殿：临水的殿堂。这里指帝王所乘的豪华游船。

⑦ 蓬壶：即蓬莱，古代传说中的海中仙山。晋王嘉《拾遗记·高辛》：“三壶则海中三山也。一曰方壶，则方丈也；二曰蓬壶，则蓬莱也；三曰瀛壶，则瀛洲也。形如壶器。”替：废。

寒夜闻霜钟①（二首）

郑　䌹②

霜钟初应律，寂寂出重林③。拂水宜清听，凌空散迥音。舂容时未歇，摇曳夜方深④。月下和虚籁，风前闻（疑作间）远砧⑤。净兼寒漏彻，闲畏曙更侵⑥。遥想千山外，泠泠何处寻。

注释：

① 霜钟：指钟或钟声。语本《山海经·中山经》：“［丰山］有九钟焉，是知霜鸣。”郭璞注：“霜降则钟鸣，故言知也。”南朝齐谢朓《雩祭歌·黑帝歌》：“霜钟鸣，冥陵起，星回天，月穷纪。”

② 郑䌹：字文明，荥阳人。擢进士、宏词，初为张延赏掌书记，入为起居郎、翰林学士，累迁中书舍人；宪宗立，拜中书侍郎同平章事；太和中，以太子少傅致仕。䌹少好学，大历中有高名，后践历华显，出入中外，逾四十年，守道寡欲，不为烜赫事，时推耆德。集三十卷，今存诗五首。

③ 应律：应合历象。律：节气，时令。古人以律与历附会，用十二律对应一年的十二个月。重林：层林，常指远望中众多的树木。

④ 舂（chōng）容：用力撞击。《礼记·学记》：“善待问者如撞钟，叩之以小者则小鸣，叩之以大者则大鸣；待其从容，然后尽其声。”郑玄注：“‘从’，读如‘富父舂戈’之‘舂’。舂容，谓重撞击也。”这里指撞钟发出的悠扬洪亮声音。摇曳：晃荡，飘荡，摇动。

⑤ 籁：古代一种竹制管乐器。这里指从孔穴里发出的声音，亦泛指一般的声响。砧（zhēn）：捣衣石。这里指捣衣声。

⑥ 寒漏：寒天漏壶的滴水声；这里借指寒夜。曙更：黎明的更柝声；这里借指黎明。

同 前

卢景亮[①]

洪钟发长夜，清响出层岑[②]。暗入繁霜切，遥传古木深[③]。何城乱远漏，几处杂疏砧。已警离人梦，仍知旅客襟。待时当命侣，抱器本无心[④]。傥若无知者，谁能设此音。

注释：

① 卢景亮：字长晦，幽州范阳人（今河北涿县），少孤力学，善属文。大历六年（771）进士及第，又登博学宏词科。德宗时，历右补阙，鲠毅无所回，贬斥二十年，至元和初，召还，再迁中书舍人。今存诗一首。

② 洪钟：大钟。这里指洪亮的钟声。清响：清脆的响声。岑：小而高的山；泛指山峰，山顶。

③ 繁霜：浓霜。这两句是说钟声缭绕，入霜穿林。

④ 命侣：呼唤友伴。另有成语“命俦啸侣”，亦指呼唤同伴。三国魏曹植《洛神赋》：“众灵杂沓，命俦啸侣。”抱器：《易·系辞下》：“君子藏器于身，待时而动，何不利之有。”后以“抱器”喻怀才待时，不苟求名利。

晓闻长乐钟声[①]

戴叔伦[②]

汉苑钟声早，秦郊曙色分[③]。霜凌万户彻，风散一城闻。已启蓬莱殿，初朝鸳鹭群[④]。虚心方应物，大扣欲干云[⑤]。近杂鸡人唱，新传凫氏文[⑥]。能令翰苑客，流听思氛氲[⑦]。

注释：

① 长乐：汉长乐宫。班固《西都赋》：“自未央而连桂宫，北弥明光而亘长乐。”

② 戴叔伦（732—789）：字幼公，润州金坛人（今江苏金坛）。刘晏管盐铁，表主运湖南嗣曹；王皋领湖南、江西，表佐幕府，皋讨李希烈，留叔伦领府事，试守抚州刺史，俄即真迁容管经略使，绥徕蛮落，威名流闻德宗，尝赋《中和节诗》，遣使者宠赐，世以为荣。集十卷，今编诗二卷。

③ 苑：古称养禽兽、植林木的地方，多指帝王或贵族的园林。泛指一般园林。此二句用“汉苑”、“秦郊”借古代今。

④ 蓬莱：蓬莱山，古代传说中的神山名，亦常泛指仙境。蓬莱殿：仙宫；这借指朝堂。鸳鹭：这里比喻朝臣。

⑤ 虚心：谦虚，不自满。应物：顺应事物。这一句是说钟因为中空所以声高。扣：同“叩”，敲击。干云：高入云霄。干：干犯，冲犯。这里指接近。

⑥ 鸡人：周官名，掌供办鸡牲，凡举行大典，则报时以警夜。《周礼·春官·鸡人》：“鸡人掌共鸡

牲，辨其物。大祭祀，夜嘑旦以嚣百官。凡国之大宾客、会同、军旅、丧纪，亦如之。凡国事为期，则告之时。凡祭祀，面禳衅，共其鸡牲。”后指宫廷中专管更漏之人。“鸡人唱”指更漏之声。凫氏：《周礼》官名，职掌作钟之事。《周礼·考工记》：“凫氏为钟。”“凫氏文”指钟鼎文，铸刻在钟鼎上的文字。

⑦ 翰苑：文苑，文翰荟萃之处。也作翰林院的别称。氛氲：指阴阳二气会合之状。这里比喻心绪缭乱。

听霜钟①（二首）

失　名②

渺渺飞霜夜，寥寥远岫钟③。出云疑断续，入户乍舂容④。度枕频惊梦，随风几韵松⑤。悠扬来不已，杳霭去何从⑥。仿佛烟岚隔，依俙岩峤重⑦。此时聊一听，余响绕千峰。

注释：

① 霜钟：指钟声。见前郑絪《寒夜闻霜钟》注①。

②《全唐诗》卷二百七十三作戴叔伦。

③ 渺渺：幽远貌，悠远貌。寥寥：广阔，空旷。岫（xiù）：有洞穴的山。《尔雅·释山》：“山有穴为岫。”泛指峰峦。

④ 舂（chōng）容：用力撞击。这里指撞钟发出的悠扬洪亮声音。见前郑絪《寒夜闻霜钟》注④。

⑤ 度：过。韵：声音相应和。

⑥ 悠扬：形容声音的曼长而和谐。杳霭：亦作“杳蔼”，云雾飘缈貌。唐韩翃《题荐福寺衡岳暕师房》诗：“晚送门人出，钟声杳霭间。”

⑦ 岚（lán）：山林中的雾气。岩峤：险峻的山峰。

同　前

失　名

寥亮来丰岭，分明辨古钟①。应霜如自击，中节每相从②。静听非闲扣，潜应蕴圣踪。风间时断续，云外更舂容③。虚警和清籁，雄鸣隔乱峰④。因知（一作之）谕知己（一作者），感激更难逢⑤。

注释：

① 寥亮：清越响亮，后多作“嘹亮”。

② 应霜：暗含“霜钟”义，《山海经·中山经》：“［丰山］有九钟焉，是知霜鸣。”郭璞注：“霜降则钟鸣，故言知也。”中节：合乎礼仪法度。这里指钟声合乎节奏。

③ 舂（chōng）容：用力撞击。这里指撞钟发出的悠扬洪亮声音。见前郑絪《寒夜闻霜钟》注④。

④ 虚警：戒惧，惊惧。

⑤ 谕（yù）：告诉，告知。从诗意看，“因知”当作“因之”，在这里“因”作介词、“之”作代词用。

律中应钟①

裴　元②

律穷方数寸，室暗在三重③。伶管灰先动，秦正节已逢④。商声辞玉笛，羽调入金钟⑤。密叶翻霜彩，轻冰敛水容⑥。望鸿南去绝，迎气北来浓。愿托无凋性，寒林自比松。

注释：

① 应钟：古乐律名，十二律之一。古人以十二律与十二月相配，每月以一律应之。应钟与十月相应。《礼记·月令》：“［孟冬之月］其音羽，律中应钟。”郑玄注：“孟冬气至，则应钟之律应。应钟者，姑洗之所生，三分去一，律长四寸二十七分寸之二十。”《吕氏春秋》始以律与历附会，以十二律应十二月，故称。《初学记》卷十五引《乐纬》曰：“六律：黄钟（十一月）、大簇（正月）、姑洗（三月）、蕤宾（五月）、夷则（七月）、无射（九月）。六吕：大吕（十二月）、夹钟（二月）、仲吕（四月）、林钟（六月）、南吕（八月）、应钟（十月）。阳为律，阴为吕。总谓之十二月律。”《汉书·律历志上》：“应钟，言阴气应亡射，该臧万物而杂阳阂种也。位于亥，在十月。”

② 裴元：裴元，事迹未详，今存诗一首。一作裴次元。裴次元，见卷一百八十《南至日隔霜仗望含元殿炉香》注。

③ 三重：三层。

④ 伶管：这里指“律管”（案，伶：古乐官名，相传黄帝时有伶伦，世掌乐官；又，春秋时周有司乐官伶州鸠；后因称乐官、乐人为“伶”。），用竹管或金属管制成的定音器具。古代亦用作测候季节变化的器具。《梦溪笔谈·象数一》引晋司马彪《续汉书》：“候气之法，于密室中，以木为案，置十二律管，各如其方，实以葭灰，覆以缇縠，气至则一律飞灰。”秦正：指秦历正月，即夏历十月。正，一年的开始。秦以夏历十月为正月。

⑤ 商声：五音中的商音。羽：亦五音之一。

⑥ 霜彩：亦作“霜采”，霜的色彩。水容：水流之态势。

笙磬同音①

失　名

笙磬闻何处，凄锵宛在东②。激扬音自彻，高下曲宜同③。历历俱盈耳，泠泠递散空④。兽因繁奏舞，人感至和通⑤。讵间洪纤韵，能齐搏拊功⑥。四悬今尽美，一听辨移风⑦。

注释：

① 笙磬同音：谓乐声和谐。《诗·小雅·鼓钟》："鼓钟钦钦，鼓瑟鼓琴，笙磬同音。"毛传："笙磬，东方之乐也。同音，四悬皆同也。"郑玄笺："同音者，谓堂上堂下，八音克谐。"
② 凄锵：象声词，多形容有节奏的声响。
③ 激扬：激越昂扬。
④ 历历：清晰貌。泠泠（líng）：形容声音清越、悠扬。
⑤ 繁奏：谓众多事物汇聚在一处。这里犹"繁弦"，指繁杂的弦乐声。《书·舜典》说夔奏乐时，"百兽率舞"于庭，此用其典。至和：极和谐、安顺。这里指天地间祥和之气。
⑥ 讵：这里作连词。相当于"抑或"，表示选择。搏拊：古乐器名。《书·益稷》："戛击鸣球、搏拊、琴瑟以咏。"孔传："搏拊以韦为之，实之以糠，击之以节乐。"引申指弹奏。
⑦ 四悬：古时钟磬之类乐器悬挂的形式，按身份地位定等次，天子最尊，四面悬乐。《周礼·春官·小胥》："正乐县之位，王宫县，诸侯轩县，卿大夫判县，士特县，辨其声。"郑玄注引郑司农云："宫县，四面县，轩县去其一面，判县又去其一面，特县又去其一面。四面象宫室四面有墙，故谓之宫县。"（案：县，古"悬"字。）

范成君击洞阴磬①

范传正②

历历闻金奏，微微下玉京③。为详家牒久，偏识洞阴名④。澹伫人间听，铿锵古曲成⑤。何须百兽舞，自畅九天情⑥。注目看无见，留心记未精。云霄如可托，借鹤向层城⑦。

注释：

① 范成君：无考。洞：即洞府，道教称神仙居住的地方。《佩文韵府》去声径韵"洞阴磬"条："《汉武内传》：元封元年七月七日，王母至，呼帝共坐。王母自设天厨酒，觞数遍，王母乃命范成君击洞阴之磬。"
② 范传正：见卷一百八十三《春风扇微和》注。
③ 金奏：敲击钟镈以奏乐，常用以指庙堂音乐。泛指音乐或乐声。玉京：道家称天帝所居之处。泛指仙都。
④ 家牒：旧时家族世系的谱牒。范成君与此诗作者同姓，作者因疑家谱中或有此人，故详察之。
⑤ 澹伫：澹，恬淡，安静。伫，停止，停留。铿锵：形容金玉或乐器等声洪亮。
⑥ 百兽舞：即"百兽率舞"之省，指音乐和谐之声感动群兽相率起舞。《书·舜典》："夔曰：'于！予击石拊石，百兽率舞。'"九天：谓天之中央与八方。亦指天空最高处。这里含"九奏"之义，指古代行礼奏乐九曲。
⑦ 层城：古代神话中昆仑山上的高城。《文选·张衡〈思玄赋〉》："登阆风之层城兮，构不死而为床。"李善注："《淮南子》曰：'昆仑虚有三山，阆风、桐版、玄圃，层城九重。'禹云：'昆仑有此城，高一万一千里。'"一说，昆仑山最高峰之名。泛指仙乡。

终南精舍月中闻磬①（二首）

吕　温②

月中（一作峰）禅室掩，幽径（一作磬）净昏氛。思入空门妙，声从觉路闻③。泠泠流众（一作满虚）壑，杳杳出重（一作寒）云。天籁疑难辨，霜钟讵可分。偶来依（一作游）法界，便欲谢人群④。竟夕听真响，荷花积露文（一作尘心自解纷）⑤。

注释：

① 终南：即终南山，秦岭主峰之一，在陕西省西安市南。一称南山，即狭义的秦岭。古名太一山、地肺山、中南山、周南山等。精舍：一指学舍，读书讲学之所。二指道士、僧人修炼居住之所。这里指寺院。

② 吕温：字和叔，一字化光，河中人。贞元末擢进士第。因善王叔文，再迁为左拾遗，以侍御史使吐蕃，元和元年乃还；柳宗元等皆坐叔文贬，温独免，进户部员外郎，与窦群、羊士谔相昵，群为御史中丞，荐温知杂事，士谔为御史，宰相李吉甫持之不报，温乘间奏吉甫阴事，诘辩皆妄，贬均州刺史，议者不厌，再贬道州，久之徙衡州，卒。集十卷，内诗二卷，今编诗二卷。

③ 空门：佛法。大乘以观空为入门，故称。泛指佛寺。觉路：佛教语，指成佛的道路。

④ 法界：佛教语，常泛称各种事物的现象及其本质。

⑤ 文：纹理，花纹。此句言荷花荷叶上留下了露珠溜过的痕迹。

同　　前

独孤申叔①

精庐惭（疑）夜景，天宇灭埃氛②。幽磬此时击，余音几处闻。随风树杪去，支策月中分③。断绝如残漏，凄清不隔云。羁人方罢梦，独雁忽迷群。响尽河汉落，千山空纠纷④。

注释：

① 独孤申叔：字子重，以博学宏词为校书郎。今存诗一首。

② 精庐：即“精舍”。见前吕温诗注①。这里指佛寺，僧舍。埃氛：尘埃弥漫的大气；喻污浊的尘世。

③ 支策：即“枝策”，谓举杖以击节。也指拄着棍杖。策，手杖、拐棍。《庄子·齐物论》：“昭文之鼓琴也，师旷之枝策也，惠子之据梧也，三子之知几乎皆其盛者也。”陆德明释文引司马彪曰：“枝，拄也；策，杖也。”

④ 河汉：银河。纠纷：交错杂乱貌。

泗滨得石磬①

李　勋②

浮磬潜清深，依依呈碧浔③。出水见贞质，在悬含玉音④。对此喜还叹，几秋还到今。器古契良觌，韵和谐宿心⑤。何为值明鉴，适得离幽沉⑥。自兹入清庙，无复泥沙侵⑦。

注释：

① 泗：古水名，源于今山东省泗水县东，四源并发，故名。《尚书·禹贡》："泗滨浮磬，淮夷蠙珠暨鱼。"孔传："泗水，涯水中见石可以为磬。蠙珠，珠名；淮夷二水出蠙珠及美鱼。"
② 李勋：生平未详，今存诗一首。
③ 浔（xún）：水边。碧浔：绿水边。
④ 贞：良善，美好。贞质：美好的资质。悬：悬挂钟磬的架子。玉音：这里指石磬音声清越优雅，似扣玉之声。
⑤ 契：合，投合。觌（dí）：见，相见。良觌：良晤。南朝宋谢灵运《南楼中望所迟客》诗："搔首访行人，引领冀良觌。"宿：平常，一向。宿心：本来的心意，向来的心愿。
⑥ 明鉴：明亮的镜子。这里指人善于识别事物，明察。幽沉：埋没。
⑦ 清庙：即太庙，古代帝王的宗庙。

风　　筝①

鲍　溶②

何响与天通，瑶筝挂望中③。彩弦非触指，锦调忽闻风④。雁柱虚连势，鸾歌且坠空⑤。夜和霜击磬，晴引凤归桐。幽咽谁生怨，清泠自匪躬⑥。秦姬收宝匣，搔首不成功⑦。

注释：

① 风筝：这里指悬挂在殿阁塔檐下的金属片，风起作声，又称"铁马"。唐李白《登瓦官阁》诗："两廊振法鼓，四角吟风筝。"明杨慎《升庵诗话·风筝诗》："古人殿阁檐棱间有风琴、风筝，皆因风动成音，自谐宫商。"
② 鲍溶：见卷一百八十二《荐冰》注。
③ 瑶筝：玉饰的筝，多用为筝的美称。
④ 锦：指锦瑟，漆有织锦纹的瑟。这里是说琴瑟因风而发声，非指触彩弦也。锦调：《全唐诗》作"锦瑟"，漆有织锦纹的瑟。
⑤ 雁柱：指筝柱。因筝柱斜列如雁行，故称。
⑥ 匪躬：谓忠心耿耿，不顾自身。《易·蹇》："王臣蹇蹇，匪躬之故。"孔颖达疏："尽忠于君，匪

以私身之故而不往济君，故曰：匪躬之故。”此皆咏檐下“铁马”也。

⑦ 秦姬：秦女。相传筝为秦时蒙恬所作。宝匣：指筝匣。不成功：言不成曲。这一联是说风筝之声胜过秦姬之筝声，故秦姬收匣罢弹，甘拜下风。

听郢客歌阳春白雪①

欧阳衮②

寂听郢中人，高歌已绝伦。临风飘白雪，向日奏阳春。调雅偏盈耳，声长杳入神。连连贯珠并，袅袅遏云频③。度曲知难和，凝情想任真④。周郎如赏善，莫使滞芳晨⑤。

注释：

① 郢（yǐng）：春秋战国时楚国都城。今湖北省江陵县纪南城。楚文王定都于此。公元前278年秦拔郢，地入秦。地在纪山之南，故称为纪郢。又因地居楚国南境，故又称为南郢。代称楚国。阳春白雪：战国时楚国的高雅歌曲名。《文选·宋玉〈对楚王问〉》：“其为《阳阿》、《薤露》，国中属而和者数百人，其为《阳春》、《白雪》，国中属而和者不过数十人而已。”李周翰注：“《阳春》、《白雪》，高曲名也。”后因用以泛指高雅的曲子。

② 欧阳衮：字希甫，闽人（今福建闽侯）。宝历元年（825）及第，官侍御史。今存诗九首。

③ 连连：接连不断。贯珠：成串的珍珠；这里用以比喻美妙的歌声。《礼记·乐记》：“故歌者上如抗，下如坠，曲如折，止如槀木，倨中矩，句中钩，累累乎端如贯珠。”袅袅：形容声音婉转悠扬。遏云：使云停止不前，形容歌声响亮动听。《列子·汤问》：“薛谭学讴于秦青，未穷青之技，自谓尽之，遂辞归。秦青弗止。饯于郊衢，抚节悲歌，声振林木，响遏行云。薛谭乃谢求反，终身不敢言归。”

④ 度曲：制曲，作曲。凝情：情意专注。任真：听其自然；率真任情，不加修饰。

⑤ 周郎：指三国吴将周瑜，因其年少故称。《三国志·吴志卷九·周瑜鲁肃吕蒙》：“瑜少精意于音乐，虽三爵之后，其有阙误，瑜必知之，知之必顾，故时人谣曰：‘曲有误，周郎顾。’”芳晨：即“芳辰”，美好的时光，多指春季。芳：草香，泛指香、香气，以喻美好。

尚书郎上直闻春漏①（三首）

张少博②

建礼含香处，重城待漏辰③。徐声传凤阙，晓唱辨鸡人④。银箭听将尽，铜壶滴更新⑤。催筹当五夜，移刻及三春⑥。杳杳从天远，泠泠出禁频。直庐残响曙，肃穆对钩陈⑦。

注释：

① 尚书郎：官名。东汉之制，取孝廉中之有才能者入尚书台，在皇帝左右处理政务，初入台称守尚

书郎中，满一年称尚书郎，三年称侍郎。魏晋以后尚书各曹有侍郎、郎中等官，综理政务，通称为尚书郎。上直：上班，当值。春漏：春日的更漏。

② 张少博：大历进士。今存诗二首。

③ 建礼：汉宫门名，为尚书郎值勤之处。借指尚书郎。含香：古代尚书郎奏事答对时，口含鸡舌香以去秽，故常用指侍奉君王。汉应劭《汉官仪》卷上："尚书郎，含鸡舌香伏其下奏事。"《通典·职官四》："尚书郎口含鸡舌香，以其奏事答对，欲使气息芬芳也。"重城：这里指宫城、都城。

④ 凤阙：汉代宫阙名。泛指皇宫、朝廷。鸡人：周官名，掌供办鸡牲。凡举行大典，则报时以警夜。后指宫廷中专管更漏之人。见前戴叔伦《晓闻长乐钟声》注⑥。

⑤ 银箭：指银饰的标记时刻以计时的漏箭。铜壶：古代铜制壶形的计时器。即"刻漏"，以铜为壶，底穿孔，壶中立一有刻度的箭形浮标，壶中水滴漏渐少，箭上度数即渐次显露，视之可知时刻。

⑥ 五夜：即五更。《文选·陆倕〈新刻漏铭〉》："六日不辨，五夜不分。"李善注引卫宏《汉旧仪》："昼夜漏起，省中用火，中黄门持五夜。五夜者，甲夜、乙夜、丙夜、丁夜、戊夜也。"三春：指春季的第三个月，季春、暮春。

⑦ 直庐：旧时侍臣值宿之处。钩陈：本星宫名。《文选·扬雄〈甘泉赋〉》："诏招摇与太阴兮，伏钩陈使当兵。"李善注引服虔曰："钩陈，神名也。紫微宫外营陈星也。"后借指后宫。《文选·班固〈西都赋〉》："周以钩陈之位，卫以严更之署。"李善注引《乐叶图》："钩陈，后宫也。"

同　　前

周　彻①

建礼通华省，含香直紫宸②。静闻铜史漏，暗识桂宫春③。滴沥疑将绝，清泠发更新。寒声临雁沼，疏韵应鸡人。回入千门彻，行催五夜频。高台闲自听，非是驻征轮④。

注释：

① 周彻：大历进士。今存诗一首。

② 省：王宫禁地，禁中；后为中央官署名。华省：指清贵者的官署。紫宸：宫殿名，天子所居。唐宋时为接见群臣及外国使者朝见庆贺的内朝正殿，在大明宫内。杜甫《冬至》诗："杖藜雪后临丹壑，鸣玉朝来散紫宸。"泛指宫廷。

③ 铜史：原指汉张衡所制漏刻仪上的铜制仙人像。《文选·陆倕〈新刻漏铭〉》："铜史司刻，金徒抱箭。"李善注："张衡《漏水转浑天仪制》曰：盖上又铸金铜仙人，居左壶；为胥徒，居右壶；皆以左手抱箭，右手指刻，以别天时早晚。"借指漏刻铜壶。桂宫：宫名。泛指皇宫，朝廷。

④ 征轮：远行人乘的车。

同　　前

失　名

地即尚书省，人惟鸳鹭行①。审时传玉漏，直夜递星郎②。历历闻仙署，泠泠出建章[3]。自空来断续，随穴散凄锵[4]。物静知声近，寒轻觉夜长。听余残月落，曙色满东方。

注释：

① 尚书省：官署名。东汉设置，称尚书台，或称中台。南北朝时始称尚书省，下分各曹，为中央执行政务的总机构。唐代曾改称文昌台、都台、中台，旋复旧称。尚书省与中书省、门下省合称三省。长官为尚书令，其副职为左、右仆射。鸳鹭行：比喻朝官的行列。鹓和鹭止有班，立有序，故称。杜甫《暮春题瀼西新赁草屋》诗之五："不息豺狼斗，空惭鸳鹭行。"亦省作"鸳行"。行，此处音 háng。

② 星郎：指在尚书省值夜的郎官。《后汉书·明帝纪》："馆陶公主为子求郎，不许，而赐钱千万。谓群臣曰：'郎官上应列宿，出宰百里，苟非其人，则民受殃，是以难之。'"后因称郎官为"星郎"。

③ 建章：即"建章宫"之省称，汉代长安宫殿名。后泛指宫阙。《三辅黄图·汉宫》："武帝太初元年，柏梁殿灾。粤巫勇之曰：'粤俗，有火灾即复大起屋，以压胜之。'帝于是作建章宫，度为千门万户。宫在未央宫西，长安城外。"

④ 凄锵：象声词，多形容有节奏的声响。

雪夜观象阙待漏[1]

张少博[2]

残雪初晴后，鸣珂奉阙庭[3]。九门传晓漏，五夜候晨扃[4]。北斗横斜汉，东方落曙星[5]。烟氛初动色，簪佩未分形[6]。雪重犹垂白，山遥不辨青。鸡人更唱处，偏入此时听。

注释：

① 象阙：即"象魏"，古代天子、诸侯宫门外的一对高建筑，亦叫"阙"或"观"，为悬示教令的地方。《周礼·天官·太宰》："正月之吉，始和，布治于邦国都鄙，乃县治象之法于象魏，使万民观治象，挟日而敛之。"郑玄注引郑司农曰："象魏，阙也。"借指宫室，朝廷。

② 张少博：见前注。

③ 鸣珂：显贵者所乘的马以玉为饰，行则作响，因名；这里代指居高位的达官贵人。"鸣珂"或谓之"马珂"。《旧唐书·舆服志》："马珂，一品以下九子，四品七子，五品五子。"阙庭：朝廷。

④ 九门：禁城中的九种门。古宫室制度，天子设九门。《礼记·月令》："［季春之月］田猎、罝罘、罗罔、毕翳、餧兽之药，毋出九门。"郑玄注："天子九门者，路门也、应门也、雉门也、库门也、皋门也、城门也、近郊门也、远郊门也、关门也。"后用以泛称宫门。扃（jiōng）：门闩；代指门户。

⑤ 曙星：拂晓之星，多指启明星。

⑥ 此二句言天刚亮，光线不足，所见皆朦胧不清。

太清宫闻滴漏①

严巨川②

玉漏移中禁，齐车入太清③。渐知催辨色，复听续余声。乍逐微风转，时因杂佩轻。青楼人罢梦，紫陌骑将行④。残魄栖初尽，余寒滴更生⑤。惭非朝谒客，空有振衣情⑥。

注释：

① 太清宫：道教观名。“太清”相传为神仙居处，三清之一。道教谓元始天尊所化法身道德天尊所居之地，其境在玉清、上清之上，唯成仙方能入此，故亦泛指仙境。这里“太清宫”指长安老子庙。天宝二年，改京师太上玄元皇帝（老子）宫为太清宫，东都为太微宫，各州郡为紫极宫。见《旧唐书·礼仪四》、《唐会要》卷五十等。

② 严巨川：中唐进士。建中四年（783），朱泚僭位，巨川作七律抒愤，德宗叹美。事见《奉天录》卷一、卷二。今存诗二首。

③ 齐车：指斋车。齐同“斋”。斋车，斋戒时所用的车。《孔丛子·巡狩》：“古者天子将巡守……或以迁庙之主行，载于斋车，每舍奠焉。”

④ 青楼：青漆涂饰的豪华精致的楼房。紫陌：指京师郊野的道路。

⑤ 残魄：指残月。魄：通“霸”，月初出或将没时的微光。代指月亮，月光。

⑥ 朝谒：入朝觐见。振衣：抖衣去尘，整衣。此用左思“振衣千仞岗”之意。

百官乘月早朝听残漏

莫宣卿①

建礼俨朝冠，重门耿夜阑②。碧空蟾魄度，清禁漏声残③。候晓车舆合，凌霜剑佩寒。星河犹皎皎，银箭尚珊珊。杳霭祥光起，霏微瑞气攒④。忻逢圣明代，长愿接鸳鸾⑤。

注释：

① 莫宣卿：字仲节，封州人。大中间举第，一官台州别驾。今存诗三首。

② 建礼：汉宫门名，为尚书郎值勤之处。见前张少博《尚书郎上直闻春漏》注③。俨：恭敬庄重、庄严。这里用作动词，整理、使整齐。耿：此用《诗经》“耿耿不寐”之意。一曰：耿者，光也。夜阑：夜残，夜将尽时。

③ 蟾魄：月亮的别名；亦指月色。

④ 杳霭：云雾飘缈貌。霏微：飘洒，飘溢；迷蒙。攒（cuán）：簇聚，聚集。

⑤ 鸳鸾：鹓与鸾，皆凤属。常喻贤人，这里比喻朝官。

春台晴望①（三首）

李 程②

曲台送春日，景物丽新晴③。霭霭烟收翠，忻忻木向荣④。静看迟日上，闲爱野云平。风慢游丝转，天开远水明。登高尘虑息，观徼道心清⑤。更有迁乔意，翩翩出谷莺⑥。

注释：

① 春台：春日登眺览胜之处。

② 李程：（766—842），字表臣，陇西人。贞元十二年（796）登进士第。累辟使府为监察御史，充翰林学士。元和中知制诰，拜礼部侍郎。敬宗即位，以吏部侍郎同平章事，后罢为河东节度使。程在翰苑日过八砖，乃至时号八砖学士。今存诗五首。

③ 丽：附着，依附。《易·离》："象曰：离，丽也。日月丽乎天，百谷草木丽乎土，重明以丽乎正，乃化成天下，柔丽乎中正，故亨。"王弼注："丽，犹着也，各得所著之宜。"

④ 忻忻：兴旺貌，兴盛貌。

⑤ 尘虑：俗念。徼（jiāo）：边界、边塞；这里指远方。道心：悟道之心。此言登高望远，神清气爽，顿有超凡脱俗之念。

⑥ 迁乔：语出《诗·小雅·伐木》："出自幽谷，迁于乔木。"谓鸟从低处迁往高处。比喻人的地位上升。迁莺：谓黄莺飞升移居高树。喻登第；喻升官。

同 前

郑 赟①

追赏层台迥，登临四望频②。熙熙山雨霁，处处柳条新。草长秦城夕，花宜汉苑春③。晴林翻度鸟，紫陌阅行人④。旅客风尘厌，山家梦寐亲⑤。迁莺思出谷，骞翥待芳辰⑥。

注释：

① 郑赟：生平事迹未详。今存诗一首。

② 追赏：这里指追随游赏。《旧唐书·德宗纪下》："宜任文武百僚选胜地追赏为乐。"层台：重台，高台。

③ 秦城：指秦长城。苑（yuàn）：古称养禽兽、植林木的地方，多指帝王或贵族的园林。泛指一般园林。汉苑：指"上林苑"，秦旧苑，汉初荒废，至汉武帝时重新扩建。故址在今西安市西及周至、户县界。

④ 度鸟：指飞鸟。阅：看，观览。

⑤ 风尘：行旅辛苦劳顿。

⑥ 骞翥：飞举貌。骞，通“鶱”，鶱：高飞貌。比喻地位上升。

同　　前

乔　弁①

层台聊一望，遍赏帝城春②。风暖闻啼鸟，冰开见跃鳞。晴山烟外翠，香蕊日边新③。已变青门柳，初销紫陌尘④。金汤千里国，车骑万方人⑤。此处云霄近，凭高愿致身⑥。

注释：

① 乔弁：疑当作“高弁”。高弁，贞元十二年进士第。今存诗一首。

② 帝城：京都，皇城。

③ 香蕊：花蕊也。

④ 青门：汉长安城东南门，本名霸城门，因其门色青，故俗呼为“青门”或“青城门”。泛指京城东门。

⑤ 金汤：即“金城汤池”之省。金属造的城，沸水流淌的护城河，形容城池险固。《汉书·蒯通传》：“必将婴城固守，皆为金城汤池，不可攻也。”颜师古注：“金以喻坚，汤喻沸热不可近。”万方：万邦，各方诸侯。引申指天下各地，全国各地。

⑥ 云霄：天际，高空。这里喻指高位。致身：原谓献身。《论语·学而》：“事父母能竭其力，事君能致其身，与朋友交言而有信。”后用作出仕之典。

文苑英华卷一百八十五

宋　李昉等编

省试六　四十七首

骊　龙①

失　名

有美为鳞族，潜蟠得所从②。标奇初韫宝，表智即称龙③。大壑长千里，深泉固九重。奋髯云乍起，矫首浪还冲④。荀氏传高誉，庄生冀绝踪⑤。仍知流泪在，何幸此相逢。

注释：

① 骊：黑色。骊龙：黑龙。左思《吴都赋》："玩其碛砾而不窥玉渊者，未知骊龙之所蟠也。"刘渊林注："庄子曰：千金之珠，在九重之渊，骊龙颔下。"《尸子》卷下："玉渊之中，骊龙蟠焉，颔下有珠。"

② 潜蟠：潜藏蟠伏。《后汉书·张衡传》："夫玄龙，迎夏则陵云而奋鳞，乐时也；涉冬则淈泥而潜蟠，避害也。"亦指潜龙。蟠（pán），盘曲，盘结。

③ 标：标明，显出；显扬。韫（yùn）：藏，蕴藏，怀藏。

④ 奋髯：抖动胡须。矫首：昂首，抬头。矫：高举。

⑤ 荀氏：指荀淑。《后汉书·荀淑传》："荀淑，字季和，颍川颍阴人也。荀卿十一世孙也，少有高行，博学而不好章句，多为俗儒所非，而州里称其知人。……有子八人，俭、绲、靖、焘、汪、爽、肃、专，并有名称，时人谓'八龙'"高誉：高的声誉。庄生：即庄周。颜之推《颜氏家训·勉学》："庄生有乘时鹊起之说。"《太平御览》卷九百二十一引《庄子》："鹊上高城之绝，而巢于高树之颠，城坏巢折，陵风而起。故君子之居世也，得时则义行，失时则鹊起也。"

剑化为龙①

张　聿②

古剑诚难屈，精明有所从③。沉埋方出狱，合会却成龙④。牛斗光初歇，蜿蜒气渐浓⑤。云涛透百丈，水府跃千重⑥。拖尾迷莲锷，张鳞露锦容⑦。至今沙岸下，谁得睹玄踪⑧。

注释：

① 剑化为龙：传说吴灭晋兴之际，牛斗间常有紫气。雷焕告诉尚书张华，说是宝剑之气上冲于天，在豫东丰城。张华派雷焕为丰城令，得两剑，一名龙泉，一名太阿，两人各持其一。（案：此二剑相传为春秋时欧冶子、干将所铸。《战国策·韩策一》："韩卒之剑戟……龙渊、太阿，皆陆断马牛，水击鹄雁，当敌即斩坚。"）张华被诛后，失所持剑。后雷焕子持剑过延平津，剑入水，但见两龙各长数丈，光彩照人。见《晋书·张华传》。

② 张聿：见卷一百八十一《圆灵水镜》注。

③ 精明：光亮。

④ 狱：监狱。这里指宝剑沉埋之地。《晋书·张华传》讲雷焕受张华指派到豫章丰城寻宝剑，“焕到县，掘狱屋基，入地四丈余，得一石函，光气非常，中有双剑，并刻题，一曰龙泉，一曰太阿。”
⑤ 牛斗：指牛宿和斗宿。
⑥ 水府：神话传说中水神或龙王所住的地方。这里指水的深处。
⑦ 莲锷：莲花形的凸纹，常指锋利的宝剑。五代齐己《古剑歌》：“今人不要强硎磨，莲锷星文未曾没。”此二句言剑化为龙，张牙舞爪在水中游弋，亦真亦幻。
⑧ 沙岸：用沙石等筑成的堤岸。玄踪：指剑化为龙的缥缈踪迹。

龟负图[①]（二首）

诗　缺

注释：

①《全唐诗》卷二百八十一丁泽有《龟负图》。其诗曰：

天意将垂象，神龟出负图。五方行有配，八卦义宁孤。作瑞旌君德，披文协帝谟。乘流喜得路，逢圣幸存躯。莲叶池通泛，桃花水自浮。还寻九江去，安肯曳泥途。

丁泽，大历十年（775）试东都第一。今存诗三首。

同　　前

诗　缺

鱼上冰[①]（三首）

王季则[②]

北陆收寒尽，东风解冻初[③]。冰消通浅溜，气变跃潜鱼[④]。应节似知化，扬鬐任所如[⑤]。浮沉非乐藻，沿泝异传书[⑥]。结网时空久，临川意有余[⑦]。为龙将可望，今日愧才虚[⑧]。

注释：

① 鱼上冰：语出《礼记·月令》：“（孟春之月）东风解冻，蛰虫始振，鱼上冰，獭祭鱼，鸿雁来。”郑玄注：“皆记时候也。”孔颖达疏：“鱼当盛寒之时，伏于水下，逐其温暖，至正月阳气既上，鱼游于水上，近于冰，故云鱼上冰也。”后因以“鱼上冰”代称正月早春时令。
② 王季则：登元和进士第。今存诗一首。
③ 北陆：原指北方星域。《左传·昭公四年》：“古者日在北陆而藏冰。”时当冬季。这里指冬天，正与下句“东风”偶对。唐刘禹锡《上门下裴相公启》：“授钺于西颢之半，策勋于北陆之初。”
④ 溜：水流。

⑤ 应节：适应节令。知化：通晓事物变化之理。《易·系辞下》："穷神知化，德之盛也。" 鬐（qí）：鱼脊鳍。《庄子·外物》："已而大鱼食之，牵巨钩，錎没而下，扬而奋鬐，白波若山，海水震荡。"代指鱼。

⑥ 藻：藻类植物。乐藻：谓鱼在水藻间游戏。沿泝：亦作"沿溯"，顺水下行与逆水上行。传书：汉蔡邕《饮马长城窟行》："客从远方来，遗我双鲤鱼。呼儿烹鲤鱼，中有尺素书。"后因以"鲤鱼"代称书信。借指传递书信者。

⑦ 结网：织网。临川：即临川羡鱼，比喻空有愿望，而无实际行动。此句是说作者想为官，但意有踌躇。

⑧ 为龙：鱼化龙，鱼变化为龙。犹言鱼跃龙门。语本《辛氏三秦记》："河津一名龙门，禹凿山开门，阔一里余，黄河自中流下，而岸不通车马。每莫春之际，有黄鲤鱼逆流而上，得过者便化为龙。"后以喻举业成功或地位高升。

同　　前

纪元皋（类诗作何儒亮）①

春生寒气灭（类诗作气减），稍动伏泉鱼②。乍喜东风至，来观曲浦初③。近冰朱鬣见，望日锦鳞舒④。渐觉流澌退，还忻掉尾余⑤。唅喁情自乐，沿泳意宁疏⑥。傥得随鲲化，终听戾太虚（类诗作终能戾太虚）⑦。

注释：

① 纪元皋/何儒亮：《全唐诗 》卷四百九十一，一作王公亮诗。纪元皋，元和进士，今存诗一首。何儒亮：与孟简同时人，今存诗一首。王公亮，登贞元进士第，长庆初自司门郎中为商州刺史，今存诗一首。

② 伏泉鱼：见前《鱼上冰》之孔颖达疏："鱼当盛寒之时，伏于水下，逐其温暖，至正月阳气既上，鱼游于水上，近于冰，故云鱼上冰也。"

③ 浦（pǔ）：水边，河岸。

④ 鬣（liè）：亦作"鬛"。马颈上的长毛。这里指鱼鳍。

⑤ 流澌：亦作"流凘"。江河解冻时流动的冰块。《楚辞·九歌·河伯》："与女游兮河之渚，流澌纷兮将来下。"王逸注："流澌，解冰也。" 忻（xīn）：欣喜。掉尾：摇尾。

⑥ 唅喁（yǎn yóng）：鱼口开合貌。《文选·左思〈吴都赋〉》："葺鳞镂甲，诡类舛错，泝洄顺流，唅喁沉浮。"刘逵注："唅喁，鱼在水中群出动口貌。"借以指鱼。

⑦ 鲲化：鲲变化为鹏，比喻有远大前途的发展变化。语本《庄子·逍遥游》："北冥有鱼，其名为鲲；鲲之大，不知其几千里也。化而为鸟，其名为鹏；鹏之背，不知其几千里也。怒而飞，其翼若垂天之云。"戾：至，到达。《诗·小雅·采芑》："鴥彼飞隼，其飞戾天。"毛传："戾，至也。"太虚：原指空寂玄奥之境。这里指天、天空。

同　　前

吴　冕①

春水潜鳞发，寒潭旧藻疏②。扬鬐顺气后，振鬣上冰初③。戏广怜空洁，浮清媚景虚。戒贪还避饵，思达每怀书④。湿映流澌薄，时游触浪余。终希泮涣泽，为化北溟鱼⑤。

注释：

① 吴冕：《全唐诗》卷四百九十一作吴晃（一作冕）。吴晃，元和进士，今存诗一首。
② 潜鳞：指鱼。疏：分散、分布。
③ 鬐、鬣：皆以鱼鳍代指鱼。
④ 怀书：怀藏书信。通称“锦鳞书”或“鱼书”。蔡邕《饮马长城窟行》：“客从远方来，遗我双鲤鱼。呼儿烹鲤鱼，中有尺素书。”泛指远方之书信。
⑤ 泮涣：即“泮奂”，闲适自在。北溟：即“北冥”。古人意识中北方最远的大海。《庄子·逍遥游》：“北冥有鱼，其名为鲲，鲲之大不知其几千里也。化而为鸟，其名为鹏；鹏之背，不知其几千里也。”此言希望像鲲化为鹏一样，逍遥飞举于天地之间。

临川羡鱼①（二首）

张正元②

有客百愁侵，求鱼正在今③。广川何渺漫，高岸几登临④。风水宁相阻，烟霞岂惮深⑤。不应同逐鹿，讵肯比从禽⑥。结网非无力，忘筌自有心⑦。永存芳饵在，伫立思沉沉⑧。

注释：

① 临川羡鱼：空有愿望，而无实际行动。亦作“临河羡鱼”、“临渊羡鱼”。《淮南子·说林训》：“临河而羡鱼，不若归家织网。”《汉书·董仲舒传》：“古人有言曰：‘临渊羡鱼，不如退而结网。’”
② 张正元：登贞元五年（789）进士第。今存诗二首。
③ 求鱼：表言钓鱼，实言求以致仕。
④ 渺漫：广远，幽长。登临：登山临水。引申指游览。
⑤ 宁（nìng）：岂，难道。与下句“岂”对仗。
⑥ 逐鹿：《史记·淮阴侯列传》：“秦失其鹿，天下共逐之，于是高材疾足者先得焉。”裴骃集解引张晏曰：“以鹿喻帝位也。”后因以“逐鹿”喻争夺统治权。这里比喻追逐名利富贵。讵（jù）：副词，表示反诘。相当于“岂”、“难道”。从禽：追逐禽兽。这里指不应该像鸟兽一样追名逐利。
⑦ 忘筌：筌（quán）：捕鱼器，竹制，有逆向钩刺。忘筌，忘记了捕鱼的筌；比喻目的达到后就忘记了原来的凭借。语出《庄子·外物》：“筌者所以在鱼，得鱼而忘筌；蹄者所以在兔，得兔而忘蹄。”
⑧ 芳饵：鱼钩上芳香的诱饵。

同　　前

薛少殷①

曾是归家客，今年且未旋②。游鳞方有待，织网岂能捐③。向水烟波夕，吟风岁月迁。莓苔生古岸，葭菼变清川④。不逐沧浪叟，还宗内外篇⑤。良辰难自掷，此日愿忘筌⑥。

注释：

① 薛少殷：贞元中登进士第，授秘书省正字，任和番判官，改同官主簿。转赵昌安南节度使从事，丁母忧未能赴任；免丧后，选授万年县尉，贬高州雷泽县尉，历十余年。顺宗即位，下诏收录贬官，移至桂阳，不久去世。见《太平广记》卷一百五十二。今存诗一首。

② 旋：回还，归来。与上句“归”偶对。《诗·小雅·黄鸟》：“言旋言归，复我邦族。”朱熹集传：“旋，回。”此言求学应试于外，羁旅难归。

③ 游鳞：指游鱼。捐：放弃、丢弃。

④ 莓苔：青苔，苔藓。莓：蔷薇科，悬钩子属、蛇莓属植物的泛称。葭（jiā）：初生的芦苇。菼（tǎn）：初生的荻，似苇而小，茎秆可以编席箔等。葭菼：芦与荻，均为水生植物名。《诗·卫风·硕人》：“鳣鲔发发，葭菼揭揭。”毛传：“葭，芦；菼，薍也。”

⑤ 沧浪叟：沧浪老人。《楚辞·渔父》：“渔父莞尔而笑，鼓枻而去。乃歌曰：‘沧浪之水清兮，可以濯吾缨；沧浪之水浊兮，可以濯吾足。’”后以“沧浪老人”指渔父、隐者。内外篇：《庄子》分内篇7、外篇15、杂篇11。世传内篇、外篇为庄周自著，是道家学派的精髓。这里以“内外篇”喻指不凝滞于世、逍遥超俗的道家思想。

⑥ 掷：投，抛。引申指抛弃。

河鲤登龙门①（二首）

失　名

年久还求变，今来有所从。得名当是鲤，无点可成龙②。备历艰难遍，因期造化容③。泥沙宁不阻，钓饵莫相逢。击浪因成势，纤鳞莫继踪④。若令摇尾去，雨露此时浓⑤。

注释：

① 登龙门：《辛氏三秦记》曰：“河津一名龙门，水险不通，鱼鳖之属莫能上，江海大鱼薄集龙门下数千，不得上，上则为龙也。”封建时代称会试中式，致身荣显为“登龙门”。龙门：即禹门口，在山西省河津县西北和陕西省韩城市东北。黄河至此，两岸峭壁对峙，形如门阙，故名。《书·禹贡》：“导河积石，至于龙门。”

② 鲤：鲤鱼，古代传说黄河鲤鱼跳过龙门，就会变化成龙。《埤雅·释鱼》：“俗说鱼跃龙门，过而为龙，唯鲤或然。”北魏郦道元《水经注·河水四》：“鲤鱼……三月则上渡龙门，得渡为龙矣，否则，点额而还。”点额：谓跳龙门的鲤鱼头额触撞石壁。后因以“点额”指仕途失意或应试落第。“无点”指鱼没有触壁顺利跃过龙门。

③ 造化：自然。引申指创造化育。这里指福分，幸运。

④ 纤：细小，微细。纤鳞：小鱼。

⑤ 摇尾：犹曳尾，“曳尾涂中”，喻自由自在地生活。《庄子·秋水》：“庄子钓于濮水，楚王使二大夫往聘庄子。曰：‘原以境内累子。’庄子持竿不顾，曰：‘吾闻楚有神龟，死已三千岁矣。王巾笥

而藏之庙堂之上，此龟者宁其死为留骨而贵乎？宁其生而曳尾涂中乎？’二大夫曰：‘宁生而曳尾涂中。’庄子曰：‘往矣，吾将曳尾于涂中矣。’”

同前（集本作鱼登龙门）

元　稹①

鱼贯终何益，龙门在此登②。有时常（集作成当）作雨，无用耻为鹏③。激浪诚难泝，雄心庶亦（集作亦自）凭④。风雷潜会合，鬐鬣忽腾陵。泥滓辞河浊，烟霄见海澄。回瞻顺流辈，谁敢望同升⑤。

注释：

① 元稹（779—831）：字微之，河南河内人，鲜卑族后裔。幼孤，母郑氏贤而文，亲授书传。举明经书判入等，补校书郎。元和初应制策第一，除左拾遗，历监察御史；坐事贬江陵士曹参军，徙通州司马；自虢州长史征为膳部员外郎，拜祠部郎中知制诰，召入翰林为中书舍人承旨学士，进工部侍郎同平章事；未几，罢相，出为同州刺史，改越州刺史，兼御史大夫、浙东观察使。太和初，入为尚书左丞、检校户部尚书，兼鄂州刺史、武昌军节度使。年五十三，卒，赠尚书右仆射。稹自少与白居易倡和，当时言诗者称“元白”，号为“元和体”。其集与居易同名《长庆》(《元氏长庆集》)。今编诗二十八卷。

② 鱼贯：游鱼先后接续。比喻一个挨一个地依序行进。

③ 鹏：《庄子·逍遥游》：“北冥有鱼，其名为鲲，鲲之大不知其几千里也。化而为鸟，其名为鹏；鹏之背，不知其几千里也。”

④ 泝（sù）：亦作“溯”，逆水而上。庶：差不多。凭：凭依，依靠；任凭。

⑤ 顺流：比喻顺应社会潮流。同升：谓与己一同升迁。此二句表面写鱼实则写人。

鲛人潜织①

康翊仁②

珠馆冯夷室，灵鲛信所潜③。幽闲云碧牖，滉漾水精帘④。机动龙梭跃，丝萦藕绊添⑤。七襄牛女恨，三日大人嫌(《古乐府焦仲卿妻诗》：“三日断五匹，大人故嫌迟。”)⑥。透手擎吴练，凝冰笑越缣⑦。无因听札札，空想濯纤纤⑧。

注释：

① 鲛人：神话传说中的人鱼。晋张华《博物志》卷九：“南海外有鲛人，水居如鱼，不废织绩……从水出，寓人家，积日卖绢。将去，从主人索一器，泣而成珠满盘，以与主人。”

② 康翊仁：生平未详。今存省试诗一首。

③ 冯夷：传说中的黄河之神，即河伯；泛指水神。灵鲛：即鲛人。信：任意，听任。

④ 幽闲：清静闲适。滉漾：荡漾；闪动，摇动。

⑤ 綷（cuì）：五彩杂合。

⑥ 七襄：谓织女星白昼移位七次。《诗·小雅·大东》："跂彼织女，终日七襄，虽则七襄，不成报章。"郑玄笺："襄，驾也。驾，谓更其肆也。从旦至莫七辰一移，因谓之七襄。"一说，"七襄，织文之数也。《诗》意谓望彼织女，终日织文至七襄之多，终不成报我之文章也。"

⑦ 练：煮熟生丝或生丝织品，使之柔软洁白。练过的布帛，一般指白绢，泛指丝织品。缣（jiān）：双丝织成的浅黄色细绢。

⑧ 札札：象声词，这里指机杼声。纤纤：女手柔细貌。《古诗十九首·迢迢牵牛星》："纤纤擢素手，札札弄机杼。"

归马华山①

白行简②

牧野功成后，周王战马闲③。驱驰休伏皁，饮龁任依山④。逐日朝仍去，随风暮自还。冰生疑陇坂，叶落似榆关⑤。躞蹀仙峰下，腾骧渭水湾⑥。幸逢时偃武，不复鼓鼙间⑦。

注释：

① 归马：即"归马放牛"的省称，谓战争止息，不再用兵。语出《书·武成》："乃偃武修文，归马于华山之阳，放牛于桃林之野，示天下弗服。"孔颖达疏："此是战时牛马，故放之，示天下不复乘用。"华山：五岳之一，在陕西省华阴市南，北临渭河平原，属秦岭东段，又称太华山，古称"西岳"。有莲花（西峰）、落雁（南峰）、朝阳（东峰）、玉女（中峰）、五云（北峰）等峰，为游览胜地。

② 白行简：见卷一百八十一《春从何处来》注。

③ 牧野：古地名，在今河南省淇县南。周武王与反殷诸侯会师，大败纣军于此。

④ 皁：牛马的食槽，泛指牲口栏棚。《淮南子·览冥训》："青龙进驾，飞黄伏皁。"伏：俯卧。饮龁：饮水，嚼草或豆。龁（hé），咬嚼。

⑤ 陇坂：亦作"陇阪"，即陇山。《文选·张衡〈四愁诗〉》："我所思兮在汉阳，欲往从之陇阪长。"李善注："应劭曰：'天水有大坂，名曰陇阪 。'《秦州记》曰：'陇坂九曲，不知高几里。'"陇山即六盘山南段的别称，古时又称陇坂、陇坻。"榆关：古地名，在今河南省中牟县南。《史记·楚世家》："［悼王］十一年，三晋伐楚 ，败我大梁、榆关。"司马贞索隐："此榆关当在大梁之西也。"泛指北方边塞。

⑥ 躞（xiè）蹀：小步行走貌；这里指徘徊。腾骧（xiāng）：飞腾，奔腾。

⑦ 偃武：停息武备。偃：停息，止息；使停息。鼓鼙：亦作"鼓鞞"，古代军中常用的乐器，指大鼓和小鼓。鼙（pí）：古代军中所用的一种小鼓。《礼记·乐记》："君子听鼓鼙之声，则思将帅之臣。"后用"鼓鼙"借指征战。此诗表达出作者对和平安宁的时代的歌颂。

西戎献马①

周　存②

天马从东道，皇威被远戎③。来参八骏列，不假贰师功④。影别流沙路，嘶流上苑风⑤。望云时蹀足，向月每争雄⑥。禀异才难状，标奇志岂同⑦。驱驰如见许，千里一朝通。

注释：

① 西戎：我国古代西北戎族的总称。《书·禹贡》指织皮、昆仑、析支、渠搜。也用以称我国西北方吐蕃等少数民族。《旧唐书·西戎列传·大食》：“大食国，本在波斯之西……长安中，遣使献良马。”案，“长安”为武后最后一个年号，701—704 年。《旧唐书·北狄列传·铁勒》：“铁勒，本匈奴别种。自突厥强盛，铁勒诸郡分散，众渐寡弱。至武德初，有薛延陀、契苾、回纥、都播、骨利干等散在碛北……其骨利干，北距大海，去京师最远，自古未通中国。贞观中，遣使来朝贡……俄又遣使随苏密使人朝，献良马十匹。太宗奇其骏异，为之制名，号为十骥。一曰腾霜白，二曰皎雪骢……”

② 周存：见卷一百八十二《白云向空尽》注。

③ 天马：骏马的美称。《史记·大宛列传》：“初天子发书《易》，云‘神马当从西北来’。得乌孙马好，名曰‘天马’。及得大宛汗血马，益壮，更名乌孙马曰‘西极’，名大宛马曰‘天马’云。”三国魏阮籍《咏怀》之五：“天马出西北，由来从东道。”被：泽被；延及。

④ 八骏：相传为周穆王的八匹名马。《穆天子传》卷一：“天子之骏，赤骥、盗骊、白义、踰轮、山子、渠黄、华骝、绿耳。”郭璞注：“八骏，皆因其毛色以为名号耳。”后亦用以泛指骏马。假：借；凭借，依靠。贰师：左右翼军队。这里指汉贰师将军李广利。汉武帝派李广利攻大宛得宝马。见《史记·大宛列传》。

⑤ 流沙：沙漠地区中不固定的、常常随风流动转移的沙。这里指西域地区。上苑：皇家的园林。

⑥ 蹀足：踏足，顿脚。蹀（dié）：蹈，踏。这里指马碎步踏行。

⑦ 禀异：即异禀，非凡的天资。标奇：即奇标，出众的仪表。标：标致，俊美。此为合平仄而倒装。

天骥呈材①（三首）

徐仁嗣②

至德符天道，龙媒应圣明③。追风奇质异，喷玉彩毛轻④。躞蹀形难状，连拳势乍呈⑤。效材矜逸态，绝影表殊名⑥。岐路宁辞远，关山岂惮行⑦。盐车虽不驾，今日亦长鸣⑧。

注释：

① 天骥：天马，神马。骥：骏马。《文选·张协〈七命〉》：“天骥之骏，逸态超越。”李善注：“天骥，天马也。”泛用作骏马的美称。

② 徐仁嗣：新郑人（今属河南），徐商之子。懿宗咸通三年（862）进士。曾任司封员外郎。充翰林学士。僖宗乾符二年（873）迁司封郎中，仍充翰林学士。见《旧唐书·僖宗纪》、《新唐书·宰相世系表》五下、《登科记考》卷二十三、《郎官石柱题名考》卷五及卷六。今存诗一首。

③ 至德：最高的道德，盛德。龙媒：《汉书·礼乐志》：“天马徕龙之媒。”颜师古注引应劭曰：“言天马者乃神龙之类，今天马已来，此龙必至之效也。”后因称骏马为“龙媒”。

④ 追风：形容马行之速。喷玉：马嘘气或鼓鼻时喷出的雪白的唾沫，谓马势雄猛。

⑤ 连拳：拳曲貌，长曲貌。

⑥ 矜：夸耀，自恃。逸态：清秀美丽的姿态。绝影：本良马名。这里指骏马善驰绝尘无影。

⑦ 关山：关隘山岭。《乐府诗集·横吹曲辞五·木兰诗一》："万里赴戎机，关山度若飞。"惮：畏难，畏惧。

⑧ 盐车：运载盐的车子。《战国策·楚策四》："夫骥之齿至矣，服盐车而上太行。蹄申膝折，尾湛胕溃，漉汁洒地，白汗交流，中阪迁延，负辕不能上。伯乐遭之，下车攀而哭之，解纻衣以幂之。"后以"骥服盐车"为典，喻贤才屈沉于天下。此诗句句写马，却句句喻人。

同　前

卢　征①

异产应尧年，龙媒顺制牵②。权奇初得地，躞蹀欲行天③。讵假调金埒，宁须动玉鞭④。嘶风深有恋，逐日定无前⑤。周满夸常驭，燕昭恨不传⑥。应知流赭汗，来自海西偏⑦。

注释：

① 卢征：懿宗咸通三年（862）进士。今存诗一首。

② 尧年：古史传说尧时天下太平，因以"尧年"比喻盛世。制：法度，制度。

③ 权奇：奇谲非凡，多形容良马善行。《汉书·礼乐志》："太一况，天马下，沾赤汗，沫流赭。志俶傥，精权奇。"王先谦补注："权奇者，奇谲非常之意。"躞蹀（xiè dié）：往来小步貌。

④ 金埒（liè）：本指晋代贵族王济用钱币筑成骑射场的界垣。此泛指豪侈的骑射场。

⑤ 嘶风：（马）迎风嘶叫。嘶（sī）：牲畜鸣叫，特指马鸣。

⑥ 周满：即周穆王，名满，有八骏马。《穆天子传》卷一："天子之骏，赤骥、盗骊、白义、踰轮、山子、渠黄、华骝、绿耳。"郭璞注："八骏，皆因其毛色以为名号耳。"夸：夸示，夸耀。燕昭：指战国时燕昭王。《战国策·燕策》：燕昭王欲得贤士，以报齐仇。郭隗讲了千金市骏骨而致千里马的故事，并说："王必欲致士，先从隗始。况贤于隗者，岂远千里哉！"于是昭王筑黄金台师事隗，乐毅、邹衍、剧辛等争趋燕，燕赖以强。恨：遗憾。

⑦ 赭汗：这里指骏马的汗水。借指骏马。汉武帝时伐大宛得千里马，其马汗出如血，称赤汗马、汗血马。海西：指西域一带或位于我国西方的国家。这里指大宛，古国名，为西域三十六国之一，北通康居，南面和西南面与大月氏接，产汗血马。见《史记·大宛列传》、《汉书·西域传上》。

同　前

郑　蕡①

毛骨合天经，拳奇步骤轻②。曾邀于阗驾，新出贰师营③。喷勒金铃响，追风汗血生④。酒亭留去迹，吴坂认嘶声⑤。力可通衢试，材堪圣代呈⑥。王良如顾盼，垂耳欲长鸣⑦。

注释：

① 郑賨：见卷一百八十四《春台晴望》注。
② 毛骨：毛发与骨骼。天经：天之常道。拳奇：即“权奇”，奇谲非凡，多形容良马善行。见前卢征《天骥呈材》注③。
③ 于阗：亦作“于窴”，古西域国名，在今新疆和田一带。贰师：此处指贰师城，在古大宛。《史记·大宛列传》：“且贰师马，宛宝马也。”大宛有好马在贰师城，藏匿不肯献，武帝太初元年命李广利出征贰师城，得宝马，因号李广利为贰师将军。见《汉书·李广利传》。
④ 喷勒：指马嘘气或鼓鼻时喷散唾沫于马勒上，谓马势雄猛。追风：本骏马名。这里形容马行之速。汗血：汗出如血。《史记·大宛列传》：“［大宛］多善马，马汗血，其先天马种也。”
⑤ 酒亭：设有酒座的亭子。坂：斜坡，山坡。吴坂：古地名。《文选》卷二十五刘琨《答卢谌诗并序》：“昔騄骥倚辀于吴坂，长鸣于良乐，知与不知也。”李善注：“《战国策》，楚客谓春申君曰：‘昔骐骥驾盐车，上吴坂，迁延负辕而不能进，遭伯乐，仰而鸣之，知伯乐知己也。今仆屈厄日久，君独无意使仆为君长鸣乎？’”《古今地名》曰：“寘零坂在吴城之北，今谓之吴坂。”良，王良也。王良无遇骥之事，因伯乐而连言之。认：认识，辨别。
⑥ 通衢：四通八达的道路。
⑦ 王良：赵国善相马者；引申喻识才者。《吕氏春秋·观表》：“古之善相马者……若赵之王良，秦之伯乐、九方堙，尤尽其妙矣。”

敕赐三相马①

张 随②

上苑骅骝出，中宫诏命传③。九天班锡礼，三相代劳年④。顾主声犹发，追风力正全⑤。鸣珂龙阙下，喷玉凤池前⑥。四足疑云灭，双瞳比镜悬。为因能致远，今日表求贤。

注释：

① 敕赐：皇帝的赏赐。三相：唐代指中书、门下、尚书三省首脑。
② 张随：韶州曲江（今属广东）人。以善赋著称。见《新唐书·宰相世系表二下》。今存诗一首。
③ 骅骝：周穆王八骏之一，泛指骏马。
④ 九天：这里指帝王。班锡：即班赐，颁赐，分赏；班与颁、锡与赐古代音义皆通。
⑤ 追风：原为骏马名。这里形容马行之速。见前一诗注。
⑥ 鸣珂：显贵者所乘的马以玉为饰，行则作响，因名。龙阙：帝王的宫阙。喷玉：马嘘气或鼓鼻时喷散雪白的唾沫，喻指谓马势雄猛。凤池：凤凰池，禁苑中池沼。魏晋南北朝时设中书省于禁苑，掌管机要，接近皇帝，故称中书省为“凤凰池”。唐代宰相称同中书门下平章事，故多以“凤凰池”指宰相职位。

骐骥长鸣[①]（二首）

章孝标[②]

有马骨堪惊，无人眼暂明。力疲吴坂峻，嘶苦朔风生[③]。逐逐怀良御，萧萧顾乐鸣。瑶池期弄影，天路欲飞声。皎月谁知种，浮云莫问程[④]。盐车终愿脱，千里为君行[⑤]。

注释：

① 骐骥：泛称骏马。骐：有青黑斑纹的马。骥：骏马。
② 章孝标：桐庐人，登元和十四年进士第，除秘书省正字；太和中试大理评事。今存诗一卷。
③ 吴坂：古地名。见前郑賨《天骥呈材》注⑤。朔风：北风，寒风。
④ 种：种类、类别。
⑤ 盐车：见前徐仁嗣《天骥呈材》注⑧。

同　　前

陈去疾[①]

骐骥忻知己，嘶鸣忽异常。积悲摅怨抑，一举彻穹苍[②]。迹类三年鸟，心驰五达庄[③]。何言从蹇踬，今日逐腾骧[④]。牛皁休维絷，天衢恣陆梁[⑤]。向非逢伯乐，谁足见其长。

注释：

① 陈去疾：字文医，侯官人（今福建闽侯）。元和十四年（819）及第。历官邕管经略副使。今存诗十三首。
② 摅（shū）：扩大散布，传播。这里指抒发，吐露。怨抑：怨恨抑郁。
③ 三年鸟：《史记·楚世家》：“庄王即位，三年不出号令，日夜为乐。令国中曰：‘有敢谏者死无赦。’伍举入谏，庄王左抱郑姬右抱越女坐钟鼓之间，伍举曰：‘愿有进隐。’(《集解》骃案：隐谓隐藏其意。）曰：‘有鸟在于阜，三年不蜚不鸣，是何鸟也？’庄王曰：‘三年不蜚，蜚将冲天。三年不鸣，鸣将惊人。举退矣！吾知之矣。’居数月，淫益甚。大夫苏从乃入谏，王曰：‘若不闻令乎？’对曰：‘杀身以明君臣之愿也。’于是乃罢淫乐，听政，所诛者数百人，所进者数百人。任伍举、苏从以政。国人大悦。是岁灭庸。”五达庄：通达五方的大路。《尔雅·释宫》：“五达谓之康，六达谓之庄。”泛指四通八达的大路。
④ 蹇踬：困顿颠仆，不顺利。这里指驽马。腾骧：飞腾，奔腾。
⑤ 皁：牛马的食槽，亦泛指牲口栏棚。维絷：《诗·小雅·白驹》：“皎皎白驹，食我场苗，絷之维之，以永今朝。”郑玄笺：“愿此去者乘其白驹而来，使食我场中之苗，我则绊之系之，以永今朝。爱之欲留之。”因以“维絷”为系缚，羁绊。陆梁：跳跃貌。这里指横行无阻。

仪　　凤①

杨嗣复②

八方该帝泽，威凤忽来宾③。向日朱光动，迎风翠羽新④。低昂多异趣，饮啄迥无邻⑤。郊薮今翔集，河图意等伦⑥。闻韶知鼓舞，偶圣愿逡巡⑦。比屋初同俗，垂恩击壤人⑧。

注释：

① 仪凤：凤凰的别称。《书·益稷》："箫韶九成，凤皇来仪。"

② 杨嗣复：字继之，于陵子也。贞元中擢第，初署幕府，进右拾遗，累迁中书舍人；牛僧孺、李宗闵引之，由户部侍郎擢尚书右丞；太和中，宗闵罢相，嗣复出为剑南东川节度使，宗闵复知政事，入为户部侍郎，俄拜同中书门下平章事；武宗立，贬潮州刺史；宣宗大中初，以吏部尚书召，卒，谥孝穆。今存诗五首。

③ 该：拥有；承受。来宾：来作宾客。引申指前来宾服。

④ 翠羽：绿色的羽毛。这里指凤鸟之翼。

⑤ 迥（jiǒng）：迥然，卓越不群貌。无邻：即无邻，没有伴侣；这里指凤鸟无与伦比。

⑥ 郊薮：郊野草泽之地。翔集：众鸟飞翔而后群集于一处。语出《论语·乡党》："色斯举矣，翔而后集。"河图：河图洛书，古代儒家关于《周易》卦形来源及《尚书·洪范》"九畴"创作过程的传说。《易·系辞上》："河出图，洛出书，圣人则之。"河，黄河。洛，洛水。古代认为出现"河图洛书"是帝王圣者受命之祥瑞。等伦：同辈，同类；亦谓与之同等或同类。

⑦ 韶：虞舜时乐名。《书·益稷》："《箫韶》九成，凤皇来仪。"孔传："《韶》，舜乐名。"鼓舞：击鼓跳舞；这里指随着音乐舞动，转动。愿：中华书局本所作之字左旁不清，似"硕"，实乃"顾"字。逡巡：却行，恭顺貌。

⑧ 比屋：所居屋舍相邻；家家户户。击壤：本指古代的一种游戏。亦指击壤唱歌。相传唐尧之世天下大和，百姓无事，有五十老人击壤于道。汉王充《论衡·艺增》："传曰：有年五十击壤于路者，观者曰：'大哉，尧德乎！'击壤者曰：'吾日出而作，日入而息，凿井而饮，耕田而食；尧何等力！'"《艺文类聚》卷十一引晋皇甫谧《帝王世纪》所引歌辞略异，末句作"帝何力于我哉！"

缑　山　鹤①

张仲素②

羽客骖仙鹤，将飞驻碧山③。映松残雪在，度岭片云还。清唳因风远，高姿间水（类诗作对水）闲④。笙歌应天（类诗作忆天）上，城郭叹人间。几变霜毛洁，方殊藻质斑⑤。蓬瀛如可到，逸翮讵能攀⑥。

注释：

① 缑山鹤：相传周王子乔于缑山乘鹤成仙。汉刘向《列仙传·王子乔》："王子乔者，周灵王太子晋也。好吹笙，作凤凰鸣。游伊洛之间，道士浮丘公接以上嵩高山。三十余年后，求之于山上，见桓良曰：'告我家：七月七日待我于缑氏山巅。'至时，果乘白鹤驻山头，望之不得到，举手谢时人，数日而去。"后用作歌咏修道成仙之典。

② 张仲素：见卷一百八十一《玉绳低建章》注。

③ 羽客：指神仙或方士，中国古代传说好道者修道成功则羽化飞升成仙。骖：本指驾车时位于两旁的马，此处为意动用法，指以仙鹤为骖，即让仙鹤驾车的意思。

④ 清唳：鹤鸣声，鹤鸣清响，故谓。唳（lì）：鹤鸣。

⑤ 霜毛：白色的羽毛。南朝宋鲍照《舞鹤赋》："迭霜毛而弄影，振玉羽而临霞。"藻：藻类植物；引申指美好。

⑥ 蓬瀛：蓬莱和瀛洲，神山名，相传为仙人所居之处。亦泛指仙境。逸翮：指强健善飞的鸟的翅膀；也指疾飞的鸟，这里指鹤。翮（hé）：鸟羽的茎，中空透明；代指鸟的翅膀。

织　鸟①

张　何②

季春三月里，戴胜下桑来③。映日华冠动，迎风绣羽开。候惊蚕事晚，织向女工裁④。旅宿依花定，轻飞绕树回⑤。欲过高阁柳，更拂小庭梅。所寄一枝在，宁忧弋者猜⑥。

注释：

① 织鸟：即诗中所咏的戴胜。

② 张何：代宗大历年间进士。参见《文史》第二十二辑张忱石《全唐诗无世次作者事迹考索》。今存诗一首。

③ 戴胜：亦作"戴鵀"、"戴任"、"戴纴"，鸟名，状似雀，头有冠，五色如方胜（案：方胜，形状像由两个菱形重叠相连而成的一种首饰），故称。《尔雅·释鸟》："戴鵀。"郭璞注："鵀即头上胜，今亦呼为戴胜。"

④ 蚕事：养蚕抽丝之事。女工：指女子所作纺织、刺绣、缝纫等事。

⑤ 旅宿：旅行和歇宿，这里指织鸟飞行和停留。

⑥ 一枝：一根枝杈。《庄子·逍遥游》："鹪鹩巢于深林，不过一枝。"后用以比喻栖身之地。弋：带丝绳的箭，用带丝绳的箭来射；引申指俘获，捕获。

鹤　警　露①

陈　季②

南国商飙动，东皋野鹤鸣③。溪松寒暂宿，露草滴还惊。欲有高飞意，空闻召侣情。风间传藻质，月下引清声。未假抟扶势，焉知羽翼轻④。吾君开太液，愿得应皇明⑤。

注释：

① 警露：相传鹤性机警，因白露降临而相警戒。《艺文类聚》卷九十引晋周处《风土记》曰："至八月白露降，流于草上，滴滴有声，因即高鸣相警，移徙所宿处，虑有变害"。后因以"警露"作为咏鹤的典故。
② 陈季：见卷一百八十四《湘灵鼓瑟》注。
③ 南国：古指江汉一带的诸侯国。《诗·小雅·四月》："滔滔江汉，南国之纪。"泛指我国南方。商飙：秋风。古人把五音与四季相配，商音配秋，因以商指秋季；商音凄厉，与秋天肃杀之气相应，所以称秋为商秋。
④ 抟扶：指旋风。《庄子·逍遥游》："抟扶摇而上者九万里。"扶摇，旋风。后因称乘风旋上为"抟风"。
⑤ 太液：古池名。汉太液池在陕西省长安县西，武帝元封元年（公元前 110 年）开凿，周回十顷，池中筑渐台，高二十余丈；又起三山，以象瀛洲、蓬莱、方丈三神山，刻金石为鱼龙奇禽异兽之属。唐太液池在大明宫中含凉殿后，中有太液亭。皇明：皇帝的圣明，封建时代臣下对皇帝的谀辞。

鹤鸣九皋①

失　名

胎化呈仙质，长鸣在九皋②。排空散清唳，映日委霜毛③。万里思寥廓，千山望郁陶④。香凝光不见，风积韵弥高。凤侣攀何及，鸡群思忽劳。升天如有应，飞舞出蓬蒿⑤。

注释：

① 九皋：曲折深远的沼泽。《诗·小雅·鹤鸣》："鹤鸣于九皋，声闻于野。"毛传："皋，泽也。言身隐而名著也。"郑玄笺："皋，泽中水溢出所为坎，自外数至九，喻深远也。鹤在中鸣焉，而野闻其鸣声……喻贤者虽隐居，人咸知之。"陆德明释文："《韩诗》云：九皋，九折之泽。"
② 胎化：古代相传鹤为胎生，故言"胎化"；鹤亦称"胎仙"、"胎禽"。
③ 排空：凌空，升空飞行。
④ 郁陶：忧思积聚貌。这里形容喜而未畅。
⑤ 蓬蒿：蓬草和蒿草，泛指草丛、草莽。借指荒野偏僻之处。

齐优开笼飞去所献楚王鹄①

崔　枢②

受命笼齐鹄，交欢献楚王③。惠心先巧辩，戢羽见回翔④。意适清风远，忧除白日长。度云摇旧影，过树阅新芳⑤。直取名翻重，宁唯好不伤。谁言滑稽理，千载戒禽荒⑥。

注释：

① 优：俳优，古代以乐舞谐戏为业的艺人。齐优：指齐人淳于髡。《史记·滑稽列传》："昔者，齐王使淳于髡献鹄于楚。出邑门，道飞其鹄，徒揭空笼，造诈成辞。往见楚王曰：'齐王使臣来献鹄，过于水上，不忍鹄之渴，出而饮之，去我飞亡。吾欲刺腹绞颈而死，恐人之议吾王以鸟兽之故令士自伤杀也。鹄，毛物多相类者，吾欲买而代之，是不信而欺吾王也。欲赴佗国奔亡，痛吾两主使不通。故来服过，叩头受罪大王。'楚王曰：'善！齐王有信士若此哉！'厚赐之财，倍鹄在也。"鹄：通称天鹅，似雁而大，颈长，飞翔甚高，羽毛洁白，亦有黄、红色者。

② 崔枢：崔枢，顺宗朝历中书舍人，充东宫侍读，终秘书监。今存诗二首。

③ 交欢：与人结交而取得对方的欢心。泛指结好。

④ 惠心：明慧之心。戢羽：敛翅止飞。戢：收敛，止息。《诗·小雅·鸳鸯》："鸳鸯在梁，戢其左翼。"郑玄笺："戢，敛也。"

⑤ 芳：草香，泛指香气。这里指花卉。

⑥ 滑稽：谓能言善辩，言辞流利。后指言语、动作令人发笑。《史记·滑稽列传》："淳于髡者，齐之赘婿也。长不满七尺，滑稽多辩。"司马贞索隐："按：滑，乱也；稽，同也。言辨捷之人，言非若是，说是若非，言能乱异同也。"禽荒：亦作"禽芒"，沉迷于田猎。《书·五子之歌》："内作色荒，外作禽荒。"蔡沈集传："禽荒，耽游畋也；荒者，迷乱之谓。"此言通过戏谑手段，讽谏规诫君主勿沉迷于游猎而荒废了国政。

黄鹄下太液池①

贾　岛（集无）②

高飞空外鹄，下向禁中池③。岸印行踪浅，波摇立影危④。来从千里岛，舞拂万年枝⑤。踉跄孤风起，徘徊水沫移。幽音清露滴，野性白云随。太液无弹射，灵禽翅不垂⑥。

注释：

① 太液：古池名。汉太液池，在陕西省长安县西，武帝元封元年（公元前110年）开凿，周回十顷。这里指唐太液池，在大明宫中含凉殿后，中有太液亭。《汉书·昭帝纪》："始元元年春二月，黄鹄下建章宫太液池中。"师古曰："黄鹄，大鸟也，一举千里者。……太液池者，言其津润所及广也。"

② 贾岛（779—843）：字浪（一作阆）仙，范阳人（今河北涿县）。初为浮屠（僧），法名无本，来东都时洛阳令禁僧，午后不得出，岛为诗自伤，韩愈怜之，因教其为文，遂去浮屠，举进士；诗思入僻，当其苦吟，虽逢公卿贵人，不之觉也。累举不中第。文宗时，坐飞谤，贬长江主簿。会昌初，以普州司仓参军迁司户，未受命，卒。有《长江集》十卷，小集三卷，今编诗四卷。

③ 禁中：禁令所及范围之内。特指帝王所居宫内。汉蔡邕《独断》卷上："禁中者，门户有禁，非侍御者不得入，故曰禁中。"

④ 危：高，高耸。
⑤ 千里：指路途遥远或面积广阔。万年枝：树名，即冬青。南朝齐谢朓《直中书省》诗："风动万年枝，日华承露掌。"也指年代久远的大树。
⑥ 弹射：用弹丸射击。《汉书·宣帝纪》："其令三辅毋得以春夏擿巢探卵，弹射飞鸟。"灵禽：珍禽，神鸟，有灵性的禽鸟。这里是对黄鹄的美称。

越裳献白翟[①]（二首）

王若岩[②]

素翟宛昭彰，遥遥自越裳[③]。冰晴朝映日，玉羽夜含霜[④]。岁月三年远，山川九译长[⑤]。来从碧海路，入见白云乡[⑥]。作瑞兴周后，登歌美汉皇[⑦]。朝天资孝理，惠化且无疆[⑧]。

注释：

① 越裳：亦作"越常"、"越尝"，古南海国名。《后汉书·南蛮传》："交趾之南，有越裳国。周公居摄六年，制礼作乐，天下和平，越裳以三象重译而献白雉。"白翟：鸟名，白雉类。《山海经·西山经》："又北二十里，曰盂山……其鸟多白雉、白翟。"郝懿行笺疏："雉、翟，一物二种。"
② 王若岩：玄宗时进士。今存诗一首。
③ 宛：宛然，真切貌、清晰貌。
④ 冰晴：指秋天晴朗的天空如冰一样明澈。
⑤ 九译：辗转翻译。《史记·大宛列传》："重九译，致殊俗。"张守节正义："言重重九遍译语而致。"也指边远地区或外国。《晋书·江统传》："周公来九译之贡，中宗纳单于之朝。"
⑥ 白云乡：《庄子·天地》："乘彼白云，游于帝乡。"后因以"白云乡"为仙乡。这里指中原国家之京师，与"碧海路"指南方小国相偶对。
⑦ 周后：周王，古亦称帝王为后。登歌：升堂奏歌，古代举行祭典、大朝会时，乐师登堂而歌。也指乐师登堂所奏的歌。登，升，上。
⑧ 孝理：犹孝道，谓以孝治国教民。惠化：旧指地方官为人所称道的政绩和教化。

同　　前

孙昌彻[①]

圣哲符休运，伊皋列上台[②]。覃恩丹徼远，入贡素翚来[③]。北阙欣初见，南枝顾未回[④]。敛空残雪净，矫翼片云开。驯扰将无惧，翻飞幸莫猜[⑤]。并从上苑里，饮啄自徘徊[⑥]。

注释：

① 孙昌彻：《全唐诗》卷一百九十六作"孙昌胤"一作丁仙芝诗。孙昌胤，登天宝进士第，柳宗元

《与韦中立书》，称其为子举冠礼，事人以为迂。诗四首。《全唐诗》卷一百一十四：丁仙芝（仙一作先），曲阿人。登开元进士第，为余杭尉。今存诗十四首。

② 圣哲：指超人的道德才智，亦指具有这种道德才智的人。这里指帝王。休运：犹言盛世。休，美善，福禄。伊皋：伊尹和皋陶。伊尹，商代名相；皋陶，舜之大臣，掌刑狱之事。后常并称，喻指良相贤臣。上台：指宫廷，朝廷。也泛指三公、宰辅。

③ 覃恩：广施恩泽，旧时多用以称帝王对臣民的封赏、赦免等。覃（tán）：遍及，广施。丹徼：古代称南方的边疆。晋崔豹《古今注·都邑》："南方徼色赤，故称丹徼，为南方之极也。"徼（jiāo）：边界，边塞。素翚：这里指白翟。翚（huī）：五彩山雉。引申指山雉的羽毛，泛指羽毛。

④ 北阙：古代宫殿北面的门楼，是臣子等候朝见或上书奏事之处，后用为宫禁或朝廷的别称。南枝：朝南的树枝。比喻指故土，故国。这里指南方越国。

⑤ 驯扰：顺服，驯伏；使顺服，使和顺。扰：驯养；安抚，和顺。《书·周官》："司徒掌邦教，敷五典，扰兆民。"孔传："以安和天下之民，使小大皆协睦。"猜：疑惧，害怕。《广雅·释诂二》："猜，惧也。"与上句"惧"同义偶对。

⑥ 井：指泉水。

莺出谷①（四首）

钱可复②

玉律阳和变，时禽羽翮新③。载飞初出谷，一啭已惊人④。拂柳宜烟暖，冲花觉路春。抟风翻翰疾，向日弄吭频⑤。求友心何切，迁乔幸有因⑥。华林高玉树，栖托及芳晨⑦。

注释：

① 莺：黄莺，又称黄鹂、仓庚等。出谷：从幽谷出来，常喻指境遇好转或职位升迁。《诗·小雅·伐木》："出自幽谷，迁于乔木。"唐·韦绚《刘宾客嘉话录》："今谓进士登第为迁莺者久矣，盖自《毛诗·伐木篇》。"

② 钱可复：吴兴人（今浙江湖州），钱起之孙。累官礼部郎中，郑注镇凤翔，朝选充副使；注败，遇害。今存诗一首。

③ 玉律：玉制的标准定音器，相传黄帝时伶伦截竹为筒，以筒之长短分别声音的清浊高下，乐器之音，依以为准，分阴、阳各六，共十二律。古人又以配十二月，用吹灰法，以候气。《后汉书·律历志上》："候气之法……殿中候，用玉律十二。"这里用"玉律"指时令。阳和：春天的暖气。借指春天。

④ 载：助词，用在句首或句中，起加强语气的作用。《诗·墉风·载驰》："载驰载驱，归唁卫侯。"毛传："载，辞也。"高亨注："载，犹乃也，发语词。"

⑤ 翻：飞。翰：鸟羽，羽翼。吭：嗓音。

⑥ 迁乔：谓鸟从低处迁往高处。比喻人的地位上升。

⑦ 华林：茂美的林木。栖托：寄托，安身。芳晨：即芳辰，美好的时光。多指春季。

同　　前

张　鹭[①]

弱质随俦匹，迁莺正及春[②]。乘风音响远，映日羽毛新。已得辞幽谷，还将脱俗尘[③]。鸳鸾方可慕，燕雀迥无邻[④]。游止知难屈，翻飞在此伸。一枝如借便，终冀托深仁。

注释：

① 张鹭：开成中人。今存诗一首。

② 弱质：衰弱的体质。喻薄弱的才能。俦匹：同伴，伴侣。迁莺：谓黄莺飞升移居高树。喻登第、升官。

③ 辞幽谷：从幽谷中出来，常喻指境遇好转或职位升迁。《诗·小雅·伐木》：“出自幽谷，迁于乔木。”俗尘：人间。引申指世俗人的踪迹。

④ 鸳鸾：二鸟名，鸳与鸾，皆凤属。用以比喻贤人。晋葛洪《抱朴子·逸民》：“夫锐志于雏鼠者，不识驺虞之用心；盛务于庭粒者，安知鸳鸾之远指。”燕雀：燕子和麻雀。泛指小鸟。这里比喻庸俗浅薄的人。

同　　前

刘庄物[①]

幸因辞旧谷，从此及芳晨[②]。欲语如调舌（一作求友），初飞似畏人[③]。风调归影便，日暖吐声频。翔集知无阻，联绵贵有因[④]。喜迁乔木近，宁厌对花新[⑤]。堪念微禽意，关关也爱春[⑥]。

注释：

① 刘庄物：开成中人。今存诗一首。

② 芳晨：即芳辰，美好的时光；这里喻指好时代。

③ 调舌：本指鸟啼鸣；引申指鸟学人说话。

④ 联绵：亦作“连绵”，接连不断。

⑤ 厌：嫌弃，憎恶，厌烦。“喜迁”句的正常语序为：喜迁近乔木，宁厌对新花。此处作者为合符平仄要求而作了词序的调整。

⑥ 关关：鸟类雌雄相和的鸣声。后亦泛指鸟鸣声。《诗·周南·关雎》：“关关雎鸠，在河之洲。”毛传：“关关，和声也。”

同　前

刘得仁[①]

东风潜启物，动息意皆新[②]。此鸟从幽谷，依林报早春。出寒虽未久，振羽渐能频。稍类冲天鹤，多随折桂人[③]。樽前喧（集作时）有语，花里昼藏身[④]。若向（一作若在）秾华处，余禽不见亲[⑤]。

注释：

① 刘得仁：贵主之子。长庆中即以诗名，自开成至大中三朝，昆弟皆历贵仕，而得仁出入举场三十年，终无成。集一卷，今编诗二卷。

② 潜：秘密，暗中。这里指春天万物潜滋暗长。动息：活动与休息。引申为人的动止起居。息，呼吸，一呼一吸谓之一息；引申指滋息，生长。

③ 冲天鹤：传说周灵王太子晋从道士浮邱公游，曾在缑氏山巅控鹤冲天。见汉刘向《列仙传·王子乔》。折桂：《晋书·郄诜传》："武帝于东堂会送，问诜曰：'卿自以为何如？'诜对曰：'臣举贤良对策，为天下第一，犹桂林之一枝，昆山之片玉。'"后因以"折桂"谓科举及第。

④ 樽（zūn）：盛酒器。

⑤ 秾华：繁盛艳丽的花朵。秾（nóng）：花木茂盛浓密。《诗·召南·何彼秾矣》："何彼秾矣，唐棣之华。"朱熹集传："秾，盛也。"

柳陌听早莺[①]

陶　翰（见集本）[②]

忽来枝上啭，还似谷中声[③]。乍使香闺静，偏伤远客情[④]。间关难辨处，断续若频惊[⑤]。玉勒留将久，青楼梦不成[⑥]。千门候晓发，万井报春生[⑦]。徒有知音赏，惭非皋鹤鸣[⑧]。

注释：

① 柳陌：植柳之路。陌：田间东西或南北小路，亦泛指田间小路。

② 陶翰：润州人（今江苏镇江）。开元十八年（730）擢进士第，又擢宏词科，以《冰壶赋》得名，官礼部员外郎。今存诗一卷。

③ 啭（zhuǎn）：转折发声；这里指鸟鸣婉转。

④ 香闺：指青年女子的内室。远客：远方的来客。

⑤ 间关：本形容转动自如。《诗·小雅·车辖》："闲关车之辖兮，思娈季女逝兮。"引申形容鸟鸣婉转。唐白居易《琵琶行》："间关莺语花底滑，幽咽泉流水下滩。"

⑥ 玉勒：玉饰的马衔；借指马。青楼：青漆涂饰的豪华精致的楼房。

⑦ 千门：千家。万井：泛指千家万户。

⑧ 惭：惭，羞愧。皋鹤：《诗·小雅·鹤鸣》："鹤鸣于九皋，声闻于野。"毛传："皋，泽也。言身隐而名著也。"郑玄笺："皋，泽中水溢出所为坎，自外数至九，喻深远也。鹤在中鸣焉，而野闻其鸣声……喻贤者虽隐居，人咸知之。"后亦用为称美隐士或贤人的典实。

禁林闻晓莺①

陆扆②

曙色分层汉，莺声绕上林③。报花开瑞锦，催柳绽黄金④。断续随风远，间关送月沉。语当温树近，飞觉禁林深⑤。绣户惊残梦，瑶池啭好音。愿将栖息意，从此沃天心⑥。

注释：

① 禁林：皇家园林。

② 陆扆（yǐ）：字祥文，吴郡嘉兴人，家于陕。昭宗朝，拜相，迁洛后，贬濮州司户，死白马驿。集七卷，今存诗一首。

③ 层汉：指高空。汉，天河、银河。上林：古宫苑名。秦、汉、南朝宋各有所址，后泛指帝王的园囿。

④ 瑞锦：唐代根据窦师纶（陵阳公）绘图而织造的一种色彩绮丽的锦，以其绣有龙凤等瑞物，故名。也叫陵阳公样。唐张彦远《历代名画记·唐朝下》："（陵阳公窦师纶）凡创瑞锦宫绫，章彩奇丽，蜀人至今谓之陵阳公样。"黄金：这里比喻柳芽新生，色如黄金。这两句写黄莺啼春，花绚烂，柳如金。

⑤ 温树：即"温室树"，指皇家宫苑树木。《汉书·孔光传》："孔光，字子夏。孔子十四世之孙也……有所荐举，唯恐其人之闻知。沐日归休，兄弟妻子燕语终不及朝省政事。或问光：'温室省中树皆何木也?'（晋灼曰：'长乐宫中有温室殿。'）光嘿不应，更答以它语，其不泄如是。"

⑥ 沃：启发，竭诚忠告。《书·兑命上》："启乃心，沃朕心。若药弗瞑眩，厥疾弗瘳。"孔颖达疏："当开汝心所有以灌沃我心，欲令以彼所见教己未知故也。"天心：天意。这里指君主的心意。

鸟散余花落①（三首）

赵存约②

春晓游禽集，幽庭几树花。坐来惊艳色，飞去堕晴霞③。翅拂繁枝落，风添舞影斜。彩云飘玉砌，绛雪下仙家④。分散音初静，凋零蕊带葩。空阶瞻玩久，应共惜年华⑤。

注释：

① 余花：残花。南朝齐谢朓《游东田诗》："鱼戏新荷动，鸟散余花落。"

② 赵存约：长庆进士。太和中为兴元节度判官，兵乱被害。今存诗一首。

③ 坐：这里指居留，停留。艳：艳丽；泛指花卉、衣饰等物鲜明美丽。
④ 玉砌：用玉石砌的台阶，用为台阶的美称。绛（jiàng）雪：原指炼丹家丹药名。《汉武帝内传》："其次药有丸丹、金液……元霜，绛雪。"这里比喻红色花朵。仙家：仙人所住之处。
⑤ 年华：年岁，年纪；岁月，时光。这里指春光。

同　　前

窦洵直①

晚树春归后，花飞鸟下初②。参差分羽翼，零落满空虚③。风外清（疑）香转，林边艳影疏。轻盈疑雪舞，仿佛似霞舒④。万片情难极，迁乔思有余。微臣一何幸，吟赏对宸居⑤。

注释：

① 窦洵直：长庆进士。今存诗一首。
② 鸟下初：即"鸟初下"倒装，为押韵。
③ 零落：凋谢。
④ 疑：类似，好像；与下句"似"同义偶对。仿佛：隐约，依稀。
⑤ 一何：多么。宸居：帝王居住之所，这里指帝王。宸（chén）：北极星所居，即紫微垣。借指帝王之所居，又引申为王位或帝王的代称。

同　　前

孔温业①

美景春堪赏，芳园白日斜②。共看飞好鸟，复见落余花。来往惊翻电，经过想散霞③。雨余飘处处，风送满家家④。求友声初去，离枝色可嗟⑤。从兹时节换，谁为惜年华。

注释：

① 孔温业：冀州人，长庆元年进士第。大中后，历官中书舍人、大平节度使。今存诗一首。
② 堪：能够，可以。
③ 翻：飞。
④ 家家：每家，每户人家。
⑤"求友"句：中华书局本作"友声初去离，枝色可咨嗟"。此用《诗·小雅·伐木》"伐木丁丁，鸟鸣嘤嘤。……嘤其鸣矣，求其友声"之语典。

空梁落燕泥①

顾　况②

卷幕差池燕，常衔浊水泥③。为粘珠履迹，未等画梁齐④。旧点痕犹浅，新巢缉尚低⑤。不缘频上落，那得此飞栖⑥。

注释：

① 梁：屋梁，木结构屋架中专指顺着前后方向架在柱子上的长木，通常也指檩。燕泥：燕子筑巢所衔的泥；这里指燕巢上的泥。隋代薛道衡《昔昔盐》："暗牖悬蛛网，空梁落燕泥。"薛氏此句写出了荒凉冷寂的境界，艺术性很高，当时曾引起隋炀帝的嫉妒。

② 顾况：字逋翁，海盐人（今浙江海盐）。肃宗至德二载（757）进士，长于歌诗，性好恢谐，尝为韩滉节度判官，与柳浑、李泌善，浑辅政，以校书征；泌为相，稍迁著作郎。悒悒不乐，求归，坐诗语调谑贬饶州司户参军，后隐茅山，以寿终。集二十卷，今编诗四卷。

③ 差池：参差，不齐貌。《诗·邶风·燕燕》："燕燕于飞，差池其羽。"马瑞辰通释："差池，义与参差同，皆不齐貌。"

④ 珠履：珠饰之履。画梁：有彩绘装饰的屋梁。

⑤ 点：小的痕迹，这里指旧的燕巢。缉：编织，裁制；这里指构筑。

⑥ 缘：因为。

好鸟鸣高枝

郑　衮①

养翮非无待，迁乔信自卑②。影高迟日度，声远好风随③。云拂千寻直，花催百啭奇。惊人时向晚，求友听应知。委质经三岁，先鸣在一枝④。上林如可托，弱羽愿差池⑤。

注释：

① 高枝：高树枝。曹植《公宴》诗："潜鱼跃清波，好鸟鸣高枝。"亦比喻高的地位或地位高的人。郑衮：郡望荥阳（今属河南），成武县尉郑昂之子。曾应进士试。德宗时历官监察御史、金乡丞。见《新唐书·宰相世系表五上》、《唐御史台精舍题名考》卷三。今存诗一首。

② 翮：鸟羽的茎，中空透明，俗称"羽管"；代指鸟的翅膀。待：依靠，依恃。"无待"与"有待"相对而言，"有待"古代道家哲学用语，指需要依赖一定的条件。庄子认为世俗生活都是有待的，不自由的，而绝对的精神自由则是无待的。《庄子·逍遥游》："夫列子御风而行，泠然善也，旬有五日而后反。彼于致福者，未数数然也。此虽免乎行，犹有所待者也。"郭象注："非风则不得行，斯必有待也，唯无所不乘者无待耳。"信：果真，确实。

③ 迟日：指春日。《诗·豳风·七月》："春日迟迟。"度：过。

④ 委质：献身，置身。三岁：三年。《论语·子路》："子路曰：'苟有用我者，期月而已可也。三年有成。'"先鸣：喻先及第。
⑤ 差池：犹"参差"，不齐貌。《诗·邶风·燕燕》："燕燕于飞，差池其羽。"

振振鹭①

李频②

有鸟生江浦，霜华作羽翰③。君臣将比洁，朝野用为欢。月影林梢下，冰光水际残。飞翻时共乐，饮啄道皆安。回翥宜高咏，群栖入静看④。由来鸳鹭侣，济济列千官⑤。

注释：

① 振振：群飞貌。《诗·鲁颂·有駜》："振振鹭，鹭于下。"毛传："振振，群飞貌。鹭，白鸟也，以兴絜白之士。"振鹭：《诗·周颂·振鹭》："振鹭于飞，于彼西雍。"孔颖达疏："言有振振然絜白之鹭鸟往飞也……美威仪之人臣而助祭王庙亦得其宜也。"后因以"振鹭"喻在朝的操行纯洁的贤人。
② 李频：见卷一百八十一《府试观老人星》注。
③ 羽翰：翅膀。翰：鸟羽，羽翼。
④ 翥（zhǔ）：飞举。
⑤ 济济：众多貌。千官：众多的官员。这两句是说鹭鸟絜白众多，百官亦如鹭鸟，操行纯洁而群集于朝。

飞鸿响远音①

李体仁②

漠漠微霜夕，翩翩出渚鸿③。清声流迥野，高韵入寥空。旧质经寒塞，残音响远风④。萦云犹类网，避月尚疑弓⑤。弱羽虽能振，丹霄竟未通⑥。欲知多怨思，听取暮烟中。

注释：

① 飞鸿：飞行着的鸿雁。鸿：大雁；天鹅。谢灵运《登池上楼》："潜虬媚幽姿，飞鸿响远音。"
② 李体仁：族望赵郡（今河北邯郸），李续之子。官至江州刺史。今存诗一首。《全唐诗》卷五百六十四：李续，赵郡人。尝为柳公绰幕僚，终曹州刺史，今存诗一首。
③ 漠漠：寂静无声貌；迷蒙貌。
④ 寒塞：苦寒的边塞。
⑤ 避月疑弓：这里是说飞鸿看到月亮以为是猎人的弯弓而趋避。
⑥ 丹霄：谓绚丽的天空。这里暗喻帝王居处，朝廷，京都。

出　笼　鹘[①]

濮阳瓘[②]

玉镞分花袖，金铃出彩笼[③]。遥心长捧日，逸翰镇生风[④]。一点青霄里，千声碧落中[⑤]。星眸随狡兔，霜爪落飞鸿[⑥]。每念提携力，常怀搏击功。以君能惠好，不敢没遥空[⑦]。

注释：

① 鹘（hú）：鸟类的一科，翅膀窄而尖，嘴短而宽，上嘴弯曲并有齿状突起，飞得很快，善于袭击其它鸟类，也叫隼。

② 濮阳瓘：一作濮阳灌。郡望陈留（今河南开封南）。曾应进士试。代宗大历年间任岭南判官、检校刑部员外郎。见《元和姓纂》卷十。今存诗一首。

③ 玉镞：玉质的箭头；这里比喻鸟喙。镞（zú）：箭头。

④ 镇：常，长久。

⑤ 碧落：道教语，指天空，青天。此与上句“青霄”同义偶对。

⑥ 星眸：眸，眼珠，泛指眼睛；星眸，眸子明亮如星，指目光明亮。霜爪：指鸟兽锋利的脚爪。

⑦ 惠好：恩爱；友好。语本《诗·邶风·北风》：“惠而好我，携手同行。”毛传：“惠，爱也。”遥空：遥远的天空。

霜隼下晴皋[①]

失　名

九皋霜气劲，翔隼下初晴[②]。风动闲云卷，星驰白草平。棱棱方厉疾，肃肃自纵横[③]。掠地秋毫迥，投身逸翮轻[④]。高墉全失影，逐雀乍飞声[⑤]。薄暮寒郊外，悠悠万里情。

注释：

① 隼（sǔn）：鸟名，又名鹘。鹰类中最小者，飞速善袭。猎者多饲之，使助捕鸟兔。

② 九皋：曲折深远的沼泽。《诗·小雅·鹤鸣》：“鹤鸣于九皋，声闻于野。”毛传：“皋，泽也。”陆德明释文：“《韩诗》云：九皋，九折之泽。”

③ 棱棱（léng）：严寒貌。厉疾：迅猛。《礼记·月令》：“［季冬之月］征鸟厉疾。”孔颖达疏：“厉，严猛；疾，捷速也。”

④ 逸翮：指强健善飞的鸟的翅膀。

⑤ 墉（yōng）：墙垣。

反舌无声[①]

张 籍[②]

夏木多好鸟，偏知反舌名。林幽归旧（集作仍共）宿，时过已无（集作即分）声。竹外天空晓，溪头雨自晴。居人疑（集作宜）寂寞，深院益凄清。入雾暗相失，当风闲易惊。来年上林苑，知尔最先鸣[③]。

注释：

① 反舌：鸟名，即百舌鸟。《礼记·月令》：“［仲夏之月］小暑至，螳螂生，鵙始鸣，反舌无声。”孔颖达疏：“反舌鸟，春始鸣，至五月稍止，其声数转，故名反舌。”此言时已夏天，反舌鸟已过了鸣叫之期。

② 张籍：见卷一百八十一《夏日可畏》注。

③ 上林苑：代指皇家园囿。

雪夜听猿吟

顾 伟[①]

寒岩飞暮雪，绝壁夜猿吟。历历和群雁，寥寥思客心[②]。绕枝犹避箭，过岭却投林[③]。风冷声偏苦，山寒响更深。听时无有定，静里固难寻。一宿扶桑月，聊看怀好音[④]。

注释：

① 顾伟：生平未详。今存诗一首。

② 历历：清晰貌。

③ 投林：鸟兽入林；借喻栖身或归隐。

④ 扶桑：神话中的树名，传说太阳升起于扶桑之下；这里用于月亮，是因为月也是东升西落。聊：姑且，暂且，勉强。好音：悦耳的声音。《诗·鲁颂·泮水》：“翩彼飞鸮，集于泮林。食我桑黮，怀我好音。”

寒 蝉 树[①]

沈 鹏[②]

一叶初飞日，寒蝉益易惊[③]。入林惭织细，依树愧身轻。大干时容息，乔枝或借鸣④。心由饮露净，响为逐风清。忝有翩翾分（一作翼），应怜嘒唳声⑤。不知微薄影，早晚挂緌缨⑥。

注释：

① 寒蝉：蝉的一种，又称寒蜇、寒蜩，较一般蝉为小，青赤色。《礼记·月令》："［孟秋之月］凉风至，白露降，寒蝉鸣。"

② 沈鹏：生平未详。今存诗一首。

③ 一叶：一片叶子。这里是说"一叶知秋"，看见一片落叶，就知道秋天来临。

④ 干：指树的主干。

⑤ 忝：羞辱，有愧于。常用作谦词。翩翾：轻飞貌。翾（xuān）：飞貌。嘒唳：蝉鸣声。嘒（huì）：蝉鸣。唳（lì）：鹤鸣，泛指鸟鸣。

⑥ 緌（ruí）：古代帽带的下垂部分。这里指蝉长在口、腹下的针状喙。《礼记·檀弓下》："范则冠而蝉有緌。"郑玄注："范，蜂也。蝉，蜩也。緌为蜩喙，长在腹下。"缨：饰带。这里緌、缨，皆指蝉的针状喙，可以叮挂在植物上，与足肢一起固定身体。

文苑英华卷一百八十六

宋　李昉等编

省试七　四十四首

明堂火珠①

崔　曙②

正位开重屋，凌空出火珠③。夜来霜月满，曙后一星孤④。天净光难灭，云生望欲无。还知圣明代，国宝在名都。

注释：

① 明堂：古代帝王宣明政教的地方。凡朝会、祭祀、庆赏、选士、养老、教学等大典，都在此举行。火珠：即火齐珠。宝珠的一种。唐玄奘《大唐西域记·屈露多国》："既邻雪山，遂多珍药，出金、银、赤铜及火珠、鍮石。"《旧唐书·南蛮西南蛮传·林邑》："［贞观］四年，其王范头黎遣使献火珠，大如鸡卵，圆白皎洁，光照数尺，状如水精，正午向日，以艾承之，即火燃。"

② 崔曙：宋州人（今河南商丘一带）。开元二十六年（738）登进士第，以《试明堂火珠》诗得名。今存诗一卷。

③ 重屋：重檐之屋。商代天子用以宣明政教的大厅堂。《周礼·考工记·匠人》："殷人重屋，堂修七寻，堂崇三尺，四阿重屋。"郑玄注："重屋者，王宫正堂，若大寝也。"戴震《〈考工记图〉补注》："世室、重屋，制皆如明堂…… 姚姬传曰：重屋，复屋也。别设栋以列椽，其栋谓之棼，椽栋既重，轩版垂檐皆重矣。"孙诒让正义："殷人重屋者，亦殷之明堂也。"

④ 星：指火珠、火齐珠。

沉珠于渊①（二首）

独孤良器②

皎洁澄泉水，荧煌照乘珠③。沉非将宝契，还与不贪符④。风折璇成浪，空涵影似濡⑤。深看星并入，静向月同无。光价怜时重，亡情信道枢⑥。不应无胫至，自为暗投殊⑦。

注释：

① 沉珠于渊：原书题下有注曰："唐讳，类诗作泉。"《资治通鉴》卷一百九十四《唐纪十》："昔尧舜抵璧于山，投珠于谷。"胡三省注："陆贾《新语》曰：'圣人不用珠玉而宝其身，故舜弃黄金于巉岩之山，捐珠玉于五湖之川，以杜淫邪之欲也。'"《文选班固〈东都赋〉》："捐金于山，沉珠于渊。"李善注："《庄子》曰：'捐金于山，藏珠于渊，不利货财，不尚富贵也。'"唐讳类诗作泉：乃避李渊名讳，《全唐诗》等皆作"沉珠于泉"。

② 独孤良器：贞元中官右司郎中。今存诗一首。

③ 荧煌：辉煌。照乘珠：光亮能照明车辆的宝珠。

④ 将宝契：拥有宝物的契券。符：符契。不贪符即不贪的证明。

⑤ 璇（xuán）：本指美玉。《集韵·平仙》："璇，《说文》：美玉也。"这里指产珠的水流。《文选·颜

延之〈赠王太常〉诗》："玉水记方流，琁源载圆折。"李善注引《尸子》："凡水，其方折者有玉，其圆折者有珠也。"意谓水下有玉，则水面呈现方形漩涡；有珠，则水面呈圆形漩涡。

⑥ 光价：显扬其身阶。亡情：无情。道枢：至道。

⑦ 胫（jìng）：人的小腿。泛指人或禽兽的腿。暗投：即明珠暗投，语出《史记·鲁仲连邹阳列传》："臣闻明月之珠，夜光之璧，以暗投人于道路，人无不按剑相眄者。何则？无因而至前也。"后多用以比喻有才能的人因无人引荐而得不到赏识和重用；亦比喻贵重的东西落到不识货的人手里。

同　　前

独孤绶①

至道归淳朴，明珠被弃捐②。失真来照乘，成性却沉泉③。不是灵蛇吐，犹疑合浦旋④。岸旁随日落，波底共星悬。致远终无胫，怀贪遂比肩。欲知恭俭德，所宝在唯贤⑤。

注释：

① 独孤绶：大历十年登进士第，举博学宏词，尝试驯象赋，德宗称之，特书第三。今存诗一首。

② 至道：这里指最好的道德、政治制度。明珠被弃捐：见前独孤良器《沉珠于渊》注①。

③ 失真：失去本意或本来面目。照乘：即照乘珠，光亮能照明车辆的宝珠。这里指照耀车辆。成性：成其天性。

④ 灵蛇：神异的蛇，有灵应的蛇。这里指传说中衔珠报答隋侯的蛇。相传春秋时隋侯出行，见大蛇被伤中断，使人以药敷之，蛇乃能走。岁余，蛇衔明珠以报之，谓之"隋侯珠"，亦曰"灵蛇珠"。事见晋干宝《搜神记》卷二十。后以"灵蛇珠"喻绵绣文才。合浦：古郡名。汉置，郡治在今广西壮族自治区合浦县东北，县东南有珍珠城，又名白龙城，以产珍珠著名。晋葛洪《抱朴子·祛惑》："凡探明珠，不于合浦之渊，不得骊龙之夜光也；采美玉，不于荆山之岫，不得连城之尺璧也。"明宋应星《天工开物·珠玉》："合浦、于阗，行程相去二万里，珠雄于此，玉峙于彼，无胫而来，以宠爱人寰之中，而辉煌廊庙之上。"

⑤ 恭俭：恭谨谦逊，恭谨俭约。《书·周官》："恭俭惟德，无载尔伪。"

珠还合浦①

邓　陟②

至宝含冲粹，清虚映浦湾③。素辉明荡漾，圆彩色玢瑞④。昔逐诸侯去，今随太守还⑤。影摇波里月，光动水中山。鱼目徒相比，骊龙乍可攀。愿将车饰用，长得耀君颜⑥。

注释：

① 合浦：古郡名，郡治在今广西壮族自治区合浦县东北，以产珍珠著名。珠还合浦：即合浦珠还，

比喻人去复归或物归旧主；也引申指吏治贤明、四海归心。《后汉书·循吏传·孟尝》：“（合浦）郡不产谷实，而海出珠宝，与交址比境……先时宰守并多贪秽，诡人采求，不知纪极，珠遂渐徙于交址郡界。于是行旅不至，人物无资，贫者饿死于道。尝到官，革易前敝，求民病利。曾未逾岁，去珠复还，百姓皆反其业。”

② 邓陟：生平未详。今存诗一首。

③ 冲粹：中和纯正。三国魏嵇康《答〈难养生论〉》：“令尹之尊，不若德义之贵；三黜之贱，不复冲粹之美。”

④ 玢瑞（bīn bīn）：即“玢豳”，玉有纹理貌。

⑤ 这两句是说明珠先从随侯，今则回还合浦。诸侯：指随侯。传说古代随国姬姓诸侯见一大蛇伤断，以药敷之而愈；后蛇于江中衔明月珠以报德，因曰随侯珠，又称灵蛇珠。

⑥ 此两句是自比明珠（照乘珠），愿得照乘，即作明珠以照耀车辆。暗示愿出仕为官。

罔象得玄珠①

张　籍（类诗作黎逢）②

赤水今何处，遗珠已渺然③。离娄徒肆目，罔象乃通玄④。皎洁因成性，圆明不在泉。暗中看夜（类诗作驱夜）色，尘外照情田⑤。无胫真难掬，怀疑宝（类诗作实）易迁⑥。今朝搜择得，应自（一作免）媚晴川⑦。

注释：

① 罔象：亦作“罔像”、“象罔”，古代传说中的水怪，或谓木石之怪；有无心、无形迹之意。《庄子·天地》：“黄帝游乎赤水之北，登乎昆仑之丘而南望，还归，遗其玄珠。使知索之而不得，使离朱索之而不得，使吃诟索之而不得也。乃使象罔，象罔得之。”玄珠：黑色明珠；比喻贤才或宝贵的事物。

② 张籍/黎逢：张籍，见卷一百八十一《夏日可畏》注。黎逢，登大历十二年进士第。今存诗二首。

③ 赤水：古代神话传说中的水名。《庄子·天地》：“黄帝游乎赤水之北，登乎昆仑之丘而南望，还归遗其玄珠。”

④ 离娄：传说中的视力特强的人。《孟子·离娄上》：“孟子曰：‘离娄之明，公输子之巧，不以规矩，不能成方圆。’”焦循正义：“离娄，古之明目者，黄帝时人也。黄帝亡其玄珠，使离朱索之。离朱，即离娄也，能视于百步之外，见秋毫之末。”

⑤ 情田：指心地。《礼记·礼运》：“故人情者圣王之田也，修礼以耕之，陈义以种之，讲学以耨之，本仁以聚之，播乐以安之。”

⑥“无胫”、“怀疑”二句：化用了“明珠暗投”典故。言无所引荐，虽才如宝玉、明珠，而人恒见疑。此唐代举子怀才难遇心情之写照。见前独孤良器《沉珠于渊》注⑦。也暗用了“珠还合浦”典，比喻人去复归或物归旧主；也引申指吏治贤明、四海归心。见前邓陟《珠还合浦》注①。

⑦ 晴川：晴天下的江面。

浊水求珠①（三首）

王　起②

行潦沉明月，光辉也不浮③。识珍能洞鉴，精宝（一作意）此来求。几被泥沙杂，常随混浊流。润川终自媚，照乘且何由。的皪终难掩，晶荧愿见收④。蛇行无胫至，饮德已闻酬⑤。

注释：

① 浊水：浑浊的水；以喻浊世。唐·马总《意林》摘《抱朴子》："识珎者必拾浊水之明珠，赏气者必将秽薮之芳蕙。"《太平御览·珎宝部·珠下》引《抱朴子》文同。浊水求珠，隐喻从下层选拔人才。

② 王起：见卷一百八十六《浊水求珠》注。

③ 行潦：沟中的流水。这里指浑浊的水，比喻浊世。《诗·大雅·泂酌》篇，今文三家以之为公刘而作，谓以戎狄浊乱之区而公刘居之，譬如行潦可谓浊矣。公刘挹而注之，则浊者不浊，清者自清。明月：光明的月亮。这里指明珠。《楚辞·九章·涉江》："被明月兮佩宝璐。"王逸注："言己背被明月之珠。"

④ 的皪（lì）：光亮、鲜明貌。晶荧：明亮闪光。

⑤ 蛇行句：用灵蛇报隋侯以珍珠典故。饮德：蒙受德泽。

同　前

吕　价①

至宝诚难得，潜光在浊流。深沉当处晦，皎洁庶来求②。缀履将还用，褰裳必更收③。蚌胎应自别，鱼目岂能俦④。日彩逢高鉴，星光讵暗投⑤。不因今日取，泥滓出无由⑥。

注释：

① 吕价：穆宗长庆四年（824）前及进士第。见《宝刻丛编》卷八。今存诗一首。

② 庶：副词，希望，但愿。

③ 褰裳：撩起下裳。褰（qiān）：撩起，用手提起。

④ 蚌胎：指珍珠。古人以为蚌孕珠如人怀妊，并与月的盈亏有关，故称。语本《文选·扬雄〈羽猎赋〉》："方椎夜光之流离，剖明月之珠胎。"李善注："明月珠，蚌子珠，为蚌所怀，故曰胎。"

⑤ 日彩：太阳的光彩。星光：星星的光辉。这里皆用以指代光耀的明珠。

⑥ 泥滓：泥渣。比喻卑下的地位。

同　前

王损之①

积水非澄澈，明珠不易求。依稀沉极浦，想象在中流②。瞪目思清浅，褰裳恨暗投③。徒看川色媚，空爱夜光浮。月入疑龙吐，星归似蚌游。终希识珍者，采掇冀冥搜④。

注释：

① 王损之：贞元十四年进士第。今存诗一首。《赋得浊水求珠》。
② 中流：江河中央，水中。
③ 暗投：明珠暗投，亦作“明珠夜投”、“明珠投暗”。见前独孤良器《沉珠于渊》注⑦。
④ 采掇：搜集；拾取；选取。冥搜：尽力寻找，搜集。这两句是希望有能够提携人才、识别千里马的伯乐。

暗投明珠①（三首）

罗　泰②

媚川时未识，在掌共传名③。报德能欺暗，投人自欲明④。月临幽室朗，星没晓河倾⑤。的皪骊龙颔，荧煌彩凤呈⑥。守恩辞合浦，擅美掩连城⑦。鱼目应难近，谁知按剑情⑧。

注释：

① 暗投明珠：亦作“明珠夜投”、“明珠投暗”。语出《史记·鲁仲连邹阳列传》：“臣（邹阳）闻明月之珠，夜光之璧，以暗投人于道路，人无不按剑相眄者。何则？无因而至前也。”后多用“明珠暗投”比喻有才能的人因无人引荐而得不到赏识和重用；亦比喻贵重的东西落到不识货的人手里。此为唐代举子怀才难遇心情之写照。亦见《文选·邹阳〈狱中上书自明〉》。
② 罗泰：文宗大和五年（831）任补阙，曾与裴休等一起议宋申锡狱事，见《旧唐书·宋申锡传》。今存省试诗一首。
③ 媚川：犹言“川媚”，指明珠藏于水中。晋陆机《文赋》：“水怀珠而川媚。”传名：传播而闻名。
④ 欺暗：谓在无人看见的地方作昧心之事。这里“欺暗”指照亮黑暗。欺，压过。
⑤ 晓河：拂晓时的银河。
⑥ 骊龙：黑龙。《尸子》卷下：“玉渊之中，骊龙蟠焉，颔下有珠。”彩凤：即凤凰。春秋楚人卞和，相传他因见凤凰飞舞而在荆山中得玉璞，即后来的“和氏璧”。
⑦ 合浦：古郡名，郡治在今广西壮族自治区合浦县东北，以产珍珠著名。见前独孤绶诗注④。《全唐诗》卷七百八十同诗正作“合浦”。连城：指毗邻的诸城。这里指贵重的宝物。战国时，赵惠文王得和氏璧，秦昭王寄书赵王，愿以十五城易璧。事见《史记·廉颇蔺相如列传》。后以“连城”指和氏璧或珍贵之物。
⑧ 按剑：以手抚剑，预示击剑之势。这里指珍宝等无由而至，令人生疑。《史记·鲁仲连邹阳列传》：“臣闻明月之珠，夜光之璧，以暗投人于道路，人无不按剑相眄者，何则？无因而至前也。”唐李白《古风》之五六：“献君君按剑，怀宝空长吁。”

同　前

苑（一作范）诎（文又切）①

至宝欣怀日，良兹岂可俦②。神光非易鉴，夜色信难投。错落珍寰宇，圆明隔浅流。精灵辞合浦，素彩耀神州③。抱影希人识，承时望帝求④。谁言按剑者，猜忌却生雠⑤。

注释：

① 苑油：油，同“咒”。一作范油，郡望马邑（今山西省朔县），家住荆衡（今湖北、湖南一带）。德宗时进士。见《太平广记》卷二百四十二引《干䐶子》、《柳河东集》卷二十二。今存诗一首。

② 兹（zī）：年。《吕氏春秋·任地》：“今兹美禾，来兹美麦。”高诱注：“兹，年也。”侔：比，相比。

③ 精灵：指明珠。

④ 希：希望，期冀。

⑤ 按剑：以手抚剑，预示击剑之势。这里指珍宝等无由而至，令人生疑。见前罗素《暗投明珠》注⑧。

同　　前

崔　藩①

至宝（一作万千）看怀袖，明珠出后（疑）收②。向人光不定，离掌势难留。皎澈虚临夜，孤圆冷莹秋。乍来惊月落，疾转怕星流。有泪井瑕弃，无谋自暗投③。今朝感恩处，将欲报隋侯④。

注释：

① 崔藩：德宗贞元间进士。今存诗一首。

② 怀袖：怀藏。

③ 井：中华书局本作井字中间有点而左竖撇下不出头，不成字；四库全书本作“井”，亦于义难通，疑误；《全唐诗》卷七百八十同诗作“甘”，是也；正好与下句“自”类义偶对。瑕弃：谓因其有瑕疵而弃绝之。唐卢仝《感古》诗之二：“人生何所贵，所贵有终始。昨日盈尺璧，今朝尽瑕弃。”谋：《全唐诗》卷七百八十同诗作“媒”，是也；媒，说合婚姻的人；这里指引荐、推荐。

④ 隋侯：即随侯。传说古代随国姬姓诸侯见一大蛇伤断，以药敷之而愈；后蛇于江中衔明月珠以报德，因曰随侯珠，又称灵蛇珠。

水　怀　珠①

莫宣卿②

长川含媚色，波底孕灵珠③。素魄生蘋末，圆规照水隅④。沦涟冰彩动，荡漾瑞光铺。迥夜星同贯，清秋岸不枯⑤。江妃思在掌，海客亦忘躯⑥。合浦当还日，恩威信已敷⑦。

注释：

① 怀珠：藏珠。晋陆机《文赋》："石韫玉而山辉，水怀珠而川媚。"后因以"怀珠韫玉"比喻怀藏才德。
② 莫宣卿：见卷一百八十四《百官乘月早朝听残漏》注。
③ 媚色：取悦于人的神态。
④ 素魄：月的别称。这里指明月之珠。圆规：这里指月亮。
⑤ 同贯：一体，一例；并列，同列。岸不枯：即古语所云"水有珠而涯不枯"。涯岸不枯即谓其上草木茂盛。
⑥ 江妃：亦作"江婓"，传说中的神女。汉刘向《列仙传·江妃二女》："江妃二女者，不知何所人也，出游于江汉之湄，逢郑交甫，见而悦之，不知其神人也。"海客：航海者。
⑦ 合浦：用了"珠还合浦"典，比喻人去复归或物归旧主；也引申指吏治贤明，四海归心。见邓陟《珠还合浦》注①。敷（fū）：施予，施行。传布，散布。

琢玉成器[①]

叶季良[②]

片玉寄幽石，纷纶当代名[③]。荆人献始遇，良匠琢初成[④]。冰映寒光动，虹开晚（一作晓）色明。雅容看更澈，余响扣弥清[⑤]。自与琼瑶比，方随掌握荣[⑥]。因知君有用，高价伫连城[⑦]。

注释：

① 琢：雕刻加工玉石。《诗·卫风·淇奥》："有匪君子，如切如瑳，如琢如磨。"器：用具，器具。《易·系辞上》："备物致用，立成器以为天下利。"比喻人才。《礼记·学记》："玉不琢不成器。"
② 叶季良：见卷一百八十一《月照冰池》注。
③ 纷纶：杂乱貌，众多貌。
④ 荆人：楚人，这里指发现并进献玉璧的楚人卞和。
⑤ 雅容：优美脱俗的外表。
⑥ 琼瑶：美玉。《诗·卫风·木瓜》："投我以木桃，报之以琼瑶。"毛传："琼瑶，美玉。"琼：美玉。瑶：似玉的美石，亦泛指美玉。掌握：手掌，手中；喻控制的范围。这里指被帝王任用。
⑦ 伫：久立。这里指企盼，期待。

玉卮无当[①]（二首）

蒋　防[②]

美玉常为器，兹焉变漏卮。酒浆悲莫挹，樽俎念空施[③]。符彩功难补，盈虚数已亏[④]。岂唯孤玩好，抑亦类瑕疵[⑤]。清越音虽在，操持意渐隳[⑥]。赋形期大匠，良璞勿同斯[⑦]。

注释：

① 玉卮无当：左思《三都赋序》："且夫玉卮无当，虽宝非用；侈言无验，虽丽非经。"卮（zhī），亦作"巵"，古代盛酒器。当，底。谓玉杯无底。后多比喻东西虽好，却无用处。《韩非子·外储说右上》："一日，堂溪公见昭侯曰：'今有白玉之卮而无当，有瓦卮而有当，君渴将何以饮？'君曰：'以瓦卮。'"
② 蒋防：见卷一百八十《望禁苑祥光》注。
③ 挹（yì）：酌，以瓢舀取。《诗·小雅·大东》："维北有斗，不可以挹酒浆。"樽俎：古代盛酒食的器皿。樽以盛酒，俎以置肉。
④ 符彩：亦作"符采"，美玉的纹理色彩。
⑤ 玩好：玩赏与爱好。引申指供玩赏的奇珍异宝。
⑥ 操持：握持，掌握。这里指操作，运用。隳（huī）：毁坏，废弃。这里指懈怠。
⑦ 赋形：指赋予人或物以某种形体。良璞：未经剖取的美玉；常用以比喻未被选用的贤才。此言人或物都应该实用，不应像"玉卮无当"，好看而不中用。

同　前

元　稹①

共惜连城宝，翻为无当卮②。讵惭君子贵，深讶拙工隳③。泛蚁功全少，如虹色不移④。可怜殊砾石，何计辨糟醨⑤。江海诚难满，盘筵莫妄施。纵乖斟酌意，犹得奉光仪⑥。

注释：

① 元稹：见卷一百八十五《河鲤登龙门》注。
② 连城：《史记·廉颇蔺相如列传》载：战国时赵惠文王得和氏璧，秦昭王寄书赵王，愿以十五城易璧。后以"连城"指和氏璧或珍贵之物。此指玉卮之珍贵。翻：副词，反而。
③ 隳（huī）：毁坏。
④ 蚁：蚂蚁。常用于指酒面漂浮的泡沫或酒糟。汉张衡《南都赋》："醪敷径寸，浮蚁若萍。"功：精善，坚美。器物饮食之精善者叫做功，滥恶者叫做苦。泛蚁，代指酒。泛蚁功，此指玉卮的盛酒功用。
⑤ 砾石：小石块，砂石。糟醨：酒。糟：亦作"醩"。古指未漉清的带滓的酒，后指酒渣。《周礼·天官·酒正》："共宾客之礼酒，共后之致饮于宾客之礼，医酏糟，皆使其士奉之。"郑玄注："糟，医酏不泲者；泲曰清，不泲曰糟。"醨（lí）：薄酒。《楚辞·渔父》："众人皆醉，何不餔其糟而歠其醨？"
⑥ 光仪：光彩的仪容，称人容貌的敬词，犹言尊颜。

沽美玉①

罗立言②

谁怜被褐士，怀玉正求沽③。成器终期达，逢时岂见诬④。宝同珠照乘，价重剑论都⑤。浮彩朝虹满，悬光夜月孤。几年沦瓦砾，今日出泥涂。采研资良匠，无令瑕掩瑜⑥。

注释：

① 沽（gū）：卖。《论语·子罕》："有美玉于斯，韫椟而藏诸？求善贾而沽诸？"

② 罗立言：宣州（今属安徽）人。太和中，历司农少卿，李训引为京兆少尹知府事，同谋诛宦官，被害。今存诗一首。

③ 被褐：穿着粗布短袄，谓处境贫困。《墨子·尚贤中》："传说被褐带索，庸筑乎傅岩。"褐：指粗布或粗布衣，古时贫贱者所服，最早用葛、兽毛，后通常指大麻、兽毛的粗加工品。

④ 达：畅达，通达。这里指推举，推荐。见诬：被诬陷。此暗用楚卞和献玉遭诬陷之事。

⑤ 照乘：照乘珠。论都：以都城论价，指价值连城。汉袁康《越绝书·记宝剑》："昔者越王勾践有宝剑五，闻于天下。客有能相剑者，名薛烛。王召而问之……王取纯钩……王曰：'是也！客有直之者，有市之乡二、骏马千匹、千户之都二，可乎？'薛烛对曰：'不可……虽复倾城量金、珠玉竭河，犹不能得此一物，有市之乡二、骏马千匹、千户之都二，何足言哉！'"

⑥ 采斫：开采，雕琢。资：凭借，依靠。瑜：美玉。无令瑕掩瑜：即"瑜不掩瑕"。《孔子家语·问玉》："瑕不掩瑜，瑜不掩瑕，忠也。"《礼记·聘礼》作"瑜不掩瑕"。郑玄注："瑕，玉之病也。瑜，其中间美者。"原谓玉之性，美与恶不互相掩盖，后多比喻优点不能掩盖缺点。此言士子怀才不遇，而又恃才待沽。

瑕瑜不相掩①（二首）

陈中师②

出石温然玉，瑕瑜素在中③。妍媸因异彩，音韵（一作响）信殊风④。让美心方并，求疵意本同。光华开缜密，清润仰磨砻⑤。秀质非攘善，贞姿肯废忠⑥。今来侻成器，分别在良工⑦。

注释：

① 瑕瑜不相掩：即"瑜不掩瑕"。原谓玉之性，美与恶不互相掩盖，后多比喻优点不能掩盖缺点。见前罗立言《沽美玉》注⑦。

② 陈中师：宪宗元和十年（815）任御史，历任吏部员外郎、司封郎中、太常少卿等职。见《郎官石柱题名考》卷三、四、五。今存诗一首。

③ 温然：温和貌。《诗·秦风·小戎》"言念君子，温其如玉"汉郑玄笺："念君子之性，温然如玉。"这里指美玉和润貌。

④ 妍媸：即妍蚩，美好和丑恶。妍：美丽，美好。媸：丑陋，丑恶。音韵这里指敲击玉石发出抑扬顿挫的和谐声音。信：任由，听任。

⑤ 缜密：细致，周密。磨砻（lóng）：磨石。这里指磨治。

⑥ 攘善：犹掠美。贞资：贞洁的资质。忠：忠诚无私。《孔子家语·问玉》："瑕不掩瑜，瑜不掩瑕，忠也。"

⑦ 器：用具，器具。比喻人才。

同　前

武翊黄①

抱璞应难辨，妍媸每自融②。贞姿偏特达，微玷遇磨砻③。泾渭流终异，瑕瑜自不同④。半曾光透石，未掩气如虹。缜密诚为智，包藏岂谓忠。停（疑）看分美恶，今得值良工⑤。

注释：

① 武翊黄：府选为解头，及第为状头，宏词为敕头，时号“武氏三头”。今存诗一首。

② 抱璞：春秋时，楚人卞和献璞玉于厉王，玉工说：“石也。”厉王以和为诳，断其左足。武王时复献之，又以为石，断其右足。文王即位，卞和抱璞哭泣于楚山之下，泪尽继之以血。文王乃使玉工剖其璞，得美玉。见《韩非子·和氏》。后因以“抱璞”喻怀才不遇。

③ 特达：原指古代行聘礼时惟圭、璋能独行通达，不加余币；亦谓自达，自荐。这里指特出，突出。《礼记·聘义》：“圭璋特达，德也。”孔颖达疏：“聘享之礼，有圭、璋、璧、琮。璧、琮则有束帛加之乃得达；圭、璋则不用束帛，故云特达。”

④ 泾渭：指泾水和渭水。《诗·邶风·谷风》“泾以渭浊，湜湜其沚”毛传：“泾渭相入而清浊异。”古人谓泾浊渭清，实为泾清渭浊。因常用“泾渭”喻人品的优劣清浊，事物的真伪是非。

⑤ 值：遇到，碰上。

瑜不掩瑕

柴　宿①

朗玉微瑕在，分明异璞瑜②。坚贞宁可杂，美恶自能殊。待价知弥久，称忠定不诬③。光辉今见黜，毫发外呈符④。岂假相工指，堪为达士模⑤。他山党(《前汉·伍被传》：“党可以徼幸。”师古曰：“党，读作傥。”）磨琢，慕爱是洪炉⑥。

注释：

① 柴宿：见卷一百八十一《初日照华清宫》注。

② 朗玉：洁白之玉。朗：明亮，清澈。

③ 待价：即“待贾而沽”，等待善价而出售；亦比喻怀才待用或待时而行。语本《论语·子罕》：“子贡曰：‘有美玉于斯，韫椟而藏诸？求善贾而沽诸？’子曰：‘沽之哉，沽之哉！我待贾者也。’”诬：夸说，吹嘘；这里指欺骗。

④ 见：用在动词前面表示被动。相当于“被”，受到。黜（chù）：罢去，不用。

⑤ 相工：旧指以相术供职或为业的人；这里指治玉之工。达士：见识高超、不同于流俗的人。模：法式，规范，标准。汉张衡《归田赋》：“挥翰墨以奋藻，陈三皇之轨模。”

⑥ 他山：别处的山；这里指别处山上的石头。比喻磨砺自己，帮助自己成就的外力。他山之石，

《诗·小雅·鹤鸣》:“它山之石,可以为错。”毛传:“错,石也,可以琢玉。举贤用滞,则可以治国。”郑玄笺:“它山喻异国。”又:“它山之石,可以攻玉。”毛传:“攻,错也。”本谓别国的贤才也可用为本国的辅佐,正如别的山上的石头也可为砺石,用来琢磨玉器。后因以“他山之石”喻指能帮助自己改正错误缺点或提供借鉴的外力。党:通“傥”,倘若、假如,表示假设。洪炉:大火炉。比喻陶冶和锻炼人的环境。

玉水记方流① (六首)

吴　丹②

玉泉何处比,四折水文浮。润下宁逾矩,居方在上流③。映空虚碌碌,涵白净悠悠④。影碎疑冲斗,光清耐掩舟⑤。珪璋分辨状,沙砾共怀柔⑥。愿赴朝宗日,萦回入御沟⑦。

注释:

① 玉水:产玉的水。方流:作直角转折的水流,相传其下有玉。《文选·颜延之〈赠王太常〉诗》:“玉水记方流,琁源载圆折。”李善注:“《尸子》曰:‘凡水,其方折者有玉,其圆折者有珠也。’”
② 吴丹:字真存,吴人。贞元十六年(800)登第,历官至镇州宣慰副使,尚书郎,饶州刺史。今存诗一首。
③ 逾:越过。
④ 碌碌:多石貌。涵:包含,包容。此言产玉之水映空含石。
⑤ 疑:似。冲斗:撞碎的玉斗。用范增故事,见《史记·项羽本纪》。一曰,冲斗指气冲北斗。耐:能够。
⑥ 怀柔:此谓沙含玉。
⑦ 朝宗:古代诸侯春、夏朝见天子;后泛称臣下朝见帝王。比喻小水流注大水。御沟:流经宫苑的河道。

同　　前

郑　俞①

积水棊文动,因知玉产幽②。如天涵素色,侔地引方流③。潜润滋云起,英华射浪浮。鱼龙泉不夜,草木岸无秋④。璧沼宁堪比,瑶池讵可俦⑤。若非悬可测,谁复寄冥搜⑥。

注释:

① 郑俞:贞元十六年登进士第,为长水县令。今存诗一首。
② 棊(qí):棋。文:纹理,花纹。棊文,棋盘路径,回文方折,这里是用棊文方折指玉水方流。《全唐诗》同诗作“綦文”。綦,斜纹的丝织品。

③ 侔（móu）：齐等，相当。
④ 鱼龙：鱼和龙；泛指鳞介水族。此二句言鱼龙含珠水波夜明，宝气所致岸草不凋。
⑤ 璧沼：即璧池。古代学宫前半月形的水池。见卷一百八十一张子容《璧池望秋月》注①。
⑥ 悬可测：《全唐诗》作“悬坐测”。冥搜：尽力寻找，搜集。

同　前

白居易①

良璞含章久。寒泉彻底幽②。尹孚光泛泛（集作滟滟），方折浪悠悠③。凌乱波纹异，萦回水性柔。似风摇浅濑，如（集作疑）月落清流④。潜颖应旁达，藏真岂上浮⑤。玉人如不记，沦弃即千秋⑥。

注释：

① 白居易（772—846）：字乐天，太原人（今属山西），迁居华州下邽（今陕西渭南）。贞元中擢进士第，补校书郎。元和初对制策入等，调盩厔尉集贤校理。寻召为翰林学士、左拾遗，拜赞善大夫；以言事贬江州司马，徙忠州刺史。穆宗初，征为主客郎中、知制诰，复乞外历杭、苏二州刺史。文宗立，以秘书监召迁刑部侍郎，俄移病除太子宾客，分司东都，拜河南尹。开成初，起为同州刺史，不拜，改太子少傅。会昌初，以刑部尚书致仕。会昌六年（846）卒，赠尚书右仆射，谥曰文。自号醉吟先生，亦称香山居士，与同年元稹酬咏，号“元白”，与刘禹锡酬咏，号“刘白”。有《白氏长庆集》诗二十卷，后集诗十七卷，别集补遗二卷，今编诗三十九卷。
② 章：彩色，花纹。
③ 尹（yún）孚：即“孚尹”，玉的色彩，指玉色晶莹通明。《礼记·聘义》：“夫昔者，君子比德于玉焉……孚尹旁达，信也。”郑玄注：“孚，读为浮。尹，读如竹箭之筠。浮筠，谓玉采色也。”孚，通“莩”，叶里白皮。
④ 濑（lài）：沙石上流过的水。“如”和“疑”，同义，皆有“似、像”义。
⑤ 潜颖：深潜而有光芒。
⑥ 玉人：雕琢玉器的工人。沦弃：犹言沦落被弃。

同　前

王　鉴①

玉润在中洲，光临碕岸幽②。氤氲冥瑞影，演漾度方流③。乍似轻涟合，还疑骇浪收。寅缘知有异，洞彻信无俦④。比德称殊赏，含辉处至柔⑤。沉沦如见念，况乃属时休⑥。

注释：

① 王鉴：贞元十六年登进士第。今存诗一首。

② 中洲：洲中。《楚辞·九歌·湘君》：“君不行兮夷犹，蹇谁留兮中洲。”王逸注：“中洲，洲中也。水中可居者曰洲。”碕岸：曲折的河岸。碕（qí）：弯曲。

③ 演瀁：犹演漾，水波荡漾。演：水长流。瀁：荡漾。

④ 寅缘：沿着某物盘桓或顺着某物行进。这里指水流或波纹等连绵不断。唐李白《愁阳春赋》：“演漾兮寅缘，窥青苔之生泉。”洞彻：亦作“洞澈”，透明，清澈。

⑤ 至柔：指水。《老子》第七十八章：“天下莫柔于水，而攻坚强者莫之能胜，以其无以易之。”

⑥ 时休：指时世的升平吉祥。休：树荫。这里指喜庆，美善；福禄。《左传·襄公二十八年》：“以礼承天之休。”杜预注：“休，福禄也。”

同　　前

杜元颖①

重泉生美玉，积水异常流②。如见清堪赏，因知宝可幽。斗回虹气见，磬折紫光浮③。中矩谐明德，同方叶至柔④。月生偏共映，风暖伫将游⑤。异宝虽无胫，逢时愿俯收。

注释：

① 杜元颖：杜陵人，如晦五世孙。贞元十六年登第，又擢宏词。累官司勋员外，穆宗时拜中书舍人，不阅岁至宰相；再朞，出为剑南西川节度使；太和中，贬循州司马。有《五题诗》一卷，今存诗一首。

② 重泉：犹深渊。《淮南子·齐俗训》：“积水重泉，鼋鼍之所便也。”

③ 斗回：回，曲折，迂回；斗回，如北斗一样曲折。磬折：泛指人身、物体或自然形态曲折如磬。《周礼·考工记·韗人》：“为皋鼓，长寻有四尺，鼓四尺，倨句，磬折。”郑玄注：“磬折，中曲之，不参正也。”这里皆用以喻水流方折。

④ 中矩：合乎曲尺的标准。《周礼·考工记·舆人》：“圜者中规，方者中矩。”叶（xié）：同“协”。相合，和谐。与上句“谐”同义偶对。

⑤ 伫：企盼，期待。

同　　前

陈昌言①

明媚如怀玉，奇姿自托幽②。白虹深不见，绿水折空流③。方珏清沙遍，纵横气色浮④。类圭才有角，写月让成钩⑤。久处沉潜贵，希当特达收⑥。滔滔在何许，揭厉愿从游⑦。

注释：

① 陈昌言：见卷一百八十一《白日丽江皋》注。
② 托幽：寄身于深邃幽隐之境。《管子·形势解》："故曰，虎豹托幽，而威可载也。"托，即"托"，寄托、寄寓。幽，潜隐，隐微。
③ 白虹：日月周围的白色晕圈。这里喻指美玉。
④ 珏（jué）：相合之二玉，双玉。《说文·珏部》："珏，二玉相合为一珏。"
⑤ 圭：古代帝王诸侯朝聘、祭祀、丧葬等举行隆重仪式时所用的玉制礼器。长条形，上尖下方。写：仿效，模仿。《周髀算经》卷上："笠以写天。"赵爽注："笠亦如盖，其形正圆，戴之所以象天。写，犹象也。"
⑥ 特达：原指古代行聘礼时惟圭、璋能独行通达，不加余币；亦谓自达，自荐。《礼记·聘义》："圭璋特达，德也。"孔颖达疏："聘享之礼，有圭、璋、璧、琮。璧、琮则有束帛加之乃得达；圭、璋则不用束帛，故云特达。"这里指特殊知遇。
⑦ 滔滔：大水奔流貌。《诗·齐风·载驱》："汶水滔滔，行人儦儦。"毛传："滔滔，流貌。"揭厉：这里指涉渡。本于《诗·邶风·匏有苦叶》："匏有苦叶，济有深涉。深则厉，浅则揭。"

玉声如乐（二首）

刘　轲①

玉叩能旋止，人言与乐并②。繁音忽已阕，雅韵诎然清③。佩想停仙步，泉疑咽夜声。曲终无异听，响极有余情。特达知难拟，玲珑岂易名④。昆山如可得，一片伫为荣⑤。

注释：

① 刘轲：字希仁，沛人，少为僧。元和末登进士第。终洺州刺史。集一卷，今存诗一首。
② 旋：不久，立刻。
③ 阕（què）：乐终；这里指止息，终了。诎（qū）：声音戛然而止貌。《礼记·聘义》："叩之，其声清越以长，其终诎然。"郑玄注："诎，绝止貌也。"
④ 特达：自达，自荐。见前诗注⑥。玲珑：玉声，清越的声音。《文选·班固〈东都赋〉》："凤盖棽丽，苏銮玲珑。"李善注引《埤苍》："玲珑，玉声。"
⑤ 昆山：亦作"昆山"，山名，昆仑山的简称。昆山片玉：《晋书·郄诜传》："［郄］累迁雍州刺史。武帝于东堂会送，问诜曰：'卿自以为何如?'诜对曰：'臣举贤良对策，为天下第一，犹桂林之一枝，昆山之片玉。'"后因以"昆山片玉"喻珍贵稀有之物或赞美人才难得而可贵。

同　前

潘存实①

表质自坚贞，因人一扣鸣。静将金并响，妙与乐同声。杳杳疑风送，泠泠似曲成[②]。韵含湘瑟切，音带舜弦清[③]。不独藏虹气，犹能畅物情[④]。后夔如为听，从此振琤琤[⑤]。

注释：

① 潘存实：字镇之，漳浦人（今属福建）。元和十三年（818）进士第。官至户部侍郎。今存诗一首。
② 泠泠（líng）：清凉貌，泠清貌。这里形容声音清越、悠扬。疑：似。与下句“似”同义偶对。
③ 湘瑟：湘妃所弹之瑟，亦指代瑟。瑟，弦乐器。相传舜之二妃娥皇、女英，没于湘水，遂为湘水之神。故此二句中“湘瑟”、“舜弦”乃类义偶对，皆比拟玉发出的美妙的声音。
④ 虹气：旧指天地的精气。《诗·墉风·蝃蝀》“蝃蝀在东”毛传：“蝃蝀，虹也。夫妇过礼，则虹气盛。”物情：物理人情，世情。
⑤ 后夔：人名，相传为舜掌乐之官，即当时乐正，仅有一足。琤琤：象声词，常用以形容清脆的声响。琤（chēng）：象声词，多指玉声。

戛玉有余声[①]

管雄甫[②]

戛玉音难尽，凝人思转清。依稀流户牖，仿佛在檐楹[③]。更逐松风起，还将涧水并。乐中和旧曲，天际转余声。缥（一作飘）缈浮烟远，温柔入耳轻[④]。想如君子佩，时得上堂鸣[⑤]。

注释：

① 戛玉：亦作“戞玉”，敲击玉片。形容声音清脆悦耳。戛（jiá）：敲击，触及。《尚书·益稷》：“夔曰：‘戛击鸣球，搏拊琴瑟以咏，祖考来格。’”孔传：“戛击柷敔，所以作止乐。搏拊，以韦为之，实之以糠，所以节乐。球，玉磬。此舜庙堂之乐，民悦其化，神歆其祀，礼备乐和，故以祖考来至明之。”孔颖达疏：“《释器》云：‘球，玉也。’……乐器惟磬用玉，故球为玉磬。”案，《释名·释乐器》：“搏拊，以韦盛糠，形如鼓，以手拊拍之也。”
② 管雄甫：生平未详，今存诗一首。
③ 牖（yǒu）：窗户。楹（yíng）：厅堂的前柱。
④ 缥缈：高远隐约貌。这里形容声音清越悠扬。
⑤ 君子句：君子，这里指才德出众的人。这句是说“君子于玉比德”，指德行、德教可与玉比拟、比配。《礼记·玉藻》：“君子于玉比德焉。”上堂：厅堂，殿堂。这里暗指朝廷。

琢玉[①]（二首）

丁居晦[②]

卞玉何时献，初疑尚在荆[③]。琢来闻制器，价衒胜连城[④]。虹气冲天白，云浮入信贞[⑤]。佩为廉节德，杯作侈奢名。露璞方期辨，雕文幸既成[⑥]。他山岂无石，宁及此时呈。

注释：

① 琢：雕刻加工玉石。《诗·卫风·淇奥》："有匪君子，如切如瑳，如琢如磨。"毛传："治骨曰切，象曰瑳，玉曰琢，石曰磨。"《礼记·学记》："玉不琢，不成器。人不学，不知道。"《荀子·大略》："和之璧，井里之厥也，玉人琢之，为天子宝。"

② 丁居晦：（？—840），穆宗长庆二年（822）进士。文宗太和五年（831）任拾遗，后累官起居舍人、集贤院直学士等，官终户部侍郎。着有《重修翰林学士壁记》一卷。见《重修翰林学士壁记》、《郎官石柱题名考》卷五与卷八。今存诗一首。

③ 卞玉：卞和所献之玉。卞和春秋楚人，相传他得玉璞，先后献给楚厉王和楚武王，都被认为欺诈，受刑砍去双脚。楚文王即位，他抱璞哭于荆山下，文王使人琢璞，得宝玉，名为"和氏璧"。荆：荆山，在湖北南漳，卞和得玉璞处。

④ 衒（xuàn）：沿街叫卖。连城：指和氏璧或珍贵之物。战国时，赵惠文王得和氏璧，秦昭王寄书赵王，愿以十五城易璧。见《史记·廉颇蔺相如列传》。

⑤ 虹气：指天地的精气。《礼记·聘义》："君子比德如玉焉……气如白虹，天也。"信：信符，玉符，指玉制的信物或佩饰。贞：良善；美好。

⑥ 既：副词，已经。

同　前

浩虚舟①

已沐识坚贞，应怜器未成。辉山方可重，散璞乍堪惊。玷灭隳（一作随）心正，瑕消夺眼明。琢磨虹气在，拂拭水容（一作尘）生②。赏玩冰光冷，提携月魄轻③。伫当（一作留）亲捧握，瑚琏幸齐名④。

注释：

① 浩虚舟：隰州刺史聿之子。中宏词科。今存诗一首。

② 水容：水流之态势。这里指玉之纹理。

③ 提携：牵扶；携带。这里指佩戴。月魄：指月初生或圆而始缺时不明亮的部分。亦泛指月亮，月光。这里指美玉如弯月。

④ 瑚（hú）琏（liǎn）：瑚、琏皆宗庙礼器。《礼记·明堂位》："有虞氏之两敦，夏后氏之四连，殷之六瑚，周之八簋。"郑玄注："皆黍稷器。"用以比喻治国安邦之才。《论语·公冶长》："子贡问曰：'赐也何如？'子曰：'女，器也。'曰：'何器也？'曰：'瑚琏也。'"

水　精　环①

严　维②

玉室符长庆，环中得水精③。任圆循不极，见素质仍贞④。信是天然瑞，非因璞斫成。无瑕胜玉美，至洁过冰清。未肯齐珉价，宁同杂佩声⑤。能衔任黄雀，亦欲应时鸣⑥。

注释：

① 水精：水的精气。这里指“水晶”，无色透明的结晶石英，是一种贵重矿石。《梁书·武帝本纪上》：“乙丑，南兖州队主陈文兴于桓城内凿井，得玉镂骐骥、金镂玉璧、水精环各二枚。又建康令羊瞻解称凤皇见县之桐下里。宣德皇后称美符瑞，归于相国府。丙寅诏：‘梁国初建，宜须综理，可依旧选诸要职，悉依天朝之制。’”《南史·梁本纪》所载同。

② 严维：字正文，越州山阴人（今浙江绍兴）。至德二载（757）进士，擢辞藻宏丽科。调诸暨尉，辟河南幕府，终秘书省校书郎，与刘长卿善。今存诗一卷。

③ 符：符瑞，吉祥的征兆。长庆：永久吉昌。

④ 不极：不到极点，不到顶点。这里指水精环之圆循环无穷。见（xiàn）素：显现自然素朴之本真。《老子》第十九章：“见素抱朴，少私寡欲。”

⑤ 齐：齐一，等同。珉（mín）：亦作“瑉”、“琘”、“玟”，似玉的美石。《汉书·司马相如传上》：“其石见赤玉玫瑰，琳珉昆吾。”颜师古注引张揖曰：“琳，玉也。珉，石之次玉者也。”

⑥ 黄雀：用黄雀衔环报恩故事。相传东汉杨宝九岁时，至华阴山北，见一黄雀为鸱枭所搏，坠于树下，宝取雀以归，置巾箱中，食以黄花，百余日毛羽成，乃飞去。其夜有黄衣童子自称西王母使者，以白环四枚与宝曰：“令君子孙洁白，位登三事（三公），当如此环矣。”事见南朝梁吴均《续齐谐记》。

亚父碎玉斗①（三首）

孟　简②

献谋既我违，积愤从心痗③。鸿门入已迫，赤帝时潜退④。宝位方苦竞，玉斗何情爱⑤。犹看虹气凝，讵惜冰姿碎。而嗟大事返，当起千里悔⑥。谁为西楚王，坐见东城溃⑦。

注释：

① 亚父：仅次于父，表示尊敬的称呼。《史记·项羽本纪》：“亚父南向坐。亚父者，范增也。”裴骃集解引如淳曰：“亚，次也。尊敬之次父，犹管仲为仲父。”这里特指范增。玉斗：玉制的酒器。《史记·项羽本纪》：“我持白璧一双，欲献项王，玉斗一双，欲与亚父。”此为刘邦献范增者，而鸿门宴刘邦脱险后，范增恼而碎之。

② 孟简：字几道，德州人。贞元七年（791）举进士、宏词，皆及第。元和中，累官至户部侍郎，坐事贬吉州司马。今存诗七首。

③ 痗（mèi）：病；忧伤。《诗·卫风·伯兮》：“愿言思伯，使我心痗。”毛传：“痗，病也。”

④ 鸿门：古地名，在今陕西临潼东。楚汉相争，项羽驻军并会宴刘邦于此，故又称项王营。《史记·项羽本纪》：“当是时，项羽兵四十万，在新丰鸿门。沛公兵十万，在霸上。”巳：当作“已”，《全唐诗》卷四百七十三同诗正作“已”。赤帝：炎帝神农氏。这里是“赤帝子”的简称，指汉高祖刘邦。《史记·高祖本纪》：“高祖被酒，夜径泽中，令一人行前。行前者还报曰：‘前有大蛇当径，

愿还。'高祖醉，曰：'壮士行，何畏！'乃前，拔剑击斩蛇。蛇遂分为两，径开。行数里，醉，因卧。后人来至蛇所，有一老妪夜哭。人问何哭，妪曰：'人杀吾子，故哭之。'人曰：'妪子何为见杀？'妪曰：'吾子，白帝子也，化为蛇，当道，今为赤帝子斩之，故哭。'人乃以妪为不诚，欲告之，妪因忽不见。"旧谓汉以火德王，火赤色，因神化刘邦斩蛇的故事，称刘邦为"赤帝子"。

⑤ 宝位：指帝位。语出《易·系辞下》："圣人之大宝曰位。"

⑥ 大事：重大的事情，指祭祀或征伐。这里指夺取政权。千里悔：犹言追悔莫及。

⑦ 西楚：秦亡，项羽自立为霸王，有西楚、东楚与梁地共九郡，因建都于西楚彭城，国号"西楚"。

同　　前

裴次元（类诗作夷直）①

雄谋竟不决，宝玉将何爱②。倏尔霜刃挥，飒然春冰碎③。飞光动旗帜，散响惊环佩。霜洒绣障前，星流锦筵内④。图王业已失，为掳言空悔⑤。独有青史中，英风观千载（类诗作冠千载）。

注释：

① 裴次元/夷直：裴次元，见卷一百八十《南至日隔霜仗望含元殿炉香》注。裴夷直，见卷一百八十一《春色满皇州》注。

② 雄谋：宏大的谋略。这里指范增向项羽献诛刘邦、夺天下的大计。爱：怜惜，爱惜。

③ 霜刃：明亮锐利的锋刃，亦指明亮锋利的刀剑；这里指范增击碎玉斗之剑。春冰：此谓玉斗。

④ 障：通"幛"，幛子，上面题有文字或画有图画的整幅绸布。锦筵：美盛的筵席。筵，以竹篾、枝条和蒲苇等编织成的席子，古代用来铺地作坐垫。

⑤ 为掳：指范增在击碎玉斗前所说"吾徒皆为所掳矣"。

同　　前

何儒亮①

嬴女昔解网，楚王有遗蹋②。破关既定秦，碎首闻献玉③。贞姿应刃散，清响因风续。匪狗切泥功，将明怀璧辱④。莫量汉祖德，空受项君勖⑤。事去见前心，千秋渭水绿⑥。

注释：

① 何儒亮：与孟简同时人，今存诗一首。王公亮，登贞元进士第，长庆初自司门郎中为商州刺史，今存诗一首。

② 嬴女：指秦女文嬴。事见《左传·僖公三十三年》："夏，四月，辛巳，败秦师于殽，获百里孟明视、西乞术、白乙丙以归……文嬴请三帅。"杜预注："文嬴，晋文公始適秦，秦穆公所妻夫人，

襄公嫡母。三帅，孟明等。”文嬴要晋襄公放归秦三个猛将，犹如放虎归山，后来秦终于报了那一箭之仇。解网：解开罗网。遗躅：犹遗迹。躅（zhú）：足迹，踪迹；喻人的行为、业迹。这二句言项羽于鸿门放归刘邦一事。或言“嬴女”即“嬴氏”，指秦朝；“解网”即统治瓦解。

③ 破关：指刘邦破函谷关入咸阳。献玉：指刘邦在鸿门宴上向项羽、范增敬献白璧、玉斗事。

④ 徇（xùn）：宣示。切泥：犹言“削铁如泥”，形容刀剑锋利；这里指范增用剑击碎玉斗事。怀璧：《左传·桓公十年》：“周谚有之：‘匹夫无罪，怀璧其罪。’”杜预注：“人利其璧，以璧为罪。”比喻多财招祸或怀才遭忌。这里指范增的计谋不为项羽采用。辱：委屈。此二句言范增用剑撞碎玉斗，并非要显示宝剑的锋利，而是想表明自己夺取天下的大计不被采用的委屈。

⑤ 勖（xù）：勉励。

⑥ 渭水绿：古人谓泾浊渭清（实为泾清渭浊），常用“泾渭”喻人品的优劣清浊，事物的真伪是非。此言“千秋渭水绿”，即是对范增清高人格的盖棺论定。

美　　玉

南巨川①

抱玉将何适，良工正在斯②。有瑕宁自掩，匪石幸君知。雕琢嗟成器，缁磷志不移③。饰樽光宴赏，入佩奉威仪。象德曾留誉，如虹窃可奇④。终希逢善价，还得桂林枝⑤。

注释：

① 南巨川：鲁郡（今山东兖州）人，盛王府录事参军南琰之子。玄宗开元二十九年（739）及进士第。肃宗至德二年（757）任给事中。着有《续神异记》，今不传。事迹散见《酉阳杂俎》卷十三、《旧唐书·肃宗纪》、《千唐志斋藏志》、南卓撰《陈商妻南氏墓志》。今存诗一首。

② 抱玉：谓怀抱德才。春秋时，楚人卞和献璞玉于厉王，玉工说：“石也。”厉王以和为诳，断其左足。武王时复献之，又以为石，断其右足。文王即位，和抱璞哭泣于楚山之下，泪尽继之以血。文王乃使玉工剖其璞，得美玉。后因以“抱玉”喻怀才不遇。亦作“抱璞”、“抱璧”。

③ 缁磷：比喻操守坚贞。《论语·阳货》：“不曰坚乎？磨而不磷；不曰白乎？涅而不缁。”何晏集解：“孔曰：磷，薄也；涅，可以染皁。言至坚者，磨之而不薄；至白者，染之于涅而不黑。喻君子虽在浊乱，浊乱不能污。”

④ 象德：象征德行。《礼记·玉藻》：“君子於玉比德焉。”指德行、德教可与玉相比拟、比配。窃：私下，私自。多用作谦词。

⑤ 桂林枝：即“桂林一枝”的省言，喻登科及第。《晋书·郄诜传》：“［诜］累迁雍州刺史。武帝于东堂会送，问诜曰：‘卿自以为何如？’诜对曰：‘臣举贤良对策，为天下第一，犹桂林之一枝，昆山之片玉。’”原为自谦之词，谓己只是群才之一。后用以喻科举考试中出类拔萃的人。

西戎献白玉环①

张惟俭②

当时无外守，方物四夷通③。列土金河北，朝天玉塞东④。自将荆璞比，不与郑环同⑤。正朔虽传汉，衣冠尚带戎⑥。幸承提佩宠，多愧琢磨功⑦。绝域知文教，争趋上国风⑧。

注释：

① 西戎：古代西北戎族的总称。这里称我国西北方吐蕃等少数民族。

② 张惟俭：宣城当涂人。大历六年进士第。官和州刺史。今存诗一首。

③ 方物：本地产物，土产。

④ 列土：分封土地。列土分茅，古代天子分封诸侯时，用白茅裹着社坛上的泥土授予被封者，象征土地和权力，称为"列土分茅"。这里指西戎受封为诸侯，是唐王朝的藩国，唐则为天朝、上国。金河：河名。现名大黑河，在今内蒙古自治区境内，古为北方交通要道，也常在这一带用兵。玉塞：玉门关的别称。玉门关，汉武帝置。因西域输入玉石时取道于此而得名。汉时为通往西域各地的门户。故址在今甘肃敦煌西北小方盘城。

⑤ 荆璞：指楚人卞和从荆山得的未经雕琢的璞玉。比喻具有美好资质的人才。郑环：春秋时晋韩宣子有玉环，其一在郑国商人手中，宣子向郑伯请环，子产弗与。事见《左传·昭公十六年》。后以"郑环"泛指珍贵的玉器。

⑥ 正朔：谓帝王新颁的历法；古代帝王易姓受命，必改正朔。此二句言西戎藩国虽改用唐朝历法，但衣饰仍保留了其民族特色。

⑦ 愧：惭愧。这里意为感谢。

⑧ 上国：春秋时称中原各诸侯国为上国，与吴楚诸国相对而言。这里指外藩对帝室或朝廷的称呼。《后汉书·陈蕃传》："夫诸侯上象四七，垂耀在天，下应分土，藩屏上国。"李贤注："上象四七，谓二十八宿各主诸侯之分野，故曰下应分土，言皆以辅王室也。"

白珪无玷①

辛　宏②

片玉表坚贞，逢时宝自呈。色鲜同雪白，光润夺冰清。皎皎无瑕玷，锵锵有佩声③。昆山标重价，垂棘振香名④。抱璞心常苦，全真道未行⑤。琢磨忻大匠，还冀动连城⑥。

注释：

① 白珪：即白圭。古代白玉制的礼器。《诗·大雅·抑》："白圭之玷，尚可磨也。"玷：玉的斑点，瑕疵。

② 辛宏：生平未详，今存诗一首。

③ 锵锵：象声词，形容金石撞击发出的洪亮清越的声音。

④ 昆山：昆仑山的省称，其地盛产美玉；这里借指美玉。垂棘：春秋晋地名，以产美玉著称；后借指美玉。《文选·班固〈西都赋〉》："翡翠火齐，流耀含英，悬黎垂棘，夜光在焉。"吕向注："悬黎、垂棘，皆璧也。"

⑤ 抱璞：春秋时楚人卞和献璞玉于楚王故事。后以"抱璞"喻怀才不遇。全真：保全天性。《庄子·盗跖》："子之道狂狂汲汲，诈巧虚伪事也，非可以全真也，奚足论哉！""全真"与上句咏卞和

"抱璞"献玉而遭刖足相偶对。

⑥ 忻：通"欣"，欣喜。冀：希望。

金 在 镕①

白行简②

巨橐方镕物，洪炉欲范金③。紫光看渐发，赤气望逾深。焰爇晴云变，烟浮昼景阴④。坚刚由我性，鼓铸任君心⑤。踊跃徒标异，沉潜自可钦。何当得成器，待叩向知音⑥。

注释：

① 镕：熔铸金属的模具。《汉书·董仲舒传》："夫上之化下，下之从上……犹金之在镕，唯冶者之所铸。"颜师古注："镕，谓铸器之模范也。"

② 白行简：见卷一百八十一《春从何处来》注。

③ 巨橐（tuó）：古代冶炼用的大型鼓风吹火装置，风箱。洪炉：大火炉。范金：以模子浇铸金属。范：模子，制作器物的模型；这里用作动词，浇铸。

④ 焰：火光，火焰。爇（ruò）：烧；烘烤。景：日光。

⑤ 鼓铸：鼓风扇火，冶炼金属，铸造器械或钱币。《史记·货殖列传》："即铁山鼓铸，运筹策，倾滇蜀之民，富至僮千人。"泛指谓陶冶、锻炼。

⑥ 知音：《列子·汤问》载：俞伯牙善鼓琴，钟子期善听琴。伯牙琴音志在高山，子期说"峨峨兮若泰山！"琴音意在流水，子期说"洋洋兮若江河！"伯牙所念，钟子期必得之。后世遂以"知音"比喻知己，同志。

清如玉壶冰①（二首）

王 维②

玉壶何用好，偏许素冰居（集作"藏冰玉壶里，水冰类方诸"）③。未共销丹日，还同照绮疏。抱明中不隐，含净外疑虚。气似庭霜积，光含砌月余④。晓凌飞鹊镜，宵映聚萤书⑤。若向贪夫（集作夫君）比，贞（集作清）心定不余（集作如）。

注释：

① 玉壶：美玉制成的壶，可用以盛物；常比喻高洁的胸怀。玉壶冰：壶水成冰，形容寒冷。这里比喻高洁清廉。南朝宋鲍照《白头吟》："直如朱丝绳，清如玉壶冰。"

② 王维：见卷一百八十一《秋日悬清光》注。

③ 方诸：古代在月下承露取水的器具。《淮南子·览冥训》："夫阳燧取火于日，方诸取露于月。"也指传说中仙人住所。

④ 砌：台阶。

⑤ 鹊镜：指背面铸有鹊形的铜镜。《太平御览》卷七百一十七引汉东方朔《神异经》："昔有夫妇将别，破镜，人执半以为信。其妻与人通，其镜化鹊，飞至夫前，其夫乃知之。后人因铸镜为鹊安背上，自此始也。"萤书：化用典故"萤窗雪案"。《晋书·车胤传》："胤恭勤不倦，博学多通。家贫不常得油，夏月则练囊盛数十萤火以照书，以夜继日焉。"《初学记》卷二引《宋齐语》："孙康家贫，常映雪读书。"后遂以"萤窗雪案"为勤学苦读之典。

同　前

卢　纶①

玉壶冰始结，循吏政初成②。既有虚心鉴，还如照胆清。瑶池惭洞澈，金镜让澄明③。气若朝霜动，形随夜月盈。临人能不蔽，待物本无情。怯对圆光里，妍媸自此呈④。

注释：

① 卢纶：字允言，河中蒲人（今山西永济）。为"大历十才子"之一。大历初数举进士不第，元载取其文以进，补阌乡尉，累迁监察御史，辄称疾去；坐与王缙善，久不调；建中初，为昭应县令；浑瑊镇河中，辟元帅判官，累迁检校户部郎中；贞元中，舅韦渠牟表其才，驿召之，会卒。集十卷，今编诗五卷。

② 循吏：守法循理的官吏。《史记·太史公自序》："奉法循理之吏，不伐功矜能，百姓无称，亦无过行。作《循吏列传》第五十九。"

③ 让：谦让；逊色。

④ 妍媸：美好和丑恶。

玉壶冰（四首）

潘　炎①

琰玉性惟坚，成壶体更圆②。虚心含景象，应物受寒泉③。温润资天质，清贞禀自然。日融光乍散，雪照色逾鲜。至鉴功宁宰，无私照岂偏④。明将冰镜对，白与粉花连⑤。拂拭终为美，提携伫见传⑥。勿令毫发累，遗恨鲍公篇⑦。

注释：

① 潘炎：礼部侍郎，坐刘晏婿，贬澧州司马。今存诗一首。

② 琰（yǎn)：有尖锋的圭。这里指美玉。

③ 虚心：是两个词，指中心（内部）洞空。

④ 宁：岂，难道；与下句"岂"同义偶对。宰：分割，切割。

⑤ 粉花：古时妇女点在额上的花状装饰，五出如梅花。

⑥ 提携：牵扶；携带。这里指佩戴。伫：希望。
⑦ 鲍公篇：《文选》卷二十九有鲍照《乐府八首》之《白头吟》。诗曰：“直如朱丝绳，清如玉壶冰。何惭宿昔意，猜恨坐相仍。……古来共如此，非君独抚膺。”

同　前

失　名

玄律阴风劲，坚冰在玉壶①。暗中花更出，晓后色全无。涸冱谁能伴，凄清讵可渝②。任圆空似璧，照物不成珠③。素质情方契，孤明道岂殊。幽人若相比，还得咏生刍④。

注释：

① 玄律：谓冬季。南朝宋谢惠连《雪赋》：“若乃玄律穷，严气升。”玄：北方。律：节气，时令。古人以律与历附会，用十二律对应一年的十二个月。
② 涸冱：冰冻。唐王泠然《苏合山赋》：“素手淋沥而象起，玄冬涸冱而体成。”涸（hé）：水枯竭。冱（hù）：冻结；凝聚。
③ 这两句是说结冰形圆似璧、光彩照物，但遇热速溶，所以是“空似璧”、“不成珠”。
④ 幽人：幽居之人；隐士。生刍：亦作“生蒭”，鲜草。《诗·小雅·白驹》：“生刍一束，其人如玉。”陈奂传疏：“刍所以萎白驹，托言礼所以养贤人。”后因用作礼贤敬贤之典。这里以冰玉壶自比，企望见用。

同　前

王季友①

玉壶知素结，止水复中澄。坚白能虚受，清寒得自凝②。分形同晓镜，照物掩宵灯。璧映圆光出，人惊爽气凌。金罍何足贵，瑶席几回升③。正值求珪瓒，提携共饮冰④。

注释：

① 王季友：《全唐诗》卷七百八十“王季友，与开宝间王季友同名，另一人也。”生平事迹不详。存诗补遗《玉壶冰》。
② 坚白：语出《论语·阳货》：“不曰坚乎，磨而不磷；不曰白乎，涅而不缁。”何晏集解引孔安国曰：“言至坚者磨之而不薄，至白者染之于涅而不黑。”谓君子虽在浊乱而不能污。后因以“坚白”形容志节坚贞，不可动摇。
③ 罍（léi）：古代盛酒器。
④ 珪瓒：玉柄的酒器。《逸周书·王会》：“祝淮氏荣氏次之，珪瓒次之，皆西面。”朱右曾校释：

“瓒，盛鬯酒之器，以珪为柄。”求珪瓒：喻指求贤。提携：牵扶，携带。这里指照顾，提拔。饮冰：这里指受命从政，为国忧心。本于《庄子·人间世》：“今吾朝受命而夕饮冰，我其内热与?”

同前

钱众仲①

冬律初阴结，寒冰贮玉壶。霜姿虽异禀，虹气亦相符。对月光宜并，临池影不孤。贞坚方共济，同处岂殊途。色莹连城璧，形分照乘珠②。提携今在此，抱素节宁渝③。

注释：

① 钱众仲：宪宗元和二年（807）进士。参见《文史》第二十二辑张忱石《全唐诗无世次作者事迹考索》。今存诗二首。

② 照乘珠：光亮能照明车辆的宝珠。

③ 抱素：保持淳朴的本质；这里犹言“抱璞”、“抱玉”，指怀抱才德。宁：岂，难道。渝：变更，改变。《诗·郑风·羔裘》：“彼其之子，舍命不渝。”毛传：“渝，变也。”

文苑英华卷一百八十七

宋　李昉等编

省试八　四十五首

秋山极天净

朱延龄①

雨洗高秋净，天临大野闲②。葱茏清万象，缭绕出层山③。日落千峰上，云销万壑间。绿萝霜后翠，红叶雨来殷④。散彩辉吴甸，分形压楚关⑤。欲寻霄汉路，延首愿登攀。

注释：

① 朱延龄：唐代进士。今存诗一首。

② 高秋：天高气爽的秋天；这里指深秋。大野：广大的原野、田野。

③ 万象：宇宙间一切事物或景象。层山：重叠的山。

④ 绿萝：绿色藤萝。萝：指松萝，或云女萝。蔓生植物，色青灰，缘松柏或其它乔木而生，亦间有寄生石上者，枝体下垂如丝状。殷（yān）：深红或赤黑色。

⑤ 吴：此指春秋吴国。姬姓，始祖为周太王之子太伯，至十九世孙寿梦称王，据有今江苏、上海大部和安徽、浙江的一部分，建都于吴（今江苏苏州市）。传至夫差，于公元前473年为越所灭。甸：古代京城郊外的地方称“甸”。这里泛指田野，原野。楚关：楚国关塞；泛指楚境。南朝宋鲍照《〈凌烟楼铭〉序》：“东临吴甸，西眺楚关。奔江永写，鳞岭相葺。”

落日山照曜①

失　名

徘徊空山下，畹晚残阳落②。圆影过峰峦，半规入林薄③。余光彻群岫，乱彩分重壑④。石镜共澄明，岩光同照灼⑤。栖禽去杳杳，夕烟生漠漠⑥。此境（一作景）谁复知，独怀谢康乐⑦。

注释：

① 落日山照曜：谢灵运《七里濑》有句：“石浅水潺湲，日落山照曜。”谢诗作“日落”，此题作“落日”，它皆同，足见其承用关系。

② 畹晚：太阳偏西，日将暮。《楚辞·九辩》：“白日畹晚其将入兮，明月销铄而减毁。”畹（wǎn）：天晚，日偏西。

③ 圆影：一般指月亮；这里指将落的太阳。半规：半圆形，借指太阳。薄：草木丛生处。《楚辞·九章·涉江》：“露申辛夷，死林薄兮。”注：“丛木为林，草木交错曰薄。”

④ 岫：有洞穴的山。《尔雅·释山》：“山有穴为岫。”这里泛指峰峦。

⑤ 石镜：如镜的山石。

⑥ 漠漠：寂静无声貌。这里指炊烟迷蒙貌。

⑦ 谢康乐：南朝宋谢灵运，曾袭封康乐公，故称。谢灵运（385—433），晋宋间诗人。原籍陈郡阳夏

（今河南太康）人，是谢玄的孙子。18 岁袭爵康乐公，因称谢康乐。谢灵运出生于会稽始宁（今浙江上虞），出生后不久就寄养在钱塘杜家，15 岁时回到建康，所以小名曰“客儿”，后世又称之为“谢客”。灵运少好学，博览群书；文章之美，江左莫逮。为人豪放，一生寄情山水。他是我国文学史上著名的山水诗人，善于用富艳精工的语言记叙游赏经历，描绘自然景物，多有形象鲜明、意境优美的佳句，扭转了东晋以来的玄言诗风，对唐代的诗歌发展有一定的影响。李白、杜甫、王维、孟浩然、韦应物、柳宗元等，都曾从他的作品中汲取过营养。

积雪为小山

刘昚虚①

飞雪伴春还，春庭晓自闲。虚心应任道，遇赏遂成山②。峰小形全秀，岩虚势莫攀。以幽能皎洁，谓近可循环③。孤影临冰镜，寒光对玉颜。不随迟日尽，留顾岁华间④。

注释：

① 刘昚（shèn）虚：江东人。天宝时官夏县令。与包融、贺知章、张旭。皆以俊才号“吴中四杰”。今存诗一卷。

② 任道：犹言“任真”，听其自然，率真任情，不加修饰。此言雪素洁质朴。赏：称赏、赞美。

③ 循环：往复回旋。此指绕“山”环行。

④ 迟日：指春日。《诗·豳风·七月》：“春日迟迟。”岁华：时光，年华。亦泛指草木，因草木一年一枯荣。此言积雪不因春日而消融化尽，尚有留存在草木之上者。

此诗删韵、山韵字通押。攀、环、颜属删韵，闲、山、间为山韵字。当时官韵书规定删韵、山韵同用。

监试莲花峰①

刘得仁②

太华万余重，岧峣只此峰③。当秋倚寥泬，入望似芙蓉④。翠拔千寻直，青危一朵秾⑤。气分毛女秀，灵有羽人踪⑥。倒影侵关路，香风（集作流香）激庙松。尘埃终不及，车马自憧憧⑦。

注释：

① 监试：乃“国子监考试”之省。此指国子监考试以“莲花峰”为题。西岳华山，有莲花（西峰）、落雁（南峰）、朝阳（东峰）、玉女（中峰）、五云（北峰）等峰。

② 刘得仁：见卷一百八十五《莺出谷》注。

③ 太华：山名。即西岳华山，在陕西省华阴县南，因其西有少华山，故称太华。岧峣：亦作“岧峣”、“岹峣”。高峻，高耸。岧（tiáo）：高峻貌。峣（yáo）：高貌。此言莲花峰是西岳华山的最

高峰。

④ 寥泬：空虚幽静，开阔清朗。这里指天空。泬（xuè），广阔貌。

⑤ 危：高，高耸。《国语·晋语八》："拱木不生危，松柏不生埤。"高诱注："危，高险也。"秾（nóng）：花木茂盛浓密。此言莲花峰高峻奇秀。

⑥ 毛女：传说中得道于华山的仙女。汉刘向《列仙传·毛女》："毛女者，字玉姜，在华阴山中，猎师世世见之，形体生毛，自言秦始皇宫人也，秦坏，流亡入山避难，遇道士谷春，教食松叶，遂不饥寒，身轻如飞，百七十余年，所止岩中有鼓琴声云。"羽人：神话中的飞仙。《楚辞·远游》："仍羽人于丹丘兮，留不死之旧乡。"洪兴祖补注："羽人，飞仙也。"

⑦ 憧憧（chōng）：往来不绝貌。《易·咸》："憧憧往来，朋从尔思。"陆德明释文引王肃曰："憧憧，往来不绝貌。"

谢真人仙驾过旧山①（二首）

范传正②

麾盖从仙府，笙歌入旧山③。水流丹灶缺，风起草堂关④。白鹿行为卫，青鸾舞自闲⑤。种松鳞未老，移石藓仍斑。望路烟霄外，回舆岭岫间。岂惟辽海鹤，空叹令威还⑥。

注释：

① 真人：道家称存养本性或修真得道的人，亦泛称"成仙"之人。《庄子·大宗师》："古之真人，其寝不梦，其觉无忧，其食不甘，其息深深……古之真人，不知说生，不知恶死，其出不欣，其入不距；翛然而往，翛然而来而已矣。"谢真人：不详。或言即仙道谢仲初。《明一统志》载："谢仲初，万载人。修炼于合皂山，得道而归。过县西，见其无水，拔剑刺地，涌泉甘洁；过江无舟，以竹叶渡之。后登谢山，冉冉飞去。"《清一统志》所载载略同。不过，《明一统志》列谢仲初在宋人罗升之前，而《清一统志》列谢仲初在宋人罗升之后。旧山：这里指故乡，故居。

② 范传正：见卷一百八十三《春风扇微和》注。

③ 麾盖：将帅用的旌旗和伞盖。泛称仪仗。

④ 丹灶：炼丹用的炉灶。草堂：茅草盖的堂屋。关：门闩，门扇；泛指门，门户。

⑤ 白鹿：白色的鹿。古时以为祥瑞。卫：防守，卫护。传说中的古代得道仙人有白鹿护卫。青鸾：古代传说中凤凰一类的神鸟，赤色多者为凤，青色多者为鸾。多为神仙坐骑。

⑥ 辽海鹤：亦作"辽东鹤"，指传说中的辽东人丁令威修道升仙，化鹤归飞故里之事。晋陶潜《搜神后记》卷一："丁令威，本辽东人，学道于灵虚山。后化鹤归辽，集城门华表柱。时有少年，举弓欲射之。鹤乃飞，徘徊空中而言曰：'有鸟有鸟丁令威，去家千年今始归。城郭如故人民非，何不学仙冢垒垒。'遂高上冲天。"

同　前

夏方庆①

何年成道去，绰约化童颜②。天上辞真侣，人间忆旧山③。桑田今已变，萝蔓（一作径）尚堪攀[4]。云覆瑶坛净，苔生丹灶闲[5]。逍遥看白石，寂寞闭玄关[6]。应是悲尘累，思将羽驾还[7]。

注释：

① 夏方庆：贞元中进士。今存诗一首。

② 绰约：柔婉美好貌。《庄子·逍遥游》："肌肤若冰雪，绰约若处子。"

③ 真侣：谓道士，仙人。

④ 桑田：种植桑树与农作物的田地。引申指桑田沧海的相互变化。

⑤ 瑶坛：用美玉砌成的高台，多指神仙的居处。

⑥ 白石：洁白的石头。这里指传说中的神仙的粮食。汉刘向《列仙传·白石生》："白石生，中黄丈人弟子，彭祖时已二千余岁……尝煮白石为粮。"玄关：道教和佛教所称的入道的法门。

⑦ 尘累：指烦恼、恶业的种种束缚。也指世俗事务的牵累。羽驾：传说中神仙以鸾鹤为驭的坐车。

宣州试窗中列远岫[1]

白居易[2]

天静秋山好，窗开晓翠通。遥怜峰窈窕，不隔竹蒙笼[3]。万点当虚室，千重迭远空。列檐攒秀气，缘隙助清风。碧爱新晴后，明宜反照中。宣城郡斋在，望与古诗（集作时）同。

注释：

① 宣州：治所在今安徽宣城。宣州是六朝以来江南名郡，大诗人如谢灵运、谢朓等曾在这里做过太守。谢朓在这里做过太守时建有楼，后人称为"谢公楼"。宣城城东有宛溪流过，城东北有秀丽的敬亭山，风景优美。李白游此有诗《宣州谢朓楼饯别校书叔云》、《独坐敬亭山》、《秋登宣城谢朓北楼》等。799年秋，白居易为宣州刺史所贡，第二年春在长安考中进士。此诗大约写参加拔贡考试时的情景。谢朓《郡内高斋闲坐答吕法曹》诗："结构何迢遰，旷望极高深。窗中列远岫，庭际俯乔林。日出众鸟散，山暝孤猿吟。已有池上酌，复此风中琴。非君美无度，孰为劳寸心。惠而能好我，问以瑶华音。若遗金门步，就见玉山岑。"

② 白居易：见前卷一百八十六《玉水记方流》注。

③ 怜：爱，爱惜。窈窕：娴静貌；美好貌。

登云梯[1]（二首）

殷　琮[2]

碧落远澄澄，青山路可升[3]。身轻疑易蹑，步独觉难凭。逦迤排将近，回翔势渐登[4]。上宁愁屈曲，高更喜超腾。江树遥分蔼，山岚宛若凝[5]。赤城容许到，敢惮百千层⑥。

注释：

① 云梯：指传说中仙人登天之路。还指高山上的石级或栈道。登云梯：犹言置身青云。
② 殷琮（cóng）：唐代进士。今存诗一首。
③ 碧落：道教语，天空、青天。
④ 逦（lǐ）迤：曲折连绵貌。翔：中华书局本原作㴒，不成字。此依四库全书本作“翔”。回翔，盘旋飞翔。这两句极写登山石阶的形构。
⑤ 蔼：通“霭”，云气。岚（lán）：山林中的雾气。
⑥ 赤城：本山名，多以称土石色赤而状如城堞的山。引申指传说中的仙境或帝王宫城。容许：或许。整首诗就是一个隐喻，表面写登山之艰辛，实写仕进之艰难。

同　前

汤　洙①

谢客常游处，层峦枕碧溪。经过殊俗境，登陟象云梯②。步步劳山屐，行行蹑涧霓③。回临天路广，覆眺夕阳低。赏咏情弥惬，风尘事已睽④。前修如可慕，捉（疑作投）足固思齐⑤。

注释：

① 汤洙：唐代进士。今存诗一首。
② 殊俗：风俗、习俗不同。殊俗境指风俗不同的远方。
③ 山屐：登山用的木屐。语出《南史》卷十九《谢灵运传》：“［谢灵运］登蹑常着木屐，上山则去其前齿，下山则去其后齿。”屐（jī）：木制的鞋，底大多有二齿，以行泥地。行行：不停地前行。霓：副虹。大气中有时跟虹同时出现的一种光的现象，形成的原因和虹相同，只是光线在水珠中的反射比形成虹时多了一次，彩带排列的顺序和虹相反，红色在内，紫色在外。颜色比虹淡。有时亦统指虹霓。这里指山涧中的彩云，云霞。
④ 睽（kuí）：乖离，违背。
⑤ 前修：犹前贤。捉足：把住脚步。捉有把住、控制义。投足：踏步，举步。思齐：思与之齐。《论语·里仁》：“见贤思齐，见不贤而内自省也。”

日暖万年枝①（四首）

蒋　防②

新阳归上苑，嘉树独含妍。散漫添和气，曈昽卷曙烟③。流辉宜圣日，接影贵芳年④。自与恩光近，那关煦妪偏⑤。结根诚得地，表寿愿符天⑥。谁道陵寒质，从兹不暧然⑦。

注释：

① 万年枝：树名，即冬青。南朝齐谢朓《直中书省》诗："风动万年枝，日华承露掌。"也指年代悠久的大树。
② 蒋防：见卷一百八十《望禁苑祥光》注。
③ 曈昽（tóng lóng）：日初出渐明貌。《说文·日部》："曈，曈昽，日欲明也。"曙烟：拂晓时的烟霭。
④ 圣日：犹圣时。芳年：美好的年岁；青春年华。
⑤ 恩光：犹恩泽。煦妪：抚育；爱抚；长养。《礼记·乐记》："天地欣合，阴阳相得，煦妪覆育万物。"郑玄注："气曰煦，体曰妪。"孔颖达疏："天以气煦之，地以形妪之，是天煦覆而地妪育，故言煦妪覆育万物也。"
⑥ 结根：犹植根，扎根。《古诗十九首·冉冉孤生竹》："冉冉孤生竹，结根泰山阿。"
⑦ 陵：超越，越过；凌驾，侵犯。陵寒，傲然不为冬寒所屈，敢于冒犯冬天的寒威。暧（ài）然：昏暗不明貌。

同 前

郭 求①

旭日升溟海，芳枝散曙烟。温仁临树久，煦妪在条偏②。阳德符君惠，嘉名表圣年③。若承恩渥厚，常属栋梁贤④。生植虽依地，光华只信天⑤。不才堪仄陋，徒望向荣先⑥。

注释：

① 郭求：四库全书本作"郑求"，误。《全唐诗》卷七百七十九亦作"郭求诗一首"。郭求，京兆（今陕西西安）人。曾以府元应礼部进士试而被黜落。元和二年（807），登贤良方正能言直言极谏科，授校书郎。九年，自蓝田尉、史馆修撰充翰林学士。迁左拾遗。次年，罢翰林学士。大和五年（831）九月，自太子左庶子贬为婺王府司马，分司东都。见丁居晦《翰林承旨学士壁记》；参见岑仲勉《翰林学士壁记注补》。今存诗一首。
② 温仁：温厚仁爱。
③ 阳德：阳气；阳光。《文选·谢庄〈月赋〉》："日以阳德，月以阴灵。"常用以喻指皇帝的恩泽。嘉名：美名，指万年枝之美名。
④ 恩渥：帝王给予的恩泽。渥（wò）：浓厚；优厚。
⑤ 生植：生育繁殖。信：凭借，听由。
⑥ 不才：没有才能。常用于对自己的谦称。仄陋：卑微。向荣：植物滋长茂盛。荣：草木的花。

同 前

王 约①

霭霭彤庭里，沉沉玉砌陲②。初升九华日，潜暖万年枝③。煦妪光偏好，青葱色转宜。每因韶景丽，长沐惠风吹。隐映当龙阙，氛氲隔风池④。朝阳光照处，唯有近臣知⑤。

注释：

① 王约：贞元、元和间曾与蒋防、郭求、郑师贞等一道参加进士试。今存诗一首。《全唐诗》注："以下并省试诗。爵里世次俱无考。"

② 彤庭：亦作"彤廷"。汉代宫廷，因以朱漆涂饰，故称。汉班固《西都赋》："于是玄墀扣砌，玉阶彤庭。"泛指皇宫。玉砌：用玉石砌的台阶，亦用为台阶的美称。陲（chuí）：边境，边疆。《左传·成公十三年》："芟夷我农功，虔刘我边陲。"这里指旁边、边缘。

③ 九华：山名，在今安徽省青阳县，旧称九子山。因有九峰如莲花，故改为今名。

④ 龙阙：帝王的宫阙。风池：即凤凰池，禁苑中池沼。

⑤ 近臣：指君主左右亲近之臣。

同　　前

郑师贞①

禁树敷荣早，偏将丽日宜②。光摇连北阙，影泛满南枝③。得地方和煦，逢时异赫曦④。叶和盈数积，根是永年移⑤。霄露犹残润，薰风更共吹。余晖诚可托，况近凤凰池。

注释：

① 郑师贞：郡望荥阳（今属河南），元和年间（806—820）邕管经略招讨使李位之婿。聪颖超群，闻名于时。曾与王约、郭求等同应进士试。见《柳河东集》卷十、《李位墓志》。今存诗一首。

② 禁树：禁苑中的树木。敷荣：开花。敷，散布。荣，草木的花。

③ 北阙：古代宫殿北面的门楼，是臣子等候朝见或上书奏事之处。《汉书·高帝纪下》："萧何治未央宫，立东阙、北阙、前殿、武库、太仓。"颜师古注："未央宫虽南向，而上书、奏事、谒见之徒皆诣北阙。"多用为宫禁或朝廷的别称。南枝：朝南的树枝。

④ 赫曦：炎暑炽盛貌。这里指太阳；阳光。

⑤ 盈数：指十、百、万等整数。《左传·庄公十六年》："使以十月入。曰：'良月也，就盈数焉。'"杜预注："数满于十。"孔颖达疏："《闵元年传》曰：'万，盈数也。'数至十则小盈，至万则大盈。"永年：长寿；长久。这两句言树木长寿，叶根万年。

风动万年枝（三首）

韦　纡①

嘉名标万祀，擢秀出深宫②。嫩叶含烟霭，芳柯振惠风③。参差摇翠色，绮靡舞晴空。气禀祯祥异，荣沾雨露同④。天年方未极，圣寿比应崇⑤。幸列华林里，知殊众木中⑥。

注释：

① 韦纾：《全唐诗》卷三百四十七作“韦纾”。韦纾，贞元进士第。今存诗一首。

② 祀：岁，年。《书·伊训》：“惟元祀，十有二月，乙丑，伊尹 祠于先王。”蔡沈集传：“夏曰岁，商曰祀，周曰年，一也。”擢秀：指草木欣欣向荣；也形容人才出众。

③ 柯：草木的枝茎；树枝。《礼记·礼器》：“如竹箭之有筠也，如松柏之有心也……故贯四时而不改柯易叶。”

④ 祯祥：吉祥的征兆。

⑤ 天年：自然的寿数。《庄子·山木》：“此木以不材得终其天年。”崇：高。

⑥ 华林：茂美的林木。

同　　前

樊阳源①

珍木罗前殿，乘春任好风。振柯方袅袅，舒叶乍蒙蒙②。影动丹墀上，声传紫禁中③。离披偏向日，凌乱半分空④。轻拂祥烟散，低摇翠色同。长令占天眷，四气借全功⑤。

注释：

① 樊阳源：贞元十八年（802）进士第。今存诗一首。

② 蒙蒙：模糊不清貌。这里指萌生之貌。

③ 丹墀（chí）：指宫殿的赤色台阶或赤色地面。紫禁：古以紫微垣比喻皇帝的居处，因称宫禁为“紫禁”。

④ 离披：分散下垂貌。《楚辞·九辩》：“白露既下百草兮，奄离披此梧楸。”朱熹集注：“离披，分散貌。”这里指参差错杂貌。

⑤ 四气：指春、夏、秋、冬四时的温、热、冷、寒之气。全功：功业完美，泽被万物。《列子·天瑞》：“天地无全功，圣人无全能，万物无全用。”张湛注：“全，犹备也。”

同　　前

许　稷①

琼树春偏早，光风处处宜②。晓浮三殿日，暗度万年枝③。婀娜摇仙禁，缤翻映玉池④。含芳烟乍合，拂砌影初移。为近韶阳煦，皆先众卉垂。成阴知可待，不与众芳随。

注释：

① 许稷：贞元进士第。今存诗二首。
② 光风：雨止日出时的和风。《楚辞·招魂》："光风转蕙，泛崇兰些。"王逸注："光风，谓雨已日出而风，草木有光也。"光风，中华书局本作"光飞"。
③ 三殿：特指唐大明宫之麟德殿。《玉海·宫室·唐三殿》："三殿者，麟德殿也。一殿而有三面，故名。亦曰三院。结邻郁仪楼即三殿东西廊也。"泛指皇宫中的宫殿。
④ 玉池：池沼美称。

禁中春松①（四首）

陆 贽（类诗作白行简）②

阴阴清禁里，苍翠满春松③。雨露恩偏近，阳和色更（一作正）浓④。高枝分晓日，灵韵（一作虚吹）杂宵钟。岚（一作香）助炉烟远，形疑盖影重⑤。愿符千载（类诗作千岁）寿，不羡五株封⑥。傥得（类诗作长得）回天眷，全胜老碧（一作一）峰。

注释：

① 禁中：指帝王所居宫内。蔡邕《独断》卷上："汉天子正号曰皇帝……所居曰禁中，后曰省中。"又曰："禁中者，门户有禁，非侍御者不得人，故曰禁中。"
② 陆贽/白行简：陆贽，见卷一百八十四《晓过南宫闻太常清乐》注。白行简，见卷一百八十一《春从何处来》注。
③ 清禁：指皇宫。皇宫中清静严肃，故称。应劭《风俗通·十反·司徒九江朱伥》："臣愿陛下思周旦之言，详左右清禁之内，谨供养之官，严宿卫之身。"
④ 阳和：春天的暖气。借指春天。
⑤ 疑：类似，好像。盖：车篷或伞盖；器物上部有遮盖作用的东西；这里指如盖的树冠。此言松树亭亭如盖。
⑥ 五株封：指秦始皇所封泰山五大夫松。秦始皇二十八年封禅泰山，风雨暴至，避于树下，因此树护驾有功，按秦官爵封为五大夫。事见《史记·秦始皇本纪》。五大夫为秦官名，第九爵，后人误以为封五株松树，而附会为五株松，实为一株松树，"五大夫"为秦官，后亦因以为松的别名。

同 前

周 存①

几岁含贞节，青青紫禁中。日华留偃盖，雉尾转春风②。不为繁霜改，那将众木同。千条攒翠色，百尺澹晴空③。影密金茎近，花明凤沼通④。安知幽涧侧，独与散樗丛⑤。

注释：

① 周存：见卷一百八十二《白云向空尽》注。
② 偃：倒伏；覆盖。偃盖：车篷或伞盖；喻指圆形覆罩之物。晋葛洪《抱朴子·仙药》："五德芝，状似楼殿，茎方，其叶五色各具而不杂，上如偃盖，中常有甘露，紫气起数尺矣。"这里形容松树枝叶横垂，张大如伞盖之状。雉尾：即雉尾扇，古代帝王仪仗用具之一。晋崔豹《古今注·舆服》："雉尾扇起于殷世，高宗时有雊雉之祥，服章多用翟羽。周制以为王、后、夫人之车服，舆车有翣，即缉雉羽为扇翣，以障翳风尘也，汉朝乘舆服之。后以赐梁孝王。魏晋以来无常，惟诸王皆得用之。"亦省作"雉扇"。
③ 攒（cuán）：簇聚，聚集。
④ 金茎：用以擎承露盘的铜柱。《文选·班固〈西都赋〉》："抗仙掌以承露，擢双立之金茎。"李善注："金茎，铜柱也。"
⑤ 樗（chū）：木名，即臭椿。《诗·豳风·七月》："采荼薪樗，食我农夫。"毛传："樗，恶木也。"孔颖达疏："唯堪为薪，故云恶木。"比喻无用之材。散樗：即樗散。樗木材劣，多被闲置；比喻不为世用，投闲置散。此二句言禁中之松与深山之松因处地不同而遭遇不同，暗含作者之处僻不用之叹。

同　　前

员南溟①

郁郁贞松树，阴阴在紫宸②。葱茏偏近日，青翠更宜春。雅韵风来起，轻烟霁后新③。叶深栖语鹤，枝亚拂朝臣④。全节长衣地，陵云欲致身⑤。山苗荫不得，生植荷陶钧⑥。

注释：

① 员南溟：代宗大历八年（773）进士。今存诗二首。
② 郁郁：茂盛貌。
③ 雅韵：雅正的韵律。这里说松树因风发声，松涛阵阵，婉转有韵。霁（jì）：雨止天晴。泛指风霜雨雪停止，天气晴好。
④ 语鹤：即鹤。南朝宋刘敬叔《异苑》卷三："晋太康二年冬，大寒，南洲人见二白鹤语于桥下曰：'今兹寒，不减尧崩年也。'于是飞去。"后以"鹤语"谓鹤寿长而多知往事。亚：低，低矮。
⑤ 全节：保全气节。致身：《论语·学而》："事父母能竭其力，事君能致其身，与朋友交言而有信。"原指献身；后用作出仕之典。
⑥ 山苗：山上初生的草木。语本晋左思《咏史》之二："郁郁涧底松，离离山上苗。以彼径寸茎，荫此百尺条。"此处反用左思诗意。生植：生育繁殖。荷（hè）：肩负，扛；这里指承受，承蒙。陶钧：亦作"陶均"。本指制作陶器所用的转轮。喻指天地造化。

同　　前

常　沂①

映殿松偏好，森森列禁中。攒柯沾圣泽，疏盖引皇风②。晚色连秦苑，春香满汉宫③。操将贞石固，材与直臣同④。翠影宜青琐，苍（一作纤）枝秀碧空⑤。还知沐天眷，千载更葱茏⑥。

注释：

① 常沂：与陆贽同时。今存诗一首。
② 皇风：皇帝的教化、风化。
③ 秦苑：古秦国宫苑。汉宫：汉朝宫殿。这里秦苑、汉宫亦借指其他王朝的宫殿、苑囿。唐许浑《咸阳城东楼》诗："鸟下绿芜秦苑夕，蝉鸣黄叶汉宫秋。"
④ 贞石：坚石。贞，坚固，坚致。这里指操守坚定不移，忠贞不二。直臣：直言谏诤之臣。
⑤ 青琐：亦作"青锁"。装饰皇宫门窗的青色连环花纹。借指宫廷。
⑥ 天眷：上天的眷顾。语出《书·大禹谟》："皇天眷命，奄有四海，为天下君。"

贡院楼北新栽小松（四首）

李正封①

青苍初得地，华省植来新②。尚带山中色，犹含洞里春。近楼依北户，隐砌净游尘③。鹤寿应成盖，龙形未有鳞④。为梁资大厦，封爵耻嬴秦⑤。幸此观光日，清风屡得亲。

注释：

① 李正封：字中护，郡望陇西（今属甘肃）。元和二年（807）进士及第，三年登贤良方正能直言极谏科。官监察御史、知制诰等。今存诗五首。
② 华省：指清贵者的官署。这里指贡院。
③ 北户：向北开的门。游尘：浮游的尘土、灰尘。《洞冥记》："四面列种软枣，条如青桂，风至自拂阶上游尘。"
④ 鹤寿：鹤的寿命。《淮南子·说林》："鹤寿千岁，以极其游，蜉蝣朝生而暮死，而尽其乐。"这里以鹤的年寿之长，来写松树，希望松龄千秋。鳞：这里指树木的鳞状皮。
⑤ 封爵耻嬴秦：这里反用秦始皇封泰山五大夫松典故，松树被封爵本是荣耀之事，但在作者看来却是"耻"。耻，意动用法，以……为耻。

同　　前

白行简[①]

华省春霜曙，楼阴植小松。移根依厚地，委质别危峰[②]。北户知犹远，东堂幸见容[③]。心坚终待鹤，枝嫩未成龙。夜影看仍薄，朝岚色渐浓。山苗不可荫，孤直俟秦封[④]。

注释：

① 白行简：见卷一百八十一《春从何处来》注。
② 委质：原指放下礼物。古代卑幼往见尊长，不敢行宾主授受之礼，把礼物放在地上，然后退出。这里表示献身，置身；指把小松树从深山移植到贡院。
③ 东堂：东厢的殿堂或厅堂。古代多指皇宫或官舍。
④ 孤直：孤高耿直。这里形容松树的姿态高而挺直。秦封：用秦始皇封爵泰山松树典。见前陆贽《禁中春松》注⑥。

同　　前

钱众仲[①]

爱此凌霜操，移来独占春[②]。贞心初得地，劲节始依人[③]。晚（疑）月烟犹薄，当轩色转新。枝低无宿羽，叶静不留尘[④]。每与芝兰近，常惭雨露均。幸因逢顾盼，生植及兹辰。

注释：

① 钱众仲：见卷一百八十六《玉壶冰》注。
② 凌霜：抵抗霜寒。常用以比喻人品格高洁，坚贞不屈。南朝宋谢惠连《甘赋》："嘉寒园之丽木，美独有此贞芳；质葳蕤而怀风，性耿介而凌霜。"
③ 贞心：坚贞不移的心地。劲节：谓坚贞的节操。南朝梁范云《咏寒松》："凌风知劲节，负雪见贞心。"劲（jìng）：强健有力。这里指刚强、坚强。
④ 羽：代指禽鸟。

同　　前

吴武陵[①]

拂槛爱贞容，移根自远峰。曾经芳（一作已曾经）草没，终不住（疑）苔封。叶少初陵雪，鳞生欲化龙②。乘春濯雨露，得地近垣墉③。逐吹香微动，含烟色渐浓④。时回日月照，为谢小山松。

注释：

① 吴武陵：信州人，元和初擢进士第。窦易直判度支，表武陵主盐北边，入为太学博士；太和中，出刺韶州，不久贬潘州司户参军。诗一卷，今存二首。

② 鳞：鱼类、爬行类和少数哺乳类动物密排于身体表层的衍生物，具有保护作用。比喻形状似鳞片之物。这里指松树的鳞状皮。

③ 垣墉：墙。《书·梓材》："若作室家，既勤垣墉，惟其涂塈茨。"垣（yuán）：矮墙。墉（yōng）：墙垣。《诗·召南·行露》："谁谓鼠无牙？何以穿我墉？"毛传："墉，墙也。"

④ 吹：撮口用力出气。这里借指风。

尚书都堂瓦松①

李 晔②

华省秘仙踪，高堂露瓦松。叶因春后长，花为雨来浓。影混鸳鸯色，光含翡翠容。天然斯所寄，地势太无从③。接栋临双阙，连甍近九重④。宁知深涧底，霜雪岁兼封。

注释：

① 都堂：唐尚书省署居中，东有吏、户、礼三部，西有兵、刑、工三部，尚书省的左右仆射总辖各部，称为都省，其总办公处称为都堂。宋、金沿之。唐韦承贻《策试夜潜纪长句于都堂西南隅》："褒衣博带满尘埃，独自都堂纳卷回。"瓦松：草名。生长在屋瓦上或深山石罅里，叶厚，细长而尖，多数重叠，望之如松，故名。唐崔融《瓦松赋》序："瓦松者产于屋溜之上，千株万茎，开花吐叶，高不及尺，下才如寸。"

② 李晔：宗室子。官弘农太守、宗正卿，贾至常为撰制词。今存诗一首。

③ 地势：土地山川的形势。《周礼·考工记·匠人》："凡天下之地势，两山之间，必有川焉。"

④ 甍（méng）：屋脊；屋栋。《左传·襄公二十八年》："犹援庙桷，动于甍。"杜预注："甍，屋栋。"孔颖达疏："此是屋上之长材，椽所以冯依者也。今俗谓之屋脊。"代指屋。九重：九层，九道。一般指天门，天。这里指宫禁，朝廷。

文宣王庙古松①

李 胄②

列植成均里，分行古庙前③。阴森非一日，苍翠自何年。寒影烟霜暗，晨光枝叶妍。近檐阴更静，临砌色相鲜。每愧闻钟磬，多惭接豆笾④。更宜教胄子，于此学贞坚⑤。

注释：

① 文宣王：指孔子。唐玄宗开元二十七年封孔子为文宣王。唐吴筠《高士咏·楚狂接舆夫妻》："凤歌诫文宣，龙德遂隐密。"

② 李胄：字恭国，赵郡（今河北赵县）人。贞元十二年（796）在鲁山令任上。元和年间任暨阳令。曾任户部员外郎。事迹见《全唐文》卷五百九十七欧阳詹《鲁山令李胄三月三日宴僚吏序》、《新唐书·宰相世系》二上、《唐尚书省郎官石柱题名考》卷十二、《宋高僧传》卷十。今存诗一首。

③ 成均：古之大学。《周礼·春官·大司乐》："大司乐掌成均之法，以治建国之学政，而合国之子弟焉。"《礼记·文王世子》："三而一有焉，乃进其等，以其序，谓之郊人，远之，于成均，以及取爵于上尊也。"郑玄注："董仲舒曰：五帝名大学曰成均。"后泛称官设的最高学府。

④ 豆笾：祭器。木制的叫豆，竹制的叫笾。此二句隐喻，表面写松树惭愧植身孔庙、太学，实写诗人以置身显贵行列而惭愧。

⑤ 胄子：古代称帝王或贵族的长子。《书·舜典》："夔！命汝典乐，教胄子。"孔传："胄，长也，谓元子以下至卿大夫子弟。"孔颖达疏："继父世者，惟长子耳，故以胄为长也。"贞坚：坚贞不移。

幽人折芳桂[①]

失　名

厚地生芳桂，遥林耸干长[②]。叶开风里色，花吐月中光。曙鸟啼余翠，幽人爱早芳。动时垂露滴，攀处拂衣香。曲调声犹苦，孤（一作因）高力自强[③]。一枝终是折，荣耀在东堂[④]。

注释：

① 幽人：幽居之人；隐士。《易·履》："履道坦坦，幽人贞吉。"孔颖达疏："幽人贞吉者，既无险难，故在幽隐之人守正得吉。"芳桂：香桂。比喻科第功名。

② 厚地：指大地。唐白居易《重赋》诗："厚地植桑麻，所要济生民。"

③ 孤高：孤立高耸。这里指孤特高洁；孤傲自许。唐元稹《唐故工部员外郎杜君墓系铭并序》："古傍苏李，气夺曹刘，掩颜谢之孤高，杂徐庾之流丽。"

④ 东堂：东厢的殿堂或厅堂。此疑指尚书省都堂，是省试地点。"一技终折"是指"折桂一枝"，比喻登第。

秋风生桂枝[①]

失　名

寒桂秋风动，萧萧自一枝。方将击林变，不假舞松移[②]。散翠幽花落，摇青密叶离。哀猿惊助裹，花露滴争垂[③]。遗韵连波聚，流音万木随[④]。常闻小山里，逋客最先知[⑤]。

注释：

① 秋风生桂枝：沈约《钟山诗应西阳王教》："灵山纪地德，地险资岳灵。……山中咸可悦，赏逐四时移。春光发陇首，秋风生桂枝。多值息心侣，结架山之足……"
② 击：打，敲打。这里指秋风吹拂树林。
③ 袅（niǎo）：缭绕，缠绕。这里形容哀猿声音婉转悠扬。
④ 遗韵：前人留下的诗赋；前人诗文的气韵风格。流音：在空中飘荡的声音。在这里，"遗韵"指拂过水面的秋风留下的韵致；"流音"指吹过树林的秋风飘荡的声音。木：树；这里指树叶。
⑤ 逋客：逃离的人。这里指避世之人，隐士。逋（bū），逃窜，逃亡。

月中桂树①

顾封人②

芬馥天边桂，扶疏在月中③。能齐大椿长，不与小山同④。皎皎舒华色，亭亭丽碧空。亏盈宁委露，摇落不关风。岁晚花应发，春余质讵丰⑤。无因遂攀赏，徒欲望青葱。

注释：

① 月中桂：神话传说谓月中有桂树，高五百丈，下有一人，名吴刚，学仙有过，谪令常斫桂树，树创随合。事见《初学记》卷一引晋虞喜《安天论》、唐段成式《酉阳杂俎·天咫》。后以为科举应试中举的典实。唐许浑《下第贻友人》诗："人心高下月中桂，客思往来波上萍。"
② 顾封人：咸通中进士。今存诗一首。
③ 扶疏：枝叶繁茂分披貌。
④ 大椿：古寓言中的木名，以一万六千岁为一年。《庄子·逍遥游》："上古有大椿者，以八千岁为春，以八千岁为秋。"后以大椿喻指长寿。椿：椿树，通称香椿。小山：《楚辞》淮南小山《招隐士》有句"桂树丛生兮山之幽，偃蹇连蜷兮枝相缭，山气巃嵸兮石嵯峨"。此句言月中桂树与淮南小山所咏桂树不同。
⑤ 质：形体，外貌。此言月中桂树的枝干。

华州试月中桂①

张　乔②

与月转鸿蒙，扶疏万古同③。根非生下土，叶不堕秋风④。每以（类诗作每向）圆时足，还随缺处空。影高群木外，香满一轮中。未种丹霄日，应虚玉（一作白）兔宫。如何当（一作何当因）羽化，细得问玄功⑤。

注释：

① 华州：本春秋时郑始封地；唐置州，属陕西西安府。见清顾祖禹《读史方舆纪要》卷五十二。

② 张乔：字伯迁，池州人（今安徽贵池县），曾隐居九华山苦读。咸通十一年（870）应京兆府试，大顺元年（890）中进士。黄巢之乱，复隐九华。今存诗二卷。

③ 与：随。鸿蒙：亦作“鸿蒙”。宇宙形成前的混沌状态。《庄子·在宥》：“云将东游，过扶摇之枝，而适遭鸿蒙。”成玄英疏：“鸿蒙，元气也。”这里指高空、天空。

④“根非”句：有人认为这一联运用了“借对”手法，即借“下土”之下的谐音“夏”与下句“秋”相对偶。

⑤ 玄功：犹神功，谓宇宙自然之功。南朝齐谢朓《三日侍宴曲水代人应诏》诗：“徒勤日用，谁契玄功。”

府试木向荣①

郑　谷②

园林青气动，众木散寒声。败叶墙阴在，滋条雪后荣。忻忻春令早，蔼蔼日华轻③。庚岭梅先觉，隋堤柳暗惊④。山川应物候，皋壤起农情⑤。秪待花开日，连栖出谷莺⑥。

注释：

① 向荣：植物滋长茂盛。晋陶潜《归去来兮辞》：“木欣欣以向荣，泉涓涓而始流。”比喻事物兴旺发达。

② 郑谷：见卷一百八十一《京兆府试残月如新月》注。

③ 忻忻（xīn）：欣喜得意貌。这里指兴旺貌，兴盛貌。春令：春季的节令。《礼记·月令》：“［仲秋之月］仲秋行春令，则秋雨不降，草木生荣，国乃有恐。”

④ 庚岭：山名，即大庚岭，为五岭之一，在江西省大庾县南。岭上多植梅树，故又名梅岭。梅先觉：据《东坡诗》注：“大庾岭上梅花，南枝已落，北枝方开，寒暖之候异也。”故言“庾岭梅先觉”。见卷一百八十一白行简《春从何出来》注③。隋堤：隋炀帝时沿通济渠、邗沟河岸修筑的御道，道旁植杨柳，后人谓之隋堤。唐韩琮《杨柳枝》诗：“梁苑隋堤事已空，万条犹舞旧东风。”

⑤ 物候：动植物随季节气候变化而变化的周期现象。泛指时令。

⑥ 秪：当为“秖”，今简化为“只”。出谷莺：从幽谷飞出的鸟。亦喻指升迁之人。唐李白《荆门浮舟望蜀江》诗：“雪照聚沙雁，花飞出谷莺。”

古木卧平沙①

王泠然②

古木卧平沙，摧残岁月赊③。有根横水石，无叶拂烟霞。春至苔为叶，冬来雪作花。不逢星汉使，谁辨是灵槎④。

注释：

① 平沙：指广阔的沙原。南朝梁何逊《慈姥矶》诗："野雁平沙合，连山远雾浮。"唐张仲素《塞下曲》："朔雪飘飘开雁门，平沙历乱转蓬根。"
② 王冷然（692—724）：字仲清，太原人（今山西太原西南）。开元五年（717）登第。王丘典吏部选时，尝被奖拔，官校书郎。急于仕进，有《上张说书》称："公之用人盖已多矣！仆之思用其来久矣！仆虽不佞亦相公一株桃李也。"今存诗四首。
③ 赊：原指买物延期交款。这里指时间长久。南朝梁何逊《秋夕仰赠从兄寘南》诗："寸心怀是夜，寂寂漏方赊。"
④ 星汉：天河，银河。灵槎：能乘往天河的船筏。典出晋张华《博物志》卷十："近世有人居海渚者，年年八月有浮槎去来，不失期，人有奇志，立飞阁于查上，多赍粮，乘槎而去。"泛指船。槎（chá），同"查"，木筏。

竹箭有筠[①]（三首）

李　程[②]

常爱凌寒竹，坚贞可喻人。能将先进礼，义与后雕邻[③]。冉冉犹全节，青青尚有筠。陶钧二仪内，柯叶四时春[④]。待凤花仍吐，停霜色更新[⑤]。方持不易操，对此欲观身[⑥]。

注释：

① 竹箭：细竹。《管子·小匡》："是以羽旄不求而至，竹箭有余于国，奇怪时来，珍异物聚。"案：当指初生之竹笋，上尖如箭镞。筠（yún）：竹的青皮，竹皮。《礼记·礼器》："其在人也，如竹箭之有筠也，如松柏之有心也。"郑玄注："筠，竹之青皮也。"孔颖达疏："筠是竹外青皮。"案：筠当指竹笋的壳，即笋皮。
② 李程：见卷一百八十《观庆云图》注。
③ 先进：位于前列，可为表率。后雕：亦作"后凋"，《论语·子罕》："岁寒然后知松柏之后雕也。"何晏集解："喻凡人处治世，亦能自修整，与君子同在浊世，然后知君子之正不苟容也。"后因以"后雕"比喻守正不苟而有晚节。
④ 陶钧：本指制作陶器所用的转轮，引申指天地造化；比喻陶冶，造就。二仪：指天地。
⑤ 待凤句：是说竹子开花等待凤鸟来食。《庄子·秋水》："南方有鸟焉，其名为鹓鸰。夫鹓鸰，发于南海而飞于北海，非梧桐不止，非练实不食，非醴泉不饮。"（练实：竹实。以色白，故名。鹓（yuān）鸰（chú）：传说中与鸾凤同类的鸟；也指凤雏。）
⑥ 不易：不改变，不更换。《易·乾》："不易乎世，不成乎名。"王弼注："不为世俗所移易。"观身：谓观察自身的道德修养。

同　前

席　夔[①]

共爱东南美，青青叹有筠[②]。贞姿众木异，秀色四时均。枝叶当无改，风霜岂惮频[3]。虚心如待物，劲节自留春。鲜润期栖凤，婵娟可并人[4]。可怜初箨卷，粉泽更宜新[5]。

注释：

① 席夔：贞元十二年宏词及第。今存诗二首。

② 东南美：《尔雅·释地》："东南之美者，有会稽之竹箭焉。"郭璞注："竹箭，筱也。"筱，小竹。后因以"东南美"指竹。

③ 惮：畏难；畏惧。

④ 婵娟：姿态美好貌。这里形容竹子秀美动人。三国魏阮籍《咏怀》之二六："庭木谁能近？射干复婵娟。"

⑤ 箨（tuò）：竹笋皮。包在新竹外面的皮叶，竹长成逐渐脱落，俗称笋壳。《文选·谢灵运〈于南山往北山经湖中瞻眺诗〉》："初篁苞绿箨，新蒲含紫茸。"李善注引服虔《汉书》注："箨，竹皮也。"

同　前

张仲方[1]

东南生绿竹，独美有筠箭。枝叶讵曾凋，风霜孰云变。偏宜林表秀，多向岁寒见[2]。碧色乍葱茏，青光常蒨练[3]。皮开凤彩出，节劲龙文见[4]。爱此守坚贞，含歌属时彦[5]。

注释：

① 张仲方：韶州始兴人，九龄族孙。贞元中擢进士、宏词。历散骑常侍、京兆尹，左迁华州刺史，入为秘书监。集三十卷，今存诗二首。

② 林表：林梢，林外。岁寒：指竹经冬不凋，暗示竹子的坚贞气节。

③ 蒨练：鲜明貌。蒨（qiàn）：茜草，根可做绛色染料。引申指鲜明，鲜艳。练：煮熟生丝或生丝织品，使之柔软洁白。引申指白色，素色。

④ 凤彩：亦作"凤采"，指凤凰形的纹采。龙文：龙身上的纹理，龙鳞纹。引申指龙形的花纹；如龙鳞纹的东西。

⑤ 时彦：当代的贤俊，名流。彦：贤士，俊才。

震为苍筤竹[1]

朱庆余[2]

为擢东方秀，萧（集作修）然异众筠。青葱才映粉，蒙密正含春[3]。嫩箨沾微雨，幽根绝细尘[4]。乍怜分径小，偏觉带烟新。结实皆留凤，垂阴似庇人。愿为竿在手，深水钓（集作挂）赪鳞⑤。

注释：

① 震：指震卦，主东方。《易·说卦》："万物出乎震。震，东方也。"苍筤（láng）：青色。《易·说卦》："（震）为苍筤竹。"孔颖达疏："竹初生之时，色苍筤，取其春生之美也。"诗中"东方秀"亦言竹。
② 朱庆余：名可久，以字行，越州人，受知于张籍。登宝历进士第。今存诗二卷。
③ 蒙密：茂密。
④ 箨（tuò）：竹笋皮，包在新竹外面的皮叶，竹长成逐渐脱落。即笋壳。
⑤ 赪鳞：亦作"頳鳞"，鱼的赤色鳞片，亦指鳞片赤色的鱼。汉刘向《列仙传·吕尚》："吕尚隐钓，瑞得赪鳞。"赪（chēng），红色。这里是说自己希望出仕，能够被擢用。

嘉禾合颖①（二首）

孟　简②

玉烛将成岁，封人亦自歌③。八方沾圣泽，异亩发嘉禾④。共秀芳何远，连茎瑞且多。颖低甘露滴，影乱惠风过。表稔由神化，为祥识气和⑤。因知兴嗣岁，王道旧无颇⑥。

注释：

① 嘉禾：生长奇异的禾，古人以之为吉祥的征兆。亦泛指生长茁壮的禾稻。典出《书·微子之命》："唐叔得禾，异亩同颖，献诸天子。王命唐叔，归周公于东，作《归禾》。周公既得命禾，旅天子之命，作《嘉禾》。"孔安国传："唐叔，成王母弟，食邑内得异禾也……禾各生一垄而合为一穗。异亩同颖，天下和同之象，周公之德所致。"孔颖达疏："此以善禾为书之篇名，后世同颖之禾遂名为'嘉禾'，由此也。"合颖：谓禾苗一茎生二穗。古人视为祥瑞。颖：禾尾；带芒的谷穗。
② 孟简：见卷一百八十六《亚父碎玉斗》注。
③ 玉烛：谓四时之气和畅。形容太平盛世。《尸子》卷上："四气和，正光照，此之谓玉烛。"《尔雅·释天》："四气和谓之玉烛。"封人：古官名，春秋时为典守封疆之官。《周礼》地官司徒的属官，掌守帝王社坛及京畿的疆界。《周礼·地官·封人》："封人掌设王之社壝，为畿封而树之。"
④ 亩：泛指农田，田地。
⑤ 稔（rěn）：庄稼成熟。这里引申指丰年。《国语·晋语八》："国无道而年谷和熟，鲜不五稔。"韦昭注："稔，年也。"
⑥ 嗣：子孙，后代。颇：偏颇，不公正。

同　前

失　名

天祚皇王德，神呈瑞穀嘉①。感时苗特（一作自）秀，证道叶方华。气转腾佳色，云披映早霞[2]。薰风浮合颖，湛露净祥花[3]。六穗垂兼倒，孤茎袅复斜。影（疑）同唐叔献，称庆比周家[4]。

注释：

① 天祚：上天赐福。《左传·宣公三年》："天祚明德，有所底止。"祚（zuò）：福，福运。引申指赐福，佑助。
② 佳色：妍丽的颜色；美丽的光彩。
③ 薰风：和暖的风。指初夏时的东南风。《吕氏春秋·有始》："东南曰薰风。"湛露：浓重的露水。亦喻君主之恩泽。
④ 唐叔：即唐叔献嘉禾典故。《书·微子之命》："唐叔得禾，异亩同颖，献诸天子。王命唐叔，归周公于东，作《归禾》。周公既得命禾，旅天子之命，作《嘉禾》。"周家：周王室。

秋稼如云[1]

蒋　防[2]

肆目如云处，三田大有秋[3]。葱茏初满墅（类诗作蔽野），散漫正盈畴[4]。稍混从龙势，宁同触石幽[5]。紫芒分羃羃，青野（类诗作清夜）澮油油[6]。始惬仓箱望，终无灭裂忧[7]。西成知不远，雨露复何酬[8]。

注释：

① 秋稼：秋季的庄稼。
② 蒋防：见卷一百八十《望禁苑祥光》注。
③ 肆目：纵目远看。三田：古时天子、诸侯每年三次田猎，称为三田。《礼记·王制》："天子诸侯无事，则岁三田，一为干豆，二为宾客，三为充君之庖。"孔颖达疏："一岁三时田猎。猎在田中，又为田除害，故称田也。"
④ 墅：当作"野"。畴：已耕作的田地。代指良田。
⑤ 从龙：《易·乾》："云从龙，风从虎，圣人作而万物睹。"这里指云。正合诗题"秋稼如云"。触石：《公羊传·僖公三十一年》："触石而出，肤寸而合，不崇朝而遍雨乎天下者，唯泰山尔。"后以"触石"谓山中云气与峰峦相碰击，吐出云来。
⑥ 芒：草的末端；稻麦子实外壳上长的细刺。羃羃（mì）：覆盖笼罩貌；这里指庄稼密布貌。
⑦ 仓箱：《诗·小雅·甫田》："乃求千斯仓，乃求万斯箱。"郑玄笺："成王见禾谷之税，委积之多，于是求千仓以处之，万车以载之。是言年丰收入逾前也。"朱熹集传："箱，车箱也。"后因以"仓箱"喻丰收。灭裂：谓言行粗疏草率。《庄子·则阳》："芸而灭裂之，其实亦灭裂而报予。"成玄英疏："耕地不深，锄治不熟，至秋收时，嘉实不多，皆由疏略，故致斯报也。"
⑧ 西成：谓秋天庄稼已熟，农事告成。《书·尧典》："平秩西成。"孔颖达疏："秋位在西，于时万物成熟。"

麦穗两岐①

郑　畋②

圣虑忧千亩，嘉苗荐两岐。如云方表盛，成穗忽标奇。瑞露纵横滴，祥风左右吹③。讴谣连上苑，花日遍平陂（一作岐）④。史册书堪重，丹青画更宜。愿依连理树，俱作万年枝⑤。

注释：

① 两岐：亦作“两歧”，分为两支。《后汉书·张堪传》：“［张堪］拜渔阳太守……乃于狐奴开稻田八千余顷，劝民耕种，以致殷富。百姓歌曰：‘桑无附枝，麦穗两岐。张君为政，乐不可支。’”因以称颂地方官吏改善农业有方，民乐年丰。“麦穗两岐”犹言“嘉禾合颖”，见前孟简《嘉禾合颖》注①。

② 郑畋：字台文，荥阳人。会昌进士第。刘瞻镇北门，辟为从事，瞻作相，荐为翰林学士，迁中书舍人；乾符中，以兵部侍郎同平章事，寻出为凤翔节度使，拒黄巢有功，授检校尚书、左仆射。诗一卷，今存十六首。

③ 瑞露：象征吉祥之露；甘露。祥风：景风。夏至后和暖的风，古代所指八风之一。这里指预兆吉祥的风。《尚书大传》卷五：“王者德及皇天则祥风起。”

④ 讴谣：歌唱，歌咏。指歌谣。陂（bēi）：堤防；堤岸。这里指山坡。

⑤ 连理树：两树交合在一起。连理：异根草木，枝干连生。旧以为吉祥之兆。汉班固《白虎通·封禅》：“德至草木，朱草生，木连理。”

余瑞麦①

张　聿②

瑞麦生尧日，芃芃雨露偏③。两岐分更合，异亩颖仍连。冀获明王庆，宁唯太守贤④。仁风吹靡靡，甘雨长芊芊⑤。圣德应多稔，皇家配有年⑥。已闻天下泰，谁为济西田⑦。

注释：

① 余：蓄积。瑞麦：一株多穗或异株同穗之麦。古代以为吉祥之兆。《宋史·五行志一上》：“旧史自太祖而嘉禾、瑞麦、甘露、醴泉、芝草之属，不绝于书，意者诸福毕至，在治世为宜。”

② 张聿：见卷一百八十一《圆灵水镜》注。

③ 尧日：犹言“尧年”、“尧天”。古史传说尧时天下太平，因以“尧年”比喻盛世。《论语·泰伯》：“巍巍乎，唯天为大，唯尧则之。”谓尧能法天而行教化，后因以“尧天”称颂帝王盛德和太平盛世。芃芃：茂盛貌。《诗·墉风·载驰》：“我行其野，芃芃其麦。”毛传：“麦芃芃然方盛长。”芃（péng）：草茂盛貌。

④ 明王：圣明的君主。
⑤ 仁风：形容恩泽如风之流布。旧时多用以颂扬帝王或地方长官的德政。芊芊：草木茂盛貌。《列子·力命》："美哉国乎，郁郁芊芊。"
⑥ 年：谷熟。《说文·禾部》："年，谷熟也。"引申指一年中庄稼的收成，年成。
⑦ 西田：犹言"西成"。谓秋天庄稼已熟，农事告成。《书·尧典》："平秩西成。"

良田无晚岁①

丁　泽②

人功虽未及，地力信非常③。不任耕耘早，偏宜黍稷良。无年皆有获，后种亦先芳。怃怃（疑）盈千亩，青青保万箱④。何须祭田祖，讵要察农祥⑤。况是春三月，和风日又长。

注释：

① 晚岁：晚年；岁暮。这里指歉收。也比喻不得志。《文选·曹植〈赠徐干〉诗》："良田无晚岁，膏泽多丰年。"李善注："无晚岁、多丰年，喻必荣也。"
② 丁泽：见卷一百八十一《主上元日梦王母献白玉环》注。
③ 人功：人力。《汉书·沟洫志》："昔大禹治水，山陵当路者毁之，故凿龙门，辟伊阙……此乃人功所造，何足言也。"地力：土地的出产能力。《韩非子·五蠹》："严其境内之治，明其法禁，必其赏罚，尽其地力以多其积。"
④ 怃（wǔ）：怅然失意貌。这里通"妩"，媚好貌。万箱：语出《诗·小雅·甫田》："乃求千斯仓，乃求万斯箱。"郑玄笺："成王见禾谷之税委积之多，于是求千仓以处之，万车以载之，是言年丰收入逾前也。"后因以"万箱"借指粮食之多。
⑤ 田祖：传说中始耕田者，指神农氏。农祥：星宿名，即房宿；是农事的征兆。《国语·周语上》："古者太史顺时覛土，阳瘅愤盈，土气震发，农祥晨正。"韦昭注："农祥，房星也。农事之候，故曰农祥。"

霜菊①（二首）

席　夔②

时令忽已变，行看被霜菊。可怜后时秀，当此凛风肃③。淅沥翠枝翻，凄清金蕊馥④。凝姿节堪重，登艳景非淑。宁袪青女威，愿盈君子掬⑤。持来泛樽酒，永以照幽独⑥。

注释：

① 霜菊：傲霜的秋菊。
② 席夔：见前《竹箭有筠》注。

③ 肃：严峻；肃杀。《吕氏春秋·季春》："季春行冬令，则寒气时发，草木皆肃。"
④ 金蕊：金色花蕊。
⑤ 祛（qū）：除去；消除。青女：传说中掌管霜雪的女神；借指霜雪。《淮南子·天文训》："至秋三月……青女乃出，以降霜雪。"高诱注："青女，天神，青霄玉女，主霜雪也。"
⑥ 幽独：静寂孤独。亦指静寂孤独的人。《楚辞·九章·涉江》："哀吾生之无乐兮，幽独处乎山中。"

同　前

失　名

秋尽北风去，律移寒气肃。淅沥降繁霜，离披委残菊①。华滋尚照灼，幽气含纷郁②。的的冒空园，萋萋被幽谷③。骚人有遗咏，陶令曾盈掬④。傥使怀袖中，犹堪袭余馥。

注释：

① 离披：分散下垂貌；这里指霜雪纷纷下落貌。《楚辞·九辩》："白露既下百草兮，奄离披此梧楸。"朱熹集注："离披，分散貌。"
② 华滋：形容枝叶繁茂。《古诗十九首·庭中有奇树》："庭中有奇树，绿叶发华滋。"纷郁：多盛貌。
③ 的的：光亮、鲜明貌。唐陈子昂《宿空舲峡青树村浦》诗："的的明月水，啾啾寒夜猿。"的（dì）：明亮，鲜明，明白。冒：覆盖，笼罩。与"被"偶对。《诗·邶风·日月》："日居月诸，下土是冒。"
④ 骚人：这里指屈原。作《离骚》，有句"夕餐秋菊之落英。"陶令：指晋陶潜。陶潜曾任彭泽令，故称。其《饮酒》诗之五有句为："采菊东篱下，悠然见南山。"

月夜梧桐叶上见寒露①

戴　察②

萧疏桐叶上，月白露初团③。滴沥珠（疑）光满，荧煌素彩寒④。风摇愁玉坠，枝动惜珠干。气冷初（疑）秋晚，声微觉夜阑⑤。凝空流欲遍，润物净宜看。莫厌窥临倦，将晞聚更难⑥。

注释：

① 梧桐：木名，落叶乔木。古代以为是凤凰栖止之木。《诗·大雅·卷阿》："凤凰鸣矣，于彼高冈。梧桐生矣，于彼朝阳。"孔颖达疏："梧桐可以为琴瑟。"
② 戴察：字彦衷，苏州（今属江苏）人。贞元初获乡荐，因家贫未能赴举。四年（788）因无力承担赋税，投诉于刺史韦应物。事迹据李观《代李图南上苏州韦使君论戴察书》。今存诗一首。
③ 萧疏：稀疏；稀少。团：圆。这里指凝聚，凝结。南朝宋鲍照《伤逝赋》："露团秋槿，风卷寒萝。"

④ 荧煌：辉煌。素彩：亦作“素采”，白色的光彩。南朝梁沈约《谢敕赐绯葛启》：“素采冰华，绨文霜洁。”这两句咏月色下梧桐叶上的露珠。

⑤ 夜阑：夜残，夜将尽时。阑：晚，迟。《文选·谢庄〈宋孝武宣贵妃诔〉》：“白露凝兮岁将阑。”李善注：“阑，犹晚也。”

⑥ 晞（xī）：干，干燥。《诗·秦风·蒹葭》：“蒹葭萋萋，白露未晞。”毛传：“晞，干也。”

文苑英华卷一百八十八

宋　李昉等编

省试九（州府试附）　四十六首

花发上林[1]（六首）

独孤授[2]

上苑韶容早，芳菲正吐花[3]。无言向春日，闲笑任年华。润色笼轻霭，晴光艳晚霞。影连千户竹，香散万人家。幸绕楼台近，仍怀雨露赊[4]。愿君垂采摘，不使落风沙。

注释：

① 上林：古宫苑名，即上林苑。秦、汉、南朝宋建址各不同。后泛指帝王的园囿。
② 独孤授：大历十四年登第。今存诗一首。
③ 韶容：清新的风光。韶（sháo）：美好。芳菲：花草盛美。
④ 绕（rǎo）：围绕；环绕。赊：多。唐郎士元《闻吹杨叶者》诗之一：“妙吹杨叶动悲笳，胡马迎风起恨赊。”

同　　前

周　渭[1]

灼灼花凝雪，春来发上林[2]。向风初散蕊，垂叶欲成阴。人过香随远，烟晴色自深。净时空结雾，疏处未藏禽。菶茸何年植，间关几日吟[3]。一枝如可冀，不负折芳心[4]。

注释：

① 周渭：大历十四年登第。今存诗二首。
② 灼灼：鲜明貌。《诗·周南·桃夭》：“桃之夭夭，灼灼其华。”
③ 菶茸：茂密貌。《文选·潘岳〈射雉赋〉》：“稊菽蘩糅，蘙荟菶茸。”徐爰注：“蘙荟菶茸，深概貌。”菶（běng）：草盛貌。茸（róng）：草类初生细软貌。间关：形容转动自如。《诗·小雅·车舝》：“闲关车之舝兮，思娈季女逝兮。”这里形容鸟鸣宛转。北魏李骞《释情赋》：“鸟间关以呼庭，花芬披而落牖。”
④ 折芳：犹言“折桂”。《晋书·郄诜传》：“武帝于东堂会送，问诜曰：‘卿自以为何如?’诜对曰：‘臣举贤良对策，为天下第一，犹桂林之一枝，昆山之片玉。’”后因以“折桂”谓科举及第。

同　　前

窦　常[1]

上苑晓沉沉。花枝乱缀阴。色浮双阙近，春入九门深[2]。向暖风初扇，余寒雪尚侵。艳回秦女目，愁处越人心③。绕绕时萦蝶，关关乍引禽。宁知幽谷羽，一举欲依林④。

注释：

① 窦常：字中行，扶风人（今陕西咸阳西北）。大历十四年（779）及进士第。曾隐居广陵之柳杨，著书二十年不出，后淮南节度杜佑辟为参谋；元和间，自湖南判官入为侍御史，转水部员外郎，出刺朗州、固陵、浔阳、临川四郡；穆宗长庆末，入为国子祭酒致仕。卒，赠越州都督。有集十八卷，今存诗二十六首。

② 九门：禁城中的九种门。古宫室制度，天子设九门。《礼记·月令》："（季春之月）田猎、罝罘、罗罔、毕翳、餧兽之药，毋出九门。"郑玄注："天子九门者，路门也、应门也、雉门也、库门也、皋门也、城门也、近郊门也、远郊门也、关门也。"后用以统称宫门。

③ 秦女：秦地美女；此指唐皇帝宫苑（上林）美人，因唐代皇城西安为秦故地。越人：越地美女。依文意，此指疏远的人。《商君书·修权》："故尧舜之位天下也，非私天下之利也，为天下位天下也。论贤举能而传焉，非疏父子亲越人也，明于治乱之道也。"此二句言花发上林，绚丽缤纷，令被亲近的宫女回目顾盼，让被疏远的人伤心。

④ 幽谷：幽深的山谷。《诗·小雅·伐木》："出自幽谷，迁于乔木。"谓鸟从低处迁往高处；比喻人的地位上升。一举：谓鸟类一飞。

同　　前

王　表①

上苑春何早，繁花已满林。笑迎明主仗，香拂美人簪②。地接楼台近，天垂雨露深。晴光来戏蝶，夕影动栖禽。欲托凌云势，先开捧日心。当知桃李树，从此必成阴。

注释：

① 王表：大历十四年（779）登进士第。官至秘书少监。今存诗三首。

② 明主：贤明的君主。《左传·襄公二十九年》："美哉，沨沨乎！大而婉，险而易行，以德辅此，则明主也。"仗：仪仗、车仗。美人：容貌美丽的女子；这里指妃嫔。

同　　前

王　储①

东陆和风至，先开上苑花②。秾枝藏宿鸟，香蕊拂行车③。散白怜晴日，舒红爱晚霞。桃间留御马，梅处入胡笳④。城郭连增媚，楼台映转华。岂同幽谷草，春至发犹赊⑤。

注释:

① 王储：大历十四年登第。今存诗一首。
② 东陆：古代指太阳运行于东方七宿的区域。《太平御览》卷十八引《易通统图》："日，春行东方青道曰东陆。"泛指东方。
③ 宿鸟：归巢栖息的鸟。车：在当时官方韵书中，"车"字属麻韵，故它可与"花"、"霞"等字押韵。
④ 胡笳：我国古代北方民族的管乐器，传说由汉张骞从西域传入，汉魏鼓吹乐中常用之。汉蔡琰《悲愤诗》之二："胡笳动兮边马鸣，孤雁归兮声嘤嘤。"
⑤ 赊：多。

同　前

失　名①

花发三阳盛，香飘五柞深②。素晖云积苑，红彩绣张林。落水随鱼戏，摇风映鸟吟。琼楼出高艳，玉辇驻浓阴③。乱蝶枝开影，繁蜂蕊上音。鲜芳盈禁籞，布泽荷天心④。

注释:

① 失名：《全唐诗》卷四百八十八作侯冽（一作列）。侯列，元和六年（811）进士及第。见《唐诗纪事》卷50。今存诗二首。
② 三阳：古人称农历十一月冬至一阳生，十二月二阳生，正月三阳开泰，合称"三阳"。引申指春天。也指农历正月。《艺文类聚》卷八引南朝宋孔皋《会稽记》："余姚县南百里，有太平山……三阳之辰，华卉代发。"五柞：五柞宫的省称。五柞宫，汉离宫名。故址在今陕西省周至县东南。《汉书·武帝纪》："二月，行幸盩厔五柞宫 。"颜师古注引张晏曰："有五柞树，因以名宫也。"柞（zuò）：木名。多指山毛榉科的麻栎。
③ 琼楼：形容华美的建筑物。玉辇：天子所乘之车，以玉为饰。
④ 禁籞：亦作"禁蘌"。禁苑周围的藩篱；指禁苑。代指宫廷。籞（yù），亦作"篽"，古代帝王的禁苑，周围有墙垣、篱落，禁人往来。荷（hè）：肩负，扛。这里指承受，承蒙。特指承受恩德。天心：犹天意。《书·咸有一德》："克享天心，受天明命。"

曲江亭望慈恩寺杏园花发①（四首）

李君何②

春晴凭水轩，仙杏发南园。开蕊风初晓，浮香景欲暄③。光华临御陌，色相对空门④。野雪遥添净，山烟近借繁。地闲分禁（一作鹿）苑，景胜类桃源⑤。况值新晴日，芳枝度彩鸳。

注释：

① 曲江：指曲江池，在今陕西省西安市东南。秦为宜春苑，汉为乐游原，有河水水流曲折，故称。隋文帝以曲名不正，更名芙蓉园。唐复名曲江。开元中更加疏凿，为都人中和、上巳等盛节游赏胜地。参阅唐康骈《剧谈录·曲江》。慈恩寺：唐代寺院名。旧寺在陕西长安东南曲江北，宋时已毁，仅存雁塔（大雁塔）。今寺为近代新建，在陕西省西安市南郊。唐贞观二十二年（648）李治（高宗）为太子时，就隋无漏寺旧址为母文德皇后追福所建，故名慈恩寺。唐玄奘自印度学佛归国，曾住此从事佛经翻译工作达八年之久，并倡议在寺旁建雁塔，用以收藏从印度带回的经像。寺在全盛时有十余院，室一千八百九十七，僧三百人。自神龙始，进士登科，皇帝均赐宴曲江上，题名雁塔。雁塔今列为全国重点保护文物之一。参阅宋王溥《唐会要·寺》。杏园：园名，故址在今陕西省西安市郊大雁塔南。唐代新科进士赐宴之地。唐贾岛《下第》诗："下第只空囊，如何住帝乡。杏园啼百舌，谁醉在花傍？"

② 李君何：贞元五年（789）进士第（据孟二冬《登科记考补正》）。今存诗一首。

③ 暄：温暖。

④ 色相：亦作"色象"，佛教语。指万物的形貌。《涅槃经·德王品四》："［菩萨］示现一色，一切众生各各皆见种种色相。"空门：泛指佛法。大乘以观空为入门，故称。《大智度论·释初品》："空门者，生空、法空。"这里指佛寺，即慈恩寺。

⑤ 桃源："桃花源"的省称，晋陶渊明《桃花源记》所写的世外悠然地境，"土地平旷，屋舍俨然。有良田、美池、桑竹之属。阡陌交通，鸡犬相闻。其中往来种作，男女衣着悉如外人。黄发垂髫，并怡然自乐。"后用以指避世隐居的地方，亦指理想的境地。

同　　前

周弘亮①

江亭闲望处，远近见秦源②。古寺迟春景，新花发杏园③。萼中轻蕊密，枝上素姿繁④。拂雨云初起，含风雪欲翻。容辉明十地，香气遍千门⑤。愿莫随桃李，芳菲不为言⑥。

注释：

① 周弘亮：登贞元进士第。今存诗三首。

② 秦源：这里指曲江池，在今陕西省西安市东南。见前李君何诗注①。

③ 迟（zhì）：等待。

④ 萼：花萼、萼片的总称。萼位于花的外轮，呈绿色，在花芽期有保护花芽的作用。

⑤ 十地：梵语意译，或译为"十住"。佛家谓菩萨修行所经历的十个境界。大乘菩萨十地为：欢喜地，离垢地，发光地，焰慧地，极难胜地，现前地，远行地，不动地，善慧地，法云地。另有三乘共十地，四乘十地，真言十地等，名目各有不同。这里借指佛寺。千门：犹千家；这里指众多宫门。

⑥ 桃李句：反用"桃李不言，下自成蹊"。《史记·李将军列传》："谚曰：'桃李不言，下自成蹊。'"比喻默默行动，不自矜夸，即实至名归。这里反用典故，说花或人还是应该适当自我宣扬。

同　前

曹　著①

渚亭临净域，凭望一开轩②。晚日分初地，东风发杏园③。异香飘九陌，丽色映千门。照灼瑶华散，葳蕤玉露繁④。未教游妓折，乍听早莺喧⑤。谁复争桃李，含芳自不言。

注释：

① 曹著：贞元进士第。今存诗一首。
② 渚：小洲；水中的小块陆地。净域：佛教语。原指弥陀所居之净土，后为寺院的别称。
③ 初地：佛教语。谓修行过程十个阶位中的第一阶位。三乘共修“十地”中，以“乾慧地”为“初地”；大乘菩萨“十地”中，以“欢喜地”为“初地”。借佛教寺院。这里指慈恩寺。杏园：见前李君何诗注①。
④ 葳蕤（wēi ruí）：草木茂盛枝叶下垂貌。这里指花树华美貌，艳丽貌。
⑤ 妓：歌舞女艺人。唐韩愈《顺宗实录二》：“癸酉，出后宫并教坊女妓六百人。”

同　前

陈　翥①

曲池晴望好，近接梵王家②。十亩开金地，千林发杏花③。映云犹误雪，照日欲成霞。紫陌传香远，红泉落影斜④。园中春尚早，亭上路非赊⑤。芳景堪游处，其如惜物华。

注释：

① 陈翥：贞元进士第。今存诗一首。
② 梵王：指色界初禅天的大梵天王。亦泛指此界诸天之王。南朝梁刘勰《剡县石城寺弥勒石像碑》：“梵王四鹤，徘徊而不去；帝释千马，踯躅而忘归。”
③ 金地：土地的美称。这里指佛教谓菩萨所居以黄金铺地，故称。《释氏要览》上：“金地或云金田，即舍卫国给孤长者，侧布黄金，买祇太子园，建精舍，请之居之。”借指佛寺。
④ 紫陌：指京师郊野的道路。红泉：红色的泉水。传说汉东方朔小时掘井，陷落地下，有人欲引往采仙草，中隔红泉不得渡，其人以一屐与之，遂泛红泉，至仙草之处，采而食之。见旧题汉郭宪《洞冥记》。后遂以红泉为传说中的仙境景色之一。
⑤ 赊：买物延期交款。这里指距离远。

金谷园花发怀古[①]（三首）

王　质[②]

寂寥金谷涧，花发旧时园。人事空怀古，烟霞此独存。管弦非上客，歌舞少王孙[③]。繁蕊风惊散，轻红鸟乍翻。山川终不改，桃李自无言。今日经尘路，凄凉讵可论[④]。

注释：

① 金谷园：指晋石崇于金谷涧中所筑的园馆。故址在今河南省孟县境。石崇曾写《金谷诗序》记其事。唐韦应物《金谷园歌》："石氏灭，金谷园中流水绝。"泛指富贵人家盛极一时但好景不长的豪华园林。多含讽喻义。

② 王质（769—836）：字华卿，太原祁人文中子王通之后。元和六年（811）登第。太和中，历河南尹、宣歙观察使。今存诗一首。

③ 上客：尊客，贵宾。《礼记·曲礼上》："食至起，上客起。"也指上等门客。王孙：王的子孙。后泛指贵族子弟。

④ 此诗在押韵上的特点是元韵字与魂韵字通押。园、翻、言属元韵，存、孙、论属魂韵。当时官方韵书规定元、魂、痕三韵同用。

同　前

张公乂[①]

今日春风至，花开石氏园。未全红艳折，半与素光翻。点缀疏林遍，微明古径繁。窥临莺欲语，寂寞李无言。谷变迷铺锦，台余认树萱[②]。川流人事共（一作近），千载竟谁论。

注释：

① 张公乂：宪宗元和六年（811）进士。参见《唐代文学研究》第四辑陈尚君《登科记考正补》。今存诗一首。

② 谷变：陵谷变迁；比喻巨大的变化。《诗·小雅·十月之交》："高岸为谷，深谷为陵。"铺锦：铺陈锦绣。树萱：种植萱草。萱草，俗名忘忧草。《诗·卫风·伯兮》："焉得谖草，言树之背。"毛传："谖草，令人忘忧。"陆德明释文："谖，本又作萱。"后以"树萱"为消忧之词。

同　前

失　名

春风生梓泽，迟景映花林[①]。欲问当时事，因伤此日心。繁华人已殁，桃李意何深。涧咽歌声在，云归盖影沉。地形同万古，笑价失千金[②]。遗迹应无限，芳菲不可寻。

注释：

① 梓（zǐ）泽：晋石崇别墅金谷园的别称。《晋书·石崇传》："崇有别馆在河阳之金谷，一名梓泽。送者倾都，帐饮于此焉。"泛指名园。迟景：指傍晚的日光。

② 笑价：一笑的价值。一笑价值千金，极言美人一笑之难得。《艺文类聚》卷五十七引汉崔骃《七依》："回顾百万，一笑千金。"这里用"笑价"代指美女。

芙蓉出水[①]（二首）

陈　至[②]

菡萏迎秋吐，夭摇映水滨[③]。剑芒开宝匣，峰影写蒲津[④]。下照参差荇，高辞苒弱蘋[⑤]。自当巢翠甲，非止戏赪鳞[⑥]。莫以时先后，而言色故新。芳香正堪玩，谁报涉江人[⑦]。

注释：

① 芙蓉：荷花的别名。《楚辞·离骚》："制芰荷以为衣兮，集芙蓉以为裳。"芙蓉出水：即"出水芙蓉"，水面上初放的荷花。梁·钟嵘《诗品》有言："宋光禄大夫颜延之诗，其源出于陆机……汤惠休曰：'谢诗如芙蓉出水，颜如错彩镂金。'"李白《赠江夏韦太守良宰》诗有句："清水出芙蓉，天然去雕饰。"

② 陈至：见卷一百八十二《荐冰》注。

③ 菡萏（hàn dàn）：即荷花。《诗·陈风·泽陂》："彼泽之陂，有蒲菡萏。"夭摇：摇曳貌。

④ 剑芒：即剑铓，剑锋。蒲：通"浦"：水边，河岸。津：渡口；涯，岸。此二句状含苞之荷花。

⑤ 苒弱：亦作"苒蒻"，柔弱貌。此二句写芙蓉出水，高高挺立。

⑥ 翠甲：指乌龟或鳖（甲鱼）。或曰：当作"翠羽"，指翠鸟。"巢翠羽"是说翠鸟在荷上停歇。赪鳞：即赪鳞，鱼的赤色鳞片，亦指鳞片赤色的鱼。赪（chēng），红。

⑦ 涉江人：指楚人屈原。

同　前

贾　謩[①]

的皪舒芳艳，红姿映绿蘋[②]。摇风开细浪，出沼媚清晨。翻影初迎日，流香暗袭人[③]。独披千叶浅，不竞百花春。鱼戏参差动，龟游次第新。涉江如可采，从此免迷津[④]。

注释：

① 贾謩：元和七年（812）进士。今存诗一首。
② 的皪（lì）：光亮、鲜明貌。
③ 袭：触及；熏染；侵袭。《楚辞·九歌·少司命》："绿叶兮素枝，芳菲菲兮袭予。"王逸注："袭，及也。"袭人：侵袭到人；熏人。
④ 涉江：见前诗注⑦。这里双关，表面指屈原采摘荷花，实际上暗含擢用人才。

华林园早梅①

郑述诚②

晓日东楼路，林端见早梅。独凌寒气发，不逐众花开③。素彩风前艳，韶光雪后催。蕊香沾（一作繁香）紫陌，枝亚拂青苔。止渴曾为用，和羹旧有才④。含情欲攀折，瞻望几徘徊。

注释：

① 华林：茂美的林木。华林园：宫苑名，有多处。这里指故址在今河南洛阳东洛阳故城内的华林园。本东汉芳林园，魏正始初因避齐王芳讳改。有瑶华宫、景阳山、天渊池诸胜景。东魏天平二年（535）毁。
② 郑述诚：曾应省试。代宗大历初年在湖州，与刺史卢幼平、诗僧皎然等泛舟联句。见皎然《秋日卢郎中使君幼平泛舟联句》。今存诗一首。
③ 凌：迎；冒。
④ 止渴：犹言"望梅止渴"。南朝宋刘义庆《世说新语·假谲》："魏武行役失汲道，军皆渴，乃令曰：'前有大默林，饶子，甘酸可以解渴。'士卒闻之，口皆出水，乘此得及前源。"和羹：配以不同调味品而制成的羹汤。《书·说命下》："若作和羹，尔惟盐梅。"孔安国传："盐，咸；梅，醋。羹须咸醋以和之。"后用以比喻大臣辅助君主综理国政；喻宰辅之职。

潘安仁戴星看河阳花发①

吕　敞②

行春潘令至，勤恤戴星光③。为政宵忘寝，临人俗冀康④。晓花迎径发，新蕊满城香。秀色沾轻露，鲜辉丽早阳。津桥见来往，空雾拂衣裳。桃李今无数，从兹愿比方⑤。

注释：

① 潘安仁：晋潘岳，字安仁，省称"潘安"。潘安貌美，故诗文中常用作美男子的代称。戴星：顶着

星星；喻早出或晚归。《吕氏春秋·察贤》："宓子贱治单父，弹鸣琴，身不下堂，而单父治。巫马期以星出，以星人，日夜不居，以身亲之，而单父亦治。"后因以"戴星"为称扬吏治或能吏之典。河阳：黄河北岸。这里指晋潘岳曾任河阳县令，后多以"河阳"指称潘岳。唐王维《为人祭李舍人文》："名高江夏之童，貌夺河阳之美。"

② 吕敞：缑氏（今河南偃师南）人。官监察御史、起居郎。见《元和姓纂》卷六。今存诗二首。

③ 行春：谓官吏春日出巡。《后汉书·郑弘传》："弘少为乡啬夫，太守第五伦行春，见而深奇之，召署督邮，与孝廉。"李贤注："太守常以春行所主县，劝人农桑，振救乏绝。"泛指游春。勤恤：忧悯，关怀。《书·召诰》："上下勤恤。"

④ 康：安乐；安宁。《诗·大雅·民劳》："民亦劳止，汔可小康。"郑玄笺："康……安也。"

⑤ 比方：比拟。《荀子·强国》："今君人者，辟称比方，则欲自并乎汤武，若其所以统之，则无以异于桀纣。"这里指愿以桃李相比方，"桃李不言，下自成蹊"。

宫池产瑞莲（帖经日试）①

王贞白②

雨露及万物，嘉祥有瑞莲。香飘鸡树近，荣占凤池先③。圣日临双丽，恩波照并妍④。愿同指佞草，生向帝尧前⑤。

注释：

① 宫池：帝王宫苑中的池沼。瑞莲：象征吉祥之莲。多指双头或并蒂莲。如同"瑞麦"、"嘉禾"。唐·皇甫湜《吉州刺史厅壁记》："瑞露溶溶，降味公松；瑞莲猗猗，合蒂公池。"宋王應麟《玉海》"汉分枝荷"云："《拾遗记·黄图》：昭帝始元元年，穿琳池，中植分枝荷，一茎四叶，状如骈盖。"帖经：唐代科举考试的一种方法。相当于今天的填空题。杜佑《通典·选举三》："帖经者，以所习经掩其两端，中间惟开一行，裁纸为帖，凡帖三字，随时增损，可否不一，或得四、得五、得六者为通。"宋高承《事物纪原·学校贡举·三场》："天宝十三载，举人问策外，更诗赋并杂文贴经为三场试也。"

② 王贞白：字有道，永丰人。乾宁二年张贻宪榜进士，后七年始授校书郎，尝与罗隐、方干、贯休同倡和，有《灵溪集》十卷，今编诗一卷。

③ 鸡树：指古代中书省。语本《三国志·魏志·刘放传》"帝独召爽与放"裴松之注引晋郭颁《世语》："放（刘放）资（孙资）久典机任，献（夏侯献）、肇（曹肇）心内不平。殿中有鸡栖树，二人相谓：'此亦久矣，其能复几？'"也泛指宰相府第中的树。

④ 双丽、并妍：皆指双头并蒂荷花，即"瑞莲"。

⑤ 指佞草：传说中能识别奸伪的草。晋张华《博物志》卷四："尧时有屈轶草，生于庭。佞人入朝，则屈而指之。一名指佞草。"

小苑春望宫池柳色①（十首）

张　昔②

小苑春初至，皇衢日更清③。遥分万条柳，回出九重城。隐映龙池润，参差凤阙明。影宜宫雪曙，色带禁烟晴。深浅残阳变，高低晓吹轻。年光正堪折，欲寄一枝荣④。

注释：

① 宫池：帝王宫苑中的池沼。柳色：柳叶繁茂的翠色；多用以烘托春日的情思。南朝梁何逊《落日前墟望赠范广州云》诗："轻烟澹柳色，重霞映日余。"
② 张昔：大历进士第。今存诗一首。
③ 衢（qú）：大路；四通八达的道路。皇衢：专供皇帝车马所行的道路。《文选·班固〈东都赋〉》："动大辂，遵皇衢，省方巡狩。"
④ 一枝荣：指科考及第。《晋书·郄诜传》："武帝于东堂会送，问诜曰：'卿自以为何如?'诜对曰：'臣举贤良对策，为天下第一，犹桂林之一枝，昆山之片玉。'"

同　　前

黎　逢①

上宫新柳变，小苑暮天晴②。始见和烟密，遥怜拂水轻。色乘阳气重，阴助御楼清。不厌随风袅，仍宜向日明。客中愁（一作客愁观）美景，池上仰光荣③。渐到依依处，思闻出谷莺④。

注释：

① 黎逢：见卷一百八十一《首夏犹清和》注。
② 上宫：天子的祖庙。《宋史·礼志二六》："凡上宫用牲牢、祝册，有司奉事；下宫备膳羞，内臣执事，百官陪位。"这里泛指宫苑。
③ 愁：这里是说春天进京应试，前途未卜，见美景也感到忧愁。光荣：光芒；恩宠。
④ 依依：轻柔披拂貌。《诗·小雅·采薇》："昔我往矣，杨柳依依；今我来思，雨雪霏霏。"出谷莺：从幽谷飞出的鸟；亦喻指升迁之人。此二句言一直等到杨柳枝条舒展我要离开京城的时候，还在想着中举飞黄腾达的事。

同　　前

丁　位①

小苑宜春望，宫池柳色轻。低昂含晓景，萦转带新晴②。似盖芳初合，如丝荫渐成。依依连水暗，袅袅出墙明。虽以阳和发，能令旅思生③。他时花满路，从此接迁莺④。

注释：

① 丁位：大历进士第。今存诗一首。

② 萦转：回旋环绕。唐刘禹锡《谢中使送至郡表》："山川萦转，晨夜奔驰。"
③ 旅思：羁旅的愁思。
④ 迁莺：亦作"迁莺"。谓黄莺飞升移居高树。喻登第。唐李商隐《喜舍弟羲叟及第上礼部魏公》诗："朝满迁莺侣，门多吐凤才。"

同　前

元友直①

柳色新池遍，春光御苑晴。叶依青阁密，条向碧流倾②。路暗阴初重，波摇影转清。风从垂处度，烟就望中生。断续游蜂聚，飘飖戏蝶轻③。怡然变芳节，愿及一枝荣④。

注释：

① 元友直：元结之子。大历进士。今存诗一首。
② 青阁：涂饰青漆的楼阁；形容其豪华。南朝梁江淹《杂体诗·效曹植〈赠友〉》："朝与佳人期，日夕望青阁。"
③ 游蜂：指飞舞游动的蜜蜂。
④ 芳节：阳春时节。亦泛指佳节、良时。南朝宋刘铄《代收泪就长路》诗："徘徊去芳节，依迟从远军。"

同　前

杨　系①

胜游从小苑，宫柳望春晴②。拂地青丝嫩，萦风绿带轻。光含烟色远，影透水文清。玉笛吟何得，金闺画岂成③。皇风吹欲断，圣日映逾明④。愿驻高枝上，还同出谷莺。

注释：

① 杨系：大历进士第。今存诗一首。
② 胜游：快意的游览。
③ 金闺：闺阁的美称。这里指金马门。金马门，汉代宫门名，学士待诏之处。《史记·滑稽列传》："金马门者，宦［者］署门也。门傍有铜马，故谓之曰'金马门'。"南朝宋鲍照《侍郎报满辞合疏》："金闺云路，从兹自远。"钱振伦注引李善《江淹〈别赋〉》注："金闺，金马门也。"
④ 皇风：皇帝的教化、风化。圣日：犹圣时。

同　　前

杨　凌①

上苑闲游早，东风柳色轻。储胥遥掩映，池水隔微明②。春至条偏弱，寒余叶未成。和烟变浓澹，转日异阴晴。不独芳菲好，还因雨露荣。行人望攀折，远翠暮愁生③。

注释：

① 杨凌：字恭履，少以篇什着声。官终侍御史。今存诗一卷。
② 储胥：汉宫馆名。《三辅黄图·汉宫》："武帝作迎风馆于甘泉山，后加露寒、储胥二馆，皆在云阳。"泛指帝王宫殿。
③ 暮愁：日暮天晚，投宿何方？指羁旅客居之愁。

同　　前

崔　绩①

帝京春气早，御柳已先荣②。嫩叶随风散，浮光向日明。悠扬生别意，断续引芳声。积翠连驰道，飘花出禁城③。柔条依水弱，远色带烟轻。南望龙池畔，斜光照晚晴。

注释：

① 崔绩：大历进士第。今存诗一首。
② 帝京：帝都；京都。
③ 驰道：古代供君王行驶车马的道路；泛指供车马驰行的大道。《礼记·曲礼下》："岁凶，年谷不登，君膳不祭肺，马不食谷，驰道不除，祭事不县。"孔颖达疏："驰道，正道。如今之御路也。是君驰走车马之处，故曰驰道也。"

同　　前

裴　达①

胜游经小苑，闲望上春城。御路韶光发，宫池柳色轻。乍浓含雨润，微澹带云（一作烟）晴。羃历残烟敛，摇扬落照明②。几条垂广殿，数树影高旌。独有风尘客，思同雨露荣③。

注释：

① 裴达：大历进士第。今存诗一首。
② 幂（mì）：同“幂”。覆盖。《战国策·楚策四》：“伯乐遭之，下车攀而哭之，解纻衣以幂之。”鲍彪注：“幂，覆也。”幂历：犹言“幂幂”。覆盖笼罩貌；密布貌，浓深貌。摇扬：摇曳。南朝梁沈约《八咏·会圃临春风》：“蝶逢飞摇扬，燕值羽差池。”
③ 风尘：谓行旅辛苦劳顿。

同　前

张季略①

韶光归汉苑，柳色发春城。半见离宫出，才分远水明②。青葱当淑景，隐映媚新晴。积翠烟初合，微黄叶未生。迎春看尚嫩，照日见先荣。傥得辞幽谷，高枝寄一名。

注释：

① 张季略：大历进士第。今存诗一首。
② 离宫：正宫之外供帝王出巡时居住的宫室。《汉书·贾山传》：“秦非徒如此也，起咸阳而西至雍，离宫三百，钟鼓帷帐，不移而具。”颜师古注：“凡言离宫者，皆谓于别处置之，非常所居也。”

同　前

沈　回①

今来游上苑，春染柳条轻。濯濯方含色，依依若有情②。分行临曲沼，先发媚重城③。拂水枝偏弱，摇风丝已生。变黄随淑景，吐翠逐新晴④。伫立徒延首，徘徊欲寄诚。

注释：

① 沈回：大历进士第。今存诗一首。
② 濯濯：光明貌，明净貌。依依：轻柔披拂貌。引申指依恋不舍的样子。《玉台新咏·古诗〈为焦仲卿妻作〉》：“举手长劳劳，二情同依依。”
③ 重城：古代城市在外城中又建内城，故称。《文选·左思〈吴都赋〉》：“郛郭周匝，重城结隅。”刘逵注：“大城中有小城，周十二里。”代指宫城、都城。泛指城市。
④ 淑景：美好的时光。这里指春光。

御沟新柳[1]（六首）

贾　稜[2]

御苑阳和早，章沟柳色新[3]。托根偏近日，布叶乍迎春。秀质方含翠，清阴欲庇人。轻烟度斜景，多露滴行尘。裹裹堪离赠，依依独望频[4]。王孙如可赏，攀折在芳辰[5]。

注释：

① 御沟：流经宫苑的河道。晋崔豹《古今注·都邑》：“长安御沟谓之杨沟，谓植高杨于其上也。一曰羊沟，谓羊喜抵触垣墙，故为沟以隔之，故曰羊沟也。”
② 贾稜：贞元八年进士第。今存诗一首。
③ 章沟：古代职掌夜间巡更、警戒的官署有名章沟的，如《文选·张衡〈西京赋〉》：“次有天禄、石渠校文之处，重以虎威、章沟严更之署。”吕延济注：“武威、章沟皆更署名。”但这里的章沟，疑指章台旁之沟渠，亦即御沟。因古诗人习称宫中柳树为章台柳，故此处便以“章沟”代指堤上通常种柳树之御沟。
④ 裹裹：纤长柔美貌。离赠：指折柳赠别，此为汉唐人习俗。
⑤ 芳辰：美好的时光；多指春季。

同　前

陈　羽[1]

宛宛如丝柳，含黄一望新。未成沟上暗，且向日边春。袅娜方遮水，低迷欲醉人[2]。托空芳郁郁，逐溜影鳞鳞[3]。弄色滋宵露，垂枝染夕尘。夹堤连太液，还似映天津[4]。

注释：

① 陈羽：江东人。登贞元进士第。历官乐宫尉佐。今存诗一卷。
② 袅娜：细长柔美貌。低迷：迷离，迷蒙。
③ 溜：水流。这里指御沟之水。
④ 天津：银河。《楚辞·离骚》：“朝发轫于天津兮，夕余至乎西极。”王逸注：“天津，东极箕斗之闲，汉津也。”

同　前

欧阳詹[1]

东风韶景至，垂柳御沟新。媚作千门秀，连为一道春。柔荑生女指，嫩叶长龙鳞②。舞絮回青岸，轻烟拂绿蘋。王孙初命赏，佳客几（集作欲）伤神③。芳意能（集作堪）相赠，一枝先远人④。

注释：

① 欧阳詹：字行周，晋江人。常衮荐之，始举进士，闽人擢第自詹始。官国子监四门助教。集十卷，今编诗一卷。
② 柔荑：柔软而白的茅草嫩芽。《诗·卫风·硕人》："手如柔荑，肤如凝脂。"朱熹集传："茅之始生曰荑，言柔而白也。"泛指草木嫩芽。
③ 赏：玩赏；欣赏。《管子·霸言》："夫使国常无患，而名利并至者，神圣也。国在危亡而能寿者，明圣也。是故先王之所师者，神圣也；其所赏者，明圣也。"佳客：嘉宾，贵客。
④ 芳意：春意。唐徐彦伯《同韦舍人元旦早朝》诗："相问韶光歇，弥怜芳意浓。"此二句言折柳赠别。汉唐人有折取柳枝赠别行人的习俗。语出《三辅黄图·桥》："霸桥在长安东，跨水作桥。汉人送客至此桥折柳赠别。"

同　前

冯　宿①

夹道天渠远，垂丝御柳新②。千条宜向日，万户共迎春。轻翠含烟发，微音逐吹频。静看思渡口，回望忆江滨。袅袅分游骑，依依驻旅人。阳和如可及，攀折在兹辰③。

注释：

① 冯宿：字拱之，婺州人。贞元中登进士第。张建封辟为掌书记；长庆初，以刑部郎中知制诰；太和初，为河南尹，历工、刑二部侍郎，东川节度使。集四十卷，今存诗二首。
② 天渠：即"御沟"，流经宫苑的河道。一说"渠"通"衢"，天渠犹言"天衢"，指京都的大路。
③ 阳和：春天的暖气；借指春天。

同　前

李　观（集无）①

御沟回广陌，芳柳对行人。翠色枝枝满，年光树树新②。畏逢攀折客，愁见别离辰。近映章台骑，遥分禁苑春③。嫩阴初覆水，高影渐离尘。莫入胡儿笛，还令泪湿巾④。

注释：

① 李观：见卷一百八十《中和节诏赐公卿尺》注。

② 年光：年华，岁月。这里指春光。
③ 章台：即章华台。一指春秋时楚国离宫；二指汉长安街名。这里泛指都域的繁华街道。
④ 胡儿笛：即羌笛。古代的管乐器。长二尺四寸，三孔或四孔。因出于羌中，故名。唐王之涣《凉州词》之一有句："羌笛何须怨杨柳，春风不度玉门关。"

同　　前

刘遵古①

韶光先禁柳，几处覆沟新。映水疑分翠，含烟欲占春。悠悠迟日晓，裹裹好风频。吐节茸犹嫩，通条泽稍均②。远和瑶草色，暗拂玉楼尘③。愿假骞飞便，归栖及此辰④。

注释：

① 刘遵古：贞元八年进士第。今存诗一首。
② 茸（róng）：草类初生细软貌。这里指初生的柳条嫩芽。
③ 瑶草：传说中的香草。汉东方朔《与友人书》："相期拾瑶草，吞日月之光华，共轻举耳。"泛指珍美的草。玉楼：华丽的楼。
④ 骞飞：犹骞腾。骞（xiān）：高飞貌。唐杜甫《奉贺阳城郡王太夫人恩命加邓国太夫人》诗："委曲承颜体，骞飞报主身。"

原隰荑绿柳①

温庭筠（集无）②

迥野韶光早，晴川柳满（一作映柳）堤。拂尘生嫩绿，披雪见柔荑。碧玉芽犹短，黄金缕未齐③。腰支弄寒吹，眉意入春闺④。预恐狂夫折，迎牵逸客迷⑤。新莺将出谷，应借一枝栖。

注释：

① 原隰：广平与低湿之地。泛指原野。原：宽广平坦之地。隰（xí）：低湿的地方。荑（tí）：茅的嫩芽；泛指草木萌生的叶芽。这里引申指发芽，萌生。谢灵运《从游京口北固应诏》诗有句："远岩映兰薄，白日丽江皋。原隰荑绿柳，墟囿散红桃。"
② 温庭筠（812—约 870）：一作庭云、廷筠，本名岐，字飞卿，太原人（今山西太原），宰相彦博裔孙，少敏悟，才思艳丽，韵格清拔，工为词章、小赋，与李商隐皆有名，称"温李"；然行无检幅，数举进士不第；思神速，每人试押官韵作赋，凡八叉手而成，时号"温八叉"。徐商镇襄阳，署为巡官，不得志，去，归江东；后商知政事，颇右之，欲白用，会商罢相；杨收疾之，贬方城（今河南方城）尉，再迁隋县尉，卒。集二十八卷，今编诗为九卷。
③ 碧玉：喻嫩草芽。黄金：喻新柳芽。

④ 腰支：即腰肢。腰身，身段，体态；这里喻指婀娜的绿柳。寒吹：冷风。
⑤ 狂夫：无知妄为的人。《诗·齐风·东方未明》："折柳樊圃，狂夫瞿瞿。"逸客：超逸高雅的客人。

御园芳草①

陆　贽（集无）②

阴阴御园里，瑶草日光长。霾靡含烟雾，依稀带夕阳③。雨余荑更密，风暖蕙初香④。拥妓缘驰道，乘舆入建章⑤。湿烟摇不散，细影乱无行。恒恐韶光晚，何人辨早芳。

注释：

① 御园：即御苑，帝王家的苑囿。
② 陆贽：见卷一百八十四《晓过南宫闻太常清乐》注。
③ 霾靡：草木细弱，随风披拂貌。《楚辞·刘安〈招隐士〉》："青莎杂树兮，薠草霾靡。"王逸注："随风披敷。"洪兴祖补注："霾靡，弱貌。"霾（suǐ）：草木弱貌。
④ 荑（tí）：指草木初生的嫩芽。蕙（huì）：香草名。所指有二：一指薰草，俗称佩兰。古人佩之或作香焚以避疫。二指蕙兰。叶似草兰而稍瘦长，暮春开花，气逊于兰，色也略淡。
⑤ 妓：歌舞女艺人。建章：即建章宫。一指汉代长安宫殿名。《三辅黄图·汉宫》："武帝太初元年，柏梁殿灾。粤巫勇之曰：'粤俗，有火灾即复大起屋，以厌胜之。'帝于是作建章宫，度为千门万户。宫在未央宫西，长安城外。"二指南朝宋时以京城建康（今江苏省南京市）北邸为建章宫。后泛指宫阙。

龙池春草①（三首）

陈　翊（一作诩）②

青春光凤苑，细草遍龙池③。曲渚交蘋叶，回塘惹柳枝。因风初苒苒，覆岸欲离离④。色带金堤静，阴连玉树移。日光浮霾靡，波影动参差。岂比生幽远，芳馨众不知。

注释：

① 龙池：池名。在今陕西西安兴庆公园内，在唐长安隆庆坊玄宗未即位时所居的旧邸旁，宅东有井，忽涌为小池；传说其上常有云气，有人见黄龙出其中，因名龙池。玄宗即位后于隆庆坊建兴庆宫，龙池被包容于内。这里借指宫苑。参阅《旧唐书·玄宗本纪》，宋·宋敏求《长安志·唐京城三》。
② 陈翊（一作诩）：字载物，闽县人。大历中登进士第。贞元中，官户部郎中、知制诰。诗十卷，今存七首。
③ 青春：指春天。春季草木茂盛，其色青绿，故称。《楚辞·大招》："青春受谢，白日昭只。"
④ 离离：浓密貌。这里指草木茂盛浓绿貌。白居易《赋得古原草送别》："离离原上草，一岁一枯荣。

野火烧不尽，春风吹又生。”

同　前

宋　迪①

凤阙韶光遍，龙池草色匀。烟波全让绿，堤柳不争新。翻叶迎红日，飘香借白蘋②。幽姿偏占暮，芳意欲留春。已胜生金埒，长思藉玉轮③。翠华如见幸，正好及兹辰④。

注释：

① 宋迪：宜春（今属江西）人。德宗贞元十三年（797）进士。见《登科记考》卷十四。今存诗一首。

② 白蘋（pín）：亦作“白萍”，水中浮草。

③ 金埒：用钱币筑成的界垣。泛指金色的围墙。埒（liè）：矮墙。藉（jiè）：同“借”。因；凭借，依托。

④ 翠华：天子仪仗中以翠羽为饰的旗帜或车盖。引申为御车或帝王的代称。

同　前

万俟造①

暖积龙池绿，晴连御苑春。迎风茎未偃，裛露色犹新②。苒苒分阶砌，离离杂荇蘋。细丛依远渚，疏影落轻纶③。迟引萦花蝶，偏宜拾翠人④。那怜献赋者，惆怅惜兹辰⑤。

注释：

① 万俟造：《全唐诗》卷七百八十二作“万俟造诗一首”。河南（今属河南洛阳）人。德宗贞元十三年（797）进士。见《元和姓纂》卷十、《登科记考》卷十四。今存诗一首。

② 裛（yì）：原指书帙，书囊。这里通“浥”，沾湿。晋陶潜《饮酒》诗之七：“秋菊有佳色，裛露掇其英。”唐王维《送元二使安西》诗：“渭城朝雨裛轻尘，客舍青青柳色新。”

③ 纶：整理丝线。引申指细丝、丝带、丝絮。

④ 拾翠：拾取翠鸟羽毛以为首饰。后多指妇女游春。语出三国魏曹植《洛神赋》：“或采明珠，或拾翠羽。”拾翠人，指游春的妇女。

⑤ 献赋：作赋献给皇帝，用以颂扬或讽谏。《西京杂记》卷三：“相如将献赋，未知所为。梦一黄花翁，谓之曰：‘可为《大人赋》。’”唐钱起《秋馆言怀》诗：“蹉跎献赋客，叹息此良时。”

方士进恒春草[①]

梁　锽[②]

东吴有灵草，生彼剡溪傍[③]。既乱莓苔色，仍连菡萏香[④]。掇之称远士，持以奉明王[⑤]。北阙颜弥驻，南山寿更长[⑥]。金膏从骋妙，石髓莫矜良[⑦]。傥使沾涓滴，还游不死方[⑧]。

注释：

① 方士：方术之士。古代自称能访仙炼丹以求长生不老的人。《史记·封禅书》："驺衍以阴阳主运显于诸侯，而燕齐海上之方士传其术不能通。"也泛指从事医、卜、星、相类职业的人。恒春草：犹言"长生草"。《新唐书·方技传》："姜抚，宋州人。自言通仙人不死术，隐居不出。开元末，太常卿韦绦祭名山，因访隐民，还白抚已数百岁。召至东都，舍集贤院。因言：'服常春藤，使白发还鬒，则长生可致。藤生太湖最良，终南往往有之，不及也。'帝遣使者至太湖，多取以赐中朝老臣。……擢抚银青光禄大夫，号冲和先生。抚又言：'终南山有旱藕，饵之延年。'状类葛粉，帝作汤饼赐大臣。右骁卫将军甘守诚能誯药石，曰：'常春者，千岁藟也。旱藕，杜蒙也。方家久不用，抚易名以神之。民间以酒渍藤，饮者多暴死。'乃止。抚内惭悸，请求药牢山，遂逃去。"

② 梁锽：天宝中人。官执戟。今存诗十五首。

③ 剡溪：水名。曹娥江的上游，在浙江嵊县南。唐李白《梦游天姥吟留别》："湖月照我影，送我至剡溪。"

④ 莓苔：青苔。晋孙绰《游天台山赋》："践莓苔之滑石，搏壁立之翠屏。"莓（méi）：蔷薇科，悬钩子属、蛇莓属植物的泛称。灌木或多年生草本，果实可食。北魏贾思勰《齐民要术·莓》："莓，草实，亦可食。"这里指苔藓。

⑤ 远士：高士。指隐居不仕或修炼者。明王：圣明的君主。

⑥ 南山寿：即寿比南山。祝颂语，祝福长寿。语本《诗·小雅·天保》："如月之恒，如日之升，如南山之寿，不骞不崩。"（南山：指终南山，属秦岭山脉，在今陕西省西安市南。）这里"北阙"、"南山"偶对，皆指代君王，言君王服食长生草后，容颜永驻，寿齐南山。

⑦ 金膏：道教传说中的仙药。《穆天子传》卷一"黄金之膏"晋郭璞注："金膏，亦犹玉膏，皆其精汋也。"石髓：即石钟乳。古人用于服食。也可入药。《晋书·嵇康传》："康又遇王烈，共入山，烈尝得石髓如饴，即自服半，余半与康，皆凝而为石。"

⑧ 不死方：犹言"不死乡"，指传说中的不死之国，是长生不老的地方。《吕氏春秋·求人》："（禹）南至交趾……羽人裸民之处，不死之乡。"

礼闱阶前春草生[①]

失　名

河畔虽同色，南宫淑景先[②]。微开曳履处，常对讲经前[③]。得地风尘隔，依林雨露偏[④]。已逢霜候改，初寄日华妍[⑤]。影与丛兰杂，荣将众卉连。哲人如不薙，生意在芳年⑥。

注释：

① 礼闱：汉代尚书省在建礼门内，又近禁闱，故称之为礼闱。后来科举考试之会试，因其为礼部主办，故又称礼部试场为礼闱。
② 南宫：南方星宿的宫，指朱鸟星座。引申为尚书省的别称，谓尚书省象列宿之南宫，故称。《后汉书·郑弘传》："建初，为尚书令……弘前后所陈有补益王政者，皆着之南宫，以为故事。"
③ 曳履：拖着鞋子。形容闲暇、从容。讲经：讲说儒家经义。
④ 得地：得到适合它的地方。草长礼闱阶前，可谓得地。此"得地"语带双关。
⑤ 霜候：下霜季节。
⑥ 哲人：智慧卓越的人；这里喻指考官。薙（tì）：除草。《礼记·月令》："［季夏之月］是月也，土润溽暑，大雨时行，烧薙行水，利以杀草。"郑玄注："薙谓迫地芟草也。"这里喻指考官刷落考生。

春草凝露①

张友正②

苍苍芳草色，含露对青春。已赖阳和长，仍惭润泽频③。日临残未滴，风度欲成津。蕙叶垂偏重，兰丛洗转新。将行愁裛径，欲采畏濡身④。独爱池塘畔，清华远袭人⑤。

注释：

① 凝露：凝结的露珠。汉代繁钦《蕙咏》："葩叶永雕悴，凝露不暇晞。"
② 张友正：唐末歙州人（今安徽歙县）。诗一卷，今存二首。
③ 赖：得益，受益。
④ 裛（yì）：通"浥"，沾湿。与下句"濡"同义偶对。
⑤ 清华：指景物清丽华美，清秀美丽。晋谢混《游西池》诗："景昃鸣禽集，水木湛清华。"

春草碧色①（二首）

殷文圭②

细草含愁碧，芊绵南浦滨③。萋萋如恨别，苒苒共伤春④。疏雨烟华润，斜阳细彩匀。花粘繁斗锦，人藉软胜茵⑤。浅映宫池水，轻遮辇路尘。杜回如可结，誓作报恩身⑥。

注释：

① 春草碧色：南朝梁江淹《别赋》："春草碧色，春水渌波，送君南浦，伤如之何。"

② 殷文圭：字表儒，池州青阳人（今属安徽）；居九华，苦学，所用墨池底为之穴。唐末，词场请托公行，文圭与游恭独步场屋。乾宁五年（898）及第。为裴枢宣谕判官，后事杨行密，终左千牛卫将军。诗一卷。

③ 芊绵：草木茂盛貌。这里指草木绵延不绝貌。南浦：南面的水边。后常用称送别之地。《楚辞·九歌·河伯》："子交手兮东行，送美人兮南浦。"王逸注："愿河伯送己南至江之涯。"

④ 萋萋：草木茂盛貌。《诗·周南·葛覃》："葛之覃兮，施于中谷，维叶萋萋。"毛传："萋萋，茂盛貌。"

⑤ 粘：胶附，粘合；引申为接近，贴近。藉：草垫，衬垫；引申指坐卧在某物上。茵（yīn）：垫子，褥子。此二句写花一朵挨着一朵繁丽胜过织锦，绿草如茵人坐在上面感觉比席子还软。"斗"与"胜"同义偶对。

⑥ 杜回句：化用"结草"报恩典故。《左传·宣公十五年》："魏武子有嬖妾，无子。武子疾，命颗（武子之子）曰：'必嫁是。'疾病，则曰：'必以为殉。'及卒，颗嫁之，曰：'疾病则乱，吾从其治也。'及辅氏之役，颗见老人结草以亢杜回，杜回踬而颠，故获之。夜梦之曰：'余，而所嫁妇人之父也。尔用先人之治命，余是以报。'"后因以"结草"为受厚恩而虽死犹报之典。

同　前

王　縠①

习习东风扇，萋萋草色新。浅深千里碧，高下一时春。嫩叶舒烟际，微香动水滨。金塘明夕照，辇路惹芳尘②。造化功何广，阳和力自均。今当发生日，沥恳祝良辰③。

注释：

① 王縠：字虚中，宜春人。乾宁五年进士第。官终尚书郎。集三卷，存诗十八首。

② 金塘：谓坚固的石塘。《文选·刘桢〈公燕诗〉》："芙蓉散其华，菡萏溢金塘。"李善注："金塘，犹金堤也。"

③ 发生：萌发，滋长。引申指春天。沥恳：犹竭诚，披露诚心。沥：水、泪、酒等液体下滴。这里指表露，倾吐。

生刍一束①（二首）

于　结②

比玉人应重，为刍物自轻。向风倾弱叶，裛露示纤茎。蒨练宜春景，芊绵对雨情③。每惭蘋藻用，多谢茝兰荣④。孺子才虽远，公孙策未行⑤。咨询（一作询谋）如不弃，终冀及微生⑥。

注释：

① 生刍：鲜草。《诗·小雅·白驹》："生刍一束，其人如玉。"喻指贤人；贤能。

② 于结：大历间人，崔宁尝欲荐为御史，为宰相杨炎所阻。今存诗一首。
③ 蒨练：鲜明貌。蒨（qiàn）：茜草。根可做绛色染料。这里指鲜明，鲜艳。
④ 茝（zhǐ）：香草名。即白芷。《楚辞·离骚》："杂申椒与菌桂兮，岂维纫夫蕙茝。"王逸注："蕙、茝皆香草。"谢：惭愧，与上句"惭"同义偶对。
⑤ 孺子：东汉徐稚。《后汉书·徐稚传》："徐稚，字孺子，豫章南昌人也。家贫，常自耕稼，非其力不食。恭俭义让，所居服其德。屡辟公府，不起。……及（郭）林宗（郭泰）有母忧，稚往吊之，置生刍一束于庐前而去。众怪不知其故，林宗曰：'此必南州高士徐孺子也。《诗》不云乎'生刍一束，其人如玉。'吾无德以堪之。'"公孙：即公孙弘。武帝初即位，招贤良文学士，对策者百余人，公孙弘第一，拜博士，待诏金马门。见《史记》、《汉书》公孙弘本传。策：计谋，谋略。
⑥ 咨询：商议，征求意见。《诗·小雅·皇皇者华》："载驰载驱，周爰咨询。"咨：征询，商议。

同　前

郑孺华①

孙宏期射策，长倩赠生刍②。至洁心将比，忘忧道不孤。芝兰方入室，萧艾莫同途③。馥馥香犹在，青青色更殊。芳宁九春歇，薰岂十年无④。葑菲如堪采，山苗自可逾⑤。

注释：

① 郑孺华：大历间人。今存诗一首。
② 孙宏："宏"当作"弘"，即公孙弘。见前一诗注⑤。射策：汉代考试取士方法之一。《汉书·萧望之传》："望之以射策甲科为郎。"颜师古注："射策者，谓为难问疑义书之于策，量其大小署为甲乙之科，列而置之，不使彰显。有欲射者，随其所取得而释之，以知优劣。射之言投射也。"后泛指应试。长倩：汉刘歆撰、晋葛洪辑《西京杂记》卷五："公孙弘以元光五年为国士所推尚为贤良，国人邹长倩以其家贫少自资致，乃解衣裳以衣之、释所着冠履以与之，又赠以刍一束、素丝一襚、扑满一枚，书题遗之曰：'夫人无幽显，道在则为尊，虽生刍之贱也，不能脱落君子，故赠君生刍一束。诗人所谓：生刍一束，其人如玉。'"
③ 萧艾：艾蒿，臭草。常用来比喻品质不好的人。《楚辞·离骚》："何昔日之芳草兮，今直为此萧艾也！"
④ 芳：草香；亦泛指香，香气；喻指懿德美誉。九春：指春天，春天九十日，故谓。
⑤ 葑菲：《诗·邶风·谷风》："采葑采菲，无以下体。"郑玄笺："此二菜者，蔓菁与葍之类也，皆上下可食，然而其根有美时有恶时，采之者不可以其根恶时并弃其叶。"蔓菁，即芜菁。芜菁与葍皆属普通菜蔬。叶与根皆可食。但其根有时略带苦味，人们有因其苦而弃之。后因以"葑菲"用为鄙陋之人或有一德可取之谦辞。山苗：山上初生的草木。左思《咏史》之二："郁郁涧底松，离离山上苗。以彼径寸茎，荫此百尺条。"此处反用其意。

文苑英华卷一百八十九

宋　李昉等编

省试十（州府试附）　四十七首

至人无梦①

蒋　防②

已赜希微理，知将静默邻③。坐忘宁有梦，迹灭示凝神④。化蝶诚知（一作知成）幻，征兰匪契真⑤。抱玄虽解带，守一自离尘⑥。寥朗壶中晓，虚明洞里春⑦。翛然碧霞客，那比漆园人⑧。

注释：

① 至人：道家指超凡脱俗，达到无我境界的人。《庄子·齐物论》："至人神矣！大泽焚而不能热，河汉冱而不能寒，疾雷破山、风振海而不能惊。"也指思想或道德修养最高超的人。《荀子·天论》："故明于天人之分，则可谓至人矣。"

② 蒋防：见卷一百八十《望禁苑祥光》注。

③ 赜（zé）：幽深奥妙；这里用作动词，探测，探求。希微：《老子》："听之不闻名曰希，搏之不得名曰微。"河上公注："无声曰希，无形曰微。"后因以"希微"指空寂玄妙或虚无微茫。静默：宁静沉默；不发出声音。《文子·微明》："圣人深居以避患，静默以待时。"

④ 坐忘：道家谓物我两忘、与道合一的精神境界。《庄子·大宗师》："堕肢体，黜聪明，离形去知，同于大通，此谓坐忘。"郭象注："夫坐忘者，奚所不忘哉！既忘其迹，又忘其所以迹者，内不觉其一身，外不识有天地，然后旷然与变化为体而无不通也。"

⑤ 化蝶：指庄子梦化为蝴蝶的故事。《庄子·齐物论》："昔者庄周梦为胡蝶，栩栩然胡蝶也。自喻适志与！不知周也。俄然觉，则蘧蘧然周也。不知周之梦为胡蝶与？胡蝶之梦为周与？"征兰：谓取验于兰。语出《左传·宣公三年》："郑文公有贱妾曰燕姞，梦天使与己兰，曰：'余为伯倏。余，而祖也，以是为尔子……'既而文公见之，与之兰而御之。辞曰：'妾不才，幸而有子，将不信，敢征兰乎？'公曰：'诺。'生穆公，名之曰兰。"杜预注："惧将不见信，故欲计所赐兰为怀子月数。"遂用为典故，以称人有贵子。契：相和，符合。

⑥ 抱玄：心境宁静。解带：指入睡。守一：道家修养之术，谓专一精思以通神。语出《庄子·在宥》："我守其一以处其和，故我修身千二百岁矣，吾形未常衰。"晋葛洪《抱朴子·地真》："守一存真，乃能通神。"

⑦ 壶中：传说中的一种仙境。参见《后汉书·费长房传》。洞：即洞府。道教称神仙居住的地方。

⑧ 翛（xiāo）然：无拘无束貌，超脱貌。《庄子·大宗师》："翛然而往，翛然而来而已矣。"成玄英疏："翛然，无系貌也。"碧霞：青色的云霞；多用以指隐士或神仙所居之处。漆园：这里指庄子。《史记·老子韩非列传》："庄子者，蒙人也，名周。周尝为蒙漆园吏。"

人不易知①（二首）

郑　昉②

如面诚非一，深心岂易知③。入秦书十上，投楚岁三移④。和玉翻为泣，齐竽或滥吹⑤。周行虽有寘，殷鉴在前规⑥。寅亮推多士，清通固赏奇⑦。病诸方号哲，敢相反成疵⑧。冬日承余爱，霜云喜暂披⑨。无令见瞻后，回照复云疲⑩。

注释：

① 人不易知：即“知人固不易”。《吕氏春秋》曰：“孔子穷乎陈蔡之间，藜羹不斟，七日不尝粒。昼寝。颜回索米，得而爨之，几熟，孔子望见颜回攫其甑中而食之。选间，食熟，谒孔子而进食。孔子佯为不见之。孔子起曰：‘今者梦见先君食洁而后馈。’颜回对曰：‘不可。向者煤室入甑中，弃食不祥，回攫而饭之。’孔子叹曰：‘所信者目也，而目犹不可信；所恃者心也，而心犹不足恃。弟子记之：知人固不易矣！’故知非难也，孔子之所以知人难也。”又《史记·范雎蔡泽列传》：“信陵君闻之，畏秦，犹豫未肯见。曰：‘虞卿何如人也？’时侯嬴在旁，曰：‘人固未易知，知人亦未易也。’”

② 郑昉：开元十五年（727）武足安边科及第。累迁监察御史，主客、仓部员外郎，户、吏二部员外郎。见《旧唐书·食货志》、《唐御史台精舍题名考》卷二、《唐尚书省郎官石柱题名考》卷三及卷十一、《登科记考》卷七。今存诗一首。

③ 如面：像人面千变万化，各不相同。《左传襄公三十一年》：“子产曰：‘人心之不同如其面焉！吾岂敢谓子面如吾面乎？抑心所谓危亦以告也。’子皮以为忠，故委政焉。子产是以能为郑国。”

④ 这两句是说苏秦被赏识、被任用之难。《战国策》曰：“苏秦说秦王，书十上而说不行……”又曰：“苏秦之楚，三月乃得见王，谈卒辞行。楚王曰：‘先生不远千里而临寡人，曾弗肯留，原闻其说。’对曰：‘楚国食贵于玉，薪贵于桂，谒者难见于鬼，王难见于帝。今令臣食玉炊桂，因鬼见帝，其可得乎？’”

⑤ 和玉：指卞和献璧的故事。齐竽：指滥竽充数的南郭先生。《韩非子·内储说上》：“齐宣王使人吹竽，必三百人。南郭处士请为王吹竽，宣王说之，廪食以数百人。宣王死，愍王立，好一一听之，处士逃。”后以“滥竽”比喻没有真才实学的人。

⑥ 周行：周官的行列。《诗·周南·卷耳》：“嗟我怀人，寘彼周行。”毛传：“行，列也。思君子，官贤人，置周之列位。”后用以泛指朝官。殷鉴：谓殷人子孙应以夏的灭亡为鉴戒。《诗·大雅·荡》：“殷鉴不远，在夏后之世。”《韩诗外传》卷五作“殷监”。后泛指可以作为借鉴的往事。

⑦ 寅亮：恭敬信奉。《书·周官》：“贰公弘化，寅亮天地，弼予一人。”孔传：“敬信天地之教，以辅我一人之治。”多士：古指众多的贤士；也指百官。《书·多方》：“猷告尔有方多士，暨殷多士。”清通：清和通泰；清明通达。

⑧ “病诸”句：此句盖用《论语·雍也》：“子贡曰：‘如有博施于民而能济众，何如？可谓仁乎？’子曰：‘何事于仁，必也圣乎！尧舜其犹病诸。’”句子中的“哲”即指圣哲。

⑨ 冬日：《左传·文公七年》：“酆舒问于贾季曰：‘赵衰、赵盾，孰贤？’对曰：‘赵衰，冬日之日也。赵盾，夏日之日也。’”杜预注：“冬日可爱，夏日可畏。”见卷一百八十一陈讽《冬日可爱》注④。霜云句：《世说新语》卷中之上：“卫伯玉为尚书令，见乐广与中朝名士谈议，奇之……曰：‘此人人之水镜也，见之若披云雾睹青天。’”见卷一百八十一张聿《圆灵水镜》注④。

⑩ 云疲：晋车胤经常向谢安兄弟请教，又恐烦累谢氏，以告袁乔。袁乔曰：“必无此嫌。”车曰：“何以知尔？”袁曰：“何尝见明镜疲于屡照，清流惮于惠风？”

同　　前

失　名

权衡谅匪易，愚智信难移①。九德皆殊进，三端岂易施②。同称昆岫宝，共握桂林枝③。郑鼠今奚别，齐竽或滥吹④。瑶台有光鉴，屡照不应疲⑤。片善当无掩，先鸣贵在斯⑥。龙门峻且极，骥足庶来驰。太息李元礼，期君幸一知⑦。

注释：

① 权衡：称量物体轻重的器具。权，秤锤；衡，秤杆。这里指评量，比较。谅：诚信，诚实。这里指确实，委实。

② 九德：古谓贤人所具备的九种优良品格。九德内容说法不一，分别参见《书·皋陶谟》、《左传·昭公二十八年》、《逸周书·常训》。引申泛称具有九德的人。三端：一指文士之笔锋，武士之剑锋，辩士之舌锋。《韩诗外传》卷七："是以君子避三端，避文士之笔端，避武士之锋端，避辩士之舌端。"二指仪容端正，态度庄重，辞令逊顺；此三者为礼义之始，故称。此诗用后一义。

③ 昆岫宝、桂林枝：《晋书·郄诜传》："武帝于东堂会送，问诜曰：'卿自以为何如?'诜对曰：'臣举贤良对策，为天下第一，犹桂林之一枝，昆山之片玉。'"谓科举及第。

④ 郑鼠：《后汉书·应劭传》："昔郑人以干鼠为璞，鬻之于周。"李贤注引《尹文子》："郑人谓玉未琢者为璞，周人谓鼠未腊者为璞。周人遇郑贾，人曰：'欲买璞乎?'郑贾曰：'欲之。'出璞视之，乃鼠也，因谢不取。《战国策》亦然。今此乃云'郑人以干鼠为璞'便与二说不同。此云'干鼠'，彼云'未腊'，事又差舛。"后以"郑鼠"比喻真伪混淆或以假乱真。

⑤ 屡照句：见前一诗注⑩。

⑥ 片善：微小的优点。先鸣：首先鸣叫；这里指首先显露。

⑦ 太息：大声长叹，深深地叹息。李元礼：李膺，字元礼。《后汉书·党锢列传》："学中语曰：'天下模楷李元礼，不畏强御陈仲举。'"又《艺文类聚》卷四十引《楚国先贤传》："孙儁字文英，与李元礼俱娶太尉桓焉女。时人谓桓叔元两女俱乘龙，言得婿如龙也。"

行不由径① （四首）

孟　封（类诗作萧昕）②

欲速竟何成，康庄亦砥平③。天衢皆利往，吾道本方行④。不复由蓬径，无因访蒋生⑤。三条遵广道，九轨尚安贞⑥。紫陌悠悠去，芳尘步步清⑦。澹台千载后，公道有遗名⑧。

注释：

① 行不由径：走路不抄小道；比喻为人正直或举止端方。《论语·雍也》："有澹台灭明者，行不由径，非公事，未尝至于偃之室也。"也指走路不遵循正道；比喻做事为学走捷径。《列子·说符》："譬之出不由门，行不从径也，以是求利，不亦难乎?"

② 孟封/萧昕：《全唐诗》卷四百六十四："封孟绅，一作孟对，又作孟封；贞元十五年（799）进士第一人。官终太常卿。诗一首。"(《赋得行不由径》)。萧昕：见卷一百八十三《洛出书》注。

③ 康庄：四通八达的大道。唐白居易《和松树》诗："漠漠尘中槐，两两夹康庄。"砥平：平坦。或曰：像磨石一样平坦。

④ 方行：行为正直。这里指遍行，通行。方，通"旁"。《书·立政》："其克诘尔戎兵以陟禹之迹，方行天下，至于海表，罔有不服。"

⑤ 蓬径：犹言“三径”，指荒僻的道路。晋赵岐《三辅决录·逃名》：“蒋诩归乡里，荆棘塞门，舍中有三径，不出，唯求仲、羊仲从之游。”后因以“三径”指归隐者的家园。蒋生：指蒋诩。《三辅决录》曰：“蒋诩，字元卿，舍中三迳，唯羊仲、求仲从之游，皆挫廉逃名不出。”

⑥ 三条：三条路，都城的三条大道。亦泛指都城通衢。九轨：可容九辆车并列行驶的路面宽度。《周礼·考工记·匠人》：“国中九经九纬，经涂九轨。”泛指城中大道。安贞：静而正。《易·坤》：“安贞吉……《象》曰：安贞之吉，应地无疆。”

⑦ 紫陌：指京师郊野的道路。芳尘：指落花。

⑧ 澹台：复姓。春秋鲁有澹台灭明，孔子弟子。《论语·雍也》：“子游为武城宰。子曰：‘女得人焉耳乎？’曰：‘有澹台灭明者，行不由径，非公事，未尝至于偃之室也。’（此言其人之德也。行遵大道，不由小径，是方也。若非公事，未尝至于偃之室，是公也。既公且方，故以为得人。）”《史记·弟子传》云：“澹台灭明，武城人，字子羽，少孔子三十九岁。状貌甚恶。欲事孔子，孔子以为材薄。既已受业，退而修行，名施乎诸侯。孔子闻之曰：‘吾以貌取人，失之子羽。’”

同　前

王　炎（类诗作庚承宣）①

邪径趋时捷，端心恶此名②。长衢贵高步，大路自规行③。且虑（类诗作且避）萦纡僻，将求坦荡情④。讵同流俗好，方保立身贞。远迹如违险，修仁在履平⑤。始知夫子道，从此得坚诚⑥。

注释：

① 王炎/庚承宣：王炎，宰相播之弟，铎之父。登贞元进士第。累官至太常博士。今存诗一首。庚承宣：庚承宣，贞元十年及第。太和中终检校吏部尚书，天平军节度使。今存诗一首。

② 端心：正直的心地。

③ 规行：规规矩矩地行走；喻拘于礼法而不逾矩。晋陆机《长安有狭邪行》：“规行无旷迹，矩步岂逮人。”

④ 萦纡：盘旋环绕。坦荡：形容胸襟开朗，心地纯洁。《论语·述而》：“君子坦荡荡，小人长戚戚。”何晏集解引郑玄曰：“坦荡荡，宽广貌。”

⑤ 远迹：踪迹远离尘世，谓隐居。违：避开。履平：如履平地。

⑥ 夫子：指孔子。儒家学派倡导仁义、中庸之道，等等。坚诚：犹至诚。

同　前

张　籍①

田里有微径，贤人不复行。孰知趋（集作熟知求）捷步，惟（集作又）恐异端成②。从易众所欲，安邪患亦生。谁能违大路（集作远大道），共此竞前程③。子羽有遗迹，孔门传旧声④。今逢大君子，士节再（集作自）应明⑤。

注释：

① 张籍：见卷一百八十一《夏日可畏》注。

② 异端：古代儒家称其他学说、学派为异端。《论语·为政》：“子曰：‘攻乎异端，斯害也已。’”朱熹集注：“异端，非圣人之道，而别为一端，如杨墨是也。”

③ 违：远离。前程：前面的路程；比喻未来在功业上的成就。唐孟浩然《问舟子》诗：“向夕问舟子，前程复几多？”

④ 子羽：澹台灭明的字。春秋鲁人，孔子弟子，状貌丑陋。《史记·仲尼弟子列传》：“［澹台灭明］状貌甚恶。欲事孔子，孔子以为材薄。既已受业，退而修行，行不由径，非公事不见卿大夫。南游至江，从弟子三百人，设取予去就，名施乎诸侯。孔子闻之，曰：‘吾以言取人，失之宰予；以貌取人，失之子羽。’”

⑤ 大君子：指道德、文章受人景仰或地位高的人。《荀子·仲尼》：“其事行也，若是其险污淫汰也，彼固曷足称乎大君子之门哉。”这里是对考官的恭维称呼。士节：士大夫应有的节操。

同 前

俞 简①

古人心有尚，乃是孔门生②。为计安贫乐，当从大道行③。讵应流远迹，方欲料前程。捷径虽云易，长衢岂不平。后来无枉路，先达擅前名④。一示遵途意，微衷益自精⑤。

注释：

① 俞简：贞元进士。今存诗一首。

② 尚：尊崇，重视；引申为仰慕。晋陶潜《与子俨等疏》：“虽不能尔，至心尚之。”孔门生：指孔子弟子澹台灭明。见前诗注④。

③ 安贫：自甘于贫穷。《后汉书·蔡邕传》：“安贫乐贱，与世无营。”大道：既指大路、正路，又双关正道，常理。指最高的治世原则，包括伦理纲常等。《礼记·礼运》：“孔子曰：‘大道之行也，与三代之英，丘未之逮也，而有志焉。’”

④ 先达：有德行学问的前辈。擅：擅名，享有名声。《晏子春秋·问上四》：“是上独擅名，而利下流也。”

⑤ 微衷：犹微诚，微小的诚意。常用作谦词。晋陆机《谢平原内史表》：“臣之微诚，不负天地。”

言行相顾①（二首）

吴叔达②

圣人垂政教，万古请常传③。立志言为本，修身行乃先。相须宁得阙，相顾在无偏④。荣辱当于已，忠贞必动天。大名如副宝，至道亦通玄⑤。千里犹能应，何云迩者焉⑥。

注释：

① 言行相顾：指言行不互相矛盾，言行相符。《礼记·中庸》："言顾行，行顾言。"《论语·宪问》"君子耻其言而过其行"宋邢昺疏："君子言行相顾，若言过其行，谓有言而行不副，君子所耻也。"相顾：相视，互看。
② 吴叔达：生平事迹未详。今存诗一首。
③ 政教：政治与教化。
④ 须：依靠。相须：亦作"相需"，互相依存，互相配合。
⑤ 副：相称，符合。这句是说大名有如珍宝，须货真价真，名实相符。通玄：通晓玄妙之理。
⑥ 迩（ěr）：近。

同　前

孟　翱①

将使言堪复，常闻行欲先②。比珪斯不玷，修已直如弦③。跬步非全进，吹嘘禀自然④。当令夫子察，无宿仲由贤⑤。正遇兴邦际，因怀入曙年。坐知清监下，相顾有人焉⑥。

注释：

① 孟翱：曾参加进士科考试。今存诗一首、赋一首。
② 堪：能。复：谓实践诺言。《论语·学而》："有子曰：'信近于义，言可复也。'"朱熹集注："复，践言也。"
③ 珪："圭"的古字，瑞玉。常作祭祀、朝聘之用。这里"比珪"本于《诗经》和《论语》：《诗·大雅·抑》："白圭之玷，尚可磨也；斯言之玷，不可为也。"《论语·先进》："南容三复《白圭》，孔子以其兄之子妻之。"喻指人的品德洁白如玉。《礼记·聘义》："君子比德如玉焉。"弦：琴瑟类乐器上用以发音的生丝线。这里用以喻直。宋苏轼《鸣泉思》诗："其心金与玉，其道砥与弦。"
④ 跬步：半步，跨一脚。《大戴礼记·劝学》："是故不积跬步，无以致千里；不积小流，无以成江海。"王聘珍解诂："跬，一举足也。"吹嘘：呼气。吹气使冷，嘘气使暖，吹冷嘘热可使万物枯荣；比喻寒暖变化。
⑤ 宿：留住，隐瞒。仲由：春秋鲁卞（今山东泗水）人，字子路，一字季路。孔子的学生，性爽直勇敢。仕卫，因不愿从孔悝迎立蒯聩为卫公而被杀。《孔子家语·七十二弟子解》："仲由，弁人，字子路。有勇力才艺，以政事著名。"在孔子弟子中，子路好勇冲动，闻道必行，出言必行。
⑥ 鉴：古器名。形似大盆，有耳。青铜制，盛行于东周。或盛水，大的可作浴盆；或盛冰，用来冷藏食物。有时借为照影之用，即镜子。清鉴：明察。此二句是说一个人在社会上的言行举止，就像在镜子下一样，众人看得清清楚楚。

求 自 试[①]

窦 常[②]

仙禁祥云合，高梧彩凤游[③]。沉冥求自试，通鉴果蒙收[④]。文墨悲无位，诗书误白头。陈王抗表日，毛遂请行秋[⑤]。双剑曾埋狱，司空问斗牛[⑥]。希垂拂拭惠，感激愿相投。

注释：

① 自试：自我尝试。《易·乾》："或跃在渊，自试也。"《孔子家语·屈节解》："子曰：'宓不齐君子也，其才任霸王之佐，屈节治单父，将以自试也。'"

② 窦常：见卷一百八十八《华发上林》注。

③ 禁：王宫门卫。《周礼·天官·阍人》："掌守王宫之中门之禁。"引申指帝王宫殿。

④ 鉴：照察，审辨。《后汉书·郭太传》："其奖拔士人，皆如所鉴。"通鉴：共通的鉴定。收：收取，接纳；这里指擢用。

⑤ 陈王：指三国魏曹植。抗表：上疏，向皇帝上奏章。《三国志·魏志·陈思王植传》："植常自愤怨，抱利器而无所施，上疏求自试。"毛遂：《史记·平原君虞卿列传》载：毛遂，战国赵平原君门下食客。赵孝成王九年，秦兵攻赵，王命平原君赵胜赴楚求救，毛遂自荐随同前往。既至楚，平原君与楚王谈判，自日出迄日中不决。毛遂按剑上阶，直陈利害，终使楚王歃血定盟，决定楚赵联合抗秦。后因以"毛遂自荐"为自告奋勇自我推荐之典。请行：敬辞，请动身，请求前往。

⑥ 双剑曾埋狱：双剑指龙泉、太阿二宝剑，相传为春秋时欧冶子、干将所铸。曾沉埋地下。传说吴灭晋兴之际，宝剑光冲斗牛，张华派雷焕到丰城"掘狱屋基"重新挖得。事见《晋书·张华传》。参见卷一百八十五张聿《剑化为龙》注①。司空：指张华。张华曾"代下邳王晃为司空，领著作。"《晋书·张华传》：吴之未灭也，斗牛之间常有紫气……华闻豫章人雷焕妙达纬象。因问雷焕"是何祥也?"焕曰："宝剑之精，上彻于天耳。"此二句似以宝剑沉埋自况。

天门街西观荣王聘妃[①]（二首）

张光朝[②]

仙媛来朱邸，名王出紫微[③]。三周初展义，百两遂言归[④]。郑国通梁苑，天津接帝畿[⑤]。桥成乌鹊助，盖转凤凰飞[⑥]。霜仗迎秋色，星缸满夜晖[⑦]。从兹盘石固，应为得贤妃[⑧]。

注释：

① 天门街：这里指唐长安承天门街。荣王：在玄宗朝，李滉、李琬受封过荣王。在懿宗朝，仅李愦受封过荣王。从作者张光朝生平看，历宪宗（元和）—懿宗朝，此"荣王"当指李愦。李愦，乃宪宗幼子、懿宗叔祖。参见《新唐书》卷五《睿宗玄宗纪》、卷九《懿宗僖宗纪》。

② 张光朝：元和时人。懿宗咸通中曾应进士举。今存诗二首。
③ 媛：美女。仙媛：此指荣王妃子。朱邸：汉诸侯王第宅，以朱红漆门，故称朱邸。后泛指贵官府第。名王：泛指皇族有封号的王。
④ 三周：古代亲迎之礼。新郎亲御妇车，车轮行三周匝，再交由御人驾御。《礼记·昏义》："降出，御妇车，而壻授绥，御轮三周。"孔颖达疏："御轮三周者，谓壻御妇车之轮三匝。"展义：宣示德义。百两：古时车凡两轮，故以两计数。百两，即百辆车。特指结婚时所用的车辆。亦泛言车辆多。《诗·召南·鹊巢》："之子于归，百两御之。"毛传："百两，百乘也，诸侯之子嫁于诸侯，送御者皆百乘。"归：古代谓女子出嫁。《易·渐》："女归，吉。"孔颖达疏："女人……以夫为家，故谓嫁曰归也。"《诗·周南·桃夭》："之子于归，宜其室家。"
⑤ 郑国：指郑国渠。古代关中平原的人工灌溉渠，秦王政十年（公元前237年），采纳韩国水工郑国的建议开凿。渠长三百多里，灌田四万余顷，关中成为沃野。梁苑：西汉梁孝王所建的东苑。故址在今河南省开封市东南。园林规模宏大，方三百余里，宫室相连属，供游赏驰猎。梁孝王在其中广纳宾客，当时名士司马相如、枚乘、邹阳等均为座上客。也称兔园。天津：银河。帝畿：犹京畿，指京都或京都及其附近地区。这两句极言迎亲队伍之宏大，场面之壮观！
⑥ 乌鹊：指喜鹊。这里特指神话中七夕为牛郎、织女造桥使能相会的喜鹊。民间传说天上的织女七夕渡银河与牛郎相会，喜鹊来搭成桥，称鹊桥。盖：即凤盖，皇帝仪仗的一种，饰有凤凰图案的伞盖。
⑦ 霜仗：闪耀着寒光的仪仗。星缸：指灯。
⑧ 盘石：厚而大的石头；比喻稳定坚固。《玉台新咏·古诗为焦仲卿妻作》："君当作盘石，妾当作蒲苇。蒲苇纫如丝，盘石无转移。"

同　前

梁　铉①

帝子乘龙夜，三星照户前②。两行宫火出，十里道铺筵。罗绮明中识，箫韶暗里传③。灯攒九华扇，帐撒五铢钱④。交颈文鸳合，和鸣彩凤连⑤。欲知来日美，双拜紫微天⑥。

注释：

① 梁铉：元和时人，今存诗一首。
② 帝子：帝王之子。这里指荣王李愦，见前一诗注①。乘龙：乘坐龙车；骑龙。这里比喻佳婿。《艺文类聚》卷四十引《楚国先贤传》："孙儁字文英，与李元礼俱娶太尉桓焉女。时人谓桓叔元两女俱乘龙，言得婿如龙也。"三星：天空中明亮而接近的三星，有参宿三星，心宿三星，河鼓三星。《诗·唐风·绸缪》："绸缪束薪，三星在天。"毛传："兴也。绸缪，犹缠绵也。三星，参也。在天，谓始见东方也。男女待礼而成，若薪刍待人事而后束也。三星在天，可以嫁娶矣。"此引《诗经》咏男女婚姻之歌。
③ 箫韶：舜乐名。《书·益稷》："《箫韶》九成，凤皇来仪。"泛指美妙的音乐。
④ 九华扇：古扇名。三国魏曹植《九华扇赋》："昔吾先君常侍，得幸汉桓帝，赐方扇，不方不圆，其中结成文，名曰九华。"（案：九华，重九之花，指菊花。）五铢钱：钱币名，汉武帝元狩五年始铸，重五铢，上篆"五铢"二字。自汉历魏、晋、六朝至隋皆续有铸造，惟形制大小不一。帐撒：

犹言“撒帐”。旧时婚俗，新婚夫妇交拜毕，并坐床沿，妇女散掷金钱彩果，谓之撒帐。《土风录》卷二引《汉武帝内传》：“武帝与李夫人共坐帐中，宫人遥撒五色同心果，帝及夫人以衣裾受之，云得多，得子多也。”

⑤ 交颈：颈与颈相互依摩；比喻夫妻恩爱，男女亲昵。和鸣：互相应和而鸣；比喻夫妻和睦。

⑥ 紫微：紫微垣，星三垣之一；引申指帝王宫殿。这里是说荣王夫妇将于第二日谒拜皇帝皇后。

太社观献捷（入翰林试以功字为韵）[①]

白居易[②]

淮海妖氛灭，乾坤喜气通[③]。班师郊社内，操袂凯歌中[④]。庙筭无遗策，天兵不战功[⑤]。小臣同鸟兽，率舞向皇风[⑥]。

注释：

① 太社：古代天子为群姓祈福、报功而设立的祭祀土神、谷神的场所。献捷：古代打胜仗后，进献所获的俘虏及战利品。

② 白居易：见前卷一百八十六《玉水记方流》注。

③ 淮海妖氛灭：指唐德宗元和二年李锜反叛，旋即平叛事。见《旧唐书·李国贞列传（附子锜）》：“李国贞，淮安王神通子。……子锜，以父荫，贞元中累至湖杭二州刺史，多以宝货赂李齐运，由是迁润州刺史兼盐铁使……德宗复于润州置镇海军，以锜为节度使。”《新唐书·德宗本纪》：“（元和二年）十月，镇海军节度使李锜反，杀留后王澹。乙丑，淮南节度使王锷为诸道行营兵马招讨使以讨之。丁卯，武元衡罢。癸酉，镇海军兵马使张子良执李锜。”

④ 班师：调回军队，也指军队凯旋。郊社：祭祀天地。周代冬至祭天称郊，夏至祭地称社。引申指古代祭祀天地之处。操袂：《礼记·曲礼上》：“献民虏者操右袂。”本指献俘时持其右袂以防异心，后用以指献捷。袂（mèi）：衣袖。

⑤ 庙筭：即庙算。朝廷或帝王对战事进行的谋划。《孙子·计》：“夫未战而庙算胜者，得算多也；未战而庙算不胜者，得算少也。”张预注：“古者兴师命将，必致斋于朝，授以成算，然后遣之，故谓之庙算。”庙：朝堂、朝廷。遗策：亦作“遗筴”。失策，失算。天兵：这里称封建王朝的军队。

⑥ 小臣：春秋以后指卑微的小吏。率舞：相率而舞。《书·舜典》：“夔曰：于，予击石拊石，百兽率舞。”孔传：“乐感百兽，使相率而舞。”表示庆贺升平。这两句是说无论官民甚至自然界的动物都感受到了天下的太平欢乐。

观剑南献捷[①]

失　名

遐圻新破虏，名将应（一作旧）登坛[②]。戎首西南至，毡裘长幼观[③]。边疆氛已息，矛戟血犹残。紫陌欢声动，丹墀喜气盘[④]。唐虞方德易，卫霍比功难[⑤]。共睹俘囚入，赓歌万国安[⑥]。

注释：

① 剑南：唐道名，以其地在剑阁之南得名。此指宪宗朝平复刘辟叛乱事。《旧唐书·韦皋列传（附刘辟）》："刘辟者，贞元中进士擢第，宏词登科。韦皋辟为从事，累迁至御史中丞，支度副使。永贞元年八月韦皋卒，辟自为西川节度。……辟不奉诏，时宪宗初即位，以无事息人为务，遂授辟检校工部尚书，充剑南西川节度使。辟益凶悖，出不臣之言，而求都统三川……宪宗难于用兵，宰相杜黄裳奏：'刘辟，一狂蹶书生耳。王师鼓行而俘之，兵不血刃。臣知神策军使高崇文骁果可任，举必成功。'帝数日方从之，于是令高崇文、李元奕将神策京西行营兵相续进发，令与严砺李康掎角相应以讨之。仍许其自新。元和元年正月崇文出师，三月收复东川。……九月，崇文收成都府。刘辟以数十骑遁走，投水不死。骑将郦定进入水擒辟。……诏曰：'刘辟，生于士族，敢蓄枭心，驱劫蜀人，拒扞王命，肆其狂逆，诖误一州，俾我黎元，肝脑涂地，贼将崔纲等同恶相扇，至死不回，咸宜伏辜，以正刑典。'刘辟男超郎等九人，并处斩。"

② 遐圻（yín）：遥远的地方。遐：辽远，高远；这里指荒远之地，边陲。圻：同"垠"。边际。登坛：登上坛场。古时会盟、祭祀、帝王即位、拜将，多设坛场，举行隆重的仪式。

③ 毡裘：指古代北方游牧民族以皮毛制成的衣服；借指我国古代北方游牧民族或其君长。此二句言京城老少观看所献西南俘虏。

④ 盘：盘绕，盘旋，盘曲。

⑤ 唐虞：唐尧与虞舜的并称；亦指尧与舜的时代，古人以为太平盛世。方德：比德。卫霍：西汉名将卫青和霍去病皆以武功著称，后世并称"卫霍"。

⑥ 赓歌：连续不断地欢歌。《尚书·益稷》写"箫韶九成，凤皇来仪"、"百兽率舞，庶尹允谐"，有"帝庸作歌曰：……乃歌曰：……乃赓载歌曰：……又歌曰：……"，连续欢歌不断以歌颂太平盛世。（又《尚书·五子之歌》有："太康尸位以逸豫……五子咸怨，述大禹之戒以作歌。"连续作歌五首以讽谏。）

河中献捷[①]

张　随[②]

叛将忘恩久，王师不战通[③]。凯歌千里内，喜气二仪中[④]。寇尽条山下，兵回汉苑东[⑤]。将军初执讯，明主欲论功[⑥]。落日烟尘静，寒郊壁垒空。苍生幸无事，自此乐尧风[⑦]。

注释：

① 河中：唐藩镇名，治所在蒲州（今山西永济）。此指唐末僖宗、昭宗年间河中节度使王重荣及其子王珂叛乱事。见载《旧唐书·王重荣列传（附子珂）》、《新唐书·二王诸葛李孟列传》。

② 张随：四库全书本作"梁随"，但《全唐诗》卷七百八十二亦作张随。张随，见卷一百八十五《敕赐三相马》注 。

③ 王师：天子的军队；国家的军队。

④ 二仪：指天地。

⑤ 条山：中条山的省称。唐岑参《送秘省虞校书赴虞乡任》诗："虞坂临官舍，条山映吏人。"

⑥ 执讯：本指对所获敌人加以讯问。这里是说报捷。《诗·小雅·出车》："执讯获丑，薄言还归。"

郑玄笺："执其可言问所获之众。"陈奂传疏："谓所生得敌人，而听断其辞也。"后以为称美战功之典。

⑦ 苍生：指百姓。尧风：尧时的风尚。传说尧有盛德能法天而行教化，天下太平。

送薛大夫和蕃[①]（二首）

孙　颀[②]

亚相独推贤，乘轺向远边[③]。一心倾汉日，万里望胡天[④]。忠信皇恩重，要荒圣德传[⑤]。戎人方屈膝，塞月复婵娟[⑥]。别思流莺晚，归朝候雁先。当书外垣传，回奏赤墀前[⑦]。

注释：

① 薛大夫：似指和藩使臣薛景仙。《旧唐书·吐蕃下》："永泰二年二月，命大理少卿兼御史中丞杨济修好于吐蕃。四月，吐蕃遣首领论泣藏等百余人随济来朝，且谢申好。大历二年十月，灵州破吐蕃二万余众，生擒五百人，获马一千五百匹；十一月，和蕃使检校户部尚书兼御史大夫薛景仙，自吐蕃使还，首领论泣陵随景仙来朝。"和蕃：亦作"和番"。古指中原王朝利用婚姻关系与边疆各族统治者结亲和好。泛指和亲。蕃：通"番"。周代指九州之外的夷服、镇服、蕃服。后用以泛指域外或外族。《周礼·秋官·大行人》："九州之外，谓之蕃国。"

② 孙颀：睦州（今浙江建德）人。玄宗或肃宗时登进士第，诗人郎士元曾有诗送之。今存诗二首。

③ 亚相：指官位次于丞相的大臣。这里为御史大夫的别称。秦汉时，御史大夫为丞相之副，丞相缺人，常以之递升，故唐以后有此别称。轺（yáo）：小车，轻车。这里指使节所用之车，即轺车。

④ 胡：古代称北方和西方的民族如匈奴等为胡。对西域诸国，汉、魏、晋、南北朝人皆称曰胡。（包括印度、波斯、大秦等，唐人对印度则不称胡。）

⑤ 要荒：要，要服；荒，荒服。古称王畿外极远之地；亦泛指远方之国。

⑥ 戎：我国古代对西北少数民族的称呼，约同于"胡"；这里指吐蕃（bō）。屈膝：下跪；引申为投降，屈服。此言藩国归顺。婵娟：形容月色明媚。此言和亲休战，天地一片祥和安宁。

⑦ 垣：墙，城墙。外垣，这里指外域，胡域。赤墀：皇宫中的台阶，因以赤色丹漆涂饰，故称。借指朝廷。

同　前

失　名

戎王归汉命，魏绛谕皇恩[①]。旌旆辞双阙，风沙上五原[②]。往途遵塞道，出祖耀都门[③]。策令天文盛，宣威使者尊[④]。澄波看四海，入贡伫诸蕃[⑤]。秋杪迎回驿，无劳枉梦魂[⑥]。

注释：

① 戎：古代典籍泛指我国西部的少数民族。《礼记·王制》："西方曰戎。"《大戴礼记·千乘》："西

辟之民曰戎。”魏绛：春秋时晋国大夫。晋悼公时，山戎请和，魏绛言和戎无利，晋侯派魏绛与诸戎盟和。晋无戎患，国力日盛，八年中九合诸侯，复兴霸业。魏绛卒谥庄子，其故事成为和戎政策成功的典范。

② 五原：一指关塞名，即汉五原郡之榆柳塞。在今内蒙古自治区五原县。二指地名合称，在今陕西省。唐杜甫《喜闻官军已临贼境》诗：“五原空壁垒，八水散风涛。”仇兆鳌注引《长安志》：“长安、万年二县之外，有毕原、白鹿原、少陵原、高阳原、细柳原，谓之五原。”

③ 出祖：古人外出时祭路神；引申为饯行送别。《诗·大雅·韩奕》：“韩侯出祖，出宿于屠。”孔颖达疏：“言韩侯出京师之门，为祖道之祭。”

④ 天文：这里指书写策令的大唐上国文字。

⑤ 伫：企盼，期待。此言希望诸藩国都来宾服入贡。

⑥ 秋杪：暮秋，秋末。杪：树木末端，树梢。引申指尽头，多指年月或季节的末尾。

此诗元、魂、痕三韵通押。

吴宫教战[①]（二首）

吴　秘（类诗作颜粲）[②]

客献陈兵计，功成欲霸吴[③]。玉颜承将略，金殿赐军符[④]。转旆风云暗，鸣鼙锦绣趋[⑤]。雪花频落粉，香汗尽流珠[⑥]。掩笑谁干令，严师必用诛[⑦]。至今孙子法，犹可静边隅[⑧]。

注释：

① 吴宫教战：用孙武故事。孙武作有《兵法》，吴王阖庐想看孙武是否有真正的带兵打仗能力，于是出宫中美女百八十人小试，分为左右二队，以王之宠姬二人各为队长，左右队长恃宠哗笑而不听令，孙武斩杀之；然后军纪严明，练兵成功。见《史记·孙子吴起列传》。

② 吴秘/颜粲：吴秘当作“吴秘”，见卷一百八十三《风光草际浮》注。《全唐诗》卷三百一十九颜粲《吴宫教美人战》。颜粲：见卷一百八十二《白露为霜》注。

③ 陈兵：陈列士兵，陈设兵力。

④ 玉颜：喻美女。将略：用兵的谋略。《三国志·蜀志·诸葛亮传》：“然亮才，于治戎为长，奇谋为短，理民之干，优于将略。”军符：兵符。古时调遣军队的符节凭证。《全唐诗》作“金钿指军符”。

⑤ 旆：同“旆”，旌旗。鼙（pí）：古代军中所用的一种小鼓。《周礼·夏官·大司马》：“中军以鼙令鼓，鼓人皆三鼓。”

⑥ 雪花：指吴后宫美女之傅粉。此二句言吴宫美女军训之辛苦。

⑦ 干：干犯，冲犯。

⑧ 隅：边远的地方。

同　前

林　藻（类诗作叶季良）[①]

强吴矜霸略，讲武在深宫[②]。尽出娇娥辈，先观上将风[③]。挥戈罗袖卷，擐甲汗装红[4]。轻（一作掩）笑分旗下，含羞入队中。鼓停行未整，刑举令方崇[5]。自可威邻国，何劳骋战功。

注释：

① 林藻/叶季良：林藻，见卷一百八十二《青云干吕》注。叶季良，见卷一百八十一《月照冰池》注。

② 矜：夸耀。讲武：讲习武事。《国语·周语上》："三时务农，而一时讲武。"韦昭注："讲，习也。"

③ 姣娥：美貌女子。

④ 罗：稀疏而轻软的丝织品。罗袖：丝织而有罗网纹的袖子。擐（huàn）甲：穿上甲胄，贯甲。

⑤ 皷：同"鼓"。崇：高，高大；引申指尊崇，推重。这里指刑令得到尊重、推重。

李太尉重阳日得苏属国书[1]

白行简[2]

降虏意何如，穷荒九月初[3]。三秋异乡节，一纸故人书。对酒情无极，开缄思有余[4]。感时空寂寞，怀旧几踌躇。雁尽平沙迥，烟销大漠虚[5]。回头向南望，掩泪对双鱼[6]。

注释：

① 属国：官名，典属国的省称。官名。秦始置，西汉沿之。掌少数民族事务。汉武帝时，增置属国都尉、丞、候千人，所属有"九译令"等；成帝河平元年（前 28 年），并入大鸿胪。北魏复置，其职掌略同于西汉，后废。李太尉，指李陵；苏属国，指苏武。二人事迹皆见《汉书》本传。李陵有《答苏武书》。

② 白行简：见卷一百八十一《春从何处来》注。

③ 穷荒：困苦饥荒。这里指绝塞，边荒之地。

④ 开缄：开拆（函件等）。缄（jiān）：本扎束器物的绳；引申指闭藏，封闭；这里代指书函。

⑤ 平沙：广阔的沙原。

⑥ 双鱼：两鱼。这里指书信；一底一盖，把书信夹在里面的鱼形木板，常指代书信。唐唐彦谦《寄台省知己》诗："久怀声籍甚，千里致双鱼。"

题杜宾客新丰里幽居[1]

蒋　防[2]

退迹依三径，辞荣继二疏[3]。圣情容解印，帝里许悬车[4]。已去龙楼籍，犹分御廪储[5]。风泉输耳目，松竹助玄虚。调护心常在，山林意有余[6]。应嗤紫芝客，远就白云居⑦。

注释：

① 宾客：官名，太子宾客的省称。唐代始置，明代以后废。《资治通鉴·唐太宗贞观十七年》：“己丑，诏以长孙无忌为太子太师……谏议大夫褚遂良为宾客。”胡三省注：“太子宾客，正三品，古无此官，唐始置。掌侍从规谏，赞相礼仪。”新丰：县名。汉高祖七年置，唐废。治所在今陕西省临潼县西北。本秦骊邑。汉高祖定都关中，其父太上皇居长安宫中，思乡心切，郁郁不乐。高祖乃依故乡丰邑街里房舍格局改筑骊邑，并迁来丰民，改称“新丰”。据说士女老幼各知其室，从迁的犬羊鸡鸭亦竞识其家。太上皇居新丰，日与故人饮酒高会，心情愉快。后乃用作新兴贵族游宴作乐及富贵后与故人聚饮叙旧之典。里：城邑的市廛、街坊。幽居：僻静的居处；这里指隐居，不出仕。

② 蒋防：见卷一百八十《望禁苑祥光》注。

③ 三径：晋赵岐《三辅决录·逃名》：“蒋诩归乡里，荆棘塞门，舍中有三径，不出，唯求仲、羊仲从之游。”后因以“三径”指归隐者的家园。二疏：指汉宣帝时名臣疏广与兄子疏受。广为太傅，受为少傅，同时以年老乞致仕，时人贤之。归日，送者车数百辆，设祖道，供张东都门外。晋张协《咏史》：“蔼蔼东都门，群公祖二疏。”

④ 解印：即“解印绶”，解下印绶。谓辞免官职。省作“解绶”、“解印”。帝里：犹言帝都，京都。悬车：这里指隐居不仕。《后汉书·陈寔传》：“时三公每缺，议者归之，累见征命，遂不起，闭门悬车，栖迟养老。”

⑤ 龙楼：汉代太子宫门名。《汉书·成帝纪》：“上尝急召，太子出龙楼门，不敢绝驰道，西至直城门，得绝乃度，还入作室门。”颜师古注引张晏曰：“门楼上有铜龙，若白鹤、飞廉之为名也。”这里指朝堂。籍：人名簿；门籍。古代皇帝居住的宫内，有非常严格的门卫制度，大臣在宿卫处有名籍者方可出入宫禁。刘宾客既已引退还乡，则其名籍自除。御廪：天子储藏亲耕所获用以飨祀的粮食的仓库。这里指国库。

⑥ 调护：调养护理。这里指调教辅佐。《史记·留侯世家》：“上曰：‘烦公幸卒调护太子。’”裴骃集解引如淳曰：“调护犹营护也。”山林：山与林。借指隐居。

⑦ 紫芝客：指秦末商山四皓，秦末东园公、绮里季、夏黄公、角里先生避乱隐居，称商山四皓。相传四皓作《紫芝曲》(《紫芝操》)，其歌曰：“漠漠商洛，深谷威夷。晔晔紫芝，可以疗饥。皇农邈远，余将安归？驷马高盖，其忧甚大。富贵而畏人，不若贫贱而轻世。”白云居：指仙佛住所。

石季伦金谷园①（二首）

许尧佐②

石氏遗文在，凄凉见故园③。轻风思奏乐，衰草忆行轩④。舞榭荒苔掩，歌台坠叶繁。断云归旧壑，流水咽清源。曲渚残虹敛，蘩篁宿鸟喧⑤。空余林上月，长似对金樽。

注释：

① 石季伦：晋石崇字季伦，以生活豪奢著称。后世诗文中每用以喻指富豪。金谷园：晋石崇于金谷

涧中所筑的园馆。石崇曾写《金谷诗序》记其事。唐韦应物《金谷园歌》："石氏灭，金谷园中流水绝。"

② 许尧佐：康佐之弟。擢进士第。为太子校书郎，终谏议大夫。今存诗一首。

③ 遗文：指石崇所写《金谷诗序》。

④ 行轩：古时指高贵者所乘的车。亦借称贵客。轩：古代一种前顶较高而有帷幕的车子，供大夫以上乘坐；泛指车子。

⑤ 篁：篁竹；泛指竹子。

同　前

李君房①

梓泽风流地，凄凉迹尚存②。残芳迷妓女，衰草忆王孙③。舞态随人谢，歌声寄鸟言④。池平森灌木，月落吊空园⑤。流水悲难驻，浮云影自翻。宾阶余藓石，车马讵喧喧⑥。

注释：

① 李君房：贞元间人。今存诗一首。

② 梓泽：晋石崇别墅金谷园的别称。故址在今河南省孟县境。《晋书·石崇传》："崇有别馆在河阳之金谷，一名梓泽。送者倾都，帐饮于此焉。"风流：洒脱放逸，风雅潇洒；杰出不凡。

③ 妓女：女歌舞艺人。

④ 鸟言：犹鸟语，鸟鸣声。唐刘禹锡《洛中早春赠乐天》诗："花意已含蓄，鸟言尚沈吟。"

⑤ 森：使……显得阴沉幽暗。此二句言金谷园之衰败景象，繁华成荒草，明月照空园。

⑥ 宾阶：西阶。古时宾主相见，宾自西阶上，故称。讵（jù）：副词，表示反诘，相当于"岂"、"难道"。喧喧：形容声音喧闹。

仲秋太常寺观公辂车拜陵①

苗重芳②

南吕初开律，金风已戒凉③。拜陵将展敬，车辂俨成行④。士庶观祠礼，公卿习旧章⑤。郊原佳气引，园寝瑞烟长⑥。卤簿辞丹阙，威仪列太常⑦。圣心何所寄，惟德在无忘⑧。

注释：

① 仲秋：秋季的第二个月，即农历八月。太常：官名。秦置奉常，汉景帝六年更名太常，掌宗庙礼仪，兼掌选试博士。历代因之，则为专掌祭祀礼乐之官。北魏称太常卿，北齐称太常寺卿，北周称大宗伯，隋至清皆称太常寺卿。参见《汉书·百官公卿表上》、《通典·职官七》。寺：衙署，官舍。辂车：天子的乘车。辂（lù）：大车。多指帝王所乘的车子。拜陵：拜谒皇陵。

② 苗重芳：一作苗仲方，世次无考，今存诗一首。一作严巨川诗。严巨川见卷一百八十四《太清宫闻滴漏》注。

③ 南吕：古代乐律调名。十二律之一，属阴律。这里指阴历八月。古人以十二律配十二月，南吕配在八月，故以之代八月。金风：秋风。

④ 俨：恭敬庄重，庄严。这里指整齐。

⑤ 祠：祭名，春祭。《诗·小雅·天保》："禴祠烝尝。"毛传："春曰祠，夏曰禴，秋曰尝，冬曰烝。"泛指祭祀。祠礼：犹言"祭礼"，古代祭祀或祭奠的仪式。

⑥ 郊原：原野。园寝：建在帝王墓地上的庙。《后汉书·祭祀志下》："古不墓祭，汉诸陵皆有园寝，承秦所为也。说者以为古宗庙前制庙，后制寝，以象人之居前有朝，后有寝也。"

⑦ 卤簿：古代帝王驾出时扈从的仪仗队。自汉以后亦用于后妃、太子、王公大臣。唐制四品以上皆给卤簿。汉蔡邕《独断》卷下："天子出，车驾次第谓之卤簿。"宋叶梦得《石林燕语》卷四："唐人谓卤，橹也，甲楯之别名。凡兵卫以甲楯居外为前导，捍蔽其先后，皆着之簿籍，故曰'卤簿'。"太常：指太常寺。

⑧ 在：四库全书本作"正"。《全唐诗》卷七百八十一同诗此处作"在"。"在"是在于的意思。

早春送郎官出宰①

张　随②

仙郎今出宰，圣主下忧民③。紫陌轩车送，丹墀雨露新。趋程犹犯雪，行县正逢春④。粉署时回首，铜章已在身⑤。鸣琴化欲展，起草恋空频⑥。今日都门外，悠悠别汉臣⑦。

注释：

① 郎官：谓侍郎、郎中等职。秦代置郎中令，为皇帝左右亲近的高级官员。属官执掌护卫陪从、随时建议等。西汉因秦制不变。东汉以尚书台为行政中枢，其分曹任事者为尚书郎，职权范围扩大。魏、晋、南北朝时期，尚书郎官之制，略同于汉。隋分郎官为侍郎与郎。唐六部郎官，郎中之外，更置员外郎。唐以后郎官的设置，基本上无大变革。参见《文献通考·职官六·历代郎官》。出宰：由京官外出任地方官（一般指县官）。《后汉书·明帝纪》："郎官上应列宿，出宰百里，有非其人，则民受其殃。"

② 张随：见卷一百八十五《敕赐三相马》注。《全唐诗》卷七百八十一作袁求贤诗一首。袁求贤，生平事迹未详。今存诗一首。

③ 忧民：关心人民疾苦。

④ 犯：碰到；遭遇，遭受。行县：谓巡行所主之县。

⑤ 粉署：即粉省，尚书省的别称。《太平御览》卷二百一十五引汉应劭《汉官仪》："（尚书）省皆胡粉涂画古贤人烈女，郎握兰含香，趣走丹墀奏事。"世因称尚书省为"粉省"。铜章：古代铜制的官印。

⑥ 鸣琴：弹琴。《吕氏春秋·察贤》："宓子贱治单父，弹鸣琴，身不下堂而单父治。"后因用"鸣琴"称颂地方官简政清刑，无为而治。

⑦ 都门：京都城门；借指京都。

武德殿朝退望九衢春色①

曹　松②

玉殿朝初退，天街一看（类诗作一望）春③。南山初过雨，北阙净无尘。夹道夭桃满，连沟御柳新④。苏舒同舜泽，煦妪并尧仁⑤。佳气浮轩盖，和风袭搢绅⑥。自兹怜万（类诗作知万）物，同入发生辰⑦。

注释：

① 武德殿：唐殿名，在唐长安城武德西门内。九衢：纵横交叉的大道；泛指繁华的街市。

② 曹松：曹松，字梦征，舒州人（今安徽潜山）。学贾岛为诗，久困名场，至天复初，杜德祥主文，放松及王希羽、刘象、柯崇、郑希颜等及第，年皆七十余，时号“五老榜”。授秘书省正字。集三卷，今编诗二卷。

③ 玉殿：宫殿的美称。借指朝廷，朝堂。天街：这里指京城中的街道。

④ 夭桃：《诗·周南·桃夭》：“桃之夭夭，灼灼其华。”后以“夭桃”称艳丽的桃花。

⑤ 苏舒：复苏，舒展。煦妪：抚育，爱抚，长养。《礼记·乐记》：“天地欣合，阴阳相得，煦妪覆育万物。”郑玄注：“气曰煦，体曰妪。”孔颖达疏：“天以气煦之，地以形妪之，是天煦覆而地妪育，故言煦妪覆育万物也。”引申指温暖，暖和。尧与舜：为远古部落联盟的首领，古史传说中的圣明君主。此喻当时帝王。

⑥ 轩盖：车盖。搢绅：插笏于绅。搢，插；绅，古代仕宦者和儒者围于腰际的大带。后用为官宦或儒者的代称。

⑦ 发生：萌发，滋长。引申指春天。辰：日子，时光。

金　茎①

徐　敞②

武帝贵长生，延年饵玉英③。铜盘贮珠露，仙掌抗金茎④。拂曙氛埃敛，凌空沆瀣清⑤。岧峣捧瑞气，宠从出宫城⑥。势入浮云耸，形标霁色明。大君当御宇，何必去蓬瀛⑦。

注释：

① 金茎：用以擎承露盘的铜柱。《文选·班固〈西都赋〉》：“抗仙掌以承露，擢双立之金茎。”李善注：“金茎，铜柱也。”引申指承露盘或盘中的露。

② 徐敞：见卷一百八十一《月映清淮流》注。

③ 玉英：玉之精英。这里指莹澈如玉的露水。

④ 仙掌：汉武帝为求仙，在建章宫神明台上造铜仙人，舒掌捧铜盘玉杯，以承接天上的仙露，后称承露金人为仙掌。汉张衡《西京赋》：“立脩茎之仙掌，承云表之清露。”抗：用肩承物；举，支撑。

⑤ 沆瀣：夜间的水气，露水。《楚辞·远游》：“餐六气而饮沆瀣兮，漱正阳而含朝霞。”王逸注：“《凌阳子明经》言：春食朝霞……冬饮沆瀣。沆瀣者，北方夜半气也。”瀣（xiè）：夜间的水气。
⑥ 岧峣（tiáoyáo）：高峻，高耸；这里形容承露盘及其支柱。宠坎：亦作“巃嵸”，本指山势高峻貌；这里指夜间云气蒸腾貌。
⑦ 大君：天子。《易·师》：“大君有命，开国承家。”孔颖达疏：“大君，谓天子也。”蓬瀛：蓬莱和瀛洲，神山名，相传为仙人所居之处。亦泛指仙境。

锦带佩吴钩[①]

张友正[②]

带剑谁家子，春朝紫陌游。结边霞聚锦，悬处月随钩[③]。彩缕回文出，雄芒练影浮[④]。叶依花里艳，霜向锷中秋[⑤]。的皪宜骢马，斓斒映绮裘[⑥]。应须待报国，一刎月支头[⑦]。

注释：

① 锦带：锦制的带子。《礼记·玉藻》：“居士锦带，弟子缟带。”孔颖达疏：“锦带者，以锦为带。”吴钩：钩，兵器，形似剑而曲。春秋吴人善铸钩，故称。后也泛指利剑。南朝宋鲍照《结客少年场行》：“骢马金络头，锦带佩吴钩。”
② 张友正：见卷一百八十八《春草凝露》注。
③ 结：编织。这里指编织的锦带。
④ 雄芒：刀剑的利刃。《文选·张协〈七命〉》：“建云髦，启雄芒。”李善注：“芒，锋刃也。”练影：指日、月、水波等的白色光影。这里形容吴钩锋利，刃泛寒光。
⑤ 锷：刀剑的刃。此一句写锦带，一句写宝剑。锦带织绣华美，图案花叶分明；宝剑锋利无比，刃泛秋霜寒色。
⑥ 的皪（lì）：亦作“的砾”，光亮、鲜明貌。骢马：亦作“骢马”。青白色相杂的马。斓斒（bān）：色彩错杂鲜明貌。
⑦ 应须：应当，应该。月（ròu）支：即“月氏（zhī）”。古族名，曾于西域建月氏国。其族先游牧于敦煌、祁连间。汉文帝前元三至四年时，遭匈奴攻击，西迁塞种故地（今新疆西部伊犁河流域及其迤西一带）。西迁的月氏人称大月氏，少数没有西迁的人入南山（今祁连山），与羌人杂居，称小月氏。

云母屏风隔坐[①]

失　名

彩障成云母，丹墀隔上公[②]。才彰二纪盛，荣播一朝同[③]。近玉初齐白，临花乍散红。凝姿分缥缈，转佩辨玲珑[④]。意惬恩偏厚，名新宠更崇。谁知历千古，犹自仰清风。

注释：

① 云母：矿石名，俗称“千层纸”。晶体常成假六方片状，有弹性，玻璃光泽，半透明，有白色、黑色、深浅不同的绿色或褐色等。屏风：室内陈设，用以挡风或遮蔽的器具，上面常有字画。此题用东汉郑弘故事。《后汉书·郑弘传》：“郑弘，字巨君，会稽山阴人也。……少为乡啬夫，太守第五伦行春，见而深奇之，召署督邮，举孝廉。……元和元年代邓彪为太尉。时举将第五伦为司空，班次在下。每正朔朝见，弘曲躬而自卑，帝问知其故，遂听置云母屏风（李贤注：“以云母饰屏风也。”），分隔其间。由此以为故事。”

② 上公：三公并得称上公。东汉时以司徒、太尉、司空为三公。

③ 纪：纪年的单位，若干年数循环一次为一纪，一般以十二年为一纪。《书·毕命》：“既历三纪。”孔传：“十二年曰纪。”二纪：指二十余年。

④ 玲珑：玉发出的清越的声音。《文选·班固〈东都赋〉》：“凤盖棽丽，龢銮玲珑。”李善注引《埤苍》：“玲珑，玉声。”

观淬龙泉剑①

裴夷直②

欧冶将成器，风胡幸见逢③。发硎思剸玉，投水化为龙④。讵肯藏深（类诗作深藏）匣，终期用刜钟⑤。莲华生宝锷，秋日励霜锋⑥。炼质才三尺，吹毛过百重⑦。声（一作击）磨如不倦，提握愿长从。（类诗作：决云今得便，提出剪奸凶。）

注释：

① 淬（cuì）：锻造时，把烧红的锻件浸入水中，急速冷却，以增强硬度。龙泉：宝剑名，即龙渊剑，传说为欧冶子所铸；泛指宝剑。

② 裴夷直：见卷一百八十一《春色满皇州》注。

③ 欧冶：欧冶子，春秋时著名铸剑工。《吕氏春秋·赞能》：“得十良剑，不若得一欧冶。”借指铸剑工。风胡：风胡子，亦称“风湖子”、“风胡”、“风壶”。人名，春秋时楚国人，精于识剑、铸剑。汉袁康《越绝书·外传记宝剑》：“于是乃令风胡子之吴，见欧冶子、干将，使人作铁剑。”

④ 硎（xíng）：磨刀石。发硎：谓刀新从磨刀石上磨出来。《庄子·养生主》：“今臣之刀十九年矣，所解数千牛矣，而刀刃若新发于硎。”比喻初展抱负或刚显露出才干。剸（zhuàn）：割，截断。化为龙：晋张华因雷焕得龙泉、太阿两剑，两人各持其一。此二剑相传为春秋时欧冶子、干将所铸。张华被诛后，失所持剑。后雷焕子持剑过延平津，剑入水，但见两龙各长数丈，光采照人。见《晋书·张华传》。参见卷一百八十五张聿《剑化为龙》注①。

⑤ 刜（fú）：击；砍。《左传·昭公二十六年》：“苑子刜林雍，断其足。”孔颖达疏：“刜，字从刀，谓以刀击也。今江南犹谓刀击为刜。”

⑥ 莲花：指舞动宝剑发出的光华，即“剑花”。《越绝书·外传记宝剑》载，越王勾践出示给善识剑者薛烛的纯钩（纯钧），“手振拂扬，其华捽如芙蓉始出。观其釽，烂如列星之行”。

⑦ 吹毛：形容刀剑锋利，吹毛可断。

青出蓝[1]（二首）

王季文[2]

芳蓝滋匹帛，人力半天经[3]。浸润加新气，光辉胜本青。还同冰出水，不共草为萤[4]。翻覆依襟上，偏知造化灵。

注释：

① 青出蓝：即“青出于蓝”。青从蓝草中提炼出来，但颜色比蓝草更深。语出《荀子·劝学》：“青，取之于蓝而青于蓝；冰，水为之而寒于水。”杨倞注：“以喻学则才过其本性也。”后因以“青出于蓝”比喻学生胜过老师，或后人胜过前人。省作“青于蓝”。

② 王季文：字宗素，池阳人。少居九华，遇异人，授九仙飞化之术。咸通中登进士第。授秘书郎，寻谢病，归九华，日一浴于山之龙潭，寒暑不渝，竟仙去。今存诗二首。

③ 匹：量词，用于纺织品或骡马等。帛：丝织物的通称。匹帛：泛指纺织品。天经：天之常道。

④ 萤：萤火虫。古人认为腐草变化为萤火虫。《礼记·月令》：“（季夏之月）腐草为萤。”郑玄注：“萤，飞虫，萤火也。”

同　　前

吕　温[1]

物有无穷好，蓝青更（集作又）出青。朱研方比德，白受始成形[2]。袍袭宜从政，衿垂可问经[3]。当年（集作时）不采撷，佳色几飘零[4]。

注释：

① 吕温：见卷一百八十四《终南精舍月中闻磬》注。

② 朱：即朱砂，亦作“朱沙”。色鲜红。可作颜料，亦供药用。研：研磨，研细。比德：谓德行、德教可与之比拟、比配。朱研方比德，此为四库全书本文字，中华书局本作“殊研方比德”，更难索解。《全唐诗》则作“朱研未比德”。白受：犹言“白受采”，指白帛被染成彩色。采：彩色；引申指彩色的丝织品。

③ 袭：穿衣加服，亦专指古代盛礼时掩上敞开的外服。“袍袭”在这里指穿戴朝服作官，唐代八九品官着青袍。从政：参与政事，处理政事。衿（jīn）：古代衣服的交领。《诗·郑风·子衿》：“青青子衿，悠悠我心。”毛传：“青衿，青领也。学子之所服。”问经：指学习或请教有关经书的问题。

④ 采撷：犹采摘。撷（xié），摘取，采摘。

白受采①

失名

皛皛金方色，迁移妙不穷②。轻衣尘迹化，净璧缋文通③。沙变蓝溪渍，冰渝墨沼空④。似甘言受和，由礼学资忠⑤。皎洁形无定，玄黄用莫同。素心如可教，愿染古人风⑥。

注释：

① 白受采：指白帛被染成彩色。

② 皛皛：洁白明亮貌。皛（xiǎo）：明亮，皎洁，洁白。金方：西方。《说文》："白，西方色也。"案五行家言西方属金，故称西方为金方，称白色为金方色。

③ 缋（huì）：这里指彩色的花纹图案。

④ 渍：浸泡，浸润。沙：通"纱"；冰：借指"白（帛）"；此二句言白色的纱帛被染成蓝黑色。

⑤ 甘：美味的食物。和：调和。《周礼·天官·食医》："食医掌和王之六食、六饮、六膳、百羞、百酱、八珍之齐。"郑玄注："和，调也。"

⑥ 素心：本心，素愿；这里指纯洁的心地。前言白色的丝帛可以染为蓝黑色，此言人洁净的心灵亦可习染为仁爱质。

晦日同志昆明池泛舟①（二首）

朱余庆②

故人同泛处，远色望中明。静见砂痕露，微思月魄生③。周回余雪在，浩渺暮云平。戏鸟随兰棹，空波荡石鲸④。劫灰难问理，岛树偶知名⑤。自省曾游（杂咏作追）赏，无如此日情。

注释：

① 晦日：农历每月最后的一天。同志：志趣相同，志向相同。这里指志趣相同的人。昆明池：这里指人工池沼——昆明池。汉武帝元狩三年于长安西南郊所凿，以习水战。后亦以泛指帝京附近的湖沼。见卷一百八十三童翰卿《昆明池石织女》注①。

② 朱余庆："朱"字据四库全书本，中华书局本此字上部笔画脱落。卷一百八十七朱庆余作有《震为苍莨竹》，不知是否为同一人。

③ 月魄：指月初生或圆而始缺时不明亮的部分；亦泛指月亮，月光。

④ 兰棹：兰舟，木兰舟；多用为小舟的美称。棹（zhào）：船桨。石鲸：石雕的鲸鱼。《三辅黄图·池沼》："池（昆明池）中有豫章台及石鲸。刻石为鲸鱼，长三丈，每至雷雨，常鸣吼，鬣尾皆动。"

⑤ 劫灰：本佛教语，指劫火的余灰。南朝梁慧皎《高僧传·译经上·竺法兰》："昔汉武穿昆明池底，

得黑灰，问东方朔。朔云：‘不知，可问西域胡人。’后法兰既至，众人追以问之，兰云：‘世界终尽，劫火洞烧，此灰是也。’”后因谓战乱或大火毁坏后的残迹或灰烬。

同　　前

失　名

灵沼疑河汉，萧条见斗牛①。烟生知岸近，水净觉天秋。落月低前树，清辉满去舟。兴因孤屿起，心为白蘋留②。晓吹兼渔唱，闲云伴客愁③。龙津如可上，长啸且乘流④。

注释：

① 灵沼：即昆明池。萧条：寂寞冷落，凋零。《楚辞·远游》：“山萧条而无兽兮，野寂漠其无人。”

② 孤屿：孤立的岛屿。屿（yǔ）：小岛。白蘋：亦作“白苹”，水中浮草。

③ 渔唱：渔人唱的歌。

④ 龙津：即龙门，一名河津，即禹门口，在山西省河津县西北和陕西省韩城市东北。黄河至此，两岸峭壁对峙，形如门阙，故名。《书·禹贡》：“导河积石，至于龙门。”《艺文类聚》卷九十六引辛氏《三秦记》：“河津一名龙门，大鱼集龙门下数千，不得上，上者为龙。”后用以喻仕宦腾达之路。

上巳连（杂咏作接）清明游宴①

独孤良弼②

上巳观初罢，清明赏又追③。闰年侵旧历，令节并芳时④。细雨莺飞重，春风酒醒迟。玩花迷白雪，看柳折青丝⑤。淑气如相待，天和竟为谁⑥。却（杂咏作呼）嗟名未立，空咏宴游诗。

注释：

① 上巳：旧时节日名，汉以前以农历三月上旬巳日为“上巳”；魏晋以后，定为三月三日，不必取巳日。《后汉书·礼仪志上》：“是月上巳，官民皆絜于东流水上，曰洗濯祓除去宿垢疢为大絜。”游宴：亦作“游燕”，游乐宴饮。

② 独孤良弼：贞元间进士，官左司郎中。今存诗一首。

③ 观：游览，玩赏。

④ 闰年：指阳历中有闰日（即二月为二十九日）或农历中有闰月（一年有十三个月）的年份；这里指后者，中国古代根据日、月的运行时差，定十九年置七闰月，以达到日、月运行的同步合一。芳时：良辰；花开时节。

⑤ 白雪：指花粉。青丝：指垂柳的柔枝或其它植物的藤蔓。

⑥ 淑气：温和之气。天和：谓自然和顺之理，天地之和气。这里指天气和暖。

登圣善寺阁望龙门①

成　崿②

高阁聊登望，遥分禹凿门③。刹连多宝塔，树满给孤园④。香境超三界，清流振陆浑⑤。报慈弘孝理，行道得真源⑥。空净祥烟霁，时光爱日温。愿从初地起，长奉下生尊⑦。

注释：

① 圣善：聪明贤良；后专用以称颂母德。《后汉书·邓骘传》："伏惟和熹皇后圣善之德，为汉文母。"圣善寺：在洛阳章善坊，寺内有"报慈阁"，乃中宗为其母武后而立，内有大佛像，"自顶至颐，八十三尺"。见王溥《唐会要》卷四十八。

② 成崿：生平未详，今存诗一首。

③ 禹凿门：指龙门，地名。在山西河津县西北、陕西韩城县东北。相传为夏禹所凿，故名。省称"禹门"。

④ 刹（chà）：梵语刹多罗的音译省称，意为土地或国土、世界。这里指佛塔、佛寺。多宝塔：即佛塔。语出《法华经·见宝塔品》。这里指圣善寺宝塔。给孤园："给孤独园"的省称，佛教圣地名。给孤独长者在王舍城听释迦佛说法，遂归依之，因请佛至舍卫城，出巨金购祇陀太子之园林，为佛说法地，故称。亦用作佛寺的代称。

⑤ 三界：佛教指众生轮回的欲界、色界和无色界。见《俱舍论·世分别品》。陆浑：古地名，也称瓜州，原指今甘肃敦煌一带。春秋时秦晋二国使居于其地之"允姓之戎"迁居伊川，以陆浑名之。汉置县，五代废，故城在今河南省嵩县东北。

⑥ 慈：指母亲之慈爱。真源：谓本源，本性。行道：修道。

⑦ 初地：佛教语，谓修行过程十个阶位中的第一阶位。三乘共修"十地"中，以"干慧地"为"初地"；大乘菩萨"十地"中，以"欢喜地"为"初地"。引申指佛教寺院。下生：出生。

上元日听太清宫步虚①

张仲素②

仙客开金箓，元辰会玉京③。灵歌宾紫府，雅韵出层城④。磬杂音徐（一作余）彻，风飘响更清⑤。纡余空外尽，断续听中生⑥。舞鹤纷将集，流云住未行。谁知九陌上，尘俗仰遗声⑦。

注释：

① 上元：节日名，俗以农历正月十五日为上元节，也叫元宵节。太清宫：道教观名。"太清"相传为神仙居处，故常用作宫观名。（案：太清，三清之一。道教谓元始天尊所化法身道德天尊所居之地，其境在玉清、上清之上，唯成仙方能入此，故亦泛指仙境。）步虚：道士唱经礼赞。

② 张仲素：见卷一百八十一《玉绳低建章》注。
③ 金箓：道教谓天帝的诏书。引申指神话中形容神仙所用的簿册。箓（lù）：古称上天赐予帝王的符命文书。也指道教的秘文。元辰：良辰，吉辰。玉京：道家称天帝所居之处；泛指仙都。这里指太清宫。
④ 紫府：道教称仙人所居。层城：古代神话中昆仑山上的高城；泛指仙乡。引申指京师，王宫。
⑤ 磬：古代打击乐器，状如曲尺，用玉、石或金属制成。悬挂于架上，击之而鸣。
⑥ 纡余：迂回曲折；这里指唱经声、钟磬声曲折有致。
⑦ 九陌：汉长安城中的九条大道；后泛指都城大道和繁华闹市。

府试中元观道流步虚①

殷尧恭②

玄都开秘箓，白石礼先生③。上界秋光静，中元夜景清④。星辰朝帝处，鸾鹤步虚声⑤。玉洞花长发，珠宫月最明⑥。扫坛天地肃，投简鬼神惊⑦。傥赐刀圭药，还成不死名⑧。

注释：

① 府试：科举时代府一级考试。中元：中元节，指农历七月十五日。旧时道观于此日作斋醮，僧寺作盂兰盆会，民俗亦有祭祀亡故亲人等活动。道流：某种主张、教义的流布；这里指道士之辈，道家。
② 殷尧（一作克）恭：《全唐诗》卷四百七十二一作殷尧藩诗。殷尧恭，元和间人。今存诗一首。殷尧藩，苏州嘉兴人。元和中登进士第。辟李翱长沙幕府，加监察御史，又尝为永乐令。今存诗一卷。
③ 玄都：传说中神仙居处。这里指道观，玄都观，北周、隋、唐道观名。原名通道观，隋开皇二年改名为玄都观，在陕西省长安县南崇业坊。见宋代宋敏求《长安志》。白石：洁白的石头。这里指传说中的神仙的粮食。汉刘向《列仙传·白石生》：“白石生，中黄丈人弟子，彭祖时已二千余岁……尝煮白石为粮。”先生：这里指称道士。
④ 上界：天界，指仙佛所居之地。
⑤ 鸾鹤：鸾与鹤，相传为仙人所乘。这里借指神仙。
⑥ 玉洞：岩洞的美称，亦指仙道或隐者的住所；这里指道观。珠宫：龙宫，这里指道院。
⑦ 坛：高台。原指古代祭祀天地、帝王、远祖或举行朝会、盟誓及拜将的场所，多用土石等建成。这里指僧道过宗教生活或举行祈祷法事的场所。简：原指古代用以写字的竹片。这里指道场用以卜测吉凶的竹签。
⑧ 刀圭药：以刀圭称量的中药，多为粉剂。刀圭：中药的量器名。

河南府试乡饮酒①

吕　温（见集本）②

酌言虽旧典，刘楚始登堂③。百拜宾仪尽，三终乐奏长④。想同莺出谷，看似雁成行⑤。礼罢知何适，随云入帝乡⑥。

注释：

① 乡饮酒：即乡饮酒礼。周代乡学三年业成大比，考其德行道艺优异者，荐于诸侯。将行之时，由乡大夫设酒宴以宾礼相待，谓之“乡饮酒礼”，历朝沿用。《仪礼·乡饮酒礼》贾公彦疏引郑玄《三礼目录》：“诸侯之乡大夫，三年大比，献贤者、能者于其君，以宾礼待之，与之饮酒。于五礼属嘉礼。”（案：乡大夫：周官名。天子六乡，每乡以卿一人各掌其政教禁令。《周礼·地官·序官》：“乡大夫，每乡卿一人。”《周礼·地官·乡大夫》：“乡大夫之职，各掌其乡之政教禁令。”）

② 吕温：见卷一百八十四《终南精舍月中闻磬》注。

③ 酌言：酌酒。言，助词。《诗·小雅·瓠叶》：“君子有酒，酌言献之。”旧典：旧时的制度、法则。刈（yì）：割取。楚：木名，又名牡荆，落叶灌木，枝干坚劲，可做杖。《诗·周南·汉广》：“南有乔木，不可休息。汉有游女，不可求思……翘翘错薪，言刈其楚。”郑玄笺：“（游女）喻贤女虽出游流水之上，人无欲求犯礼者。”此二句用《诗经》典，一言求贤，一言献贤。

④ 三终：奏毕三章之乐，谓之“三终”。《礼记·乡饮酒义》：“工入，升歌三终。”孔颖达疏：“谓升堂歌《鹿鸣》、《四牡》、《皇皇者华》，每一篇而一终。”唐代宴乡贡士时歌《鹿鸣》之章，故以“三终乐”特指《诗·小雅·鹿鸣》之章。

⑤ 出谷：从幽谷出来；常喻指境遇好转或职位升迁。《诗·小雅·伐木》：“出自幽谷，迁于乔木。”雁行：飞雁的行列。此处喻指朝廷上的排班。（案，类义于“鸳鹭行”。）《南史·张缅传》：“殿中郎缺，帝谓徐勉曰：‘此曹旧用文學，且雁行之首，宜详擇其人。’勉举缅充选。”

⑥ 帝乡：天宫，仙乡。《庄子·天地》：“千岁厌世，去而上仙；乘彼白云，至于帝乡。”这里指京城，皇帝居住的地方。

京兆府试目极千里①

刘得仁②

献赋多年客，低眉恨且千③。此心常郁矣，纵目忽超然④。送骥登长路，看鸿入远天。古墟烟幂幂，穷野草绵绵。树与金城接，山疑桂水连⑤。何当开霁日，无物翳平川⑥。

注释：

① 京兆：即京兆尹，汉代京畿的行政区域，为三辅之一。在今陕西西安以东至华县之间，下辖十二县。唐代也设有京兆府，亦由中央直辖。目极：用尽目力远望。《楚辞·招魂》：“目极千里兮伤春心，魂兮归来哀江南。”

② 刘得仁：见卷一百八十五《莺出谷》注。

③ 献赋：作赋献给皇帝，用以颂扬或讽谏。恨：遗憾；失悔。

④ 郁：抑郁，忧思。

⑤ 金城：坚固的城；这里指京城。疑：类似，好像。桂水：指护城河。

⑥ 翳（yì）：原指用羽毛做的华盖；引申指遮蔽，隐没。

国学试风化下①

薛　能②

霁阙露穹崇，含生仰圣聪③。英明高比日，声教下如风。静发宸居内，低来品物中④。南薰歌自溥，北极响皆通⑤。蘋末看无状，人间觉有功⑥。因令委泥者，睹此忘途穷⑦。

注释：

① 国学：古代指国家设于京城的最高学府。周、秦、汉称太学，隋、唐、宋、元、明、清，称国子监，晋称国子学，北齐称国子寺。清末改革学制，自光绪三十二年起设学部，国子监并入学部。风化：犹风教，风气。这里指教育感化。《毛诗序》："上以风化下，下以风刺上。"郑玄笺："风化、风刺皆谓譬喻不斥言也。"

② 薛能：见卷一百八十三《天际识归舟》注。

③ 含生：一切有生命者，多指人类。这里指万民。声教：声威教化。

④ 宸居：帝王居住之所。品物：犹万物。品：品类，事物的种类。《易·乾》："云行雨施，品物流形。"

⑤ 南薰：亦作"南熏"，指《南风》歌。相传为虞舜所作，歌中有"南风之熏兮，可以解吾民之愠兮"等句。后喻指美好如南方温风的仁德教化。溥（pǔ）：大，广大；引申指普遍。

⑥ 蘋末：蘋的叶尖。指风所起处。语出战国楚宋玉《风赋》："夫风生于地，起于青蘋之末。"风起则蘋叶动，故亦用为微风的代称。这里喻明王教化之风。

⑦ 委泥者：指处身低微、不得志者。穷：困窘，不得志。途穷：喻走投无路或处境困窘。

府试古镜①

失　名

旧是秦时镜，今来古匣中。龙盘初挂月，凤舞欲生风②。石黛曾留殿，朱光适在宫③。应祥知道泰，监物觉神通④。肝胆诚难隐，妍媸信易穷⑤。幸居君子室，长愿免尘蒙。

注释：

① 古镜：古时制作的铜镜。此诗所咏或即传说的秦始皇方镜，能照见人之心胆。见下一诗《秦镜》注①。

② 龙盘句：《太平广记·器玩三》："唐天宝三载五月十五日，扬州进水心镜一面，纵横九寸，青莹耀日，背有盘龙长三尺四寸五分，势如生动。玄宗览而异之。进镜官扬州参军李守泰曰：'铸镜时有一老人自称姓龙名护，须发皓白……'"又见宋·曾慥编《类说·异闻集·镜龙记》。

③ 石黛：古代妇女用以画眉的青黑色颜料；借指美人。

④ 神通：通过神灵而感应沟通。这里指古镜所有的神秘的法力，神奇的力量。
⑤ 妍媸：美与丑。此二句言传说中的秦古镜能够照彻人的肝胆、美丑。见下一首诗注①。

秦镜① （二首）

仲子陵②

万古秦时镜，从来抱至精③。依台月自吐，在匣水常清。烂烂金光发，澄澄物象生④。云天皆洞鉴，表里尽虚明。但见人窥胆，全胜响应声。妍媸定可识，何处更逃情⑤。

注释：

① 秦镜：亦作“秦鉴”。传说秦始皇有一方镜，能照见人心的善恶。汉刘歆（一般认为是晋葛洪伪托）《西京杂记》卷三：“高祖初入咸阳宫，周行库府……有方镜，广四尺，高五尺九寸。表里有明，人直来照之，影则倒见；以手扪心而来，则见肠胃五脏，历然无碍；人有疾病在内，掩心而照之，则知病之所在。又女子有邪心，则胆张心动。秦始皇常以照宫人，胆张心动者则杀之。”后亦用以称颂官吏清明，善于断狱。
② 仲子陵：峨眉人。大历中登第。历官常侍。今存诗一首。
③ 至精：指精妙绝伦的人或事物；这里指通灵的秦时铜镜。《汉书·律历志上》：“铜为物之至精，不为燥湿寒暑变其节，不为风雨暴露改其形，介然有常，有似于士君子之行。”
④ 烂烂：光亮貌，光芒闪耀貌。澄澄：清澈明洁貌。
⑤ 情：形态，情态，姿态。

同　前

张　佐①

楼上秦时镜，千秋独有名。菱花寒不落，冰质夏长清②。龙在形难掩，人来胆易呈。升台宜远照，开匣乍藏明。皎色新磨出，圆规旧铸成③。愁容如可鉴，常欲拂尘缨。

注释：

① 张佐：大历中进士。今存诗二首。
② 菱花：菱的花；这里指菱花镜。古代铜镜多为六角形或背面刻有菱花图案。亦泛指铜镜。
③ 圆规：这里借指圆形铜镜。

监试夜雨滴空阶①

喻　凫②

霎霎复凄凄，飘松又洒槐。气蒙蛛网槛，声叠藓花阶。古壁青灯动，深庭湿叶埋。徐垂旧鸳瓦，竞历小茅斋③。冷与阴虫间，清将玉漏谐④。病身唯展转，谁见此时怀。

注释：

① 监试：乃“国子监考试”之省。夜雨滴空阶：梁·何逊《临行与故游夜别》诗：“历稔共追随，一旦辞群匹。复如东注水，未有西归日。夜雨滴空阶，晓灯暗离室。相悲各罢酒，何时同促膝。”
② 喻凫：见卷一百八十二《春雨如膏》注。
③ 鸳瓦：即鸳鸯瓦，指成对的瓦。唐李商隐《当句有对》诗：“密迩平阳接上兰，秦楼鸳瓦汉宫盘。”
④ 阴虫：冰蚕。这里指秋虫，如蟋蟀之类。玉漏：对古代计时漏壶的美称。漏：漏壶，古代计时器。

江陵府初试澄心如水①

卢　肇②

丹心何所喻，唯（集作为）水并清虚③。莫测千寻底，难知一勺初④。内明非有物，上善本无鱼⑤。澹泊随高下，波澜逐卷舒⑥。养蒙方浩浩，出险（集作海）每徐徐⑦。若灌情田里，常流尽不如⑧。

注释：

① 江陵府：治所在今湖北江陵县。初试：分几次举行的考试的第一次考试。澄心：使心情清静，静心。《文子·上义》：“老子曰：‘凡学者能明于天人之分，通于治乱之本，澄心清意以存之，见其终始，反于虚无，可谓达矣。’”
② 卢肇：见卷一百八十三《风不鸣条》注。
③ 清虚：清净虚无。
④ 千寻：古以八尺为一寻。“千寻”，形容极高、极长或极深。
⑤ 上善：至善。《老子》：“上善若水，水善利万物而不争。”无鱼：“水至清则无鱼”之省，水太清，鱼就不能藏身。
⑥ 澹泊：恬淡寡欲。
⑦ 养蒙：谓以蒙昧自隐，修养正道。语本《易·蒙》：“蒙以养正，圣功也。”孔颖达疏：“能以蒙昧隐默，自养正道，乃成至圣之功。”浩浩：水盛大貌；这里指胸怀开阔坦荡。《易·坎》：“坎而有险，未能出险之中也。”《易·说卦》：“坎者，水也。”坎，象征险难，代表水。
⑧ 情田：指心地。《礼记·礼运》：“故人情者圣王之田也，修礼以耕之，陈义以种之，讲学以耨之，本仁以聚之，播乐以安之。”

此诗押鱼韵。按当时语音，虚、初、鱼、舒、徐、如诸字均属鱼韵。

试策校注

文苑英华卷四百七十三

宋　李昉等编

策问十五道

策贤良问五道

*颜师古*①

第一道

问：天生蒸庶，树之司牧②，立化成俗，阐教弘风③；譬玺印之抑涂，若盘盂之置水④，污隆各随所齿，方圆在其所制⑤。夏后尚忠之政，固以率服万邦⑥；殷人先敬之道，亦足仪刑百姓⑦；亟从革变，靡定沿袭，所贵虽殊，同归于乂⑧。先圣设法，将不徒然，厥意如何？伫闻诠释⑨。

注释：

① 策：古代考试取士，以问题令应试者对答谓策；即有司就政事、经义等设问，令应试者作答。起自汉代，隋唐因之；后泛指考试。贤良：有德行才能；此指科举考试选拔人才的科目之一，由郡国推举文学之士充选；亦起自汉代，有“贤良文学”、“贤良方正”等，此属“制举”，而非“常选”。参阅《新唐书·选举上》：“所谓制举者，其来远矣。自汉以来，天子常称制诏道其所欲问而亲策之。唐兴，世崇儒学，虽其时君贤愚好恶不同，而乐善求贤之意未始少怠，故自京师外至州县，有司常选之士，以时而举。而天子又自诏四方德行、才能、文学之士，或高蹈幽隐与其不能自达者，下至军谋将略、翘关拔山、绝艺奇伎莫不兼取。其为名目，随其人主临时所欲，而列为定科者，如贤良方正、直言极谏、博通坟典达于教化、军谋宏远堪任将率、详明政术可以理人之类，其名最著。而天子巡狩、行幸、封禅太山梁父，往往会见行在，其所以待之之礼甚优，而宏材伟论非常之人亦时出于其间，不为无得也。”颜师古：字籀，雍州万年人。高祖朝授中书舍人，专掌机密。太宗即位，拜中书侍郎，封琅邪县子，迁秘书监宏文馆学士。贞观十九年卒，年六十五，谥曰戴。见今《全唐文》卷一百四十七。

② 蒸庶：同“蒸民”。民众，百姓。《孟子·告子上》：“《诗》曰：‘天生蒸民，有物有则。’”

③ 化：教化。风：风气、教化。

④ 玺印之抑涂，若盘盂之置水：抑：向下压；这里指盖印章。涂：泥。古者信函等先加封泥，再在封泥上盖章。《淮南子·齐俗训》：“若玺之抑埴，正与之正，倾与之倾。”盘盂：圆盘与方盂的并称。

⑤ 污隆：低与高。齿：排比如齿状者；这里指印章的齿痕。方圆：方形与圆形。这里指方法、准则。这几句是说为天下之人立定法则，就像在封泥上盖章、置水于盘盂一样，要深则深、要浅则浅，要方则方、要圆则圆。

⑥ 后：君主，帝王。夏后：指禹受舜禅而建立的夏王朝，史称“夏后氏”。

⑦ 先：以……为先。敬：指敬畏祖先神灵。仪刑：或作“仪型”。意为做楷模，做典范。

⑧ 亟：屡次。靡：无。《诗·大雅·荡》：“靡不有初，鲜克有终。”乂（yì）：治理；安宁。《书·尧典》：“浩浩滔天，下民其咨，有能俾乂。”孔传：“乂，治也。”此言自夏代以来，社会崇扬“尚忠”也好、“先敬”也罢，但要想使众邦归服、万民安宁，办法同归于一个“乂”（治理）字。

⑨ 伫闻：肃立恭听，敬闻。用为敬词。南朝梁任昉《天监三年策秀才文》之一：“斯理何从，伫闻良说。”伫，尚有“企盼，期待”等义。

第二道

问：夫杂用霸道，不纯德教①。是非稽古，何以称强②？权宜一切，宁可垂训③。其理隐微，其说安取？且设官分职，非贤不任，知人则哲，惟帝难之④。良由言行相违，名实乖舛，情态难睹，兰艾莫分，藻镜铨衡，苦其混揉，如何审综⑤，察兹优劣？八观之术，往彦所陈；七缪之邮，非无前说⑥。澄汰糠粃，其可必陈⑦。何谓七缪？宜具条录，勿致阙遗。又西京课吏，其法何以⑧？邺洛考功，众议孰得⑨？且公卿已下，员禄素定，量其闲剧，职务才举⑩。而散官一色，多乏器干，纵非鄙弱，则有疵瑕⑪。至于衔命诸方，承旨出使⑫，按察抚劳，络绎相趋。若差职事之人，则于官曹阙废，如其专遣冗散，又致前涂亏失，彼此难周，未能通允，欲施何法，使得兼济？又二代寮寀，大数几何⑬？用官详备，遣人可观，准望圣朝，繁省何若？自秦及汉，掌外使者何人？当涂典午，出邦畿者何职⑭？书传所说，可得而言？识达化方，久应商略，既无碍滞，悉俟敷陈⑮。

注释：

① 霸道：指君主凭借武力、刑法、权势等进行统治。与“王道”相对。德教：道德教化。

② 稽古：考察古事。《书·尧典》：“曰若稽古。帝尧曰放勋。”

③ 权宜：暂时适宜的措施。权，权变，变通。一切：权宜；临时。《淮南子·泰族训》：“今商鞅之启塞，申子之三符，韩非之孤愤，张仪苏秦之从衡，皆掇取之权、一切之术也。”

④ 知人则哲：指能鉴察人的品行才能，即可谓之明智。《书·皋陶谟》：“知人则哲，能官人。”难：意动用法，以之为难（事）。

⑤ 乖舛：差异；差错。舛（chuǎn）：相违背。兰艾：兰草与艾草，兰香艾臭。常比喻君子小人或贵贱美恶。藻镜：亦作“藻鉴”。品藻和鉴别（人才）。唐刘禹锡《上门下武相公启》：“藻鉴之下，难逃陋容。”铨衡：本指衡量轻重的器具。铨衡即“权衡”。引申指品鉴衡量。这里指考核、选拔（人才）。《三国志·魏志·夏侯玄传》：“夫官才用人，国之柄也，故铨衡专于台阁，上之分也。”唐白居易《革吏部之弊策》：“妍蚩者不能欺于藻镜，锱铢者不敢诈于铨衡。”综：整理；辨别。

⑥ 八观：对人的八种观察方法。《吕氏春秋·论人》：“凡论人，通则观其所礼，贵则观其所进，富则观其所养，听则观其所行，止则观其所好，习则观其所言，穷则观其所不受，贱则观其所不为。”彦：贤人；俊才。七缪：即“七谬”，为政之七种错误。“一曰察誉有偏颇之缪，二曰接物有爱恶之惑，三曰度心有大小之误，四曰品质有早晚之疑，五曰变类有同体之嫌，六曰论材有申压之诡，七曰观奇有二尤之失。”见魏刘邵《人物志》。邮：通“由”，路径。引申指过错。

⑦ 澄汰：澄去泥滓，汰除沙砾。多用以指甄别、拣选。糠粃：亦作“糠秕”。谷皮和瘪谷。比喻粗劣而无价值之物或低劣的人。

⑧ 西京：西汉都城长安。东汉改都洛阳，因称洛阳为东京，长安为西京。课吏：考核官吏的政绩。

⑨ 邺洛：邺城和洛阳。邺（yè）：古都邑名。春秋齐桓公始筑，战国魏文侯建都于此。秦置县。建安十八年（213 年），汉廷把冀州十郡赏给曹操，并封他为曹公，曹操于是定都邺城，并在邺都建立社稷祖庙。至此，汉的政治中心由许都移至邺都。曹丕代汉，定都洛阳，邺与洛阳、长安、谯、许昌合称五都。考功：按一定标准考核官吏的政绩。

⑩ 员禄：人员和俸禄。闲剧：清闲和繁忙。

⑪ 散官：有官名而无固定职事之官，与职事官相对而言。汉制，朝廷对大僚重臣于本官之外加赐名

号，而实无官守。魏、晋、南北朝因之，隋代始定散官之制。器干：犹才干。

⑫ 衔命：遵奉命令，接受使命。

⑬ 寮宷：亦作“寮采”。官舍。此指属官、属吏的员额。

⑭ 当涂：此为汉代谶语“当涂高”之省，指魏国。《后汉书·袁术传》：“［术］又少见谶书，言‘代汉者当涂高’，自云名字应之。”李贤注：“当涂高者，‘魏’也。”《三国志·魏志·文帝纪》：“肃承天命。”南朝宋裴松之注：“太史丞许芝条魏代汉见谶纬于魏王曰：……故白马令李云上事曰：‘许昌气见于当涂高，当涂高者当昌于许。’当涂高者，魏也；象魏者，两观阙是也；当道而高大者魏。魏当代汉。”何晏《景福殿赋》：“且许昌者，乃大运之攸戾，图谶之所旌。”李善注：“《献帝纪》曰：太史丞许芝奏故白马令李云上书曰：‘许昌气见于当涂高者，昌于许。’当涂高者，魏也。今魏基昌于许。汉微绝于许。”典午：“司马”的隐语。代指晋国。《三国志·蜀志·谯周传》：“周语次，因书版示立曰：‘典午忽兮，月酉没兮。’典午者，谓司马也；月酉者，谓八月也。至八月而文王（司马昭）果崩。”晋帝姓司马氏，后因以“典午”指晋朝。明胡应麟《少室山房笔丛·史书占毕四》：“当涂为魏，典午为晋，世率知之，而意义出处，或未明了。案……典，司也；午，马也。”“当涂”指魏“典午”指晋，正与上句“自秦及汉”相偶对。

⑮ 商略：商讨；评论。敷陈：铺叙，论列。

第三道

问：洁己以进，陈诸往册，平康正直①，彰乎前训，修身励操，俱曰可称。摄职当官，何者尤切②？必能兼善，其利博哉！互有所长，宜甄先后③。今既举兹二事，欲委共康，广扇清风，大矫流俗，施行条教，可用率下④，使人怀冰碧（一作玉）之心，家有素丝之节⑤。轨物昭范，伫观表仪⑥。若在姬周，号称多士，嬴氏居位，亦有贤人⑦。谁修廉洁之道？孰当正直之举？爰及两汉魏晋以来，历载遐长，廉直众矣。其间尤异，凡有几人？必须具列姓名，分条事迹，无或非当，意状殊违。⑧先古有言，惟德作义，既充廉洁之选，又应正直之科，诚宜追踪曩人，尚想同志，并驱前烈，诚可比肩。企仰高山，谁者弗逮⑨。当仁不让，宁假㧑谦⑩。近取诸身，岂或涯分⑪。无而为有，是则非廉，虚美雷同，又乖正直。兼兹学植（一作殖），理必该通，原始要终，当尽弘博⑫。

注释：

① 洁己：使自己行为端谨，符合规范。《论语·述而》：“人洁己以进，与其洁也，不保其往也。”平康：平安。《书·洪范》：“平康正直，强弗友刚克，燮友柔克。”

② 摄职：代理官职。摄：假代，代理。

③ 甄：甄别，鉴别。

④ 委：使。清风：这里指清惠的风化。条教：法规，教令。率下：作下属表率。《书·毕命》：“惟公懋德，克勤小物，弼亮四世，正色率下。”

⑤ 冰玉之心：即“冰心”，言纯净高洁的心。《宋书·良吏传·陆徽》：“年暨知命，廉尚愈高，冰心与贪流争激，霜情与晚节弥茂。”素丝之节：即“素节”，言清白的操守。

⑥ 轨物：规范事物。南朝梁陆倕《新刻漏铭》：“宁可以轨物字民，作范垂训者乎？”表仪：犹法度。《左传·文公六年》：“陈之艺极，引之表仪。”王引之《经义述闻·春秋左传上》：“立木以示人谓之表，又谓之仪……表仪与艺极义相近，皆所以喻法度也。”

⑦ 姬周：周朝，周朝姬姓王天下。多士：古指众多的贤士；也指百官。《书·多方》："猷告尔有方多士，暨殷多士。"《诗·大雅·文王》："济济多士，文王以宁。"嬴氏：指秦国或秦王朝，秦朝嬴姓王天下；这里特指秦始皇统一天下的时代。

⑧ 意状：情况，情景。《三国志·魏志·张辽传》："文帝引辽会建始殿，亲问破吴意状。""无或非当，意状殊违。"意谓在对策时不要列举并非廉直的历史人物。

⑨ 企仰：踮起脚来仰望；引申指景仰，仰慕。《陈书·宣帝纪》："朕企仰前圣，思求讼平，正道多违，浇风靡乂。"企：踮起脚。高山：高峻的山；比喻崇高的德行。《诗·小雅·车辖》："高山仰止，景行行止。"

⑩ 㧑（huī）谦：谦逊；谓施行谦德。《易·谦》："无不利，㧑谦。"王弼注："指㧑皆谦，不违则也。"

⑪ 涯分：限度；本分。唐卢象《青雀歌》："逍遥饮啄安涯分，何假扶摇九万为？"

⑫ 学植：同"学殖"。原指学问的积累增进，后泛指学业、学问。《左传·昭公十八年》："夫学，殖也；不殖将落。"杜预注："殖，生长也；言学之进德，如农之殖苗，日新日益。"该通：博通。原始要终：探究事物发展的始末。原：探源，考究。要：探求，求取。

第四道

问：学以从政，昔贤令则①。博文强识，君子所尚。结发升朝，敷衽受职②。开物成务，率由兹道③。是以登高能赋，可列大夫；试讽籀篇，乃得为史④。然而箅祀悠邈，载籍寔繁，钻仰虽多，罕能择练⑤。今将少论古昔，庶异见闻，勿用浮辞，当陈指要。九流七略，题目何施⑥？八体六书，名义焉在⑦？三皇五帝，诸说不同，列次区分，谁者为允？翠为（疑作妫）玄扈，临之而安得⑧？缘纯黄玉，所表其奚事⑨？阴康骊畜，行序孰当⑩？封巨大填，胡宁游处⑪？彤鱼昌仆，出何典诰⑫？穷蝉声望，厥类惟何⑬？管仲文锦，既丑何贵⑭？子产深练，实厚何俾？周鼎所存，议（疑作识）者几物⑮？齐钟所衅，卒用何牲⑯？罢绌诸侯，何名三十六都⑰？褒贬将相，何谓三十二人⑱？至如象桀之精乎弃日，木鸡之巧乎异端，著于简谍，何所沮劝⑲？学综古今，想宜究悉，一二显析，无惮米盐⑳。

注释：

① 学以从政句：此化用《论语》言。《论语·子张》："子夏曰：'仕而优则学，学而优则仕。'"邢昺疏："言人之仕官行己职，而优闲有余力，则以学先王之遗文也；若学而德业优长者，则当仕进以行君臣之义也。"

② 结发：束发。古代男子自成童开始束发，因以指初成年。升朝：上朝，到朝廷议事。敷衽：亦作"敷衽"。解开襟衽，表示坦诚。《楚辞·离骚》："跪敷衽以陈辞兮，耿吾既得此中正。"

③ 开物：通晓万物的道理。《周书·武帝纪上》："履端开物，实资元后。"开物成务：指通晓万物的道理并按这道理行事而得到成功。《易·系辞上》："夫《易》，开物成务，冒天下之道，如斯而已者也。"孔颖达疏："言《易》能开通万物之志，成就天下之务。"

④ 登高能赋：古代指大夫必须具备的九种才能之一，谓登高见广，能赋诗述其感受。《诗·鄘风·定之方中》"卜云其吉"毛传："建邦能命龟，田能施命，作器能铭，使能造命，升高能赋，师旅能誓，山川能说，丧纪能诔，祭祀能语，君子能此九者，可谓有德音，可以为大夫。"试讽籀篇：籀（zhòu），籀文，我国古代书体的一种。也叫"籀书"、"大篆"。因著录于《史籀篇》而得名，字

体多重叠，难读难认。春秋、战国间通行于秦国。东汉许慎《说文解字·叙》："尉律，学僮十七已上始试，讽籀书九千字乃得为史。"

⑤ 筭（suàn）：同"算"。计数，计算。载籍：书籍，典籍。钻仰：指钻研仰慕师之所授。语出《论语·子罕》："颜渊喟然叹曰：'仰之弥高，钻之弥坚，瞻之在前，忽焉在后，夫子循循然诱人。博我以文，约我以礼，欲罢不能，既竭吾才，如有所立卓尔，未由也已。'"

⑥ 九流：本指先秦的九个学术流派：儒、道、阴、阳、法、名、墨、从横、杂、农，凡九家。泛指各学术流派。《北史·周高祖武帝纪》："遂使三墨八儒，朱紫交竞；九流七略，异说相腾。"七略：汉刘歆撰《七略》，为我国最早的图书目录分类著作。分《辑略》、《六艺略》、《诸子略》、《诗赋略》、《兵书略》、《术数略》和《方技略》。《汉书·艺文志》即据《七略》为蓝本。这里用以泛指各类著作。

⑦ 八体：八种书体。秦代统一文字，废除不符合秦文的六国文字，定书体为大篆、小篆、刻符、虫书、摹印、署书、殳书、隶书八种，谓之"八体"。见汉许慎《说文解字·叙》。楷书出现后所谓的八体，即古文、大篆、小篆、隶书、飞白，八分、行书、草书。六书：古人分析汉字造字的理论。即象形、指事、会意、形声、转注、假借。

⑧ 妫（guī）：水名，即"妫汭"，妫水限曲之处。传说舜居于此，尧将两个女儿嫁给他。妫水在山西省永济县南，源出历山，西流入黄河。玄扈：1. 山名。在陕西省雒南县西，洛水之南。据《太平寰宇记》引《黄帝录》称，黄帝于此山拜受凤鸟衔来之图。《宋书·符瑞志下》："玄扈之凤，昭帝轩之鸿烈，酆宫之雀，征姬文之徽祚。"2. 水名。在陕西省雒南县西，源出玄扈山，因注洛水，故又名洛汭。传说仓颉帝于此受灵龟负书。此言登山临水而得祥瑞。

⑨ 缘纯黄玉：黄玉，黄色的玉饰。《礼记·月令》："［季夏之月］衣黄衣，服黄玉。"《宋书·符瑞志上》："赤虹自上下，化为黄玉。"缘纯：即护黄玉的丝垫。

⑩ 阴康骊畜：皆远古帝号。唐司马贞补撰并注《补史记·三皇本纪》："大庭氏、栢皇氏、中央氏、卷须氏、栗陆氏、骊连氏、赫胥氏、尊卢氏、浑沌氏、昊英氏、有巢氏、朱襄氏、葛天氏、阴康氏、无怀氏，斯盖三皇已来有天下者之号，但载籍不纪，莫知姓王年代、所都之处。而《韩诗》以为：'自古封太山禅梁甫者，万有余家，仲尼观之不能尽识。'《管子》亦曰：'古封太山七十二家，夷吾所识十有二焉。'"

⑪ 封巨：传说为黄帝之臣。《汉书·郊祀志》："公玉带曰：'黄帝时虽封泰山，然风后、封巨、岐伯令黄帝封东泰山，禅凡山，合符，然后不死。'天子既令设祠具，至东泰山，东泰山卑小，不称其声，乃令祠官礼之而不封焉。"颜师古注："韦昭曰：风后、封巨、岐伯，皆黄帝臣也。臣瓒曰：东泰山，在琅邪朱虚界，中有小泰山是。"大填：传说为黄帝之师。《韩诗外传》卷五："臣闻黄帝学乎大填。"

⑫ 彤鱼：古国名。《国语·晋语四》："黄帝之子二十五人，其同姓者二人而已，唯青阳与夷鼓皆为己姓。青阳，方雷氏之甥也；夷鼓，彤鱼氏之甥也。"韦昭注："彤鱼，国名。"昌仆：相传为昌意之妃，颛顼之母。《史记·五帝本纪》："昌意娶蜀山氏女，曰昌仆，生高阳，高阳有圣德焉。"

⑬ 穷蝉：《史记·五帝本纪》："帝颛顼生子曰穷蝉。"张守节正义："帝舜之高祖也。"

⑭ 管仲文锦、子产深练：文锦，文彩斑烂的织锦。练，练染布帛，一般指白绢。《淮南子·缪称训》："筦子文锦也，虽丑登庙。子产练染也，美而不尊。"高诱注："筦仲相齐，明法度审国刑，不能及圣，犹文锦虽恶宜以升庙也。子产相郑，先恩而后法，犹练染为衣温厚而非宗庙服也。"

⑮ 周鼎：本指周代传国的九鼎。《史记·秦始皇本纪》："始皇还，过彭城，斋戒祷祠，欲出周鼎泗水，使千人没水求之，弗得。"春秋时楚庄王觊觎王位，因伐戎之便而至周境，遂问定王使臣周鼎之大小、轻重（问鼎）。后因以"周鼎"借指国家政权。

⑯ 齐钟所衅句：衅，此指古代杀牲以血涂钟行祭。《孟子·梁惠王上》："王坐于堂上，有牵牛而过堂下者，王见之，曰：'牛何之？'对曰：'将以衅钟。'王曰：'舍之。吾不忍其觳觫，若无无罪而

就死地。'对曰：'然则废衅钟与？'曰：'何可废也。以羊易之。'"

⑰ 罢绌诸侯句：言秦始皇统一天下，废除分封诸侯制，建立郡县制，分中国为三十六郡。《史记·秦始皇本纪》："［秦始皇二十六年］（公元前226年）分天下以为三十六郡。"裴骃集解："骃案：三十六郡者，三川、河东、……"

⑱ 三十二人：指东汉三十二名贤。《后汉书·朱景王杜马刘傅坚马列传》："论曰：中兴二十八将，前世以为上应二十八宿，未之详也。然咸能感会风云，奋其智勇，称为佐命，亦各志能之士也。……永平中，显宗追感前世功臣，乃图画二十八将于南宫云台，其外又有王常、李通、窦融、卓茂，合三十二人。故依其本第，系之篇末，以志功臣之次云尔。"

⑲ 弃日：耗费时日，虚度光阴。《魏书·甄琛传》载："甄琛，字思伯，中山无极人。初举秀才入都，积岁，颇以奕棊弃日，至乃通夜不止。手下仓头尝令秉烛，或时睡，必加其杖，如此非一。奴后不胜楚痛，乃白琛曰：'郎君辞父母仕宦京师，若为读书执烛，奴不敢非，乃以围棊日夜不息，岂是上京之意？而赐加杖罚，不亦非理。'琛惕然惭感，遂从许叡、李彪假书研习，闻见益优，后拜中书博士。"由此，疑句中"棊"乃"棊"之形误。木鸡：喻指修养深淳以镇定取胜者。《庄子·达生》："纪渻子为王养斗鸡，十日而问曰：'鸡已乎？'曰：'未也，方虚怀而恃气。'……十日又问，曰：'几矣，鸡虽有鸣者，已无变矣。望之似木鸡矣，其德全矣，异鸡无敢应者，反走矣。'"沮劝：谓阻止恶行，勉励善事。《左传·襄公二十七年》："赏罚无章，何以沮劝？"

⑳ 米盐：喻繁杂琐碎。此言应试答问，不要怕繁琐。

第五道

问：八政所先，食货居首①；万商之业，市井为利。菽粟稻粱，饥馑足以充口；布帛丝纩，寒暑足以蔽形②。生灵所资，莫此为急。爰及室宇器械，同出五材，皆禀造化之功，取者得供其用③。而龟贝之属，何故为宝④？竞取而多，谁所创意？钱币之作，本以何施？亿兆赖其何功？政教得其何助？若夫九府之法，于何贸迁⑤？三官所统，又何典掌？⑥未知乘时趋利，济益浅深，起伪生奸，有何亏败？九府之名，欲知其九；三官之号，何等为三？宜各指陈，务令可晓。子绀（《前汉·食货志》："赤仄，应劭曰：'子绀，钱也。'"）称贵，文饰何如⑦？赤仄殊形，以何间错？又卖谷极贱，则农夫劬劳而不给；籴价翔踊，则工商窘乏而难振⑧。为政之道，患在不均。设法筹算，去其太甚。使夫荷锸拥耒，阡陌之用获饶；作工通财，仓廪之储不匮；又籴三舍一，起自何人⑨？以母权子，云谁所建⑩？各申何法？厥利焉如？今欲修之，孰可孰不可？亦宜辨说，不可暖昧⑪。佐时经国，此亦一隅。既膺斯举，何所兴让？聊动翰墨，岂申余勇⑫？

注释：

① 八政：古代国家施政的八个方面。具体内容不一：《书·洪范》："八政：一曰食，二曰货，三曰祀，四曰司空，五曰司徒，六曰司寇，七曰宾，八曰师。"后世所称"八政"多指此而言。食货：食和货。指称粮食生产和国家税收等。《汉书·叙传下》："厥初生民，食货惟先。"

② 丝纩（kuàng）：丝帛、丝绵。《周礼·天官·典丝》："丧纪，共其丝纩组文之物。"蔽：遮掩。

③ 五材：亦作"五才"。五种材料。指金、木、皮、玉、土。《周礼·考工记》："或审曲面执，以饬五材，以辨民器。"郑玄注："此五材，金、木、皮、玉、土。"

④ 龟贝：龟甲和贝壳。古代亦用作货币，因作货币代称。

⑤ 亿兆之民：指普通老百姓。九府：周代掌管财币的机构。后泛指国库。《史记·货殖列传》："其后齐中衰，管子修之，设轻重九府。"张守节正义："周有大府、玉府、内府、外府、泉府、天府、职内、职金、职币，皆掌财币之官，故云九府也。"又秦汉九卿亦称九府，此九府治粟内吏（汉称大司农）、少府二署与经济有关。治粟内史"掌谷货"，少府"掌山海地泽之税"，以给皇室之供养。贸迁：贩运买卖。

⑥ 三官：古代三种官的合称。指大司徒、大司马、大司空。三官各掌相应之制作，如大司农即掌考工。

⑦ 赤仄：即"赤侧"。古代一种外边为赤铜的钱币，汉武帝时始铸。《史记·平准书》："郡国多奸铸钱，钱多轻，而公卿请令京师铸钟官赤侧，一当五，赋官用非赤侧不得行。"裴骃集解引如淳曰："以赤铜为其郭也。今钱见有赤侧者，不知作法云何。"司马贞索隐引韦昭 曰："侧，边也。"《汉书·食货志下》作"赤仄"。饰（shì）：同"饰"，修饰，装饰。

⑧ 劬劳：劳累；劳苦。《诗·小雅·蓼莪》："哀哀父母，生我劬劳。"翔踊：亦作"翔涌"。谓物价腾贵或暴涨。

⑨ 籴三舍一：籴（dí），买进谷物。《汉书·食货志》："故善平籴者，必谨观岁有上、中、下孰（熟）……大孰则上籴三而舍一，中孰则籴二，下孰则籴一。"

⑩ 以母权子：古作轻、重两种钱，重者叫母，轻者叫子。货币贬值，物价上涨时，以重钱为主，叫做"母权子"。反之，叫做"子权母"。《国语·周语下》："景王二十一年，将铸大钱。单穆公曰：'不可。古者，天灾降戾，于是乎量资币，权轻重，以振救民。民患轻，则为作重币以行之，于是乎有母权子而行，民皆得焉。'"有成语"子母相权"。

⑪ 暧昧：含糊，模糊。

⑫ 膺：承受；担当。《书·武成》："诞膺天命。"《旧唐书·酷吏传·吉顼》："尝以经纬之才，允膺匡佐之委。"余勇：指有未尽的勇气和力量。语出《左传·成公二年》："齐高固入晋师，桀石以投人，禽之而乘其车，系桑本焉。以徇齐垒，曰：'欲勇者贾余余勇。'"

策秀才问三道

独孤及①

第一道

问：儒有安身以全德，有杀身以成仁，有狥名以行己，有忘名以救物②，虽俱出于儒墨，而用之不同，圣人立言，岂其无操持欤？夫魏颗违命，申生受赐，伍尚赴郢，伍胥如吴，四者孰孝③？比干死而（集作之），微子去之，太公投竿，伯夷采薇，四者孰义④？石户窜于海上，伯阳隐于柱下，鸱夷子去（去字，集作"范蠡泛舟于"）越，三者孰洁⑤？今欲考其本末，度长以挈大⑥；较其去就，合异以为同。渴闻贯之之道，辨之之说。

注释：

① 秀才：优异之才；此指科举考试科目，西汉时开始与孝廉并为举士的科名，东汉时避光武帝讳改称"茂才"。隋唐等因之，是属"常选"。《新唐书·选举上》："唐制，取士之科，多因隋旧，然其大要有三。由学馆者曰生徒，由州县者曰乡贡，皆升于有司而进退之。其科之目，有秀才，有

明经，有俊士，有进士，有明法，有明字，有明算，有一史，有三史，有开元礼，有道举，有童子。而明经之别，有五经，有三经，有二经，有学究一经，有三礼，有三传，有史科。此岁举之常选也。”独孤及：字至之，河南洛阳人。天宝末以道举高第，补华阴尉。代宗立，以左拾遗召，迁礼部员外郎，历濠、舒二州刺史，加检校司封郎中，徙常州刺史。卒年五十三，谥曰宪。著有《毗陵集》。见今《全唐文》卷三百八十四至三百九十三。独孤及还有《策贤良问》、《策宰相科问》、《对洞晓玄经策》各一道。

② 杀身成仁：指儒家为了“仁”的最高道德准则而不惜舍弃生命。《论语·卫灵公》：“志士仁人，无求生以害仁，有杀身以成仁。”后泛指为正义事业而牺牲生命。殉名：舍身求名。狥，通“殉”。《鹖冠子·世兵》：“列士狥名，贪夫狥财。”忘名：不慕声誉。

③ 魏颗：见《左传·宣公十五年》：“魏武子有嬖妾，无子。武子疾，命颗（武子之子）曰：‘必嫁是。’疾病，则曰：‘必以为殉。’及卒，颗嫁之，曰：‘疾病则乱，吾从其治也。’及辅氏之役，颗见老人结草以亢杜回，杜回踬而颠，故获之。夜梦之曰：‘余，而所嫁妇人之父也。尔用先人之治命，余是以报。’”申生受赐：言晋献公宠信嬖妾骊姬谗言，赐死太子申生事。申生纯孝，为不忍老父不乐而含冤自缢。参见《左传·庄公二十八年》、《左传·僖公四年》。伍尚，伍胥：伍尚，伍子胥之兄，伍奢长子。《左传·昭公二十年》：“费无极言于楚子曰：‘建与伍奢将以方城之外叛……无极曰：‘奢之子材，若在吴必忧楚国，盍以免其父，召之，彼仁必来，不然将为患。’王使召之曰：‘来，吾免而父。’棠君尚谓其弟员曰：‘尔适吴我将归死……’”杜预注：“棠君，奢之长子尚也，为棠邑大夫。员，尚弟子胥。”孝：谓孝道。

④ 死而：当作“死之”，于语义逻辑相安。集：指该文作者的文集。下文同。此处之集系指独孤及的《毗陵集》。义：谓符合正义或道德规范。此四者讲臣民对君主的态度。对商纣王，比干谏而死，微子不从而离去；对周文王，吕尚钓官，而伯夷则为不贪周粟而避世隐居。

⑤ 石户：本上古传说中的地名，此指舜的好友。《庄子·让王》：“舜以天下让其友石户之农。石户之农……以舜之德为未至也，于是夫负妻戴，携子以入于海，终身不返也。”窜：隐藏。伯阳：古贤人，相传为舜七友之一。《墨子·所染》：“舜染于许由、伯阳。”孙诒让间诂：“此伯阳自是舜时贤人。”参阅宋王应麟《小学绀珠·名臣·舜七友》。鸱夷子：即鸱夷子皮，春秋越范蠡之号。《史记·越王勾践世家》：“范蠡浮海出齐，变姓名，自谓鸱夷子皮，耕于海畔，苦身勠力，父子治产。”司马贞索隐：“范蠡自谓也。盖以吴王杀子胥而盛以鸱夷，今蠡自以有罪，故为号也。韦昭曰：‘鸱夷，革囊也。’或曰生牛皮也。”《汉书·货殖传》：“［范蠡］乃乘扁舟，浮江湖，变姓名，适齐为鸱夷子皮，之陶为朱公。”洁：操守清白。

⑥ 挈（qiè）：提起；一人能提举的重量；此言度量权衡长短利弊。

第二道

问：黄帝氏以无为为政，故垂衣裳而天下顺，周人三千其仪，亦克用乂①。舜诛四罪，天下咸服，而成康恭己，刑措不用②。致化之本，岂不同源？而文质殊贯，损益相反，以古范今，何为去（集作去向）就？孔子用钺两观，而鲁至于道，（集作子）宓子贱鸣琴单父（集作培帜），而民（集作单父）亦自化③。宽猛之际，小大奚侔，比权量实，其义焉在④？敷畅厥旨，敬伫嘉言。

注释：

① 无为：道家主张清静虚无，顺应自然，称为“无为”。《老子》：“道常无为而无不为，侯王若能守之，万物将自化。”垂衣裳：《易·系辞下》：“黄帝、尧、舜垂衣裳而天下治，盖取诸乾坤。”穿

着长大的衣服，形容无所事事或文绉绉的样子。后用以称颂帝王无为而治。省作“垂衣”、“垂裳”。周人三千其仪：言周代用众多的礼仪教化治理天下。《礼记·礼器》：“经礼三百，曲礼三千。”郑玄注：“经礼谓《周礼》也……曲犹事也。事礼谓今礼也……其中事仪三千。”又《礼记·中庸》：“礼仪三百，威仪三千。待其人而后行。”郑玄注：“言为政在人，政由礼也。”

② 四罪：相传舜时有四个恶名昭彰的部族首领——共工、驩兜、三苗、鲧四凶，舜于是治其罪。《书·舜典》：“流共工于幽州，放驩兜于崇山，窜三苗于三危，殛鲧于羽山，四罪而天下咸服。”成康：指周成王、康王。措：弃置；搁置。

③ 用钺：使用斧钺；指执行杀法。两观：本指宫门前两边的望楼。这里特指春秋鲁阙，孔子诛少正卯之处。《孔子家语·始诛》：“于是朝政七日而诛乱政大夫少正卯，戮之于两观之下。”《旧唐书·李义府传》：“仲尼为鲁司寇七日，诛少正卯于两观之下；义方任御史旬有六日，不能去奸邪于双阙之前，实以为愧。”鸣琴：《吕氏春秋·察贤》：“宓子贱治单父，弹鸣琴，身不下堂而单父治。”后因用“鸣琴”称颂地方官简政清刑，无为而治。单父：春秋鲁国邑名，故址在今山东省单县南。另见《孔子家语·七十二弟子解》。

④ 猛：严厉。《左传·昭公二十年》：“宽以济猛，猛以济宽，政是以和。”侔：比，齐同。

第三道

问：传曰：“其君齐明精洁，则神飨人听，故神明降之。”① 夫天地絪缊，冲气为人，神何由降？② 明何由出？至如晋祟实沉，崧生申甫，编传谷城之老，言发魏榆之石③。梼杌杜伯，与商周而存亡；黄熊白毛，将晋虢而兴败，是何神也④？根本焉在？二三子贲然来思，宜究乎天人之终始，其悉数以对⑤。

注释：

① 齐明：敏捷明智。精洁：精粹纯洁。《国语·周语上》：“国之将兴，其君齐明、衷正、精洁、惠和，其德足以昭其馨香，其惠足以同其民人。”

② 絪缊：古代指天地阴阳二气交互作用的状态。《易·系辞下》：“天地絪缊，万物化醇；男女构精，万物化生。”孔颖达疏：“絪缊，相附著之义，言天地无心，自然得一，唯二气絪缊，共相和会，万物感之，变化而精醇也。”冲气：指阴阳两气互相激荡。

③ 晋祟实沉：祟：鬼神的祸害；古人以为想象中的鬼神常出而祸人。《史记·秦始皇本纪》载：秦二世梦白虎啮其左骖，杀之。卜泾水为祟。二世乃斋望夷宫，欲祠泾大川，沈四白马于泾。崧生申甫：申甫，周代名臣申伯和仲山甫；借指贤能的辅佐之臣。《诗·大雅·崧高》：“崧高维岳，骏极于天。维岳降神，生甫及申。”毛传：“尧之时姜氏为四伯，掌四岳之祀，述诸侯之职。于周则有甫、有申、有齐、有许也。”此言申伯和仲山甫，其先主岳事故天祚其子孙则维岳降神生甫及申也。谷城之老：即黄石公，亦称圯上老人。相传张良于博浪沙（今安徽省亳州市）刺秦始皇失败后，逃亡至下邳（今江苏睢宁北），在圯上遇见一老父。老父授张良以《太公兵法》，并言称十三年后，到济北谷城山下，见到一块黄石，那就是他。十三年后，张良从刘邦过济北，果在谷城山下得黄石。事见《史记·留侯世家》及《汉书·张良传》。言发魏榆之石：《左传·昭公八年》：“八年春，石言于晋魏榆。晋侯问于师旷曰：‘石何故言？’对曰：‘石不能言，或凭焉，不然民听滥也。抑臣又闻之曰：作事不时，怨讟动于民，则有非言之物而言。今宫室崇侈，民力雕尽，怨讟并作，莫保其性，石言不亦宜乎？’”

④ 梼杌：传说中的凶兽名。这里指传说中远古的恶人“四凶”之一，或即谓鲧。《左传·文公十八年》：“舜臣尧，宾于四门，流四凶族浑敦、穷奇、梼杌、饕餮，投诸四裔，以御螭魅。”《国语·

周语上》："商之兴也，梼杌次于丕山。"杜伯：周宣王大夫，无辜被杀，死后射王于鄗。因封于杜，故名。《史记·封禅书》："《墨子》云'周宣王杀杜伯不以罪，后宣王田于圃，见杜伯执弓矢射，宣王伏弢而死也'。"黄熊：古代传说中的兽名。《左传·昭公七年》："晋侯疾，韩宣子逆客，私焉，曰："寡君寝疾，于今三月矣，并走群望，有加而无瘳。今梦黄熊入于寝门，其何厉鬼也?"对曰："以君之明，子为大政，其何厉之有？昔尧殛鲧于羽山，其神化为黄熊，以入于羽渊，实为夏郊，三代祀之。晋为盟主，其或者未之祀也乎?"

⑤ 二三子：犹言诸君。《论语·八佾》："二三子何患于丧乎？天下之无道也久矣，天将以夫子为铎。"贲然：光采貌。《诗·小雅·白驹》："皎皎白驹，贲然来思。"朱熹集传："贲然，光采之貌也。或以为来之疾也。"

策博通坟典达于教化科问

陆　贽①

问：皇帝若曰：朕承祖宗之鸿休（登科记作烈），获主神器，任大守重，惧不克堪。②思与贤士大夫共康理道，虚襟以伫，侧席以求，而群议纷然，所见异指。③或牵古议而不变，或趋时会而不经，依违以来，七年于（登科记作于）兹矣。④国制多阙，朕甚恧焉。⑤今子大夫博习典坟，深明教化，褎然充举，咸造于庭，其极虑精思，以谕朕心之未寤。⑥仲尼叙《礼》、《乐》，删《诗》、《书》，修《春秋》，广《易》道，六经之义（登科记作教），所尚各殊。⑦岂学者修行，理当区别，将圣人立意，本异旨（诏令无旨字为是，英华疑）宗源（集作愿非），施之于时，孰为先后?⑧考之于道，何者浅深？差次等伦，指明其义。

夫知本乃能通于变，学古所以行于今。今（诏令作用）之教人，则异于是。工祝陈礼乐之器，而不知其情；生徒诵礼乐之文，而不究其（集作试以）事，欲人无惑，其可得耶？将革前非，固有良术，尧舜帅天下以义，比屋可封；桀纣帅天下以暴，比屋可戮。⑨然则上之化下，罔或不从，而"三仁""四凶"，较然同（集作自）异，"有教无类"岂虚言耶（集作哉）!⑩作乐移风，闻诸昔典。夫至雅必淡，至音必希，文侯（英华作公非）列国之贤君，犹曰"则惟恐寐"，矧彼流俗，其能化乎?⑪将天地同和，灾沴不作，黎人丕变，奸慝不萌，何施何为，以至（一作致）于此?⑫王者制理，必因其时，故忠敬质文，更变迭救（一作改），三代之际，罔不由之。⑬自秦划古法，汉杂伯道，纷纶千纪，王教不兴。⑭国家接周隋之余，俗未淳一（集作纯壹），处（集作居）都邑者，利巧而无（一作忍）耻；躬（一作服）田亩者，朴野而近愚。⑮尚文则弥长其浇风，复质则（登科作文）莫救其鄙俗，立教之本，将安所（登科记作何适）从?⑯自昔哲王，唯此（一作以）三正互用，后之术士，乃言五运相生。⑰汉应火行，则周为木德，礼犹（一作称）尚赤，义则（集作登记作烈）颇乖，永言于义（一作兹），莫识厥理。九流得失之论，历代兴亡之由，王郑释礼（登科记作识礼）之异同，公穀传经之优劣⑱，必精心考究（诏令作必精必究），用沃虚怀。⑲

注释：

① 博通坟典达于教化：唐代科举考试“制举”之科目，非“常科”。见颜师古《策贤良问五道》第一道注①。陆贽：贽字敬舆，苏州嘉兴人。大历八年进士，中博学宏词科，又以书判拔萃补渭南尉，迁监察御史。德宗立，召为翰林学士，从驾幸奉天，转考功郎中，从幸梁州，转谏议大人，还京，转中书舍人。贞元七年拜兵部侍郎，八年为中书侍郎同门下平章事，十年罢知政事，除太子宾客，十一年贬忠州别驾。顺宗立，征还，未至卒，年五十二，赠兵部尚书，谥曰宣。见今《全唐文》卷四百六十一—四百七十五。此策问与下一道《策识洞韬钤堪任将帅科问》皆见卷四百六十四。

② 鸿休：鸿业，大统。指代表国家政权的实物，如玉玺、宝鼎之类。借指帝位、政权。登科记：科举登第人员的名录、简介类书。唐人崔氏、李奕均撰过《登科记》，而北宋乐史《登科记》三十三卷始集大成。此所引《登科记》盖指乐史书。下同。

③ 理道：理政之道。唐韩偓《朝退书怀》诗：“孜孜莫患劳心力，富国安民理道长。”侧席以求：即辗转反侧，寤寐以求。

④ 时会：时运。此处可理解时局、时俗。依违：迟疑。汉刘向《九叹·离世》：“余思旧邦，心依违兮。”引申指模棱两可。

⑤ 恧（nǜ）：惭愧。《方言》第六：“恧，惭也……山之东西，自愧曰恧。”

⑥ 子大夫：古代国君对大夫、士或臣下的美称。裒（póu）然：裒：聚集。亦作“裒然”，聚集貌。

⑦ 六经之教（六教）：《礼记·经解》：“孔子曰：入其国其教可知也。其为人也温柔敦厚，《诗》教也；疏通知远，《书》教也；广博易良，《乐》教也；絜静精微，《易》教也；恭俭庄敬，《礼》教也；属辞比事，《春秋》教也。”孔颖达疏：“言人君以六经之道，各随其民教之。民从上教，各从六经之性。”

⑧ 诏令：指北宋宋敏求《唐大诏令集》，下同。

⑨ 比屋：家家户户。比：比邻，相邻。

⑩ 三仁：三位仁人。指殷末之微子、箕子、比干。《论语·微子》：“微子去之，箕子为之奴，比干谏而死。孔子曰：‘殷有三仁焉。’”较然：明显貌。有教无类：不论贵贱贤愚都给以教育。《论语·卫灵公》：“子曰：‘有教无类。’”

⑪ 至音必希：犹言“大音希声”。《老子》：“大音希声，大象无形。”王弼注：“听之不闻名曰希，不可得闻之音也。有声则有分，有分则不宫而商矣。分则不能统众，故有声者非大音也。”文侯句：《礼记·乐记》：“魏文侯曰：‘吾端冕而听古乐，则唯恐卧；听郑、卫之音，则不知倦。’”“恐卧”与“恐寐”同义。矧（shěn）：况且。

⑫ 同和：彼此和谐，相互协和。《礼记·乐记》：“大乐与天地同和，大礼与天地同节。”黎人：黎民。丕变：大变。《书·盘庚上》：“罔有逸言，民用丕变。”孔传：“民用大变从化。”

⑬ 质文：质：朴实无华；文：文采，华丽。此指为政的两种风格。下文“尚文”、“复质”中的文、质同此。三代：指夏、商、周。

⑭ 刬（chǎn）：同“铲”。削除；废除。伯（bà）：通“霸”。霸道：指君主凭借武力、刑法、权势等进行统治。与“王道”相对。

⑮ 忍耻：安于耻辱。

⑯ 浇风：浮薄的社会风气。

⑰ 三正：夏正建寅，殷正建丑，周正建子，合称三正。《书·甘誓》：“有扈氏威侮五行，怠弃三正。”陆德明释文引马融曰：“建子、建丑、建寅，三正也。”一说指天、地、人之正道。孔传：“怠惰弃废天地人之正道。”也称三统。《史记·周本纪》：“今殷王纣乃用其妇人之言，自绝于天，毁坏其三正。”张守节正义：“按：三正，三统也。周以建子为天统，殷以建丑为地统，夏以建寅为人统

也。”《魏书·儒林传·李业兴》：“虽三正不同，言时节者，皆据夏时正月。”清赵翼《陔余丛考·三正》：“夏正建寅，商正建丑，周正建子，此三正也。然《夏书·甘誓》云：‘有扈氏怠弃三正。’则夏之前已有三正矣。孔安国因商周在夏之后，故不敢以子丑寅释之，而但谓天地人之正道。王肃亦云：‘惟殷周改正，自夏以上皆以建寅为正。’然《尚书大传》云：‘王者存二代之后以备三正。’马融注《甘誓》，亦云：‘子、丑、寅也。’”五运：古代据五行生克说推算出的王朝兴替的气运。《东观汉记·光武纪》：“自帝即位，按图谶，推五运，汉为火德，周苍汉赤，木生火，赤代苍。”

⑱ 王郑：指经学家郑玄和王肃，王肃尝立说驳难郑玄。《三国志·魏志·王肃传》：“肃，字子雍……初，肃善贾、马之学，而不好郑氏，采会同异，为《尚书》、《诗》、《论语》、“三礼”、“左氏”解，及撰定父朗所作《易传》，皆列于学官。其所论驳朝廷典制、郊祀、宗庙、丧纪、轻重，凡百余篇。时乐安孙叔然，授学郑玄之门，人称东州大儒，征为秘书监，不就。肃集《圣证论》以讥短玄，叔然驳而释之，及作《周易》、《春秋例》、《毛诗》、《礼记》、《春秋三传》、《国语》、《尔雅》诸注，又著书十余篇。”公穀：指《春秋》之《公羊传》和《穀梁传》，此二传各有千秋。《后汉书·郑玄传》：“（郑玄）遂隐修经业，杜门不出。时任城何休好‘公羊’学，遂著《公羊墨守》、《左氏膏肓》、《穀梁废疾》；玄乃《发墨守》、《针膏肓》、《起废疾》；休见而叹曰：‘康成入吾室，操吾矛，以伐我乎？”

⑲ 沃：浇，灌。这里指启沃，竭诚忠告。《书·说命上》：“启乃心，沃朕心。若药弗瞑眩，厥疾弗瘳。”孔颖达疏：“当开汝心所有以灌沃我心。”

策识洞韬钤堪任将帅科问

问：皇帝若曰：朕遐览典谟，详求至理（集作理道），①三代之制（登科记作际），粲然可征，未尝不文武并兴，农战兼务，故能居则足食，动则足兵。足兵则暴乱息，足食则教化行。（十二字集作登科记并作：兵足则威，食足则固；威则暴乱息，固则教化行。）兴（集作理）国之本，实在于此。秦汉已降，王制不修，选士废射御之仪，教人无搜狩之礼，即戎者不知其稼穑，力本者罕习于干戈。②于是异文武之人，分农战之道，守则乏食，征则鲜兵，历兹千年，竟莫能复。③抑知之者盖寡，将行之者惟艰与？朕念之甚勤，思继前躅，良以军旅之事，戎（诏令作役）戍靡宁，勋庸既多，爵秩咸贵。④俾服田亩，虑兴怨咨，仰于（一作给）县官，不可胜计。⑤由是版图岁（登科记作日）减，阡陌日（登科记作岁）荒，水旱小愆，廪饷咸竭。⑥欲使军人悦归于耒耜，儒者兼达于韬钤，田莱尽耕，攻取必胜，诱人甚（集作孔）易，其术安施？⑦

王者之师，本于立德；兵家之法，方务出奇。德以信成，奇以诈胜，理有违反，将何适从？宋襄成列而败军，见嘉鲁册；⑧韩信决囊以（诏令作而）推（摧）敌，取贵汉朝。⑨然则丧国亡家，岂（集作存字）伯王之道？⑩冒危乘险，非（诏令无字）仁义（诏令作谊）之心。所宜讨论，以定褒贬。夫众寡不敌，克必以谋。乐生下齐，⑪孙子破楚，魏武之胜袁绍，⑫宋高之灭姚泓，⑬成败之由，备陈本末。古人有言曰：“诛伐不可偃于天下。”⑭又曰：“善为国者不师。”⑮二端异焉，其有深旨？子房次序（一作列）兵法，任宏论撰军书，指明（一作陈）异同，详录名氏，所闻高略（一作想闻商略），择善而行之。⑯

注释：

① 典谟：《尚书》中《尧典》、《舜典》、《大禹谟》、《皋陶谟》等篇的并称。《书序》："典谟训诰誓命之文凡百篇，所以恢弘至道，示人主以轨范也。"这里指经典，法言。

② 选士：周代选拔人才的一种制度，录取乡人中德业有成者。《礼记·王制》："命乡论秀士，升之司徒，曰选士。"射御：射箭御马之术，古代六艺中的两种，都属尚武的技艺。射御之仪：指"射礼"，古代重武习射，常举行射礼。射礼有大射、宾射、燕射、乡射四种。将祭择士为大射。搜狩：春猎为搜，冬猎为狩，泛指狩猎。《穀梁传·昭公八年》："因搜狩以习用武事，礼之大者也。"即戎者：从军者。力本者：务农的人。古人以农为本。

③ 异：区分。鲜（xiǎn）：少。

④ 躅（zhuó）：足迹，踪迹。喻人的行为、业迹。勋庸：功勋。《后汉书·荀彧传》："曹公本兴义兵，以匡振汉朝，虽勋庸崇著，犹秉忠贞之节。"爵秩：犹爵禄。官爵和俸禄。

⑤ 怨咨：亦作"怨訾"。怨恨嗟叹。《书·君牙》："夏暑雨，小民惟曰怨咨。"县官：指朝廷，官府。

⑥ 愆（qiān）：过失，灾祸。廪饷：泛指粮食。

⑦ 韬钤（qián）：古代兵书《六韬》、《玉钤篇》的并称。后因以泛指兵书；借指用兵谋略。田莱：正在耕种和休耕的田地。亦泛指田地。《周礼·地官·县师》："县师掌邦国都鄙稍甸郊里之地域，而辨其夫家人民田莱之数。"郑玄注："莱，休不耕者。"

⑧ 宋襄句：《春秋公羊传·僖公二十二年》"宋公与楚人期，战于泓之阳。楚人济泓而来，有司复曰：'请迨其未毕济而击之。'宋公曰：'不可。吾闻之也，君子不厄人。吾虽丧国之余，寡人不忍行也。'既济，未毕陈，有司复曰：'请迨其未毕陈而击。'宋公曰：'不可。吾闻之也，君子不鼓不成列。'已陈，然后襄公鼓之，宋师大败。故君子大其不鼓不成列，临大事而不忘大礼。有君而无臣，以为虽文王之战，亦不过此也。"鲁册：指《春秋》。

⑨ 韩信句：《汉书·韩信传》载："西楚使龙且将，号称二十万，救齐。齐王、龙且并军与信战，未合，或说龙且曰：'汉兵远斗，穷寇战锋不可当也。齐楚自居其地战，兵易败散。不如深壁，令齐王使其信臣招所亡城，城闻王在楚，来救，必反汉。汉二千里客居齐，齐城皆反之，其執无所得食，可毋战而降也。'龙且曰：'吾平生知韩信为人，易与耳！寄食于漂母，无资身之策，受辱于跨下，无兼人之勇，不足畏也……何为而止？'遂战。与信夹潍水陈。信乃夜令人为万余囊，盛沙以壅水上流，引兵半渡击龙且，阳不胜，还走，龙且果喜曰：'固知信怯！'遂追，渡水。信使人决壅囊，水大至，龙且军太半不得渡，即急击，杀龙且。"囊：袋子；这里指装填有沙土的袋子。

⑩ 伯王：霸王，霸者的尊称。伯，通"霸"。

⑪ 乐生句：乐生指战国燕将乐毅。此指乐毅攻齐之事，见《史记·乐毅传》。

⑫ 孙子：指孙武。吴宫教战，严明军纪，阖闾命之为将，西破强楚。见《史记·孙武传》。魏武：指曹操，官渡之战，以弱胜强，打败袁绍的军队。见《后汉书·袁绍传》。

⑬ 宋高灭姚泓：见《晋书·姚泓载记》："晋太尉刘裕总大军伐泓，次于彭城，遣冠军将军檀道济、龙骧将军王镇恶人自淮、肥，攻漆丘、项城，将军沈林子自汴入河，攻仓垣……王师遂入颍口，所至多降服……泓计无所出……将妻子诣垒门而降。"

⑭ 偃：息。《汉书·刑法志》："古人有言：天生五材，民并用之，废一不可，谁能去兵？鞭扑不可弛于家，刑罚不可废于国，征伐不可偃于天下。用之有本末，行之有逆顺耳。"

⑮ 善为国者不师：语出《穀梁传·庄公八年》："故曰：善陈者不战，此之谓也。善为国者不师……"范宁注："导之以德，齐之以礼。江熙曰：'邻国望我欢若亲戚，何师之为？'"

⑯ 子房：张良，字子房。任宏：汉成帝时为步兵校尉。曾参预刘向主持的校勘整理国家图书的工作，负责"兵书略"部分。《汉书·艺文志》："汉兴，张良、韩信序次兵法，凡百八十二家，删取要

用，定著三十五家……至于孝成，命任宏论次兵书，为四种……”

策神岳举问①

此篇所答策，载四百八十卷贤良方正科策问，随策今不重出，止存其名。

注释：

① 神岳举：神岳：对山岳的敬称，言其具有灵异；唐代武则天给嵩山的封号为“神岳”。神岳举为唐代科考“制举”科目。这一般是天子亲临祭祀封禅泰山过程中举行的制举。如封禅泰山时常策举贤良方正，称神岳举。《新唐书·选举上》：“所谓制举者，其来远矣。自汉以来，天子常称制诏道其所欲问而亲策之……而天子巡狩、行幸、封禅太山梁父，往往会见行在，其所以待之之礼甚优，而宏材伟论非常之人亦时出于其间，不为无得也。”

策贤良问三道

第一道①

问：天六地五，经纬斯列；②内和外顺，礼乐攸兴。③体也备而后成，履也践而乃立。④厥语则兴导讽诵，厥德则祗庸孝友。⑤而大道之行，本无制作；忠信之薄，翻为乱首。⑥终以六君子由此，振三代之英；四豪士违之，婴五伯之罪。⑦焉往可以还淳反朴？何适可以持盈守成？郁乎文哉！周监二代。⑧网罗奔放，沿革多端。至若缁布纁袛（疑），夏腒冬雉，弓矢询于五物，啐啐正于三命。⑨示惠而加折节，训恭而置房蒸。⑩间问殷聘，搢三挟一，诗怀祝嘏，丝纩尸宾。⑪忱（疑）木虡筐，桑匣葙馆，⑫然祼（阙）盘涚飘（疑作汎）齐，苟敬之仪，甫竁之节，此等之物，各为何兴？⑬用之安所？舍之何从？经邦之略，焉假设施？别白书之，无或暧昧。⑭

注释：

① 此一道乃独孤及作品，见今《全唐文》卷三百八十四。

② 天六地五：是春秋时就已出现的一对神秘数字。即天干、地支各成甲子的循环次数。《国语·周语》：“天六地五，数之常也。经之以天，纬之以地。”

③ 攸：助词，所。

④ 体备：体，通“礼”，此处言礼制的齐备和完善。履践：谓身处（某种境地）。这里指实践，躬行。汉班固《白虎通·礼乐》：“礼之为言，履也，可履践而行。”

⑤ 厥：代词，其。表示领属关系。祗庸：敬而有常。《周礼·春官·大司乐》：“以乐德教国子，中和祗庸孝友。”郑玄注：“祗，敬。庸，有常也。”祗（zhī）：敬。

⑥ 制作：指礼乐等方面的典章制度。《史记·礼书》：“今上即位，招致儒术之士，令共定仪，十余年不就。或言古者太平，万民和喜，瑞应辨至，乃采风俗，定制作。”

⑦ 六君子：这里指历史上六个杰出的人物：禹、汤、文、武、成王、周公。《礼记·礼运》：“禹、

汤、文、武、成王、周公由此其选也。此六君子者未有不谨于礼者也。”四豪士：犹言“四公子”，指战国时齐孟尝君、赵平原君、楚春申君、魏信陵君。婴：遭受，遭遇。五伯：即“五霸”，春秋时五个霸主。齐桓公、晋文公、宋襄公、楚庄公、秦缪公。

⑧ 郁乎文哉句：《论语·八佾》“子曰：‘周监于二代，郁郁乎文哉！吾从周。’”何晏集解：“孔曰：监，视也。言周文章备于二代，当从之。”

⑨ 缁布：缁布冠，古代士与庶人常用的一种冠。古人行冠礼，初加缁布冠，次加皮弁，次加爵弁。《礼记·玉藻》：“始冠，缁布冠，自诸侯下达，冠而敝之可也。”纁衹：疑当作“纁裳”，浅绛色之裳。《礼记·礼器》：“礼有以文为贵者，天子龙衮，诸侯黼，大夫黻，士玄衣纁裳。”腒（jū）：干鸟肉。后亦泛指干腌的肉类。《周礼·天官·庖人》：“夏行腒鱐，膳膏臊。”郑玄注引郑司农曰：“腒，干雉。”腒雉：晒干的雉和新鲜的雉。《仪礼·士相见礼》：“士相见之礼，挚，冬用雉，夏用腒。”郑玄注：“夏用腒，备腐臭也。”五物：犹言五事。《周礼·地官·乡大夫》：“以乡射之礼五物询众庶：一曰和，二曰容，三曰主皮，四曰和容，五曰兴舞。”贾公彦疏：“物，事也。”哜（jì）：浅尝，微尝；后亦谓吃。啐（cuì）：尝，饮。《礼记·杂记下》：“小祥之祭，主人之酢也，哜之；众宾兄弟，则皆啐之。”郑玄注：“哜、啐、皆尝也。哜，至齿；啐，入口。”三命：周代分官爵为九等，称九命。三命为公侯伯之卿。命，爵命。这里指多次教诫。此言礼仪的养成需要从穿衣、相见、吃饭等日常生活中多次教育训诫习养。

⑩ 折节：屈己下人。这里指强自克制，改变平素志行。《史记·货殖列传》：“富人争奢侈，而任氏折节为俭，力田畜。”房蒸：即“房烝”，古代祭祀时以牲之半解之体升于大俎。烝，升。《国语·周语中》：“禘郊之事，则有全烝；王公立饫，则有房烝；亲戚宴飨，则有肴烝。”韦昭注：“房，大俎也。《诗》云‘笾豆大房’，谓半解其体，升之房也。”

⑪ 殷聘：古代诸侯国之间的互访。《周礼·秋官·大行人》：“凡诸侯之邦交，岁相问也，殷相聘也，世相朝也。”郑玄注：“殷，中也。久无事，又于殷朝者及而相聘也。”搢：插。《仪礼·乡射礼》：“三耦皆执弓，搢三而挟一个。”郑玄注：“搢，插也。插于带右。”祝嘏：祭祀时致祝祷之辞和传达神言的执事人。这里指祭祀时祝祷和所传达的言辞。《礼记·礼运》：“修其祝嘏，以降上神与其先祖。”郑玄注：“祝，祝为主人飨神辞也；嘏，嘏为尸致福于主人之辞也。”紑（fóu）：鲜洁貌。《诗·周颂·丝衣》：“丝衣其紑，载弁俅俅。”朱熹集传：“紑，洁貌。”尸：古代祭祀时代死者受祭的人。《诗·小雅·楚茨》：“神具醉止，皇尸载起。鼓钟送尸，神保聿归。”

⑫ 忼木：疑当作“抗木”，古葬具，棺椁上面的木架。木上加席，以挡住泥土。《仪礼·既夕礼》：“抗木横三缩二，加抗席三。”郑玄注：“抗，御也，所以御止土者。其横与缩各足掩圹。”虞：古代一种祭祀名。既葬而祭叫虞，有安神之意。《礼记·檀弓下》：“有司以几筵舍奠于墓左，反，日中而虞。”《释名·释丧制》：“既葬，还祭于殡宫曰虞。谓虞乐安神，使还此也。”匰（dān）：古代宗庙里安放神主的器具。《周礼·春官·司巫》：“祭祀则共匰主。”郑玄注引杜子春曰：“匰，器名；主，谓木主也。”菹（zū）馆：古代祭祀时盛草藉的筐。《周礼·春官·司巫》：“祭祀，则共匰主及道布及菹馆。”郑玄注：“菹之言藉也，祭食有当藉者，馆所以承菹，谓若今筐也。”

⑬ 盎涚：当为“汎盎”，即泛盎，古代谓酒的清浊五齐中泛齐和盎齐的并称。齐：带糟的浊酒。《周礼·天官·酒正》：“辨五味之名：一曰泛齐，二曰醴齐，三曰盎齐，四曰缇齐，五曰沈齐。”孙诒让正义：“五齐，有滓未泲之酒也……吕飞鹏云：‘五齐指酒之浊者。’”甫窾：开始挖墓穴。周代王丧，葬前先卜墓域，得吉兆后开始挖地造墓穴。

⑭ 别白：分辨明白。《汉书·董仲舒传》：“辞不别白，指不分明，此臣浅陋之罪也。”暧昧：此指含糊，模糊。

第二道

第三道

右二篇所答策，第二篇载四百八十三卷贤良方正科，第三篇载四百七十七词标文苑科策问，随策今不重出。止存其名。

策宰相（一作臣）科问①

问：圣人握天下之图，居域中之大，莫不仗群材而康庶绩，资多士以牧黎元！②梦想傅岩之野，伫思磻溪之上；遂得乘箕入相，就三命而作盐梅；投钓升朝，封四履而称师父。③故知英灵间出，千载一贤；皇化轨躅，殊途共贯。④我大周（唐）道冠羲轩，功高娲燧，长楚必割，翘木无遗，⑤虚席旌贤，宵衣纳善，降贤良之制，下征辟之书。⑥子等并藏器待时，悬瓢俟扣，深识宰臣（相）之体，妙达经邦之术。⑦欲使阴阳调六律，风雨应四时，一百姓之心，平九州之利，余粮栖亩，外户不扃，亭障无虞，关河罢戍，渔者虚湍濑，田者让肥腴，路不拾遗，市无二价。⑧眷言于此，何道以臻？⑨至如九仪八座之指归，四师六典之题目，并驭人之大体，抚俗之良规，幸陈名义之端，无致疏遗之对。⑩

注释：

① 此一道乃独孤及作品，见今《全唐文》卷三百八十四。

② 握天下之图：犹言“握图”、“握符”，谓膺天命而有天下。汉班固《东都赋》：“圣皇乃握乾符，阐坤珍，披皇图，稽帝文。”庶绩：各种事业。《书·尧典》：“允厘百工，庶绩咸熙。”孔传：“绩，功也；言众功皆广。”牧：统治，驾驭。《逸周书·命训》：“古之明王，奉此六者以牧万民，民用而不失。”

③ 傅岩：亦称“傅险”，古地名。相传商代贤士傅说为奴隶时版筑于此。《书·说命上》：“说筑傅岩之野。”孔传：“傅氏之岩在虞虢之界，通道所经，有涧水坏道，常使胥靡刑人筑护此道。说贤而隐，代胥靡筑之，以供食或亦有成文也。”磻溪：亦作“磻磎”，水名，在今陕西省宝鸡市东南。传说为周吕尚遇文王时垂钓处。入相：即傅说入相之事。盐梅：盐和梅子，盐味咸，梅味酸，均为调味所需。喻指国家所需的贤才。《书·说命下》：“若作和羹，尔惟盐梅。”此为商高宗命傅说为相之辞。四履：谓四境的界限。《左传·僖公四年》：“五侯九伯，女实征之，以夹辅周室。赐我先君履：东至于海，西至于河，南至于穆陵，北至于无棣。”杜预注：“履，所践履之界。”此言封吕尚为国师，赐命可征四境、辅佐周室。

④ 英灵：这里指杰出的人才。皇化：皇帝的德政和教化。躅（zhuó）：足迹。

⑤ 大周：指唐武则天改国号为周。羲轩：伏羲氏和轩辕氏（黄帝）的并称。娲（wā）：女娲，神话传说中的女帝名。《说文·女部》：“娲，古之神圣女，化万物者也。”燧：燧人氏，传说中的古帝王。钻木取火的发明者。《韩非子·五蠹》：“有圣人作，钻燧取火，以化腥臊，而民悦之，使王天下，号之曰燧人氏。”楚：木名，又名牡荆。落叶灌木，或小乔木，枝干坚劲，可做杖。《诗·周南·

汉广》："翘翘错薪，言刈其楚。"朱熹集传："楚，木名，荆属。"泛指丛莽。"长楚必割，翘木无遗。"比喻野无遗贤。

⑥ 虚席：空着座位等候；多表示礼贤。宵衣：天不亮就穿衣起身。旧时多用以称颂帝王勤于政事。南朝陈·徐陵《陈文皇帝哀册文》："勤民听政，昃食宵衣。"

⑦ 藏器待时：比喻怀才以等待施展的时机。器，用具，引申为才能。语本《易·系辞下》："君子藏器于身，待时而动。"悬瓠：瓠即匏瓜制成之瓢。语出《论语·阳货》："吾岂匏瓜也哉？焉能系而不食？"后人因以"悬瓠"喻指备才待用。俟（sì）：等待。

⑧ 扃：同"扃"（jiōng），加闩或加锁关闭。虚湍濑：水急有漩处。此处多鱼，渔者争以相让，故至此处无人。传说舜行教化，虚湍濑以让民，此后人多效之。濑：湍急之水。

⑨ 眷言：亦作"睠言"，回顾貌。言，词尾。《诗·小雅·大东》："睠言顾之，潸焉出涕。"眷言于此，犹念念于此。

⑩ 九仪：天子接待不同来朝者而制定的九种礼节。《周礼·秋官·大行人》："以九仪辨诸侯之命，等诸臣之爵。"郑玄注："九仪，谓命者五：公、侯、伯、子、男也；爵者四：公、卿、大夫、士也。"后称朝见天子之礼为九仪。四师：《汉书·王莽传》："为太子置师友各四人，秩以大夫。以故大司徒马宫为师疑，故少府宗伯凤为傅丞，博士袁圣为阿辅，京兆尹王嘉为保拂，是为四师；故尚书令唐林为胥附，博士李充为奔走，谏大夫赵襄为先后，中郎将廉丹为御侮，是为四友。"六典：谓古代六方面的治国之法。《周礼·天官·大宰》："大宰之职，掌建邦之六典，以佐王治邦国：一曰治典，以经邦国，以治官府，以纪万民；二曰教典，以安邦国，以教官府，以扰万民；三曰礼典，以和邦国，以统百官，以谐万民；四曰政典，以平邦国，以正百官，以均万民；五曰刑典，以诘邦国，以刑百官，以纠万民；六曰事典，以富邦国，以任百官，以生万民。"

文苑英华卷四百七十四

宋　李昉等编

策问十九道

乾元元年华州试进士策问五道

杜　甫①

第一道

问：古之（集无此二字）山林薮泽之地，各以肥硗多少为差，②故供甲兵士徒之役，府库赐予之用，给郊社宗庙之礼，奉养禄食之出，辨乎名物，存乎有司，是谓公赋知归、地著不挠者已。③今圣朝绍宣王中兴之洪业于上，庶尹备山甫补衮之能事于下，④而东寇犹小梗，率土未甚辟，总彼赋税之获，尽赡军旅之用，建（集作逮）是官御之旧典辟矣，人神之攸序乖矣。⑤欲使军旅足食，则赋税未能充备矣。欲将诛求不时，则黎元转罹于疾苦矣。⑥子等以待问之实，知新之明，观志气之所存，于应对乎何有？⑦伫渴救弊之通术，愿闻强学之所措意，道在此矣，得游说乎？⑧

注释：

① 华州：唐代二十七州之一。《新唐书·地理志一》："华州华阴郡，上辅。义宁元年析京兆郡之郑、华阴置，垂拱二年避武氏讳曰太州，神龙元年复故名，上元二年又更名太州，宝应元年复故名。乾宁四年曰兴德府，县次畿、赤。光化三年复为州。土贡：鹞、乌鹘、伏苓、伏神、细辛。户三万三千一百八十七，口二十二万三千六百一十三。县四：郑、华阴、下邽、栎阳。"杜甫：甫字子美，襄阳人。徙河南巩县。天宝初应进士不第。十三载献三大礼赋，帝奇之，使待制集贤院，命宰相试文章，擢河西尉；不拜，改右卫率府胄曹参军。禄山陷京师，赴河西，谒肃宗于彭原郡，拜右拾遗。上元二年，严武镇成都，奏为节度参谋、检校尚书工部员外郎。永泰二年卒，年五十九。见今《全唐文》卷三百五十九—三百六十。

② 薮泽：指水草茂密的沼泽湖泊地带。肥硗：亦作"肥垅"。土地肥沃或瘠薄。硗（qiāo）：指土质坚硬瘠薄。差：等级。

③ 郊社：祭祀天地。周代冬至祭天称郊，夏至祭地称社。《礼记·中庸》："郊社之礼，所以事上帝也。"朱熹集注："郊，祭天；社，祭地。"公赋：官府的赋税。地著：谓定居于一地。《汉书·食货志上》："理民之道，地著为本。"颜师古注："地著，谓安土也。"不挠：亦作"不桡"，不弯曲。此指被迫改变。地著不挠：即指（农民）定居安土，不因赋税太重而被迫改变心志，迁居他乡。

④ 宣王：周宣王。庶尹：众官。尹：长官。《后汉书·南蛮传》："虏来尚可，尹来杀我。"山甫：即仲山甫，周宣王时的贤臣。后因用以代称贤臣。三国魏曹操《善哉行》："智哉山甫，相彼宣王。"补衮：补救规谏帝王的过失。语本《诗·大雅·烝民》："衮职有阙，维仲山甫补之。"

⑤ 东寇：指安禄山、史思明发动叛乱，攻陷长安、洛阳两京。后长安被朝廷收复，安禄山子安庆绪退守洛阳一带，是为东寇。梗：祸害。辟：开辟，开拓。赡：供给，供养。官御旧典：指过去关于官府和皇室供应开销方面的规定。人神攸序：指朝廷祭祀一遵礼制，祖先安位，君主受到保佑，双方各得其所。

⑥ 诛求：索求；强制征收。《左传·襄公三十一年》："以敝邑褊小，介于大国，诛求无时。"杜预注："诛，责也。"黎元：百姓。罹（lí）：被；遭受。

⑦ 待问：等候叩问。知新：每天知道新的东西，知识日增，语本《论语·为政》："温故而知新，可以为师矣。"何有：有何困难。《论语·述而》："默而识之，学而不厌，诲人不倦，何有于我哉？"
⑧ 通术：共同的法则。强学：指平时勤奋努力学习。《礼记·儒行》："儒有席上之珍以待聘，夙夜强学以待问。"措意：留心。游说：原指战国时代策士们周游列国、劝说君主采纳其政治主张的一种活动。"得游说乎"是反问句，意谓当为皇上正说其所学，不得如战国策士徒呈口舌。

第二道

问：国有轺车，庐有饮食，①古之案风俗遣使臣，在王官之一守，得驰传而分命。②盖地有要害，郊有远近，供给之比，省费相悬。今兹华惟襟带，关逼辇毂，③行人受词于朝夕，使者相望于道路，属年岁无蓄积之余，职司有愁痛之色（集作叹）。④况军书未绝，王命急宣，插羽先翥于腾鹰，敝帷不供于埋马，岂刍粟之勤独尔，⑤实骖骓之价阙如。人主之轸念屡及于兹，邦伯之分忧何尝敢怠？⑥乞恩难再，近日已降水衡之钱；⑦积骨颇多，无暇更入燕王之市。⑧欲使辎轩有喜，主客合宜，闾阎罢杼轴之嗟，官吏得从容之计，侧伫嘉论（集作新语），当闻适（集作齐）时。⑨

注释：

① 轺车：一马驾之轻便车。多指奉使者和朝廷急命宣召者所乘的车。庐：古代沿途迎候宾客的房舍。《周礼·地官·遗人》："凡国野之道，十里有庐，庐有饮食。"
② 驰传：古代驿站的一种马车。
③ 华：指华州。襟带：衣襟和腰带。常形容山川屏障环绕，如襟似带；比喻险要的地理形势。汉张衡《东京赋》："苟民志之不谅，何云岩险与襟带。"关：潼关。辇毂：皇帝的车舆。代指京城。
④ 行人：官名，掌管朝觐聘问的官。《周礼·秋官》有行人。春秋、战国时各国都有设置。汉代大鸿胪属官有行人，后改称大行令。此代指唐代朝廷派往地方的公干人员。属年：比年，连年。属：接连，相随。职司：主管某职的官员。
⑤ 军书：军事文书。插羽：古代军书插羽毛以示迅急。翥（zhù）：飞举。敝帷：亦作"敝帏"，破旧的帷帐。《礼记·檀弓下》："仲尼之畜狗死，使子贡埋之，曰：'吾闻之也，敝帷不弃，为埋马也；敝盖不弃，为埋狗也。'"刍粟：刍粮。刍：饲草。
⑥ 轸（zhěn）念：深切的关注。邦伯：州牧。古代用以称一方诸侯之长。后因称刺史、知州等一州的长官。
⑦ 乞恩：指当时使臣向朝廷请求增加开销和加封官爵。水衡：古官府名。汉武帝元鼎二年所置，至隋始废。掌皇家上林苑，兼管税收、铸钱。水衡钱乃汉代皇室私藏的钱。后泛指国库里的钱财。
⑧ 积骨：此用郭隗所说买千里马死骨以招献马者之典故。燕王之市：战国时燕昭王欲得贤士，以报齐仇。郭隗曰："王必欲致士，先从隗始。况贤于隗者，岂远千里哉！"于是昭王筑宫而师事之。乐毅、邹衍、剧辛等争趋燕，燕赖以强。见《史记·燕召公世家》。这句的意思是说：使臣中纵有才能如千里马者，唐朝廷限于财力，也无力按燕王重用贤人标准供给了。
⑨ 辎轩：古代使臣乘坐的一种轻车。汉扬雄《答刘歆书》："尝闻先代辎轩之使，奏籍之书皆藏于周秦之室。"引申为古代使臣的代称。闾阎：里巷内外的门，后多借指里巷，民间。这里指代平民。杼柚：亦作"杼轴"，织布机上的两个部件，即用来持纬（横线）的梭子和用来承经（直线）的筘；亦代指织机。《诗·小雅·大东》："大东小东，杼柚其空。"

第三道

问：通道陂泽，随山浚川，①经启（名贤策问作启辟）之理，疏奠（名贤策问作凿）之术，②（一作迹）抑有可观，其来尚矣。初，圣人尽力沟洫，有国作为堤防。洎后代控引淮海，漕通泾渭，因舟楫之利，达仓庾之储。③又赖此而殷，亦行之自久。近者，有司相土，决彼支渠，既溃渭而乱河，竟功多而事寝。④人实劳止，岸乃善崩。⑤遂使委输之勤，中道而弃。今军用盖寡，国储未赡，虽远方之粟大来，而助輓之车不给，⑥是以国朝仗彼天使，征兹水工，议下淇园之竹，更凿商颜之井。⑦又恐烦费居多，绩用莫立，空荷成云之锸，复拥阗（名贤策问作坟）淤之泥。⑧若然，则舟车之用，大小相妨矣；军国之食，转致或阙矣。矧夫人烟尚稀，牛力不足者已。子等饱随时之要，挺宾王之资，副乎求贤，敷厥谠论。⑨

注释：

① 陂泽：湖泽。陂（bēi）：堤防，堤岸。《诗·陈风·泽陂》："彼泽之陂，有蒲与荷。"这里指池塘湖泊。《淮南子·说林训》："十顷之陂可以灌四十顷，而一顷之陂可以灌四顷，大小之衰然。"高诱注："畜水曰陂。"浚（jùn）川：疏通河道。

② 疏凿：开凿。

③ 沟洫：田间水道。《周礼·考工记·匠人》："匠人为沟洫……九夫为井，井间广四尺，深四尺，谓之沟。方十里为成，成间广八尺，深八尺，谓之洫。"引申指农田水利。《论语·泰伯》："卑宫室而尽力乎沟洫。"洎：到，至。漕（cáo）：漕渠；引申指开挖（漕渠）。庾（yǔ）：本指露天谷仓，这里泛指粮库。

④ 殷：富足。寝：湮没不彰，隐蔽。

⑤ 劳止：辛劳，劳苦。《诗·大雅·民劳》："民亦劳止，汔可小康。"

⑥ 輓（wǎn）：车运，运输。《史记·留侯世家》："诸侯安定，河渭漕輓天下，西给京师。"

⑦ 天使：天子的使者。淇园：古代卫国园林名，产竹。在今河南省淇县西北。《史记·河渠书》："是时东郡烧草，以故薪柴少，而下淇园之竹以为楗。"裴骃集解引晋灼曰："淇园，卫之苑也，多竹筱。"商颜之井：《汉书·沟洫志》"于是为发卒万人穿渠，自征引洛水至商颜，下岸善崩，乃凿井，深者四十余丈往往为井，井下相通行水，水隤以绝商颜。"颜师古注："应劭曰：'征在冯翊。商颜，山名也。'师古曰：'征音惩，即今所谓澄城也。商颜，商山之颜也，谓之颜者譬人之颜额也，亦犹山领象人之颈领。'如淳曰：'洛水岸也。'师古曰：'善崩，言憙崩也。'"

⑧ 成云之锸：《后汉书·班彪传》："决渠降雨，荷臿成云。五谷垂颖，桑麻敷棻。"李贤注："《史记·河渠书》曰：'韩使水工郑国说秦，令引泾水为渠，傍北山，东注洛，溉田四万余顷，名曰郑国渠。武帝时赵中大夫白公奏穿渠引泾水，首起谷口、尾入栎阳，溉田四千余顷，因名白渠。时人歌之曰：田于何所？池阳谷口。郑国在前，白渠起后。举臿为云，决渠为雨。泾水一石，其泥数斗。且溉且粪，长我禾黍。衣食京师，亿万之口。'"

⑨ 宾王：辅导帝王。宾，通"傧"。语本《易·观》："观国之光，利用宾于王。"王弼注："居近得位，明习国仪者也，故曰利用宾于王也。"副：与……相称。敷：铺陈，放开陈述。谠论：正直之言。

第四道

问：足食足兵，先哲雅诰，①盖有兵而（集无而字）无食，是谓弃之。致能掉鞅、靡旌，斯可用矣。②况寇犹作梗，兵不可去，日闻将军之令，亲睹司马之法。关中之卒未息，灞上之营何远？③近者郑南训练，城下屯集，赡彼三千之徒，有异什一而税。④窃见明发教之（集作以）战斗，亭午放其庸保，课乃菽粟（集作麦），以为寻常。⑤夫悦以使人，是能用古，伊岁则云莫，实虑休工（文粹作土），未卜及瓜之还，交比翳桑之饿。⑥群有司自救不暇，二三子谓之何哉？

注释：

① 足食足兵：《论语·颜渊》："子贡问政。子曰：'足食足兵，民信之矣。'子贡曰：'必不得已而去，于斯三者何先？'曰：'去兵。'子贡曰：'必不得已而去，于斯二者何先？'曰：'去食。自古皆有死，民无信不立。'"雅诰：雅正的文告、训诫。《书序》："至于夏、商、周之书，虽设教不伦，雅诰奥义，其归一揆。"

② 掉鞅：本谓驾战车入敌营挑战时，下车整理马脖子上的皮带，以示御术高超，从容有余。后泛指从容驾驭或掌握战斗的主动权。语出《左传·宣公十二年》："吾闻致师者，左射以菆，代御执辔，御下两马，掉鞅而还。"杜预注："掉，正也；示闲暇。"鞅（yāng）：套在牛马颈上的皮带。一说在马腹上。靡旌：旌旗披靡。乃战车疾驱之状，此指驾驭战术车快速冲锋的技术。

③ 关中：古地域名，泛指函谷关以西战国末秦故地（有时包括秦岭以南的汉中、巴蜀，有时兼有陕北、陇西）。灞上：地名。在陕西省西安市东、灞水西高原上，故名。所谓关中、灞上，均以汉喻唐，非实指。

④ 郑南：指华州郑县之南。《新唐书·地理志一》："华州华阴郡，上辅。义宁元年析京兆郡之郑、华阴置……县四：郑、华阴、下邽、栎阳。"什一而税：古代赋税制度，十分税一，称"什一"。《穀梁传·哀公十二年》："古者公田什一。用田赋，非正也。"范宁注："私得其什而官税其一，故曰什一。"

⑤ 明发：黎明，平明。《诗·小雅·小宛》："明发不寐，有怀二人。"朱熹集传："明发，谓将旦而光明开发也。"亭午：正午。放：免去。庸保：受雇充任杂役。课：征收或交纳赋税。

⑥ 伊：此作发语词，无义。岁则云莫：莫：即暮之初文，指日落时，傍晚；此指时间将尽；岁则云莫，言一年将过完了。《诗·小雅·小明》："昔我往矣，日月方除。曷云其还，岁聿云莫。"及瓜：《左传·庄公八年》："齐侯使连称管至父戍葵丘，瓜时而往，曰：'及瓜而代'。"言任期一年，今年瓜时往，来年瓜时代之。后因以"及瓜"指任职期满。翳桑：古地名，春秋晋国灵辄饿于翳桑，赵盾见而赐以饮食。后辄为晋灵公甲士，正逢灵公欲杀盾，辄倒戈相卫，盾乃得免。事见《左传·宣公二年》。后以"翳桑"为饿馁绝粮的典故。

第五道

问：昔帝尧之为君也，则天之大，敬授人时，十六升自唐侯者已；昔帝舜之为臣也，举禹之功，克平水土，三十登为天子者已。①本之以文思聪明，加之以劳身焦思，既睦九族，协和万邦，黜去四凶，举十六相，②故五帝之后，传载唐虞之美，无得而称焉。《易》曰："君子终日乾乾。"③《诗》曰："文王小心翼翼。"④窃观古之圣哲，未有不以此（集无此字）君唱于上，臣和于下，致乎人和年丰，成乎无为而理者也。主上躬纯孝之圣，树非常之功，内则拳拳然事亲如有阙（一作待），外则悸悸然求贤如不及，伊百姓不知帝刀（力），庶官但恭己而已。⑤寇孽未平，咎征之至数也；⑥仓廪未实，物理之固然也。⑦今大军虎步，列国鹤立，山东之诸将云合，淇上之捷书日至。⑧二三子议论弘正，词气高雅，则遗祲荡涤之后，圣朝砥砺之辰。⑨虽遭明主，必致之于尧舜；虽降（一作降及）元辅，必要之于夔皋（集作稷卨）。⑩驱苍生于仁寿之域，反淳朴于羲皇之上。⑪自古哲王立极，⑫大臣为体，耿然坦途，则何往不顺（集作利往何顺），子有说否？庶复见子之志，岂徒琐琐射策、趋竞一第哉？⑬

顷之问孝秀（集作麻），取备寻常之对，多忽经济之体，⑭考诸词学，自有文章在，策以征事，曷成凡例焉？⑮今愚之粗征，贵切时务而已。⑯夫时患钱轻，以至于量资币、权子母。⑰代复改铸，或行乎前榆荚、后契刀。⑱当此之际，百姓蒙利厚薄，何人所制轻重？又谷者，所以阜俗康时、聚人守位者也。⑲下至十室之邑，必有千钟之藏。苟凶穰以之，贵贱失度，虽封丞相而犹困，侯大农而谓何？⑳是亦（一作以）继绝表微，无或区分踰越，蒙实不敏，仁远乎哉？㉑

注释：

① 敬授人时：即“敬授民时”。《书·尧典》：“乃命羲和，钦若昊天，历象日月星辰，敬授人时”。蔡沈集传：“人时，谓耕获之候”。《史记·五帝本纪》引作“敬授民时”。谓将历法付予百姓，使知时令变化，不误农时。后以“敬授人时”指颁布历书。十六：指十六岁。三十：指三十岁。登：升。登为天子即位。

② 十六相：即十六族。指古代传说的高阳氏的后代“八恺”和高辛氏的后代“八元”，为舜向尧举荐的十六个贤臣。因其各有大功，皆赐氏族，故称“十六族”。《左传·文公十八年》：“昔高阳氏有才子八人，苍舒、隤敳、梼戭、大临、尨降、庭坚、仲容、叔达……天下之民谓之‘八恺’。高辛氏有才子八人，伯奋、仲堪、叔献、季仲、伯虎、仲熊、叔豹、季貍……天下之民谓之‘八元’。……”

③ 乾乾：自强不息貌。《易·乾》：“君子终日乾乾，夕惕若厉，无咎。”孔颖达疏：“言每恒终竟此日，健健自强，勉力不有止息。”

④ 小心翼翼：恭敬谨慎。《诗·大雅·大明》：“维此文王，小心翼翼。昭事上帝，聿怀多福。”郑玄笺：“小心翼翼，恭慎貌。”

⑤ 躬：亲自，亲身。纯孝：犹至孝。《左传·隐公元年》：“颍考叔，纯孝也。爱其母，施及庄公。”杜预注：“纯，犹笃也。”拳拳：诚挚貌。悸悸：惶恐貌。帝力：帝王的作用或恩德。汉王充《论衡·艺增》：“传曰：有年五十击壤于路者，观者曰：‘大哉，尧德乎！’击壤者曰：‘吾日出而作，日入而息，凿井而饮，耕田而食；尧何等力！’”《艺文类聚》卷十一引晋皇甫谧《帝王世纪》所引歌辞略异，末句作“帝何力于我哉！”庶官：众官、百姓。

⑥ 咎征：过失的报应；灾祸应验。《书·洪范》：“曰咎征：曰狂，恒雨若；曰僭，恒旸若。”蔡沈集传：“某事失，则某咎征应。”数（shuò）：多次。

⑦ 物理：事物的道理、规律。《周书·明帝纪》：“天地有穷已，五常有推移，人安得常在，是以生而有死者，物理之必然。”

⑧ 虎步：中华书局所据本作“武步”，系避唐讳。虎步，形容举动威武；亦谓称雄于一方。《后汉书·何进传》：“今将军总皇威，握兵要，龙骧虎步，高下在心，此犹鼓洪炉燎毛发耳。”

⑨ 遗祲：指残余的妖气。祲（jìn）：日旁云气。古时迷信，认为此由阴阳二气相互作用而发生，能预示吉凶。常指妖气，不祥之气。砥砺：在磨石上磨，引申指激励，勉励。

⑩ 遭：遇到。元辅：重臣。要（yāo）：期许达到某种程度。夔皋：亦作“夔皋”。夔和皋陶的并称。夔，舜时乐官；皋陶，舜时刑官，两人居官皆有政绩。后因以借指贤明的辅弼大臣。稷契：稷和契的并称。稷：即后稷。周之始祖，相传为姜嫄践天帝足迹，怀孕而生。虞舜命为农官，教民耕

稼。见《诗·大雅·生民》。卨（xiè）：契，人名。传说中商的祖先，为帝喾之子。舜时佐禹治水有功，任为司徒，封于商，赐姓子氏。

⑪ 仁寿：谓有仁德而长寿。语出《论语·雍也》："知者动，仁者静，知者乐，仁者寿。"邢昺疏："言仁者少思寡欲，性常安静，故多寿考也。"羲皇：即伏羲氏。

⑫ 极：指"皇极"，帝王统治天下的准则，即所谓大中至正之道。《书·洪范》："五，皇极，皇建其有极。"孔颖达疏："皇，大也；极，中也。施政教，治下民，当使大得其中，无有邪僻。"

⑬ 琐琐：形容事情细小，不重要。射策：汉代考试取士方法之一。《汉书·萧望之传》："望之以射策甲科为郎。"颜师古注："射策者，谓为难问疑义书之于策，量其大小署为甲乙之科，列而置之，不使彰显。有欲射者，随其所取得而释之，以知优劣。"南朝梁刘勰《文心雕龙·议对》："射策者，探事而献说也。言中理准，譬射侯中的。"后泛指应试。

⑭ 孝秀：指应"孝廉"、"秀才"科的考生。经济：经世济民。《晋书·殷浩传》："足下沈识淹长，思综通练，起而明之，足以经济。"

⑮ 征事：征引故事。古代试士"策问"内容之一。宋王谠《唐语林·补遗四》："策问五道。旧例：三道为事务策，一道为方略，一道为征事。"

⑯ 时务：当世大事。《汉书·昭帝纪赞》："光知时务之要，轻繇薄赋，与民休息。"

⑰ 资币：财物，泉币。《国语·周语下》："于是乎量资币，权轻重，以振救民。"权子母：《国语·周语下》："古者，天灾降戾，于是乎量资币，权轻重，以振救民。民患轻，则为作重币以行之，于是乎有母权子而行，民皆得焉。若不堪重，则多作轻而行之，亦不废重，于是乎有子权母而行，小大利之。"谓国家铸钱，以重币为母，轻币为子，权其轻重而使行，有利于民。

⑱ 榆荚：汉代钱币名，即荚钱。重三铢，钱面有"汉兴"二字。契刀：古钱名。汉王莽于居摄二年（公元7年）所造。《汉书·王莽传上》："居摄二年，五月，更造货：错刀，一直五千；契刀，一直五百。"

⑲ 阜：敦厚；淳厚。《北史·周纪上论》："德刑并用，勋贤兼叙，远安迩悦，俗阜人和。"康：使……安康。

⑳ 凶穰：歉岁与丰年。《管子·国蓄》："岁有凶穰，故谷有贵贱。"以之：用之，依之，不加以改变。大农：即大司农，掌管钱谷之事。

㉑ 继绝：即"继绝世"，谓恢复已灭绝的宗祀，承续已断绝的后代。《论语·尧曰》："兴灭国，继绝世。"邢昺疏："贤者当世祀，为人非理绝之者，则求其子孙使复继之。"表微：谓表明微细的事。《礼记·檀弓下》："君子表微。"郑玄注："表，犹明也。"孔颖达疏："若失礼微细，唯君子乃能表明之。"仁远：《论语·泰伯》："曾子曰：'士不可以不弘毅，任重而道远。仁以为己任，不亦重乎？死而后已，不亦远乎？'"谓任重而道远。

进士策问九道

韩　愈①

第一道

问：夫子既没，圣人之道不明，盖有杨墨者，始侵而乱之，（集有其时二字）天下咸化而从焉。②孟子辞而辟之，则既廓如也。③今其书尚有存者，其道可推而知不可乎？④其所守者何事？其不合于道也（集作者）几何？孟子之所以辞而辟之也（一无也字）者何说？⑤今之学者，有学于彼者乎？有近于彼者乎？而（集作其）已无传乎？其无乃化而不自知乎？其无传也，则善矣。如其尚在，将何以救之乎？诸生学圣人之道，必有能言是者，其无所为让。

注释：

① 韩愈：愈字退之，邓州南阳人，贞元八年进士。宪宗朝累官刑部侍郎，贬潮州刺史，后回京任国子祭酒，累官至吏部侍郎。韩愈主张“文以载道”，以恢复孔、孟儒家道统为己任。见今《全唐文》卷五百四十七至卷五百六十八，卷五百四十七载进士策问十三道，此仅录九道。

② 杨墨：战国时杨朱与墨翟的并称。杨朱主张为我，墨翟主张兼爱，是战国时期与儒家对立的两个重要学派。

③ 辟（pì）：驳斥。廓如：澄清貌。汉扬雄《法言·吾子》：“古者杨墨塞路，孟子辞而辟之，廓如也。”

④ 其：指代杨、墨。

⑤ 孟子之所以辞而辟之句：《孟子·滕文公下》：“圣王不作，诸侯放恣，处士横议，杨朱、墨翟之言盈天下，天下之言，不归杨则归墨。杨氏为我，是无君也。墨氏兼爱，是无父也。无父无君，是禽兽也……杨、墨之道不息，孔子之道不著，是邪说诬民，充塞仁义也。仁义充塞，则率兽食人，人将相食。吾为此惧，闲先圣之道，距杨墨，放淫辞，邪说者不得作……”

第二道

问：所贵乎道者，不以其便于人而得于己乎？①当周之衰，管夷吾以其君伯，九合诸侯，一匡天下，戎狄以微，京师以尊，四海之内，无不受其赐者。②天下诸侯，奔走其政令之不暇，而谁与为敌？此岂非便于人而得于己乎？秦用商君之法，人以富，国以强，诸侯不敢抗，及七君而天下为秦者，商君也。③而后代之称道者，咸羞言管、商氏，何哉？庸非求其名而不贵（责）其实欤？④愿与诸生论之，无惑于旧说焉。

注释：

① 便：有利。

② 伯（bà）：通“霸”。春秋时诸侯的盟主。这里指称霸，做诸侯的盟主。九合：言多次会盟，非实指也。《论语·宪问》：“桓公九合诸侯，一匡天下，不以兵车，管仲之力也。”一匡天下：使天下诸侯统一回到尊王攘夷的正轨上来。匡：匡正。

③ 商君：商鞅（约前390—前338），战国中期著名的政治家、改革家。本是卫国国君的后裔，又称为卫鞅、公孙鞅。后来他到秦国得到秦孝公的重用，施行变法，废井田、开阡陌，奖励耕织、奖励军功，使秦国得以强大。封于商，称“商鞅”。七君：指秦国自孝公而后的七位国君，孝公、惠文王、武王、昭襄王、孝文王、庄襄王、秦始皇。

④ 庸：副词，岂，难道。

第三道

问：夫子之言曰：“盍各言尔志？”①又曰：“居则曰：不吾知也，如或知尔，则何以哉？”②今之举者，不本于乡，不序于庠，一朝而群至乎有司，有司之不知也宜矣。③

今将自州县始，请各诵所怀，聊以观诸生之志。

死者可作，其谁与归？④（集有又曰居是邦也六字）事其大夫之贤者？友其士之仁者？⑤敢问诸生之所事而（一有所字）友者其谁乎？所谓贤而仁者，其士（集作事）如何哉？言及之而不言，亦君子之所不为也。

注释：

① 盍各言尔志：语出《论语·公冶长》："颜渊、季路侍。子曰：'盍各言尔志？'子路曰：'愿车马衣轻裘与朋友共，敝之而无憾。'……"

② "居则曰"句：出《论语·先进》："子路、曾皙、冉有、公西华侍坐。子曰：'以吾一日长乎尔，毋吾以也。'居则曰：'不吾知也？如或知尔，则何以哉？'子路率尔而对……"

③ 乡：此言"乡选"，乡里选举，是古代推举人才的有效方法。士人由此可应征召任职。庠（xiáng）：古代的学校，特指乡学。《孟子·滕文公上》："夏曰校，殷曰序，周曰庠，学则三代共之，皆所以明人伦也。"科举时代指县学。

④ 死者可作，其谁与归：死者，犹言先贤往圣。归，同归；归宿。此言从先贤往圣那里找到志趣归依。

⑤ 事贤：与贤德的士大夫共事。友仁：与仁者交朋友。语出《论语·卫灵公》："事其大夫之贤者，友其士之仁者。"

第四道

问：春秋之时，百有余国，皆有大夫士，详于传者，无国无贤人焉，其余皆足以充其位，不闻有无其人而阙其官者。①春秋之后，其书尤详，以至于吴、蜀、魏，下及晋氏之乱（集作下及晋魏氏之乱），国分如锱铢，读其书，亦皆有人焉。②今天下九州四海，其为土地大矣！国之举士，内以明经、进士，外有方维大臣之荐，其余以门地勲（一作势）力进者又有（集作加）倍于是，其为门户多矣！③而自御史台、尚书省，以至于中书、门下省，④咸不足其官，岂今之人不及于古之人耶？何求而不得也？夫子之言曰："十室之邑，必有忠信如丘者焉。"⑤诚得忠信如圣人者，而以委（一作而为之以）大臣宰相之事，有不可乎？况于百执事之微者哉！⑥古之十室，必有任宰相大臣者；今之天下，而不足士大夫于朝，其亦有说乎？

注释：

① 大夫：大夫，古职官名。周代在国君之下有卿、大夫、士三等；各等中又分上、中、下三级。后因以大夫为任官职者之称。士：指读书人，知识阶层。此言"士大夫"，泛指有治国才能的贤人。

② 晋氏之乱：指西晋武帝司马炎死后，五胡乱华。五胡，晋武帝死后，晋室内乱，北方少数民族匈奴族的刘渊及沮渠氏、赫连氏，羯族石氏，鲜卑族慕容氏、秃发氏及乞伏氏，氐族苻氏、吕氏，羌族姚氏，相继在中原称帝，史称"五胡"。有人：指有杰出的人物。《晋书·忠义传序》："卞壸、刘超、钟雅、周虓等已入列传，其余即叙其行事，以为《忠义传》，用旌晋氏之有人焉。"锱铢（zī zhū）：锱、铢本为古代重量单位。六铢为一锱，四锱为一两。故锱铢引申指很小的事物。"国分如锱铢"是讲五胡乱华时中国北方小国林立。

③ 方维：指地方军政长官。语本《诗·小雅·节南山》："秉国之钧，四方是维。"方维大臣之荐：指

由地方军政长官推荐任职，并请求朝廷给予“加官”，如杜甫在严武处任幕职，又带“检校工部员外郎”的加官。门地：犹“门第”。勋力：功勋，功劳。“以门第、勋力进”是指由“恩荫”一途而得官。门户：途径，门径。这里指举用人才的途径。

④ 御史台：官署名，专司弹劾之职。参阅《通典·职官六》。尚书省：官署名。东汉设置，称尚书台。南北朝时始称尚书省，下分曹治事，隋唐正式定为六部。是中央执行政务的总机构。中书省：出纳君命、参与决策的中枢政构。门下省：负责覆审最高决策，有讨论和封驳权力的中枢政构。尚书省长官为尚书令，中书省长官为中书令，门下省长官为侍中。按规定，三省长官并为宰相。但唐朝皇帝觉得他们权力太大，不好控制，一般缺员不拜，而以低品官员加“同中书门下平章事”等称号而行宰相之权。韩愈以为国中无能人，故不拜三省长官，实际上皇帝是有意为之，目的是便于掌控朝政。

⑤ 十室之邑句：《论语·公冶长》：“子曰：‘十室之邑，必有忠信如丘者焉！不如丘之好学也。’”

⑥ 百执事：犹百官。《国语·吴语》：“王总其百执事，以奉其社稷之祭。”韦昭注引贾逵曰：“百执事，百官。”亦省作“百执”。

第五道

问：《周易》之说曰：“乾，健也。”①今考《乾》之爻，在初者曰：“潜龙勿用。”在三者曰：“夕惕若厉，无咎。”在四者曰：“无咎。”在上者曰：“有悔。”②卦六位：一“勿用”，二苟得“无咎”，一“有悔”，安在其为健乎？③又曰：“乾以易知，坤以简能。”④乾之四位，既不为易矣。坤之爻又曰：“龙战于野（集有其血玄黄四字）。”战之于事，其足为简乎？⑤《易》，六经也，学者之所宜用心焉！愿施其辞，陈其义焉。

注释：

①《易·说卦》：“乾，健也。坤，顺也。……”乾代表天，“乾”象曰：“天行健，君子以自强不息。”健：强有力。

②《易·乾》：“乾，元亨，利贞。初九，潜龙勿用。九二，见龙在田，利见大人。九三，君子终日乾乾，夕惕若厉，无咎。九四，或跃在渊，无咎。九五，飞龙在天，利见大人。上九，亢龙有悔。用九，见群龙无首，吉。”勿用：犹勿动，谓不可有所作为。夕惕若厉：朝夕戒惧，如临危境，不敢稍懈。无咎：没有祸殃；没有罪过。亢龙有悔：孔颖达疏：“以人事言之，似圣人有龙德，上居天位，久而亢极，物极则反，故有悔也。”谓居高位而不知谦退，则盛极而衰，不免败亡之悔。

③ 这里提出了疑问：乾卦的爻辞，初九说“勿用”即不可有所作为；九三说“夕惕若厉”即朝夕戒惧，积极行动不敢稍懈；不动则“无咎”，动则“有悔”，岂不矛盾？又何言“健”？

④《易·系辞上》：“乾以易知，坤以简能。易则易知，简则易从；易知则有亲，易从则有功；有亲则可久，有功则可大；可久则贤人之德，可大则贤人之业。易、简，而天下之理得矣。”易简：平易简约。简能：谓凡事简易则能完善。

⑤《易·坤》：“上六，龙战于野，其血玄黄。”王弼注：“阴之为道，卑顺不盈，乃全其美，盛而不已，固阳之地，阳所不堪，故战于野。”龙战：谓阴阳二气交战。后遂以喻群雄争夺天下。

第六道

问：人之仰而生者在谷帛，既（谷帛）丰，无饥寒之患，然后可以行之于仁义之途，措之于安平之地，此愚智所同识也。①今天下谷愈多，而帛愈贱，人愈困者，何也？

耕者不多而谷有余，蚕者不多而帛有余。有余宜足，而反不足，此其故又何也？将以救之，其说如何？

注释：

① 谷帛：谷物与布帛。

第七道

问：夫子言“尧舜垂衣裳而天下理。”① 又曰：“无为而理（者），其舜也与？”②《书》之说尧曰：“亲九族。”又曰：“平章百姓。”又曰：“协和万邦。”③ 又曰：“历象日月星辰，敬授人时。”④ 又曰：“洪水怀山襄陵，下人其咨。”⑤ 夫亲九族、平章百姓、和万邦、则天道、授人时、愁水祸，非无事也，而其言曰“垂衣裳而天下理”者，何也？于舜则曰“慎（集有徽字）五典”，⑥ 又曰叙“百揆”，又曰“宾四门”，⑦ 又曰“齐七政”，又曰“类上帝，禋六宗，望山川，遍群神”，⑧ 又曰“协时月正日，同律度量衡，五载一巡狩”，⑨ 又曰“分十二州，封（集作随）山浚川，恤五刑，典三礼，彰施五色，出纳五言。”⑩ 呜乎！其何勤且烦如是？而其言曰“无为而理”者，何也？将亦有深辞隐义不可晓耶？抑其年代远矣（集作已远），失其所（集无所字）传耶？二三子其辨焉！

注释：

① 垂衣裳：用以称颂帝王无为而治。《易·系辞下》：“黄帝尧舜垂衣裳而天下治，盖取诸乾坤。”理：治玉；引申指治理。

② 无为：无为而治。儒家主张任用贤人，以德化民，使国家得到治理。《论语·卫灵公》：“无为而治者其舜也与？夫何为哉？恭己正南面而已矣。”何晏集解：“言任官得其人，故无为而治。”

③ 九族：以自己为本位，上推至四世之高祖，下推至四世之玄孙为九族。《书·尧典》：“克明俊德，以亲九族。”一说父族四、母族三、妻族二为九族。平章：明辨隐屈，公平处理。《书·尧典》：“九族既睦，平章百姓。”协和：和睦，融洽。《书·尧典》：“百姓昭明，协和万邦。”孔颖达疏：“能使九族敦睦，百姓显明，万邦和睦。”

④ 历象：推算观测天体的运行。敬授人时：将历法付予百姓，使知时令变化，不误农时。《书·尧典》：“乃命羲和，钦若昊天，历象日月星辰，敬授人时”。

⑤ 怀山襄陵：谓洪水汹涌奔腾溢上山陵。《书·尧典》：“汤汤洪水方割，荡荡怀山襄陵，浩浩滔天。下民其咨，有能俾乂。”蔡沈集传：“怀，包其四面也。襄，驾出其上也。俾，使。乂，治也。言民咨嗟忧愁，病水困苦。”（按：“人”，原文作“民”，此试进士避李世民讳，改。）

⑥ 五典：古代的五种伦理道德。《书·舜典》：“慎徽五典，五典克从。”孔传：“五典，五常之教。父义、母慈、兄友、弟恭，子孝。”蔡沈集传：“五典，五常也。父子有亲，君臣有义，夫妇有别，长幼有序，朋友有信是也。”

⑦ 百揆：总理国政之官。《书·舜典》：“纳于百揆，百揆时叙。”蔡沈集传：“百揆者，揆度庶政之官，惟唐虞有之，犹周之冢宰也。”四门：指明堂四方的门。《书·舜典》：“宾于四门，四门穆穆。”

⑧ 七政：古天文术语。说法不一：（1）指日、月和金、木、水、火、土五星。《书·舜典》：“在璇玑

玉衡，以齐七政。”孔传：“七政，日月五星各异政。”孔颖达疏：“七政，谓日月与五星也。”（2）指天、地、人和四时。《尚书大传》卷一：“七政者，谓春、秋、冬、夏、天文、地理、人道，所以为政也。”类：古代祭名。以特别事故祭告天神。也作“禷”。《书·舜典》：“肆类于上帝。”孔颖达疏：“类，祭于上帝，祭昊天及五帝也。”禋（yīn）：祭名。升烟祭天以求福。六宗：古所尊祀的六神。《书·舜典》：“肆类于上帝，禋于六宗，望于山川，遍于群神。”六宗为何神，汉以来诸说不一：（1）汉伏胜、马融谓天、地、春、夏、秋、冬。（2）汉欧阳、大小夏侯、王充谓位于天地四方之间，助阴阳变化者。（3）汉孔光、刘歆谓乾坤六子：水、火、雷、风、山、泽。（4）汉郑玄谓星、辰、司中、司命、风师、雨师。等等。参阅《书·舜典》唐孔颖达疏、清俞正燮《癸巳类稿·虞书六宗义》。

⑨《书·舜典》：“协时月正日，同律度量衡。”蔡沈集传：“合四时之气节、月之、日之甲乙，使齐一也。律法制及尺丈斛斗斤两，皆均同。”

⑩ 十二州：州，古代行政区划。《书·舜典》：“肇十有二州，封十有二山。”孔传：“禹治水之后，舜分冀州为幽州、并州，分青州为营州，始置十二州。”浚川：疏通河道。《书·舜典》：“封十有二山，浚川。”孔传：“有流川，则深之使通利。”五刑：五种轻重不等的刑法。秦以前为：墨、劓、剕（刖）、宫、大辟（杀）。《书·舜典》：“五刑有服。”孔传：“五刑：墨、劓、剕、宫、大辟。”三礼：古祭天、地、宗庙之礼。《书·舜典》：“帝曰：‘咨！四岳，有能典朕三礼？’”孔传：“三礼，天、地、人之礼。”五色：青、赤、白、黑、黄五种颜色。古代以此五者为正色。《书·益稷》：“以五采彰施于五色，作服，汝明。”五言：五德之言。《书·益稷》：“予欲闻六律、五声、八音，在治忽，以出纳五言，汝听。”孔传：“以出纳仁、义、礼、智、信五德之言，施于民以成化。”

第八道

问：古之学者必有所师，以通其业成就其德者（一无者字）。① 由汉代（集作氏）已来，师道日微，然犹时有授经传业者。② 及于今，则无闻矣。德行若颜回，言语若子贡，政事若子路，文学若子游，犹且有师。③ 非独如此，虽孔子亦有师，问礼于老聃，问乐于苌弘是也。④ 今之人不及孔子、颜回远矣，而且有所师（无师），然其不闻有业不通而道德不成者，何也？

注释：

①《师说》：“古之学者必有师。师者，所以传道、受业、解惑也。人非生而知之者，孰能无惑？惑而不从师，其为惑也，终不解矣。”

② 师道：指从师之道和为师之道。韩愈《师说》：“嗟乎！师道之不传也久矣，欲人之无惑也难矣。”

③ 德行：道德品行。言语：善于辞令。政事：政务。文学：文章博学。此即所谓孔门“四科”。《论语·先进》“德行：颜渊、闵子骞、冉伯牛、仲弓。言语：宰我、子贡。政事：冉有、季路。文学：子游、子夏。”朱熹集注：“弟子因孔子之言，记此十人，而并目其所长，分为四科。孔子教人各因其材，于此可见。”

④ 问礼：询问礼法；学礼。《史记·老子韩非列传》：“孔子适周，将问礼于老子。老子曰：‘子所言者，其人与骨皆已朽矣，独其言在耳。且君子得其时则驾，不得其时则蓬累而行。吾闻之良贾深藏若虚，君子盛德容貌若愚……’”问乐：《史记·乐书》：“子曰：唯丘之闻诸苌弘，亦若吾子之言，是也。”裴骃《集解》：“郑玄曰：‘苌弘，周大夫。’”司马贞《索隐》：“《大戴礼》云：孔子适周，访礼于老聃，学乐于苌弘，是也。”

第九道

问：食粟、衣帛、服仁、行义以俟死者，①二帝三王之所守，圣人未之有改焉者也。②今之说者，有神仙不死之道，不食粟，不衣帛，薄仁义以为不足为，诚何道耶？圣人之于（集作于下）人犹父母之于子。有其道而不以教之，不仁；③其道虽有而未知之，不智；④仁与智且不能，又乌（集作焉）足以为圣人乎？⑤不然，则说神仙者妄矣！

注释：

① 衣（yì）：穿（衣服）。服：实行，施行。俟：等待。
② 二帝：指唐尧与虞舜。三王：指夏、商、周三代之君。
③ 有其道：指圣人拥有长生不老之道。不仁：果有长生之道而不授仁，坐视子孙死去，视为不仁慈。
④ 不智：缺乏才智；不聪明。
⑤ 乌：疑问副词，何，哪里。

试进士策问五道（元和二年为府试官作）

白居易①

第一道

问：《礼记》曰："事君有犯无隐。"②又曰："为人臣者不显谏。"③夫（夫字，集作然则）不显谏者，有隐也，无乃失事君之道乎？无隐者，显谏也，无乃失人臣之节乎？《语》曰："不知命，无以为君子。"《易》曰："乐天知命，故不忧。"④《语》又曰："君子忧道不忧贫。"⑤斯又忧道者非知命乎？乐天不忧者非君子乎？夫圣人立言，皆有伦理，虽前后上下若贯珠，然今离之则可以旁行，合之则不能一（集作同）贯，岂精义有二耶，抑学者未达其微旨耶？⑥

注释：

① 白居易：居易字乐天。贞元十四年进士，元和元年制策乙等。累转主客郎中知制诰。白居易还有《对才识兼茂明于体用策》一道、《礼部试策》五道，皆见于今《全唐文》卷六百六十九；另编有专门应试"拟对策"——《策林》，计三卷七十五类，见今《全唐文》卷六百七十至卷六百七十一。
② 有犯无隐：封建时代所提倡的一种事君之道，谓臣下宁可冒犯君上而不可有所隐瞒。《礼记·檀弓上》："事君有犯而无隐，左右就养有方。"
③ 显谏：谓公开谏诤。《礼记·曲礼下》："为人臣之礼，不显谏。"
④ 知命：谓懂得事物生灭变化都由天命决定的道理。《易·系辞上》："乐天知命，故不忧。"《论语·尧曰》："孔子曰：'不知命，无以为君子也。'"
⑤ "君子忧道"句，出《论语·卫灵公》："子曰：'君子谋道不谋食。耕也，馁在其中矣；学也，禄

在其中矣。君子忧道不忧贫。'"

⑥ 贯珠：串珠。旁行：遍行。《易·系辞上》："旁行而不流，乐天知命，故不忧。"精义：精深微妙的义理。

第二道

问：夫（集作夬字）大时不齐，大信不约，大白若辱，大直若屈，①此四者，先圣之格言，后学之彝训，有国者酌之以行化也，立身者践之以修己也。②然则雷一声而蛰虫苏、勾萌达，③霜一降而天地肃、草木衰，④其为时也大矣，斯岂不齐者乎？日月代明而昼夜分，刻漏者准之，无秒忽之失焉；⑤春秋代谢而寒暑节，律吕者候之，无黍累之差焉，⑥其为信也大矣，斯岂不约者乎？尧让天下而许由遁，周有天下而伯夷饿，其为白也大矣，斯岂辱身者乎？桀不道，龙逢谏而死，纣不道，比干谏而死，其为直也大矣，斯岂屈己者乎？由是而观，有国者、立身者惑之久矣。众君子试为辨也（集作之）。

注释：

① 大时：谓天时。《礼记·学记》："大德不官，大道不器，大信不约，大时不齐。"孔颖达疏："大信，谓圣人之信也。约，谓期要也。大信，不言而信。孔子曰：'予欲无言。天何言哉？四时行焉。'不言而信，是大信也。大信本不为细言约誓，故云'不约'也，不约而为诸约之本也。大时，谓天时也。齐，谓一时同也。天生杀不共在一时，犹春夏华卉自生、荠麦自死，秋冬草木自死而荠麦自生，故云不齐也。""大白若辱"、"大直若屈"：均出自老子《道德经》卷下。"大白若辱。"河上公章句："大洁白之人，若污辱不自彰显。""大直若屈。"河上公章句："大直，谓修道法度正直如一也；如屈者，不与俗人争如可屈折。"

② 彝训：指尊长对后辈的教诲、训诫。

③ 蛰虫：藏在泥土中过冬的虫豸。《礼记·月令》："孟春之月，冬风解冻，蛰虫始振。"勾（gōu）萌：句萌，草木的嫩芽。达：通彻，此指生长出来。

④ 肃：萎缩，肃杀。《吕氏春秋·季春》："季春行冬令，则寒气时发，草木皆肃。"

⑤ 秒忽：犹丝毫，喻极为细微。《汉书·叙传下》："元元本本，数始于一，产气黄钟，造计秒忽。"颜师古注引刘德曰："秒，禾芒也；忽，蜘蛛网细者也。"

⑥ 律吕句：讲古人用律管以候气而占验节气的变化。古人将苇膜烧成灰，放在律管内，到某一节气，相应律管内的灰就会自行飞出，据此，可预测节气的变化。黍絫：亦作"黍累"。古时极轻的重量单位，通常以十黍当一絫。《汉书·律历志上》："权轻重者，不失黍絫。"颜师古注引应劭曰："十黍为絫，十絫为一铢。"

第三道

问：大凡人之感于事，则必动于情、发于叹、兴于咏，而后形于歌诗焉，①故闻"蓼萧"之咏，则知德泽被物也；②闻"北风"之刺，则知威虐及人也；③闻"广袖高髻"之谣，则知风俗之侈（集作有奢）荡也。④古之人君者采之，以补察其政，经纬其人焉。⑤夫然，则人情通而王泽流矣。今有司欲请于上，遣观风之使，复采诗之官，俾无远近（一作迩），无美刺，日采于下，岁闻于上，以副我一人忧万人之旨。⑥识者以为何如？

注释：

①《诗·大序》："诗者，志之所之也。在心为志，发言为诗。情动于中而形于言，言之不足故嗟叹之，嗟叹之不足故永歌之，永歌之不足不知手之舞之足之蹈之也。"

② 蓼萧：《诗·小雅·蓼萧》："蓼彼萧兮，零露瀼瀼。既见君子，为龙为光。其德不爽，寿考不忘。"序云："《蓼萧》，泽及四海也。"《左传·襄公二十六年》："国景子相齐侯，赋《蓼萧》。"杜预注："《蓼萧》，《诗·小雅》，言太平泽及远，若露之在萧，以喻晋君恩泽及诸侯。"后因以"蓼萧"指君王的恩泽。

③ 北风：《诗·邶风·北风》："北风其凉，雨雪其雱。"《北风序》："北风，刺虐也，卫国并为威虐，百姓不亲，莫不相携持而去焉。"

④ 广袖：宽大的衣袖。《玉台新咏·汉时童谣歌》："城中好广袖，四方用匹帛。"高髻：高绾之发髻。《后汉书·马廖传》："长安语曰：'城中好高髻，四方高一尺。'"

⑤ 补察：补过误，察得失。《左传·襄公十四年》："自王以下，各有父兄子弟，以补察其政。"杜预注："补其愆过，察其得失。"经纬：规划治理。《左传·昭公二十九年》："夫晋国将守唐叔之所受法度，以经纬其民。"

⑥ 观风：谓观察民情，了解施政得失。语出《礼记·王制》："命大师陈诗以观民风。"《论语·阳货》："子曰：'小子何莫学夫诗？诗可以兴（孔曰兴引譬连类），可以观（郑曰观风俗之盛衰），可以群（孔曰群居相切磋），可以怨（孔曰怨刺上政）。迩之事父，远之事君，多识于鸟兽草木之名。'"采诗：搜集民歌。采诗之官：此官在西周即已设置。采诗官，巡游各地，采集民间歌谣，以体察民俗风情、政治得失。《诗经》中大部分诗歌都出于此。《汉书·艺文志》曰："哀乐之心感而歌咏之声发，诵其言谓之诗，咏其声谓之歌。故古有采诗之官，王者所以观风俗、知得失、自考政也。"美刺：称美与讽恶，多用于诗文。副：与……相符合，配得上。

第四道

问：百官职田，盖古之稍食也。①国朝之制，悬在有司，兵兴已还，吏鲜克举。②今稽其地籍，则田亦具存，计以户租，则数多散失。③至使内外官中有品秩等、局署同而厚薄相悬不啻乎十倍者，斯积弊之甚也。④得不思革之乎？⑤请陈所宜，以救其失。

注释：

① 职田：即"职分田"，古代按品级授予官吏作俸禄的公田。北魏太和九年（公元485年）均田，地方官吏按级分给公田，为授职分田之始。隋时已有职分田之称，以后历代相沿，唯授田数量各有增减。职分田于解任时移交后任，不得买卖。官吏受田佃给农民耕种，收取地租。稍食：古代指官府按月发给的官俸。《周礼·天官·宫正》："几其出入，均其稍食。"郑玄注："稍食，禄禀。"贾公彦疏："云稍食禄禀者，稍则稍稍与之，则月俸是也。"

② 鲜：少。克：能。吏鲜克举：意谓官吏很难落实职田一事。

③ 地籍：封建时代政府登记土地的册籍。

④ 局署：官署。相悬：亦作"相县"。差别大；相去悬殊。《荀子·修身》："彼人之才性之相县也，岂若跛鳖之与六骥足哉！"积弊：亦作"积敝"，积久的弊端。《荀子·王制》："彼日积敝，我日积完；彼日积贫，我日积富；彼日积劳，我曰积佚。"

⑤ 革：革除，消除。

第五道

问：谷帛者，生于下也；泉布（一作货）者，操于上也。① 必由均节，以致厚生。② 今田畴不加辟，而菽粟之价日贱；③ 桑麻不加植，而布帛之估日轻；④ 懋力者轻用而愈贫，射利者贱收而愈富，至使蚕农益困，游手益繁。⑤ 夫然，岂谷帛敛散之节，失其宜乎？将泉货轻重之权，不得其要乎？今天子方策天下贤良政术之士，亲访利病，以活元元。⑥ 吾子若待问于王庭，其将何辞以对？

注释：

① 泉布：指货币。《周礼·天官·外府》："掌邦布之人出。"汉郑玄注："布，泉也。布，读为宣布之布，其藏曰泉，其行曰布。取名于水泉，其流行无不遍。"

② 均节：犹调节。《周礼·天官·司会》："以九式之法，均节邦之财用。"厚生：使人民生活充裕。《书·大禹谟》："正德，利用，厚生，惟和。"孔颖达疏："厚生，谓薄征徭，轻赋税，不夺农时，令民生计温厚，衣食丰足，故所以养民也。"

③ 田畴：泛指田地。不加辟：指没有因开荒而增加。菽粟：豆和小米。泛指粮食。

④ 估：此指货值，物价。晋葛洪《抱朴子·审举》："悬爵而卖之，犹列肆也；争津者买之，犹市人也……中正、吏部并为魁侩，各责其估，清贫之士，何理有望哉！"

⑤ 懋（mào）：勤勉，努力。《书·舜典》："汝平水土，惟时懋哉！"射利：谋取财利。游手：不从事生产劳动的游惰之人。

⑥ 政术：政治方略。《后汉书·安帝纪》："举贤良方正、有道术之士，明政术、达古今，能直言极谏者，各一人。"访：咨询。《书·洪范》："惟十有三祀，王访于箕子。"利病：犹利弊，利害。《淮南子·要略》："兆见得失之变，利病之反，所以使人不妄没于势利，不诱惑于事态。"元元：百姓，庶民。《战国策·秦策一》："制海内，子元元，臣诸侯，非兵不可！"高诱注："元，善也，民之类善故称元。"

文苑英华卷四百七十五

宋　李昉等编

策问二十二道

策进士问五道

权德舆①

第一问

问：六经之后，百氏塞路，微言大义，寖以乖绝。②使昧者耗日力以灭天理，去夷道而趋曲学，利诱于内（名贤策问作知诱于外），不能自还。③汉庭用经术以升（集作都）贵位，传古义以决疑狱，诚为理之本也。④今有司或欲举建中制书，置五经博士，条定员品，列于国庠，诸生讨论，岁课能否。⑤然后删非圣之书，使旧章不乱，则经有师道，学者（一作皆）颛门。⑥以为如何？当有其说。至于九流百（一作六）家，论著利病，有可以辅经术而施教化者，皆为别白书之。⑦

注释：

① 权德舆：字载之，天水略阳人。贞元时累官礼部侍郎，转户部。元和五年拜礼部尚书同中书门下平章事，罢为本官检校吏部尚书留守东都，封扶风郡公，拜太常卿，徙刑部尚书，出镇兴元。卒年六十，赠左仆射，谥曰文。其文章见今《全唐文》卷四百八十三—五百零九。《文苑英华》卷四百七十五至四百七十六计策问五十道皆为权氏作品。

② 百氏：犹言诸子百家。塞路：充塞道路；喻其流行。汉扬雄《法言·吾子》："古者杨、墨塞路，孟子辞而辟之，廓如也。"微言大义：微言，精深微妙的言辞；大义，旧指有关《诗》、《书》、《礼》、《乐》诸经的要义。后用以指精微的语言中所包含的深奥意义。语出汉刘歆《移书让太常博士》："乃夫子没而微言绝，七十子卒而大义乖。"寖：通"寖"，逐渐。乖：乱。

③ 天理：天道。《庄子·天运》："夫至乐者，先应之以人事，顺之以天理。"夷道：平易之道。《老子》："明道若昧，进道若退，夷道若纇。"曲学：囿于一隅之学；此指邪说。

④ 疑狱：疑难案件。汉代董仲舒曾以《春秋》经义断疑狱。

⑤ 建中：谓建立中正之道，以为共同的准则。《书·仲虺之诰》："王懋昭大德，建中于民，以义制事，以礼制心，垂裕后昆。"蔡沈集传："立中道于天下。中者，天下之所同有也。"制书：古代皇帝命令的一种。汉蔡邕《独断》："其（皇帝）命令：一曰策书，二曰制书，三曰诏书，四曰戒书。"五经：指《诗》《书》《易》《礼》《春秋》五部儒家经典。博士：博通古今的人；这里指古代学官名。武帝时置"五经"博士，职责是教授、课试，或奉使、议政。员品：员额。国庠：国家开设的学校。能否（pǐ）：有能力称职和无能力不称职。

⑥ 颛门：颛，通"专"。专长；指所专精的某一门学问。

⑦ 别白：分辨明白。

第二问

问：《易》曰："君子夕惕若厉。"①《语》曰："君子坦荡荡。"②《礼》之言䌹衣则曰："恶其文之著也。"③《儒行》则曰："多文以为富。"④或全归以为孝，或杀身以成仁，⑤或玉色以山立，或毁方以瓦合，皆若相戾，未能尽通。⑥颜回三月不违仁，孟轲四十不动心，何者为优？⑦柳下惠三黜而不去，子文三已而无愠，何者为愈？⑧召忽死子纠，管仲相小白，⑨棠君赴楚召，子胥为吴行人，何者为是？⑩析疑体要，思有所闻。

注释：

① 夕惕若厉：朝夕戒惧，如临危境，不敢稍懈。《易·乾》："君子终日乾乾，夕惕若厉，无咎。"

② 坦荡：《论语·述而》："君子坦荡荡，小人长戚戚。"何晏集解引郑玄曰："坦荡荡，宽广貌。"后以"坦荡"形容胸襟开朗，心地纯洁。

③ 絅衣：用枲麻类植物纤维织布制成的单罩衣。《礼记·中庸》："诗曰：衣锦尚絅，恶其文之著也。故君子之道暗然而日章，小人之道的然而日亡。"郑玄注："禅为絅锦衣之美，而君子以絅表之，为其文章露见似小人也。"

④ 儒行：儒家的道德规范或行为准则。《礼记·儒行》："哀公曰：'敢问儒行？'孔子对曰：'……儒有不宝金玉，而忠信以为宝；不祈土地，立义以为土地；不祈多积，多文以为富，"孔颖达疏："不祈多积，多文以为富者……儒以多学文章技艺为富，不求财积以利其身也。"

⑤ 全归：谓保身而得善名以终。语出《礼记·祭义》："父母全而生之，子全而归之，可谓孝矣。不亏其体，不辱其身，可谓全矣。"封建礼教认为人的形体来自父母，应当以完全无亏的身体，还之父母。杀身成仁：指儒家为了"仁"的最高道德准则而不惜舍弃生命。语本《论语·卫灵公》："志士仁人，无求生以害仁，有杀身以成仁。"

⑥ 玉色：玉的颜色。比喻容色不变。《礼记·玉藻》："戎容暨暨……山立，时行，盛气颠实扬休，玉色。"郑玄注："色不变也。"孔颖达疏："玉色者，军尚严肃，故色不变动，常使如玉也。"也比喻坚贞的操守。瓦合：谓不自卓然立异，而与众人相合。《礼记·儒行》："举贤而容众，毁方而瓦合，其宽裕有如此者。"郑玄注："去己之大圭角，下与众人小合也，必瓦合者亦君子为道不远人。"戾：违拗。

⑦ 颜回三月不违仁：出自《论语·雍也》："子曰：'回也！其心三月不违仁，其余则日月至焉而已矣。"孟轲四十不动心：出自《孟子·公孙丑上》："我四十不动心。"动心，指思想、情绪受外界影响波动。

⑧ 黜：罢官。《论语·微子》："柳下惠为士师，三黜。人曰：'子未可以去乎？'曰：'直道而事人，焉往而不三黜？'"已：罢官。语出《论语·公冶长》："令尹子文三仕为令尹，无喜色；三已之，无愠色。"愈：强、优。

⑨ 召忽死子纠，管仲相小白：召忽、管仲，皆齐襄公之子子纠的师傅，子纠被小白所俘，召忽为之死，而管仲却忍辱存活改投小白（即后来的齐桓公）。小白：齐桓公名。他不计前嫌，任用管仲为相，内强国力，外事征讨，成为春秋五霸之一。

⑩ 棠君赴楚召，子胥为吴行人：棠君，即伍尚，乃伍奢长子、伍子胥之兄。行人，官名，掌管朝觐聘问的官。《周礼·秋官》有行人。春秋、战国时各国都有设置。《左传·昭公二十年》："费无极言于楚子曰：'建与伍奢将以方城之外叛……'无极曰：'奢之子材，若在吴必忧楚国，盍以免其父，召之，彼仁必来，不然将为患。'王使召之曰：'来，吾免而父。'棠君尚谓其弟员曰：'尔适吴，我将归死……'"杜预注："棠君，奢之长子尚也，为棠邑大夫。员，尚弟子胥。"

第三问

问：周制什一，是称中正。①秦开阡陌，以业农战。②今国家参酌古道，惠绥元元，均节财征，与之休息。③丰年则平籴于毂下，恒制则转漕于关东。④尚虑地有遗利，人有遗力，生之者少，靡之者多，粟帛寖轻而缗钱益重，⑤或去衣食之本以趣末作，自非翔贵之急，则有甚贱之伤。⑥欲使操奇赢者无所牟利，务农桑者沛然自足，⑦以均货力，以制盈虚，多才洽闻，当究其术。⑧至若管仲通币之轻重，李悝视岁之上下，有可以行于今者，因亦陈之，美利嘉言，无辞悉数。⑨

注释：

① 什一：古代赋税制度，十分税一，称“什一”。中正：得当，不偏不倚。

② 阡陌：田界。《史记·秦本纪》：“［商鞅］为田开阡陌。”司马贞索隐引《风俗通》：“南北曰阡，东西曰陌。河东以东西为阡，南北为陌。”业：以……为业；从事于。农战：商鞅等先秦诸子的经济、军事思想和政策。重视农业和战争，主张两者结合。《商君书·农战》：“国待农战而安，主待农战而尊。”

③ 参酌：参考，斟酌。惠绥：犹安抚。均节：犹调节。《周礼·天官·司会》：“以九式之法，均节邦之财用。”休息：休养生息。

④ 平籴：官府在丰年按平价购粮储存，以备荒年出售，称“平籴”。籴（dí）：买进谷物。毂下：辇毂之下；旧指京城。恒制：指针对平常年成的赋税政策。转漕：转运粮饷。古时陆运称“转”，水运称“漕”。《史记·萧相国世家》：“关中事计户口转漕给军，汉王数失军遁去，何常兴关中卒，辄补缺。”关东：指函谷关、潼关以东地区。

⑤ 靡：挥霍，消费。缗钱：用绳穿连成串的钱。也指以千文结扎成串的铜钱，汉代作为计算税课的单位。后泛指税金。

⑥ 趣：趋，从事于。末作：古代指工商业。《管子·治国》：“凡为国之急者，必先禁其末作文巧。末作文巧禁则民无所游食，民无所游食则必农。”翔贵：谓物价上涨。《汉书·食货志上》：“数横赋敛，民俞贫困。常苦枯旱，亡有平岁，谷贾翔贵。”颜师古注：“翔，言如鸟之回翔，谓不离于贵也。若暴贵，称腾踊也。”

⑦ 操奇：即“操奇逐赢”。指商贾居奇牟利。语本《汉书·食货志上》：“商贾大者积贮倍息，小者坐列贩卖，操其奇赢。”颜师古注：“奇赢，谓有余财而蓄聚奇异之物也。”牟利：谋利。沛然：充盛貌；盛大貌。《孟子·梁惠王上》：“天油然作云，沛然下雨，则苗浡然兴之矣。”

⑧ 货力：财货及人力。《礼记·礼运上》：“今大道既隐，天下为家，各亲其亲，各子其子，货力为己。”洽闻：多闻博识。

⑨ 管仲通币之轻重：通，精通，明了。币之轻重，指粮食丰歉、商品多寡跟货币市值的关系。管仲主张国家根据实际情况采取买进卖出等经济和行政手段，调节物流，控制通货，使之有利于富民强国。《管子》一书中有《轻重甲》、《轻重乙》等篇专论此术。李悝视岁之上下：李悝（前455—前395），战国初期魏国著名政治家，也作李克。李悝为魏文侯到武侯时人。李悝以为“为国之道，食有劳而禄有功，使有能而赏必行、罚必当”，还要“夺淫民之禄，以来四方之士”。经济上，主要实行“尽地力”、“平籴法”，参见《汉书·食货志》。简单说来，尽地力就是统一分配农民耕地，督促农民勤于耕作，增加生产。平籴法是国家在丰收时平价收购粮食储存，发生饥荒时又平价卖给农民，取有余以补不足，以防谷物甚贵而扰民，或甚贱而伤农。

第四问

问：惩忿窒欲，《易》象之明义，使骄且吝，先师之深诫。①至若洙泗之门人故人（谓原讓），渐渍于道德，固已深矣。②而仲由愠见，原壤夷俟，其为忿与骄不亦甚与？③商不假盖，赐能货殖，从我之徒，而各恪缺如是，皆所未达，试为辨之。④

注释：

① 惩忿窒欲：谓克制愤怒，杜塞情欲。《易·损》："君子以惩忿窒欲。"骄吝：使骄且吝，吝指吝啬。语出《论语·泰伯》："如有周公之才之美，使骄且吝，其余不足观也已。"

② 洙泗：洙水和泗水。古时二水自今山东省泗水县北合流而下，至曲阜北，又分为二水，洙水在北，泗水在南，春秋时属鲁国地。孔子在洙泗之间聚徒讲学。《礼记·檀弓上》："吾与女事夫子于洙泗之间。"后因以"洙泗"代称孔子及儒家。原讓：当作"原壤"，见下句。渐渍：浸润。引申为渍染，感化。《史记·礼书》："而况中庸以下，渐渍于失教，被服于成俗乎？"

③ 仲由：春秋鲁卞（今山东泗水）人，字子路，一字季路。孔子的学生，性爽直勇敢。愠见：《论语·卫灵公》："明日，遂行。在陈，绝粮，从者病，莫能兴。孔子去卫如曹，曹不容。又之宋，宋遭匡人之难，又之陈。会吴伐陈，陈乱，故乏食。子路愠见曰：'君子亦有穷乎？'子曰：'君子固穷，小人穷斯滥矣。'"原壤夷俟：《论语·宪问》："原壤夷俟。"何晏集解引马融曰："原壤，鲁人，孔子故旧。夷，踞。俟，待也。"夷俟：在待客之时，伸两足箕踞而坐，古人视作倨傲无礼之态。

④ 商：子夏，孔子弟子，即卜商。假盖：注重穿着。子张之儒重外表，衣冠楚楚，冠盖堂堂。子夏则不重外表，而重内省。赐：子贡，孔子弟子，姓端木名赐。货殖：谓经商营利。《论语·先进》："赐不受命，而货殖焉，亿则屡中。"悋（lìn）缺：悋，同"吝"，吝惜，缺失。

第五问

问：育材造士，为国之本，修辞待问，贤者能之。①岂促速于俪偶，牵制于声病之为耶？②但程试司存，则有拘限，③音韵颇叶者，或不闻于轶响，珪璋特达者，亦有累于微瑕。④欲使楚无献玉之泣，齐无吹竽之滥，取舍之际，未知其方。⑤子曰："盍各言尔志？"⑥赵孟亦请七子皆赋，以观郑志。⑦古人有述祖德、叙家风之作，⑧众君子藏器而含章者久，积善（集作厚）而流庆者远。⑨各言心术，兼叙代德，鄙夫虚伫，以广未闻。⑩

注释：

① 造士：造就学业有成就的士子。《礼记·王制》："顺先王诗、书、礼、乐以造士。"郑玄注："顺此四术而教以成是士也。"修辞：修饰文辞。待问：在政策、掌故和学问等方面备君主之询问。

② 促速：急速。《礼记·乐记》："卫音趋数烦志。"汉郑玄注："趋数，读'促速'，声之误也。"俪偶：对偶。声病：指诗文声律上的毛病。做诗讲求韵律，探讨声病，始自南朝梁沈约等，至唐乃统称"声病"。唐时以诗赋取士，常以此决定优劣取舍。《资治通鉴·唐代宗广德元年》："考文者以声病为是非。"声病有"平头"、"上尾"、"蜂腰"、"鹤膝"等等。详见（日）遍照金刚《文镜秘府论·西卷·文二十八种病》。

③ 程试：按规定的程序考试。后多指科举铨叙考试。三国吴韦昭《博弈论》："博选良才，旌简髦俊，设程试之科，垂金爵之赏。"司存：执掌；职掌。《论语·泰伯》："笾豆之事，则有司存。"

④ 音韵：指文学作品的音节韵律。叶（xié）：同"协"。和洽；相合。轶响：指诗赋在意思、意境方面起超凡脱俗的效果。珪璋：玉制的礼器，古代用于朝聘、祭祀。特达：原谓行聘时惟圭、璋能独行通达，不加余币。《礼记·聘义》："圭璋特达，德也。"孔颖达疏："聘享之礼，有圭、璋、璧、琮。璧、琮则有束帛加之乃得达；圭、璋则不用束帛，故云特达。"引申指文章本身的内容、

文采特出，突出。微瑕：此在文章存在所谓“声病”。

⑤ 献玉：春秋时楚人卞和得宝玉，先后献给楚厉王、武王，都被认为欺诈，被截去双脚。到楚文王即位，和抱玉璞哭于荆山下，楚王使人剖璞加工，果得宝玉。事见《韩非子·和氏》。后因以“献玉”为典，谓向君主或朝廷献才智。吹竽：竽，管乐器。吹竽指滥竽充数。典出《韩非子·内储说上》：“齐宣王使人吹竽，必三百人，南郭处士请为王吹竽，宣王说之，廪食以数百人。宣王死，愍王立，好一一听之，处士逃。”

⑥ 盍各言尔志：《论语·公冶长》：“颜渊、季路侍。子曰：‘盍各言尔志?’子路曰：‘愿车马衣轻裘与朋友共，敝之而无憾。’……”

⑦ 七子：指春秋郑国七大夫。《左传·襄公二十七年》：“郑伯享赵孟于垂陇，子展、伯有、子西、子产、子大叔、二子石从。赵孟曰：‘七子从君以宠武也，请皆赋以卒君贶，武亦以观七子之志。’”

⑧ 述祖德：称述祖德。家风：指家庭或家族的传统风尚或作风。北周庾信《哀江南赋》序：“潘岳之文采，始述家风；陆机之辞赋，先陈世德。”《文选》史述赞体有班固《述高纪》等，《文选》又录有谢灵运《述祖德诗》。

⑨ 藏器：比喻怀才以等待施展的时机。器，用具，引申为才能。语本《易·系辞下》：“君子藏器于身，待时而动。”含章：包含美质。《易·坤》：“六三，含章可贞。”孔颖达疏：“章，美也。”积善：累积善行。《易·坤》：“积善之家，必有余庆；积不善之家，必有余殃。”

⑩ 代德：取代旧朝以治天下之德。战国、秦、汉时，盛行“五行代德”之说，以金、木、水、火、土五行相生相克附会于皇朝的兴亡。伫：企盼；期待。

明经诸经策问七道

春秋第一问（五经弘文生同）①

问：孔圣属词，丘明同耻，裁成义类，比事系年。②居体元之前，已有先传；在获麟之后，尚列余经。③岂脱简之难征，复绝笔之云误？④子产，遗爱也，而赂伯石；⑤叔向，遗直也，而戮叔鱼。⑥吴季札附子臧而吴衰，宋宣公舍与夷而宋乱。⑦阵为鹅鹳，战岂捷于鱼丽；⑧诅以犬鸡，信宁优于牛耳？⑨子（集有之字）所习也，为予言之。

注释：

① 明经诸经策问七道，今《全唐文》卷四百八十三收录为权德舆作品。弘文：指弘文馆；弘文生，指弘文馆学生。唐武德四年（621）置修文馆于门下省。九年，太宗即位，改名弘文馆。聚书二十余万卷。置学士，掌校正图籍，教授生徒；遇朝有制度沿革、礼仪轻重时，得与参议。置校书郎，掌校理典籍，刊正错谬。设馆主一人，总领馆务。学生数十名，皆选皇族贵戚及高级京官子弟，师事学士受经史书法。

② 属词：谓连缀字句为文章；指写作。属（zhǔ）：继续，联接；引申指撰写；纂辑。丘明同耻：语出《论语·公冶长》：“巧言，令色，足恭，左丘明耻之，丘亦耻之。”比事：排比史实。《礼记·经解》：“属辞比事，《春秋》教也。”孔颖达疏：“比次褒贬之事，是比事也。”此言孔子按鲁史编年，纂成《春秋》。

③ 体元：谓以天地之元气为本。汉班固《东都赋》：“体元立制，继天而作。”有成语“体元居正”：谓人君以天地之元气为本，常居正道以施政教。多指帝王即位。语出《春秋·隐公元年》“元年春王正月”。晋杜预注：“隐公之始年，周王之正月也。凡人君即位，欲其体元以居正，故不言一年

一月也。”获麟：指春秋鲁哀公十四年猎获麒麟事。相传孔子 作《春秋》至此而辍笔。《春秋·哀公十四年》：“春，西狩获麟。”杜预注：“麟者仁兽，圣王之嘉瑞也。时无明王出而遇获，仲尼伤周道之不兴，感嘉瑞之无应，故因《鲁春秋》而修中兴之教。绝笔于‘获麟’之一句，所感而作，固所以为终也。”“居体元”、“在获麟”两句是说唐代当时所传《春秋》在“体元”之前和“获麟”之后，均还有记事，与“孔子辍笔于获麟”等记载不符。

④ 脱简：原指简片散失。后泛指书本有缺页或文字有脱漏。绝笔之云误：有关孔子绝笔于获麟的传说有误。

⑤ 子产：春秋郑国贤大夫。遗爱：谓遗留仁爱于后世。《国语·晋语二》：“死必遗爱，死民之思，不亦可乎？”伯石：《春秋左传注疏·襄公三十一年》“子产为政，有事伯石，赂与之邑。”杜预注“伯石，公孙段。有事，欲使之。”

⑥ 遗直：指直道而行、有古人遗风的人。《左传·昭公十四年》：“叔向，古之遗直也，治国制刑，不隐于亲，三数叔鱼之恶，不为末减。曰义也夫，可谓直矣。”杜预注：“言叔向之直，有古人遗风。”孔门儒家所谓“直”与一般所说“直”有所不同。《论语·子路》：“叶公语孔子曰：吾党有直躬者，其父攘羊而子证之。孔子曰：吾党之直者异于是。父为子隐，子为父隐，直在其中矣。”孔子主张亲亲相隐，对亲人的“直”则主要为家族内部的规劝等，故从儒家的观点看来，叔向称不上“遗直”。

⑦ 季札附子臧而吴衰：季札，吴公子，阖闾兄弟，贤德知礼，辞让君位。子臧：乃曹宣公庶出的儿子。曹宣公死后，其另一庶出儿子负刍杀其大子而自立，是为曹成公；国人却欲拥立子臧，子臧亡宋……后来晋侯以诸侯盟主的身份执曹成公……“诸侯将见子臧于王而立之。子臧辞曰：‘前志有之。’曰：‘圣达节，次守节，下失节。虽不能圣，敢失守乎！’”参见《左传·成公十五年》。季札辞君位事在子臧辞君位事之后，故曰“季札附子臧”。宋宣公舍与夷而宋乱：“宋穆公疾，召大司马孔父而属殇公焉。曰：‘先君舍与夷而立寡人，寡人弗敢忘……’八月庚辰，宋穆公卒。殇公即位。君子曰：‘宋宣公可谓知人矣。立穆公其子飨之命以义夫！’……”杜预注：“先君，穆公兄宣公也。与夷，宣公子，即所属殇公。”后来“宋督弑其君与夷及其大夫孔父。”参见《左传·隐公三年》、《左传·桓公二年》。宋宣公不立其子与夷而立其弟，宋穆公又不立其子而立其兄之子与夷，宋由此致乱。

⑧ 鹅鹳：水鸟天鹅与鹳鸟。《左传·昭公二十一年》：“丙戌，与华氏战于赭丘。郑翩愿为鹳，其御愿为鹅。”杜预注：“鹳、鹅皆陈名。”后即以“鹅鹳”并举指军阵。鱼丽：指“鱼丽阵”，古代战阵名。《左传·桓公五年》：“为鱼丽之陈。”杜预注：“《司马法》：‘车战二十五乘为偏。’以车居前，以伍次之，承偏之隙而弥缝阙漏也。五人为伍。此盖鱼丽陈法。”

⑨ 诅：盟誓。《周礼·春官·诅祝》：“诅祝，掌盟、诅、类、造、攻、说、禬、禜之祝号。”郑玄注：“盟、诅主于要誓，大事曰盟，小事曰诅。”贾公彦疏：“盟者，盟将来……诅者，诅往过。”信：守信用，实践诺言。古代盟会中，盟约宣读后，参加者用口微吸所杀牲之血或以指蘸血涂于口旁（歃血），以示诚意，所用之牲可以是鸡、狗、牛等；此言用鸡狗血就比用牛血盟誓要好吗？大盟则用牛血，故主大盟誓者称“执牛耳”。

礼记第二问（五经弘文生同）

问：三代之弊，或朴或薄；① 六经之失，或愚或诬。② 夫以殷周之理道，诗书之述作，施于风俗，岂皆有所未至耶？辍祭纳书，诚为追远；执戈桃茢，无乃伤恩。③ 何二者之相反耶？两楹坐奠，叹有切于宗予（子）；④ 九龄魂交，数能移于与尔。⑤ 何二者之不一耶？山节藻棁，豚肩狐裘，皆大夫也，又何相远耶？⑥ 檀弓袒免，子游衰麻，何如直谅而忠告之耶？⑦ 各以经对。

注释：

① 三代：指夏、商、周。薄：指人心、世道、纲纪等衰微。

② 愚诬：愚妄无据。诬：加之以不实之辞，妄言。《韩非子·显学》："无参验而必之者，愚也；弗能必而据之者，诬也……愚诬之学，杂反之行，明主弗受也。"

③ 追远：祭祀尽虔诚，以追念先人。《论语·学而》："慎终追远。"邢昺疏："追远者，远谓亲终既葬，日月已远也，孝子感时念亲，追而祭之，尽其敬也。"引申指追念前贤。桃茢：桃杖与扫帚，古代用以辟邪除秽。《礼记·檀弓下》："君临臣丧，以巫祝桃茢执戈，恶之也。"陈澔集说："桃性辟恶，鬼神畏之……茢，苕帚也，所以除秽。巫执桃，祝执茢，小臣执戈。"茢（liè）：苕帚。

④ 两楹：房屋正厅当中的两根柱子。两楹之间是房屋正中所在，为举行重大仪式和重要活动的地方。《礼记·檀弓上》："殷人殡于两楹之间。"后亦以"两楹"借指停放棺柩、举行祭奠之所。宗子：古代宗法制度称大宗的嫡长子；泛称嫡长子。

⑤ 九龄：此指九十岁。语本《礼记·文王世子》："文王谓武王曰：'女何梦矣？'武王对曰：'梦帝与我九龄。'文王曰：'女以为何也？'武王曰：'西方有九国焉，君王其终抚诸。'文王曰：'非也！古者谓年龄，齿亦龄也。我百、尔九十，我与尔三焉。'文王九十七乃终，武王九十三而终。"郑玄注："九龄，九十年之祥也。"后引申为长寿。

⑥ 山节藻棁：古代天子的庙饰。山节，刻成山形的斗拱；藻棁，画有藻文的梁上短柱。后用以形容居处豪华奢侈，越等僭礼。《礼记·明堂位》："山节藻棁……天子之庙饰也。"郑玄注："山节，刻欂卢为山也；藻棁，画侏儒柱为藻文也。"《论语·公冶长》："臧文仲居蔡，山节藻棁。"何晏集解引包咸曰："言其奢侈。"棁（zhuō）：梁上短柱。豚肩：猪腿。《礼记·礼器》："晏平仲祀其先人，豚肩不揜豆，澣衣濯冠以朝，君子以为隘矣。"狐裘：用狐皮制的外衣。《诗·秦风·终南》："君子至止，锦衣狐裘。"朱熹传："锦衣狐裘，诸侯之服也。"

⑦ 檀弓：《礼记·檀弓》："公仪仲子之丧，檀弓免焉。"袒免：袒衣免冠。古代丧礼：凡五服以外的远亲，无丧服之制，唯脱上衣，露左臂，脱冠扎发，用宽一寸布从颈下前部交于额上，又向后绕于髻，以示哀思。衰麻：丧服，衰衣麻绖。《礼记·乐记》："衰麻哭泣，所以节丧纪也。"直谅：正直诚信。语出《论语·季氏》："益者三友……友直，友谅，友多闻，益矣。"忠告：真诚劝告。《论语·颜渊》："子贡问友，子曰：'忠告而善道之，不可则止，毋自辱焉。'"

周易三问（五经道举同）

问：四营成卦，三古遗文，本自河图，演于羑里。①而西邻禴祭，斯乃自多；②箕子利贞，且居身后。③岂理有未究，复古失其传？乾（之）彖辞，乃次六爻之末；④坎加习字，有异八纯之体。⑤《无妄》则象称"物与"，《同人》则彖引卦名。⑥或备四德而才至悔亡，或无一德而自居贞吉，⑦访于承学，思以稽疑。⑧至若康成之阴阳象数，辅嗣之人事名理，异同优劣，亦为明征。⑨

注释：

① 四营：《易》占卦语，谓四度经营蓍策，乃成《易》之一变。《易·系辞上》："是故四营而成《易》。"孔颖达疏："营谓经营，谓四度经营蓍策，乃成《易》之一变也。"三古：上古、中古、下古的合称。《汉书·艺文志》："《易》道深矣，人更三圣，世历三古。"颜师古注引孟康曰："《易·系辞》曰：'《易》之兴，其于中古乎？'然则伏羲为上古，文王为中古，孔子为下古。"河图：儒家关于《周易》卦形来源的传说。《书·顾命》："大玉、夷玉、天球、河图，在东序。"孔

传："伏牺王天下，龙马出河，遂则其文以画八卦，谓之'河图'。"《易·系辞上》："河出图，洛出书，圣人则之。"河，黄河。据汉儒孔安国、刘歆等解说：伏羲时有龙马出于黄河，马背有旋毛如星点，称作龙图。伏羲取法以画八卦生蓍法。夏禹治水时有神龟出于洛水，背上有裂纹，纹如文字，禹取法而作《尚书·洪范》"九畴"。见《书·顾命》、《洪范》之孔传、《汉书·五行志上》。羑里：殷代监狱名。《史记·太史公自序》："昔西伯拘羑里，演《周易》。"

② 西邻：此言西边邻居。《易·既济》："东邻杀牛，不如西邻之禴祭，实受其福。"禴（yuè）：古代祭名，指夏祭。《诗·小雅·天保》："禴祠烝尝。"毛传："春曰祠，夏曰禴，秋曰尝，冬曰烝。"自多：自满；自夸。

③ 箕子利贞：《易·明夷》："明夷，利艰贞。"彖曰："明入地中。明夷，内文明而外柔顺，以蒙大难，文王以之利艰贞，晦其明也。内难而能正其志，箕子以之。"孔颖达疏："此卦日入地中，明夷之象。施之于人事，暗主在上，明臣在下，不敢显其明智亦明夷之义也。时虽至暗不可随世倾邪，故宜艰难坚固守其贞正之德，故明夷之世利在艰贞……'内难而能正其志箕子以之'者，既释艰贞之义，又须出能用艰贞之人，内有险难殷祚将倾而能自正其志不为邪谄，惟箕子能用之，故云'箕子以之'。"

④ 彖（tuàn）：《周易》中断卦之辞称"彖"。彖辞：指《周易》中的卦辞。《左传·昭公二年》："见《易·象》与《鲁春秋》。"唐孔颖达疏："故先代大儒郑众、贾逵等或以为卦下之彖辞，文王所作。"六爻：《易》卦之画曰爻。六十四卦中，每卦六画，故称"六爻"。爻分阴阳，"——"为阳爻，称九；"- -"为阴爻，称六。每卦六爻，自下而上数：阳爻称初九、九二、九三、九四、九五、上九；阴爻称初六、六二、六三、六四、六五、上六。

⑤ 习坎：《易·坎》："《彖》曰：习坎，重险也。"高亨注："本卦乃二坎相重，是为'习坎'。习，重也；坎，险也。故曰：'习坎，重险也。'"后因称险阻为"习坎"。八纯之体：纯：成双的。八纯乃十六。体：卦体，占卜的卦兆。

⑥ 无妄：指《易》卦"无妄"。引申指谓邪道不行，不敢诈伪。《周易·无妄》："象曰：'天下雷行，物与无妄。'"魏王弼注："与，辞也，犹皆也。天下雷行，物皆不可以妄也。"孔颖达疏："天下雷行者。雷是威恐之声，今天下雷行，震动万物，物皆惊肃无敢虚妄，故云天下雷行，物皆无妄也。"同人：《易》卦名，离下乾上；意为与人和协。《易·同人》："同人于野，亨。"孔颖达疏："同人，谓和同于人。"引申指志同道合的朋友。《易·同人》："彖曰：同人，柔得位，得中而应乎乾曰同人。"魏王弼注："二，为同人之主。"

⑦ 四德：指《易》"乾"卦元、亨、利、贞四德。《易·乾·文言》："文言曰：元者，善之长也；亨者，嘉之会也；利者，义之和也；贞者，事之干也。君子体仁足以长人，嘉会足以合礼，利物足以和义，贞固足以干事。君子行此四德者，故曰乾元亨利贞。"悔亡：祸害消除。此指《易·乾》："上九，亢龙有悔。"一德：谓始终如一，永恒其德。《易·系辞下》："恒以一德。"孔颖达疏："恒能始终不移，是纯一其德也。"此指《易·坎》："习坎：有孚，维心亨，行有尚……。"卦辞中无元、亨、利、贞四德。贞吉：谓人能守正道而不自乱则吉。

⑧ 承学：学习和继承师说。《汉书·董仲舒传》："今陛下幸加惠，留听于承学之臣。"颜师古注："言转承师说而学之。"稽疑：本指用卜筮决疑。《书·洪范》："明用稽疑。"孔传："明用卜筮考疑之事。"引申泛指考察疑事。

⑨ 康成：东汉经学家郑玄。《后汉书·郑玄传》："郑玄，字康成，北海高密人也……答诸弟子问五经，依《论语》作《郑志》八篇。凡玄所注：《周易》、《尚书》、《毛诗》、《仪礼》、《礼记》、《论语》、《孝经》、《尚书大传》、《中候》、《乾象历》。又著《天文七政论》、《鲁礼禘祫义》、《六艺论》、《毛诗谱》、《驳许慎五经异义》、《答临孝存周礼难》，凡百余万言。玄质于辞训，通人颇讥其繁，至于经传洽孰，称为纯儒，齐、鲁间宗之。"象数：《左传·僖公十五年》："龟，象也；筮，数也。物生而后有象，象而后有滋，滋而后有数。"杜预注："言龟以象示，筮以数告，象数相因

而生，然后有占，占所以知吉凶。”辅嗣：三国魏王弼。王弼（226—249），字辅嗣，魏国山阳（今河南焦作）人。三国时期儒家学者，经学家，魏晋玄学的主要代表人物之一。王弼的主要论著有：《周易注》、《周易略例》、《老子注》、《老子指略》。王弼《易》注的贡献，首先在于抛弃了费氏的经说，把象数之学变成为思辨哲学。汉人解《易》重象数，如把八卦视为天、地、雷、风、水、火、山、泽等象，用“马”来代表《乾卦》“健”的意义，用“牛”来代表《坤卦》“顺”的意义，等等。王弼在《周易略例·明象》中指出：“义苟在健，何必马乎？类苟在顺，何必牛乎？爻苟合顷，何必坤乃为牛？义苟应健，何必乾乃为马？”对象数之学机械性的解释提出批评。其次，王弼站在玄学家的立场上，把《易》学玄学化。名理：名称与道理。这里特指魏晋及其后清谈家辨析事物名和理的是非同异。《三国志·魏志·钟会传》：“及壮，有才数技艺，而博学精练名理。”

尚书第四问（五经同）

问：左史记言，古之大训，何首载《尧典》，而乃称《虞书》？① 当文思之代，而九官未命；② 及纳麓之时，而四凶方去。③ 岂允恭克让，待玄德而尽善耶？④ 仲虺作诰，伊尹作训，岂臣下忠规之称耶？⑤ 伯禽《费誓》，穆公《秦誓》，岂帝王轨范之书耶？⑥ 好风好雨，既从于箕毕；时若恒若，复系于休咎。⑦ 何所适从耶？伏生传于耄耋，鲁壁得于残缺，前代讲训，孰为名家？⑧ 可以详言，用窥奥学。

注释：

① 左史：官名，周代史官有左史、右史之分。左史记行动，右史记言语。见《礼记·玉藻》。一曰左史记言，右史记事。见《汉书·艺文志》。唐宋曾以门下省之起居郎、中书省之起居舍人为左、右史，分别主记事与记言。何首载《尧典》，而乃称《虞书》：今存《尚书》五十八篇，根据朝代依次编排，全书共分四大部分，依次为“虞书”、“夏书”、“商书”、“周书”。虞，相传为上古国名，国君为舜。但“虞书”部分的第一篇却是《尧典》记载虞舜之前的唐尧的传说。

② 文思：此指才智与道德；古代专用以称颂帝王。《书·尧典》：“曰若稽古帝尧，曰放勋，钦、明、文、思、安安。”陆德明释文：“经天纬地谓之文，道德纯备谓之思。”文思之代：指唐尧时代。九官：古传舜设置的九个大臣。《汉书·刘向传》：“臣闻舜命九官，济济相让，和之至也。”颜师古注：“《尚书》：禹作司空，弃后稷，契司徒，咎繇作士，垂共工，益朕虞，伯夷秩宗，夔典乐，龙纳言，凡九官也。”

③ 纳麓：《书·舜典》：“纳于大麓，烈风雷雨弗迷。”孔传：“麓，录也。纳舜使大录万机之政。”后以“纳麓”谓总揽大政。

④ 允恭：信实而恭勤。《书·尧典》：“允恭克让，光被四表，格于上下。”孔传：“允，信。”玄德：指潜蓄而不著于外的德性。《书·舜典》：“玄德升闻，乃命以位。”孔传：“玄谓幽潜，潜行道德。”

⑤ 仲虺（huǐ）：商汤的左相。今《尚书·商书》中有《仲虺之诰》，是仲虺劝勉成汤的诰词。诰：原义同“告”，《尚书》之诰可施于君臣之间，大臣之间或人神之间，而后代“诰”乃专指君主对臣民之告示。伊尹：商初著名的贤相，曾辅佐成汤灭夏，被尊为阿衡。汤去世后，历佐外丙、中壬。中壬死后，伊尹即立太甲，太甲元年十二月乙丑日，太甲集百官祭祀成汤，乃作《伊训》，希望太甲汲取夏桀灭亡的教训，保身保国，免于丧亡。

⑥ 伯禽《费（bì）誓》：周公归政之明年，淮夷又叛。《尚书·费誓序》：“鲁侯伯禽，宅曲阜。徐夷并兴，东郊不开。作《费誓》。”孔传：“徐戎淮夷并起为寇于鲁东郊，鲁侯征之于费地，而誓众

也。”费，鲁东郊之地名。穆公《秦誓》：秦穆公派军偷越晋国而伐郑，在秦军班师过晋时，晋襄公帅师败诸崤，俘其三帅。三帅放归后，秦穆公悔过作《秦誓》。轨范：规范，楷模。“岂帝王”句：孔安国《尚书序》：“典谟训诰之文凡百篇，所以恢弘至道，示人主以轨范也。”

⑦ 箕毕：箕与毕为二星宿名，据传箕星主风，毕星主雨。时若恒若：见《尚书·洪范》：“八，庶征：曰肃，时雨若；曰乂，时旸若；曰晣，时燠若；曰谋，时寒若；曰圣，时风若。曰咎征：曰狂，恒雨若；曰僭，恒旸若；曰豫，恒燠若；曰急，恒寒若；曰蒙，恒风若。”休咎：吉凶，善恶。

⑧ 伏生：汉时济南人，名胜，或云字子贱。原为秦博士，治《尚书》。始皇焚书，伏生以书藏壁中。汉兴后，求其书已散佚，仅得二十九篇，以教于齐鲁间。文帝即位，欲召之。然伏生年已九十余，老不能行，乃诏太常使掌故晁错往受之。西汉《尚书》学者，皆出其门下。相传所撰有《尚书大传》三卷，疑为后学杂录所闻而成。耄（mào）耋（dié）：古称八九十岁耄。古称七八十岁为耋。“耄耋”即指高龄。“鲁壁”句：指汉代鲁共王凿孔子故宅，而于夹壁间发现古文《尚书》。

毛诗第五问（五经同）

问：二《南》之化，六义之宗，以类声歌，以观风俗。①列国斯众，何限于十四？陈《诗》固多，岂止于三百？颂编《鲁颂》，奚异于《商》《周》？风有《王风》，何殊于《鄘》、《卫》？颇疑倒置，未达指归。②至若以句命篇，义例非一。③瓜瓞取“绵绵”之状。草虫弃“喓喓”之声，斯类则多，不能具举。④既传师学，一为起予。⑤企闻博依之喻，当纵解颐之辨。⑥

注释：

① 二南：指《诗》的《周南》和《召南》。《晋书·乐志上》：“周始二《南》，《风》兼六代。”六义：指风、雅、颂、赋、比、兴。

② 指归：主旨，意向。

③ 以句命篇，义例非一：此言《诗经》篇题的形成，《毛诗正义》孔颖达说：“《关雎》者，诗篇之名……《金縢》云‘公乃为诗以贻王，名之曰《鸱鸮》’，然则篇名皆作者所自名。既言为诗，乃云名之，则先作诗后为名也。名篇之例，义无定准，多不过五，少才取一；或偏举两字，或全取一句；偏举则或上或下，全取则或尽或余；亦有舍其篇首撮章中之一言；或复都遗，见文假外，理以定称。黄鸟显绵蛮之貌，草虫弃喓喓之声，瓜瓞取绵绵之形，瓠叶舍番番之状，夭夭与桃名而俱举，蚩蚩从氓状而见遗，召旻、韩奕则采合上下，驺虞、权舆则并举篇末，其中蹖驳不可胜论。岂古人之无常？何立名之异与？以作非一人，故名无定目。”

④ “瓜瓞取绵绵之状”句：此指《诗·大雅·绵》，该诗首句为：“绵绵瓜瓞。”“草虫”句同此例。

⑤ 起予：《论语·八佾》：“子曰：‘起予者，商也，始可与言《诗》已矣。’”何晏集解引包咸曰：“孔子言子夏能发明我意，可与共言《诗》。”后因用为对人有启发之意。

⑥ 博依：广为比喻，指诗的比兴而言。《礼记·学记》：“不学操缦，不能安弦；不学博依，不能安诗；不学杂服，不能安礼。”郑玄注：“博依，广譬喻也。”解颐：谓开颜欢笑。语出《汉书·匡衡传》：“无说《诗》，匡鼎来；匡说《诗》，解人颐。”

穀梁第六问（五经同）

问：鲁史成文，以一字为褒贬；①汉庭尚学，有二《传》之异同。②虽子夏援经，孙卿肄业，而去圣寖远，传疑傥多。闰以定时，何非乎告朔？③雩乃闵雨，奚忧于去让？④文有无天之说，定有无王之年，⑤例或难通，理亦未尽。卫辄辞以尊祖，于义安乎？⑥许止阙于尝药，受诬乃甚。⑦以兹凝滞，皆藉发明。谷梁子之言，固当有据；⑧应上公于古，复是何神？⑨诸儒待问，一为覼缕。⑩

注释：

① 鲁史：指编年体史书《春秋》。相传孔子据鲁史修订而成，所记起于鲁隐公元年，止于鲁哀公十四年，凡二百四十二年。叙事极简，用字寓褒贬。为其传者，以《左氏》、《公羊》、《穀梁》最著。褒贬：《春秋》记事，在人物称谓、时地表述和动词选择等方面都有讲究，暗寓褒贬，《公羊传》、《穀梁传》对其中褒贬多有推阐。宋范仲淹《近名论》："孔子作《春秋》，即名教之书也。善者褒之，不善者贬之，使后世君臣，爱令名而劝，畏恶名而慎矣。"

② 二传：此指《春秋》三传中的《公羊传》、《穀梁传》，汉代大兴。晋杜预《春秋左传序》："推变例以正褒贬，简二传而去异端，盖丘明之志也。"

③ 子夏：孔子弟子，相传子夏作诗序，孙卿（荀况）也传授过《诗经》。据陆机《毛诗草木虫鱼疏》：孔子删诗授卜商（即子夏），商为之序以授鲁人曾申，申授魏人李克，克授鲁人孟仲子，仲子授根牟子，根牟子授赵人荀卿，荀卿授鲁国毛亨。肄（yì）业：修习课业。闰：历法术语。这里指"置闰"。《易·系辞上》："五岁再闰。"《左传·文公六年》："闰以正时。"杜预注："四时渐差，则致闰以正之。"汉蔡邕《独断》卷上："三年一闰，五年再闰。"告朔：周制，天子于每年季冬把第二年的历书颁发给诸侯，叫"告朔"。

④ 雩（yú）：古代为祈雨而举行的祭祀。《荀子·天论》："雩而雨，何也？曰：无何也，犹不雩而雨也。"杨倞注："雩，求雨之祷也。"闵雨：古代指国君怜念施恩泽于民。

⑤ 文：鲁文公。无天：没有天理。《左传·襄公二十年》："公子黄将出奔，呼于国曰：'庆氏无道，求专陈国，暴蔑其君，而去其亲，五年不灭，是无天也！'"定：鲁定公。

⑥ 卫辄辞以尊祖：《穀梁传·桓公二年》载：灵公黜其子蒯聩，而立其孙卫辄。蒯聩欲归国而卫辄陷入两难，拒之则违父纳之则违祖，最终只能取其一拒父以尊祖。

⑦ 尝药：古礼侍奉尊长服药，先尝后进。《礼记·曲礼下》："君有疾，饮药，臣先尝之；亲有疾，饮药，子先尝之。"事见《左传·昭公十九年》："夏，许悼公疟。五月戊辰，饮大子止之药卒。大子奔晋。书曰：'弑其君。'君子曰：'尽心力以事君，舍药物可也。'"

⑧ 穀梁子：穀梁，复姓。此指为《春秋经》作传的穀梁俶。唐杨士勋疏称："穀梁子，名俶，字符始，一名赤。亦受经于子夏，为经作传。"

⑨ 上公：传说古有五行之官，封为上公，祀为贵神。其土正曰后土。见《左传·昭公二十九年》。后因以"上公"指社神。

⑩ 覼缕：亦作"覶缕"。谓详述。覼（luó），繁，琐细。

论语第七问

问：孔门达者，列在四科，①颜子不幸，伯牛恶疾，命之所赋，诚不可同。②至若攻冉求以鸣鼓，比宰我于朽木，言语政事，何补于斯？③七年可以即戎，百年可以去杀，④固弛张之有异，曷迟速之相悬？⑤为仁由己，无信不立，拜阳货则时其亡也，⑥辞孺悲则歌使闻之。⑦圣人之心，固当有为。⑧鄙则未达，子其辨欤？

注释：

① 达者：学业成就者。四科：孔门四种科目。指德行、言语、政事、文学。《论语·先进》"德行：

颜渊、闵子骞、冉伯牛、仲弓。言语：宰我、子贡。政事：冉有、季路。文学：子游、子夏”。

② 颜子：孔子弟子颜回；贤德但不幸早夭。伯牛：孔子弟子冉耕。《论语·雍也》：“伯牛有疾，子问之，自牖执其手，曰：‘亡之，命矣夫！斯人也而有斯疾也！斯人也而有斯疾也！’”后诗文中以“伯牛之疾”指不治的恶疾。

③“至若攻冉求“句：事见《论语·先进》：“季氏富于周公，而求也为之聚敛而附益之。子曰：‘非吾徒也，小子鸣鼓而攻之可也。’”“比宰我”句：事见《论语·公冶长》：“宰予昼寝，子曰：‘朽木不可雕也，粪土之墙不可杇也，于予与何诛。’”后以“朽木粪土”、“朽木粪墙”比喻不堪造就的人或不可救治的事。

④ 即戎：用兵，作战。《论语·子路》：“子曰：‘善人教民七年，亦可以即戎矣。’”去杀：不用死刑。《论语·子路》：“善人为邦百年，亦可以胜残去杀矣。”

⑤ 弛张：谓一松一紧。弛，放松弓弦；张，拉紧弓弦。语本《礼记·杂记下》：“张而不弛，文武弗能也；弛而不张，文武弗为也。一张一弛，文武之道也。”比喻为政的急缓、宽猛。相悬：差别大；相去悬殊。

⑥为仁由己：出自《论语·颜渊》：“颜渊问仁。子曰：克己复礼为仁。一日克己复礼，天下归仁焉。为仁由己，而由人乎哉?”。无信不立：出自《论语·颜渊》：子贡问政。子曰：“足食，足兵，民信之矣。”子贡曰：“必不得已而去，于斯三者何先?”曰：“去兵。”子贡曰：“必不得已而去，于斯二者何先?”曰：“去食。自古皆有死，民无信不立。”时：通“伺”。等候。《论语·阳货》：“阳货欲见孔子，孔子不见……孔子时其亡也，而往拜之。”邢昺疏：“谓伺虎不在家时而往谢之也。”

⑦ 辞孺悲句：《论语·阳货》：“孺悲欲见孔子，孔子辞以疾。将命者出户，取瑟而歌，使之闻之。”何晏集解：“孺悲，鲁人也。孔子不欲见，故辞之以疾。为其将命者不已，故歌令将命者悟，所以令孺悲思之。”

⑧ 有为：有所为，有缘故。

道举策问三道①

第一问

问：庄生曰：“吾闻庖丁之言，得养生焉。”②盖以其游刃无全，善刀（一作刃）而藏之故也。③御寇则曰：“养生如何？肆之而已。”④庄生曰：“嗜欲深者天机浅。”⑤御寇则以“朝穆善理内而性交逸”。⑥何二论背驰之甚耶？夫一气之暂聚，为物之逆旅，诚不当伤性沽名，以耗纯白。⑦傥昧者未通矫抗之说，因遂耳目之胜，甘心寘（一作宜）力，则如之何？⑧既学于斯，伫有精辨。

注释：

① 道举：以道家学说课试取士。此亦为“制举”，非“常选”。始于唐玄宗开元二十九年。唐高彦休《唐阙史·太清宫玉石像》：“明皇朝，崇尚元元圣主之教，故以道举入仕者，岁岁有之。”顾炎武《菰中随笔》：“有道举，元宗时开元二十九年，始置崇元学，习《老子》、《庄子》、《文子》、《列子》，亦曰道举。”今《全唐文》卷四百八十三收录五道，为权德舆作品。

② 庖：厨师。养生：摄养身心使长寿。《庄子·养生主》：“庖丁为文惠君解牛……文惠君曰：‘善哉！吾闻庖丁之言，得养生焉。’”

③ 游刃：运刀自如。无全：指精力贯注，目无全牛。《庄子·养生主》："庖丁释刀对曰：'臣之所好者，道也，进乎技矣。始臣之解牛之时，所见无非牛者。三年之后，未尝见全牛也……彼节者有闲，而刀刃者无厚；以无厚入有闲，恢恢乎其于游刃必有余地矣。'"后以"无全牛"比喻技艺精纯的境界，或谓专注于某一事物达到极点。

④ 御寇：指列御寇，著有《列子》一书。《列子·杨朱》："晏平仲问养生于管夷吾。管夷吾曰：'肆之而已。勿壅勿阏。'"肆：放任，放逸。

⑤ 嗜欲：嗜好与欲望。多指贪图身体感官方面享受的欲望。天机：犹灵性，谓天赋灵机。《庄子·大宗师》："其耆欲深者，其天机浅。"

⑥ 朝穆句：《列子·杨朱》："夫善治外者物未必治而身交苦，善治内者物未必乱而性交逸；以若之治外，其法可暂行于一国。"

⑦ 一气：指混沌之气，古代认为是构成天地万物之本原。逆旅：客舍，旅馆；此言气之所聚为物养生之源。暂（zàn）：同"暂"，短暂。沽名：猎取名誉。纯白：此言纯洁。《庄子·天地》："机心存于胸中，则纯白不备。"

⑧ 矫抗：与众违异，以示高尚。三国魏嵇康《卜疑集》："尊严其容，高自矫抗。"寘力：犹尽力；致力。

第二问

问：《骈拇》之言曰："有虞氏招仁义以挠天下，天下莫不奔命于仁义。"①以易其性，庸讵知不有性于仁义而不可易者乎？②以伯夷死名于首阳之下，庸讵知伯夷非安于死而不可生耶？③征濠上观鱼之乐，则庄生非有虞与伯夷也，又安知有虞与伯夷之不然耶？④征凫鹤短长之胫，又安知有虞与伯夷之性，非不可断不可续者耶？⑤虽欲齐同彼是，先逆（集作迕）后合，恶用谬悠卓诡如是之甚耶？⑥蓬心未达，幸发吾覆。⑦

注释：

① 骈拇："骈拇枝指"之省。《庄子·骈拇》："骈拇枝指，出乎性哉，而侈于德。"成玄英疏："骈，合也，大也，谓足大拇指与第二指相连合为一指也；枝指者，谓手大拇指傍枝生一指成六指也。"。挠：扰乱。

② 庸讵：岂；何以；怎么。性于仁义：以仁义为本性。易：改变。

③ 首阳：山名。一称雷首山。相传为伯夷、叔齐采薇隐居处。《史记·伯夷列传》："武王已平殷乱，天下宗周，而伯夷、叔齐耻之，义不食周粟，隐于首阳山，采薇而食之。"

④ 征：验证（于），根据。濠上：濠水之上。事见《庄子·秋水》："庄子与惠子游于濠梁之上。庄子曰："儵鱼出游从容，是鱼之乐也。"惠子曰："子非鱼，安知鱼之乐？"庄子曰："子非我，安知我不知鱼之乐？"惠子曰："我非子，固不知子矣；子固非鱼也，子之不知鱼之乐全矣！"庄子曰："请循其本。子曰'汝安知鱼乐'云者，既已知吾知之而问我，我知之濠上也。"

⑤ 凫鹤句：犹言凫胫鹤膝。《庄子·骈拇》："是故凫胫虽短，续之则忧；鹤胫虽长，断之则悲。"后以"凫胫鹤膝"谓事物各有长短，天性使然，不可随意损益。

⑥ 齐同：统一，相一致。是：此。谬悠：虚空悠远，引申为荒诞无稽。《庄子·天下》："庄周闻其风而悦之，以谬悠之说，荒唐之言，无端崖之辞，时恣纵而不傥，不以觭见之也。"成玄英疏："谬，虚也。悠，远也。"卓诡：高超奇异。

⑦ 蓬心：蓬草曲而不达，故蓬心指见识浅陋，此用为自谦之词。《庄子·逍遥游》："今子有五石之瓠，何不虑以为大樽而浮乎江湖，而忧其瓠落无所容？则夫子犹有蓬之心也夫！"发覆：揭除蔽

障。《庄子·田子方》："微夫子之发吾覆也，吾不知天地之大全也。"

第三问

问：至人恬淡，外其形骸，①使如死灰、如木鸡，斯可矣。②至若蹈履水火而不燋没，虽以诚信，庸至是乎？③斯所以有疑于吕梁丈人、商丘开之说也，④盖有以诚信安于死而不迁者，未有以诚信蹈难而必不死者，此何所谓？其质言之。

注释：

① 至人：道家指超凡脱俗，达到无我境界的人。恬淡：清静淡泊。《老子》："恬惔为上，胜而不美。"《庄子·天道》："夫虚静恬淡，寂寞无为者，天地之平而道德之至也。"形骸：人的躯体。

② 死灰：火灭后的冷灰。形容消沉、失望的心情。《庄子·知北游》："形若槁骸，心若死灰。"木鸡：《庄子·达生》："纪渻子为王养斗鸡，十日而问曰：'鸡已乎？'曰：'未也，方虚憍而恃气。'……十日又问，曰：'几矣，鸡虽有鸣者，已无变矣。望之似木鸡矣，其德全矣，异鸡无敢应者，反走矣。'"成玄英疏："神识安闲，形容审定……其犹木鸡不动不惊，其德全具，他人之鸡，见之反走。"

③ 燋：通"焦"，烧焦。《庄子·齐物论》："至人神矣！大泽焚而不能热，河汉冱而不能寒。"

④ 吕梁丈人：吕梁：在今江苏省徐州市东南五十里。《庄子·达生》："孔子观于吕梁，县水三十仞，流沫四十里，鼋鼍鱼鳖之所不能游也。见一丈夫游之，以为有苦而欲死也。使弟子并流而拯之，数百步而出，被发行歌而游于塘下。孔子从而问焉曰：'……请问蹈水有道乎？'曰：'亡吾无道，吾始乎故，长乎性，成乎命，与齐俱入，与汩偕出。'"丈人：古时对老人的尊称。商丘开：商丘，复姓。《列子·黄帝篇》："宿于田更商邱开之舍。""更"即"叟"，指老者。商丘开乃古代至信之典型。宋陈祥道《论语全解》卷八《卫灵公》："昔河梁丈人以忠信人水而不溺，商丘开以至信人火而不爇。"

弘文崇文生策问二道①

第一问

问：儒馆设科，以优华绪，②亦明劝学，然后审官。③诸生或以纨绮之年，讲诵未暇，在琢玉之或怠，于制锦而如何？④倘稍举章程，以明课试，⑤因粲粲之质，加孳孳之勤，可以远图，固为尽善。⑥但因循既久，虑物议为难。⑦盍自言之，将求折衷。

注释：

① 弘文崇文生策：《新唐书·选举志上》："凡馆二：门下省有弘文馆，生三十人；东宫有崇文馆，生二十人。以皇缌麻以上亲，皇太后、皇后大功以上亲，宰相及散官一品、功臣身食实封者、京官职事从三品、中书黄门侍郎之子为之。"今《全唐文》卷四百八十三收录三道，为权德舆作品。

② 儒馆：泛指古代的学术、文化机构。如太学、昭文馆、集贤院之类。华绪：显贵者的后代。

③ 劝学：鼓励人努力学习。审官：考察提拔官吏。《诗·周南·卷耳序》："又当辅佐君子，求贤审官，知臣下之勤劳。"孔颖达疏："欲令君子求贤德之人，审置于官位。"

④ 纨绮：精美的丝织品。此言少年。琢玉：雕刻和磨治玉、石。比喻修养德业，研讨义理，修饰诗文等。制锦：指贤者出任官职。典出《左传·襄公三十一年》："子皮欲使尹向为邑。子产曰：'少，未知可否。'子皮曰：'愿，吾爱之，不吾叛也。使夫往而学焉，夫亦愈知治矣。'子产曰：'不可……子有美锦，不使人学制焉。大官、大邑，身之所庇也，而使学者制焉，其为美锦不亦多乎？'"

⑤ 章程：制度、法规或程序、规定。课试：考试。

⑥ 粲粲：鲜明貌。此指有文采，禀赋高。孳孳：同"孜孜"。勤勉，努力不懈。远图：深远的谋划。

⑦ 因循：沿袭旧例。物议：众人的议论。

第二问

问：左掖东朝，载弘学斅，①贵游胄子，于是翔集。②法禁或弛，艺实难征，③推恩补员，据阙升第。④或人疑张禄，或词假葛袭（川文粹作龚是）。⑤诚瑕不掩瑜，岂仕优则（一作方）学？⑥澄汰则众心未允，因仍则流弊寖深。⑦有司病诸，幸喻其术。

注释：

① 左掖：宫城正门左边的小门。此指唐时指门下省，亦称"左省"。门下省在殿庑之左，故称。东朝：犹言"东宫"，即太子宫。乃"崇文馆"学之所在。学斅（xiào）：指学习与教导。

② 贵游：指显贵者。《周礼·地官·师氏》："掌国中失之事以教国子弟，凡国之贵游子弟学焉。"郑玄注："贵游子弟，王公之子弟。游，无官司者。"胄子：古代称帝王或贵族的长子。此指国子学生员。

③ 法禁：刑法和禁令。艺：指所成就的学业。征：验证。

④ 推恩：帝王对臣属推广封赠，以示恩典。此指唐代的恩荫制度。阙：指员阙，空缺的名额。升第：晋级或被录用。

⑤ 张禄：本为战国魏范雎的化名。《史记·穰侯列传》："于是魏人范雎自谓张禄先生，讥穰侯之伐齐，乃越三晋以攻齐也，以此时奸说秦昭王……"葛袭：当作"葛龚"。《后汉书·文苑传·葛龚传》："葛龚，字符甫，梁国宁陵人也。和帝时以善文记知名。"李贤注："龚善为文奏，或有请龚奏以干人者，龚为作之，其人写之，忘自载其名，因并写龚名以进之，故时人为之语曰，作奏虽工，宜去葛龚。事见《笑林》。"

⑥ 瑕不掩瑜：比喻缺点掩盖不了优点。仕优：做官而有余暇。语出《论语·子张》："子夏曰：'仕而优则学，学而优则仕。'"

⑦ 澄汰：淘汰，指取消作伪者的科名。因仍：指沿袭旧制。

礼部策问进士五道（贞元十九年）①

第一问

问：汉廷董仲舒、公孙弘对策，言天人相与之际，而施于教化。②韦玄成、匡衡之伦（论），以明经至宰相封侯，③皆本王道，以及人事。今虽以文以经，贵禄学者，而词绮靡于体（川文粹作景）物，寖失古风；④学因缘于记问，宁穷典义。⑤说无师法，经不明家，有司之过，敢不内讼。⑥思欲本司徒之三物，崇乐正之四术，⑦不率教者，屏之远方，则名义益修，风俗益厚。⑧程孝秀之本业，参周汉之旧章，⑨虑难改作，式伫嘉话，事关理本，必议上闻，斯（集作悉）乃诚求，诸生毋忽。

注释：

① 礼部策问：唐代科考始由吏部、兵部主事；后来才把文试交由礼部。今《全唐文》卷四百八十三收录为权德舆作品。

② 对策：亦作“对册”。古时就政事、经义等设问，由应试者对答，称为对策。自汉起作为取士考试的一种形式。《史记·平津侯主父列传》：“太常令所征儒士各对策，百余人，弘（公孙弘）第居下。策奏，天子擢弘对为第一。”董仲舒（前179—前104）：西汉著名的唯心主义哲学家和今文经学大师。景帝时任博士，讲授《公羊春秋》。汉武帝元光元年（前134），董仲舒在著名的《举贤良对策》中，提出他的哲学体系的基本要点——“天人感应”理论。主要包括“天人相副”和灾异谴告等内容。参见《春秋繁露》及《史记·儒林列传》、《汉书·董仲舒传》。天人之际：天道与人事相互之间的关系。《汉书·司马迁传》：“亦欲以究天人之际，通古今之变，成一家之言。”公孙弘（前200—前121）：西汉淄川人。本狱吏出身。因学《春秋》而在汉武帝时被征为博士，累官至御史大夫、丞相。他用《春秋》之学说来解释法令，曾著有《公孙弘》十篇，已失传。参见《史记》、《汉书》本传。

③ 韦玄成：（？—前36）：字少翁，鲁国邹人。少好学，以父任为郎，后又以明经擢谏大夫，迁大河都尉，父死，起复拜河南太守。元帝永光初（前43）位至丞相，封侯。邹鲁为之谚云：“遗黄金满籝，不如教子一经。”事见《前汉书·韦玄成传》。匡衡：字稚圭。西汉著名经学大师。匡衡自幼苦学，后专攻《诗经》，有独特见解。当时俗谚道：“无说《诗》，匡鼎来。匡说《诗》，解人颐。”衡射策甲科，以不应令除为太常掌故，调补平原文学。建昭三年（前36）为丞相，封乐安侯，参见《汉书·匡衡传》。伦：辈；类。明经：通晓经术。汉代以明经射策取士；唐代有明经科。

④ 绮靡：美好，艳丽。此言指文章风格浮艳柔弱。体物：描述事物，摹状事物。晋陆机《文赋》：“诗缘情而绮靡，赋体物而浏亮。”古风：古人之风；指质朴淳古的习尚、气度和文风。

⑤ 因缘：发端，缘起。记问：谓记诵诗书以待问或资谈助。《礼记·学记》：“记问之学不足以为人师，必也其听语乎？”

⑥ 内讼：内心自责。《论语·公冶长》：“吾未见能见其过而内自讼者也。”何晏集解引包咸曰：“讼，犹责也。言人有过，莫能自责。”

⑦ 司徒：官名。周时为六卿之一，曰地官大司徒。掌管国家的土地和人民的教化。三物：犹“三事”，指六德、六行、六艺。《周礼·地官·大司徒》：“以乡三物教万民，而宾兴之。一曰六德：知、仁、圣、义、忠、和。二曰六行：孝、友、睦、姻、任、恤。三曰六艺：礼、乐、射、御、书、数。”郑玄注：“物犹事也。”乐正：古时乐官之长。《仪礼·乡射礼》：“乐正先升，北面立于其西。”郑玄注：“正，长也。”贾公彦疏：“案《周礼》有大司乐、乐师，天子之官。此乐正，诸侯及士大夫之官，当天子大司乐……云长，乐官之长也。”四术：诗、书、礼、乐四种经术。《礼记·王制》：“乐正崇四术，立四教，顺先王诗、书、礼、乐以造士，春秋教以礼、乐，冬夏教以诗、书。”

⑧ 率教：遵从教导。《新唐书·卓行传·阳城》：“沈酗不率教者皆罢。”屏：放逐；摈弃。《论语·尧曰》：“尊五美，屏四恶，斯可以从政矣。”

⑨ 孝秀：孝，指孝悌；此言“孝廉”，为统治阶级选拔人才的科目，始于汉代，在东汉尤为求仕者必由之途。秀：指德行才艺出众。此言汉时举“秀才”，与孝廉并为举士的科名，东汉时避光武帝讳

改称“茂才”。唐初曾与明经、进士并设为举士科目，旋停废。旧章：昔日的典章。《书·蔡仲之命》：“无作聪明乱旧章。”

第二问

问：齐人之所以务于赋输，用给公上，大抵馈军实奉边备而已。①今北方和亲，亟通礼命；②南诏纳欵，屡献奇功。③而蠢兹西戎，尚有遗类，犹调盛秋之戍，颇勤中夏之师。④思欲尽复河湟之地，永销爟（一作烽）燧之警，⑤师息左次，人无外徭，酌古便今，当有长策。⑥乃者戎人愿修前好，因请其俘，或曰：“彼实无厌，绝之以固吾圉。”⑦或曰：“始示大信，许之以靖吾人。”或曰：“归贵种以怀其心。”或曰：“夺长技以翦其翼。”⑧当蕴较然之见，备可举之方。

注释：

① 齐人：齐民，此指平民百姓。赋输：即输赋，缴纳赋税。公上：朝廷；官家，公家。《汉书·杨恽传》：“是故身率妻子，勠力耕桑，灌园治产，以给公上。”边备：犹边防。

② 和亲：此言彼此友好亲善；互相结成友好关系。事见《旧唐书·德宗本纪》贞元三年事：“九月庚申，左庶子崔造卒。癸亥，回纥可汗遣使合阙将军请婚于我，许以咸安公主降之。”礼命：指国家的礼籍和君王的策命。《周礼·天官·小宰》：“五曰听禄位以礼命。”孙诒让正义：“礼命，谓国之礼籍，王之策命。”

③ 南诏：古国名。建于盛唐时，是以乌蛮为主体，包括白蛮等族建立的奴隶制政权，受唐册封，历十三王，唐末为贵族郑买嗣所灭。盛时辖有今云南全部、四川南部、贵州西部等地。《新唐书·南蛮传上·南诏上》：“蒙舍诏在诸部南，故称南诏。”纳欵：即“纳款”，归顺，降服。《文选·王融〈永明十一年策秀才文〉》：“加以纳款通和，布德修礼。”

④ 蠢：本指虫类蠕动。此引申为骚动，动乱。《书·大诰》：“有大艰于西土，西土人亦不静，越兹蠢。”孔传：“四国作大难于京师，西土人亦不安，于此蠢动。”西戎：此称我国吐蕃等少数民族。中夏：指华夏；中国；中原地区。

⑤ 河湟：亦作“河隍”。黄河与湟水的并称。亦指河湟两水之间的地区。河湟自天宝末陷没吐蕃，有百年之久。爟（guàn）燧：报警的烽火。亦指战事。爟：祭祀中举火；亦指报警的烽火。

⑥ 左次：退止。《易·师》：“师左次，无咎。”长策：良计。

⑦ 无厌：不满足。厌，满足。圉（yǔ）：此指边境。《左传·隐公十一年》：“亦聊以固吾圉也。”杜预注：“圉，边垂也。”

⑧ 靖：静。“靖吾人”意谓求得吾辈安定。贵种：指地位高贵的种姓、氏族。怀：归，使……归向。《尚书·皋陶谟》：“安民则惠，黎民怀之。”长技：擅长的本领。此次被俘的人当是骁勇善战之辈。翦：同“剪”。

第三问

问：祖宗昭穆，王者之盛典；①明祀严禋，有国之大事。②顷岁奉常上奏，以献祖之位非正，太祖之尊未申，③而公卿诸儒，杂有其议，皆以百代不迁，宜居东向，而献懿二主，所归不同。或曰：“藏于夹室。”或曰：“寘于别庙。”或曰：“附于德明兴圣，酌殷周之制。”或曰：“迁于园寝石室，采汉魏之仪。”④而又有并居昭穆之列，竟虚其位；

分飨禘祫之礼，互处于西。⑤众议云云，莫有所一，至今留中未下，诚圣意所重难也。⑥至当无二，众君子辨之。

注释：

① 昭穆：古代宗法制度，宗庙或宗庙中神主的排列次序，始祖居中，以下父子（祖、父）递为昭穆，左为昭，右为穆。《周礼·春官·小宗伯》：“辨庙祧之昭穆。”郑玄注：“父曰昭，子曰穆。”

② 明祀：对重大祭祀的美称。《左传·僖公二十一年》：“崇明祀，保小寡，周礼也。”严禋：庄重地祭祀。

③ 顷岁：近年。奉常：本为秦九卿之一。《汉书·百官公卿表》：“奉常，秦官，掌宗庙礼仪，有丞。景帝中六年更名太常。”唐代此官署亦称太常，此曰奉常，乃用古称以示雅。献祖、太祖：唐高祖李渊为唐朝开国皇帝，他登基后，追封自己的始祖李熙为献祖，追封自己的祖父李虎为太祖。但实际上献祖太祖并未当过皇帝。

④ 夹室：古代宗庙内堂东西厢的后部，藏五世祖以上远祖神主的地方。《释名·释宫室》：“夹室，在堂两头，故曰夹也。”藏于夹室：事见《旧唐书·礼仪志》、《唐会要·庙议上》、《文献通考·宗庙考三》。园寝：建在帝王墓地上的庙。石室：古代宗庙中藏神主的石函。

⑤ 禘祫：古代帝王祭祀始祖的一种隆重仪礼。禘（dì）：古代帝王、诸侯举行各种大祭的总名。凡祀天、宗庙大祭与宗庙时祭均称为“禘”。祫（xiá）：古代天子诸侯宗庙祭礼之一。集合远近祖先的神主于太祖庙大合祭，三年丧毕时举行一次，次年禘祭后又举行一次，以后每五年一次。

⑥ 留中：指君王将臣子上的奏章留置宫禁之中，不予决断。《史记·三王世家》：“四月癸未，奏未央宫，留中不下。”

第四问

问：人之生也，禀五行之秀；其化也，顺一气之散。①而牛哀为兽，杜宇为鸟，②赵王为苍犬，夏鲧为黄能（一作熊）。③傅岩之相为星，圯桥之老为石，④变化纠纷，其故何也？夭寿贵贱，赋命万殊，⑤而骊山之儒、长平之卒、历阳之鱼鳖、南阳之侯王，⑥岂禀数斯同，复适然也？⑦众君子通性命之理，究古今之学，幽探造化，伫所未闻。

注释：

① 禀：此言领受，承受。《书·说命上》“臣下罔攸禀令。”孔传：“禀，受。”秀：茂盛。化：此言死。《孟子·公孙丑下》：“且比化者无使土亲肤，于人心独无恔乎？”朱熹注：“化者，死者也。”

② 牛哀：指公牛哀。鲁国人，一说韩国人。传说他病了七日变虎，把去看他的哥哥吃了。见《淮南子·俶真》。杜宇：传说中的古代蜀国国王。《成都记》载：杜宇又曰杜主，自天而降，称望帝，好稼穑，治郫城。后望帝死，其魂化为鸟，名曰杜鹃。

③ 苍犬：《史记·吕后本纪》载：刘邦以赵王如意长得像他而欲立为太子……吕后酖杀赵王。其后“（吕后）过轵道，见物如苍犬，据高后掖，忽弗复见。卜之云：赵王如意为祟。”黄能：即黄熊。《左传·昭公七年》：“昔尧殛鲧于羽山，其神化为黄熊，以人于羽渊 。”

④ 傅岩：古地名。相传商代贤士傅说为奴隶时版筑于此，商汤举以为相，故称。圯（yí）桥：指秦末张良与一老父相遇并受《太公兵法》之桥，故址在今江苏省邳县南。事见《史记·留侯世家》。石：指黄石公，即圯上老人。相传张良于博浪沙（今安徽省亳州市）刺秦始皇失败后，逃亡至下邳（今江苏睢宁北），在圯上遇见一老父。老父授张良以《太公兵法》，并言称十三年后，到济北

谷城山下，见到一块黄石，那就是他。十三年后，张良从刘邦过济北，果在谷城山下得黄石。事见《史记·留侯世家》及《汉书·张良传》。

⑤ 赋命：天赋命运。

⑥ 骊山之儒："儒"或当作"孺"，指汉高祖刘邦以秦始皇崩之岁为泗上亭长送徒至骊山，醉斩挡道白蛇，老妪夜哭："吾子，白帝子也，化为蛇，当道，今者赤帝子斩之。"见《汉书·高帝纪》。长平之卒：长平：古城名，故址在今山西省高平县西北，战国时秦将白起曾大败赵国纸上谈兵的赵括于此，坑杀赵降卒四十余万。见《史记·赵世家》。历阳之鱼鳖：刘孝标《辩命论》："历阳之都，化为鱼鳖。"李善注："《淮南子》曰：历阳，淮南之县名，今属九江郡。历阳中有老妪，常行仁义，有两诸生告过之，谓曰：此国当没为湖，妪视东城门阃有血，便走上山，勿反顾也。自此妪数往视门，门吏问之，妪对如其言。东门吏杀鸡以血涂门，明日妪早往视门有血，便走上山，国没为湖。"《论衡》曰："言有命者曰：夫天下之大，人民之众，一历阳之都，一长平之坑，同命俱死，未可怪也。命当溺死，故相聚于历阳。命当压死，故相积于长平。"

⑦ 适然：偶然。《韩非子·显学》："故有术之君，不随适然之善，而行必然之道。"

第五问

问：有司之求才，与多士之求进，其心不相远也，诸生知之乎？①计偕者几乎五百，籍奏者不逾二十，盖二十五之一也，诸生又知之乎？②雕龙之辨，皆谓有余；灵蛇之珠，无非在握。③射或失鹄，瑜宁掩瑕，④虽泾渭终非（分），而蓬麻未直。⑤匿名飞语，诋讹（一作计）云云。⑥诚无它肠，时有谗口。岂有司之道未至，复诸生之所习难化耶？异时有司，固诸生之所履也，复何如哉？非有防川之心，愿闻易地之说。⑦

注释：

① 多士：古指众多的贤士。也指百官。《书·多方》："猷告尔有方多士，暨殷多士。"

② 计偕：《史记·儒林列传序》："郡国县道邑有好文学、敬长上、肃政教、顺乡里、出入不悖所闻者，令相长丞上属所二千石，二千石谨察可者，当与计偕，诣太常，得受业如弟子。"司马贞索隐："计，计吏也。偕，俱也。谓令与计吏俱诣太常也。"后遂用"计偕"称举人赴京会试。籍奏：此犹言"通籍"，指进士及第。因进士及第后，须将姓名、年龄、身份等项奏报宫中，以便其出入宫禁时核对稽查。

③ 雕龙：此指经过精雕细琢，文辞优美。灵蛇之珠：相传春秋时隋侯出行，见大蛇被伤中断，使人以药傅之，蛇乃能走。岁余，蛇衔明珠以报之，谓之"隋侯珠"，亦曰"灵蛇珠"。事见晋干宝《搜神记》卷二十。后以"灵蛇珠"喻绵绣文才。"雕龙"、"灵蛇"两句是说，考生个个以为自己有稀世之才能。

④ 鹄（gǔ）：此指箭靶的中心；泛指靶子。《仪礼·大射》郑玄注："鹄，所射之主。"射或失鹄：指射箭会有不中的时候，比喻进士也有考不取的时候。

⑤ 泾渭：泾水和渭水。古人谓泾浊渭清（实为泾清渭浊），因常用"泾渭"喻人品的优劣清浊。比喻科举及第则飞黄腾达，落第则沉沦末流。蓬麻：蓬与麻。《荀子·劝学》："蓬生麻中，不扶而直；白沙在涅，与之俱黑。"蓬麻未直，是因为无所依凭。

⑥ 飞语：犹流言。讹：中华书局本作"訛"。诋讹（一作计）：当作"诋讦"，诋毁攻击。《墨子·修身》："谮慝之言，无入之耳；批扞之声，无出之口；杀伤人之孩，无存之心：虽有诋讦之民，无所依矣。"毕沅校注："《说文》云：诋，诃也；讦，面相斥罪也。""匿名"句是说落第考生因不服而百计诬告诋毁及第者。

⑦ 防川：制止洪水的泛滥。此犹言“弭谤”，禁止非议。《国语·周语上》载：厉王虐，国人谤王。召公告曰：“民不堪命矣！”王怒，得卫巫，使监谤者，以告，则杀之。国人莫敢言，道路以目。王喜，告召公曰：“吾能弭谤矣，乃不敢言。”召公曰：“是鄣之也。防民之口，甚于防川。川壅而溃，伤人必多，民亦如之。”易地：设身处地，替他人着想。

文苑英华卷四百七十六

宋　李昉等编

策问二十八道

贞元十三年中书试进士策问二道

权德舆

第一问

问：先师之言，辨君子小人而已。①劝学则举六蔽，咸事则称九德，推其性类，又极于是矣。②孟轲之数圣者，有清有和；③文子之言人位，上五下五，④列夷惠于天纵，颇有所疑，况牛马于最灵，岂为至当？⑤班固之《古今表》，刘邵之《人物志》，品第乖逆（集作迕），或钩摭纤微，诚有可观，恐未（集作非）尽善。⑥既强为己之学，必有析理之精，敬俟嘉言，以祛未达。

注释：

① 君子：有才德、有品味、知自重的人。小人：指人格卑鄙，见识浅陋的人。

② 六蔽：亦作“六弊”。谓因不好学而造成的六种弊端。《论语·阳货》：“子曰：‘由也，女闻六言、六蔽矣乎……好仁不好学，其蔽也愚；好知不好学，其蔽也荡；好信不好学，其蔽也贼；好直不好学，其蔽也绞；好勇不好学，其蔽也乱；好刚不好学，其蔽也狂。’”九德：古谓贤人所具备的九种优良品格。出自《书·皋陶谟》：“皋陶曰：‘都，亦行有九德，亦言其人有德，乃言曰：载采采。’禹曰：‘何？’皋陶曰：‘宽而栗、柔而立、愿而恭、乱而敬、扰而毅、直而温、简而廉、刚而塞、强而义、彰厥有常，吉哉！……九德咸事，俊乂在官’”。

③ 孟轲之数圣者，有清有和：清，指清廉，清白。和：此指适中，恰到好处。《孟子·万章下》：“孟子曰：‘伯夷，圣之清者也；伊尹，圣之任者也；柳下惠，圣之和者也；孔子，圣之时者也。孔子之谓集大成也者，金声而玉振之也。’又孟子曰：‘伯夷，目不视恶色，耳不听恶声，非其君不事，非其民不使，治则进，乱则退……当纣之时，居北海之滨，以待天下之清也。故闻伯夷之风者，顽夫廉，懦夫有立志。’”汉赵岐注：“孟子反复嗟伯夷、伊尹、柳下惠之德，以为足以配于圣人。故数章陈之，犹诗人有所诵述，至于数四（案：数四，犹言再三再四，多次），盖其留意者也。”

④ 文子：生平不详。《汉书·艺文志》道家类著录《文子》九篇，班固自注：“老子弟子，与孔子同时。”人位：人的地位。上五下五：《文子·微明》：“昔者，中黄子曰：‘天有五方，地有五行，声有五音，物有五味，色有五章，人有五位。’故天地之间有二十五人也。上五，有神人、真人、道人、至人、圣人；次五，有德人、贤人、智人、善人、辩人；中五，有公人、忠人、信人、义人、礼人；次五，有士人、工人、虞人、农人、商人；下五，有众人、奴人、愚人、肉人、小人。上五之与下五，犹人之与牛马也。”

⑤ 夷惠：伯夷、柳下惠的并称，古代廉正之士。天纵：亦作“天从”。天所放任，意谓上天赋予。后常用以谀美帝王。《论语·子罕》：“固天纵之将圣，又多能也。”“况牛马于最灵”即指上引《文子·微明》所说“上五之与下五，犹人之与牛马”。况：比况，比喻。

⑥ 班固之《古今表》：《汉书·古今人表》（师古曰：“但次古人而不表今人者，其书未毕故也。”）：“自书契之作，先民可得而闻者，经传所称，唐虞以上，帝王有号谥……因兹以列九等之序，究极经传，继世相次，总备古今之略要云。”班固根据孔子语录参以己见，把古今人物分为九等加以列叙：上上圣人、上中仁人、上下智人、中上、中中、中下、下上、下中、下下愚人。刘邵之《人

物志》：《人物志》三卷，魏刘邵撰。刘邵，字孔才，邯郸人。黄初中官散骑常侍。正始中赐爵关内侯。事迹具《三国志》本传。《四库总目提要》说："其书主于论辨人才，以外见之符，验内藏之器，分别流品，研析疑似，故《隋志》以下皆著录于名家。然所言究悉物情，而精核近理。视尹文之说兼陈黄、老、申、韩，公孙龙之说，惟析坚白同异者，迥乎不同。盖其学虽近乎名家，其理则弗乖于儒者也。"摭（zhí）：拾取。品第：谓评定并分列次第。乖逆：犹乖迕。钩摭：钩求探取。《汉书·刑法志》："徒钩摭微细，毛举数事，以塞诏而已。"

第二问

问：乃者西裔背盟，劳师备塞，今戎王自毙，边遽以闻。①而议者或曰："因其丧而吊之，可以息人。"或曰："乘其虚而伐之，可以辟地。"或曰："夷实无厌，兵者危事，皆所以疲中国也，不若如故。"是三者，必有可采，思而辨之。

注释：

① 乃者：从前；往日。《战国策·赵策一》："秦乃者过柱山，有两木焉。"边遽：指边境警报。遽，驿车。古时以边地的驿车传递警报，故称。《国语·吴语》："吴晋争长未成，边遽乃至，以越乱告。"韦昭注："遽，传也。"

元和元年吏部试上书人策问三道

前　人①

第一道

问：天下理本，系于朝廷。乃者夏州阻命，益部干纪。②皇帝神武制胜，指期致诛，二方晏清，九有贞观。③纪律载新于耳目，爵命毕集于勋贤。④内修八柄，外弘九法。⑤教理刑政之要，制军诘禁之宜。⑥使人皆向方，兵不复用，一其礼俗，以致和平。⑦酌于古而行于今，举其大而遗其细。⑧伫达聪听，子其昌言。⑨

注释：

① 前人：指前一人，即权德舆。

② 夏州：唐州名，夏州朔方郡隶属关内道。《新唐书·地理志一》："夏州朔方郡，中都督府。县三：朔方、静德、宁朔。"案，唐高祖武德初改天下郡为州，玄宗天宝元年（742）改州为郡，肃宗乾元元年（758）又改郡为州，整个唐代称政治区划为"郡"仅 16 年；故称"夏州"称"朔方郡"所指同一。阻命：抗拒王命；谓造反。益部：指益州。干纪：违犯法纪。语出《左传·襄公十三年》："干国之纪，犯门斩关。""夏州阻命"事见《旧唐书·德宗本纪》贞元二年事："十二月丁巳，以韩滉兼度支、诸道盐铁转运使。吐蕃陷夏州，又陷银州。""益部干纪"事见《旧唐书》卷六十二《皇甫无逸传》："时益部新开，刑政未洽，长吏横恣，赃污狼藉；令无逸持节巡抚之，承制除授。"

③ 二方：具指前“夏州”、“益部”。晏清：谓安宁清谧。九有：九州。《诗·商颂·玄鸟》：“方命厥后，奄有九有。”毛传：“九有，九州也。”贞观：原指以正道示人。贞，正，常。观，示。《易·系辞下》：“天地之道，贞观者也。”韩康伯注：“天地万物莫不保其贞以全其用也。”此言澄清天下，恢宏正道。

④ 纪律：纪纲；法度。《左传·桓公二年》：“百官于是乎戒惧而不敢易纪律。”爵命：封爵受职。

⑤ 八柄：古代帝王统驭臣下的八种手段，即爵、禄、予、置、生、夺、废、诛。《周礼·天官·大宰》：“以八柄诏王驭群臣：一曰爵，以驭其贵；二曰禄，以驭其富；三曰予，以驭其幸；四曰置，以驭其行；五曰生，以驭其福；六曰夺，以驭其贫；七曰废，以驭其罪；八曰诛，以驭其过。”九法：原指周朝治理邦国的九种措施。《周礼·夏官·大司马》：“大司马之职，掌建邦国之九法，以佐王平邦国：制畿封国，以正邦国；设仪辨位，以等邦国；进贤兴功，以作邦国；建牧立监，以维邦国；制军诘禁，以纠邦国；施贡分职，以任邦国；简稽乡民，以用邦国；均守平则，以安邦国；以小事大，以和邦国。”后泛指治理天下的各种大法。

⑥ 制军：管理军队。诘禁：谓按照禁令究办。《周礼·夏官·大司马》：“制军诘禁，以纠邦国。”郑玄注：“诘，犹穷治也。”贾公彦疏：“诘禁者，按士师有五禁，天子礼：此诸侯国亦当有五禁，以相穷治，相纠正，故云以纠邦国也。”

⑦ 向方：崇尚正直，遵循正道。唐白居易《田颖可亳州刺史制》：“故临戎则士乐为用，抚下而众知向方。”

⑧ 酌于古：谓斟酌古今沿革，以明源流。

⑨ 昌言：善言；正当的言论。此言直言不讳。

第二道

问：圣人虚心，思天下之理至矣，求天下之士勤矣。搜于中林，縻以好爵者，往往至焉。① 君子澡身聚学，被褐藏器；② 方伯上荐，贲然而来。③ 与夫充赋计偕者异而论也。④ 其何以佐理道、陈嘉猷，去徭戍而徼塞无虞？⑤ 减农征而财用不乏？子（集作固）所蕴积，悉期指明。

注释：

① 中林：林野。《诗·周南·兔罝》：“肃肃兔罝，施于中林。”毛传：“中林，林中。”马瑞辰通释：“《尔雅》：‘牧外谓之野，野外谓之林。’中林犹云中野。”縻（mí）：本指牛缰绳。此言拴缚，束缚，牵制。好爵：此言高官厚禄。

② 澡身：洗身使洁净，引申为修持操行。《礼记·儒行》：“儒有澡身而浴德。”被褐：穿着粗布短袄；谓处境贫困。《墨子·尚贤中》：“傅说被褐带索，庸筑乎傅岩。”藏器：比喻怀才。器，用具，引申为才能。语本《易·系辞下》：“君子藏器于身，待时而动。”

③ 方伯：殷、周时代一方诸侯之长。后泛称地方长官。汉以来之刺史，唐之采访使、观察使等均称“方伯”。“方伯上荐”是指由地方长官推荐到朝廷应考人才。唐代举行制举时，常同时命地方推荐应考人才。倘若所荐之人经考试证明为滥劣，还要处罚推荐者。贲然：光采貌；迅疾貌。《诗·小雅·白驹》：“皎皎白驹，贲然来思。”朱熹集传：“贲然，光采之貌也。或以为来之疾也。”

④ 充赋：犹凑数。《汉书·晁错传》：“今臣窋等乃以臣错充赋，甚不称明诏求贤之意。”颜师古注：“如淳曰：‘犹言备数也。’”计偕：《史记·儒林列传序》：“郡国县道邑有好文学、敬长上、肃政教、顺乡里、出入不悖所闻者，令相长丞上属所二千石，二千石谨察可者，当与计偕，诣太常，得受业如弟子。”司马贞索隐：“计，计吏也。偕，俱也。谓令与计吏俱诣太常也。”后此以“计

偕”指乡贡生，即循平常途径经地方考试合格的考生，他们随各州进贡物品解送朝廷，参加省试。此为常科，与制举不同。

⑤ 理道：理政之道。嘉猷：治国的好规划。《书·君陈》："尔有嘉谋嘉猷，则入告尔后于内，尔乃顺之于外。"蔡沈集传："言切于事谓之谋，言合于道谓之猷。"徼塞：边塞。徼（jiào）：边界，边塞。无虞：无忧。

第三道

问：四方之人，萃于选部；六品以下，（实）系有司。①积资者岂尽获吏能，考言者或见遗敏行。②一日之鉴，固不能周；四方所稽，亦虑未尽。③近日（自）甸内，达于海隅，命官亲人，利病所属。④欲使举皆称职，吏必首（集作当）公，则轮辕适宜，鳏寡受赐。⑤企闻体要，一二言之。⑥

注释：

① 萃：聚集。选部：即尚书省吏部。汉置，东汉改为吏曹，主选举祠祀，后又改为选部。魏、晋以后称吏部，置尚书等官，主管官吏任免、考课、升降、调动等事。"六品"句：此当是说，六品以下的官员，由吏部选拔任用即可。六品以上官的任用当报上级，或由皇帝亲自任命。

② 积资：指累积升官的资历。吏能：为政的才能。考言：察其所言。见遗：被遗弃。敏行：指勉力修身。语本《论语·里仁》："君子欲讷于言而敏于行"。"考言者"句是说铨选时，有专看言语应对等情况，而忽视考察考生的实际品行。

③ 一日之鉴：指吏部通过书、判考试和对"身"、"言"的观察，而对一个候选者的能力等作出的判断。《通典·选举三》："其择人有四事，一曰身，二曰言，三曰书，四曰判。"

④ 甸：本指王田；引申指京城郊外的地方。《周礼·天官·大宰》："三曰邦甸之赋。"贾公彦疏："郊外曰甸，百里之外，二百里之内。"海隅：海角；海边。常指僻远的地方。命官：任命官吏；此指朝廷的官吏。因古有一至九命之别，故称。属（zhǔ）：连续；连接。

⑤ 轮辕：轮与辕为维持马车运行的重要部件，因以此喻经世可用之材。唐刘肃《大唐新语·持法》："杜如晦临终，委胄以选举。及在铨衡，抑文雅而奖法吏，不适轮辕之用。时议非之。"鳏寡：老而无妻或无夫的人。引申指老弱孤苦者。《诗·小雅·鸿雁》："爰及矜人，哀此鳏寡。"毛传："老无妻曰鳏，偏丧曰寡。"

⑥ 一二：此言一一，逐一。《墨子·尚同上》："远国异土之民，是非利害之辩，不可一二而明知，故画分万国，立诸侯国君。"

策问明经八道①

左氏传第一道

问：鲁史之文，先师用明于王道；②汉武之代，左氏不列于学官。③诚义例之可观（集作征），终诬艳而多失。④凤凰启兆，陈氏不得不昌；⑤鸜鹆成谣，季氏不得不叛。⑥既未然于前定，于立教而谓何？同耻释经，岂其如是？夏五之阙，虽系月而何嫌？⑦艮八之占，于兼山为何象？⑧因生因谥，未详命氏之殊；德命类命，请数制名之义（集作一)。⑨生既充赋，无辞说经。

注释：

① 今《全唐文》卷四百八十三收录为权德舆作品。

② 鲁史：本指鲁国历史；这里指《春秋》。晋杜预《〈春秋经传集解〉序》："仲尼因鲁史策书成文，考其真伪，而志其典礼。"南朝梁刘勰《文心雕龙·史传》："于是就太师以正《雅》《颂》，因鲁史以修《春秋》。"先师：指孔子。王道：儒家提出的一种以仁义治天下的政治主张。与霸道相对。《书·洪范》："无偏无党，王道荡荡。"

③ 左氏：指《春秋左氏传》，汉武帝时只把《春秋公羊传》、《春秋穀梁传》列入学官。

④ 义例：指著书的主旨和体例。诬：加之以不实之辞，妄言。

⑤ 陈氏：事见《史记·陈杞世家第六》："齐懿仲欲妻陈敬仲，卜之，占曰："是谓凤皇于飞，和鸣锵锵。有妫之后，将育于姜。五世其昌，并于正卿。八世之后，莫之与京。"

⑥ 鸜鹆：即"鸲鹆"。鸟名，俗称八哥。《春秋·昭公二十五年》："有鸜鹆来巢……师已（鲁大夫）曰：异哉！吾闻文成之世，童谣有之。曰：'鸜之鹆之，公出辱之。鸜鹆之羽，公在外野，往馈之马。鸜鹆跦跦，公在干侯。征褰与襦，鸜鹆之巢。远哉遥遥，裯父丧劳，宋父以骄。鸜鹆鸜鹆，往歌来哭。'"杨伯峻注："鸜同鸲，音劬。鸜鹆即今之八哥，中国各地多有之。"季氏：即春秋时鲁国季孙氏，乃庄公季弟季友的后代。

⑦ 同耻释经：此言左丘明与孔子同处春秋乱世，耻愧不能救世之弊，在孔子修《春秋》后为之作传。《文选·袁宏〈三国名臣序赞〉》："长文（陈群）通雅，义格终始。思戴元首，拟伊同耻。"六臣注："善曰：《尚书》曰：'昔先正保衡，作我先王。乃曰：予弗克俾厥后惟尧、舜，其心愧耻，若挞于市。'济曰：'戴，辅也。元首，谓文帝也。言其志比拟伊尹佐辅，愧耻不能致君如尧舜之德。'"夏五：成语"夏五郭公"之省，喻文字有残缺。"夏五"及"郭公"均为《春秋》经文脱漏之处。《春秋·桓公十四年》："夏五。"杜预注："不书月，阙文。"又《庄公二十四年》："郭公。"杜预注："无传，盖经阙误也。"后因以"夏五郭公"比喻文字有残缺。

⑧ 兼山：两山重叠。形容静止，比喻应安于所处的地位。语出《易·艮》："兼山，艮，君子以思不出其位。"孔颖达疏："两山重迭，止义弥大，故曰兼山，艮也……止之为义，各止其所，故君子于此之时，思虑所及不出其己位也。"

⑨"因生因谥"句：据《春秋左传》说，周代同姓贵族别处之氏的取得，或是因为出生之地而命名，或是后代取先人的谥号为氏。"德命类命"句：这是指《春秋左传》所讲命名的根据，或依其德或依其类。

礼记第二道（五经明经弘文崇文生同）

问：冠婚成人，著代之义。①一献之飨，舅姑先降以奠酬；②三加弥尊，母兄皆拜而为礼。③责妇顺而则可，于子道而谓何？④一与之齐，终身不改，而夷狄有问服。⑤二姓之合为重，而孔门多出妻。⑥蹈白刃或易于中庸，引重鼎奚列于儒行？裼裘袭裘之制，继别继祢之差⑦。生既讲闻，伫观详辨。

注释：

① 冠婚：亦作"冠昏"，指冠礼与婚礼。《礼记》各有专篇记述。《大戴礼记·保傅》："《春秋》之元，《诗》之《关雎》，《礼》之《冠》《婚》，《易》之《乾》、《巛》，皆慎始敬终云尔。"著代：表明父子相继，代代相传。见《士冠礼》："适子冠于阼，以著代也。"

② 一献：古代祭祀和宴饮时进酒一次为一献。《仪礼·士昏礼》："舅姑共飨妇，以一献之礼。"贾公彦疏："舅献姑酬，共成一献。"舅姑：称夫之父母，俗称公婆。奠酬：古代饮酒的一种礼节，主人敬酒，宾客置之而不举，称"奠酬"。《仪礼·士昏礼》："舅姑共向妇，以一献之礼。舅洗于南洗，姑洗于北洗，奠酬。"郑玄注："奠酬者，明正礼成不复举。凡酬酒皆奠于荐左，不举。"

③ 三加：古代男子行加冠礼，初加缁布冠，次加皮弁，次加爵弁，称为"三加"。《礼记·冠义》："故冠于阼，以著代也。醮于客位，三加弥尊，加有成也。"郑玄注："冠者，初加缁布冠，次加皮弁，次加爵弁，每加益尊，所以益成也。"

④ 子道：子女对父母应遵循的道德规范。此承前男子加冠而言。三加益尊，以至母、兄皆拜。此虽可显示冠礼之郑重，但是子受母拜，有悖子道。

⑤ 夷狄：古称东方部族为夷，北方部族为狄。常用以泛称除华夏族以外的各族。

⑥ 二姓之合：见《唐大诏令集·册乐成公主出降文》："维天宝五载，岁次庚戌，七月辛亥，朔二十三日壬申，皇帝若曰：於戏！三纲以正，王化是先，二姓之合，人伦式叙。下嫁之礼，厥惟旧章。"出妻：休弃妻子。《孟子·离娄下》："出妻屏子，终身不养焉。"《荀子·解蔽》："孟子恶败而出妻，可谓能自强矣。"杨倞注："孟子恶其败德而出其妻。"

⑦ 白刃：锋利的刀。《礼记·中庸》："白刃，可蹈也；中庸，不可能也。"裼裘：古行礼时，袒外衣而露裼衣，且不尽覆其裘，谓之裼裘。非盛礼时，以此为敬。裼（xī）：古行礼时，开出上服前襟，袒出上服左袖，以左袖插于前襟之右，而露出中衣。袭裘：古代盛礼时，掩上裼衣而不使羔裘见于外，谓之袭裘。《礼记·檀弓上》："曾子袭裘而吊，子游裼裘而吊。曾子指子游而示人曰：'夫夫也，为习于礼者，如之何其裼裘而吊也？'主人既小敛，袒括发。子游趋而出，袭裘带绖而入。曾子曰：'我过矣，我过矣，夫夫是也！'"孔颖达疏："凡吊丧之礼，主人未变之前，吊者吉服而吊，吉服谓羔裘玄冠缁衣素裳，又袒去上服，以露裼衣，则此裼裘而吊是也。主人既变之后，虽著朝服而加武以绖，又掩其上服，若是朋友，又加带，则此袭裘带绖而入是也。"继别继祢：见《礼记·大传》："别子为祖，继别为宗，继祢者为小宗。有百世不迁之宗，有五世则迁之宗。百世不迁者，别子之后也，宗其继别子之所自出者，百世不迁也。"

周礼第三道

问：周制六官，以倡九牧。①分事任之广，计名物之多。②下士吏胥，类颇繁于冗食；③上农播殖，力或屈于财征。④简则易从，寡能理众。疑宋母之失实，岂周公之信然？⑤今欲举司徒之三物，教宾兴之六艺。⑥又虑乐舞未通于《韶》、《濩》，徒玩干旄；⑦乡射有昧于和容，务持弓矢。⑧适废术学，岂资贤能？⑨至若六变八变，致神祇之格；⑩天产地产，有礼乐之防。⑪忝贰春官，企闻详说。⑫

注释：

① 六官：周六卿之官。《周礼》以天官冢宰、地官司徒、春官宗伯、夏官司马、秋官司寇、冬官司空分掌邦国之政，总称六官或六卿。倡：倡导，先导；带头发动。《书·周官》："六卿分职，各率其属，以倡九牧，阜成兆民。"九牧：九州之长。

② 事任：犹言承担职务，职责。名物：名目。此句言《周礼》中所设官职，分得太细，过于繁琐。

③ 下士：官名，古代天子、诸侯都设有士，分上士、中士、下士。秦以后亦沿用。吏胥：旧时官府中的小吏。此指《周礼》于每一官职下，多设吏员。冗食：指因官僚机构臃肿，人浮于事而造成坐食官禄的人过多，国家财政负担过重。

④ 上农：亦称"上农夫"，古代指种植条件较好、收益较多的农民。《管子·揆度》："上农挟五，中

农抶四，下农抶三。”财征：指赋税征敛。

⑤ 简则易从：简单易行。《易·系辞上》：“易则易知，简则易从……易简而天下之理得矣。”疑宋母之失实：《晋书·烈女列传》韦逞母宋氏：“韦逞母宋氏，不知何郡人也，家世以儒学称。宋氏幼丧母，其父躬自养之，及长，授以《周官音义》。谓之曰：‘吾家世学《周官》，传业相继，此又周公所制经纪典诰百官品物备于此矣。吾今无男可传，汝可受之，勿令绝世。’……逞遂学成名立，仕苻坚为太常。……号宋氏为宣文君，赐侍婢十人。《周官》学复行于世，时称韦氏宋母焉。”

⑥ 司徒：官名，相传少昊始置，唐虞因之。周时为六卿之一，曰地官大司徒。掌管国家的土地和人民的教化。三物：犹三事。指六德、六行、六艺。《周礼·地官·大司徒》：“以乡三物教万民，而宾兴之。一曰六德：知、仁、圣、义、忠、和。二曰六行：孝、友、睦、姻、任、恤。三曰六艺：礼、乐、射、御、书、数。”郑玄注：“物犹事也。”宾兴：周代举贤之法，谓乡大夫自乡小学荐举贤能而宾礼之，以升入国学。《周礼·地官·大司徒》：“以乡三物教万民而宾兴之。”郑玄注：“兴，犹举也。民三事教成，乡大夫举其贤者能者，以饮酒之礼宾客之。既则献其书于王矣。”六艺：古代教育学生的六种科目。《周礼·地官·大司徒》：“三曰六艺：礼、乐、射、御、书、数。”

⑦ 韶濩：亦作“韶护”、“韶頀”。汤乐名。《左传·襄公二十九年》：“见舞《韶濩》者。”杜预注：“殷汤乐。”孔颖达疏：“以其防濩下民，故称濩也……韶亦绍也，言其能绍继大禹也。”一说，舜乐和汤乐。《文选·王巾〈头陀寺碑文〉》：“步中《雅》《颂》，骤合《韶》《护》。”李善注引郑玄曰：“《韶》，舜乐；《护》，汤乐也。”干旄：旌旗的一种。以旄牛尾饰旗竿，此为舞者所举。

⑧ 乡射：古代射箭饮酒的礼仪。乡射：此指乡大夫于三年大比贡士之后，与乡老与乡人习射。和容：谓能合《雅》《颂》之乐。《周礼·地官·乡大夫》：“以乡射之礼，五物询众庶，一曰和，二曰容，三曰主皮，四曰和容，五曰兴舞。”贾公彦疏：“杜子春读和容为和颂，谓能为乐也。”

⑨ 术学：道术学识。贤能：对选拔贤能有帮助。

⑩ 六变：谓乐章改变六次。古代祭百神，乐章变六次祭典始成。格：至。

⑪ 天产：指动物，如六畜之类。地产：指植物，如九谷之类。《周礼·春官·大宗伯》：“以天产作阴德，以中礼防之；以地产作阳德，以和乐防之。”郑玄注：“天产者动物，谓六牲之属；地产者植物，谓九谷之属。”

⑫ 忝：辱。贰：副侧，次列。春官：古官名。《周礼》六官之一，掌礼法、祭祀。见《周礼·天官·小宰》。唐光宅年间曾改礼部为春官，后“春官”遂为礼部的别称。

周易第四道

问：作《易》者其有忧患乎？① 又曰：“乐天知命，故不忧。”② “鼓天下之动者存乎辞。”③ 又曰：“吉人之辞寡。”④ “寂然不动，则感而遂通。”⑤ “见几而作，乃不俟终日。”⑥ 岂各有所趣？幸备言其方。至若巽之于人，为广颡白眼；⑦ 坎之于马，为美脊薄蹄。⑧ 诚曲成以弥纶，何取象之琐细？⑨ 伫闻体要，然后忘言。

注释：

①“忧患”句：出《易·系辞下》：“作《易》者，其有忧患乎？”

② 乐天知命：旧谓乐从天道的安排，安守命运的分限。《易·系辞上》：“乐天知命，故不忧。”孔颖达疏：“顺天道之常数，知性命之始终，任自然之理，故不忧也。”

③ 鼓天下之动句：言用语言、文字等激发人们的情绪，使人们行动起来。《易·系辞上》：“鼓天下之动者存乎辞。”韩康伯注：“辞，爻辞也。爻以鼓动效天下之动也。”

④ 吉人：善良的人。《易·系辞下》：“吉人之辞寡，躁人之辞多。”

⑤“寂然”句：《易·系辞上》：“无思也，无为也，寂然不动，感而遂通。”
⑥“见几”句：《易·系辞下》：“君子见几而作，不俟终日。”几：指事物的苗头、预兆。俟：等待。
⑦巽（xùn）：卦名，八卦之一；又六十四卦之一，巽下巽上。引申指卑顺，谦让。颡（sǎng）：额头。白眼：多白的眼睛。《易·说卦》：“巽为木、为风、为长女、为绳直、为工、为白、为长、为高、为进退、为不果、为臭。其于人也，为寡发，为广颡，为多白眼。”
⑧坎：《易》卦名。八卦之一。坎象征险难，代表水，为北方之卦。《易·说卦》：“坎者，水也。正北方之卦也，劳卦也，万物之所归也。”《易·说卦》：“坎为水、为沟渎、为隐伏、为矫辕、为弓轮。其于人也，为加忧、为心病、为耳痛、为血卦、为赤。其于马也，为美脊、为亟心、为下首、为薄蹄、为曳。”
⑨曲成：多方设法使有成就，委曲成全。《易·系辞上》：“曲成万物而不遗。”弥纶：统摄；笼盖。《易·系辞上》：“《易》与天地准，故能弥纶天地之道。”高亨注：“《释文》引京房云：‘准，等也。弥，遍也。’《集解》引虞翻曰：‘纶，络也。’弥纶即普遍包络。锁细：琐碎细小。锁，通“琐”。

尚书第五道

问：尧之文思也，命羲和四岳，敬授人时，其道巍巍矣。①舜之登庸也，则流放窜殛，考绩黜陟，熙帝载而亮天工者二十有二人，其理昭昭矣。②至禹则别九州、导九河、分五服、建五长。③辛壬癸甲，荒度土功，其勤云云矣。④夫以陶唐虞夏，皆圣人也，而劳逸斯殊，岂时不得不然，复道有所不及？何事功玄德烦简相去之远耶？⑤愿闻其说。

注释：

①文思：指才智与道德；古代专用以称颂帝王。《书·尧典》：“曰若稽古，帝尧曰放勋，钦明文思安安。”陆德明释文：“经天纬地谓之文，道德纯备谓之思。”羲和：羲氏与和氏的并称。传说尧曾命羲仲、羲叔、和仲、和叔两对兄弟分驻四方，以观天象，并制历法。《书·尧典》：“乃命羲和，钦若昊天，历象日月星辰，敬授人时。”巍巍：崇高伟大。《论语·泰伯》：“巍巍乎！舜禹之有天下也而不与焉。”何晏集解：“巍巍，高大之称。”
②登庸：选拔任用。《书·尧典》：“帝曰：畴咨若时登庸。”孔传：“畴，谁。庸，用也。谁能咸熙庶绩，顺是事者，将登用之。”引申指登帝位。流放：把犯人放逐到边远地方。窜殛：流放和杀戮。窜（cuàn）：此言放逐，驱逐。《书·舜典》：“流共工于幽州，放驩兜于崇山，窜三苗于三危，殛鲧于羽山，四罪而天下咸服。”考绩：按一定标准考核官吏的成绩。黜陟：指人才的进退，官吏的升降。《书·舜典》：“三载考绩。三考，黜陟幽明。”孔传：“三年有成，故以考功。九岁则能否幽明有别，黜退其幽者，升进其明者。”熙：兴盛，兴起。帝载：帝王的事业。《书·舜典》：咨，四岳！有能奋庸熙帝之载，使宅百揆亮采，惠畴？”孔传：“载，事也。”亮：光大。天工：天的职任。古以为王者法天而建官，代天行职事。《书·皋陶谟》：“无旷庶官，天工人其代之。”
③九河：禹时黄河的九条支流。近人多认为是古代黄河下游许多支流的总称。《书·禹贡》：“九河既道。”陆德明释文引《尔雅·释水》：“九河：徒骇一，太史二，马颊三，覆釜四，胡苏五，简六，洁七，钩盘八，鬲津九。”五服：古代王畿外围，以五百里为一区划，由近及远分为侯服、甸服、绥服、要服、荒服，合称五服。服，服事天子之意。《书·益稷》：“弼成五服，至于五千。”孔传：“五服，侯、甸、绥、要、荒服也。服，五百里。四方相距为方五千里。”五长：指五位方伯。《书·益稷》：“外薄四海，咸建五长。”孔传：“言至海诸侯五国，立贤者一人为方伯，谓之五长，以相统治，以奖帝室。”

④ 辛壬癸甲：《书·益稷》："娶于涂山，辛壬癸甲"。孔传："［夏禹］辛日娶妻，至于甲日，复往治水，不以私害公。"荒度：大力治理；统盘筹划。土功：指治水、筑城、建造宫殿等工程。《书·益稷》："启呱呱而泣，予弗子，惟荒度土功。"孔传："禹治水过门不入，闻启泣声，不暇子名之，以大治度水土之功故。"

⑤ 事功：指为国勤奋努力工作的功勋。《周礼·夏官·司勋》："事功曰劳。"郑玄注："以劳定国若禹。"玄德：指潜蓄而不著于外的德性。

毛诗第六道（五经明经同）

问：三纲之道，有君臣焉，有父子焉。① 《周南》、《召南》，以风化于天下；《关雎》、《鹊巢》，乃首于夫妇。②举后妃曷若先天子，美夫人曷若称诸侯，岂自迩而及遐，将举细而明大？又太师所采，孔圣所删，以时则齐襄先于卫顷，以地则魏土褊于晋境，未详差次，何所后先？③一言虽蔽于无邪，六义（艺）乃先于谲谏，④既歌乃必类，何失之于愚？理或出于郑笺，言无惮于匡说。⑤

注释：

① 三纲：我国封建社会中谓君为臣纲、父为子纲、夫为妻纲，合称三纲。《礼记·乐记》："然后圣人作，为父子君臣，以为纪纲。"唐孔颖达疏："《礼纬·含文嘉》云：三纲谓君为臣纲，父为子纲，夫为妻纲。"

② 关雎：《诗·周南》篇名。为全书首篇，也是十五国风的第一篇。《诗·周南·关雎序》："《关雎》，后妃之德也。风之始也，所以风天下而正夫妇也。"鹊巢：《诗·召南》篇名。《诗·召南·鹊巢序》："鹊巢，夫人之德也。国君积行累功，以致爵位，夫人起家而居有之，德如鸤鸠，乃可以配焉。"后遂以"鹊巢"指妇人之德。

③ 齐襄：指春秋时齐襄公；卫顷：指春秋时卫顷公。褊（biǎn)：狭小，不宽广。晋境：指周成王桐叶封弟之唐地，相对于《诗经》为《唐风》。此二句说齐襄公比卫顷公先受封，唐国（晋境）比魏国地域广大，而《诗经》在编排次目上却并未以时间先后、地盘大小为序，《诗经》中《卫风》在《齐风》前，《魏风》在《唐风》之前。

④ 无邪：谓无邪僻，无邪曲。此指我国古代诗教的一种观点，谓诗的最高标准是中和雅正，谓之"无邪"。《论语·为政》："《诗》三百，一言以蔽之，曰思无邪。"六义：亦称"六诗"。《〈诗〉大序》："诗有六义焉：一曰风，二曰赋，三曰比，四曰兴，五曰雅，六曰颂。"孔颖达疏："风、雅、颂者，诗篇之异体；赋、比、兴者，诗文之异辞耳。大小不同而得并为六义者，赋、比、兴是诗之所用，风、雅、颂是诗之成形，用彼三事，成此三事，是故同称为义，非别有篇卷也。"近人认为：风是各国的歌谣，雅是周王畿的歌曲，颂是庙堂祭祀的乐歌，是《诗经》的三种体制；赋是敷陈其事，比是指物譬喻，兴是借物起兴，是《诗经》的三种表现内容的方法。后指以《诗经》为代表的文学创作的精神和原则。谲（jué）谏：委婉地规谏。《诗·周南·关雎序》："上以风化下，下以风刺上，主文而谲谏，言之者无罪，闻之者足以戒，故曰风。"郑玄笺："谲谏，咏歌依违不直谏。"

⑤ 郑笺：汉郑玄所作《〈毛诗传〉笺》的简称。郑玄兼通经今古文学，他以《毛传》为主，兼采今文三家诗说，加以疏解。他作《毛诗笺》，谦敬不敢言注，但云表明古人之意或断以己意，使可识别，故曰笺。书出后，《毛诗》日盛，三家诗渐废。无惮：不怕。匡说：出自《汉书·匡衡传》："无说《诗》，匡鼎来，匡说诗，解人颐。"

穀梁传第七道

问：褒贬之书，宣父约于史氏；①清婉之传，卜商授于门人。②经有体元，且无训说，日称夜食，颇近迂异。③征秃眇之修聘，聚綦辄之方言。④晋大夫奚俟于偕行，卫公子岂名其天疾？⑤隐居摄以崇让，郑讨叛以灭亲，未曰申邪，宁为积虑。⑥邹氏、夹氏，学既不博（集作传）；尸子、沈子，复为何者？⑦鄙夫未达，有伫嘉言。

注释：

① 褒贬：赞扬或贬低。汉董仲舒《春秋繁露·威德所生》："《春秋》采善不遗小，掇恶不遗大，讳而不隐，罪而不忽，□□（此处缺两字）以是非，正理以褒贬。"晋杜预《〈春秋经传集解〉序》："《春秋》虽以一字为褒贬，然皆须数句以成言。"宣父：旧时对孔子的尊称。汉平帝元始元年追谥孔子为褒成宣尼公，后因称孔子为宣尼。见《汉书·平帝纪》。《新唐书·礼乐志五》："[贞观]十一年诏尊孔子为宣父，作庙于兖州。"

② 清婉：清新美好。《穀梁传》语言清婉平实。如《全唐文》卷八百二十八罗衮《谢监修相公启》："《穀梁》清婉，休校力于短长。"卜商：孔子弟子子夏。相传子夏传承孔子的《春秋》等著作，并传于公羊高、穀梁赤。

③ 体元：谓以天地之元气为本。体元居正：谓人君以天地之元气为本，常居正道以施政教。多指帝王即位。语出《春秋·隐公元年》"元年春王正月"。晋杜预注："隐公之始年，周王之正月也。凡人君即位，欲其体元以居正，故不言一年一月也。"孔颖达疏："元正实是始长之义，但因名以广之。元者，气之本也，善之长也。人君执大本，长庶物，欲其与元同体，故称元年。正者，直方之间语也。直其行，方其义，人君当执直心，杖大义，欲其常居正道，故月称正也。"夜食：发生在夜间的日蚀。《穀梁传·庄公十八年》："十有八年，春，王三月，日有食之。不言日，不言朔，夜食也。"范宁注："日始出而有亏伤之处，是以知其夜食也。"

④ 秃：头无发。眇：一目失明。《穀梁传·成公元年》："季孙行父秃，晋郤克眇，卫孙良夫跛，曹公子手偻，同时而聘于齐。"綦辄之方言：语出《穀梁传·昭公二十年》："曰有天疾者，不得入乎宗庙。辄者何也，曰两足不能相过齐谓之綦，楚谓之踂，卫谓之辄。"

⑤ 偕行：一同出发；一起走。《诗·秦风·无衣》："王于兴师，修我甲兵，与子偕行。"《左传·定公四年》载，申包胥借秦师，秦哀公为之赋《无衣》。天疾：先天的疾病。《穀梁传·昭公二十年》："有天疾者，不得入乎宗庙。"晋大夫、卫公子即晋郤克、卫孙良夫，见上文注④。

⑥ 隐：鲁隐公。居摄：因皇帝年幼不能亲政，由大臣代居其位处理政务，谓"居摄"。郑：郑伯。郑伯征讨其弟，本为平叛，但《春秋》颇有微词，记曰："郑伯克段于鄢。"积虑：久积思虑。《穀梁传·隐公元年》："郑伯之处心积虑，成于杀也。"

⑦ 邹氏、夹氏：指《春秋经》之《邹氏传》、《夹氏传》。班固《汉书·艺文志》在言及《春秋》时说："《邹氏传》十一卷。《夹氏传》十一卷。有录无书。""故有《公羊》、《穀梁》、《邹》、《夹》之《传》。四家之中，《公羊》、《穀梁》立于学官，邹氏无师，夹氏未有书。"尸子：《汉书·艺文志》杂家有"《尸子》二十篇。"班固自注：尸子"名佼，鲁人，秦相商君师之。鞅死，佼逃入蜀"。刘向《荀子书录》说尸子著书"非先王之法，不循孔氏之术"。《隋书·经籍志》杂家记载："《尸子》二十卷、目一卷。梁十九卷。秦相卫鞅上客尸佼撰。其九篇亡，魏黄初中续。"可见原书在三国时已亡佚一半，所以黄初年间（220—226）才续补了九篇。沈子：《穀梁传·定公元年》："沈子曰'正棺乎两楹之间'，然后即位。"

论语第八道（明经、弘文、崇文生同）

问：子曰："君子无终食之间违仁。"① 又曰："仁远乎哉！"② 则子文之忠，文子之清，由也之果，求也之艺，皆曰不知其仁，岂尽非君子耶？③ 胡为乎登夫子之门而称齐楚之贤大夫也？"其愚"、"如愚"，宁武与颜生孰愈？④ "三思"、"三省"，季文子与曾子孰优？⑤ 虞仲隐居以放言，下惠辱身以降志，颇殊取舍，皆曰逸贤。⑥ 探索精微，当有师说。

注释：

① 君子句：《论语·里仁》："君子无终食之间违仁，造次必于是，颠沛必于是。"何晏集解："马曰：造次，急遽；颠沛，偃仆；虽急遽偃仆不违仁。"

② 仁远："子曰：'仁远乎哉？我欲仁斯仁至矣。'"何晏集解："包曰：仁道不远，行之即是。"

③ 子文：楚大夫，姓斗名谷，字于菟。《论语·公冶长》："子张问曰：'令尹子文三仕为令尹，无喜色；三已之，无愠色。……'子曰：'忠矣。'"文子：此指齐国大夫陈文子。清：此指高洁。《论语·公冶长》："崔子弑齐君，陈文子有马十乘，弃而违之，至于他邦……子曰：'清矣。'"由：孔子弟子仲由，春秋时鲁国卞人。性情直爽，勇敢，事亲孝，闻过则喜，长于政治。曾为季孙氏家臣，后任卫大夫孔悝邑宰，在贵族内讧中被杀害。果：果毅。求：孔子弟子冉求，字子有，亦称冉有。春秋末年鲁国（今山东曲阜）人。青年时期曾做过季氏的家臣，后随孔子周游列国。子有多才多艺，性谦逊长于政事。不知其仁：语出《论语·公冶长》："孟武伯问子路仁乎？子曰：'不知也。'又问。子曰：'由也，千乘之国，可使治其赋也，不知其仁也。''求也何如？'子曰：'求也，千室之邑，百乘之家，可使为之宰也，不知其仁也。''赤也何如？'子曰：'赤也，束带立于朝，可使与宾客言也，不知其仁也。'"

④ 宁武：即宁武子，亦称"宁子"、"宁生"。春秋卫大夫宁俞，谥武子。《论语·公冶长》："子曰：'宁武子，邦有道，则知；邦无道，则愚。其知可及也，其愚不可及也。'"颜生：指颜回。《论语·为政》："子曰：'吾与回言，终日不违，如愚。'"

⑤ 三思：再三思考。《论语·公冶长》："季文子三思而后行。子闻之，曰：'再，斯可矣。'"三省：省察三事。《论语·学而》："曾子曰：'吾日三省吾身：为人谋而不忠乎？与朋友交而不信乎？传不习乎？'"

⑥ 放言：谓不谈世事。《论语·微子》："［子］谓虞仲夷逸，隐居放言，身中清，废中权。"何晏集解引包咸曰："放，置也；不复言世务。"一说为放纵其言。下惠：指春秋鲁国柳下惠。降志：犹降心。《论语·微子》："柳下惠为士师，三黜。人曰：'子未可以去乎？'曰：'直道而事人，焉往而不三黜？'"逸贤：隐遁不仕的贤人。

道举策问二道①

南华经第一道②

问：安时处顺，泊然悬解，至人之心也。③ 故曰："材全而德不形。"④ 又曰："休影息迹。"⑤ 与夫五浆先馈，履满户外者，固不侔矣。⑥ 然则以纪渻之养鸡，痀偻之承蜩，匠石之运斤，梓庆之削鐻，用志不分，移于教化，则万物之相刃相靡者，悠然而顺，阍然而和。⑦ 奚在于与无趾、无眼之徒，支离形德，然后为德耶？⑧ 愿闻其说。

注释：

① 今《全唐文》卷四百八十三收录权德舆《道举策问》共五道，此列二道。

② 南华：《南华真经》的省称，即《庄子》的别名。

③ 安时处顺：谓安于时运，顺应变化。《庄子·养生主》："适来，夫子时也；适去，夫子顺也。安时而处顺，哀乐不能入也。"泊然：恬淡无欲貌。悬解：解除束缚；引申指了悟。至人：道家指超凡脱俗，达到无我境界的人。《庄子·齐物论》："至人神矣！大泽焚而不能热，河汉冱而不能寒，疾雷破山、风振海而不能惊。"《庄子·外物》："唯至人乃能游于世而不僻，顺人而不失己。"

④ 材全而德不形句：《庄子·养生主》："是必才全而德不形者也。哀公曰：'何谓才全?'仲尼曰：'死生存亡，穷达贫富，贤与不肖，毁誉，饥渴寒暑，是事之变，命之行也……是之谓才全。''何谓德不形?'曰：'平者，水停之盛也。其可以为法也，内保之而外不荡也。德者，成和之修也。德不形者，物不能离也。'"

⑤ 休影息迹：《庄子·说剑》："人有畏影恶迹而去之走者，举足愈数而迹愈多，走愈疾而影不离身，自以为尚迟，疾走不休，绝力而死。不知处阴以休影，处静以息迹。愚亦甚矣！"

⑥ 浆：古代一种微酸的饮料。《诗·小雅·大东》："或以其酒，不以其浆。"《周礼·天官·酒正》："辨四饮之物：一曰清，二曰医，三曰浆，四曰酏。"郑玄注："浆，今之截浆也。"孙诒让正义："案浆截同物，累言之则曰截浆。盖亦酿糟为之，但味微酢耳。"馈：送上。"五浆先馈"犹言钟鸣鼎食，状其尊贵，而"履满户外"则言其宾客众多，状其显赫。

⑦ 纪渻之养鸡：语出《庄子·达生》篇："纪渻子为王养斗鸡……十日又问，曰：'……其犹木鸡不动不惊，其德全矣，异鸡无敢应者，反走矣。'"成玄英疏："其犹木鸡不动不惊，其德全具，他人之鸡，见之反走。"《庄子》成玄英疏此言修养深淳以镇定取胜者。痀偻：驼背，曲背。《庄子·达生》："仲尼适楚，出于林中，见痀偻者承蜩，犹掇之也。……孔子顾谓弟子曰：'用志不分，乃凝于神，其痀偻丈人之谓乎！'"承蜩：以竿取蝉。匠石：古代巧匠。《庄子·徐无鬼》："郢人垩慢其鼻端，若蝇翼，使匠石斲之。匠石运斤成风，听而斲之，尽垩而鼻不伤，郢人立不失容。"削鐻：《庄子·达生》："梓庆削木为鐻，鐻成，见者惊犹鬼神。"成玄英疏："鐻者，乐器，似夹钟。亦言鐻似虎形，刻木为之。"后用为神志专注的典实。相刃：相违逆，相抵触。相靡：相互摩擦。《庄子·齐物论》："与物相刃相靡，其行尽如驰，而莫之能止，不亦悲乎?"成玄英疏："刃，逆也。"阍然：默然。

⑧ 支离：残缺而不全，不中用。庄子寓言中所举的肢体残缺畸形，于世无补，而坐受赈济的人物。如支离疏，亦作"支离叟"、"支离"。《庄子·人间世》："支离疏者，颐隐于脐，肩高于顶，会撮指天，五管在上，两髀为胁。挫针治繲，足以餬口；鼓筴播精，足以食十人。上征武士，则支离攘臂而游于其间；上有大役，则支离以有常疾不受功；上与病者粟，则受三钟与十束薪。"又："夫支离其形者，犹足以养其身，终其天年，又况支离其德者乎！"

通玄经第二道

问：文子玄虚，师其言于老氏。①计然富利，得其术者朱公。②疑传记之或差，何本末之相远？人分五位，智辨居忠信之前；③体包五藏，耳目乖肺肝之中（主）。④皆何故耶？当有其说。至于积德积怨，实昧其图；上义下仁，愿聆其旨。⑤大辨若讷，大道甚夷，岂在颠之倒之，使学者泥而不通也？⑥

注释：

① 文子：《汉书·艺文志》道家类著录《文子》九篇，班固在其条文下注明："老子弟子，与孔子同

时，而称周平王问，似依托者也。”《文子》主要解说老子之言，阐发老子思想，继承和发展了道家“道”的学说。

② 计然：语出《史记·货殖列传》：“范蠡既雪会稽之耻，乃喟然而叹曰：‘计然之策七，越用其五而得意。既已施于国，吾欲用之家。’乃乘扁舟浮于江湖，变名易姓，适齐为鸱夷子皮，之陶为朱公。朱公以为陶天下之中，诸侯四通，货物所交易也，乃治产积居。与时逐而不责于人。故善治生者，能择人而任时。十九年之中三致千金，再分散与贫交疏昆弟。此所谓富好行其德者也。后年衰老而听子孙，子孙修业而息之，遂至巨万。故言富者皆称陶朱公。”骃案：范子曰“计然者，葵丘濮上人，姓辛氏，字文子，其先晋国亡公子也。尝南游于越，范蠡师事之。”富利：富有财利。朱公：即陶朱公，范蠡的别称。

③ 五位：即《文子·微明》中把人分为二十五类，见前“上五下五”注。

④ 五藏：即五脏。指心、肝、脾、肺、肾。中医谓“五脏”有藏精气而不泻的功能，故名。乖：与……相违。

⑤ 上义：此指“尚义”。上，通“尚”。《文子·上义》：“仁义足以怀天下之民，事业足以当天下之急，选举足以得贤士之心，谋虑足以决轻重之权，此上义之道也。”

⑥ 大辩：亦作“大辨”。能言善辩。《老子·四十五章》：“大直若屈，大巧若拙，大辨若讷。”《淮南子·诠言》：“大道无形，大仁无亲，大辩无声，大廉不嗛，大勇不矜。”

弘文崇文生问一道

问：乡赋国庠，已有定制，又辟两馆，以延诸生。①盖砥砺贵游，而进之于学也。②二三子江夏童年，颇闻岐嶷，③舞雩春服，皆已鲜明。④虽异宾兴，亦称讲业。⑤于经书所好何句？于古哲所慕何人？兼陈从政之方，用辨保家之美。

注释：

① 弘文崇文生问：今《全唐文》卷四百八十三收录为权德舆作品。共三道。乡赋：犹乡贡，唐代不经学馆考试而由州县推荐应科举的士子。《新唐书·选举志上》：“唐制，取士之科，多因隋旧，然其大要有三：由学馆者曰生徒，由州县者曰乡贡，皆升于有司而进退之……其天子自诏者曰制举。”此指乡试。国庠：国家开设的学校。两馆：指唐代弘文馆和崇文馆。《新唐书·选举志上》：“凡馆二：门下省有弘文馆，生三十人；东宫有崇文馆，生二十人。”延：引入，招收。

② 贵游：犹言“贵游子弟”，指王公大臣之子弟。《周礼·地官·师氏》：“掌国中失之事以教国子弟，凡国之贵游子弟学焉。”郑玄注：“贵游子弟，王公之子弟。游，无官司者。”

③ 江夏童年：此用东汉黄香典故，指年轻聪慧。《后汉书·文苑传·黄香传》：“黄香，字文强，江夏安陆人也。……博学经典，究精道术，能文章。京师号曰：‘天下无双，江夏黄童。’……后召诣安福殿言政事，拜尚书郎。数陈得失，赏赉增加。尝独止宿台上，昼夜不离省闼。帝闻善之，（汉和帝）永元四年拜左丞。”岐嶷：《诗·大雅·生民》：“诞实匍匐，克岐克嶷。”朱熹集传：“岐嶷，峻茂之状。”后多以“岐嶷”形容幼年聪慧。

④ 舞雩：古代求雨时举行的伴有乐舞的祭祀。此用《论语·先进》：“浴乎沂，风乎舞雩，咏而归。”指乐道遂志，不求仕进。春服：春日穿的衣服。

⑤ 宾兴：参见卷四百七十六策问明经八道周礼第三道注⑥指周代举贤之法。谓乡大夫自乡小学荐举贤能而宾礼之，以升入国学。讲业：研习学业。

贞元二十一年礼部策问五道

第一道

问：古之善为政者，在得人而已，在求理而已。①周以功德诏爵禄，秦以农战居职员，②汉武帝诏察茂异可以为将相者。夫功与德，非常才所及也；农与战，非筮仕所宜也；③安危注意之重，非设科可俟也；④是三者固有利病，幸错综言之。又三适之宜，九品之法，或计户以贡士，或限年以入官，事有可行，法有可采，制度当否？⑤悉期指明。

注释：

① 礼部策问：今《全唐文》卷四百八十三收录为权德舆作品。得人：得到德才兼备的人；亦指用人得当。《论语·雍也》："子曰：'女得人焉耳乎？'"求理：求治。求得政通人和，社会安定的局面。

② 功德：功业与德行。爵禄：官爵和俸禄。《周礼·夏官·司士》："凡邦国，三岁则稽士任而进退其爵禄。"农战：商鞅等先秦诸子的经济、军事思想和政策。重视农业和战争，主张两者结合。《商君书·农战》："国待农战而安，主待农战而尊。"职员：旧指有一定职衔的员司。唐白居易《省官并奉减使职策》："公若量其职员，审其禄秩，使众寡有常数，厚薄得其中，故禄得其中，则赏不广而下无侵削之患矣。""秦以农战"句：是说秦用商鞅奖励耕战之法，特设二十余级军功爵位，使欲入仕者必由此而进身。

③ 茂异：才德出众。汉武帝时已诏求茂才异等之人。后来，此目固定为"秀才"等荐举科目。《汉书·公孙弘卜式等传赞》："孝宣承统，纂修洪业。亦讲论六艺，招选茂异。"筮仕：古人将出做官，卜问吉凶；引申指初出做官。

④ 注意：重视，关注。《史记·郦生陆贾列传》："天下安，注意相；天下危，注意将。"设科：规定取士的考试科目。"安危"句：即谓关系天下安危的将、相之选拔，并非靠设一荐举科目便可解决。

⑤ 三适：谓好德、贤贤、有功。九品：魏晋南北朝时士人的九种品第。《晋书·刘毅传》："毅以魏立九品，权时之制，未见得人，而有八损。"《汉书·古今人表》列古今人物为九等，实为"九品"之起源。计户以贡士：是指朝廷按地方官所辖户口总数的一定比例，要求其如数推荐人才。限年：古代对考试或任用官吏的年龄加以限制，谓之"限年"。汉崔瑗《上言察举孝廉》："臣闻孝廉，皆限年三十乃得察举，恐失贤才之士也。"入官：从政，做官。

第二道

问：夏殷周之政，忠敬文之道，承弊以救，始终循环。①而上自五帝，不言三统，岂备有其政？②或史失其传？嬴、刘而下，教化所尚，历代相变，其事如何？岂风俗渐靡，不登于古，复救之之道，有所未至耶？国家化光三代，首冠百王，③固以忠厚，胜兹文弊，④前代损益，伫闻讨论，遽数之中，所希体要也。

注释：

①"夏殷周"句：是说夏之政提倡忠君，终致覆亡，商为救其弊，提倡敬事鬼神，欲以此限制君权膨

胀，但亦致覆亡。于是，周便提倡礼乐教化，使各安其位，人心服从，这便是所谓“文”教。孔子曾说：“郁郁乎文哉，吾从周。”语出《论语·八佾》。

② 三统：指夏、商、周三代的正朔。夏正建寅为人统，商正建丑为地统，周正建子为天统。亦谓之三正。《汉书·刘向传》：“王者必通三统，明天命所授者博，非独一姓也。”颜师古注引张晏曰：“一曰天统，为周十一月建子为正，天始施之端也。二曰地统，谓殷以十二月建丑为正，地始化之端也。三曰人统，谓夏以十三月建寅为正，人始成立之端也。”

③ 化光：德化光大。《易·坤·文言》：“坤至柔而动也刚，至静而德方，后得主而有常，含万物而化光。”孔颖达疏：“言含养万物而德化光大也。”

④ 文弊：亦作“文敝”。谓尚文之极而成弊害。《史记·高祖本纪》：“三王之道若循环，终而复始，周秦之闲，可谓文敝矣。”

第三道

问：古者士足以理官业，工足以备器用，①商足以通货贿，而农者居多。②所以务三时之功，有九年之蓄，用阜其业，实藏于人，③乃者惰游相因，颇复去本。④今皇帝励精至化，在宥万方，德音圣泽，际天接地。⑤凡弘于理道者，无不至也；⑥裕于齐人者，无不被也。⑦而又询吏禄公田之制，稽财征榷筦之宜，⑧使群有司，质政损益，庶官匹士，皆得上言。⑨众君子躬先师之儒，生盛圣之代，伫兹嘉话，当荐所闻。

注释：

① 官业：官府里的事务；公务。《国语·楚语上》：“其事不烦官业，其日不废时务。”韦昭注：“业，事也。”器用：器皿，用具。

② 货贿：古指财货，财物。贿指财物，如《诗经·卫风·氓》：“以尔车来，以我贿迁。”

③ 三时：指春、夏、秋三季农作之时。《左传·桓公六年》：“洁粢丰盛，谓其三时不害而民和年丰也。”杜预注：“三时，春、夏、秋。”蓄：粮食等的储蓄。古代农业靠天吃饭，故必须多有储粮以备荒年。

④ 惰游：游手好闲。本：此指农业生产。《荀子·天论》：“强本而节用，则天不能贫。”杨倞注：“本谓农桑。”

⑤ 励精：振奋精神，致力于某种事业或工作。至化：极美好的教化。在宥：《庄子·在宥》：“闻在宥天下，不闻治天下也。”郭象注：“宥使自在则治，治之则乱也。”成玄英疏：“宥，宽也。在，自在也……《寓言》云，闻诸贤圣任物自在宽宥，即天下清谧。”后因以“在宥”指任物自在，无为而化。多用以赞美帝王的“仁政”、“德化”。

⑥ 理道：此言理政之道，即治道。

⑦ 裕：宽松；使……宽松。齐人：齐民，百姓。被：覆被，指受其恩惠。

⑧ 吏禄：官吏的俸禄；此言吏禄制度。公田：古代井田制度下，把土地划成“井”字形，分为九区，中区由若干农夫共同耕种，将收获物全部缴给统治者，称为“公田”。与“私田”相对。此言“公田之制”当指唐太宗时曾推行的均田制。榷筦：即“榷管”。谓对盐铁等物实行专管专卖。《汉书·车千秋传》：“桑弘羊为御史大夫八年。自以为国家兴榷筦之利。”颜师古注：“榷谓专其利使入官也，筦即管字也。”

⑨ 群有司：各相关政府部门。庶官：一般官员。匹士：即士。以其地位低微，故称。《礼记·礼器》：“君子大牢而祭，谓之礼；匹士大牢而祭，谓之攘。”孔颖达疏：“匹士，士也……言其微贱，不得特使为介乃行，故谓之匹也。”上言：进呈言辞。

第四道

问：昔伊尹酒保，傅说胥靡，竟昌殷道，以阜王业。①春秋时观丁父、彭仲爽，申却之俘也，克州蓼、朝陈蔡，楚邦赖之。②汉廷韩安国徒中拜二千石，张释之以赀为郎，并称名臣，焯叙前史。③然则俘徒作役，或财用自发，前代取之，而得人如是。魏晋已降，流品渐分，筮仕之初，率先文学，或荐贤推择，皆秀发州闾，而致理之风，颇未及（集作反）古。④岂朴散寖久，或求之大精，其故何也（集作斯故何也）？⑤常有所愤（集作常有所懵），今四门大辟，百度惟贞，执事者固欲上副聪明，⑥悉搜才实，幸酌古道，指陈所宜。

注释：

① 酒保：货酒者；酒店的伙计。传说伊尹微贱时曾为酒保。胥靡：古代服劳役的奴隶或刑徒。《吕氏春秋·求人》："傅说，殷之胥靡也。"高诱注："胥靡，刑罪之名也。"阜：使富厚安定。

② 观丁父、彭仲爽，申却之俘：《通志·列传第三十三》："观丁父，鄀俘也，武王以为军师。彭仲爽，申俘也，文王以为令尹。"此句是说在攻克州蓼，使陈国、蔡国臣服等事情上，楚国靠的就是这几个人。

③ 韩安国：字长孺，梁县成安（今汝州小屯村北）人。曾在山东邹平县田生家里学习《韩子》及杂家学说，后来在梁孝王朝内当中大夫。七国之乱时，韩安国为将，击退吴兵于梁国东界。参见《史记·韩长孺列传》："其后安国坐法抵罪，蒙狱吏田甲辱安国。安国曰：'死灰独不复然乎？'田甲曰：'然即溺之。'居无何，梁内史缺，汉使使者拜安国为梁内史，起徒中为二千石。"张释之：西汉法律家，法官。字季，南阳堵阳（今河南方城县东人。汉文帝元年，靠捐财产给官府而选为骑郎，官至中郎将等职。文帝三年升任廷尉。他执法不阿，认为"法者，天子所与天下公共也"。时人称赞"张释之为廷尉，天下无冤民"。见《史记·张释之冯唐列传》。焯：明彻，明显；此言照耀。

④ 作役：因服刑而劳作服苦役的人。财用自发：靠捐财产而得自荐为官，即指"赀选"。文学：此指才学。

⑤ 大：即"太"。

⑥ 愤：郁闷，心中的郁结。《论语·述而》："不愤不启，不悱不发。"四门：明堂四方的门。此言学校，即四门学。唐代四门学为大学，隶国子监，传授儒家经典，性质与国子学、太学同，惟学生家庭出身品级较低。百度：百事；各种制度。《书·旅獒》："不役耳目，百度惟贞。"执事：本指从事某项工作，主管其事。《周礼·天官·大宰》："九曰闲民，无常职，转移执事。"郑玄注引郑司农云："闲民，谓无事业者，转移为人执事，犹今佣赁也。"引申泛指有职守之人，官员。副：辅助。聪明：此指君主的视听。

第五道

问："言，身之文也。"又曰："灼于中必文于外。"①司马相如、扬雄，藉甚汉廷，其文盛矣。②或奏琴心而涤器，或赞符命以投阁，③其于溺情败度，又奚俟（集作事）于文章耶？④至若孔融、祢衡，夸傲于代，祸不旋踵，何可胜言？⑤两汉亦有质朴敦厚之科，廉清孝顺之举，皆本于行而遗其文，复何如哉？为辨其说。

注释：

① 言，身之文：《左传·僖公二十四年》载，介之推欲隐，其母希望儿子的所作所言达于晋文公，介之推对曰："言，身之文也。身将隐，焉用文之？是求显也"。灼于中必文于外：《国语·鲁语下》："蔡公孙归生与郑罕虎（郑大夫子罕之孙子，展之子子皮也）见叔孙穆子……郑子皮曰：'……夫服，心之文也。如龟焉，灼其中必文于外。若楚公子不为君必死，不合诸侯矣。'"

② 藉：盛；多。《史记·郦生陆贾列传》："陆生以此游汉廷公卿间，名声藉甚。"

③ 琴心：琴声表达的情意。《史记·司马相如列传》："是时，卓王孙有女文君新寡，好音，故相如缪与令相重，而以琴心挑之。"涤器：洗涤器物。《汉书·司马相如传上》："相如身自著犊鼻裈，与庸保杂作，涤器于市中。"符命：上天预示帝王受命的符兆。《汉书·扬雄传赞》："王莽时，刘歆、甄丰皆为上公，莽既以符命自立，即位之后，欲绝其原以神前事，而丰子寻、歆子棻复献之。莽诛丰父子，投棻四裔，辞所连及，便收不请。时，雄校书天禄阁上，治狱使者来，欲收雄，雄恐不能自免，乃从阁上自投下，几死。莽闻之曰：'雄素不与事，何故在此？'间请问其故，乃刘棻尝从雄学作奇字，雄不知情。有诏勿问。然京师为之语曰：'惟寂寞，自投阁；爰清静，作符命。'"投阁：事见上文。后用为文士不甘寂寞而遭祸殃之典。

④ 溺情：囿于情，沉陷于感情。败度：败坏法度。

⑤ 祸不旋踵：形容灾祸很快来临。踵，脚跟；不旋踵，来不及转身，比喻时间极为短暂。以上数句均言文人五行，可与《颜氏家训》所言相参照。此策问所问为如何平衡科举取士中"文"、"质"的标准。

明经策问七道

左氏传问一道

问：《春秋》者，以仲尼明周公之志而修经，丘明受仲尼之经而为传，元凯悦丘明之传而为注。①然则夫子感获麟之无应，因绝笔以寄词，作为褒贬，使有劝惧，是则圣人无位者之为政也。②其于笔削义例，岂皆用周法耶？③左氏有无经之传，杜氏又错传分经。④诚多艳富，⑤虑失根本，既学于是，颇尝思乎！

注释：

① 明经策问：今《全唐文》卷四百八十三收录为权德舆作品。元凯：即杜预，字元凯，京兆杜陵（今陕西西安东南）人，西晋时期著名的政治家和学者、灭吴统一战争的统帅之一。撰有《春秋左氏经传集解》三十卷。

② 获麟：指春秋鲁哀公十四年猎获麒麟事。相传孔子作《春秋》至此而辍笔。《春秋·哀公十四年》："春，西狩获麟。"杜预注："麟者仁兽，圣王之嘉瑞也。时无明王出而遇获，仲尼伤周道之不兴，感嘉瑞之无应，故因《鲁春秋》而修中兴之教。绝笔于'获麟'之一句，所感而作，固所以为终也。"惧：惧怕。《孟子·滕文公下》："孔子成《春秋》而乱臣贼子惧。"

③ 笔削：指著述。笔，书写记录；削，删改时用刀削刮简牍。义例：著书的主旨和体例。

④ 左氏句：是说左丘明据《春秋》作传，经文与传文分立单行；杜预注《左传》，第一次把传文拆开分别接续于经文之后。但因为二书记事起止时间不同等原因，并非《左传》文字都能冠之《春

秋经》。

⑤ 艳富：形容文辞华美繁富。晋范宁《〈榖梁传〉序》："左氏艳而富，其失也巫。"杨士勋疏："艳者，文辞可美之称也。"富：繁富。

礼记第二道

问：《大学》有明德之道，《中庸》有尽性之术，阙里弘教，微言在兹。①圣而无位，不敢作礼乐；②时当有闻，所以先气志。然则得甫申之佐，犹曰降神；③处定哀之时，亦尝问政。④致知自当乎格物，梦奠奚叹（集作难非）于宗予（子）？⑤必若待文王之无忧，遭虞帝之大德，然后凝道，孰为致君？⑥尔其深惟，以判其（集作斯）惑。⑦

注释：

① 明德：光明之德；美德。见《大学》："大学之道，在明明德，在亲民，在止于至善。"尽性：儒家谓人物之性均包含天理，唯至诚之人，才能发挥人和物的本性，使各得其所。《礼记·中庸》"唯天下至诚为能尽其性，能尽其性，则能尽人之性，能尽人之性，则能尽物之性"阙里：孔子故里，在今山东曲阜城内阙里街。因有两石阙，故名。孔子曾在此讲学。微言：精深微妙的言辞。

② 无位：没有一定的地位、官位。

③ 甫申：甫指仲山甫，周宣王时的贤臣。申指申包胥，春秋时楚国大夫。楚昭王十年（公元前506年），吴国用伍子胥计攻破楚国，申包胥到秦国求救，在秦庭痛哭七日夜，终于使秦国发兵救楚。

④ 定哀：鲁定公和鲁哀公，此已是鲁国末世，但两位君主皆曾向孔子"问政"。问政：咨询或讨论为政之道。《礼记·中庸》："哀公问政，子曰：'文武之政，布在方策。'"

⑤ 致知：儒家哲学用语。《礼记·大学》："致知在格物。"历代儒家学者对此有不同解释。汉郑玄认为"致知"是使人"知善恶吉凶之所终始"；宋朱熹认为"致，推极也；知，犹识也。推极吾之知识，欲其所知无不尽也"。格：使……至。格物：指推究事物之理。《礼记·大学》："致知在格物，物格而后知至。"梦奠：《礼记·檀弓上》载，孔子将死，曰："予畴昔之夜，梦坐奠于两楹之间……予殆将死也。"后因以"梦奠"指死亡。

⑥ 虞帝：指虞舜。致君：指成就君主事业。杜甫有《奉赠韦左丞丈二十二韵》："致君尧舜上，再使风俗淳。"

⑦ 深惟：深思，深入考虑。

周易第三道

问：洁净精微，研几通变。①伏羲重其象，文王演其辞。设位尽通于三极，修德岂惟于九卦？②何思何虑，既宜以同归？③先甲先庚，乃详于出令。④俭德避难，颇殊蹇蹇之风；⑤趋时贵近，方异谦谦之吉。⑥穷理尽性之奥，入神致用之精；⑦乾元用九之则，大衍虚一之数；⑧成性有存存之道，知几穷至至之原（言）。⑨此所讲闻，试陈要（集作崔）略。

注释：

① 洁净：此谓纯洁无邪。汉班固《白虎通·五经》："洁净精微，《易》教也；恭俭庄敬，《礼》教也。"研几：亦作"研机"。穷究精微之理。《易·系辞上》："夫易，圣人之所以极深而研几也。"

韩康伯注："极未形之理则曰深，动适微之会则曰几。"

② 设位：确立位次。《易·系辞上》："天地设位，而《易》行乎其中矣。"高亨注："设，立也。天地立其上下之位，易道即运行于天地之间。"三极：三才，天、地、人。《易·系辞上》："六爻之动，三极之道也。"王弼注："三极，三才也。"孔颖达疏："六爻递相推动而生变化，是天、地、人三才至极之道。"九卦：相传孔子在《系辞》里说明文王兴易之后，即从六十四卦中选出九卦，教人自修其德，以防忧患于未然。这九卦就是：天泽履，地山谦，地雷复，雷风恒，山泽损，风雷益，泽水困，水风井，以及随风巽。

③ 同归：即殊涂同归。《易·系辞下》："天下同归而殊涂，一致而百虑。"后泛指途径不同而结果相同。

④ 先甲：甲，一旬的第一日。《易·蛊》："先甲三日，后甲三日。"孔颖达疏："甲，为十日之首。"高亨注："每月三旬。每旬十日，以甲、乙、丙、丁、戊、己、庚、辛、壬、癸十字记之。"先庚：谓颁布命令前先行申述。《易·巽》："先庚三日，后庚三日，吉。"孔颖达疏："申命令谓之庚。民迷固久，申不可卒，故先申之三日；令著之后，复申之三日，然后诛之。民服其罪，无怨而获吉矣。"

⑤ 俭德：俭约的品德。《易·否》："君子以俭德辟难。"孔颖达疏："言君子于此否塞之时，以节俭为德，辟其危难。"蹇蹇：忠直貌。蹇，通"謇"。《易·蹇》："王臣蹇蹇，匪躬之故。"高亨注："謇謇，直谏不已也。"

⑥ 谦谦：谦逊貌。《易·谦》："初六：谦谦君子，用涉大川，吉。"

⑦ 穷理尽性：穷究天地万物之理与性。《易·说卦》："穷理尽性以至于命。"

⑧ 乾元：《易·乾》："大哉乾元，万物资始，乃统天。"孔颖达疏："乾是卦名，元是乾德之首。"朱熹本义："乾元，天德之大始。"后以"乾元"形容天子之大德。用九：《易》乾卦特有之爻题。谓六爻皆九。《易·乾》："用九，见群龙无首，吉。"王弼注："九，天之德也。"孔颖达疏："言六爻俱九，乃共成天德，非是一爻之九则为天德也。"高亨注："依古筮法，筮遇《乾》卦，六爻皆七，则以卦辞断事，六爻皆九，则以用九爻辞断事。用九犹通九，谓六爻皆九也。"大衍：《易·系辞上》："大衍之数五十。"韩康伯注引王弼曰："演天地之数，所赖者五十也。"孔颖达疏引京房云："五十者谓十日、十二辰、二十八宿也。"后以大衍为五十的代称。

⑨ 成性：天性。存存：谓保全、育成已存者。《易·系辞上》："天地设位，而易行乎其中矣。成性存存，道义之门。"朱熹本义："成性，本成之性也。"孔颖达疏："此明易道既在天地之中，能成其万物之性，使物生不失其性，存其万物之存，使物得其存成也。性谓禀其始也，存谓保其终也。"知几：谓有预见，看出事物发生变化的隐微征兆。《易·系辞下》："知几其神乎。君子上交不谄，下交不渎，其知几乎？几者，动之微，吉之先见者也。"至至：达到道的最高境地。

尚书第四道

问：《洪范》之美大同也，曰子孙其逢吉，数五福也；①曰考终命，皆其极致也。②至若允恭克让，而生丹朱；③方命圮族，乃产神禹；何吉凶之相戾也？④金縢请命，方秉珪以植璧；⑤元龟习吉，乃启钥而见书；岂赋命之可移也？⑥绝地天通，未详厥理；⑦血流漂杵，何乃溢言？⑧待问而来，幸（集作宜）陈师说。

注释：

① 洪范：大法，楷模；此言《尚书》"洪范"篇。大同：战国末至汉初的儒家学派提出的一种理想社会，与"小康"相对。《礼记·礼运》："大道之行也，天下为公，选贤与能，讲信修睦，故人不

独亲其亲，不独子其子，使老有所终，壮有所用，幼有所长，矜寡孤独废疾者皆有所养，男有分，女有归，货恶其弃于地也，不必藏于己，力恶其不出于身也，不必为己，是故谋闭而不与，盗窃乱贼而不作，故外户而不闭，是谓大同。”“子孙其逢”出《书·洪范》：“身其康强，子孙其逢，吉。”逢：兴旺。五福：五种幸福。《书·洪范》：“五福：一曰寿，二曰富，三曰康宁，四曰攸好德，五曰考终命。”

② 考终命：享尽天年。《书·洪范》：“五曰考终命。”孔传：“各成其长短之命以自终，不横夭。”

③ 允恭：信实而恭勤。《书·尧典》：“允恭克让，光被四表，格于上下。”孔传：“允，信。”克让：能谦让。丹朱：尧子名。《史记·五帝本纪》：“尧知子丹朱之不肖，不足授天下，于是乃权授舜。”此言尧允恭克让却生了一个不肖丹朱。

④ 方命：违命，抗命。圮族：毁害族类。圮（pǐ）：毁灭，断绝。《书·尧典》：“佥曰：‘于，鲧哉！’帝曰：‘吁，咈哉！方命圮族。’”蔡沈集传：“方命者，逆命而不行也。”孔传：“圮，毁；族，类也。”神禹：夏禹的尊称。相戾：前后矛盾；相违背。戾，乖张，违逆。

⑤ 金縢（téng）：用金属制的带子将收藏书契的柜封存。《书·金縢》：“公归，乃纳册于金縢之匮中。”蔡沈集传：“金縢，以金缄之也。”请命：即《金縢》所记，在武王生病时，周公旦持珪璧，请求神灵祖先，愿以己身代王受灾，愿王早日痊愈恢复。秉珪：亦作“秉圭”。手执玉圭。《书·金縢》：“为坛于南方北面，周公立焉。植璧秉珪，乃告大王、王季、文王。”

⑥ 元龟：大龟，古代用于占卜。据《书·金縢》记载，周公旦在祷告以后，“乃卜三龟，一习吉。启钥见书，乃并是吉”。次日，武王即病愈。习吉：谓再卜重得吉兆。赋命：天赋德命运。“岂赋命之可移”是说武王原本大病将死，而周公通过祷告，竟改变了天定的命运，这本身与“命”的定义相违背，故生此疑。

⑦ 绝地天通：《书·吕刑》：“乃命重黎，绝地天通，罔有降格。”孔传：“重即羲，黎即和。尧命羲和世掌天地四时之官，使人神不扰，各得其序，是谓绝地天通。言天神无有降地，地祇不至于天，明不相干。”意谓使天地各得其所，人于其间建立固定的纲纪秩序。

⑧ 血流漂杵：血流成河，能漂起木杵。形容杀人极多。《书·武成》：“受率其旅若林，会于牧野，罔有敌于我师，前徒倒戈，攻于后以北，血流漂杵。”孔传：“血流漂舂杵，甚之言也。”

毛诗第五道

问：风化天下，形于咏歌。① 辨理代（英华作治世非）之音，厚人伦之道，②《邶》、《鄘》褊小，尚列于篇；③楚宋奥区，岂无其什？④变风雅者，起于何代？⑤动天地者，本自何诗？⑥《南陔》、《白华》，亡其辞而不获；⑦《谷风》、《黄鸟》，同其目而不刊。⑧举毛郑之异同，辨齐鲁之传授。⑨（一有正字）墙面而立，既非其徒。⑩解（一有人字）颐之言，斯有所望。⑪

注释：

① 风化：风教，风气。咏歌：吟咏歌唱。

② 理代：治世。唐白居易《德宗皇帝挽歌词》之三：“悬知千载后，理代数贞元。”人伦：封建礼教所规定的人与人之间的关系。特指尊卑长幼之间的等级关系。

③ 邶（bèi）、鄘（yōng）：古国名，周武王克商后，分朝歌（商京师之地）以北之地为邶，南为鄘，东为卫。故地在今河南省卫辉市境。《诗》十五国风中有《邶风》、《鄘风》。褊（biǎn）小：狭小。指地域不宽大。《左传·隐公四年》：“卫国褊小，老夫耄矣，无能为也。”

④ 楚：古国名。芈姓，始祖鬻熊。西周时立国于荆山一带。春秋战国时国势强盛，疆域由湖北、湖

南扩展到今河南、安徽、江苏、浙江、江西和四川。为五霸七雄之一。参阅《史记·楚世家》。宋：周代诸侯国名，子姓。周武王灭商后，封商王纣子武庚于商旧都（今河南商丘）。成王时，武庚叛乱，被杀，又以其地封与纣的庶兄微子启，号宋公，为宋国。辖地在今河南东部及山东、江苏、安徽之间。奥区：腹地。此言楚宋地盘广大。什（shí）：《诗经》中《雅》、《颂》部分多以十篇为一组，称之为"什"。如：《鹿鸣之什》、《清庙之什》等。后用以泛指诗篇、文卷，犹言篇什。

⑤ 变风雅者：变风：指《诗经》"国风"中邶至豳等十三国的作品。《诗·邶风·柏舟诂训传》唐陆德明题解："从此讫《豳·七月》，十三国并变风也。"变雅：《诗经》中《小雅》、《大雅》的部分内容，与"正雅"相对，一般是指反映周政衰乱的作品。"变风"、"变雅"是相对于"正风"、"正雅"而言的。正风：指《诗经》国风中的《周南》、《召南》。《诗·周南·关雎诂训传》"毛诗国风"唐陆德明释文："国者，总谓十五国；风者，诸侯之诗。从《关雎》至《驺虞》二十五篇谓之正风。"正雅：指《诗》中正《小雅》、正《大雅》的统称。据《小大雅谱》载：自《鹿鸣》至《菁菁者莪》为正小雅，自《文王》至《凫鹥》为正大雅；大雅《民劳》、小雅《六月》之后，皆谓之变雅。故大雅十八篇、小雅十六篇为正雅。《诗大序》言："至于王道衰，礼仪废，政教失，国异政，家殊俗，而变风变雅作矣。"

⑥ 动天地：语本《诗·大序》："故正得失，动天地，感鬼神，莫近乎诗。"

⑦《南陔》、《白华》：《诗经》中有题无诗之篇目。郑玄笺《南陔》、《白华》、《华黍》曰："此三篇者《乡饮酒》、《燕礼》用焉。"孔颖达《毛诗正义》说："此三篇既亡其辞，其名曰《南陔》、《白华》、《华黍》之由，必是诗有此字，不可以意言也。"

⑧《谷风》、《黄鸟》同其目：指《诗经》有《邶风·谷风》、《小雅·谷风》，《秦风·黄鸟》、《小雅·黄鸟》，篇名相同而不改动。刊：更改。

⑨ 毛郑之异同：指《诗经》注释，有毛传、郑笺，二者在释同一诗句字词时，时有不同。齐鲁：指秦火后，齐、鲁二家传《诗》。《史记·儒林列传》以鲁人申培为《鲁诗》初祖，齐人辕固为《齐诗》初祖。齐诗、鲁诗各自的传授情况，参见孙钦善《中国古文献学史简编》第39~40页。

⑩ 正墙面而立：语出《论语·阳货》："子曰：'小子何莫学夫《诗》？……人而不为《周南》、《召南》，其犹正墙面而立也。'"

⑪ 解颐之言：指汉代匡衡解《诗》之言。当时俗谚夸匡衡曰："匡说《诗》，解人颐。""解人颐"句是说，希望考生像匡衡那样解说《诗经》，以去上述问题之疑惑。

穀梁传第六道

问：《穀梁》名经，兴于鲁学；①刘向博习，称于汉朝。②或贬绝过深，或象类无据。③非立异姓，乃以莒灭成文，同乎他人，岂谓齐侯之子？④异类颇甚，后学景（难）从。⑤讳亲讳贤，当举其例。⑥耳理目理，幸数其言。何词所谓近于情？何义所谓失于短？凡厥师授，为予明之。

注释：

① 鲁学：秦汉之际初期经学流派之一。经师如申公培、高堂生，都是鲁地人。主要经典有《鲁诗》、《鲁论》等。《汉书·儒林传·瑕丘江公》："宣帝即位，闻卫太子好《穀梁春秋》，以问丞相韦贤、长信少府夏侯胜及侍中乐陵侯史高，皆鲁人也，言穀梁子本鲁学，公羊氏乃齐学也，宜兴《穀梁》。"

② 刘向（约前77—前6）：本名刘更生，字子政。西汉经学家、目录学家、文学家。楚元王刘交四世

孙。博习群经，校理群书，著有《别录》、《七略》等。《汉书·楚元王传》云："会初立《穀梁春秋》，征更生受《穀梁》，讲论五经于石渠。"

③ 贬绝：谓贬抑至极点。象类：相象，比拟。"象类无据"是指无根据的类比、猜测。

④ 齐侯之子：《春秋穀梁传·桓公六年》："九月丁卯，子同生。疑故志之，时曰同乎人也。"《注》："时人佥曰，齐侯之子，同于他人。"

⑤ 景（yǐng）从：如影随形，比喻追随之紧或趋从之盛。

⑥ 讳：避讳。封建时代对于君主和尊长的名字，必须避免直接说出或写出。多用换字法、阙字法、阙末笔法等。

论语第七道

问：夫子以天纵之圣，畏匡厄陈。①行合神明，故（集作固）久于丘祷；②将行理道，奚矢于天厌？③对社栗之问，宰我强通；④叹山梁之时，仲由未达。⑤季氏旅岱，冉求莫救；⑥皆见称于达者，或才比于具臣。⑦尝肄善言，顾多滞义。⑧末卷载游夏之事，终篇纪舜禹之词，颇疑不伦，可以敷畅。⑨

注释：

① 天纵：天所放任，意谓上天赋予。《论语·子罕》："太宰问于子贡曰：'夫子圣者与？何其多能也？'子贡曰：'固天纵之将圣，又多能也。'"畏匡：《论语·子罕》："子畏于匡。"刑昺疏："子畏于匡者，谓匡人以兵围孔子。包注曰："匡人误围夫子，以为阳虎，阳虎曾暴于匡。夫子弟子颜克时又与虎俱行，后克为夫子御，至于匡。匡人相与共识克，又夫子容貌与虎相似，故匡人以兵围之。"厄陈：事见《论语·卫灵公》："在陈绝粮，从者病，莫能兴。子路愠见曰："君子亦有穷乎？"子曰："君子固穷，小人穷斯滥矣。"

② 丘祷：《论语·述而》："子疾病，子路请祷……子曰：'丘之祷久矣。'"后以"丘祷"指祈求消灾祛病。

③ 矢：发誓。天厌：《论语·雍也》："子见南子，子路不悦。夫子矢之曰：'予所否者，天厌之！天厌之！'"邢昺疏："厌，弃也。"后因以"天厌"谓为上天所厌弃、弃绝。

④ 社：古代谓土地神；此指祭祀时为土地神设立的木制牌位。《论语·八佾》："哀公问社于宰我，宰我对曰：'夏后氏以松，殷人以柏，周人以栗。'曰：'使民战栗。'子闻之，曰：'成事不说，遂事不谏，既往不咎。'"邢昺疏："谓用其木以为社主。"栗：通"栗"，哆嗦，发抖。

⑤ 山梁：山涧上的桥。《论语·乡党》："色斯举矣，翔而后集。曰：'山梁雌雉，时哉时哉！'"刘宝楠正义："山梁，则山涧中桥，以通人行也。"

⑥ 季氏旅岱，冉求莫救：此事出《论语·季氏》篇："季氏将伐颛臾。冉有、季路见于孔子，曰：'季氏将有事于颛臾。'孔子曰：'求！无乃尔是过与？夫颛臾，昔者先王以为东蒙主，且在邦域之中矣，是社稷之臣也。何以伐为？'冉有曰：'夫子欲之，吾二臣者皆不欲也。'"

⑦ 具臣：备位充数之臣。《论语·先进》："今由与求也，可谓具臣矣。"朱熹集注："具臣，谓备臣数而已。"

⑧ 肄：学习，练习。滞义：疑难的意义。

⑨ 游夏之事：游夏，子游（言偃）与子夏（卜商）的并称。两人均为孔子学生，长与文学。见《论语·子张》："子游曰：'子夏之门人小子，当洒扫应对进退，则可矣，抑末也。本之则无，如之何？'子夏闻之曰：'噫！言游过矣！君子之道，孰先传焉，孰后倦焉？譬诸草木，区以别矣。君子之道，焉可诬也？有始有卒者，其惟圣人乎！'"舜禹：虞舜和夏禹的并称。《论语》最后一篇为

《尧曰》，其开头一章记尧命舜和舜命禹之语，与《论语》专记孔子语及孔子与弟子对话这一体例不符。不伦：不伦不类；不相类。敷畅：铺叙而加以发挥。《书序》："约文申义，敷畅厥旨，庶几有补于将来。"

文苑英华卷四百七十七

宋　李昉等编

词标文苑策三道（永昌元年①）

第一道

问：朕闻立极开基之主，经文纬武之君，莫不象法殊流，污隆异制②。至于安人导俗，咸即运以垂芳③；缉化宣风④，各因时而播美。是以道孚绳木，爰膺九翼之年⑤；图秘龟龙，用启六爻之代⑥。穷桑御历，押威凤以分司⑦；轩后列位，因景云而命职⑧。征汾阳之迹，则十政方凝⑨；俯河滨之化，则四门攸辟⑩。祥披玉斗，理九土以兴功⑪；祚徙金精，调五声而作教⑫。周崇六礼，仁义之道为先；汉设三章⑬，王霸之图斯杂。皆所以牢笼八际，隐括三灵，齐四大以居尊，叶五神而称正⑭。

注释：

① 永昌元年：永昌为武周年号，永昌元年即公元 689 年。

② 立极：登帝位；秉国政。象法：指国家的法律教令。污：衰退；衰落。《礼记·檀弓上》："吾先君子无所失道，道隆则从而隆，道污则从而污。"郑玄注："污，犹杀也，有隆有杀，进退如礼。"

③ 即：依据。运：时运。

④ 缉（jí）：协和。化：教化。宣风：宣扬风教。

⑤ 孚（fú）：信从。绳木：上古时代记事的工具。爰（yuán）：乃，于是。膺：承受；接受。九翼之年：指上古天皇的时代。《太平御览》卷七十八引《河图括地象》曰："天皇九翼，题名旋复。"

⑥ 图秘龙龟：此指河图洛书之故事。"河图"出《书·顾命》孔传："伏牺王天下，龙马出河，遂则其文以画八卦，谓之'河图'。"洛书乃儒家关于《尚书·洪范》"九畴"创作过程的传说。《书·洪范》："天乃锡禹洪范九畴，彝伦攸叙。"孔传："天与禹，洛出书。神龟负文而出，列于背，有数至于九。禹遂因而第之以成九类常道。"六爻之代：指周文王演八卦为六十四卦的世代。爻分阴爻、阳爻，三叠之而得八卦。周文王复以八卦两两相叠，乃得六十四卦，每卦始有六爻。

⑦ 穷桑：传说上古帝王少皞氏所居住的地方。见皇甫谧《帝王世纪》。御历：统治天下。押（xiá）：旧校曰："集作狎。"押通"狎"，义为亲近，亲昵。分，旧校："集作践。"押威凤以分司：是指以鸟名来作官称。《左传·昭公十七年》曰："秋，郯子来朝，公与之宴。昭子问焉，曰：'少皞氏鸟名官，何故也？'郯子曰：'我高祖少皞挚之立也，凤鸟适至，故纪于鸟，为鸟师而鸟名：凤鸟氏，历正也；玄鸟氏，司分者也；伯赵氏，司至者也；青鸟氏，司启者也；丹鸟氏，司闭者也。祝鸠氏，司徒也；雎鸠氏，司马也；鸤鸠氏，司空也。爽鸠氏，司寇也；鹘鸠氏，司事也。五鸠，鸠民者也。五雉为五工正，利器用、正度量，夷民者也。九扈为九农正，扈民无淫者也。'"

⑧ 轩后：即黄帝。因其居于轩辕之丘，故号轩辕。黄帝被视为古帝王，故称其为"后"。后者，君也。又，"后"字，旧校曰："集作丘。"轩丘即轩辕之丘之省语。因景云而命职：《左传·昭公十七年》曰：秋，郯子来朝，公与之宴。……郯子曰："昔者黄帝氏以云纪，故为云师而云名。"

⑨ 汾阳：为黄帝祭天之处，也可以说是黄帝的发祥地。

⑩"俯河滨"句：此指舜的事迹。河滨之化：《史记·五帝本纪》曰："（舜）陶河滨，河滨器皆不苦窳。"是也。四门攸辟：《尚书·尧典（伪古文〈舜典〉）》："月正元日，舜格于文祖，询于四岳，辟四门。"孔安国传曰："开辟四方之门未开者，广致众贤。"

⑪ 祥披玉斗：《古微书》说（禹）“襄玉斗”，据古注，其意为禹胸前有北斗图案。

⑫ 金精：指五帝中的少昊金天氏。五帝中少昊金天氏乃凭五行中的金德而为天子，颛顼高阳氏代少昊金天氏而王，后来的舜，也是高阳氏之后代，这就是“祚徙金精”，即君位从少昊转移过来。调五声而作教，是指舜时大臣夔调音制乐。

⑬ 三章：指西汉建立初年，废除秦的苛政，为维护当时的社会秩序，汉朝与民约法三章：杀人者死，伤人及盗抵罪。

⑭ 牢笼：包罗；容纳。八际：八方边远之地。隐括：概括，包括。三灵：指天、地、人。齐：使……一样，视为一样。四大：道家以道、天、地、人为四大。叶（xié）：同“协”，合洽，相合。五神：五方之神，指勾芒、祝融、后土、蓐收、玄冥，亦称五行之神。

且随时之义既不相沿，师古之言又闻前诰①。朕钦承先圣，顾越上玄②，当宁兴怀③，真切推沟之虑④；凝旒结想，方深驭朽之情⑤；思所以式展宏猷⑥，勉康庶绩，而抚兹薄德，昧此永图⑦。尔等积学多闻，含章独秀⑧，未显畴庸之德，宜申待扣之音⑨。适时之务何先？经国之图何取⑩？帝皇之道奚是⑪？王霸之理奚非？伫听良谟⑫，朕将亲览。

注释：

① 师古：效法古代。诰（gào）：告诫。前诰指前人的告诫。

② 钦承：恭敬地继承。顾越，旧校：“集作对。”对越：犹对扬。答谢颂扬。上玄：上天。

③ 宁（zhù）：古代宫室门屏之间。《礼记·曲礼下》：“天子当宁而立，诸公东面，诸侯西面，曰朝。”

④ 推沟：推人沟壑之中。语本《孟子·万章上》：“思天下之民匹夫匹妇有不被尧舜之泽者，若己推而内之沟中。”后以“推沟”为悯民之典故。

⑤ 驭朽：以腐朽之绳索驾驶车马，比喻帝王治国，艰险不易。语出《书·五子之歌》：“予临兆民，懔乎若朽索之驭六马。”

⑥ 式：语助词。“式展”即施展义。宏猷：远大的谋略；宏伟的计划。康：治理。《周书·薛端传》：“设官分职，本康时务，苟非其人，不如旷职。”庶绩：各种事业。

⑦ 抚：犹“抚心”，是抚摸胸口以反省自问的意思。昧：丧失；埋没。永图：长远的谋略、计划。“抚兹薄德，昧此永图”意谓扪心自问，觉得自己德行不厚，恐怕会耽误此宏图的实现。

⑧ 含章：包含美质。

⑨ 畴庸：谓选贤任用。语出《书·尧典》：“畴咨若时登庸。”孔传：“畴，谁；庸，用也。谁能咸熙庶绩，顺是事者，将登用之。”待扣：等待询问。“未显”句的主语为皇帝，“宜申”句的主语为应考贡生。

⑩ 取，旧校：“集作最。”按，古字“最”之字形与“取”相似，故二字易混。何最，何者为先。

⑪ 奚：何。

⑫ 谟（mó）：计谋，谋略。

对

张　说①

对：臣闻舜命昌言②，汉征极谏③，尝览千古，贤哉二君。今陛下发德音，下明制④，选空岩穴，访匝舆台⑤，大哉邈乎，过之远矣！臣以草莽之贱，谬当车乘之招⑥，诚不足以庶几王庭⑦，充塞天问⑧。

注释：

① 张说（667—730）：唐河南洛阳人，武后永昌元年策贤良方正，张说得第一。历任凤阁舍人、兵部侍郎同中书门下平章事、左丞相等官职，封燕国公。有《张燕公集》二十五卷。

② 昌言：善言；正当的言论。《书·大禹谟》："三旬，苗民逆命。益赞于禹曰：'惟德动天，无远弗届。满招损，谦受益，时乃天道。……至诚感神，矧兹有苗。'禹拜昌言曰：'俞！'班师振旅。"

③ 汉征极谏：汉文帝二年（前173）下诏："二三执政……举贤良方正能言极谏者，以匡朕之不逮。"以后，武帝、昭帝也都征举过"贤良方正能言极谏"。

④ 制：自秦始皇开始，规定皇帝命令称"制"。此"制"字下，旧校："集作诏。"

⑤ 岩穴：指隐逸之士。访：指访求贤人。匝（zā）：周，遍。舆台：古代十等人中两个低微等级的名称。舆为第六等，台为第十等。此处泛指操贱役者，奴仆。

⑥ "草莽"之"莽"，旧校："集作芳。""谬当"之"当"，旧校："集作忝。"车乘之招：汉代以公车征天下贤能之人，使之待诏金马门，这就是所谓车乘之招。此则代指皇帝以制举特招贤才。

⑦ 庶几：心存希望。"庶几王庭"即庶几于王庭，意思是：在朝廷碰运气。

⑧ 充塞天问，旧校："集作'充塞天阙'。非。"充塞：敷衍；满足。天问：天子的询问。

伏读圣旨，乃知天情之所在焉①。臣闻昔者鸟迹代绳②，龟文演卦③，水土迁王，时更万祀，金木互兴，人非一姓④。暨乎三皇五帝氏往⑤，夏商周汉氏作⑥，或导人以礼乐，或驱俗以政刑⑦，或革弊以忠敬⑧，或沿风以文武⑨，非师古之诰有殊，盖随时之义且异⑩。

注释：

① 在，旧校："集作存。"

② 鸟迹：指文字。传说黄帝史官苍颉，见鸟类留在地上的脚印，仿之而创造了文字。说见《说文解字·序》。后世文人便径以"鸟迹"代指文字。"鸟迹代绳"意为文字记事代替了结绳记事。

③ 龟，旧校："集作龙。"龙文演卦：参本文第一段"图秘龙龟"注。

④ 水土、金木：是指五行中的水、土、金、木。古人认为改朝换代是按五行相克的顺序来进行的，比如，代替属水德的王朝的必定是一个天赋土德的王朝。万祀：万年。人非一姓，旧校："集作性非。"

⑤ 暨乎：及乎，待到。三皇：传说中上古三帝王。所指说法不一。孔安国《尚书序》、皇甫谧《帝王世纪》并以伏羲、神农、黄帝为三皇。但也有说是伏羲、神农、女娲的。五帝：上古传说中的五位帝王，说法不一。孔安国《尚书序》及孔颖达疏以少昊、颛顼、高辛、唐尧、虞舜为五帝。但《大戴礼记·五帝德》和《史记·五帝本纪》则以黄帝（轩辕）、颛顼（高阳）、帝喾（高辛）、唐尧、虞舜为五帝。

⑥ 商，旧校："集作殷。"

⑦ 驱：驾驭。

⑧ 革，旧校："集作救。"

⑨ 沿：沿袭，依循。

⑩ 殊：差别，不同。且异，旧校："集作异也。"

伏惟圣母神皇陛下诞受鸿基，光膺骏命①，若曰立极格天之业②，论道布政之典，任贤克暴之功，出洛飞云之瑞③，此并藏纬玉册，勒休金版④，郁映于前古，扬光于后叶者矣。至于创业垂统之则，宏猷永图之义⑤，重光三圣，载清六合⑥，可不谓然乎⑦？犹或惕虑推沟，劳谦驭朽⑧，谢文明于薄德⑨，想畴庸于清问⑩，此陛下之至让也，愚臣何足以知之。

注释：

① 诞受：接受。诞，语助词。鸿基：伟大的基业。此指王业。光膺：荣受。骏命：大命。指上天的命令。

② 若曰，旧校："集作粤若。"立极：登帝位；秉国政。格天：感通上天。

③ 出洛：指洛出书的祥瑞，详此道《问》中"图秘龙龟"注。

④ 纬：代依托儒家经义宣扬符箓瑞应占验之书。相对于经书，故称。纬书内容附会人事吉凶，预言治乱兴废。玉册：珍藏的秘籍。勒：雕刻。休：吉庆的事情。金版：天子祭告上帝镂刻告词的金属版。亦用以铭记大事，使不磨灭。

⑤ 于，旧校："集作若。"统：事物之间一脉相承的连续关系，此指皇位的传承。永图：长久之计。义，旧校："集作美。"

⑥ 三圣：三个圣人。指尧、舜、禹。载，旧校："集作再。"六合：天地四方。

⑦ 然：如此。

⑧ 惕（tì）虑：戒慎谋虑。推沟：即上《策问》中所言"推沟之虑"。驭朽：参上《策问》中"驭朽"注。

⑨ 文明：文德辉耀。

⑩ 畴庸：见上《策问》注。清，旧校："集作下。"

策曰："适时之务何先？经国之图何取①？"臣闻古者因人以立法，乘时以设教，以义制事，以礼制心。夫人者，理得则气和，业安则心固，崇让则不竞，知耻则远刑。若强人之所不能，虽令不劝②；禁人之所必犯，虽罚且违。故曰，政不欲烦，烦则数，数则政无定③，人怀苟免之心④；网不欲密⑤，密则巧，巧则文多伤⑥，下有非辜之惧。窃见今之俗吏或匪正人⑦，以刻为明，以苛为察，以剥下为利，以附上为诚。综核之词，考课专于刀笔⑧；抚字之宰，职务具于簿书⑨。陛下日昃虽勤，守宰风化多阙⑩。臣以为将行美政，必先择人。失政谓之虐人，失人谓之伤政，舍人为政，虽勤何为？伏愿陛下进经术之士，退掊克之吏⑪；崇简易之化，流恺悌之风⑫。画一成歌，此适时之务也；慎贤而用，此经国之图也。苟能英才不弃，大化方隆，而犹曰朝谢垂衣，野非击壤⑬，则文武之道尚何言哉，尧舜之君徒虚语耳！

注释：

① 图：谋略。取，旧校："集作最。"

② 强：勉强。不，旧校："集作莫。"劝：勤勉；努力。

③ 烦：繁多；繁杂。数（cù）：细密；苛细。"烦则数，数则政无定"，旧校："集作：烦则数改，数改无定。"

④ 苟免：苟且免于损害。
⑤ 网：指法网，法律。
⑥ 巧：虚伪；欺诈。“密则巧，巧则文多伤”，旧校：“集作：密则深文，深文多伤。”深文：谓制定或援用法律条文苛细严峻。
⑦ 匪：非。
⑧ 综核（hé）：聚总而考核之。词，旧校：“集作司。”司：有司；指负责机构、政府部门。考课：按一定的标准对官吏的政绩进行考核，以决定其升降赏罚。刀笔：即“刀笔吏”，指掌文案的官吏。
⑨ 抚字：指对百姓的安抚体恤。“字”的本义为“怀孕”、“生育”，引申而有养育、抚育义。宰：指负责官员。具：空，徒有形式。“具于簿书”是说只会做表面文章、搞搞书面统计报表而已。于，旧校：“集作为。”
⑩ 日昃（zè）：指勤于政事。日昃的字面义是太阳偏西，古帝王有勤于政事以至太阳偏西尚未进膳者，《汉书·董仲舒传》：“周文王至于日昃不暇食，而宇内亦治。”因用“日昃”为勤政之典故，亦作“昃日”。风化：指对百姓的教化。阙（quē）：缺误；疏失。
⑪ 掊（póu）克：搜括；敛取。克，旧校：“集作刻。”
⑫ 恺悌（kǎi tì）：和乐平易。《诗·小雅·蓼萧》：“既见君子，孔易岂弟。”岂弟即恺悌。
⑬ 垂衣：指天下大治。传说，黄帝垂衣裳而天下治。“朝谢垂衣”是说当今朝廷还未能像黄帝那样垂衣裳而天下治。击壤：传说帝尧之时，天下太平，有老人击壤而歌，自得其乐。后以此作为太平盛世的象征。参阅汉王充《论衡·艺增》、晋皇甫谧《帝王世纪》。

策曰“帝皇之道奚是，王霸之理奚非”者，布在方册①，臣闻之矣。圣人御历②，上淳而下信③；帝者应期，君明而臣哲④。周用王道，教化一而人从⑤；汉杂霸道⑥，刑政严而俗伪。故亲誉优于畏侮，文景劣于成康⑦。谨对。

注释：

① 方册：简牍；典籍。
② 圣，旧校：“集作皇。”御历：指皇帝登位，君临天下。
③ 淳：敦厚。
④ 应期：顺应大运。应，旧校：“集作膺。”膺者，承受，接受。哲：明智；有智慧。
⑤ 周：周朝。王道：一种以仁义治天下的政治主张。一：专一，齐一。从：听从，服从。
⑥ 霸道：一种强调君主凭借武力、刑法、权势等进行统治的政治主张。与“王道”相对。道，集校：“集作攻。”
⑦ 文景：指西汉的文帝和景帝。其时开国不久，两位皇帝杂用黄老刑名之术以治天下，史书称之为“文景之治”。成康：指周成王与周康王。史称周成王时，得周公辅佐，以王道治天下，而康王继之。其时天下安宁，刑措不用，后世视之为至治之世。

第二道

问：朕礼崇三典①，方弘慎罚之规；书著五刑，不以深文为义②。朕母临赤县，子育黔黎③。夏日贻忧，惧青牛之结气④；秋荼轸念，虑丹笔之成冤⑤。然以人尚挂于汤罗⑥，情倍深于禹泣⑦。顷者荆郊起祲，淮甸兴祆⑧，朕惟罪彼元凶，余党并从宽宥。

今敬真之辈犹蕴狼心，不荷再生之恩⑨，重构三藩之逆⑩，还婴巨衅，便犯严科⑪，岂止杀之方乖于折衷？将小慈之泽爽彼大猷⑫？子大夫等学富三冬⑬，才高十室⑭，刑政之要，寔所明闲⑮。倾此虚襟，伫闻良说。

注释：

① 三典：轻、中、重三种刑法。《周礼·秋官·大司寇》："掌建邦之三典，以佐王刑邦国，诘四方。一曰刑新国用轻典，二曰刑平国用中典，三曰刑乱国用重典。"

② 五刑：五种轻重不等的刑罚。唐代五刑为：死、流、徒、杖、笞。深文：所制定的法律条文苛细严峻。

③ 母，旧校："集作君。非。"按，母临义为像父母那样管理、统治。黔黎：黔首黎民。指百姓。"子育黔黎"意为像养育孩子那样养育百姓。

④ "夏日"句：据《汉书》卷七十四《丙吉传》载，宰相丙吉出行，遇民斗殴不去过问，而遇到路边牛喘气，却要过问。因为他认为春夏之交如果牛未行远路却喘气不止，便是"时气失节"、天地阴阳失调所致。后以此为称颂当政者关心农事、关怀民生的典故。

⑤ 秋荼：秋为行刑之际，而荼至秋而繁茂，因以"秋荼"喻繁多的刑罚。轸（zhěn）念：顾念，悯惜。丹笔：判罪的朱笔。此代指断狱。

⑥ 汤罗：商朝国君成汤曾令设网捕猎者撤除三面之网而仅留一面，以示仁慈。事见《吕氏春秋·异用》。此用来比喻宽松之刑法。

⑦ 禹泣：禹因天下百姓受难而归罪于自己，伤心哭泣。《左传·庄公十一年》载鲁大夫臧文仲的话："禹、汤罪己，其兴也勃焉；桀、纣罪人，其亡也忽焉。"

⑧ 祲（jìn）：妖气，不祥之气。祅（yāo）：祅氛。指怪异不祥的云气。此处以祲、祅指徐敬业在扬州起兵讨伐武则天（时则天篡唐自立）、楚州李崇福以兵响应之事。《旧唐书》卷六《则天皇后纪》："改元为光宅，旗帜改从金色，饰以紫，画以杂文。改东都为神都，又改尚书省及诸司官名，初置左右肃政御史台官员。故司空李绩孙柳州司马徐敬业，伪称扬州司马杀长史陈敬之，据扬州起兵，自称上将，以匡复为辞。冬十月，楚州司马李崇福率所部三县以应敬业命。左玉钤卫大将军李孝逸为大总管，率兵三十万以讨之，杀内史裴炎。丁酉，追削敬业父祖官爵，复其本姓徐氏。"甸、兴，旧校："集作服、挺。"按，服，古代指王畿以外的地方。《书·益稷》："弼成五服，至于五千。"孔传："五服，侯甸绥要荒服也。服五百里。"

⑨ 荷：承受，接受。再生之恩：指武则天当初没有连坐徐敬真。徐敬真为徐敬业之弟。

⑩ 构：图谋。

⑪ 婴：纠缠。衅：争端；仇怨。严科：重罪。此指谋逆之罪。

⑫ 爽：差失；不合。"爽彼大猷"意思是与大谋略相矛盾。

⑬ 三冬：三个冬季，即三年。《汉书·东方朔传》："年十三学书，三冬文史足用。"此"学富三冬"意思是：学问比东方朔更丰富。

⑭ 十室：孔子曾说，自己不敢称"圣"，但十室之中，无如丘之好学者。此指以十室代指平时居住在一起的人。

⑮ 寔（shí）：同"实"。闲：通"娴"。熟习。

对：臣闻刑以助教，德以闲邪①，先王慎于好生，大易诫于缓死②。今陛下母临黔首③，子育苍生，孚佑下人④，克配上帝，然有东南小侵⑤，荆蛮远郊。虽圣德泣辜，尚用防风之戮⑥；天心罪已，仍劳淮甸之师⑦。其有诖误闾阎⑧，胁从井邑，陛下愍孤孀于海淮，恤困穷于江汉，舍从宽宥，此陛下之恩也。而蕞尔余孽⑨，蠢兹顽凶⑩，思弄兵于汉地之下，将构衅于戎狄之域⑪，罪盈稔贯，祸得萌芽⑫，此又陛下之明也。今陛下乃赐臣策曰："岂止杀之方乖于折衷？将小慈之泽爽彼大猷？"臣实见折衷大猷之规，不知小乖微爽之义也。

注释：

① 闲：防止。
② 大易：指《周易》。《周易》中说上天有好生之德。
③ 母，旧校："集作父。非。"
④ 孚佑：庇佑，保佑。《书·汤诰》："上天孚佑下民，罪人黜伏。"孔传："孚，信也。天信佑助下民。"
⑤ 侵：同祲（jìn）。
⑥ 防风：古部落酋长名。《国语·鲁语下》："昔禹致群神于会稽之山，防风氏后至，禹杀而戮之。"此即防风氏之戮。泛指君主对不用命之臣的杀戮。
⑦ 淮甸（diàn）：淮河流域。此指扬州一带，徐敬业即在此处起兵讨伐武则天。"淮甸之师"即指平定徐敬业之战役。师，旧校："集作征。"
⑧ 诖（guà）误：连累。闾阎（lǘ yán）：此代指平民。闾阎本义为里巷内外的门，引申指里巷，又引申指平民。
⑨ 蕞（zuì）尔：小小的。
⑩ 蠢：形容小貌。《后汉书·南蛮西南夷传赞》："百蛮蠢居，仞彼方徼。"李贤注："蠢，小貌也。"
⑪ 汉地之下：指淮甸。衅，旧校："集作难。"戎狄之域：指荆楚。
⑫ 稔（rěn）：本指庄稼成熟，引申指事物酝酿成熟。此用引申义。罪盈稔贯犹言恶贯满盈。祸得萌芽：是说祸事在萌芽状态就被发现了。

策曰："刑政之要，实所明闲。"臣闻政同水火①，刑譬阴阳。顷者三监乱常②，有司既纠之以猛③，于今四罪咸服④，陛下宜济之以宽，明肆赦之渥恩⑤，安万人之反侧⑥，布深仁于罗鸟，收至察于泉鱼，岂不大哉，天下幸甚！

注释：

① 同，旧校："集作犹。"
② 三监乱常：周武王灭商后，以殷都封纣子武庚，并在殷都之东、西、北各分封自己的弟弟管叔、蔡叔、霍叔，叫他们监视武庚，是为"三监"。后来，成王年幼继位，周公摄政，管叔、蔡叔与武庚等一起反叛，这就是所谓"三监乱常"。但这里是用这个典故来比喻徐敬业、李崇福等人造反。
③ 有司：官府。
④ 四罪咸服：本指舜流放当时的四凶：浑沌、穷奇、梼杌、饕餮。本文借指徐敬业等人被惩罚。
⑤ 肆赦：缓刑，赦免。渥（wò）：厚。
⑥ 反侧：不安分，不顺服。

且夫人者，甿也①，暗而不可罔；庶者，众也，愚而不可欺。是以刑在必澄，不在必惨②；政在必信，不在必苛。故明王之理天下也，刑一则人畏而不干③，政简则俗齐而不伪。于是祸乱不作，灾害不生，君安于上，臣悦于下④，百姓日用不知其然⑤，四海之内风行⑥，惟帝之则，道畅钟石⑦，声流舞咏。其行己也非他⑧，所理者以此。刑政之要，庶几一隅⑨。谨对。

注释：

① 甿（méng）：田野农民。
② 是以，旧校："集作故。"澄：清明。惨：狠毒，厉害。
③ 理：治。通常说"治"，此因避唐高宗李治之讳而改言"理"。一：齐一，一致。干（gān）：干犯，冲犯。
④ 臣，旧校："一作人。"
⑤ 用，旧校："集作而字。"
⑥ 四海之内风行，旧校："六字，集作：四海风动。"
⑦ 钟石：指音乐。
⑧ 行己：指立身行事的准则。
⑨ 庶几一隅：或许指出了一个方面。

第三道

问：朕闻仰观乾象，房心为布政之宫①；俯察坤元，河洛建受图之所②。是以上稽珠纬③，得风雨之和；下表圭躔④，均远近之节。定都考室，斯焉是崇⑤。顾以庸虚，谬膺大宝⑥，乾乾夕惕，每轸纳隍之怀⑦；栗栗宵兴⑧，恒劳驭朽之念。而昊穹眷命，灵贶屡彰，云构既隆，天城斯毕⑨，是用内省多愧，上答愈勤⑩，将欲殷荐有常，严配不坠⑪，光启惟新之躅⑫，申明祀典之方，顺四时以布和风，考五物以作正气⑬。盛礼之要，犹虑未弘。

注释：

① 乾象：天象。古人以为天象变化与人事有关。房心：二十八宿中房宿和心宿的并称。旧时以房心象征明堂。《史记·天官书》司马贞《索隐》引《春秋说题辞》云："房心为明堂，天王布政之宫。"
② 坤元：指滋生万物的大地。建，旧校："前篇作惟。"图：指河图。详见上第一道试策"图秘龙龟"注。
③ 稽：查考。珠纬：五星的美称。五星指水、木、金、火、土五大行星，即东方岁星（木星）、南方荧惑（火星）、中央镇星（土星）、西方太白（金星）、北方辰星（水星）。
④ 躔（chán）：旧校："集作廛。"指日月星辰在黄道上运行的轨迹。"圭躔"即指用圭表等天文仪器测得之日月星辰在黄道上运行的度数。
⑤ 考室：本谓宫寝落成之礼，后泛指相地筑屋。斯焉是崇：则推崇这个（方法）。
⑥ 谬，旧校："集作忝。"大宝：指皇位。
⑦ 乾乾：自强不息貌。夕惕（tì）：谓至夜晚仍怀忧惧，工作不懈。《易·乾》："君子终日乾乾，夕惕若厉，无咎。"轸（zhěn）：顾念。纳隍之怀：犹上文"推沟之虑"，均指欲救民于水火的情怀。纳隍，语出汉·张衡《东京赋》："人或不得其所，若己纳之于隍。"隍指城池。
⑧ 栗栗：戒惧貌。栗栗，旧校："集作慄慄。"按，栗通"慄"。宵兴：夜间起来。

⑨ 昊穹：苍天。眷命：垂爱并赋予重任。灵贶（kuàng）：神灵赐福。云构：大厦。

⑩ 愈，旧校："集作逾。"

⑪ 殷：丰盛。荐：祭祀时献牲。有常：上天。不坠：指先王。后世继体君主对其先祖奉祀不绝，故称。

⑫ 惟新：更新。语出《诗·大雅·文王》："周虽旧邦，其命维新。"躅（zhuó）：本指足迹，踪迹。这里比喻人的行为、业迹。

⑬ 五物：指五行。《孔子家语·五帝》："天有五行，水、火、金、木、土，分时化育，以成万物。"以作，旧校："集作而行。"

尔等并积学基身，含章表质①，或远从宾荐，声满于州闾②；或遐应搜杨，誉光于朝选③。采皇王之奥旨，援周汉之前踪④，蕴彼胸襟⑤，咸应备晓。未知何代之政参酌适中？何礼之规施用为切⑥？务从必简之道，式崇可久之基⑦，陈彼嘉谋，尔其扬搉⑧，思擢太常之第⑨，副朕求贤之怀⑩。

（此篇问目又载四百七十二卷前，已削去。）

注释：

① 积学基身：以博学多闻作为安身立命的根本。含章：包含美质。

② 宾荐：指经推荐而参加科举。荐，旧校："集作贡。"州闾：泛指乡里。

③ 遐：远。搜扬：访求举拔。朝选：指朝廷制科之选。

④ 援，旧校："一作拔。"

⑤ 蕴，旧校："集作储。"

⑥ 酌，旧校："集作详。"切：切当，适当。旧校："前篇作当。"

⑦ 式：副词。在提出请求时，加在动词前表尊敬。式，旧校："前篇作庶。"

⑧ 陈彼，旧校："集作试陈。"扬搉（què）：商榷；评论。

⑨ 擢：提拔。太常：唐代中央机构中有太常寺，负责朝廷典礼、祭祀、医药、卜筮等。唐武德初年，国子学曾隶属于太常寺，可见该寺与科举早就有关系。武则天时，科举虽仍归吏部主持，但太常寺的许多官吏均由科举得第者充任。

⑩ 副：与……相称，配得上。怀，旧校："集作意。"

对：伏惟陛下则天法地①，畏命重人，据河洛之规模②，总风雨之交会③。轩后鱼图之水④，建邦设都；周公龟墨之地⑤，考堂作室。灵祇降福⑥，嘉祥荐祉⑦，制同神造，力以子来⑧。时以殷荐上帝⑨，至德也；严配先王，至孝也。加以八风攸序⑩，四时克谐，无得而称⑪，能事毕矣。犹复执劳，谦之不已，惧盛礼之未弘，访末学之臣，询稽古之政⑫。斯事体大，臣何足言！然而敢不钦承，以竭涓滴耳。

注释：

① 则：仿效，效法。

② 据：同"据"。规模：制度；程序。

③ 总：总括，总揽。

④ 轩后：黄帝。黄帝为轩辕氏。后者，君主也。鱼图：参上文"图秘龟龙"注。

⑤ 龟墨：参上文“图秘龟龙”注。
⑥ 祇（qí）：地神。
⑦ 祉（zhǐ）：福。
⑧ 子来：指百姓服从王命，就像儿女听从父母的召唤一样。《诗经·大雅·灵台》：“经始灵台，经之营之。庶民攻之，不日成之。经始勿亟，庶民子来。”
⑨ 时，旧校：“集作将。”
⑩ 八风：八方之风。攸：助词。无义。
⑪ 无得而称：好得不能够形容。
⑫ 稽古：考察古事。

策曰：“何代之政参详适中？何礼之规施用为切？”臣谨错综三五，明征典坟①，窃以纬武经文，布方策而非远②；英风显号，流颂声而可袭③。未有反义背德而致升平之政，弃古违经以克永终之禄④。莫不发号施令，法乾坤而动静⑤；执契悬衡，顺金木之刑德⑥。是故青阳玄室，遵季孟而观风⑦；白辂朱旗，乘离兑而布政⑧。养老用上庠之礼⑨，教胄取大学之义⑩，环水著辟雍之名⑪，向阳表明堂之位⑫，盖所以享群瑞，朝诸侯，班正朔，调景纬，成简易之业，崇久大之基也⑬。皇王奥旨庶此⑭。

注释：

① 错综：交错综合。《易·系辞上》：“参伍以变，错综其数。通其变，遂成天下之文，极其数，遂定天下之象。”三五：指三皇五帝。典坟：三坟五典的省称。指各种古代文籍。《左传·昭公十二年》：“是能读三坟、五典、八索、九丘。”杜预注：“皆古书名。”坟，旧校：“集作谟。”
② 方策：即方册。指典籍，史册。《礼记·中庸》：“哀公问政。子曰：‘文武之政，布在方策。’”郑玄注：“方，版也。策，简也。”
③ 显号：显贵的名位。袭：继承。
④ 升平：太平。古，旧校：“集作礼。”克：堪，能承受。永终：长久，永久。
⑤ 施令，旧校：“集作德惠。”法：效法。而，旧校：“集作之。”
⑥ 执契：约定规章。悬衡：公布法律。刑德：古人以刑为阴克，以德为阳生，其主要的依据是五行生克之说。木、火、土、金、水构成一个循环，前者生后者；木、金、火、水、土构成另一个循环，后者克前者。德，旧校：“集作政。”
⑦ 青阳、玄室：按《礼记·月令》，孟春，天子当居青阳左个，仲春居青阳大庙，季春居青阳右个；孟冬，天子当居玄堂左个，仲冬居玄堂大庙，季冬居玄堂右个。
⑧ 乘，旧校：“集作因。”白辂、朱旗：据《礼记·月令》，天子秋天驾白辂（或作“白骆”），而夏天载赤旗。离兑：指离卦、兑卦。按八卦与四季的关系，夏天属离，秋天属兑。故在这两个季节，天子行政要按二卦的说法来做。
⑨ 上庠（xiáng）：最高学府。《礼记·王制》：“有虞氏养国老于上庠，养庶老于下庠。”郑玄注：“上庠，右学，大学也。”
⑩ 胄（zhòu）：古代帝王或贵族的后嗣。大学：《礼记》中有《大学》篇，强调“治国必先齐其家”。又，大（tài）学为古代教育贵族后代的学校。《大戴礼记·保傅》：“束发而就大学，学大艺焉，履大节焉。”
⑪ 辟（bì）雍：本为西周天子所设大学，校址圆形，围以水池，前门外有便桥。多为行乡饮、大射或祭祀之礼的地方。

⑫ 明堂：古代帝王宣明政教的地方。凡朝会、祭祀、庆赏、选士、养老、教学等大典，都在此举行。
⑬ 享：进献。朝：朝见。班：颁布。正朔：谓帝王新颁的历法。古代帝王易姓受命，必改正朔；《礼记·大传》："改正朔，易服色。"孔颖达疏："改正朔者，正，谓年始；朔，谓月初，言王者得政示从我始，改故用新，随寅丑子所损也。"正，旧校："集作朝。"景纬：日与星。"调景纬"是指根据实测调整有关日月星辰的运行数据。业，旧校："集作基。"基，旧校："集作业。"
⑭ 庶：庶几，差不多是。

详探周汉前踪，固难守用①。臣才智驽劣②，草莽鲰生③，至如军国务广，政刑理急，但至敬无文，信言不美④，陛下欲听其说，必观于事；将逆其谋⑤，先求诸道。危言抵禁⑥，破胆寒心，伏惟圣主稽留天听⑦。谨对。

注释：

① 守，旧校："集作专。"
② 驽（nú）劣：形容才能低劣。驽之本义为劣马。
③ 鲰（zōu）生：浅陋小生。自谦之词。鲰本杂色小鱼之名。
④ 至敬：最大的恭敬。文：文饰，繁文缛节。信言：真实的话。《老子》："信言不美，美言不信。"
⑤ 逆，旧校："集作违。"按，当作"逆"。此逆为预测、揣度之意。
⑥ 危言抵禁：是说自己以上直言也许触犯了皇帝的禁忌。
⑦ 稽，旧校："集作稍。"

洞晓玄经策（天宝末）

问：大象无体①，玄功阴骘②，虽禀生之类万殊，而含道之原一致，是以至人垂训，将以利物，演为真宗，贻厥后学③，包括六艺，周流八表④，或因事以立言，或寓言以诠意⑤。至如交乐于天⑥，交食于地，不相与为事，不期与为谋⑦，善无所私，恶无所弃，施之于教，何以劝勉⑧！

注释：

① 大象：大道，常理。体：形体。
② 玄功：修道的功夫。阴隲（zhì）：默默地使安定。隲，同"骘"。《书·洪范》："惟天阴骘下民。"孔传："骘，定也。天不言而默定下民。"
③ 贻：留给。
④ 八表：八方之外，指极远的地方。
⑤ 寓言：寄托于言语之中。以，旧校："集作而。""寓言以诠意"是说借言语来阐明自己的意思。
⑥ 交：俱，皆。下"交食于地"之"交"同。
⑦ 期，旧校："集作相。"
⑧ 以，旧校："集作所。"

经曰："不争善胜，不言善应。""正直如绳，平易如水。"①常务斯道，何往不臻②！又曰③："善建不拔，善抱不脱，子孙以祭祀不辍。"④斯言信矣！昔放勋钦明⑤，光宅天下⑥，人歌击壤⑦，政叶雍熙⑧，可谓善乎建抱，善乎拔脱⑨，宜其帝绪蕃远⑩，贻厥孙谋⑪，绵绵瓜瓞⑫，迈德垂裕⑬。何丹朱之不嗣⑭，而祭祀辍乎？又天无二日，民无二王，若以天下观，天下岂有二君乎？夫君为元首，臣为股肱，君无贤臣，谁与共理？粤若舜举八元⑮，致垂拱之化⑯；汉用三杰⑰，成霸王之业。夏殷之末，任佞去贤⑱，宗社沦亡，为无匡辅，经称不尚贤者⑲，其旨何也⑳？

注释：

①"经曰"下所引"不争善胜，不言善应"，见《老子》第七十三章，彼作："天之道不争而善胜，不言而善应，不召而自来。"所引"正直如绳，平易如水"，见旧题汉·严遵《道德指归论》，彼文作："平静如水，正直如绳。"

② 务：从事。何，旧校："集作曷。"臻（zhēn）：到，达到。

③"又曰"下所引"善建不拔，善抱不脱，子孙以祭祀不辍"，见《老子》第五十四章，彼文作："善建者不拔，善抱者不脱，子孙以祭祀不辍。"

④ 辍（chuò）：中断，停止。

⑤ 放勋：尧帝名放勋。尧只是他的谥号。钦明：敬肃明察。

⑥ 光宅：广有。《书·尧典序》："昔在帝尧，聪明文思，光宅天下。"

⑦ 人歌击壤：相传帝尧时，天下太平，百姓安乐，有一八十岁的老人击壤而歌曰："吾日出而作，日入而息，凿井而饮，耕田而食。帝何力于我哉？"（《艺文类聚》卷十一引晋皇甫谧《帝王世纪》）

⑧ 叶（xié）：同"协"。雍熙：和乐升平。

⑨"善乎拔脱"之"善"，旧校："集作免。"

⑩ 帝绪：帝业。绪，旧校："集作丝。"蕃：兴旺。

⑪ 贻厥孙谋：为子孙的将来作好了安排。语出《诗经·大雅·文王有声》："武王岂不仕，诒厥孙谋，以燕翼子。"

⑫ 瓞（dié）：小瓜。"绵绵瓜瓞"语出《诗·大雅·绵》。这里用来比喻子孙绵绵不绝。

⑬ 迈：超过常人的。裕：福泽。

⑭ 丹朱：帝尧放勋的儿子。因其不成才，尧死后他得不到大家拥护，故没能继帝位。而是由众望所归的舜受禅继位。嗣：继承。

⑮ 粤：助词。用于句首。表示审慎的语气。舜举八元：据《史记·五帝本纪》，舜继为天子即选贤授能："昔高阳氏有才子八人，世得其利，谓之'八恺'。高辛氏有才子八人，世谓之'八元'。……舜举八恺，使主后土，以揆百事，莫不时序。举八元，使布五教于四方，父义，母慈，兄友，弟恭，子孝，内平外成。"八元，据《左传·文公十八年》载，他们是"伯奋、仲堪、叔献、季仲、伯虎、仲熊、叔豹、季狸"。

⑯ 垂拱：垂衣拱手。谓不亲理事务。"垂拱之化"指帝王任用贤人，天下大治，君主在上垂衣拱手，无为而治。

⑰ 三杰：三位杰出的人物。指汉代的张良、韩信、萧何。

⑱ 佞（nìng）：用花言巧语谄媚人；奸邪之人。去，旧校："集作弃。"

⑲ 经称不尚贤：指《老子》第三章"不尚贤，使民不争"等语。

⑳ 也，旧校："集作哉。"

圣人立教，专气致柔①，故刑不欲劳，往不欲竭，深根固蒂，可以常存。则有朝穆肆任②，劳逸过度，促龄损性③，却以为然④。又有惟静惟清，守贞守朴。二经之说⑤，何取则焉？

又闻善摄生者⑥，动与吉会，虎不措爪⑦，兵难容刃。单豹嵓居水饮⑧，身代俱损，寿永色孺，不免噬搏⑨，何卫生之不异⑩，而利害之顿殊？子既洞晓玄经⑪，探微索隐，矛盾若此，何以会明⑫？侧席虚心，伫闻启沃⑬。

注释：

① 专气致柔：谓结聚精气使身体柔顺。《老子》第十章："载营魄抱一，能无离乎？专气致柔，能如婴儿乎？"

② 朝穆肆任，旧校："集作：固穆肆枉。非。"朝穆：指春秋时郑国的公孙朝和公孙穆。他们分别是郑国执政子产的兄和弟。公孙朝荒于酒，醉生梦死，全不问世道人伦；公孙穆耽于色，"屏亲昵，绝交游，逃于后庭，以昼足夜"。子产"喻以性命之重，诱以礼义之尊"，但二人不以为然，反认为自己及时行乐，正是顺性之举。事见《列子·杨朱》。肆任：谓任其自然。"肆"有不受拘束的意思。

③ 促龄：短寿。

④ 却，旧校："集作都。"

⑤ 二经：指《老子》和《列子》。在道藏中，《老子》称《道德真经》，《列子》称《冲虚至德真经》。

⑥ 摄生：养生，保养身体。

⑦ 措：置，放。

⑧ 单（shàn）豹：《庄子·达生》载："鲁有单豹者，岩居而水饮，不与民共利，行年七十而犹有婴儿之色；不幸遇饿虎，饿虎杀而食之。"嵓：同"岩"。

⑨ 噬（shì）搏：咬啮搏击；残害。

⑩ 卫生：养生。

⑪ 玄经：指《老子》。

⑫ 会明：领会，明确。

⑬ 侧席：不正坐，此指由于敬畏贤者而表现出的谦恭姿态。启沃：开导，教导。《书·说命上》："启乃心，沃朕心。"孔颖达疏："当开汝心所有，以灌沃我心，欲令以彼所见，教己未知故也。"

对

独孤及

对：臣闻道之为物，无名无形。盖圣人酌而用之，推而弘之，取其精以修身，用其粗以顿物①，从本降迹②，散朴为器③，于是有可道之道，忘言之言。其大略虽以冲寂为宗④，虚极为体，然妙用无朕⑤，故不可致诘⑥。今陛下诘其体，探其宗，岂不欲因言演教，其教遗有⑦。夫长风吹而众窍号⑧，则大无不动，细无不应。况陛下用为大道⑨，以鼓群有，臣则吹万之一音也⑩，敢不唱于众窍之末。

注释：

① 顿：整顿；顿而使齐。顿，旧校："集作敉。"

② 本：本原，原始。迹：行迹。“从本降迹”是讲道的运行。当“道”处于本原状态时，是无迹可寻的。故当其表现出形迹，则称之为“从本降迹”。

③ 朴：本为未经加工成器的木材。在《老子》哲学中，则指本性，本质。器：指有形的具体事物。“散朴为器”出《老子》第二十八章：“知其荣，守其辱，为天下谷。为天下谷，常德乃足，复归于朴。朴散则为器，圣人用之则为官长。故大制不割。”

④ 冲寂：淡泊清静。

⑤ 朕：迹象，预兆。“朕”的本义为“缝隙”，由于物体的最后裂解是从缝隙开始的，故“朕”引申而有“迹象，预兆”义。

⑥ 诘：追问。

⑦ 其，旧校：“集作于。”有：指最普遍的存在。与“无”相对。下文“以鼓群有”之“有”同。

⑧ 长风：远风。窍：洞，孔穴。号（háo）：大风鼓穴发出的叫声。

⑨ 为大道，旧校：“作大道为。非。”

⑩ 鼓：振动。“以鼓群有”意为以振动众窍，比喻皇帝出题考试众多的考生。故下面作者把自己参试答题说成“臣则吹万之一音也，敢不唱于众窍之末”。

臣谨按，天有施①，地有利，用天之施以处其和谓之交乐，分地之利以养其正谓之交食。夫相与生于有为②，有为生于有事，有事则谋名存矣；善恶生于公私，公私生于用，用则弃名立矣。然圣人有为不为焉③，有事无事焉，有谋不谋焉，有善无善焉，有恶无恶焉。泯善恶于一致④，合同异于万殊⑤，则妙门可存⑥，教父斯立⑦。

注释：

① 施：给予；施舍。

② 相与：指上面《策问》中所说的“相与为事”、“相与为谋”。

③ 为不为：这是一个动宾结构。在这个短语中，“不为”是“为”的宾语。下文“事无事”、“谋不谋”、“善无善”、“恶无恶”结构相同。“为不为”大意为无为而无所不为。

④ 泯：同“泯”，消除。“泯善恶”义为消除善与恶的区别。老子主张绝圣弃智，返朴归真。为了达到这个目的，庄子进一步主张消弥、混同一切对立事物间的差别，齐生死，无物我，等等。一致：没有分别，一律相同。

⑤ 万殊：各种不同事物。“合同异”句大意是，从看起来千差万别的事物中发现它们的共性。

⑥ 妙门：道教指领悟精微教理的门径。语出《老子》：“玄之又玄，众妙之门。”

⑦ 教父：给人提供经验教训的宗源。《老子》第四十二章：“强粱者不得其死，吾将以为教父。”立，旧校：“一作在。”

臣又按，《道德经》云：“天罔恢恢，疏而不失①。”“常有司杀者，杀之②。”此不争善胜之应也。文宣王称③：“天何言哉？四时行焉，百物生焉。”此不言善应之验也。《周书》云④：“无偏无党⑤，王道荡荡。”此正直如绳之效也。经又云⑥：“居善地，心善泉⑦，与善仁⑧，言善信⑨。”此平易如水之证也。陛下亘其言、挹其道以为天下式三十有二载矣⑩，且复推功外名⑪，不有不恃，考言询事，若冲若缺⑫。诏臣等曰：“常务斯道，曷往不臻？”臣鲰生也，焉知其辨。虽然，有一于此，愿陛下守而勿失，与神为一，使神不远于人，人不远于天，天人合并⑬，如影响交应⑭，则甚夷之道⑮，焉往而不臻。

注释：

① 见《老子》第七十三章。

② 见《老子》第七十四章，彼处上下文为："常有司杀者杀。夫代司杀者杀，是谓代大匠斫。夫代大匠斫者，希有不伤其手矣。"根据清·魏源《老子本义》，这些话的大意是，该杀者自有天杀之，天乃所谓"司杀者"，而我若以一己之意而私杀之，则祸及于身。

③ 文宣王：指孔子。唐开元二十七年（739）追封孔子为"文宣王"。以下所引孔子语见《论语·阳货》。

④《周书》：《尚书》分为"虞书"、"夏书"、"商书"和"周书"四个部分，此即指"周书"部分的《洪范》。

⑤ 党：偏私。

⑥ 此下所引见《老子》第八章。

⑦ 心善泉，旧校："《英华》作渊。非。"按，《老子》原文作"渊"，唐人引此句改"渊"为"泉"，乃是因为避唐高祖之讳。

⑧ 仁，旧校："集作人。"按，《老子》原文作"仁"。

⑨"言善信"下旧校曰："《英华》于字。非。"

⑩ 垣，旧校："集作弘。"疑为"援"的音误字。在唐代，二字同音。挹（yì）：称引。三，旧校："集作四。"

⑪ 外：忘怀；超脱。

⑫ 冲：通"盅"，空虚。

⑬ 并，旧校："集作契。"

⑭ 影：影子。响：回声。"如影响交应"意为如影之随人，响之应声。

⑮ 夷：平易。

夫有国者，必善建皇极①，善抱至道。道之不存，倾其宗、迁其社之谓拔。桀放南巢，受死牧野是也②。极之不建，失其器、亡其国之谓脱③，太康去洛汭，幽王败骊山，厉王流彘是也④。至如尧知天历在躬⑤，故以至公官天下⑥，天下戴之而不辞；知丹朱不肖⑦，又以至公禅天下⑧，天下去之而不怨。可谓迈德矣！其后裔更霸迭王，重之以御龙唐杜之代禄⑨，可谓垂裕矣。陛下兴废继绝，立五帝祠，即春秋备其祭典⑩，亦可谓祭祀不辍矣。方之拔脱⑪，臣谓不同。

注释：

① 皇极：帝王统治天下的准则。

② 桀：夏朝末代君主，暴虐无道。据《尚书·仲虺之诰》载，成汤伐桀，把他流放于南巢（今安徽巢县）。放，旧校："集作奔。"受：商朝末代君主，名受，号帝辛。史称纣王。周武王联合诸侯，与之大战于商郊牧野，纣兵败自杀。

③ 亡，旧校："一作丧。"

④ 太康：夏王名。禹的孙子。荒淫暴虐。为有穷国君羿所逐，与其兄弟五人滞留于洛汭而不得返国。洛汭（ruì）：今河南省洛水入黄河处。汭指河流会合或弯曲的地方。幽王：指周幽王。他宠爱褒姒，废申后及太子，申后之父申侯乃联合犬戎攻幽王，杀之于骊山之下。厉王：周厉王。按历史

顺序，他是幽王之前的周王。厉王无道，且以卫巫钳制言论，监视残杀敢于埋怨自己的人。最后被国人逐到彘地（今山西霍县东北），失去王位。

⑤ 天历：天之历数，指有关帝位归谁家的天命。躬：自身。

⑥ 官：统治。

⑦ 丹朱：尧的儿子。

⑧ 禅（shàn）：以帝位让人。

⑨ 社：独孤及《毗陵集》作“杜”。是也。御龙、唐杜为尧之后代。相传夏时唐尧后裔刘累能驯龙，以此技艺服侍夏王孔甲。孔甲赐其姓氏曰“御龙”。事见《左传·昭公二十九年》。其后，在商、周二代，唐尧后代仍受礼遇，据《左传·襄公二十四年》载：“范宣子曰：昔匄之祖，自虞以上，为陶唐氏，在夏为御龙氏，在商为豕韦氏，在周为唐杜氏。”

⑩ 即，四库全书本小字出旧校：“集作节。”而中华书局本则曰：“集作饰”。按，字当作节。

⑪ 方之：把它跟……比较。

经曰①：“不尚贤②，使民不争。”大哉圣人之知微知彰乎！天尚贤者③，国家之所当先。然古先圣人曰④：虽求贤审官，其用未始不无为也，而圣人能无为于求贤，不能使无为无迹存，则有为者尚之以为利，于是有饰智以惊愚⑤，修身以明污，其渐起于一时之名⑥，其弊存乎千载之后。不尚贤者，非谓废股肱之任，绝臣辅之力也，盖欲因时致功，功成则遗而遗之⑦；因义立事，事遂则有而无之⑧。无之则迹灭，迹灭则争息，争息则于为无为，于事无事。虽八元以翼唐弼虞⑨，三杰之戡秦灭项⑩，其无为无事一也。

注释：

① 经：指《老子》。此下所引见《老子》第三章。

② 尚：尊崇；重视。

③ 天：当为“夫”字。中华书局本即作“夫”。查独孤及文集《毗陵集》卷十八，该篇此处正作“夫”。

④ 人曰，旧校：“二字集作王。”

⑤ 饰：即饰字。粉饰；伪装。

⑥ 渐：逐渐发展的过程。

⑦“遗而遗之”中第一个“遗”，旧校：“集作遣。”遣而遗之，让它成为过去，忘掉它。

⑧ 遂：达成；成功。

⑨ 翼：辅佐，帮助。唐：唐尧。弼（bì）：辅佐。虞：虞舜。

⑩ 戡（kān）：平定。项：指项羽及其政权。

若夫齐天地，冥万物①，莫大于全真②。专气致柔，全真之本也；惟清惟静，全真之中也；各然其所然③，各可其所可，全真之末也。设教者三合，其道一以贯之，虽逍遥与道养殊途④，然性静与力命同辙⑤。苟因其命而较其分⑥，则子产不得不劳于刑政，朝穆不得不逸于肆任。若矫其肆任之性⑦，以狥刑政之端⑧，是续凫截鹤⑨，亏其全矣。故圣人以大猷御六气之辨⑩，以大方合二经之旨⑪。明应变无方⑫，立言不一。学者宜忘言以究其体统，不可执言以滞其筌蹄⑬。经不云乎：“返者道之动⑭。”惟动而常静。静可以取则，权足以合义⑮，义无反经。

注释：

① 齐：使……变得没有区别。冥：使……混沌为一。
② 全真：保全天性。
③ 然其所然：犹“是其所是”。肯定其所认为应当肯定的。
④ 逍遥：安然自得，无思无欲，不事修炼，无拘无束。道养：犹导养。指摄生养性。
⑤ 力命：《列子》有《力命》篇，认为穷达、贵贱、祸福、寿夭皆由天命，人力不可改变。
⑥ 命，旧校：“集作合。”
⑦ 矫：矫正。
⑧ 狥（xùn）：同“徇”，顺从，曲从。中华书局本作“徇”。
⑨ 续凫（fú）截鹤：将野鸭的短脚接长，将鹤的长脚截短。比喻做违背事物本性的事。语出《庄子·骈拇》：“凫胫虽短，续之则忧；鹤胫虽长，断之则悲。故性长非所断，性短非所续，无所去忧也。”
⑩ 御：控制。约束以为用。六气：自然气候变化的六种现象。指阴、阳、风、雨、晦、明。辨：通“变”，变化。
⑪ 大方：大道，常道。
⑫ 无方：没有固定的方法。
⑬ 其，旧校：“集作于。”筌蹄：筌，捕鱼竹器；蹄，捕兔网。后以“筌蹄”比喻达到目的的手段或工具。语出《庄子·外物》：“荃者所以在鱼，得鱼而忘荃；蹄者所以在兔，得兔而忘蹄。言者所以在意，得意而忘言。”
⑭ 此处所引经语见《老子》第四十章：“反者道之动，弱者道之用。”返，旧校：“老子作及。”及乃“反”字之误。
⑮ 则：原则。权：权变；灵活的理解。

凡养生者，以本为精，以物为粗，闭其外，慎其内，迹不践凶危之境，故兵不能容其刃，心不居冯暴之地①，故虎安得措其爪？苟守其精而遗其粗，故得于内而丧其外②，外内无以持其分，则卫生之经悖矣③。谓之不异，臣窃异之。至如希微大体，徼妙玄键④，陛下得黄帝之遗珠久矣，虽广成无所陈其至精⑤，傅说无所用其舟楫⑥。启沃之问，岂臣及之！有黩睿谋⑦，惧陨越于下⑧。谨对。

注释：

① 冯暴：“暴虎冯河”的缩语。徒手与虎搏斗，徒步涉水过河。比喻冒险行事。《诗·小雅·小旻》：“不敢暴虎，不敢冯河。”冯（píng）：徒涉；蹚水。
② 丧，旧校：“集作于。”
③ 卫生：养生；保护生命。悖（bèi）：矛盾，荒谬。
④ 希微：空寂玄妙或虚无微茫。《老子》：“听之不闻名曰希，搏之不得名曰微。”徼妙：精微；微妙。语出《老子》：“故常‘无’，欲以观其妙；常‘有’，欲以观其徼。”大体、玄键：均指重要的义理。
⑤ 广成：广成子，黄帝时得道之人。居崆峒山中，黄帝曾往拜见。

⑥ 傅说：殷相。相传他曾筑于傅岩之下，被商王武丁访得，举以为相，使得商朝一度中兴。
⑦ 黩（dú）：玷污；污辱。睿谋：指皇帝的谋划。
⑧ 陨越：封建社会上书皇帝时的套语。谓自己犯上而该当死罪之意。

文苑英华卷四百七十八

宋　李昉等编

道侔伊吕策三道[①]

第一道

张九龄[②]

①道侔伊吕策：乃唐代“制举”科目，非“常选”科目。参见《新唐书·选举志上》。侔：齐等，相当。伊吕：商伊尹辅汤，西周吕尚佐武王，皆有大功，后因并称伊吕；泛指辅弼重臣。

②张九龄：字子寿，一名博物，韶州曲江人。擢进士，始调校书郎。以道侔伊吕科策高第，开元十一年拜中书舍人内供奉，封曲江男。二十一年同中书门下平章事，迁中书令，累封始兴县伯，左迁荆州大都督长史。卒年六十八，赠荆州大都督，谥曰文献。建中元年加赠司徒。参见今《全唐文》卷二百八十三，此三道对策见卷二百九十。

对：[①]嗣鲁王道坚所举道侔伊吕科，征仕郎、行秘书省校书郎张九龄伏览睿问。[②]大哉国体！九品流弊，尝所懵焉。[③]幸因对扬，庶言其可。[④]古者诸侯贡士，司徒论士，必讲礼观能，乡举里选。[⑤]故十五十八之岁，大学小学之节，诵习以时，教化以礼，则孝悌之行可知于乡里，政事之业可升于国朝。[⑥]先王务教，此其大者。及周既衰，斯文将丧；秦氏灭学，唯力是视；仁义大坏，俊造亦亡。[⑦]汉高以马上非理，复修三代之事；[⑧]魏武以军中是务，权立九品之仪；[⑨]后代因循，莫能改作，纷纷横调，滔滔皆是，天下公器，可谓伤心。[⑩]伏惟殿（集作陛疑）下以（集作行字）神启睿图，天佐（集作佑）明德，[⑪]物不终否则（集作故）受之以泰，弊不遂极乃鼎之以新。[⑫]涤瑕荡秽，今其时也，伏愿图之。夫正其本者万事理，劳于求者逸于用。岂有大明御寓，虑此假权之人？[⑬]循良择人，安得谢恩之义？是则外台会府，真若漏于网（集作贮）中；济理适时，复何殊于掌上者也。[⑭]且有备无患，忘战必危。是以振旅茇舍之仪，羽林佽飞之卫，汉家征选，咸出五陵，周制供王，不逾千里。[⑮]此以均其远近，会其中正。王者之制，岂虚乎哉？必开井赋于要服，俾裒益于畿甸，虽经始之规，何施不可？[⑯]而图远之业，犹愿勿遵。且将振九品之颓纲，维百姓之绝纽，使官有位次，贤（集作资）有等差，才苟不侔，时所勿取。使夫能者代上帝之理，议者息高门之谈，吏精其心，人享其利。[⑰]流逋不日而来复，耕桑何忧乎不稔？[⑱]动之斯应，绥之斯来。若唯作法于末途，非救弊之本意，盛德大业，孰与归乎？[⑲]九龄怖栗尘埃，栖栖非得言之地；慷慨禾秀，拳拳因献策之时。[⑳]何敢望焉？尽心而已。谨对。

注释：

① 今《全唐文》卷二百九十收录有“问”。原文为“问：兴化致治，必俟得人；求贤审官，莫先慎举。圣朝受命，于今百龄，尧封比屋，魏纲斯顿，史曹之职，衡镜攸归，岁时高集，士窬累万。

借使崔、毛重起，裴、乐复存，观貌察言，且犹未暇，考行征实，其可得乎？若远循汉魏之规，复存州郡之选，即务辞会府，权归外台，牧守之明，何法能鉴？变通之要，厥路奚由？文武之道，并用无偏，军旅之制，事宜经远……子等并明于国体，允应于旁求，式陈开物之宜，无效循常之对。”

② 嗣鲁王道坚：嗣，继承君位；继承。道坚，乃唐高祖第十九子鲁王灵夔第二子蔼的儿子。参见《旧唐书·高祖二十二子列传》、《新唐书·高祖诸子列传》，载：“鲁王灵夔……坐与越王谋起兵，流振州，自杀。子诜为清河王，早夭；蔼为范阳王，知越王必败，自发其谋，得不诛，历右散骑常侍，为酷吏所害。神龙初悉追复王爵，以蔼子道坚嗣。道坚，方严有礼法，闺门肃如也；七为州刺史，迁国子祭酒。”睿（ruì）：通达，明智。古时臣下对君王、后妃等所用的敬词。睿问，即圣明君主的提问。

③ 九品：指九品中正选官法，是魏、晋、南北朝的一种官吏选拔制度。魏文帝曹丕黄初元年采纳吏部尚书陈群的建议，各州、郡设立中正官，将各地士人按才能分别评为九等（九品），供朝廷按等选用，谓之“九品官人法”。沿至晋、南北朝，选取专重门第，致“下品无高门，上品无贱族”，成为世族豪门把持政权的工具。隋文帝时废除此制，改行科举制。流弊：相沿而成的弊病。懵：昏昧，不明。

④ 对扬：古代常语，多见于金文。凡臣受君赐时多用之，兼有答谢、颂扬之意。此言面君奏对，答问。《魏书·儒林传序》：“州举茂异，郡贡孝廉，对扬王庭，每年逾众。”庶言其可：庶，副词。希望，但愿。此言希望我能谈谈九品中正制选官的可取之处。

⑤ 司徒：官名。相传少昊始置，唐虞因之。周时为六卿之一，曰地官大司徒。掌管国家的土地和人民的教化。讲礼：习礼。《左传·昭公十三年》：“是故明王之制，使诸侯岁聘以志业，间朝以讲礼。”孔颖达疏：“间一岁，诸侯亲自入朝，以讲习上下之礼。”乡举里选：古代选拔人才的一种方式，从乡里中考察推荐。

⑥ 大学：太学。《礼记·王制》：“小学在公宫南之左，大学在郊。”《大戴礼记·保傅》：“束发而就大学，学大艺焉，履大节焉。”北周卢辩注：“大学，王宫之东者。束发，谓成童。”小学：对儿童、少年实施初等教育的学校。我国西周即有小学，此前则名曰下庠、西序、左学等，其后亦名称不一。官学如四门小学、内小学，私学如书馆、乡塾。《大戴礼记·保傅》“古者年八岁而出就外舍，学小艺焉，履小节焉”卢辩注：“小学，谓虎闱师保之学也……《白虎通》曰：八岁入小学，十五入大学是也。此太子之礼。《尚书大传》曰：公卿之太子，大夫元士嫡子，年十三始入小学，见小节而履小义；二十而入大学，见大节而践大义。此世子入学之期也。又曰：十五年入小学，十八入大学者，谓诸子性晚成者，至十五入小学，其早成者，十八入大学。《内则》曰：十年出就外傅，居宿于外，学书计者，谓公卿以下教子于家也。”

⑦ 斯文：指礼乐教化、典章制度。《论语·子罕》：“天之将丧斯文也，后死者不得与于斯文也。”秦氏：指秦始皇嬴政。崇尚武力、蔑视文治，“焚书坑儒”。俊造：指才智杰出的人。《礼记·王制》：“司徒论选士之秀者而升之学，曰俊士。升于司徒者不征于乡，升于学者不征于司徒，曰造士。”

⑧ 马上：马背上；代指征战武功。《史记·郦生陆贾列传》：“陆生时时前说称《诗》《书》，高帝骂之曰：‘乃公居马上而得之，安事《诗》《书》?’陆生曰:‘居马上得之，宁可以马上治之乎?’……”后来刘邦转而采用“文治”来安天下。

⑨ 魏武：曹操。案：“九品官人法”其实源自班固《汉书·古今人表》，曹丕黄初元年采纳吏部尚书陈群的建议而推行，非立于魏武也。

⑩ 横调：犹横选，指特选，谓未经选试而拜官。《后汉书·左雄传》：“特选横调，纷纷不绝，送迎烦费，损政伤民。”李贤注：“调，征也。”滔滔：此言盛大，普遍。《论语·微子》：“滔滔者天下皆是也，而谁以易之?”魏何晏注：“滔滔，周流之貌。言当今天下，治乱同空。”公器：比喻国家的有才能的人。

⑪ 睿图：皇帝的谋划。《隋书·音乐志下》："皇矣上帝，受命自天。睿图作极，文教遐宣。"

⑫ 否、泰：《易》的两个卦名。天地交万物通谓之"泰"；天地不交而闭塞谓之"否"；后常以指世事的盛衰，命运的顺逆。极：达到顶点、最高限度。鼎新：更新，革新。鼎：古代炊器。此用卦名之义，巽下离上，去故取新之象。《易·鼎》："鼎，元吉，亨。象曰：鼎，象也。以木巽火，亨饪也。"《易·杂卦》："革，去故也。鼎，取新也。"

⑬ 御寓：即御宇，统治天下。

⑭ 外台：官名，后汉刺史，为州郡的长官，置别驾、治中，诸曹掾属，号为外台。《后汉书·方术传上·谢夷吾》："（谢夷吾）爰牧荆州，威行邦国……寻功简能，为外台之表。"此言地方行政长官，有选贤举能的职责。会府：此为尚书省之别称。《旧唐书·代宗纪》："至于领录天下之纲，综核万事之要，邦国善否，出纳之由，莫不处正于会府也。"漏网：逃脱罗网；此处犹言"彀中"。彀中：牢笼之中，圈套之中。五代王定保《唐摭言·述进士上》："（唐太宗）尝私幸端门，见新进士缀行而出，喜曰：'天下英雄入吾彀中矣！'"彀（gòu）：张满弓弩；比喻牢笼，圈套。此言天下人才一网打尽。掌上：手掌之上，极言容易。

⑮ 振旅：整顿部队，操练士兵。《国语·晋语五》："乃使旁告于诸侯，治兵振旅，鸣钟鼓，以至于宋。"茇（bá）舍：言军队芟除草莽，即于野地宿息。《周礼·夏官·大司马》："中夏教茇舍，如振旅之陈。"郑玄注："茇舍，草止之也。军有草止之法。"羽林：禁卫军名。汉武帝时选陇西、天水、安定、北地、上郡、西河等六郡良家子宿卫建章宫，称建章营骑。后改名羽林骑，取为国羽翼，如林之盛之意；一说象天文羽林星，主车骑。隋以左右屯卫所领兵为羽林。唐置左右羽林军。佽（cì）飞：汉武官名。少府属下左弋，自武帝太初元年改名为"佽飞"，掌弋射。《汉书·冯奉世传》："今发三辅、河东、弘农越骑、迹射、佽飞、彀者、羽林孤儿及呼速絫、嗕种，方急遣。"五陵：长陵、安陵、阳陵、茂陵、平陵五县的合称，均在渭水北岸今陕西咸阳市附近，为西汉高祖、惠帝、景帝、武帝、昭帝五个皇帝陵墓所在地。汉元帝以前，每立陵墓，辄迁徙四方富豪及外戚于此居住，令供奉园陵，称为陵县。

⑯ 井赋：古代行井田而纳贡赋，因用以称田赋。语本《周礼·地官·小司徒》"九夫为井……以任地事，而令其贡赋"。要服：古五服之一，古代王畿以外按距离分为五服。相传王畿以外一千五百里至二千里为要服。《书·禹贡》："五百里要服。"泛指边远地区。裒（póu）益：减少和增加；此犹言"裒多益寡"，削减有余以补不足。《易·谦》："君子以裒多益寡，称物平施。"畿甸：指京城地区；泛指京城郊外的地方。

⑰ 上帝：天帝。此指君主，帝王。高门：高大的门。此借指富贵之家，高贵门等。

⑱ 流逋：流亡的人。来复：回归，回来。耕桑：种田与养蚕；亦泛指从事农业。稔（rěn）：庄稼成熟。

⑲ 作法：谓创制法律、典章等。《左传·昭公四年》："君子作法于凉，其弊犹贪；作法于贪，敝将若之何？"

⑳ 怖栗：害怕得发抖。栖栖：亦作"栖栖"，忙碌不安貌。《论语·宪问》："丘何为是栖栖者与？无乃为佞乎？"得言：犹当言。颜之推《颜氏家训·省事》："谏诤之徒，以正人君之失尔，必在得言之地，当尽匡赞之规，不容苟免偷安，垂头塞耳；至于就养有方，思不出位，干非其任，斯则罪人。"慷慨：情绪激昂。禾秀：或用"麦秀"典。麦秀，指麦子秀发而未实。《史记·宋微子世家》："箕子朝周，过故殷虚，感宫室毁坏，生禾黍，箕子伤之，欲哭则不可，欲泣为其近妇人，乃作《麦秀之诗》以歌咏之。其诗曰：'麦秀渐渐兮，禾黍油油。彼狡僮兮，不与我好兮！'"后常以箕子的《麦秀之诗》为感叹家国破亡之痛的典实。禾秀，或用"禾黍"典。《诗·王风·黍离序》："《黍离》，闵宗周也。周大夫行役至于宗周，过故宗庙宫室，尽为禾黍。闵宗周之颠覆，彷徨不忍去而作是诗也。"后以"禾黍"为悲悯故国破败或胜地废圮之典。拳拳：诚挚貌。献策：献计。

第二道

前　人

对：王道务德，不来不强臣；霸道尚功，不伏不偃甲。①由（集无由字）此劳逸异数，得失可明。故曰务广德者昌，务广地者亡。②是则汉武事胡，岂比重华之干羽；③秦皇戍越，岂比（集作奚拟）公刘之橐兵（集作橐囊）。④虽古人有言（集作遗言），引之者有同于秦、汉；而王者大化，行之者必本于唐、虞。不亦然乎？此其开基之大者也。⑤国家因已有之地，广无私之仁，犬戎即叙，肃慎入贡。⑥若力不能救，岂惟桓公之耻；征在其苏，是必成汤之怨。⑦然而《春秋》所贵，惟义所在，内诸夏而外夷狄，此明中国恐弊，不兴异域之功，下人苟安，何惜救兵之举。则知吊伐之义，随时之道也。⑧颇至（集作今颇）凋弊，抑非其时。至如守塞则侯应之言为得，斥地则蒙恬之弊可知；前事昭昭，足为明戒者也。⑨必欲系单于之颈，裂匈奴之肩，奚霤背恩，受制于北虏，小人发愤，请议于东征。⑩谨对。

注释：

① 王道：儒家提出的一种以仁义治天下的政治主张。与霸道相对。务：从事，致力。来：归服，归顺。不强：不勉强。《管子·牧民》："不求不可得者，不强民以其所恶者。"臣：称臣，使臣服。霸道：指君主凭借武力、刑法、权势等进行统治。偃甲：藏甲衣不用，谓停止战争。偃：停息，止息。

② 广：扩大；增广。《易·系辞上》："夫《易》，圣人所以崇德而广业也。"

③ 胡：古代称北方和西方的民族如匈奴等为胡。事胡：事，此特指对外族进行战争。桓宽《盐铁论·西域》："当此之时，将卒方赤面而事四夷，师旅相望，郡国并发。"事胡，指用战事于胡。汉武帝好大喜功，一生中多次攻打匈奴，安边的同时也是为了增广边域。重华：虞舜的美称。《书·舜典》："曰若稽古帝舜，曰重华，协于帝。"孔传："华，谓文德。言其光文重合于尧，俱圣明。"干羽：古代舞者所执的舞具。文舞执羽，武舞执干。《书·大禹谟》："帝乃诞敷文德，舞干羽于两阶。"引申指文德教化。

④ 越：古代南方少数民族名。分布于长江中、下游以南，部落众多，地域极广，有百越、百粤之称。《史记·秦始皇本纪》："三十三年，发诸尝逋亡人、赘壻、贾人，略取陆梁地，为桂林、象郡、南海，以适遣戍。"公刘：周的始祖，相传为后稷的曾孙。他迁徙豳地（今陕西旬邑）定居，不贪享受，致力于发展农业生产。后用为仁君的典实。橐囊：盛粮食的口袋。《诗·大雅·公刘》："乃裹糇粮，于橐于囊。"郑玄笺："厚乎！公刘之为君也。……为狄人所迫逐，不忍斗其民。乃裹粮食于囊橐之中，弃其余而去。"

⑤ 开基：犹开国，谓开创基业。

⑥ 犬戎：旧时对我国少数民族的蔑称。即叙：亦作"即序"。就序；归顺。《书·禹贡》："织皮：昆仑、析支、渠搜、西戎即叙。"肃慎：亦作"肃眘"，古民族名，居于我国东北地区。周武王、成王时曾以楛矢、石砮来贡。一般认为汉以后的挹娄、勿吉、靺鞨、女真都和它有渊源关系。亦泛指远方之国。《左传·昭公九年》："肃慎、燕、亳，吾北土也。"入贡：向朝廷进献财物土产。《周礼·秋官·小行人》："令诸侯春入贡，秋献功，王亲受之，各以籍礼之。"

⑦ 桓公之耻：《春秋公羊传·僖公二年》："二年春王正月，城楚邱……城卫也。曷为不言城卫灭也？孰灭之？狄灭之。曷为不言狄灭之？为桓公讳也。曷为桓公讳？上无天子，下无方伯，天下诸侯

有相灭亡者，桓公不能救，则桓公之耻也。”当其时，齐桓公为霸主，卫国被戎狄所灭，霸主不能救援，是为“耻”。“征在其苏”句：《孟子·梁惠王章句下》“齐人伐燕，取之，诸侯将谋救燕。宣王曰：‘诸侯多谋伐寡人者，何以待之？’孟子对曰：‘臣闻七十里为政于天下者，汤是也。未闻以千里畏人者也。’《书》曰：汤一征，自葛始，天下信之。东面而征西夷怨，南面而征北狄怨。曰：‘奚为后我？’民望之，若大旱之望云霓也。归市者不止，耕者不变。诛其君而吊其民，若时雨降，民大悦。《书》曰：‘徯我后，后来其苏。’”汉赵岐注：“此二篇皆《尚书》逸篇之文也。言汤初征，自葛始，诛其君恤其民，天下信汤之德。面者，向也。东向征西夷怨者，去王城四千里夷服之国也，故谓之四夷。言远国思望圣化之甚也，故曰‘何为后我？’……徯，待也。后，君也。待我君来，则我苏息而已。”

⑧ 吊伐：即“吊民伐罪”，慰问受害的百姓，讨伐有罪的人。随时：顺应时势，切合时宜。《易·随·象》：“随，刚来而下柔，动而说。随，大亨贞，无咎，而天下随时，随时之义大矣哉。”

⑨ 守塞：防守边塞。侯应：西汉元帝时郎中，议“罢边备”事力呈己见，有“十不可”。《汉书·匈奴传》：“元帝以后宫良家子王嫱字昭君赐单于。单于欢喜上书：‘愿保塞上谷以西至敦煌，传之无穷。请罢边备塞吏卒以休天子人民。’天子令下有司议，议者皆以为便。郎中侯应习边事，以为不可许。上问状，应曰：‘周秦以来，匈奴暴桀，寇侵边境。汉兴，尤被其害……’”斥地：开拓土地。蒙恬：秦始皇时期的著名将领。秦统一六国后，蒙恬奉命率三十万大军北击匈奴。收复河南地（今内蒙古河套南伊克昭盟一带），自榆中（今内蒙古伊金霍洛旗以北）至阴山，设三十四县。又渡过黄河，占据阳山，迁徙人民充实边县。其后修筑西起陇西的临洮（今甘肃岷县），东至辽东（今辽宁境内）的万里长城，把原燕、赵、秦长城连为一体。此言蒙恬北征，虽则斥地开边，但也劳民伤财。

⑩ 系颈：把绳套在颈上，表示伏罪投降。汉贾谊《新书·过秦上》：“南取百粤之地，以为桂林、象郡；百粤之君，俯首系颈，委命下吏。”奚：古族名，分布在饶乐水（今内蒙古自治区西拉木伦河）流域。南北朝时称库莫奚。隋唐时称奚。霫（xí）：我国古代东北少数民族名。隋唐时，居潢水（今西拉木伦河）以北，以射猎为生，风俗与契丹略同。唐贞观三年内附。后迁潢水以南，并于奚。奚、霫，皆以游牧为生，唐末，俱附契丹，渐与契丹人同化。亦泛指北方少数民族。小人：平民百姓；此为自谦之词。发愤：发奋振作。

第三道

前　人

对：伏惟殿下，德盛问安，教存齿学；①则孝悌之感元良之旨，咏《子衿》之诗，义形乎辞，真吾君之子也，天下幸甚。②伏以化凭于势，声若顺风之远；或因于时，德甚置邮之速；③则何草不偃，何心不应？④而曰未能动俗，殿下之至谦也，尚何术之务而舍此乎？今又降意微言，征诸坠典。⑤至如炎帝斫木，盖取诸意；文王演卦，乃言其象；虽成象之时不同，而得意之言一也。⑥周公制《礼》，夏正得天，纵损益可知，而因循不改。⑦去圣既远，《礼》经残缺，遗文苟存，群儒纷揉。故丧服异制，诸家殊执（集作轨）。⑧故王肃之旨，约情以断；郑玄之言，引经取决。⑨吕氏因封侯之余俗，采礼官之旧仪，故戴圣采十二纪之首为十二月令，存周礼之典，其故匪他。⑩仲尼以尊鲁而取美于《颂》，穆公以尊周而见序于《书》，⑪《左氏》以艳富称诬，《穀梁》以文清为婉，范宁序事其义则详。⑫《乐》书因秦而遂亡，空有河间之制；《夹氏》在传而不见，唯余班固之说。⑬谨对。

注释：

① 齿学：语本《礼记·文王世子》："行一物而三善皆得者，唯世子而已，其齿于学之谓也。"因以"齿学"指太子入学，不敢居人之前，与公卿之子依年龄大小为序，以示谦卑。

② 元良：此为太子的代称。《礼记·文王世子》："一有元良，万国以贞，世子之谓也。"子衿：《诗·郑风·子衿》："青青子衿，悠悠我心。"毛传："青衿，青领也。学子之所服。"

③ 凭：凭借。势：形势，情势。置邮：用车马传递文书信息；亦谓传递文书信息的驿站。《孟子·公孙丑上》："德之流行，速于置邮而传命。"

④ 草偃：《论语·颜渊》："君子之德风，小人之德草，草上之风，必偃。"比喻在上者能以德化民，则民之向化，犹风吹草仆，相率从善。

⑤ 坠典：指已废亡的典章制度。南朝梁沈约《侍皇太子释奠宴》诗："坠典必修，阙祀咸荐。"

⑥ 炎帝：传说中上古姜姓部族首领，相传少典娶于有蟜氏而生。原居姜水流域，后向东发展到中原地区。一说炎帝即神农氏。《孔子家语·辩物》："昔黄帝以云纪官……炎帝以火，共工以水，太昊以龙，其义一也。"斫木：砍削木料。《易·系辞下》："包牺氏没，神农氏作，斫木为耜，揉木为耒。"意：道理；规律。象：形象，现象；征兆，迹象。《易·系辞上》："一阖一辟谓之变，往来不穷谓之通，见乃谓之象。"成象：成为感官可以觉知的形象或现象。《易·系辞上》："在天成象，在地成形，变化见矣。"韩康伯注："象况日月星辰。"孔颖达疏："象谓悬象，日月星辰也。"

⑦ 周公：西周初期政治家，姓姬名旦，也称叔旦，文王之子，武王之弟，成王之叔。辅武王灭商。武王崩，成王幼，周公摄政。东平武庚、管叔、蔡叔之叛。继而厘定典章、制度，复营洛邑为东都，作为统治中原的中心，天下臻于大治。后代多以为圣贤的典范。见《史记·鲁周公世家》。夏正：即夏历正月；代指夏历。夏以正月为岁首，商以夏历十二月、周以夏历十一月为岁首。见《史记·历书》。秦及汉初曾一度以夏历十月为正月。自汉武帝改用夏正后，历代沿用。得天：得天道。此言得四时之正。《逸周书·周月》："夏数得天，百王所同。"《汉书·律历志上》："《经》曰'春王正月'，《传》曰周正月'火出，于夏为三月，商为四月，周为五月。'夏数得天，得四时之正也。"

⑧ 丧服：居丧所穿的衣服；引申指服丧或服丧的期限。异制：不同的形状和构造；引申指不同制度。殊轨：不同的轨道；喻差距甚大。

⑨ 王肃、郑玄：皆东汉末经学家。王氏说解多出己意，郑氏兼采博引很少臆说；王较郑晚，多驳难郑；详见前注。

⑩ 吕氏：吕不韦。集门客编成《吕氏春秋》二十六卷。太史公《自序》称"不韦迁蜀，世传吕览。"今本凡十二纪，八览，六论。纪所统子目六十一，览所统子目六十三，论所统子目三十六，实一百六十篇。其十二纪，相当于《礼记》之月令，顾以十二月割为十二篇，每篇之后，各间他文四篇。余俗：《曲江集》作"余裕"，宽裕。多用于说明时间充分，精力充沛，生活富裕。戴圣：汉代礼学家，与其兄戴德具传"礼"学，今十三经注疏所录《礼记》即戴圣所传"小戴礼记"。月令：《礼记》篇名，礼家抄合《吕氏春秋》十二月纪之首章而成。所记为农历十二个月的时令、行政及相关事物。

⑪ 仲尼句：孔子尊鲁，于《诗经》编列"鲁颂"。鲁颂为《诗》"三颂"之一，共四篇。周成王封周公、伯禽于鲁，周公有大功德于王室，故虽为诸侯国亦得有颂。四篇作于鲁僖公晚年，为春秋中期作品。《诗·鲁颂》"《鲁颂》谱"孔颖达疏："《駉》颂序云：'史克作是颂。'广言作颂，不指《駉》篇，则四篇皆史克所作。《閟宫》云：'新庙奕奕，奚斯所作。'自言奚斯作新庙耳。而汉世文人班固、王延寿之等，自谓《鲁颂》是奚斯作之，谬矣。故王肃云：当文公时，鲁贤臣季孙行父请于周，而令史克作颂四篇以祀。是肃意以其作在文公之时，四篇皆史克所作也。"穆公以尊周而见序于《书》：穆公，或指秦穆公，然穆公见载于《书》非为尊周也。《尚书》最后一篇为《秦

誓》，孔安国《书》传曰：“贪郑取败，悔而自誓。”查遍史实，周代于东周时期，齐桓公、晋文公二霸曾以武功匡扶周室，然其事不载于《尚书》。故此句或为考试对策者记忆之误。

⑫ 范宁：晋人，作有《春秋公羊传集解》。《四库总目提要》：“宁《注》本十二卷，以兼载门生故吏子弟之说，各列其名，故曰《集解》。《晋书》本传称宁此书为世所重，既而徐邈复为之注，世亦称之。”

⑬ 河间：指汉河间献王刘德，汉景帝之子。爱好儒学，留意聚书。秦始皇“焚书坑儒”，《乐》书失传，据说汉初河间献王从民间得到了《乐》经等众多古书，但后世未见传承。夹氏：指《春秋经》之《夹氏传》。班固《汉书·艺文志》在言及《春秋》时说：“《夹氏传》十一卷。有录无书。”

知合孙吴可以运筹决胜策二道

问：朕闻武以保大定功，刑以禁邪止杀。轩辕三皇之圣，莫能去兵；陶唐五帝之聪，时犹振旅。①故知体国经野，宜有吊伐；②居安虑危，可无预备？朕纂承丕业，虔守大宝，因祖宗之既康，恐文武之将坠，兢兢戒慎，翼翼忧勤；③而德教诞敷，烽燧尚警，三边每劳于征伐，百姓不歌于耕凿。④言念于役，深轸于怀，所以日旰忘飡，中宵辍寐。⑤思谋臣以制敌，折冲于樽俎；索名将以守边，降伏其戎寇。⑥行何法也，得致斯人哉？子等藏器待时，呈才应命，尽陈古今之事，备详攻守之策。至时贤著述，往彦勋庸，兵法有五十三家，宜分其四种；汉臣有二十八将，自比夫几人？⑦景略可逮于孔明，张辽得齐于关侯？⑧斛律光、贺若弼，近代之用谁优？⑨我李绩与李靖，先朝之光谁最？⑩又邛南一方之地，碛西万里之域，将弃之以促境，宁守之以劳人？⑪镇梁州至于流沙，军陇坂至于积石，险阻要害，予疑汝明。⑫秦中岁役于防水，若为厘革？代北年疲于御塞，奚所变通？⑬蓟门屯田，何术以休其弊？柳城梗涩，何筹以系其虏？⑭凡此边廷，今为重镇，何经何见，何履何历？⑮若兵不获已，用何奇谋？贞我师旅，使有征无战？必文可来之，施何异政？柔彼夷狄，使怀惠畏威？⑯咸述尔能，直言其事，当有升坛之拜，伫伸推毂之宠。⑰

注释：

① 轩辕：传说中的古代帝王黄帝的名字。传说姓公孙，居于轩辕之丘，故名曰轩辕氏。曾战胜炎帝于阪泉，战胜蚩尤于涿鹿，众部落尊为天子。后人以之为中华民族的始祖。《史记·五帝本纪》：“黄帝者，少典之子，姓公孙，名曰轩辕。”振旅：整顿部队，操练士兵。

② 体国经野：分划国都，丈量田野。《周礼·天官·序官》：“惟王建国，辨方正位，体国经野，设官分职，以为民极。”郑玄注：“体犹分也，经谓为之里数。郑司农云：‘营国方九里，国中九经九纬，左祖右社，面朝后市，野则九夫为井，四井为邑之属是也。’”后亦用以泛指创建国家、治理国家。

③ 丕业：大业。《史记·司马相如列传》：“皇皇哉斯事，天下之壮观，王者之丕业，不可贬也！”大宝：《易·系辞下》：“圣人之大宝曰位。”后因以“大宝”指帝位。文武：文德与武功；文治与武事。翼翼：恭敬谨慎貌。

④ 诞敷：遍布。《书·大禹谟》：“帝乃诞敷文德，舞干羽于两阶。”孔传：“远人不服，大布文德以

来之。”烽燧：古代边防报警的信号，白天放烟叫烽，夜间举火叫燧。引申指战乱。三边：汉时指匈奴、南越、朝鲜。此指东、西、北边陲。耕凿：耕田凿井。语出古诗《击壤歌》：“日出而作，日入而息；凿井而饮，耕田而食，帝力于我何有哉？”后常用“耕凿”形容人民辛勤劳动，生活安定。

⑤ 于役：行役，谓因兵役、劳役或公务奔走在外。《诗·王风·君子于役》：“君子于役，不知其期。”轸：痛心，惘惜。日旰：天色晚，日暮。《汉书·张汤传》：“汤每朝奏事，语国家用，日旰，天子忘食。”旰（gàn）：晚；迟。

⑥ 折冲：使敌人的战车后撤，即制敌取胜。冲，冲车，战车的一种。《吕氏春秋·召类》：“夫修之于庙堂之上，而折冲乎千里之外者，其司城子罕之谓乎？”高诱注：“冲，车。所以冲突敌之军，能陷破之也……使欲攻己者折还其冲车于千里之外，不敢来也。”樽俎：古代盛酒食的器皿。樽以盛酒，俎以盛肉。此指宴席。汉刘向《新序·杂事一》：“仲尼闻之曰：‘夫不出于樽俎之间，而知千里之外，其晏子之谓也，可谓折冲矣。’”

⑦ 勋庸：功勋。“兵法有五十三家”句：兵法，用兵作战的策略和方法；此指兵书。《汉书·艺文志》：“凡兵书五十三家，七百九十篇，图四十三卷……汉兴，张良、韩信序次兵法，凡百八十二家，删取要用，定著三十五家。诸吕用事而盗取之，武帝时军政杨仆，捃摭遗逸纪奏《兵录》，犹未能备。至于孝成，命任宏论次兵书为四种。”“汉臣有二十八将”句：汉臣，汉朝的能臣，这里指东汉光武中兴“二十八将”。汉明帝时因追念前世功臣，图画邓禹等二十八将于南宫云台。参范晔《后汉书·朱景王杜马刘傅坚马列传》“二十八将传论”。此言东汉中兴有二十八将，“我”可与谁相比。

⑧ 景略：魏晋时人王猛。王猛，字景略，北海剧县（山东寿光）人。少贫贱，贩畚为业，但他肯学习，十分博学，才华横溢。有“扪虱而谈”故事。东晋大将桓温兵进关中时，王猛去谒见，一面侃侃谈天下事，一面在扪虱，旁若无人。桓温见他不凡，问他：我奉天子之命讨逆，“而三秦豪杰未有至者何也”？王猛说：你不远数千里而来，但“长安咫尺而不渡灞水 ”，百姓还不知你到底要怎么样，所以不至。桓温无言以对。见《晋书·王猛传》。张辽：字文远，三国曹魏名将。关侯：即三国蜀关羽，生前曾封汉寿亭侯，故称。

⑨ 斛律光（515—572）：北齐名将。字明月，朔州（今山西朔县）人，高车族。出身将门，斛律金之子。初任都督，善骑射，号称“落雕都督”。他骁勇善战，在与北周近 20 年的争战中，多次指挥作战，均获胜利。先后拜大将军、太傅、右丞相、左丞相。见《北齐书·斛律光传》。贺若弼（544—607）：字辅伯，河南洛阳（今河南洛阳）人，隋朝著名将领。其父贺若敦为北周将领，以武猛而闻名。杨坚代北周建立隋朝，贺若弼受命平陈。见《隋书·贺若弼列传》。

⑩ 李绩（594—669）：本姓徐，名世绩，字懋功，曹州离狐（今山东东明）人。隋末参与瓦岗农民起义，后归唐成主要军事大臣，参与核心政务。唐武德二年（619），被唐高祖李渊赐姓李。永徽年间，避太宗李世民讳，去世字而单名绩。见《旧唐书·李绩传》。李靖（571—649）：原名药师，雍州三原（今陕西三原县东北）人。唐初军事家。其舅韩擒虎为隋朝名将，常与他讨论兵法，倍受称赞。隋朝炀帝末年，李靖出任马邑郡丞。公元 617 年，李渊父子起兵反隋，李靖在长安被俘，李渊欲杀之，因李世民说情而幸免一死，于是随李世民，在征讨王世充的战争中立下战功，被授为开府。李靖归唐后，南平江南，北灭突厥，西定土谷浑，“临机果，料敌明”，显示了非凡的军事才能。见《旧唐书·李靖传》。

⑪ 卭（qióng）：此指临邛，乃邛州临邛郡，隶属剑南道。唐初治所在今邛崃东南的依政，显庆中移治临邛（今邛崃）。辖境相当今四川省邛崃、大邑、蒲江等县地。碛西：唐朝对西域的称呼。碛（qì），沙漠；唐指莫贺延碛，即今哈密和敦煌之间的哈顺沙漠。《唐会典》载：“莫贺延碛者，延袤二千里，中间寸草不生。”

⑫ 梁州：古九州之一。《书·禹贡》：“华阳黑水惟梁州。”孔传：“东据华山之南，西距黑水。”流

沙：沙漠；沙常因风吹而流动，故称。此指西域地区。陇阪：亦作“陇坂”，即陇山。六盘山南段的别称。古时又称陇坂、陇坻。北魏郦道元《水经注·斤江水》：“陇山、终南山、惇物山在扶风武功县西南也。”积石：山名，即阿尼玛卿山，在青海省东南部，延伸至甘肃省南部边境。为昆仑山脉中支，黄河绕流东南侧。《书·禹贡》：“导河积石，至于龙门。”

⑬ 秦中：古地区名。指今陕西中部平原地区，因春秋、战国时地属秦国而得名。也称关中。《汉书·娄敬传》：“秦中新破，少民，地肥饶，可益实。”颜师古注：“秦中谓关中，故秦地也。”唐张说《早渡蒲关》诗：“鸣銮下蒲阪，飞旆入秦中。”厘（lí）革：改革。厘：治理，处理；改变，改正。代北：古地区名。泛指汉、晋代郡和唐以后代州北部或以北地区。当今山西北部及河北西北部一带。唐陈子昂《送魏大从军》诗：“雁山横代北，狐塞接云中。”唐设有方镇代北。

⑭ 蓟门：即蓟丘，古地名，在北京城西德胜门外西北隅。《史记·乐毅列传》：“乐毅报遗燕惠王书曰：‘蓟丘之植，植于汶篁。’”张守节正义：“幽州蓟地西北隅，有蓟丘。”柳城：唐代郡名。柳城郡隶属营州，地处辽西。《新唐书·地理志》：“营州柳城郡，上都督府。本辽西郡，万岁通天元年为契丹所陷，圣历二年侨治渔阳，开元五年又还治柳城，天宝元年更名。土贡：人参、麝香、豹尾、皮骨骴。户九百九十七，口三千七百八十九。县一。柳城。（中。西北接奚，北接契丹。有东北镇医巫闾山祠，又东有碣石山。）”梗涩：阻塞。《晋书·王承传》：“是时道路梗涩，人怀危惧。承每遇艰险，处之夷然。”

⑮ 重镇：军事上占重要地位的城镇。

⑯ 文：指文德，即指礼乐教化，与“武功”相对。《论语·季氏》：“故远人不服，则修文德以来之。”怀惠：谓感念长上的恩惠。《论语·里仁》：“君子怀刑，小人怀惠。”

⑰ 升坛：即登坛，登上坛场。古时会盟、祭祀、帝王即位、拜将，多设坛场，举行隆重的仪式。推毂：推车前进。古代帝王任命将帅时的隆重礼遇。《史记·张释之冯唐列传》：“臣闻上古王者之遣将也，跪而推毂，曰阃以内者，寡人制之；阃以外者，将军制之。”后因以称任命将帅之礼。

对

杨若虚

对：臣沐清化，忝纡黄绶。①属陛下听鼓鼙之音，载怀将率；②恤边鄙之耸，思辑军容。③臣窃叹三隅未宁，为日久矣。不以庸菲，谬膺推荐，恭承大问，俯蹐玉陛，咫尺天休，以抒情素。④臣闻古先哲王，鲜不征伐。禁暴止乱，咸以为人；思患预防，实为善政。伏惟陛下，允恭克让，虞守四表，俊乂咸理，以孚于人。⑤犹恤彼勤劳，求兹政道，实天下幸甚。臣闻事适于务则理有成，法宜于时则功可建。是以广采舆诵，询于刍言，不以人废言，不以欲违众。⑥故计济事立，利倍功大，完军保胜，道泰人安。虽三边未清，而百姓不弊。臣闻或多难以启其疆土，或无难以丧其守宇。⑦天其启此边难，以警陛下，勤于政理，以致和平，因定荒乱之宜，以为子孙之业也。不然者，岂圣明之时，屡有斯寇。今若以明视远，以聪听德，钦崇天意，允厘庶绩，制以官刑，儆于有位；⑧爱敬立于亲长，始终协于家邦，崇礼以致贤，修德以来远。⑨言合于道，虽贱必行；议乖于政，虽贵必罚；谋得其要，必申瓜衍之赏；刑当其理，不贻戮仆之愆；则在廷之官，足以致化。⑩

臣闻燕昭立馆，以报强仇；越践自勤，竟雪深耻。⑪景略用而秦道霸，孔明起而蜀业成。岂明明之朝不如区区之国！其珠玉无足，爱之必至；贤良思用，求之必来。惟陛下知与不知，用与不用。苟得其任，何忧制敌降戎而已哉？必资听之不滥，择之无失，审甄其操履，明试以言，谋之以八征，求之以五听。⑫穰苴进于晏子，韩信用自萧何。⑬是以君人劳于求才，逸于任使，舍人求胜，臣以为难。⑭臣闻自古用兵，成败相半，贤者得其大，愚者得其小，莫不同用于法焉。至于战胜攻取，无出三事；类文校义，分为四种。⑮记之金策，具于玉韬。⑯汉臣以之拨乱辅时，上应列宿，振威耀武，咸得其才。以臣之愚，何以堪此。然守终持满，窃仰邓禹之能；勍敌神谋，颇怀冯异之略。⑰至隐若敌国，思其奉上之故，亦采于一善，未致其全。若景略比于孔明，功当术浅；张辽比于关侯，壮劣情优。斛律光著破虏之功，贺若弼有平陈之绩；论其攻战，则可齐肩；语其才雄，此或先驾。彼亡隋之任士，内用宠戚，外阶朋党，忠言死于逆耳，国命出于谗言，政以贿易，功以财成。⑱雁门之围，兵士以微而不赏；浪河之败，许公以亲而不诛。⑲天下分崩，人受涂炭。是以李绩与李靖为国家用，因隋亡之臣致有周之业。靖则克胜其任，匈奴于是破亡；绩则能达其谋，高丽以之终灭。⑳谋功比事，绩可同年；以功取人，靖以居上。

臣闻惇德允元，柔远能迩；王者无外，守在四夷。㉑张纲弃兵，竟和南国；充国不战，亦定西夷。㉒若李牧以居边，魏尚而为牧，远和迩镇，固障持边。㉓远和则不劳，迩镇则居逸，是谓释远谋近，逸而有终。然后明其伍候，守其交礼，谨其走集，诫以不虞，足以辑和士庶，羁縻夷狄。㉔何必弃南邛之戎，舍碛西之地，隳先朝之业，致将来之诮焉？蹙国挫威，臣所不取。㉕臣又闻，华夏者国之心腹，边陲者国之支体。若心腹充盈，则支体无害。古既守之不损，今御之而何失？古以之足，今以之虚，非古今有殊理，实授非其任。然东自榆林，西至蒲海，限之以亭塞，隔之以山河，启玉关、金微之险，有临洮、墨鸡之阨；㉖飞狐、白石，爰在并、汾，木峡、土门，出于幽、蓟。㉗李靖距颉利于峡口，终绝南侵；李杰败王师于榆关，遂贻东难。㉘险阻不异，成败乃殊，以是言之，非才莫可。今若渐收塞上之士，申晁错之谋，安辑云中之人，晓严尤之术，保以邑落，守以城池；㉙求贤良以为守，习农桑以为教。敌至则收其积聚，使野无所遗；贼去则伺其虚危，使兵不失利；则秦川岁减于冬戍，代北不惧于秋犯。㉚臣见蓟门屯田，防军寇之乘；攻守余暇，务耕耘之积；省两河之粟，资三军之费。㉛但使役之无扰，何忧兵以致弊？军既未息，此安可停。

臣闻取乱侮亡，《书》之明义；固险而守，国之恒政。㉜若柳城之寇，不虐于边人；鸿胪之宾，未绝于来使；则养士卒以待其衰也。㉝必若虐暴边隅，须申致寇之略；如其毒痛于下，方兴问罪之师。任之以智能，申之以谋策，明赏必罚，教人以信。山林水泽之阵，识以权宜；父子兄弟之军，赴汤蹈火。㉞然后扬兵耀武，示之以威，则师旅以贞，夷狄柔服，惠怀无战，其在于兹。若但行以秋霜之严，而无时雨之泽，不计而动，离怨在心，驱以合敌，贪以取败，既轻有生之命，求幸白刃之中，使天威挫衄者，臣窃恨焉。㉟《易》曰："差之毫厘，谬以千里。"此之谓也。臣以不才，展效州郡，每怀报国，屡上微言。神龙二年进状，论沙场丧败；开元四载投匦，言降户得失；銮驾西幸，又于河中府上表，并进《柔远论》一首。[36]而才微理拙，不蒙顾问。制问曰“何经何历”，敢不尽言？臣识浅才微，罔知攸据。至若“升坛之拜，推毂之宠”，岂可一策所能及。愚臣暗昧，不足以当之。俯伏惶恐，若履冰谷。谨对。

注释：

① 杨若虚：元宗时人。参见今《全唐文》卷二百九十九。纡：系结，垂挂。《文选·张衡〈东京赋〉》：“纡皇组，要干将，负斧扆，次席纷纯。”李善注：“纡，垂也。”黄绶：古代官员系官印的黄色丝带。《汉书·百官公卿表上》：“比二百石以上，皆铜印黄绶。”借指官职或官位。

② 属：适逢。鼓鼙：亦作“鼓鞞”。古代军中常用的乐器，指大鼓和小鼓。将率：同“将帅”，即将领。《礼记·乐记》：“君子听鼓鼙之声，则思将帅之臣。”

③ 边鄙：边疆，边远的地方。军容：指军队和军人的礼仪法度、风纪阵威和武器装备。《文选·左思〈吴都赋〉》：“军容蓄用，器械兼储。”刘逵注：“军容，军之容表，言矛剑等也。”

④ 俯蹐：弯腰屈身，小步而行。玉陛：帝王宫殿的台阶；借指朝廷。天休：天赐福佑。《书·汤诰》：“凡我造邦，无以匪彝，无即慆淫，各守尔典，以承天休。”

⑤ 允恭：信实而恭勤。克让：能谦让。《书·尧典》：“允恭克让，光被四表，格于上下。”孔传：“允，信。克，能。”孔颖达疏引郑玄曰：“不懈于位曰恭。”虞：忧虑，忧患。俊乂（yì）：才德出众的人。孚：信服，信从。此指使相信，使信服。

⑥ 舆诵：众人的议论。《国语·楚语上》：“近臣谏，远臣谤，舆人诵，以自诰也。”韦昭注：“舆，众也。”刍言：浅陋的言论，卑贱者的言论。刍：割草，刈割；引申代指割草采薪之人。《诗·大雅·板》：“先民有言，询于刍荛。”毛传：“刍荛，薪采者。”

⑦ 多难：众多难成之事；很多困难。《诗·周颂·访落》：“维予小子，未堪家多难。”郑玄笺：“多，众也。我小子耳，未任统理国家众难成之事……难成之事，谓诸政有业未平者。”此犹言逆境可以警醒人、激发人。

⑧ 钦崇：崇敬。《书·仲虺之诰》：“钦崇天道，永保天命。”天意：上天的意旨。允厘：谓治理得当。庶绩：各种事业。《书·尧典》：“允厘百工，庶绩咸熙。”孔传：“绩，功也；言众功皆广。”官刑：官府所用之刑法。有位：居官；此言居官之人。《书·伊训》：“制官刑，儆于有位。”孔传：“言汤制治官刑法，以儆戒百官。”

⑨ 修德：修养德行；此言修“文德”。《论语·季氏》：“故远人不服，则修文德以来之。”

⑩ 瓜衍之赏：语出《左传·宣公十五年》：“晋侯赏桓子狄臣千室，亦赏士伯以瓜衍 之县。曰：‘吾获狄土，子之功也。微子，吾丧伯氏矣。’”后以“瓜衍之赏”泛指重赏。戮仆：犹言“孥戮”。诛及子孙。《书·甘誓》：“予则孥戮汝。”孔传：“孥，子也。非但止汝身，辱及汝子，言耻累也。”多用为杀戮之意。

⑪ 燕昭：即战国时燕昭王，筑台纳贤。见《史记·燕召公世家》。后用为君主礼遇贤士求贤之典。越践：越王勾践，卧薪尝胆，终灭吴国。

⑫ 操履：操守。八征：指为识别人才进行的八种考查。《六韬·选将》：“太公曰：‘知之有八征：一曰问之以言，以观其辞；二曰穷之以辞，以观其变；三曰与之间谍，以观其诚；四曰明白显问，以观其德；五曰使之以财，以观其廉；六曰试之以色，以观其贞；七曰告之以难，以观其勇；八曰醉之以酒，以观其态。八征皆备，则贤不肖别矣。’”五听：审察案情的五种方法。听，判断。《周礼·秋官·小司寇》：“以五声听狱讼，求民情。一曰辞听，二曰色听，三曰气听，四曰耳听，五曰目听。”郑玄注：“观其出言，不直则烦；观其颜色，不直则赧然；观其气息，不直则喘；观其听聆，不直则惑；观其眸子，视不直则眊然。”

⑬ 穰苴：春秋时期齐国大将军司马穰苴，是晏子向齐景公推荐司马穰苴的，说司马穰苴文能服众、

武能威敌。见《史记·司马穰苴传》。韩信：韩信投奔刘邦不被任用，月夜出亡，萧何追回并奏请刘邦拜为大将军。见《史记·淮阴侯列传》。

⑭ 君人：指人君，国君。《战国策·燕策一》："臣闻古之君人，有以千金求千里马者，三年不能得。"

⑮ 三事：此指正德、利用、厚生。《书·大禹谟》："六府三事允治。"孔颖达疏："正身之德，利民之用，厚民之生，此三事惟当谐和之。"四种：指汉代把兵法书按类分为四种。《汉书·艺文志》："兵家者，盖出古司马之职王官之武备也。……汉兴，张良韩信序次兵法，凡百八十二家，删取要用定著三十五家。诸吕用事而盗取之，武帝时军政杨仆，捃摭遗逸纪奏《兵录》，犹未能备。至于孝成，命任宏论次兵书，为四种。"

⑯ 金策：古代记载大事或帝王诏命的连编金简。韬：古兵书有《太公六韬》：文韬、武韬、龙韬、虎韬、豹韬、犬韬，相传为周文王师姜望所撰。后因以借指用兵的谋略。

⑰ 守终：谓终身坚守不止。持满：犹持盈。《荀子·宥坐》："子路曰：'敢问持满有道乎？'孔子曰：'聪明圣知，守之以愚；功被天下，守之以让；勇力抚世，守之以怯；富于四海，守之以谦。此所谓挹而损之之道也。'"邓禹（2—58）：字仲华，南阳新野（今河南省新野）人。追随刘秀中兴东汉，为"云台二十八将"之首（云台，汉宫中高台名。汉光武帝时，用作召集群臣议事之所；汉明帝时因追念前世功臣，图画邓禹等二十八将于南宫云台）。勍敌：强敌。勍（qíng）：强，有力。冯异（？—34）：字公孙，颍川父城（今河南宝丰东）人。东汉著名军事家，协助刘秀创建东汉政权，光武帝封阳夏侯，有"大树将军"之称号；明帝时封为"云台二十八功臣"之一。

⑱ 阶：官阶，品级；此作动词，加官进阶。朋党：指同类的人以恶相济而结成的集团，后指因政见不同而形成的相互倾轧的宗派。

⑲ 雁门：即雁门关，在山西省代县北部，长城重要关口之一。唐于雁门山顶置关，向为山西南北交通要冲。雁门之围：指隋朝大业末，炀帝于雁门为突厥所围，李世民等应募救援隋炀帝之事。参见《隋书·炀帝纪下》、《旧唐书·太宗本纪》。浪河：当作"泸河"，指大业中隋炀帝以高丽不遵臣礼为由，征集天下兵卒从怀远、泸河两镇出发征讨朝鲜事。许公：隋朝权臣宇文述，号称"许公"。东征朝鲜战争中，宇文述是统帅，高丽军引诱隋军到距平壤仅 30 里地的萨水（今朝鲜清川江），乘隋军半渡时发起猛攻，隋军大败。此次惨败而归，隋炀帝大怒，遂将宇文述下狱。但因宇文述平时得宠于隋炀帝，并且其子宇文士及娶隋炀帝之女南阳公主，所以隋炀帝不忍诛杀宇文述。参见《隋书·炀帝纪下》、《隋书·宇文述列传》。

⑳ 高丽：朝鲜历史上的王朝（918—1392）。我国习惯上多沿用来指称朝鲜或关于朝鲜的物产。李绩：即徐懋功，隋末参与瓦岗农民起义，后归唐成主要军事大臣，参与核心政务。事见《旧唐书·李绩传》。李靖：由隋入唐，南平江南，北灭突厥，西定土谷浑。事见《旧唐书·李靖传》。

㉑ 允元：信任仁厚之人。《书·舜典》："惇德允元，而难任人，蛮夷率服。"蔡沈集传："言当厚有德，信仁人。"

㉒ 张纲弃兵：张纲，东汉安帝、顺帝时人。此指张纲不用武力劝服南方叛贼张婴故事。《后汉书·张纲传》："张纲，字文纪。少明经学，虽为公子，而厉布衣之节，举孝廉不就，司徒辟为侍御史……时广陵贼张婴等众数万人，杀刺史、二千石，寇乱扬、徐间，积十余年，朝廷不能讨。以纲为广陵太守……"张纲不兴兵戈，坦诚以礼相见张婴等，说之以理、动之以情，婴等诚服，南州宴然。充国：即西汉名将赵充国（前 137—前 52），字翁孙，陇西上邽人。为人沉着勇敢，熟悉兵法，精通少数民族事务，有将帅宏略。他在对匈奴、羌、氐的战争中，审时度势，每战必胜，威名远扬，被册封为后将军。宣帝继位后，因辅政有功，被封为营平侯。赵充国在中国历史上最有名的是提出了"寓兵于农，耕战两利"的策略，即屯田法。此方法被汉宣帝采纳后，取得了对羌战争的最终胜利，保持了西北边疆的稳定，同时对发展边疆农业也起到了积极的促进作用。

㉓ 李牧（？—前 229）：战国时期赵国人，杰出的军事家、统帅，官至赵国相，大将军，受封赵国武安君。李牧守代地雁门郡（今山西宁武以北一带），根据实战需要，他设置官吏僚属，当地市租全

部交入幕府，做为军费。他厚待战士，每天宰杀数头牛犒劳士卒；注意提高战斗能力，每天教练士卒骑射；设置有严格的防守措施，挑选派出人员侦探敌情、随时发出报警信号。他和军民约定：一旦匈奴入侵，未得出击号令，一律速将人马物质全部退入堡垒固守，不得轻易出击。这样坚持数年，军队无任何伤亡损失，形成了一支装备精良而素质极高的边防军。并以此“示弱”于匈奴，其后诱敌深入而大败之。事见《史记·李牧列传》。魏尚：西汉文景时人。汉文帝时魏尚任云中太守，善待士卒，对匈奴作战英勇，堪比赵之李牧；但因战报中比实际多写了六个首级，被捕入狱，幸冯唐向文帝陈述说情，方得赦免，并官复原职。事见《史记·冯唐列传》、《汉书·张冯汲郑传》。远和迩镇：犹言远交近攻。

㉔ 伍候：谓编民为伍，相为候望。《左传·昭公二十三年》：“亲其民人，明其伍候。”杜预注：“使民有部伍，相为候望。”交礼：交往的礼节。《左传·昭公二十三年》：“慎其官守，守其交礼。”杜预注：“交接之礼。”走集：边界要塞；交通要冲。《左传·昭公二十三年》：“正其疆埸，修其土田，险其走集，亲其民人。”杜预注：“走集，边竟之垒壁。”辑和：团结和睦。羁縻：笼络，控制。

㉕ 隳（huī）：毁坏；废弃。诮：责备。蹙（cù）：此指使国土缩小，减削。《后汉书·谢弼传》：“方今边境日蹙，兵革蜂起。”

㉖ 榆林：胜州榆林郡，隶属关内道。蒲海：即蒲类海，古湖泊名。即今新疆维吾尔自治区东部巴里坤湖。玉关：即玉门关，汉武帝置，因西域输入玉石时取道于此而得名。汉时为通往西域各地的门户。故址在今甘肃敦煌西北小方盘城。金微：古山名，即今阿尔泰山。唐贞观年间，以铁勒卜骨部地置金微都督府，乃以此山得名。临洮：洮州临洮郡，隶属陇右道。

㉗ 飞狐：要隘名。在今河北省涞源县北蔚县南，两崖峭立，一线微通，迤逦蜿蜒，百有余里。为古代河北平原与北方边郡间的交通咽喉。《汉书·郦食其传》：“愿足下急复进兵……距飞狐之口，守白马之津，以示诸侯形制之势。”颜师古注引臣瓒曰：“飞狐在代郡西南。”白石：隋、唐县名，先属巴州，后划归集州。参见《旧唐书·地理志》。并：并州，古州名。相传禹治洪水，划分域内为九州。据《周礼》、《汉书·地理志上》记载，并州其地约当今河北保定和山西太原、大同一带地区。汾：此指古地名，在今河南省许昌市西南，颍水南岸。木峡：关隘名。《旧唐书·宣宗本纪》：“（泾原节度使）康季荣奏收复原州、石门、驿藏、木峡、制胜、六盘石峡等六关讫。”《新唐书》记载略同。土门：唐代县名，贞观十七年废置。《旧唐书·地理志》：“旧宜州领华原、宜君、同官、土门四县，贞观十七年省宜州及土门县，以华原、同官属雍州，宜君属坊州。”幽：即幽州，古九州之一。《周礼·夏官·职方氏》：“东北曰幽州。”《尔雅·释地》：“燕曰幽州。”指战国燕地，即今河北北部及辽宁一带。蓟：古地名，在今北京城西南隅。周武王克商，封尧之后于此。

㉘ 颉利：唐代东突厥可汗，姓阿史那氏，名咄苾。唐皇甫松《怨回纥歌》：“收兵颉利国，饮马胡芦河。”借指少数民族首领。李杰：本名务光，相州滏阳人。杰少以孝友著称，举明经累迁天官员外郎，明敏有吏才。勤于理政，深得皇帝赏识。但《唐书·李杰列传》没有记载他参与过治边的战事。疑“李杰”乃“英杰”之误。“英杰”即郭英杰，唐名将郭知运之子。英杰字孟武，为左卫将军；在唐东征契丹时死难。《旧唐书·郭知运列传（附子英杰）》：“开元二十一年，幽州长史薛楚玉遣英杰及裨将吴克勤、乌知义、罗守忠等，率精骑万人及降奚之众以讨契丹，屯兵于榆关之外，契丹首领可突于引突厥之众拒战于都山之下，官军不利。知义、守忠率麾下便道遁归，英杰与克勤逢贼力战，皆没于阵，其下精锐六千余人仍与贼苦战，贼以英杰之首示之，竟不降，尽为贼所杀。”榆关：古地名。在今河南省中牟县南。《史记·楚世家》：“〔悼王〕十一年，三晋伐楚，败我大梁、榆关。”泛指北方边塞。东难：即指郭英杰为国东征契丹而死难。

㉙ 晁错（前200—前154）：颍川（今河南禹州）人。年轻时学法家学说，汉文帝时为太子家令，有辩才，号称“智囊”。汉景帝时为内史，后升迁御史大夫。曾多次上书主张加强中央集权、削减诸侯封地、重农贵粟。吴、楚等七国叛乱时，他被景帝错杀。参见《汉书·食货志》、《汉书·爰盎

晁错传》。安辑：安抚，安定；使安定。严尤：王莽时纳言将军严尤，曾上书王莽劝谏远征匈奴以及立废匈奴单于之不当。事见《汉书·匈奴传》、《汉书·王莽传》，严尤谏王莽说："臣闻匈奴为害所从来久矣，未闻上世有必征之者也。后世三家周、秦、汉征之，然皆未有得上策者也。周得中策，汉得下策，秦无策焉。"周代像赶蚊蝇一样驱逐匈奴是中策，汉武帝穷兵黩武讨伐匈奴是为下策，秦始皇修长城拦截匈奴是为无策。攻打匈奴有"五难"，严尤担忧大用民力，功不可必立。如若一定要远攻匈奴，当速战速决。其实，严尤是要暗示"远人不服，则修文德以来之。"施王道德政化及四夷是为上策。

㉚ 秦川：古地区名，泛指今陕西、甘肃的秦岭以北平原地带。因春秋、战国时地属秦国而得名。代北：古地区名，泛指汉、晋代郡和唐以后代州北部或以北地区。约今山西北部及河北西北部一带。

㉛ 两河：唐安史之乱后，称河南、河北二道为两河。三军：周制，诸侯大国三军。中军最尊，上军次之，下军又次之。一军一万二千五百人，三军合三万七千五百人。引申为军队的通称。

㉜ 取乱侮亡：古代国家的一种自视正义的对外策略。谓夺取政治荒乱的国家，侵侮将亡的国家。《书·仲虺之诰》："佑贤辅德，显忠遂良，兼弱攻昧，取乱侮亡，推亡固存，邦乃其昌。"孔传："乱则取之，有亡形则侮之，言正义。"

㉝ 鸿胪：官署名。《周礼》官名有大行人之职，秦及汉初称典客，景帝六年，更名大行令，武帝太初元年，改称大鸿胪，主掌接待宾客之事。东汉以后，大鸿胪主要职掌为朝祭礼仪之赞导。北齐始置鸿胪寺，唐一度改为司宾寺。主官或称卿，或称正卿，副职为少卿，属官因各朝代而异，或有鸣赞、序班，或置丞、主簿。《汉书·百官公卿表上》："典客，秦官，掌诸归义蛮夷，有丞。景帝中六年更名大行令，武帝太初元年更名大鸿胪。"颜师古注引应劭曰："郊庙行礼赞九宾，鸿声胪传之也。"

㉞ 权宜：暂时适宜的措施。

㉟ 衄：同"衂"（nǜ），鼻出血。引申指挫折，挫伤，失败。挫衂，挫折，失败。

㊱ 匦（guǐ）：匣子，小箱子。投匦：唐武则天时铸制铜匦四个，列置于朝堂上，受纳上书。见《新唐书·百官志二》。后以"投匦"谓臣民向皇帝上书。柔远：安抚远人或远方邦国。《书·舜典》："柔远能迩。"孔传："柔，安；迩，近……言当安远，乃能安近。"

同　　前

张仲宣

对：臣闻玉弩垂芒，耀明威于紫纬；金方戒序，凝杀气于丹霄。① 然则负扆登枢，规七衡而立辟；② 垂旒御辨，法四选以详刑。③ 是故黄运披图，静妖氛于涿鹿；丹陵启业，耀佳兵于洞庭。④ 伏惟陛下，陟上帝之耿命，顺下人之乐推，总不测之谓神，包混成而为道。⑤ 然后运天地日月以临之，泄雷雨水火以育之，宣道德仁义以绥之，张礼乐刑政以肃之。然则宿离无忒，天清也；海外无波，地平也；⑥ 左学上庠，文明也；保大定功，武威也。⑦ 由是东西沉潜，朔南浃洽，草木咸若，昆虫无夭。⑧ 犹且日慎一日，虽休勿休。俯狥谦光，循《易》象之明义；降询得失，追汉策之高踪。⑨ 所以广访刍荛，旁求道路。⑩ 臣戎旃贱伍，樗散陋容，策蹇以忘疲，励弱而知倦。⑪ 猥兹庸菲，充赋阙庭，奉诏惭惶，启处无地。⑫ 所冀齐庭设炬，九九之术先收；燕馆初开，先尊郭隗而已。⑬ 敢缘斯议，庶竭丹诚。

制策曰："思谋臣以制敌，折冲于樽俎；索名将以持边，降伏于戎寇。行何法也，得致斯人哉。"⑭臣闻晋谋元帅，汉召材官，必资悦礼之英，咸选良家之子。⑮诚请秋风授律，吉日拜将，收不疑之十计，问子明之五策。⑯赏必以功，罚必以信，则良将斯至矣，大功可举矣。制策曰："兵法有五十三家，宜分其四种。"臣闻习手足，便器械，积虞关，具攻守，伎巧之兵也。⑰权德刑，随斗系，因五胜，解鬼神，阴阳之兵也。⑱雷动风举，后发先至，离合向背，而应变无常，刑会之兵也。守正而用奇，详形而计战，兼伎巧，包阴阳（一作谋），权宜之兵也。⑲然后愤之以仁义，信之以赏罚，以我直而权其曲，以我智而薄其愚，以我和而制其离，以我治而乘其乱，故虽孙、吴再生，亦不知为敌人计矣。⑳

制策曰："汉臣有二十八将，自比夫几人？"臣闻汉有二十八将者，上应二十八宿也。或以文雅光国，邓禹有决胜之奇；或以武能威人，吴汉有绥边之略；㉑功论树下，冯异之绩弥彰；冰结河中，王霸之诚尤著。㉒臣以卑贱，夙无器业，窃循运合，圣恩不次，得参贤俊之末，安敢自强而比哉？㉓清问猥及，臣当万死。㉔制策曰："景略可逮于孔明，张辽得齐于关侯？斛律光、贺若弼，近代之用谁优？"臣闻景略之功也，孔明之绩也，张辽之谋也，关侯之烈也，斛律光之勇也，贺若弼之略也；广论之则耀灵不驻，略谈之又书不尽言。㉕景略之佐秦坚，才骋如熊之捷；孔明之匡（一作辅）蜀主，克著卧龙之名。张辽运筹之方，可以归之于先轨；关侯搴旗之効，可以论之于后尘。贺若弼之破陈军，功先诸将；斛律光之扶齐国，名劣众人。以次而言，断可知矣。制策曰："我李绩与李靖之功谁最者？"臣闻李绩者，智也，仁也，勇也，严也，躬教可以图始，心教可以保众。自伐三韩，克清九族，所以东夷之人不敢西向也。㉖至于李靖者，安可同年而语哉。大征北狄，讵见绝其余氛？授钺南蛮，宁见殄其遗寇？所以蛮胡猾夏，边鄙亟耸者，良由此也。㉗

制策曰："卬南一方之地，碛西万里之域，将弃之以促境，宁守之以劳人？镇凉州至于流沙，军陇坂至于积石，险阻要害，予疑汝明。秦中岁役于防水，若为厘革？代北年疲于御塞，奚所变通？蓟门屯田，何术以休其弊？柳城梗涩，何筹以系其虏？凡此边庭，今为重镇，何经何见，何履何历？"臣闻膜拜（一作晼邦，东晼乐浪县名）憬裔，既崇于吊伐；昧谷遐方，实资于镇抚。㉘薇亦柔止，犹闻遣戍之诗；瓜时在期，尚起践要之役。㉙今欲明守边之术，开斥地之制，缅惟经筭，俯访刍荛，谀闻鄙术，何足以观之。㉚夫先王驭道也，必专其边守，疆以戎索，恃吾有以备，怀其所以来，招携以礼，怀远以德。今丸山在境，犹发渡辽之师；葱河卷褉，仍开拜井之屯。㉛劳人远役，其何以哉？若乃务广其土，以疲其人，宿兵于无用之地，劳师于不御之俗，圣王之道，未足前闻。制策曰："若兵不获已，用何奇谋，贞我师旅，使有征无战？必文可来之，施何异政，柔彼夷狄，使怀惠畏威？"臣闻季梁在随，楚朝罢议；仲尼居卫，晋国折谋。㉜语曰"死诸葛走生仲达"。㉝陛下诚然！德音发于帷幄，清风翔于无外，大启爵命，以示四方，拔将选才，各尽其用。急善同于饥渴，用人疾于应响，杜邪佞之门，废郑、卫之乐，混清六合，寔由乎此。虽西有不羁之寇，北有不宾之虏，征之则劳师，待之则无益。故班固曰："有其田，不可耕而食；得其人，不可臣而藩。""来则惩而御之，去则备而守之。"㉞盖怀惠畏威也。但以日暮途远，汲深绠短，文不逮意，书何尽言。㉟谨对。

注释：

① 张仲宣：玄宗时对策擢第。参见今《全唐文》卷四百七。玉弩：流星。古代认为流星现，是天下将乱的征兆。《尚书纬帝命验》："天鼓动，玉弩发，惊天下。"郑玄注："秦野有枉矢星，形如弩。其星西流，天下见之而惊呼。"垂芒：焕发光芒。《文选·任昉〈王文宪集序〉》："信乃昴宿垂芒，德精降祉。"紫纬：犹言"紫微"，紫微垣，星官名，三垣之一。喻指帝王宫殿。金方：西方。杀气：犹阴气，寒气。《礼记·月令》："〔仲秋之月〕杀气浸盛，阳气日衰。"

② 负扆：亦作"负依"。背靠屏风。指皇帝临朝听政。《荀子·正论》："居则设张容负依而坐。"杨倞注："户牖之间谓之依，亦作扆，扆、依音同。"登枢：同"登极"，帝王即位。唐长孙无忌《进律疏表》："体国经野，御辨登枢。"王长卿注："北极为天枢，居其所而众星拱之，人君之象。故人君即位曰登极，亦曰登枢。"七衡：犹言"七政"，指天、地、人和四时。立辟：制订法律。

③ 垂旒：古代帝王贵族冠冕前后的装饰，以丝绳系玉串而成；代指帝王。旒（liú）：同"鎏"，冕冠前后悬垂的玉串。《礼记·玉藻》："天子玉藻，十有二旒。"四选：古代对四种人的选拔。汉董仲舒《春秋繁露·官制象天》："天有四时，时三月；王有四选，选三臣……圣人为一选，君子为一选，善人为一选，正人为一选，由此以下者，不足选也。"详刑：谓断狱审慎。

④ 黄运：犹言"黄道"，此指黄道吉日，作事相宜。披图：展阅图籍、图画等。涿鹿：地名，故城在今河北省涿鹿县南。《庄子·盗跖》："然而黄帝不能致德，与蚩尤战于涿鹿之野，流血百里。"丹陵：地名，传说为尧的诞生地。佳兵：《老子》："夫佳兵者，不祥之器，物或恶之，故有道者不处。"河上公注："祥，善也。兵者，惊精神，浊和气，不善人之器也，不当修饰之。"王念孙《读书杂志馀编上·老子》："佳当作'隹'，字之误也。隹，古'唯'字也。"唐碑本作"唯"。马王堆汉墓帛书《老子》甲乙本皆无"佳"字。魏源《老子本义》引袁昶注："然汉人已有佳兵不祥之语，则作佳兵亦古本也。"后世沿用"佳兵"为坚甲利兵或好用兵之义。洞庭：湖名，即洞庭湖。

⑤ 耿命：明命，多指天帝或帝王的命令。乐推：乐意拥戴。《老子》："是以圣人处上而民不重，处前而民不害，是以天下乐推而不厌。"混成：浑然一体，自然生成。《老子》："有物混成，先天地生。"王弼注："混然不可得而知，而万物由之以成，故曰混成也。"

⑥ 泄：漏；泄漏。宿：星宿。离：《易·说卦》："离，为火，为日。"因以"离"指太阳。无忒：没有差谬。言日月星辰运行没有差错。天清：天气清朗。汉荀悦《汉纪·成帝纪四》："天清，晏然无云。"海外：四海之外，泛指边远之地。无波：不起波澜；以喻时世安定。地平：水土得到治理；此言"地平天成"：比喻上下相称，万事妥帖。《左传·文公十八年》："舜臣尧，举八恺，使主后土，以揆百事，莫不时序，地平天成。"

⑦ 左学：相传殷代的小学，西周为国学之一种。一说右学、左学皆太学，同在城郊，实为一学，但有楹东、楹西之分。《礼记·王制》："殷人养国老于右学，养庶老于左学。"上庠：古代的大学。文明：文教昌明。保大：安稳地居于高位。定功：建立功业。

⑧ 沈潜：亦作"沈渐"，谓地德深沉柔弱。《书·洪范》："高明柔克，沈潜刚克。"孔颖达疏："地之德沉深而柔弱矣，而有刚能出金石之物也。"朔：北方；朔南即北南。浃洽：普遍沾润。《汉书·礼乐志》："于是教化浃洽，民用和睦；灾害不生，祸乱不作。"颜师古注："浃，彻也；洽，沾也。"咸若：若，顺。《书·皋陶谟》："皋陶曰：'都！在知人，在安民。'禹曰：'吁！咸若时，惟帝其难之。'"后以"咸若"称颂帝王之教化。谓万物皆能顺其性，应其时，得其宜。

⑨ 狥（xùn）：中华书局本作"徇"。求取的意思。谦光：即"谦尊而光"，谓尊者谦虚而显示其光明

美德；谦虚。《易·谦》彖曰："谦，尊而光，卑而不可踰。"孔颖达疏："尊者有谦而更光明盛大，卑谦而不可踰越。"明义：犹要旨，义理。高踪：高尚的行迹。《文选·傅咸〈赠何劭王济〉诗》："岂不企高踪，麟趾邈难追。"

⑩ 刍荛：割草采薪；割草采薪之人。代指平民百姓。《诗·大雅·板》："先民有言，询于刍荛。"

⑪ 戎旃：军旗。借指战事；军队。《文选·谢朓〈拜中军记室辞隋王笺〉》："契阔戎旃，从容燕语。"李周翰注："戎，兵；旃，旌也。"樗散：樗木材劣，多被闲置；比喻不为世用，投闲置散。用作谦词。樗（chū），木名，即臭椿；以比喻无用之材。策蹇：策蹇驴，乘跛足驴；喻工具不利，行动迟慢。

⑫ 庸菲：平庸、菲薄，自谦之词。充赋：犹凑数，被官吏荐举给朝廷的谦词。阙庭：即"阙廷"，朝廷。

⑬齐庭设炬，九九之术：庭燎，古代庭中照明的火炬。九九，算术乘法名，上古时系由九九自上而下，而至一一，故称"九九乘法"。齐桓公设庭燎以延士的故实见载《说苑》："齐桓公设庭燎，为士之欲造见者。期年而士不至，于是东野鄙人有以九九之术见者。桓公曰：'九九何足以见乎?'鄙人对曰：'臣非以九九为足以见也，臣闻主君设庭燎以待士，期年而士不至。夫士之所以不至者，君天下贤君也，四方之士皆自以论而不及君，故不至也。夫九九薄能耳，而君犹礼之，况贤于九九乎！夫泰山不辞壤石、江海不逆小流，所以成大也。《诗》曰：先民有言，询于刍荛。言博谋也。'桓公曰：'善!'乃因礼之。期月，四方之士相携而并至。"燕馆句：指燕昭王筑黄金台礼郭隗，而四方之士莫不奔燕的故事。

⑭ 制策：皇帝有事书之于策（竹简）以问臣下，称为"制策"。汉武帝元光元年诏贤良，各"受策察问，咸以书对"，董仲舒、公孙弘等都先后对策。见《汉书·武帝纪》。后为科举考试所采用，成为国家取士的科目之一。此是前文考官以皇帝名义拟写的问题，即"问"，相当于今天的考卷；"制策曰"是撮录问句，以下凡"制策曰"皆同。

⑮ 元帅：主帅，统率全军的首领。《左传·僖公二十七年》："〔晋〕作三军，谋元帅。"《国语·晋语四》："文公问元帅于赵衰，对曰：'郤縠可。'"材官：秦汉始置的一种地方预备兵兵种。《汉书·刑法志》："天下既定，踵秦而置材官于郡国，京师有南北军之屯。"《后汉书·光武帝纪下》："三月丁酉，诏曰：'今国有众军，并多精勇，宜且罢轻车、骑士、材官、楼船士及军假吏，令还复民伍。'"英：德才超群的人。

⑯ 不疑：汉朝有两个名"不疑"的人：一个叫直不疑，南阳人，处汉文帝朝，正直不贪财。见《汉书·万石卫直周张传》。一个叫隽不疑，字曼倩，勃海人，处汉武帝至昭帝朝，能明断冤狱。见《汉书·隽疏于薛平彭传》。"十计"，不详。子明：三国吴吕蒙，字子明。《三国志·吴志·周瑜鲁肃吕蒙传》："吕蒙，字子明，汝南富陂人。……（鲁肃置酒拜访）酒酣蒙问肃曰：'君受重任与关羽为邻，将何计略以备不虞?'肃造次应曰：'临时施宜。'蒙曰：'今东西虽为一家，而关羽实熊虎也，计安可不豫定?'因为肃画五策。肃于是越席就之，拊其背曰：'吕子明，吾不知卿才略所及乃至于此也。'遂拜蒙母，结友而别。"裴松之注："密为肃陈三策。肃敬受之，秘而不宣。"故此"五策"不详。

⑰"臣闻习手足"句：见《汉书·艺文志》："右兵技巧十三家百九十九篇。技巧者，习手足，便器械，积机关，以立攻守之胜者也。"虞关：当作"机关"：指设有机件而能制动的器械。

⑱"权德刑随斗系"句：见《汉书·艺文志》兵书略阴阳类序。"阴阳者，顺时而发，推刑德，随斗击，因五胜，假鬼神而为助者也。"颜师古注："五胜，五行相胜也。""权德刑"与"推刑德"同义。刑德：刑罚与教化。古人以刑为阴克，以德为阳生，附会五行生克之说。《史记·龟策列传》："明于阴阳，审于刑德。""随斗系"当作"随斗击"。斗击，乃古代根据北斗星的运行进行时日推演从而决定行事的阴阳之术。见《淮南子·天文训》："北斗之神有雌雄。十一月始建于子月，从一辰，雄左行，雌右行。五月合午，谋刑。十一月合子，谋德。太阴所居辰为厌日，厌日不可以

举百事……”五胜：五行相胜。言水胜火、火胜金、金胜木、木胜土、土胜水。

⑲“雷动风举”句：见《汉书·艺文志》兵书略兵形势类序。“形势者，雷动风举，后发而先至，离合背乡，变化无常，以轻疾制敌者也。”“守正而用奇”句：见《汉书·艺文志》兵书略兵权谋类序。“权谋者，以正守国，以奇用兵，先计而后战，兼形势包阴阳用技巧者也。”

⑳愤：发；奋。孙、吴：孙，孙武；吴，吴起；皆战国时著名军事家。

㉑吴汉：东汉著名将领，佐刘秀定鼎天下。事见《后汉书·吴汉列传》。已见前注。

㉒王霸（？—59）：字符伯，颍川颍阳（今河南许昌西）人，东汉名将，“云台二十八将”之一。新莽末，从刘秀起兵，长期戍守北部边疆，后封淮陵侯。事见《后汉书·王霸列传》。

㉓不次：不依寻常次序。犹言超擢，破格。《汉书·东方朔传》：“武帝初即位，征天下举方正贤良文学材力之士，待以不次之位。”颜师古注：“不拘常次，言超擢也。”

㉔清问：清审详问。《书·吕刑》：“皇帝清问下民，鳏寡有辞于苗。”孔传：“帝尧详问民患，皆有辞怨于苗民。”

㉕耀灵：太阳的别称。耀灵不驻，言科场考试，时间仓促。

㉖三韩：汉时朝鲜南部有马韩、辰韩、弁辰（三国时亦称弁韩），合称三韩。《后汉书·东夷传·三韩》：“韩有三种：一曰马韩，二曰辰韩，三曰弁辰……马韩最大，共立其种为辰王，都目支国，尽王三韩之地。”后用以指称朝鲜。

㉗授钺：古代大将出征，君主授以斧钺，表示授以兵权。殄（tiǎn）：灭绝，绝尽。遗寇：残寇。猾（huá）：扰乱；侵犯。《书·舜典》：“蛮夷猾夏。”孔传：“猾，乱也。夏，华夏。”耸：通“悚”。恐惧；惊动。《左传·襄公四年》：“边鄙不耸，民狎其野。”杜预注：“耸，惧也。”

㉘膜拜：旧校，“一作晼邦”。晼（wǎn），天晚，日偏西；晼邦，指极西之地，此与下句“昧谷”偶对。“憬裔”句：憬：远行貌。亦指远。《诗·鲁颂·泮水》：“憬彼淮夷，来献其琛。”毛传：“憬，远行貌。”憬裔，指边远的地方。昧谷：古代传说西方日入之处。《书·尧典》：“分命和仲，宅西，曰昧谷。”孔传：“昧，冥也。日入于谷而天下冥，故曰昧谷。”镇抚：安抚。《左传·昭公十五年》：“诸侯之封也，皆受明器以镇抚其社稷。”

㉙薇亦柔止：《诗·小雅·采薇》：“采薇采薇，薇亦柔止。”其《序》云：“文王之时，西有昆夷之患，北有玁狁之难，以天子之命命将率，遣戍卒，以守卫中国，故歌《采薇》以遣之。”后遂以“采薇”作调遣士卒的典故。瓜时：瓜熟之时，指七月。《左传·庄公八年》：“齐侯使连称、管至父戍葵丘。瓜时而往，曰：‘及瓜而代。’”谓到明年瓜熟时派人接替，后称官吏任职期满由他人接替为“瓜代”。《史记·齐太公世家》：“瓜时而往。”裴骃集解引服虔曰：“瓜时，七月。”

㉚斥地：开拓土地。缅惟：亦作“缅维”，遥想。经筭：筹划谋算。谀闻：顺耳之说。

㉛丸山：即丸都山，海拔最高处为676米，位于今吉林省集安市西北2.5公里处；上有丸都山城遗迹，乃古代高句丽首都。参阅吉林省文物考古研究所、集安市博物馆编著《丸都山城——2001—2003年集安丸都山城调查试发掘》（文物出版社2004年）。葱河卷祲：葱河，葱岭北河与葱岭南河的合称。葱岭北河，即喀什噶尔河，发源于新疆葱岭中北道。葱岭南河，即叶尔羌河，发源于新疆中南道。参阅《西域水道记》。祲（jìn），日旁云气。古时迷信，认为此由阴阳二气相互作用而发生，能预示吉凶；常指妖气，不祥之气。此言天现不祥之云气。拜井：《后汉书·耿恭传》：“匈奴复来攻恭。恭募先登数千人直驰之，胡骑散走，匈奴遂于城下拥绝涧水。恭于城中穿井十五丈不得水，吏士渴乏，笮马粪汁而饮之。恭仰叹曰：‘闻昔贰师将军拔佩刀刺山，飞泉涌出；今汉德神明，岂有穷哉。’乃整衣服向井再拜，为吏士祷。有顷，水泉奔出。”

㉜季梁：春秋随国人，懂军事、有远见。楚侵随，季梁能够识破楚军的战阵，从容应对随侯。参见宋·胡宏《皇王大纪·三王纪·桓王》、宋·章冲《春秋左传事类始末·桓公六年·楚子伐随》。折谋：谓图谋受挫。

㉝死诸葛走生仲达：仲达，指晋宣帝司马懿。《晋书·宣帝纪》：“追到赤岸，乃知亮死。审问时，百

姓为之谚曰：‘死诸葛走生仲达。’帝闻而笑曰：‘吾便料生不便料死故也。’”

㉞“故班固曰”句：见《汉书·匈奴传》：“夷狄之人，贪而好利，被发左衽，人各其心……故圣王以德绥之，不与约誓，不就攻伐。约之则费赂而见欺，攻之则劳师而招寇。其地不可耕而食也，其民不可臣而畜也。是以外而不内，疎而不戚，政教不及其人，正朔不加其国；来则惩而御之，去则备而守之；其慕义而贡献则接之以礼让，羁縻不绝，使曲在彼，盖圣王制御蛮夷之常道也。”

㉟日暮途远：天色已晚而路程尚远；比喻力竭计穷。汲深绠短：井深而吊绳短。语本《庄子·至乐》：“褚小者不可以怀大，绠短者不可以汲深。”后以“汲深绠短”喻力不胜任。逮意：犹达意。

文苑英华卷四百七十九

宋　李昉等编

应临难不顾狥节宁邦科策三道（长寿三年）

第一道

问：若济巨川，必凭舟楫之势；将兴大厦，实伫栾栌之材。①圣皇提象膺符，顺天革命，变浇风于易简，济（一作跻）薄俗于醇醲。②未明求衣，日旰忘食，无遗庖（一作炰）鼎，不弃刍荛。③闻逆耳之言，欣（一作怡）然启齿；听犯鳞之说，假以温颜。④缅怀六（一作七）圣之规，劳求五臣之俊。⑤至如临难不顾，知无不为，献替帷幄，匡过补缺，爰自御命之流，并应搜扬之旨。⑥子大夫博古强学，见贤思齐，一善或同（一作咸周非），千载相遇。⑦肇自汉魏，以及梁陈，若斯之人者（一无者），布在方策。⑧宜具载（一作陈）年代，各叙徽猷，无惮米盐，用旌多识。⑨

注释：

① 巨川：大河。《书·说命上》："若济巨川，用汝作舟楫。"后亦用为比喻大事业的语典。舟楫：泛指船只。比喻宰辅之臣。栾栌：屋中柱顶承梁之木。曲者为栾，直者为栌。

② 圣皇：对皇帝的尊称。提象：本谓人君观天象而立法治国，引申指即帝位。《左传·昭公十七年》"凤鸟氏，历正也"孔颖达疏："《河纪》云：'尧即政七十年，凤皇止庭。伯禹拜曰：昔帝轩提象，凤巢阿阁。'"膺：承受，接受。符命：上天预示帝王受命的符兆。顺天：遵循天道，顺从天的意旨。革命：谓实施变革以应天命。古代认为王者受命于天，改朝换代是天命变更，因称"革命"。《易·革·彖》："天地革而四时成，汤武革命，顺乎天而应乎人。"易简：平易简约；宽和。醇醲：风气淳朴敦厚。

③ 未明求衣：天没有亮就穿衣起床。形容勤于政事。日旰忘食：天色已晚仍顾不上吃饭。形容专心致志，勤勉不懈。旰（gàn）：晚，迟。庖鼎：辅助国君治理天下犹如庖人调和五味；因以"庖鼎"喻贤臣。《韩非子·难言》："上古有汤，至圣也；伊尹，至智也。夫至智说至圣，然且七十说而不受，身执鼎俎，为庖宰，昵近习亲，而汤乃仅知其贤而用之。"

④ 犯鳞：《韩非子·说难》："夫龙之为虫也，柔可狎而骑也。然其喉下有逆鳞径尺，若人有婴之者，则必杀人。人主亦有逆鳞，说者能无婴人主之逆鳞，则几矣。"后以"犯鳞"喻臣子冒死直谏。假：借；授予，给予。温颜：温和的面色。

⑤ 七圣：指尧、舜、禹、汤、文王、武王、周公。《三国志·魏志·杜恕传》："虽历六代而考绩之法不著，关七圣而课试之文不垂。"《资治通鉴·魏明帝景初元年》引此文，胡三省注云："七圣：尧、舜、禹、汤、文、武、周公。"五臣：五个臣子。此言舜五臣。《论语·泰伯》："舜有臣五人，而天下治。"何晏注："孔曰：'禹、稷、契、皋陶、伯益。'"

⑥ 临难不顾：遇到危难毫不顾惜生命。献替：即献可替否。进献可行者，废去不可行者。谓对君主进谏，劝善规过。亦泛指议论国事兴革。语出《左传·昭公二十年》："君所谓可而有否焉，臣献其否以成其可。君所谓否而有可焉，臣献其可以去其否。"补缺：补救错失。自：中华书局本作"洎"。搜扬：访求举拔。

⑦ 强学：勤勉地学习。《礼记·儒行》："席上之珍以待聘，夙夜强学以待问，怀忠信以待举，力行以待取。"一善：一种善行；一种美德。《礼记·中庸》："得一善，则拳拳服膺而弗失之矣。"见贤思齐：看到德才兼备的人，就想向他学习，和他一样。《论语·里仁》："子曰：'见贤思齐焉，见

不贤而内自省也。'"

⑧ 方策：即方册。简册，典籍。后亦指史册。《礼记·中庸》："哀公问政。子曰：'文武之政，布在方策，其人存，则其政举；其人亡，则其政息。'"郑玄注："方，版也。策，简也。"

⑨ 徽猷：美善之道。猷，道。指修养、本事等。《诗·小雅·角弓》："君子有徽猷，小人与属。"毛传："徽，美也。"米盐：喻繁杂琐碎。《史记·天官书》："皋、唐、甘、石因时务论其书传，故其占验凌杂米盐。"张守节正义："凌杂，交乱也；米盐，细碎也。"

对

薛稷①

对曰：后克艰厥后，臣克艰厥臣。②是群龙无首，虚已明庭之上；鼷鼠全身，深穴神丘之下。③故有劳于一馈，不辍子高之耕；待以三旌，无过屠羊之肆。④怀乎朽驭（一作懔乎秋驾），既识为君之难；局此春冰，未见为臣之易。⑤然而梦弼降佐，风起云从，其天佑之，俊乂将至。⑥当今制贤以禄，制爵以庸，设言不违，式化厥训。⑦霸王骐骥，翼天驷而齐衡；社稷元龟，升帝宝而负兆。⑧犹是幽芳在采，云逸来羁，垂倒景之悬光，烛重泉之沉隐。故远臣得离山草，比献野芹，瞻望天台，数迹对曰：⑨帝德广运，六臣参其业；天道大明，五帝陈其序。犹黼黻之章五色，鼎鼐之饪五味，五灵之效祯祥，五音之和雅乐。⑩若乃同义变力，古人中求，则纪信诳项以免君，王经刎颈以纾国。⑪九乡居府，王修从赴难之义；二国合围，路中无返言之失。⑫汉帝之惮汲黯，陈王之畏柳庄，社稷之臣，于是乎在。⑬恪居尔位，勤不告劳，则萧公堂堂，吴汉纠纠，冯豹伏于阁下，黄公宿于台上。⑭忧公奉国，可以不谓忠乎？《书》诫面从，《诗》咏司直，犯颜无隐，求福不回。⑮周昌之比汉高，同乎桀、纣；刘毅之方晋武，类彼桓、灵。⑯申屠刚之轫车，钟离意之排阁，史鱼是慕，直在其中。⑰圣人（谟）议，君子谋道。张良之翼汉王，郭嘉（一作隗，非）之协魏主，宋武之得穆之，齐高之得褚彦，定策决胜，谋夫孔多。⑱蓬矢桑弧，有志四海；飞旌插羽，道好二同。⑲胶柱岂调弦之术，饮冰实将命之难。⑳陆贾南行，责蛮夷之失礼；陈汤西讨，诛单于之暴慢。㉑终令赵佗贡职，郅支传首，竹帛所载，斯其庶乎。㉒谨对。

注释：

① 薛稷：字嗣通，蒲州汾阴人。第进士，累迁礼部郎中中书舍人，景龙末为谏议大夫昭文馆学士。睿宗立，以翊赞功迁太常少卿，封晋国公，累拜中书侍郎兼黄门侍郎，与崔日用数争事帝前，罢为左散骑常侍，历工礼部尚书，除太子少保。窦怀贞构逆，稷以知其谋，赐死万年狱，年六十五。参见今《全唐文》卷二百七十五。

② 后：君主，帝王。克艰：犹言"克勤"。谓能勤劳。《书·蔡仲之命》："克勤无怠，以垂宪乃后。"

③ 群龙无首：《易·乾》："见群龙，无首，吉。"后多以"群龙无首"喻一群人中无领头者。虚已：犹虚心。明廷：圣明的朝廷。鼷鼠：鼠类最小的一种。古人以为有毒，啮人畜至死不觉痛，故又称甘口鼠。《春秋·成公七年》："七年春，王正月，鼷鼠食郊牛角，改卜牛。鼷鼠又食其角，乃免牛。"全身：保全生命或名节。神丘：祭社神之坛。《庄子·应帝王》："鼷鼠深穴乎神丘之下，以避重凿之患。"成玄英疏："神丘，社坛。"

④ 一馈：或作“一篑”，即“功亏一篑”之省。《书·旅獒》：“为山九仞，功亏一篑。”比喻做一件事只差最后一点努力未能完成。子高之耕：子高，即伯成子高。《庄子·天地》：“尧治天下，伯成子高立为诸侯。尧授舜，舜授禹，伯成子高辞为诸侯而耕。禹往见之，则耕在野。禹趋就下风立而问焉曰：‘昔尧治天下，吾子立为诸侯；尧授舜，舜授予而，吾子辞为诸侯而耕；敢问其故何也？’子高曰：‘昔尧治天下，不赏而民劝，不罚而民畏；今子赏罚而民且不仁，德自此衰，刑自此立，后世之乱自此始矣。’”三旌：指公、侯、伯三公。陆德明释文：“三旌，三公位也。司马本作‘三珪’云。谓诸侯之三卿皆执珪也。”屠羊之肆：屠羊，屠羊说。《庄子·让王》“〔楚昭王〕谓司马子綦曰：‘屠羊说居处卑贱而陈义甚高，子綦为我延之以三旌之位。’屠羊说曰：‘夫三旌之位，吾知其贵于屠羊之肆也；万钟之禄，吾知其富于屠羊之利也；然岂可以贪爵禄而使吾君有妄施之名乎？说不敢当，愿复反吾屠羊之肆。’遂不受也。”

⑤ 朽驭：朽，朽索，朽腐的绳索；言用朽索御车马。《书·五子之歌》：“予临兆民，懔乎若朽索之驭六马。”后因以为典，比喻临事虑危，时存戒惧。秋驾：法驾，皇帝的车马。《文选·王融〈三月三日曲水诗序〉》：“念负重于春冰，怀御奔于秋驾。”李善注引司马彪曰：“秋驾，法驾也。”局（jú）：谓履行险阻。春冰：春天的冰。因其薄而易裂，多喻指危险的境地或容易消失的事物。《书·君牙》：“心之忧危，若蹈虎尾，涉于春冰。”孔传：“春冰畏陷。”

⑥ 弼：纠正；辅佐。此指辅佐天子的大臣。

⑦ 庸：功勋，功劳。《左传·昭公四年》：“告之以文辞，董之以武师，虽齐不许，君庸多矣。”杜预注：“庸，功也。”

⑧ 骐骥：骏马。喻贤才。天驷：神马。喻有才能的人。齐衡：等同；不相上下。南朝梁沈约《齐司空柳世隆行状》：“固可以齐衡八凯，方驾五臣。”元龟：大龟。古代用于占卜。

⑨ 献芹：《列子·杨朱》：“宋国有田夫……谓其妻曰：‘负日之暄，人莫知者，以献吾君，将有重赏。’里之富告之曰：‘昔人有美戎菽、甘枲茎芹萍子者，对乡豪称之。乡豪取而尝之，蜇于口，惨于腹，众哂而怨之，其人大惭。’”后遂以“献芹”谦言自己赠品菲薄或建议浅陋。天台：谓尚书台、省。

⑩ 六臣：指商代的六大臣：伊尹、伊陟、臣扈、巫咸、巫贤、甘盘。五帝：上古传说中的五位帝王，多指黄帝（轩辕）、颛顼（高阳）、帝喾（高辛）、唐尧、虞舜。黼黻：礼服上所绣的华美花纹；此言绣有华美花纹的礼服。《淮南子·说林》：“黼黻之美，在于杼轴。”高诱注：“白与黑为黼，青与赤为黻，皆文衣也。”多指帝王和高官所穿之服。章：显示，显扬。鼎鼐：鼎和鼐。古代两种烹饪器具。饪（rèn）：煮熟。五灵：谓麟、凤、神龟、龙、白虎，古代传说中的五种灵异鸟兽。晋杜预《春秋经传集解序》：“麟、凤五灵，王者之嘉瑞也。”孔颖达疏：“麟、凤与龟、龙、白虎五者，神灵之鸟兽，王者之嘉瑞也。”

⑪ 同义：仁义或道义相同。《吕氏春秋·应同》：“帝者同气，王者同义。”高诱注：“同仁义也。”《文子·上仁》：“同义者王，同功者霸。”纪信诳项：纪信（？—前204），赵城人。随刘邦起兵抗秦。由于身形及样貌恰似刘邦，在项羽围攻荥阳城危时假装刘邦向西楚诈降出城，使刘邦幸免于难。事见《史记·项羽本纪》、《汉书·高帝纪》。诳（kuáng）：惑乱，欺骗。王经刎颈：王经，指曹髦时大臣王经，正直不屈于司马氏，高贵乡公曹髦卒，王经殉难。《三国志·魏志·夏侯尚传》：“清河王经，亦与允俱称冀州名士，甘露中为尚书，坐高贵乡公事诛。始经为郡守，经母谓经曰：‘汝田家子，今仕至二千石，物太过不祥，可以止矣。’经不能从，历二州刺史，司隶校尉，终以致败。”

⑫ 九乡居府，王修从赴难之义：九乡，当作“九卿”，古代中央政府的九个高级官职。王修：东汉末至魏时人，字叔治，北海营陵人。初平中，北海孔融召以为主簿，守高密令。袁谭在青州，辟修为治中从事。曹操攻谭于南皮，修时运粮在乐安，闻谭急，将所领兵及诸从事数十人往赴谭。至高密，闻谭死，下马号哭曰：“无君焉归？”遂诣曹操，乞收葬谭尸。曹操欲观修意，默然不应。

修复曰：“受袁氏厚恩，若得收敛谭尸，然后就戮，无所恨。”曹操嘉其义，听之。……魏国既建，为大司农郎中令。顷之，病卒官。见《三国志·魏志·王修传》。二国合围，路中无返言之失：此“二国”或为“三国”，指汉景帝七王之乱时，胶东胶西、菑川、济南王合围齐国事。路中：指姓路的中大夫，是当时齐国派往汉中央政府求救的使臣；他受威胁而不屈，传递天子口信不变。事见《史记·齐悼惠王世家》、《汉书·高五王传》：“孝景帝三年，吴楚反，胶东胶西、菑川、济南王皆发兵应，吴楚欲与齐，齐孝王狐疑城守不听，三国兵共围齐。齐王使路中大夫（张晏曰：姓路，为中大夫。）告于天子。天子复令路中大夫还报：‘告齐王坚守，汉兵今破吴楚矣。’路中大夫至，三国兵围临菑数重，无从入。三国将与路中大夫盟，曰：‘若反言汉已破矣。齐趣下三国不且见屠。’路中大夫既许，至城下，望见齐王曰：‘汉已发兵百万，使太尉亚夫击破吴楚，方引兵救齐。齐必坚守，无下。’……”

⑬ 汲黯：《史记·汲郑列传》：汲黯字长孺，濮阳人……汲黯不畏权贵，秉公事职，敢于犯颜直谏……天子方招文学儒者，上曰吾欲云云，黯对曰：“陛下内多欲而外施仁义，奈何欲效唐虞之治乎！”上默然，怒，变色而罢朝。公卿皆为黯惧。上退，谓左右曰：“甚矣，汲黯之戆也！”群臣或数黯，黯曰：“天子置公卿辅弼之臣，宁令从谀承意，陷主于不义乎？且已在其位，纵爱身，奈辱朝廷何！”。陈王之畏柳庄：陈王指陈后主陈叔宝，荒淫昏庸；柳庄是当时直臣，官卫尉卿。《南史·陈庆之传附陈暄》载：“（陈）暄学不师受，文才俊逸……暄素通脱，以俳优自居。文章谐谬，语言不节。后主甚亲昵而轻侮之，尝倒县于梁临之以刃，命使作赋，仍限以晷刻，暄援笔即成，不以为病，而傲弄转甚。后主稍不能容，后遂搏艾为帽，加于其首，火以爇之，然及于发，垂泣求哀，声闻于外而弗之释。会卫尉卿柳庄在坐，遽起拨之，拜谢曰：‘陈暄无罪，臣恐陛下有翫人之失。辄矫赦之，造次之愆，伏待刑宪。’后主素重庄，意稍解，敕引暄出，命庄就坐。经数日，暄发悸而死。”“社稷之臣”句：此用春秋时卫国柳庄故事。《礼记·檀弓》载：卫太史柳庄寝疾，公曰：“若疾，革虽当祭，必告。公再拜稽首，请于尸曰：‘有臣柳庄也者，非寡人之臣，社稷之臣也。闻之死，请往不释服而往。’”此句“柳庄”双关春秋和陈朝两个人物，因其皆是社稷之臣。

⑭ 萧公：指萧望之。萧望之（？—47），字长倩，东海兰陵（今山东苍山兰陵镇）人，徙杜陵（今陕西西安东南）。萧望之是西汉宣帝、元帝倚重的大臣，又是著名的经学家。堂堂，形容志气宏大。《汉书·萧望之传赞》：“望之堂堂，折而不桡，身为儒宗，有辅佐之能，近古社稷臣也。”吴汉（？—44）：字子颜，南阳宛（今河南南阳）人，东汉中兴名将“云台二十八将”之一。任偏将军、大将军，刘秀称帝后，升任大司马，封舞阳侯。见《后汉书·吴汉列传》。纠纠：同“赳赳”。武勇貌。冯豹伏于阁下：据清代姚骃《后汉书补逸》载：“冯豹，字仲文。为尚书郎，勤力不懈。每奏事，不报。常伏省阁下，每从昏至明。帝闻而嘉之，乃加赏赐。”黄公宿于台上：黄公，指东汉黄香，幼时能行孝，长大能文章。《后汉书·文苑列传·黄香传》：“黄香，字文强，江夏安陆人也。……博学经典，究精道术，能文章。京师号曰：‘天下无双，江夏黄童。’……后召诣安福殿言政事，拜尚书郎。数陈得失，赏赉增加。尝独止宿台上，昼夜不离省闼。帝闻善之，（汉和帝）永元四年拜左丞。”

⑮ 面从：谓当面顺从。《书·益稷》：“予违汝弼，汝无面从，退有后言。”司直：主正人过；亦指主正人过的人。《诗·郑风·羔裘》：“彼其之子，邦之司直。”犯颜：旧谓敢于冒犯君王或尊长的威严。《韩非子·外储说左下》：“犯颜极谏，臣不如东郭牙，请立以为谏臣。”

⑯ 周昌：周昌（？—前192），刘邦同乡，沛县（今属江苏）人。秦时为泗水卒史。秦末农民战争中，随刘邦入关破秦，任中尉。后为御史大夫，封汾阴侯。耿直敢言。刘邦欲废太子，他直言谏止，其口吃，留下“期期艾艾”语典。见《史记·张丞相列传》：“昌为人强力，敢直言，自萧曹等皆卑下之。昌尝燕时入奏事，高帝方拥戚姬，昌还走。高帝逐得，骑周昌项，问曰：‘我何如主也？’昌仰曰：‘陛下即桀、纣之主也。’于是上笑之，然尤惮周昌。及帝欲废太子而立戚姬子如意为太子，大臣固争之，莫能得。上以留侯策即止。而周昌廷争之强，上问其说，昌为人吃，又盛

怒，曰：'臣口不能言，然臣期期知其不可……'"又见《汉书·张周赵任申屠传》。刘毅之方晋武，类彼桓、灵：刘毅，曹魏至西晋武帝时人，为人清厉，好臧否人物。方：比较，对比。《晋书·刘毅传》："刘毅，字仲雄，东莱掖人。汉阳城景王章之后……好臧否人物，王公贵人望风惮之……帝尝南郊礼毕，喟然问毅曰：'卿以朕方汉何帝也？'对曰：'可方桓、灵。'帝曰：'吾虽德不及古人，犹克己为政，又平吴会，混一天下，方之桓、灵其已甚乎！'对曰：'桓灵卖官，钱入官库；陛下卖官，钱入私门；以此言之，殆不如也。'帝大笑曰：'桓灵之世，不闻此言，今有直臣，故不同也。'"

⑰ 申屠刚之轫车：申屠刚，字巨卿，扶风茂陵人也。七世祖嘉，文帝时为丞相。刚质性方直，常慕史鳝、汲黯之为人。有谋略而善游说，官至侍御史、尚书令。轫车：此言以头止车轮也停车。《后汉书·申屠刚传》"光武尝欲出游，刚以陇蜀未平不宜宴安逸豫，谏不见听，遂以头轫乘舆轮，帝遂为止。"钟离意之排合：钟离意，字子阿，会稽山阴人。贤明仁义，直言敢谏，官至尚书。排阁：此言钟离意谏止修北宫事。《后汉书·钟离意列传》："永平三年夏旱，而大起北宫，意诣阙免冠上疏曰：'伏见陛下以天时小旱，忧念元元，降避正殿，躬自克责，而比日密云，遂无大润，岂政有未得应天心者邪？昔成汤遭旱，以六事自责曰：政不节邪？使人疾邪？宫室荣邪？女谒盛邪？苞苴行邪？谗夫昌邪？窃见北宫大作，人失农时，此所谓宫室荣也。自古非苦宫室小狭，但患人不安宁。宜且罢止，以应天心。'"史鱼是慕，直在其中：史鱼，即春秋卫国贤大夫史鳅，字子鱼。临死尸谏卫君。《韩诗外传》卷七："卫大夫史鱼病且死，谓其子曰：'我数言蘧伯玉之贤而不能进，弥子瑕不肖而不能退。为人臣生不能进贤而退不肖，死不当治丧正堂，殡我于室足矣。'卫君问其故，子以父言闻，君造然召蘧伯玉而贵之，而退弥子瑕，从殡于正堂，成礼而后去。生以身谏，死以尸谏，可谓直矣。"《论语·卫灵公》："子曰：'直哉史鱼！邦有道，如矢；邦无道，如矢。'"

⑱ 张良之翼汉王：张良（？—前186），字子房。西汉初年的重要谋臣，封留侯。刘邦曾赞其"运筹帷幄之中，决胜于千里外，子房功也。"传见《史记·留侯世家》、《汉书·张良传》。翼，辅佐。郭嘉（一作隗非）之协魏主：郭嘉（170—207），字奉孝，颍川阴翟（今河南禹县）人，东汉末年曹操手下著名军事家、谋士。见《三国志·魏志·郭嘉传》。宋武之得穆之：刘穆之，字道和，小字道民，东莞莒（今山东莒县）人，汉齐悼惠王刘肥的后人，世居京口（今江苏镇江）。在晋至左仆射，宋受禅追封南康郡公，谥文宣。是南朝·宋武帝刘裕之心腹谋臣。事见《宋书·刘穆之传》。齐高之得褚彦：齐高，指齐高帝萧道成。褚彦，即褚彦回，南朝宋至齐时人，官至司空、司徒等。在宋时，萧道成、袁粲、褚彦回、刘彦节，更直入决事，号为"四贵"；萧道成禅位，褚彦回为心腹谋臣。事见《南史·齐本纪上》。孔：副词，甚，很。

⑲ 蓬矢桑弧：古时男子出生，以桑木作弓，蓬草为矢，射天地四方，象征男儿应有志于四方。后用作勉励人应有大志之辞。《礼记·内则》："国君世子生，告于君，接以大牢，宰掌具，三日，卜士负之，吉者宿齐，朝服寝门外，诗负之，射人以桑弧蓬矢六，射天地四方。"郑玄注："桑弧蓬矢本大古也，天地四方男子所有事也。"插羽：古代军书插羽毛以示迅急。

⑳ 胶柱：胶住瑟上的弦柱，以致不能调节音的高低。比喻固执拘泥，不知变通。语出《史记·廉颇蔺相如列传》："王以名使括，若胶柱而鼓瑟耳。括徒能读其父书传，不知合变也。"饮冰：形容十分惶恐焦灼。语本《庄子·人间世》："今吾朝受命而夕饮冰。"谓受命从政，为国忧心。

㉑ 陆贾南行，责蛮夷之失礼：陆贾（约前240—前170），汉初思想家，政治家。早年随刘邦平定天下，刘邦即帝位后，他受命出使南越，说服尉佗接受汉朝赐予的南越王印，称臣奉汉约，被任为太中大夫。刘邦即位之初，重武力，轻诗书，以"居马上得天下"自矜，他乃建议重视儒学，"行仁义，法先圣"，提出"逆取顺守，文武并用"的统治方略，遂受命总结秦朝灭亡及历史上国家成败的经验教训，共著文12篇，每奏一篇，高祖无不称善，名其书为《新语》。汉文帝时陆贾再度出使南越，劝南越王赵佗第二次去帝号，恢复与汉王朝的臣属关系。见《史记·郦生陆贾列传》。

陈汤西讨，诛单于之暴慢：陈汤（生卒年不详），字子公，西汉山阳瑕丘（今山东兖州东北）人。西汉元帝时，他任西域副校尉，曾和西域都护甘延寿一起出奇兵攻杀与西汉王朝相对抗的匈奴郅支单于，为安定边疆做出了很大贡献。见《汉书·傅常郑甘陈段传》。

㉒ 赵佗：即"尉佗"，本秦将，征服岭南、居留称王，是为南越王；后陆贾出使说服他向汉称臣。郅支：匈奴单于，呼韩邪单于之兄，名呼屠吾斯。汉宣帝五凤元年，独立为郅支骨都单于。元帝初，叛汉。建昭三年，为西域副校尉陈汤攻杀，斩郅支首及名王以下千余级。参见《汉书·陈汤传》与《汉书·匈奴传》。

第二道

问：自周星攒耀，汉日通辉，象教聿兴，苾刍郁起。① 眷兹和众，因果为先，伊此法门，栋梁攸属。② 我皇光膺天授，托降阎浮，弘八解之要津，启四禅之幽键，济含生于彼岸，证圆果于中天。③ 绀宇巍巍，缁徒翼翼，莫不誉高澄什，声重安远，振三翻于辨囿，悟两谛于谈筵。④ 飞锡烟蒸，乘杯雾委，兰艾因而或揉，玉石由是难甄。⑤ 迹虽选于玄关，名乃编于白屋。⑥ 若欲令沙汰，促以金科，将恐乖智海之弘规，匪提河之遗范。⑦ 然则经行之所，在释氏而含容；朱紫分区，谈王化而期切。⑧ 弛（一作施）张之术，去就何从？⑨

注释：

① 周星：即岁星。南朝梁庾肩吾《咏同泰寺浮图》诗："周星疑更落，汉梦似今通。"岁星十二年在天空循环一周，因又借指十二年。攒（cuán）：簇聚，聚集。汉日：借指汉朝。象教：释迦牟尼离世，诸大弟子想慕不已，刻木为佛，以形象教人，故称佛教为象教。佛教于汉末传入中国。王巾《头陀寺碑》曰："正法既没，象教陵夷。"聿：助词。用于句首或句中。苾刍：即比丘。本西域草名，梵语以喻出家的佛弟子，为受具足戒者之通称。郁起：蓬勃兴起。

② 和众：佛教语，僧众。伊：发语词，无义。法门：佛教语。指修行者入道的门径，亦泛指佛门。引申指途径，方法。攸：助词，无义。

③ 光膺：荣受。阎浮：阎浮提，梵语 Jambudvipa，即南赡部洲。阎浮，亦作"阎扶"，梵语的音译，树名。提为"提鞞波"之略，义译为洲。此洲之中心，有阎浮树之林，故以为洲名。又属南方，故曰南阎浮提。诗文中多以"阎浮提"指人世间。八解：乃佛教语"八解脱"之省，又名八背舍，违背三界之烦恼而舍离之，解脱其系缚之八种禅定也。观无量寿经曰："三明六通，具八解脱。"《同天台疏》中曰："能脱心虑，故名解脱，亦名背舍。背者背彼净洁五欲也，舍者舍是著心也。"参见丁福保《佛学大辞典》。要津：重要的津渡。亦比喻要害之地。四禅：佛教语，即四禅定。色界初禅天至四禅天的四种禅定。人于欲界中修习禅定时，忽觉身心凝然，遍身毛孔，气息徐徐出入，入无积聚，出无分散，是为初禅天定；然此禅定中，尚有觉观之相，更摄心在定，觉观即灭，乃发静定之喜，是为二禅天定；然以喜心涌动，定力尚不坚固，因摄心谛观，喜心即谢，于是泯然入定，绵绵之乐，从内以发，此为三禅天定；然乐能扰心，犹未彻底清净，更加功不已，出入息断，绝诸妄想，正念坚固，此为四禅天定。幽键：谓深奥的法门；喻佛教经典。含生：一切有生命者。多指人类。晋傅玄《傅子·仁论》："推己之不忍于饥寒以及天下之心，含生无冻馁之忧矣。"彼岸：佛教语。佛家以有生有死的境界为"此岸"；超脱生死，即涅槃的境界为"彼岸"。《大智度论》十二："以生死为此岸，涅槃为彼岸。"圆果：圆满的果德，即涅槃。是以圆满行因证得之圆满果德，故名圆果。《大日经》三曰："愿一切无障，安乐诸群生，乐欲成如来所称赞圆果。"《法华玄义》四曰："大乘是圆因，涅槃是圆果。"参见丁福保《佛学大辞典》。中天：高空

中；上界，神仙世界。

④ 绀宇：即绀园，佛寺之别称。缁徒：僧侣。翼翼：众多貌。澄什：晋高僧佛图澄、鸠摩罗什的并称。《文选·王巾〈头陀寺碑文〉》："澄什结辙于山西，林远肩随乎江左。"吕向注："佛图澄、罗什法师并高道之僧也。"安远：安远，人名，道安与慧远二师，皆晋代之高僧，世并称之。参见丁福保《佛学大辞典》。三翻：翻，翻译；三翻指将"波罗蜜"翻译过来有三种意思。波罗蜜又作波罗蜜多，播啰弭多。译言究竟，到彼岸，度无极，又单译曰度。以名菩萨之大行者，菩萨之大行，能究竟一切自行化他之事，故名事究竟，乘此大行能由生死之此岸到涅盘之彼岸，故名到彼岸。因此大行能度诸法之广远，故名度无极。《法华次第》下之上曰："此六通云波罗蜜者，并是西土之言，秦翻经论多不同。今略出三翻，或翻云事究竟，或翻云到彼岸，或翻云度无极。菩萨修此六法，能究竟通别二种因果一切自行化他之事，故云事究竟。乘此六法能从二种生死此岸到二种涅盘彼岸，谓之到彼岸。因此六法能度通别二种事理诸法之广远，故云度无极也。若依别释，三翻各有所主。若依通释则三翻虽异，意同无别也。"参见丁福保《佛学大辞典》。辨囿：辩士组成的圈子，言论界。辨，通"辩"。语本《庄子·天下》："桓团、公孙龙辩者之徒，饰人之心，易人之意，能胜人之口，不能服人之心，辩者之囿也。"成玄英疏："辩过于物，故能胜人之口；言未当理，故不服人之心。而辩者之徒，用为苑囿。"王先谦集解引宣颖曰："辩者迷于其中而不能出。"后因用"辩囿"指哓哓不休的争辩。引申指言论界、言者之口。两谛：谛，佛教语。梵文 Satya 的意译。谓真实无谬的道理。朱芾煌编《法相辞典》："谓从昔来，未曾了见苦集二谛、及彼因缘；从昔已来，未曾了见未曾经受灭道两谛、及彼因缘；此中显示出世智自体，及彼障断胜利；是名谛善巧。"谈筵：犹谈席。

⑤ 飞锡：佛教语，谓僧人等执锡杖飞空。据《释氏要览》卷下："今僧游行，嘉称飞锡。此因高僧隐峰游五台，出淮西，掷锡飞空而往也。若西天得道僧，往来多是飞锡。"乘杯：谓乘坐木杯渡水。南朝梁惠皎《高僧传·神异下·杯度》："杯度者，不知姓名。常乘木杯度水，因而为目。"后泛指乘船。雾委：向雾一样飘落；此言聚集。兰艾：兰草与艾草；兰香艾臭，常比喻君子小人或贵贱美恶。揉：混合，融和，杂糅。玉石：玉与石头；比喻好与坏、贤与愚。甄：鉴别；选拔。

⑥ 迹：形迹；行动。玄关：佛教称入道的法门。白屋：一说不施采色、露出本材的房屋；一说以白茅覆盖的房屋；泛指古代平民所居的房屋。引申指平民或寒士。宋·释普济《禅宗语录辞典》：答江给事（少明）："人生一世，百年光阴，能有几许。公白屋起家，历尽清要，此是世间第一等受福底人，能知惭愧。"

⑦ 沙汰：淘汰；拣选。晋葛洪《抱朴子·明本》："夫迁之洽闻，旁综幽隐，沙汰事物之臧否，核实古人之邪正。"金科：法律，法令；引申为规则。智海：比喻智慧广大，譬如海也。《无量寿经》下曰："如来智慧海，深广无涯底。"参见丁福保《佛学大辞典》。弘规：宏大的谋略。提河：地名，阿利罗跋提河 Ajiravati—nadi 之略，舍卫城岸之河名。《西域记》六曰："阿恃多伐底河，唐言无胜，旧云阿利罗跋提河。讹也。"参见丁福保《佛学大辞典》。遗范：指前人遗留下来可作楷模的法式、规范、标准等。

⑧ 经行：佛教语，谓旋绕往返或径直来回于一定之地。佛教徒作此行动，为防坐禅而欲睡眠，或为养身疗病，或表示敬意。含容：容忍；宽恕。朱紫：古代高级官员的服色或服饰，红色、紫色官服。分区，谈王化而期切。

⑨ 弛张：谓一松一紧。弛，放松弓弦；张，拉紧弓弦。《礼记·杂记下》："张而不弛，文武弗能也；弛而不张，文武弗为也。一张一弛，文武之道也。"比喻事物的盛衰、强弱、兴废等。

对

对曰：窃惟善本无生，兹缘常寂。①舍身舍智，涅槃之行可观；不动不定，般若之名已立。② 尊容圣质，剖碧玉而恒传；宝相灵摸，镂紫金而尚在。③ 运二仪而回掌，巍乎宝力；极万物之濡足，皇矣能仁。④ 是以付受有归，郁兴尊记。⑤ 知来之鉴，远明于万劫；祚圣之符，大启于九部。⑥ 始则江汉广被，终以关河积学。由是名僧辈出，贤众肩降。⑦ 道行息于，顾澄什而服侣，戒梵禅结，视安远而俯孩。虽葱岭伽蓝，涉流沙而西极，白木聚落，浮涨海而东驰，圣教之兴，为期为感（此句疑）。⑧ 但敬重坚固，有悲忍之大权；循习护持，有烦恼之深浅。物情以之勤切，俗慕由是恳到。⑨ 苟求利养，或滋贪浊，滥名窃服，行伪学非。鱼目叨珍，遂入摩尼之宝；乌鹊借类，便假伽蓝之翼。⑩ 谓宜宥而勿罚，限其自新，卷迹缁林之游，反服白衣之役，则慭（一作憖）愚受智，宽令四飞，辨是决嫌，浮食一变。⑪ 九色扬翰，不谬于楚鸡；六管流声，岂混于齐士。⑫ 庶人无量，在释典而虽弘；出家有限，凭国经而必恪。⑬ 维摩之入诸必（疑作心）藏，尚为居士之身；菩萨之惠其神通，由特在家之诫。⑭ 未亏平等，何妨（一作方）慎择。谨对。

注释：

① 善本：此指佛教语，犹善根。《无量寿经》卷下："精明求愿，积累善本，虽一世勤苦，须臾之间，后生无量寿国，快乐无极。"无生：佛教语，谓没有生灭，不生不灭。

② 舍身：佛教徒为宣扬佛法，或为布施寺院，自作苦行，谓之"舍身"，六朝时此风最盛。涅槃：佛教语，梵语的音译。旧译"泥亘"、"泥洹"。意译"灭"、"灭度"、"寂灭"、"圆寂"等。是佛教全部修习所要达到的最高理想，一般指熄灭生死轮回后的境界。晋僧肇《涅槃无名论》："涅槃之道，盖是三乘之所归，方等之渊府。"般若：佛教语，梵语的译音。或译为"波若"，意译"智慧"。佛教用以指如实理解一切事物的智慧，为表示有别于一般所指的智慧，故用音译。大乘佛教称之为"诸佛之母"。《大智度论》卷四三："般若者，一切诸智慧中最为第一，无上无比无等，更无胜者，穷尽到边。"

③ 尊容：尊贵的容貌，这里特指佛像、神像。宝相：佛的庄严形象。

④ 二仪：天地。宝力：即"三宝力"之省，（梵 Triratna）佛教语。指佛、法、僧。《释氏要览·三宝》："三宝，谓佛、法、僧。"《禅宗永嘉集·发愿文第十》："十方三世，一切诸佛法僧前，承三宝力。志心发愿，修无上菩提。"后以指佛教。濡：沾湿。

⑤ 郁兴：勃兴。尊记：佛记弟子成佛之言曰记别，敬之而曰尊记。《法华经》曰："大智舍利弗，今得受尊记。"参见丁福保《佛学大辞典》。

⑥ 万劫：佛经称世界从生成到毁灭的过程为一劫，万劫犹万世，形容时间极长。九部：九部佛经，此指佛教佛经之分类。九部一般指修多罗、祇夜、和伽罗那、伽陀、优陀那、伊帝目多伽、阇陀伽、毗佛略、阿浮陀达磨。即十二部经中去方广与授记及无问自说之三部者，是小乘教之九部也。又有大乘教之九部，十二部中除因缘与譬喻及论义之三部者是也。然常言之九部，则多指小乘教。《法华经·方便品》曰："我此九部法，随顺众生说，入大乘为本，以故说是经。"参见丁福保《佛学大辞典》。

⑦ 肩降：犹言"肩随"。古时年幼者事年长者之礼，并行时斜出其左右而稍后。《礼记·曲礼上》："年长以倍，则父事之：十年以长，则兄事之；五年以长，则肩随之。"后遂用作忝在同列，得以追随于后之意。引申指追随。

⑧ 伽蓝：梵语僧伽蓝摩译音的略称，意为众园或僧院，即僧众居住的庭园。后因称佛寺为伽蓝。流沙：沙漠；代指指西域地区。涨海：涨落起伏的海潮；也指南海的古称。这里或为双关语。

⑨ 悬到：亦作“悬倒”。犹悬至。《后汉书·独行传·谅辅》：“今郡太守改服责己，为民祈福，精诚悬到，未有感彻。”

⑩ 叨：犹忝，忝列；言鱼目忝列于珍珠之行。摩尼：梵语宝珠的译音，也作“末尼”。晋葛洪《抱朴子·广譬》：“摩尼不宵朗，则无别于碛砾。”泛指佛珠。

⑪ 缁林：犹僧界，僧众。白衣：佛教徒著缁衣，因称俗家为“白衣”。慜：聪敏。愍（mǐn）：同“暋”，顽悍。此当作“愍”，言顽悍、愚昧受智。浮食：多谓不事耕作而食。《史记·平准书》：“浮食奇民欲擅管山海之货，以致富羡，役利细民。”

⑫ 楚鸡：言将普通的鸡子当作凤凰。《太平广记·禽鸟二·鸡》：“楚人有担山鸡者，路人问曰：‘何鸟也?’担者欺之曰：‘凤凰也。’路人曰：‘我闻有凤凰久矣。今真见之，汝卖之乎?’曰：‘然。’乃酬千金，弗与；请加倍，乃与之。方将献楚王，经宿而鸟死。路人不遑惜其金，惟恨不得以献耳……”齐士：指没有真才实学、滥竽充数的齐人南郭处士。参见《韩非子·内储说上》：“齐宣王使人吹竽，必三百人。南郭处士请为王吹竽，宣王说之，廪食以数百人。宣王死，愍王立，好一一听之，处士逃。”

⑬ 释典：指佛经。虽：此处通“唯”。副词，唯有、只有。国经：国家的纲纪。

⑭ 维摩：维摩诘的省称。梵语［Vimalakīrti］意译为“净名”或“无垢称”。佛经中人名。《维摩诘经》中说他和释迦牟尼同时，是毗耶离城中的一位大乘居士。尝以称病为由，向释迦遣来问讯的舍利弗和文殊师利等宣扬教义。为佛典中现身说法、辩才无碍的代表人物。后常用以泛指修大乘佛法的居士。居士：梵语曰迦罗越 kulapati，意译。原指古印度吠舍种姓工商业中的富人，因信佛教者颇多，故佛教用以称呼在家佛教徒之受过“三归”、“五戒”者。《维摩诘经》称，维摩诘居家学道，号称维摩居士。慧远《义记》：“在家修道，居家道士，名为居士。”菩萨：佛教名词。梵文菩提萨埵［Bodhi-sattva］之省，原为释迦牟尼修行而未成佛时的称号，后泛用为对大乘思想的实行者的称呼。

第三道

问：神农王（一无王字）曰：“金城千里，汤池百步，而无粟者不（一作弗）能守也。”①然则师出以律，咸资于糗粮；兵虽尚奇，必藉于流衍。②皇周八纮有截，四海无虞，折冲樽俎之间，旅军衽席之上。③而吐蕃小丑，时扰于沙场；默啜遗凶，偷生于玉塞。④由是任以精卒，寄以边陲，车徒置骑，实赖防御。飞刍运粟，挽转之弊（一作飞刍挽粟，转馈之弊）尤深；疆理屯田，播植之功难就。⑤欲使人无忧于半菽，岁有积于如坻，强国富甿，伫聆良策。⑥

注释：

① 神农：传说中的太古帝王名。始教民为耒耜，务农业，故称神农氏。金城：指坚固的城。汤池：指难以逾越的护城河。金城、汤池，形容城池防守严固。《汉书·食货志上》言：“神农之教曰：‘有城十仞，汤池百步，带甲百万，而亡粟，弗能守也。’”

② 糗粮：干粮。《书·费誓》：“峙乃糗粮，无敢不逮。”孔传：“皆当储峙汝糗糒之粮，使足食。”糗（qiǔ）：炒熟的米麦；亦泛指干粮。流衍：本谓广泛流布。此言士兵充溢、众多。

③ 八纮：八方极远之地。《淮南子·墬形训》：“九州之外，乃有八殥……八殥之外，而有八纮，亦方千里。”高诱注：“纮，维也。维落天地而为之表，故曰纮也。”泛指天下。有截：齐一貌；整齐貌。有，助词。《诗·商颂·长发》：“苞有三蘖，莫遂莫达，九有有截。韦顾既伐，昆吾夏桀。”郑玄笺：“九州齐一截然。”折冲：使敌人的战车后撤，即制敌取胜。冲，冲车，战车的一种。樽

俎：古代盛酒食的器皿。樽以盛酒，俎以盛肉。衽席：本指床褥与莞簟。此引申指宴席，座席。此句讲能够运筹帷幄，决胜千里。

④ 吐蕃：公元7至9世纪，我国古代藏族所建政权。据有今西藏地区全部，盛时辖有青藏高原诸部，势力达到西域、河陇地区。其赞普松赞干布、弃隶缩赞先后与唐文成公主、金成公主联姻，与唐经济文化联系至为密切。小丑：微贱之辈。玉塞：玉门关的别称。汉武帝置，因西域输入玉石时取道于此而得名，汉时为通往西域各地的门户。故址在今甘肃敦煌西北小方盘城。默啜：唐初突厥汗国的一代雄主，在武后延载元年至玄宗开元四年间，默啜可汗统军屡犯边境，与吐蕃同为唐王朝之边患。参见《旧唐书·则天皇后本纪》、《中宗睿宗本纪》、《玄宗本纪》。

⑤ 飞刍运粟：即"飞刍挽粟"，谓迅速运送粮草。《汉书·主父偃传》："又使天下飞刍挽粟。"颜师古注："运载刍槁，令其疾至，故曰飞刍也。挽谓引车船也。"亦省作"飞挽"。挽（wǎn）：车运，运输。疆理：划分，治理；此言划分区域以屯田。屯田：利用戍卒或农民、商人垦殖荒地。汉以后历代政府沿用此措施取得军饷和税粮。有军屯、民屯、商屯之分。

⑥ 半菽：谓半菜半粮，指粗劣的饭食。《汉书·项籍传》："今岁饥民贫，卒食半菽。"颜师古注："孟康曰：'半，五升器名也。'臣瓒曰：'士卒食蔬菜以菽杂半之。'瓒说是也。菽谓豆也。"坻（chí）：山名。《左传·昭公十二年》："有酒如淮，有肉如坻。"杜预注："坻，山名。"泛指山。此言庄稼收成堆积如山。甿（méng）：古称种田的人；泛指百姓。

对

对曰：持人之术，地著为本；应敌之道，糗粮为先。①故李悝尽地力而创谋，本能强魏；卫鞅开阡陌而急战，终以霸秦。当今三壤既平，九税有职，仓庾陈积，秬秸充仞。②山川效祉而咸叙，阴阳感化而致和。③狡戎黠羌，不讨之日久矣。天有星象，以分其区；地有山河，以致其险。④素野遐旷，玄国寒凉。塞下三春，未辨重重之树；河边九月，已落青青之草。我后侧隐岩廊之下，垂拱袵席之上，圣智备天地，神武动山岳。⑤悠然远览，白露凉秋，建日月朱鸟之旗，树风雨苍牛之艳（疑）。将帅良猛，谋虑深长，犹重息人，未修伐鬼。⑥而犬羊无检，时惊边柝。⑦定远侯之功略，还出玉门；戊校尉之七营，更连金郡。⑧麻奴小丑，敢怀凌斥之心；榆鬼残袄，仍延晷刻之命。⑨结山豪而啸聚，驱谷马而陆梁。⑩百万之师，糗粮易尽；空虚之地，转饷难集。良可追踪垦草，取彼大田，修充国之旧图，采威明之远筭。将军素励，爰兴断河之术；都尉垂强，毕尽通沟之利。⑪举农夫而休战士，息转输而用耕牛。智效其谋，勇奋其力。⑫资虏金之如粟，籍边马之如羊。赏士犒师，选骑馆谷。⑬或休垣罢障，城灭途殚。然后坐凤凰之台，验麒麟之贡，王旅凯入，岂不休哉。⑭清问徒训（疑酬），危言每竭，短才杼轴，景夕贻忧。⑮谨对。

注释：

① 地著：谓定居于一地。《汉书·食货志上》："理民之道，地著为本。"颜师古注："地著，谓安土也。"古代为了管理住人民，往往加强土地依附关系，如晋代的"土断法"即是如此。西晋时由于战乱，中原地区豪族多迁居江南，仍称原来郡籍，形成诸侨郡县。至东晋哀帝时，桓温推行土断法，裁并侨置郡县，整顿户籍，史称"庚戌土断"。

② 三壤：古时按土质的肥瘠将耕地分为上、中、下三品，称为三壤。《书·禹贡》："咸则三壤，成赋

中邦。”孔颖达疏：“土壤各有肥瘠，贡赋从地而出，故分土壤为上中下。计其肥瘠，等级甚多，但齐其大较，定为三品。”九税：周代对人民各种职业所课的赋税。《周礼·秋官·掌交》：“掌邦国之通事，而结其交好，以谕九税之利。”郑玄注：“九税，所税民九职也。”三农生九谷，税九谷；园圃毓草木，税草木。九税唯臣妾聚敛蔬材者无税，故言九税耳。”后泛指征税。仓庾：贮藏粮食的仓库。秷（zhì）：禾穗。秸（jiē）：农作物的茎秆。仞：通“牣”，充满。《史记·殷本纪》：“厚赋税以实鹿台之钱，而盈巨桥之粟。益收狗马奇物，充仞宫室。”

③ 效祉：呈现福祉。咸叙：指一切皆有秩序。

④“天有”句：是说星象分野。古以十二星次的位置对应地面上州、国的位置。就天文说，称作分星；就地面说，称作分野。《周礼·春官·保章氏》：“以星土辨九州之地所封，封域皆有分星，以观妖祥。”

⑤ 后：君主，帝王。岩廊：高峻的廊庑。借指朝廷。垂拱：垂衣拱手。谓不亲理事务。《书·武成》：“惇信明义，崇德报功，垂拱而天下治。”孔颖达疏：“谓所任得人，人皆称职，手无所营，下垂其拱。”后多用以称颂帝王无为而治。

⑥ 息人：犹息民，使人民得到休养生息。伐鬼：讨伐鬼方。鬼方，上古种族名，为殷周西北境强敌。《易·既济》：“高宗伐鬼方，三年克之。”泛指边远之地的少数民族。

⑦ 柝（tuò）：古代巡夜人敲以报更的木梆。《易·系辞下》：“重门击柝，以待暴客。”边柝：边地军营巡夜打更的梆子声。

⑧ 定远侯：东汉班超的封号。班超早年家贫，为官佣书，尝投笔叹曰：“大丈夫无它志略，犹当效傅介子、张骞立功异域，以取封侯，安能久事笔研闲乎？”后奉使西域，立功，封定远侯。事见《后汉书·班超传》。校尉：军职名。秦末起义军中已有此职，汉代始建为常职，其地位略次于将军，并各随其职务冠以各种名号。掌管少数民族地区事务的长官，亦有称校尉者。

⑨ 麻奴：麻，指麻胡，谓貌丑而多须者。胡，指西北少数民族。宋曾慥《高斋漫录》：“毗陵有成郎中，宣和中为省官，貌不扬而多髭。再娶之夕，岳母陋之，曰：‘我女如菩萨，乃嫁一麻胡。’”奴，指匈奴，即胡，我国古代北方民族之一。麻奴：即对北方少数民族的蔑称。榆鬼：榆，指榆塞。《汉书·韩安国传》：“后蒙恬为秦侵胡，辟数千里，以河为竟。累石为城，树榆为塞，匈奴不敢饮马于河。”后因以“榆塞”泛称边关、边塞。鬼，鬼方。见前注。残袄：当作“残妖”，与上句“小丑”偶对。

⑩ 陆梁：跳跃貌。引申指嚣张，猖獗。

⑪ 断河：决断黄河。用韩信与龙且战，决断黄河而杀龙且。都尉：官名。战国时始置，秦灭六国，遂以其地为郡，置郡守、丞、尉。尉典兵，是比将军略低的武官。汉景帝时改秦之郡尉为都尉，辅佐郡守并掌全郡的军事。

⑫ 智效：智能足以担当；以智能效力。《庄子·逍遥游》：“故夫知效一官，行比一乡，德合一君而征一国者，其自视也亦若此矣。”

⑬ 馆谷：居其馆，食其谷。指驻军就食。《左传·僖公二十八年》：“楚师败绩……晋师三日馆谷，及癸酉而还。”杜预注：“馆，舍也，食楚军谷三日。”

⑭ 凤凰台：古台名。一在今江苏省南京市南面，唐李白《登金陵凤凰台》即是；一在甘肃省成县东南的凤凰山，北魏郦道元《水经注·漾水》：“〔凤溪水〕上承浊水于广业郡，南径凤溪中，有二石双高，其形若阙，汉世有凤凰至，故谓之凤凰台。”泛指华美的楼台，宫苑中的楼台。

⑮ 清问：清审详问。危言：直言。《逸周书·武顺》：“危言不乾德曰正。”景夕：黄昏，天黑。

文可以经邦国策三道（景云二年）

第一道

问：三雄鼎立，四海瓜分，魏氏独跨于中原，孙、刘割据于南土。五胜更袭，唯受命以当涂；四大居尊，咸仗义而称帝。①二十八宿，指躔次于何方？②三十六郡，列封疆于何所？醇化懿纲，非无宽猛之规；爱国治人，自有弛张之度。③皇皇祖考，并建鸿名；眇眇子孙，俱闻失德。④为功业之厚薄，而存亡之后先。至如献纳忠规，纵横武节，既自方于乐毅，或见比于张良。⑤各有其人，详诸史传，所行事迹，咸请缕陈。

注释：

① 五胜：五行相胜。言水胜火、火胜金、金胜木、木胜土、土胜水。当涂：执政，掌权。此指三国魏的代称。《晋书·慕容暐载记论》："自当涂紊纪，典午握符，推亡之功，掩岷吴而可录，御远之策，怀戎狄而犹漏。"《北齐书·王琳传》："故典午将灭，徐广为晋家遗老；当涂已谢，马孚称魏室忠臣。"四大：道家以道、天、地、人为四大。《老子》："道大，天大，地大，王大。域中有四大，而王居其一焉。人法地，地法天，天法道，道法自然。"按，王，当作"人"。此谓古称大功、大名、大德、大权为四大。《晋书·忠义传·王豹》："明公挟大功，抱大名，怀大德，执大权，此四大者，域中所不能容。"

② 躔（chán）次：日月星辰在运行轨道上的位次。汉蔡邕《独断》："京师天子之畿内千里，象日月，日月躔次千里。"

③ 醇化：醇厚的教化。宽猛：宽大与严厉。《后汉书·循吏传·王涣》："永元十五年，从驾南巡，还为洛阳令。以平正居身，得宽猛之宜。"

④ 皇皇：美盛貌，庄肃貌。《礼记·曲礼下》："天子穆穆，诸侯皇皇。"眇眇：微末。《书·顾命》："王再拜，兴，答曰：'眇眇予末小子，其能而乱四方，以敬忌天威。'"孔传："眇眇，微也。"

⑤ 献纳：指献忠言供采纳。汉班固《〈两都赋〉序》："故言语侍从之臣，若司马相如……之属，朝夕论思，日月献纳。"忠规：忠言规谏。纵横：多貌。此言纷纷呈说。武节：武德。使用武力应遵循的道义准则。方：比，并；等同。

对

晁良贞①

对曰：汉代崩离，三光分景；齐甿荡析，九土殊方；权、备割据于岷、吴，瞒、丕纂图于冀、兖。②火行土德，则有攸归；紫色蛙声，岂无兼峙。③策曰："二十八宿，指躔次于何方？三十六郡，列封疆于何所？"至若毕昴为大魏之郊，井络应庸蜀之分，星纪直奎吴之野，婺女寄虚越之精，此其躔次也。④至若常山、巨鹿，孟德之设教；会稽、豫章，文台之建国。⑤考广汉犍为之地，实夜郎玄德之邦。⑥星土之殊，于是乎在。策曰"醇化懿纲，非无宽猛之规；爱国治人，自有弛张之度。皇皇祖考，并建鸿名；眇眇子孙，俱闻失德。为功业之厚薄，而存亡之后先"者，且夫天命不谄，帝图难僭，刘既备矣，当禅与人。⑦此乃事本于元符，何止功殊于厚薄。⑧祚穷安乐，不亦宜哉。至于魏主以雄猜之姿，虎噬河朔；吴王以英威之略，凤起江南。⑨欺孤有言，贻讥于石勒；令图发论，见称于陆机。⑩蜀灭于前，吴亡于后，物之理也，夫何足疑。策曰“至如献纳忠规，纵横武节，既自方于乐毅，或见比于张良。各有其人，详诸史传，所行事迹，咸请缕陈”者。山川出云，贤豪择木。英英文若，见比于留侯；桓桓孔明，自方于昌国。⑪闻九锡而殊议，节表纯臣；荷三顾而知恩，身归奥主。⑫命毕空器，不其惜哉！威余返旗，盖亦奇矣。大者远者，斯焉取斯。谨对。

注释：

① 晁良贞：景云二年进士。参见今《全唐文》卷二百八十二。

② 齐甿：犹言“齐人”，指平民。晋刘琨《劝进表》：“齐人波荡，无所系心。”齐甿荡析，言人民动荡，不安定。九土：本指九州的土地；亦指九州。岷：指岷山，代指四川。

③ 火行土德：古以五行相生相克附会王朝命运，谓土胜者为得土德。汉为火德，魏为土德。攸：助词，所。紫色蛙声：紫色，间色，古人认为非正色也。《论语·阳货》：“恶紫之夺朱也，恶郑声之乱雅乐也，恶利口之覆邦家者。”何晏集解：“朱，正色；紫，间色之好者。恶其邪好而乱正色。”后因以“紫朱”或“朱紫”比喻正邪或真伪。蛙声，蛙歌，淫邪之声。唐傅奕《请废佛法表》：“曲类蛙歌，听之丧本。”紫色蛙声，比喻伪、邪。《汉书·王莽传》：“赞云：‘紫色蛙声，余分闰位。’”

④ 毕昴：毕星与昴星。井络：井宿区域。此言井宿的分野；专指岷山；泛指蜀地。星纪：星次名，十二次之一。与十二辰之丑相对应，二十八宿中之斗、牛二宿属之。婺女：星宿名，即女宿；又名须女，务女。二十八宿之一，玄武七宿之第三宿，有星四颗。奎吴：奎，奎宿，二十八宿之一，为西方白虎七宿的第一宿，有星十六颗。此言奎宿乃吴之分星。虚越：虚，虚宿，北方玄武七宿之一，居中间。此言虚宿乃越之分星。

⑤ 设教：实施教化。《易·观》：“圣人以神道设教，而天下服矣。”

⑥ 文台：即孙坚，字文台。参阅《三国志·吴志·孙坚传》。犍为：古郡名，汉置，治所在今四川省宜宾市，属益州。夜郎：汉时我国西南地区古国名，在今贵州省西北部及云南、四川二省部分地区。玄德：刘备，字玄德，割据川蜀。

⑦ 谄（tāo）：疑惑。《左传·哀公十七年》：“子高曰：‘天命不谄。’”杜预注：“谄，疑也。”《孔子家语·儒行》：“上答之不敢以疑，上不答之不敢以谄。”帝图：此言帝位。偺（jiàn）：同“僭”。超越，冒用。

⑧ 元符：大的祥瑞。

⑨ 雄猜：犹多疑。南朝宋谢灵运《拟魏太子〈邺中集〉诗序》：“汉武帝徐乐诸才，备应对之能，而雄猜多忌，岂获晤言之适。”虎噬：虎啮食。凤起：凤凰起飞；喻贤德之人兴起。

⑩ 欺孤有言，贻讥于石勒：欺孤，言曹操父子欺汉室孤弱而篡汉、司马懿父子欺曹氏孤寡而篡魏事。石勒讥讽曹氏、司马氏奸伪而不磊落。见《晋书·石勒载记》：“石勒，字世龙，初名訇，上党武乡羯人也。其先匈奴别部，羌渠之胄。”又：“勒因飨高句丽、宇文屋孤使，酒酣，谓徐光曰：‘朕方自古开基何等主也？’对曰：‘陛下神武筹略迈于高皇，雄艺卓荦超绝魏祖，自三王以来无可比也，其轩辕之亚乎！’勒笑曰：‘人岂不自知，卿言亦以太过。朕若逢高皇，当北面而事之，与韩彭竞鞭而争先耳。脱遇光武，当并驱于中原，未知鹿死谁手。大丈夫行事当礌礌落落，如日月皎然，终不能如曹孟德、司马仲达父子，欺他孤儿寡妇，狐媚以取天下也。朕当在二刘之间耳，轩辕岂所拟乎！’”令图发论，见称于陆机：令图：善谋，远大的谋略；此处指陆机称赞孙权聪明仁

智而有雄略。《文选·陆机〈辨亡论上〉》："用集我大皇帝（李善注：《吴志》曰：权薨，谥曰大皇帝。）以奇踪袭于逸轨，叡心因于令图。从政咨于故实，播宪稽乎遗风。而加之以笃固，申之以节俭。畴咨俊茂，好谋善断。東帛旅于丘园，旌命交于涂巷。故豪彦寻声而响臻，志士希光而景骛。异人辐凑，猛士如林。"

⑪ 文若：即荀彧（163—212），字文若，颍川郡颍阴县（今河南许昌）人。曹操麾下重要谋士。参阅《三国志·魏志·荀彧传》、《后汉书·荀彧传》。桓桓：宽广、坦然貌。昌国：指春秋时燕国大将乐毅，生卒年不详，中山灵寿（今河北灵寿西北）人。战国后期杰出的军事家，辅佐燕昭王振兴燕国，拜燕上将军，报了强齐伐燕之仇，立下赫赫战功，受封昌国君。

⑫ 九锡：古代天子赐给诸侯、大臣的九种器物，是一种最高礼遇。《公羊传·庄公元年》："锡者何？赐也；命者何？加我服也。"何休注："礼有九锡：一曰车马，二曰衣服，三曰乐则，四曰朱户，五曰纳陛，六曰虎贲，七曰宫矢，八曰鈇钺，九曰秬鬯。"纯臣：忠纯笃实之臣。三顾：指汉末刘备三次往隆中访诸葛亮。《三国志·蜀志·诸葛亮传》载：刘备往访诸葛亮，凡三往，乃见。后诸葛亮《出师表》云："先帝不以臣卑鄙，猥自枉屈，三顾臣于草庐之中，谘臣以当世之事，由是感激，遂许先帝以驱驰。"后以"三顾草庐"比喻对贤才的诚心邀请。奥主：国内之主，君主。引申指深沉明睿之主。

第二道

同前　郑少微（第二人）①

对：汉氏失德，魏图爰启；孙、刘建号，唇齿相依。咸能廓帝绪以定业，振皇纲而握纪。②虽数有五胜，运钟当涂，而土无二王，终殊霸业。③然则封疆画界，俯稽于地理；瞻星揆景，仰焕于天文。④东井发曜于梁岷，傍分属汉；南斗连辉于吴会，远接荆衡。⑤详魏土之分野，当毕昴之躔次，伊洛列山川之郡，曹公居四隩之中。⑥毗陵在吴，华阳惟蜀，疆里所得，其在兹乎。⑦至于开国基，行政令，咸垂统履顺，永传来叶，创业兴绪，克昌后昆，终数代而一何伦比。⑧虽鸿名休德，将崇贻厥之谋；而继代守文，颇著聿修之美。⑨是以堂构始于祖考，功业由于厚薄；负荷因其子孙，存亡以之先后。⑩至于忠规动俗，武节冠时，异代齐名，孔明自方于乐毅；死而可作，文若偶比于张良。⑪怀独见之明，既一谋于匡济；行暗合之策，终不谢于孙吴。谨备诸前，庶几万一。谨对。

注释：

① 郑少微：荥阳人。开元时对策擢第，官中书舍人，历金部员外郎、户部郎中。参见今《全唐文》卷三百九十六。

② 帝绪：犹帝业，帝王的事业。皇纲：朝廷的纲纪。

③ 五胜：五行相胜。此言古代帝王以五行之一来附会自己王朝历运，如汉为火德。当涂：此为三国魏的代称。钟：天所赋予。《正字通》："钟，天所赋予亦曰钟。"土无二王：指一个国家不能有两个国君并存。《礼记·曾子问》："天无二日，土无二王。"

④ 揆景：测量日影，以定时间或方位。天文：日月星辰等天体在宇宙间分布运行等现象；古人把风、云、雨、露、霜、雪等地文现象也列入天文范围。《易·贲》："观乎天文，以察时变。"

⑤ 东井：即井宿，二十八宿之一，因在玉井之东，故称。《史记·张耳陈余列传》："汉王之入关，五星聚东井。东井者，秦分也，先至必霸。"梁岷：梁山与岷山的并称；代指蜀地。南斗：即斗宿，

有星六颗，在北斗星以南，形似斗，故称。吴会：秦汉会稽郡治在吴县，郡县连称为吴会。东汉分会稽郡为吴、会稽二郡，并称吴会；后亦泛称此两郡故地为吴会。此用“分野”理论来言说星象与人事关系，言东井光耀在梁山、岷山之上，是为蜀之分野；南斗六星连接着吴郡和会稽郡，远接荆州和衡州。

⑥ 分野：与星次相对应的地域。详见前注。毕昴：毕星与昴星。躔次：日月星辰在运行轨道上的位次。山川：当作“三川”，郡名，因境内有黄河、洛河、伊河而得名。四隩：四方的边远地区。此言伊水、洛水同在三川郡内，曹魏正居于四方之中。

⑦ 毗陵：古地名，本春秋时吴季札封地延陵邑。西汉置县，治所在今江苏省常州市。三国吴时，为毗陵典农校尉治所。晋太康二年始置郡，治所移丹徒。历代废置无常，后世多称今江苏常州一带为毗陵。华阳：古华阳国，主蜀地。

⑧ 垂统：把基业留传下去，多指皇位的承袭。《孟子·梁惠王下》：“君子创业垂统，为可继也。”来叶：后世。后昆：后嗣，子孙。

⑨ 贻厥：指留传；遗留。语出《书·五子之歌》：“明明我祖，万邦之君，有典有则，贻厥子孙。”孔传：“贻，遗也。言仁及后世。”聿修：《诗·大雅·文王》：“无念尔祖，聿修厥德，永言配命，自求多福。”毛传：“聿，述。”聿本助词，后多训为“述”，因以“聿修”谓继承发扬先人的德业。

⑩ 堂构：语出《书·大诰》：“若考作室，既底法，厥子乃弗肯堂，矧肯构。”孔传：“以作室喻治政也。父已致法，子乃不肯为堂基，况肯构立屋乎？”意谓父亲要盖房子，并已确定房子的盖法，而儿子却不肯去筑堂基，盖房子。后以“堂构”比喻继承祖先的遗业。

⑪ 武节：勇武之气节。异代齐名：时代不同，名声相齐。

第三道

同前　雍惟良①

对：天命靡常，地变其宗，三雄鼎据，分割乾坤。或利近江海银铜之凑，或邑居河洛桑梓之余。②用能仗风云，采松竹，开物成务，广运靖人。③至如仰纬星躔，傍分列郡，成都应乎井络，建邺开于斗牛。若乃发迹谯墟，图光毕昴，竟能一紫宙之意，兆黄精之符。④然而物运弛张，得失成败，此关诸天意也，谅非人事也。岂功业之厚薄，何存亡之先后。长想前修，载述古迹。且为人臣者，善指事之要，专切直之言。然则荀氏之比张良，沉机已迅；葛候之方乐毅，希古自高。⑤俱能明允克诚，兴光大化，代收其器，人献其谋。⑥观国以取肃军容，退恶以力扶王室。⑦其理甚博，厥美惟先。画为九州，时更七代，徒勤短思，有愧缕陈。谨对。

注释：

① 雍维良：信都枣强人。贞元初，官殿中侍御史内供奉。迁主客员外郎仓部郎中。参见今《全唐文》卷五百二十四。

② 桑梓：东汉以来一直以“桑梓”借指故乡或乡亲父老。《诗·小雅·小弁》：“维桑与梓，必恭敬止。”朱熹集传：“桑、梓二木。古者五亩之宅，树之墙下，以遗子孙给蚕食、具器用者也……桑梓父母所植。”

③ 开物成务：指通晓万物的道理并按这道理行事而得到成功。《易·系辞上》：“夫《易》，开物成务，冒天下之道，如斯而已者也。”孔颖达疏：“言《易》能开通万物之志，成就天下之务。”

④ 谯：古县名，在今安徽省亳州市。曹操，亳州人。紫宙：宇宙；上天；高空。黄精：黄土之精，指土德。《后汉书·李云传》："高祖受命，至今三百六十四岁，君期一周，当有黄精代见，姓陈、项、虞、田、许氏，不可令此人居太尉、太傅典兵之官。"李贤注："黄精谓魏氏将兴也。陈、项、虞、田并舜之后。舜土德，亦尚黄，故忌也。"

⑤ 荀氏：指荀彧，字文若。见前注。沉机：事物隐微的征兆。《后汉书·光武帝纪赞》："光武诞命，灵贶自甄，沈几先物，深略纬文。"李贤注："几者，动之微也。物，事也。沈深之几，先见于事也。"葛侯：指诸葛亮。刘禅继位，封诸葛亮为武乡侯；死后，谥曰忠武侯。希古：仰慕古人。

⑥ 明允：明察而诚信。器：指宝器，鼎彝等传国之重器；代指政权。

⑦ 观国：指观察国情，引申为从政。军容：指军队和军人的礼仪法度、风纪阵威和武器装备。

长才广度沉迹下僚策一道（证圣元年）①

问：四岳畴庸，羲和代掌其任；九官命职，稷禹不易其能。②逢化久以庸（一作康）时，藉功深而成务。洎乎嬴、刘以降，曹、马承流，罕为官以择人，直循资而就列。③或十旬而登三事，或一日而致九迁，遂开趋竞之门，莫守代工之美。④国家网罗群彦，驱驾时英，其政洽于至和，其人淳于太古。⑤今欲削汉、魏之遗法，复尧、禹之远图，能其事者永守其官，称其职者不迁其任。⑥增秩赐爵，用申劝善之规；金帛玺书，载表优贤之义。变通之理，尚或多端，用舍之途，伫闻良筭（一作策）。

注释：

① 长才：优异的才能。广度：宽宏的气度；亦指气度宽宏的人。沉迹：隐迹，匿迹。下僚：职位低微的官吏。三国魏嵇康《与山巨源绝交书》："然使长才广度，无所不淹，而能不营，乃可贵耳。"

② 四岳：有二说：一相传为共工的后裔，因佐禹治水有功，赐姓姜，封于吕，并使为诸侯之长。《国语·周语下》："共之从孙四岳佐之。"韦昭注："言共工从孙为四岳之官，掌师诸侯，助禹治水也。"一说四岳为尧臣羲、和四子，分掌四方之诸侯。《书·尧典》："帝曰：'咨，四岳。'"孔安国传："四岳，即上羲、和之四子，分掌四岳之诸侯，故称焉。"畴庸：谓选贤任用。语出《书·尧典》："畴咨若时登庸。"孔安国传："畴，谁；庸，用也。谁能咸熙庶绩，顺是事者，将登用之。"羲和：羲氏和和氏的并称。传说尧曾命羲仲、羲叔、和仲、和叔两对兄弟分驻四方，以观天象，并制历法。九官：古代传说舜设置的九个大臣；泛指九卿六部的中央官员。

③ 嬴、刘：代指秦、汉。曹、马：指魏、晋。循资：按年资逐级晋升。此言魏晋重出身门第、门阀，而不是像秦汉唯才是举。

④ 十旬而登三事：三事：此指三公，古代中央三种最高官衔的合称。如司马、司徒、司空。此典故指东汉荀爽一百天不到，位登三公故实。范晔《后汉书·荀爽传》：荀爽，字慈明。献帝即位，董卓辅政，征爽，爽欲遁，吏持之急，不得去，因复就拜平原相。行至宛陵，复追为光禄勋。视事三日，进拜司空。爽自被征命，及登台司，九十五日。或一日而致九迁：一日九迁，形容升迁极快。汉焦赣《易林·履之节》："安上宜官，一日九迁，升擢超等，牧养常山。"原注："汉车千秋一日九迁其官。"汉蔡邕《让尚书乞在闲冗表》："臣闻世宗之时，田千秋有神明感动，贞梦至言，以寤圣听，昭发上心，故有一日九迁。"

⑤ 彦：贤士，俊才。《诗·郑风·羔裘》："彼其之子，邦之彦兮。"毛传："彦，士之美称。"英：德才超群的人。时英：当代的英才。

⑥ 远图：深远的谋划。

对

张　倚（登科记作漪）

对：昔者明王之御天下也，奉若天道，建邦设都，树之以后王，化之以师长。①用人弗及私昵，建官惟在贤才。夫难知非独在于今日，故曰“知人则哲，惟帝难之”。②自生人以来，有国之主，莫不得贤则治，失贤则乱。此乃自然之义，百王不能易也。是知贤人君子，国之所急。《诗》曰：“南山有台，北山有莱。乐只君子，邦家之基。”③言人君得其贤臣，所以成其美化，广其基业也。遐观历代圣王之求贤哲也，义匪一途，或精选以取之，或降访以得之。④有营之经载而始获，有求之不日而便至，迟速之理虽异，辅弼之职不殊。黄帝劳于梦想而感力牧，诚之至也；唐尧务于畴咨而致夔龙，访之审也。⑤至唐虞之黜陟幽明，三考就绩；夏禹之顾盼空谷，七起成名。⑥殷宗托梦于傅岩，姬文游心于渭水。⑦此六君者，可谓勤于求贤，而善于用人也。故能使元、凯就绩，申、甫登朝，道济五臣，功宣十乱。⑧康良作诵，喜起成歌，人无险诐之情，代有雍熙之乐。⑨《由庚》入咏，《天保》为诗，下怀报主之心，上荷受天之禄。⑩《书》曰：“百僚师师，百工惟时，庶绩其凝。”此之谓也。⑪斯并政符大道，理合至公，委质能臣之一德。⑫所以天工可代，人爵攸宜，凭久化以济寰瀛，藉深功而安宇宙。⑬暨战国之代，王道寖微，各伫英贤，或杂或霸。楚襄劳持金之聘，燕昭躬拥篲之礼，空闻僭号之议，未睹升平之业。⑭虽桓公之有仲父，晋侯之获赵文，委任责成，共登霸道。唯勤斗争之理，不务淳和之绩，而动乖王度，举违帝典。⑮故五尺童子，耻之不论。况所由龌龊，何其卑也。⑯秦皇不仁，虐乱是极。儒生填于坑井，《诗》、《书》灭于烟火。忠贞清白，以为徒苦，谄佞邪媚，谓之至公，卒以覆亡，为后代诫。实由远贤近佞，使之然也。汉高祖虽不好儒，然亦任用英杰，登坛而礼韩信，辍洗而迎郦生，委萧、曹以股肱，寄张、陈以社稷。⑰至孝武之代，儒学渐该，采董仲舒之策，始令郡国贡举。于是贤良方正之士，雾委云集，其晁错、公孙弘、匡衡、萧望之辈，并继踵而至。⑱故当文、景之代，号为得人。《诗》称“济济多士，文王以宁”，汉所以宁者，亦士之力也。光武仗吴、邓以立功，任贾、寇以起事，拔奇取异，决自于心。⑲爰至显宗中兴，于兹为盛。由此而两汉之代数百年间，陟正黜邪，褒善贬恶。虽不袭唐虞之法，亦去烦芟乱，几乎大成矣。逮献、灵之际，奸猾纵横，升必以财，进不由道。于是缙绅洁白之士，疾之若仇，乃曰“举秀才，不知书。察孝廉，父别居。寒素清白浊如泥，高第良将怯如龟”。⑳至乃悬爵而卖之，列价而争之。守正道者以为陆沉，由斜径者谓之智变；衣冠为之失序，贤哲由是潜藏；遂使社稷丧亡，后嗣覆灭。悲夫！此《伐檀》所以兴刺，《黍苗》（一作麦秀）所以劳歌，无他故焉，贤人不得进也。㉑及乎当涂启运，典午开基，陈群制九品之条，刘毅兴八损之权。㉒故曹羲疾其阔远，孙楚以为鬼录。㉓遂令权要归于中正，威福去于天朝，臧否任情，品藻乖次。㉔宋、齐之季，梁、隋之末，聘士求贤，罕闻稽古。栋桡鼎折，唯见陵夷。㉕既同自《郐》之讥，讵劳更仆之说。㉖

圣上览百王之得失，立万代之规模，大开举尔之科，广陈训迪之典。[27]用与不用，贤否各称其能；材与不材，轮桷并当其任。[28]小人去位，疾之犹若寇仇；君子盈朝，求之恒如不及。故得百僚无滥，九有升平，不闻濡翼之讥，永绝烂头之诮。[29]仲长亡越级之论，贾生无调下之悲。[30]今欲远服尧、禹之踪，近弃刘、曹之法，增秩令其永任，锡帛许其不迁，使官不易能，职遵代掌，虽优贤之义有所会通，而随时之谈或恐未可。[31]何则？太古敦朴，务静人希；敦朴则易淳，务静人希则易理，故不劳而功可就。[32]今圣明抚运，才多俗阜；俗阜则事烦，才多则理剧。[33]必资明哲独任，不以避嫌。但使委得其人，数迁何妨化理？如其用失其理，久任岂废功亏？愚管所窥，以为如此。大体期于不滥，所务在于得贤。苟违此途，未知其可。谨对。

注释：

① 张倚：天宝时官侍御史、内供奉，迁左司员外郎、御史中丞，终吏部侍郎。参见今《全唐文》卷三百七十四。后王：君主，天子。《书·说命中》："树后王君公，承以大夫师长。"孔颖达疏："后王，谓天子也。"

② 知人则哲：谓能鉴察人的品行才能，即可谓之明智。《书·皋陶谟》："知人则哲，能官人。"

③ 乐只：和美，快乐。只，语助词。《诗·小雅·南山有台》："南山有台，北山有莱。乐只君子，邦家之基。乐只君子，万寿无期。"

④ 遐观：纵观，遍览。访：探访，寻求。

⑤ 力牧：传说为黄帝之臣。相传黄帝梦人执千钧之弩，驱羊数万群，寤而叹曰："夫千钧之弩，异力能远者也；驱羊数万群，是能牧民为善者也。天下岂有姓力名牧者哉？"于是依占而求之，得力牧于大泽，用以为将。见晋皇甫谧《帝王世纪》。畴咨：《书·尧典》："帝曰：'畴咨若时登庸。'"孔传："畴，谁；庸，用也。谁能咸熙庶绩，顺是事者，将登用之。"后以"畴咨"为访问、访求之意。夔龙：相传舜的二臣名。夔为乐官，龙为谏官。《书·舜典》："伯拜稽首，让于夔龙。"孔安国传："夔、龙，二臣名。"后用以喻指辅弼良臣。

⑥ 黜陟幽明：亦作"黜幽陟明"，黜退昏愚的官员，晋升贤明的官员。三考：古代官吏考绩之制，指经三次考核决定升降赏罚。《书·舜典》："三载考绩，三考，黜陟幽明。"孔安国传："黜退其幽者，升进其明者。"孔颖达疏："言帝命群官之后，经三载，乃考其功绩；经三考则九载，黜陟幽明，明者升之，暗者退之。"顾盼：向左右或周围看来看去；此言访求。空谷：空旷幽深的山谷；多指贤者隐居的地方。《诗·小雅·白驹》："皎皎白驹，在彼空谷。"孔颖达疏："贤者隐居，必当潜处山谷。"七起：相传禹一饭七起以迎贤士。《艺文类聚》卷十一引《鬻子》："〔禹〕一馈而七起，曰：'吾不恐四海之士留于道路也，恐其留吾门也。'是以四海之士皆至。"北齐刘昼《新论·诫盈》："夏禹一馈而七起，周公一沐而三握发，食不遑饱，沐不及晞。"后用以称礼贤下士。

⑦ 傅岩：古地名，相传商代贤士傅说为奴隶时版筑于此，故称。此言殷王武丁于傅岩访得傅说。姬文：即周文王。周文王于渭水访得姜子牙。

⑧ 元、凯："八元八凯"的省称。传说高辛氏有才子八人，称为八元；高阳氏有才子八人，称为八恺。此十六人之后裔，世济其美，不陨其名。舜举之于尧，皆以政教称美。见《左传·文公十八年》。后以"元恺"泛指贤臣、才士。申甫：周代名臣申伯和仲山甫的并称；后用以指贤能的辅佐之臣。五臣：五个臣子。随文所指不同，有舜五臣、周文王五臣等。泛指贤能的辅佐之臣。十乱：《书·泰誓》："予（周武王）有乱臣十人，同心同德。"孔安国传："我治理之臣虽少而心德同。"孔颖达疏："《释诂》云：乱，治也。"十人，指周公旦、召公奭、太公望、毕公、荣公、太颠、闳夭、散宜生、南宫适、文母（一说指文王之后大姒，一说指武王之妻邑姜）。后因以"十乱"指上

述十个辅佐周武王治国平乱的大臣；也泛指辅佐皇帝的十个有才能的人。乱：治理。

⑨ 险诐（bì）：亦作“险陂”，阴险邪僻。《诗·周南·卷耳序》：“内有进贤之志，而无险诐私谒之心。”孔颖达疏：“险诐者，情实不正、誉恶为善之辞也。”雍熙：和乐升平。

⑩ 由庚：《诗·小雅》逸篇名。《诗·小雅·由庚序》：“《由庚》，万物得由其道也。”后因以“由庚”为顺德应时之典实。天保：谓上天保佑，使之安定。《诗·小雅·天保》：“天保定尔，亦孔之固。”郑玄笺：“保，安。尔，女也。女，王也。”后引申指皇统、国祚。

⑪ 百僚：百官。师师：相互师法。《书·皋陶谟》：“百僚师师，百工惟时。”孔安国传：“僚、工，皆官也。”孔安国传：“师师，相师法。”孔颖达疏：“百官各师其师，转相教诲。”庶绩：各种事业。凝：形成。《书·皋陶谟》：“抚于五辰，庶绩其凝。”孔传：“凝，成也。”

⑫ 委质：本指放下礼物。古代卑幼往见尊长，不敢行宾主授受之礼，把礼物放在地上，然后退出。此引申指弃身，置身。能臣：能尽为臣之道者。《淮南子·泛论》：“成王既壮，周公属籍致政，北面委质而臣事之，请而后为，复而后行，无擅恣之意，无矜伐之色，可谓能臣矣。”一德：始终如一，永恒其德。此言同心同德。

⑬ 人爵：爵禄，指人所授予的爵位。《孟子·告子上》：“孟子曰：有天爵者，有人爵者。仁义忠信，乐善不倦，此天爵也。公卿大夫，此人爵也。古之人，修其天爵，而人爵从之。今之人，修其天爵，以要人爵。既得人爵而弃其天爵。则惑之甚者也。”赵岐注：“天爵以德，人爵以禄。”寰瀛：天下；全世界。深功：大功劳。

⑭ 楚襄劳持金之聘：指楚襄王礼聘庄子为相而不得事。《文选·鲍照〈拟古三首〉》之三：“羞当白璧贶，耻受聊城功。”李善注：“《韩诗外传》曰：楚襄王遣使者持金千斤，白璧百双，聘庄子以为相，庄子不许。”另见《史记·老庄申韩列传》，司马迁记作“楚威王”。燕昭躬拥篲之礼：拥篲，执帚。帚用以扫除清道，古人迎候宾客，常拥篲以示敬意。《史记·孟子荀卿列传》：“〔驺子〕如燕，昭王拥彗先驱，请列弟子之座而受业。”篲（huì）：扫帚。僭号：冒用帝王的称号；僭越本分的封号。

⑮ 王度，帝典：变文同义，皆指帝王的法则。

⑯ 龌龊：器量狭小。《文选·张衡〈西京赋〉》：“独俭啬以龌龊，忘蟋蟀之谓何。”薛综注：“《汉书》注曰：龌龊，小节也。”

⑰ 登坛：登上坛场。古时会盟、祭祀、帝王即位、拜将，多设坛场，举行隆重的仪式。此言刘邦拜韩信为大将军。郦生：指郦食其。《文选·班彪〈王命论〉》：“〔汉高祖〕当食吐哺，纳子房之策，拔足挥洗，揖郦生之说。”李善注：“《汉书》曰：郦食其求见，沛公方踞床，使两女子洗足，郦生不拜，长揖曰：‘足下必欲诛无道秦，不宜踞见长者。’沛公起，摄衣谢之，延上坐。食其说沛公袭陈留。”股肱：大腿和胳膊；比喻左右辅佐之臣。此言委任萧何、曹参为丞相。社稷：古代帝王、诸侯所祭的土神和谷神。社，土神；稷，谷神。后多用为国家的代称。此言刘邦托社稷于张良、陈平。

⑱ 雾委：像雾一样垂落，充盛貌；引申指聚集。

⑲ 吴邓：汉吴汉、邓禹的并称。南朝梁江淹《萧骠骑让太尉增封第三表》：“吴邓之盛功，王钟之素业……佥曰伊人，是以处无愧色。”胡之骥汇注：“吴汉、邓禹佐光武，起南阳，以成中兴之主。”贾、寇：贾复和寇恂。贾复，字君文，汉南阳冠军人，文武全才；封胶东侯，食六县，以列侯加位特进；为“云台二十八将”之一。寇恂，字子翼，封雍奴侯，邑万户，为执金吾；亦为“云台二十八将”之一。参阅《后汉书·贾复列传》、《后汉书·寇恂列传》。

⑳ 缙绅：插笏于绅带间，旧时官宦的装束；亦借指士大夫。洁白：品行清白纯正。秀才：汉时开始与孝廉并为举士的科名，东汉时避光武帝讳改称“茂才”。寒素：门第寒微，地位卑下的人；这里指汉、晋选拔士人的科目名。晋葛洪《抱朴子·审举》：“时人语曰：‘举秀才，不知书；察孝廉，父别居。’”

㉑ 伐檀：《诗·魏风》篇名。其序云：“《伐檀》，刺贪也。在位贪鄙，无功而受禄，君子不得进仕尔。”后因以“伐檀”为讥刺贪鄙者尸位素餐而贤者不得仕进的典故。黍离：《诗·王风》篇名。《诗·王风·黍离序》：“《黍离》，闵宗周也。周大夫行役，至于宗周，过故宗庙宫室，尽为禾黍，闵周室之颠覆，彷徨不忍去而作是诗也。”后遂用作感慨亡国之词。麦秀：指麦子秀发而未实。《史记·宋微子世家》：“箕子朝周，过故殷虚，感宫室毁坏，生禾黍，箕子伤之，欲哭则不可，欲泣为其近妇人，乃作《麦秀之诗》以歌咏之。其诗曰：‘麦秀渐渐兮，禾黍油油。彼狡僮兮，不与我好兮！’”后常以箕子的《麦秀之诗》为感叹家国破亡之痛的典实。《麦秀》叹殷，《黍离》叹周，皆为感慨亡国之典实。

㉒ 陈群制九品之条：陈群，字长文，颍川人。历仕曹操、曹丕、曹睿三朝。首创九品中正官人法。魏文帝曹丕黄初元年采纳吏部尚书陈群的建议，各州、郡设立中正官，将各地士人按才能分别评为九等（九品），供朝廷按等选用，谓之“九品官人法”。沿至晋、南北朝，选取专重门第，致“下品无高门，上品无贱族”，成为世族豪门把持政权的工具。隋文帝时废除此制，改行科举制。参阅《三国志·魏志·陈群传》。刘毅兴八损之权：刘毅，字仲雄，西晋东莱掖人。刘毅洞察“九品中正制”的痼弊，对这种扼杀贤才的用人制度，进行了最严厉的抨击。八损：此指“九品中正制”有八大损害国家政治的弊端。《晋书·刘毅传》：“毅以魏立九品，权时之制，未见得人，而有八损。乃上疏曰：‘臣闻立政者以官才为本。官才有三难，而兴替之所由也。人物难知，一也；爱憎难防，二也；情伪难明，三也。今立中正定九品，高下任意，荣辱在手，操人主之威福夺天朝之权势……是以上品无寒门，下品无势族。暨时有之，皆曲有故。慢主罔时，实为乱源。损政之道一也。……品大其形势以驱动众人使必归已进者无功以表劝退者无恶以成惩，惩劝不明，则风俗污浊，天下人焉得不解德行而锐人事？损政八也。由此论之，选中正而非其人，授权势而无赏罚，或缺中正而无禁检，故邪党得肆，枉滥从横，虽职名中正，实为奸府，事名九品，而有八损。”

㉓ 曹羲疾其阔远：曹羲，曹爽之弟，官至中领军。阔远：此指离得远；差别大。《旧唐书·经籍志》载曹羲有文集五卷。杭世骏《三国志补注》：“曹羲集《九品议》曰：‘伏见明论，欲除九品而置中正，欲检虚实，一州阔远，略不相识，访不得知，会复转访本郡先达者耳。此为问州中正，而实决于郡人。’”孙楚以为鬼录：孙楚，字子荆，太原中都人。见《晋书·孙楚列传》。鬼录：迷信者所谓阴间死人的名簿。杭世骏《三国志补注》：“陈群制九品官人之法。傅子曰：‘司空陈群，始立九品之制，郡置中正，评次人才之高下，各为辈目，州置都而总其议。’孙楚集奏曰：‘九品，汉氏本无，班固著《汉书》序先代贤智以九条，此盖记鬼录次第耳，而陈群依之以品生人。’”

㉔ 任情：任意。乖次：差异。

㉕ 栋桡：屋梁脆弱曲折；喻形势危急。鼎折：《易·鼎》：“九四，鼎折足，覆公餗，其形渥，凶。”孔颖达疏：“施之于人，知小而谋大，力薄而任重，如此必受其至辱，灾及其身也，故曰其形渥，凶。”后以“鼎折”比喻力薄任重，必致灾祸。陵夷：山坡缓平貌。引申指由盛到衰；衰颓，衰落。

㉖ 郐（kuài）：即“郐下无讥”。《左传·襄公二十九年》：“吴公子札来聘……为之歌《陈》，曰‘国无主，其能久乎！’自《郐》以下无讥焉。”杜预注：“《郐》第十三，《曹》第十四。言季子闻此二国歌，不复讥论之，以其微也。”后以“郐下无讥”言其微不足道。省称“郐下”。更仆：形容多，数不胜数。《礼记·儒行》：“遽数之不能终其物，悉数之乃留，更仆未可终也。”陈澔集说：“卒遽而数之，则不能终言其事；详悉数之，非久留不可。仆，臣之摈相者。久则疲倦，虽更代其仆，亦未可得尽言之也。”

㉗ 训迪：教诲启迪。《书·周官》：“仰惟前代时若，训迪厥官。”

㉘ 轮桷：圆形和方形的材料。桷（jué）：方形的椽子。

㉙ 九有：九州。濡翼：犹言“濡鹈”。《诗·曹风·候人》：“维鹈在梁，不濡其翼。彼其之子，不称

其服。”郑玄笺：“鹈在梁，当濡其翼；而不濡者，非其常也。以喻小人在朝，亦非其常。”后以“濡鹈”比喻享受高官厚禄、不理朝政、不称职的人。烂头：犹言“烂羊”、“烂羊头”。《后汉书·刘玄传》：“其所授官爵者，皆群小贾竖，或有膳夫庖人，多著绣面衣、锦袴、襜褕、诸于，骂詈道中。长安为之语曰：‘灶下养，中郎将。烂羊胃，骑都尉。烂羊头，关内侯。’”后以“烂羊”为典，指地位卑下者或滥授官爵。以“烂羊头”表示对人的蔑称。

㉚ 仲长：汉末仲长统的省称。《文选·任昉〈竟陵文宣王行状〉》：“良田广宅，符仲长之言。”李善注引《后汉书》：“仲长统，字公理，山阳人也。少好学，博涉书记。每州郡召命，辄称疾不就，欲卜居清旷，以乐其志，尝论之曰：‘使居有良田广宅，背山临流，沟池环匝，竹木周布，足以息四体之役。’”贾生：指汉贾谊。调下：谓调子低沉。汉刘向《说苑·尊贤》：“应侯与贾午子坐，闻其鼓琴之声。应侯曰：‘今日之琴，一何悲也！’贾午子曰：‘夫张急调下，故使之悲耳！’”

㉛ 增秩：增俸；升官。赐帛：赏给布帛。

㉜ 太古：远古，上古。

㉝ 抚运：顺应时运。俗阜：谓民众富庶。阜（fù）：本指土山；引申指丰厚，富有。

文苑英华卷四百八十

宋　李昉等编

贤良方正科策二道（神龙二年）

第一道

问：妙尽黄间，期于（一作乎）百发；术该（一作穷）玄女，宁无七纵。①声苟中律，不惮撞钟之求；服必称儒，何辞解衣之试。②况今征工意匠，搴秀谈丛，枭鸾即事于分区，牛骥伫从于别皂。③谓其凌厉顾盼，以雪陈琳之耻（一作陈侯之疑）；何乃罔敞迁延，不答马卿之难？④岂时英所病，共设于翟酺；将高尚在怀，不屈于周党？⑤荐举之法，抑有多途，取舍之方，莫能折衷。⑥何则含光隐迹，不盗处士之名；介立寡徒，安获知己之荐。⑦举逸之法，应有通规，取舍之言，非为（一作无）尽善。⑧文武之道，方册所不坠；德怨之报，人情之大纲。射为诸侯，杜预无穿札之力；士为知己，崔洪有挽弓（一作弩）之悔。⑨相圃泽宫，失之远矣；子皮、鲍叔，夫何言哉（一作夫何有哉）。⑩举贤受赏，非才有罚，国柄（一作秉）所加，期乎必当。⑪验之从政，效无限断之年；试以（一作之）文才，智有迟速之别。知而不举，闻讥窃位；举而非（一作非其）人，宁当显戮。⑫臧孙之犯，既是虚刑；子闻之辜，复当何典？⑬内外齐举，援亲岂不致嫌；师锡具陈，行庆又谁为首？⑭凡此岐路，罔识攸从，迟冀如律（或作知津），弘其利涉。⑮

此题四百七十三卷重出，前已削去。注异同为一作。

注释：

① 黄间：即“黄肩”，弩名。《汉书·李广传》“广乃令持满毋发，而广身自以大黄射其裨将”颜师古注引汉服虔曰：“黄肩，弩也。”晋灼曰：“黄肩即黄间也，大黄，其大者也。”百发：即“百发百中”，形容射术高明，百不失一。玄女：传说中的天上神女，曾授黄帝兵法，以制服蚩尤。亦称九天玄女，为道教所奉之神。《史记·五帝本纪》“蚩尤最为暴，莫能伐。”裴骃集解引《龙鱼河图》：“天遣玄女下授黄帝兵信神符，制伏蚩尤。”七纵：即“七纵七擒”，相传三国时诸葛亮出兵南方，曾七次生擒酋长孟获，又七次释放，终于使孟获心悦诚服。见《三国志·蜀志·诸葛亮传》裴松之注引《汉晋春秋》，后比喻善于运用策略，使对方心服。

② 撞钟之求：《礼记·学记》：“善待问者如撞钟，叩之以小者则小鸣，叩之以大者则大鸣。”此言胸有所学，善待问也。《礼记·儒行》：“儒有席上之珍以待聘，夙夜强学以待问。”解衣之试：犹言“释褐之试”。即指考中则有出身，人仕途，脱旧时之褐衣。

③ 搴（qiān）：采，取。枭鸾：枭与鸾。相传枭为恶鸟，鸾为神鸟，对举以喻恶与善、小人与君子。牛骥：牛和千里马；喻指愚人与贤者。皂：牛马的食槽。牛骥同皂则比喻贤愚不分，牛骥别皂则贤愚分明。

④ 凌厉：凌空高飞。陈琳之耻：陈琳，字孔璋，建安七子之一。曾人袁绍幕，为其作《为袁绍檄豫州文》。后为曹军所俘，曹操爱其才而不咎，署为司空军师祭酒。因其所为不符汉末对节士义行的期许，为臧洪、刘勰、颜师古等名士耻笑。此处引用此典旨在说明考生不仅文采飞扬，而且品德清尚。迁延：退却，后退。引申指徘徊，停留不前貌。汉司马相如《美人赋》：“有女独处，婉然在床，奇葩逸丽，淑质艳光，睹臣迁延，微笑而言。”马卿之难：马卿：汉司马相如字长卿，后人遂

称之为马卿。汉武帝欲通西南夷，巴蜀民众苦于连年征伐，对武帝虚耗国力扩张无用之地颇有微词。时司马相如出使巴蜀，听到百姓陈词后，作《难蜀父老》（《文选》卷四十四）以驳难其论之大致意思是：非常之人建非常之功，民可与乐成，不可与虑始。

⑤ 时英：当代的英才。翟：本指长尾的野鸡；引申指乐舞所执的雉羽。酺（pú）：聚饮。周党：比周朋党。指朝廷中因私利而结成的帮派。

⑥ 抑：此作副词，表示语气。犹或许，或者。

⑦ 含光：蕴含光彩。此言内蕴不外露，比喻至德。隐迹：指隐居。处士：本指有才德而隐居不仕的人，后亦泛指未做过官的士人。介立：卓异独立；喻操守清高。寡徒：谓没有私党同伙。

⑧ 举逸：推举隐逸之士。《论语·尧曰》："兴灭国，继绝世，举逸民，天下之民归心焉。"

⑨ 射：指射礼。古代重武习射，常举行射礼。射礼有大射、宾射、燕射、乡射四种。此指大射。《礼记·射义》："故天子之大射，谓之射侯。射侯者，射为诸侯也。射中则得为诸侯，射不中则不得为诸侯。"前已有注，参见卷四百七十三策识洞韬钤略堪任将帅科问注②。杜预无穿札之力：穿札，射穿铠甲。札，铠甲的叶片。《世说新语·方正》"杜预之荆州。"刘孝标注引晋王隐《晋书》："预无伎艺之能，身不跨马，射不穿札。"崔洪有挽弓（一作弩）之悔：《通典》卷二十二"左右丞"条："《傅咸答辛旷诗序》曰：'尚书左丞，弹八座以下，居万机之会，乃皇朝之司直，天台之管辖。'又郄诜为左丞，奏推吏部尚书崔洪。洪曰：'我举郄丞，而还奏我，此挽弓自射之谓也。'"悔：过失。

⑩ 相圃：原指孔子习射处——矍相圃。后泛指习射处。泽宫：古代习射取士之所。《周礼·夏官·司弓矢》"泽共射椹质之弓矢。"郑玄注引郑司农曰："泽，泽宫也，所以习射选士之处也。"子皮：此指春秋时郑国大夫子皮，继其父子展为上卿理郑国国政，曾力荐有才能的子产为执政，见《左传·襄公二十九年》。鲍叔：鲍叔牙的别称，春秋时齐国大夫。曾向齐桓公推荐管仲为国相，并以知人并笃于友谊称于世。

⑪ 国柄：国家权柄，此指赏罚二柄。

⑫ 窃位：谓才德不称，窃取名位。《论语·卫灵公》："臧文仲其窃位者与？知柳下惠之贤，而不与立也。"显戮：明正典刑，陈尸示众。《书·泰誓下》："功多有厚赏，不迪有显戮。"后泛指处死。

⑬ 臧孙之犯：臧孙，复姓。春秋时，鲁孝公子彄食采于臧，为臧氏。犯，僭越，超越；此指臧文仲。臧文仲，又名臧孙辰，春秋时鲁国正卿。历事庄、闵、僖、文四朝，老成持重，维护宗法礼治，对外主张加强互助。曾亲自告于齐，以赈鲁饥；力劝晋人开释卫成公，以示亲于诸侯。子闻之辜：子闻，当作"子文"，指楚令尹子文。姓斗，名毂于菟。下文苏晋"对"中作"文"，是也。《论语·公冶长》：子张问曰："令尹子文三仕为令尹，无喜色；三已之，无愠色。旧令尹之政，必以告新令尹。何如？"子曰："忠矣。"曰："仁亦乎？"曰："未知，焉得仁？"辜：灾难，祸害。

⑭ 师锡：谓众人献言，同辞以对。《书·尧典》："师锡帝曰：'有鳏在下，曰虞舜。'"孔传："师，众；锡，与也。"后以"师锡"指众人举荐推许。行庆：犹行赏。《礼记·月令》："命相布德和令，行庆施惠，下及兆民。"郑玄注："庆谓休其善也。"

⑮ 知津：认识渡口，犹言识途。《论语·微子》："长沮、桀溺耦而耕。孔子过之，使 子路问津焉。长沮曰：'夫执舆者为谁？'子路曰：'为孔丘。'曰：'是鲁孔丘与？'曰：'是也。'曰：'是知津矣！'"利涉：顺利渡河。《易·需》："贞吉，利涉大川。"

对

苏　晋①

对：物以类升，方以类降，故小大趋舍，未始离乎类也。②所谓同声相应，同气相求，云从龙，风从虎（当作武），时其效欤。③矧惟生人，怀五常，含好恶，自然之势也，安可处非其类乎？④斯固士君子砥行立名，伸首抗迹，思欲奋迅泥滓，凌迈云汉，与鸾凤为伍矣。⑤岂不能折其锋，沮其目？诚谓类有聚，群有分，下流不可久居。且无其时，犹欲干进之若此，况乎师旷倾耳，卞氏拭目，将欲察异音，求奇彩，苟有留者，谁肯迁延于解衣之试哉。

策曰“荐举之法，抑有多途，取舍之方，莫能折衷。何则含光隐迹，不盗处士之名；介立寡徒，安获知己之荐。举逸之法，应有通规，取舍之言，非无尽善”者。夫人洪（疑）然则渊其心，饰其状，不可知以貌，不可穷以言。将为辨者不可也，求乎其端，或有可知矣。⑥夫天之岩乎其上者，施人以气；地之坎乎其下者，成人以形。⑦高下之间，不可逃者，形气而已矣。气之积者彰乎形，形之动者感乎物。彰于形，故可以象察；感于物，故可以类求。察其象，长短之材可量矣；求其类，邪正之气可识矣。虽则含光隐迹，介立不群，终不能以形逃，不能以气隐明矣。子曰：“视其所以，观其所由，察其所安，人焉廋哉，人焉廋哉！”⑧古圣王之观人也，未尝越于是。取舍之言，非不尽善也，但夫怀诈饰伪，举世有之。干禄者不尽善，举人者不尽智，或以势逼，或以利兴。观象察言，以难其识，附威籍利（一作藉利），谀媚其心。有于此者，则取舍之方，何所施矣。呜呼！负舟登山，诚难事也。

策曰：“文武之道，方册所不坠；德怨之报，人情之大纲。射为诸侯，杜预无穿札之力；士为知己，崔洪有挽弓之悔。相圃泽宫，失之远矣；子皮、鲍叔，夫何有哉。”夫射者，先王所以定人之心，和人之志，亦以示其威仪耳。以为诸侯分我茅土，育我黎蒸，抚有威衡，持秉生杀，当审心定志，敷德遵和。⑨故为其立饮射之法，以导达其志，不在穿札贯的矣。子曰：“射不主皮。”即其义也。⑩则夫丽龟贯石者，将武夫之伎耳，非不侮鳏寡，保其社稷之业。⑪夫有大功者获大赏，异哉当阳，诚无间然矣。⑫古之君子，冠业而立于朝，则必有益于时矣。以为益时者，莫先于进贤，苟得其人，则没齿无怨矣，又何可顾望默识乎？子曰：“定其交而后求。”⑬夫古之人定其交者，将弘济时务，克清世几，恐夫道不吾行，才为时弃。是用定其交，求其达，岂徒局促存于情之所好哉。若以情之所好相求，则是便僻比周之人，岂得为文雅君子乎？⑭崔侯必不以挽弓为悔。假使子皮荐国产，叔牙举夷吾，终不能光兴郑邦，匡合齐社，亦未足以纷昭载籍矣。⑮

策曰：“举贤受赏，非才有罚，国柄所加，期乎必当。验之从政，效无限断之年；试以文才，智有迟速之别。知而不举，闻讥窃位；举非其人，宁当显戮。臧孙之犯，既是虚刑；子文之辜，复当何典？内外齐举，援亲岂不致嫌；师锡具陈，行庆又谁为首？”夫天之平分万物，体不俱举。有其才（疑）者童其首，挥其翼者两其足，德不必备，才难尽善。⑯其人善于政者，不必有其文；工于词者，不必敏其事。《书》曰“无求备于一人”，详矣。⑰先王均其曲直，任之事宜，物各有所长，工拙不相害矣。故《书》曰“明试以言，车服以庸”，则尧试其人以官，备在方册矣。⑱夫政有序，化有渐，时有险夷，功有隐显。为政者当责其岁晚，不可中道而废也。施政立德，不过乎三年，人情大可见也。孔子曰：“朞月而化成。”《书》曰：“三载考绩。”何得无限断之年欤?[19]夫文者，贵其能书理论（四字疑），宣道其业，非得意之实，乃无意之筌欤。[20]夫传曰：“言以足志，文以足言。”又曰：“非文无以自达。”[21]苟欲考之文词，求之迟速，则志有可得，在政斯亨，言之无文，用亦何害？且夫官爵者，至公之器也；荐贤者，至公之道也。君子持至公之道，守至公之器，进思尽忠，何可回隐复俛，荐嫌疑亲仇之间哉。[22]昔者先王之立制，进贤受上赏，蔽贤蒙显戮。举非其实，寘其阿党之诛；荐得其人，介以汇征之赏。[23]行庆之典，不偏于师锡矣。时理则德存，世乱则道丧。难乎鲁无君子，楚不足征。[24]使子文安居，臧氏无咎，痛哉政不难矣。不有仲尼芀贾之喻，千载之后何知其过焉。[25]谨对。

注释：

① 苏晋：赠太子宾客苏珦子。举进士及大礼科皆上第，先天中累迁中书舍人。历户部侍郎，袭爵河内郡公，开元中加银青光禄大夫。终太子左庶子，年五十九。参见今《全唐文》卷三百。

② 方：此指事物的本性；品类，类别。《易·系辞上》：“方以类聚，物以群分，吉凶生矣。”孔颖达疏：“方谓法术性行，以类共聚。”方以类聚，谓同类事物相聚一处。

③ 云从龙句：《易·乾》：“云从龙，风从虎，圣人作而万物睹。”旧以龙为君象，因以称随从帝王或领袖创业。

④ 矧（shěn）：况且，而况。五常：此指仁、义、礼、智、信。

⑤ 抗迹：高尚其志行、心迹。抗，正直、高尚。奋迅：本形容鸟飞或兽跑迅疾而有气势；喻人精神振奋，行动迅速。泥滓：泥渣；比喻卑下的地位。

⑥ 师旷：名旷，字子野，晋国著名音乐家，主乐大师（当时地位最高的音乐家名字前常冠以“师”字），为晋大夫，亦称晋野。生活在晋悼公、晋平公执政时期。师旷生而无目，故自称盲臣，又称瞑臣，以“师旷之聪”闻名于后世。端：指舌端，舌尖，舌头。《韩诗外传》卷七：“是以君子避三端：避文士之笔端，避武士之锋端，避辩士之舌端。”

⑦ 岩：高。坎：坑，地面凹陷处。

⑧ 廋（sōu）：藏匿，隐藏。《论语·为政》：“视其所以，观其所由，察其所安，人焉廋哉！”何晏集解引孔安国曰：“廋，匿也。”

⑨ 茅土：指王、侯的封爵。古天子分封王、侯时，用代表方位的五色土筑坛，按封地所在方向取一色土，包以白茅而授之，作为受封者得以有国建社的表征。黎蒸：黎民，众民。威衡：犹曰威权。此“衡”义乃由衡量义引申。伊尹为商汤贤相，时称“阿衡”。敷德：布德。

⑩ 饮射：饮酒射箭。此指“射饮”，即乡射礼和乡饮酒礼。古代乡饮酒礼之后举行乡射礼。不在穿札贯的；犹言“射不主皮”：谓射重在合于礼乐，不以中靶为主。《仪礼·乡射礼》：“礼，射不主皮。”郑玄注：“礼射，谓以礼乐射也，大射、宾射、燕射是矣。不主皮者，贵其容体比于礼，其节比于乐，不待中为备也。”

⑪ 丽龟：射中禽兽背部隆起的中心处。《左传·宣公十二年》：“麋兴于前，射麋丽龟。”杜预注：“丽，著也；龟，背之隆高当心。”

⑫ 当阳：指杜预。杜预曾任镇南大将军，都督荆州诸军事，以灭吴之功，得封当阳县侯。无间然：指（对某事或某人）没有异议。（对某事或某人没有可挑剔的，间，间隙，挑剔）《论语·泰伯》：“禹，吾无间然矣。非饮食而致孝乎鬼神，恶衣服而致美乎黻冕；卑宫室而尽力乎沟洫。禹，吾无间然矣。”

⑬ 定交：结为朋友。《周易·系辞下》：“天地细缊，万物化醇……一人行则得其友。言致一也。”晋韩伯注：“子曰：‘君子安其身而后动，易其心而后语，定其交而后求。君子修此三者，故全也。’”

⑭ 便僻：谄媚逢迎。《论语·季氏》："友便辟，友善柔，友便佞，损矣。"邢昺疏："便辟，巧辟人之所忌以求容媚者也。"比周：结党营私。

⑮ 国产：指春秋时郑国大夫公孙侨，字子产，一字子美。郑简公十二年为卿，二十三年起执政，治郑多年，有政绩。郑声公五年卒，郑人悲之如亡亲戚。《论语·公冶长》："子谓子产，有君子之道四焉，其行己也恭，其事上也敬，其养民也惠，其使民也义。"夷吾：管仲，字夷吾。齐社：齐国社稷。

⑯ 童：没有头发。童其首：此犹言聪明绝顶。

⑰ 求备：犹言"求全责备"，对人对事要求完美无缺。《论语·微子》："无求备于一人。"邢昺疏："求，责也。任人当随其才，无得责备于一人也。"此为《论语》句非出自《尚书》，记对之误也。

⑱ 明试：明白考验。车服：车舆礼服。《书·舜典》："敷奏以言，明试以功，车服以庸。"孔传："功成则赐车服以表显其能用。"孔颖达疏："诸侯四处来朝，每朝之处，舜各使陈进其治理之言，令自说己之治政。既得其言，乃依其言明试之。人以车服为荣，故天子之赏诸侯，皆以车服赐之。"方册：简牍，典籍。

⑲ 朞月：一整月。此指一整年。《论语·子路》："子曰：'苟有用我者，期月而已可也，三年有成。'"邢昺疏："期月，周月也，谓周一年之十二月也。"考绩：按一定标准考核官吏的成绩。《书·舜典》："三载考绩。三考，黜陟幽明。"孔安国传："三年有成，故以考功。九岁则能否幽明有别，黜退其幽者，升进其明者。"

⑳ 得意：领会旨趣。筌（quán）：捕鱼器；竹制，有逆向钩刺。《庄子·外物》："言者所以在意，得意而忘言。荃者所以在鱼，得鱼而忘荃。"

㉑ 言以足志句：《春秋左传·襄公二十五年》："言以足志，文以足言。"注："足，犹成也。"《艺文类聚·质文》："《左传》曰：'言以足志，文以足言。不言谁知其志？''言之无文，行之不远。'"

㉒ 回隐：回避，隐藏。复俛：屈身低头。

㉓ 阿党：逢迎上意，徇私枉法；比附于下，结党营私。《礼记·月令》："〔孟冬之月〕是察阿党，则罪无有掩蔽。"郑玄注："阿党，谓治狱吏以私恩曲桡相为也。"汇征：《易·泰》："初九：拔茅茹，以其汇，征吉。"孔颖达疏："汇，类也，以类相从……征，行也。"后因以"汇征"谓连类而进；引申指进用贤者。

㉔ 鲁无君子，楚不足征：此乃为鲁国臧文仲、楚国令尹子文不举贤所作开脱之辞。鲁既无君子，则无贤可举；征：指征举贤人。

㉕ 艻（wěi）贾：字伯嬴，楚庄王时人。幼而知子玉必败，独不贺。任楚国司马，楚饥，庸率群蛮以叛谋徙阪高，贾独曰：'我能往，寇亦能往。'决策伐庸，灭之。其子孙叔敖后为楚国名相。参见《左传·僖公二十七年》。

又贤良方正科第一道

问：朕闻处域中之大，据天下之图，莫不设簴以思贤，解琴而愿化。虽君唱臣和，而明鲜晦多。①所任者或非其人，所行者傥乖其道。归于浸弊，罔弗由兹。朕寅畏上玄，负荷先构，静言为国，有若涉川。②风俗未淳，政教（一作声）犹霫，黎元寡遂，鸾凤不臻。当伫永怀，良深愧叹。子大夫讲圣人之高议，明王事之大纲，蓄愤谋忠，历年载矣。③何施而反本于古？何用而救末于今？何术而人物阜安？何德而神灵滋液？④尔其无隐无忽，悉之究之，通其条贯，朕当亲览。⑤

注释：

① 簴（jù）：古代悬挂钟磬的立柱、架子。解琴：此用伯牙弹琴而钟子期知音的典故。由解琴、解音

而推衍为解人、解心。此实际上是指皇帝求贤心切。鲜：少。

② 寅畏：敬畏，恭敬戒惧。《书·无逸》：“严恭寅畏，天命自度。”蔡沈集传：“寅则钦肃，畏则戒惧。”上玄：上天。先构：前人的建树。

③ 欝（yù）：滞积，不畅。遂：顺心，实现自己的愿望。臻：至。愤：憋闷，郁积。

④ 阜安：富足安宁。滋液：汁液渗透；沾溉。

⑤ 其：表示祈使，可释为“可”。《左传·僖公四年》：“昭王之不复，君其问诸水滨！”

对

阙　名

对：臣闻圣人法天而理，察道而行，心膂俊贤，子惠黎献，使恭尔位，人乐其业，朝无粃政，俗咏康哉。①《书》曰：“惟天聪明，惟圣时宪，惟臣钦若，惟人从乂。”此其谓也。②虽根英异辙，火木殊途，革去故而鼎就新，变咸池而歌大夏。③然而无易兹典，其故何哉？盖以因天人之和，顺阴阳之数，不可替也。皇上道高西圣，德迈南熏，黄龙荐图，翠凤为宝。④至于膺正历，享灵符，朗七曜于铜仪，安万人于宝历。⑤延祥降福，陟酌（疑）登封。八表黎元，歌皇风而周地络；四夷酋长，颂玄化而建天枢。⑥此皆以刻于玉版，载于金匮，为帝者之祖宗，与乾元而始终。⑦至于坐衢室，端冕旒，寂然不动，感而遂通，赫赫明明之美，无声无臭之化，固以荣竟宇宙，发扬神人。⑧振古以来，未有如斯之盛矣。犹复寅畏上帝，忧念下人，思反朴于鹑居，伫迁讹于鸿古，夕惕勤止，良以（一作已）深焉。⑨爰降纶言，俯询舆议，此陛下冲谦之道也。⑩愚臣何足以知之？然而忝迹明时，敢忘披露？⑪

臣闻帝王之道，藉英彦以张风；邦国之图，资谟明以垂化。⑫故能庶征有序，美政无亏。当今制礼作乐，悬章布宪，可谓文物大备，刑政中和。⑬而紫宸弘卷舒之风，黔首罕阜安之业者，良以官僚空旷，守宰荒宁，不能宣裕皇明，洗蒸徒之耳目，发挥神化，变浇薄于闾阎。⑭夫迁物化人，著诚去伪，岂惟君上之道，实亦官联之职。⑮故文翁好儒，蜀学比于齐鲁；毛玠崇质，魏士素其裘裳。⑯是知易俗移风，使天下回心而向道者，非俗吏之所能为也。⑰故董生云：“黎人未济，皆吏不明，使至于此也。”贾谊亦云：“下之有过，吏之罪也。”⑱夫闻伯夷之风者，贪夫以廉；见柳下之迹者，鄙人能恭。故曰教人莫若垂范，垂范必仰良材；阜俗莫若兴农，兴农必由循吏。⑲且择贤而处，其弊犹滥，负乘为政，何以克堪？⑳今若选英杰而实百僚，自朝廷而及州县，咸令法易简之道，慎德刑之教。赏以春夏，慎其滥矣；罚以秋冬，敬其刑矣。夫赏刑中则庶人安，庶人安则财用足，财用足则百志诚，百志诚则天人和，天人和则神灵滋液矣。㉑然后垂训而理，勤法而行，宣九式以均财，修六礼以节性，明七教以兴德，齐八政以兴邦。㉒道格元亨，风还太古，时雍之和可致，济俗之义可弘，唐虞之美可逾，文景之声可越。㉓谨对。

注释：

① 阙名：今《全唐文》卷三百收录为苏晋作品。心膂：本指心与脊骨；此指将俊贤当作自己的心与

脊骨。子惠：像爱子一样，施以仁惠。《书·太甲中》："先王子惠困穷，民服厥命，罔有不悦。"黎献：黎民中的贤者。献：此指贤者。《书·益稷》："万邦黎献共惟帝臣。"孔传："献，贤也。"恭尔位："靖恭尔位"之省。《诗·小雅·小明》："靖共尔位，正直是与。"粃政：弊政，指不良的有害的政治措施。康哉：《书·益稷》："〔皋陶〕乃赓载歌曰：'元首明哉，股肱良哉，庶事康哉。'"歌词称颂君明臣良，诸事安宁。后遂以"康哉"为歌颂太平之词。

② 聪明：犹言视听、闻见。时宪：谓以天为法建立法制，后称当时的教令为时宪。《书·说命中》："惟天聪明，惟圣时宪。"钦若：敬顺。《书·尧典》："乃命羲和，钦若昊天，历象日月星辰，敬授民时。"乂：治理。

③ 根英：根，草木之根，英，花。辙：道路。革去故而鼎就新：《易·杂卦》："革，去故也；鼎，取新也。"后遂以"革故鼎新"指革除旧的，创建新的。咸池：古乐曲名。相传为尧乐，一说为黄帝之乐，尧增修沿用。《礼记·乐记》："《咸池》，备矣。"大夏：周代"六舞"之一。相传本为夏禹时代的乐舞。

④ 西圣：指周文王。南熏：亦作"南薰"，指《南风》歌。相传为虞舜所作，歌中有"南风之熏兮，可以解吾民之愠兮"等句。此代指虞舜。

⑤ 正历：犹言"正统"。灵符：上天的符命。七曜：指日、月和金、木、水、火、土五星。铜仪：指铜制的候风地动仪。

⑥ 地络：犹地脉。亦指疆界。建：树立，拥立。天枢：星名，北斗第一星。比喻国家的中央政权。

⑦ 玉版：古代用以刻字的玉片；亦泛指珍贵的典籍。金匮：铜制的柜，古时用以收藏文献或文物。汉贾谊《新书·胎教》："胎教之道，书之玉版，藏之金柜，置之宗庙，以为后世戒。"乾元：《易·乾》："大哉乾元，万物资始，乃统天。"孔颖达疏："乾是卦名，元是乾德之首。"朱熹本义："乾元，天德之大始。"

⑧ 衢室：相传唐尧征询民意的处所。《管子·桓公问》："黄帝立明台之议者，上观于贤也；尧有衢室之问者，下听于人也。"后泛指古代帝王听政之所。无声无臭：没有声音，没有气味。常形容天道、神意幽微玄妙，难以直觉感知。《诗·大雅·文王》："上天之载，无声无臭。"郑玄笺："天之道难知也，耳不闻声音，鼻不闻香臭。"神人：谓神和人。《书·舜典》："八音克谐，无相夺伦，神人以和。"

⑨ 鹑（chún）居：谓野居无常处。《庄子·天地》："夫圣人鹑居而鷇食，鸟行而无彰。"引申指简陋的居室。伫：久立。讹：改变。《诗·小雅·节南山》："式讹而心，以畜万邦。"鸿古：远古时代。夕惕：谓至夜晚仍怀忧惧，工作不懈。

⑩ 纶言：《礼记·缁衣》："王言如丝，其出如纶；王言如纶，其出如綍。"后因以"纶言"为帝王诏令的代称。舆议：舆论。冲谦：谦虚。冲，淡泊，谦和。

⑪ 披露：陈述，表白。

⑫ 张风：此言推行风化。谟明：谓谋略美善。《书·皋陶谟》："允迪厥德，谟明弼谐。"孔传："谋广聪明以辅谐其政。"

⑬ 文物：车服旌旗仪仗之类文饰之物；此引申指礼乐制度。古代用文物明贵贱，制等级，故云。《左传·桓公二年》："夫德，俭而有度，登降有数，文物以纪之，声明以发之，以临百官。"

⑭ 紫宸：宫殿名，天子所居；借指帝王、帝位。空旷：空寂。守宰：指地方长官。浇薄：薄，不厚；此指社会风气浮薄。闾阎：里巷内外的门，后多借指里巷；泛指民间。

⑮ 官联：官吏联合治事。《周礼·天官·大宰》："以八法治官府……三曰官联，以会官治。"郑玄注："官联，谓国有大事，一官不能独共，则六官共举之。"

⑯ 文翁：汉庐江舒人。景帝末，为蜀郡守，"仁爱好教化"，在成都市中起学官，入学者免除徭役，成绩优者为郡县吏。蜀郡自是文风大振，教化大兴。见《汉书·文翁传》。后世用为称颂循吏的典故。毛玠（？—214）：字孝先，陈留平丘（今河南长垣）人，三国时期魏国大臣。他提出了"奉

天子以令不臣”的建议。曹操担任司空、丞相时，毛玠任东曹掾，和崔琰一起主持选举。其以清廉正直、不事夸饰为首要的选拔标准。

⑰ 向道：向慕道义。俗吏：才智凡庸的官吏。汉贾谊《治安策》：“夫移风易俗，使天下回心而乡道，类非俗吏之所能为也。俗吏之所务，在于刀笔筐箧，而不知大体。”

⑱ 董生：指董仲舒。但董仲舒著作中没有上述话语，疑记忆讹误也。贾谊句：贾谊有相似的话语。《新书·大政上》：“君能为善，则吏必能为善矣；吏能为善，则民必能为善矣。故民之不善也，吏之罪也；吏之不善也，君之过也。”

⑲ 循吏：守法循理的官吏。《史记·太史公自序》：“奉法循理之吏，不伐功矜能，百姓无称，亦无过行。作《循吏列传》第五十九。”

⑳ 滥：言才不胜任。负乘：即“负乘致寇”。典出《易·解》：“六三：负且乘，致寇至，贞吝。”孔颖达疏：“乘者，君子之器也。负者，小人之事也。施之于人，即在车骑之上而负于物也，故寇盗知其非己所有，于是竞欲夺之。”意思是卑贱者背着人家的财物，又坐上大马车显耀，就会招致强盗来抢。后以“负乘致寇”谓居非其位，才不称职，就会招致祸患。

㉑ 百志：各种志意。

㉒ 九式：指《周礼·天官·大宰》中关于祭祀、宾客、丧荒、羞服、工事、币帛、刍秣、匪颁、好用九个方面的财政支出法式。六礼：谓古代的冠礼、婚礼、丧礼、祭礼、乡饮酒和乡射礼、相见礼。《礼记·王制》：“六礼：冠、昏、丧、祭、乡、相见。”七教：古指父子、兄弟、夫妇、君臣、长幼、朋友、宾客互相间各自应当遵从的伦理规范。《礼记·王制》：“司徒修六礼以节民性，明七教以兴民德。”孔颖达疏：“七教，即父子一、兄弟二、夫妇三、君臣四、长幼五、朋友六、宾客七也。”八政：古代国家施政的八个方面。具体内容不一，多指《书·洪范》“八政”：“一曰食，二曰货，三曰祀，四曰司空，五曰司徒，六曰司寇，七曰宾，八曰师。”

㉓ 格：感通，感动；案：此言近于，接近。元亨：犹言大通，大吉。《易·大有》：“其德刚健而文明，应乎天而时行，是以元亨。”王弼注：“应天则大，时行无违，是以元亨。”时雍：犹和熙。《书·尧典》：“百姓昭明，协和万邦，黎民于变时雍。”孔传：“时，是；雍，和也。”引申指时世太平。

沈谋秘略科策三道①

第一道

问：西自临洮，东洎沧海，延袤万里，控扼三边，林胡不宾，犬戎犹梗。②守之冲要，备其窥窬，聚多则戍卒不充，布少则敌人莫御，用舍之理，扬搉而言。③立镇屯兵，其来非久；悬道分列，自昔犹安。李牧守边，匈奴窜伏；魏尚为郡，郊垒乂宁。④今欲悉罢军城，委之牧宰，敬达嘉话，将献吾君。⑤

注释：

① 沈谋：深谋，周密的谋划。旧题汉马融《忠经·冢臣》：“夫忠者……在乎沈谋潜运，正国安人。”

② 洎（jì）：自，从。三边：东、西、北边陲；泛指边疆。林胡：古族名。战国时分布在今山西朔县北至内蒙古自治区内，从事畜牧，精骑射。战国末为赵将李牧击败，遂归附于赵。唐代借指奚、契丹等族。宾：服从；归顺。梗：当作“梗”，病，祸害。《诗·大雅·桑柔》：“谁生厉阶，至今为梗。”

③ 冲要：军事或交通等方面的要地。窥窬（yú）：觊觎，非分的希望或企图。扬搉：约略，举其大概。

④郊垒：《礼记·曲礼上》："四郊多垒，此卿大夫之辱也。"郑玄注："垒，垒壁也。"后即以"郊垒"指构筑于郊外的防敌营垒。乂：安定。

⑤ 牧宰：泛指州县长官。州官称牧，县官称宰。嘉话：善言，有教益的话。

对

王　昂①

对：昔者大刑甲兵，陈诸原野；次刑鞭扑，致之市朝；将以闲邪防淫，禁暴御乱，乃觌千古，兹率厥常。②我后光膺宝命，诞敷文德，建皇王之中，协时雍之化，声教远洎，无思不洽。③犹恐至道未孚，边亭或耸，爰招集谋画之士，议诸疆塞之虞，斯诚居安虑危之深策也。④顾以蒙陋，庶能无闻，将何以副沈秘之求，奉对扬之列，恭承清问，敢不荐其闻矣。

臣闻夫为国之道，必在任贤，保境之方，必先择将。国家授武秩，设边防，东自榆林，西连蒲海，可谓制度秘远，典章大备。⑤而犹以辽霭未清，湟烽或照者，但未得其人耳。⑥今若垂旌扬之期，崇奖激之道，用不求备，任惟其材，举吴起则舍其贪，推穰苴则略其贱，务升智术，勿限资年，则将得其人矣。⑦既得其人，必能抚其众，必能尽其力。将得其材，以之东镇则林胡清，以之西征则犬戎息，何忧乎制御之不足，多少之为患也？若乃布化宣威，实资牧宰；守全保固，亦在城池。⑧则知牧者邦国之先，而疆场之主也。疆场无主，则启戎心。⑨戎心之生，人慢其政，国之患也。今者选建良牧，委之临人，修缉军城，足以御敌，则可以捍我中宇，缓彼边甿，何以废城然后为得？⑩谨对。

注释：

① 王昂：出自戎旅，以军功迁河中尹，充河中节度使。永泰元年检校刑部尚书知省事，后充荆南节度观察使，寻复如故。时元载秉政，与载深相结托。载诛，贬连州刺史，坠硖江卒。参见今《全唐文》卷三百六十九。

② 大刑：重刑，多指死刑。《国语·鲁语上》："大刑用甲兵，其次用斧钺，中刑用刀锯，其次用钻笮，薄刑用鞭扑，以威民也。"闲：防止。觌（dí）：显示，显现。

③ 后：君主。洎（jì）：至，到。

④ 孚：信。边亭：边地的亭，亭是秦汉时乡以下的一种行政机构；泛指边疆。耸：同"悚"，恐惧。

⑤ 副沈秘之求：副，与"沈秘之求"相称。沈秘：指沈谋秘略科。武秩：武官之职位。秩可指官员的职位或品级。蒲海：即蒲类海，古湖泊名。即今新疆维吾尔自治区东部巴里坤湖。《后汉书·窦固传》："〔窦固〕击呼衍王……追至蒲类海。"李贤注："蒲类海，今名婆悉海。"

⑥ 霭：云气，烟雾；此喻指辽远边地战争的阴云。湟（huáng）：城池。烽：古时边境报警的烟火；代指烽火台、战火。

⑦ 旌扬：犹言凯旋。吴起（约前440—前381）：战国初期著名的政治改革家，卓越的军事家。卫国左氏（今山东省定陶，一说曹县东北）人。后世把他和孙子连称"孙吴"。李克说：吴起贪荣名而好色，但是，他用兵司马田穰苴也不能超过他。这样魏文侯就任命他为将军，率军攻打秦国，攻

克五座城邑。穰苴（jū）：即司马穰苴，生卒年不详，姓田，名穰苴，春秋时期齐国人，是齐景公时掌管军事的大司马，所以后人称他为司马穰苴。晏子向景公举荐时穰苴地位很低，一下从微贱之位拜为大将军。

⑧ 牧宰：上文已有，见注⑤。

⑨ 疆场：战场。戎心：谓敌国人侵的野心。《国语·晋语一》："疆场无主，则启戎心。"

⑩ 临人：即临民，统治人民。边甿：即"边氓"，边民。

第二道

问：用兵制敌，先资良将；搜奇掇异，昔贤病诸。①厚貌深情，最为难辨；受金善盗，终而有益。②至如清言要理，行之则违；强力暗通，口不宣意。③临问定职，何以分之？李将军简易便人，程不识刁斗严卫，张飞勤于礼士，关侯接于常流。④四子所施，幸甄优劣？两适为用，何斯短长？今边烽未亡，善将悬急。试可淹于岁月，拔萃昧于玄黄。⑤子其直言，以祛未悟。⑥且三全五事，十过九差，何所废兴，何所施用，理国之贵何首，爱人之道何为，各书名数，伫济邦国。⑦

注释：

① 病诸：病之，忧之。即指因怕做不到而忧夭。《论语·雍也》："……尧舜其犹病诸……"

② 厚貌深情：亦作"厚貌深辞"、"厚貌深文"。语出《庄子·列御寇》："凡人心险于山川，难于知天；天犹有春秋冬夏旦暮之期，人者厚貌深情。故有貌愿而益，有长若不肖。"谓外貌忠厚而深藏其思想感情，不流露于外表或言语。受金善盗，终而有益：指西汉陈平之生平。陈平家居时，游手好闲，依兄嫂为生。据说那时即有"盗嫂"之事。后从项羽麾下亡奔汉王，被任为都尉、典护军，受诸将贿赂，品行不端；但汉王以其足于智谋，堪为军师，故仍大用之。

③ 清言：高雅的言论。强力：勉力；努力。

④ 李将军：指汉将李广，治军简易，不事繁文缛节。程不识：汉将，治军繁琐严谨。刁斗古代行军用具，斗形有柄，铜质；白天用作炊具，晚上击以巡更。《史记·李将军列传》："及出击胡，而广行无部伍行陈，就善水草屯，舍止，人人自便，不击刁斗以自卫……"张飞：三国蜀张飞。攻打巴郡时，张飞故意使探子听得其计划，用计生擒了巴郡太守严颜，颜曰："但有断头将军，无降将军。"张飞见状十分佩服严颜的忠义和胆气，亲自解其绳索，低头拜曰："吾素知老将军乃豪杰之士，刚才言语如有冒犯之处，请多见谅。"待为上宾，此举谓有国士之风，为后世所称道。关侯：三国蜀关羽，生前曾封汉寿亭侯，故称。常流：此指凡庸之辈。

⑤ 淹：淹留，滞留。此句指按部就班通过考试考核，必使有才能者滞留难迁，虚耗岁月。拔萃：超凡出众；此指唐代考选科目之一。《新唐书·选举志下》："选未满而试文三篇，谓之宏辞，试判三条，谓之拔萃，中者即授官。"玄黄：本指天地的颜色，玄为天色，黄为地色；玄黄本有天壤之别，人之真才之有无，亦如玄黄之不能混。然拔萃偏试文思，对真才之有无仍无法判断。

⑥ 祛（qū）：开，打开。

⑦ 五事：决定战争胜负的五种因素。《孙子兵法·计篇》："故经之以五事，校之以计而索其情：一曰道，二曰天，三曰地，四曰将，五曰法。"十过：指将领的十种过失。《六韬·龙韬》："武王问太公曰：'论将之道奈何?'太公曰：'将有五材十过。'武王曰：'敢问其目。'太公曰：'……所谓十过者；有勇而轻死者，有急而心速者，有贪而好利者，有仁而不忍人者，有智而心怯者，有信而喜信人者，有廉洁而不爱人者，有智而心缓者，有刚毅而自用者，有懦而喜任人者。'"

对

对：登坛分阃之杰，行己应物之际，顾虽愚蒙，尝闻之矣。①莫不蹈仁履义，以修其身，奉公灭私，以树其政。但人无求备，用各有宜，十哲分科，八能殊术。②吴汉则讷于词理，卫玠则善于清言。③今若取陈平之谋，须舍盗金之行；用杜预之智，岂资穿札之能。④虽厚貌深情，古人所病，而收长弃短，先达格言。伏愿征之以九征，求之于五德，甄其操履，行以智谋，虽言貌难分，而华实不昧。⑤择能而用，斯则可矣，亦何忧良材之采掇，官职之不分者哉？

夫简以临人，严以应物。严则劳而后济，简则逸而能通。劳逸既殊，得失斯在。孟德择士而礼，云长接于常流。⑥为道不广，固宜劣于张飞；出门重礼，诚合优乎关侯。各随时而任用，夫何择于先后？当今边隅尚警，征役未息，必资良将，方立奇功。若拾奇佣保之中，拔异沦滞之位，则玄黄可辨，卫霍斯在。⑦

夫兵之术语，圣人所止，后代故作谲书以寄，胜于天道也。⑧故曰天地鬼神，视之而不见，听之而不闻，指虚无之形，不足以制胜，故人存而不务也。则知吉凶之兆，尽在乎人。今若任皓皓之良，收断断之善，使明法审令，贵功养劳，则不时日而事吉，不卜筮而事利，亦何必访韬钤之谋，孙吴之诀，然后为得哉？⑨亦敢不陈其梗概。至若军国著三全之称，天地操五事之名，勇急廉智，将之十过也，十百万千，一（疑）之九差也。理国贵于仁礼，爱人在于不劳。昔霍骠骑不读兵书，犹言暗合；项将军素闲兵法，亦叹天亡。⑩况事涉玄微，艺殊经诰，岂伊蒙浅所能详哉。⑪谨对。

注释：

① 登坛：登上坛场。古时拜将，多设坛场，举行隆重的仪式。阃（kǔn）：门槛。分阃：指出任将帅或封疆大吏。语本《史记·张释之冯唐列传》："上古王者之遣将也，跪而推毂，曰'阃以内，寡人制之；阃以外者，将军制之。'"行己：谓立身行事。《论语·公冶长》："子谓子产有君子之道四焉：其行己也恭，其事上也敬，其养民也惠，其使民也义。"应物：此言待人接物。

② 十哲：指十位或十数位德才出众者或某一方面突出的名人。此言孔子的十个弟子：颜渊、闵子骞、冉伯牛、仲弓、宰我、子贡、冉有、季路、子游、子夏。自唐定制，从祀孔庙，列侍孔子近侧。科：此指"四科"，即孔门四种科目。指德行、言语、政事、文学。《论语·先进》"德行：颜渊、闵子骞、冉伯牛、仲弓。言语：宰我、子贡。政事：冉有、季路。文学：子游、子夏"邢昺疏："夫子门徒三千，达者七十有二，而此四科惟举十人者，但言其翘楚者耳。"八能：谓能调和阴阳律历五音等。《后汉书·仪礼志中》："故使八能之士八人，或吹黄钟之律间竽；或撞黄钟之钟；或度晷景。"

③ 吴汉（？—44）：字子颜，南阳宛（今河南南阳）人，东汉中兴名将，任偏将军、大将军，刘秀称帝后，升任大司马，封舞阳侯。"云台二十八将"之一。见《后汉书·吴汉列传》。卫玠（286—312）：字叔宝，河东安邑（今山西夏县）人。他是魏晋之际继何宴、王弼之后的著名的清谈名士和玄理学家。见《晋书·卫玠传》。

④ 陈平：西汉初辅佐刘邦的著名政治家，足智多谋，后位极丞相。但品行不端，素有"盗嫂"之讥。受金一事，指陈平亡楚归汉后，被任为都尉、典护军。其时陈平身无分文，便大肆接受诸将贿金，"金多者得善处，金少者得恶处"。后汉王责问之，然以其智能，终为重用。见《史记·陈丞相世

家》。杜预：杜预箭术不高，力不能穿札。见前注。

⑤ 九征：九种征验。古代考察“贤”与“不肖”的九种办法。《庄子·列御寇》：“君子远使之而观其忠，近使之而观其敬，烦使之而观其能，卒然问焉而观其知，急与之期而观其信，委之以财而观其仁，告之以危而观其节，醉之以酒而观其侧，杂之以处而观其色，九征至，不肖人得矣。”五德：此指人的五种品德。一谓温、良、恭、俭、让。《论语·学而》“夫子温良恭俭让以得之。”何晏集解引汉郑玄曰：“言夫子行此五德而得之。”二谓智、信、仁、勇、严。《孙子·始计》：“将者，智信仁勇严也。”三国魏曹操注：“将宜五德备也。”

⑥ 孟德：三国曹操，字孟德。善于礼贤下士。云长：关羽，字云长。

⑦ 佣保：仆从，佣人。《后汉书·张酺传》：“盗徒皆饥寒佣保，何足穷其法乎！”沦滞：谓仕途阻塞，屈居下位。卫霍：西汉名将卫青与霍去病皆以武功著称，后世并称“卫霍”。

⑧ 谲（jué）：诡诈，欺诳。

⑨ 皓皓：洁白貌，高洁貌。断断：专诚守一。《书·秦誓》：“如有一介臣，断断猗，无他伎。”孔颖达疏引王肃曰：“断断，守善之貌。无他技能，徒守善而已。”蔡沈集传：“断断，诚一之貌。”韬钤：古代兵书《六韬》、《玉钤篇》的并称。后因以泛指兵书。

⑩ 霍骠骑：指汉朝骠骑将军霍去病。《史记·卫将军骠骑列传》：“元狩二年春，以冠军侯去病为骠骑将军。”张守节正义：“《汉书》云，霍去病征匈奴有绝幕之勋，始置骠骑将军，位在三司，品秩同大将军。”项将军：项羽。天亡：谓上天使之灭亡。《史记·项羽本纪》“令诸君知天亡我，非战之罪也。”

⑪ 诰：诰语，古代君王告诫民众的文告。特指《尚书》六体之一，用于告诫或勉励。如《仲虺之诰》、《洛诰》等。

第三道

问：料敌多途，应变无算，览去病之对，顾在方略；读孔明之书，虞于备预。①至如烈风猛火，烟焰赫然；雨水奔流，弥漫无际。修何人事，以却天时？或有暴兵卒来，我则未暇，敌人非远，静然无闻。②何法以知敌情？何方以收我众？如其争先不远，我怯须勇；列军甚严，彼强使弱，善战不阵，抑有前人未战屈人，伫听嘉话。③四轻二重，于将谋而何施？④三礼五才，于兵形而何要？⑤幸存升降，曲尽所宜。

注释：

① 虞：思考，忧虑。

② 卒来：猝来，突然到来。

③ 须勇：当作“贾勇”。“贾勇”为鼓足勇气的意思。语本《左传·成公二年》：“齐高固入晋师，桀石以投人，禽之，而乘其车，系桑本焉。以徇齐垒，曰：‘欲勇者，贾余余勇。’”杜预注：“贾，卖也。言己勇有余，欲卖之。”

④ 四轻：此指兵家语，指利于作战取胜的四项条件。二重：指作战时进有重赏，退有重刑。《吴子·治兵》：“武侯问曰：‘用兵之道何先？’起对曰：‘先明四轻、二重、一信。’曰：‘何谓也？’对曰：‘使地轻马，马轻车，车轻人，人轻战。……进有重赏，退有重刑。’”

⑤ 三礼：古祭天、地、宗庙之礼。《书·舜典》：“帝曰：‘咨！四岳，有能典朕三礼？’”孔传：“三礼，天、地、人之礼。”五才：此指五种德性。《六韬·龙韬》：“所谓五材者，勇、智、仁、信、忠也。勇则不可犯，智则不可乱，仁则爱人，信则不欺，忠则无二心。”

对

对：观夫古之良将之行兵也，莫不救灾恤患，以和其人；先谋后动，而制其敌。① 军有渴而不饮，军未饭而不食，举不失德，赏不失劳，故人悦忘疲，士感知死。夫如是，以之守则固，以之战则克，安有不肯蹈兹烈火，遏彼奔流？斥堠素明，暴兵安可卒至；法制素习，敌人何由能迩。② 我将贾（疑）勇，宁见士怯；我固常胜，安有敌强。未战屈人，谋其所以；善战不阵，夫何远矣。③ 至四轻二重之施，三礼五才之人，所用斯并事关幽秘，理绝探求，徒罄蒙襟，岂酬高问。④ 谨对。

注释：

① 救灾恤患：谓救济抚恤灾患中的人。

② 堠（hòu）：古代瞭望敌情的土堡。斥堠：侦察；候望。卒：同“猝”。迩：近，接近。

③ 贾勇：鼓足勇气。见前注②。所以：原因，情由。

④ 罄（qìng）：器中空；引申为尽、竭。徒罄蒙襟：枉自穷尽本人的浅薄才思。

文苑英华卷四百八十一

宋　李昉等编

应封神岳举对贤良方正策三道（神功元年）①

第一道

问：隆周御历，多士如林，扬己露才，干时求进。②宁知媒衒之丑，不顾廉耻之规。③风驰景轶，云集雾委，攘袂于选曹，盱衡于会府。④吏员仍旧，人物实繁，优游窘于退飞，声最疲于点额。⑤量能受职，无阙以供；料官列位，择才斯众。欲令九流式叙，一艺不遗，伫闻芳话，弘兹盛烈。⑥且夫署行议年，殷、姬取人之道；门调户选，魏、晋持衡之术。⑦因宜适变，何者为先？

注释：

① 神岳：唐代武则天给嵩山的封号为“神岳”。《旧唐书·礼仪志四》：“〔则天〕又以嵩山与洛水接近，因改嵩山为神岳。”封神岳举是因封禅而举行的制举。

② 隆周：强盛的周朝。干：求；请求。干时：求合于当时。

③ 媒衒：谓求取进身。衒（xuàn）：自夸以售。

④ 景轶：景，日光；轶，奔驰。南朝梁代江淹《齐太祖高皇帝诔》：“锋车北轶，燿火南盛。”“景轶”与“风驰”皆形容迅疾；此言天下士人皆奔走应试。攘袂：捋上衣袖。常形容奋起貌。选曹：官名，主铨选官吏事。盱衡：扬眉举目。盱（xū），张目。会府：此指尚书省。《旧唐书·代宗纪》：“至于领录天下之纲，综核万事之要，邦国善否，出纳之由，莫不处正于会府也。”

⑤ 退飞：原指鸟飞遇风而退缩不进。《春秋·僖公十六年》：“六鹢退飞过宋都。”后因以“鹢退”表示要求前进而被迫后退的处境。此喻落榜不中。点额：谓跳龙门的鲤鱼头额触撞上石壁（而不得过龙门）。北魏郦道元《水经注·河水四》：“鳣，鲔也。出巩穴，三月则上渡龙门，得渡为龙矣。否则，点额而还。”后因以“点额”指仕途失意或应试落第。

⑥ 九流：本指先秦的九个学术流派；引申指九品人物，各种各样的人才。式叙：按次第；顺序。《诗·周颂·时迈》：“明昭有周，式序在位。”郑玄笺：“用次第处位。”一艺：“六艺”之一，指经学的一种。《史记·儒林列传》：“能通一艺以上，补文学掌故缺。”持衡：持秤称物。比喻公允地品评人才。

⑦ 署行议年：指按德行和年龄序位，德修年高者居先。门调户选：指按门第高低序位。

对

崔　沔①

对：昔者贤良方正之士，应务之际，沔虽固陋，尝亟闻之。莫不修词立诚，难进易退，言不苟合，道不苟容，舍之则藏，义然后取。②安肯负媒衒之丑，弃廉耻之规？若此之类，其可多乎？至夫扬己露才，干时求进，盱衡攘袂以徇速者，斯皆小子趋附之徒，岂足以厕我周行，寘于多士。③屏而勿用，夫何疑哉？主上钦若庶官，明扬沉隐，是使群英雾委，多士景轶。④而秉钧当轴之隽，察言观行之风，不能审枢机，定名实，惩鲁儒之虚服，辨齐竽之滥吹，⑤至令累最为伪名交战，谬功与实效相参，而谓滞才由乎少官，无位供乎有德。⑥嗟乎！事有大谬，一至于此。明主昧旦丕显，每叹才难，而群士扬于王庭，反忧多士，君臣之同德，其若是乎？⑦天子有司，谈何容易。今懿纲（一作网）遐布，淳风殷流，家识廉隅，人知礼节。⑧苟能上尊王制，下绝吏奸，闭请托之源，塞虚诈之路，使得怀才见用，以道周旋。⑨无令椒兰信芳，独屈樵夫之手；骐骥虽骏，不贵屠者之门。⑩则虚位待人，犹持固让；怀宝深藏，何患不达。⑪九流式叙，庶莫远焉。一艺罔遗，谅其所也。沔又闻人能弘道，非道弘人，有济治之臣，无不弊之法。⑫往古虽载其陈迹，行用实在乎主司。观夫署行议年，殷、姬令典；门调户选，魏晋良图。⑬无非致远之规，咸有理乱之兆。所以允厘百揆，铨综百（一作五）官。⑭及谗虐官朝，则君子在野，贪佞窃柄，则以货售才，典故虽存，而官政以紊⑮。然则随时通变，观象因宜。近取诸身，一言斯蔽；远求于古，两无适从。⑯所以轻进狂言，犹冀或逢善听。谨对。

（此篇用“治”字，第二篇用“世”字，武后虽已革命，疑未应便用唐讳。）

注释：

① 崔沔：京兆长安人。应制举，对策为天下第一，累迁祠部员外郎。睿宗朝转著作郎，开元中历秘书监太子宾客，二十七年卒，年六十七，赠礼部尚书，谥曰孝。见今《全唐文》卷二百七十三。

② 修词立诚：即“修辞立诚”，指撰文要表现作者的真实意图，不可作虚饰浮文。语出《易·乾》：“修辞立其诚，所以居业也。”舍之则藏：语出《论语·颜渊》，原文是：“子谓颜渊曰：‘用之则行，舍之则藏，惟我与尔有是夫。’”此处指考生面对诸多不利因素，仍不放弃自我修身，将所学藏乎于身，以待有识之士的赏识。

③ 厕：杂置；参与。《史记·乐毅列传》：“先王过举，厕之宾客之中，立之群臣之上。”周行：本指周官的行列。《诗·周南·卷耳》：“嗟我怀人，寘彼周行。”毛传：“行，列也。思君子，官贤人，置周之列位。”后用以泛指朝官。寘（zhì）：放置；安置。《诗·魏风·伐檀》：“坎坎伐檀兮，寘之河之干兮。”毛传：“寘，置也。”

④ 钦若：敬顺。《书·尧典》：“乃命羲和，钦若昊天，历象日月星辰，敬授民时。”庶官：百官。多指一般官员。《书·周官》：“推贤让能，庶官乃和。”明扬：公开张扬或宣扬。此指举用，选拔。

⑤ 秉钧当轴：钧，制陶器所用的转轮；秉钧，比喻执政。当轴：正处在车轴中心的位置；比喻官居要职，掌握大权。隽：才德超卓的人。《鹖冠子·博选》：“故德万人者谓之隽，德千人者谓之豪，德百人者谓之英。”鲁儒：鲁国的儒生；亦泛指儒家学说的信奉者、儒派学者。齐竽：犹滥竽，指不学无术的人。《韩非子·内储说上》：“齐宣王使人吹竽，必三百人。南郭处士请为王吹竽，宣王说之，廪食以数百人。宣王死，愍王立，好一一听之，处士逃。”

⑥ 累最：连连取得的第一名。伪名：假名，恶名。

⑦ 昧旦：天将明未明之时；破晓。丕显：犹英明。《书·康诰》：“惟乃丕显考文王，克明德慎罚。”才难：语出《论语·泰伯》：“舜有臣五人而天下治。武王曰：‘予有乱臣十人。’孔子曰：‘才难，不其然乎？’”

⑧ 懿：美。纲：纲维，法度。殷流：盛行。廉隅：比喻端方不苟的行为、品性。廉，本义为侧边，棱角。《礼记·儒行》：“近文章，砥厉廉隅。”

⑨ 请托：亦作“请托”，谓以私事相嘱托；走门路，通关节。《汉书·翟方进传》：“为相公絜，请托不行郡国。”颜师古注：“言不以私事托于四方郡国。”虚诈：虚伪狡诈。周旋：运转；引申为交往，交际应酬。此言人际交往以道义为标准。

⑩ 椒兰：椒与兰；比喻美好贤德者。信：本为诚实不欺；此指果真，确实。芳：草香；泛指香，香

气；喻指懿德美誉。樵夫：打柴的人。骐骥：骏马；喻贤才。屠者：指屠户。此言椒兰虽香但在樵夫眼中与柴火无别，骐骥虽骏但在屠夫眼中与作肉食之用的普通牛马无异，比喻美好、良善之才毁于普通无识者之手。

⑪ 固让：再三辞让。不达：此指不得志，不显贵。

⑫ 弘道：弘扬大道。《论语·卫灵公》："人能弘道，非道弘人。"济治：辅助治理。

⑬ 令典：好的典章法度；此指垂范后世的典籍。良图：妥善的谋划；远大的谋略。

⑭ 铨综：谓选拔罗致人材。

⑮ 典故：旧典，相承的典章、规范。

⑯ 观象：观察卦爻之象，古人用以测吉凶。《易·系辞下》："古者包牺氏 之王天下也，仰则观象于天，俯则观法于地……近取诸身，远取诸物……于是始作八卦。"引申指取法，效法。

第二道

问：屠钓关柝之流，鸣鸡犬吠之伍，集于都邑，盖八万计。①然（一作象）则人无求备，物各异宜，十哲殊科，八能异术。②咸资对策，则绛、灌之器或沉；必俟公求，则许、郭之才难遇。③选贤取士，应有良规。

注释：

① 屠钓：宰牲和钓鱼。旧指操贱业者。《韩诗外传》卷八："太公望少为人壻，老而见去，屠牛朝歌，赁于棘津，钓于磻溪。"关柝（tuò）：指守门打更。语本《孟子·万章下》："抱关击柝。"赵岐注："抱关击柝，监门之职也。柝，门关之木也；击，椎之也。或曰：柝，行夜所击木也。"鸣鸡犬吠：此犹言"鸡鸣狗盗"：指学雄鸡啼明，装狗进行偷窃。语本《史记·孟尝君列传》。秦昭王囚孟尝君，谋欲杀之。孟尝君门客有能为狗盗者，"入秦宫藏中，取所献狐白裘至，以献秦王幸姬。幸姬为言昭王，昭王释孟尝君"。孟尝君得出，即驰去，夜半至函谷关。又有门客学鸡鸣，引得众鸡齐鸣，关门得开，遂得逃脱。后用以称有卑微技能者。

② 十哲：指孔子的十个弟子：颜渊、闵子骞、冉伯牛、仲弓、宰我、子贡、冉有、季路、子游、子夏。八能：指能调和阴阳、律历、五音等。宋代王应麟《小学绀珠·律历·八能》谓："调黄钟，调六律，调五音，调五声，调五行，调律历，调阴阳，调正德所行。"

③ 绛、灌：汉绛侯周勃与颍阴侯灌婴的并称。均佐汉高祖定天下，建功封侯。二人起自布衣，鄙朴无文，曾谗嫉陈平、贾谊等。许、郭：东汉许劭、郭太的并称。二人均善于选拔人才。见《后汉书·郭符许列传》。

对

前　人

对：传曰："文以足言，言以足志。言或可察，志隐于漠。"①是知文者言之藻绘，志之筌蹄。②有贞实者或忘藻绘，得鱼兔者必弃筌蹄，则存言舍文，合于淳古，以言考德，必洞精微。③故《书》云："明试以言。"盖用此道也。④今之对策，其试言之流欤。昔姬氏既衰，先王道丧，秦政虐戾，乱彼天纲，废古烧书，以愚黔首。穷兵骋诈，时无文焉。故绛、灌之徒，韩、彭之佐，雄姿虽茂，而道法不足。⑤向使伊人，薄见方策，早闻师范，当亦略通大体，抑扬宏议。⑥岂止决胜于境外，而不能专议于君前乎？故

《抱朴子》曰："古之试良将者，亦问以策。"即其义矣。

国家树万世之基，迁九流之弊，坟索奥业洋溢于时，缙绅先生蕴藉无缺。⑦安有倜傥之杰，瑰玮之才，承明主之渥恩，逢生人之大庆，而不能抽其秘思，效其长策欤！⑧然则谋而不行，信而不用者，抑可知也。今之考言取士者，必以绮饰为工；视学论文者，闇于心而必升；晓政达幽者，失其数而咸退。⑨譬千金之璧，以微瑕而毁之；百丈之材，睹小节而弃之，亦良可悲矣。诚理达而义举者，勿以文害言；词婉而论深者，勿以言害意，则可以包括群品，网罗众途，察微知彰，以文用武矣。⑩昔许子将、郭林宗徒以布衣之交，俯仰之际，而能拔奇旌异，因言揣心。⑪况乎擅英博之姿，受明试之寄，享厚禄，居尊官，而不能抚踠足于吴阪，指潜璧于荆山。⑫至使有公辅之才，而无许郭之鉴者，斯则卿士之罪也，小子何足以知之。⑬至如怀一能，负一偏，彼鸣梭抗履之汇，声律鼎饪之俦，事虽易于缣缃，功不资于翰墨，则方以类聚，各有司存。⑭谨对。

注释：

① 传曰句：见《春秋左传·襄公二十五年》："言以足志，文以足言……"杜预注："足，犹成也。"

② 藻绘：亦作"藻缋"，彩色的绣纹，错杂华丽的色彩；引申指文辞、文采，修饰、作美丽的描绘。筌蹄：《庄子·外物》："荃者所以在鱼，得鱼而忘荃；蹄者所以在兔，得兔而忘蹄。"筌，捕鱼竹器；蹄，捕兔网。后以"筌蹄"比喻达到目的的手段或工具。《书序》唐孔颖达疏："故《易》曰：'书不尽言，言不尽意。'是言者意之筌蹄，书言相生者也。"

③ 贞实：忠信诚实；此指忠信诚实之士。

④ 明试以言：明试，明白考验。《书·舜典》："敷奏以言，明试以功，车服以庸。"孔颖达疏："诸侯四处来朝，每朝之处，舜各使陈进其治理之言，令自说己之治政。既得其言，乃依其言明试之。"

⑤ 韩、彭：汉代淮阴侯韩信与建成侯彭越的并称。

⑥ 方策：即"方册"，简册，典籍。师范：学习的模范。《北史·杨播传论》："恭德慎行，为世师范。"

⑦ 坟索：三坟八索的并称；亦泛指古代典籍。晋葛洪《抱朴子·逸民》："穷览坟索，著述粲然，可谓立言矣。"缙绅：插笏于绅带间，旧时官宦的装束。亦借指士大夫。《汉书·郊祀志上》："其语不经见，缙绅者弗道。"颜师古注："李奇曰：'缙，插也，插笏于绅。'……字本作搢，插笏于大带与革带之间。"

⑧ 倜傥：卓异，不同寻常。瑰玮：事物珍贵奇异；此指人品、才干卓异。渥恩：深厚的恩泽。渥（wò），沾湿；浓厚；恩，恩泽。生人：此指人民，民众。长策：长的鞭；此指良计。《史记·平津侯主父列传》："靡獘中国，快心匈奴，非长策也。"

⑨ 视学：原指周制，天子亲临国学行春秋祭奠及养老之礼，称"视学"。《礼记·文王世子》："天子视学。"孔颖达疏："天子视学，必遂养老之法则，养老既毕，乃命诸侯群吏令养老之事。天子视学者，谓仲春合舞，季春合乐，仲秋合声。于此之时，天子亲往视学也。"引申指天子亲往或派有司到国学对学子进行考试。《礼记·学记》："未卜禘，不视学。"孔颖达疏："视学谓考试学者经业。或君亲往，或使有司为之，非天子大礼也。"闇（àn）：晦暗；愚昧。

⑩ 群品：万事万物。唐孔颖达《〈周易正义〉序》："圣人有以仰观俯察，象天地而育群品。"

⑪ 旌：旌别，识别，区别。《书·毕命》："旌别淑慝，表厥宅里。"

⑫ 擅：独揽；据有；此指独特出群。英博：才智优异而学识广博。踠足：指马曲腿举蹄，意欲奔驰。

语本汉班固《东都赋》："马踠余足。"比喻贤士隐居，意在待时。此用千里马不被人识别，困厄拉盐车故事，指代贤者不为所用，隐居待时。吴坂：亦作"吴山"。古地名。即虞坂，在春秋虞国（今山西平陆县）境内，又称颠軨坂，道狭而险。传说商傅说隐于此。《续汉书·郡国志》："大阳县有吴山，上有虞城。"《文选·刘琨〈答卢谌诗一首并序〉》："昔騄骥倚辀于吴坂，长鸣于良乐（按，指王良、伯乐），知与不知也。"潜璧：隐藏的美玉。荆山：山名，在今湖北省南漳县西部，漳水发源于此。山有抱玉岩，传为楚人卞和得璞处。

⑬ 公辅：古代三公、四辅，均为天子之佐。借指宰相一类的大臣。

⑭ 一能：有一项专长或技能。一偏：一个部分；片面。鸣梭：梭子。声律：五声六律，指音乐。鼎饪：相传商傅说以调鼎烹饪之事向武丁喻说治国之理，后遂以"鼎饪"喻治理国政或治国的大臣。俦（chóu）：辈，同类。缣缃：供书写用的浅黄色细绢；代指书册。缣（jiān），双丝织的浅黄色细绢；缃，也是浅黄色的绢帛。

第三道

问：至于衢室、总期（一作章），①重屋、阳馆，姬氏明堂之制，②炎灵汶上之规，三雍、五室之名，③宗庙、容台之目，④蔡邕之论，袁准之谈，⑤历代繁省之仪，前贤是非之说，咸宜详释，以判群疑。

注释：

① 衢室：相传唐尧征询民意的处所。《管子·桓公问》："黄帝立明台之议者，上观于贤也；尧有衢室之问者，下听于人也。"后泛指古代帝王听政之所。总期（一作章）：作"总章"是也，总章为古代天子的明堂。古代天子明堂之西向室，取西方总成万物而章明之之意。《礼记·月令》："〔孟秋之月〕天子居总章左个。"郑玄注："总章左个，大寝西堂南偏。"

② 重屋：重檐的屋，是商代天子用以宣明政教的大厅堂。《周礼·考工记·匠人》："殷人重屋，堂修七寻，堂崇三尺，四阿重屋。"郑玄注："重屋者，王宫正堂，若大寝也。"孙诒让正义："殷人重屋者，亦殷之明堂也。"阳馆：殷人称天子听政之所。《尸子·君治》："黄帝曰合宫，有虞氏曰总章，殷人曰阳馆，周人曰明堂，此皆所以名休其善也。"后亦泛指帝王听政之所。姬氏：指周朝，周天子姬姓。明堂：古代帝王宣明政教的地方。凡朝会、祭祀、庆赏、选士、养老、教学等大典，都在此举行。《孟子·梁惠王下》："夫明堂者，王者之堂也。"

③ 炎灵：指以火德而王的王朝，如汉朝。《文选·谢朓〈和伏武昌登孙权故城〉》："炎灵遗剑玺，当涂骇龙战。"李善注："炎灵，谓汉也。"汶上：汶水之北。泛指春秋、战国时期齐国之地。《论语·雍也》："季氏使闵子骞为费宰。闵子骞曰：'善为我辞焉！如有复我者，则吾必在汶上矣。'"何晏集解："去之汶水上，欲北如齐。"杨伯峻注："桂馥《札朴》云：'水以阳为北，凡言某水上者，皆谓水北。'"后人常用为隐居的典故。三雍：亦称"三雍宫"。汉时对辟雍、明堂、灵台的总称。《汉书·河间献王传》："武帝时，献王来朝，献雅乐，对三雍宫及诏策所问三十余事。"颜师古注引应劭曰："辟雍、明堂、灵台也。雍，和也，言天地君臣人民皆和也。"五室：古人明堂内设置的木室、火室、金室、水室、土室。《周礼·考工记·匠人》："五室三四步，四三尺。"郑玄注："堂上为五室，象五行也。三四步，室方也；四三尺，以益广也。木室于东北，火室于东南，金室于西南，水室于西北，其方皆三步，其广益之以三尺。土室于中央，方四步，其广益之以四尺。此五室居堂，南北六丈，东西七丈。"

④ 容台：行礼之台。《淮南子·览冥训》："容台振而掩覆。"高诱注："容台，行礼容之台。"俞樾《群经平议·礼记三》："礼以容仪为主，故行礼之台谓之容台。"

⑤ 蔡邕之论，袁准之谈：蔡邕（132—192），字伯喈，陈留圉人也。东汉文学家、书法家。汉献帝时曾拜左中郎将，故后人也称他“蔡中郎”。灵帝时召拜郎中，校书于东观，迁议郎。曾上书奏事，首言“明堂月令。”“明堂月令，天子以四立及季夏之节，迎五帝于郊，所以导致神气，祈福丰年。清庙祭祀，追往孝敬，养老辟雍，示人礼化，皆帝者之大业，祖宗所祗奉也。”袁准：字孝尼，陈郡扶乐人。魏国郎中令涣第四子，生卒年不详，约自魏景初初年，至晋愍帝建兴末年间在世。以儒学知名。忠信公正，不耻下问。性恬退。泰始中，（公元二六九年左右）为给事中。仕魏未详。入晋拜给事中。有《仪礼丧服经》注一卷，《袁子正论》十九卷，《正书》二十五卷，《集》二卷。准著书十余万言，论治世之务。

对

前　人

对：我皇帝慈理广运，文思稽古，绍兴绝典，重光大壮。①合宫云构，明庭天耸，列辟轨仪，群工制度，可以即事而见，观象而察。②今犹远访先典，曲垂下问者，岂不欲揣其敏思、征其博物？③臣实菲薄，何足当之。昔哀公问儒，而仲尼请更仆，况此大体，其可率尔言乎？④虽敢略谈之，然未臻其极也。

若夫尧之衢室、舜之总期（一作章）、夏之重屋、殷之阳馆，皆所以取象天地，昭配阴阳，致孝于先，布政于下，历运虽改，此道不移。⑤八窗四达，上圆下方，度堂以筵，度室以几，周之制也⑥；昆仑茅屋，周流璧水，汉之图也。⑦明堂、辟雍、灵台，三雍也；太庙、青阳、总章、明堂（疑脱玄堂二字），五室也。⑧取其宗祀祖考，则曰宗庙；取其修饰礼物，则曰容台。蔡邕之论，所以合异说；袁准之谈，所以别重事。⑨历代繁省，其仪不一；先贤是非，其书甚众。非斯须之述所能尽，非造次之言所能精。⑩自我皇创制之前，今臣定议之外，教明礼备，得繁省之中者，其姬宗乎？词寡理举，处是非之要者，其蔡氏乎？谨对。

注释：

① 慈：爱惜，仁爱。广运：犹广远。《书·大禹谟》：“帝德广运，乃圣乃神，乃武乃文。”孔传：“广谓所覆者大，运谓所及者远。”稽古：考察古事。《书·尧典》：“曰若稽古。”绍兴：承继前业，振兴昌盛。绝典：极为难得之大典。《新唐书·张九龄传》：“今登封（封泰山）告成，千载之绝典，而清流隔于殊恩，胥吏乃滥章韨，恐制出，四方失望。”重光：比喻累世盛德，辉光相承。《书·顾命》：“昔君文王、武王，宣重光。”孔传：“言昔先君文武，布其重光累圣之德。”大壮：《易·大壮》：“大壮，利贞。”孔颖达疏：“壮者，强盛之名。以阳称大，阳长既多，是大者盛壮，故曰大壮。”《易·系辞下》：“上古穴居而野处，后世圣人易之以宫室，上栋下宇，以待风雨，盖取诸《大壮》。”《大壮》上震下乾。震为雷，乾为天（古人认为天形似圆盖），其卦象为上有雷雨，下有御雨之圆盖。故云创建宫室、以避风雨，取象于《大壮》。后用为建筑宫室之典。

② 合宫：相传为黄帝的明堂。《尸子·君治》：“夫黄帝曰合宫，有虞氏曰总章，殷人曰阳馆，周人曰明堂，皆所以名休其善也。”后泛称天子明堂。明庭：古代帝王祭祀神灵之地。列辟：本指诸侯，历代君主；此指公卿诸官。轨仪：法则，仪制。

③ 曲垂：敬词。用于称君上的颁赐，犹言俯赐、俯降。下问：问于在己之下者。如以能问于不能，以多问于寡，以上问于下，皆谓下问。《论语·公冶长》：“敏而好学，不耻下问。”博物：通晓众

物。桓宽《盐铁论·杂论》："桑大夫据当世，合时变，推道术，尚权利，辟略小辩，虽非正法，然巨儒宿学，恶然大能自解，可谓博物通士矣。"

④ 哀公问儒，而仲尼请更仆：更仆，犹言"更仆难数"。《礼记·儒行》：哀公曰："敢问儒行。"孔子对曰："遽数之不能终其物，悉数之乃留，更仆未可终也。"陈澔集说："卒遽而数之，则不能终言其事；详悉数之，非久留不可。仆，臣之傧相者。久则疲倦，虽更代其仆，亦未可得尽言之也。"后因以"更仆难数"或"更难仆数"形容事物繁多，数不胜数。率尔：急遽貌；轻率貌。

⑤ 昭配：宗庙中神主的排列次序，始祖居中，以下父子（祖、父）递为昭穆，左为昭，右为穆。

⑥"八窗"句：《隋书》卷六《礼仪志一》："明堂在国之阳，梁初依宋齐，其祀之法犹依齐制，礼有不通者，武帝更与学者议之……十二年，太常丞虞爵复引《周礼》：明堂，九尺之筵以为高下修广之数，堂崇一筵，故阶高九尺。汉家制度犹遵此礼，故张衡云度堂以筵者也。郑玄以庙寝三制既同，俱应以九尺为度。制曰：可。"

⑦ 茅屋：亦作"茆屋"，用茅草盖的房屋。《左传·桓公二年》："清庙茅屋。"杜预注："以茅饰屋，著俭也。"璧水：指太学；泛指读书讲学之处。

⑧ 青阳：明堂室名。明堂有五室，位于左面东方的叫青阳，为帝王祭祀、布政之所。玄堂：北向的堂，古天子冬月所居。《吕氏春秋·季冬》："天子居玄堂右个。"高诱注："玄堂，北向堂也。"此指天子宣明政教的明堂之北室。

⑨ 重事：重大的事。《礼记·冠义》："是故古者重冠，重冠故行之于庙；行之于庙者，所以尊重事。尊重事而不敢擅重事；不敢擅重事，所以自卑而尊先祖也。""重事"也可理解为重复的事。

⑩ 斯须：须臾，片刻。造次：此指轻率，随便。

重试一道

问：不其才难于今，所叹知人未易，自古病诸。以貌取言，既其不可；观声考度，又或非宜；故皇帝清问，有司藻核，公孙异之于天子，晁错褒然为孝廉，贤才训迪，其道宏矣。①多历年所，兹率典常。国家谒报上元，展礼中岳，降非常之制，求希代之宝，将以润色云封，增辉柴燎。②龙门既陟，方纵鳞于巨壑；鸿干斯渐，忽垂翅于风路。③良由梦石之木，犹参杞梓之行；冠玉之姿，尚忝琳琅之序。④更令宪府，重摭词林，承风绋之明威，俟龙泉之断割。⑤其何以搴秀长楚，审词众好，辨是与非，惩忿窒欲？⑥聊尔陈事，冀获嘉谋。

至若柳庄黜殡，用事之差也；石建阙马，为字之失也。⑦寻其后句，末韵或犯于前声；览以终篇，答难不伦于次序。一简之内，贫富不侔；三道之中，妍媸顿别。⑧取瑕则颇惭于卞氏，擢用则致嫌于葛龚。⑨赠孟孙之言，膏肓莫愈；学嗣宗之默，长短何分？⑩进退之礼奚宜，用舍之方安在？又旁求疏议，纷披风谣，威势压于权衡，黩货通于主守。⑪不同吾党，无嫌小子之词；翻乃倩人，云竭老夫之思。⑫始令行而诈起，终策出而奸生。何方可以静流竞之来，何法可以杜讹谬之人？⑬伫裨不逮，无惮话言。⑭

注释：

① 清问：清审详问。《书·吕刑》："皇帝清问下民，鳏寡有辞于苗。"藻核（hé）：区别核实等次。

公孙：诸侯之孙。《仪礼·丧服》："诸侯之子称公子，公子不得祢先君；公子之子称公孙，公孙不得祖诸侯。"褎然：杰出貌。训迪：教诲启迪。

② 上元：此指上天。《太平广记》卷五十六《上元夫人》引《汉武内传》，说到三天之中有上元宫，女仙上元夫人居之。故上元可代指上天。或曰：上元犹上玄，亦指上天。展礼：行礼，施礼。中岳：指位于今河南登封县北的嵩山，古名嵩高。润色：修饰文字，使有文采。此言使增加光彩。云封：指祭坛。封，帝王筑坛祭天地及四方山岳之神；此引申指封禅时所建的祭坛或刻石。《史记·孝武本纪》："封禅祠，其夜若有光，昼有白云起封中。"柴燎：古代祭祀之一，烧柴祭天。

③ 陟：升，登。鸿干斯渐：鸿：大雁。化用"鸿渐"。《易·渐》："初六，鸿渐于干"，"六二，鸿渐于盘"，"九三，鸿渐于陆"，"六四，鸿渐于木"，"九五，鸿渐于陵"。谓鸿鹄飞翔从低到高，循序渐进；比喻仕宦的升迁。

④ 梦石之木：未详。或以为此犹言"梦松"。《三国志·吴志·孙晧传》"三年春二月，以左右御史大夫丁固、孟仁为司徒、司空。"裴松之注引《吴书》："初，固为尚书，梦松树生其腹上，谓人曰：'松字十八公也，后十八岁吾其为公乎！'卒如梦焉。"后因以"梦松"为祝人登三公位的典故。杞梓：杞和梓，两木皆良材；比喻优秀人材。琳琅：精美的玉石；喻指美好的事物，优秀的人材。

⑤ 宪府：御史台。摭（zhí）：拾取；此言选拔。凤绋：秀有凤纹的礼服。绋（fú），通"韨"（fú），古代大夫以上祭祀或朝觐时遮蔽在衣裳前的服饰。用熟皮制成，形制、图案、颜色按等级有所区别。《礼记·玉藻》："一命缊韨幽衡，再命赤韨幽衡，三命赤韨葱衡。"龙泉：宝剑名，即龙渊；泛指宝剑。"俟龙泉之断割"意谓等考生初试锋芒。

⑥ 搴：拔取，采取。楚：指丛莽。搴秀长楚意即拔秀于丛木之中。惩忿窒欲：指平息考生的不满情绪。

⑦ 柳庄黜殡：《礼记·檀弓下》载卫国有大史曰柳庄，寝疾而死。当时卫君正在祭祀，于是"不释服而往，遂以襚之。脱君祭服以襚臣，亲贤也。所以此襚之者，以其不用袭也，凡襚以敛。"黜殡：在内室殡殓，不居正堂。用事：指用典。石建阙马：《史记·万石张叔列传》："建为郎中令，书奏事，事下，建读之，曰：'误书！马者与尾当五，今乃四，不足一。上谴死矣！'"

⑧ 侔：齐等，相当。妍蚩：美好和丑恶。此言对策行文用事多少不均，语言优、劣明显。

⑨ 卞氏：卞和，在楚荆山发现并进献宝璧。葛龚：约公元106年前后在世。字符甫，梁国宁陵人。和帝时，龚以善文记知名。性慷慨壮烈，勇力过人。安帝永初中（110）举孝廉，为太官丞。上便宜四事，拜荡阴令。辟太尉府，病不就。州举茂才，为临汾令。皆有政绩。龚著有文、赋、碑、诔、书、记凡十二篇。昔汉代有修奏记于其府者，遂盗葛龚所作而进之，既具录他文，不知改易名姓，时人谓之曰："作奏虽工，宜去葛龚。"

⑩ 孟孙：即孟懿子。《论语·为政》：孟懿子问孝，子曰："无违"。樊迟御，子告之曰："孟孙问孝于我，我对曰：'无违'。"樊迟曰："何谓也?"子曰："生，事之以礼。死，葬之以礼，祭之以礼。"膏肓：古代医学以心尖脂肪为膏，心脏与膈膜之间为肓；比喻难以救药的失误或缺点。嗣宗：三国魏阮籍，字嗣宗，"竹林七贤"之一。处乱世而静默以保身。

⑪ 风谣：本指《诗经》的十五国风；后泛指反映风土民情的歌谣。权衡：称量物体轻重的器具；此指评量，比较。黩货：贪污纳贿。主守：犹言主司。

⑫ 倩人：谓请托别人。《文选·陈琳〈为曹洪与魏文帝书〉》："怪乃轻其家丘，谓为倩人，是何言欤！"张铣注："谓我文辞皆倩人所作，是何言欤！"

⑬ 流竞：为官职奔走争逐。杜：断绝，制止。

⑭ 伫：企盼，期待。裨：弥补，补益。不逮：不及，不足之处。悋：同"吝"。话言：善言。

对

前　人

对：夫铅刀均锋，剑之耻也；蹇驴齐足，骥之耻也；朗璞蒙垢，玉人之过也；鸣丝绝弦，伶官之罪也。①借如承明旨，献嘉猷，而愚智纠纷，臧否错糅，斯亦士君子之所恨，岂独为政之忧哉！②沔实陋才，良不足算。凭借休庆，谬偕旌拔，狂言虽立，鄙道未孚。③蕴杂熏莸，沉蔽玉石，重参群彦之末，再承议贤之问。④进思自励，其何补欤？退欲鸣谦，岂获无咎。⑤审词众好，傥或择善而行；辨是与非，请思即事而对。

策曰："柳庄黜殡，用事之差也；石建阙马，为字之失也。"窃谓议人者贵知其心，论道者务存其意。心惧未信，则援古以自明；道隐未光，即托文而后显。故事以明心为本，字以显道为公。事有小差，而心术著矣；字有小失，而道教存焉。⑥斯则夜光之瑕，明月之颣，固不可得而弃也。⑦事与类相反，字与义相违，证乖而心不可弘，象毁而道不可见，一至于此，亦无取云。

策曰："寻其后句，末韵或犯于前声；览以终篇，答难不伦于次序。"窃谓明试以言，古之道也；征言以策，今之制也。⑧言有声韵，盖其浮饰，策之次序，固非典要。切问存于答难，次叙岂效谋谟；精诚尽于对扬，声韵何寻献替。⑨稽之于古，揣之于情。末韵或犯于前声，其来久矣。答难不伦于次叙，为病良深。

策曰："一简之内，贫富不侔；三道之中，妍媸顿别。取瑕则颇惭于卞氏，擢用则致嫌于葛龚。"窃谓万有一失，圣人不免；舍过举能，先师是训。道不可以纯备，才不可以周给，断可知矣。⑩是以国家稽通塞之迹，列甲乙之科，亦不可废善以取瑕，疑于擢用矣。⑪

策曰："赠孟孙之言，膏肓莫愈；学嗣宗之默，长短何分？进退之礼奚宜，用舍之方安在？"仲尼有言："不在其位，不谋其政。"⑫进退之礼，用舍之宜，允非小人之所及也。然则览古昔之遗事，敢不荐其闻乎。窃谓日中必熭，操刀必割，惩奸以察，何俟赠言？⑬致身于朝，不可以默。固当参刑礼以定枉直，体明智以辨情伪。见利不亏其分，见死不更其守。属聪明不讳之时，居执宪绳违之任，何至持疑于果断，逡巡于正色哉。⑭

策曰："旁求疏议，纷披风谣，威势压于权衡，黩货通于主守。不同吾党，无嫌小子之词；翻乃倩人，云竭老夫之思。始令行而诈起，终策出而奸生。"甚矣诚哉，不期所以然也。今所虑怙威黩货者，其类犹存；假手借词者，其人不远。⑮但能察其言象，揆而度之，精核问试，优而柔之，则窃宝之名自分，滥吹之竽自遁矣。其道甚著，人焉廋哉！

策曰："何方可以静流竞之来，何法可以杜讹谬之人？"窃谓任良在主，弘道在人，以执事之明，遵大君之惠，敷明智以考往迹，扬清机以鉴群情，则知讹谬不兴，流竞永息。⑯俯惭谀议，良非话言⑰。谨对。

注释：

① 铅刀：铅制的刀。铅质软，作刀不锐，故比喻无用的人和物。蹇驴：蹇（jiǎn），跛行，行动迟缓。跛蹇驽弱的驴子；比喻驽钝的人。朗璞：犹言“良璞”，未经剖取的美玉；常用以比喻未被选用的贤才。鸣丝：指琴瑟等弦乐器。伶官：乐官。《诗·邶风·简兮序》：“卫之贤者，仕于伶官。”郑玄笺：“伶官，乐官也。伶氏世掌乐而善焉，故后世多号乐官为伶官。”

② 借如：假设连词，假如，如果。士君子：有学问而品德高尚的人；泛指读书人。

③ 凭借：凭借，依靠，依赖。休庆：犹嘉庆。谬偕旌拔：谦说自己枉受提拔。未孚：未能信服。

④ 莸（yóu）：草名，似细芦，蔓生水边，有恶臭；常比喻恶人。熏莸：香草和臭草；喻善恶、贤愚、好坏等。语本《左传·僖公四年》：“一熏一莸，十年尚犹有臭。”杜预注：“熏，香草；莸，臭草。十年有臭，言善易消，恶难除。”参：罗列；并立。议贤：古刑法八议之一，指对于有德行的人进行特别审议，以减免刑罚。

⑤ 鸣谦：谦德表著于外。《易·谦》：“鸣谦，贞吉。”王弼注：“鸣者，声名闻之谓也。得位居中，谦而正焉。”此指态度谦恭。无咎：没有祸殃，没有罪过。

⑥ 道教：此指道德教化。

⑦ 夜光：此指夜光珠。晋葛洪《抱朴子·祛惑》：“凡探明珠，不于合浦之渊，不得骊龙之夜光也；采美玉，不于荆山之岫，不得连城之尺璧也。”明月：此指明珠。《楚辞·九章·涉江》：“被明月兮佩宝璐。”纇（lèi）：疵病，缺点。《淮南子·泛论训》：“明月之珠，不能无纇。”

⑧ 明试：明白考验。《书·舜典》：“敷奏以言，明试以功，车服以庸。”孔颖达疏：“诸侯四处来朝，每朝之处，舜各使陈进其治理之言，令自说己之治政。既得其言，乃依其言明试之。”征言：验证言辞。

⑨ 切问：恳切求教。次叙：次第，顺序。谋谟：谋划，制定谋略。对扬：古代常语，屡见于金文，凡臣受君赐时多用之，兼有答谢、颂扬之意。《书·说命下》：“敢对扬天子之休命。”孔传：“对，答也。答受美命而称扬之。”此指面君奏对；答问。献替：即“献可替否”之省，意为进献可行者，废去不可行者；引申指对君主进谏，劝善规过；亦泛指议论国事兴革。语出《左传·昭公二十年》：“君所谓可而有否焉，臣献其否以成其可。君所谓否而有可焉，臣献其可以去其否。”

⑩ 纯备：纯正完备。周给：慎密充备。

⑪ 通塞：通畅与阻塞；境遇之顺逆。甲乙科：科举考试甲科、乙科的合称，泛指科第。擢用：选拔任用。

⑫ 不在其位，不谋其政：不在某个职位上，就不过问该职位的事务。《论语·泰伯》：“子曰：‘不在其位，不谋其政。’”邢昺疏：“言不在此位则不得谋此位之政，欲使各专一守于其本职也。”

⑬ 熭（wèi）：晒干，烤干。

⑭ 不讳：不隐讳。执宪：司法，执行法令；此指执法者。绳违：纠正违误。逡巡：迟疑，犹豫。正色：此指神色庄重、态度严肃。

⑮ 怙（hù）：依赖，凭恃。黩货：贪污纳贿。黩（dú）：此指贪污，贪求。假手：借他人之手来达到自己的目的；此指科举考试中代人作文的人。

⑯ 大君：天子。《易·师》：“大君有命，开国承家。”孔颖达疏：“大君，谓天子也。”流竞：（为官职）奔走争逐。《后汉书·左雄周举等传论》：“荣路既广，觖望难裁，自是窃名伪服，浸以流竞。”清机：清净的心机。

⑰ 话言：善言。

神岳举贤良方正策（册问阙）

袁　映（未审何年）①

对：臣闻天矜于人，人必所从（此句疑）。②臣谬黩吹万，僻生草莽，幸陶无为之风，得守忠蹇之节。③常愿拜守宸极，敷献乃诚，危言匪躬，少答亭育。④昔仲尼称“凤鸟不至，河不出图”，盖伤衰周之运，不见圣明之代也（一作明君圣代也）。臣今舆颂刍言，肃祇眷命，陪圣跸于神岳，奉金策于玉宸，赓歌泰清，咫尺旒扆。⑤是天纵聪明，而超于孔子，不图幸之至于斯也。况周颁禹膳，列坐尧衢，此优贤之至也。⑥愚臣何足以充塞，敢不布其腹心，竭尽闻见。

臣伏惟皇穹有成，命圣唐受之，崇高配天，广大配地，天地合德，而陛下大明于其中。⑦有以观高祖之耿光，有以恢太宗之鸿（一作丕）烈，乐成于郊祀而昭升上帝，礼备于脽上而敷问后祇，于是柴于岱宗，望于秩首，三光全而五行序，八荒协而万国谐，皇灵丕应，象物昭格，无疆惟休，能事毕矣。⑧况阴阳燮理则贤相尽规，风俗敦厖则良牧宣政，百揆时叙，庶物咸亨。⑨诚已郁映华胥，迈续尧舜，岂夷吾所记七十二之凉德而望清光哉！⑩而犹恭默思道，励精图政，帝阙峥嵘而下临，天问昭回而尽睹。⑪乃赐臣策曰：“延想无为之理，聿修太和之化，匪曰能致，将与图之。”⑫所以谋广聪明，询于大陋，使君子道长，俊乂用彰，陛下执谦之至也。天下幸甚，天下幸甚，愚臣无得而称焉。

制策曰“夫原疾而授药者，良医也；因时而救弊者，权政也。今塞垣犹守，府兵云耗，闲人轻去，冗食难归”者。⑬臣闻先王之理，布在方策，乘时司契，其道深乎。⑭陛下窥览万化之原，独运安危之兆，执大象，鼓洪炉，知微其神，惟睿作圣。⑮九门尝药，致苍生于福寿；七政齐衡，得玄珠于利见。⑯虽讲信修睦，寰区大同，而安不忘危，故塞垣仍守。虽道德齐礼，黔庶康济，而宽以厚载，故闲人或浮。⑰臣又闻之，兵戈者威不轨而昭文德也，兆庶者忘帝功而畏苛政也。边鄙预备，谁能去军？参决违方，时闻失业。⑱惚寰瀛而观偃伯，则三边之戍役不足多也；据天下而览兆人，则万一之逋逃不足怪也。⑲况国家皇极作乂，七政有伦，增新军以保厘，革浮惰而绥辑，何忧乎府兵之耗，何有乎冗食不归？⑳虽休勿休，惟陛下之圣虑也。

制策曰：“膏粱无耻于侥幸，蓬荜未敦于退让。选举殷凑，官员不给。效职者或禄仕而养资，试言者多浮华而背实。”㉑当今士食旧德，农服先畴。㉒结绶登朝，咸遵揖让；被褐在野，尽归廉洁。㉓臣实睹还淳反素之风，不知无耻未敦之事。㉔尊谦俯问，臣何敢奉！钦若帝唐之有天下也，久于其德，人文化成。㉕敦《诗》、《书》，说礼乐，济济多士，开元以宁。㉖日者，十铨分镜，群材焯叙，观行考言，责名征实；克黜浮薄，登延俊秀，大革宿（一作前）弊，其命惟新，则推让之风行，尸素之源灭。㉗其肯养资禄仕，以速官谤者，使会府持衡，守而勿失；将恐咏彼空谷，叹此才难。㉘岂有员不给官，殷烦乎选士；言而背实，浮华于举才。[29]臣虽庸愚，有以知其不然也。

制策曰“岂风之不臧，何草之难偃也。澄源正本，厥路何由？闻乎古者，井田有助，公私取给。诸侯贡士，赏罚存焉。改辙欲从，迷津尚伫”者。[30]臣闻人无恒德，实从上教，草顺风而靡偃，水随器而方圆。陛下神谋行德如天覆，驱今之代，归于寿域。[31]深源固本，政事惟醇，俗既分于土宜，人亦同于上好。[32]又何取乎井田古制，力助前规。赏罚于岁贡之士，增削于诸侯之地，若斯而已哉。夫五帝不沿乐，三皇不袭礼，非故相反，盖取随时。泥以从钧，车难改辙。臣诚庸妄，不识大体，窃愿陛下，神而化之，使人宜之，正如当今之代也。

策曰“文质再复，忠敬何适于时？齐鲁一变，亲贤何近于道”也。[33]大哉圣问，臣敢扬之。臣闻之质文再而复，正朔三而改。[34]殷因于夏，周因于殷，人（疑）德齐庄，夏尚忠厚。[35]殷人质也，周人文也，文质虽变，忠敬咸宜，不敬则礼节遂乖，不忠则弼谐斯替。[36]匡朝阐化，适时惟一。然则敬自外饰，忠由内淳，必也奚先，请同去食[37]。若乃亲亲而尊尊者，其有周公之余化乎；举贤而尚忠者，其有太公之遗风乎？孔子曰：“齐一变至于鲁，鲁一变至于道。”鲁由旧章，斯焉殆庶。

制策曰“择何典而淳俗？乘何法而安人？何功而天地和平？何德而黎元富寿”者，臣闻诸玄元皇帝曰：“我无欲而人朴。”[38]大哉至道，不可多言。伏愿陛下，克修圣祖，恢维化纲，崇帝象之风，反皇人之始，俗已淳矣，人斯安矣。三事允理，六府孔修，则地平天成矣。轻徭薄赋，慎罚措刑，则既富且寿矣。岂臣庸鲰，克堪预焉。[39]

伏以垂政立范，因时变通，布陈前载，简在帝聪。今乃下问愚鄙，征其辨述，岂不欲观其末学，收其微才。臣狂妄斐然，非相如、子云之流也。[40]幸属千龄大庆，五载修封，遂得献颂皇衢，参（一作骖）陪銮扆。[41]惭考言之无取，念天奖而何阶，忠比魏臣，空思捧日；梦非秦后，谬至钧天。[42]局影天庭，若临冰谷。[43]谨对。

注释：

① 袁映：玄宗时人。见今《全唐文》卷三百五十一。

② 矜：怜悯。

③ 黩：此指沾受。吹万：本指风吹万窍，发出各种音响。《庄子·齐物论》：“夫吹万不同，而使其自已也。”吹，指风而言；万，万窍。此比喻皇恩广被天下。忠蹇：即“忠謇”，忠诚正直。

④ 宸极：北极星，借指帝王。危言：此指刚直之言。匪躬：忠心耿耿，不顾自身。《易·蹇》：“王臣蹇蹇，匪躬之故。”孔颖达疏：“尽忠于君，匪以私身之故而不往济君，故曰：匪躬之故。”亭育：养育，培育。

⑤ 舆颂：民众的议论。刍言：浅陋的言论，卑贱者的言论；多用为自谦之词。祗（zhī）：敬。肃祗：犹恭敬。眷命：垂爱并赋予重任。跸（bì）：古代帝王出行时，禁止行人以清道；引申指帝王的车驾或行幸之处。金策：古代记载大事或帝王诏命的连编金简。玉宸：天宫。赓歌：赓（gēng）：连续。连续不断酬唱和诗。泰清：即太清，指天空；引申指无为而治的时代。旒扆：旒（liú）为帝王的冕旒，扆（yǐ）为帝王座位后的屏风；借称帝王。

⑥ 禹膳：禹之饭食，比喻盛馔。衢：指“衢室”。相传为尧征询民意的处所；后泛指古代帝王听政之所。

⑦ 皇穹：犹皇天。

⑧ 有以：具有某种条件、原因等。耿光：光明，光辉，光荣。鸿烈：大功业。郊祀：古代于郊外祭祀天地，南郊祭天，北郊祭地。郊谓大祀，祀为群祀。《汉书·郊祀志下》：“帝王之事莫大乎承天之序，承天之序莫重于郊祀……祭天于南郊，就阳之义也；瘗地于北郊，即阴之象也。”脽上：脽(shuí)：本指臀部；引申指丘阜。脽上，指汾阴脽，在今山西省。汉武帝元鼎四年立后土祠于此。《史记·封禅书》：“于是天子遂东，始立后土祠汾阴脽丘，如宽舒等议。”后祇（qí）：地神。柴、望：古代两种祭礼。柴，谓烧柴祭天。岱宗：即泰山。《书·舜典》：“岁二月，东巡守，至于岱宗。”孔传：“岱宗，泰山，为四岳所宗。”望，谓祭国中山川。秩首：山名。秩，疑当作“社”，《史记》卷二十八《封禅书》：“周成王封泰山，禅社首。”《集解》：“应劭曰：山名，在博县。晋灼曰：在巨平南十三里。”可为证。三光：日、月、星。《庄子·说剑》：“上法圆天以顺三光，下法方地以顺四时，中和民意以安四乡。”八荒：八方荒远的地方。《汉书·项籍传赞》：“并吞八荒之心。”颜师古注：“八荒，八方荒忽极远之地也。”皇灵：祖先。丕应：很好地应和。象物：祥瑞之物，指麟、凤、龟、龙四灵。《周礼·春官·大司乐》：“六变而致象物及天神。”郑玄 注：“象物，有象在天，所谓四灵者。天地之神，四灵之知，非德至和则不至。

⑨ 燮理：协和治理。尽规：竭力谋划。《国语·周语上》：“近臣尽规。”韦昭注：“尽规，尽其规计以告王也。”敦厖：敦厚。厖（máng）：大；厚；此指厚道。百揆：总理国政之官。时叙：承顺；顺当。《书·舜典》：“纳于百揆，百揆时叙。”王引之《经义述闻·尚书上》：“时叙者，承叙也；承叙者，承顺也……‘百揆时叙’，谓百揆莫不承顺也。”亨：通达，顺利。

⑩ 华胥：指理想的安乐和平之境。《列子·黄帝》：“〔黄帝〕昼寝，而梦游于华胥氏之国。华胥氏之国在弇州之西，台州之北，不知斯齐国几千万里。盖非舟车足力之所及，神游而已。其国无帅长，自然而已；其民无嗜欲，自然而已……黄帝既寤，怡然自得。”迈：超越，超出。夷吾所记七十二之凉德：当出自《史记》卷二十八《封禅书》：“齐桓公既霸，会诸侯于葵丘，而欲封禅。管仲曰：古者封泰山禅梁父者七十二家，而夷吾所记者十有二焉。昔无懷氏封泰山，禅云云；虙羲封泰山，禅云云；神农封泰山，禅云云；炎帝封泰山，禅云云；黄帝封泰山，禅亭亭；颛项封泰山，禅云云；帝喾封泰山，禅云云；尧封泰山，禅云云；舜封泰山，禅云云；禹封泰山，禅会稽；汤封泰山，禅云云；周成王封泰山，禅社首。皆受命然后得封禅。”凉德：薄德。

⑪ 昭回：光耀回转。

⑫ 聿修：继承发扬先人的德业。聿，本助词，后多训为“述”。《诗·大雅·文王》：“无念尔祖，聿修厥德，永言配命，自求多福。”毛传：“聿，述。”太和：天地间冲和之气；此指太平。

⑬ 府兵：隋唐时隶属军府之兵统称府兵。闲人：清闲无事的人。冗食：谓冗吏（无固定职事的官吏）因事留外内朝，由公家供食。《周礼·地官·稾人》：“稾人掌共外内朝冗食者之食。”贾公彦疏：“冗，散也。外内朝上直诸吏谓之冗吏，亦曰散吏，以上直不归家食，稾人供之，因名冗食者。”

⑭ 司契：此指掌管法规。

⑮ 大象：大道，常理。《老子》：“执大象，天下往。”河上公注：“象，道也。圣人守大道，则天下万民移心归往之。”洪炉：大火炉；此比喻天地。晋葛洪《抱朴子·勖学》：“鼓九阳之洪炉，运大钧乎皇极。”

⑯ 九门：禁城中的九种门，古宫室制度，天子设九门；借指天子。尝药：古礼侍奉尊长服药，先尝后进。《礼记·曲礼下》：“君有疾，饮药，臣先尝之；亲有疾，饮药，子先尝之。”七政：指天、地、人和四时。《尚书大传》卷一：“七政者，谓春、秋、冬、夏、天文、地理、人道，所以为政也。”齐衡：犹平衡。利见：《易·乾》：“飞龙在天，利见大人。”孔颖达疏：“若圣人有龙德飞腾而居天位，德备天下，为万物所瞻睹，故天下利见此居王位之大人。”后因称得见君主为“利见”。

⑰ 闲人或浮：此处指不做事的官吏依旧领取俸禄，以显示君主的仁厚。

⑱ 违方：违背法则。

⑲ 揔（zǒng）：同“摠”。统领，总管。晋葛洪《抱朴子·君道》：“揔多士于文武，建维城之穆属。”寰瀛：天下。偃伯：亦作“偃霸”。指休战。《后汉书·马融传》：“臣闻昔命师于鞬櫜，偃伯于灵台，或人嘉而称焉。”李贤注：“偃，休也。伯，谓师节也。”兆人：兆民。古称天子之民，后泛指众民，百姓。逋逃：逋（bū），逃窜，逃亡。逃亡，流亡；引申指逃亡的罪人，流亡者。

⑳ 保厘：厘（lí）：治理，处理。治理百姓，保护扶持使之安定。浮惰：游荡怠惰；游手好闲；引申指无业游民。绥辑：安抚集聚。

㉑ 膏粱：肥美的食物；借指富贵人家及其后嗣。蓬荜：即“蓬门荜户”，用草、树枝等做成的门户；此代指穷苦之人。殷凑：丛集。

㉒ 畴：良田。先畴：先人所遗的田地。

㉓ 被褐：穿着粗布短袄。《墨子·尚贤中》：“傅说被褐带索，庸筑乎傅岩。”

㉔ 还淳反素：犹言“还淳反朴”，谓回复到原来的淳厚朴实的状态。

㉕ 化成：教化成功。《易·恒·彖》：“圣人久于其道，而天下化成。”

㉖ 敦：崇尚，注重。说（yuè）：即今之“悦”，此指喜好，喜爱。《左传·僖公二十七年》：“说礼、乐而敦《诗》《书》。”孔颖达疏：“说，谓爱乐之；敦，谓厚重之。”

㉗ 日者：此言近日，近来。铨：选授官职。十铨：或言“三铨”，指唐代对文、武官吏选授考课，由吏部和兵部之尚书、侍郎分掌其事。尚书为尚书铨，掌五品至七品选；侍郎二人分为中铨、东铨，掌八品、九品选，合称三铨。其后皆归侍郎专之，尚书通署而已。《新唐书·选举志下》：“凡选有文武，文选吏部主之，武选兵部主之，皆为三铨，尚书、侍郎分主之。”分镜：指赐官。《旧唐书·玄宗纪上》：“上御花萼楼，以千秋节百官献贺，赐四品已上金镜、珠囊、缣彩。”焯：照耀。叙：次序，次第；此指按规定的等级次第授官职。尸素：谓居位食禄而不尽职，有成语“尸位素餐”。

㉘ 速：此指招致。官谤：因居官不称职而受到的责难和非议。《左传·庄公二十二年》：“齐侯使敬仲为卿。辞曰：‘羁旅之臣……敢辱高位，以速官谤？’”会府：此指尚书省。空谷：空旷幽深的山谷；多指贤者隐居的地方。

㉙ 殷烦：十分烦杂。

㉚ 风：风教，教化。不臧：不善，不良。《诗·邶风·雄雉》：“不忮不求，何用不臧。”草偃：《论语·颜渊》：“君子之德风，小人之德草，草上之风，必偃。”比喻在上者能以德化民，则民之向化，犹风吹草仆，相率从善。

㉛ 寿域：谓人人得尽天年的太平盛世。语出《汉书·礼乐志》：“愿与大臣延及儒生，述旧礼，明王制，驱一世之民，济之仁寿之域，则俗何以不若成康？寿何以不若高宗？”

㉜ 土宜：本指各地不同性质的土壤，对于不同的生物各有所宜；此言风俗因地而异、因地而宜。

㉝ 齐鲁一变：语出《论语·公冶长》：“子曰：齐一变至于鲁，鲁一变至于道。”

㉞ 正朔：谓帝王新颁的历法。古代帝王易姓受命，必改正朔；故夏、商、周、秦及汉初的正朔各不相同。自汉武帝后直至现今的农历，都用夏制，即以建寅之月为岁首。《礼记·大传》：“改正朔，易服色。”孔颖达疏：“改正朔者，正，谓年始；朔，谓月初，言王者得政示从我始，改故用新，随寅丑子所损也。周子、殷丑，夏寅，是改正也；周半夜、殷鸡鸣、夏平旦，是易朔也。”

㉟ 齐庄：严肃诚敬。

㊱ 弼谐：谓辅佐协调。《书·皋陶谟》：“允迪厥德，谟明弼谐。”替：废。

㊲ 请同去食：此言倘于“敬”与“忠”二者必去其一，则当去“敬”，因为“敬”外“忠”内，忠比敬重要。语本《论语·颜渊》：“子贡问政，子曰：‘足食，足兵，令民信之矣。’子贡曰：‘必不得已而去于斯三者，何先？’曰：‘去兵。’曰：‘必不得已而去于斯二者，何先？’曰：‘去食。自古皆有死，民不信不立。’”

㊳ 玄元皇帝：指老子李耳。唐奉老子为始祖，于乾封元年二月追号为“太上玄元皇帝”，天宝二年正

月加尊号“大圣祖”三字，天宝八载六月又加尊号为“圣祖大道玄元皇帝”。见《旧唐书·高宗纪下》。此所引玄元皇帝语见《老子》第五十七章：“我无事而民自富，我无欲而民自朴。”

㊴ 三事：三件事。所指随文而异。此处指正德、利用、厚生。《书·大禹谟》：“六府三事允治。”孔颖达疏：“正身之德，利民之用，厚民之生，此三事惟当谐和之。”唐韩愈《请上尊号表》：“由是五谷岁登，百瑞时见，六府三事，惟序惟歌。”章炳麟《辨诗》：“《九歌》者与六诗同列，水火金木土谷谓之六府；正德、利用、厚生谓之三事。”六府：古以水、火、金、木、土、谷为“六府”。鲰（zōu）：此指浅陋，卑微。

㊵ 斐然：此指志大语狂而无所约束貌。语本《论语·公冶长》：“子在陈曰：‘归与，归与！吾党之小子狂简，斐然成章，不知所以裁之。”朱熹注：“吾党小子指门人之在鲁者。狂简，志大而略于事也。斐：文貌。成章，言其文理成就有可观者。”子云：汉代扬雄，字子云。

㊶ 銮：皇帝的车驾。扆（yǐ）：古代宫殿窗和门之间的地方；置于门窗之间的屏风；借指君位。此用“銮扆”代指皇帝。

㊷天奖：君主的知遇之恩。魏臣：指三国魏程昱。捧日：喻忠心辅佐帝王。语本《三国志·魏志·程昱传》：“表昱为东平相，屯范。”裴松之注引晋王沈《魏书》：“昱少时常梦上泰山，两手捧日，昱私异之，以语荀彧……彧以昱梦白太祖。太祖曰：‘卿当终为吾腹心。’”秦后：秦君，此指秦穆公。钧天：天的中央；古代神话传说中天帝住的地方。传说，秦穆公、赵简子神游天庭，听到了钧天之乐。

㊸局（jú）影：蜷缩其身体，形容谨慎小心的样子。冰谷：此比喻危险的境地。《诗·小雅·小宛》：“惴惴小心，如临于谷。战战兢兢，如履薄冰。”

词标文苑科策二道（光宅元年）

问：朕闻北辰端扆，伫众彦以经邦；南面居尊，俟群材而纬俗。① 是知九官分职，熏风之咏载敷；八元匡朝，就日之规方远。② 历选列辟，遐考前修，并建明扬之躅，式广旁求之义。③ 故康衢扣角，授相越于齐班；海上牧羊，封侯超于汉秩。④ 洎乎淳风陵替，雅道湮沉，仕必因基，宦非材进。官虽备职，位匪得人。遂使七辅之材，销声于岩穴；六佐之彦，晦迹于丘园。⑤ 寤寐以之，载劳虚伫。今欲革因循之弊，蹑稽古之踪，此志虽勤，其途未遂。为是旌赍爽于前代，英杰寡于今晨。⑥ 伫尔昌言，朕将亲览。⑦

注释：

① 北辰：北极星；此喻帝王。端扆：扆，古代庙堂户牖之间绣有斧形的屏风。犹言“负扆”、“当扆”，指天子临朝听政。伫：期望、企盼。彦：贤士，俊才。经：治理；管理。《周礼·天官·大宰》：“一曰治典，以经邦国，以治官府，以纪万民。”纬俗：谓匡正世风。《北史·文苑传序》：“用能穷神知化，称首于千古；经邦纬俗，藏用于百代。至哉，斯固圣人之述作也！”

② 九官：古传舜设置的九个大臣。后泛指九卿六部的中央官员。详见卷四七五《明经诸经策问七道·尚书第四问》注②。熏风：此指传说舜唱的《南风歌》。八元：古代传说中的八个才子，见《左传·文公十八年》：“高辛氏有才子八人：伯奋、仲堪、叔献、季仲、伯虎、仲熊、叔豹、季狸，忠肃共懿，宣慈惠和，天下之民，谓之‘八元’。”后用以称颂有才德的人。就日：比喻对天子的崇仰或思慕。语出《史记·五帝本纪》：“帝尧者，放勋。其仁如天，其知如神。就之如日，

望之如云。”司马贞索隐：“如日之照临，人咸依就之，若葵藿倾心以向日也。”

③ 明扬：公开张扬或宣扬；此指举用，选拔。躅（zhuó）：足迹，踪迹；喻人的行为、业迹。式：用，以，以此。

④ 康衢：四通八达的大路。《列子·仲尼》：“尧治天下五十年，不知天下治欤，不治欤；不知亿兆之愿戴己欤，不愿戴己欤……尧乃微服游于康衢，闻儿童谣曰：‘立我蒸民，莫非尔极。不识不知，顺帝之则。’”扣角：相传春秋时卫人宁戚家贫，在齐，饭牛车下，适遇桓公，因击牛角而歌。桓公闻而以为善，命后车载之归，任为上卿。见汉刘向《新序·杂事五》。后以“扣角”为求仕的典故。海上牧羊：指苏武于北海上牧羊的故事；海上，指湖滨，《汉书》：“匈奴乃徙苏武北海上无人处。”

⑤ 七辅：传说辅助黄帝的七个人：风后、天老、五圣、知命、窥纪、地典、力墨（亦作力牧）。见旧题晋陶潜《集圣贤群辅录上》。六佐：亦言“四佐”、“六佐”、“七佐”，言多位辅佐大臣，非实指，与上句“七辅”偶对。丘园：乡村；此指隐逸。

⑥ 贲（bì）：文饰；装饰。《易·贲》：“贲其趾，舍车而徒。”高亨注：“‘贲其趾’者，谓文其足也。”旌贲，本谓颁旗以褒美之，后泛指褒奖。爽：此指差，差失，不合。

⑦ 昌言：善言，正当的言论。

对

房　晋①

对：惟德动天，文云开其五色；惟贤济俗，大运符其半千。②是知广厦将崇，必伫群材之用；巨川方济，良资舟楫之功。俾作股肱，方之羽翼。自风姜御辨之始，树以后王君公；云鸟分司之初，承以大夫师长，莫不投竿入相，舍筑称师。③五臣光就日之朝，八凯翊熏风之代，阴阳由其燮理，百姓用以平康。④善佐必藉于贤臣，辅国或伫于良佐。国家旁求俊乂，束帛之礼荐陈；物色异人，丘园之彦咸萃。⑤登坛对楚，连城之宝不足称；置馆求燕，照乘之珍无以贵。⑥多士迈隆周之日，得人光炎汉之朝。犹以为官匪材升，仕因基进，显革因循之弊，用追稽古之风。诚愿察彼山苗之间，求夫纵壑之论。⑦材或可纪，超升于槐棘之班；德或可褒，擢任于公卿之位。⑧开其上赏之路，颂以中和之诗，则淳于髡之进贤，一朝而见七士；许子将之举德，少选而收二俊。⑨自然词人阔步，才子长鸣，公理息《昌言》之篇，节信罢《潜夫》之作。⑩谨对。

注释：

① 房晋：武后光宅元年登第。见今《全唐文》卷二百三十六。

② 文云：犹言“庆云”，五色云，古人以为喜庆、吉祥之气。《列子·汤问》：“庆云浮，甘露降。”半千：指五百年。《孟子·公孙丑下》：“五百年必有王者兴，其间必有名世者。”

③ 风：指上古部落酋长伏羲氏。《左传·昭公十七年》：“大皞氏以龙纪，故为龙师而龙名。”杜注：“大皞，伏牺氏，风姓之祖也。”姜：本为水名，后神龙氏以姜为姓。此即代指炎帝神龙氏。《国语·晋语四》：“黄帝以姬水成，炎帝以姜水成。”御辨：当作“御辩”，驾驭世变。辩，通“变”。语本《庄子·逍遥游》：“若夫乘天地之正，而御六气之辩。”郭象注：“御六气之变者，即是游变化之途也。”云鸟：相传黄帝受命有云瑞，故以云纪事，百官师长皆以云为名号。少皞氏受命有凤鸟适至，故以鸟纪事，百官师长皆以鸟为名号。见《左传·昭公十七年》。后以“云鸟”指两个不同的朝代。分司：分掌，分管。投竿：此指丢掉钓竿，谓罢钓，借指出仕。相传吕尚钓于渭滨，

周文王出猎相遇，与语大悦，同载而归，以为师。见《史记·齐太公世家》。舍筑：指商代贤士傅说舍版筑而入相事。

④ 五臣：五个臣子，所指随文而异。八恺：相传古代高阳氏的八个才子。《旧唐书·韦湊传》："八凯、五臣，良佐也。"翊（yì）：通"翼"。辅佐；护卫。

⑤ 東帛：捆为一束的五匹帛，古代用为聘问、馈赠的礼物。

⑥ 登坛：指登坛拜将。出《史记·淮阴侯列传》，刘邦听从萧何意见，在逮住意欲逃离的韩信后，乃"择良日，斋戒，设坛场"，备礼而拜韩信为将，以对抗强楚。后因以"登坛拜将"借指任命将帅或委以重任。置馆求燕：燕馆，指战国时燕昭王为招纳贤士所筑的碣石宫；亦以泛指招贤纳士的馆舍。照乘珠：光亮能照明车辆的宝珠。

⑦ 山苗之词：指晋左思《咏史》之二："郁郁涧底松，离离山上苗……世胄蹑高位，英俊沈下僚。"纵壑之论：指汉代王褒在其《圣主得贤臣颂》中所论："千载一会，论说无疑，翼乎如鸿毛遇顺风，沛乎若巨鱼纵大壑。"

⑧ 槐棘：周代朝廷种三槐、九棘，公卿大夫分坐其下，以定三公九卿之位。后因以"槐棘"喻指三公九卿之位。《周礼·秋官·朝士》："朝士掌建邦外朝之法。左九棘，孤卿大夫位焉，群士在其后；右九棘，公侯伯子男位焉，群吏在其后；面三槐，三公位焉，州长众庶在其后。"

⑨ 上赏：最高的赏赐，重赏。中和：中庸，中正平和。致中和，则天地万物均能各得其所，达于和谐境界。淳于髡：战国齐人淳于髡，见《孟子·离娄上》。许子将：许劭字子将。少选：一会儿，不多久。二俊：指荀靖、荀爽。荀靖，有德名，终身隐居。许劭少峻名节，好人伦，多所赏识，曾评荀靖与其弟荀爽曰："二人皆玉也，慈明（荀爽）外朗，叔慈（荀靖）内润。"

⑩ 昌言：善言，正当的言论；此指东汉末哲学家仲长统的哲学政治著作《昌言》。书中反对"选士而论族姓阀阅"，主张"核才艺以叙官宜"。据载《昌言》"凡三十四篇，十余万言"。原书已佚，《后汉书》"本传"录有《理乱》、《损益》、《法诫》三篇；清严可均和马国翰有辑佚。潜夫：隐者；此指东汉王符的《潜夫论》。此书共三十六篇，对东汉后期政治社会提出广泛尖锐的批判，把社会的黑暗动乱的根源归之于统治者的昏暗不明，把治理乱世的希望寄托在明君和贤臣身上。

同　前

皇甫琼（登科记作皇甫伯琼）①

对：珠衡上列，圣人居曜魄之尊；玉理旁融，元后握乾坤之柄。②膺宝历而推五胜，皇纲居混沌之先；悬玉镜而运三千，帝系出氤氲之上。③莫不辟天关以统业，横地轴而开基，象列宿而环北辰，制诸侯而向南面。④柱州巢氏之际，晦声迹于龙图；结绳炼石之余，摛景曜于龟象。⑤未有巨川已济，不资舟楫之功；大厦已成，不假栋梁之力。至于远电流祉，既委任于三台；就日居尊，亦佥谋于四岳。⑥道德为富，魏文侯之式庐；礼义可尊，燕昭王之拥彗。⑦孔明佐蜀，叶鱼水以陈谋；仲父相齐，假鸿毛以康俗。⑧洎嬴晖掩镜，汉道亡珠，位以恩升，荣非德进。⑨挂网罗者则黄鹄高飞，縻爵禄者则青凫竞至。⑩自钦明抚运，宪章稽古，司光凤纪，位映龙名。⑪振鹭来仪，袭宪飙而鼓舞；白驹萃止，食苗场以絷系。⑫所以绳准百王，牢笼万代。

伏惟圣母皇帝陛下，辟阴阳之一气，独化初皇；启日月之三光，混成太极。灵祇翕忽，出震宫而齐巽围；云雨氤氲，辨天垓而通地圻。⑬慕崩沙之灵运，符润石之休期。

忧在进贤，道叶《采苓》之化；恩无不逮，德合《樛木》之风。⑭掩娲后以称尊，迈姬任（一作旦）而立政。⑮吹尘（一作竽）钓璜之侣，接武于阶墀；骑星弄电之夫，肩随于廊庙。⑯虽良骏充厩，逾怀买骨之谋；真龙在堂，更伫丹青之翫。⑰应休琏之独坐，乌雀来庭；尹叔良之闲居，蟏蛸在户。⑱傍加策问，亲览政途，词丽汾州，声侔沛邑（一作声洋洛邑）。掩鹏图而该魏网，漆园无控地之词；飞鹤板而征汉臣，九皋有闻天之誉。⑲凡曰群生，孰不幸甚。臣中庸贱逸，下泽幽微，忝预明扬，谬承推择。驰心日路，冀三舍以矜魂；累息天门，瞻九重而惕虑。谨对。

注释：

① 皇甫琼：一作伯琼。永昌元年（689）进士。见今《全唐文》卷二百七。

② 珠衡：指人眉间骨隆起如连珠，古人以为帝王圣贤之相。《孝经援神契》："伏羲大目山准，日角而连珠衡。"宋均注："珠衡，衡中有骨，表如连珠，象玉衡星。"曜魄：北极星。玉理：玉的纹理；比喻肌肤纹理温润密致。元后：犹言天子，此指武则天。

③ 五胜：五行相胜。言水胜火、火胜金、金胜木、木胜土、土胜水。三千：此指三千大千世界。玉镜：比喻清明之道。《尚书帝命验》："桀央玉镜，用其噬虎。"郑玄注："玉镜喻清明之道。"李白《送张秀才谒高中丞》诗："秦帝沦玉镜，留侯降氛氲。"

④ 天关：天门。地轴：古代传说中大地的轴；泛指大地。

⑤ 柱州：传说中地名。郦道元《水经注·河水一》："《遁甲开山图》曰：'五龙见……柱州昆仑山上。'荣氏注云：'五龙治在五方，为五行神。五龙降天皇兄弟十二人，分五方为十二部，法五龙之迹，行无为之化，天下仙圣治，在柱州昆仑山上。'"巢氏：即"有巢氏"，传说中巢居的发明人。有，词头。《韩非子·五蠹》："上古之世，人民少而禽兽众，人民不胜禽兽虫蛇，有圣人作，构木为巢以避群害，而民悦之，使王天下，号曰有巢氏。"龙图：即河图。汉应劭《风俗通·山泽·四渎》："河者，播也，播为九流，出龙图也。"炼石：即"炼石补天"之省，神话传说，上古之时，天破地裂，女娲炼五色石以补苍天。语本《淮南子·览冥》："往古之时，四极废，九州裂，天不兼覆，地不周载……于是女娲炼五色石以补苍天。"比喻挽回不利局势。龟象：龟卜显现的征兆。

⑥ 流祉：流布的福泽。三台：此指三公，古代中央三种最高官衔的合称，周以太师、太傅、太保为三公；泛指三种最高官衔的合称。佥谋：众人筹划。四岳：相传为共工的后裔，因佐禹治水有功，赐姓姜，封于吕，并使为诸侯之长；此泛指地方最高长官。

⑦ 魏文侯至之式庐：式庐，指登门拜谒；式，通"轼"，本指车前横木，此指凭轼加礼。庐，房舍；"式庐"为敬贤之词。《史记·魏世家》：干木，晋人也，守道不仕。魏文候欲见，造其门，干木逾墙避之。文侯以礼客之，出过其闾而轼。其仆曰："君何轼？"曰："段干木贤者也，不趣势利，怀君子之道，隐处穷巷，声驰千里，吾安得勿轼！干木先乎德，寡人先乎势；干木富乎义，寡人富乎财。势不若德贵，财不若义高。"拥彗：执帚，帚用以扫除清道，古人迎候宾客，常拥彗以示敬意。《史记·孟子荀卿列传》："〔驺子〕如燕，昭王拥彗先驱，请列弟子之座而受业。"

⑧ 叶（xié）：同"协"，和洽，相合。鱼水：此比喻君臣相得。《三国志·蜀志·诸葛亮传》："〔先主〕于是与亮情好日密。关羽、张飞等不悦，先主解之曰：'孤之有孔明，犹鱼之有水也，愿诸君勿复言。'"康：安乐；治理；此用作动词，使安乐。

⑨ 嬴：指秦朝。

⑩ 縻：被羁绊。凫：野鸭。青凫竞至即趋之若鹜之意。

⑪ 钦明：敬肃明察。风纪：犹言凤历。《左传·昭公十七年》："我高祖少皞挚之立也，凤鸟适至，故

纪于鸟，为鸟师而鸟名，凤鸟氏，历正也。”后因用“凤历”称岁历，含有历数正朔之意。

⑫ 振鹭：《诗·周颂·振鹭》：“振鹭于飞，于彼西雝。”孔颖达疏：“言有振振然絜白之鹭鸟往飞也……美威仪之人臣而助祭王庙亦得其宜也。”又《鲁颂·有駜》：“振振鹭，鹭于下。”毛传：“鹭，白鸟也，以兴絜白之士。”郑玄笺：“絜白之士群集于君之朝。”后因以“振鹭”喻在朝的操行纯洁的贤人。来仪：凤凰来舞而有容仪，古人以为瑞应。《书·益稷》：“箫韶九成，凤皇来仪。”比喻杰出人物的降临。白驹：白色骏马；比喻贤人、隐士。语出《诗·小雅·白驹》：“皎皎白驹，食我场苗。絷之维之，以永今朝。”毛传：“宣王之末，不能用贤者，有乘白驹而去者。”郑玄笺：“愿此去者，乘其白驹而来，使食我场中之苗，我则绊之系之，以永今朝。爱之欲留之。”后以为延揽贤才或思念贤者之典。

⑬ 翕（xī）忽：犹倏忽，急速貌。《文选·左思〈吴都赋〉》：“神化翕忽，函幽育明。”刘逵注：“翕忽，疾貌。”震宫：东方。《易·说卦》：“万物出乎震。震，东方也。”巽围：犹言“巽维”，东南方。《易·说卦》：“巽，东南也。”天垓：天际，天边。地圻（yín）：地垠；圻，通“垠”。

⑭《采苓》之化：《诗·唐风·采苓》，小序：“采苓，刺晋献公也。献公好听谗焉。”此处用典意在说去谗、进贤、出恶。《樛木》之风：《诗·周南·樛木》，小序：“樛木，后妃逮下也。言能逮下而无嫉妒之心焉。”此处用典意在说武后能够和睦后宫，和谐众官。

⑮ 娲后：即女娲氏，中国神话传说中人类的始祖。传说她与伏羲由兄妹而结为夫妇，产生人类。又传说她曾用黄土造人，炼五色石补天，断鳌足支撑四极，平治洪水，驱杀猛兽，使人民得以安居，并继伏羲而为帝。参阅《淮南子·览冥》、《史记》司马贞补《三皇本纪》。姬任：指周文王母亲太任。《诗·大雅·大明》载：“大任有身，生此文王。维此文王，小心翼翼。昭事上帝，聿怀多福。厥德不回，以受方国。”“于周于京，缵女维莘。长子维行，笃生武王。”季历娶有莘国女太任为妻生文王，文王娶太姒为妻生武王，两位伟大的母亲！此用以赞美武则天的伟大。

⑯ 吹尘：《史记·五帝本纪》：“举风后、力牧、常先、大鸿以治民。”张守节正义引《帝王世纪》：“黄帝梦大风吹，天下之尘垢皆去。又梦人执千钧之弩，驱羊万群。帝寤而叹曰：‘风为号令，执政者也。垢去土，后在也，天下岂有姓风名后者哉……于是依二占而求之，得风后于海隅，登以为相。’”后以“吹尘”为得良相之兆；此指良才。钓璜：垂钓而得玉璜；喻臣遇明主，君得贤相。典出《尚书大传》卷一：“周文王至磻溪，见吕望，文王拜之。尚父云：‘望钓得玉璜，刻曰：周受命，吕佐检德合，于今昌来提。’”阶墀：台阶。亦指阶面。

⑰ 买骨：即“买骏骨”。《战国策·燕策一》：战国时，燕昭王要招揽贤才，郭隗喻以故事：从前有国君欲以千金求千里马，三年未得。有人花五百金买一死千里马的头回报，国君大怒，此人对曰：“死马且买之五百金，况生马乎？天下必以王为能市马，马今至矣！”不久果然买得三匹千里马。后因以“买骏骨”为求贤若渴之典。翫：钻研；修炼。三国魏嵇康《琴赋》序：“余少好音声，长而翫之。”

⑱ 应休琏：应璩（？—252），字休琏，三国时，魏文学家。汝南（今属河南）人。博学好作文，善于书记。文帝、明帝时，历官散骑常侍。原有集十卷，已散佚。明代张溥辑其诗、文共十余篇，与应玚作品合为《应德琏应休琏集》，入《汉魏六朝百三家集》中。蟏蛸：蜘蛛的一种，脚很长，通称蟢子。《诗·豳风·东山》：“伊威在室，蟏蛸在户。”孔颖达疏：“蟏蛸，长踦，一名长脚。荆州河内人谓之喜母，此虫来著人衣，当有亲客至有喜也。幽州人谓之亲客，亦如蜘蛛为罗网居之，是也。”

⑲ 鹏图：比喻人之壮志。《庄子·逍遥游》：“有鸟焉，其名为鹏，背若太山，翼若垂天之云，抟扶摇羊角而上者九万里。绝云气，负青天，然后图南，且适南冥也。”该：包容；包括。三国魏曹植《与杨德祖书》：“吾王于是设天网以该之，顿八纮以掩之，今悉集兹国矣。”漆园：此指庄子，庄子当过漆园吏。《史记·老子韩非列传》：“庄子者，蒙人也。名周，周尝为蒙漆园吏。”控地：投地，由空中摔落于地上。控地之词：指《庄子·逍遥游》：“鹏之徙于南冥也，水击三千里，抟扶

摇而上者九万里……蜩与鷽（xué）鸠笑之曰：‘我决起而飞，抢榆枋，时则不至，而控于地而已矣。奚以之九万里而南为?’”鹤板：即“鹤版”，征聘贤士的诏书。《隋书·百官志上》：“若敕可，则付选，更色别，量贵贱，内外分之，随才补用。以黄纸录名，八座通署，奏可，即出付典名。而典以名帖鹤头板。整威仪，送往得官之家。”九皋：曲折深远的沼泽。《诗·小雅·鹤鸣》：“鹤鸣于九皋，声闻于野。”毛传：“皋，泽也。言身隐而名著也。”郑玄笺：“皋，泽中水溢出所为坎，自外数至九，喻深远也。鹤在中鸣焉，而野闻其鸣声……喻贤者虽隐居，人咸知之。”后亦用为称美隐士或贤人的典实。

文苑英华卷四百八十二

宋　李昉等编

贤良方正策二道

第一道

问：朕闻经国体野，取则于天文；设官分职，用立于人纪。①名实相副，自古称难；则哲之方，深所不易②。朕以薄德，谬荷昌图，思欲追逸轨于上皇，拯群生于季俗，澄源正本，式启惟新。③俾用才委能，靡失其序，以事效职（答策作力），各得其长。至于考课之方，犹迷于去取；黜陟之义，尚惑于古今。未知何帝之法制可遵，何代之沿革斯衷？④此虽戋戋束帛，每贲于丘园；翘翘错薪，未获于英楚。⑤并何方启塞，以致于兹？竚尔深谋，朕将亲览。

注释：

① 经国体野：分划国都，丈量田野。《周礼·天官·序官》："惟王建国，辨方正位，体国经野，设官分职，以为民极。"郑玄注："体犹分也，经谓为之里数。郑司农云：'营国方九里，国中九经九纬，左祖右社，面朝后市，野则九夫为井，四井为邑之属是也。'"后用以泛指创建国家、治理国家。人纪：人之纲纪，指立身处世的道德规范。

② 则哲之方：犹言知人之方。本于《尚书·皋陶谟》："知人则哲。"此言"则哲"，隐含"知人"，用的是藏词的修辞手法。

③ 昌图：预示永昌帝业的图谶。古天子登祚，假托受命于天，故有膺箓受图之说。逸轨：高洁的轨范。季俗：指末世颓败的风俗。季：末，指一个时期的末了。

④ 衷：善；适当，恰当。《左传·僖公二十四年》："服之不衷，身之灾也。"杜预注："衷，犹适也。"

⑤ 戋戋：浅少。《易·贲》："六五，贲于丘园，束帛戋戋。"朱熹本义："戋戋，浅小之意。"束帛：捆为一束的五匹帛，古代用为聘问、馈赠的礼物。贲（bì）：文饰，装饰。丘园：家园，乡村。《易·贲》王肃注："失位无应，隐处丘园。"后以"丘园"指隐居之处。翘翘：此指众多貌。错薪：杂乱丛生的柴草。楚：本指高出杂树丛的荆树，后用以比喻杰出的人材或突出的事物；《诗·周南·汉广》："翘翘错薪，言刈其楚。"毛传："错，杂也。"王引之《经义述闻·毛诗上》："翘翘，为众多之貌。"

对

张柬之①

对：臣闻仲尼之作《春秋》也，法五始之要，正王道之端，微显阐幽，昭隆大业。②瀍、洛之功既备，范围之理益深。③伏惟陛下，受天明命，统辑黎元，载黄屋，负黼扆，居紫宫之邃（一作中），坐明堂之上。④顺阳和以布政，摄三吏而论道，雍容高拱，金声玉振，征求无厌，误及斯贱⑤。微臣材朽学浅，诚不足以膺严旨，扬天休。⑥虽然，敢不尽刍荛，罄狂瞽，悉心竭节，昧死上对。⑦

臣闻天者，群物之祖，王者受命于天，故则天而布列职。天生蒸民，树之君长，以司牧之，自非聪明睿哲，齐圣广渊，不能使人乐其生、家安其业。⑧陛下德自天纵，慈悯元元，既乐其生，且安其业。⑨臣闻瑞者，上天所以申命人主也。故使麒麟游于囿，凤凰集于庭，庆云出，神龙见。其余草木烟露之祥，不可胜记。陛下日慎一日，虽休勿休，故天申之以祯石，告之以神文⑩。大矣哉，圣人之鸿业也。臣闻河图、洛书之不至也久矣。孔子曰："凤鸟不至，河不出图，吾已矣夫。"师说曰："圣人自伤己有能致之资，而天不致也。"⑪陛下有能致之资而天蕴者，所以扶助圣德，抚宁兆人也。臣观今朝廷含章赡博之士，鲠言正议之臣，陛下诱而进之，并践丹地，伏青规，颙颙昂昂，云属雾委，鸾骞凤振（一作翥），佩金鸣玉，曳朱绂，扬翠绥，充牣于阶庭者矣。⑫昔舜举十六相，去四凶人，有大功二十，而为天子。⑬前史美之，称曰尽善尽美。虽甚盛德，无以加此。陛下彰善去恶，昭德塞违，万万于虞舜。自托薄德，愚臣何足以望清光，而敢有议哉。⑭

制策曰："思欲追逸轨于上皇，拯群生于季俗，澄源正本，式启惟新。"臣闻善言古者，必考之于今；善谈今者，必求之于古。臣窃以当今之务而稽之往古，以往古之迹而比之当今，以为三皇神圣，其臣不能及，故于（疑）亲之。陛下刊列格，正爰书，修本业，著新诫，建总章以申严配，置法匦以济穷冤，此前圣所不能为，非群臣之所能及也。⑮今朝廷之政，上令下行，如身之使臂，臂之使手。百僚师师，罔不咸乂，此群臣之能奉职也。⑯《书》曰："元首明哉，股肱良哉，庶事康哉。"⑰故臣以为陛下有三皇之位，而能隆三皇之业也。臣以今之刺史，古之十二牧也。今之县令，古之百里君也。有官联焉，有社稷焉，可谓重矣。⑱任非其材，其害亦重矣。昔周宣王欲训其人，问于樊仲曰："吾欲训人，诸侯谁可者？"仲曰："鲁侯肃恭明神，敬事耆老，必咨于故实，问于遗训，乃立之。"⑲晋之名臣亦言："舍人、洗马，一时之高选，台郎、御史，万邦之俊哲。若出于宰牧，颂声兴矣。"⑳由此言之，则古牧州宰县者，不易其人也。自非惠训不倦，动简天心者，未可委以五符之重，百里之寄。㉑今则不然，多以门资擢授，或以勋阶莅职，莫计清浊，无选艺能。负违圣诫，安肯肃恭明神？轻理慢法，安肯敬事耆老？取舍自便，安能求之故实？举措纵欲，安能问之遗训？选异一时之高材，非万邦之俊杰。于是多其仆妾，广其资产，齿角两兼，足翼双备，蹈瑕履秽，不顾廉耻，抵网触罗，覆车相次。㉒孔子曰："既得之，患失之。苟患失之，无所不至矣。"㉓故臣以为陛下有三皇之人，无三皇之吏也。

制策曰："俾用才委能，靡失其序，以事效力，各得其长。至于考课之方，犹迷于去取；黜陟之义，尚惑于古今。未知何帝之法制可遵，何代之沿革斯衷？"臣闻皇王之制，殊条共贯，虽有改制之名，无不相因而立事。孔子曰："殷因于夏礼，所损益可知；周因于殷礼，所损益可知。其或继周者，虽百世可知也。"㉔然则虞帝之三考黜陟，周王之六廉察士，虽有沿革，所取不殊，期于不滥而已。㉕陛下取人之法甚明，考绩之规甚著。臣以为犹舟浮于水，车转于陆，虽百王无易也。今丘园已贲，英楚云集，启塞之路，岂愚臣所能轻云也。谨对。

注释：

① 张柬之：字孟将，襄州襄阳人。少补太学生，第进士，累补青城丞，永昌元年以贤良征，时年七十余矣。试策第一，擢拜监察御史，神功初累拜荆州大都督府长史。长安中召还，累迁至同凤阁鸾台平章事。中宗即位，以诛张易之昌宗功擢拜天官尚书凤阁鸾台三品。作品见今《全唐文》卷一百七十五。

② 五始：《春秋》纪事，始以元年、春、王、正月、公即位等五事，谓之“五始”。

③ 瀍（chán）洛：瀍水和洛水的并称；代指洛阳。洛阳为东周、东汉、魏、晋等朝都城（今河南省洛阳市，地处瀍水两岸、洛水之北），故多以二水连称谓其地。范围：效法。《易·系辞上》：“范围天地之化而不过。”韩康伯注：“范围者，拟范天地而周备其理也。”孔颖达疏：“范谓模范，围谓周围……言法则天地以施其化。”

④ 黄屋：古代帝王专用的黄缯车盖；借指帝王之车。黼扆：古代帝王座后的屏风，上画斧形花纹。《书·顾命》：“狄设黼扆缀衣。”孔传：“扆，屏风，画为斧文，置户牖间。”紫宫：指帝王宫禁。《文选·左思〈咏史〉之五》：“列宅紫宫里，飞宇若云浮。”李周翰注：“紫宫，天子所居处。”

⑤ 阳和：春天的暖气。三吏：即三公。《左传·成公二年》：“王使委于三吏。”杜预注：“三吏，三公也。三公者，天子之吏也。”征求：指求贤。斯贱：作者自称。

⑥ 天休：指天子对臣民的恩荫、庇护。

⑦ 狂瞽（gǔ）：愚妄无知，多用作自谦之辞。竭节：尽忠；坚持操守。

⑧ 司牧：管理，统治。

⑨ 天纵：亦作“天从”，天所放任，意谓上天赋予。后常用以谀美帝王之辞。《论语·子罕》：“固天纵之将圣，又多能也。”元元：百姓；庶民。

⑩ 祯（zhēn）：吉祥。《三国志·魏志·管宁传》：“此石，当今之变异，而将来之祯瑞也。”

⑪ “孔子曰”句：出《论语·子罕》：“子曰：‘凤鸟不至，河不出图，吾已矣夫！’”

⑫ 含章：包含美质。《易·坤》：“六三，含章可贞。”孔颖达疏：“章，美也。”赡博：丰富广博。鲠言：坚决直率地言说，直言。丹地：古代帝王宫殿中涂饰著红色的地面，因用以指朝廷。青规：指宫庭禁地或御前所铺蒲草之席，是进谏奏事的场所。颙颙：肃敬貌。云属：接连不断；属，接连、连续。骞：此处通“骞”，飞起。绂（fú）：系官印的丝带。绥（ruí）：古代帽带的下垂部分。充牣：充仞，充满。

⑬ 十六相：即十六族。四凶：相传为尧舜时代四个恶名昭彰的部族首领。《左传·文公十八年》：“舜臣尧，宾于四门，流四凶族浑敦、穷奇、梼杌、饕餮，投诸四裔，以御魑魅。是以尧崩而天下如一，同心戴舜以为天子，以其举十六相，去四凶也。”舜举十六族、去四凶，故言“大功二十”。

⑭ 清光：清美的风彩；多喻帝王的容颜。

⑮ 刊：砍斫，削除；此指订正，修订。列格：众法条。格，条例，制度。《新唐书·刑法志》：“唐之刑书有四：曰律、令、格、式……格者，百官有司之所常行之事也。”爰书：古代记录囚犯供辞的文书。总章：古代天子明堂之西向室；此即代指明堂。严配：谓祭天时以先祖配享。法匦（guǐ）：唐武后垂拱元年置匦使院，属中书省，以谏议大夫及补阙、拾遗一人为知匦使。设方函，四面分别涂青丹白黑四色，每日暮进晨出，列于署外。这个方函就是法匦。凡臣民有怀才自荐、匡政补过、申冤辩诬、进献赋颂者，均可以状分类投匦。

⑯ 师师：相互师法。《书·皋陶谟》：“百僚师师，百工惟时。”孔传：“师师，相师法。”孔颖达疏：“百官各师其师，转相教诲。”乂（yì）：此指治理。

⑰ 元首：此指君主。股肱：比喻左右辅佐之臣。

⑱ 百里君：也叫“百里宰”，县令的别称。百里，古时一县所辖之地，因以为县的代称；称县长为百里君。《汉书·百官公卿表上》：“县大率方百里。”官联：犹言官职。宋高宗《翰墨志》：“本朝自

建隆以后，平定僭伪，其间法书名迹皆归秘府。先帝时又加采访，赏以官联金帛。”

⑲ 训人：此指教导公卿子弟的师长。《书·康诰》：“不率大戛，矧惟外庶子、训人。”故实：有参考或借鉴意义的旧事。《国语·周语上》：“赋事行刑，必问于遗训而咨于故实。”

⑳ 舍人：官名，《周礼·地官·舍人》：“舍人掌平宫中之政，分其财守，以法掌其出入者也。”本宫内人之意，后世以为亲近左右之官。洗马：本指在马前作前驱；引申指官名，汉沿秦置，为东宫官属，职如谒者，太子出则为前导；晋时改掌图籍。台郎：指尚书郎；魏晋以后尚书各曹有侍郎、郎中等官，综理职务，通称为尚书郎。御史：官名，春秋战国时期列国皆有御史，为国君亲近之职，掌文书及记事；秦设御史大夫，职副丞相，位甚尊，并以御史监郡，遂有纠察弹劾之权；汉以后，御史职衔累有变化，职责则专司纠弹。

㉑ 简：符合事实。《书·吕刑》：“五辞简孚，正于五刑。”蔡沈集传：“简，核其实也。”简本有检阅、检验义，由此引申出符合义。符：指符节，符信。汉魏任命要员或调动军队，常剖符为二，君臣各执一半，合符乃信。东汉以后，太守常兼刺史，故有所持符节不少。

㉒齿角两兼：有利齿者为食肉猛兽，但它们无角；有角者多为食草动物，但它们无利齿。本不可兼而欲兼之，此喻官员之贪得无厌。“足翼双备”之取喻方式相同，四足跑者无翼，有翼能飞者祇二足，贪夫则欲兼有之。

㉓“既得之”句：即言“患得患失”，生怕得不到，得到以后又生怕失掉，斤斤计较个人得失。《论语·阳货》：“子曰：‘鄙夫可与事君也与哉？其未得之也，患得之；既得之，患失之。苟患失之，无所不至矣！’”

㉔ 殷因于夏礼句：见《论语·为政》，言夏商周三代之礼制，有增减，有继承。

㉕ 三考：古代官吏考绩之制，指经三次考核决定升降赏罚。《书·舜典》：“三载考绩，三考，黜陟幽明。”六廉：指以廉洁贯穿的六种能力，即廉善、廉敬、廉能、廉政、廉法、廉辩。《周礼·天官冢宰第一》：“以听官府之六计弊群吏之治：一曰廉善，二曰廉能，三曰廉敬，四曰廉正，五曰廉法，六曰廉辨。”

第二道

问：朕闻轨物垂训，必随（一作体）正于因生；开国承家，理崇光于敦本。①故七叶貂珥，表金室之荣；十纪羽仪，峻班门之躅。②保姓受氏，义先于睦亲；翼子谋孙，事隆于长发。③朕以塞昧，叨奉先灵，坠典咸新，遗章毕睹。④思欲甄明谱系，澄汰簪裾，泒别淄、渑，区分士庶。⑤至如陈、田互出，虢、郭俱开。⑥束晳改汉传之宗，辅果易晋卿之号。⑦巨君之姓，曾非驭鹤（王子晋也）之苗；元海之家，谅非扰龙之族。⑧永言纰缪，良用怃然。⑨子大夫十室推英，三冬富学，允迪褎然之举，宜扬锵尔之词。⑩至若北郭、南宫，本因何义？⑪三乌、五鹿，起自何人？⑫公孙之由，司马之姓，咸加辨析，且显指归。式副对扬，朕将亲览。

注释：

① 轨物：指规范事物。敦本：厚其根本。

② 七叶：七世，七代。貂珥：貂，貂尾；珥（ěr），插。指侍中、常侍之冠，因插貂尾为饰，故称。此言累七代在朝为官。十纪：十代，十世。羽仪：此比喻居高位而有才德，被人尊重或堪为楷模。《易·渐》：“鸿渐于陆，其羽可用为仪。”孔颖达疏：“处高而能不以位自累，则其羽可用为物之仪表，可贵可法也。”躅（zhuó）：本指足迹；踪迹。《汉书·叙传上》：“伏周孔之轨躅。”此喻人

的业迹。

③ 长发：《诗·商颂·长发》："浚哲维商，长发其祥。"郑玄笺："深知乎维商之德也，久发见其祯祥矣。"商朝自始祖契到成汤，长显受命的祯祥；后用作歌颂帝王祖先有明德、享国长久的典故。

④ 叨：犹"忝"，表示承受之意，常用作谦词。坠典：指已废亡的典章制度。

⑤ 簪裾：古代显贵者的服饰；此借指名门望族。唐李渊至武后时，南北朝以来的士族阶层的社会影响力仍很大，新兴权贵也以挤进他们的行列、名列氏姓谱为荣，这样就导致了谱系猥滥，需要加以澄汰。泒："派"的讹字。派别：此指区分，区别。淄渑：淄水和渑水的并称，皆在今山东省，相传二水味各不同，混合之则难以辨别。此喻大族与庶姓的分别。

⑥ 陈、田：二字古音相近，故字相通。古无舌上音，上古"知彻澄"母字念"端透定"母。"陈"即读如"田"。先秦古书中齐国"陈完"、"田完"是同一人。不作姓氏用时，此二字亦相通借，如《墨子·号令》："候出越陈表，遮坐郭门之外内，立其表，令卒之半居门内，令其少多无可知也。"孙诒让间诂："'陈表'，《杂守篇》作'田表'。'田'、'陈'，古音相近，字通。田表，谓郭外之表也。"虢、郭：二字音近通假。虢（guó），古国名，西周文王弟虢仲之封地，故城在今陕西省宝鸡市东者，是为西虢。虢叔之封地，在今河南省成皋县虢亭者，是为东虢。平王东迁，西虢徙上阳，地在今河南省陕县东南，称南虢。西虢迁徙后，其支族留居原封地者，称小虢。此外，虢仲有别支，地居于今山西省平陆县大阳之南、滨河之北者，称北虢。史称"晋假道于虞以伐虢"者，即指此，虢灭于晋。虢仲、虢叔之后，以国为姓；后亦改写作"郭"。

⑦ 束皙：晋代大学者。《晋书》卷六《束皙传》："皙才学博通，所著《三魏人士传》、《七代通记》、《晋书》纪志，遇乱亡失。其《五经通论》、《发蒙记》、《补亡诗文集》数十篇行于世云。"今传有《汉晋春秋》，论汉承周祚、晋承汉祚甚详。辅果：《元和姓纂》卷六："《蜀志》有右将军辅果，字符弼。"

⑧ 巨君：王莽，字巨君。驭鹤：指周灵王太子晋驾鹤升仙的故事。汉刘向《列仙传·王子乔》："王子乔者，周灵王太子晋也。好吹笙作凤凰鸣。游伊洛间，道士浮丘公接上嵩高山。三十余年后，求之于山上，见柏良曰：'告我家：七月七日待我于缑氏山巅。'至时，果乘鹤驻山头，望之不可到。举手谢时人，数日而去。"元海：刘渊字符海，新兴匈奴人。其先夏后氏之苗裔，曰淳维，世居北狄。扰龙：《文献通考·物异考十九》："其后有刘累，学扰龙（扰音柔，驯也，能顺养得其嗜欲）于豢龙氏，以事孔甲。".

⑨ 怃然：怅然失意貌。《论语·微子》："夫子怃然曰：'鸟兽不可与同群，吾非斯人之徒与而谁与？'"

⑩ 十室推英：语本《论语·公冶长》：子曰："十室之邑，必有忠信如丘者焉，不如丘之好学也。"三冬：孟冬、仲冬、季冬。《汉书·东方朔传》："年十三学书，三冬，文史足用。"允迪：认真履践或遵循。《书·皋陶谟》："允迪厥德，谟明弼谐。"孔传："言人君当信蹈行古人之德。"褎（yòu）然：杰出貌，出众貌。锵：形容金、玉等撞击声。尔：此作助词，用作词缀，犹"然"。《论语·先进》："鼓瑟希，铿尔，舍瑟而作。"此犹言金玉良言。

⑪ 北郭：复姓，春秋齐有大夫北郭子车。见《左传·襄公二十八年》。南宫：复姓。春秋有南宫适。见《论语·宪问》。

⑫ 三乌：复姓，汉有三乌群。见《通志·氏族三》。五鹿：复姓，西汉有五鹿充宗。见《汉书·朱云传》、《汉书·佞幸传·石显》等。

对

前　人

对：臣闻保姓受氏，明乎典训。或因地以赐姓，或因官而命氏，或官以代功，亦以官族或所居之地因以为氏。诸侯之子，称为公子；公子之子，称为公孙；公孙之子，乃以其王父字为氏。后代因之，亦以为姓。田、陈、虢、郭，以声近而遂分；辅果、束皙，以避难而更改。王莽以田王为氏，元海因汉甥立族。①骚括分南北之号，充宗为五鹿之先。②应氏著书，具表三乌之始。③司马、司徒，是曰因官；公孙、叔孙，《春秋》备载。④

陛下尽六艺之英，穷百氏之要，淑问扬天地，玄情贯幽显。⑤黄竹清歌，词穷五际；白云高唱，文包万象。⑥昔曹门三祖，道愧由庚；刘氏四叶，仁非解愠。⑦岂若睿思琼敷，同雨露之沾渐（一作渍）；神机苕发，等曦望之照临。⑧起帝典而孤立，孕皇坟而独秀。⑨臣沐浴淳和，叨承至训，名闻于圣听，言奏于阙前。谨对。

注释：

①“王莽”句：指王莽称帝后，牵拉附会，将姚、妫、陈、田、王共五姓都认定为宗族。出《汉书》卷九十九中《王莽传中》：“莽又曰：予前在摄时，建郊宫，定祧庙，立社稷。神祇报况，或光自上复于下，流为乌，或黄气熏烝，昭耀章明，以著黄、虞之烈焉。自黄帝至于济南伯王，而祖世氏姓有五矣。黄帝二十五子，分赐厥姓十有二氏。虞帝之先受姓曰姚，其在陶唐曰妫，在周曰陈，在齐曰田，在济南曰王。予伏念皇初祖考黄帝，皇始祖考虞帝，以宗祀于明堂，宜序于祖宗之亲庙。其立祖庙五，亲庙四，后夫人皆配食。郊祀黄帝以配天，黄后以配地，以新都侯东第为大禖，岁时以祀。家之所尚，种祀天下。姚、妫、陈、田、王氏凡五姓者，皆黄、虞苗裔，予之同族也。《书》不云乎：‘惇序九族。’其令天下上此五姓名籍于秩宗，皆以为宗室。世世复，无有所与。其元城王氏，勿令相嫁娶，以别族理亲焉。”“元海”句：据《汉书》卷二十四上《食货志上》，刘渊自称是匈奴冒顿之后。《晋书·刘元海载记》载：“汉高祖以宗女为公主，以妻冒顿，约为兄弟，故其子孙遂冒姓刘氏。”

②“骚括”句：括，指文王四友之一“南宫括”。《尚书·君奭》：“惟文王尚克修和我有夏，亦惟有若虢叔，有若闳夭，有若散宜生，有若泰颠，有若南宫括。”骚，指晏子的门客北郭骚。《吕氏春秋·士节》：“齐有北郭骚者，结罘罔捆蒲苇织屦履以养其母，犹不足，踵门见晏子，曰：愿乞所以养母。”五鹿充宗：西汉大臣。

③“应氏”句：东汉应劭《风俗通议》：“有三乌大夫，因氏焉。汉有三乌群。”

④公孙：复姓，战国时魏有公孙痤。叔孙：复姓，春秋时鲁有叔孙得臣。见《左传·文公元年》。

⑤淑问：此指美名。《汉书·匡衡传》：“道德弘于京师，淑问扬乎疆外。”颜师古注：“淑，善也；问，名也。”

⑥黄竹：《穆天子传》卷五载，周穆王往苹泽打猎，“日中大寒，北风雨雪，有冻人，天子作诗三章以哀民”，首句为“我徂黄竹”。本为传说中的地名。后即用指周穆王所作诗名。白云：指《白云谣》，古神话中西王母为周穆王所作之歌。参《穆天子传》卷三。唐李白《大猎赋》：“哂穆王之荒诞，歌《白云》之西母 。”白居易《八骏图》诗：“《白云》《黄竹》歌声动，一人荒乐万人愁。”

⑦曹门三祖：指三国魏武帝曹操、文帝曹丕、明帝曹叡。《三国志·魏志·明帝纪》：“有司奏：武皇帝拨乱反正，为魏太祖，乐用武始之舞。文皇帝应天受命，为魏高祖，乐用咸熙之舞。帝（明帝）制作兴治，为魏烈祖，乐用章斌之舞。三祖之朝，万世不毁。”由庚：《诗·小雅》逸诗篇名。《诗·小雅·由庚序》：“《由庚》，万物得由其道也。”后因以“由庚”为顺德应时之典实。刘氏：当是指南朝刘宋。叶：世，代。解愠：消除怨怒。《孔子家语·辩乐解》：“昔者舜弹五弦之琴，造《南风》之诗，其诗曰：‘南风之熏兮，可以解吾民之愠兮。南风之时兮，可以阜吾民之财兮。’”

⑧睿思：圣明的思虑。琼敷：喻佳句。敷：陈述，铺叙。曦望：指日、月。羲：羲和，古代神话传

说中的人物，驾驭日车的神；代指太阳。望：望舒，神话中为月驾车的神；借指月亮。

⑨ 帝典：此指《尚书》中的《尧典》、《舜典》篇。《礼记·大学》："《帝典》曰'克明峻德'。"郑玄注："《帝典》，亦《尚书》篇名也。"皇坟：传说三皇时代的典籍。

贤良方正策五道

第一道（后篇题作政理①）

问：欲使吏洁冰霜，俗忘贪鄙，家给人足，礼备乐和，庠序交兴，农桑竞劝。②善师期于不阵，上将先于伐谋。未待干戈，遽清（一作净）金庭之祲；无劳转运，长销玉塞之尘。③利国安边，伫闻良算。明言政要，朕将亲览。

注释：

① 政理：为政之道。《鬼谷子·本经阴符》："原人事之政理，不出户而知天下。"

② 庠序：古代的地方学校，后亦泛称学校。庠（xiáng）：古代的学校，特指乡学。《礼记·学记》："党有庠。"孔颖达疏："庠，学名也，于党中立学教闾中所升者也。"《孟子·滕文公上》："夏曰校，殷曰序，周曰庠，学则三代共之，皆所以明人伦也。"

③ 金庭：本指道教山名；引申指传说中天上神仙所居之处；此指京都朝廷。祲（jìn）：日旁云气。古时迷信，认为此由阴阳二气相互作用而发生，能预示吉凶，常指妖气，不祥之气。转运：运输。玉塞：玉门关；此泛指边关。

对

吴师道①

对：臣闻栖培塿者，不睹嵩、泰之干云；游泞滢者，讵识沧溟之沃日。②臣蒿莱弱质，衡泌鲰生，未（一作焉）识广厦之居，安知大牢之味。③不量蕞尔，轻纵（一作从）褒然，谬达天听，兢惶圣问。④粤惟皇家出震，累叶重辉，天人归七百之期，宗祊联亿兆之庆。⑤太宗以明一察（一作体）道，括珠囊而总万方；高宗以通三御宸，转金镜而清九服。⑥用能肃清天步，夷坦帝途，垂莫大之鸿基，托非常之元圣。⑦伏惟皇太后陛下，道超炼石，化轶扪天，被子育之深仁，弘母仪之博爱。⑧星阶已正，尚虽休而勿休；宸极既安，犹损之而又损。方欲还淳返朴，振三古之颓风；缉政苍生，降四海之昌运。⑨拔幽滞，举贤良，黜谗邪，进忠说。故得鸿稽（大鸿大稽，黄帝相也。）接轸，和宇宙之阴阳；龙武（《书》：夔龙朱虎。）分曹，节风雨之春夏。⑩礼乐备举，学校如林，俗知廉让之风，人悦农桑之劝。犹复旁求谀议，虚伫刍荛。⑪既属对扬，敢陈庸瞽。诚愿察洗帻布衣之士，任以台衡；擢委金让玉之夫，居其令守；则俗忘贪鄙，吏洁冰霜矣。旌好学之流，赏力田之伍，则家罕贫惰，位列文儒矣。降通亲之使，喻彼枭心；发和戎之官，收其鸡肋；则四夷左衽，颠倒来王；三（一作二）边元恶，讴谣仰化矣。⑫自然笼羲驾昊，六五帝而四三皇；远肃迩安，飞英声而腾茂实。⑬谨对。

此篇问答又载四百九十六卷，今削去。注异同为一作。

注释：

① 吴师道：垂拱元年进士，开元时官司勋仓部员外郎户部郎中。见今《全唐文》卷二百六十。

② 培塿（lǒu）：本作“部娄”，小土丘。泞：泥浆，烂泥。濴（yíng）：水回旋貌；水上涌貌。沃日：冲荡日头，形容波浪大。此指惊天大浪。

③ 蒿莱：野草，杂草；此言出身低微。衡泌：隐居之地。《诗·陈风·衡门》：“衡门之下，可以栖迟；泌之洋洋，可以乐饥。”朱熹集传：“此隐居自乐而无求者之词。言衡门虽浅陋，然亦可以游息；泌水虽不可饱，然亦可以玩乐而忘饥也。”鲰生：浅薄愚陋的人；犹小生；多作自称的谦词。太牢：古代祭祀，牛、羊、豕三牲皆备谓之太牢。

④ 蕞尔：形容小。蕞（zuì）：小貌。

⑤ 粤（yuè）：助词，用于句首，表示审慎的语气。出震：八卦中的“震”卦位应东方；出震，即出于东方。天人：此指天子。七百之期：“七百”称颂封建王朝运祚绵长。《左传·宣公三年》：“成王定鼎于郏鄏，卜世三十，卜年七百，天所命也。”宗祊：宗庙，家庙。《左传·襄公二十四年》：“若夫保姓受氏，以守宗祊，世不绝祀，无国无之。”祊（bēng）：古代称宗庙之门；亦指庙门内设祭之处。

⑥ 珠囊：珠饰之囊，此喻赐官进爵。《旧唐书·玄宗纪上》：“上御花萼楼，以千秋节百官献贺，赐四品已上金镜、珠囊、缣彩。”金镜：铜镜；此比喻显明的正道。《太平御览》卷七百十七引《尚书考灵耀》：“秦失金镜，鱼目入珠。”郑玄注：“金镜，喻明道也。”九服：王畿以外的九等地区。《周礼·夏官·职方氏》：“乃辨九服之邦国：方千里曰王畿，其外方五百里曰侯服，又其外方五百里曰甸服，又其外方五百里曰男服，又其外方五百里曰采服，又其外方五百里曰卫服，又其外方五百里曰蛮服，又其外方五百里曰夷服，又其外方五百里曰镇服，又其外方五百里曰藩服。”泛指全国各地区。

⑦ 天步：天之行步；指时运、国运等。《诗·小雅·白华》：“天步艰难，之子不犹。”朱熹集传：“步，行也。天步，犹言时运也。”元圣：大圣人。《书·汤诰》：“聿求元圣，与之戮力。”孔传：“大圣陈力，谓伊尹。”

⑧ 扪天：摸天；极言其高。《楚辞·九章·悲回风》：“据青冥而摅虹兮，遂倏忽而扪天。”洪兴祖补注：“扪，抚也。”母仪：人母的仪范；此美谀武后。

⑨ 缉：此指理，整治。

⑩ 鸿：强，盛。《吕氏春秋·执一》：“彭祖以寿，三代以昌，五帝以昭，神农以鸿。”稽：此指治理。接轸：车辆相衔接而行；此言国家强盛与治理相接。夔龙：相传舜的二臣名。夔为乐官，龙为谏官。《书·舜典》：“伯拜稽首，让于夔、龙。”孔传：“夔、龙，二臣名。”分曹：犹言“分司”，分掌，分管。

⑪ 旁求：四处征求，广泛搜求。谀（xiǎo）：小。

⑫ 通亲：犹通婚；降通亲之使，是说使通婚和亲的使者归降。枭心：凶心，野心。和戎：与少数民族或别国媾和修好；此指和亲，是封建王朝与边境少数民族统治者结亲交好。鸡肋：鸡的肋骨；比喻无多大意味、但又不忍舍弃之事物。左衽：衣襟向左。指我国古代某些少数民族的服装。《书·毕命》：“四夷左衽，罔不咸赖。”颠倒：指使爱慕、敬佩。

⑬ 羲：此指太阳。昊：元气博大貌；此指昊天、苍天。六五：此言六王和五帝。六王指夏启、商汤、周武王、周成王、周康王、周穆王，五帝指黄帝、颛顼、帝喾、帝尧、帝舜。唐太宗《帝京篇》之十：“六五诚难继，四三非易仰。”四三：此言四王和三皇。四王指夏禹、商汤、周文王、周武王。《左传·成公二年》：“四王之王也，树德而济同欲焉。”杜预注：“禹、汤、文、武。”三皇指伏羲氏、神农氏、燧人氏。美言当时圣上武后功及三皇五帝。英声茂实：谓美名和盛业。

第二道（后篇题作求贤）

问：朕闻运海抟扶，必藉垂天之羽；乘流击汰，必伫飞云（一作端）之楫。① 是知席萝黄屋，握（一作缅）镜紫微，诚（一作咸）资献替之功，必待弼谐之助。② 所以轩辕抚运，遂感大风之祥；伊帝乘时，遽致秋云之兆。③ 朕虽惭古烈，而情切上皇，未校滋泉之占，犹虚傅野之梦。④ 欲使岁星入仕，风伯来朝，河荐萧、张之名，山降甫申之佐，垂衣伫化，端拱仰成，多士溢于周朝，得人过于汉日。⑤ 行何政道，可以至斯（一作不知何道可致英才）？思闻进善之言，以副求贤之旨。

注释：

① 运海：谓鹏鸟在海上天空中飞行。参见《庄子·逍遥游》。击汰：拍击水波；亦指划船。

② 黄屋：华丽的车子，古代帝王的车子用黄缯做车盖，故名黄屋。席萝：《淮南子·览冥》："乘雷车，服驾应龙，骖青虬，援绝瑞，席萝图，黄云络，前白螭，后奔蛇，浮游消摇，道鬼神，登九天，朝帝于灵门，宓穆休于太宜之下。然而不彰其功，不扬其声，隐真人之道，以从天地之固然。"弼谐：谓辅佐协调。《书·皋陶谟》："允迪厥德，谟明弼谐。"孔传："言人君当信蹈行古人之德，谋广聪明，以辅谐其政。"

③ 轩辕：传说中的古代帝王黄帝的名字。姓公孙，居于轩辕之丘，故名曰轩辕。

④ 滋泉之占：《吕氏春秋》曰："太公钓于滋泉，文王得而王。"傅野之梦：殷王武丁梦得傅岩故事。

⑤ 岁星：即木星，十二年绕天一周。风伯：神话中的风神。萧、张：汉萧何和张良的并称。甫申：即"申甫"，周代名臣申伯和仲山甫的并称。《诗·大雅·崧高》："维申及甫，维周之翰。"借指贤能的辅佐之臣。多士：古指众多的贤士。汉日：犹言汉朝、汉代。此言得到的人才之多，远超周代、汉代。

对

前　人

对：臣闻立极膺乾之君，当宁御坤之主。① 欲臻至道，将隆（一作扶）景化，莫不旁求俊彦，广命英奇，凝庶绩以安人，绥万邦（一作方）而抚俗。是故轩丘膺箓，委四监以垂衣；丹陵握图，举八元而光宅。② 于是齐桓拟之于飞翼，殷武兴之以羹梅（一作调羹），克赞人谋，寔宣神化。③ 陛下功包邃（一作遽）古，道逸上皇，授受惟明，谋谟克序。④ 弼辅之任，总风力（一作后）于前驱；燮理之司，列伊周（一作尹）于后乘。⑤ 振鹭翔鸾之客，毕凑天阶；乘箕降昴之英，咸趋日路。⑥ 犹且虑心卜兆，托想旁求，冀山谷之无遗，庶贤良之毕萃。俯访愚鲁（一作叟），敢述明扬。诚愿发德音，下明诏，咨列岳，访群公。⑦ 举尔所知，不遗于侧陋；知人不易，无轻于慎择。下僚必录，上赏频沾，则叶县游龙，自九天而下降；燕郊骏马，赴千金而遥集。⑧ 汉未为得，周岂能多？尽善尽美，于斯为盛。谨对。

（此篇问答又载五百二十卷，今削去。注异同为一作。）

注释：

① 宁（zhù）：古代宫室门内屏外之地，君主在此接受诸侯的朝见。《礼记·曲礼下》："天子当宁而

立，诸公东面，诸侯西面，曰朝。”孔颖达疏：“天子当宁而立者，此为春夏受朝时也。宁者，《尔雅》云：‘门屏之间谓之宁。’郭注云：‘人君视朝所宁立处。’”后以“当宁”指皇帝临朝听政。此指“宁位”，谓帝王视朝时所居之位。

② 轩丘：古地名，相传为轩辕黄帝所居之处。膺箓：谓帝王承受符命。四监：古代掌管山、泽、林、川的官员。垂衣：即“垂衣裳”，谓定衣服之制，示天下以礼；后用以称颂帝王无为而治。《易·系辞下》：“黄帝尧舜垂衣裳而天下治，盖取诸乾坤。”丹陵：地名，传说为尧的诞生地。握图：犹握符，谓膺天命而有天下。符，指帝王受命于天的符命。八元：古代传说中的八个才子。参见《左传·文公十八年》。光宅：广有。《书·尧典序》：“昔在帝尧，聪明文思，光宅天下。”曾运乾正读：“光，犹广也。宅，宅而有之也。”引申指光大所居；谓建都。

③ 羹梅：调和羹汤的佐料，用以比喻宰辅。语出《书·说命下》：“若作和羹，尔惟盐梅。”孔传：“盐咸，梅醋，羹须咸醋以和之。”赞：帮助。人谋：谓与众人商议谋划。《易·系辞下》：“人谋鬼谋，百姓与能。”寔（shí）：同“实”，此言确实，的确。

④ 邃古：远古。谋谟：谋划，制定谋略。

⑤ 风力：指黄帝臣子风后与力牧的并称。燮理：协和治理。伊周：商伊尹和西周周公旦，两人都曾摄政，后常并称；亦泛指执掌朝政的大臣。

⑥ 箕、昴（mǎo）：皆星宿名，属二十八宿。此皆用以喻杰出的人才。

⑦ 咨：征询，商议。列岳：高大的山岳；比喻位高名重者。

⑧ 叶县游龙句：化用“叶公好龙”典实。汉刘向《新序·杂事五》：“叶公子高好龙，钩以写龙，凿以写龙，屋室雕文以写龙。于是天龙闻而下之，窥头于牖，施尾于堂。叶公见之，弃而还走，失其魂魄，五色无主。是叶公非好龙也，好夫似龙而非龙者也。”后因以“叶公好龙”比喻表面上爱好某事物，实际上并不真爱好。此反用典故，说自己真心好龙、喜爱天下英才，故龙（英才）自至。燕郊骏马句：此化用燕昭王“买骏骨”典实。战国时，燕昭王要招揽贤才，郭隗喻以故事：从前有国君欲以千金求千里马，三年未得。有人花五百金买一死千里马的头回报，国君大怒，此人对曰：“死马且买之五百金，况生马乎？天下必以王为能市马，马今至矣！”不久果然买得三匹千里马。见《战国策·燕策一》。后因以为求贤若渴之典。

第三道（后篇题作祥瑞）

问：朕闻明王阐化，感人灵之心；圣后宣风，移动植之性。①遂使翔龙荐检，鸣凤司晨，兽解触邪，草能指佞。②仰（一作永）惟前烈，何德而臻此乎？朕逖听遂初，载钦神化，每欲反斯茕薄，景彼上皇。③欲使瑞莲司庖，仙蓂候月，游四灵于翠苑，集五老于荣河。④致此休征，良由政感。伫闻启沃，以副虚襟。⑤

注释：

① 阐化：阐扬教化。人灵：此指生灵，百姓；人为万物之灵，故称。

② 荐：进献，送上；检：书稿。荐检，犹言“献书”，即用“河出图（龙马出于黄河，马背有旋毛如星点，称作龙图），洛出书”典故。司晨：指雄鸡报晓。触邪：辨触奸邪。古代传说中有神羊，名獬豸，能辨邪触不正者。《晋书·束皙传》：“朝养触邪之兽，庭有指佞之草。”指佞：指摘邪佞；传说中有能识别奸伪的草。晋张华《博物志》卷四：“尧时有屈轶草，生于庭。佞人入朝，则屈而指之。一名指佞草。”

③ 逖听：犹逖闻，常表示恭敬；逖（tì）：通“惕”，畏惧，戒惧。遂初：早先，以前。钦：恭敬；敬顺。茕（qióng）：孤独无依。景：仰慕，景仰。《诗·小雅·车舝》：“高山仰止，景行行止。”

④ 瑞莲：象征吉祥之莲；多指双头或并蒂莲。仙蓂：即“蓂荚”，古代传说中的一种瑞草。它每月从初一至十五，每日结一荚；从十六至月终，每日落一荚。所以从荚数多少，可以知道是何日。一名历荚。《竹书纪年》卷上：“有草夹阶而生，月朔始生一荚，月半而生十五荚；十六日以后，日落一荚，及晦而尽；月小，则一荚焦而不落。名曰蓂荚，一曰历荚。”四灵：麟、凤、龟、龙四种灵畜；此处犹言“四神”，指古代神话中掌东西南北四方之神，或指传说中的苍帝、黄帝、白帝、黑帝四神帝。五老：神话传说中的五星之精。《竹书纪年》卷上：“率舜等升首山，遵河渚，有五老游焉，盖五星之精也。”荣河：或当作“荣阿”，指飞檐的曲隅。荣，屋檐两端上翘的部分，即飞檐。《仪礼·士冠礼》：“夙兴，设洗直于东荣。”郑玄注：“荣，屋翼也。”

⑤ 启沃：《书·说命上》：“启乃心，沃朕心。”孔颖达疏：“当开汝心所有，以灌沃我心，欲令以彼所见，教己未知故也。”后因以“启沃”谓竭诚开导、辅佐君王。

对

前　人

对：臣闻化浃乾枢，景纬呈其灵贶；泽周坤络，卉木效其祯祥。①是以若雾非烟，必应文明之后；九茎三秀，允符光宅之君。②陛下应期纳箓，抚运登皇，孝道格于玄穹，仁心光于紫极。③自临万域，辑御群方，灵瑞屡臻，休征荐至。④五蹄仁兽，乐君囿而来游；六象（一作翼）威禽，拂帝梧而萃止。⑤岂直银黄玉紫，雉白乌丹（一作黄金紫玉白雉丹乌），翻鄗上之二桴（一作双杯），拔江间之三脊。⑥固亦巡河受检，拜洛披图，降五老于星躔，归四神于云路。⑦盛矣美矣，巍乎焕乎。躏三五以腾徽，吞八九而高视。⑧尚且崇谦让之道，守冲撝之德，抑斯天瑞，访此人谋。⑨陛下虽不宰（一作徒不幸）其成功，微臣亦不知其所谓。谨对。

注释：

① 浃：遍及，满。《荀子·君道》：“古者先王审礼，以方皇周浃于天下。”王先谦集解引郝懿行曰：“周、浃，皆偏也。”乾枢：犹乾轴。景纬：日与星。灵贶（kuàng）：神灵赐福。络：中医指人体内气血运行通路，脉络；坤络，犹言大地的脉络。此言教化遍及上天、恩泽布满大地。

② 非烟：《史记·天官书》：“若烟非烟，若云非云，郁郁纷纷，萧索轮囷，是谓卿云。卿云，喜气也。”后因以“非烟”指庆云，五色祥云。后：此指君主，帝王。九茎：指灵芝草。《汉书·宣帝纪》：“金芝九茎，产于函德殿铜池中。”三秀：灵芝草的别名。灵芝一年开花三次，故又称三秀。《楚辞·九歌·山鬼》：“采三秀兮于山间，石磊磊兮葛蔓蔓。”王逸注：“三秀，谓芝草也。”光宅：广有。《书·尧典序》：“昔在帝尧，聪明文思，光宅天下。”

③ 箓（lù）：古称上天赐予帝王的符命文书。格：至，到。紫极：星名，紫微星；借指帝王的宫殿。

④ 辑：安定；使安定。

⑤ 五蹄仁兽：指麒麟。古代传说麒麟口不食生物，足不践生草，有王者则至，为仁德之兽。六象：即“六像”，指凤的形象。《初学记》卷三十引《论语摘衰圣》：“凤有六像、九苞。六像者，一曰头像天，二曰目像日，三曰背像月，四曰翼像风，五曰足像地，六曰尾像纬。”

⑥ 银黄：白银和黄金；此指银印和金印或银印黄绶，借指高官显爵。玉紫：唐代三品以上的官服，色紫而饰玉。见《旧唐书·舆服志》。白雉：白色羽毛的野鸡，古时以为瑞鸟。《尚书大传》卷四：“周公居摄六年，制礼作乐，天下和平。越裳以三象重译而献白雉。”丹乌：赤色之乌，古谓丹乌出，乃国之祥瑞。鄗（hào）：同“镐”，镐京；此指京城。桴（fú）：房屋的次栋，即二梁；亦泛指房栋。《说文·木部》：“桴，眉栋也。”江间：当指江淮间。脊：指物体中间高起的部分。《汉书·郊祀志上》：“江淮间一茅三脊，所以为藉也。”

⑦ 星躔：日月星辰运行的度次。躔（chán）：（兽的）足迹；此指日月星辰在黄道上运行的轨迹。四神：或指苍龙、白虎、朱雀、玄武四星之精。云路：云间，天上。
⑧ 躏（lìn）：踩，踏。三五：指月，每月十五日月最圆最明；或指"三辰五星"。《史记·天官书论》："为天数者，必通三五。"司马贞索隐："案：三谓三辰，五谓五星。"徽：通"辉"，光辉。八九：八个或九个；喻胸怀之大。司马相如《子虚赋》："吞若云梦者八九于其胸中，曾不蒂芥！"
⑨ 冲：此指淡泊，谦和。撝（huī）：此指谦逊，退让。

第四道（后篇题作五运）

问：朕闻三微递（一作迭）代，哲后所以承天；五运因循，明王由之革命。① 或金水而鳞次，应火木以环周。② 或寅子变正，天人之统斯辨；骊騵改色，昏旦之用有殊。③ 兹乃涣汗图书，昭彰历数。④ 受位（一作乘）出震，以迄（一作逦迤）于今，莫不母子相承，终始交际。然而都君土德，翻乃尚青；天乙水行，宁宜用白？⑤ 深明要旨，其义何从？若以秦氏霸基，便有符于紫色；则魏人鼎足，岂复应（一作纪）于黄星？⑥ 缅镜前修，又以（一作为）矛盾。⑦ 张苍之议，既颇反于公孙；贾传之谈，复远乖于刘向。⑧ 子大夫学包群玉，文擅锵金，既听南史之篇，方伫东堂之问。⑨ 详敷事实，靡得浮词，商榷前儒，谁（一作却）为折衷。⑩

注释：

① 三微：三正。三正之始，万物皆微，故又称"三微"。《汉书·律历志上》："三微之统既著，而五行自青始。"递代：依次替代，轮换。哲后：贤明的君主；后，君主。
② 金水：五行生克，金生水。下"火木"亦然。鳞次：像鱼鳞那样依次排列。环周：循环。
③ 骊（lí）：深黑色的马；騵（yuán）：赤身白腹的马；骊騵：代指黑色和白色。
④ 涣汗：《易·涣》："九五，涣汗其大号。"谓帝王号令，如人之汗，一出不复收；喻指帝王的圣旨、号令；引申指流布。
⑤ 都君：古称诸侯。《孟子·万章上》："谟盖都君咸我绩。"孙奭疏："都君，即象称舜也。然谓之都君者，盖以舜在侧微之时，渔雷泽，一年所居成聚，二年成邑，三年成都，故以此遂因为之都君。"引申指帝王。土德：五德之一，古以五行相生相克附会王朝命运，谓土胜者为得土德。下"水德"亦然。天乙：即成汤，商朝的创建者。《史记·殷本纪》："主癸卒，子天乙立，是为成汤。"
⑥ 黄星：黄色的星，古代认为是祥瑞之兆。
⑦ 缅镜：犹言"缅鉴"，远察。
⑧ 张苍（约前250—前152）：阳武（今河南阳武县城东南）人，秦时做过御史，负责管理图籍文书。刘邦起义，他归顺刘邦，西汉王朝建立之后，他先后担任过代相、赵相等官职。佐助刘邦清除燕王臧荼叛乱有功，晋封为北平侯，以后又迁升为计相、主计。他在历法、算学方面取得了很大的成就。1. 他提出和制订了一套比较完整的关于度、量、衡、方面的理论，他把算学研究成果直接用于国计民生。2. 在采用历法方面，张苍提倡采用《颛顼历》。3. 增订、删补《九章算术》。参见《史记·张丞相列传》。公孙：公孙臣。《史记·张丞相列传》："苍为丞相十余年，鲁人公孙臣上书言汉土德时，其符有黄龙当见。诏下其议张苍，张苍以为非是，罢之。其后黄龙见成纪，于是文帝召公孙臣以为博士，草土德之历制度，更元年。张丞相由此自绌，谢病称老。"贾传之谈：传，当作傅，指贾谊，他曾做过长沙王傅。贾谊《治安策》中"礼""法"之论。

⑨ 群玉：本为传说中古帝王藏书册之处，后用以称帝王珍藏的图籍书画。《穆天子传》卷二："天子北征，东还，乃循黑水，癸巳，至于群玉之山……先王之所谓策府。"郭璞注："言往古帝王以为藏书册之府，所谓藏之名山者也。"锵金：撞击金属器物而发声；比喻音节响亮，诗句优美。南史：春秋时齐国的史官。《左传·襄公二十五年》："太史书曰：'崔杼弑其君。'崔子杀之。其弟嗣书而死者二人；其弟又书，乃舍之。南史氏闻太史尽死，执简以往；闻既书矣，乃还。"后因以为直书史实的良史典型。东堂：东厢的殿堂或厅堂；古代多指皇宫或官舍。

⑩ 折衷：亦作"折中"，取正，用为判断事物的准则。《楚辞·九章·惜诵》："令五帝以折中兮，戒六神与向服。"朱熹集注："折中，谓事理有不同者，执其两端而折其中，若《史记》所谓'六艺折中于夫子'是也。"引申指调节使适中。

对

前　人

对：臣闻方圆既辟，帝王斯建，四游将六气交驰，五德与三微递变。①自摄提著纪，出震登皇，循木火而相承，用骊骠而继作。②虽复武功文德，揖让干戈，御旒扆以高居，握图箓而深视，莫不垂天人之统，顺寅子（一作丑）之正。③始终之际，何莫由斯。暨乎运偶都君，时云土德，道钟天乙，数叶水行，子胜母而尚青，母生金而尚（一作亦）白。④略言其美，斯穷奥旨。至若秦居闰位，紫实非正之符；魏得中区，黄标应星之纪。⑤未有（一作为）矛盾，允惬随时。⑥汉祖承天，人多异议，张苍言水而黑畤方兴，公孙据土而黄龙复应。⑦代（疑作逮）二刘之父子，推五运之相沿（代二至相沿十二字，一作：贾傅之言虽远，刘向之论可推也），较彼前谈，斯为折衷。臣学非博古，识昧知新，轻陈管穴之窥，猥奉天人之问。惭惶靡地（一作既），悚越兼深。谨对。

（右第三第四道问答并又载五百卷，今削去，注异同为一作。）

注释：

① 四游：古人认为大地和星辰在一年的四季中，分别向东、南、西、北四极移动，称"四游"。引申指四季，四时。六气：自然气候变化的六种现象，指阴、阳、风、雨、晦、明。《左传·昭公元年》："天有六气，降生五味……六气曰阴、阳、风、雨、晦、明也。"

② 摄提：本星名，属亢宿，共六星，位于大角星两侧，左三星曰左摄提，右三星曰右摄提；此指"摄提格"，岁阴名，古代岁星纪年法中的十二辰之一，相当于干支纪年法中的寅年。《尔雅·释天》："太阴在寅曰摄提格。"

③ 寅子之正：指的是月建，正月建寅，十一月建子。

④ 钟：汇聚，集中。

⑤ 闰位：非正统的帝位。闰：本历法术语，闰月、闰年此指偏、副、伪，与"正"相对。中区：此指中原地区。黄标：黄色的标记。

⑥ 允惬：妥帖，适当。

⑦ 畤（zhì）：古时帝王祭祀天地五帝的场所。

第五道（后篇题作历代帝王为理）

问：朕以紫极暇景，青史散怀，眇寻开辟之源，遐览帝王之道。①或载记遥邈，无其处而有其名；或坟籍丧亡，有其号而无其事。将求故实（一作必），以伫多闻。至如化被柱州(《遁甲开山图》：天皇在柱州昆仑山下)，创基刑马（一作熊耳。按《开山图》：地皇兴于熊耳山。又荣氏曰：人皇生于刑马山。今对策曰地皇。故两存之)，两代之事谁远？五德之运何承？②石楼之都(《开山图》有巢氏治石楼南山)，见匪均霜之地；穷桑之壤(《帝王世纪》：少昊邑于穷桑)，元非测景之区。③时将城彼偏方，惟一隅而独王；轻兹中土，弃九洛而不营。④大夏之时，化臻禁甲；隆周之日，道致韬戈。⑤而七十一征，翻在凤凰之运；五十二战，更属云官之期。⑥斯则偃伯之人，无闻于太古；推锋之弊，反息于中叶。⑦浇淳之道，名实何乖。⑧欲令历选前圣，远稽上德，采文质之令猷，求损益之折衷。⑨何君可以为师范，何代可以取规绳？迟尔昌言，以沃虚想。⑩

注释：

① 青史：古代以竹简记事，故称史籍为“青史”。散怀：抒发情怀。眇：辽远，久远。

② 柱州：传说中地名。北魏郦道元《水经注·河水一》：“《遁甲开山图》曰：‘五龙见……柱州昆仑山上。’荣氏注云：‘五龙治在五方，为五行神。五龙降天皇兄弟十二人，分五方为十二部，法五龙之迹，行无为之化，天下仙圣治，在柱州昆仑山上。’”刑马：古代结盟要杀马歃血，立誓为信，称“刑马”。《战国策·齐策三》：“且臣闻齐卫先君刑马压羊，盟曰：‘齐卫后世无相攻伐，有相攻伐者，令其命如此。’”五德：古代阴阳家把金、木、水、火、土五行看成五德，认为历代王朝各代表一德，按照五行相克或相生的顺序，交互更替，周而复始。

③ 穷桑：传说中古帝少皞氏所居处。《左传·昭公二十九年》：“少皞氏有四叔，曰重、曰该、曰修、曰熙，实能金、木及水。使重为句芒，该为蓐收，修及熙为玄冥，世不失职，遂济穷桑，此其三祀也。”杨伯峻注：“《尸子·仁意篇》：‘少昊金天氏，邑于穷桑。’《帝王世纪》云：‘少昊邑于穷桑以登帝位，都曲阜，故或谓之穷桑帝。’”测景：测量日影，以推算岁时节候。

④ 九洛：犹言“九州”。

⑤ 禁甲：禁止操甲弄兵。隆周：强盛的周朝。韬戈：收藏兵器；引申指息兵。

⑥ 云官：相传黄帝受命有云瑞，故以云纪事，以云名官。《左传·昭公十七年》：“昔者黄帝氏以云纪，故为云师而云名。”杜预注：“黄帝受命有云瑞，故以云纪事，百官师长皆以云为名号。”

⑦ 偃伯：指休战。伯，通“霸”。推锋：摧挫敌人的兵刃。推，通“摧”，谓冲锋；泛指用兵、进兵。《史记·秦本纪》：“三百人者闻秦击晋，皆求从，从而见缪公窘，亦皆推锋争死，以报食马之德。”

⑧ 浇淳：浮薄的风气与淳厚的风气。浇（jiāo）：此指薄，不厚。

⑨ 令猷：远大的志向、抱负；好的规章、制度。

⑩ 迟（zhì）：此指想望，希望。《后汉书·章帝纪》：“夏五月辛亥，诏曰：‘朕思迟直士，侧席异闻。’”李贤注：“迟犹希望也。音持二反。”《文选·曹植〈责躬诗〉》：“迟奉圣颜，如渴如饥。”李善注：“迟，犹思也。”

对

前　人

对：臣闻一剖为三，始鸿蒙于太易；九变于七，渐茫昧于无为。①既分清浊之仪，乃列君臣之位。则有天皇首出，瞰柱州而宅土；地皇革命，俯刑马（一作符熊耳）以开都。②年匪异于万八千，号稍殊于七十二。③既云木德，亦曰火行，开于天地之初，录自帝皇之纪。至若石楼远界，穷桑延壤，非万邦之土中，为二代之天邑。④斯乃时犹㲄（一作各，非）饮，道上鹑居，谁知风雨之均，能建皇王之宅？⑤亦分长于九域，岂独王于偏方。乃观象垂衣，化穆羲、轩之代；剪商伐扈，人浇周、夏之年。⑥而皇德方隆，未弭战争之患；王道才著，复存韬偃之日（一作目）。是则（一作即）怀柔伐叛，取乱侮亡，虽钟大道之行，终伫胜残之战。是政劣于太古，非事优于中代。陛下选芳列辟，垂范千年，王化既平，能事斯毕。亦何必损益今辰之政，师谟往圣之规？⑦抚和琴而促柱，御夷途而止辙，因循勿失，臣谓其宜。⑧谨对。

（此篇问答又载四百九十四卷，今削去。注异同为一作。）

注释：

① 一剖为三：指老子讲的“道”。《老子》：“有物混成，先天地生……吾不知其名，字之曰道，强为之名曰大”，“一生二、二生三，三生万物”。鸿蒙：宇宙形成前的混沌状态。太易：古代指原始混沌的状态。《列子·天瑞》：“故曰：有太易，有太初，有太始，有太素。太易者，未见气也。”九变于七：九变：复杂多变。无为：道家主张清静虚无，顺应自然，称为“无为”。儒家主张选能任贤，以德化人，亦称为“无为”。

② 天皇：天帝；此指古帝名，传说中国远古三皇之首。地皇：为古代传说中的三皇之一。《史记·秦始皇本纪》：“古有天皇，有地皇，有泰皇。”

③ 万八千：虚指。七十二：古以为天地阴阳五行之成数；亦用以表示数量多；亦虚指。《史记·封禅书》：“古者封泰山禅梁父者七十二家，而夷吾所记者十有二焉。”

④ 土中：四方的中心地区。《书·召诰》：“王来绍上帝，自服于土中。”天邑：谓帝王之都；泛指京都。《书·多士》：“予一人惟听用德，肆予敢求尔于天邑商。”

⑤ 㲄（kòu）：由母哺食的幼鸟。《国语·鲁语上》：“鸟翼㲄卵，虫舍蚳蝝。”韦昭注：“翼，成也。生哺曰㲄，未乳曰卵。”鹑居：谓野居无常处。《庄子·天地》：“夫圣人鹑居而㲄食，鸟行而无彰。”陆德明释文：“鹑居，谓无常处也。又云：如鹑之居，犹言野处。”

⑥ 化穆：教化和顺。羲、轩：伏羲氏和轩辕氏的并称。扈：古国名，又称有扈，在今陕西省户县。浇：浇薄，不厚道。

⑦ 师谟：取法，师法。

⑧ 促柱：急弦。支弦的柱移近则弦紧，故称；此言施政宜和缓而勿急。

文苑英华卷四百八十三

宋　李昉等编

注释：

① 此处标“七道”，而今本正文只收三道。各本均如此。此盖原收七道而后删去若干。

贤良方正策七道（开元二年）

贤良方正科(《登科记》作哲人奇士隐沦屠钓科)

制策问：朕闻理国莫尚乎（后篇作于）任贤，命官必资乎（后篇作于）选众。①尧、舜以声不(《登科记》及前篇并作而）以度，考核良难；殷、周取德兼取言(《登科记》》及前篇并作而取名)，征求匪易。②朕所以载怀经术之彦，夕遗其寝；虚伫艺能之士，朝忘其饥。子大夫光我弓旌，应(《登科记》及名贤策问并作膺）斯扬择。③为政作法，岂无前范，安人济时，亦有令躅。④宜叙立身之志，各言从官之才（前篇作心)。至如七辅、八元，施何纲纪？十臣、四老，正何得失？⑤并（一作各）陈事迹，兼详(《登科记》作述前篇作言）名氏。夫(《登科记》及前篇并无夫字）朝会古礼，祭享旧章，九仪式辨其赐，六贽各明所（前篇作其）执。⑥雍畤起自(《登科记》》作于）何年（前篇作代)？亳社立于何代（前篇作年)？⑦天士、地士，此（前篇作复）何所封？⑧诸布、诸严，彼何所主（前篇作立)？⑨又穆邦家而济生死，三圣之教何长？利动植而益黎元（前篇作庶)，五材之用(《登科记》作术）何要？工商两（前篇作二）业，在俗何先？文武二（前篇作两）柄，适时何急？凡此数科，不获双美，必去者方于去食，可存者同夫存信（十四字《登科记》及前篇并作：必存者均乎存信，所去者同乎去食)。朕将亲览，尔等（前篇作则）明言。

（此问又载七百七十三卷，后已削去。)

注释：

① 选众：从许多人中选拔人才。语出《论语·颜渊》：“舜有天下，选于众，举皋陶，不仁者远矣。”

② 声：此指善声，名声。度：此指法度，规范。

③ 子大夫：古代国君对大夫、士或臣下的美称。弓旌：弓和旌。古代征聘之礼，用弓招士，用旌招大夫。《左传·昭公二十年》：“昔我先君之田也，旃以招大夫，弓以招士。”《孟子·万章下》：“敢问招虞人何以？曰：‘以皮冠，庶人以旃，士以旂，大夫以旌。’”后遂以“弓旌”泛指招聘贤者的信物。借指延聘。

④ 躅（zhuó)：足迹，踪迹；比喻人的行为、业迹。

⑤ 七辅：传说辅助黄帝的七个人：风后、天老、五圣、知命、窥纪、地典、力墨（亦作力牧)。见旧题晋陶潜《集圣贤群辅录上。八元：古代传说中的八个才子。《左传·文公十八年》：“高辛氏有才子八人：伯奋、仲堪、叔献、季仲、伯虎、仲熊、叔豹、季狸，忠肃共懿，宣慈惠和，天下之民，谓之‘八元’。”孔颖达疏：“元，善也，言其善于事也。”四老：四位老人，指商山四皓。秦末隐居商山的东园公、甪里先生（角，一作甪)、绮里季、夏黄公。四人须眉皆白，故称商山四皓。高祖召，不应。后高祖欲废太子，吕后用张良计，迎四皓，使辅太子，高祖以太子羽翼已成，乃消除改立太子之意。事见《史记·留侯世家》、《汉书·张良传》。

⑥ 九仪：指周代对九种命官的授命仪式。《周礼·春官·大宗伯》：“以九仪之命，正邦国之位。壹命

受职，再命受服，三命受位，四命受器，五命赐则，六命赐官，七命赐国，八命作牧，九命作伯。”六贽：古代相见馈赠的六种礼物。《周礼·春官·大宗伯》：“以禽作六挚，以等诸臣。孤执皮帛，卿执羔，大夫执雁，士执雉，庶人执鹜，工商执鸡。”陆德明释文：“挚，音至，本或作贽。”

⑦ 雍畤：古代祭五方天帝的祭坛。亳社：殷社。古代建国必先立社。殷都亳，故称。

⑧ 天士：通晓天文阴阳术数的人。汉武帝封方士栾大为天士将军。参阅《史记·封禅书》。地士：通晓地理堪舆的人。

⑨ 诸布、诸严：祭星的神庙、神祠。《史记·封禅书》：“而雍有日、月、参、辰、南北斗、荧惑、太白、岁星、填星、〔辰星〕、二十八宿、风伯、雨师、四海、九臣、十四臣、诸布、诸严、诸逑之属，百有余庙。”司马贞索隐：“案：《尔雅》‘祭星曰布’，或诸布是祭星之处。”

对

孙　逖①

对：伏惟陛下，文明有赫，元圣广运。②劝激极乎宇宙，察微穷乎物象。③至如选众任能之术，礼经享物之要，三圣五材之短长，文武工商之用舍，斯并独断圣虑，悬衡睿谋，百辟端委而颙若，庶绩不言而潜运矣。④犹以为立政图大，试言务重，弗躬弗亲，庶人不信。降清问于穹昊，俨神威于咫尺。斯亦尧咨舜吁，同德比义。⑤臣愚敢不拜手稽首，对扬天子之休命。⑥

制策曰“子大夫光我弓旌，应斯扬择。为政作法，岂无前范，安人济时，亦有令躅。宜叙立身之志，各言从官之才”者。臣闻邦有道贫且贱焉，耻也。今神化阴骘，要道光被，设序塾以教于乡，立胶庠以训于国，制为禄秩，以劝其从，则含生禀灵者，孰不刻意于仁义，饬躬于闻达。⑦所谓尧舜之代，比屋可封也。臣以一介，能行无取，思勉进以追群，顾观光而知愧。⑧尝亦自强不息，有闻而行，驰颜、闵之极挚，伏周、孔之轨躅。⑨学古庶乎叶道，慎行期乎润身，非有志于干禄，苟求仁于寡过。⑩立身之志，允或在兹；从官之才，则愚岂敢。何则？仲尼有言曰：“如有所誉，其有所试。必也临事，难乎预谋。”昔孔明之自比管、乐，时人未许；仲由因之以师旅，夫子哂之。⑪祗奉睿问，惧深殒越，其敢腼冒，轻议天工。⑫陛下若不弃菅蒯，无遗蕴藻，考片言而察所以，效一官而视所由，安敢廋哉。⑬取则不远，知人则哲。陛下允迪于圣君，扬己自媒，微臣敢辞于丑行。⑭

制策曰“七辅八元，施何纲纪？十臣四老，正何得失？并陈事迹，兼详名氏”者。《书》曰：“惟后非贤不乂，惟贤非后不食。”⑮故君明臣忠，予违汝弼，时闻间出，代有其人。昔者黄帝之首出庶物也，时则有若七辅，股肱舟楫；虞舜之宾于四门也，时则有若八元，忠肃恭懿。⑯周文之心德相济，始用十臣；汉储之羽翼已成，初闻四老。陈其事迹，斯亦庶乎；详其名氏，固可量也。七辅则风牧共贯，八元乃伯仲同归。语十臣之伦，则太颠闳夭，稽四老之类，则绮季园公。⑰昔郯子之叙古官，劳于倾盖；鲁公之问儒行，疲于更仆。⑱况实繁有众，急景不留，聊举凡以见意，岂遽数而周物。⑲

制策曰“夫朝会古礼，祭享旧章，九仪式辨其赐，六贽各明所执。雍畤起自何年？

亳社立于何代？天士、地士，此何所封？诸布、诸严，彼何所主”者。传曰：“朝有定制，会有表仪。”《书》曰：“享多仪，仪不及物，曰不享。”⑳斯盖曲为之防，事为之制。经礼三百，仪礼三千，载在祀典，藏之史籍。九仪谓一命受职，再命受服，三命受位，四命受器，五命赐则，六命赐官，七命赐国，八命作牧，九命作伯。六贽谓孤执皮帀，卿执羔，大夫执雁，士执雉，庶人执鹜，工商执鸡。㉑雍畤起于秦年，亳社立于周代。天士、地士者，汉武之宠方士，将军始受其封。诸布、诸严者，班史之记小祠，先儒不详所出。

制策曰“穆邦家而济生死，三圣之教何长？利动植而益黎元，五材之用何要？工商两业，在俗何先？文武二柄，适时何急”者。夫人生而静，天之性也；感物而动，情之欲也。天禀其性而不能节，圣人能为之节而不能绝。故务恬朴，贵清净，同术于汤之益谦，合志于尧之克让，此道教所长也。㉒若乃不杀伐，证因果，包太空以为言，化群有而归寂，此释教所长也。皆能惩窒嗜欲，静镇纷揉，王侯得之，以贞天下。㉓至于辨贵贱，立君臣，示之以好恶，应之以诛赏，使礼乐刑政灿然可观，则为善不同，其味相反，掠风捕影，荡而无适。故知孔氏之立教，乃为邦之所急也。传曰：“天生五材，废一不可。”㉔断之于阴阳，效之于气物，示休咎以垂诫，因兴衰以运行。若可废，则乾坤之道其或息矣。然土爰稼穑，居中履正，应我皇之休运，弼大化以阜成，利动植而益黎元，先金火而踰水木。㉕必不得已，斯其一隅。又国有六职，实载工商；时之二柄，莫先文武。㉖同唯阿之相去，何是非之足征。然舜命共工之职，周有《考工》之记，车服器械，斯焉取斯。岂与夫乘时射利滞财居逐者，若兹之琐琐焉。㉗文德者，政之所专也；武威者，文之所助也。然则士农之末，作巧贤于鬻货；升平之岁，经国先于定功。臣学昧稽古，思迷政途，谋适不用，空愧绕朝之策；道之将行，犹委仲尼之命。谨对。

注释：

① 孙逖：潞州涉县人。开元初应哲人奇士举，山阴尉，迁秘书正字。十年应制登文藻鸿丽科，拜左拾遗，转左补阙，累拜中书舍人。天宝三载权判刑部侍郎，病风求散秩，改太子左庶子，转太子詹事。上元中卒。广德二年赠尚书右仆射，谥曰文。见今《全唐文》卷三百八至三百一十三。此篇见卷三百一十一。

② 赫：此指威严明察。《诗·大雅·皇矣》：“皇矣上帝，临下有赫。”朱熹集传：“赫，威明也。”广运：犹广远。

③ 劝激：激励。

④ 悬衡：本指挂起秤；此指公布法度。睿谋：指皇帝的谋划。端委：古代礼服。《左传·昭公元年》：“吾与子弁冕端委，以治民临诸侯。”杜预注：“端委，礼衣。”孔颖达疏引服虔曰：“礼衣端正无杀，故曰端；文德之衣尚褒长，故曰委。”颙（yóng）：此指肃敬貌。《易·观》：“有孚颙若。”李鼎祚集解引马融曰：“颙，敬也。”

⑤ 咨：征询，商议；此为叹词，表赞赏。《书·尧典》：“帝曰：‘咨！汝羲暨和。’”孔传：“咨，嗟。”吁：叹词。表示惊叹、感慨等。《书·尧典》：“帝曰：‘吁！嚚讼，可乎？’”孔传：“吁，疑怪之辞。”比义：效法。《国语·楚语上》：“教之训典，使知族类，行比义焉。

⑥ 拜手：亦称“拜首”，古代男子跪拜礼的一种。跪后两手相拱，俯头至手。《书·太甲中》：“伊尹

拜手稽首。”孔传：“拜手，首至手。”稽首：古时一种跪拜礼，叩头至地，是九拜中最恭敬者。休命：美善的命令；多指天子或神明的旨意。

⑦ 阴骘：默默地使安定。《书·洪范》：“惟天阴骘下民。”孔传：“骘，定也。天不言，而默定下民，是助合其居，使有常生之资。”要道：此指重要的道理、方法。光被：遍及。《书·尧典》：“光被四表，格于上下。”胶庠：周代学校名。周时胶为大学，庠为小学。后世通称学校为“胶庠”。语本《礼记·王制》：“周人养国老于东胶，养庶老于虞庠。”

⑧ 观光：观览国之盛德光辉。语出《易·观》：“观国之光，利用宾于王。”

⑨ 颜、闵：孔子弟子颜回和闵损的并称。极挚：所达到的最高程度。周、孔：周公和孔子的并称。

⑩ 润身：使自身受益。

⑪ “如有所誉”句：见《论语·卫灵公》：“子曰：‘吾之于人也，谁毁谁誉？如有所誉者，其有所试矣。斯民也，三代之所以直道而行也。’”“必也临事”句：“子曰：‘暴虎冯河，死而无悔者，吾不与也。必也，临事而惧，好谋而成者也。’”管、乐：管仲与乐毅的并称。管仲为春秋时齐国名相，乐毅为战国时燕国名将。

⑫ 祇奉：敬奉。祇（zhī）：敬。殒越：坠落，毁败。《国语·周语中》：“昔先王之教，懋帅其德也，犹恐殒越。”韦昭注：“犹恐落坠也。”腼（tiǎn）冒：犹言羞惭冒昧。天工：天的职任。古以为王者法天而建官，代天行职事。《书·皋陶谟》：“无旷庶官，天工人其代之。”

⑬ 菅蒯（kuǎi）：茅草之类。蕴藻：水草名。此菅蒯、蕴藻皆喻微贱的人或物。所以：原因，情由。廋（sōu）：藏匿，隐藏。

⑭ 允迪：认真履践或遵循。《书·皋陶谟》：“允迪厥德，谟明弼谐。”孔传：“言人君当信蹈行古人之德。”自媒：女子自择配偶；引申指自荐。

⑮ 不乂：不能治事。食：俸禄；引申指给俸禄。《尚书·商书·说命下》：“惟后非贤不乂，惟贤非后不食。”孔传：“言君须贤治，贤须君食。”

⑯ 首出：杰出。庶物：众物，万物。舟楫：此比喻宰辅之臣。宾：以客礼相待，尊敬。四门：指明堂四方的门。《书·舜典》：“宾于四门，四门穆穆。”

⑰ 大颠、闳夭：皆文王时贤臣。《汉书·董仲舒传》：“文王顺天理物，师用贤圣，是以闳夭、大颠、散宜生等亦聚于朝廷。”颜师古注引臣瓒曰：“皆文王贤臣。”绮季：即绮里季。汉初隐士，“商山四皓”之一。见前注。

⑱ 郯子之叙古官：《左传·昭公十七年》：“秋，郯子来朝，公与之宴，昭子问焉。曰：‘少皞氏鸟名官，何故也？’郯子曰：‘吾祖也，我知之。昔者黄帝氏以云纪，故为云师而云名。共工氏以水纪，故为水师而水名。大皞氏以龙纪，故为龙师而龙名。我高祖少皞挚之立也，凤鸟适至，故纪于鸟，为鸟师而鸟名。凤鸟氏，历正也；玄鸟氏，司分者也；伯赵氏，司至者也，青鸟氏，司启者也；丹鸟氏，司闭者也。’”倾盖：车上的伞盖靠在一起。鲁公之问儒行：儒行：儒家的道德规范或行为准则。更仆：即更仆难数，形容事物繁多，数不胜数。《礼记·儒行》：“哀公曰：‘敢问儒行？’孔子对曰：‘遽数之不能终其物，悉数之乃留，更仆未可终也。’”

⑲ 急景：急驰的日光。

⑳ 表仪：犹法度。《尚书·周书·洛诰》：“公曰：‘已。汝惟冲子惟终。汝其敬识百辟享，亦识其有不享。享多仪，仪不及物。惟曰不享。’”孔传：“奉上谓之享。言汝为王其当敬识百君，诸侯之奉上者亦识其有违上者，奉上之道多威仪，威仪不及礼物，惟曰不奉上。”

㉑ 九仪：此对答出了周代对九种命官的授命仪式。六贽：古代相见馈赠的六种礼物。皆见前注⑥。

㉒ 谦：谦虚，谦让。克让：能谦让。道教：道德教化；此指信奉老庄清净无为的道家思想。《汉书·艺文志》：“合于尧之克攘，《易》之嗛嗛，一谦而四益，此其所长也。”

㉓ 贞：此指稳定，安定。

㉔ 五材：五种物质，指金、木、水、火、土。《左传·襄公二七年》：“天生五材，民并用之，废一不

可。”杜预注：“五材，金、木、水、火、土也。”

㉕ 爰：犹曰。居中履正：此言大唐以土德，土在五行生克中处于中间位置。

㉖ 六职：此指王公、士大夫、百工、商旅、农夫、妇功六种职别。《周礼·考工记》：“国有六职，百工与居一焉……坐而论道，谓之王公；作而行之，谓之士大夫；审曲面埶，以饬五材，以辨民器，谓之百工；通四方之珍异以资之，谓之商旅；饬力以长地财，谓之农夫；治丝麻以成之，谓之妇功。”

㉗ 琐琐：形容人品卑微、平庸、渺小。

同前

李玄成①

臣闻大圣有国，将兴至理，总庶官以匡化，览群议以登贤。②所以奉若天纪，作为人极。③观尧、舜之兴，则四岳佥举，九载陟明，考核之端立矣。④鉴殷、周之策，则三驾访德，六廉察事，征求之道行矣。非睿哲明虑，深体化源，亦安能董正理官，推仗贤杰者也？⑤今陛下缵兴圣业，昭布天光，举良弼以谋至道，综群才以康庶绩。⑥故乃岳生维翰，星降士师，嘉猷日闻，正言弥启，肃然在位，灿然盈朝矣。⑦且犹郡邑公选，岩穴敷求，遗寝载怀，比岁临问，伫经术以佑职，想艺能以建官。⑧则古之坐明堂，议衢室，安可以俦清问之深也。⑨固将卓立化首，廓开政先，岂唯绍明恒训，践修常轨而已。臣素微经艺之术，谬忝弓旌之召，诚不足以登进王庭，恭承明策。⑩

至若为政作法之要，安人济时之体，臣虽愚鄙，窃有志焉。臣闻政务利人，法期济物，布法由道，行政在官。官必其才，则人沐于化；法必于正，则物赖其安。故庇人以和，所以兴其义；率人以礼，所以致其淳。赋之必均，所以绥其业；役之必度，所以务其时；恤其转死，所以保其命；薄其收入，所以全其生。⑪此安人之画（一作方），济时之要，总其大趣，存其至心，而臣节无隐者尔。⑫故王者安人则审政，兴政则任官；任官必良，则为政皆善；善政溥合，则黎人用康，德之本也。是以深居而情鉴万里，高拱而明照八极，其在任人之术欤！夫至公克守于鸣谦，臣节必存乎无隐。⑬况王心虚镜，容光必察，询其立身之志，考其从官之才，臣之愚衷，具以上达。若蒙饬躬召入，程器收用，使得履文石以献议，瞻法座以陈诚，序安人之大训，言济时之良政，抗恒节以忠主，申远图以戴君，臣之宿心永愿毕矣。⑭立身之志，实在于斯；从官之才，安敢自必。盖无善不应，有开必先。七辅立于先（疑）朝，充四目以鉴远；八元翼于舜日，播五典以宏风。⑮或理历茂时，天道以叙；或辨方宁乱，地纪用章。⑯或内平外成，树稼而蒸人乃粒；或忠肃恭懿，敷教而理训克从。⑰言其纪纲，较然明著。十臣佐命，周道蔚兴；四老为宾，汉储底定。⑱文武以济，灵台光偃伯之期；羽翼既成，宠子罢夺宗之计。⑲匡正得失，格言斯在。风后力牧，膺七辅之名；伯奋仲戡，居八元之列；周公吕尚，为十臣之宗；园公绮里，参四老之目。⑳八元尽高辛之裔，十臣有文王之子。事迹斯辨，名氏可征矣。

夫朝会者，所以正君臣之位；登享者，所以尽诚敬之极。故物称其礼，举之表仪；功被于人，施之祀典。[21]盖辨其位序而不多其玉帛，先其敬意而不繁其樽俎，明王道之制也。自道远圣逝，侈及嬴、刘，荐币兴利，视金逞罚。[22]祭非其鬼，妖望其祥，瞻古语事，斯谬甚矣。[23]《周官》大宗伯之职，以九仪之命，正邦国之位。[24]一命受职，再命受服，三命受位，四命受器，五命赐则，六命赐官，七命赐国，八命作牧，九命作伯。盖以懋功训德，审官乂人也。[25]又以禽作六贽，以等诸臣，孤执皮币，卿执羔，大夫执雁，士执雉，庶人执鹜，工商执鸡。[26]盖象事以明等威，以示礼也。秦修雍祠，而古有雍畤焉；周祭亳社，宜社有属亭焉。[27]孝武祈仙，封于栾大，将以通天地之道也。[28]故天士、地士，悬以五利之名焉。汉氏广祷，主于小祠，将以期纯嘏之集也。[29]故诸布、诸严，设于群望之祭焉。

夫谷神不死，道宗于玄默；至觉而生，释归于清净。[30]书于圣典，固在儒流。然练神虚心，释道以空慧为法，可以济于生死矣；兴政致理，周、孔以礼义为训，可以穆于邦家矣。[31]教之攸设，儒则为长。天生五材，利溥群物。火炎水润，动植以滋；刳木范金，黎甿攸济。[32]禀于元象，土德厚载而居多；施于物宜，五行废一而不可。工以缮器，商以通财，财则聚人，器则周用。疾其浮侈，商以政而当遏；资于器械，工在俗而为先。圣人睹天地以成文，象震曜以兴武；文次九序，武标七德，利用开物，禁暴夷凶。[33]二柄所资，百代无易，两参王政，互为国经。[34]若寰海晏如，则武备都偃；干戈日扬，则文教式衰。自有偏废之辰，皆无必去之道。[35]理旷者不可以言极，道深者不可以意明。乾象照临，圣模广运。[36]臣材非秀茂，学非敏博，对越天旨，诚无足观。[37]谨对。

注释：

① 李玄成：即“李元成”，天宝时官考功郎中、知制诰，迁中书舍人。见今《全唐文》卷三百三十一。同前：指对策的标题、对策的问题与其紧接的前一道之标题、问题相同。它皆同。

② 登贤：举用有道德有才干的人。登：进用，选拔。

③ 天纪：此指国家法纪。人极：纲纪、纲常；社会的准则。

④ 四岳：尧臣羲、和四子，分掌四方之诸侯。《书·尧典》：“帝曰：‘咨，四岳。’”孔传：“四岳，即上羲、和之四子，分掌四岳之诸侯，故称焉。”佥（qiān）：都，皆。陟明：谓进用贤能。《书·舜典》：“黜陟幽明。”

⑤ 董：督察，监督。董正：监督纠正；督察整顿。推伏：同“推服”，推许佩服。

⑥ 缵（zuǎn）：继承。《诗·鲁颂·閟宫》：“奄有下土，缵禹之绪。”康：治理。

⑦ 维翰：《诗·大雅·板》：“大邦维屏，大宗维翰。”后因以“维翰”喻捍卫；亦指保卫国家的重臣。士师：古代执掌禁令刑狱的官名。嘉猷：治国的好规划。

⑧ 公选：公开选拔，公众荐举。岩穴：此指岩穴之士。敷求：广求，遍求；敷，通“溥”。《书·伊训》：“敷求哲人，俾辅于尔后嗣。”蔡沈集传：“敷，广也。”遗寝载怀：心有所念而寝不安席。比岁：连年。建官：设置官职。

⑨ 衢室：相传唐尧征询民意的处所；泛指古代帝王听政之所。俦：比，相比。

⑩ 弓旌：弓和旌。古代征聘之礼，用弓招士，用旌招大夫。见前注。

⑪ 赋：田地赋税；此指服徭役，兵役。绥：安，安抚。转死：死而弃尸。薄：减轻，减损；薄征赋税。

⑫ 臣节：人臣的节操。

⑬ 鸣谦：谦德表著于外。《易·谦》："鸣谦，贞吉。"王弼注："鸣者，声名闻之谓也。得位居中，谦而正焉。"

⑭ 饬躬：犹饬身。程器：衡量其才能。文石：有纹理的石头；此指"文石陛"，用文石砌成的宫廷台阶。法座：正座；君主听政之处。抗：立，树立。

⑮ 七辅、八元：已见前注。五典：此指古代的五种伦理道德。《书·舜典》："慎徽五典，五典克从。"孔传："五典，五常之教。父义、母慈、兄友、弟恭，子孝。"

⑯ 理历：治历，制订历法。茂时：便四时分明，民得所依而有丰年。辨方：辨别四方。地纪：犹言地德。以章：因而得以彰明。

⑰ 蒸人：民众，百姓。

⑱ 四老：指"商山四皓"，秦末隐居商山。汉储：指太子刘盈，即汉惠帝。底定：底，或作"厎"。达到平定；这里指安定。

⑲ 偃伯：指休战。《周书·武帝纪下》："方当偃伯灵台，休牛桃塞，无疆之庆，非独在余。"夺宗：指夺取嫡长子的地位。

⑳ 力牧：也写作"力墨"，与风后、天老、五圣、知命、窥纪、地典等并为传说辅助 黄帝的七贤人。仲戡：也写作"仲堪"，为传说的高辛氏八才子之一。

㉑ 祀典：记载祭祀仪礼的典规。

㉒ 视金：或作"酎金"，汉代诸侯献给朝廷供祭祀之用的贡金。《史记·平准书》："至酎，少府省金，而列侯坐酎金失侯者百余人。"裴骃集解引如淳曰："《汉仪注》：王子为侯，侯岁以户口酎黄金于汉庙，皇帝临受献金以助祭。"

㉓ 鬼：此指祖先。《论语·为政》："非其鬼而祭之，谄也。"何晏集解引郑玄曰："人神曰鬼。非其祖考而祭之者，是谄求福。"

㉔ 九仪：此指周代对九种命官的授命仪式。见《周礼·春官·大宗伯》。

㉕ 懋：此当作动词，劝勉、勉励；懋功，勉励有功。审官：考察提拔官吏。乂：此指治理。

㉖ 六贽：古代相见馈赠的六种礼物。见《周礼·春官·大宗伯》。雉，中华书局本作"翟"。

㉗ 雍畤：古代祭五方天帝的祭坛。亳社：殷社。古代建国必先立社，殷都亳，故称。

㉘ 栾大：汉武帝时方士。《史记·孝武本纪》："其春，乐成侯([集解] 徐广曰：'姓丁，名义。后与栾大俱诛也。')上书言栾大。栾大，胶东宫人，故尝与文成将军同师，已而为胶东王尚方。而乐成侯姊为康王后，毋子。康王死，他姬子立为王。而康后有淫行，与王不相中，相危以法。康后闻文成已死，而欲自媚于上，乃遣栾大因乐成侯求见言方。天子既诛文成，后悔恨其早死，惜其方不尽，及见栾大，大悦。大为人长美，言多方略，而敢为大言，处之不疑。大言曰：'臣尝往来海中，见安期、羡门之属。顾以为臣贱，不信臣。又以为康王诸侯耳，不足予方。臣数言康王，康王又不用臣。臣之师曰：黄金可成，而河决可塞，不死之药可得，仙人可致也。臣恐效文成，则方士皆掩口，恶敢言方哉！'上曰：'文成食马肝死耳。子诚能修其方，我何爱乎！'大曰：'臣师非有求人，人者求之。陛下必欲致之，则贵其使者，令有亲属，以客礼待之，勿卑，使各佩其信印，乃可使通言于神人。神人尚肯邪不邪。致尊其使，然后可致也。'于是上使先验小方，斗旗，旗自相触击。是时上方忧河决，而黄金不就，乃拜大为五利将军。居月余，得四金印，佩天士将军、地土将军、大通将军、天道将军印。制诏御史：'昔禹疏九江，决四渎。间者河溢皋陆，堤繇不息。朕临天下二十有八年，天若遗朕士而大通焉。意庶几与焉。其以二千户封地士将军大为乐通侯。'赐列侯甲第，僮千人。乘舆斥车马，帷帐器物以充其家。又以卫长公主妻之……"

㉙ 纯嘏（gǔ）：大福。《诗·小雅·宾之初筵》："锡尔纯嘏，子孙其湛。"朱熹集传："嘏，福。"纯：大。

㉚ 谷神：古代道家用语。谷和神本分用，后多并称。《老子》："神得一以灵，谷得一以盈。"又：

“谷神不死。”谷，山谷；神，一种渺茫恍惚无形之物。谷神即指空虚无形而变化莫测、永恒不灭的“道”。《老子》“谷神不死”三国魏王弼注：“谷中央无谷也。无形无影，无逆无违，处卑不动，守静不衰，谷以之成而不见其形，此至物也。”

㉛ 空慧：佛教语，谓悟人空理的智慧。训：教诲，教导。

㉜ 刳（kū）：挖，挖空。刳木：剖凿木头（用以做舟）。《易·系辞下》：“刳木为舟，剡木为楫，舟楫之利，以济不通，致远以利天下。”范金：以模子浇铸金属。

㉝ 震曜：雷声震动，电光闪耀；极言其威猛之状。《左传·昭公二十五年》：“为刑罚威狱，使民畏忌，以类其震曜杀戮。”杜预注：“雷震电曜，天之威也。圣人作刑狱，以象类之。”

㉞ 国经：国家的纲纪。

㉟ 辰：日子，时光；此指时候、时代。

㊱ 乾象：天象。

㊲ 对越：犹对扬，答谢颂扬。《诗·周颂·清庙》：“济济多士，秉文之德；对越在天，骏奔走在庙。”王引之《经义述闻·毛诗下》：“‘对越在天’与‘骏奔走在庙’相对为文。‘对越’犹对扬，言对扬文武在天之神也……扬、越一声之转。”

同　前

沈　谅①

对：臣闻时雨作解，靡物不滋；春雷发声，群蛰渐觉。②间者明诏咨九牧，辟四门，光烛岩薮，恩覃侧陋。③葵藿仰惠以纳景，山川有开而出云。④使草茅微臣，幽贱朽质，辱旌贲，陈刍荛，瞻璃台之穆然，预烟阙而伏对。⑤此臣之鸿造也，敢不沥诚哉。⑥臣闻尧之光宅也，以亲九族，以命百官；舜之登庸也，以察万人，以齐七政。⑦大禹拜皋陶、伯益，惟其昌言；武王问黄帝、颛顼，存乎至道。⑧此四君者，文思浚哲，恭俭高明，仁以创制，慎乎体国，思借力以任重，简远（阙）以安人。⑨故选贤以居位，先事而后爵。则考绩以庸，取人必才，赋纳献可，声度言状，庶存兹矣。⑩伏惟陛下，丰功厚利，资始万物以统天；执契含元，富有八方而纂圣。⑪家道以正，庶绩咸凝，师师满云火之庭，济济盛龙光之列。⑫尚纡神睠，更晬天仪，思仁寿之登城，缅前王以作镜。⑬虽轩辕之徇齐藏用，重华之好问察言，未足以扶毂大明，骖乘元圣。⑭臣闻之：游大海（一有之水二字）者难为水，窥圣（一有人之二字）门者难为言。陛下侔造化而作法，尊道德以垂范，敬宗庙以示厚，爱臣子以兴仁，怀蛮夷以广德，抑祯祥以崇理。礼经大备，四海共职而朝宗；乐物至和，百兽来庭而率舞。至于为政安人之躅，则微臣何足以知之。其余备父母之体以立身，钦圣人之化以从官之问，则愿竭其愚。臣惟忠孝可以从官，奉陛下之法以自理，守陛下之职以自安，以之居处则庄，以之战阵则勇。是陛下轶尧、舜之上，愚臣忝比屋之封。⑮臣虽不才，则亦有志矣。

昔者风后、力牧、仲容、庭坚，相与谋谟于有熊之朝，弼违于纳麓之运，讲信而修睦，肆直而惠和。⑯垂衣裳，作舟楫，分州土，叙星辰，其纪纲也如此。其后闳、散、周、召，园、黄、绮、季，镐京得之为心膂，汉储得之为羽翼。⑰终能牧野清明，惠皇不废，其救失也如彼。夫国有五服，朝聘申其贡；礼有五经，享祠肃其首。⑱职方品其远迩，宗伯辨其瑞玉。⑲乃开封壝（一作墠），是设方明，锡之以鞶辂衮裳，执之以圭璧羔雁。⑳秦之立雍畤也，将以禘其自出；周之居亳社也，亦以戒于不臧。臣又闻先王之制礼法也，以劳定国。汏哉汉武，曾是黩神，采少君以端信，庶乐通之贞固，列帐甲乙，树红头，望峄山，祈石室。㉑天士、地士，不殆于昏淫；诸布、诸严，何惮于风雨乎。圣策以三教立言，历代弥勤，成轨制以化时，较醇醨而景俗。㉒此圣君合悬解之旨，而小臣惭默识之明。㉓然臣亦尝闻之矣，夫礼者始诸饮食，盛于冠婚；分而为阴阳，转而为太一；失之者死，得之者生。㉔二氏包虚无而含寂灭，长性灵而已，宜去于斯。㉕传曰："仁义礼智，以信为主；貌言视听，以心为正。"则士德优矣。若乃神农之肇皇业，揉木为耒，弦木为弧。㉖黄帝之开帝功，致天下之人，聚天下之货，器以成务，稼惟人天，利以通财，阜国周用。苟能全人，天可违乎？故臣愿抑商而进工也。大哉武之为功，赫矣师之所处。象震耀而举，垂云雷以扬，宣威而山河荡容，训誓而烟尘动色。可以定祸乱，可以翦暴强。顷者牝鸡之晨，陛下潜龙或跃，提白蛇之剑，揭翠凤之旂，入于北军，兵皆袒左。㉗氛祲殄灭，日月光华，此神武之壮观也。㉘谨对。

注释：

① 沈谅：开元二年贤良方正科擢第。见今《全唐文》卷三百九十五。
② 作解：解救。
③ 间者：近来。岩薮：山泽，山野；此谓在野不仕。覃（tán）：延及，遍及。侧陋：处在僻陋之处的贤人或卑贱的贤者。
④ 葵藿：葵与藿；此处偏指葵。葵性向日，古人多用以比喻下对上赤心趋向。
⑤ 旌贲：褒美。刍荛：割草采薪，引申指割草采薪之人；这里指浅陋的见解，多用作自谦之辞。璠台：即"琼台"，相传为桀纣所建的玉台。晋王嘉《拾遗记·殷汤》："纣之昏乱，欲讨诸侯，使飞廉、恶来诛戮贤良，取其宝器，埋于琼台之下。"泛指玉饰的楼台，华丽的楼台。预：参与，参加。烟阙：高耸的楼观、宫殿。
⑥ 鸿造：天大的造化，犹鸿恩。沥诚：竭尽诚心。沥：表露，倾吐。
⑦ 光宅：广有。《书·尧典序》："昔在帝尧，聪明文思，光宅天下。"曾运乾正读："光，犹广也。宅，宅而有之也。"引申指光大所居，谓建都。登庸：选拔任用。此指尧晚年以舜摄天下。
⑧ 昌言：善言，正当的言论。《书·皋陶谟》："禹拜昌言曰：'俞！'"孔颖达疏："禹乃拜受其当理之言。"至道：最好的学说、道德或政治制度。
⑨ 体国：创建或治理国家。借力：借用其力。简远：简朴闲远。
⑩ 赋纳：普遍采纳。赋，通"敷"。《左传·僖公二十七年》："《夏书》曰：'赋纳以言，明试以功，车服以庸。'"杨伯峻注："赋为敷之借字，徧也。"献可：即"献可替否"，进献可行者，废去不可行者。谓对君主进谏，劝善规过。亦泛指议论国事兴革。语出《左传·昭公二十年》："君所谓可而有否焉，臣献其否以成其可。君所谓否而有可焉，臣献其可以去其否。"
⑪ 执契：把握契机。含元：包含万物的本原，包含元气。纂：继承。
⑫ 师师：众多貌。《书·皋陶谟》："百僚师师，百工惟时。"云火：指代百官。《左传·昭公十七年》："昔者黄帝氏以云纪，故为云师而云名，炎帝氏以火纪，故为火师而火名。"杜预注："黄帝受命有云瑞，故以云纪事，百官师长皆以云为名号。炎帝……亦有火瑞，以火纪事，名百官。"凝：形成。《书·皋陶谟》："抚于五辰，庶绩其凝。"孔传："凝，成也。"

⑬ 睠（juàn）：同“眷”。睟（suì）：视。天仪：谓天之光仪。

⑭ 徇齐：疾速；引申指敏慧。徇，通“侚”。藏用：潜藏着的功用；此指暗藏其用意。重华：虞舜的美称。《书·舜典》：“曰若稽古帝舜，曰重华，协于帝。”扶毂：扶翼车轮。大明：泛指日、月。《管子·内业》：“乃能戴大圜而履大方，鉴于大清，视于大明。”

⑮ 轶：后车超前车；引申为超越。比屋可封：谓教化遍及四海，家家都有德行，堪受旌表。

⑯ 有熊：黄帝的国号。弼违：语出《书·益稷》：“予违，汝弼。”孔传：“我违道，汝当以义辅正我。”后因称纠正过失为“弼违”。纳麓：《书·舜典》：“纳于大麓，烈风雷雨弗迷。”孔传：“麓，录也。纳舜使大录万机之政。”后以“纳麓”谓总揽大政。肆直：任情直率；正直。惠和：仁爱和顺。

⑰ 闳：指殷周之际贤臣闳夭。散：指周代贤臣散宜生。皆见《尚书·周书·君奭》：“惟文王尚克修和我有夏。亦惟有若虢叔，有若闳夭，有若散宜生，有若泰颠，有若南宫括。”孔安国传：“文王庶几能修政化以和我所有诸夏。亦惟贤臣之助为治，有如此虢、闳，虢国叔字文王弟；闳氏，夭名。散、泰、南宫，皆氏；宜生、颠、括，皆名。凡五臣佐文王，为胥附奔走先后御侮之任。”园、黄、绮、季：指汉代隐居商山之四老。秦末东园公、绮里季、夏黄公、甪里先生，避秦乱，隐商山，年皆八十有余，须眉皓白，时称商山四皓。心膂：心与脊骨。喻主要的辅佐人员，亲信得力之人。《书·君牙》：“今命尔予翼，作股肱心膂。”

⑱ 五服：古代王畿外围，以五百里为一区划，由近及远分为侯服、甸服、绥服、要服、荒服，合称五服。服，服事天子之意。《书·益稷》：“弼成五服，至于五千。”五经：古代的五种礼制。《礼记·祭统》：“礼有五经，莫重于祭。”郑玄注：“礼有五经，谓吉礼、凶礼、宾礼、军礼、嘉礼也。”

⑲ 职方：即“职方氏”，周代官名，掌天下地图与四方职贡。《周礼·夏官·职方氏》：“职方氏掌天下之图，以掌天下之地，辨其邦国、都鄙、四夷、八蛮、七闽、九貉、五戎、六狄之人民与其财用、九谷、六畜之数要，周知其利害。”宗伯：官名。周代六卿之一，掌宗庙祭祀等事，即后世礼部之职。因亦称礼部尚书为大宗伯或宗伯，礼部侍郎为少宗伯。

⑳ 封壝：高出地面的土墩。壝（wēi）：坛、埒及其矮土围墙的总称。方明：上下四方神明之象。木制，方四尺，设六色六玉。古代诸侯朝见天子、会盟或天子祭祀时所置。《仪礼·觐礼》：“诸侯覲于天子，为宫方三百步，四门，坛十有二寻，深四尺，加方明于其上。方明者，木也，方四尺。设六色，东方青，南方赤，西方白，北方黑，上玄，下黄。设六玉，上圭，下璧，南方璋，西方琥，北方璜，东方圭。”郑玄注：“方明者，上下四方神明之象也。”鞶（pán）：古代男子束衣的腰带，革制，常用佩玉饰。辂（lù）：大车。多指帝王所乘的车子。

㉑ 汰：通“泰”，骄泰，奢侈。黩：此指多而烦；丛杂。《书·说命中》：“黩于祭祀，时谓弗钦。”少君：汉武帝时齐方士名。姓李，以祠灶、辟谷、却老之方往见武帝。谓祠灶，丹砂可化为黄金，黄金成以为饮食器则益寿，可以不死。事见《汉书·郊祀志上》。贞固：守持正道，坚定不移。甲乙帐：汉武帝所造帐幕。饰琉璃珠、夜光珠等珍宝者为甲帐，以居神；其次为乙帐，以自居。见《汉武故事》。峄山：山名，即邹山又名邹峄山、邾峄山。在山东省邹县东南，秦始皇曾登此山刻石记功。石室：古代宗庙中藏神主的石函。

㉒ 三教：佛教传人我国后，称儒、道、释为“三教”。醇醨（lí）：厚酒与薄酒；酒味的厚与薄。用以喻教化、风俗等的敦厚与浇薄。孔颖达《〈礼记正义〉序》：“夫人上资六气，下乘四序，赋清浊以醇醨，感阴阳而迁变。”

㉓ 悬解：谓解除束缚。晋左思《吴都赋》：“否泰之相背也，亦犹帝之悬解，而与桎梏疏属也。”引申指了悟。

㉔ 冠婚：指冠礼与婚礼。

㉕ 二氏：指佛、道两家。

㉖ 肇：开始，创始。皇业：大业；帝王的事业。弦：弦弧。在曲木上张弦成弓，谓制作弓箭。语本《易·系辞下》："弦木为弧。"

㉗ 顷者：往昔；此指武则天掌权。牝鸡之晨：犹言"牝鸡司晨"，母鸡报晓。旧时贬喻女性掌权，所谓阴阳倒置，将导致家破国亡。语本《书·牧誓》："牝鸡无晨，牝鸡之晨，惟家之索。"孔传："喻妇人知外事。雌代雄鸣则家尽，妇夺夫政则国亡。"潜龙：比喻圣人在下位，隐而未显。翠凤：以翠羽制成的凤形旗饰。北军、袒左：此用西汉周勃入北军、旧部响应而灭诸吕之典故。参见《史记·吕后本纪》、《史记·绛侯周勃世家》、《史记·樊郦滕灌列传》。此用之喻李隆基铲除女主事。

㉘ 氛祲：此指预示灾祸的云气；比喻战乱，叛乱。殄灭：消灭，灭绝。

贤良方正策（原失问）

尹　畅①

对：臣闻非才难，遭时难。况躬忝观光之举，不俟媒扬之地，俨身天阙，用感良辰。②伏惟陛下，建初立元，创业垂统，夷凶靖难，圣敬日跻，格上下而无忧内治，光四表而谊德昭振。③故能荷天之休，福应尤盛，殷荐严配，升中告成，十数年间而功业大备。④岂非徇齐之德，神化所致哉！虽少康复夏，宣王兴周，比之当今，万分不及。⑤而犹赐臣策曰"常恐上尘五圣之耿光，下辱万方之瞻戴，日昃观政，夜分思理"者，可谓无念增德，勿休熙载，履众美而不足，躬圣明而流谦。而臣愚葑菲，误自充赋，虽言及之，将何以承奉清问，对扬天休乎？⑥然臣闻立德之谓道，体道之谓仁，固无宏逸，安敢讹滥？是以古之善为士者，必将微妙玄通，岂独重于偏才迂诞而已。⑦如此则黄帝之功济生人，素王之道遵先圣，离朱、吃诟，奚得议其浅深，夷、齐、尹、惠，抑可语其同异。⑧何者？食薇绝粟，终惭淑媛之言；丑夏归殷，卒致成汤之业。⑨寓言庄叟，良未足征；侧讯蒙羚，诚将异尔。⑩无贪至理，宁副虚怀。若乃喜怒哀乐之四端，貌言视听思之五事，虽扩充之在我，谅休咎之关天。⑪殷臣格言，已贯之于皇极；邹子戏论，亦颇存于昭应。⑫讵兹辨志，方用沃心。

伏惟陛下，事天明，事地察，无文咸秩，群望毕举。故祈谷汾脽，荐宝鼎于宗庙；燔柴岱岭，霭飞烟于云日。⑬神歆效其如答，灵贶昭而必闻。⑭虽飘风乍起，曾不终朝，大雨时行，旁沾数郡，亦未闻偃拔包襄之甚也。陛下忧勤，夕惕若厉，信禹汤之罪己，实尧舜之用心。⑮盖天灾流行，国家代有，屠龙牲马，亦何以为。《书》称"安人则惠"，《易》翼"损上益下"，谓宜开仓廪以赒给，选牧宰以宠绥，散利薄征，息役施舍。⑯禳修之道，何莫由斯！传曰"德胜不祥，义厌不惠"，谓此物也。⑰虽归诸天道，亦以人事。故周官六职，水旱则宗伯是司；汉宰三公，灾眚则丞相是主。⑱不然何以昭燮赞之术，开劝戒之端哉。⑲大体若兹，详征何有。

臣闻夫大理之后有易乱之人者，安宁无故，骄心起也；大乱之后有易理之人者，创艾避灾，思乐生也。当今海服清晏，太平无虞，众宜曲折，万事纤妙，文理至详，不可复加矣。⑳陛下享已成之功，居崇高之位，入有后庭声色之务，出有苑囿游观之乐。志得无满乎，欲得无极乎？古语曰“行百里者，半于九十”，言末路之难也。此言虽微，可以喻大。是以圣人，乾乾日惕，莫敢或遑，虽休勿休，尽善尽美。㉑伏愿陛下，慎终如始，以成德政，使鸿图盛烈，作唐龙光，不骞不亏，永永无极，此适时务之所当先也。㉒臣又闻善为政者，在能其事，能其事而不知所以少其吏者，则竭而不足。臣窃惟今国家所使分威权、御黎庶、干府库、理刑狱者，皆天下长吏也。而其俸禄各有差等，以劝其徒。百官以理，万人以察，天下幸甚。然而都内冗散，叨假名器者，不可胜数。㉓或倡优杂伎之伍，弁射夷貊之流，纡紫怀金，出入周卫。㉔浆酒藿肉，乘坚策肥者，奉一人犹闻不给，今官此辈，何所取资。㉕狐鼠既托于城社，粟帛载殚于仓库，非所谓侍御仆从，罔非正人，爵勿及恶，德惟其贤者矣。㉖此救弊之所急也。臣草莽诸生，地卑识浅，陛下诱而进之，访以时政，将承汝弼，安敢面从。㉗轻陈末议，伏深殒越。㉘谨对。

注释：

① 尹畅：开元朝进士。见今《全唐文》卷三百九十九。

② 观光：观览国之盛德光辉。语出《易·观》：“观国之光，利用宾于王。”

③ 格：感通；感动。《书·说命下》：“佑我烈祖，格于皇天。”

④ 严配：祭天时以先祖配享。语本《孝经·圣治》：“孝莫大于严父，严父莫大于配天。”升中：古帝王祭天上告成功。告成：上报所完成的功业。《诗·大雅·江汉》：“经营四方，告成于王。”

⑤ 少康：夏代中兴之主，帝相之子。寒浞使子浇杀相篡位。相后缗方娠，逃归有仍，生少康。少康长大，逃奔有虞，虞君妻以二女。夏旧臣靡收集夏朝旧部，灭浞而立少康。少康又灭浇。见《左传·襄公四年》。

⑥ 葑菲：《诗·邶风·谷风》：“采葑采菲，无以下体。”郑玄笺：“此二菜者，蔓菁与葍之类也，皆上下可食，然而其根有美时有恶时，采之者不可以其根恶时并弃其叶。”蔓菁，即芜菁。芜菁与葍皆属普通菜蔬。后因以“葑菲”用为鄙陋之人或有一德可取之谦辞。充赋：犹凑数。被官吏荐举给朝廷的谦词。

⑦ 玄通：与天相通。《老子》：“古之善为士者，微妙玄通。”河上公注：“玄，天也。言其志节玄妙，精与天通也。”迂诞：迂阔荒诞；不合事理。

⑧ 素王：上古帝王；具有帝王之德而未居帝王之位者，指孔子。离朱：即“离娄”，传说中的视力特强的人。吃诟：有两指，一指古代传说中的大力士；一指善言力诤者。夷齐：伯夷和叔齐。尹：指伊尹，商汤大臣，名伊，一名挚，尹是官名。相传生于伊水，故名。是汤妻陪嫁的奴隶，后助汤伐夏桀，被尊为阿衡。汤去世后历佐卜丙（即外丙）、仲壬二王。后太甲即位，因荒淫失度，被伊尹放逐到桐宫，三年后迎之复位。见《尚书·伊训》；《左传·襄公二十一年》。惠：指柳下惠，春秋鲁大夫展获，字季，又字禽，曾为士师官，食邑柳下，谥惠，故称其为展禽、柳下季、柳士师、柳下惠等。以柳下惠之名最为著称。相传他与一女子共坐一夜，不曾淫乱。《孟子·万章下》：“孟子曰：‘伯夷，圣之清者也；伊尹，圣之任者也；柳下惠，圣之和者也；孔子，圣之时者也。’”

⑨ 淑媛之言：《文选·刘孝标〈辩命论〉》：“颜回败其丛兰，冉耕歌其芣苡。夷叔毙淑媛之言，子舆困臧仓之诉。”李善注：“《古史考》曰：伯夷、叔齐者，殷之末世，孤竹君之二子也，隐于首阳山，采薇而食之。野有妇人谓之曰：‘子义不食周粟，此亦周之草木也。’于是饿死。”淑媛，美好的女子。

⑩ 寓言庄叟：指庄子寓言。《庄子·寓言》："寓言十九，重言十七，卮言日出，和以天倪。"陆德明释文："寓，寄也。以人不信己，故托之他人，十言而九见信也。"托辞以寓意。

⑪ 五事：指古代修身的五件事，谓貌恭、言从、视明、听聪、思睿。《书·洪范》："五事：一曰貌，二曰言，三曰视，四曰听，五曰思。貌曰恭，言曰从，视曰明，听曰聪，思曰睿。"

⑫ 殷臣格言：殷臣，指箕子；此指箕子作《洪范》典。《尚书·周书·洪范》："武王胜殷，杀受（即商纣王），立武庚（纣之子）。以箕子归，作《洪范》。惟十有三祀，王访于箕子。王乃言曰：'呜呼！箕子。惟天阴骘下民，相协厥居，我不知其彝伦攸叙。'箕子乃言曰：'我闻在昔，鲧陻洪水，汩陈其五行。帝乃震怒，不畀洪范九畴，彝伦攸斁。鲧则殛死，禹乃嗣兴。天乃锡禹洪范九畴，彝伦攸叙。初一曰五行，次二曰敬用五事，次三曰农用八政，次四曰协用五纪，次五曰建用皇极，次六曰乂用三德，次七曰明用稽疑，次八曰念用庶征，次九曰向用五福、威用六极。'"皇极：帝王统治天下的准则。即所谓大中至正之道。《书·洪范》："五，皇极，皇建其有极。"邹子戏论：邹子，指战国齐人邹衍，是著名的阴阳家。其语宏大迂怪，世称"谈天"。《史记·孟子荀卿列传》："故齐人颂曰：'谈天衍，雕龙奭，炙毂过髡。'"裴骃集解引刘向《别录》："驺衍之所言，五德终始，天地广大，尽言天事，故曰'谈天'。"后专指以天人感应来解释自然与人事的关系。戏论：漫不经心的言论。

⑬ 祈谷：古代祈求谷物丰熟的祭礼。《礼记·月令》："〔孟春之月〕天子乃以元日祈谷于上帝。"汾：水名，即汾河，源出山西省宁武县管涔山，至河津县西入黄河。睢（suī）：水名。睢水本蒗荡渠支津，旧自河南杞县流经睢县北，又东流经宁陵与商丘市南，又东经夏邑县北，然后东南流。今上游仅睢县附近有一支入惠济河，余皆湮塞。燔柴：古代祭天仪式。将玉帛、牺牲等置于积柴上而焚之。《尔雅·释天》："祭天曰燔柴。"

⑭ 歆（xīn）：嗅闻，谓祭祀时神灵享用祭品的香气；引申指用食品祭祀神鬼。灵贶：神灵赐福。

⑮ 罪己：引咎自责。《左传·庄公十一年》："禹汤罪己，其兴也悖焉。"

⑯ 赒（zhōu）：周济，救济。赒给：周济给助。宠绥：指帝王对各地进行抚绥。《书·泰誓上》："天佑下民，作之君，作之师，惟其克相上帝，宠绥四方。"

⑰ 禳（ráng）：祭名，古代除邪消灾的祭祀；引申指除去邪恶或灾异。《汉书·艺文志》："人失常则妖兴，人无衅焉妖不自作。故曰：'德胜不祥，义厌不惠。'"厌：镇住。

⑱ 灾眚：即"眚灾"，因过失而造成灾害。《书·舜典》："眚灾肆赦，怙终贼刑。"

⑲ 燮赞：协调赞助。

⑳ 创艾：亦作"创刈"。谓因受惩治而畏惧；戒惧。曲折：详备。

㉑ 乾乾：自强不息貌。《易·乾》："君子终日乾乾，夕惕若厉，无咎。"

㉒ 骞（qiān）：马腹低陷。此指亏损。《诗·小雅·无羊》："矜矜兢兢，不骞不崩。"毛传："骞，亏也。"

㉓ 冗散：闲散，无固定职守。叨：滥，过分；叨假，犹言滥借。名器：名号与车服仪制。奴隶社会与封建社会用以别尊卑贵贱的等级。

㉔ 夷貊：古代对东方和北方民族之称；亦泛指各少数民族。纡紫：佩紫绶；怀金：怀揣金印。皆喻指身居高位。周卫：禁卫；引申指宫禁。《汉书·司马迁传》："主上幸以先人之故，使得奏薄伎，出入周卫之中。"

㉕ 浆酒藿肉：亦作"浆酒霍肉"，视酒肉如浆霍；形容饮食豪侈。《汉书·鲍宣传》："使奴从宾客，浆酒霍肉，苍头庐儿，皆用致富。"颜师古注："刘德曰：'视酒如浆，视肉如霍。'霍，豆叶也，贫人茹之也。"乘坚策肥：乘好车，驱良马；形容生活奢华。官：任命……为官员。

㉖ 狐鼠：城狐社鼠，喻指君王之侧依宠仗势的小人、坏人。《晏子春秋·外篇》："景公问晏子曰：治国亦有常乎？对曰：谗佞之人，隐在君侧，犹社鼠不熏也，去此乃治矣。"

㉗ 访：咨询。诸生：众儒生。

㉘ 殒越：此犹言惶恐。

文苑英华卷四百八十四

宋　李昉等编

文词雅丽策二道（开元七年）

问：朕闻至道虽微，不言而化，皇天阴骘，相叶其彝。①信寒暑而生成，施云雨而沐润。②垂范作训，树君育人，时有浇淳，教垂繁略。③成汤既圣，禹道云亡，《桑扈》、《谷风》，屡动诗人之刺，塞门、反坫，时贻宣父之嫌。④我国家振彼颓纲，开兹盛业，朕以不德，袭号乘时。而皇极之道未敷，谟明之轨尚阙。⑤思弘厥理，其义安从？至如视听貌言，恒若时若，会极归极，作哲作乂。⑥一以贯之，何方而可？夫礼以饰情，情疏则礼略；乐以通感，感至则神和。理内为同，修外为异，同异之用，有昧其功。人俗未融，伫明斯要。⑦又《四时》、《武德》，制自何君？⑧《五行》、《文始》，本之谁代？⑨《昭德》、《盛德》，莫辨所尊；《昭容》、《礼容》，未详所出。⑩悉情以对，用释余疑。

注释：

① 叶：同“协”。彝（yí）：常规；一成不变的法度。

② 信：不发生差误；有规律。《管子·任法》：“故圣君设度量，置仪法，如天地之坚，如列星之固，如日月之明，如四时之信。”

③ 浇（jiāo）淳：谓浮薄的风气和淳厚的风气。繁略：繁复与简略。

④ 桑扈：指《诗·小雅·桑扈》，其序曰：“桑扈，刺幽王也。君臣上下，动无礼文焉。”谷风：《小雅·谷风》，序曰：“《谷风》，刺幽王也。天下俗薄，朋友道绝焉。”塞门：屏，影壁。《论语·八佾》：“‘然则管仲知礼乎？’曰：‘邦君树塞门，管氏亦树塞门。邦君为两君之好有反坫，管氏亦有反坫。礼管氏而知礼，孰不知礼？’”反坫：坫，土筑的平台；互相敬酒后，把空酒杯放还在坫上，为周代诸侯宴会时的一种礼节。宣父：对孔子的尊称。

⑤ 皇极：帝王统治天下的准则。即所谓大中至正之道。《书·洪范》：“五，皇极，皇建其有极。”谟明：谋略美善。

⑥ 恒若时若：若，助词，作形容词词尾，无实义；恒若时若，言是永恒的呢还是短时的？

⑦ 伫：此指企盼，期待。

⑧ 四时：四季。此指乐舞名，汉文帝作，即《四时舞》，为祭宗庙时所用的乐舞之一。《汉书·礼乐志》：“孝文庙奏《昭德》、《文始》、《四时》、《五行》之舞；《四时舞》者，孝文所作，以明示天下之安和也。”武德：武道，运用武力所应遵守的准则；此指《武德舞》，多用于宗庙祭礼。《汉书·礼乐志》：“《武德舞》者，高祖四年作，以象天下乐已行武以除乱也。”《史记·孝文本纪》：“高庙酎，奏《武德》、《文始》、《五行》之舞。”司马贞索隐引应劭曰：“今言‘奏《武德》、《文始》、《五行》之舞’者，其乐总象武王之乐……《五行》即《武舞》，执干戚而衣有五行之色也。”

⑨ 五行：此指乐舞名。文始：亦舞乐名。《史记·孝文本纪》：“舞者，所以明功也。高庙酎，奏《武德》、《文始》、《五行》之舞。”裴骃集解引孟康曰：“《武德》，高祖所作也。《文始》，舜舞也。《五行》，周舞也。”

⑩ 昭德：此指汉代雅舞名，汉文帝庙奏《昭德》、《文始》、《四时》、《五行》之舞。见《汉书·礼乐志》。《盛德》：不详。昭容：汉代舞乐名。礼容：亦汉乐舞名。《汉书·礼乐志》：“高祖六年，又

作《昭容》乐，《礼容》乐。《昭容》者，犹古之《招夏》也，主出《武德舞》。《礼容》者，主出《文始》、《五行舞》。”

对

彭殷贤①

对：臣闻孔子云：“大道之行，三代之英，邱未之逮也，而有志焉。”②又颜回对孔子云：“回愿得明王圣主而辅相之，此二者皆伤，不可得而见也。”况臣生大道淳风之运，属圣主立政之秋，不能有所建明，以佐大化，此微臣夙心愧耻，窃有惭焉。③日者圣敕颁宣，远覃幽隐，振废滞，收介特，本州征臣，充赋于王庭。④陛下温颜，屡赐宴见，司饔行食，群事颁冰，亦可谓厚德矣。⑤自顾性识愚驽，智术微浅，既蒙清问，敢不具素所闻乎！臣闻伏羲、神农氏往，黄帝、尧、舜氏作，莫不体道以育物，立德以兴化，用阐无为之教，以弘不宰之功，齐饮啄于鹑居，绝往来于犬吠。⑥岂不以我清净而人自正，我无欲而人自朴乎？迨乎政及三王，君临万国，亦承奉天地，燮赞阴阳，顺四时之气，理五行之叙，总仁义以安庶类，先博爱以悦群生。⑦使人迁善远恶，而不知其所以然也。观夫三王之为君也，谨其所好恶而已，故君好之则人为之，上行之则下效之。莫不清心以率物，正身以御下。⑧九女序列于内，三公分职于外，度数有恒，徭役不作。⑨其取人赋也薄，而役人力也寡；其育物也广，而兴利也厚。故征伐有道，《大明》咏其功；什一而税，《大田》歌其事。⑩所以家给人足，而理安兴矣。《易》曰：“圣人久于其道，而天下化成。”⑪其斯之谓乎？

爰及末俗，政渐浇伪，而礼乐弥烦，奸盗滋起。⑫桀、纣昏乱于上，幽、厉纵逸于下。崇台榭之峻，恐其不高也；广宫室之居，恐其不大也；聚淫色之美，恐其不多也；穷声音之巧，恐其不乐也。其敛人财也厚，而使人力也众；其害物也博，而兴利也寡。其后兴役无常，《桑柔》病而叹之，故其诗曰：“自西徂东，靡所定处。”盖言其役之甚也。⑬征发无度，下人劳病，《南山》疾而刺之，故其诗曰：“赫赫师尹，不平谓何。”盖言其政之乱也。⑭自兹厥后，强凌弱，众暴寡，千官树奸于朝廷，百贾穷伪于市邑，财用匮竭，寇攘不止。《大东》又刺之曰：“大东小东，杼轴其空。”言小大俱尽也。⑮又云：“东人之子，职劳不来。西人之子，粲粲衣服。”⑯孰有为人上者不平若此，而可久安天下哉！此则上失其道，政逐多门，故天下败而不之觉。⑰乃至所以为夏者，转而为殷也；所以为周者，转而为秦也。《诗》云：“高岸为谷，深谷为陵。三代之后，于今为庶。”⑱此史墨所载，社稷无常奉，君臣无常位，自古以言。⑲及秦始皇平定六国，隋炀帝富有四海，不务廉耻，唯存战伐。内造阿房，继以骊山之作；外征林邑，重以辽东之戍。⑳凿驰道则隐以金椎，通鸿沟则树以柳杞。㉑役及闾左，人不聊生；曲泛龙舟，声多哀思。㉒倾天下之赋，不足以周其事；殚帑藏之财，不足以盈其欲。㉓是以众怨难犯，人自为战；所以陈胜、吴广奋梃以挝之，王充、李密扬声以逼之，衅起郊垒而祸生左右。㉔望夷宫中，不免阎乐之难；江都城内，卒死裴通之手。㉕故《易》曰：“天之所助者，信也；人之所助者，顺也。”此二君者，动为之际，不由信、顺，失天人之所

助，能无及此乎？然则合大中之道者如彼，失皇极之用者如此，古之兴败，备在典谟。㉖

注释：

① 彭殷贤：开元七年进士。见今《全唐文》卷三百七。

② 大道：指正道，常理；最高的治世原则，包括伦理纲常等。《礼记·礼运》："孔子曰：'大道之行也，与三代之英，丘未之逮也，而有志焉。'" 邱：即"丘"，此因避讳而增加偏旁。

③ 秋：指某一时期、某一时刻。

④ 日者：此指近日，近来。

⑤ 饔（yōng）：熟的食物。司饔：掌管食物的官。行食：递送饮食。事：执事，官职。颁冰：古代帝王常于冬日凿冰而藏之地窖，至天热时取用。此因怜考生热闷而颁赐之。

⑥ 作：兴起；发生。无为：无为而治。道家主张清静虚无，顺应自然，称为"无为"。《老子》："道常无为而无不为，侯王若能守之，万物将自化。"儒家主张选能任贤，以德化人，亦称为"无为"。《礼记·中庸》："如此者，不见而章，不动而变，无为而成。"不宰：不主宰。《老子》："为而不恃，长而不宰。"饮啄：饮水啄食；引申为吃喝，生活。鹑居：野居无常处；喻指简陋的居室。犬吠：狗叫；喻小的惊扰。

⑦ 燮赞：当作"燮赞"，协调赞助。燮（xiè）：和顺；协和；调和。《书·洪范》："燮友柔克。"孔传："燮，和也。"博爱：广泛地爱一切人。《孝经·三才章》："先王见教之可以化民也。是故先之以博爱，而民莫遗其亲。"

⑧ 清心：纯正之心。率物：做众人的榜样。

⑨ 九女：九妃，古代诸侯所娶的九个嫔妃。《三国志·魏志·后妃传序》："《春秋说》云：'天子十二女，诸侯九女。'" 度数：指用以计量的标准；规则。

⑩ 大明：《诗·大雅·大明》，其小序曰："文王有明德，故天复命武王也。"大田：《诗·小雅·大田》："大田多稼。既种既戒，既备乃事。"郑玄笺："大田，谓地肥美可垦耕，多为稼，可以授民者也。"

⑪ 化成：教化成功。《易·恒》："圣人久于其道，而天下化成。"

⑫ 浇：此指薄，不厚；浇薄、浮薄，指社会风气不好。

⑬ 桑柔：《诗·大雅·桑柔》："菀彼桑柔，其下侯旬。"其小序曰："桑柔，芮伯刺厉王也。"

⑭ 南山：此指《诗经》诗篇名，《诗·齐风·南山》。小序曰："《南山》，刺襄公也，鸟兽之行，淫乎其妹，大夫遇其恶，作诗而去之。"

⑮ 大东：此指《诗经》诗篇名，《诗·小雅·大东》："小东大东，杼柚其空。"其小序曰："大东，刺乱也。东国（谭国）困于役而伤于财，谭大夫作是诗以告病焉。"

⑯ 东人：本指西周统治下的东方诸侯国之人，后泛指陕西以东之人。《诗·小雅·大东》："东人之子，职劳不来。"西人：春秋时称周都镐京人。《诗·小雅·大东》："西人之子，粲粲衣服。"毛传："西人，京师人也。"粲粲：鲜明貌。

⑰ 政逐多门：犹言"政出多门"，政令由许多部门发出。指领导无力，权力分散。语本《左传·成公十六年》："鲁之有季、孟，犹晋之有栾、范也，政令于是乎成。今其谋曰：'晋政多门，不可从也。'"

⑱ 高岸句：出自《诗·小雅·十月之交》："高岸为谷，深谷为陵……"言世事沧桑变迁。

⑲ 墨：古人烧灼龟甲以视吉凶，其粗大的正缝谓之"墨"。《周礼·春官·占人》："史占墨，卜人占坼。"郑玄注："墨，兆广也；坼，兆舋也。"引申指历史记载。

⑳ 林邑：南海古国名。故地在今越南中南部。辽东：指辽河以东的地区，今辽宁省的东部和南部，

战国、秦、汉至南北朝设郡。此言秦始皇征万民修筑长城，西起临洮，东至辽东。

㉑ 驰道：古代供君王行驶车马的道路。鸿沟：大河；此指隋炀帝征调百姓开挖的京杭运河。

㉒ 闾左：居住于闾巷左侧的人民。秦时贫贱者居闾左，后因借指平民。《史记·陈涉世家》："二世元年七月，发闾左适戍渔阳。"司马贞索隐："闾左谓居闾里之左也，秦时复除者居闾左。今力役凡在闾左尽发之也。又云，凡居以富强为右，贫弱为左。秦役戍多，富者役尽，兼取贫弱者也。"

㉓ 帑藏：国库。

㉔ 人自为战：人人自动进行殊死战斗；形容人人都拼搏奋战。语出《史记·淮阴侯列传》："此所谓'驱市人而战之'，其势非置之死地，使人人自为战。"梃：棍棒。衅（xìn）：祸患，祸乱。郊垒：指构筑于郊外的防敌营垒。

㉕ 望夷：秦代宫名，故址在今陕西省泾阳县东南，因东北临泾水以望北夷，故名。秦末，赵高迫杀秦二世于此。阎乐：赵高的女婿，秦二世时咸阳令，听命于赵高在望夷宫杀死二世。裴通：当作"裴虔通"，此为行文偶对而省略。此言裴虔通等在江都宫绞杀隋炀帝杨广事。《隋书·炀帝下》："（大业十二年）年三月，右屯卫将军宇文化及武贲郎将司马德戡、元礼监门直阁裴虔通、将作少监宇文智及武勇郎将赵行枢、鹰扬郎将孟景、内史舍人元敏……医正张恺等以骁果作乱，入犯宫闱，上崩于温室，时年五十。"

㉖ 大中：指无过与不及的中正之道。典谟：《尚书》中《尧典》、《舜典》和《大禹谟》、《皋陶谟》等篇的并称。泛指经典。

迨隋室道消，数钟百六，衣冠礼乐，扫地无余，贤人君子，稽天并浸，此乃大人利见之日、圣主驱除之时。①我太宗志在救焚，心存拯溺，因兹感激，投袂而起，车及于平阳之郊，剑及于盟津之会。②既而戡翦多难，克清中夏，建非常之功，定不拔之业。③洎位登九五，富有万国，制礼以示其让，作乐以兴其和，兼爱以厚其仁，节用以崇其义。④非先王之服不敢服，非先王之言不敢道，言必本于风雅，行务去乎枝叶。明刑赏，严号令，赏当其功则劳臣劝勉，罚当其罪则奸人畏惧。名器不妄假，必俟其能；爵禄不虚授，必先有德。⑤是以四海之内，靡然向风。我太宗以至道之心为天下也，所征无不克，所向无不成，孝弟通于神明，易简合于天地。如此则天地德之，鬼神佑之，使风雨以序，灾害不作，万国莫不欢心，四夷莫不咸赖。良由不僭不滥，无怠无荒，所以享国久长，多历年数。⑥陛下禀天然之姿，定不伐之略，披肝胆以决大计，殄宫闱之氛祲，除诈伪之昏狡，日月载廓（一作朗），宗社以安。⑦深思祸乱之原，乃皇天所以开圣人也。自南面临天下，九年于兹，封堠无警，干戈再戢。⑧置鼓以招谏，设木以待贤，故得近臣尽规，远人献政。⑨出宫女则使心不乱，属大旱则引咎自责，盖禹、汤之罪己，实尧舜之用心。《书》云："一人有庆，兆民赖之。"⑩其斯之谓欤。深合太宗之宏略，远符贞观之故事。

注释：

① 百六：古代以为厄运。古代言灾变运数者，以阴阳代表对立面，阴为六，阳为一，互为消长。百一为阳数极点，百六为阴数极点。《汉书·谷永传》："遭无妄之卦运，直百六之灾阸。"稽天：至于天际。《庄子·逍遥游》："大浸稽天而不溺。"成玄英疏："稽，至也。"大人：指在高位者，如王公贵族。利见：称得见君主。《易·乾》："飞龙在天，利见大人。"孔颖达疏："若圣人有龙德

飞腾而居天位，德备天下，为万物所瞻睹，故天下利见此居王位之大人。”

② 盟津：即“孟津”，古黄河渡口名。在今河南省孟津县东北、孟县西南。相传周武王伐纣，八百诸侯在此不期而盟会，并由此渡黄河。历代以为会盟兴兵的要地。

③ 戡（kān）：平定。《书·西伯戡黎》：“西伯既戡黎，祖伊恐。”戡翦：平定剪除。不拔：不可拔除，不可动摇；形容牢固。《老子》：“善建者不拔，善抱者不脱。”

④ 九五：《易》卦爻位名。九，谓阳爻；五，第五爻，指卦象自下而上第五位。《易·乾》：“九五，飞龙在天，利见大人。”孔颖达疏：“言九五，阳气盛至于天，故云‘飞龙在天’。此自然之象，犹若圣人有龙德、飞腾而居天位。”后因以“九五”指帝位。富有：完全拥有。

⑤ 名器：名号与车服仪制。奴隶社会与封建社会用以别尊卑贵贱的等级。《左传·成公二年》：“唯器与名，不可以假人，君之所司也。”杜预注：“器，车服；名，爵号。”

⑥ 不僭句：僭滥：《诗·商颂·殷武》：“不僭不滥，不敢怠遑。”毛传：“赏不僭，刑不滥也。”后因以“僭滥”谓赏罚失当，过而无度。怠荒：懒惰放荡。《礼记·曲礼上》：“毋侧听，毋噭应，毋淫视，毋怠荒。”郑玄注：“怠荒，放散身体也。”孔颖达疏：“谓身体放纵，不自拘敛也。”

⑦ 不伐：不自夸耀。伐：自我夸耀。《易·系辞上》：“劳而不伐，有功而不德，厚之至也。”昏狡：昏庸狡猾。

⑧ 封堠：古代划分疆界和分程记里的土墩；此引申指边疆。戢（jí）：收藏兵器。《诗·周颂·时迈》：“载戢干戈，载櫜弓矢。”

⑨ 置鼓：犹言“谏鼓”，设于朝廷供进谏者敲击以闻的鼓。《管子·桓公问》：“舜有告善之旌，而主不蔽也；禹立谏鼓于朝，而备讯唉。”设木：指设立“谤木”，相传尧舜时于交通要道竖立木柱，让人在上面写谏言。

⑩ 兆民：众民，百姓。赖：得益，受益。此句出自《书·吕刑》：“一人有庆，兆民赖之。”

赐愚臣制策云“朕以不德，袭号乘时，而皇极之道未敷，谟明之轨尚阙”者。微臣何以识陛下之深远，而辄欲议之。或恐日月有遗照，圣智所不及，略陈其愚，伏惟陛下留听。臣闻《书》云：“惟先格王正厥事。”①言灾害之起，事有不正者也。去岁水旱不时，咎征屡作，匈奴侵轶，边将气沮。天其或者正训我也，欲令陛下知爵禄之虚授，冗散之职多欤？乐荡志欤？服失度欤？何皇极之不建，遂至于此也。②臣闻：“省官不如省事，省事不如清心。”③诚能克己复礼，正身率物，表有功而彰明德，复古而贵能变，禁异服，革慢声，远便佞，近忠谠，断断之士必擢于庙堂，九九之术不遗于管库，可谓虚其心而众象应，正其本而万事理焉。④《书》云：“天既付命，正厥德。”言正德以顺天也。⑤若舍此道，是不知其所从矣。制策曰“视听貌言，恒若时若，会极归极，作哲作乂。一以贯之，何方而可”者，臣闻《易》曰：“崇高莫大乎富贵，备物致用，立成器以为天下利，莫大乎圣人。”⑥古之王者，享圣人之资，乘大宝之位，北辰居正，南面而理，亦可谓富贵乎？当须存至公之行，立大中之道，覆帱同于天地，通明合乎日月，志远迩之化，存易简之功。⑦庶征顺序，五纪和协，百谷用成，六畜遂字者，无不由焉。⑧传曰：“皇极其建。”其斯之谓矣。若貌之不恭，是谓不肃，厥罚雨，其极恶，若得其道，则攸好德以应之；言不之从，是谓不乂，厥罚旸，其极忧，若得其道，则康宁以应之；视之不明，是谓不哲，厥罚燠，其极疾，若得其道，则寿以应之；听之不聪，是谓不谋，厥罚寒，其极贫，若得其道，则富以应之；思之不睿，是谓不圣，厥罚风，其极凶短折，若得其道，则考终命以应之；皇之不极，是谓不建，厥罚阴，其极弱。⑨故经曰："向用五福，威用六极。"斯之谓矣。⑩

臣闻貌言视听，以心为主。故有正心者必有正德，正德临人，犹树直表而望影之曲也，得乎？⑪《大雅》云："仪刑文王，万邦作孚。"此之谓矣。⑫有邪心者有枉行，枉行临人，犹树曲表而望影之直也，得乎？孔子云："《诗》三百，一言以蔽之，曰思无邪。"盖戒此也。⑬故王者修身以道，修道以仁。仁也者，亲亲为大；义也者，尊贤为大。是以君子先正身而后及于天下。如此则六沴不作，五福相生，贻厥孙谋，永无极矣。⑭

制策曰"夫礼以饰情，情疏则礼略；乐以通感，感至则神和。理内为同，修外为异，同异之用，有昧其功。人俗未融，伫明斯要"者。臣闻拨乱反正之主，继体守文之君，抚驭之道虽殊，礼乐之用为急。⑮自土鼓蒉桴之后，始自无声；污樽抔饮之初，彰乎有用。⑯既而莫不曲谐九变，信合四时。是知大乐与天地同和，大礼与天地同节。移风易俗，义切于钟鼓；安上理人，事浸乎揖让。⑰既而祀历三王，时更七国，经籍道息，扬宣榭之烟埃；儒生数穷，赴秦坑而歇灭。⑱迨乎断蛇立极，乘牛设位，纪绵蕝之仪，鸣鼓舞之节，必欲乐宣湮滞，礼释回邪，取其不肃而成，必在既富而教。⑲我唐功高邃古，德迈往圣，坐宣室而访道，登明堂以思政。六乐为驭，利则不争；五礼有经，思而无犯。思闻同异，下访刍荛。臣闻古之明君之御天下也，身坐九重，心遍四海，礼以导其志，乐以防其淫。乐以理内为同，礼以修外为异。礼乐之不悖，内外之相亲，可以感于神明，通于天地矣。《诗》云："肃雍和鸣，先祖是听。"⑳夫肃肃，敬也；雍雍，和也。既敬且和，何事不行？其斯之谓矣。

制策曰"《四时》、《武德》，制自何君？《五行》、《文始》，本之谁代？《昭德》、《盛德》，莫辨所尊；《昭容》、《礼容》，未详所出。悉情以对，用释予疑"者。臣闻皇王御宇，步骤相仍，莫不作乐以飨其德，立谥以明其行。㉑此五帝之常道，百王之所不易也。且《咸池》、《六英》，《韶》、《濩》两听，尽善尽美，窃无间然。㉒自秦失盛位，汉杂霸道，文景相袭，刑措不用。武宣承统，华夷再清，乐舞居（疑）功，可略言也。《武德》舞者，高祖作之，定祸乱也；《四时》舞者，孝武作之，示和平也。《五行》者，本周曲也；《文始》者，本舜舞也。孝景采《武德》为《昭德》，以尊太宗也；孝宣采《昭德》为《盛德》以尊武帝也。《昭容》、《礼容》，犹古《韶》、《夏》，绍之于汉祖，备之于《乐志》矣。㉓臣材非多士，不游六合之间；梦异赵君，总睹九天之上。㉔启处无地，战汗不宁，况承謏问，敢以轻议。㉕谨对。

注释：

① 格王：至道之王，圣王。《书·高宗肜日》："高宗肜日，越有雊雉，祖己曰：'惟先格王，正厥事。'"孔传："言至道之王，遭变异，正其事而异自消。"

② 荡志：此言放纵情志。服：此泛指器服。《周礼·春官·都宗人》："正都礼与其服。"郑玄注："服谓衣服及宫室车旗。"失度：此言失去法度、规定。皇极：帝王统治天下的准则，即所谓大中至正之道。《书·洪范》："五，皇极，皇建其有极。"孔颖达疏："皇，大也；极，中也。施政教，

治下民，当使大得其中，无有邪僻。”

③ 省官：裁减冗官。省事：减少事务。

④ 克己复礼：约束自我，使言行合乎先王之礼。《论语·颜渊》：“克己复礼为仁。”慢声：惰慢不恭的音乐。《周礼·春官·大司乐》：“凡建国，禁其淫声、过声、凶声、慢声。”郑玄注：“慢声，惰慢不恭。”忠谠：忠诚正直；此指忠诚正直之人。断断：专诚守一。《书·秦誓》：“如有一介臣，断断猗，无他伎。”蔡沈集传：“断断，诚一之貌。”九九：算术乘法名。以一至九每二数顺序相乘。上古时系由九九自上而下，而至一一，故称“九九之术。”管库：仓库。

⑤ 付命：授命。付，通“孚”。《书·高宗肜日》：“民有不若德，不听罪。天既孚命，正厥德。”周秉钧注：“孚，《汉石经》、《汉书·孔光传》均作‘付’……言民有不善之德，不顺之罪，天已付命正其德矣。”

⑥ 崇高：此指地位优越。备物：备办各种器物。成器：工具，器物。《易·系辞上》：“县象著明莫大乎日月，崇高莫大乎富贵。备物致用，立成器以为天下利，莫大乎圣人。”孔颖达疏：“谓备天下之物，招致天下所用，建立成就天下之器以为天下之利。”

⑦ 当须：必须。覆帱（dào）：犹覆被，指施恩、加惠。《礼记·中庸》：“辟如天地之无不持载，无不覆帱。”通明：开通而贤明。

⑧ 庶征：各种征候。《书·洪范》：“八、庶征：曰雨，曰旸，曰燠，曰寒，曰风。”孔传：“雨以润物，旸以干物，暖以长物，寒以成物，风以动物，五者各以其时，所以为众验。”五纪：指岁、月、日、星辰、历数。《书·洪范》：“五纪：一曰岁，二曰月，三曰日，四曰星辰，五曰历数。”孔颖达疏：“凡此五者，皆所以纪天时，故谓之五纪也。”字：怀孕；生育。

⑨ 不肃：不严肃；不恭敬。攸：或当作“修”。不乂：不能治事。不哲：不明智。燠（yù）：暖，热。不谋：不商量；不谋求。凶短折：夭折，早死。《书·洪范》：“六极：一曰凶短折，二曰疾，三曰忧，四曰贫，五曰恶，六曰弱。”此援引《尚书·洪范》之“六极”、“八征”来展开论说。

⑩ 五福：五种幸福。《书·洪范》：“五福：一曰寿，二曰富，三曰康宁，四曰攸好德，五曰考终命。”六极：谓六种极凶恶之事。见上注。

⑪ 正德：端正德行。《书·大禹谟》：“正德、利用、厚生、惟和。”孔颖达疏：“正德者，自正其德，居上位者正己以治民。”

⑫ 仪刑：效法。作孚：信服、信从。《诗·大雅·文王》：“仪刑文王，万邦作孚。”朱熹集传：“仪，象。刑，法。”

⑬ 思无邪：心无邪意；心归纯正。《论语·为政》：“《诗》三百，一言以蔽之，曰：思无邪。”

⑭ 沴（lì）：本指水流不畅；引申谓天地四时之气不和而生的灾害。贻厥孙谋：语出《诗·大雅·文王有声》：“贻厥孙谋，以燕翼子。”《书·五子之歌》：“明明我祖，万邦之君，有典有则，贻厥子孙。”孔传：“贻，遗也。言仁及后世。”后遂以“贻厥孙谋”谓为子孙的将来作好安排。

⑮ 拨乱反正：治理混乱的局面，使恢复正常。语本《公羊传·哀公十四年》：“拨乱世，反诸正，莫近诸《春秋》。”继体：嫡子继承帝位；泛指继位。守文：本谓遵循文王法度；后泛指遵循先王法度。《公羊传·文公九年》：“继文王之体，守文王之法度。”急：要紧，重要。

⑯ 土鼓：亦作“土鼔”，鼓的一种。《周礼·春官·钥章》：“掌土鼓豳钥。”郑玄注引杜子春云：“土鼓以瓦为匡，以革为两面，可击也。”蒉（kuì）桴：用草和土抟成的鼓槌。桴（fú）：通“枹”，鼓槌。《礼记·明堂位》：“土鼓、蒉桴、苇钥，伊耆氏之乐也。”污樽抔饮：掘地为坑当酒樽，以手捧酒而饮。

⑰ 浸（jìn）：渗透。

⑱ 宣榭：古代建筑于土台上的厅堂，为讲武临观之所。《春秋·宣公十六年》：“夏，成周宣榭火。”杜预注：“《传例》曰：‘宣榭，讲武屋。’《尔雅》曰：‘无室曰榭，谓屋歇前。’”秦坑：指秦始皇坑儒事。

⑲ 断蛇：斩蛇；指汉高祖刘邦斩蛇起义事。见《汉书·高帝纪赞》。绵蕝：按，引绳为“绵”，束茅以表位为“蕞”。《史记·刘敬叔孙通列传》载，叔孙通欲为汉高祖创立朝仪，使征鲁诸生三十余人，叔孙通“遂与所征三十人西，及上左右为学者与其弟子百余人为绵蕞野外”。后因谓制订整顿朝仪典章为“绵蕞”或“绵蕝”。惉（zhān）懘（chì）：声音不和谐；烦乱不安。回邪：不正，邪僻。此言音乐过宜则音不和谐，礼仪放松则邪僻不正。既富而教句：见《论语·子路》。

⑳ 肃雍：庄严雍容，整齐和谐；形容祭祀时的气氛和乐声。和鸣：互相应和而鸣。

㉑ 相仍：相继；连续不断。

㉒ 六英：相传为帝喾或颛顼之乐。韶、濩：汤乐名；一说，舜乐和汤乐。《文选·王巾〈头陀寺碑文〉》：“步中《雅》《颂》，骤合《韶》《护》。”李善注引郑玄曰：“《韶》，舜乐；《护》，汤乐也。”

㉓ 韶、夏：舜乐和禹乐；泛指优雅的古乐。

㉔ 六合：天地四方，整个宇宙的巨大空间。《庄子·齐物论》：“六合之外，圣人存而不论；六合之内，圣人论而不议。”成玄英疏：“六合者，谓天地四方也。”

㉕ 启处：启居，跪和坐。《诗·小雅·四牡》：“王事靡盬，不遑启处。”毛传：“启，跪；处，居也。”謏（xiǎo）：小。謏问，一本作“謏闻”，孤陋寡闻。常用作谦词。

同　前

邢　巨①

对：臣闻太祖文皇之御天下也，广直言之路，开纳善之门，近臣尽规，庶人毕议，可谓至矣。②今皇天眷命陛下，绍复先业，齐心法宫之中，冕旒正殿之上，详延秀异，询及刍荛。③若乃敷皇极以作则，弘礼乐以垂训，彝伦攸序，群德毕举，斯太宗之盛事也，岂前王访九畴之要、贞三极之本能望清光哉！④天文昭回，万物尽睹，臣谬以黄绶之末，预闻赤墀之议，将何以塞厚问，扬天休。⑤臣闻诸仲尼曰：“大道之行，与三代之英，丘未之逮也，而有志焉。”自上皇不归，大道悠久，圣人顺天地之性，究变化之元，虽损益以文质，或沿袭以忠敬。至于饰礼容以昭贲，崇乐舞以立象，树君牧人，茂时育物，其致一也。⑥夫务本于道，则浮竞可以镇静；习俗于变，即纯一或以伪迁。故轻乐见诮于《国风》，昧礼贻训于圣典，盖有由焉。唐兴百有余岁，高祖以武功定鼎，纽天纲于八纮；太宗以睿圣握符，纂天光于三象。⑦荡亡隋之颓靡，弘圣唐之简易，盛德大业，与三代同风。伏惟陛下，诞受天休，光膺景命，粤若昭德殷荐之礼，感和通神之教，敬事眷圣之征，顺时布德之典，将以登格皇穹，鸿业也；启迪王命，大猷也；风雨时若，休征也；人俗康宁，至教也。⑧五辉协训，八方顺轨，尧舜之盛，无以加焉；成康之道，复何足数。⑨而犹曰皇道未敷，谟明尚阙，发天章于圣藻，采至言于舆词，陛下之谦让也，愚臣何足以知之。

制策曰“至如视听貌言，恒若时若，会极归极，作哲作乂。一以贯之，何方而可”者。臣闻王政之端，本于性也；至化之极，归于理也。能尽其性而合乎理则休征至，不尽其性而悖乎理则咎征至。⑩故圣人法天以立性，畏天以作则，见天道之在五行，人事应之，彰彰类矣。自非统性命之理，求天人之端，孰能从言以作乂，因事以求哲，旸顺而会其极，蒙恒而返其通。⑪适于数，故虽以五事明；宗其极，则可以一理贯。⑫臣又闻圣心镜物，必采于至妙；大道虚象，垂契于理先。然即继圣业者其道同，遵王度者其化一。陛下体周武之盛德，访唐尧之遗事，龟图灵文，天光垂象。伏愿沐时雨于动植，散祥风于涵泳，则大中之道，何以尚兹？⑬制策曰："夫礼以饰情，情疏则礼略；乐以通感，感至则神和。理内为同，修外为异，同异之用，有昧其功。人俗未融，仁明斯义。《四时》、《武德》，制自何君？《五行》、《文始》，本之谁代？《昭德》、《盛德》，莫辨所尊；《昭容》、《礼容》，未详所出。"臣闻礼乐，其所由来尚矣。先王所以美教化，厚人伦，以致太平也。必将考其理，求其端，故揖让之教末，而安上存乎至简；舞咏之功浅，而移风归乎至易。夫辨升降，彰采服，此礼之所以饰情也。登金石，翔景瑞，此乐之所以通感也。⑭故感发于内，乐由衷以致和；情见乎表，礼自外以为异。虽清浊之资考性则殊，而教化之端在理斯一。况今懿纲被遐裔，至道冠生灵，和理日跻，同乎大顺，非礼乐之化，其孰能至此乎！⑮夫崇德垂范，此同异之用也；教齐化密，此人俗之融也。至如武德之盛，武之业也；文德之盛，顺之至也。神道设教，制四时于炎历；德徽可崇，增五行于黉序。⑯尊三德于清庙，表三容于盛礼。⑰圣问昭冏，与天道以元亨；狂言鄙贱，仰天文而知愧。⑱谨对。

注释：

① 邢巨：扬州人。开元七年中文词雅丽科，官监察御史。见今《全唐文》卷三百一。

② 太祖：或当作太宗，指唐太宗李世民。因为唐代高祖是李渊，追尊其父李虎为景皇帝，庙号太祖；而李世民才是太宗、文皇帝，且他曾举用魏徵等直言极谏之臣，广开言路，成"贞观之治"。尽规：尽力规谏。《国语·周语上》："近臣尽规。"

③ 法宫：宫室的正殿，古代帝王处理政事之处。详延：尽数延揽。秀异：此指优异特出的人才。

④ 九畴：畴，类。指传说中天帝赐给禹治理天下的九类大法，即《洛书》。《书·洪范》："天乃锡禹洪范九畴，彝伦攸叙。初一曰五行，次二曰敬用五事，次三曰农用八政，次四曰协用五纪，次五曰建用皇极，次六曰乂用三德，次七曰明用稽疑，次八曰念用庶征，次九曰向用五福、威用六极。"后泛指治理天下的大法。三极：三才，天、地、人。

⑤ 昭回：星辰光耀回转。《诗·大雅·云汉》："倬彼云汉，昭回于天。"朱熹集传："昭，光也。回，转也。言其光随天而转也。"黄绶：古代官员系官印的黄色丝带；借指官吏或官位。赤墀：皇宫中的台阶，因以赤色丹漆涂饰，故称；借指朝廷。

⑥ 贲（bì）：此指华美光彩貌。《易·贲》："九三：贲如濡如，永贞吉。"《书·盘庚下》："各非敢违卜，用宏兹贲。"王引之《经义述闻·尚书上》："家大人曰：贲，读如《易·贲卦》之贲。《广雅》曰：贲，美也。'用宏兹贲'，言用大此美绩也。"立象：取法万物形象。《易·系辞上》："圣人立象以尽意，设卦以尽情伪。"树君：立君主。牧人：治民。茂育：努力育养。致：指思想的趋归，取向、目的。

⑦ 八纮（hóng）：八方极远之地；泛指天下。三象：指日、月、星。

⑧ 诞受：接受。诞，语助词。《书·微子之命》："皇天眷佑，诞受厥命。"天休：天赐福佑。光膺：荣受。景命：大命；指授予帝王之位的天命。景：大。粤若：发语词，用于句首以起下文。登格：符合规格，合乎法式。大猷：谓治国大道。时若：四时和顺。

⑨ 五晖：五彩的光辉。训：通“顺”；协顺，谓和顺如意。

⑩ 休征：吉祥的征兆。咎征：灾祸的征兆。

⑪ 蒙、恒：皆卦名。《易·蒙》：“坎下艮上。蒙，亨。匪我求童蒙，童蒙求我。”朱熹本义：“童蒙，幼稚而蒙昧。”《易·恒》：“巽上震下。恒，亨。无咎。利贞。《彖》曰：恒，久也。刚上而柔下。”

⑫ 数：道数，方法。五事：指古代统治者修身的五件事，谓貌恭、言从、视明、听聪、思睿。极：皇极，帝王统治天下的准则，中正的准则。

⑬ 动植：动物和植物。涵泳：浸润。此言德泽广被。

⑭ 登：此言进献。金石：金和美石之属；引申指钟磬一类乐器。景瑞：吉祥的征兆。

⑮ 懿纲：美好的纲维，法度。和理：中和之道。跻：升，登。大顺：顺乎伦常天道。《礼记·礼运》：“天子以德为车，以乐为御，诸侯以礼相异，大夫以法相序，士以信相考，百姓以睦相守，天下之肥也，是谓大顺。”

⑯ 神道设教：利用神鬼之道进行教化。《易·观》：“圣人以神道设教，而天下服矣。”孔颖达疏：“圣人法则天之神道，本身自行善，垂化于人，不假言语教戒，不须威刑恐逼，在下自然观化服从。”炎历：指以火德而王的刘汉或赵宋王朝。黉序：古代的学校。黉（hóng）：古代的学校。

⑰ 三德：《书·洪范》：“三德：一曰正直，二曰刚克，三曰柔克。”孔颖达疏：“此三德者，人君之德，张弛有三也。一曰正直，言能正人之曲使直；二曰刚克，言刚强而能立事；三曰柔克，言和柔而能治。”三容：犹言“九容”，旧称君子修身处世应有的九种姿容。《礼记·玉藻》：“君子之容舒迟，见所尊者齐遬：足容重，手容恭，目容端，口容止，声容静，头容直，气容肃，立容德，色容庄，坐如尸，燕居告温温。”

⑱ 閟（bì）：此犹言“閟机”，幽隐精微的道理。

文苑英华卷四百八十五

宋　李昉等编

文词雅丽策四道

（策目四百八十四卷彭殷贤同）

张　楚（第五名）①

对：臣闻昔在上皇之抚运也，政宽事明，法简心一。②仰察天道，中顺人情，至于不言，混然而化。故上玄所以眷命，罔违于德；下人安定厥居，俾获其利。③暑往寒来以信之，云行雨施以从之。④于是乎疫疾不生，祯祥洊至，巍巍荡荡，盖无德而称焉。⑤自大道既隐，淳原且散，或救弊以忠敬，亦随时而损益。成、康已往，颂声不作，俗薄礼废，政荒人亡。故其《诗》曰："交交桑扈，率场啄粟。习习谷风，以阴以雨。"此则刺上不能行政者也。⑥仲尼生周末，伤道不行，乃删《诗》、《书》，定礼、乐，立君臣上下之节，明奢俭揖让之序。尚不敢救当代变于陪臣，而称曰："邦君树塞门，管氏亦树塞门；邦君为两君之好，有反坫，管氏亦有反坫。管氏而知礼，孰不知礼"者矣。⑦自兹厥后，颓波浸流，有圣哲之君、聪明之后，岂能振彼凋弊、张其纪纲？⑧不有我唐兴建鸿业，乂宁黔首，则扫地将尽，求野多遗。⑨陛下统皇纲，纂休运，德泽汪濊，仁风洋溢。⑩不宝远物则远人格，所宝惟贤则迩人安。⑪劝农桑，恤刑狱，不夺三时之务，且惜十家之产，左右伊、吕，郡县龚、黄。⑫是以驱俗于雍熙，纳人于轨物者也。⑬岂不征贤人，论政要，所以达四聪也；临前殿，察群言，所以收九术也。⑭梓匠舒幕，所以礼贤也；凌人散冰，所以救渴也。⑮臣窃以自古求贤之盛，未若今日者矣。

赐臣制策曰"皇极之道未敷，谟明之轨尚阙。思弘厥理，其义安从"者。臣实见可久可大之规，非有未敷尚阙之事。此陛下让之至也，愚臣安敢奉之。若乃考前古之庶征，究礼乐之同异，辨皇王之制度，详宗庙之礼仪，此则陛下悬镜九流，常览百氏，索隐探异，钩深致远，已在圣断，岂有跬而疑者欤。⑯今下问愚臣，远议其事，陛下岂不欲广于明试，察臣微才。臣幸对扬，敢不悉情以对。制策曰"视听貌言，恒若时若，会极归极，作哲作乂。一以贯之，何方而可"者。臣闻王者立极，必本于天，天事著于上，人事应于下。昔者禹平水土，天告成功，锡之以《洪范》、《九畴》，彝伦攸叙。又皇天降其有极，皇大极中也，言王者能行大中之道，则阴阳和，风雨时，百谷用成，俊乂用章也。如是则视曰明，听曰聪，貌曰恭，言曰从。⑰则无恒若之生，自去咎征之应矣。今天瑞降，地灵集，所有动作，光乎化先，则一以贯之，道斯不远矣。制策曰"礼以饰情，情疏则礼略；乐以通感，感至则神和。理内为同，修外为异，同异之用，有昧其功。人俗未融，伫明斯要"者。臣闻夫礼由阴作，乐以阳来，乐与天地同和，礼与天地同节。诚能感神动物，安上移风。或以理内为同，或以修外为异。率由和敬，靡不从之者乎？施之人俗，靡不尽善者乎？制策曰"《四时》、《武德》，制自何君？《五行》、《文始》，本之谁代？《昭德》、《武德》，莫辨所尊；《昭容》、《礼容》，未详所出"者。臣闻嬴政失御，汉皇乘极，文、景致刑措之美，武、宣当雄富之盛。⑱故有

《四时》、《武德》之乐，《五行》、《文始》之舞；《昭德》、《盛德》因之而尊，《昭容》、《礼容》自兹而备。臣才识愚劣，学业虚浅，猥当圣问，茫然有失。谨对。

注释：

① 张楚：初仕为临淄掾，调长安尉，转起居舍人，迁礼部员外郎。出历司马、长史、治中。见今《全唐文》卷三百六。

② 上皇：此指远古的帝皇。抚运：顺应时运。

③ 俾（bǐ）：使。

④ 信：信从，顺应。

⑤ 祯祥：吉祥的征兆。洊（jiàn）：一次又一次，再次。洊至：再至，相继而至。《易·坎》："水洊至，习坎。"

⑥ 交交桑扈句：出自《诗·小雅·小宛》，其小序曰："《小宛》，大夫刺幽王也。"孔颖达疏："毛以作小宛诗者，大夫刺幽王也。政教为小，故曰小宛。宛是小貌，刺幽王政教狭小宛然。经云：'宛彼鸣鸠'，不言小名曰小宛者，王才智卑小似小鸟然。"

⑦ 陪臣：古代天子以诸侯为臣，诸侯以大夫为臣，大夫又自有家臣。因大夫对于天子，大夫之家臣对于诸侯，都是隔了一层的臣，即所谓"重臣"，因之都称为"陪臣"。《论语·季氏》："孔子曰：'天下无道，则礼乐征伐自诸侯出。自诸侯出，盖十世希不失矣；自大夫出，五世希不失矣；陪臣执国命，三世希不失矣。'"塞门：影壁，屏风。反坫：坫，土筑的平台。互相敬酒后，把空酒杯放还在坫上，为周代诸侯宴会时的一种礼节。《论语·八佾》："邦君树塞门，管氏亦树塞门。邦君为两君之好，有反坫。"邢昺疏："塞犹蔽也。《礼》：天子外屏，诸侯内屏，大夫以帘，士以帷是也。"何晏集解引郑玄注："反坫，反爵之坫，在两楹之间。"此言周末礼崩乐坏，大夫家臣也僭越礼制；孔子明礼但却无奈，不能救弊。

⑧ 聪明：此指明察事理。后：此指君主，帝王。

⑨ 扫地：打扫地面；此比喻礼仪礼制将全部，尽数丢光。求野：《汉书·艺文志》："仲尼有言：'礼失而求诸野。'"此言天子诸侯丢失了礼仪，将向民间寻求。

⑩ 纂：继承。汪濊：深广。《汉书·司马相如传下》："威武纷云，湛恩汪濊。"颜师古注："汪濊，深广也。"

⑪ 格：来，至。此言不以远物为宝而以远人为宝，故远人来归。

⑫ 三时：指春、夏、秋三季农作之时。《左传·桓公六年》："洁粢丰盛，谓其三时不害而民和年丰也。"杜预注："三时，春、夏、秋。"伊吕：商之伊尹、西周之吕尚，泛指辅弼重臣。龚黄：汉循吏龚遂与黄霸的并称；泛指守法循理的官吏。

⑬ 雍熙：和乐升平。轨物：此指轨范，准则。

⑭ 四聪：能远闻四方的听觉。《书·舜典》："明四目，达四聪。"孔颖达疏："达四方之聪，使为己远听四方也。"九术：术，国君驾驭群臣治理国家的方法或策略；九，虚指也。

⑮ 梓匠：梓，梓人，造器具；匠，匠人，主建筑。凌人：周代官名，掌管藏冰之事。

⑯ 庶征：各种征候。《书·洪范》："八、庶征：曰雨，曰旸，曰燠，曰寒，曰风。"悬镜：比喻肝胆相照，坦诚相见。百氏：指诸子百家。钩深：探索深奥的意义。韪：指好的或正确的（言行）；美善。

⑰ 如是则视曰明句：此言古代统治者修身之"五事"，指貌恭、言从、视明、听聪、思睿。见《书·洪范》。

⑱ 刑措：放置刑法而不用。《荀子·议兵》："传曰：'威厉而不试，刑错而不用。'"雄富：雄厚丰富。

同　前

苗晋卿[1]

对：陛下顷与三事大夫议于朝，以计天下，有奇才异行，含光而不扬其辉，诏诸侯咸举之。[2]臣实至愚，不通大识，循才审行，不副高求。臣闻《论语》曰："天何言哉，四时行焉，百物生焉。"《孝经》曰："王者则天之明，因地之利，以理天下。"[3]是以其教不肃而成，其政不严而理。所谓天地设位，圣人成能，而保大定功，勋业盖时也。逮金石斯缅，步骤不同，时有浇淳，教随繁略。[4]《桑扈》、《谷风》之刺，三归、八佾之嫌，人用僭忒，一至于此。[5]孔子曰："上失其道，人散久矣。"[6]传曰："国家之弊，恒必由之。"陛下嗣守丕绪，茂昭大德，能使百官承式，万邦作乂。[7]所谓孕虞育夏，甄殷陶周，革弊移风，自前代未有也。[8]陛下乃赐臣策曰"皇极之道未敷，谟明之轨尚阙"者。岂不以采刍荛之义，诚考试之端，不宰其功，俯垂下问，实陛下谦德也，微臣何足以知之。

制策曰"至如视听貌言，恒若时若，会极归极，作哲作乂。一以贯之，何方而可"者。臣闻刘歆以为伏羲氏继天而王，受河图，则而画之，八卦是也。[9]禹理洪水，天赐洛书，法而陈之，《洪范》是也。故河图、洛书相为经纬，八卦、九畴相为表里，圣人行道，各保其真。[10]若人有乖方，数必征于错逆；政惟协雅，理必应于调和。[11]考之咎征，粲然著矣。陛下随阳泽以著恩，慎严霜以肃威，鹰隼未击，罻罗不施，草木未零，山林不伐。[12]足可使垂景星而降甘露，腾休气而漏醴泉。[13]臣以为一以贯之，其道久矣。制策曰"礼以饰情，情疏则礼略；乐以通感，感至则神和。理内为同，修外为异，同异之用，有昧其功。人俗未融，伫明斯要"者。臣闻六经之道同归，礼乐之用为急。孔子曰："安上理人，莫善于礼。移风易俗，莫善于乐。"[14]董仲舒对策曰："王者欲有所为，宜求其端于天。天道大者在于阴阳，阳之为德，阴之为刑。王者承天意以从事，故务德教而省刑罚。"[15]陛下修先王之好生，存《大易》之缓死，顷者省囹圄，去桎梏，此则修省刑罚之谓也。臣闻乐以理内为同，礼以修外为异；同则和亲，异则畏敬；和亲则无怨，畏敬则不争。二者并行，合为一体。揖让而理天下者，礼乐之谓也。适时之要，斯并存焉。制策曰"《四时》、《武德》，制自何君？《五行》、《文始》，本之谁代？《昭德》、《武德》，莫辨所尊；《昭容》、《礼容》，未详所出。悉情以对，用释余疑"者。臣以为斯并汉主之乐，载于班氏之书，必使究其明征，考其敏博，既劳更仆，何易尽言？[16]虽敢略而陈之，尚未臻其极也。臣闻《易》曰："先王以作乐崇德，殷荐上帝，以配祖考。"[17]古者制宗庙，太祝迎神于庙门，其义也。《四时》、《武德》者，汉文所作，以示天下之安和也。而《武德》奏于高庙焉。《五行》舞者，本之周武也。秦始皇二十五年，更为《五行》也。汉高祖六年，更名曰《文始》，以示不相袭也。《昭德》、《盛德》，宣之所以尊宗庙。《昭容》、《礼容》者，出《武德》、《文始》、《五行》之舞也。谨对。

注释：

① 苗晋卿：字符辅，潞州壶关人。第进士，累进中书舍人。天宝中封高平县男，累迁宪部尚书兼左丞。肃宗即位，拜左相，封韩国公；改侍中，册为太保，罢政事。永泰元年薨，年八十一，赠太师，谥曰懿献。元载入相，以旧恩讽有司改谥文贞。大历七年配享肃宗庙廷。见今《全唐文》卷三百五十三。

② 三事大夫：此指三公，中央三种最高官衔的合称，唐沿东汉之制，以太尉、司徒、司空为三公。

③ 则天：以天为法，治理天下。

④ 金石：金和美石；引申指镌刻文字、颂功纪事的钟鼎碑碣。缅：遥远。此言金石记载的前代往事已很遥远，各代有各代的风俗和治理方法。

⑤《桑扈》、《谷风》：皆见前注。三归：《论语·八佾》："管氏有三归。"一说管仲娶三姓女子；一说管仲有三处家庭；一说管仲有三处采邑；总之是管仲作为诸侯臣子，有僭越礼制之嫌。八佾：古代天子用的一种乐舞。佾，舞列，纵横都是八人，共六十四人。《论语·八佾》："孔子谓季氏，八佾舞于庭，是可忍也，孰不可忍也！"僭忒：越礼踰制，心怀疑贰。僭（jiàn）：超越。

⑥ 上失其道：见《论语·子张》："孟氏使阳肤（曾子弟子）为士师（典狱之官），问于曾子。曾子曰：'上失其道，民散久矣。如得其情，则哀矜而勿喜。'"

⑦ 丕绪：指国家大业。丕：大。承式：效法。

⑧ 甄、陶：烧制瓦器；此亦指化育，培养造就；与"孕、育"同义。

⑨ 刘歆（约前53—后23年）：字子骏，沛（今江苏沛县）人。西汉末古文经学家、目录学家、天文学家。汉皇族楚元王刘交五世孙，刘向之子。成帝时为黄门郎。河平中，受诏与其父总校群书，讲六校传记。

⑩ 九畴：畴，类。指传说中天帝赐给禹治理天下的九类大法，即《洛书》。后泛指治理天下的大法。详见前注。

⑪ 乖方：违背法度；失当。

⑫ 阳泽：像太阳一样普施恩泽。严霜：凛冽的霜；喻严厉。罻罗：捕鸟的网；喻法网。罻（wèi）：捕鸟的小网。

⑬ 醴泉：甜美的泉水。《礼记·礼运》："故天降膏露，地出醴泉。"

⑭ "孔子曰"句：《礼记·经解》："子曰：'安上治民，莫善于礼。'"《孝经·纪孝行》："子曰：'教民亲爱，莫善于孝。教民礼顺，莫善于悌。移风易俗，莫善于乐。'"

⑮ 董仲舒句：见《汉书·礼乐志》："董仲舒对策言：'王者欲有所为，宜求其端于天。天道大者在于阴……'"

⑯ 敏博：聪明博学。更仆：此指数不胜数，形容繁多。

⑰《易》曰句：《易·豫》："象曰：雷出地奋豫。先王以作乐崇德，殷荐之上帝，以配祖考。"殷，盛也。殷荐之上帝者，用此殷盛之乐，荐祭上帝也；象雷出地而向天也。以配祖考者，谓以祖考配上帝。

同　前

孟万石[①]（第六名）

对：臣尝黾勉读书，夙夜匪懈。观前代之事，稽王者之风，欲树文明，必招俊乂。[②]所以平章百姓，昭畅万人，负黼扆而海宇清，垂衣裳而天下理。[③]今陛下朝盈多士，野无遗贤，犹复发德音，下明制，张云罗以掩俊，设天网以顿奇，片善不遗，有能皆进。故得飞飞丹凤，栖翼于帝梧；皎皎白驹，连食于场藿。[④]纵夷、齐、巢、许，咸届于兹。臣既庸妄，岂敢当此？且声非入异，誉不出凡，文律未明，才用无取，谬参推择，滥赴搜扬，安敢避直饰词，向华乖实。[⑤]但丹诚有厉，至敬无文，敢竭鄙闻，用当明试。然将涓滴以足海，用纤埃以增岳（一作华），虽寡攸助，谁能默哉。

臣闻建国兴邦，必以黎元为本；康时训代，必以政术为先。轨谟虽异，理化皆一。昔者太上之君，崇道以致化，立德以养物。人必欲寿，敦礼教而不伤；人必欲富，薄赋敛而不困；人必欲逸，则省力而不劳；人不欲危，即扶持而使固。[⑥]不强人之所恶，不禁人之所欲，故能无为而理，不言而化。及至中古，行仁履义，克己厉身，拯溺于人，博施于物，即能阴阳不错，风雨以时，疾疫必除，妖孽莫起。洎乎末代，政令不作，刑法聿修，奢侈是崇，礼乐非雅，时无美善之说，俗有奸邪之衅。[⑦]岂不由君失其道，臣非其人，浇薄浸兴，淳朴离散者也。今陛下出号施令，罔有不臧；齐物正人，各得其所。[⑧]然犹综核古今，稽谋政教，视先王之得失，崇今日之高明。以此天聪，尚云不德，巍巍至化，谦尊而光，非臣愚昧，所能涯际。

制策曰“皇极之道未敷，谟明之轨尚阙。思弘厥理，其义安从”者。臣以为皇极将立，莫先择俊；得人则政和，非人则政失。人贤化远，岂不谬哉？至如因能任官，量贤受禄，即百僚济济，万姓安安。去无用之言，除无用之器，即情实斯得，谬说不繁。使人以时，谨身节用，即仓廪储积，黎庶完丰。进有德而退无良，即庶位允厘，庶官不旷。[⑨]尊有功之子，弃无功之人，即营事者不惜其身，制作者能竭其力。罚必当罪，即奸回自除；赏必中贤，则人臣自劝。[⑩]夫是则海内行大中之道，天下有幸甚之言，何忧夫皇极之道未敷者也。若乃列张辅佐，建立官司，询忠直之言，开进谏之路，用能献可替否，补过弼违，外藏主之非，内正君之失。[⑪]今陛下乃顺时而动，非道不行，事无不嘉，人欲何说。故献纳之职，谏诤之词，但可略言，莫知所议。大哉至德，实冠古今。且朝无佞臣，纵朱云重生，安能折槛？[⑫]人不妄从，虽辛毗不死，曷闻牵裾？[⑬]天子圣明，是故群臣无事，亦何忧文轨之阙哉。

制策曰“视听貌言，恒若时若，会极归极，作哲作乂。一以贯之，何方而可”者。臣闻王者法干理物，观象裁规，敬顺天时，恭行月令，恒若时若，罔有咎征矣。尊《九畴》之仪，修八政之规，事不失仪，动不违制，出处语默，皆归于仁。依乎中庸，远弃偏党，垂至道于万国，寄良政于百官，直道而行，不可则止。[⑭]会极归极，作哲作乂，不日而致矣。视听貌言，无从而失也。制策曰“礼以饰情，情疏则礼略；乐以通感，感至则神和。理内为同，修外为异，同异之用，有昧其功。人俗未融，伫明斯要”者。臣闻化难将美，人各有心，不违制节，必有放纵。故先王作典礼以防之，兴雅乐以感之，用能移风易俗，安上理人矣。今陛下行宗庙之礼，故能配天地之神；履直言之议，故能立上下之敬；听宫商之变，故能分善恶之俗。捐郑卫之音，奏《箫韶》之乐；正疏略之弊，敦揖让之仪；州郡大行，朝廷式序，同异斯达，内外罔差。[⑮]既合尽美之端，何问不才之子。若罄愚而说，则陛下无有昧之咨；若驻笔而述，则陛下钟伫明之访。⑯实迷海游，何足知之。臣闻大乐与天地同和，大礼与天地同节。既列同异之因，将分内外之殊。皇王是尊，古今（一作贤）所重，俱为时用，其功一焉。制策曰“《四时》、《武德》，制自何君？《五行》、《文始》，本之谁代”者。臣闻《四时》、《武德》，制之以周王；《五行》、《文始》，本之于汉帝。制策曰“《昭德》、《武德》，莫辨所尊；《昭容》、《礼容》，未详所出”者。臣闻《昭德》、《武德》；实有攸尊之道；《昭容》、《礼容》，出于刘氏之代。昔者鲁哀公问儒行，宣尼有更仆之劳；孔父访鸟官，郯子生倾盖之倦。⑰然且富学沧海，犹黾勉于一隅；况乎道谢桂林，岂对扬于庶事。⑱徒周游于文苑，终展转于迷津。谨对。

注释：

① 孟万石：今《全唐文》作“冯万石“，见卷二百八。万石，圣历初第进士。大足初中嫉恶科，神龙初中才高位下科，景云中中怀能抱器科。开元初重考及第，六年中超群拔类科，十三年考判入第，十六年又入第，二十六年中文词壮丽科。凡九登科选。

② 文明：此指文治教化。俊乂：才德出众的人。

③ 平章：辨别彰明。黼扆、垂衣裳：皆见前注，称颂帝王无为而治。

④ 白驹：白色骏马；比喻贤人、隐士。《诗·小雅·白驹》：“皎皎白驹，食我场苗。絷之维之，以永今朝。”场藿（huò）：犹场苗。“食我场藿”，为延揽贤才或思念贤者之典。

⑤ 异：异等；指德才特出的人。文律：指有关试律诗的格律、韵部等。推择：推举选拔。搜扬：访求举拔。

⑥ 敦：厚重，笃实此用作动词，使敦厚笃实。

⑦ 聿：助词，用于句首或句中。聿修：《诗·大雅·文王》：“无念尔祖，聿修厥德，永言配命，自求多福。”毛传：“聿，述。”聿本助词，后多训为“述”，因以“聿修”谓继承发扬先人的德业。

⑧ 不臧：不善，不良。齐物：齐，齐一，整饬；使万物生长齐整。

⑨ 庶位：众官。允厘：治理得当。《书·尧典》：“允厘百工，庶绩咸熙。”孔传：“允，信；厘，治。”旷：此指荒废。

⑩ 奸回：奸恶邪僻；此指奸恶邪僻的人或事。劝：此指勤勉，努力。

⑪ 献可替否：进献可行者，废去不可行者。谓对君主进谏，劝善规过。亦泛指议论国事兴革。弼违：纠正过失。

⑫ 朱云：汉成帝时人，以直臣闻名于世。朱云折槛：为直臣诤谏的事典。汉成帝时槐里令朱云，曾上书切谏，指斥朝臣尸位素餐，请斩佞臣安昌侯张禹（成帝的师傅）以厉其余。成帝大怒，欲诛云，云攀折殿槛（殿堂上栏杆）。后来成帝觉悟，命保留折坏的殿槛，以旌直臣。事见《汉书·朱云传》。

⑬ 辛毗：三国魏人，敢于直谏。牵裾：牵拉着衣襟。辛毗牵裾：亦为直臣诤谏的事典。三国魏文帝曹丕要从冀州迁十万户到河南去，群臣上谏，不听。辛毗再去谏，曹丕不答而入内，辛毗拉住他的衣裾。后来终于减去五万户。见《三国志·魏志·辛毗传》。

⑭ 偏党：偏向；偏私。《书·洪范》：“无偏无党，王道荡荡。”

⑮ 郑卫之音：指春秋战国时郑国和魏国的音乐，因与孔子等提倡的雅乐不同，故受儒家排斥。后多指俗乐。《论语·卫灵公》：“放郑声，远佞人。郑声淫，佞人殆。”

⑯ 罄（qìng）：器中空；引申为尽、竭。钟：汇聚；集中。

⑰ 孔父：指孔子。鸟官：传说远古少皞氏以鸟名官，谓鸟官、鸟师。

⑱ 桂林：此指科举考场。

同　前

钱　珝①

对：臣闻登衡霍者，嗟培塿之微；泛涨海者，鄙潢污之陋。②臣草茅孤贱，才无足取，属丝纶明扬，州闾选辟，谬得接武群彦，比肩时英。③而文物昭回，宸颜咫尺，退思愚劣，甚不称圣朝求贤之意也。④揆拙竞颜，心愧失守，将何以充塞大问，对扬天休。闻之于师，请言其略。

制策曰："皇极之道未敷，谟明之轨尚阙。思弘厥理，其义安从?"伏惟皇帝陛下，开元立极，地平天成，祖述尧舜，宪章文武。夔龙咸事，阴阳以和，圣德动天，无远不届。⑤麟凤在郊薮，河洛出图书。弓旌累降，征搜是急，日昃视朝，文武并进。既尽美矣，无德而称。犹且罪己为心，在予兴叹，此陛下之至让也，小臣何足以当哉！然忭舞德音，忝列明试，敢不沥肝胆献所闻乎?⑥臣恭惟政理之间，传诸长者之口，以先朝之事一二明之。昔贞观、永徽之间，恭默而天下理，家给而人足，时和而岁丰。⑦外户不扃，牛羊被野，太仓之粟，陈陈相因；中府之钱，贯朽莫校。⑧然而戎车屡驾，不无事矣。于是度辽之师，鬼方之讨，贺兰之战，高昌之伐，而军人无损，帑藏如初。⑨国家富有海内百余年，士庶之多，如曩时之兼倍，征戍之役，当今日之无何。⑩岂往得而今失，将政繁而俗变，其故何哉？良有由也。议者以为赋敛厚，徭役繁，风俗奢，利息倍。今若息其宫室，爱人节用，省无事之官，罢不急之务，三年政成，臣窃迟之。⑪愚心晓然，谓在此矣。

制策曰"视听貌言，恒若时若，会极归极，作哲作乂。一以贯之，何方而可"者。伏惟陛下，躬神武之姿，广聪明之德，思弘至道，励精为政。及支（及支者不受章疏见后汉一本作及晨非）通奏，甲夜观书，励神聪于《九畴》，留睿情于百氏。⑫臣闻智小不可谋大，绠短难于汲深。窥圣谋之莫测，谓宸衷之不凡。⑬致远恐泥，不其难乎。夫视者明也，审邪正与曲直；听者聪也，察善恶与是非；貌者容止，可观俨恪之所谓；言者词令，斯在荣辱之所由。乂时旸若，肃时雨若，察休咎之（阙）会，归于皇建；惟睿哲之作圣，系彼道枢。⑭故曰"无反无侧，王道正直。无党无偏，王道平平"。⑮一以贯之，此其义也。

制策曰"礼以饰情，情疏则礼略；乐以通感，感至则神和。理内为同，修外为异，同异之用，有昧其功。人俗未融，伫明斯要"者。夫大礼与天地同节，大乐与天地同和。岂惟明尊卑，辨等列，动天地，感鬼神而已哉。岂不繁于钟鼓，谅无征于玉帛。乐自外作，必假器以明仪；礼由中起，故备物以饰容。盖有国之典章，生人之冕服。均五材之并用，废一不可；类三者之何先，尤宜去食。⑯故孔子曰："安上理人，莫善于礼。移风易俗，莫善于乐。"去同即异，离之则多伤；相须而成，兼之则双美。一彼一此，何后何先。

制策曰："《四时》、《武德》，制自何君？《五行》、《文始》，本之谁代？《昭德》、《盛德》，莫辨所尊；《昭容》、《礼容》，未详所出。悉情以对，用释予疑。"臣闻暴秦失政，皇汉创业，爰作乐以尊先，聿释享以追孝。⑰《四时》、《武德》，用之于高祖，所以恢武功也。《文始》、《五行》，陈之于文庙，所以昭文德也。盖舞以尽意，歌以崇德。制自炎汉之君，本乎孝武之代。《昭德》、《盛德》，郊庙之乐也。《昭容》、《礼容》，质文之辨也。臣学不师古，才非敏赡，惭琐琐之陋，无足言哉。⑱仰苍苍之高，茫然自失。⑲谨对。

注释：

① 钱珝：唐昭宗朝人，官至太常博士；有《舟中录》二十卷。今《全唐文》卷三百三作"孙翃"。"孙翃"，开元三年对策擢第。当为"孙翃"。

② 衡霍：即衡山。衡山一名霍山，故称。《尔雅·释山》"霍山为南岳。"宋邢昺疏："衡山一名霍……而云衡霍，一山二名者，本衡山，一名霍山。"培塿：小土丘。潢污：聚积不流之水。

③ 丝纶：指称帝王诏书。《礼记·缁衣》："王言如丝，其出如纶。"孔颖达疏："王言初出，微细如丝，及其出行于外，言更渐大，如似纶也。"接武：步履相接；此指接近，忝列。武：此指足迹。

④ 文物：用以明贵贱、制等级的文彩物色；此指天子车服旌旗仪仗之类。昭回：星辰光耀回转；此指天子车帐光耀回转。宸（chén）：北极星所居，即紫微垣；借指帝王之所居或帝王的代称。

⑤ 夔龙：相传舜的二臣名。夔为乐官，龙为谏官。《书·舜典》："伯拜稽首，让于夔龙。"孔传："夔、龙，二臣名。"届：至，到。

⑥ 忭（biàn）：高兴。忭舞：高兴得手舞足蹈。

⑦ 恭默：庄敬而沉静寡言。

⑧ 扃（jiōng）：从外关闭门户的门闩；此指关闭。太仓：古代京师储谷的大仓。陈陈相因：指陈谷逐年增积。《史记·平准书》："太仓之粟，陈陈相因，充溢露积于外，至腐败不可食。"中府：指内库。贯朽：穿钱的绳子朽断，形容积钱多而经久不用。《史记·平准书》："京师之钱累巨万，贯朽而不可校。"校：此指计数，查点。

⑨ 度辽：此指唐太宗贞观十九年征讨辽东事。《旧唐书·太宗本纪下》。"（贞观）十九年春二月庚戌，上亲统六军发洛阳……四月癸卯，誓师于幽州城南，因大飨六军以遣之。……癸亥，辽东道行军大总管英国公李世绩攻盖牟城，破之。五月丁丑，车驾渡辽；甲申，上亲率铁骑与李世绩会围辽东城。因烈风发火弩，斯须城上屋及楼皆尽，麾战士令登乃拔之。六月丙辰，师至安市城；丁巳，高丽别将高延寿、高惠真帅兵十五万来援安市，以拒王师。李世绩率兵奋击，上自高峰引军临之，高丽大溃杀获不可胜纪。延寿等以其众降。"辽东，指辽河以东的地区，今辽宁省的东部和南部。鬼方：本上古种族名，为殷周西北境强敌。《易·既济》："高宗伐鬼方，三年克之。"后泛指边远之地的少数民族。贺兰：贺兰山，在宁夏回族自治区西北边境和内蒙古自治区接界处。高昌：为唐代西州，亦称西州回鹘，位于今新疆吐鲁番。唐贞观十四年灭高昌国。见《旧唐书·西戎、泥婆罗、党项羌、高昌、吐谷浑列传》。

⑩ 曩：先前，以前。曩时：往时，以前。

⑪ 迟：此指迟钝；此作者以"议者"之言为不明智。当是指三年始见效，为时太迟。

⑫ 及支：当作"反支"。反支，古术数星命之说，以反支日为禁忌之日。《后汉书·王充传》："《爱日篇》曰：'国之所以为国者，以有民也。'……圣人深知力者民之本国之基也，故务省徭役使之爱日。是以尧敕羲和：'钦若昊天，敬授民时。'明帝时，公车以反支日不受章奏。"李贤注："凡

反支日，用月朔为正。戌、亥朔一日反支，申、酉朔二日反支，午、未朔三日反支，辰、巳朔四日反支，寅、卯朔五日反支，子、丑朔六日反支，见《阴阳书》也。”通奏：通报，奏告。甲夜：初更时分。颜之推《颜氏家训·书证》：“汉魏以来，谓为甲夜、乙夜、丙夜、丁夜、戊夜；又云鼓，一鼓、二鼓、三鼓、四鼓、五鼓；亦云一更、二更、三更、四更、五更，皆以五为节。”睿情：指皇帝的情意。

⑬ 宸衷：帝王的心意。

⑭ 乂时旸若，肃时雨若：若，助词。此言治世和乱世的征兆事情。《书·洪范》：“八、庶征：曰雨，曰旸，曰燠，曰寒，曰风。”皇建：犹言“皇极”，在帝王统治天下的准则，即所谓大中至正之道。《书·洪范》：“五，皇极，皇建其有极。”

⑮ 无反无侧句：出自《书·洪范》，言王道公正而无偏私。

⑯ 类三者之何先，尤宜去食：《论语·颜渊》“子贡问政。子曰：‘足食足兵，民信之矣。’子贡曰：‘必不得已而去，于斯三者何先?’曰：‘去兵。’子贡曰：‘必不得已而去，于斯二者何先?’曰：‘去食。自古皆有死，民无信不立。’”

⑰ 爰：此作助词，无义，用在句首或句中，起调节语气的作用。聿：此亦助词，用于句首或句中。

⑱ 师古：效法古代。敏赡：机灵多智。琐琐：此形容人卑微、平庸、渺小。

⑲ 苍苍：天之深青色；借指天。

文苑英华卷四百八十六

宋　李昉等编

贤良方正能直言极谏策

陆　贽（贞元元年撰题）

问：[①]皇帝若曰：盖闻上古有（登科记作至）道之君，垂拱无为，以临四海（登科记作海内），不理而人化，不劳而事成也（集无也字），星辰轨道，风雨时若。[②]邈乎其不可继，何施而臻此欤？三代以来，制作滋广，异文质之辨，明利害之乡。[③]威之以刑，导之以礼；敦其俗而弥薄，防其人而益偷。[④]岂浇淳必系于时耶，将（登科记作何）圣贤间生而莫之振也。[⑤]朕柢膺累圣之业，猥居兆人之上；虔恭刻励，如恐坠失；忧济庶类，夕惕晨兴。[⑥]永惟前王之典谟，是宪是则。[⑦]师大禹以（集作之）崇俭，法高宗以（集作之）求贤；兴夏启之征，作周文之伐（集作罚）。[⑧]旌孝弟，举直言，养高年，敦本业，平均（一作均平）徭税，黜陟幽明。[⑨]励精孜孜，勤亦至矣。而浮靡不革，理化不行，暴乱不惩，奸犯不息，五教犹郁，七臣未臻。[⑩]乡党废尚齿之仪，蒸黎无安土（登科记作唐）之志。[⑪]赋入日减而私室愈贫，廉察日增而吏道愈滥。[⑫]意者朕不明欤，何古今之事同而得失之效异也？[⑬]思欲划革前弊，创立新规，施之于事而易从，考之于文而有据。备其（集作陈）本末，将举而行。无或惮烦，略于条对。[⑭]自顷阴阳舛候，祲沴荐（登科记作频）兴；仍岁旱蝗，稼穑不稔。[⑮]上天作孽，必有由然，屡为（登科记作降）凶灾，其咎安在？传曰："时之不乂，厥罚恒旸。"又曰："尧汤水旱，数之常也。"[⑯]二者相（登科记作乖）反，其谁云从？今人靡盖藏，国无廪积。朕屡延卿士，询访谟猷（集作谋），至乃减冗食之徒，罢不急之务。[⑰]既闻嘉话，亦已遵行。而停废之余，所费尚（登科记作犹）广。欲（一作俟）转输（登科记作墨）于江徼，则远不及期，将搜粟于关中则扰而无获。[⑱]节军食则功臣怀怨，省吏员则多士靡归。中心浩然，罔知攸济。[⑲]子大夫蕴蓄材器，通明古今，副我虚（集作旁）求；森然就列，匡朕之寡昧，拯时之难灾。[⑳]毕志直书，无有所隐。

注释：

① 问，陆贽作。见今《全唐文》卷五百二十四。

② 垂拱：垂衣拱手，不亲理事务；多用以称颂帝王无为而治。《书·武成》："惇信明义，崇德报功，垂拱而天下治。"孔颖达疏："谓所任得人，人皆称职，手无所营，下垂其拱。"风雨时若：《书·洪范》："曰肃，时雨若……曰圣，时风若。"孔传："君行敬，则时雨顺之。"后以"风雨时若"指风调雨顺。时若：四时和顺。

③ 乡：方向。

④ 偷：浇薄，不厚道。与上句"薄"同义偶对。

⑤ 浇淳：指浮薄的社会风气和淳厚的社会风气。

⑥ 柢（dǐ）：树根；根基，基础；然据穆质对策所引，当为"祗"字，是恭敬的意思。

⑦ 永惟：深思；常念。惟：思考；思念。

⑧ 高宗：指商王武丁，后世称为殷高宗。盘庚弟小乙之子，即位后访用傅说、甘盘为大臣，力求巩固统治。

⑨ 高年：指老年人。黜陟幽明：黜退昏愚的官员，晋升贤明的官员。《书·舜典》："三载考绩，三考黜陟幽明。"

⑩ 浮靡：浪费；此指奢靡浪费之风。五教：此指五常之教，父义、母慈、兄友、弟恭、子孝五种伦理道德的教育。《书·舜典》："汝作司徒，敬敷五教。"孔传："布五常之教。"郁：停滞，阻滞；此言五教不能敷行。七臣：《孝经·谏诤》："昔者天子有争臣七人，虽无道不失其天下。"郑玄注："七人谓三公及左辅、右弼、前疑、后丞。"唐玄宗注："争谓谏也。"后以"七臣"泛指谏臣。

⑪ 尚齿：尊崇年长者。《礼记·祭义》："是故朝廷同爵则尚齿。"安土：安居本土。

⑫ 廉察：考察，视察；廉洁明察。此指唐以来对观察使或职权与之相当的官员的简称。

⑬ 意者：表示测度，大概，或许。

⑭ 惮烦：怕麻烦。条对：逐条对答天子的垂询。

⑮ 舛（chuǎn）：相违背；错乱，差错。候：节候、时令。祲沴：犹祲氛，邪恶之气。沴（lì）：此指天地四时之气不和而生的灾害。荐：再，又，接连。稔（rěn）：（谷物）成熟。

⑯ "时之"句：《书·洪范》："八、庶征：曰雨，曰旸，曰燠，曰寒，曰风。"孔颖达疏："言之不从，是谓不乂，厥罚恒旸。"尧汤水旱句：据史料记载，汤时大旱，汤曾自曝于烈日之下以祈雨。秦蕙田《五礼通考·吉礼·风旱》："尧汤水旱，天之运气，非政所致。"数：此指天命。

⑰ 卿士：卿、大夫；泛指官吏。询访：征询访问。谟猷：谋略。

⑱ 转输：运输。江徼：江边，江界。徼（jiào）：巡视，巡逻；引申指边界；边塞。

⑲ 浩然：水盛大貌；此言广大壮阔貌。罔：无，不。攸：助词，所。济：渡河；

⑳ 材器：才能与器识。副：符合。森然：众多貌；严整貌。

对

穆　质①(《登科记》作赀第二人)

对：臣闻帝王之理殊涂，而谏诤之道一致；五谏之要同归，而直谏之用为急。②今朝廷之不闻直声久矣。伏惟陛下，采唐尧师锡之义，降禹汤罪己之词，详延直臣，博求失政。③自近古以来，忧劳思理，未有如此其至者，且何患乎不得为尧舜而已。若欲陛下之德与天比崇，欲陛下之名与天无极，斯乃天之意也，臣之志也。不然者，臣当退从作者七人之八耳，孰为来哉。④

注释：

① 穆质：怀州河内人。举贤良方正，累擢给事中，改太子左庶子，出为开州刺史。见今《全唐文》卷五百二十四。

② 五谏：五种进谏方式。计有四种说法：（1）汉刘向《说苑·正谏》："谏有五：一曰正谏，二曰降谏，三曰忠谏，四曰戆谏，五曰讽谏。"（2）汉班固《白虎通·谏诤》："人怀五常，故有五谏。谓讽谏、顺谏、窥谏、指谏、陷谏。"（3）《公羊传·庄公二十四年》："三谏不从。"汉何休注："谏有五，一曰讽谏，孔子曰：'家不藏甲，邑无百雉之城，季氏自堕之'是也；二曰顺谏，曹羁是也；三曰直谏，子家驹是也；四曰争谏，子反请归是也；五曰赣谏，百里子蹇叔子是也。"（4）《孔子家语·辨证》："忠臣之谏君，有五义焉。一曰谲谏，二曰戆谏，三曰降谏，四曰直谏，五曰风谏。"

③ 师锡：谓众人献言，同辞以对。《书·尧典》："师锡帝曰：'有鳏在下，曰虞舜。'"孔传："师，

众；锡，与也。”后以“师锡”指众人举荐推许。

④ 作者：此指称隐逸之士。《论语·宪问》：“子曰：‘贤者辟世，其次辟地，其次辟色，其次辟言。’子曰：‘作者七人矣。’”邢昺疏：“此章言自古隐逸贤者之行也……作，为也，言为此行者，凡有七人。”

制策曰：“上古有道之君，垂拱无为，以临四海。不理而人化，不劳而事成，星辰轨道，风雨时若。邈乎其不可继，何施而臻此欤？三代以来，制作滋广，异文质之辨，明利害之乡。威之以刑，导之以礼，敦其俗而弥薄，防其人而益偷。岂浇淳必系于时耶，将圣贤间生而莫之振也？”臣闻三皇以道化，五帝以德化，故曰修己以安百姓，垂衣而化天下。天何言哉，帝何力哉，无为而已，遂性而已。①至道既往，至德寖衰，而三代之主，先之以礼义，故有法度之制，质文之变。②高其堤防，崇其刑辟，不臻大化，迄可小康。③上古之君，三代之主，教道既异，劳逸自殊。则知理之盛衰，皆德所致效，在德有优劣，非时有浇淳。继三代者，其降杀可知矣。④制策曰：“朕祗膺累圣之业，猥居兆人之上。虔恭刻厉，如恐坠失，忧济庶务，夕惕晨兴。”臣闻舜禹日兢，汤武日业，皆前代帝王之所以为理，忧勤之至也。窃闻陛下忧劳大道，勤绩庶务，无大无小，必躬必亲，靡不关心，靡不经手。⑤勤亦至矣，忧亦至矣。然神太用则竭，形太劳则弊。古人云：人生处代，如白驹过隙耳。⑥何忽自苦如此。又陛下一则罪己，二则罪己，若然者，复何用宰相乎？何用有司乎？

注释：

① 帝力：帝王的作用或恩德。此言三皇五帝之时，无为而治，天下太平。汉王充《论衡·艺增》：“传曰：有年五十击壤于路者，观者曰：‘大哉，尧德乎！’击壤者曰：‘吾日出而作，日入而息，凿井而饮，耕田而食；尧何等力！’”《艺文类聚》卷十一引晋皇甫谧《帝王世纪》所引歌辞略异，末句作“帝何力于我哉！”

② 寖（jìn）：逐渐。寖衰：渐趋衰落，渐趋衰退。

③ 迄：通“汔”。副词，庶几，差不多。小康：稍安。《诗·大雅·民劳》：“民亦劳止，汔可小康。”郑玄笺：“汔，几也。康，安也。今周民罢劳矣，王几可以小安之乎？”

④ 降杀：递减。杀：减省。

⑤ 靡：无。

⑥ 处代：处世。白驹过隙：日影如白色的骏马飞快地驰过缝隙；形容时间过得极快。《庄子·知北游》：“人生天地之间，若白驹之过郤，忽然而已。”

制策曰：“永惟前王之典谟是则。仰（策问作师）大禹以崇俭，法高宗以求贤，兴夏启之征，作周文之伐，旌孝弟，举直言，养高年，敦本业，均平徭赋，黜陟幽明。励精孜孜，勤亦至矣。然而浮靡不革，理化不行，暴乱不惩，奸犯不息，五教犹鬱，七臣未臻。乡党废尚齿之仪，蒸黎无安土之志。赋入日减而私室愈贫，廉察日增而吏道愈滥。意者朕不明欤，势不可欤？何古今之事同而得失之效异也？思欲划革前弊，创立新规，施之于事而易从，考之于文而有据。备陈本末，将举而行。”臣闻：“事不师古，以克永世，匪说攸闻。”①陛下追惟前王之典谟，是稽古之道也。②然陛下师古为理也，欲何为乎？为皇乎？为帝乎？为王乎？驱天下之人欲令归忠耶？归敬耶？归文耶？汉文帝以清净为宗，近称刑措；汉宣帝以刑名律下，亦谓中兴。③自古以来，未有不举纲而目正，不澄源而流清者矣。此亦陛下熟闻之矣。是宪是则之，宜更申明之，使在下者有所趋也。臣闻大禹称三王首者，以其卑宫室，菲饮食，裕人克己，俭之至也。④其道堙没不嗣久矣。惟陛下独能师而行之，苟纶言之可复，则天下之可化。⑤所谓其身正不令而行，其身不正虽令不从者也。臣闻自古求贤，各以类至。三皇师其臣，五帝友其臣，三王臣其臣。欲为皇则行事师之礼，欲为帝则行取友之礼，欲为王则行取臣之礼。⑥自昔哲王，则有感梦而行，傅岩惟肖；则有协卜而出，渭滨亲载；则有卑辞以厚礼，汤命五返于处士；则有可就不可屈，备独三顾于草庐。⑦此皆陛下备闻之矣。臣窃见国家取贤之道，其礼部吏部，失之远矣。则制策之举，最为高科，以臣言之，不得无弊。且陛下弓旌不出，玄纁深藏。⑧无聘问之先，有投刺自媒者；无软轮之礼，有蹑屩而来者。⑨支离于京阙，会计于有司。⑩又广张节文，妄设条格，禁御约束，邻诸盗贼，防贤之意，甚于防奸。⑪崎岖困辱，旷日永久，然则一睹天颜，一承圣问。臣恐皇王佐略，不可由此而致也。今之所得者，乃臣辈琐琐者耳。强名曰贤，贤者固如是耶。厚颜包羞，臣窃自笑。则高宗求贤之意，似或不然。此乃国家最弊之务，伏惟陛下加思，重而慎之。

陛下文可经天地，武可定祸乱。我武载张，则河壖亡命之寇，既以指朝自灭；我文载修，则淮濒逋逃之丑，可以不日自来。⑫道冠古今，功格上下，夏启周发，曾何足云！⑬陛下旌孝弟而孝弟未能化人，旌之未得其实也。举直言而直言未得上达，举之不以其人也。养高年则废礼已久，未有闻焉。敦本业则失农者多，鲜有劝者。平均徭税而怨嗟日生，奸脏之吏未去也。黜陟幽明而善恶同贯，考课之法未精也。⑭陛下师崇俭之遗训，则浮靡何患不革？前王之典谟必用，则理化何患不行？化行则暴乱惩，奸犯息，然后礼义可浃，五教自宣矣。⑮七臣者，岂非《孝经》所谓天子有争臣七人乎？⑯今朝廷列官致位，有以谏为名者，左右前后拾遗补阙，其数甚众，不止七人。⑰使陛下有未臻之叹，其过将有所归矣。以陛下养高年之礼著于上，则乡党不废尚齿之仪。均徭之法行于吏，则蒸黎有安土之志。安土则乐业，乐业则务本，务本则兴农，兴农则家给，家给则赋不减而人不贫矣。吏道愈淫者，吏不精也。⑱臣窃见吏部课最者遗其实，以资历为优；试材者失其本，以书判为上。⑲加以检验滋章，简牍繁揉，瞶眊淹滞，吏缘为奸。⑳事壅于上，权移于下，胥徒末品，得擅官府。㉑所以财贿公行，不殊市道，量职求直，价若平准。㉒古则为官择人，今则为财择官。反古害今，其弊如是。又有通经之目，试文之科，不同归于吏部，选之至于此，虽廉察日增，固不及也。若划革前弊，明诏固当疾行；创立新规，微臣以为不可。且烈祖之宪章未改，前王之法度粲然。德辅如毛，在克己而已，何必改作，然后成功？㉓因人之欲，顺天之时则易从；行古之道，得理之中则有据。

注释：

① 事不师古：指作事而不遵守古训。《书·说命下》：“事不师古，以克永世，匪说攸闻。”孔传：“事不法古训，而以得长世，非说所闻。”

② 典谟：《尚书》中《尧典》、《舜典》和《大禹谟》、《皋陶谟》等篇的并称；泛指经典，法言。稽古：考察古事。

③ 清净：此指安定，不纷扰。刑名：此指刑罚，刑律。

④ 菲：原指萝卜一类的菜；此言微薄，使之微薄。《论语·泰伯》："禹，吾无间然矣。菲饮食而致孝乎鬼神。"

⑤ 纶言：借指帝王的诏令。《礼记·缁衣》："王言如丝，其出如纶；王言如纶，其出如綍。"郑玄注："言言出弥大也。"复：验。

⑥ 事师：即"师事"，拜某人为师或以师礼相待。取友：选取朋友，交友。取臣：此言以臣子之礼相待。

⑦ 自昔哲王句：分别言殷高宗访傅说、周文王访吕尚、刘备三顾诸葛亮事，皆为礼贤重才之典。汤命五返于处士：汤当作"汉"，此指吕后为太子谋而延请商山四老事。《汉书·张陈王周传》："上欲废太子，立戚夫人子赵王如意。大臣多争，未能得坚决也。吕后恐，不知所为。或谓吕后曰：'留侯善画计，上信用之。'吕后乃使建成侯吕泽劫良曰：'君常为上谋臣，今上日欲易太子，君安得高枕而卧？'良曰：'此难以口舌争也。顾上有所不能致者四人。四人年老矣，皆以上嫚娒士，故逃匿山中义不为汉臣。然上高此四人。今公诚能毋爱金玉璧帛，令太子为书，卑辞安车，因使辨士固请宜来，来以为客，时从入朝，令上见之，则一助也。'于是，吕后令吕泽使人奉太子书卑辞厚礼迎此四人，四人至，客建成侯所。"师古曰："四人，谓园公、绮里季、夏黄公、角里先生，所谓'商山四皓'也。"卑辞：亦作"卑词"。言辞谦恭。

⑧ 弓旌：弓和旌；古代征聘之礼，用弓招士，用旌招大夫。玄纁：黑色和浅红色的布帛；此指帝王用作延聘贤士的礼品。

⑨ 聘问：此言遣使访问。投刺：投递名帖。自媒：此言自荐。软轮：用蒲包裹的车轮，取其柔软不致颠簸。《后汉书·明帝纪》："尊事三老，兄事五更，安车软轮，供绥执授。"蹑屩：穿草鞋行走。屩（juē）：草鞋。

⑩ 支离：分散；此言流离，流浪。会计：此言会合、考绩。战国秦汉时代有"上计"制度，即地方官于年终将境内户口、赋税、盗贼、狱讼等项编造计簿，遣吏逐级上报，奏呈朝廷，借资考绩，谓之上计。而地方贤才，亦得携以荐献，谓之"计偕"。

⑪ 节文：此言礼节，仪式。条格：条例，法规。邻：靠近，连接；此言让贤者与盗贼为邻。

⑫ 载：助词，用在句首或句中，起加强语气的作用。河壖：黄河边地；河，指黄河；壖（ruán）：空地，边缘余地。指朝：犹言"指日"，不日，谓为期不远。濒：水边。

⑬ 周发：指周武王姬发。

⑭ 同贯：一体，一例；并列，同列。考课：此言按一定标准考核官吏优劣，分别等差，决定升降赏罚。

⑮ 浃：此言遍及，通达。

⑯ 七臣：《孝经·谏诤》："昔者天子有争臣七人，虽无道不失其天下。"唐玄宗注："争谓谏也。"后以"七臣"泛指谏臣。

⑰ 拾遗补阙：本指补正别人的缺点过失；此皆指官名。拾遗，唐武则天时置左、右拾遗，掌供奉讽谏；补阙，唐武后垂拱元年始置，有左右之分，左补阙属门下省，右补阙属中书省，掌供奉讽谏。

⑱ 吏道：为官为政之道。淫：此言滥；过失。

⑲ 课最：朝廷对官吏定期考核，检查政绩，政绩最好的称"课最"。书判：书指书法，判指用骈体写

作判案之辞，为唐代选举择人之二法。《新唐书·选举志下》："凡择人之法有四：一曰身，体貌丰伟；二曰言，言辞辩正；三曰书，楷法遒美；四曰判，文理优长。"

⑳ 瞶（guì）：瞎子；此言昏聩。眊（mào）：眼睛失神，视物不清；此言昏聩，惑乱。

㉑ 胥徒：本为民服徭役者；后泛指官府衙役。语本《周礼·天官·序官》："胥，十有二人，徒，百有二十人。"郑玄注："此民给徭役者，若今卫士矣。胥，读如谞，谓其有才知，为什长。"末品：品阶极低之官。擅：独揽；擅权。

㉒ 公行：公然行动；公然进行。平准：古代官府平抑物价的措施。

㉓ 德輶如毛：德轻得像羽毛一样。谓施行仁德并不困难，而在于有无坚定的志向。《诗·大雅·烝民》："人亦有言：德輶如毛，民鲜克举之。"

制策曰："自顷阴阳舛候，祲沴洊兴，仍岁旱蝗，稼穑不稔。上天作孽，必有由然，屡为凶灾，其咎安在。传曰：'时之不乂，厥罚恒旸。'又曰：'尧汤水旱，数之常也。'二者相反，其谁云从？人靡盖藏，国无廪积。朕屡延卿士，询访谋猷，至乃减冗食之徒，罢不急之务。既闻嘉话，亦已遵行。而停废之余，所费尚广。欲转输于江徼则远不及期，将搜粟于关中则扰而无获。节军食则功臣怀怨，省吏员则多士靡归。中心浩然，罔知攸济。"臣闻旱蝗者，稽诸《洪范》为言不乂之罚也。① 言之不乂，令之不信也。言者，西方金也，金失其性，为木所伤。② 木，东方少阳，古云阳腾，所以为旱。阳既亢极，气又嚣蒸，则介虫为孽，螽斯为害。③ 臣见比年，旱魃为害已甚矣，则《洪范》之征亦明矣。④ 无乃陛下诏令不信乎。抑又闻军旅之后，必有凶年。其握兵者不本乎仁义，贪于残戮，人用愁苦，怨气积下，以伤阴阳之和也。则国家兵先于河北，旱蝗适之；次及河南，旱亦随后；次关中，关中又蝗。旱既仍岁，蝗亦比年，无乃陛下用兵者不详其道也。⑤ 臣谨稽古典，参于历代，禳除异术，祈祷多门。⑥ 至若贬食省用，稼（一作务）穑圭璧，求邪于幻术，觊福于释流，土龙矫首于通衢，群巫分袖而鼓舞，此又从人之欲也。⑦ 至若两汉旧仪，三公当免，卜式著议，弘羊可烹，此又一时之事也，然俱非救旱之本。⑧ 去灾之道，则有一郡一邑，一宰一牧，勤恤人隐，精达神明，或以身禳，或以心祷，蝗且出境，旱不为灾。⑨ 牧宰之微，尚或臻此；况陛下尊为天子，德为圣人，神动而天从，气使而时变，至诚所感，何往不通。臣伏见陛下去年八月二日所下德音，避正殿而不居，损常膳而不御，议狱缓死，掩骼埋胔。⑩ 诏文始书，害气将究；诏书始下，和气自生。故不旬朝之间，凶渠歼殄，兵革偃息，甘雨荐降，氛灾自销。天之监人也，明矣速矣。然则陛下之德有以动天，天且不违，况于鬼神乎？若尧汤之灾，阴阳之数，此则先儒之言略矣，小臣不敢传疑。惟《洪范》之征信也，谨而言之，陛下鉴之可也。臣闻尧之水，汤之旱，而国无捐瘠者，蓄积多而备先具也。⑪ 今国家或时不雨，一岁不登，尧汤比之悬矣。⑫ 人至困竭，国为空虚者，备之不早。顷所以赋敛无极，怨讟日盈，权须诡求，朝令夕具，岂不以兵食乎？⑬ 今蒲同劳师既还，关辅生人才息，不急军食，不烦军须。⑭ 则搜粟关中，重扰未可；转输江徼，虽远可期。关兵食以廪储，虽节食犹虑费用者多，则功臣何因而怀怨？择贤才以实官，虽省员犹虑旷职者众，则多士何忧而靡归？臣闻方内之理乱，由君上之所执，上有所执，则下有所守。臣窃观国理，似或不然。无可久之图，无常备之制，用无本末，举无条纲，任运而行，应急而化。若虚舟之触，用济江河；如乱丝之棼，望成纶綍。⑮所以遇运则福至，遇厄则祸生，遇岁恶则劳，遇岁丰则逸。坐迎天命，不关人谋。圣心浩然，罔知攸济者，乃彝伦不叙之故。⑯

注释：

①“稽诸《洪范》”句：《书·洪范》：“八、庶征：曰雨，曰旸，曰燠，曰寒，曰风。”孔安国传：“雨以润物，旸以干物，暖以长物，寒以成物，风以动物，五者各以其时，所以为众验。”孔颖达疏：“……言之不从，是谓不乂，厥罚恒旸。”不乂，不能治事。

②“西方金也”句：《淮南子·天文训》：“西方，金也。其帝少昊，其佐蓐收，执矩而治秋，其神为太白。”按五行家言，五行相生相克；“金失其性”，则有木生火、火克金，故言“为木所伤”。即下句所言“所以为旱”。

③少阳：东方。五行家言“东方甲乙木”。介虫：有甲壳的虫类。《礼记·月令》：“〔孟秋之月〕孟秋行冬令，则阴气大胜，介虫败谷。”螽斯：虫名，体长寸许，绿褐色。雄虫的前翅能发声，雌虫尾端有剑状的产卵管。即蝗虫。

④旱魃（bá）：传说中引起旱灾的怪物。《诗·大雅·云汉》：“旱魃为虐，如惔如焚。”毛传：“魃，旱神也。”

⑤仍岁：连年，多年。比年：每年；连年。

⑥禳除：祭神除灾。异术：此指不同的方法。多门：多种。此言用各种方法祈祷祭祀，以攘除灾凶。

⑦贬食：节缩饮食。幻术：方士、术士用来眩惑人的法术。觊（jì）：希望；企图。释流：指僧徒。土龙：用土制成的龙，古代用以乞雨。《淮南子·说山训》：“圣人用物，若用朱丝约刍狗；若为土龙以求雨。”矫首：昂首，抬头。

⑧卜式著议，弘羊可烹：卜式，西汉河南郡人，以牧羊为生。见《汉书·公孙弘卜式倪宽传》。弘羊，汉武帝时大臣桑弘羊，洛阳人。出身商人家庭，自幼有心算才能，以此13岁人侍宫中。自元狩三年（前120）起，终武帝之世，历任大司农中丞、大司农、御史大夫等重要职务。元狩年间以后，在桑弘羊的参与和主持下，先后实行了盐、铁、酒官营，均输、平准、算缗、告缗，统一铸币等经济政策。此外，还组织了60万人屯田戍边，防御匈奴。这些措施都在不同程度上取得了成功，暂时缓解了经济危机，史称当时“民不益赋而天下用饶”。后因卷入燕王旦和上官桀父子的谋反事件，被诛。见《史记·平准书》、《汉书·食货志下》。《史记·平准书》：“民不益赋而天下用饶。于是弘羊赐爵左庶长，黄金再百斤焉。是岁小旱，上令官求雨。卜式言曰：‘县官当食租衣税而已，今弘羊令吏坐市列肆贩物求利。亨弘羊，天乃雨。’”

⑨隐：此指忧伤，疾苦。人隐：人民的痛苦。

⑩骼：此指枯骨，尸骨。胔（zì）：肉还没有烂尽的骨殖；亦泛指人的尸体。《礼记·月令》：“〔孟春之月〕掩骼埋胔。”郑玄注：“骨枯曰骼，肉腐曰胔。”

⑪捐瘠：饥饿而死。《汉书·食货志上》：“尧禹有九年之水，汤有七年之旱，而国亡捐瘠者，以畜积多而备先具也。”颜师古注：“孟康曰：‘肉腐为瘠。捐，骨不埋者。’瘠，瘦病也。言无相弃捐而瘦病者耳。”

⑫登：成熟，丰收。悬：悬殊；差别大。

⑬怨讟（dú）：亦作“怨黩”。怨恨诽谤。《左传·宣公十二年》：“昔岁入陈，今兹入郑，民不罢劳，君无怨讟，政有经矣。”杜预注：“讟，谤也。”

⑭关辅：指关中及三辅地区。《汉书》曰：“右扶风、左冯翊、京兆尹，是为三辅。”军须：军需；泛指军中所需的给养、被服、装具以及其它一切物资和器材。

⑮ 棼（fén）：纷乱，紊乱。纶綍：借称皇帝的诏令。
⑯ 彝（yí）：常，常规；一成不变的法度。彝伦：常理；常道。

制策曰："子大夫蕴蓄才（一作材）器，通明古今，副我虚求，森然就列。匡朕之寡昧，拯时之难灾。毕志直书，无有所隐。"此乃陛下厚礼众君子之意，臣微曷足以当之。若臣者生为唐人，马牛之齿甫以壮矣，①道不得行，身不得遂，陋矣贱矣，与蝼蚁何异。然《诗》、《书》天人之际，皇王经纬之道，三坟六经，九流百氏，前王沿革之要，历代兴王所由，既尝经之于心，颇亦备之于学。虽未之究，可略而言。至若时政之损益，任贤之得失，刑辟之有轻有重，生人之或利或病，臣又耳或有所妄闻。身远与寡，莫为之先，且无因至陛下言之尔。皇天后土，宗庙社稷，实宜知臣之心。每用愤发，悃款隐忧，臆激于肝，腑藏于髓，思有以一陈之久矣。②蒙陛下开天地之德，降雷雨之施，深诏执事，旁延郡国，俾有贤良方正直言极谏之举。臣也幸苟有志，人乃举之，此亦上天降佑皇唐，使陛下锡臣此便，得有路索言之于上也。若贤与良，则臣岂敢；惟谏与直，或有可观。言不直，谏不极，是微臣不忠之罪，孤陛下虚听之德也。如至忌讳挟诛，诽谤附律，脯醢淫戮，鼎镬滥刑，此乃昏主暴君亡国之具，亦陛下之所明知，故臣不复有虞于圣朝耳。③是敢竭虑极愚，指陈其切。是耶，纳而行之，非也，容而宥之，所谓"言之无罪，闻之者足以戒"也。④谨对。

注释：

① 甫：始。
② 悃款：诚挚。语本《楚辞·卜居》："吾宁悃悃款款朴以忠乎？将送往劳来斯无穷乎？"悃（kǔn），诚恳，至诚。款，直诚，诚恳。
③ 脯醢：古代酷刑，处斩之后剁肉成泥。鼎镬：鼎和镬；此指古代的酷刑，用鼎镬烹人。虞：此指忧虑，忧患。
④ 戒：防备；警戒；鉴戒。此引《诗大序》语："言之者无罪，闻之者足以戒。"

文苑英华卷四百八十七

宋　李昉等编

才识兼茂明于体用策二道[①]（元和元年四月二十八日）

问：皇帝若曰：朕观古之王者，受命君人，兢兢业业，承天顺地，靡不思贤能以济其理，求谠直以闻其过。[②]故禹拜“昌言”而嘉猷罔伏，汉征“极谏”而文学稍进，匡时济俗，罔不率繇。[③]厥后相循，有名无实，而又设以科条，增求茂异，舍斥己之至论（登科记作言），进（诏令作角一本作推）无用之虚文，指切著明，罕称于代。兹朕所以叹息郁悼，思索其真。[④]是用发恳恻之诚，咨体用之要，庶乎言之可行，行之不倦。[⑤]上获其益，下输其情，君臣之间，驩然相与。[⑥]子大夫得不勉思朕言而茂（集作发非）明之。我国家光宅四海，年将二百。十圣弘化，万方（集作邦）怀仁，三王之礼靡不讲，六代之乐罔不举。[⑦]漏（登科记作浸）泽于下，升中于天，周汉已还，莫斯为盛。[⑧]自祸阶漏壤，兵宿中原，生人困竭，耗其大半。[⑨]农战非古，衣食罕储，念兹疲甿，未遂富庶。督耕殖（文类作食）之业而人无恋本之心，峻榷酤之科而下有重敛之困。[⑩]举何方而可以复其盛？用何道而可以济其艰？既往之失，何者宜惩？将来之虞，何者当戒？昔主父惩患于晁错，而用（登科记作请）推恩；夷吾致霸于齐桓，而行寓令。[⑪]精求古人之意，启迪未哲（文粹作著）之怀，眷兹洽闻，固所详究。又执契之道，垂衣不言。悉之于下，则人用其私；专之于上，则下无其功。汉元优游于儒术（集作学），盛业竟衰；光武责课于公卿，峻政非美。[⑫]二途取舍，未获所从，余心浩然，益所疑惑。（登科记有今字）子大夫熟究其言旨，属之于篇（登科记作著之于篇）。[⑬]兴自朕躬，毋悼后害。

注释：

① 体用：本体和作用。

② 君人：为人之君；统治人民。君，此用作动词。谠直：正直；此指正直的人。谠（dǎng）：正直，敢于直言；借指敢于直言的人。

③ 昌言：善言；正当的言论。《书·皋陶谟》：“禹拜昌言曰：‘俞！’”嘉猷：治国的好规划。极谏：尽力规劝。文学：文章博学；此指儒生，泛指有学问的人。繇（yóu）：通“由”。遵从；随顺。

④ 郁悼：郁抑忧伤。

⑤ 恳恻：诚恳痛切。

⑥ 输：献出。驩（huān）：通“欢”。融洽；交好。

⑦ 年将二百：从618年唐朝建制到元和元年是189年。十圣：指高祖、太宗、高宗、中宗、睿宗、玄宗、肃宗、代宗、德宗和顺宗十君。弘化：光大教化。怀：（人心）归向。

⑧ 漏泽：当作“浸泽”，润泽；喻普施恩泽。升中：古帝王祭天上告成功。《礼记·礼器》：“是故因天事天，因地事地，因名山升中于天。”郑玄注：“升，上也。中，犹成也。谓巡守至于方狱，燔柴，祭天，告以诸侯之成功也。”后以“升中”指祭天。

⑨ 祸阶：指祸之所从来。阶，阶梯，喻凭借或途径。《三国志·魏志·文德郭皇后传》：“桀奔南巢，祸阶末喜。”漏壤：土壤漏失水分而无法生产粮食。《管子·山至数第七十六》：“桓公问管子曰：‘请问国势？’管子对曰：‘有山处之国，有汜下多水之国，有山地分之国，有水泆之国，有漏壤之

国，此国之五势，人君之所忧也。……漏壤之国，谨下诸侯之五谷，与工雕文梓器以下天下之五谷，此准时五势之数也。'”

⑩ 耕殖：犹耕植。恋本：古代治国以农业为本，工商为末，故恋本即指愿意从事于耕作，不逐工商之利。榷酤：亦作“榷沽”。汉以后历代政府所实行的酒专卖制度；也泛指一切管制酒业取得酒利的措施。《汉书·武帝纪》：“〔天汉〕三年春二月……初榷酒酤。”颜师古注引韦昭曰：“谓禁民酤酿，独官开置，如道路设木为榷，独取利也。”

⑪ 主父惩患于晁错：主父：指汉齐王相主父偃。推恩：帝王对臣属推广封赠，以示恩典；此指主父偃所献弱化诸侯王势力的“推恩”策。晁错当政时，采取强硬措施，助汉景帝削弱同姓诸侯之势力，加强中央权力，最后激起七国之乱，招来杀身之祸。主父偃吸取教训，劝皇帝在一代诸侯王过世时，分割其土地，分别分给众多的子弟，以削弱其势力。事见《史记·主父偃传》。夷吾：指春秋时管夷吾，辅佐齐桓公而称霸天下。寓令：寄军令于内政，谓只在暗中加强军事力量。犹言“寄政”，把军令寄寓在庶政之中。《国语·齐语》：“君若欲速得志于天下诸侯，则事可以隐令，可以寄政……作内政而寄军令焉。”

⑫ 汉元优游于儒术：汉元，指汉元帝。优游：宽和，宽厚；优容，宽待。《汉书·元帝纪》：“孝元皇帝，宣帝太子也。母曰共哀许皇后，宣帝微时生民间。年二岁，宣帝即位。八岁，立为太子。壮大，柔仁好儒。见宣帝所用多文法吏，以刑名绳下，大臣杨恽、盖宽饶等坐刺讥辞语为罪而诛，尝侍燕从容言：‘陛下持刑太深，宜用儒生。’宣帝作色曰：‘汉家自有制度，本以霸王道杂之，奈何纯任德教，用周政乎！且俗儒不达时宜，好是古非今，使人眩于名实，不知所守，何足委任?’乃叹曰：‘乱我家者，太子也!’……及即位，征用儒生，委之以政，贡、薛、韦、匡迭为宰相。而上牵制文义，优游不断，孝宣之业衰焉。然宽弘尽下，出于恭俭，号令温雅，有古之风烈。”光武责课于公卿：此句言光武帝采用严酷的政治措施以治国，公卿官僚多因课责致死。责课，此指责成考核。峻政：苛政。《后汉书·光武帝纪下》：“（建武）十五年……诏下州郡检核垦田顷亩及户口年纪，又考实二千石长吏阿枉不平者。冬十一月甲戌，大司徒欧阳歙下狱死。十二月庚午，关内侯戴涉为大司徒。……是岁，骠骑大将军杜茂免。……（十六年）秋九月，河南尹张伋及诸郡守十余人坐度田不实，皆下狱死。……（二十年）夏四月庚辰，大司徒戴涉下狱死。大司空窦融免。”

⑬ 属：此指撰写；纂辑。

对

元　稹①

对：臣方病近古之策不行，而陛下言（集作幸）及之，是天下人人之福也，微臣其敢忍意而不言乎。②且臣闻之，古者以言赋（文粹作试非）纳，岂虚美哉，盖用之也（文粹作盖用其言也）。③是以益赞禹而班师，说复王而作命，斯皆用言之大略也。④洎乎汉文帝羞（羞文粹作文德）不若尧舜，始以策求士，乃（文粹作而）天下郡国有贤良之贡人焉，塞诏者晁错而已。⑤至武帝时，（集有然后二字）董仲舒出，然而卒不能选用（文粹作列）条对，施之（文粹作于）天下。夫用其策不弃其人，以其利于时也。得其人而弃其策，又何为乎？若此则徒设试言之科，而不得用言之实矣。降及魏晋，朝成而暮败（文粹作改）之不暇，又恶足言其策哉。我唐列圣君临，策天下之士者多矣，异时莫不光扬其名声，宠绥其爵禄（文粹作秩）。⑥然而曾不闻天下之人曰“某日天子降某问（文粹作策），得某士（文粹作问某事），行某策，济某功。”抑不知直言之诏屡下，而直言之士不出耶？亦不知直言之士屡出，而直言之策不用耶？今陛下肇临海内，务切黎元，求斥己之至（文粹作正）言，责（文粹作贵）著明之确论，斯（集作实）命说代言之盛意也，微臣何足以奉之。⑦然臣所以上愚对，皆以指病陈术而为典要，不以举凡体论而饰文词。事苟便人，虽繁必献；言苟谐理，虽鄙必书。固不足以副陛下恳恻之诚，庶可以尽微臣之献替耳（集作体用之目）。⑧伏愿陛下以臣此策委之有司，苟或可观，施之天下，使天下之人曰："惜哉，汉文虽以策求士，迨我明天子然后能以策济人。"则臣始终之愿毕矣。如或言不适用，策不便时，则臣有瞽圣欺天之罪，将寘于典刑，陛下固不得而宥之矣，亦臣之所甘心。

注释：

① 元稹：字微之，河南人。擢明经判入等，补校书郎。元和元年举制科，《旧唐书·元稹传》"（年）二十八，应制举才识兼茂明于体用科。登第者十八人，稹为第一。"遂被任为左拾遗。本文是元稹此次应试时的对策，唐代制策名篇之一。见今《全唐文》卷六百四十七至卷六百五十五，本对策收载卷六百五十二。

② 病：此指忧虑。

③ 赋纳：指普遍采纳。赋，通"敷"，普遍。《左传·僖公二十七年》："《夏书》曰：'赋纳以言，明试以功，车服以庸。'"杨伯峻注："赋为敷之借字，遍也。"

④ 益赞禹而班师：《尚书·虞书·大禹谟》"三旬，苗民逆命。益赞于禹曰：'惟德动天，无远弗届。满招损，谦受益，时乃天道。……'禹拜昌言曰：'俞！班师振旅。'帝乃诞敷文德，舞干羽于两阶。七旬，有苗格。"孔传："赞，佐；届，至也；益以此义佐禹欲其修德致远。昌，当也；以益言为当，故拜受而然之；遂还师兵。人曰振旅，言整众。"益为禹大臣，"苗民逆命"时，益向禹提出以修文德以致远的办法；不久禹平定了苗民的叛乱。说复王而作命：说（yuè），传说，商王武丁的大臣。作命：作《说命》。《尚书·商书》："高宗梦得说。使百工营求诸野，得诸传岩。作《说命》三篇。"孔传："命说为相，使摄政。"

⑤ 策：科举取士，以问题令应试者对答谓策；应试者对答的文字也称为策，多是关于治国安邦平天下的策略议论。蹇谔者晁错：此言晁错在汉文帝朝不被重用。（晁错在孝景帝朝才被重用。）《史记·袁盎晁错列传》："晁错者，颍川人也。学申商刑名于轵张恢先所，与雒阳宋孟及刘礼同师。以文学为太常掌故。错为人陗直刻深。孝文帝时，……以其辩得幸太子，太子家号曰"智囊"。数上书孝文时，言削诸侯事，及法令可更定者。书数十上，孝文不听。然奇其材，迁为中大夫。……景帝即位，以错为内史。错常数请闲言事，辄听，宠幸倾九卿，法令多所更定。"

⑥ 宠绥：指帝王对各地进行抚绥。《书·泰誓上》："天佑下民，作之君，作之师，惟其克相上帝，宠绥四方。"

⑦ 著明：此指显明。

⑧ 献替：即"献可替否"之省，进献可行者，废去不可行者；指对君主进谏，劝善规过，亦泛指议论国事兴革。

伏读圣策，乃见陛下念（集作悼）礼乐之寖微（文粹作久寝），恤黎人之重困，责复盛济艰之术，酌推恩寓令之宜。斯皆当今之急病也，微臣敢不别白而书之。①昔我高祖武皇帝掇去乱政（文粹作掇去祸乱集作拨去乱政），我太宗文皇帝韃櫜干戈，被之以仁风，润之以膏露，戢天下之役而天下之人安，省天下之刑而天下之人寿，通天下之志而天下之气和，总天下之众而天下之众理。[2]理故敬让之节著，和故欢爱之化（文类作教）行，是以革三王之所因，兼六代之所举（集作尽美），称至德者举文皇以代尧舜。是（集作岂）异事哉？诚有物（集作有诚信）以将之也。明皇帝即位，实号中兴，方其任姚、宋而召（集作右）贤能也，虽禹汤文武之俗不能过（文粹作举）焉。[3]四十年间，刑罚不试，人用滋植，四海大和。于是举（文粹作奉）升中告禅之仪，则封泰山而秩嵩华；举东巡西狩（集作念岁巡时迈）之典，则宅（集作去）咸镐而朝洛阳。礼既毕行，物亦随耗。天宝之后，征戍聿兴（集作徭戍作兴），气盛而微，理固然也。[4]曩时之乳哺而有之者，一朝为兵歼之。兵兴以来，至今为梗。兵兴则户减，户减则地荒，地荒则赋重，赋重则人贫，人贫则逋役逃征之罪多，而权宜之法用矣。今陛下躬亲本务，首问群儒，念礼乐之不兴，叹升平之未复，斯诚天下之人将绝复完之日也，微臣何幸而对扬之。

微臣以为将欲兴礼乐，必先（集作在非）富黎人；将欲富黎人，必先（集作在非）息兵革。息兵革之术，臣请两（文粹作备）言之。夫古所谓销兵革者，非谓幅裂其旗章，销铄其锋刃而已也。盖诚信著于上，则忠孝行于下；敬让立于内，则夷狄和于外。夷狄和则边鄙之兵息，敬让立则争夺之患（文粹作志）销，争夺之患（文粹作志）销则和顺之心作，和顺之心作而礼乐之道兴矣。此先王修政戢兵，兴礼乐，富黎人之大略也。

陛下必欲责臣以详究之术，臣又请指事以明之。夫食力之不克，虽神农设教，天下不能无馁殍之人矣。[5]是以（文粹作且夫）古之不农而食之者，四而已矣。吏有断狱之明则食之，军有临敌之勇则食之，工有便人之巧则食之，商有通物之智则食之，是四者，率皆明者、勇者、巧者、智者之事也，百天下之人无一二焉。[6]苟不能于此者，不农则（文粹农作耕）不得食，不织则不得衣。人之情，衣食迫于中则作业兴于外，是以游食者恒寡，而务本者恒多。岂强之哉？彼易图而此难及也。今之事则不然。吏理无考课之明，卒伍废简稽之实，百货极淫巧之工，列肆尽兼并之贾。[7]加以依浮图者无去华绝俗之贞，而有抗役逃刑之宠，戎服者无超乘挽强之勇，而有横击诟吏之骄，是以十天下之人九为游食，蠢朴愚钝（集作谨）不能自迁者而后依于农。[8]此又（文粹作乃）非他，彼逸而易安，此劳而难处也。以惰游之户转增（集作藏富），而耕桑之赋愈重，曩时之十室共输（集作耕）而犹不给者，今且数家（二字集作聚之于）一夫矣。[9]虽有慈惠之长，仁隐之吏，尚不能存；若惨（集作憯）断击持之，则将转移于沟渎作（集作壑）矣。[10]今之课吏者，以赋敛无逋负为上。[11]以臣观之，足陛下之赋者，诚所以害陛下之人耳。若然则农桑之用（集作裕）既如彼，惰游之众又如此。耕桑之赋重则恋本之心薄，惰游之户众则富庶之道乖（集作废），此必然之理也。今陛下诚能明考课之法，减冗食之徒，绝雕虫（文粹作镌）不急之功，罢商贾兼并之业，洁浮图之行，峻简稽之书，薄农桑之徭，兴耕战之术，则惰游之户尽归，而恋本之心固矣。[12]恋本之心固，则富庶之道（集作教）兴矣，而贞观、开元之盛复矣。若此则既往之失由前，将来之虞由后，在陛下悠久戒之慎之而已。（文粹作安在陛下慎之而已乎）（集作陛下悠悠惩之戒之慎之久之而已）至于主父偃乘七国并吞之后，谋（集作将）分裂而矫推恩，管夷吾当诸侯争夺（文粹作强）之时，先（文粹作申）诈力而行寓令，皆一时之权术也，岂可谓明白四达，与日月齐明（文粹作并）于圣朝哉。⑬臣虽贱庸，尚不敢陈王道（文粹作禹汤言）于帝皇之日，况权术乎？此臣之所甚羞也，故不及详究言之。

注释：

① 别白：分辨明白。

② 鞬（jiān）櫜（gāo）：盛弓箭的器具；此引申指藏闭武器。膏露：犹甘露，指其沾溉惠物。戢（jí）：本指收藏兵器；此引申指停止战争。理：治；此谓治理得好，秩序安定。与“乱”相对。

③ 姚、宋：指姚崇和宋璟。唐玄宗开元时相继为相，旧史以开元之治二人之力为多，世称姚宋。

④ 聿：助词，用于句首或句中。

⑤ 食力：靠劳动生活。《国语·晋语四》：“庶人食力。”馁殍：饿殍。馁（něi）：饥饿。殍（piǎo）：饿死的人。

⑥ 食（sì）：拿东西给人吃；此言给俸禄。

⑦ 吏理：此指官吏理事的才能。简稽：查核，考察。淫巧：指过于精巧而无益的技艺与制品。《书·泰誓下》：“作奇技淫巧，以悦妇人。”孔颖达疏：“奇技谓奇异技能，淫巧谓过度工巧。二者大同，但技据人身，巧指器物为异耳。”列肆：开设商铺。

⑧ 浮图：亦作“浮屠”，梵语 Buddha 的音译，佛陀，佛。超乘：跳跃上车；引申指勇士、武士。《左传·僖公三十三年》：“左右免胄而下，超乘者三百乘。”挽强：谓拉引硬弓。杜甫《前出塞》诗之六：“挽弓当挽强，用箭当用长。”横击：此指恶毒攻击。游食：此指游手好闲，不劳而食。蠢：愚笨。

⑨ 惰游：游手好闲。输：此指交出，献纳。

⑩ 沟渎：沟洫；比喻困厄之境。

⑪ 逋（bū）负：拖欠赋税、债务。《史记·汲郑列传》：“庄任人宾客为大农僦人，多逋负。”逋：逃窜，逃亡；此指拖欠，积欠。

⑫ 冗食：此指没有职事而坐食官禄的人。

⑬ 诈力：欺诈与暴力。《史记·秦始皇本纪》：“秦王怀贪鄙之心，行自奋之智，不信功臣，不亲士民，废王道，立私权，禁文书而酷刑法，先诈力而后仁义。”

臣伏读圣策，又见陛下以为执契则群下用情，躬亲（文粹作在下）则庶官无党（文粹作当）。①以汉文尚学而衰盛业，谓光武课吏职而昧通方。②以臣思之，皆不然也。夫委之于下而用其情，盖考绩之科废而清浊之流滥也。尚儒术而衰盛业，盖章句之学兴而经纬之道（集作文）丧也。课吏职而昧通方，盖苛察之法行而会计之期速也。③臣请条列而言之。夫神农之斲耒耜，教耕耨，所以垦良田而植（集作殖）嘉谷也，然而不能遏稂莠之滋焉。④其所以遏（集作待）之者，芟夷钱镈之而已。⑤唐尧之辟朝廷，宅百揆，亦所以殖（文粹作殖）禹舜而种皋陶也。⑥又（文集作无而）不能遏（文粹作辨）共工、驩兜之逆焉。⑦其所以遏之者，放弃殛诛之而已。⑧神农不以稂莠滋而废耒耜之用，故能存用器（文粹作尽是用）之方；唐尧不以四罪进而夺舜禹之任，故能终任贤之道。若此则陛下之所任顾何如耳，岂可谓任之必不可哉。至于考绩之课（集作科）

废，章句之学兴，经纬之道衰（集作丧），会计之期速，皆当今之极弊也，幸陛下反（文粹作问及）。汉元、光武之事，臣遽数而（集作以）终之。今国家之所谓兴儒术者，岂不以有通经文字之科乎？其所谓通经者，又不出（集作过）于覆射数字；明义者，材（集作才）至于辨析章条。⑨是以中第者岁盈百数，而通经之士蔑然。⑩以是为通经，固若是乎？至于工文自试者，则不过于雕词镂句之才，搜摘绝离之学。苟或出于此者，则公卿可坐致，郎署可俯求。崇树风声，不由殿最。连科者进速，累捷者位高，拱默因循者为清流，行法莅官者为俗吏。以是为儒术，又若是乎哉？其所谓课吏职者，岂不以朝廷有迁次进拔之用乎？臣窃观今之备朝选而不由文字者，百无一二焉。夫施众网而加一禽，尚不能得，况张一目以罗万品，而望其飞者、走者、大者、小者尽出乎其间，其可得乎哉？以此察群吏，群吏又可察乎？苟或不可察，又可任之而绝其私乎哉。此所以陛下将执契而叹用情，念垂衣而惧不理，盖臣所谓课察之道不明也。陛下诚能使礼部以两科求士，凡自唐礼、六典、律令及国家制度之书者，用至于九经、历代史，能专其一者，悉得谓之学士；⑪以环贯大义而与道合符者为上第，口习文理者次之。⑫其诗赋判论以文自试者，皆得谓之文士；⑬以经纬今古、理中是非者为上第，藻缋雅丽者次之。⑭凡自布衣达于未隶（集作在）朝省者，悉得以两科求士（文粹作仕），礼部第其高下，归之吏部而宠秩之。⑮若此则儒术之道兴，而经纬之文盛矣。吏部罢书判万（集作身）言之选，设三式以任人。⑯一曰校能之式。每岁以朝右崇重者一人，与礼部郎校天下群吏之理最，在第一至第三者，校定日据其功状而登进之。⑰牧宰字人之官藉之为理者，则上赏行焉。⑱若此则迁次之道明，而迟速之分定矣。二曰任贤之式。每岁内自仆射至于群有司之正长，外至于廉问节制者，各举称（集作备）朝选者一人。⑲外自牧守，内至于百执事之立于朝者，各举吏郡县（文粹作备吏部集）者一人。因其所举而授任之，辨其考绩而赏罚之，不举贤为不察，举不贤为不精，不精与不察之罪同。若此保任之法行，而贤不肖之位殊矣。⑳三曰叙常之式。㉑其有业不通于学，才不属（集作应）于文，政不登于最，行不知于人，则限以停年课资之格而役任之。若此则敷（集作叙）用之典恒，而尺寸之才无所弃矣。两科立则群材遂，三式行则庶官当。陛下乃执左契以御之，总（文粹作握）枢极以正之，委庶官如心目之运支体，是（集作岂）支体运而无效于心目乎？㉒察群材如明镜之形美恶，岂（文粹作是）美恶形而逃隐于明鉴（集作镜）乎？然后陛下辟四门，使可言之路通；明四目，以天下之目视；达四聪，以天下之耳听。㉓不私其言，以为好恶（集作不私其心以百姓心为心）。端拱岩廊，高居宸极（文粹作深视），以冕旒自蔽而秋毫必察，以黈纩塞耳而声响（文粹作举动集作养动）必闻。㉔则彼汉元章句之儒，光武督责之术，又恶足为陛下言之哉。㉕

注释：

① 执契：即执契垂拱。执契，把握契机。《旧唐书·文苑传下·刘蕡》："可以执契而居简，无为而不宰。"垂拱，垂衣拱手，谓不亲理事务。此指帝王吩咐臣下办事，自己不过问，但与臣下事先达成之约定，待事后依约行赏或加罚。

② 昧：使隐晦，不明显。通方：通晓为政之道；共通的道理。

③ 会计：此言会合、考绩。战国秦汉时代有“上计”制度，即地方官于年终将境内户口、赋税、盗贼、狱讼等项编造计簿，遣吏逐级上报，奏呈朝廷，借资考绩，谓之上计。案，古天子大会诸侯，计功行赏也称“会计”。

④ 稂（láng）：莠一类的草，对禾苗有害。莠（yǒu）：草名。生禾粟下，似禾非禾，秀而不实，因其穗形像狗尾，故俗名狗尾草。稂莠：泛指对禾苗有害的杂草。

⑤ 钱（jiǎn）：古农具名，臿属，似今之铁铲。镈（bó）：古代除草的一种短柄锄。一说，阔口锄。钱镈，泛指农具。

⑥ 百揆：总理国政之官。《书·舜典》：“纳于百揆，百揆时叙。”泛指百官。

⑦ 驩兜：相传为尧舜时的部落首领，四凶之一。《书·舜典》：“流共工于幽洲（州），放驩兜于崇山，窜三苗于三危，殛鲧于羽山。”

⑧ 殛（jí）：流放，放逐；引申指诛杀。

⑨ 覆射：古时一种游戏，通常是置物于覆器之下，让人猜测。此犹言“射策”。射策乃汉代考试取士方法之一。《汉书·萧望之传》：“望之以射策甲科为郎。”颜师古注：“射策者，谓为难问疑义书之于策，量其大小署为甲乙之科，列而置之，不使彰显。有欲射者，随其所取得而释之，以知优劣。射之言投射也。”唐代改作“贴经”，是死背经书词句，好进行相当于今天填空题的考试。

⑩ 蔑然：此言空无所有。

⑪ 两科：指明经、进士二科。唐六典：指理典、教典、礼典、政典、刑典、事典。唐韩愈《请复国子监生徒状》：“国子监应三馆学士等，准《六典》。”廖莹中注：“《唐六典》三十卷，开元十年，起居舍人陆坚被诏撰，玄宗手写六条曰：理典、教典、礼典、政典、刑典、事典。至二十六年书成。”

⑫ 上第：上等，第一；此言科举考试中成绩第一等。

⑬ 判：指唐代吏部择录候选人之试，让考生用骈文写案件判词，以考察考生文理。参阅《新唐书·选举志下》，见前卷四百八十六“书判”注。韩愈《李君墓志铭》：“进士及第，试书判人等。补秘书正字。”

⑭ 藻缋：即“藻绘”，彩色的绣纹，错杂华丽的色彩；此指文辞，文采。雅丽：高雅优美，雅正华丽。

⑮ 隶：附属，隶属。朝省：此指朝廷。宠秩：宠爱而授以官秩。《左传·昭公八年》：“子旗曰：‘子胡然，彼孺子也。吾诲之，犹惧其不济，吾又宠秩之，其若先人何？’”

⑯ 三式：式：准则，法度此指方法、方式。三式此指下文所言考绩官吏的“校能之式”、“任贤之式”、“叙常之式”。

⑰ 校：考核，考察。校能：比试才艺；此指考核才能。朝右：位列朝班之右，古以右为尊，此言朝廷大官。崇重：尊贵，高贵。理：治理。最：古代考核政绩或军功时划分的等级，以上等为最。跟“殿”相对。功状：报告立功情况的文书。登进：升进；进用。

⑱ 字人：抚治百姓。字：此指抚爱，爱护。

⑲ 仆射（yè）：官名，秦始置，汉以后因之。汉成帝建始四年，初置尚书五人，一人为仆射，位仅次尚书令，职权渐重。汉献帝建安四年，置左右仆射。唐宋左右仆射为宰相之职，宋以后废。廉问：察访查问。节制：节度法制；此指唐代的节度使。

⑳ 保任：此言保荐，推荐；特指向朝廷推荐人才而负担保的责任。《汉书·爰盎传》“盎兄哙任盎为郎中。”颜师古注引如淳曰：“盎为兄所保任，故得为郎中也。”

㉑ 叙常：指按年资晋用才能、政绩一般的人。

㉒ 左契：左券，符契之左半。《老子》：“是以圣人执左契而不责于人。”汉制，太守出任执左符，至州郡合右符为验。枢极：斗枢与北极星；喻指中枢权力。

㉓ 四门：明堂四方的门；此言广开言路。四目：四只眼睛；此指能观察四方的眼睛。四聪：此指能远闻四方的听觉。《书·舜典》："询于四岳，辟四门，明四目，达四聪。"孔传："广视听于四方，使天下无壅塞。"孔颖达疏："明四方之目，使为己远视四方也。达四方之聪，使为己远听四方也。"

㉔ 端拱：正身拱手；此指帝王垂衣拱手，无为而治。岩廊：高峻的廊庑；此借指朝廷。黈纩：黄绵所制的小球，悬于冠冕之上，垂两耳旁，以示不欲妄听是非。《淮南子·主术训》："故古之王者，冕而前旒所以蔽明也，黈纩塞耳所以掩聪，天子外屏所以自障。"

㉕ 汉元、光武：见前"汉元优游于儒术"、"光武责课于公卿"注。

且臣闻之，圣人在上，人不夭札。①若臣者生未及壮，戴陛下为君，仁寿欢康，未始有极，何忽自苦，堕肝胆而言天下之事乎？臣以为国家兵兴以来，天下之人憯（集作惨）怛悲愁五十年矣。②自陛下陟（集作即）位之后，戴白之老莫不泣血而话开元之政。③臣恐此辈不及见陛下功成理定之化，而先饮恨于穷泉。④此臣之所以汲汲于心者，陛下能不怜察其意乎？⑤谨对。（《英华》及《唐文类聚》皆云"设三式以任人"。惟《稹集》作"四式"其二曰："记功之式。每岁群吏之理最在第四者，籍而书之，蒲岁吏部会集而授署之，若此者殿最之道存而清浊之流异矣。"⑥）

注释：

① 夭札：遭疫病而早死。《左传·昭公四年》："疠疾不降，民不夭札。"杜预注："短折为夭，夭死为札。"

② 憯（cǎn）怛（dá）：忧伤，悲痛，伤痛。《礼记·表记》："中心憯怛，爱人之仁也。"

③ 戴白：头戴白发，形容人老；代称老人。《汉书·严助传》："天下赖宗庙之灵，方内大宁，戴白之老，不见兵革。"颜师古注："戴白，言白发在首。"

④ 饮恨：抱恨含冤；恨，遗憾。穷泉：掘地及泉；此言九泉，墓中。

⑤ 汲汲：心情急切貌。

⑥ 殿最：古代考核政绩或军功，下等称为"殿"，上等称为"最"。《汉书·宣帝纪》："其令郡国岁上系囚以掠笞若瘐死者所坐名、县、爵、里，丞相御史课殿最以闻。"颜师古注："凡言殿最者：殿，后也，课居后也；最，凡要之首也，课居先也。"泛指考课，评比。

同　　前

韦处厚①

对：臣闻古之道莅天下，皆酌人言，用凝庶绩。②伏惟陛下，统承丕绪，光膺骏命，志气中蕴，清明下临。③恤黎庶而惠慈方洽，枭叛戾而威武已炽。犹能虑危于未兆，思理于已安，聿追孝思，缵述前烈，愍官吏之无用，求斥己之至言。④微臣才用不足以操事，体识不足以经远，祇奉圣问，伏用兢惶，诚昧死上愚对。

注释：

① 韦处厚：字德载，京兆万年人。本名淳，避宪宗讳改今名。元和初进士，又擢才识兼茂科。穆宗朝拜兵部侍郎。文宗立，以佐命功拜中书侍郎同中书门下平章事，封灵昌郡公。太和二年卒，年五十六。赠司空。见今《全唐文》卷七百十五。

② 莅：即“莅”，临视，治理。酌：此指选取、听取。凝：形成。《书·皋陶谟》：“抚于五辰，庶绩其凝。”孔传：“凝，成也。”

③ 丕绪：指国家大业。骏命：大命，指上天或帝王的命令。《诗·大雅·文王》：“宜鉴于殷，骏命不易。”毛传：“骏，大也。”

④ 聿追：《礼记·礼器》：“尧授舜，舜授禹，汤放桀，武王伐纣，时也。《诗》云：‘匪革其犹，聿追来孝。’”郑玄注：“聿，述也。”今本《诗·大雅·文王有声》作“遹追”。聿、遹本助词；然后人往往训聿为述，因以“聿追”谓追述先人德业。缵述：继承传述。缵（zuǎn）：继承。

制策曰：“朕观古之王者，受命君人，兢兢业业，承天顺地，靡不思贤能以济其理，求谠直以闻其过。故禹拜昌言而嘉猷罔伏，汉征极谏而文学稍进，匡时济俗，罔不率繇。厥后相循，有名无实，而又设以科条，增求茂异，舍斥己之至言，推无用之虚文，指切著明，罕称于代。兹朕所以叹息郁悼，思索其真。是用发恳恻之诚，谘体用之要，庶乎言之可行，行之不倦，上获其益，下输其情，君臣之间，驩然相与。子大夫得不勉思朕言而茂明之。”臣闻复济慎惧，虽危必乐；理安佚肆，虽顺必忧。帝尧之为道也大矣，《书》称其本曰“允恭克让”；文王之为德也弘矣，《诗》美其功曰“小心翼翼”。①图天下之安者，必因（一作称）之于劳；虑天下之大者，必慎之于微。任贤诚固，思虑诚深，百姓虽未富庶，四夷虽未宾服，天下明知其治也；任贤不固，思虑不深，百姓虽富庶，四夷虽宾服，天下明知其乱也。②今陛下鉴前代已往之失，求当今未然之理，使虚文不设于下，至言必闻乎上。端视凝听，所委惟贤，则上获其益矣；惠爵施禄，所理惟直，则下输其情矣。顾言而动，思利乎安，则何虑乎言之不行？顾行而动，思利乎安，则何虑乎行之有倦？诚能兢兢于一日二日，业业于无小无大，苟能此道，虽微必昌，虽柔必强。凤凰麒麟不足来，甘露醴泉不足致，三光四时不足序。③天之高明也，斯不爱其道；地之博厚也，斯不爱其宝。彼之大者犹若是，况其细者而难乎？

注释：

① 允恭：信实而恭勤。克让：能谦让。《书·尧典》：“允恭克让，光被四表，格于上下。”孔传：“允，信。克，能。”孔颖达疏引郑玄曰：“不懈于位曰恭。”小心翼翼：恭敬谨慎。《诗·大雅·大明》：“维此文王，小心翼翼。昭事上帝，聿怀多福。”

② 宾服：归顺，服从。

③ 凤凰麒麟：古以为祥瑞之兆；亦比喻才德杰出的人。醴泉：甜美的泉水。《礼记·礼运》：“故天降膏露，地出醴泉。”暗示教化风行，天下太平。

制策曰“我国家光宅四海，年将二百。十圣弘化，万邦怀仁，三王之礼靡不讲，六代之乐罔不举。漏（一作浸）泽于下，升中于天，周、汉已还，莫斯为盛。自祸阶漏坏，兵宿中原，生人困竭，耗其大半。农战非古，衣食罕储，念兹疲甿，遂乖富庶。督耕植之业而人无恋本之心，峻榷酤之科而下有重敛之困。举何方而可以复其盛，用何道而可以济其难”者。伏以陛下，蕴充明德，继荷大业，居十圣之全区宇，守百代之成礼乐，扬高祖之耿光，播太宗之休烈。①思黩武而弭戢，念疲甿之富庶，理自顺此生，危自反此作。②兵者国之威也，威不立则暴不禁，君得其术而已，举其要而已。凡善用兵者用兵之精，次用兵者用兵之形。③用精者国逸而功倍，用形者人劳而威立。令行禁止，俗富刑清，仁足以怀，义足以服，端居庙堂之上，威加四海之外，而叛者尝欲系其颈而制其命，伏其心而笞其背，此兵之精也。金鼓击刺，追奔逐北，攻城略地，斩馘献俘，忧思岩廊之上，谋制千里之外，而叛者有以畏其威而惩其罚，化其心而戢其暴，此兵之形也。④陶然而化，其效不形，兵贵藏有于无，兵之形不可张也。骚然而动，其政难久，人不可终扰，兵之精所宜密胜也。今陛下既枭叛寇，复征违命，屈己之至已浃于兆庶，恤人之诚已敷于四海。⑤乘众之怒，用兵之形，则近无转输骚扰之勤，远无经费供求之役。诚能固守，必大畏其力，小怀其德矣。岂兵宿中原之为虞，生人耗竭之为虑？臣又闻理国之本，富之为先；富人之方，劝农为大。三代以耕籍率天下，汉朝以孝悌配力田，皆劝之之道。⑥夫农寒耕热耘，沾体涂足，昼夜之筋力勤焉，父兄之手足悴焉。而官输籍督，坐非己有。⑦夷时郡邑长吏，偷容朝夕，养声钓禄，非恤人隐。此所以耕植之业不勤，恋本之心不固。有遁于军旅而邀功赏者，有冒于老释而渎清浊者，有逸于负贩而制贫人者，有隐于榷剥而干教令者。⑧农耕之难也如彼，日百其劝，常有不务者矣；游惰之逸也如此，日百其禁，常有不息者矣。由上之为政，知人苦之者劝之必深，知人乐之者禁之必至。昔贾琮以最于十二州，颁之以玺书；黄霸以甲于二千石，宠之以侯印。⑨惟陛下注意于守宰字人之官，以田垦辟为最，地荒榛人离散为殿，即耕植可劝，困竭可苏。⑩兵未弭则人不蓄，人不蓄则农不劝，农不劝则国用虚，此榷酤所以兴也。⑪然盐曲之税，山泽之利，法用得其要，不在峻其科。⑫理不得其吏，不犹明其法。⑬明其法，得其要，则上无峻刻之举，下无重敛之困矣。

注释：

① 十圣：虚指，泛言前贤往圣；或可诂实，指唐高祖、太宗、高宗、中宗、睿宗、玄宗、肃宗、代宗、德宗和顺宗十君。耿光：光明，光辉；光荣。休烈：盛美的事业。《书·立政》：“以觐文王之耿光，以扬武王之大烈。”

② 黩武：滥用武力，好战。弭戢：止息，收敛。戢（jí）：收藏兵器；引申指停止战争。

③ 精：此指精神、要义。形：此指形式。

④ 馘（guó）：古代战争中割取所杀敌人或俘虏的左耳以计数献功；引申指俘虏。

⑤ 浃（jiā）：遍及。与下“敷”变文同义。

⑥ 耕籍：或作“耕藉”。古时每年春耕前，天子、诸侯举行仪式，亲耕藉田，种植供祭祀用的谷物，并以示劝农。历代皆有此制，称为耕藉礼或籍田礼。据《礼记·月令》，其礼为天子三推，三公五推，卿、诸侯九推。力田：努力耕田；泛指勤于农事。

⑦ 官输：官税。籍督：按户籍而征收。坐：徒然，白白地。此言百姓力田，官府缴粮且收税，于是

什么劳动成果都不是自己的了。

⑧ 老释：此指道教和佛教；此言有人为免于劳作之苦而变身为道士、和尚。负贩：担货贩卖。引申指小商贩。椎剥：指残酷搜刮。

⑨ 贾琮：《后汉书》卷三十一《贾琮传》："贾琮，字孟坚。东郡聊城人也。举孝廉，再迁为京兆令。有政理迹。……中平元年，交址屯兵反，执刺史及合浦太守自称'柱天将军'。灵帝特敕三府精选能吏，有司举琮为交址刺史。……在事三年，为十三州最，征拜议郎。"黄霸：黄霸字次公，淮阳阳夏人也。以豪杰役使徙云陵……自汉兴，言治民吏，以霸为首。见《汉书·循吏传》。甲：第一；居于首位，冠于。与上句"最"变文同义。

⑩ 垦辟：开垦。荒榛：杂乱丛生的草木；此指荒芜。劝：勉励，鼓励。

⑪ 蕃（fán）：生息；繁殖。榷酤：亦作"榷沽"，汉以后历代政府所实行的酒专卖制度，也泛指一切管制酒业取得酒利的措施。见前注。

⑫ 盐曲：此指盐税和酒税；曲（qū）：酒曲；代指酒。科：此指法规，刑律。

⑬ 不犹：或当作"犹不"，如同没有。

陛下制策曰："既往之失，何者宜惩？将来之虞，何者当戒？"臣闻王者之兴，皆鉴乎前代圣君贤佐之所以兴，昏主庸君之所以丧。景行其兴也，用得以常理；戒慎其丧也，用得以常存。①诗人美殷鉴于有夏，贾山谏汉而借喻亡秦，备于图籍，著于编册，非臣繁词所可曲尽。②自陛下统极，举滞淹，已逋责，恤刑狱，振乏绝，德泽所临，戴之不暇，微臣未见其失也。明将来之戒，其在法令刑赏乎？四海之广，亿兆之众，非家令户告之能也，发号出令而已矣。伏惟陛下，聿求善政，大振洪猷，人之献替，政之损益，灿乎其书，灼乎其人。始则鼓舞蹈咏不足以充其善，终则渴日望岁不足以喻其劳。教之本莫大乎复言，政之先莫大乎重令。③诚能复言重令，上之克当乎天心，下之允协乎人情，天人交相为感，而灾害不生，祸乱不作。不然日有德音而人不悦，日有威罚而人不畏。苟不悦矣，无与同劝，苟不畏矣，无与同沮，此非法令之可裁也。④成一时之功者，宠乎其功者也；思百代之利者，荣乎其名者也。其名不足以劝者，则刑罚存焉；是小人之所趋，君子之所务。今陛下刑赏已足劝惩，褒贬又存文史，君子竭忠，小人输力，举如鸿毛，舍如地芥，何理而不成，何求而不效？⑤陛下之不为，非不能也。⑥伏以致诛逆党，罪止渠魁，原情究恶，不及其母，此帝王之刑也。⑦戎臣馈车，致命折寇，渥恩必厚，爵位必加，此王霸之赏也。然善有彰，虽贱赏也；恶有衅，虽贵罚也。⑧赏一人不足以耸天下之善者，其赏不足行；刑一人不足以禁天下之暴者，其刑不足用。今宜赏不违（疑作遗）微细，惟功之所加；罚不为暴乱，惟罪之所出。此天下之人所以皆知赏之可重，而罚之可戒。

注释：

① 景行：高尚的德行。《诗·小雅·车舝》："高山仰止，景行行止。"郑玄笺："古人有高德者则慕仰之，有明行者则而行之。"此言景仰，仰慕。

② 殷鉴：谓殷人子孙应以夏的灭亡为鉴戒。《诗·大雅·荡》："殷鉴不远，在夏后之世。"《韩诗外传》卷五作"殷监"。后泛指可以作为借鉴的往事。贾山：汉文帝时人，曾上书言治乱之道，借秦为喻，名曰《至言》，该文载于本传。《汉书·贾邹枚路传》："贾山，颍川人也。……孝文时，言

治乱之道，借秦为谕，名曰《至言》。其辞曰：'臣闻为人臣者，尽忠竭愚，以直谏主，不避死亡之诛者，臣山是也。臣不敢以久远谕，愿借秦以为谕，唯陛下少加意焉。'……"

③ 复言：指实践诺言。《左传·僖公九年》："吾与先君言矣，不可以贰。能欲复言而爱身乎？虽无益也，将焉辟之？"杨伯峻注："复言，犹言实践诺言。"

④ 沮：恐吓，恐惧。《礼记·儒行》："儒有委之以货财，淹之以乐好，见利不亏其义，劫之以众，沮之以兵，见死不更其守。"郑玄注："沮，谓恐怖之也。"

⑤ 输力：出力，贡献力量。地芥：地上的杂草；比喻易得之物。《汉书·夏侯胜传》："士病不明经术；经术苟明，其取青紫如俛拾地芥耳。"颜师古注："地芥谓草芥之横在地上者。俛而拾之，言其易而必得也。"

⑥ 不为：不愿做，不愿干。《孟子·梁惠王上》："为长者折枝，语人曰：'我不能'，是不为也，非不能也。"

⑦ 渠魁：大头目，首领。原情：推究本情。原：此指推究，考究。

⑧ 衅（xìn）：此指过失，罪过。

制策曰："昔主父惩患于晁错，而用推恩；夷吾致霸于齐桓，而行寓令。精古求人之意，启迪未晢之怀，眷兹洽闻，固所详究。"臣闻汉兴鉴亡秦孤立之弊，踪《周官》众建之法，苴茅列土，非复异姓。①其后吴楚强大，本根不拔，晁错之策未终，七国之兵已发。主父念前事之败露，期本朝之强大，分封子弟，使得推恩。诸侯之国，星解于上；汉廷之威，风行于下，此所以为谋也。齐桓当周季陵夷之运，思大彰翊霸之功，志图兼弱，力存攻昧，思逞其欲，是务强兵。②习之野，大国防其谋；习之朝，小国谨其备。其志不可以速得，其功不可以立俟。用为隐政，而行寓令，此其所以霸也。③

制策曰"执契之道，垂衣不言。委之于下，则人用其私；专之于上，则下无其效。汉元优游于儒学，盛业竟衰；光武责课于公卿，峻政非美。二途取舍，未获所从，吾心浩然，盖所疑惑。子大夫熟究其旨，属之于篇。兴自朕躬，无悼后害"者。臣闻契者，君之所司也，综其会归，则庶务随而振之。职者，臣之所司也，践其轨迹，则百役通其流矣。委之职业也，非委其权；专其操持也，非专其事。④赏罚好恶之出，生杀恩威之柄，此非权与操持乎？委之于下，则上道不行矣。提衡举尺，守器执量，此非事与职业乎？⑤专之于上，则下功不成矣。不委其操持，安所用其私乎？不专其职业，孰虑无效乎？君收其大柄，臣职其所守。⑥然大柄不得亢于上，臣得佐而成之；所守不可属于下，君得举而明之。故《乾》之经曰"首出庶物"，《坤》之文曰"地道无成，而代有终"。⑦乾，阳物也；坤，阴物也。阴阳合而泰形焉，阴阳离而否形焉。君臣之道，盖象乎此。汉元优游于儒学，而权归王氏，失其所专也。⑧光武责吏事于三公，而劳神簿书，集其所委也。一则旷而荡，一则察而隘，既非中道，不可以范。⑨臣所谓阴阳乾坤之说，各存其道，而交有所感，然成其悠久，配乎持载，如此而已。⑩才者综物以研务，识者辨惑而不泥，体者抚往以经远，用者临事而造至。神而明之，可以辅陶钧，可以赞化育。⑪微臣固陋，从师之说，循名而实不充，承问而学不称，进退殒越，惧烦刑书。谨对。

注释：

① 踪：此指追随。苴茅：古代帝王分封诸侯时，用该方颜色的泥土，覆以黄土，包以白茅，授予受封者，作为分封土地的象征。《书·禹贡》"厥贡惟土五色。"孔传："王者封五色土为社。建诸侯则各割其方色土与之，使立社。焘以黄土，苴以白茅。茅取其洁，黄取王者覆四方。"陆德明《释文》："焘，覆也；苴，包裹也。"苴（jū）：此言包裹。列土：分封土地。古代天子分封诸侯时，用白茅裹着社坛上的泥土授予被封者，象征土地和权力，称为"列土分茅"。

② 周季：周代末期。陵夷：山坡缓平貌；此指由盛到衰，衰颓，衰落。翊（yì）：飞貌；辅佐；此言齐桓公欲成王霸之业。

③ 寓令：寄军令于内政，只在暗中加强军事力量。详见前注。

④ 操持：此指执掌，掌管。

⑤ 提衡：用秤称物，以平轻重；引申指简选官吏。

⑥ 大柄：《礼记·礼运》："是故礼者，君之大柄也，所以别嫌明微，傧鬼神。考制度，别仁义。"郑玄注："柄，所操以治事。"谓礼为人君持以治国之本，后以"大柄"喻握以治事的大权。

⑦"首出庶物"句：此乃《易·乾》之彖辞。庶物：众物，万物。《易·乾》"彖辞"："首出庶物，万国咸宁。"魏王弼注："万国所以宁，各以有君也。"孔颖达疏："首出庶物万国咸宁者，自上已来皆论乾德自然养万物之道。此二句论圣人上法乾德，生养万物。言圣人为君在众物之上，最尊；高于物，似头首出于众物之上；各置君长以领万国，故万国皆得宁也。人君，位实尊高，故于此云'首出于庶物'者也。""地道无成"句：此乃《坤》卦之文言。地道：大地的特征和规律。《易·坤》"文言"："阴虽有美，含之以从王事，弗敢成也。地道也，妻道也，臣道也。地道无成，而代有终也。"孔颖达疏："此一节明六三爻辞。言阴虽有美含之以从王事者，释'含章可贞'之义也。言六三之阴虽有美道，包含之德苟或从王事，不敢为主先成之也。地道也妻道也臣道也者，欲明坤道处卑待唱乃和，故历言此三事皆卑应于尊、下顺于上也。地道无成而代有终者，其地道卑柔无敢先唱成物，必待阳始先唱而后代阳有终也。"

⑧ 王氏：指王莽。此言王莽篡汉建立（新）王朝事。

⑨ 旷而荡：旷荡，宽厚、宽宥；此言汉元帝一改其前代皇帝的峻政，重用儒生，采用宽政。察而隘：此言东汉光武帝吸取汉元优游儒术导致汉祚衰微，进而采用明察而严厉的责课峻政。参见《汉书·元帝纪》、《后汉书·光武帝纪》。

⑩ 持载：承载。《礼记·中庸》："辟如天地之无不持载，无不覆帱。"

⑪ 陶钧：制作陶器所用的转轮；此喻治国的大道；治理国家。化育：此指教化培育。

文苑英华卷四百八十八

宋　李昉等编

才识兼茂明于体用策二道
（策目见四百八十七卷与元稹同）

独孤郁①

对：臣闻天发生以雷雨，圣人发生以号令，天道帝道，并行于上，群僚庶物，咸遂于下。②伏惟陛下与天为仁，与雷作解，臣则蠢动之一物也，气下乃出，安知其由？③比于金石草木，物之无心者也，扣之或大鸣小鸣，终始相生，清浊杂作，变而成文者，以圣人击考之，不得藏其声也。④若臣者，朴直蠢愚，陛下考之而无声，是不如金石草木之无心矣，敢不极闻以对？

注释：

① 独孤郁：字古风，常州刺史独孤及之子。贞元十四年进士，元和初举制科高等，累官秘书监。卒年四十，赠绛州刺史。见今《全唐文》卷六百八十三。

② 遂：顺应。

③ 蠢动：蠕蠕而动，泛指动物。

④ 金石：金和美石；此指钟磬一类乐器。《国语·楚语上》："而以金石匏竹之昌大、嚣庶为乐。"韦昭注："金，钟也；石，磬也。"击考：敲击。考：敲，击。《诗·唐风·山有枢》："子有钟鼓，弗鼓弗考。"毛传："考，击也。"《庄子·天地》："夫道，渊乎其居也，漻乎其清也。金石不得，无以鸣，故金石有声，不考不鸣。"

伏以陛下发德音，访岩薮，招贤士，求直言，询可行之谋，垂不倦之听，欲使上获其益，下输其情，君臣之间，驩然相与，此禹所以称"大"、汉所以称"盛"者，用此道也，臣何足以仰承之。①臣以为有国不患无贤，患不能用贤；不患无直言，患不能容直言；今夫朝廷之大，百官之众，非无贤也，然陛下黈纩凝旒，或未之察，群臣各默默，来朝而退，虽有贤哲，孰能辨之？②观《易》卦乾上坤下"否"，坤上乾下"泰"。③乾为君，坤为臣。君意下降，臣诚上达，则是天地交，泰之时也；君意不下降，臣诚不上达，则是天地不交，否之时也。若太宗文皇帝每一视朝，未尝不从容问群臣政之得失，下有一毫之善，上无不奖；上有一毫之失，下无不谏。或有引入禁内，或周旋禁中，疾则幸其第，没则临其丧，君臣之道，可谓至矣。④是以无遗才，无阙政，巍巍荡荡，与天无穷者，上下交泰也。⑤秦帝胡亥，信用左右，左右欲专秦柄，乃教胡亥曰："陛下富有春秋，初即位，奈何与公卿廷决事？事即有误，示群臣短也。"⑥于是胡亥常居禁中，群臣希见者，不闻其过，天下所以乱者，上下不交也。伏惟陛下上法天，下法地，中法太宗，每坐朝宣旨，使群臣各有所陈，陛下赐之温颜，尽其启沃。⑦言诲（疑作语）侍从之臣，得以奉其职；左右有所思，以贻来代；谏诤之官，与闻其政而献替之。使此辈无有所补，黜之可也。使其稍识大体，陛下与之论道讲政，岂不可

（一作或）裨于万一也？孰敢不输其情乎，苟居位者不与之言，献直言者不与之用，又何必搜罗岩穴，远访不用之人，勤求不信之言乎？贤者固不来也？来者又何言也？此体用之要，求贤济理之术，尽于是矣，惟陛下行之。

注释：

① 德音：善言；此用以指帝王的诏书。唐宋，诏敕之外，别有德音一体，用于施惠宽恤之事，犹言恩诏。岩薮：山泽，山野。

② 黈（tǒu）：黄色。纩（kuàng）：古时指新丝绵絮；后泛指绵絮。黈纩：黄绵所制的小球，悬于冠冕之上，垂两耳旁，以示不欲妄听是非。《淮南子·主术训》："故古之王者，冕而前旒所以蔽明也，黈纩塞耳所以掩聪，天子外屏所以自障。"

③ 否：《周易》六十四卦之一。坤下乾上，表示天地不交，上下隔阂，闭塞不通之象。泰：《周易》六十四卦之一。乾下坤上，为上下交通之象。《易·泰》："《象》曰：天地交，泰。"王弼注："泰者，物大通之时也。"

④ 禁内：即禁中，指帝王所居宫内。

⑤ 巍巍荡荡：形容道德崇高，恩泽博大。语出《论语·泰伯》："大哉尧之为君也！巍巍乎！唯天为大，唯尧则之。荡荡乎，民无能名焉。"朱熹集注："巍巍，高大之貌；荡荡，广远之称也。"交泰：言天地之气融通，则万物各遂其生。《易·泰》："天地交，泰。"王弼注："泰者，物大通之时也。"

⑥ 富有：大量拥有。春秋：年纪，年数。此言胡亥年纪尚小，即年轻。

⑦ 启沃：指竭诚开导、辅佐君王。《书·说命上》："启乃心，沃朕心。"孔颖达疏："当开汝心所有，以灌沃我心，欲令以彼所见，教已未知故也。"

若生人之困于衣食，而无恋本之心，但兵宿中原，如此，实曰方面大臣之罪也。① 夫方面大臣，宜直播天子之休风，保抚其人如赤子；而乃倾其脂血，剥其生财，聚其技慧淫巧，以荡上心。② 天子诚以为物力有余，而不知其情也。执事者又未尝闻以生人艰苦为言，而得罪者岂其尽直而不用乎？夫王者居于九天之上，非臣痛激肝血，指明而言，亦何由而达也？若臣者，草木孤贱，宜周旋其所以能而言之也。③ 今天下困于商税不均，可谓甚矣，百姓之忘本，十而九矣。昔尝有人有良田千亩，柔桑千本，居室百堵，牛羊千蹄，奴婢千指，其税不下七万钱矣。然而不下三四年，桑田为墟，居室崩坏，羊犬奴婢，十不余一，而公家之税，曾不稍蠲，督责鞭笞，死亡而后已。④ 于是州伯邑长，方以人安赋集，攘臂于其间，趍办朝廷，用升考绩，取彼逋责，均其所存，辗转奔逃，又升户口，是以赋益重而人益贫，不均之甚一也。⑤ 是故欲人之财赋均一，而无日蹙之患，宜视通邑之盈虚，使乡户坐于田，迭相隐核其上下，不使贪官赃吏纷动其间，则有无轻重可得而均也。⑥ 夫古有四人，今转加七，计口而十分之，其所以尽悴出赋，而衣食其九者，农夫蚕妇而已。⑦ 绛衣浅带以代农者，人十之一；缦胡之缨，短后之服，仰衣食县官者，人十之二；髡头坏衣，不耕不蚕，坐而供养者，人十之二；审曲面势，以饬五材，鬻工而衣食者，人十之二；乘时射利，贸迁有无，取倍称之息而衣食者，人十之二；游手倚市，以庇妻孥，以给衣食者，人十之一；其余为农桑之数焉。⑧

农夫糠核不足，而十人者畜马厌粱粟；蚕妇衣不蔽形，而十人者咸袭罗纨。⑨是以性近儒则入仕，近武则从军，善计则贸迁，避事则髡削，技巧则为工师，拙奸则为驵侩，非戆愚专一无他肠者，孰肯勤体效力，为稼穑之苦乎？⑩且以田废而衣食罕者，户口所在减而背本之利多，不均之甚二也。陛下诚能宽农人之征而优乐之，杜众邪之门而困辱之，则农桑益而衣食有余也。

注释：

① 生人：生民。此指人民，民众。方面：古指一个地方的军政要职或其长官。《后汉书·冯异传》："〔异〕受任方面，以立微功。"李贤注："谓西方一面专以委之。"

② 休风：美好的风气。淫巧：过于精巧而无益的技艺与制品。

③ 周旋：此犹言曲尽。

④ 蠲（juān）：除去，减免；此特指减免赋税。

⑤ 趂（chèn）：同"趁"。趁办：犹缴纳。《宋史·食货志下五》："上供常赋，无从趁办。"逋责：即"逋债"，指逃亡者所欠租税。"取彼逋责，均其所存"，是指将逃亡者的欠税摊到未逃亡者的身上。

⑥ 日蹙：一天比一天紧迫。蹙（cù）：此指困窘，窘迫。

⑦ 四人：四民，旧称士、农、工、商为四民。《书·周官》："司空掌邦土，居四民，时地利。"蔡沈集传："冬官，卿，主国邦土，以居士、农、工、商四民。"《穀梁传·成公元年》："古者有四民：有士民，有商民，有农民，有工民。"《汉书·食货志上》："士、农、工、商，四民有业：学以居位曰士，辟土殖谷曰农，作巧成器曰工，通财鬻货曰商。"计口：计算人数。悴：忧伤，忧愁。

⑧ 绛衣：深红色衣服，古代军服常用绛色。缦胡：粗而没有文理的帽带，武士冠缨。此皆借指兵卒。县官：此指朝廷，官府。仰：仰仗，依赖，依靠。髡头：剃去头发。坏衣：即袈裟；僧尼避用五种正色和五种间色，故僧衣皆以坏色染成，因名坏衣。审曲面势：即"审曲面埶"，原指工匠做器物时审度材料的曲直；后指区别情况，适当安排营造。《周礼·考工记序》："或审曲面埶，以饬五材，以辨民器。"郑玄注："审曲面埶，审察五材曲直、方面形埶之宜以治之。"鬻工：此言卖工者，即出卖劳力的人。乘时：乘机，趁势。射利：谋取财利。此指辗转各地、投机牟利的商人，即所谓"行商"。游手：此指游惰不从事生产劳动。倚市：即"倚市门"。此指"坐贾"，即有固定摊位的商贩。《史记·货殖列传》："夫用贫求富，农不如工，工不如商，刺绣文不如倚市门。"

⑨ 糠核："糠籺"，指粗劣的食物。《史记·陈丞相世家》："人或谓陈平曰：'贫何食而肥若是？'其嫂嫉平之不视家生产，曰：'亦食糠核耳。'"裴骃集解："孟康曰：'麦糠中不破者也。'晋灼曰：'核音纥，京师谓麄屑为纥头。'"

⑩ 驵侩：说合牲畜交易的人；后泛指经纪人、市侩。《汉书·货殖传》："节驵侩。"颜师古注："侩者，合会两家交易者也。驵者，其首率也。"驵（zǎng）：此指马匹交易的经纪人；市侩。肠：此指内心，心思。《史记·万石张叔列传》："上以为廉，忠实无他肠，乃拜绾为河间王太傅。"

自兵革以来，人多流散，版籍废绝，户口荡析。①加以忧惧，越于异乡，末以侥幸，利其苟且。宽之则偷于朝夕，勤（一作动）之则从而陷于邪，又讹言焉。屋室聚为瓦砾，田野俱为榛芜，赋税不均，居者日困，又为此也。伏望陛下敕百姓，所在编为土著，不即归之旧乡；缮黄籍，生则书之，死则去之；庶男女之所生，户口之多少，可得而知也。②无田者给与公田，假种食，因其井泉，制为民居，艺桑麻，种蒲蔬，育狗彘，三年不输官，自初即于三年，人犹有之他者，所至得以重罪罪之，然后人安其生，乐其业，而无奔亡之患矣。③安土则敦本，敦本则人庶矣；税均则敛轻，敛轻则人富矣。④以此阜俗，不盛何为；以此济人，何难之有？若夫盐榷者，经国之所资，财用之大宝也。⑤然而当今之务，若修其业，除其弊，亦可以无重敛之困也。夫盐榷之重弊，失于商徒操利权，州县不奉法，贾太重而利太烦，布帛精粗不中数矣。⑥夫以商徒操利权，则其利有时而废，州郡不敢谁何，是劝农人以逐末也；州郡不奉法，则各私其人，而盗煮者行矣；贾太重，则贫者不堪矣；吏太烦，则縻费之者众矣；布帛精粗不中数，则女工从损，风俗偷薄，而上困矣。⑦即如此，宜罢盐铁之官以省费，停郡府之政令以一其门，禁人为商以反其耕，损（一作捐）其厚贾以利其人，速其售而布帛必精，以齐其俗，以厚其利。如此亦可大裨于国，大赖于人矣。酒酤之人，罢之可也。夫既往之失，不能久于其道，将来之虞，中道尽也。自古帝王未有不勤俭于其初，天下归焉；满假于其终，天下离焉。⑧陛下以勤俭为恒，满假为戒，勤而不已，损之又损，慎终如初，守而勿失。天地所以能长且久者，以其运行不息也，陛下其可息乎？可懈乎？晁错所以急绳七国者，欲尊天子，恐削弱迟而祸大矣；主父所以推恩子弟者，因其欲而分裂诸侯之易矣。⑨今天下一家，尽为郡县，无诸侯强大之患，无宗室葭莩之亲，而以推恩为言，臣恐未可以令天下也。⑩齐桓之时，列国相倾，管夷吾欲辅霸业，恐诸侯先谋而为之备，是以修其寓令，而兵食足焉。使战者必耕，耕者必战，无事则散之陇亩，有事则授之甲兵，此古人之意可行之验也。夫舜之所以为圣人，以其避贤任能也。⑪五教契也，五谷弃也，五刑皋陶也，八音夔也，虞伯益也，水土禹也，喉舌龙也，共工垂也，舜无事焉，是以执左契垂衣裳而天下理。⑫岂以必躬必亲，侵于百职，然后以为圣乎？必也信而显之，作而行之，任之而绩用不立，则有窜三苗于三危，流共工于幽州，放驩兜于崇山，殛鲧于羽山，刑罚有可必加矣，孰敢用其私乎？⑬儒家流者，示人以中，而为之节，访其所至，而导其不至，使夫君臣父子，各得其正，此其所长也。然迂者为之，则执古以非今，凝滞而不变。夫责课者，所以俯仰百官也，然光武用之而非美者，责人之劾重也。伏惟陛下取汉光武之求实，勿务速成，用汉元帝之崇儒，知其凝滞任人而示之所为，端拱而不失其勇（疑），⑭取舍之间，于此乎判矣。

注释：

① 版籍：此指户口册。《后汉书·仲长统传》："明版籍以相数阅，审什伍以相连持。"李贤注："《周礼》曰：'凡在版者。'注云：'版，名籍也，以版为之也。'"荡析：动荡离散。

② 土著：世代定居一地；此指世代居住本地的人。不即：不就。此言非土著民就遣归故乡。黄籍：晋代和南朝的户籍册，用黄纸书写；后亦泛称户籍。《太平御览》卷六百六引《晋令》："郡国诸户口黄籍，籍皆用一尺二寸札，已在官役者载名。"

③ 假：借。此言没有粮食和作物种子的公家可以先借给他们。

④ 安土：安居本土。敦本：注重根本；本，指农业。

⑤ 盐榷：政府对食盐产销的垄断专卖。榷（què）：专卖，专利。韩愈《论变盐法事宜状》："国家榷盐，粜与商人。"

⑥ 贾（jià）："价"的古字，价格。

⑦ 縻费：耗费；浪费。縻，通"靡"。偷薄：浇薄，不敦厚。

⑧ 满假：自满自大。《书·大禹谟》："克勤于邦，克俭于家，不自满假。"孔传："满，谓盈实；假，大也。"孔颖达疏："言己无所不知，是为自满；言己无所不能，是为自大。"

⑨ 绳：制裁；约束。

⑩ 葭莩：芦苇里的薄膜；比喻亲戚关系疏远淡薄。《汉书·中山靖王刘胜传》："今群臣非有葭莩之亲，鸿毛之重，群居党议，朋友相为，使夫宗室摈却，骨肉冰释。"颜师古注："葭，芦也。莩者，其筩中白皮至薄者也。葭莩喻薄。"后用作亲戚的代称。

⑪ 避贤：此指让贤。

⑫ 五教：指五常之教，父义、母慈、兄友、弟恭、子孝五种伦理道德的教育。《书·舜典》："汝作司徒，敬敷五教。"契（xiè）："偰"的今字，人名，传说中商的祖先，为帝喾之子。舜时佐禹治水有功，任为司徒，封于商，赐姓子氏。五谷：五种谷物。《周礼·天官·疾医》："以五味、五谷、五药养其病。"郑玄注："五谷，麻、黍、稷、麦、豆也。"弃：人名，即后稷。《书·舜曲》："帝曰：'弃，黎民阻饥，汝后稷，播时百谷。'"五刑：五种轻重不等的刑法。《书·舜典》："五刑有服。"孔传："五刑：墨、劓、剕、宫、大辟。"皋陶：亦作"皋繇"，传说虞舜时的司法官。《书·舜典》："帝曰：'皋陶，蛮夷猾夏，寇贼奸宄，汝作士。'"八音：我国古代对乐器的统称，通常为金、石、丝、竹、匏、土、革、木八种不同质材所制。泛指音乐。《书·舜典》："三载，四海遏密八音。"孔传："八音：金、石、丝、竹、匏、土、革、木。"夔（kuí）：人名，相传舜时乐官。《礼记·乐记》："昔者舜作五弦之琴，以歌《南风》。夔始制乐，以赏诸侯。"郑玄注："夔，舜时典乐者也。"虞：即虞侯，古代管理山林之官。伯益：舜时东夷部落的首领，为嬴姓各族的祖先；相传伯益助禹治水有功，禹欲让位于益，益避居箕山之北。见《书·舜典》。喉舌：比喻掌握机要、出纳王命的重臣。后亦以指尚书等重要官员。《诗·大雅·烝民》："出纳王命，王之喉舌。"龙：此喻才俊之士。共工：此指古代官名，工官，谓供百工之职。《书·舜典》："帝曰：'俞，咨垂，汝共工。'"孔传："共，谓供其职事。"孔颖达疏："今命此人云：'汝作共工。'明是帝谓此人堪供此职，非是呼此官名为共工也。"《史记·五帝本纪》："舜曰：'谁能驯予工？'皆曰垂可。于是以垂为共工。"裴骃集解引马融曰："为司空，共理百工之事。"垂：人名，舜时大臣，善工巧之事。

⑬ 绩用：犹功用。《书·尧典》："九载，绩用弗成。"孔传："三考九年，功用不成，则放退之。"窜：放逐，驱逐。三苗：古国名。《书·舜典》："窜三苗于三危。"孔传："三苗，国名，缙云氏之后，为诸侯，号饕餮。"《史记·五帝纪》："三苗在江淮、荆州数为乱。"张守节正义："吴起曰：'三苗之国，左洞庭而右彭蠡。'……以天子在北，故洞庭在西为左，彭蠡在东为右。今江州、鄂州、岳州，三苗之地也。"三危：古代西部边疆山名。《书·禹贡》："三危既宅。"孔传："三危为西裔之山也。"殛（jí）：流放，放逐。《书·舜典》："流共工于幽州，放驩兜于崇山，窜三苗于三危，殛鲧于羽山。"孔颖达疏："传称流四凶族者，皆是流而谓之'殛、窜、放、流皆诛'者，流者移其居处若水流然，罪之正名，故先言也；放者使之自活；窜者投弃之名；殛者诛责之称，俱是流徙。异其文，述作之体也。"

⑭ 勇（疑）：编者于此有"疑"，或以为"阙"字。窃以为："勇"或当作"用"，以文义揣测也。端拱：正身拱手；此言无为而治。然则"端拱"是无为，"用"为有所作为，"无为"与"有为"相互补充，恰是儒家取乎中正之道也。

陛下不能用臣言，不当问也；谓臣不能言其事，不当来也。既来矣，陛下问状，宜直其辞；既问矣，微臣尽忠，宜采其策。①尽忠者不易（一作容）持也，直者谁欲（一作肯）为也？忠未见尽，直必有吝，吝构而直不悔，不信而忠不追者，盖有之矣，由未见其为人也。②非天之与其刚健，地之与其直方，内不疑其身，外不疑于人，忧君而不顾其己，济物而不求其利者，孰肯悃悃欵欵，出于骨髓，发于肝膈，如此其切于天下乎？③夫天下者，天下之天下也。④天下安，微臣得保其生；不安，微臣不保其死。是以怀其效，以天下为忧；不怀其身，以天下为念。知所以责难于君者，宜尽忠言；知所以尽忠于己者，宜及（一作急）天下如此，况陛下宗庙之重，其可忽乎？⑤属之于篇，勉之于上，是在陛下酌之而已矣。谨对。

注释：

① 状：此指天下之情状，形势。
② 吝：此指悔恨，遗憾。《易·系辞上》："悔吝者，忧虞之象也。"此言直言者必然有所冒失、遗憾。
③ 悃悃（kǔn）：忠诚貌。欵欵：亦作"款款"，诚恳，忠实。《楚辞·卜居》："吾宁悃悃欵欵朴以忠乎？"王逸注："志纯一也。欵，一作'款'。"洪兴祖补注："款，苦管切，诚也。俗作'欵'。"骨髓：骨腔内的膏状物质；此指内心深处。肝膈（gé）：亦作"肝鬲"，犹肺腑，比喻内心。
④ 天下：前、后二"天下"指中国范围内的全部土地，全国；中一"天下"指天下之人，省略了中心语，这是古汉语中常用的手法。
⑤ 责难：勉励人做难为之事。《孟子·离娄上》："责难于君谓之恭，陈善闭邪谓之敬，吾君不能谓之贼。"赵岐注："人臣之道，当进君于善，责难为之事，使君勉之。"

同　前

白居易①

对：臣闻汉文帝时，贾谊上疏云："可为痛哭者一，可为流涕者二，可为长太息者三。"②是时汉兴四十岁，万方大理，四海太和，而贾谊非不见之，所以过言者，以为辞不切，志不激，则不能回君听，感君心，而发愤于至理也。③是以虽盛时也，贾谊过言而无愧，虽过言也，文帝容之而不非。故臣不失忠，君不失圣，书之史策，以为美谈。然臣观自兹（一文粹作魏晋）以来，天下之理，未曾有仿佛于文帝时者；激切之言，又未有仿佛于贾谊疏者；岂非君之明圣，不侔于文帝？④臣之忠不追（集作逮）于贾谊乎？不然，何丧（集作哀）乱之时愈多，而公（集公作切）直之言愈少也？今陛下思禹之昌言而拜之，念汉之极谏而征之，病（集作废）虚文之无用者，奖至言之斥己者，询臣以可行之策，示（集作谕）臣以不倦之意，恳恻郁悼，发于至诚，真圣王思至理求过言之明旨也。⑤斯则陛下之道，已弘于前代（文粹有微字），臣之才诚（集作试），劣（文粹作效）于古人，辄欲过言，以裨陛下明德万分之一也。裨之者，非敢谓言之必可行也，体用之必可明也，且欲使后代知陛下践祚之后，有朴直敢言之臣出焉，无俾文帝贾谊专美于汉代。⑥然后退而俯伏，以待罪戾焉，臣诚所甘心也。⑦谨以过言，昧死上对。

注释：

① 白居易：已见皆见卷四百七十七注。本策见存于今《全唐文》卷六百六十九。

② 痛哭、流涕：尽情哭泣，双泪长流，形容痛心悲愤或伤心到极点。长太息：深长地叹息。《汉书·贾谊传》所引贾谊文作："臣窃惟事势，可为痛哭者一，可为流涕者二，可为长太息者六。"白居易作"可为长太息者三"当为记忆之误。

③ 太和：亦作"大和"，天地间冲和之气；此指天下太平。过言：此指过分夸大、过于激切的言论。

④ 仿佛：此指类似；比并；比得上。侔：齐等，相当。

⑤ 郁悼：郁抑忧伤。《汉书·元帝纪》："夙夜兢兢，不通大变，深惟郁悼，未知其序。"悼：伤感，哀伤；此指恐惧，忧心。

⑥ 践阼：走上阼阶主位；此指皇帝即位，登基。

⑦ 罪戾：罪愆。戾（lì）：罪行。

伏惟陛下赐臣之策，有思兴礼乐之道，念救疲甿之方，别（集作辨）惩往戒来之宜，审推恩寓令之要。至矣哉！陛下之念及于此，此实万叶之福也，岂惟一代人受其赐而已哉？①臣闻疲（文粹作疾）病之作，有因缘矣（集作焉）；救疗之方，有次第矣（集作焉）；臣请为陛下究因缘陈次第而言之。臣闻太宗以神武之姿，拨天下之乱；玄宗以圣文之德，致天下之肥。②当二宗之时，利无不兴，弊无不革，远无不服，近无不和。贞观之功既成，而大乐作焉，虽六代之尽美，无不举也；开元之理既定，而盛礼兴焉，虽三王之明备，无不讲也。礼行故上下辑睦，乐达故内外和平，所以兵偃而万邦怀仁，刑清而兆民自化，动植之类，咸煦妪而自遂焉，虽成康文景之理，无以出于此矣。③洎天宝以降，政教浸微，寇既荐兴，兵亦继起。兵以遏寇，寇生于兵，兵寇相仍，迨五十载。赋征由是而重，人力由是而罢。下无安心，虽曰督农桑之课，而生业不固；上无定费，虽曰峻筦榷之法，而岁计不充。④日剥月朘，以至于耗竭其半矣。⑤此臣所谓疲病之因缘者也，岂不然乎？由是观之，盖人疲由乎税重，税重由乎军兴，军兴由乎寇生，寇生由乎政缺。然则未修政教而望寇戎之销，未销寇戎而望兵革之息，虽太宗不能也；未息兵革而求征徭之省，未省征徭而望（集作求）黎庶之安，虽玄宗不能也。何则？事有所必然，虽常人足以致；势有所不可，虽圣哲不能为。伏惟陛下将欲安黎元（集作庶），先念省征徭；将欲省征徭，先念息兵革；将欲息兵革，先念销寇戎；将欲销寇戎，先念修政教。何者？若政教修，则下无诈伪暴悖之心，而寇戎所由销矣；寇戎销，则境无兴发攻守之役，而兵革所由息矣；征徭省，则人无流亡转徙之忧，而黎庶所由安矣。⑥臣窃观今天下之寇虽已尽销，伏愿陛下不以易销而自怠；今天下之兵虽未尽散，伏愿陛下不以难散而自疑。无自怠之心，则政教日肃；无自疑之意，则诚信日明。政教肃则暴乱革心，诚信明则犷骜归命。⑦革心则天下将萌之寇不遏而自销，归命则天下已聚之兵不散而自息。然后重敛可以（集作日）减，疲甿可以（集作月）安，富庶可日滋，困竭可日补。日安则和悦之气积，日富则廉让之风行。⑧因其廉让而示之以礼，则礼易行；乘其和悦而鼓之以乐，则乐易达矣。举斯方而可以复其盛，用斯道而可以济其难。惩既往之失，莫先于诚不明而政不修；戒将来之虞，莫大于寇不销而兵不革。此臣所谓救疗之次第者也，岂不然乎？

注释：

① 万叶：万世，万代。

② 肥：此言使富裕；丰盛，充足。

③ 煦妪：抚育，爱抚，长养。《礼记·乐记》："天地欣合，阴阳相得，煦妪覆育万物。"郑玄注："气曰煦，体曰妪。"孔颖达疏："天以气煦之，地以形妪之，是天煦覆而地妪育，故言煦妪覆育万物也。"遂：生长，养育。成康：周代成王、康王，史称其时天下安宁，刑措不用，故用以称至治之世。文景：西汉文帝、景帝，两帝相继，社会比较安定富裕，史称"文景之治"。

④ 生业：生涯，职业；此指农业生产。筦榷：古代指官府对盐、铁、酒等的专卖。唐刘禹锡《武陵书怀五十韵》："校缗资筦榷，复土奉山园。"筦（guǎn）：同"管"。榷：此指专卖，专利。岁计：一年内收入和支出的计算；此指国家年度收支的总称。

⑤ 朘（juān）：缩减；朘削。《汉书·董仲舒传》："民日削月朘，浸以大穷。"

⑥ 暴悖：残暴悖逆的人。《史记·秦始皇本纪》："义威诛之，殄熄暴悖，乱贼灭亡。"销：消除，消散。兴发：此指征发调用物力人力。

⑦ 犷骜：此指凶暴不受约束者。骜（ào）：马怒，不驯服；引申指狂妄，傲慢。归命：归顺，投诚。贾谊《上疏陈政事》："诸侯之君不敢有异心，辐凑并进而归命天子。"

⑧ 廉让：清廉逊让。

若（文粹作至于）齐行寓令之法，以霸诸侯；汉用推恩之谋，以惩七国，施之今日，臣恐非宜。何者？且今万方一统，四海一家，无邻国可倾，非夷吾用权之时（集作秋）也，虽欲寓令，今将何所寓耶？今除国建郡，置守罢侯，无爵土可疏，非主父矫弊之日也，虽欲推恩，恩将何所推耶？但陛下期（集作嗣）贞观之功，弘开元之理，必能（集作将）光二宗而福万叶矣。何区区齐汉之法，而足为陛下慕哉？精究之端倪，实在于此矣。又蒙陛下赐臣之问，有执契垂衣之道，委下专上之宜，敦儒学而业衰，责课实而政失者。此皆政化之所急，今古之所（文粹作所共）疑，而陛下幸念之，臣有以知天下之理兴矣。夫执契之道，垂衣不言者，盖已成之化，非谋始之谓也；委之于下者，言王者之理，庀其司分其务而已，非谓政无小大悉委之于下也；专之于上者，言王者之道，秉其枢执其要而已，非谓事无巨细悉专于上也；汉元优游于儒学而盛业竟衰者，非儒之过也，学之不得其道也；光武责谏于公卿而峻政非美者，非考课之累也，责之不得其要也。① 臣请为陛下别白而明之。夫垂衣不言者，岂不谓无为之道乎？臣闻无为而理者，其舜也欤！舜之理道，臣粗知之矣。始则懋于修己，劳于求贤，明察其刑，明慎其赏，外序百揆，内勤万几，昃食宵衣，念其不息之道。② 夫如是，岂非大有为者乎？终则安于恭己，逸于得贤，明刑至于（文粹作刑明至于）无刑，明赏至（文粹作赏）于无赏，百职不戒而举，万事不劳而成，端拱凝旒，立于无过之地。③ 夫如是，岂非真无为乎？故臣以谓无为者，非无所为也，必先为而后致无为也（集作必先有为而后至于无为也）。老子曰："无为而无所不为。"盖谓是矣。④ 夫委下而用私，专上而无效者，此由非所宜委而委之也，非所宜专而专之也。臣请以君臣之道明之。臣闻上下异位（文粹作宜），君臣殊道，盖大者简者君道也，小者繁者臣道也。臣道者，百职小而众，万事细而繁，诚非人君一聪所能遍察，一明所能周鉴（集作览）也。故人君之道，但择其人而任之，举其要而执之焉已矣。昔九臣各掌其事，而唐尧秉其功以帝天下；十乱各效其能，而周武总其理以王天下；三杰各宣其力，而汉高兼其用以取天下。⑤三君者，不能为一焉，但执要任人而已，亦犹心之于四肢、九窍、百体也，不能为一焉，然而寝食起居，言语视听，皆以心为主也。故臣以为君得君之道，虽专之于上，而下自有以展其效矣；臣得臣之道，虽委之于下，而人亦无以用其私矣。由此而言，光武督责而政未甚美者，非他，昧君臣之道于小大繁简之际也；元帝优游而业以浸衰者，非他，昧无为之道于始终劳逸之间也。二途俱失，较然可知，陛下但举中而行，则无所惑也（集作矣）。⑥

注释：

① 庀（pǐ）：治理，办理。《国语·鲁语下》："子将庀季氏之政焉。"
② 懋（mào）：勤勉，努力。修己：自我修养。序："叙"，次序；按次序区分、排列。百揆：此指百官。万几：《书·皋陶谟》："无教逸欲有邦，兢兢业业，一日二日万几。"孔传："几，微也，言当戒惧万事之微。"后以"万几"指帝王日常处理的纷繁的政务。昃食：过午进膳，谓勤于政事。宵衣：天不亮就穿衣起身，旧时多用以称颂帝王勤于政事。南朝陈徐陵《陈文皇帝哀册文》："勤民听政，昃食宵衣。"
③ 凝旒：冕旒静止不动，形容帝王态度肃穆专注。《旧唐书·杨虞卿传》："陛下初临万宇，有忧天下之志，宜日延辅臣公卿百执事，凝旒而问，造膝以求，使四方内外，有所观焉。"
④ 无为：无为而治。道家主张顺应自然，不求有所作为而使国家得到治理。《老子》："道常无为而无不为，侯王若能守之，万物将自化。"儒家则主张任用贤人，以德化民，使国家得到治理。《论语·卫灵公》："无为而治者其舜也与？夫何为哉？恭己正南面而已矣。"
⑤ 十乱：指辅佐周武王治国平乱的十位杰出的大臣，即周公旦、召公奭、太公望、毕公、荣公、太颠、闳夭、散宜生、南宫适、文母（一说指文王之后大姒，一说指武王之妻邑姜）。《书·泰誓》："予（周武王）有乱臣十人，同心同德。"孔传："我治理之臣虽少而心德同。"孔颖达疏："《释诂》云：乱，治也。"三杰：此指汉代三位杰出的人物，即张良、韩信、萧何。效：效力，效劳，尽力。
⑥ 较然：明显貌。

臣伏以圣策首章曰："上获其益，下输其诚。"其末章则又曰："兴自朕躬，无悼后害。"此诚陛下思酌下言，乐闻上失，勤勤恳恳，虑臣辈有所隐情者也。①臣敢不再竭狂直，以副天心之万一焉。臣闻古先圣王之理也，制欲于未萌，除害于未兆，故静无败事，动有成功。自非圣王，则异（文粹作昧）于是，莫不欲遑其（集作于）始，悔追于终，政失于前，功补于后。利害之效，可略而言。且如军暴而后戢之，兵乱而后遏之，善则善矣，不若防其微，杜其渐，使不至于暴乱也；官邪而后责之，吏奸而后诛之，惩则惩矣，不若审其才，得其人，使不至于奸邪也；人馁而后食之，冻而后衣之，惠则惠矣，不若轻其徭，薄其税，使不至于冻馁也。举一知十，不其然乎？今陛下初嗣祖宗，新临蒸庶，承多虞之运，当鼎盛之年，此诚制欲于未萌，除害于未兆之时也。②伏愿陛下敬惜其时，重慎于事，既往者且追救于弊后，将来者宜早防于事先。夫然，保邦恒在于未危，恭己常居于无逸（集作过），三五之道，夫岂远哉。③臣生也幸得为唐人，当陛下临御之时，睹陛下升平之始，则是臣朝闻而夕死足矣。而况充才识之责，承体用之问者乎？今所以极千虑，昧万死，当盛时，献过言者，此诚微臣喜朝闻甘夕死之志也。不然，何轻肆狂瞽，不避斧锧，若此之容易焉？④伏惟少垂意而览之，则臣生死幸甚。谨对。

注释：

① 思酌：考虑斟酌。

② 多虞：多忧患，多灾难。鼎盛：兴盛，昌盛。

③ 三五：指三皇五帝。

④ 狂瞽：愚妄无知；多用作自谦之辞。锧（zhì）：古代腰斩人用的砧板。斧锧：斧子与铁锧，古代刑具；引申泛指罪名。

文苑英华卷四百八十九

宋　李昉等编

才识兼茂明于体用策

（策目见四百八十七卷元稹同）①

对：臣闻千业万化，圣帝哲王，声烈遐戴者，②无他，中心无为，以守至正而已矣，以谋大化而已矣。③伏惟皇帝陛下垂拱六极，始初清明，丕扬累休，涣发于诏。④启天宇而遡古，熏至和以拯今。⑤咸怀浸沉，罔不濡泽。⑥诚至正也，诚大化也。犹复乃远乃近，乃左乃右，旁求下问，举荐奔走。履众美而不颛，储神明其如遗。⑦铨邦政之肥瘠，镜人事之善败，优游紬绎，以循（一作修）始终。⑧外其牵制，常其忌讳，恢乎辚轢百王之独致也。⑨臣愚智能浅薄，不明大体时用之宜；术业暗昧，不充才识兼茂之称。徒冒万死，触罪以闻。

注释：

① 此对策题目"才识兼茂明于体用策"，与《文苑英华》卷四百八十七元稹之对策题目相同；此策文乃罗让所对。罗让：字景宣。举进士对策高等，累官散骑常侍，除江西都团练观察使兼御史大夫。卒年七十一，赠礼部尚书。见今《全唐文》卷五百二十五。

② 哲王：贤明的君主。声烈：显赫的名望。遐戴：即"遐载"，历代以来的记载，指历史记载。唐上官仪《劝封禅表》："永言遐载，缅镜前徽。"

③ 至正：最中正之道。《礼记·礼运》："王前巫而后史，卜筮瞽侑皆在左右。王中，心无为也，以守至正。"陈澔集说："王居其中，此心何所为哉？不过守君道之至正而已。"大化：广远深入的教化。《新唐书·陈子昂传》："陛下方兴大化。"

④ 丕扬：大力宣扬。涣发：犹颁发，特指帝王发布诏令。宋苏轼《论时政状》："实望陛下旬日之间，涣发德音，洗荡乖僻。"

⑤ 启：开；打开。天宇：天空。启天宇，谓开天辟地。遡：寻求，追溯。熏：熏陶；感染。至和：指天地间祥和之气。《宋书·乐志二》："体至和，感阴阳，德无不柔，繁休祥。"

⑥ 咸：皆，都。浸沉：沉浸；比喻处于某种境界或思想活动中。罔：无，没有。濡泽：沾润，喻获得恩惠。

⑦ 履：实行，躬行。众美：众多美好的德行。《汉书·终军传》："履众美而不足，怀圣明而不专。"颛：通"专"，专擅。储：聚集，集中。神明：谓人的精神，心思。《荀子·解蔽》："心者，形之君也，而神明之主也。"

⑧ 铨：衡量；鉴别。邦政：国家军政。《尚书·周官》："司马掌邦政，统六师，平邦国。"孔传："夏官卿主戎马之事，掌国征伐，统正六军，平治王邦四方国之乱者。"肥瘠：肥瘦；此言军政、国力的强弱。镜：明察。人事：人情事理。善败：善恶。《韩非子·难一》："一人之力能隔君臣之间，使善败不闻，祸福不通。"优游：从容，不急迫。紬绎（chóuyì）：引出端绪；引申为阐述。绎：抽丝，引申为理出事物的头绪。

⑨ 外：此处意为忘怀，超脱。常：此处是使动用法，使……变得普通、平常。忌讳：避忌；顾忌。恢：弘大。辚轢：犹"辚轹"，践踏碾轧。辚，通"蹂"。轹（lì）：车轮碾轧。引申指经历，超过。百王：历代帝王。

臣伏读圣策，首陈禹拜汉征之旨，求索真之要。①臣闻上古之君，熏能同和，不敢自是，必求谠谏，以谕缺败。②用心之过，则薄奖其人；言之失中，则宽容无虞。③使人上得其情，下得流通也（一作使夫上下其情得流通也）。后代帝王，虽有作者，道或外是，己实内非；言之或臧，寥寥无闻；言之或违，堤防斯至。④虽科条增设，适足张其乱目矣；叩击切害，适足宠其直声矣。⑤闻之失得，君之效欤？今陛下躬神圣之资，痛源流之塞；较量至当，加迪今来；黜退奸邪，咨谋体要。⑥诚猜雄者之所共远，亦狭隘者之所共难。⑦凡曰胸臆，是皆耸实详近（一作延），语直之幸也。⑧

注释：

① 禹拜：语本《尚书·皋陶谟》："禹拜昌言曰：'俞!'"孔颖达疏："禹乃拜受其当理之言。"（昌言：善言；正当的言论。）又《孟子·公孙丑上》："禹闻善言则拜。"汉征：征，征召；征聘，多指君召臣。语本《史记·孝文本纪》："及举贤良方正能直言极谏者，以匡朕之不逮。"以后汉代皇帝屡次下诏征举此类直言极谏之士。

② 谠（dǎng）：正直，敢于直言；借指敢于直言的人。

③ 薄：略微。《论语·卫灵公》："躬自厚而薄责于人，则远怨矣。"虞：忧虑，忧患。

④ 臧（zāng）：善，好。《诗·邶风·雄雉》："不忮不求，何用不臧？"毛传："臧，善也。"堤防：拦水的堤坝；引申为管束，防备。

⑤ 叩击：《礼记·学记》："善待问者如撞钟，叩之以小者则小鸣，叩之以大者则大鸣。"后以"叩击"比喻向有学识者发问。切害：特别严重，极其厉害。直声：正直之言。《汉书·张敞传》："今朝廷不闻直声，而令明诏自亲其文，非策之得者也。"

⑥ 较量：商讨评定。迪：开导，引导；言当今陛下较量至当，开启未来。体要：切实而简要。《尚书·毕命》："政贵有恒，辞尚体要。"

⑦ 猜雄：亦作雄猜，犹多疑。南朝宋谢灵运《拟魏太子〈邺中集〉诗序》："汉武帝徐乐诸才，备应对之能，而雄猜多忌，岂获晤言之适。"

⑧ 胸臆：内心；心中所藏。耸：劝勉，奖励。《左传·昭公六年》："故诲之以忠，耸之以行。"王引之《经义述闻·春秋左传下》引王念孙曰："谓举善行以奖劝之。"耸实：犹言劝勉实事求是说真话。详近：当作"详延"，谓尽数延揽。《汉书·武帝纪》："故详延天下方闻之士，咸荐诸朝。"《宋史·选举志二》："朕开数路以详延天下之士，而制举独久不设，意者吾豪杰或以故见遗也，其复置此科。"亦谓广泛接受意见。此句是说所对策话语皆出自内心，这都是因为皇帝广开言路、勉励实事求是说真话的缘故。

伏见圣策咨问兵战商农之道，臣请指事而言之。臣闻兵者，以谋全，以气胜。以谋全，制度为神耳。得其数，则威令格物，少能成功；①失其数，则黠（疑作黩）武无别（一作列），多益为弊。寝（疑作寖）用不制，刑于寓内。②今国家自兵兴以来，仅数十年，生物以之暴殄，人情以之盭违。③殆握兵者建置失其道欤？④何者？天下之甲兵，其数则不广，屯置散地，且或至半。而兵柄之臣，率好生事，不思戢伏，贵算威名。⑤则有崇广卒徒之员，聚拥虓阚之群，厚敛残下，偷取一切，要君养敌，张军自卫，望容攻守之至。⑥复有怀弱软以内顾，务储蓄以托私，倚行伍之数，讫资廪之具，外实内虚，守以藉之固者，及殷而成（一作乘）之，熊（疑）而战之，其中未必有也。⑦朝廷又影响诛罚，索其效死，其可得乎？⑧此兵之所以烦而益病也，而人之所以困而不解也。大抵不贤者，得掌其兵百，则思兵千；寻掌其兵千，又思兵万；寻掌其兵万，又思兵数万，以因其力，以赡其欲。⑨长一日之废代（一作诛伐），谋万里之策勋。⑩徒仰费于县官，高（疑）病于悠久，诚何谓矣。⑪陛下盍亦虑之乎？伏望躬亲视其将帅之为，苟非任，尽易之，不令其凝（一作疑）留而后图也；⑫严备其要地之屯，苟不切，尽罢之，不令其广置而出入也。⑬其所阅拣，非实不用；其所树置，兵精不在多⑭。使名弓者必用沓发之巧，名剑者必有刺击之妙，名骑者必有超乘之捷，名步者必有卒奋之奇。⑮自外徂中，归乎一体。⑯自然无冗军，无惰人，以守则固，以战则胜。军无大半之耗，人怀反业之心，此减兵之术也。富庶之教，于是乎生，亦何远取于古法也？

注释：

① 格物：犹正人，纠正人的行为。唐刘禹锡《天平军节度使厅壁记》："示非约以裕人，信赏罚以格物。"少：稍稍。

② 寝：止息；废弃。《汉书·刑法志》："三代之盛，至于刑错兵寝者，其本末有序，帝王之极功也。"刑：通"形"。《孝经·天子章》："德教加于百姓，刑于四海。"郑玄注："形，见也。"寓：即"宇"。

③ 盭（lì）："戾"的古字。此处意为乖违，乖谬。《汉书·张耳陈馀传赞》："何乡者慕用之诚，后相背之盭也！"

④ 建置：建立；设置。《汉书·武五子传赞》："后遂命将出征，略取河南，建置朔方。"

⑤ 戢伏：收敛。戢（jí）：收藏兵器；引申指停止战争。《三国志·蜀志·诸葛亮传》："是以用兵不戢，屡耀其武。"

⑥ 虓阚（xiāo hǎn）：虎暴怒哮吼的样子，引申为勇猛强悍。语本《诗·大雅·常武》："阚如虓虎。"《汉书·叙传上》："于是七雄虓阚，分裂诸夏，龙战而虎争。"偷：苟且；怠惰。要君：要挟君主。

⑦ 讫：穷尽。资廪：资财粮食。

⑧ 影响：影子和回声，多用以形容感应迅捷。《尚书·大禹谟》："惠迪吉，从逆凶，惟影响。"孔传："吉凶之报，若影之随形，响之应声，言不虚。"效死：舍命报效。

⑨ 赡：满足。《荀子·荣辱》："然则从人之欲，则势不能容，物不能赡也。"

⑩ 策勋：记功勋于策书之上。《后汉书·光武帝纪下》："夏四月，大司马吴汉自蜀还京师，于是大飨将士，班劳策勋。"李贤注："其有功者，以策书纪其勋也。"

⑪ 仰：依赖；依靠。县官：此指朝廷；官府。《汉书·食货志上》："今募天下入粟县官，得以拜爵，得以除罪。"

⑫ 图：设法对付。《左传·隐公元年》："无使滋蔓，蔓，难图也。"

⑬ 切：重要。《汉书·扬雄传下》："请略举其凡，而客自览其切焉。"颜师古注："切，要也。"

⑭ 阅拣：查核挑选。树置：建立。

⑮ 名：意动用法，以……著名。《后汉书·符融传》："（田盛）与郭林宗同好，亦名知人。"沓：重叠。《庄子·田子方》："列御寇为伯昏无人射，引之盈贯，措杯水其肘上，发之，适矢复沓，方矢复寓。"成玄英疏："沓，重也……弦发矢往，复重沓前箭，所谓擘括而入者。"超乘：跳跃上车，形容勇猛敏捷。《左传·僖公三十三年》："左右免胄而下，超乘者三百乘。"卒：步兵。《史记·高祖本纪》："诸将卒不能从者，尽在城中。"奋：鸟飞或兽跑迅疾而有气势，形容步兵勇猛迅捷。

⑯ 徂：及，至。

然而思恋本之心，蠲重赋之困，又在于赋税之道矣，臣请得而具之。①臣闻古者因地而料人，今则税人而舍地；[②]古者任土而作贡，今则溢贡而弃土；[③]古者均田而抑富，今则与富而夺贫。是以人口剪耗而不息，田亩污莱而甚旷者；[④]非人怀苟且之志，乐懈惰之方，迫不可忍，势有由耳。[⑤]王者在上，量入以出，禄食赐与，岁养经费，必厚下以为用，助而不税，廛而不征，亦非无其事也。[⑥]用菽粟藁秸有常税，人不爱也；[⑦]丝枲布帛有常赋，人不艰也。[⑧]杂以凶荒，接以丧死，间以兴废，子弟父兄，犹复勉励率从，不更其业。[⑨]何者？制度专也。[⑩]以臣观之，则今之赋税仍旧贯，籍敛不加重，而畎亩流离，穷困无告。[⑪]殆执事有殊陛下之意乎？[⑫]必有急令暴赋，发取无厌；徭山役海，诡求无状；奇贡珍献，希冀无怠；托公寄私，崇聚无极。[⑬]于是一水一土，一草一木，主要殚利，俯榷仰算，莅之官焉，专守之刀兵焉，商不得回睨，农不得举手。[⑭]既夺其利，又却其人，此而不困，孰以为困？[⑮]榷酤之道如是乎？[⑯]人顾其上犹仇雠，安能思恋骨肉乎？人视其居犹鸟兽，安肯系着桑井乎？[⑰]人悭其取犹寇盗，安望轻重元本乎？[⑱]所以遁走苟免，死亡不顾，[⑲]财日穷而事日削，地益无（疑作芜）而人益烦，犹前事也。伏惟陛下审念之，其有不经不度之人，不常不政之调，必禁其所萌，必罚其所自。[⑳]则奸官滥守慎不敢生事，生生之理阜繁矣。[㉑]陛下又以礼节其情，以乐乐其志，又何患乎不复其盛，不济其难（一作艰）。

注释：

① 蠲（juān）：除去；减免。

② 料人：犹料民，计点人口；清查民户。《国语 · 周语上》：“宣王既丧南国之师，乃料民于太原。”韦昭注：“料，数也。”

③ 任土作贡：依据土地的具体情况，制定贡赋的品种和数量。《书 · 禹贡序》：“禹别九州，随山浚川，任土作贡。”孔传：“任其土地所有定其贡赋之差。”溢：过分；过度。

④ 剪：犹翦，消灭；削弱。污莱：谓田地荒废。《诗 · 小雅 · 十月之交》：“彻我墙屋，田卒污莱。”毛传：“下则污，高则莱。”王先谦《诗三家义集疏》：“卒，尽也。田不治则下者污而水秽，高者莱而草秽。”旷：荒凉，荒芜。唐太宗《答赵郡王孝恭等请封禅手诏》：“田畴多旷，仓廪犹虚。”

⑤ 由：原由；缘故。

⑥ 廛：指公家所建供商人存储货物的邸舍。《礼记 · 王制》：“市，廛而不税。”郑玄注：“廛，市物邸舍。税其舍不税其物。”《孟子 · 公孙丑上》：“市，廛而不征，法而不廛，则天下之商皆悦，而愿藏于其市矣。”

⑦ 菽粟：豆和小米，泛指粮食。《墨子 · 尚贤中》：“是以菽粟多而民足乎食。”藁秸（gǎojiē）：稻、麦等的秆子；祭祀时用的草席。爱：舍不得；吝惜。《孟子 · 梁惠王上》：“百姓皆以王为爱也，臣固知王之不忍也。”赵岐注：“爱，啬也。”

⑧ 丝枲（xǐ）：生丝和麻。艰：困乏。

⑨ 率从：顺从；遵循。南朝梁武帝《断酒肉文》：“令行禁止，莫不率从。”

⑩ 专：专一；此言赋税制度有常。

⑪ 仍：依照；沿袭。旧贯：原来的样子，指旧制度；旧办法。《汉书 · 段会宗传》：“愿吾子因循旧贯，毋求奇功。”籍敛：征收田税。《管子 · 山至数》：“古者轻赋税而肥籍敛，取下无顺于此者矣。”畎亩（quǎn mǔ）：田地，田野；此指农民。唐张说《喜雨赋》之一：“寰海浃而康乐，畎亩欣而相顾。”

⑫ 执事：有职守之人；官员。《书 · 盘庚下》：“邦伯师长百执事之人，尚有隐哉。”孔颖达疏：“其

百执事谓大夫以下，诸有职事之官皆是也。”

⑬ 诡求：责求；需索。《后汉书·独行传·陈重》：“有同署郎负息钱数十万，责主日至，诡求无已，重乃密以钱代还。”李贤注引《说文》：“诡，责也。”崇聚：聚合；聚集。汉王符《潜夫论·忠贵》：“故遂肆心恣意，私近忘远，崇聚群小，重赋殚民。”

⑭ 圭：古代容量单位。《孙子算经》卷上：“量之所起，起于粟。六粟为一圭，十圭为一撮。”常用以指代微量、微小。莅（lì）：临视；治理。《汉书·刑法志》：“临之以敬，莅之以强。”

⑮ 却：退却；拒绝。或当作“劫”，《故训汇纂》“却”下第37条言：“却，当为劫。《读书杂志·淮南内篇第十二·道应》‘子罕遂却宋君而专其政。’王念孙按。”劫：抢夺，强取。

⑯ 榷酤：亦作“榷沽”。汉以后历代政府所实行的酒专卖制度；也泛指一切管制酒业取得酒利的措施。天汉三年（前98），始榷酒酤，垄断酒的产销。后历代沿之，或由政府设店专卖；或对酤户及酤肆加征酒税；或将榷酒钱匀配，按亩征收，等等，用以增加政府财政收入。

⑰ 桑井：古代井田制度，五亩之宅，墙下植桑，因以“桑井”称乡里，家园。《资治通鉴·齐武帝永明三年》：“虽桑井难复，宜更均量。”胡三省注：“桑井，谓古者井田之制，五亩之宅，树墙下以桑也。”

⑱ 悭（qiān）：节约；吝啬。元本：根本。

⑲ 遁走：犹逃走。《史记·匈奴列传》：“利则进，不利则退，不羞遁走。”

⑳ 不经：不合常法。《尚书·大禹谟》：“与其杀不辜，宁失不经。”不度：不合法度；不遵礼度。《汉书·五行志中之上》：“是人也，居丧而不哀，在戚而有嘉容，是谓不度，不度之人，鲜不为患。”颜师古注：“不度，不遵礼度也。”不常：异常；反常。《晏子春秋·谏下十三》：“作服不常，以笑诸侯。”政：通“正”。正直；公正。

㉑ 生生：孳生不绝，繁衍不已。《易·系辞上》：“生生之谓易。”孔颖达疏：“生生，不绝之辞。”阜（fù）繁：繁庶，众多。

臣伏见圣策顾问既往将来之事，臣谨以江淮凶旱之事明之。臣闻凡有灾伤水旱之处，历代所说，多闻诡随之词媚时主。①必曰帝尧乎有怀山襄陵之运也，成汤乎有流金铄石之运也。②是皆曲觥，非愚则诬。③臣尝私怪之，何不曰大舜乎无雷风霜雹之运也？神禹乎无飞流彗孛之运也？④不直其词，因循若是。天运之时集，变易水旱，岁时未为灾也；理或失中，感动阴阳，顷刻为灾也。⑤故精舒谨乎，则七年不足罹其咎；简诬轻忽，则一日二日亦未成其灾。⑥修政著诚，端心复德，既往之事，陛下宜以此为惩矣。⑦然臣之所虑江淮，又急者御灾之术，将来之戒，复忧于斯，愿悉数于陛下矣。⑧今国家内王畿，外诸夏，水陆绵地，四面而远，而输明该之大贵（一作费），根本实在于江淮矣。⑨何者？陇右、黔中、山南已还，硗瘠啬薄，货殖所入，力不多也；⑩岭南、闽蛮之中，风俗越异，珍好继至，无大赡也；⑪河南、河北、河东已降，甲兵长积（一作渍），农厚自任，又不及也。⑫在最急者，江淮之表里天下耳。陛下得不念之乎？属顷者连郡五十，蒙被灾旱，长老闻见，未之曾有。⑬涯脉川泽，坌为埃尘，草木发为烟火。⑭斗粟之价，重于兼金。⑮饿莩之家，十有七八。⑯闻乞仆于男女者，何暇保其家室乎？⑰闻立死于道路者，何暇思其糠粃乎？⑱嗷嗷蒸徒，展转无所，灰烬狼顾，至今未宁。⑲且今日狼顾，明日狼顾，力大势诎，祸欲何图？⑳此臣所为陛下惜也。长吏者，又闻或非良善，厚其毒忍，疗（疑）痏而简问，威剥而自虞。㉑则陛下虽有赈发，不轻得及；虽有蠲放，不轻得获；[22]虽有诏谕，不轻得闻。此臣所为陛下疑也。然欲安存缉理，斯终何由？[23]以臣计之，视长吏之悖理者，选其重臣代之，不待其为蛇为虺也；[24]察郡县之受灾者，择其实以劳之，不使其冤而无告也。如此，则朝令夕悦，江淮保全；则四向赋税转输，肩摩毂击，关中坐固，而根本不摇，犹无凶旱矣。[25]臣故曰将来之由，在此而已矣。

注释：

① 诡随：谓不顾是非而妄随人意。《诗·大雅·民劳》："无纵诡随，以谨无良。"毛传："诡随，诡人之善，随人之恶者。"朱熹集传："诡随，不顾是非而妄随人也。"

② 怀山襄陵：谓洪水汹涌奔腾溢上山陵。《书·尧典》："汤汤洪水方割，荡荡怀山襄陵，浩浩滔天。"蔡沈集传："怀，包其四面也。襄，驾出其上也。"流金铄石：谓高温熔化金石。形容天气酷热。《楚辞·招魂》："十日代出，流金铄石些。"

③ 骫（wěi）：同"骩"，骨弯曲；后多作"委"，意为枉曲。汉刘向《说苑·至公》："奉国法而不党，施刑戮而不骩，可谓公平。"诬：虚妄，欺骗。

④ 飞流：流星。《魏书·术艺传·张渊》："及其灾异之兴，出无常所，归邪缤纷，飞流电举。"彗孛：彗星和孛星。孛，古人指光芒四射的一种彗星。旧谓彗孛出现是灾祸或战争的预兆。《后汉书·卢植传》："比年地震，彗孛互见。"

⑤ 感动：犹感应，谓受影响而引起反应。《陈书·乐志上》："夫音本乎太始，而生乎人心，随物感动，播于形气。"

⑥ 精：明洁。《国语·周语上》："祓除其心，精也；考中度衷，忠也。"韦昭注："精，洁也。"舒：安详；安宁。谨孚：谨慎诚信。简诬：谓傲慢欺诬。轻忽：轻视忽略。《汉书·孔光传》："若不畏惧，有以塞除，而轻忽简诬，则凶罚加焉。"颜师古注："言轻忽天戒，简傲欺诬者，其罚必至。"

⑦ 惩：鉴戒。

⑧ 悉数：一一列举。

⑨ 绵：延续；连续。该：具备；充足。

⑩ 陇右、黔中、山南：皆为唐行政区划名。《新唐书·地理志》："太宗元年，始命并省，又因山川形便，分天下为十道：一曰关内，一曰河南，三曰河东，四曰河北，五曰山南，六曰陇右，七曰淮南，八曰江南，九曰剑南，十曰岭南。……开元二十一年，又因十道分山南、江南为东、西道，增置黔中道及京畿、都畿，置十五采访使，检察如汉刺史之职。"硗瘠：土地瘠薄。《三国志·魏志·卢毓传》："而谯土地硗瘠，百姓穷困。"指肥力不够，不肥沃。。

⑪ 闽蛮：指岭南道闽江流域以南土著聚居之地。越：愈加，更加。越异，言岭南、闽蛮风俗更加不同。

⑫ 已降：犹以来。自任：自觉承担。

⑬ 属：适逢。北齐颜之推《颜氏家训·终制》："先夫人弃背之时，属世荒馑，家涂空迫。"顷者：近来。长老：老年人。

⑭ 涯：水边；岸。脉：指地下水。《周礼·天官·疡医》："以咸养脉。"郑玄注："咸，水味。水之流行地中似脉。"坌（bèn）：谓尘埃飞扬。

⑮ 㪷（dǒu）：同"斗"，量器。《玉篇·斗部》："斗，十升曰斗。㪷，俗。"兼金：价值倍于常金，古代金银铜通言金，亦泛指多量的金银钱帛。《孟子·公孙丑下》："前日于齐，王馈兼金一百而不受。"赵岐注："兼金，好金也，其价兼倍于常者。"

⑯ 饿莩：即"饿殍"，饿死的人或饿得快死的人。莩（piǎo）：通"殍"，饿死的人。

⑰ 男女：儿女。杜甫《岁晏行》："况闻处处鬻男女，割慈忍爱还租庸。"

⑱ 糠粃（bǐ）：谷皮和瘪谷。《后汉书·安帝纪》："虽有糜粥，糠粃相半。"

⑲ 嗷嗷：哀鸣声；哀号声。《诗·小雅·鸿雁》："鸿雁于飞，哀鸣嗸嗸。"高亨注："嗸，同嗷。嗷嗷，雁哀鸣声。"蒸徒：众人；百姓。晋左思《魏都赋》："习习冠盖，莘莘蒸徒。"灰烬：谓烧成灰。此言天旱使旷野万物化为灰烬。狼顾：狼行走时，常转过头看，以防袭击，比喻人有所畏惧。《汉书·食货志上》："失时不雨，民且狼顾。"颜师古注引李奇曰："狼性怯，走喜还顾。言民见天不雨，今亦恐也。"

⑳ 诎：穷尽。

㉑ 长吏：称地位较高的官员；亦指州县长官的辅佐。忍：残忍。疗（疑）痏：或当作"疮痏"。疮疡；伤痕。引申指祸害。言贪官酷吏祸害百姓。痏（wěi），殴人皮破血流者为"痏"。泛指殴伤；创伤。简：稀少。自虞：自以为乐。

㉒ 蠲放：免罪释放。此指免除。宋范仲淹《奏乞两府兼判》："增息财利之数，蠲放困穷之数，具目进呈。"

㉓ 安存：安定生存。《汉书·董仲舒传》："夫人君莫不欲安存而恶危亡。"缉理：整理；整治。何由：从何处，从什么途径。《楚辞·天问》："上下未形，何由考之？"

㉔ 重臣：此指国家倚重的、有崇高声望的大臣。虺（huǐ）：古称蝮蛇一类的毒蛇。《诗·小雅·斯乾》："维虺维蛇。"

㉕ 四向：四周；四方。转输：运输。《史记·郦生陆贾列传》："夫敖仓，天下转输久矣，臣闻其下乃有藏粟甚多。"肩摩：肩与肩相摩，形容人多拥挤。毂击：车子来往，其毂相击。形容交往频繁。坐：遂，乃。

臣伏见圣策次问推恩寓令之计，夫汉晁错陈诸侯削地之制，谋之至者；①主父偃献子弟推恩之令，计之术者。②削地之制行，则转弛为急，七国之难结；③推恩之令下，则强干弱枝，一王之理定。④犹见之熟与不熟，法之渐与不渐。⑤在于渐也，则寒暑得其相成；以暴，则天地不能速化。⑥求之昔意，庶取于今。⑦又齐桓之霸国，管仲之寓令，昼战足以目相识，夜战足以耳相闻；⑧将取威于邻敌，俾逞志于天下。⑨五霸之事，仲尼之门五尺童子犹羞言之。⑩若此者，则小国权臣之细术耳，臣固不能为陛下述。⑪

注释：

① 推恩：广施恩惠；移恩。《史记·平津侯主父列传》："愿陛下令诸侯得推恩分子弟，以地侯之。"寓令：谓寄军令于内政。见下注⑧。晁错事，见《史记·吴王濞列传》："晁错为太子家令，得幸太子，数从容言吴过可削。数上书说孝文帝……及孝景帝即位，错为御史大夫，说上曰：……今削之亦反，不削之亦反。削之，其反亟，祸小。不削，反迟，祸大。"

② 主父偃事：即献"推恩"策，让诸侯国又把其地分封给各自子弟，从而分化削弱诸侯国的集权。《汉书·主父偃传》："偃说上曰：……愿陛下令诸侯得推恩分子弟，以地侯之。"又见《史记·平津侯主父列传》。术：权术；计谋。

③ 结：聚合；凝聚。《淮南子·泛论训》："不结于一迹之涂，凝滞而不化。"

④ 强干弱枝：加强树干，削弱枝叶；此喻削减地方势力，加强中央权力。语出《史记·汉兴以来诸侯王年表》："而汉郡八九十，形错诸侯间，犬牙相临，秉其厄塞地利，强本干弱枝叶之势，尊卑明而万事各得其所矣。"

⑤ 熟：表示程度深。《吕氏春秋·博志》："故曰精而熟之，鬼将告之。非鬼告之也，精而熟之也。"渐：渐进，逐渐；言事物发展过程。《易·坤》："臣弑其君，子弑其父，非一朝一夕之故，其所由来者渐矣。"

⑥ 暴：急骤；猛烈。

⑦ 庶：副词，希望，但愿。

⑧ 寓令：谓寄军令于内政，只在暗中加强军事力量。亦称“寄政”，即把军令寄寓在庶政之中。语本《国语·齐语》：“桓公曰：国安矣，其可乎？管子对曰：未可。……君若欲速得志于天下诸侯，则事可以隐令，可以寄政……作内政而寄军令焉。”韦昭注：“寄，托也。匿军令，托于国政，若有征伐，邻国不知。”昼战、夜战：语本《国语·齐语》：“管子于是制国：……故夜战声相闻，足以不乖；昼战目相见，足以相识。其欢欣足以相死。”

⑨ 俾：使。逞志：快心，称愿；得逞。

⑩ 五霸：同“五伯”。指春秋时代五个称霸的诸侯，有多种说法。一说春秋齐桓公、晋文公、宋襄公、楚庄公、秦缪公。《吕氏春秋·当务》：“备说非六王五伯。”高诱注：“五伯，齐桓、晋文、宋襄、楚庄、秦缪也。”一说齐桓公、晋文公、楚庄王、吴王阖闾、越王勾践。见《荀子·王霸》。一说齐桓公、宋襄公、晋文公、秦穆公、吴王夫差。见《汉书·诸侯王表》：“衰则五伯扶其弱，与其守。”颜师古注：“伯读曰霸。此五霸谓齐桓、宋襄、晋文、秦穆、吴夫差也。”“仲尼”句：语本《汉书·董仲舒传》：“夫仁人者，正其谊不谋其利，明其道不计其功，是以仲尼之门，五尺之童羞称五伯，为其先诈力而后仁谊也。”

⑪ 细术：小道，末技。《三国志·魏志·卫臻传》：“臻曰：俭所陈，皆战国细术，非王者之事也。”

伏读圣策次问专委儒术者，臣闻圣王在上，贤臣在下，道德兼济，材智乐备。专于上则聪明倍资，安有无其效耶？委于下则公器相率，安有用其私耶？①然今以陛下之资材清光，群臣其敢及？②若集事者，在陛下必躬必亲之谓乎？③躬之无偏，亲之有制，则垂衣执契，亦不爽矣。④孝元则制自左右，非用儒之失也；光武则弊及群下，非用课之得也。⑤儒近于得，而所用者宜一变其弊。若臣所见，今之大者，政或贵此，可得而言。国朝自武德已来，典章甚明，职员甚列，官吏甚该备，而道不弘，政要或未臻者，其官非人欤？⑥理非道欤？略其大欤？录其小欤？⑦臣所谓小者，则天官卿采之调阅、致验、选书，至于一簿、一尉、一掾之末，铨次升降，劳而后罢，是详于核小也。⑧及其揣量亲人抚字之官，又未喻也。⑨臣所谓大者，天子之庭，曰相曰受，轶越伦辈，⑩乃有名邦闻邑，群居之柄，不阶课最是非，未闻踪迹贤不肖，⑪款言喧哗，随其所来，转化容易，似不留听，是卤莽于天下也。⑫详核及小，卤莽及大，轻重反殊。使盗名死官之徒，波走飙驰，惟恐居后，狂扇诱掖，宠赂为事，以相终始，夫复何望？⑬夫持尺寸之禄，怀轻握微，龃龉施为，尚犹不堪。⑭况明权不制（一作济）资，藉杀生之柄，兼兵马之众，连数十城之地，庸杂横恣，偷居其上，何以堪之？⑮设曰不堪，耳目阴附事亦无由得而闻，悔之何益耶？陛下得不慎其所授乎。臣以为今之郡县长帅之官，最关生人性命。⑯用在百里之父母，莫如县宰；君乎千里之父母，莫如刺史；列城之父母，莫如郡统。使一得之必小康，二得之必中康，三得之必大康矣。⑰陛下虽不在驱天下之人洽于理平，终亦无由，诚不在多，惟慎此三官而已矣。⑱臣又闻《书》曰：“爵罔及恶德。”⑲《春秋传》曰：“官之失德，在所纳邪。”⑳惟君无邪，则不纳邪矣。夫偏听独任，牵于左右，所自邪也；㉑小臣大禄，制度失中，所自邪也。锦文珠玉，淫佚充斥，所自邪也；㉒教令察视，壅遏不宣，所自邪也；㉓掊克聚敛，亿度于上，所自邪也；㉔依阿求同，径而不道，所自邪也；㉕烦察缴缚，弊归于下，所自邪也。㉖坐跻仁寿，陛下又何疑乎？㉗不得浩然其心，此微臣之志也。㉘伏惟审察之，伏惟审念之。臣伏见圣策终有究旨属篇之说者，臣固无以道师之说，仅能勿坠耳。俯仰睿问，偃薄无所震其心，熟知不免，宁不自胜，攀恳之至。㉙（一作震其心胸如不克宁不胜云云）谨对。

注释：

① 公器：比喻国家的有才能的人。白居易《除韦贯之平章事制》："某官韦贯之，温重明正，国之公器，当官必守，临事能断"相率：相继；一个接一个。

② 清光：清美的风彩，多喻帝王的容颜。

③ 集事：成事；成功。唐韩愈《论淮西事宜状》："然可集事，不可爱惜所费，惮于行刑。"

④ 垂衣：谓定衣服之制，示天下以礼。后用以称颂帝王无为而治。《易·系辞下》："黄帝尧舜垂衣裳而天下治，盖取诸乾坤。"韩康伯注："垂衣裳以辨贵贱，乾尊坤卑之义也。"执契：谓把握契机。不爽：不差；没有差错。

⑤ 课：考查。《管子·明法》："故明主以法案其言而求其实，以官任身而课其功。"

⑥ 武德：唐高祖李渊的年号，618—626年。职员：指有一定职衔的员司。唐白居易《省官并奉减使职策》："公若量其职员，审其禄秩，使众寡有常数，厚薄得其中。"该备：全备；完备。臻：达到极点。

⑦ 录：采取，采用。

⑧ 天官卿：《尚书·周官》："冢宰掌邦治，统百官，均四海。"孔传："天官卿称太宰，主国政治，统理百官，均平四海之内。"《周礼》分设六官，以天官冢宰居首，总御百官。唐武后光宅元年改吏部为天官，旋复旧。后世亦称吏部为天官。采：通"寀"，官职；官吏。选书：唐代应举者在考试前将所作诗文投送朝中显贵，以求赏识。唐孟郊《初于洛中选》诗："青云不我与，白首方选书。"簿：官名。指主簿一类官职，因负责文书簿籍故多称簿，历朝皆有，如唐代的司簿、典簿、掌簿，亦简称簿。尉：古代官名。秦汉以后有都尉、县尉，又有校尉等，皆简称尉，多为武职。掾：官府中佐助官吏的通称。核：查验；核实。

⑨ 抚字：谓对百姓的安抚体恤。《北齐书·封隆之传》："隆之素得乡里人情，频为本州，留心抚字。"喻：知晓；明白。

⑩ 曰相曰受，中华书局本作：日相日受。轶：后车超前车。引申为超过。伦辈：同辈；流辈。

⑪ 不阶：不凭借。三国吴韦昭《博弈论》："立身者不阶其术，征选者不由其道。"课最：古时朝廷对官吏定期考核，检查政绩，政绩最好的称"课最"。踪迹：行动；行为。

⑫ 款言：空话。《汉书·司马迁传》："实不中其声者谓之款，款言不听，奸乃不生。"容易：犹言轻慢放肆。《旧唐书·韩愈传》："愈为人臣，不当言人主事佛乃年促也。我以是恶其容易。"卤莽：粗疏，鲁莽；马虎。

⑬ 飙（biāo）驰：比喻疾速奔驰；此指奔走追逐。诱掖：引导和扶持。《诗·陈风·衡门序》："故作是诗以诱掖其君也。"郑玄笺："诱，进也。掖，扶持也。"孔颖达疏："诱掖者，诱谓在前导之，掖谓在傍扶之，故以掖为扶持也。"

⑭ 龃龉（jǔ yǔ）：上下齿不相对应。比喻不顺达，多指仕途。不堪：不能承当；不能胜任。

⑮ 横恣：专横放肆。偷：苟且。

⑯ 生人：犹人民；民众。

⑰ 小康：儒家理想中的所谓政教清明、人民富裕安乐的社会局面，指禹、汤、文、武、成王、周公之治。低于"大同"理想。见《礼记·礼运》。后多指境内安宁，社会经济情况较好。大康：社会太平安宁，安丰泰乐。《诗·唐风·蟋蟀》："无已大康，职思其居。"陆德明释文："大，音泰。"

朱熹集传："大康，过于乐也。""中康"，乃作者因语境而仿词。

⑱ 驱：驾驭。洽：符合。理平：犹治平，升平。

⑲ 爵罔及恶德：《尚书·说命中》："爵罔及恶德，惟其贤。"

⑳ 官之失德句：《左传·桓公二年》："国家之败，由官邪也。官之失德，宠赂章也。"

㉑ 偏听：听信一面之词。独任：犹专任。独自信用；独自承担。《史记·鲁仲连邹阳列传》："故偏听生奸，独任成乱。"牵：牵制。

㉒ 锦文：织锦。《礼记·王制》："锦文、珠玉成器不粥于市。"

㉓ 教令：教化，命令。壅遏：阻塞；阻止。《管子·立政九败解》："且奸人在上，则壅遏贤者而不进也。"

㉔ 掊克：聚敛；搜括。《诗·大雅·荡》："曾是强御，曾是掊克。"朱熹集传："掊克，聚敛之臣也。"掊（póu），以手、爪或工具扒物或掘土；引申指搜括，敛取。亿度：测度；揣测。

㉕ 依阿：曲从附顺。《文选·干宝〈晋纪总论〉》："其倚杖虚旷，依阿无心者，皆名重海内。"径而不道：径，小路。道，大道，正道。语本《论语·雍也》："有澹台灭明者，行不由径。"此反用之。

㉖ 缴（jiǎo）：缠绕，扭转；引申为事情或问题纠缠不清。

㉗ 跻：升登，达到。仁寿：谓有仁德而长寿。语出《论语·雍也》："知者乐，仁者寿。"《汉书·王吉传》："驱一世之民，跻之仁寿之域。"

㉘ 浩然：犹言"浩然之气"，正气，正大刚直之气。《孟子·公孙丑上》："我善养吾浩然之气……其为气也，至大至刚，以直养而无害，则塞于天地之间。"

㉙ 睿（ruì）：圣明，古时臣下对君王、后妃等所用的敬词。偃薄：仰俯。攀恳：或当作"惓恳"，恳切。

贤良方正直言极谏策（元和三年二月二十三日）

问：皇帝若曰：盖闻古（登科记作昔）之令王，体上圣之姿，御大宁之时，犹惧理之未至也，求贤以致用，犹惧动之不中也，咨谏以闻道（登科记作过）。①矧惟寡昧，膺受多福，思负荷之重，警风波之虞，求贤咨谏，岂敢忽怠？②至若穷神知化，以盛其德；经纬文武（登科记作经武纬文），以大其业；考古会极，通教化之源；明目达聪，周视听之表，斯夙夜之所志也，子大夫将何以匡逮（登科记作建）而致之乎？③自中代以还，求理者继作，皆意甚砥砺，而效难彰明。④莫不欲还朴厚，而浇风常扇；莫不欲遵俭约，而侈物常贵；莫不欲远小人，而巧谀常进；莫不欲近庄士，而忠直常疏；莫不欲勉人于义，而廉愧（集作隅）常不修；莫不欲禁人之（登作无字）为非，而抵冒常不息。⑤其所谬盭，岂无根源？爰自近岁，仍敷大泽，霜露所坠，沾濡必同。⑥涤瑕秽以导人心，省徭役以丰物力，蠲田租以厚农室，葺国学以振儒风，督废职以补维纲，备众官以叙贤俊，庶继先志，臻乎治平。⑦而改行者未闻，输劳者未艾（登科记作乂），农者无以免艰食，学者无以通微言，立事之迹未纪于庶工，乏才之叹未辍于终食。⑧蠹于法者无不去，而法未修明；切于政者无不行，而政未光大。⑨岂丕变其俗，道广而难济乎？⑩岂不得其门，事繁而愈大乎？伫闻嘉言，无或隐讳。周之德受田有经制，汉之法力（登科记作名）田有恒数。⑪今疆畛相接，半为豪家，流佣（登科记作庸）无依，率是编户。⑫本为（登科记作于）交易，焉得贪（三字集作夺）富以补贫？将欲因循，是曰（文粹作岂至二字集作岂）损多而益寡（一作少）？⑬酌于中道，其术如何？取人惟其行，不必文采；命官惟其才，不必资考。⑭然则行非造次而备察，才非错综而遍知。⑮不必文采为轻重，而士可进退；不必资考为程准，而吏有条贯。⑯适变矫枉，渴（集作合）于良规。⑰何方可以序六气，来百祥，何施可以寿群生，仁众姓？⑱征于前训而可（登科记作有）据，设于当代而易从。⑲勿猥勿并，以称朕意。⑳

注释：

① 若曰：犹言"曰若"，助词，用于句首。《书·尧典》："曰若稽古帝尧。"蔡沈集传："曰、粤、越通，古文作粤。曰若者，发语辞。"令王：贤明的天子。大宁：天下安定。咨：征询。

② 矧（shěn）：况且；而况。膺（yīng）受：承受。《书·君陈》："惟予一人膺受多福。"孔传："惟我一人亦当受其多福。"风波：比喻动荡不定或艰辛劳苦。《庄子·天地》："我之谓风波之民。"虞：忧虑，忧患。

③ 穷神：穷究事物之神妙。知化：谓通晓事物变化之理。《易·系辞下》："穷神知化，德之盛也。"经纬：规划治理。《旧唐书·褚无量传》："其文可以经纬邦国。"匡：辅佐；辅助。

④ 砥砺（dǐ lì）：磨石，比喻激励；勉励。《荀子·王制》："案平政教，审节奏，砥砺百姓。"

⑤ 浇风：浮薄的社会风气。庄士：端正之士；正人君子。《新唐书·白居易传赞》："非庄士雅人所为。"抵冒：触犯；抵御。《汉书·礼乐志》："习俗薄恶，民人抵冒。"

⑥ 敷（fū）：施，布。沾濡（rú）：沾湿，湿润，比喻蒙受恩泽、教化。

⑦ 瑕秽：玉的斑痕，杂质，比喻人的过失或恶行。葺（qì）：整理，整治。维纲：用以系物和提网的绳；比喻纲纪，法度。治平：谓政治清明，社会安定。《晏子春秋·谏上七》："是以天下治平，百姓和集。"

⑧ 艾：尽；停止。《诗·小雅·庭燎》："夜如何其？夜未艾。"庶工：百官。终食：吃完一顿饭的时间，指很短的时间。《论语·里仁》："君子无终食之间违仁，造次必于是，颠沛必于是。"

⑨ 蠹（dù）：蛀虫；比喻损害，败坏。切：契合，击中。

⑩ 丕变：大变。《书·盘庚上》："罔有逸言，民用丕变。"孔传："民用大变从化。"

⑪ 经：恒常。名田：以私名占有田地。《汉书·食货志上》："限民名田，以澹不足。"颜师古注："名田，占田也。各为立限，不使富者过制，则贫弱之家可足也。"力田：努力耕田；泛指勤于农事。据上下文义此当作"名田"。

⑫ 疆畛（zhěn）：地界；界限。流佣：流亡在外受人雇佣的人。《汉书·昭帝纪》："比岁不登，民匮于食，流庸未尽还。"颜师古注："流庸，谓去其本乡而行为人庸作。"编户：编入户籍的普通人家。

⑬ 因循：道家谓顺应自然。《史记·太史公自序》："其术以虚无为本，以因循为用。"

⑭ 资考：资格和考绩。唐白居易《大官乏人策》："校正欠资考者，不署畿官。"

⑮ 造次：轻率；随便。错综：交错综合。

⑯ 程准：标准。条贯：程序，条规。

⑰ 适变：谓适应变化。矫枉：矫正弯曲，比喻纠正偏邪。良规：有益的规谏。《三国志·魏志·王朗传》："钦纳至言，思闻良规。"

⑱ 百祥：各种吉利的事物。《尚书·伊训》："作善，降之百祥；作不善，降之百殃。"

⑲ 前训：先君的教诲。《后汉书·胡广传》："国有大政，必议之于前训。"

⑳ 猥：多，繁多；堆积。并：合并减省。《汉书·董仲舒传》："科别其条，勿猥勿并。"师古曰："猥，积也；并，合也。欲其一一疏理而言之。"

对

皇甫湜①

对：臣伏见陛下征天下之士，亲策于廷，求贤思理，亦云至矣。然臣未知将以为虚策乎，将以求其实效乎？以为虚策，则后之缙绅者观书于太史氏曰：天子之忧人如此，急贤如此，征贤良方正直言极谏之士，亲礼而问之。斯亦足以为名矣。若以得人为务，社稷之计为心，则不宜待之如是也。夫王者，其尊（集作道）如天，其威如神，以谀（集作聘）问先之，以礼貌接之，造膝而言，虚心以受，犹恐惧殒越，而不得自尽其所怀；②况乎坐之阶庭，试以文字，拳曲俯偻，承问而上对乎？③且天下之事，虽一二以疏，举臣所当言，又有非臣下所宜闻知；清问所不该（文粹作说），又郁而不得发，强附之于篇，考视者必以为余烦，又摈而不得进（文粹作通矣）。④陛下何惜一赐臣容足之地，于冕旒之前，使得熟数之乎？⑤可采则行之，无用则罢之，何损于明也？然臣不敢有望于是，谨旁缘圣问，粗竭遇瞽，傥陛下怜察其志而宽其诛，赐之当（一作异）日之问，而卒其说，则覆照之下，形气之生，孰不甚幸。⑥

注释：

① 皇甫湜：字持正，睦州新安人。第进士，补陆浑尉，仕至工部郎中。见今《全唐文》卷六百八十五。

② 谀问：当作"聘问"，本指国与国或各个方面之间遣使访问。这里指聘请。《礼记·月令》："〔季春之月〕勉诸侯，聘名士，礼贤者。"造膝：犹促膝。汉蔡邕《司空临晋侯杨公碑》："及其所以匡辅本朝，忠言嘉谋，造膝危辞，当事而行。"殒越：坠落；毁败。

③ 拳曲：卷曲；弯曲。《庄子·人间世》："仰而视其细枝，则拳曲而不可以为栋梁。"俯偻：低头曲背。

④ 清问：清审详问。摈：排斥；弃绝。《后汉书·文苑传下·赵壹》："恃才倨傲，为乡党所摈。"

⑤ 冕旒：皇冠；借指皇帝。

⑥ 旁缘：依仗；凭借。遇瞽：当作"愚瞽"，愚钝而昧于事理。多用于自谦。《后汉书·吴良传》："敢秉愚瞽，犯冒严禁。"覆照：即"天覆日照"，喻帝王之仁德广被。形气：指精气、元气。

制策曰："盖闻昔之令王，体上圣之姿，御大宁之时，犹惧理之未至也，求贤以致用，犹惧动之不中也，咨谏以闻道（集作过）。矧惟寡昧，膺受多福，思负荷之重，警风波之虞，求贤咨谏，岂敢怠忽？至若穷神知化，以盛其德，经纬文武（集作经武纬文），以大其业，考古会极，通教化之原，明目达聪，周视听之表，斯夙夜之所志也，子大夫将何以匡逮（集作建）而致之乎？"此陛下之忧勤如此（集作切至也）。①臣闻尧舜以有天下为己之累，而不以位为乐也。臣又闻百事之成也，必在敬之，其失之也，必在慢之。②今陛下念前王之戒，而不敢怠忽，思为国之经，而不忘夙夜，求贤咨谏，延及微士（集作贱），臣有以见尧舜之心矣。③夫法天地之道以施政，顺阴阳之和以育物，事无不序，动无不时，此穷神知化之盛德也。武以止杀禁暴，则兵宜戢；文以经邦济时，则化必行。此经武纬文之大业也。崇礼而明义，好士而尊儒，斥魏晋已降衰末之法，稽周汉已践（集作前）盛明之理（集作礼），斯考古会极之方也。④任贤而勿贰，招谏而必行，屏近习之邪（集作纤）佞，进周行之骨鲠，斯明目达聪之道也。⑤抑臣又闻先王所以不视而明，不听而聪，披颈（集作技斯）负之明，断非僻之绪，其道易知也。⑥盖左右仆御，惟正之供，必有知法（集作足信）者，必有知礼者，坐（集作出）使足以尽情伪，居常足以助听览。⑦左右之臣既如是矣，而又曰以公卿大夫讲论正事，史书其举，官箴其阙，以至于百工庶人，莫不谏而谤焉。⑧济济之士，为之股肱，赳赳武夫，为之爪牙，此所以永有天下也。今宰相之进见亦有数，侍从之臣，皆失其职，百执事来（集作奉）朝请而退，而律且有议及乘舆之诛，未知为陛下出谏喉舌者为谁乎，为陛下爪牙者为谁乎？⑨日夕侍起居燕游（集作游豫），与之论臣下之是非，赏罚之臧否者，复何人也？⑩股肱不得而接，爪牙不足以卫，其何献替之有（三句集作股肱不得而接何疾如之爪牙不得而卫其危甚矣）？⑪美夫亵狎（集作裔夷）亏残之微，褊（集作偏）险之徒，皂隶之职，岂可使之掌王命，握兵柄，内膺腹心之寄，外当耳目之任乎？⑫此贞夫义士所以寒心销志，泣愤而不能已者（文粹作也）。⑬诚能复周之旧典，去汉之末祸，还谏官、史官、侍臣之职，使之左右前后，日延宰辅，与论义理。有位于朝者，咸引而进之，温其色以安其意，久其对以尽其词，可采者必行，有犯者无罪。王之爪士，宜择公卿大臣，总统而分理之，则政不足平，刑不足措，人不足和，财不足丰，蛮夷戎狄不足臣，休征嘉瑞不足致矣，又何虑乎视听之表有所不周乎？⑭

注释：

① 忧勤：多指帝王或朝廷为国事而忧虑勤劳。《史记·司马相如列传》："且夫王事固未有不始于忧勤，而终于佚乐者也。"

② 慢：轻忽；怠忽。

③ 怠忽：怠惰玩忽。《尚书·周官》："蓄疑败谋，怠忽荒政。"孔传："怠惰忽略，必乱其政。"经：常道。指常行的义理、准则、法制。《国语·周语下》："国无经，何以出令？"微：贫贱；卑下。

④ 稽：考核，查考。

⑤ 贰：不信任；怀疑。《尚书·大禹谟》："任贤勿贰，去邪勿疑。"近习：亲近，指君主宠爱亲信的人。《礼记·月令》："虽有贵戚近习，毋有不禁。"周行：大路，指至善之道。骨鲠：鱼、肉等的小骨；比喻刚直或刚直的人。《新唐书·李栖筠李墉传赞》："故君有忠臣，谓之骨鲠。"

⑥ 非僻：即"非辟"，邪恶。《礼记·玉藻》："非辟之心，无自入也。"绪：丝头，比喻开端；头绪。

⑦ 仆御：驾车马者；后泛指侍从。情伪：真假；真诚与虚伪。《易·系辞上》："圣人立象以尽意，设卦以尽情伪。"

⑧ 举：言行；举动。《国语·鲁语上》："君举必书。"韦昭注："动则左史书之，言则右史书之。"官箴：谓百官对帝王进行劝诫。《左传·襄公四年》："昔周辛甲之为大史也，命百官，官箴王阙。"杜预注："阙，过也。使百官各为箴辞，戒王过。"谤：指责别人的过失。《国语·周语上》："厉王虐，国人谤王。"

⑨ 爪牙：指甲和牙齿；比喻勇士；武臣。《诗·小雅·祈父》："祈父！予王之爪牙。"郑玄笺："此勇力之士。"

⑩ 燕游：闲游；漫游。《礼记·少仪》："朝廷曰退，燕游曰归，师役曰罢。"

⑪ 献替：即"献可替否"，进献可行者，废去不可行者，谓对君主进谏，劝善规过，亦泛指议论国事兴革。语本《左传·昭公二十年》："君所谓可而有否焉，臣献其否以成其可。君所谓否而有可焉，臣献其可以去其否。"

⑫ 亵狎：亲近宠幸。《三国志·魏志·齐王芳传》："斥远君子，引近小人，忠良疏远，便辟亵狎。"亏残：指宦者。褊险：即"偏险"，偏颇邪僻。《荀子·性恶》："今人无师法，则偏险而不正。"皂隶：古代贱役，后专以称旧衙门里的差役。膺：承当；担当。

⑬ 寒心销志：亦作"寒心消志"，形容担心忧虑。汉邹阳《上书吴王》："始孝文皇帝据关入立，寒心销志，不明求衣。"愤：郁结于心；懑闷。

⑭ 休征：吉祥的征兆。《汉书·终军传》："故周至成王，然后制定，而休征之应见。"颜师古注："休，美也。征，证也。"

制策曰"自中代已还，求理者继作，皆意甚砥砺，而效难彰明。莫不欲还朴厚，而浇风常扇；莫不欲遵俭约，而侈物常贵；莫不欲远小人，而巧谀常进；莫不欲近庄士，而忠直常疏；莫不欲勉人于义，而廉愧（一作隅）常不修；莫不欲禁人之为非，而抵冒常不息。其所谬盭，岂无根源"者。臣闻一日克己复礼，天下归仁焉，王者之谓也。①故人不从上之令，而从其所行。夫上古之君，躬率己（集作以）正，轨度其流（集作信），恕己及物，自诚而明，此所以其化如神，天下如截也。②中代已还，则异乎此。至诚不著，而欲任法以防人；忠信不行，而欲纵身以检物。虽砥砺其意，而事实不符，此所以有其意而无其效也。夫欲人之朴厚，而不先之以少私寡欲，无为至诚，所以浇风常扇也；欲人之俭约，而不率之以卑宫菲食，沉珠贵谷，所以侈物常贵也；③欲远小人，而好悦耳之言，所以巧谀常进也；欲近庄士，而恶拂心之虑，所以忠直常疏也；④欲勉人于义，而贪浊在位，所以廉愧（集作隅）常不修也；⑤欲禁人为非，而法则（集作制）不一，所以抵冒常不息也。则谬盭之本，其在兹乎？陛下诚能一皆反之，其效可立彰明矣。

注释：

① 克己复礼：约束自我，使言行合乎先王之礼。《论语·颜渊》："克己复礼为仁。"何晏集解："马曰：'克己，约身。'孔曰：'复，反也。'身能反礼，则为仁矣。"归仁：归附仁德仁政。《孟子·离娄上》："民之归仁也，犹水之就下、兽之走圹也。"

② 轨度：使之合于轨范法度。如截：犹言"有截"，齐一貌，整齐貌。《诗·商颂·长发》："苞有三蘖，莫遂莫达，九有有截。韦顾既伐，昆吾夏桀。"郑玄笺："九州齐一截然。"又："相士烈烈，海外有截。"郑玄笺："截，整齐也。"白居易《刑礼道策》："方今华夷有截，内外无虞，人思休和。"

③ 扇：摇动扇子或扇状物以生风；泛指兴起、发生。卑宫菲食：谓使宫室简陋，饮食菲薄。旧时用以称美朝廷自奉节俭的功德。语出《论语·泰伯》："禹，吾无间然矣！菲饮食，而致孝乎鬼神；恶衣服，而致美乎黻冕；卑宫室，而尽力乎沟洫。"沉珠：用"沉珠于渊"典。《文选·班固〈东都赋〉》："捐金于山，沈珠于渊。"李善注："《庄子》曰：'捐金于山，藏珠于渊，不利货财，不尚富贵也。'"《资治通鉴》卷一百九十四《唐纪十》："昔尧舜抵璧于山，投珠于谷。"胡三省注："陆贾《新语》曰：'圣人不用珠玉而宝其身，故舜弃黄金于巉岩之山，捐珠玉于五湖之川，以杜

淫邪之欲也。'" 贵谷：重视五谷生产。北齐颜之推《颜氏家训·涉务》："斯盖贵谷务本之道也。"

④ 拂心：违逆其心意，多用于臣子对帝王。《汉书·杜钦传》："言之则拂心逆指，不言则渐日长，为祸不细。"

⑤ 贪浊：犹贪污。廉愧：犹廉耻。《汉书·贾谊传》："终不知反廉愧之节，仁义之厚。"廉隅：棱角；比喻端方不苟的行为、品性。《礼记·儒行》："近文章，砥厉廉隅。"

制策曰"爰自近岁，仍敷大泽，霜露所坠，沾濡必同，涤瑕秽以道人心，省徭役以丰物力，蠲田租以厚农室，葺国学以振儒风，督废职以补维纲，备众官以序贤俊，庶继先志，臻乎治平，而改行者未闻，输劳者未艾，农者无以免艰食，学者无以通微言，立事之绩未纪于庶工，乏才之叹未辍于终食。蠹于法者无不去，而法未修明；切于政者无不行，而政未光大。岂丕变其俗，道广而难济乎？岂不得其门，事繁而每失乎？伫闻嘉言，无或隐讳"者。臣以陛下涤瑕秽，而改行者未闻，政之（集作言）不自其本故也。夫欲人之改行率德，慎（集作在）明赏罚，不滥（集作在）涤瑕秽也。①故赏当善，罚当恶，天下晓然逃恶而趋善；赏当功，罚当罪，天下耸然远罪而趋功（集作起功）。②则人自为理，而上无为矣，此尧舜之所以莅（集作利）天下也。③夫赏罚皆（集作者）报也，赏之失称，罚之不当，咎孰甚焉？伏见兵兴已来，开权宜之道，行苟且之政。台省之官，王公之爵，溢于国（集作州）郡，遍于舆台。④将帅之臣，借绯紫而（集作于）使令，定官位（集作员）而奏请，名器均（集作轻）于土芥，操柄擅于爪牙。⑤此其所以赏人而人不劝也。州县之断狱，月以千数，连年累纪，未闻有一疑狱而上（集作决）于朝者，未闻有屈人而诉于王（集作阙）者，岂天下长吏尽如皋陶哉？律令格式，具而不遵，乡县州府，各自为制。⑥所怒则专杀，居常则臆断人过，且不知其所避，而能自达，不其难乎？⑦况乎赋役之不恒，衣食之不足，尚不惧死，焉能避罪？此其所以罚人而人不沮也。⑧赏之不劝，罪之不沮，欲人改行，其或难焉。虽涤其瑕秽，惠奸贷法而已，又何为也。⑨伏惟陛下慎用赏，赏必当功，则天下之善劝矣；慎用刑，刑必当罪，则天下之非沮矣。⑩夫择人而任之，则僭滥不作；富庶而教之（川文粹作审人而赦之），则廉耻自生。如是则无所改其行，无所涤其瑕矣，又何足忧之哉？

注释：

① 率德：谓遵循前人之德。《尚书·蔡仲之命》："惟尔率德改行，克慎厥猷。"孔传："言汝循祖之德。"

② 耸然：敬畏貌。耸，通"竦"。

③ 莅（lì）：临视；治理。《易·明夷》："明夷，君子以莅众。"

④ 舆台：古代十等人中两个低微等级的名称，舆为第六等，台为第十等。泛指操贱役者，奴仆。《文选·张衡〈东京赋〉》："发京仓，散禁财，赉皇僚，逮舆台。"张铣注："舆台，贱职。"

⑤ 绯紫：指红色和紫色官服，唐时高官所服。《新唐书·车服志》："百官赏绯紫，必兼鱼袋。"名器：名号与车服仪制，古代用以别尊卑贵贱的等级。语本《左传·成公二年》："唯器与名，不可以假人，君之所司也。"杜预注："器，车服；名，爵号。"土芥：泥土草芥；比喻微贱的东西，无足轻重。操柄：掌握权柄。

⑥ 律令格式：唐代法律的表现形式。律是当代法典，规定罪名和刑罚；令是皇帝的命令，规定贵贱等级等重要制度；格是规定官吏的办事规则；式是规定官署通用的文件程序。《唐六典》卷六："凡律以正刑定罪，令以设范立制，格以禁违正邪，式以轨物程事。"参见《新唐书·刑法志》。
⑦ 专杀：擅自杀人。《汉书·刑法志》："吏不专杀，法无二门。"
⑧ 沮：恐吓。《礼记·儒行》："劫之以众，沮之以兵，见死不更其守。"郑玄注："沮，谓恐怖之也。"
⑨ 惠：施予恩惠。贷法：枉法宽免。唐范摅《云溪友议》卷上："夫徐晃持刑，而行伍齐整；慕容贷法，而兵士倾心。"
⑩ 劝：勉励，鼓励。

陛下省徭役，而输劳者未艾，小惠未遍，而有司长吏或壅而未承故也。①若陛下加惠而俯察之，则物力何惧乎不丰，劳者何忧乎未艾乎？陛下蠲田租以厚农室，而人犹艰食者，生者犹少而费者犹多故也。商乘坚而厌肥，工执轻而仰给，兵横行而厚禄，僧道无为而取资，劳苦顿瘁，终岁乏绝（集作矻矻），滨于死而为农者，亦愚且少矣。②况乎两税不均，失变通救弊之法；百端横赋，随长吏自为之政乎？③若困工商老释之邪末，均（集作轻）田野布帛之征税，禁（集作蠲）横暴之赋，减镇防之兵，则耕者如云，积者如山矣。臣请再为陛下精言之。夫贱瑰（集作珍）奇之货，斥雕琢之淫，则工商之道自息矣；黜异端之学，使法不乱而教不烦，则老释之流当屏矣。④且天下所以蒽蒽（川文粹作嗸嗸）然者，岂非以兵乎？使税之原（集作厚）而可行（集作不可）蠲徭役者，岂非以商乎？今昆夷未平，边备未可去；中夏或虞，镇防未可罢，若此生（集无此二字）就其功，则莫若减而练之可也。⑤今之将帅，胜任而知兵者亦寡矣，怙众以固权位，行货（集作贿）以结恩泽，因循卤莽，保持富贵而已，岂暇教训以时，服习其任（集作事）乎？今若特加申令，使之教阅，简拳勇秀出之才，斥（集作去）屠沽负贩之党，则十分之士，可省其五矣。⑥夫多而无用，曷若少而必精乎？又比者州府虚张名籍，妄求供亿，尽没其给，以丰其私。⑦今若核其名实，纠以文法，则五行之兵，又可省其二矣。夫众之虚，曷若寡之实乎？一则以强兵，一则以宽赋。若江淮州郡，远寇戍，属清平，自非具使令备仪注者，一切可罢。⑧以其轻费代征繇，薄（集作荡）逋悬，然后慎择长吏，曲加绥抚。⑨无（集作不）四三年，则（集作而）家给而人和，则横暴不作，赋敛自均，至理而升平矣，尚何虞于人犹艰食乎？

注释：

① 小惠：微小的恩惠。《左传·庄公十年》："小惠未遍，民弗从也。"壅：障蔽；遮盖。
② 顿：疲劳，乏力。瘁：劳累。
③ 横赋：额外的赋税。《新唐书·李珏传》："罢横赋宿逋百余万。"
④ 屏：放逐；摈弃。《论语·尧曰》："尊五美，屏四恶，斯可以从政矣。"
⑤ 练：精选。《大戴礼记·保傅》："由此观之，王左右不可不练也。"
⑥ 简：选择；选用。拳勇：勇壮。秀出：美好特出。《国语·齐语》："于子之乡，有拳勇股肱之力，秀出于众者，有则以告，有而不以告，谓之蔽贤。"韦昭注："大勇为拳。"屠沽：宰牲和卖酒，亦泛指职业微贱的人。负贩：担货贩卖，指小商贩。《礼记·曲礼上》："虽负贩者，必有尊也，而况

富贵乎？”

⑦ 供亿：按需要而供给的东西。唐刘禹锡《谢贷钱物表》：“经费所资，数盈巨万；馈饷时久，供亿力殚。”

⑧ 仪注：制度；仪节。

⑨ 逋悬：拖欠；此指所欠租税。《旧唐书·李渤传》：“张平叔判度支，奏征久远逋悬，渤在州上疏曰：‘……臣当州管田二千一百九十七顷，今已旱死一千九百顷有余，若更勒徇度支使所为，必惧史官书陛下于大旱中征三十六年前逋悬。臣任刺史，罪无所逃。’”绥抚：安定抚慰。《汉书·翟方进传》：“俾屏我京师，绥抚宇内。”

陛下葺国学以振儒风，而微言尚（集作犹）郁者，盖其所以（集作由）干禄而得仕者，以章句记读而不由义理故也。①若变其法，则可以诛（集作除）其弊矣。陛下督废职以补维纲，而立事之绩未纪于庶工者，庶工（二字集作实有司）之罪也。今职备而不举，法具而不行。谏诤之官溢（集作备）员，不闻直声；弹察之臣塞路，未尝直指。②公卿大夫，则侧合苟求（集作容），持禄养交，为亲戚计，迁除领簿籍而已。③兴利之臣，专以聚敛计数（一有之不移三字）为务；共理之吏，专以附上剥下为功，习以为常，渐以成俗。标异而圭角者，悔吝旋及；和光而淈泥者，富贵立须。④虽陛下焦劳聪明，如此之切至，理何益矣？⑤伏请下明诏，为画一之法，使居是官、理是人、职（集作奉）是法者，必有明绩，然后许迁擢，考功之殿最，无敢阿比而干刑司？⑥则能者日进，不能者日退，而庶工立事之绩，将褒扬记述之不暇矣。

注释：

① 干禄：求禄位；求仕进。《论语·为政》：“子张学干禄。”章句：剖章析句，经学家解说经义的一种方式，亦泛指书籍注释。义理：指讲求儒家经义的学问。《汉书·刘歆传》：“及歆治《左氏》，引传文以解经，转相发明，由是章句义理备焉。”

② 直指：直言指出，无所回避。《荀子·不苟》：“正义直指，举人之过，非毁疵也。”

③ 侧：不公正；不正派。《尚书·洪范》：“无反无侧，王道正直。”养交：谓豢养其私交以成朋党。《荀子·臣道》：“偷合苟容，以持禄养交而已耳，谓之国贼。”迁除：谓官职之升迁和任命。

④ 标异：谓表明与众不同。圭角：圭的棱角；泛指棱角；比喻锋芒。《礼记·儒行》“毁方而瓦合。”汉郑玄注：“去己之大圭角，下与众人小合也。”孔颖达疏：“圭角谓圭之锋铓有楞角，言儒者身恒方正，若物有圭角。”旋：不久；立刻。和光：谓才华内蕴，不露锋芒。《老子》：“和其光，同其尘。”王弼注：“无所特显，则物无所偏争也；无所特贱，则物无所偏耻也。”吴澄注：“和，犹平也，掩抑之意；同，谓齐等而与之不异也。镜受尘者不光，凡光者终必暗，故先自掩其光以同乎彼之尘，不欲其光也，则亦终无暗之时矣。”后以“和光同尘”指随俗而处，不露锋芒。淈（gǔ）泥：搅浑泥水；比喻随俗沉浮。语本《楚辞·渔父》：“世人皆浊，何不淈其泥而扬其波？”须：片刻，一会儿。

⑤ 焦劳：焦虑烦劳。

⑥ 画一：一致；一律。《史记·萧相国世家》：“萧何为法，顜若画一。”司马贞索隐：“小颜云：画一，言其法整齐也。”迁擢：谓提升官职。阿比：偏袒勾结。《晋书·嵇绍传》：“绍时在省，以不阿比凶族，封弋阳子。”干：冒犯；触犯。

陛下备众官以序贤俊，而乏材之叹未辍于终食者，犹奉（集作由奉）上者迁之太亟，居下者刻之太深故也。①古之取人也，拔十得五，犹以为多也，曲轮直桷，各适其用。②今则不然。举于礼部，则曰幽昧凡陋而不可采；选于吏部，则曰声名虚浮而不可用。工文者则惧华而不实；敦质者则惧朴而寡能。③冠盖之族，则以为因依；微贱之人，则以为幽险。④上求之愈切，下搜（集作损）之弥深，夫士何负于有司，而乃蹇顿之抑刻之如是哉？⑤才能如积，郁抑居（集作在）下，一朝阙辅（集作将）相之职、卿士（集无士字）大夫之官，求之不得，则曰岳不降神，时之乏人。⑥于是循环其所已用者递迁，居上者不知格限，无闻声绩，或一时三（集作趋）拜，或再岁九（集作四）迁，是以位高者当能也（集作以是为适当然耳）。是仕进之门常阖，而天子之官天子之权，当途者五六人迭居持之而已。以陛下之明圣，夫岂不欲国之得人乎，以宰相之公忠，夫岂不欲人之足用乎？盖从来已久，因循如是耳。伏惟陛下曲（集作申）敕朝廷州府，令每岁各举所知于礼部，吏部于计偕常选之中，访察推择。⑦得其人，则待以不次之位，遇以非常之恩；不得其人，则必行殿最（集作罚），以惩渝（集作逾）滥。⑧则周之以宁，舜之可封，坐而致矣，乏才之叹，何有于圣朝乎？⑨

注释：

① 亟（jí）：疾速。刻：严峻苛刻。《史记·酷吏列传》："是时赵禹、张汤以深刻为九卿矣。"

② 拔十得五：谓选拔人才而得其半数。《新唐书·张九龄传》："夫吏部尚书、侍郎，以贤而授者也，岂不能知人？如知之难，拔十得五，斯可矣。"桷（jué）：方形的椽子。

③ 敦质：敦厚质朴。

④ 冠盖：冠盖：泛指官员的冠服和车乘。冠，礼帽；盖，车盖。代指仕宦，贵官。汉班固《西都赋》："冠盖如云，七相五公。"因依：倚傍；依托。

⑤ 蹇（jiǎn）顿：困厄；困顿。

⑥ 降神：谓神灵降临；使神灵降临。《诗·大雅·崧高》："维岳降神，生甫及申。"

⑦ 计偕：称举人赴京会试。《史记·儒林列传序》："郡国县道邑有好文学、敬长上、肃政教、顺乡里、出入不悖所闻者，令相长丞上属所二千石，二千石谨察可者，当与计偕，诣太常，得受业如弟子。"司马贞索隐："计，计吏也。偕，俱也。谓令与计吏俱诣太常也。"

⑧ 殿罚：即"殿举"，科举考试中，因文理纰缪或犯规、舞弊等，罚停考若干科，称"殿举"。《宋史·选举志一》："〔乾德元年〕定诸州贡举条法及殿罚之式：进士'文理纰缪'者殿五举，诸科初场十'不'殿五举，第二、第三场十'不'殿三举，第一至第三场九'不'并殿一举。殿举之数，朱书于试卷，送中书门下。"渝滥：犹泛滥，喻行事不符合原则、制度。唐刘知几《史通·称谓》："何以申劝沮之义，杜渝滥之源者乎？"

⑨ 周之以宁：语本《诗·大雅·文王》："王国克生，维周之桢。济济多士，文王以宁。"舜之可封：语本汉陆贾《新语·无为》："尧舜之民，可比屋而封。"

陛下谓"蠹于法者无不去，而法未修明；切于政者无不行，而政未光大"者，由有司长吏不得其人也。舍人务政，虽勤何益？臣伏见赦书（集作令）节文，周备纤悉；①然空文虚声，溢于视听，而实功厚惠，未有分寸及于苍生。②主（集作圣）德不宣，王泽不流，虽陛下寤寐思理，宰相忧勤奉职，不可（集作又何）为也？夫将直其枝，必正其根。朝廷乃根也，州郡乃枝也。今朝廷之号令，有朝令（集作出）而夕改者矣，主司之法，或有昔（集作昨）破而今行者矣。伏惟陛下正纲以张万目，澄源以清万派，则四方大幸矣。③由是言之，非道广而难济，事繁而愈失也，实承诏将事者之罪耳。

注释：

① 赦书：颁布赦令的文告。赦令：君主发布的减免罪刑或赋役的命令。节文：礼节；仪式。汉蔡邕《玄文先生李子材铭》："鼎俎之礼，节文曲备。"纤悉：细微详尽。
② 分寸：一分一寸，比喻微小。
③ 派（pài）："派"的讹字。支流，江河的支流。

制策曰"周之受田有经制，汉之力（集作名）田有恒数，今疆畛相接，半为豪家，流佣（集作庸）无依，率是编户。本为交易，焉得贪（集作夺）富以补贫？将欲因循，是曰（集作岂）损多而益寡？酌于中道，其术如何"者。臣闻古之道不可变也，古之法不必行也。夏之桀，殷之纣，周之幽、厉，井田法非亡也，而天下大乱；我太宗、玄宗，井田法非修也，而天下大理。①夫贞观、开元之际，不受田而均，不名田而赡者，朝廷正，法令行，一人之术（集作冤）得以闻，一吏之犯得以除，由此致也。②是法之举，化之成，则田自均，人自赡，而天下陶然化矣，岂待曲吏（川文粹作防）而事为（川文粹作制）乎？③其与贞观、开元，非异时也。法苟未行，政（集作人）苟失职，徒易其制处（集作更），扰人敛怨而已矣（集作耳）。

注释：

① 井田：相传古代的一种土地制度。以方九百亩为一里，划为九区，形如"井"字，故名。其中为公田，外八区为私田，八家均私百亩，同养公田。公事毕，然后治私事。从春秋时起，井田制日趋崩溃，逐渐被封建生产关系所取代。《穀梁传·宣公十五年》："古者三百步为里，名曰井田。井田者，九百亩，公田居一。"范宁注："出除公田八十亩，余八百二十亩，故井田之法，八家共一井，八百亩。余二十亩，家各二亩半，为庐舍。"
② 不受田而均，不名田而赡者：均田：北魏至唐中叶计口分配土地的制度。《文献通考·田赋一》："魏孝文始行均田，然其立法之大概，亦不过因田之在民者而均之。"名田，已见前"问"注⑪。
③ 曲防：遍设堤防。《孟子·告子下》："无曲防，无遏籴，无有封而不告。"朱熹集注："无曲防，不得曲为堤防，壅泉激水，以专小利，病邻国也。"事制：谓政事的制度、法度。

制策曰"取人惟其行，不必文采，命官惟其才，不必资考，然则行非造次而备察，才非错综而遍知，不必文采为重轻，而士可进退，不必资考为程准，而吏有条贯，适变矫枉，渴（集作合）于良规"者。今之取士，以文学（集作字）记读为法，其素履（集作敦）实行，则无门而知。①使由文学（集作字）而进者，往往犯奸贼（集作赃）为枭獍，此诚甚弊也。②乾元以还，版籍斯坏，而所在游寄，莫知所从（集作从来）。③伏请敕天下人士，未归者一皆复贯，愿留者则令著籍，置乡校县学州庠，④以教训其子弟，长育其才志，自乡升之县，自县升之州，自州升之礼部，公卿子弟尽育（集作养长）于京辇者，则使之必由太学，然后登有司。⑤如是，则其幼弱，其壮老，发言举足，云为趣进，皆可得而知矣。⑥然后参以才艺，试其器用，诚取人之急务，伏惟陛下裁之。⑦密（集作若）资考之（集作以）限，其章句之庸才，资荫之常调者，宜仍旧贯（四字集作而欲得），贤能之士，则皆（一作宜）行臣向者之谋，从有司长吏之举，其赏必行（集无行字），其法信焉可已也。

注释：

① 素履：比喻质朴无华、清白自守的处世态度。《易·履》："初九：素履往，无咎。象曰：素履之往，独行愿也。"高亨注："素，白色无文彩。履，鞋也。'素履往'比喻人以朴素坦白之态度行事，此自无咎。"无门：没有门路，指没有办法。

② 枭獍（jìng）：旧说枭为恶鸟，生而食母；獍为恶兽，生而食父；比喻忘恩负义之徒或狠毒的人。《魏书·恩幸传·侯刚》："曾无犬马识主之诚，方怀枭镜返噬之志。"

③ 乾元：唐肃宗年号，758—760年。版籍：户口册。《后汉书·仲长统传》："明版籍以相数阅，审什伍以相连持。"李贤注："《周礼》曰：'凡在版者。'注云：'版，名籍也，以版为之也。'"

④ 庠（xiáng）：古代的学校。《孟子·滕文公上》："夏曰校，殷曰序，周曰庠，学则三代共之，皆所以明人伦也。"

⑤ 京辇：指国都。辇：人拉的车；秦汉后专指帝王后妃所乘的车；借指京城。

⑥ 趣（cù）：急，急于。《庄子·人间世》："趣取无用，则为社何邪？"

⑦ 器用：器皿用具；比喻才具，才干。

制策曰"何方可以序六气，来百祥，何施可以寿群生，仁众姓？征于前训而可据，设于当代而易从。勿猥勿并，以称朕意"者。臣闻古者山林薮泽，皆有时禁，动作之为，害（集无害字）无差《月令》，则六气以序，百祥以来，而怀生之愿，莫不跻仁寿之域矣。①今舍此而不务，杀胎毁卵，伤仁挠和，而使诸（集作奉胡）夷之法，以正月、五月、九月断天下之屠，欲蕃物产而祈福佑，斯亦诬（集作无谓）矣。②伏惟陛下动遵《月令》，垂（集作前）训可据之文；事稽时禁，当代易从之道。施之而不已，执之而有恒，则帝皇之美，远想于今日矣。③谨对。

注释：

① 薮泽：指水草茂密的沼泽湖泊地带。薮（sǒu）：湖泽；亦指水少而草木丰茂的沼泽。月令：《礼记》篇名，礼家抄合《吕氏春秋》十二月纪之首章而成，所记为农历十二个月的时令、行政及相关事物。后用以特指农历某个月的气候和物候。

② 诬：欺骗；此指虚妄。

③ 帝皇：三皇与五帝的合称。《风俗通·皇霸》："履至尊而制六合，兼帝皇而威四海。"远想：遐想；遥想。

文苑英华卷四百九十

宋　李昉等编

贤良方正直言极谏策（宝历元年）

问：皇帝曰：朕恭守宪祖中兴之运，穆宗绍宁之业，寅畏兢翼，亦免荒坠。①诸侯忠上而奉职，卿士循法而恪官。②四夷内向，兆人休息。至于属统垂文，程示后代，终有致人之意，未有理人之术。③古人云，希颜之徒，亦颜之流也。④又曰，舜何人也，余何人也。⑤予窃不让，欲追踪乎三代，俯视乎二汉，陶今俗于至道，跻兆人于泰和。子大夫皆蕴器应荐，愤愤悱悱，思所以奋者，于日久矣。⑥当极其虑，开予郁滞。夫礼乐刑政，理之具也。礼乐非谓威仪升降，铿锵拊击也。⑦将务乎阜天时，节地利，和神人，齐风俗也。刑政非谓科条章令，繁文申约也，将务乎愧心格耻，设防消微也。⑧必有其论，何方致之？四人混处，迁于异（一作费）物，历代已降，皆所共患。⑨士本于儒，而有诡道之行；农尚笃固，而多损本之心；⑩工缮用物，而作雕磨之器；商通有无，而赍难得之货。⑪思矫其弊，必有其术。汉高之基称萧、曹，孝宣之兴称丙、魏，朕观其书，灿焉尽在。⑫我国家之盛，其纪年则曰贞观、开元，其辅相则曰房、杜、姚、宋。⑬朕观其书，则拔群绝类者，不能相远。然两朝之盛，四子之能，不可诬也。将与元化合德，谟谋而无际欤。为史官词志，不能久于其事欤（诏令作其事业）。口食至多，而垦辟者惰；供亿至众，而财官是空。官无阙员，而家食者告困；德泽仍臻，而鳏弱者未赡。必有其旨，何以辨之？无泛无略，无游说，无隐情，以副虚求，朕将亲览。⑭

注释：

① 宪祖：指唐宪宗李纯（778—820），唐顺宗子。805 年登基，年号元和。在位 15 年，勤勉政事，取得了元和削藩的巨大成果，并重振中央政府的威望，号称“元和中兴”。穆宗：指唐穆宗李恒（795—824），唐宪宗子。821 年登基，年号长庆，在位 4 年。绍：承继。寅畏：敬畏；恭敬戒惧。《书·无逸》：“严恭寅畏，天命自度。”蔡沈集传：“寅则钦肃，畏则戒惧。”兢：小心谨慎。翼：恭敬谨慎貌。《诗·大雅·大明》：“惟此文王，小心翼翼。”郑玄笺：“小心翼翼，恭慎貌。”

② 恪：恭敬，恭谨。

③ 属统：继承帝统。《汉书·公孙弘传》：“属统垂业，物鬼变化，天命之符，废兴何如？”

④ 希颜：仰慕颜渊。希，仰望；颜，颜渊。颜渊为孔子最贤能的弟子，后以“希颜”泛指仰慕贤者。《晋书·虞溥传》：“夫学者不患才不及，而患志不立。故曰：希骥之马，亦骥之乘；希颜之徒，亦颜之伦也。”

⑤ 舜何人句：语出《孟子·滕文公章句上》：“颜渊曰：‘舜何人也？予何人也？有为者亦若是。’”

⑥ 愤愤：心求通而未得貌。悱悱（fěi fěi）：抑郁于心而未能表达貌。语出《论语·述而》：“不愤不启，不悱不发。”何晏集解引汉郑玄注：“孔子与人言，必待其人心愤愤，口悱悱，乃后启发为说之。”

⑦ 威仪：古代祭享等典礼中的动作仪节及待人接物的礼仪。《礼记·中庸》：“礼仪三百，威仪三千。”升降：上升下降，为礼仪中的常见动作。铿锵：形容金玉礼乐之器等声音洪亮。拊（fǔ）击：亦作“击拊”，即“击石拊石”，敲打石磬。《尚书·益稷》：“予击石拊石，百兽率舞。”蔡沈集传：“重击曰击，轻击曰拊。石，磬也。”

⑧ 申约：申明约令。格：纠正，匡正。《孟子·离娄上》："人不足与适也，政不足间也，惟大人为能格君心之非。"赵岐注："格，正也。"微：细；小；指事物萌发的细小迹象。

⑨ 异物：珍奇的东西。《书·旅獒》："不贵异物贱用物，民乃足。"

⑩ 诡道：诡诈之术。笃固：坚定不移。汉王符《潜夫论·遏利》："守志笃固，秉节不亏，宠禄不能固，威势不能移。"

⑪ 缮：备办；整治。赍（jī）：持；带；送。《战国策·齐策四》："遣太傅赍黄金千斤，文车二驷，服剑一，封书谢孟尝君 。"

⑫ 萧、曹：萧何和曹参，二人为汉高祖时宰辅。丙、魏：丙吉、魏相的并称，两人均为汉宣帝时丞相，以知大体、为政宽平名重当时。灿：明白，清楚。汉董仲舒《春秋繁露·王道通三》："文理灿然而厚，知广大有而博。"

⑬ 房杜：唐名相房玄龄、杜如晦的并称。《新唐书·杜如晦传》："〔如晦〕与玄龄共筦朝政……方为相时，天下新定，台阁制度、宪物容典，率二人讨裁……两人深相知，故能同心济谋以佐佑帝。当世语良相，必曰房杜云。"后世称之"房谋杜断"。姚宋：姚崇和宋璟的合称。唐玄宗开元时相继为相，旧史以开元之治二人之力为多，世称"姚宋"。

⑭ 游：虚浮不实。《易·系辞下》："诬善之人其辞游。"孔颖达疏："游谓浮游，诬罔善人，其辞虚漫，故言其游也。"

对

舒元褒（第三人）①

对：臣久讶今之天道运行，地力负载，生生滋息，皆与尧舜禹汤之时不异。及言其理乱安危，则邈然数千里而远。②臣因静索其源，盖由时君之所致也。在禹以夏王，桀以夏亡；在汤以殷王，纣以殷亡；是古今有异耶？直人事而已矣。臣尝病之，愿抱血诚，而写置于天子之前。③天路甚高，无由上达，所以卒岁于悒，如抱沉痼。④天意似知臣有移时之术，而能恳恳不已，幸使臣不为霜露所薄，而无犬马之疾，⑤得遭遇陛下嗣位之日，首以直言极谏，征夫贤良方正之士，而虚心以问之。此乃五帝三王之所难行，而一朝陛下尽能行之，所谓天地交泰之时也。臣不敢惧避，愿就汤镬之诛，愿尽吐成败利害之根，愿解天下元元倒悬之急也。⑥亦不枝蔓藻饰以为言，上缘圣问，下切人情，度陛下必能行之者而后言之。⑦伏惟陛下察其忠而谅其直，实天下幸甚。谨昧死上言。

注释：

① 舒元褒：宰相元舆之弟。登进士，又擢贤良方正。终司封员外郎。见今《全唐文》卷七百四十五。

② 邈（miǎo）然：遥远貌。

③ 血诚：犹赤诚，谓极其真诚的心意。《宋书·谢晦传》："去年送女遣儿，合家俱下，血诚如此，未知所愧。"写：倾吐，发抒。

④ 天路：天上的路，喻指京都；此言下情上达于皇帝的路径。卒岁：终年，整年。于悒（yì）：亦作"于邑"，忧郁烦闷。《楚辞·九章·悲回风》："伤太息之愍怜兮，气于邑而不可止。"王逸注："气逆愤懑，结不下也。"沉痼（gù）：积久难治的病。

⑤ 犬马之疾：谦称自己的疾病。汉张衡《东京赋》："东京之懿未罄，值余有犬马之疾，不能究其精详。"犬马：谦称；亦为古代大夫生病的婉辞。《公羊传·桓公十六年》："属负兹舍，不即罪尔"汉何休注："天子有疾称不豫，诸侯称负兹，大夫称犬马，士称负薪。"徐彦疏："大夫言犬马者，

代人劳苦，行役远方，故致疾。”

⑥ 汤镬（huò）：煮着滚水的大锅。古代常作刑具，用来烹煮罪人。《史记·廉颇蔺相如列传》：“臣知欺大王之罪当诛，臣请就汤镬。”元元：百姓；庶民。倒悬：指人头脚倒置地或物上下倒置地悬挂着，亦以比喻处境极其困苦或危急。语出《孟子·公孙丑上》：“当今之时，万乘之国行仁政，民之悦之，犹解倒悬也。”

⑦ 枝蔓：枝条和藤蔓；比喻繁冗，不简洁的词句。藻饰：修饰文词。

制策曰“古人云，希颜之徒，亦颜之流。又曰，舜何人也，予何人也。予窃不让，欲追踪乎三代，俯视乎二汉。陶今俗于至道，跻兆人于泰和。子大夫皆蕴器应荐，愤愤悱悱，思所以奋者，于日久矣。当极其虑，开予郁滞”者。陛下首问及此，有以见圣人思理之深也。臣闻扬雄有希颜之言，颜渊有慕圣之语，皆谓生虽异代，但行其道，即其人也。①今陛下蕴上圣之姿，执大宝以御乎人。夫寒暄发于咳唾，生死系于喜怒，其力与天地争（一作同）大，其财与泉源不穷。②臣窃谓以此之力，提五岳而塞乎四海也。今赐策曰：“予窃不让，欲追踪乎三代，俯视乎二汉。”此乃陛下谦光之至也。③微臣敢不拜舞称贺，条列而言乎？臣闻三代之理，以义化天下，其犹天地之无不覆载，日月之无不照临。虽负至圣之姿，常若不足，在求贤以辅，张谏以规，忧天下之忧，乐天下之乐，未尝枉一物而私其功也。三代之后，亦求其所理之门，何者足以立功而亲人。此道苟失，在未尝有思天下之苦。既不知其苦，必轻用其人。所谓轻用者，非谓日杀不辜，盖以天下之力既困，而上之用无节。上之用无节，则有转死沟壑之患，生于无节，足以为生人之刀锯也。④又有甚于此者，则爵禄遍于舆台，威福生于左右，刑罚不足，法令不行，天下昏乱，犹不知觉，自以为万世之安。⑤以此求理，何异缘木而求鱼哉。今陛下欲追踪乎三代，则莫若用三代之理。何者？伏望陛下以其德理天下，则思求贤以广其覆载；以贞明并日月，则思纳谏以助其昭临。察逆耳之言，则知其为端士而进用之；闻悦心之语，则辨其为邪谄而斥远之。⑥御一膳思天下之饥，披一裘思天下之冻。览国史思祖宗创业之艰难，睹贡赋思黎甿耕织之勤苦。居宫殿思采伐之勤劳，视嫔嫱思离旷之怨恨。⑦声色游宴，悟伐性之言；驰骋畋猎，念垂堂之戒。⑧戢六军无令恃宠，抑近习无纵威权。无使有求恩之名，无使有得幸之号，无使内干外政，无使中夺外权。无垂饰喜之赏，无行迁怒之罚，无求悦目之华，无好荡心之巧。⑨此乃三代明王理天下之术也。陛下诚能慕之，则宜法而行之。行之不已，自然远超于三代矣，况俯视二汉乎？此则“陶今俗于至道，跻兆人于泰和”，又岂劳圣虑哉？

注释：

① 扬雄有希颜之言：希颜，仰慕颜渊；扬雄作“睎颜”。扬雄《法言·学行》：“睎骥之马，亦骥之乘也；睎颜之人，亦颜之徒也。”颜渊有慕圣之语：《孟子·滕文公章句上》：“颜渊曰：‘舜何人也？予何人也？有为者亦若是。’”

② 寒暄：冷暖；谓问候起居寒暖。《汉武帝内传》：“帝跪拜，问寒暄毕，立。”咳唾：咳嗽吐唾液。《庄子·渔父》：“窃待于下风，幸闻咳唾之音以卒相丘也。”后以“咳唾”称美他人的言语、诗文等。

③ 谦光：即“谦尊而光”，谓尊者谦虚而显示其光明美德；谦虚。语本《易·谦》：“谦，尊而光，卑而不可踰。”孔颖达疏：“尊者有谦而更光明盛大，卑谦而不可逾越。”

④ 转死：死而弃尸。沟壑：山沟，借指野死之处或困厄之境。《孟子·梁惠王下》：“君之民老弱转乎沟壑。”《资治通鉴》卷三十一《孝成皇帝上之下》：“死为转尸。”胡三省注引应劭曰：“死不能葬，故尸流转在沟壑之中。”

⑤ 舆台：古代十等人中两个低微等级的名称。舆为第六等，台为第十等。泛指操贱役者，奴仆。

⑥ 謟（tāo）：诞妄。《荀子·性恶》：“其言也謟，其行也悖。”

⑦ 嫔嫱（pín qiáng）：宫中女官，天子诸侯姬妾。《左传·昭公三年》：“君若不弃敝邑，而辱使董振择之，以备嫔嫱，寡人之望也。”杜预注：“嫔、嫱，妇官。”离旷：丈夫离家，妇人独处。《孔子家语·致思》：“室家无离旷之思，千岁无战斗之患。”旷：指无妻的成年男子；亦指无夫的成年女子。《诗·邶风·雄雉序》：“军旅数起，大夫久役，男女怨旷。”

⑧ 伐性：危害身心。《吕氏春秋·孟春》：“靡曼皓齿，郑卫之音，务以自乐，命之曰伐性之斧。”垂堂：靠近堂屋檐下，因檐瓦坠落可能伤人，故以喻危险的境地。《汉书·爰盎传》：“千金之子不垂堂，百金之子不骑衡。”

⑨ 饰：表彰；奖饰。饰喜之赏，言一高兴就赏赐。迁怒：谓把对甲的怒气发泄到乙身上。《论语·雍也》：“有颜回者好学，不迁怒，不贰过。”荡心：惑乱心志。

制策曰“夫礼乐刑政，理之具也。礼乐非谓威仪升降，铿锵拊击也。将务乎阜天时，节地利，和神人，齐风俗也。刑政非谓科条章令，繁文申约也。将务乎愧心格耻，设防销微也。必有其论，何方致之”者。臣闻礼乐刑政，理天下之本也。三代之理，未始不先于礼。礼明，则君臣父子长幼尊卑识其分，而人伦之序正矣；人伦之序正，则和顺孝慈之庆感于上，所以阜天时也。①贵贱之位别于内，则奢侈耗蠹之弊息于外，此所以节地利也。②自然上下交泰，而天下之心悦；天下之心悦，因可以达于乐；乐达则神人自然和矣；神人和则风俗自然齐矣。仲尼曰：“安上理人，莫善于礼。移风易俗，莫善于乐。”③其此之谓乎。固非谓夫威仪升降，铿锵拊击也。伏惟陛下举三代礼乐而行之，而不以形声之为贵，则可以阜天时节地利，和神人而齐风俗。

注释：

① 庆：善，善事。《尚书·吕刑》：“一人有庆，兆民赖之。”孔传：“天子有善，则兆民赖之。”阜：谓使之丰厚、富有。《国语·周语上》：“行善而备败，所以阜其财用、衣食者也。”

② 耗蠹：耗费损害。唐李德裕《上尊号玉册文》：“曩者北狄矜功，耗蠹中国。”

③ 安上理人句：语本《孝经·广要道章第十二》：“子曰：……移风易俗，莫善于乐。安上治民，莫善于礼。”

刑政者，国家之大典。臣闻贞观之理，刑政甚明。夫刑者期于无刑，政者期于无政。盖以一人而齐天下，能用之者则理，不能用之者则乱。刑设而不犯，画一之谓也。政立而不易，必行之理也。然后能去奸宄，惩暴乱，而养育黎人也。然其患在于任情好恶，远近雷同，虽尧舜不可为理也。①况今人人自为强御，欲其愧心格耻，设防销微，无由得也。何以言之？今军伍之人，陛下之人也。府县之人，亦陛下之人也。既皆陛下之人，则刑政所宜共守。今有惰游无赖之人，不修本业，输货榷酤，苟求微利，一入北军，张影附势，凭托附籍，恣行凶顽。②执宪与尹京者，持陛下刑政以绳其罪，主者则云：彼越局而挫我也，遂夸其威权以固护之。③持刑政者无由而禁，徒有城狐社鼠之叹耳。④此陛下刑政不行于毂下，况其远者乎？⑤其外则守土之臣，或多自开户牖，征徭榷税，不本制条，刑罪重轻，率于胸臆，此陛下刑政不行于内地，况其远者乎？⑥伏惟陛下明于用刑，则可与期于无刑矣，岂止于愧心耻格乎。⑦率力为政，则可与期于无政矣，岂止于设防销微乎。伏惟陛下征贞观刑政而行之，则天下之人有耻且格矣。

注释：

① 雷同：随声附和。《礼记·曲礼上》："毋剿说，毋雷同。"郑玄注："雷之发声，物无不同时应者；人之言当各由己，不当然也。"
② 北军：指唐代皇帝的北衙禁军。唐张说《颍川郡太夫人陈氏神道碑》："神龙三年七月五日，北军作难，西华失守，骑入宫壶，兵缠御楼。"
③ 执宪：司法，执行法令；此指执法者。尹京：治理京畿；此指京畿长官。越局：谓超越自己职掌的部分。《晋书·傅咸传》："越局侵官，干非其分，奏免咸官。"
④ 城狐社鼠：城墙洞中的狐狸，社坛里的老鼠，比喻有所凭依而为非作歹的人。语本《晏子春秋·问上九》："夫社，束木而涂之，鼠因往托焉，熏之则恐烧其木，灌之则恐败其涂，此鼠所以不可得杀者，以社故也。"
⑤ 毂下：辇毂之下；代指京城。汉司马相如《上书谏猎》："是吴越起于毂下，而羌夷接轸也，岂不殆哉。"
⑥ 榷：征收，征税。胸臆：此指己断，随心所欲。
⑦ 耻格：知羞耻而归于正。格，纠正，匡正。语本《论语·为政》："道之以德，齐之以礼，有耻且格。"邢昺疏："民有愧耻而不犯礼且能自修而归正也。"

制策曰"四人混处，迁于异物，历代以降，皆所共患。士本于儒，而有诡道之行；农尚笃固，而多捐本之心。工缮用物，而作雕磨之器；商通有无，而赍难得之货。思矫其弊，必有其术"者。臣闻明君在上，制四人之业，不使为异物所迁。今士之为儒，非不强学，而有诡道之行者，其弊自陛下亲巧谀而疏鲠直也。①农人之业，非不笃固，而多捐本之心者，其弊自陛下嗜珍味而恶菲薄也。工人之艺非不专，而作雕磨之器者，其弊自陛下厌朴素而尚淫巧也。②商人之利非不多，而赍难得之货者，其弊自陛下贵珠玉而贱布帛也。使惟陛下斥巧谀，则士无诡道之行矣；绝珍味，则农无弃本之心矣；碎淫巧，则工无雕磨之器矣；贱珠玉，则商无难得之货矣。矫弊之术，其在此乎！夫矫弊在先原其本，然后责其末。何者？制士人之禄使稍优，宽农人之税使加薄，酬工人之庸使当直，来商人之货使其通。如此自然各修其业矣，复敢有为异物所迁，则陛下之刑政存焉。

注释：

① 巧谀：善于阿谀奉承。鲠（gěng）直：刚直，率直。
② 淫巧：谓过于精巧而无益的技艺与制品。汉桓宽《盐铁论·本议》："有山海之货而民不足于财者，不务民用而淫巧众也。"

制策曰“汉高之基称萧、曹，孝宣之兴称丙、魏。朕观其书，灿焉尽在。我国家之盛，其纪年则曰贞观、开元，其辅相则曰房、杜、姚、宋。朕观其书，则拔群绝类者，不能相远。然两朝之盛，四子之能，不可诬也。将与元化合德，谟谋而无际欤”者。臣闻元首以辅弼兴理，自古王者，期建非常之业，则必有非常之人以佐之。汉之高祖资萧、曹，孝宣凭丙、魏，一则以创业，一则以中兴，其道可得而知也。汉祖起于布衣，以有天下，大敌未灭，日月持久。萧、曹匡辅，谋计居多，所以觉其功业盛也。孝宣起于人间，霍光殁方亲政事。然霍光虽乘时之功，不通经术，非王者之佐，弊政尤多。丙魏乘弊之余，以竭股肱之任，卒致中兴，所以觉其辅佐之劳也。我太宗、玄宗，明圣之资，海内从化。而房、杜、姚、宋，当至理之代，皆尽启沃之力，咸有匡辅之道。主圣臣贤，君臣道合，是以贞观、开元，与汉之功臣有异，而两朝功德事业，光乎史册。陛下以拔群绝类之不相远者。臣向所谓主圣臣贤，道合交泰，正史氏无德而称焉。①

注释：

① 无德而称：此处指德高不可言状。《后汉书·黄宪传论》：“士君子见之者，靡不服深远、去玼吝。将以道周性全，无德而称乎？”李贤注：“道周备，性全一。无德而称，言其德大无能名焉。”

制策曰：“口食至多，而垦辟者惰；供亿至众，而财官是空。官无阙员，而家食者告困；德泽仍臻，而鳏弱者未赡。必有其旨，何以辨之？毋泛毋略，毋游说，毋隐情，以副虚求，朕将亲览。”陛下终问及此，有以见圣心忧勤之至也。微臣敢有所隐而不尽言乎。陛下以“口食至多，而垦辟者惰；供亿至众，而财官是空”，非上失勤俭之化，而下弃其本不务乎？夫欲垦辟多而财赋足者，莫若劝人之务本。务本在百姓乐其业，而垦土以谷，树桑以丝，此者（疑作皆）取之于厚地。厚地之出，如泉源焉，岂有穷竭耶？今舍此不务，而欲垦辟之不惰，不可得也。今陛下宫室池台之盛，则人务采伐，而辄趋斧斤之利，此耕夫十去其一也。①后宫罗纨铅红（一作锦绮）者数千人，日费数千金，此耕夫十去其一也。②尚食之馔，穷海陆之珍，以充上方，一饭之资，亦中人百家之产，此耕夫十去其一也。③厩马与鹰犬之多，皆使厮养之，其刍粟粱肉之供，一物之命，有甚于人，此耕夫十去其一也。④车舆服玩，皆错以兼金，镂以美玉，或文犀瑇瑁，大贝明珠，齿革羽毛，穷异极奇；⑤采之者或航溟海，梯崇山，力尽不回，继之以死，此耕夫十去其一也。⑥有假于浮屠，削髮惑众，而建立寺宇，刻雕像形，度天下之多，不下数十万，此耕夫十去其一也。⑦奸吏理人，苟以应办为先，急征其租，厚剥其赋，以媚于左右，此耕夫十去其一也。上好珍奇，则商通无用之货，上好伎巧，则工作无用之器，器与货皆出于人力，乃委于无用之地，此耕夫十去其一也。此数者，乃困生人之力，而竭国用之甚者。陛下诚能慕乎茅茨之化，绳浮屠惑众之说，抑奸吏赋敛之心，闭工商无用之事，则百民皆归本而垦辟矣，何虑乎口食至多哉？⑧陛下诚能节嫔嫱之侍，斥犬马之繁，减海陆之溢，省车舆服玩之珍，则赋自然足，何虑乎供亿之众哉？故《语》有曰："百姓足，君孰与不足？"⑨使伊、傅复生，为陛下计者，不能易此也。⑩

注释：

① 辄（zhé）：立即，就。

② 罗纨（wán）：泛指精美的丝织品。《淮南子·齐俗训》："有诡文繁绣，弱緆罗纨。"高诱注："罗，縠；纨，素也。"铅红：指妇女化妆用的铅粉和胭脂。

③ 尚食：官名，掌帝王膳食。秦始置；东汉以后，并其职于太官汤官；北齐门下省有尚食局，置典御二人；隋改为奉御；唐宋因之，属殿中省。后用以指御膳。馔（zhuàn）：陈设或准备食物。

④ 刍：饲草。粱肉：以粱为饭，以肉为肴，指精美的膳食。《管子·小匡》："食必粱肉，衣必文绣。"

⑤ 镂（sōu）：镂刻。《文选·嵇康〈琴赋〉》："镂会裛厕，朗密调均。"李善注："镂会，谓镂镂其缝会也。"文犀：有纹理的犀角。瑇瑁（dài mào）：即"玳瑁"，爬行动物，形似龟，甲壳黄褐色，有黑斑和光泽，可做装饰品，此指玳瑁的甲壳制成的装饰品。大贝：贝之一种。上古以为宝器。汉班固《白虎通·封禅》："德至渊泉则黄龙见，醴泉涌，河出龙图，洛出龟书，江出大贝，海出明珠。"齿革：上古特指象牙和犀牛皮；引申为珍贵的器物材料。

⑥ 溟海：神话传说中的海名，泛指大海。唐杜甫《奉赠太常张卿垍二十韵》："碧海真难涉，青云不可梯。"

⑦ 浮屠：亦作"浮图"。佛教语，梵语 Buddha 的音译，佛陀，佛。后泛指佛教、僧侣。《后汉书·西域传·天竺》："其人弱于月氏，修浮图道，不杀伐，遂以成俗。"李贤注："浮图，即佛也。"

⑧ 茅茨（cí）：茅草盖的屋顶，亦指茅屋。此引申指上古尧舜崇尚淳朴俭约之治世。《墨子·三辩》："昔者尧舜有茅茨者，且以为礼，且以为乐。"《韩非子·五蠹》："尧之王天下也，茅茨不翦，采椽不斫。"

⑨ 百姓足句：《论语·颜渊》："哀公问于有若曰……对曰：'百姓足，君孰与不足？百姓不足，君孰与足？'"

⑩ 伊、傅：伊尹和傅说的合称，二人均为商代的贤相。伊尹，名伊，一名挚，尹是官名。相传生于伊水，故名。是汤妻陪嫁的奴隶，后助汤伐夏桀，被尊为阿衡。汤去世后历佐卜丙（即外丙）、仲壬二王。后太甲即位，因荒淫失度，被伊尹放逐到桐宫，三年后迎之复位。傅说，相传曾筑于傅岩之野，武丁访得，举之为相。

陛下以"官无阙员，而家食者告困"，岂非择才授任之不明欤？迁转课绩之不核欤？今自三事及群有司，皆有其官，官有其禄，考成在于岁满则转，不知陛下何以选而致之哉。①臣闻《诗》曰："济济多士，文王以宁。"②言内外各用其人为理，而天下安宁也。今多士盈朝，而使陛下忧劳若此，虽无阙员，将何用哉。其（疑作甚）失"文王以宁"之谓也。陛下何不各于其局而考其课绩，有其效者则升之，无其效者则退之，如此则尸素充员者鲜，何忧乎家食而告困哉。③

注释：

① 三事：此指三公。《诗·小雅·雨无正》："三事大夫，莫肯夙夜。"孔颖达疏："三事大夫为三公耳。"周以太师、太傅、太保为三公；西汉以丞相（大司徒）、太尉（大司马）、御史大夫（大司空）为三公，东汉以太尉、司徒、司空为三公；唐宋沿东汉之制，但三公已非实职。考成：在一

定期限内考核官吏的政绩。《周礼·地官·小司徒》："岁终，则考其属官之治成而诛赏。"

② 多士：古指众多的贤士；也指百官。《诗·大雅·文王》："王国克生，维周之桢。济济多士，文王以宁。"

③ 尸素：即"尸位素餐"，谓居位食禄而不尽职。《陈书·后主纪》："政刑日紊，尸素盈朝，耽荒为长夜之饮。"

陛下以"德泽屡降，而鳏弱者未赡"，岂非方镇之臣，为壅遏其恩者耶？窃见今主守（一作守土）之臣与聚敛之臣，巧计万端，割剥生人膏血，两税之外，征率杂科，以为非时之进，富贵（疑）陛下恩泽。①于是有月进时进，朝贺之进，羡余之进。当进之时，表章上言，皆云臣自方圆，不扰陛下百姓。②举此一节，则明其欺诈甚矣。今长吏节度观察刺史之家，其奢者家僮数百人，其俭者不下百人，以其禄俸自给，尚且不足，必重敛于人以继之，则明知其所进非禄俸也。既非禄俸，而云不扰百姓，将何得哉。所以两税之外，常有诛求，盐铁榷酤，重叠笼税，托为进奏，般次相运，水陆转输，半入私家。今天下之人，流离弃业，日益困矣，而陛下无由知之。虽仍降德泽，德泽不流，则鳏弱从何而赡？陛下闻之，得不为少轸圣虑，少动圣心？臣窃料陛下将不忍闻也。陛下倘察臣之言，特回圣意，一为思之，敕有司簿天下旧定之租赋，禁奸臣非法之诛求，减盐铁榷酤之繁税，绝天下无端之进奉，如此则德泽自降，天下之人，自获苏息，富而庶矣。③岂虑乎鳏弱之不赡哉？

注释：

① 两税：夏税和秋税的合称。唐德宗时杨炎作两税法，德宗建中年间开始实行的新赋税法，并租庸调为一，令以钱输税。夏输不超过六月，秋输不超过十一月，故称两税。两税法是唐代后期直至明代中叶田赋制度的基础。《新唐书·杨炎传》："炎疾其敝，乃请为'两税法'，以一其制。凡百役之费，一钱之敛，先度其数而赋于人，量出制入。户无主客，以见居为簿；人无丁中，以贫富为差。不居处而行商者，在所州县税三十之一，度所取与居者均，使无侥利。居人之税，秋夏两入之，俗有不便者三之。其租、庸、杂役悉省，而丁额不废。其田亩之税，率以大历十四年垦田之数为准，而均收之，夏税尽六月，秋税尽十一月，岁终以户赋增失进退长吏，而尚书度支总焉。"

② 方圆：筹划；筹集。唐李德裕《奏银妆具状》："至于绫纱等物，犹是本州所出，易于方圆。"

③ 苏息：休养生息。《尚书·仲虺之诰》："后来其苏。"孔传："待我君来，其可苏息。"

然清问所及，皆当今之切者，微臣上言，亦已尽矣。陛下察而行之，在陛下留心庶政，而法其兢兢业业者而已。何者？陛下春秋鼎盛，上荷十二圣之重构，自即位以来，尝日旰不视朝，大臣忧惧，百辟惴栗。①进谏者词旨恳切，陛下既嘉其忠，亦允其请。然宰相卿士，未有转时之对，则万几之重，其阙几时？加之千门之深，羽卫之隔，则堂上之远，岂止于千里哉？②虽陛下雄杰聪明，极思虑而忧天下，何由而得？虽曰征贤良为直谏，又何益于理？故《传》曰："其身正，不令而行；其身不正，虽令不从。"③推是而言，则天下理乱，不由陛下而致，其由谁乎？臣所谓留心庶政，而法其兢兢业业者，盖由此也。况今大弊未去，其可忽之耶。臣所谓大弊者，在法吏之舞文，权臣之弄柄，朋党连结，货贿公行，以中外（一作高权）重位，出入迭居；名器轻于粪土，公侯遍于顽驽；恣行威福，苛伤暴残；谏官不敢论，御史不敢纠。④虽陛下有天下之名，而此辈乃害天下之实。此弊不去，生人未安。陛下必欲去其弊者，拔其根本，斥谀佞，进忠贤，早朝而宴退。引宰相公卿，询访天下之利病，至于群有司，皆使鲠直列侍，而亲决万几之务。此乃圣帝明王理天下之术也，伏惟陛下留神独听，无惑于左右，则四海九州幸甚。微臣敢爱一身之死而不直乎。谨对。

注释：

① 春秋：年纪；年数。十二圣：指古代传说中的十二位圣人：黄帝、颛顼、帝喾、唐尧、虞舜、夏禹、皋陶、商汤、周文王、武王、周公、孔子。构：架木造屋，比喻基业，业绩。《南齐书·明帝纪》："顾临兆民，永怀先构。"百辟：诸侯、百官。惴栗（zhuì lì）：恐惧而战栗。语出《诗·秦风·黄鸟》："临其穴，惴惴其栗。"

② 千门：众多宫门；亦借指众多宫殿。羽卫：帝王的卫队和仪仗。

③ "其身正"句：语出《论语·子路》："子曰：'其身正，不令而行；其身不正，虽令不从。'"

④ 货贿公行：同"贿赂公行"。谓公开行贿受贿。《陈书·皇后传·后主张贵妃》："阉宦便佞之徒，内外交结，转相引进，贿赂公行，赏罚无常，纲纪瞀乱矣。"顽驽：愚笨而才能低下。

贤良方正直言极谏策（长庆元年）①

问：皇帝若曰：盖闻舜禹之有天下也，起于侧微，积德累勤，多历年所。②夫经盛圣之虑，岂有遗（登科记作过）哉。然犹好问察言，勤求贤士。盖以承天（沈亚之集作祧）之任重，忧人之志深也。况朕长于深宫，涉道日浅。继（后篇作奉）列圣之鸿绪，抚万寓之烝人（集作矜人诏令作黎人）。夙夜严恭，不敢有懈。③实惧烛理未究，省躬未明。④所以详求谠言，以辅（后篇集本并作补）不逮。子大夫是宜发所蕴蓄，沃予虚怀。极意正（登科记作尽）词，勿有隐讳（集作所隐）。昔王政之兴（后篇作昔王者之政），必臻于康泰；霸道所立，犹致于富强。我国家提封溢于三代，酌宪兼乎（后篇作于）百王。⑤无尧汤之灾，积祖宗之理。而人未蕃庶，俗尚雕讹，家无盖藏，公门储蓄（集作偫）。⑥卒乘之数，货币之资，统而校之，莫继前代。岂率土生植（后篇作殖），变于古欤；固已揣摩，必穷（集作究）利病。明征末（后篇作得）失之渐，具（一作用）陈兴盛（诏令作复）之謩。⑦且文武兼学（登科记作行孝）以成功（后篇作身），士农迭居以丰业。故家给足以恋（文粹作固）本，才周可（后篇作足）以应时。近古各循一端，不相资用，致令从事异心，难成考课（登科记作难以成课集本后篇并作难于成课），去秩（集作民佚）无守，轻为惰游。指明共贯之方（登科记作由），斯合二途之利。⑧永言化理，期酌厥中，施为或差，得失斯远。将修睦劝义（集作善），则在下难知；将任数驭情，则人心益伪。⑨思闻旨要，得合诚明。旌别比周之情，敷详忠厚之道。⑩知人则哲，从古攸慎，九征恐泥，五事难精。⑪或望可服人，而才非周物；或言皆诣理，而行则（一作有后篇作或）乖方。⑫宜陈取舍之端，用明（后篇作彰）真伪之辨。至于朝廷之阙，四方之弊，详延而至，可得直书。退有后言，朕所不取，子大夫其勉之。

（此策问四百九十三卷重出，今已削去。）

注释：

① 此处原有旧校："策问见沈亚之集。"

② 侧微：卑贱。《书·舜典》："虞舜侧微。"孔颖达疏："此云侧微，即《尧典》侧陋也。不在朝廷谓之侧，其人贫贱谓之微。"年所：年数。《书·君奭》："故殷礼陟配天，多历年所。"

③ 严恭：庄严恭敬。《尚书·无逸》："昔在殷王中宗，严恭寅畏天命。"

④ 烛理：考察事理。《旧唐书·代宗纪》："朕涉道未弘，烛理多昧。"省（xǐng）躬：反躬自省。

⑤ 提封：犹版图，疆域。隋薛道衡《老氏碑》："牂牁、夜郎之所，靡汉、桑干之地，咸被声教，并入提封。"

⑥ 雕讹：即"凋讹"，衰替讹乱。《晋书·舆服志》："礼业凋讹，人情驰爽，诸侯征伐，宪度沦亡。"门：据后庞严对策所引，当作"阙"。

⑦ 謩（mó）：即"谟"。计谋，谋略。

⑧ 共贯：贯通；连贯。《汉书·董仲舒传》："帝王之道，岂不同条共贯与？何逸劳之殊也？"

⑨ 修睦：调整相互间的关系，使之亲密和睦。《礼记·礼运》："选贤与能，讲信修睦。"孔颖达疏："修，习；睦，亲也……凡所行习皆亲睦也。"任数：用权谋，使心计。《文子·道原》："体道者佚而不穷，任数者劳而无功。"

⑩ 旌别：识别；区别。《尚书·毕命》："旌别淑慝，表厥宅里。"孔传："言当识别顽民之善恶。"比周：结党营私。《管子·立政》："群徒比周之说胜，则贤不肖不分。"敷：分别；区分。

⑪ 知人：谓能鉴察人的品行、才能。哲：明智；有智慧。《尚书·皋陶谟》："知人则哲。"孔传："哲，智也。"攸：连词。乃，于是。九征：九种征验，指古代考察"贤"与"不肖"的九种办法。《庄子·列御寇》："君子远使之而观其忠，近使之而观其敬，烦使之而观其能，卒然问焉而观其知，急与之期而观其信，委之以财而观其仁，告之以危而观其节，醉之以酒而观其侧，杂之以处而观其色，九征至，不肖人得矣。"泥（nì）：拘执，不变通。《荀子·君道》："知明制度权物称用之为不泥也。"五事：指古代统治者修身的五件事，谓貌恭、言从、视明、听聪、思睿。《尚书·洪范》："五事：一曰貌，二曰言，三曰视，四曰听，五曰思。貌曰恭，言曰从，视曰明，听曰聪，思曰睿。"

⑫ 诣（yì）理：合理。乖方：违背法度；失当。《前汉书·叙例》："前后失次，上下乖方。"

对

庞　严①

对：臣言：臣少从师学，讲论载籍，为皇为帝为王为霸之所行，理乱兴衰之所由起。②迨壮岁而以身处穷贱，又得农桑工贾之利病，人情风俗之厚薄，思愿一发于明天子之前，郁抑于中无因自致。③乃月正日，陛下有事于南郊回，御丹凤楼赦天下，臣与百姓咸观，列在大陆之南。④祥风北来，时聆德音，乃闻有直言极谏之召，私自快喜，得进所志（一作志可进）于今日也。⑤今蒙陛下亲策于丹墀之下，惧所以烛理未究，省躬未明，乃使臣极意正词，勿有隐讳。⑥臣其敢不直不极，而有阙陋哉。臣生三十年，实沐唐化，恨无以自效于日月之下。乃逢昌运，获进狂言，愿增天高，以益地厚。恳迫急切，不知所裁。谨昧死上对。

注释：

① 庞严：字子肃，寿州寿春人。第进士，举贤良方正第一，拜拾遗。累迁驾部郎中知制诰，累迁太常少卿。大和五年权京兆尹卒。见今《全唐文》卷七百二十六。

② 载籍：书籍；典籍。《史记·伯夷列传》："夫学者载籍极博，犹考信于六艺。"

③ 郁抑：通"郁伊"，指抑郁忧闷。

④ 南郊：都邑南面的地区，古代天子在京都南面的郊外筑圜丘以祭天的地方，特指帝王祭天的大礼。

⑤ 祥风：即景风。夏至后和暖的南风，古代所指八风之一。《文选·班固〈东都赋〉》："习习祥风，祁祁甘雨。"李善注引宋均曰："即景风也。其来长养万物。"

⑥ 丹墀（chí）：指宫殿的赤色台阶或赤色地面。《汉书·外戚传下·孝成班倢伃》："俯视兮丹墀，思君兮履綦。"颜师古注引孟康曰："丹墀，赤地也。"

制策曰："昔王政之兴，必臻于康泰；霸道所立，犹致于富强。国家提封溢于三代，酌宪兼乎百王，无尧汤之灾，积祖宗之理。而人未蕃庶，俗尚雕讹，家无盖藏，公阙储蓄。卒乘之数，货币之资，统而校之，莫继前代。岂率土生植，变于古欤？将皐时政令，失于今欤？固已揣摩，必穷利病。明征未失之渐，具陈兴盛之谟。"臣闻以道化者皇，以德教者帝，以礼乐刑政理者王。夫以处天下之尊，举四海之力，为皇为帝，为王为霸，致之一也，犹反掌之易。而况人之诚伪，时之厚薄，必由上而下者乎。帝王之道，高不降于天，厚不取于地，远不致于四夷，师友辅弼而已矣。师友辅弼，岂有他求哉。贤哲忠信而已矣。是以古之圣帝明王，念天地之无全功也，不自尊其德；仰日月之有薄蚀也，不自是其明。必求贤哲，置诸左右，然后德尊而益至。臣日献其谟，君日行之；臣日闻其过，君日改之。其始也，一善出于臣；其终也，百善归于君。以为皇者师，帝者友，卒未闻师圣于皇，而友明于帝。后之王者，其或不然。臣有所献，或虑乎美归于下，是以言有所不听；臣有所替，或虑乎恶彰于己，是以过有所不去。然则曰："谏我之曲，彼必正乎？"①曾不知疾之在身，必饮医工之药，而医工未必免病也。饮其药者，或有效焉。必待其筋力异于人，颜色殊于众，而后饮其药，则疾之根本，得不为深乎。②今陛下迈皇帝之圣，辅弼有师友之贤，所谓圣贤相逢，而上古之理可得而致。犹虑乎人人未蕃庶，俗尚雕讹，则理不优于三王，德不超于五帝，其致之哉，诚有道焉。臣愿陛下详观典图，舜、禹所以待夔、契者何如哉？③贞观所以任房、杜者何如哉？开元所以用姚、宋者何如哉？其所以致尧、舜、成汤、文、武之名，贞观、开元之理何如也？今陛下自即位以来，舜禹之心，已刑于四海矣。④陛下尊敬师傅，拔用忠贤，谪弃奸贪，发散滞积，皆舜禹之心也。臣愿陛下尊敬之不废其道，拔用之不废其言，谪弃之今勿复之，散发之今勿敛之。《夏书》曰："靡不有初，鲜克有终。"⑤陛下能终之，又何忧盖藏不赡于下人，储蓄有阙于公府。铸锋销镝，卒乘之数可减于后事；⑥薄赋节用，货币之资可益于前代。末失之渐，莫甚于贤不任而政不修；兴盛之谟，莫先于复开元而履贞观。则三代之康泰，可翘足而致，彼五霸富强之术，安足为陛下道哉？⑦

注释：

① 曲：邪僻；不正派。《战国策·秦策五》："赵王之臣有韩仓者，以曲合于赵王。"高诱注："曲，邪。"

② 颜色：面容；面色。《礼记·玉藻》："凡祭，容貌颜色，如见所祭者。"

③ 典图：指礼制。《国语·周语下》："若启先王之遗训，省其典图刑法。"韦昭注："典，礼也；图，象也。"

④ 刑：通"形"。《孝经·天子章》："德教加于百姓，刑于四海。"郑玄注："形，见也。"

⑤ "靡不有初"句：语出《诗经·大雅·荡》："天生烝民，其命匪谌。靡不有初，鲜克有终。"作者误记为《夏书》句。误记的原因可能是：《尚书·商书·仲虺之诰》"呜呼！慎厥终，惟其始。"孔安国传："'靡不有初，鲜克有终。'故戒慎终如其始。"

⑥ 镝（dí）：箭头；箭。卒乘：士兵与战车，后多泛指军队。《左传·隐公元年》："大叔完聚，缮甲兵，具卒乘，将袭郑。"杜预注："步曰卒，车曰乘。"

⑦ 翘足：形容时间短暂。《旧唐书·陆贽传》："覆亡之祸，翘足可期。"

制策曰"且文武兼学以成功，士农迭居以丰业。故家给足以恋本，才周可以应时。近古各循一端，不相资用，致令从事异心，难成考课，去秩无守，轻为惰游。指明共贯之方，欣合二途之利"者。臣以为文武之道虽不同，士农之业虽各异，而要归于修其职业而济于时也。今之所谓文者何哉？文采而已。所谓武者何哉？骑射而已。欲求兼学，其可得乎？经纬古今，文之业也；用之于武，武之德也。禁暴戢兵，武之业也；用之于文，文之辅也。不修其本而事其末，欲求其备，其可得乎？今苟各视其才以授其任，亦可以济天下之务矣。是以仲尼有四科以广其道，汉高有三杰以成其功。①所以不求备于人，故能创业于前代，垂教于无穷者也。士农迭居以丰业，今所以轻为惰游者，国家自幽、蓟兵兴，人无土著，士者农者，迁徙不常。慕政化则来，苦苛暴则去。禄有厚薄，在桑土不均；②则知去秩者无守，不为惰游者，何所归乎？陛下端心克己于上，任贤使能于下，则文武各得其任，士农各安其业矣。宁虑家有不给，才有不周之患乎？

注释：

① 四科：孔门四种科目，指德行、言语、政事、文学。语本《论语·先进》："德行：颜渊、闵子骞、冉伯牛、仲弓。言语：宰我、子贡。政事：冉有、季路。文学：子游、子夏。"《后汉书·郑玄传》："仲尼之门，考以四科。"三杰：三位杰出的人物。指汉代的张良、韩信、萧何。语本《汉书·高帝纪》："上曰：……夫运筹帷幄之中，决胜千里之外，吾不如子房；填国家，抚百姓，给饷馈，不绝粮道，吾不如萧何；连百万之众，战必胜，攻必取，吾不如韩信。三者皆人杰，吾能用之，此吾所以取天下者也。"

② 桑土：宜于植桑的土地，泛指生产用的土地。《书·禹贡》："桑土既蚕，是降丘宅土。"孔颖达疏："宜桑之土既得桑养蚕矣。"

制策曰：“永言化理，期酌厥中，施为或差，得失斯远。将修睦劝义，则在下难知；将任数驰情，则人心益伪。思闻旨要，得合诚明。旌别比周之义，敷详忠厚之道。”陛下以修睦劝义为念，而以难知益伪为虑，岂耳目之臣未得尽贤乎？何忧叹之深也。自中代已降，淳朴既漓，贤不肖混淆，莫能两辨。①臣以为天下之事，统而计之，善而不可以为恶者，十一二焉，恶而不可以为善者，十一二焉。其间六七之多，率中人也。法令修明，则贤人多也；惩劝不精，则贪冒众也。②必在上有所施行，而在下有所承流者乎？且陛下左右惟贤，所进惟贤，则四目明，四聪达，不难知矣。③陛下左右非贤，所进非贤，则伪行坚，伪言辨，心益伪矣。今陛下必择忠贤，居之左右，以为耳目，以为腹心矣，任忠贤所进者，复何疑乎？诚若是，则管夷吾、鲍叔牙友，进之不为比；④祁奚、祁午父，进之不为私。⑤是在陛下有所任之而已。

注释：

① 漓（lí）：浇薄；浅薄。唐罗隐《谗书·伊尹有言》：“亦时之未漓，非天独生唐虞之能理也。”
② 贪冒：贪得，此指贪图财利的人。《旧唐书·职官志二》：“较之优劣，而定其留放，所以正权衡，明与夺，抑贪冒，进贤能。”
③ 四目：能观察四方的眼睛。四聪：能远闻四方的听觉。《尚书·舜典》：“询于四岳，辟四门，明四目，达四聪。”
④ 管夷吾、鲍叔牙：皆春秋时的齐国大夫。两人相知最深，后常用以比喻交谊深厚的朋友。事见《史记·管晏列传》：“管仲曰：……生我者父母，知我者鲍子也。”比：勾结。《论语·为政》：“君子周而不比，小人比而不周。”朱熹集注：“比，偏党也。”
⑤ 祁奚：晋国大夫，为祁午之父。以至公闻名，内举不避亲，外举不避仇。事见《左传·襄公三年》：“祁奚请老，晋侯问嗣焉。称解狐，其仇也，将立之而卒。又问焉，对曰：午也可。……君子谓：祁奚于是能举善矣。称其仇，不为谄。立其子，不为比。举其偏，不为党。”

制策曰“知人则哲，从古攸慎。九征恐泥，五事难精。或望可服人，而才非周物；或言皆诣理，而行则乖方。宜陈取舍之端，用明（一作彰）真伪之辨”者。陛下清问及此，非念切求贤取士之道乎？夫求贤取士，所以备官也，设官所以分理众务也。夫得一尺之木，将斫以用之，必使匠者；①有一块之土，将埏而器之，必使陶者。②今陛下选人以仁，天下皆归于仁矣；选人以义，天下皆归于义矣。夫理天下者，必以仁与义矣。今朝廷用人不以仁，而悯默低柔；③进人不以义，而因循持疑。言有不符于行，才有不足于用矣。陛下虽欲精五事，五事何术而精？虽欲法九征，九征焉得而法？若是求众务之理者，是以材与陶，以土与匠，而求器用之得也，不亦难乎？今朝廷开取士之门，不为不广，其中选择精详，望为俊彦者，通于进士，中外之重，擢清秩选于是者十八九，诚有才有器，亦尽萃其中。然而所采者浮华之名，所习者雕虫之技。是以主教化者不道皇王之术，官牧守者不知疾病之源。岂其有任事之才而无任事之智乎？盖艺非而职异也。臣闻古者有豢龙之官，夫龙神妙不测，变化无穷，而能节其嗜欲，察其动息，扰而制之，无所不得者，盖代袭其官，述修其业也。④楚人之操舟，冀人之乘马，岂尽性哉？必习而善矣。今纵未能大更其事，苟明殿最考绩之科，驱天下之人于修效饬行之地。假如任某官著某行，立某事，举某善，雪某冤，必擢而迁之；又能著某行，立某事，举某善，雪某冤，又擢而迁之。蔑然无闻，不待罪而黜之，则下无蔽善党恶之情矣；下无蔽善党恶之情，则贤者不进于朝廷，复何往也？安有言行相乖，才望不称者乎？

注释：

① 斫（zhuó）：砍；斫；削。《尚书·梓材》："若作梓材，既勤朴斫。"匠者：木工；工匠。《庄子·逍遥游》："吾有大树，人谓之樗。……立之涂，匠者不顾。"

② 埏（shān）：以水和土制作陶器。《管子·任法》："昔者尧之治天下也，犹埴之在埏也，唯陶之所以为。"

③ 惘默：因忧伤而沉默。南朝梁江淹《哀千里赋》："既而悄怆成忧，惘默自怜。"

④ 豢（huàn）龙：养龙。传说中本为氏名，亦借用为古官名。《左传·昭公二十九年》："古者畜龙，故国有豢龙氏，有御龙氏。"晋王嘉《拾遗记·炎帝神农》："以降露成池，蓄龙为圃。及乎夏代，世载绵绝，时有豢龙之官。"

制策曰"至于朝廷之阙，四方之弊，详延而至，可得直书。退有后言，朕所不取"者。臣陈帝王之道于前矣，陛下又垂问以朝廷之阙，四方之弊，岂不欲跻人于善道，补政之阙遗哉。臣又陈取士任贤之道矣，陛下诚能任贤于上，待人于下，朝廷岂有阙而不修，四方焉有弊而不去？何必备繁细之事，以干聪明者矣。夫有天下者，莫不欲使人富，使人寿，使人迁善，使人无恶，统四夷于荒外，正百事于朝廷。①夫欲人之富，莫若厚耕殖；欲人之寿，莫若和阴阳；欲人迁善，莫若明劝赏；欲人无犯，莫若慎刑罚；服四夷，莫若修文德；正百事，莫若任忠贤。忠贤不任，虽日亲众务，百事其得而正？②文德不修，虽日致干戈，四夷其得而服？刑罚不慎，虽日杀千人，奸盗其得而止？劝赏未明，虽日爵千人，礼乐其得而修？冤滥未尽雪，阴阳莫得而和。浮屠未尽去，耕殖莫得而厚。此六者，政之大端也，伏惟陛下念之。抑臣又闻非知之艰，行之惟艰。陛下惧化之未光，惧德之未洽，惧一物之失所，惧众政之有乖，访遗阙于下臣，张条目于清问。凡前强对者，莫不备陈所得，则陛下知之不难矣，在行之何如耳。臣又以天下之事，小大万端。陛下深居九重，广有四海，安得劳心神于思虑之外，极圣明于视听之表。臣愿陛下为一事必师于古，行一道必法于天。明日月之光，正星辰之位，降雨露之泽，振雷霆之威。内得夔龙，掌万几之务；外选方召，视百事之成。③利于上者必虑于害人，择（疑作怿）于志者必求诸非道。则天下之望慰、微臣之志塞矣。④谨对。

注释：

① 迁善：去恶为善；改过向善。《孟子·尽心上》："杀之而不怨，利之而不庸，民日迁善而不知为之者。"

② 其：副词。表诘问，犹岂，难道。《书·盘庚上》："若火之燎于原，不可向迩，其犹可扑灭？"《后汉书·翟酺传》："今陛下有成王之尊而无数子之佐，虽欲崇雍熙，致太平，其可得乎？"

③ 夔龙：相传舜的二臣名，夔为乐官，龙为谏官。《尚书·舜典》："伯拜稽首，让于夔龙。"孔传："夔龙，二臣名。"后用以喻指辅弼良臣。万几：指帝王日常处理的纷繁的政务。《书·皋陶谟》：

“无教逸欲有邦，兢兢业业，一日二日万几。”孔传：“几，微也，言当戒惧万事之微。”方召：亦作“方邵”。西周时助宣王中兴之贤臣方叔与召虎的并称，后借指国之重臣。

④ 望：希望，期待。慰：得到抚慰。塞：犹满足。汉贾谊《过秦论》：“塞万民之望，而以盛德与天下，天下集矣。”此句是说天下人的期望、微臣我的心愿都得到了安慰、满足。

文苑英华卷四百九十一

宋　李昉等编

直言极谏策①（建中元年正月十五日）

问：朕闻古之善为国者，未尝不求正士，博采直言，勤而行之，辅成教化者也。②朕临御日浅，政理多阙，每期忠义，切投药石。③子大夫戢翼藏器，思奋俟时，今启乃沃予，当有犯而无隐。④朕窃不自揣，敢慕前王，上法羲、轩，下遵尧、舜；还（一作返）已散之淳朴，振将颓之纪纲，使礼让兴行，刑罚不用。而人犹轻犯，吏尚徇私，为盗者未奔，不仁者未远。岂臣非稷、契而致是乎？⑤为君谢禹、汤使之然也？设何谋而可以西戎即叙？⑥施何化而可以外户不扃？五谏安从，三仁谁最？⑦周昌比汉高于桀、纣，刘毅方晋武于桓、灵，但见含容，两无猜怒。⑧故君不失圣，臣不失忠。子既其俦，应详往行，四贤优劣，伫辨深疑。⑨在于朕躬，所有不逮，条问之外，委悉书之。⑩必无面从，以重不德。⑪

注释：

① 直言极谏：以正直的言论谏诤，古时多用于臣下对君主；此为"直言极谏科"的省称。唐代科举常选之外有制科。制科不定期举行，由天子亲策，专用于网罗选用特殊人才，类似汉代的举贤良文学、孝廉方正。其中，以贤良方正直言极谏科、才识兼茂明于体用科最为常见，宋代沿之。参见《新唐书·选举志上》。

② 正士：正直之士。《晏子春秋·问下十九》："正士处势临众不阿私，行于国足养而不忘故。"

③ 药石：药剂和砭石；此比喻规戒。《左传·襄公二十三年》："季孙之爱我，疾疢也；孟孙之恶我，药石也。"

④ 戢翼：敛翅止飞；此喻韬光养晦，谦卑自处。启乃沃予：谓竭诚开导、辅佐君王。《书·说命上》："启乃心，沃朕心。"孔颖达疏："当开汝心所有，以灌沃我心，欲令以彼所见，教己未知故也。"

⑤ 稷、契：稷和契，唐、虞时代的贤臣。禝：尧臣，周之始祖。《隶释·汉成阳灵台碑》："匪皇启居，曰禝不良。案经考典，河洛秘萸。"契（xiè）：传说中商的祖先，为帝喾之子；舜时佐禹治水有功，任为司徒，封于商，赐姓子氏。

⑥ 谢：逊让，不如。西戎：古代西北戎族的总称；唐代多指我国西北方吐蕃等少数民族。即叙：亦作"即序"，就序，归顺。《书·禹贡》："织皮、昆仑、析支、渠搜，西戎即叙。"孔传："织皮，毛布。有此四国，在荒服之外、流沙之内，羌髳之属皆就次叙，美禹之功及戎狄也。"

⑦ 五谏：五种进谏方式，具体所指因文而异。如汉刘向《说苑·正谏》："谏有五：一曰正谏，二曰降谏，三曰忠谏，四曰戆谏，五曰讽谏。"班固《白虎通·谏诤》："人怀五常，故有五谏。谓讽谏、顺谏、窥谏、指谏、陷谏。"三仁：三位仁人，指殷末之微子、箕子、比干。《论语·微子》："微子去之，箕子为之奴，比干谏而死。孔子曰：'殷有三仁焉。'"

⑧ 周昌（？—前192）：西汉大臣，刘邦同乡，沛县（今属江苏）人。秦时为泗水卒史。秦末农民战争中，随刘邦入关破秦，任中尉。后为御史大夫，封汾阴侯。耿直敢言。《史记·张丞相列传》："周昌者，沛人也。……高帝方拥戚姬，昌还走。高帝逐得，骑周昌项，问曰：'我何如主也？'昌仰曰：'陛下即桀纣之主也。'于是上笑之，然尤惮周昌。"刘毅（？—285）：字仲雄，西晋东莱掖（今山东掖县）人。好品评人物，不避权贵，敢于大胆指斥朝政。《晋书·刘毅列传》："刘毅字仲雄东莱掖人。……帝尝南郊礼毕，喟然问毅曰：'卿以朕方汉何帝也？'对曰：'可方桓、灵帝。'

曰：'吾虽德不及古人，犹克己为政，又平吴会，混一天下，方之桓、灵其已甚乎？'对曰：'桓灵卖官，钱入官库；陛下卖官，钱入私门。以此言之，殆不如也。'帝大笑曰：'桓灵之世不闻此言，今有直臣故不同也。'"晋武：指晋武帝司马炎。方：比并，比较。含容：容忍，宽恕。

⑨ 伫：此指企盼，期待。

⑩ 朕躬：此为天子自称，我、我身。委悉：此言详尽。

⑪ 面从：指当面顺从。《书·益稷》："予违汝弼，汝无面从，退有后言。"不德：不修德行，缺乏德行。《汉书·文帝纪》："人主不德，布政不均，则天示之灾以戒不治。"

对

姜公辅①

对：臣闻尧舜之驭寓也，以至理理万邦，以美利利天下。②百姓犹惧其未化也，万邦犹惧其未安也，乃复设谤木询谠议，不敢满假，不敢荒宁。③伏惟陛下，玄德统天，文思居业，慎重光之丕绪，返淳古之休风。④光启宪章，畴咨菅蒯，锡臣之策，思以启沃。⑤臣狂简，不知化源，谨昧死稽颡，辄陈愚虑。⑥

注释：

① 姜公辅：爱州日南人。第进士，补校书郎，制策异等，授右拾遗，为翰林学士。从德宗幸奉天，擢谏议大夫同中书门下平章事，罢为左庶子，改右庶子，终吉州刺史。宪宗时赠礼部尚书。见今《全唐文》卷四百四十六。

② 驭寓：即"驭宇"，统治宇内、天下。美利：大利，丰厚的利益。《易·乾》："乾始能以美利利天下，不言所利，大矣哉!"

③ 谤木：相传尧舜时于交通要道竖立木柱，让人在上面写谏言，称"谤木"。见《史记·孝文本纪》。谠议：刚直的议论，直言不讳的议论。谠（dǎng）：正直，敢于直言。满假：自满自大。《书·大禹谟》："克勤于邦，克俭于家，不自满假。"孔传："满，谓盈实；假，大也。"荒宁：荒废懈怠，贪图安逸。《书·无逸》："治民祗惧，不敢荒宁。"孔传："为政敬身畏惧，不敢荒怠自安。"

④ 居业：保有功业。《易·乾》："修辞立其诚，所以居业也。"孔颖达疏："辞谓文教，诚谓诚实也，外则修理文教，内则立其诚实，内外相成，则有功业可居，故云居业也。"重光：比喻累世盛德，辉光相承。《书·顾命》："昔君文王、武王，宣重光。"孔传："言昔先君文武，布其重光累圣之德。丕绪：指国家大业。

⑤ 光启：犹言扩大。宪章：典章制度；法度。畴咨：指为访问、访求。《书·尧典》："帝曰：'畴咨若时登庸。'"孔传："畴，谁；庸，用也。谁能咸熙庶绩，顺是事者，将登用之。"菅蒯：茅草之类；此喻微贱的人或物。畴咨菅蒯，犹言"询于刍荛"，意谓不耻下问。锡：赐予。

⑥ 狂简：志向高远而处事疏阔。《论语·公冶长》："吾党之小子狂简，斐然成章，不知所以裁之。"朱熹集注："狂简，志大而略于事也。"化源：教化的本源。稽颡：古代一种跪拜礼，屈膝下拜，以额触地，表示极度的虔诚。《仪礼·士丧礼》："吊者致命，主人哭拜，稽颡成踊。"颡（sǎng）：额头；头。

制策曰："朕窃不自揣，敢慕前王，欲上法羲、轩，下遵尧、舜。还（一作返）已散之淳朴，振将颓之纪纲，使礼让兴行，刑罚不用。而人犹轻犯，吏尚徇私，为盗者未奔，不仁者未远。岂臣非稷、契而致是乎？为君谢禹、汤使之然也？"大矣哉陛下之言乎！臣闻禹称善人，不善者远矣。伏见陛下，征隐逸于空山，拔夔、龙于下位；聘名士，礼贤者；善无欲之徒，发惟新之诏；使吏肃人悦，法明令张。①而犹曰君谢禹、汤，臣非稷、契，此陛下让之至也，臣何敢间焉。②夫中于道者易以兴化，失其道者难以从宜。事爽其分，则一毫以乖；事审其分，则殊途同归。③计岁者非一时而可用，致理者非一日而成功。但立法于制事之初，望化于经年之外；使损益鉴于兴替，寒暑渐于春秋，何忧不均理于羲、轩，同光于尧、舜。④

注释：

① 隐逸：隐居，隐遁；此指隐居之士。夔龙：相传舜的二臣名。夔为乐官，龙为谏官。《书·舜典》："伯拜稽首，让于夔龙。"孔传："夔龙，二臣名。"
② 间：此指参与。《左传·庄公十年》："肉食者谋之，又何闲焉！"杜预注："闲，犹与也。"
③ 爽：差失，差错。《诗·卫风·氓》："女也不爽，士贰其行。"朱熹集传："爽，差。"
④ 经：循行，经过。经年：犹言多年。渐：依照次序逐渐发展的过程。

制策曰"设何谋而可以西戎即叙？施何术而可以外户不扃"者。陛下孚惠心，和戎狄，相彼君长，重译来庭。①应以地僻遐荒，未知圣造。伏以西戎，轻而寡信，贪而无亲。视边戍申严则请通国好，睹疆场无备则屡启贪心。②固难可以礼义和，难可以恩泽抚。取今之要，莫过于智将悍卒，设险边隅。臣伏以陛下，且以恤下为心，不以西戎为虑。今请制其边，兵有常数，边将有常务，分其土而居之，给其畜而业之，因其业也而为之城池，因其将焉而为之牧守。③又申严其令，使获虏马者赏以马，使获虏羊者赏以羊。人皆固业，战自力倍，则可少安。④今积甲日深，兴戎岁广，黎人抏弊，未可勤师。⑤伏望利物之原，息人之道，使广庶类，农桑以时。弘济济之士于朝，盛洋洋之化于野，使其来也慕斯文物之盛，居其边也杜其利欲之求，然后款塞而可即叙矣。⑥夫奸邪生于豪杰，廉耻生于礼义。礼义立，孰有不耻且格乎？⑦衣食足，孰有背义趋利者乎？臣以为遂其富利之业，申其仁义之化，则外户不扃矣。⑧

注释：

① 孚：此通"付"，给与，交给。《书·梓材》："皇天既付中国民越厥疆土于先王，肆王惟德用，和怿先后迷民，用怿先王受命。"惠心：利民之心。《易·益》："有孚惠心，勿问元吉。"王弼注："惠之大者，莫大于心，因民所利而利之焉。"和：使和睦，使融洽。重译：辗转翻译。《尚书大传》卷四："成王之时，越裳重译而来朝，曰道路悠远，山川阻深，恐使之不通，故重三译而朝也。"《汉书·平帝纪》："元始元年春正月，越裳氏重译献白雉一，黑雉二，诏使三公以荐宗庙。"颜师古注："译谓传言也。道路绝远，风俗殊隔，故累译而后乃通。"
② 申严：申令严格遵守或执行某种法令、措施。《礼记·月令》："〔季秋之月〕是月也，申严号令。"
③ 牧守：州郡的长官；州官称牧，郡官称守。
④ 少：稍，略。
⑤ 抏（wán）：摧挫；消耗。抏弊：疲困；凋敝，衰败。《史记·平准书》："中外骚扰而相奉，百姓抏弊以巧法，财赂衰秏而不赡。"司马贞索隐："抏者，秏也，消秏之名。言百姓贫弊，故行巧抵之法也。"勤：尽力多做：此指忙于，致力于。

⑥ 文物：此指礼乐制度。款塞：叩塞门；指外族前来通好。《史记·太史公自序》："海外殊俗，重译款塞。"裴骃集解引应劭曰："款，叩也。皆叩塞门来服从也。"即叙：就序。指归顺。

⑦ 格：击打，格斗；搏杀。

⑧ 遂：如愿，得尝；完成、成就。

制策曰"五谏安从，三仁谁最"者。夫谏者以讽为先，乱国非无直言也，直言不用，故谄谀胜矣。①理国非无谄谀也，谄谀不用，则直言胜矣。时逢否闭，仲尼或守其主文；今日昭明，微臣请从其直谏。②臣之职也，敢二事乎。昔商纣不君，虐弃天物，三仁弼谏，藩捍宗彝。③退八百之师，抑三分之众。均其忧乱，俱可称仁；较其持危，或非同德。比干知死亡之义，且曰陷君；微子去父母之邦，或云智免。④进退不失其正，在于太师乎。⑤制策曰："周昌比汉高于桀、纣，刘毅方晋武于桓、灵，俱见含容，两无猜怒。故君不失圣，臣不失忠。子既其俦，应详往行，四贤优劣，伫辨深疑。"臣闻君明则臣直。二圣以乘时开国，参佐昌图；二臣以委质造邦，克扶兴运。⑥开忠谠之路，成不讳之朝。⑦固拟议失伦，比方不怍，将以感君之未寤，致理于升平。⑧绝好恶之门，传和睦之代。名高终古，传在策书，巍巍三代，斯为盛美。臣素无学术，谬窃对扬，若变其微，斯言之玷。⑨使臣以礼，晋武宁劣于汉高；皷怒抗辞，周昌不优于刘毅。⑩

注释：

① 讽：讽谏，用委婉的语言暗示、劝告或讥刺、指责。谄谀：谄媚阿谀。

② 否闭：闭塞不通。此言孔子谏鲁君而不从于是退而著书。汉蔡邕《释诲》："天地否闭，圣哲潜形。"

③ 藩捍：本指守御，保卫；此指卫国之臣。宗彝：宗庙祭祀所用酒器。……

④ 陷君：犹言"陷谏"于君，即勇于规劝。此言比干明知劝谏商纣王必死仍勇于置身劝谏。《初学记》卷十八引班固《白虎通·谏诤》："陷谏者，义也，言国之害，忘生为君，不避丧身。"智免：言微子明智，知道谏纣王而无望，于是明哲保身，离开父母之邦。

⑤ 太师：古三公之最尊者。周置，为辅弼国君之官。《书·周官》："立太师、太傅、太保。"孔传："师，天子所师法。"

⑥ 昌图：预示永昌帝业的图谶。古天子登祚，假托受命于天，故有膺箓受图之说。委质：此指献身；置身。兴运：时运昌隆。

⑦ 谠（dǎng）：正直，敢于直言。

⑧ 拟议：揣度议论；多指事前的考虑。《易·系辞上》："拟之而后言，议之而后动，拟议以成其变化。"比方：比拟。《荀子·强国》："今君人者，辟称比方，则欲自并乎汤武，若其所以统之，则无以异于桀纣。"怍（zuò）：羞惭。《论语·宪问》："其言之不怍，则为之也难。"

⑨ 窃：私下，私自。多用作谦词。玷（diàn）：本指玉的斑点；此指玷污。《文选·班固〈幽通赋〉》："匪党人之敢拾兮，庶斯言之不玷。"李善注引曹大家曰："庶此异行不玷先人之道也。"

⑩ 皷（gǔ）：同"鼓"。鼓怒：鼓足怒气；此言大胆冒失。抗辞：犹严辞。

制策曰"在乎朕躬，有所不逮，条问之外，委悉书之。必无面从，以重不德"者。臣固凡陋，越在侧微。仰天地之大全，空忻化育；体阴阳之广运，每荷陶甄。①岂意圣诏荐临，猥垂下问，心虑殒越，夏虫不睹于春冰，曲士宁知于天道。②欲申微素，进退忧惶。伏见陛下，以道生成，以德覆载，赏以春夏，刑以秋冬。捐金玉于江湖，反珍奇于薮泽；委符瑞为草莽，用忠良为灵庆；临群下以正德，惠兆人以厚生。③诚太平之道也，刑措之渐也，臣不胜其忭。④愿陛下俯仰必于是，寤寐必于是。《诗》云："靡不有初，鲜克有终。"⑤抑臣以为知终终之可以存义者，其惟圣人乎？⑥伏惟陛下终之，臣不胜葵藿倾心之至。⑦谨对。

注释：

① 大全：全部。《庄子·田子方》："微夫子之发吾覆也，吾不知天地之大全也。"忻（xīn）：心喜。荷：此指承受，承蒙。广运：犹广远。陶甄：比喻陶冶、教化。

② 殒越：此指惶恐。夏虫句：即用庄子"夏虫语冰"典故，喻人囿于见闻，识断短浅。语本《庄子·秋水》："井蛙不可以语于海者，拘于虚也；夏虫不可以语于冰者，笃于时也。"曲士句：亦用庄子语典。曲士，乡曲之士；比喻孤陋寡闻的人。《庄子·秋水》："曲士不可以语于道者，束于教也。"陆德明释文引司马彪曰："曲士，乡曲之士也。"

③ 捐金：弃金；谓不以财宝为重。晋葛洪《抱朴子·安贫》："上智不贵难得之财，故唐虞捐金而抵璧。"班固《东都赋》："贱奇丽而弗珍，捐金于山，沈珠于渊。"李善注："《庄子》曰：'捐金于山，藏珠于渊，不利货财，不尚富贵也。'"《资治通鉴》卷一百九十四《唐纪十》："昔尧舜抵璧于山，投珠于谷。"胡三省注："陆贾《新语》曰：'圣人不用珠玉而宝其身，故舜弃黄金于巉岩之山，捐珠玉于五湖之川，以杜淫邪之欲也。'"符瑞：吉祥的征兆；多指帝王受命的征兆。灵庆：喜庆；灵验吉祥的符谶。此极言圣君明主不贵金玉符瑞弃之如弊履，而贵忠良贤才视之如灵庆。

④ 渐：此言开端，起始。忭（biàn）：高兴。

⑤ 靡不有初，鲜克有终：《诗·大雅·荡》："天生烝民，其命匪谌，靡不有初，鲜克有终。"此谓做事无不有个好的开端，但很少有坚持到底的；即皆有善始，少能善终。

⑥ 抑：此作转折连词，但是，然而。终终：犹言"善终"，指把事情的最后阶段工作做完做好。

⑦ 葵藿倾心：葵藿，葵与藿，均为菜名；此单指葵，葵性向日。古人多用以比喻下对上赤心趋向。语出《三国志·魏志·陈思王植传》："若葵藿之倾叶，太阳虽不为之回光，然向之者诚也。窃自比于葵藿，若降天地之施，垂三光之明者，实在陛下。"

茂才异等策①

问：大禹求贤而夏德长茂，文王多士而周道缉熙。②然则为政在人，人存政举。朕德薄化浅，嗣膺宝业，夙兴寅畏，若涉大川，求思至谟，庶答天诫。③子大夫志行修洁，学术通赡，储思于天下之际，研精于大道之极。④俨然就辟，良用嘉焉。⑤乃者夷夏多虞，烽鞞屡警，因之以荒馑，生人荡析，比屋榛芜。⑥今八表甫清，万兵未戢。⑦朕恭承丕绪，寔济横流，期致和平，维新制度。⑧而成汤受夏，周武定殷，刘娇嬴弊，魏乘汉俗，以乱为理，以安易危，必有至政，存乎令典，同符今日，可举而行，精辩所长，著之于策。禹谟之六府三事，周法之八政五纪，有守有为，是彝是训，经纶远古，用彰得失，国志详载，天官必书，成务济时，莫斯为急，并宜明勑功利，别白条流。⑨较圣王之损益，揆今代之用舍，沿革之要，茂对所宜。⑩今欲废关市之征，轻什一之法（一作赋），归踰年之戍，罢无事之官。⑪则国用靡资，军食尚歉，人多胥怨，边有侵轶。⑫匠无良画，明示谋谟。其法令或不便于时，吏人将未适其任，贤士见沉于负俗，遗纲有补于化源。⑬可以均沃埆于原田，便工商于市肆，改制征物，厘创建正，复务官曹，澄清流品。⑭使朝有济理之士，边有死难之臣，而返俗廉隅，还风朴略。⑮必书效实，指陈利害，授简之外，尚有令图。⑯各罄所闻，备申说议，虚怀固久，勿隐予违。

注释：

① 茂才：即秀才；因避汉光武帝名讳，改秀为茂。异等：德才特出的人。此为唐代科考名目。

② 多士：古指众多的贤士。《诗·大雅·文王》："济济多士，文王以宁。"缉熙：光明。《诗·大雅·文王》："穆穆文王，于缉熙敬止。"毛传："缉熙，光明也。"

③ 嗣膺：继前人而当受。夙兴：早起。《礼记·昏义》："夙兴、妇沐浴以俟见。"寅畏：敬畏，恭敬戒惧。《书·无逸》："严恭寅畏，天命自度。"涉：徒步渡水。天诫：天戒，上天给予的儆戒。《书·胤征》："先王克谨天戒，臣人克有常宪，百官修辅，厥后惟明明。"

④ 修洁：高尚纯洁。《韩非子·八说》："人君之所任，非辩智则修洁也。"通赡：指学识通达而丰富。天下之际：际，两者之间；故或当作"天人之际"，天道与人事相互之间的关系。《汉书·司马迁传》："亦欲以究天人之际，通古今之变，成一家之言。"

⑤ 俨然：严肃庄重的样子。《论语·尧曰》："君子正其衣冠，尊其瞻视，俨然人望而畏之。"就辟：就征；辟：征召，辟用。

⑥ 乃者：从前；往日。《汉书·曹参传》："乃者我使谏君也。"颜师古注："乃者犹言曩者。"烽：古时边境报警的烟火；借指战争、战乱。鞞（pí）：同"鼙"，鞞鼓，古代军中所用之乐鼓；借指战事。荒馑：饥荒。比屋：所居屋舍相邻：此言处处，到处。榛芜：草木丛杂，形容一派荒凉的景象。

⑦ 八表：八方之外，指极远的地方。甫：此言方才，刚刚。戢：收藏兵器；引申指停止战争。

⑧ 寔（shí）：同"实"，此作语助词，用以加强语意。横流：大水不循道而泛滥。《孟子·滕文公上》："当尧之时，天下犹未平，洪水横流，泛滥于天下。"比喻动乱，灾祸。

⑨ 禹谟：大禹治国的方略。六府：古以水、火、金、木、土、谷为"六府"。三事：此指正德、利用、厚生三件事。《书·大禹谟》："地平天成，六府三事允治，万世永赖。"孔颖达疏："府者，藏财之处；六者，货财所聚，故称六府。正身之德，利民之用，厚民之生，此三事惟当谐和之。"八政：古代国家施政的八个方面，具体所指因文而异。《书·洪范》："三，八政：一曰食，二曰货，三曰祀，四曰司空，五曰司徒，六曰司寇，七曰宾，八曰师。"五纪：指岁、月、日、星辰、历数。《书·洪范》："五纪；一曰岁，二曰月，三曰日，四曰星辰，五曰历数。"孔颖达疏："凡此五者，皆所以纪天时，故谓之五纪也。"彝训：日常的训诫。《书·酒诰》："聪听祖考之彝训。"经纶：整理丝缕；引申为筹划治理国家大事。国志：此指国史。天官：官名，多称吏部为天官；此作史官。成务：成就事业。济时：犹济世，救时。

⑩ 揆：揣度。茂：通"懋"，劝勉，努力地。《易·无妄》："先王以茂对时育万物。"高亨注："茂读为懋，勉也，努力也。"

⑪ 关市：位于交通要道或边关的市集。《周礼·天官·大宰》："七曰关市之赋。"此指关市的征税。什一：古代赋税制度，十分税一，称"什一"。《管子·治国》："关市之租，府库之征，粟什一。"

⑫ 胥怨：相怨；多指百姓对上的怨恨。胥，相互。《书·盘庚上》："盘庚五迁，将治亳殷，民咨胥怨。"侵轶：侵犯袭击。《左传·隐公九年》："北戎侵郑。郑伯御之，患戎师，曰：'彼徒我车，惧其侵轶我也。'"杜预注："轶，突也。"

⑬ 负俗：指与世俗不相谐。遗纲：犹言遗制，指前代留传下来的典章制度或成规。
⑭ 厘：治理；此言改变，改正；与上句“改”变文同义。官曹：官吏办事机关；官吏办事处所。
⑮ 廉隅：棱角；比喻端方不苟的行为、品性。《礼记·儒行》：“近文章，砥厉廉隅。”朴略：质朴简约。
⑯ 授简：给予简札，谓嘱人写作。南朝宋谢惠连《雪赋》：“梁王不悦，游于兔园……授简于司马大夫，曰：‘抽子秘思，骋子妍辞，侔色揣称，为寡人赋之。’”令图：好的谋划，远大的谋略。《左传·昭公元年》：“臣闻君子能知其过，必有令图。令图，天所赞也。”

对

杜元颖①

对：臣元颖案《周易》：“君道下济，臣志上通，谓之泰。”其繇曰：“小往大来。”②臣历观书契以还，君德定位，未有遗斯道而能达聪明目、光极鸿业者也。③伏惟陛下诞膺明命，克敷文德，亲降大问，询于微臣。④愚臣智识庸鄙，经术短浅，不足以充明诏之言而隐罪大矣。⑤敢不俯罄愚衷，仰谢万一。

注释：

① 杜元颖：宰相如晦裔孙。贞元末进士，又擢宏词。元和中累迁司勋员外郎知制诰。穆宗立，超拜中书舍人户部侍郎承旨。长庆元年同中书门下平章事，加上柱国，封建安县男，罢为剑南西川节度使，再贬循州司马。卒年六十四，赠湖州刺史。见今《全唐文》卷七百二十四。
② 君道：为君之道。下济：利泽下施，长养万物。繇（zhòu）：通“籀”。繇文，古时占卜的文辞，卦兆的占词。《左传·闵公二年》：“成风闻成季之繇，乃事之而属僖公焉。”杜预注：“繇，卦兆之占辞。”
③ 书契：文字；此言从有文字记载的历史以来。
④ 敷：施予，施行。
⑤ 明诏：英明的诏示。《史记·苏秦列传》：“臣请令山东之国奉四时之献，以承大王之明诏。”

制策曰“朕躬（策问作恭）承丕绪，寔济横流，期致和平，维新制度。且（策问作而）成汤受夏，周武定殷，刘矫嬴弊，魏乘汉俗，必有至政，存乎令典”者。臣闻汤革夏政野以质（一无此三字），武革殷政鬼以文（一无此三字），秦暴以亡，汉宽以矫，此皆古王之令典也。①比东汉既衰，皇纲幅裂，曹操挟天子以令诸侯，用汉法以取威权，中原粗平，遂偷神器，其政刑典礼，蠢驳前世，固非萧曹画一，文景更令之比也。②虽曰革命，固无足采。陛下承匕鬯以取大器，赫雷电以扫群凶，功高一戎，业定再造，欲维新制度，躬救生灵，幽明动植，罔不称庆，实天下幸甚。③然臣之私心，有愿献替，不惮斧钺，以干龙鳞，伏惟陛下少留意焉。④臣闻自古王者，易姓受氏，告成于天，则维新制度，以改人视听，所以示亡王之骄僻也，所以扬造邦之耿光也。⑤其余少康复夏，武丁兴殷，武王兴周，光武绍汉，则皆举用旧典，以昭其先朝之休德淳茂也，以辩其凶逆之滔天干纪也，以志其昭前之光而纂修其德也。⑥我高祖勤恤人隐，始除暴乱，而建王业。我太宗叶赞经纶，增辉先圣，皇天眷佑，祚以名臣，于是酌之人心，参之典礼，立我王度，为万代业。⑦陛下诚宜恭以守之，勤以行之，克配彼天，立我人极。矧乎周、秦、汉、魏，造邦之事，非臣（一作今）之所宜言也。⑧臣又伏见去岁征臣等诏书，圣旨殷勤，忧天谪见。⑨今制书首章则曰："求思至谟，以（策问作庶）答天诫。"次曰："期致和平，维新制度。"下曰："改制征物，厘创建正。"臣伏念圣上岂不以彗有布新之道，明欲承顺天意，旌于国章乎？臣愚以为自古灾眚多矣，大者天地震裂，次者日月薄蚀，小者星辰变谪，皆或应或否，系于其君之德也。⑩夫严风不能凋翠叶，凝寒不能冰醇酎，何则？⑪不当凋者，风则何有；不当冰者，寒亦胡为？然则灾眚者，天道之常，无德者当之，不为有道者害，亦已明矣。陛下若欲寅畏上天，大为恭御，则德为之实，而禳为之华，居其实不居其华，此社稷之景福也。⑫

注释：

① 野：此言夏桀之政鄙俗，粗野。质：此言商汤取代夏桀采用朴实，淳朴的政治教化。《论语·雍也》："质胜文则野，文胜质则史。"鬼：鬼神，此言殷人尚鬼，迷信鬼神。文：此言周代治国崇尚礼乐制度，文德风化。令典：好的典章法度。这一句是说商汤以"质"政代夏桀之"野"政，周武以"文治"代商纣之"鬼治"，秦皇残暴而亡国汉帝纠偏救弊用宽宥之政。

② 幅裂：如布幅一样的撕裂。神器：犹言神物；此指代表国家政权的实物，如玉玺、宝鼎之类。借指帝位、政权。蠡驳：亦写作"踳驳"、"舂驳"，错乱，驳杂。萧曹：指汉初萧何和曹参。

③ 匕鬯：《易·震》："震惊百里，不丧匕鬯。"王弼注："匕，所以载鼎实；鬯，香酒。奉宗庙之盛也。"后因代指宗庙祭祀。大器：宝器；此比喻国家、帝位。赫：此指吾皇神武奋发貌。一戎：即"一戎衣"之省，一穿上戎装；泛指用兵作战。或云，"衣"当作"殷"，谓一用兵而胜殷。《书·武成》："一戎衣，天下大定。"孔传："衣，服也；一著戎服而灭纣。"《礼记·中庸》："武王缵大王、王季、文王之绪，一戎衣而有天下。"郑玄注："戎，兵也。衣读如殷，声之误也，齐言殷声如衣……一戎殷者，一用兵伐殷也。"

④ 献替：即"献可替否"，进献可行者，废去不可行者。谓对君主进谏，劝善规过。亦泛指议论国事兴革。干：干犯、触怒。龙鳞：龙的鳞甲；此指人主、帝王。《韩非子·说难》："夫龙之为虫也，柔可狎而骑也，然其喉下有逆鳞径尺，若人有婴之者，则必杀人。人主亦有逆鳞，说者能无婴人主之逆鳞，则几矣。"

⑤ 易姓受氏：姓氏，姓和氏，二者统言之无别，析言之大异。姓、氏本有分别，姓起于女系，氏起于男系；秦汉以后，姓、氏合一，通称姓，或兼称姓氏。参阅宋郑樵《通志·氏族略序》。姓：标志家族系统的称号。氏：上古贵族表明宗族的称号，为姓的分支。《左传·隐公八年》："天子建德，因生以赐姓，胙之土而命之氏。"《白虎通·姓名》："所以有氏者何？所以贵功德，贱伎力……或氏王父字者何？所以别诸侯之后，为兴灭国继绝世也。"《通志·氏族序》："三代之前……氏所以别贵贱，贵者有氏，贱者有名无氏。"可见，在古代姓、氏还有另外一重功用，"姓"源于家族系统可以别婚姻，"氏"多为贵族赐姓分支能够明贵贱等级。告成：上报所完成的功业。《诗·大雅·江汉》："经营四方，告成于王。"骄僻：骄横乖僻。造邦：创立国家。耿光：光明，光辉；光荣。《书·立政》："以觐文王之耿光，以扬武王之大烈。"

⑥ 滔天：弥漫天际；比喻罪恶、灾祸或权势等极大。干纪：违犯法纪。语出《左传·襄公十三年》："干国之纪，犯门斩关。"纂修：整治；培养。

⑦ 叶赞：协同翊赞。祚（zuò）：赐，赐福；佑助。酌：选取，择善而行。《左传·成公六年》："子为大政，将酌于民者也。"杜预注："酌，取民心以为政。"

⑧ 矧（shěn）：况且，何况。

⑨ 忧天：此指忧虑国家危亡。谪见（xiàn）：古代迷信认为异常的天象是上天对人的谴责，出现灾变的征候谓之“谪见”。《后汉书·光武帝纪下》：“吾德薄致灾，谪见日月，战栗恐惧，夫何言哉!”李贤注：“谪，责也。直革反。”

⑩ 灾眚：灾殃，祸患。《易·复》：“上六，迷复，凶，有灾眚。”孔颖达疏：“‘有灾眚’者，暗于复道，必无福庆，唯有灾眚。”谪：反常的云气；灾祸。《左传·昭公三十一年》：“庚午之日，日始有谪。”杜预注：“谪，变气也。”变谪：灾变。

⑪ 醇酎：味厚的美酒。酎（zhòu）：反复多次酿成的醇酒。

⑫ 禳：祭名，古代除邪消灾的祭祀。景福：洪福，大福。《诗·周颂·潜》：“以享以祀，以介景福。”

制策曰“禹谟之六府三事，周法之八政五纪，有守有为，是彝是训，经纶邃（策问作远）古，用彰得失，国志详载，天官必书，成务济时，莫斯为急。宜明勑功利，别白条流”者。臣闻夏禹之弼成五服也，肇谟六府三事；周武之诞敷明命也，寔成八政五纪。①语其功利，其六府者人仰以生，三事者德据以成。八政为经国之用，五纪为成天之道。别其条流，则曲直木也，从革金也，水以润下育物，火以炎上同天，土顺则五稼阜滋，谷登则烝人乃粒，直己以正德，理财以利用，务本以厚生，此九功所以惟叙也。②八政，食所以生人也，货所以聚人也，祀所以仁鬼神也，司空实平水土，司寇实诘奸慝，司徒实敷五教，宾以叶多方，师以具七德，此先王保乂万有也。③周星者岁之纪，合朔者月之纪，信旬者日之纪，星辰以察乾象，历数以授人时，此先王所以合德二仪也。④得其道者王，失其道者亡，古今虽殊，其致一也。陛下执古之道，驭今之有，降此彝训，以及于臣，但禀师说，难副睿问。

注释：

① 五服：古代王畿外围，以五百里为一区划，由近及远分为侯服、甸服、绥服、要服、荒服，合称五服。服，服事天子之意。《书·益稷》：“弼成五服，至于五千。”孔传：“五服，侯、甸、绥、要、荒服也。服，五百里。四方相距为方五千里。”又周称侯、甸、男、采、卫为五服。见《书·康诰》。诞敷：遍布。《书·大禹谟》：“帝乃诞敷文德，舞干羽于两阶。”孔传：“远人不服，大布文德以来之。”六府、三事，八政、五纪：皆见前注。

② 润下：指水性就下以滋润万物。《书·洪范》：“水曰润下，火曰炎上。”孔传：“言其自然之常性。”九功：古合称六府三事为九功。《左传·文公七年》：“六府、三事，谓之九功。水、火、金、木、土、谷，谓之六府。正德、利用、厚生，谓之三事。”

③ 宾：宾客；引申指以客礼相待。多方：泛指众邦国。《书·泰誓下》：“维我有周，诞受多方。”孔传：“多方，众方之国。”师：此指军旅，军队。七德：此言武功的七种德行。《左传·宣公十二年》：“夫武，禁暴、戢兵、保大、定功、安民、和众、丰财者也。故使子孙无忘其章……武有七德，我无一焉，何以示子孙?”保乂：治理使之安定太平；养育安定。万有：犹万物。

④ 周星：即岁星，一年绕行一周天，因以纪年。合朔：日月运行处于同宫同度，谓之合朔。一般指夏历每月初一。《后汉书·律历志下》：“日月相推，日舒月速，当其同〔所〕，谓之合朔。”信：两天。旬：十天。二仪：指天地。

制策曰“较前（策问作圣）王之损益，揆今代之用舍，沿革之要，茂对所宜”者。臣闻贯古今蔽天壤而不可易者，道与德也；时损益而皆便于理者，名与物也。所以无体之礼，无声之乐，倚道之主，莫不袭行。① 其余正朔服色，声名文物，则三代已降，逮乎陈、隋，各从其所尚尔。② 伏惟陛下视其善者用之，其不善者舍之，此沿革之要也。制策曰“废关市之征，轻什一之赋”者。臣以征关市税什一者，古今通典，苟不踰辙，无害于人，诚宜取之，以资国用。陛下明欲废之轻之，以息黔首，甚大惠也。然臣以为百姓之患者，不生（一作在）于此，生（一作在）于法令不一，赋敛迭兴，名目滋彰，杼轴皆尽尔。③ 今王畿之内外地州县亦不当赋穟者，何有镇守团练等使，数州又置节度度支使，皆多聚强兵，增置部伍，车禾斗米，皆出于人，计其诛求，十倍王府。④ 至于睚眦之际，不戢自焚，杀长吏夷城郭者，又亦多矣。⑤ 卒然边陲有难，羽檄交驰，必不得一人尺铁以资天讨。⑥ 伏望陛下下旷然之诏，使内地州县，悉依平时，旧帅故老尽罢，以息疲人，则天下赋税十减七八矣。制策曰“归踰年之戍，罢无事之官”者。臣闻王卒以旧，楚子所以败也；将骄卒惰，项梁所以亡也。⑦ 今缘边将士，功已高，位已重，进不求赏，退不畏刑。伏望申命将帅，言于军中，有思归者，因以新卒代之；愿充军者，复以师律整之。夫如是，则军政必行；军政必行，则边无侵轶矣。臣又闻赏功以贵，任能以职，古之道也。伏见比岁诏旨，诸员外兼试等官，才者能者改授正员，其余并依本资数进。⑧ 陛下已得八柄驭功之道矣，微臣又何间焉。⑨

注释：

① 无体：谓行礼中没有一定的动作仪式。《礼记·孔子闲居》：“孔子曰：‘无声之乐，无体之礼，无服之丧，此之谓三无。’”孔颖达疏：“非有升降揖让之礼，故为无体之礼也。”

② 正朔：指帝王新颁的历法。古代帝王易姓受命，必改正朔，故夏、殷、周、秦及汉初的正朔各不相同。自汉武帝后，直至现今的农历，都用夏制，即以建寅之月为岁首。服色：车马和祭牲的颜色。历代各有所尚。《礼记·大传》：“改正朔，易服色。”孔颖达疏：“改正朔者，正，谓年始；朔，谓月初，言王者得政示从我始，改故用新，随寅丑子所损也。周子、殷丑，夏寅，是改正也；周半夜、殷鸡鸣、夏平旦，是易朔也。”郑玄注：“服色，车马也。”孔颖达疏：“谓夏尚黑，殷尚白，周尚赤，车之与马，各用从所尚之正色也。”声名文物：即“声明文物”，谓声教文明与典章制度。语本《左传·桓公二年》：“文物以纪之，声明以发之。”因为古代用车服旌旗仪仗等文饰之物明贵贱、制等级，所以文物引申指礼乐制度。

③ 杼轴：即“杼柚”，织布机上的两个部件，即用来持纬（横线）的梭子和用来承经（直线）的筘。亦代指织机；此借指工商之事。

④ 穟（suì）：禾穗成熟下垂貌；禾穗。赋穟：征收禾黍谷物等。节度：节度使，官名。唐初沿北周及隋旧制，于重要地区设总管，后改称都督，总揽数州军事。一节度使统管一道或数州，总揽军、民、财政。度支：规划计算（开支）；此指度支使、度支尚书。魏晋始置，掌管全国的财政收支。南北朝以度支尚书领度支、金部、仓部、起部四曹；隋开皇初改度支尚书为民部尚书；唐末以重臣兼领盐铁、度支、租庸；五代分置盐铁使、度支使、租庸使；宋有户部使、度支使、盐铁使，总领国内财赋，称三司。诛求：需索；强制征收。

⑤ 睚眦：瞋目怒视，瞪眼看人；借指微小的怨恨。

⑥ 羽檄：古代军事文书，插鸟羽以示紧急，必须迅速传递。尺铁：犹言“寸铁”，指武器。天讨：上天的惩治。《书·皋陶谟》：“天讨有罪，五刑五用哉。”后以王师征伐为“天讨”，意谓禀承天意而行。

⑦ 楚子：指春秋时楚王，因楚君始封为子爵，故称。

⑧ 比岁：连年。员外：指正员以外的官员，即“员外郎”，正员以外的郎官。晋武帝始设员外散骑常侍，员外散骑侍郎，简称员外郎。隋开皇时，尚书省二十四司各设员外郎一人，为各司的次官。唐以后，直至明清，各部都有员外郎位在郎中之次。后世因此类官职可以捐买，故富豪皆称员外。正员：正式编制内的官员。

⑨ 八柄：古代帝王统驭臣下的八种手段，即爵、禄、予、置、生、夺、废、诛。《周礼·天官·大宰》：“以八柄诏王驭群臣：一曰爵，以驭其贵；二曰禄，以驭其富；三曰予，以驭其幸；四曰置，以驭其行；五曰生，以驭其福；六曰夺，以驭其贫；七曰废，以驭其罪；八曰诛，以驭其过。”

制策曰“法有或不便于时，吏有或不（策问作人将未）适其任，贤士见沉于负俗，遗纲有补于化源”者。此皆经国大体，则当与朝之众君子议焉。臣位卑职（疑）寡，何足裨补。然臣以为令合于经，而人悦之者，可存也。令为救弊而作，行已久而犹未安之者，可省也。若乃申黜幽陟明之典，则吏人砥节矣；遵弃瑕录能之义，则俊乂敕职矣。①若王纲者，布于方册，顾在陛下行与不行，何谓之遗矣。制策曰“均沃堉于原田，便工商于市肆”者。臣闻度土功，因地利，所以惠众人也；禁末作，绝奇货，所以惠工商也。②其要在于申明田令，与不扰市人耳。制策曰“改制征物，厘创建正”者。伏以国家受命，向二百年，宪章典礼，并吞千古。今陛下嗣圣御极，孝理君临，华夏既平，临欲改制，此皆先圣旧典，臣窃惜之。③臣又闻夏以木德王而正以人统，殷以金德王而正以地统，周以火德王而正以天统。④孔子曰：“夏正为得天。”此不易之道也。制策曰“复务官曹，澄清流品”者。臣闻设官分职，以蒇王事，犹列宿定位，同拱北辰也。⑤伏见艰虞以来，增制使额，类官有二事，人无底从，销钱销食，十场十扰。⑥今陛下欲使复务于官，人志所底，此为政之本也。臣闻政以贿成，则廉者贪；匪（疑）直其道，则贪者廉。此仕进之情也，今圣虑及此，孰不洁其源而浚其流乎？制策曰“朝有济理之士，边有死难之臣”者。臣闻舜举皋陶，汤举伊尹，则仁者至矣。今贤才夹辅，俊乂扬庭，犹沧海之富珠玑，昆山之积琼玉，但恐未察耳。⑦伏望听政之暇，引备顾问，则十六相（相字亦作才子）不专美于尧代矣。⑧臣又闻子骄者不志孝，臣骄者不志忠。伏望陛下训将帅以礼，示师徒以义，则伏节犯难者，孰变其功乎？⑨制策曰“致（策问作返）俗廉隅，还风朴略”者。臣以为非理（疑作难）也。其化也（疑作始），于朝廷公卿大夫，孰不尚退让，崇节俭，而率土之士，畴不从风而靡乎？⑩制策曰“授简之外，傥有令图”者。臣以为当今所务者，生（一作在）于兴礼乐，务耕稼，禁游食，抑奢侈。其余则诏书所以问，臣纤悉矣。谨对。

注释：

① 黜幽陟明：即“黜陟幽明”，黜退昏愚的官员，晋升贤明的官员。《书·舜典》：“三载考绩，三考黜陟幽明。”孔传：“黜退其幽者，升进其明者。”砥节：砥砺气节。弃瑕：不追究缺点过失。弃瑕录能：犹言“弃瑕录用”，谓不计较缺点、过失而录用人才。三国吴陆瑁《与暨艳书》：“夫圣人嘉善矜愚，忘过记功，以成美化。加今王业始建，将一大统，此乃汉高弃瑕录用之时也。”俊乂：才德出众的人。敕：敬慎。

② 土功：指治水、筑城、建造宫殿等工程。《书·益稷》：“启呱呱而泣，予弗子，惟荒度土功。”孔传：“闻启泣声，不暇子名之，以大治度水土之功故。”末作：古代指工商业。

③ 孝理：犹孝道，指以孝治国教民。

④ 木德、金德、火德：古代阴阳学家以金木水火土五行相生相克和终而复始的循环变化，附会王朝的命运说明王朝兴替的原因，称为“五德终始”。以木胜者为木德，以金胜者为金德，以火胜者为火德。人统、地统、天统：统，本，本源；三统，指夏、商、周三代的正朔。夏正建寅为人统，商正建丑为地统，周正建子为天统。亦谓之三正。《汉书·刘向传》：“王者必通三统，明天命所授者博，非独一姓也。”颜师古注引张晏曰：“一曰天统，为周十一月建子为正，天始施之端也。二曰地统，谓殷以十二月建丑为正，地始化之端也。三曰人统，谓夏以十三月建寅为正，人始成立之端也。”

⑤ 设官：设立官府，设置治理政事的机构。分职：各司其职，各授其职。《周礼·天官·序官》：“惟王建国，辨方正位，体国经野，设官分职，以为民极。”贾公彦疏：“此谓设天地四时之官，即六卿也。既有其官，须有司职。职谓主也。”蒇（chǎn）：完成，解决。

⑥ 艰虞：艰难忧患；指艰难困苦的时代。额：规定的数目。《旧唐书·孝友传·崔衍》：“旧额赋租，特望蠲减。”二事：两种事务；此指事不专一。《后汉书·文苑传上·傅毅》：“二事败业，多疾我力。”李贤注：“二事，谓事不专一也。”底：的确，确实。人无底从，犹言“无所适从”。

⑦ 夹辅：辅佐。《左传·僖公四年》：“五侯九伯，女实征之，以夹辅周室！”扬庭：犹言“对扬于朝廷”，对扬，古代常语，屡见于金文，凡臣受君赐时多用之，兼有答谢、颂扬之意；引申泛指面君奏对。

⑧ 十六相：即十六族。指古代传说的高阳氏的后代八恺和高辛氏的后代八元，为舜向尧推荐的十六个贤臣。因其各有大功，皆赐氏族，故称。《左传·文公十八年》：“是以尧崩而天下如一，同心戴舜，以为天子，以其举十六相，去四凶也。”《左传·文公十八年》：“昔高阳氏有才子八人，苍舒、隤敳、梼戭、大临、龙降、庭坚、仲容、叔达，齐、圣、广、渊、明、允、笃、诚，天下之民谓之八恺。高辛氏有才子八人，伯奋、仲堪、叔献、季仲、伯虎、仲熊、叔豹、季狸，忠、肃、共、懿、宣、慈、惠、和，天下之民谓之八元。此十六族也，世济其美，不陨其名。以至于尧，尧不能举。舜臣尧，举八恺，使主后土，以揆百事，莫不时序，地平天成。举八元，使布五教于四方，父义、母慈、兄友、弟共、子孝，内平外成。”

⑨ 伏节：犹言殉节，指为维护某种事物或追求理想而死。《汉书·刑法志》：“于是师旅亟动，百姓罢敝，无伏节死难之谊。”犯难：此当作“死难”，指为国家的危难或正义事业而付出生命。

⑩ 畴：此指谁。《书·说命上》：“后克圣，臣不命其承，畴敢不祗若王之休命？”孔传：“言王如此，谁敢不敬顺王之美命而谏者乎？”从风而靡：本指如风之吹草，草随风倾倒；此言教化风行。

文苑英华卷四百九十二

宋　李昉等编

贤良方正直言极谏策

沈亚之①

对：臣伏念目之包明，其在昏夕之时则与盲者等，及属日蒙光，乃能瘠玄黄，披万类。②杰智之才，其处浊俗之中，则与愚者混，非遭圣偶时，安能调阴阳，育万物?③其理一也。盲者虽蒙光莫能视，愚者虽蒙圣莫能智（集作资），其理一也。故舜、禹翔其光于上，益、稷之徒周其视于下，其犹悬白日而省离娄也。④三代以降，君之光微，臣之智狭，见其手而迷其足，睹其前而昧其后，其犹举烛萤而临庶目也。今陛下神光动天，鉴彼幽塞，犹惧理有未至，故亲省群言。而臣瞽愚，非能踰于智杰，副陛下之清问。⑤臣以相与贡，臣（文粹作而勉臣以相与贡臣）以贤良应诏，微臣所冒非任，当伏窜弃之尤，不足以塞罪，乃辄伏进所言。⑥

注释：

① 沈亚之：字下贤，吴兴人。元和十年进士。历殿中丞御史内供奉。大和初为德州行营使判官，谪南康尉。终郢州掾。见今《全唐文》卷七百三十四。

② 属、蒙：属，依托；蒙，承蒙。此言眼睛只有依靠太阳光才得以明视。玄黄：指天地的颜色，玄为天色，黄为地色；代指天地。

③ 偶时：适应时势；此言逢时。

④ 离娄：雕镂交错分明貌：此指传说中的视力特强的人。《孟子·离娄上》："孟子曰：'离娄之明，公输子之巧，不以规矩，不能成方圆。'"焦循正义："离娄，古之明目者，黄帝时人也。黄帝亡其玄珠，使离朱索之。离朱，即离娄也，能视于百步之外，见秋毫之末。"

⑤ 瞽：此指昏昧，不明事理；谦辞。副：辅助；此指相称，符合。

⑥ 相与：相处，相交往；此指交好的人。冒：蒙，蒙受。伏：通"服"，承受，承当。窜：驱逐，贬逐。尤：过失，罪愆。辄：于是，就。

伏读睿问，周视圣旨，见陛下思天灾之病也，臣愚以为皆由尚书六曹之本坏而致乎然也。①今请统而条指之。睿问有念人俗之凋讹，及于卒乘之数，货币之资，臣请以今户部、兵部之坏举之。②睿问有思才周于文武，本固在于士农，臣请以礼部、工部之坏举之。睿问有欲以辨行之真伪，臣请以吏部之滥举之。睿问有朝廷之阙，臣请以刑部之失举之。③睿问有四方之弊，臣请以山东、陇右之急奏之。④伏愿陛下详臣之言，察臣之志，无以臣微而轻（集作忽）其奏也。

注释：

① 睿问：皇帝的询问。睿（ruì）：通达、明智；此指古时臣下对君王、后妃等所用的敬词。然：此作代词，如此，这样。六曹：东汉开始尚书分六曹治事，有三公曹、吏曹、二千石曹、民曹、主客曹，其中三公曹尚书为二人，故称"六曹"。魏晋以后，尚书六曹屡有变更，至隋，尚书省分吏、

殿中（左户）、祠、五兵、都官、度支六部，唐定为吏、户、礼、兵、刑、工六部。故后世亦以“六曹”称六部。坏：败坏。

② 凋讹：衰替讹乱。卒乘：士兵与战车，后多泛指军队。《左传·隐公元年》：“大叔完聚，缮甲兵，具卒乘，将袭郑。”杜预注：“步曰卒，车曰乘。”

③ 阙（quē）：缺误；疏失。《诗·大雅·烝民》：“衮职有阙，维仲山甫补之。”

④ 弊：衰落，疲敝。山东：战国、秦、汉时称崤山或华山以东地区，又称关东。此指称太行山以东地区。杜甫《洗兵行》：“中兴诸将收山东，捷书夜报清昼同。”仇兆鳌注：“山东，河北也。安禄山反，先陷河北诸郡。”陇右：古地区名，泛指陇山以西地区。古代以西为右，故名。约当今甘肃六盘山以西，黄河以东一带。韩愈《论捕贼行赏表》：“陇右河西，皆没戎狄。”

臣闻周设六官以统百辟，立国八百年，由纲之不绝于所制也。①太宗龙兴，革魏晋之残政，修法度，立中事，设尚书六曹以叙班文武，以条系天下。②号令既布，而万方从矣。爱其人若爱己之德，保其黎庶若保幼子，恐有坠也。明四目以先其视，指其未见者也（集作指教其未见也）；达四聪以先其听，喻其未闻者也（集作开喻其未闻也）。③尊贤之言而为视听，视听先张则黎庶不陷于灾害而康泰矣。后代虽有盗臣奸党，而终不患其亡，由纲之不绝于所制也。夫尚书六曹之设，犹人之有六腑也。④耳目口鼻之枢，系于元首。⑤手足之用，关于肘膝。其血气根脉（文粹作端绪），皆统于六腑。符而命之，然后能动用；失其用者，非邪则眩。⑥夫人莫不尊其（三字文粹作尊于）首，故足司其所履，指司其所执。百体之司，各勤其用，则首安其尊而不劳。首之处身，犹君之居上也。百辟以位，则君安其尊而不劳明矣。

注释：

① 六官：周六卿之官。《周礼》以天官冢宰、地官司徒、春官宗伯、夏官司马、秋官司寇、冬官司空分掌邦国之政，总称六官或六卿。百辟：百官。纲：纲常，法度。

② 龙兴：龙飞腾上天；此喻王者兴起。班叙：次第班位。班位，指职官爵位，朝班位次。《左传·襄公三十一年》：“公孙挥能知四国之为，而辨于其大夫之族姓、班位、贵贱、能否。”

③ 四目：四只眼睛；此言能观察四方的眼睛。四聪：能远闻四方的听觉。《书·舜典》：“询于四岳，辟四门，明四目，达四聪。”孔传：“广视听于四方，使天下无壅塞。”孔颖达疏：“明四方之目，使为己远视四方也。达四方之聪，使为己远听四方也。”

④ 六腑：指胃、胆、三焦、膀胱、大肠、小肠。《鬼谷子·本经阴符》：“安静五脏，和通六腑。”

⑤ 枢：枢纽，关键。元首：头。《逸周书·武顺》：“元首曰末。”

⑥ 符：古代凭证符券、符节、符传等信物的总称。命：受命。眩：迷惑，迷乱。

今尚书六曹，外虽备其官而中实谬。今人俗凋讹者，其由户部之纲不理也。昔户部其在开元，最为治平。①当时西有甘凉六府之饶，东有两河之赋，仰给之卒不过四五帅，其余利殖所入，尽与齐人，四十年间，富庶滂洋之若是。②及一日上恃升平之功，相肆威骄之狠，直言得死，谀色获进，转掌之间，清跸巡于巴蜀矣。③今西凉为虏，两河为兵，尽开元天下之兵不过当今数郡之卒，胜衣之农而百徭出矣。④鞭役重繁，不胜于籍，榷之不顾其害，刑之不问其深，吞危（文粹作危苦）众多，欲无凋讹不可得也。⑤

注释：

① 治平：政治清明。

② 甘：甘州，西魏废帝三年（公元554年）改西凉州为甘州，治所在永平县（今甘肃省张掖市西北），辖境相当于今之甘肃省高台县以东弱水上游。凉：凉州，西汉置，辖境相当今甘肃、宁夏和青海湟水流域，为汉武帝十三刺史部之一。两河：唐称河南、河北二道为两河。仰给：依赖，此言衣食所依靠。殖：积聚，增殖。齐人：此指平民百姓。晋刘琨《劝进表》："齐人波荡，无所系心。"《新唐书·韦伦传》："国忠多发州县齐人令鼓铸，督非所习，虽棰挟苛严，愈无功。"

③ 跸（bì）：古代帝王出行时，禁止行人以清道。清跸：帝王出行，清除道路，禁止行人；此借指帝王的车辇。

④ 胜衣：指儿童稍长，能穿起成人的衣服；身体能承受衣服的重量。此或双关，言青壮年皆参军入伍，只剩下老、弱耕种田园。

⑤ 籍：此指各种捐税的统称。榷：征收，征税。

兵部之选武士亦谬矣。夫试射百中（集作矢）为重，驰射次之，驰戈亦次之。①此武夫，贱者之宜业也，而真者百无一焉。其余尽置豪奸之革役者以侥冒入，奋戈戏马者亦得中名，则估肆富人之子弟，彼安能致武之所用？②顾欲占籍自恃，以逭徭于乡闾耳。③而欲卒乘货币之充强，臣未见也。今两河之间，至于幽蓟，连属西边北边，而仰给之卒多于其土之齐人十九，在兵部者所操，曾不能制一校尉，而况纽（文粹作揔）其纲乎？④古者兵农之一体也，三时务农，一时习兵，故春耕而夏植，秋藏而冬讲武。诚愿使兵部之纲纪根于古道之要，兵部之令加于将帅之臣，则本久益大矣，何卒货不充于古哉？

注释：

① 试射：主持考试射箭。驰射：骑马射箭。驰戈：当指在马上使用戈一类的长柄兵器。驰戈或指"马枪"，马上使用的长竿上装有金属尖头的武器。唐代武举，大致如下：《新唐书·选举志上》："〔武后〕长安二年，始制武举。其制，有长垛、马射、步射、平射、筒射，又有马枪、翘关、负重、身材之选。"

② 豪奸：强横邪恶；此指强横邪恶之人。役：革除差使。

③ 占籍：籍：户籍，人名簿。唐代武臣常以虚名占有士卒籍。逭（huàn）：逃避。《书·太甲中》："天作孽，犹可违；自作孽，不可逭。"孔传："孽，灾；逭，逃也。言天灾可避；自作灾不可逃。"此言唐代充军可免除徭役，于是很多富家就花钱买通有司以虚名占有士卒籍而本身逍遥于乡闾间且逃脱了徭役。

④ 幽蓟：幽州和蓟州的并称。校尉：军职名，其地位略次于将军，并各随其职务冠以各种名号。隋唐以后迄清为武散官之号，地位逐渐降低。此言驻扎士卒众多过于当地百姓，自然军需较大；且权在兵部，国家难以制衡。

今礼部之得进士，最为清选，而以绮言声律之赋诗而择之。①及乎（集作中）为仕也，则责之不通天下之大经，无王公之重器。②今取之至微而望之甚大，其犹击陋缶而望曲齐于《韶濩》也。③今仕进之风益坏矣，必以阴诈为朴，阳明为狂，顾以武为污矣，而况兼学乎？④陛下何不令礼部之臣督其所业，杂考其所能，则人可化矣。夫惟博大之士，为能兼学耳；夫持纲举维，非博大之士不能也。夫求博大之士，非竭诚不能也。故殷宗之竭诚于神，神感于梦而得傅说；周文之竭诚于气，气感于兆而得太公。陛下如能用殷、周之诚而求之，何患用才之不至矣？

注释：

① 清选：挑选，精选。《后汉书·刘焉传》："清选重臣，以居其任。"绮（qǐ）：华丽，美盛。声律：语言文字的声韵格律。此言唐代礼部取进士，重视文章文采、诗歌声律。

② 器：此指才能，能力。

③ 缶：此指瓦质的打击乐器。陋缶，犹言俗乐，不足以登大雅之堂而为教化。韶濩：汤乐名。《左传·襄公二十九年》："见舞《韶濩》者。"杜预注："殷汤乐。"孔颖达疏："以其防濩下民，故称濩也……韶亦绍也，言其能绍继大禹也。"一说，舜乐和汤乐。泛指庙堂、宫廷之乐，或雅正的古乐。

④ 污：鄙陋，卑下。

今工部之纲不举，其由百工之不条理焉。且务于捷滥，则能速坏；惑于邪巧，则多改作。①速坏相仍，改作无已，欲使财费之不穷，工力之不竭，臣未见也。夫尧之功，与天比覆，居于土阶之上，荫于茆茨之下，土簋而具。②禹亲勤理水，而卑宫室。③是二君者，非不能极巧侈之端，故处陋而无厌，盖欲使天下之人自然而俭易从也。而《周官》百工之职，一（文粹作载）于六职之书详矣。其后昏君乱主，未有不极游观之乐，穷巧侈之娱，恣罗纨之靡。④虽有生植之众，不足充虞人之裁；虽尽陇亩之农，不足塞百工之役；虽竭蚕妇之劳，不足给绮彩之广（集作贡）。⑤秦、隋之末君，不如此不足以隳宗社。今仕家不著籍于乡闾亦已久矣，则农夫唯恐他业之不容于趋也，安肯顾陇亩而恋其本哉。⑥伏愿陛下仰尧、舜、禹之圣敬，畏秦、隋之败奢，念汉文之节俭。凡在百工之用，关于将作内作技同者，必使统于工部，以观制作之度，使劳费之怨不起于下人，则尧圣禹明，周规汉俭，唯陛下择耳，何止士农之固业哉？⑦

注释：

① 捷滥：捷，快；滥，多、过；此言工程建设求快贪多。邪巧：邪恶机巧；此言工程建设投机取巧，多有返工，即质量不合要求而重新加工或改作。

② 茆茨：即"茅茨"。茅草盖的屋顶；亦指茅屋。《墨子·三辩》："昔者尧舜有茅茨者，且以为礼，且以为乐。"茨（cí）：用茅草、芦苇等盖屋；引申指茅屋的顶盖。土簋：盛饭的瓦器。《韩非子·十过》："臣闻昔者尧有天下，饭于土簋，饮于土铏。"此言尧艰苦朴素却成就大的功业。

③ 卑：使卑下；简陋。《论语·泰伯》："恶衣服而致美乎黻冕，卑宫室而尽力乎沟洫。"

④ 游观：游览观光；引申指供游览的楼台。罗纨：泛指精美的丝织品。

⑤ 虞人：古掌山泽苑囿之官。塞：填塞；此言满足。百工：各种工匠；亦特指掌管营建制造等事务的官。

⑥ 著籍：汉制记姓名于宫门的门籍，门籍有其姓名者，方得入宫；此指登记在户籍上。乡闾：古以二十五家为闾，一万二千五百家为乡，因以"乡闾"泛指民众聚居之处。本：指农业。

⑦ 将作：即“将作监”，官署名，亦为官名。秦置将作，至北齐为将作寺；隋开皇二十年改将作寺为监，唐宋因之。一般职掌宫室、宗庙、陵寝及其他土木营建。内作：宫廷内制造器物的作坊。

今吏部之补吏，岁调官千余。其试以偶文俪语之书，程以二百字为准，考之（文粹作其）能否，以定取舍。①直使其人真能，然尚何以补，况十九皆伪人乎？以此而求其实，不可得也。且昆吾之利，莫耶之才，虽巧用不能雕咫尺之木；鸷鸟之罗，虽善掩者不能拘蚊蚋。②如使恢宏博大之士裁心镂舌于（于字文粹作以为）此辞，而其道安可见乎？③陛下何不命群官立于朝者，岁各贡其所知，各以其所长试之，各以其器任之，不胜其任者罪罔上，阙其贡者罪蔽贤，而洽闻者爵逾次。④礼部、吏部以时举籍，刑部督其不察。如此则人人争好贤，人人务克已，何患乎真伪不可辨哉？

注释：

① 俪语：对偶的辞句；此指骈体文。
② 昆吾：山名。《山海经·中山经》：“又西二百里曰昆吾之山，其上多赤铜。”郭璞注：“此山出名铜，色赤如火，以之作刃，切玉如割泥也。”此指用昆吾石冶炼成铁制作的刀剑。莫邪：此指宝剑。传说春秋吴王阖庐使干将铸剑，铁汁不下，其妻莫邪自投炉中，铁汁乃出，铸成二剑。雄剑名干将，雌剑名莫邪。事见汉赵晔《吴越春秋·阖闾内传》。鸷：或当作“絷”，绊，拘捕。蚊蚋：蚊子。此言各物自有其功用，换之则无所适。
③ 裁心镂舌：形容用尽心思，费尽口舌。
④ 罔上：欺骗君上。蔽贤：埋没贤能的人。《国语·齐语》：“于子之乡，有拳勇股肱之力秀出于众者，有则以告。有而不以告，谓之蔽贤。”洽闻：多闻博识。次：班次，爵位。

今朝廷之阙众多，其最急者刑部。刑部之纲不举，其由赏罚之不信，敕命迭降而其旨相违。故有行之于今日而废之于明日，罪之于此而赦之于彼。是慢易欺诈之薮耳，欲无枉挠不可得也。①诚愿斥其烦苛，去其相逾，则人人易守难犯。然后命儒贤究掌之，不明于此者，不得为刑部之官。无令猾贼之徒，轻身重货，窃法以自弄，如此则清矣。②赏信刑果，则远罪修己之风序。③

注释：

① 是：代词，此。慢易：怠忽，轻慢。薮：渊薮，根源。枉挠：亦作“枉桡”。违法曲断，偏私下公，使有理不申。《礼记·月令》：“〔孟秋之月〕斩杀必当，毋或枉桡。”孔颖达疏：“枉谓违法曲断，桡谓有理不申，应重乃轻，应轻更重。”
② 猾贼：奸狡。重货：指金银等贵重财物。此言奸猾之人，用重金买通执法之官。
③ 赏信刑果：赏有信，刑必果；此言赏要诚信，罚罪要果断且有结果。序：此指顺。

今非止于阙，盖将病且痼矣。①夫病者，其在皮肤则易也。六腑尸（文粹作已）缪，气非所经，而其体痼，不亦危乎？臣请以医方之言谕国之病，伏惟陛下察焉。②臣闻良医之理痼也，陈以奇方，伐（集作进）以猛饵，外以针火，导其血络，药病相攻，战于其中，及痼解病瘳，六腑亦惫。③于是竭良药以材，调德膳以味，从而补之。④然后六腑平，百体正，内强而外和矣。夫代之愚医则不然，必使病胜而形羸，不危其身者稀矣。⑤三公六曹，国之六腑也；果刑信赏，国之筋络也；九州百郡，国之四体也；四夷八蛮，国之外肤也。骄荒淫异，国之痼病也；嘉谋长算，国之奇方也；强将劲兵，国之针火也；礼乐法度，国之德膳良药也。⑥夫百骸居于外，六腑列于内，相假而成生，相致而动息，本为一身也。⑦及一腑失理，容而不攻；其久日大，攻而不除；其久为痼，除而不补；其久复发，为废（集作瘵）难矣。⑧臣以为天宝贻痼，始于一支，而容之浸及百体，几危其形；玄宗、肃宗，除而不终，痼及兴元。⑨德宗之时，又无良臣可进内强之术，而攻不克（集作就）。先皇攻于除，而不攻于补。⑩今乃复发于幽蓟，居国之左右；又有西戎之厉，居于右掌之肤，涉腕逾肘，今已及肩。⑪何以知其自掌而及肩也？以安西至于泾陇，一万二千里，其间严阙（疑）重阻，皆为戎有，由此知其及肩也。⑫则王畿界戎无五百里，此肩之去喉能远乎？奈何容而不除也？此皆发于中朝之阙，而流其病也。⑬

注释：

① 痼（gù）：积久难治的病；此言积久难改的政治弊病。

② 谕：告晓，告知；此指比喻，比拟。

③ 针火：针灸。瘳（chōu）：病愈。惫：疲乏；此指衰竭。《素问·脉要精微论》："腰者肾之府，转摇不能，肾将惫矣。"

④ 德膳：犹言"滋膳"，补养的膳食。《礼记·大学》："富润屋，德润身。"故此言补养的膳食为"德膳"。

⑤ 羸（léi）：瘦弱。

⑥ 骄荒：骄纵荒淫。淫异：当作"淫佚"，恣纵逸乐。嘉谋：高明的经国谋略。《书·君陈》："尔有嘉谋嘉猷，则入告尔后于内，尔乃顺之于外。"长算：长远之计。

⑦ 百骸：指人的各种骨骼或全身。《庄子·齐物论》："百骸、九窍、六藏，赅而存焉，吾谁与为亲？"成玄英疏："百骸，百骨节也。"相假：互相凭借。

⑧ 容：容受，忍受；放任。攻：此指治疗。《周礼·天官·疡医》："凡疗疡，以五毒攻之。"郑玄注："攻，治也。"瘵（zhài）：病；此言积久之重病则难治矣。

⑨ 天宝贻痼句：天宝，玄宗年号；贻，遗留；此言玄宗天宝年间755年开始的安史之乱，这给唐王朝留下了一大痼病；但那只是某一肢体的，因为安史之乱（755—763）主要在两河地区，且主要是兵祸；而后又有夺位之争、藩镇叛乱等。兴元：德宗年号，即784年。

⑩ 先皇：当指唐顺宗；因为沈亚之举元和十年进士，元和（806—820）乃宪宗年号；顺宗乃宪宗之父。

⑪ 幽蓟：幽州和蓟州。西戎之厉：西戎，古代西北戎族的总称，唐代主要指称我国西北方吐蕃等少数民族；厉，灾祸，祸患。此言吐蕃为祸唐朝。

⑫ 安西至于泾陇：安西，乃唐初四大都护府之一，辖西突厥故地，跨天山南北，东抵西州、庭州，治所在龟兹；主要是今新疆大部地区。泾，泾州，陇，陇州，皆在今陕西境内，逼近唐时都城长安。安西至于泾陇这么一大片版图，自安史之乱至于元和间，皆被西边的吐蕃国乘虚占领（吐蕃国曾在广德元年763年冬攻陷长安，十二日后退出）。参见《新唐书·地理志》、谭其骧《中国历史地图集》。

⑬ 中朝：指唐王朝之中期。

若四方之弊，莫若山东、陇右之急，莫若武备之不至，又请详举之。夫圣人之母万物，必体天地之功。①故以阳为文教，极其光明也；以阴为武备，尽其肃厉也。②夫阳盈则韬而阴藩之，阴盈则复而阳济之，故能相理而不乱。五月阳盈，使一阴居其间，明正阴之有位，而盗阴不生也，故圣人因之以武备。③至于十一月阴盈，包将来之阳，可大可久也。故外作雪霜以厉之，恐僭阳之道也；内密燠而养之，使其为文为光也，故圣人因之求贤以为辅。④雹冻霜雪，禁其烦（烋）芜，阴用也，故圣人因之以正刑。⑤雷风为前驱，荡其所不通。温光从而旸（集作舒）之，阳德也，故圣人因之以大宥。⑥是以圣人之德，文虽先川（文粹作虽尚文）而武备不去。前年淮夷擒，齐鲁灭，常山死，幽蓟归（集作幽燕归文粹作幽蓟翫）。⑦臣未见制法有方法也，而议者且以为兵可戢也，遂用羸将守常山，滞儒临蓟北，不旋踵而贼气复作矣。⑧伏愿陛下慎动诫盈，无伤阴之大候。且行化在便人，举兵在立势。⑨夫百斛之车，百蹄之牛不能摇其毂，如措之峻坂之上，扰之力者不尽数牛，及轰然而迁，则牛足之运不及轮奔矣。⑩此立势之枢也。今幽蓟之兵，其由病者之再病也，乘虚而强履，独有立势而诛之。立势之急，在于聚威于深棣，实力于沧定，然后以赵魏临常山，环兵而攻之，则冀马之纵，不望合于燕蹄矣。⑪以太原之师入蓟丘，则易水之东，左臂不能旁运矣。⑫此拘燕固（集作囚）冀之方也。如其擒纵之法出于一时者，则名将而用耳（川文粹作则在名将而用耳）。如其威不聚于急，力不实于危，虽有名将，不能为也。

注释：

① 母：此指哺育，抚养。体：体会，体察。
② 肃厉：严酷。
③ 盗阴：盗，窃取，篡夺；盗阴相对于“正阴”而言。阴和阳，乃中国古代哲学认为宇宙中贯通物质和人事的两个对立面。《易·系辞上》：“一阴一阳之谓道。”
④ 僭（jiàn）：同“僭”，超越，占据。燠（yù）：暖，热；此指使温暖，使热。
⑤ 烦芜：繁杂。正刑：正定刑律。《礼记·王制》：“司寇正刑明辟，以听狱讼。”
⑥ 阳德：阳气。《西京杂记》卷五：“阳德用事，则和气皆阳，建巳之月是也，故谓之正阳之月。”比喻指皇帝的恩泽。大宥：犹大赦；泛指赦免。
⑦ 前年：或在元和八年（813），因沈亚之元和十年（815）举进士。淮夷擒，齐鲁灭，常山死，幽蓟归：此言宪宗收复失地、削平藩镇，中兴大唐。
⑧ 戢：收藏兵器。《诗·周颂·时迈》：“载戢干戈，载櫜弓矢。”毛传：“戢，聚也。”《后汉书·光武帝纪下》：“退功臣而进文吏，戢弓矢而散牛马。”引申指停止战争。滞儒：固执、迟钝而呆滞的文人。旋踵：掉转脚跟；形容时间短促。
⑨ 行化：言推行教化。便人：此指有利于人。
⑩ 百斛之车，百蹄之牛：言车之载物也重，拉车之牛也多。毂（gǔ）：车轮的中心部位，周围与车辐的一端相接，中有圆孔，用以插轴；代称车轮。措：放置。峻坂：陡坡。
⑪ 冀马：古冀州之北所产的马，亦泛指马。燕蹄：燕地之马，此乃因上句而仿词。
⑫ 蓟丘：古地名，在北京城西德胜门外西北隅。《史记·乐毅列传》：“乐毅报遗燕惠王书曰：‘蓟丘

之植，植于汶篁。'" 张守节正义："幽州蓟地西北隅，有蓟丘。" 易水：水名，在河北省西部。源出易县境，入南拒马河。荆轲入秦行刺秦王，燕太子丹饯别于此。《战国策·燕策三》："风萧萧兮易水寒，壮士一去兮不复还。" 左臂不能旁运：此言部署兵力之左路军不能旁及。

陛下见西制戎，北制虏，壁垒之势，盘连交错；兵甲之多，赏劳之厚，以为戎虏之畏此而不敢犯塞。今以刑赏之不信也，而戎臣以自入士卒虚名占籍者十五，不啻日夜飞金璧，走银缯。① 市言唯恐田园陂池之不广也，簪珥羽钿之不侈也，洞房绮闼之不邃也。② 不如此不足以积怨劳卒，及寇来则必固壁闭兵，无敢出击者。如一日戎戈东刃，陛下将安倚乎？今北方扰攘，犹已事嫁矣（川文粹作既已负约矣）；而西戎之虚盟，安足信之？不可无虞也。夫人性有勇怯，地形有险易。勇怯可以习制，制之以刑则亡怯，乐之以利则亡怯，慑之以势则亡怯。③ 假如陟险，利强弩以持（文粹作迟）重者据之；平陆，利骑戈以捷手健蹄者兼之。④ 此得势而亡怯也。今士卒之获戎者，得其马羊牛杂畜及衣装宝络，皆与之，无令有所奋夺，此顾利而亡怯也。⑤ 蒙兵失律者皆诛，此畏刑而亡怯也。⑥ 如此而用，勇倍百矣。臣尝仕于边，又尝与戎降人言，自瀚海已东神鸟、炖煌、张掖、酒泉，东至于金城、会宁，东南至于上邽、清水，凡五十郡、六镇、十五军，皆唐人子孙，生为戎奴婢，田牧种作，或贬（集作窴）居城落之间，或散处野泽之中。⑦ 及霜露既降，以为岁时，必东望啼呼（集作嘘）。其感故国之恩（集作思）如此，陛下能不念之？臣意西戎今冬当踰河拒北虏，明年必大入灵武，寇西城，先击监宥。⑧ 诚能因此时，诏宁、陇、邠、泾及南梁，皆会兵计事，独得以老弱留谨城，其他少壮及骑士皆持装佩盐糗。⑨ 令邠、宁、泾原军皆出平凉道弹筝，邠宁军北固崆峒守萧关，泾原军西遮木硖关，凤翔军逾陇出上邽，因临洮取凤林关，南梁军道凤逾黄花，因狄道会陇西，得其利则击，因其牛羊，足以供具。⑩ 各以轻骑入贺（集作河）兰，抚谕其遗人，飞声流势，延而益西，则故地尽可得也。⑪ 如此则王畿之内，安有警烽之虞哉！臣固曰四方之弊，莫若山东、陇右。

注释：

① 戎臣：武臣。占籍：占有士卒名籍；已见前注。不啻：不仅，何止。金璧：黄金和璧玉。缯：代丝织品的总称；帛。此言武臣虚名占籍，且极尽豪奢。

② 市言：犹市井传言。闼（tà）：内门，小门；泛指门。邃（suì）：深，幽深。

③ 慑（shè）：威慑，使慑服。

④ 平陆：平原，陆地。

⑤ 宝络：即璎珞，用珠玉串成的颈饰。

⑥ 蒙：此言欺瞒，蒙蔽。《左传·僖公二十四年》："上下相蒙。" 杜预注："蒙，欺也。"

⑦ 瀚海：地名，唐代指蒙古高原大沙漠以北及其迤西今准噶尔盆地一带广大地区的泛称。炖煌、张掖、酒泉：炖煌，中华书局本作"燉煌"。炖煌郡即沙州，张掖郡即甘州，酒泉郡即肃州，此三郡皆隶属陇右道。（案，唐高祖武德初改天下郡为州，玄宗天宝元年（742）改州为郡，肃宗乾元元年（758）又改郡为州，整个唐代称政治区划为"郡"仅 16 年；故称"州"称"郡"所指同一。至于"道"乃唐代地理区划，贞观元年（627）因山川形便，分天下为关内、河南、河东、河北、

山南、陇右、淮南、江南、剑南、岭南十道。）金城：古郡，在今甘肃兰州之西北。会宁：郡名，隶属关内道。上邽：邽（guī），古地名，春秋秦邑。汉置上邽县，属陇西郡。在今甘肃省天水市西南。《史记·秦本纪》：“〔秦武公〕十年，伐邽、冀戎，初县之。”裴骃集解：“《地理志》：陇西有上邽县。应劭曰：‘即邽戎邑也。’”镇：古代于边境重地设镇，以重兵驻守；后内地亦设。此言唐代所设镇。唐初，为方镇之始，所置戍边兵力较少，镇将只掌防戍守御，品秩与县令相等中唐起，镇之地位上升，权力增大，而内地亦相继设置，其长官为节度使，掌一方军政大权。参阅《新唐书·兵志》。

⑧ 灵武：地名。汉时故城在宁夏新城西北；唐置县，故城在今宁夏灵武西北。《新唐书·地理志》、谭其骧《中国历史地图集》。

⑨ 宁、陇、邠、泾：宁州、陇州、泾州，皆隶属关内道。邠：邠州，隶属京畿道。南梁：或即为梁州之南，梁州隶属山南西道。此数州皆环拱唐都城长安周围。糗（qiǔ）：炒熟的米麦；此指干粮。参见《新唐书·地理志》、谭其骧《中国历史地图集》。

⑩ 平凉：平凉郡即原州，隶属关内道。崆峒：山名。在今甘肃平凉市西。相传是黄帝问道于广成子之所。也称空同、空桐。萧关：古关名，故址在今宁夏固原东南，为自关中通向塞北的交通要冲。唐神龙元年（705年）置县，治所在今固原北一百八十里。至德后地入吐蕃，大中间收复，置武州治此，旋废。凤林：地名，在今甘肃省临夏县南。北魏郦道元《水经注·河水二》：“河水又东历凤林北。凤林，山名也。五峦俱峙。耆谚云：‘昔有凤鸟飞游五峰，故山有斯目矣。’”黄花：太行山峰名。《史记·赵世家》：“〔武灵王〕北略中山之地，至于房子，遂之代，北至无穷，西至河，登黄华之上。”张守节正义：“黄华盖西河侧之山名也。”陇西：古代郡名。《汉书·地理志下》：“陇西郡。秦置。”颜师古注：“此郡在陇之西，故曰陇西。”参见《新唐书·地理志》、谭其骧《中国历史地图集》。

⑪ 贺兰：即贺兰山，一称阿拉善山。在宁夏回族自治区西北边境和内蒙古自治区交界处。抚谕：即抚喻，安抚晓喻。遗人：劫后幸存者。《后汉书·刘盆子传》：“时三辅大饥，人相食，城郭皆空，白骨蔽野，遗人往往聚为营保，各坚守不下。”

今策臣之目曰“直言极谏”，则言无所不直，直不惧于罪也。若谏无不极者，今百不尽臣之一二焉。何者？答问之所及，或未利于国，臣虽欲漏之而不解，则惧执事之臣不痞也。①睿问之所不及者，当臣之所蓄（集作言实），或（集无或字）有利于国，臣虽欲奏之，臣惧罪言于非宜也。②而况晦寒（集作短晷）之晨，奔光驰曜之下，笔之条奏，拘以文陈乎！③臣所以愤懑之诚，百不及一二也。④岂无异日而顾问哉？⑤伏惟陛下察焉。谨对。

注释：

① 执事：主管其事。

② 罪言：指称奏议或议论时政得失的言论文章。《新唐书·杜牧传》：“刘从谏守泽潞，何进滔据魏博，颇骄蹇不循法度。牧追咎长庆以来朝廷措置亡术，复失山东，巨封剧镇，所以系天下轻重，不得承袭轻授，皆国家大事。嫌不当位而言，实有罪，故作《罪言》。”

③ 短晷：日影短；泛指短暂的时间。此言考试时间不长，不能尽情议论。

④ 愤懑：抑郁烦闷。司马迁《报任少卿书》：“恐卒然不可为讳，是仆终已不得舒愤懑以晓左右。”

⑤ 顾问：此指咨询，询问。

文苑英华卷四百九十三

宋　李昉等编

贤良方正直言极谏策一道（太和二年春三月）

刘　蕡①

问：朕闻古先哲王之理也，玄默无为，端拱司契（《旧唐书》作思道），②陶甿心以居简，凝日用于不宰，立本以厚下（诸本作厚下以立本），推诚而建中。③繇是天人通，阴阳和，俗跻仁寿，物无疵疠。④噫！盛德之所臻，敻乎其莫可及已，三代令王，质文迭救，而巧伪滋炽，风流寖微。⑤自汉魏以降，足征益寡。⑥

注释：

① 刘蕡（fén）：字去华，昌平（今属北京市）人。宝历二年进士。博学善属文，尤精《春秋》。唐自元和末，宦官权盛，握兵宫闱，横制天下，君主废立，多由其手，干扰庶政，更不待言。刘蕡在草泽中，居常愤慨。唐文宗即位，欲求中兴，大和二年三月策试贤良，刘蕡针对时弊，慷慨陈词，毫无顾及。矛头直指当时炙手可热的宦官。考官读刘对策十分赞赏，以为超过汉朝之晁错、董仲舒。但害怕宦官，不敢录取。同时士人读此文感慨流涕。登科人李合对人说："刘蕡不第，我辈登科，实厚颜矣。"并上书天子，请求将己之官禄让与刘蕡。可见此文影响之大。后来参与令狐楚、牛僧儒之幕府，授秘书郎。宦官恨之入骨，诬以罪，贬柳州司户参军，依张采田考证当卒于会昌二年。刘蕡死后六十余年，宦官诛灭之后，罗衮上书以为当时如果采纳刘蕡之策，防微杜渐，不致有后来之播迁。唐昭宗感悟，赠刘左谏议大夫，访子孙授以官。刘蕡作品仅存此对策一篇。

② 理：《新唐书》作"治"，唐人避高宗李治讳，多用"理"代"治"。玄：原文避康熙讳作"元"，今改正。"玄默无为"指人君之道在于御下有方，己身不必多所劳碌指画。此即概括《老子》君人南面之术，即所谓"无为而治"。玄默：深沉静默。端拱：端坐拱手，指人君无为之态度，所谓无为即《老子》君人南面之术，人君只须掌握原则，其余众事皆委之于职官。司契：掌握契据。《老子》："是以圣人执左契而不责于人，有德司契，无德司彻。"此言掌管法规。司，管理，掌握；契，原指契约，引申为大原则。

③ 甿：同"氓"，指人民。陶甿心，陶治民心。"凝日句"：取《老子》"长而不宰"之意。凝，聚；指人君之德凝聚于日常事物之中，使其自然生长，而不必亲自宰成。"立本"句："厚下以立本"意为民为邦本，人民富厚，国才有根本。（"立本以厚下"，则此本指农业，只有以农业为本，人民生活才能富厚。）建中：谓建立中正之道，以为共同的准则。《书·仲虺之诰》："王懋昭大德，建中于民，以义制事，以礼制心，垂裕后昆。"蔡沈集传："立中道于天下。中者，天下之所同有也。"

④"繇是"四句："繇是"即"由是"。此四句写上古人君之德之反应。古人相信天人感应，人事好，天降祯祥，人君失德，天降灾害。疵疠（cī lì），疵是病，疠是恶疮，合指病害。

⑤"盛德"二句：意谓（古代圣君）盛明之德达到的境界是远不可及啊！敻（xiòng）：远；久远。汉班固《典引》："厥有氏号，绍天阐绎，莫不开元于太昊皇初之首，上哉敻乎，其书犹得而修也。""三代"二句：意谓三代好的君主以质救文之过，以文救质之过，相互更迭为用。三代，指夏、商、周。"质文迭救"指救弊补偏，质过就救之以文，文过则救之以质。"巧伪"二句：意谓巧伪的风气滋生炽烈，古代淳朴的风气渐渐衰微。风流：风尚习俗。寖微：逐渐衰微。寖（jìn），逐渐。

⑥"自汉"二句：意谓从汉魏以下的朝代君主，可以征信治道的就更少了。足征益寡，指可以征信者

更少。

朕顾昧理道，祗荷丕构，奉若谟训，不敢荒宁。①任贤惕厉，宵衣旰食。②讵追三五之遐轨，庶绍祖宗之鸿绪。③而心有所未达，行有所未孚，由中及外，阙政斯广。④是以人不率化，气或堙厄，灾旱竟岁，播植愆时。⑤国廪罕蓄，乏九年之储；吏道多端，微三载之绩。⑥京师，诸夏之本也，将以观理，而豪猾（旧唐书有时字）逾检；大学，明教化之源也，期于宣化，而生徒多惰业。⑦列郡在乎颁条，而干禁或未绝；百工在乎按度，而淫巧或未衰。俗堕风靡，积讹成蠹。⑧其择官济理也，听人以言，则枝叶难辨；御下以法，则耻格不形。⑨其阜财发号也，生之寡而食之众，烦于令而鲜于理。思欲究此缪盭，致之治平，兹心浩然，若涉泉水。⑩故前诏有司，博延群彦，伫启宿懵，冀臻时雍。⑪

注释：

①“朕顾”二句：皇帝谦称不明治国之道，小心恭敬地继承大业。昧：暗也。祗：敬也，言小心翼翼继承帝位。荷：承担。丕构：犹大业；喻帝位。丕，大；构，建筑物。“奉若”二句：意谓小心尊奉古代之典谟训诰，不敢荒嬉安逸。谟训：儒家经典《尚书》中之典谟训诰等帝王为政之内外修养以及唐代列祖列宗之遗训。荒宁：荒废懈怠，贪图安逸。《书·无逸》：“治民祗惧，不敢荒宁。”孔传：“为政敬身畏惧，不敢荒怠自安。”

②“任贤”二句：承上言己之勤于政事。任用贤才，朝夕戒慎恐惧。“惕厉”原于《易·乾》：“君子终日乾乾，夕惕若厉，无咎。”宵衣：很早就穿衣。旰（gàn）食：很迟才进食；旰，日色傍晚，此处借言其迟非实指日晚。

③“讵追”二句：自谦言岂敢追从三皇五帝之远古圣王之治道，只想能接续唐朝列帝之传统。三五：三皇五帝，古代传说所推崇之理想君主，道德政化都是后世可望而不可及者。

④“而心”二句：意谓心里（对治道）还不尽通晓，行为也未能为人民所相信。孚：信也，取信于人或为人所信。“由中”二句：意谓从朝廷到外地，政治上的缺失很多。中外概念有二，一以宫内为中，朝廷为外，一以朝廷为中，地方为外。阙，通缺。

⑤“是以”二句：上句言政教未修明，人民未顺从教化，所以阴阳之气不顺畅；上句因，下句果。堙厄，指堵塞不通。古人相信天人感应，政治清明，上下之气相通，风调雨顺，阴阳得所。反之，则上下不通，阴阳失序，异灾丛生。“灾旱”二句：意谓终年闹灾，不能按时种植庄稼。愆时：失时。愆（qiān），违失。竟岁：整年。

⑥吏道多端：犹言“政出多门”。指政令由许多部门发出，权力分散。语本《左传·成公十六年》：“鲁之有季孟，犹晋之有栾范也，政令于是乎成。今其谋曰：‘晋政多门，不可从也。’”“国廪”四句：意谓国家仓库里很少积蓄，没有九年的储备，官吏多方行事，缺乏三年政绩可考。微，无也。

⑦“京师”四句：意谓京城是全国的根本，从京师可以看国家政治情况，而豪猾之民不守法度。诸夏，指全国各地。豪猾踰检：豪横奸猾者超越法度；检，指法制。“大学”四句：意谓大学是明扬教化的根源，期望宣明教化，而学生们多不努力学业。大学：即太学。宣化：宣明教化；惰；懈怠不勤奋。

⑧“列郡”二句：言各地方官在于颁布条令，而犯禁令之事却没有根绝。“百工”二句言百工之事应该按制度造作，但不合制度追求淫巧之制作却不见衰减。蠹：蛀虫。意谓颓坏的风俗风行而成为国之蠹害。

⑨“其择”四句：意谓在选择官吏帮助办好政治方面，只凭言语取人往往分不清本末；以法律来驾驭下属，（他们）只求苟免而不会得到有耻且格的效果。枝叶难辨：比喻分不清本质和末节。济：（对事情）有益。耻格：据《论语》“道之以政，齐之以刑，民免而无耻；道之以德，齐之以礼，有耻且格”中的“有耻且格”压缩而成。格，正。

⑩“思欲”四句：意谓想要根究这种谬误，达到天下政治清明，而心里茫然，十分恐惧不安。缪盭（lì）：错误。盭，乖戾之“戾”的本字。治平：“治国平天下”的压缩语。兹心：自心。浩然：本言广大，此处有广漠茫然，心无主张的意味。泉水：渊水，避李渊讳。“若涉泉水”出自“如临深渊，如履薄冰”，诚惶诚恐的样子。

⑪“伫启”二句：意谓等待大家启发教导，达到天下太平的效果。宿懵：长久的糊涂。时雍：时世太平；雍，和谐。

子大夫皆识达古今，志在康济；造庭待问，副朕虚怀。①必当箴主之阙，辨政之疵，明纲条之所紊，稽庶富之所急。②何术斯革于前敝？何泽斯惠于下土？何施而理古可近？何道而和气可充？推之本源，著于条对。至若夷吾轻重之权，孰辅于理？③严尤底定之策，孰叶于时？④元凯之考课何先？⑤叔子之克平何务？⑥推此龟鉴，择乎中庸，期在洽闻，朕将亲览。⑦

注释：

① 子大夫：天子对臣子的美称。康济：语出《尚书》：“康济小民。”指安民济众。造庭待问：到朝廷应诏。副朕虚怀：符合我虚心求教的心怀。

② 箴：规戒。所紊：纲条紊乱的现象。庶富：语出《论语·子路》：“自适卫，冉有仆。子曰：‘庶矣哉。’冉有曰：‘既庶矣，又何加焉？’曰：‘富之。’”此处即指民众。

③ 夷吾：春秋时齐国名相管仲的字，著有《轻重》之篇，多言富强之道。理：治理（国家）。

④ 严尤：王莽时为讨秽将军，曾以计诱杀高句丽侯驺，封武建伯。事见《汉书·王莽传》。底定：平定。此二句言严尤平定外族的策略哪些符合今天的情况？

⑤ 元凯：西晋名臣杜预，字元凯。曾“受诏为黜陟之课”，即关于官吏考核之法。详见《晋书·杜预传》。此句的意思是：杜预考核官吏的办法哪一条应该最先实施？

⑥ 叔子：西晋名臣羊祜，字叔子。西晋能够统一天下，特别是灭吴的策略，主要由羊祜制定。详见《晋书·羊祜传》。克平：指叔子平定吴国。务：实施。

⑦“推此”四句：意谓根据上下文所说的鉴戒，选择合乎中庸之道（的方式），旨在使见闻周洽，我将亲自看阅。

对

刘　蕡

对：褐衣小臣蕡，沐浴斋戒，伏于彤庭之下，谨顿首上言皇帝陛下：①臣诚不佞，有匡国致君之术，无位而不得行；②有犯颜敢谏之心，无路而不得达。但怀愤抑郁，思有时而一发耳。常欲与庶人议于道，商旅谤于市，得通上听，一悟主心，虽被妖言之罪，无所悔焉。③况逢陛下以至德嗣兴，以大明垂照，询求过阙，咨访谟猷，下制中外举能直言极谏者；④臣既辱斯举，专承大问，敢不悉意以言？至于上之所忌？时之所禁，权幸之所讳恶，有司之所与夺，臣愚不识（文粹有大体二字），伏惟陛下少加优容，不使圣朝有谠直受戮者，乃天下之幸也，非臣之所望也。⑤谨昧死以对：⑥

注释：

① 褐衣：指无官职。彤庭：皇帝阶庭都涂成红色。陛：宫殿的台阶；陛下，对君主的敬称；犹言不敢直陈君前，只可陈于阶下服务人员。
② 佞（ning）：才；"不佞"，语出《左传·成公十三年》："寡人不佞"，后世常用之为自谦之词。匡：救。致君：杜甫有"致君尧舜上，再使风俗淳"，所以单言致君二字即有致君尧舜的意思。
③ 谤：指责；以下议上称谤。被：遭遇。
④ 谟猷（yóu）：重大决策的谋划。
⑤ 少加优容：稍加宽容；优容，宽容的意思。谠直：正直；此指正直的人。
⑥ 昧死：冒死罪。此为应制直言或上重大奏章的习用语。

伏以圣策有思先古之理，念玄默之化，将欲通天人以济俗，和阴阳以煦物，见陛下慕道之深也。①臣以为哲王之理，其则不远，惟陛下致之之道何如耳。②伏以圣策有祇荷丕构而不敢荒宁，奉若谟训而罔有怠忽，见陛下忧劳之至（旧唐书作志）也。若夫任贤惕厉，宵衣旰食，宜黜左右之纤佞，进股肱之大臣。③若夫追踪三五，绍复祖宗，宜鉴前古之兴亡，明当时之成败。心有所未达，以下情蔽而不得上通；行有所未孚，以上泽壅而不得下达。④欲俗之化也，在修己以先之；欲气之和也，在遂性以导之。⑤救灾旱在致乎精诚，广播植在视乎食力。⑥国廪罕蓄，本乎冗食尚繁；吏道多端，本乎选用失当。⑦豪猾逾检，由中外之法殊；生徒惰业，由学校之官废。列郡干禁，由授任非人；百工淫巧，由制度不立。

注释：

① 济：拯救，济俗即整济风俗。煦：阳光的温暖。
② 此节为下文总起，强调只要下定决心循正道即可达到古代理想之境地。则：法则。
③ 纤佞：善于阿谀奉承的小人，此处意指宦官。股肱：股，大腿；肱，胳膊；合言以喻重要辅佐。《左传·昭公九年》："君之卿佐，是谓肱骨。"
④ 以：因为。壅（yōng）：障蔽、遮盖。达：周洽之意。
⑤"欲俗"四句：意谓使民俗转化，在于加强自身修养；要使风气和顺，在于顺遂人性因势利导。
⑥ 食力：本指靠劳动生活。《国语·晋语四》："庶人食力。"这里指粮食和人力。唐司空图《复安南碑》："扑魅驱狸，潜消沴气，农商并劝，食力兼储。"
⑦ 国廪：国家仓库。冗：多余无用。冗食即冗官、冗员。

伏以圣策有择官济理之心，阜财发号之叹，见陛下教化之本也。且进人以行，则枝叶安有难辨乎？防下以礼，则耻格安有不形乎？念生寡而食众，则可罢斥惰游；念令烦而理鲜，要在察其行否。博延群彦，愿陛下必纳其言；造庭待问，则小臣其（诸本作安）敢爱死？①伏以圣策有求贤箴阙之言，审政辨疵之令，（旧书作念）见陛下咨访之心勤也。遂小臣屏奸豪之志，则敝革于前；守陛下念康济之言（唐书作心文粹作方），则惠敷于（文粹作孚于）下；邪正之道分，而往古可近，礼乐之方著，而和气克充。至若夷吾之法，非皇王之权；严尤所陈，无最上之策。元凯之所先，不若唐尧之考绩；叔子之所务，不若虞舜之舞干。②且俱非大德之中庸，未可为上圣之龟鉴，又何足为陛下道之哉？或有以系安危之机、兆存亡之变者，臣请披沥肝胆，为陛下别白而重言之。③

注释：

① 延：延揽。彦：美士，才德杰出的人。其：通借为“岂”。爱：吝惜。

② 考绩：按一定标准考核官吏的成绩。《书·舜典》：“三载考绩。三考，黜陟幽明。”孔传：“三年有成，故以考功。九岁则能否幽明有别，黜退其幽者，升进其明者。”北周庾信《周太子太保步陆逞神道碑》：“考绩入于岁成，论功书之年表。”舞干：语出《尚书·大禹谟》：“帝乃诞敷文德，舞干羽于两阶，七旬，有苗格。”干、盾、羽，翳也，皆舞者所执。此言修德可以感化敌方，使之臣服，不须动武。

③ 龟鉴：比喻可供人对照学习的榜样或引以为戒的教训。鉴，镜子。龟可卜吉凶，镜能别美丑，因以为喻。《隋书·魏澹传》：“五帝之圣，三代之英，积德累功，乃文乃武，贤圣相承，莫过周室，名器后稷，追谥止于三王，此即前代之茂实，后人之龟镜也。”披沥：竭诚，竭尽；习用“披肝沥胆”，犹言掬出心肝相示。

臣前所言（诸本作谓）“哲王之理，其则不远”者，在陛下慎思之，力行之，始终不懈而已。臣谨按《春秋》：元者，气之始也。春者，岁之始也。《春秋》以元加于岁，以春加于王，明王者当奉若天道，以谨其始也。又举时以终岁，举月以终时。《春秋》虽无事，必书首月以存时，明王者当奉若天道，以谨其终也。王者动作，始终必法于天者，以其运行不息也。陛下既能谨其始，又能谨其终，懋而修之，勤而行之，则可以执契而居简，无为而不宰矣。①广立本之大业，崇建中之盛德矣，又安有三代循环之敝而为巧伪滋炽之渐乎？臣故曰：“惟陛下致之之道何如耳！”

注释：

① 懋：勤勉。执契：本谓手持凭证，以相验对。引申指把握契机。元稹《对才识兼茂明于体用策》：“执契之道，垂衣不言。”居简：谓持身宽略。《论语·雍也》：“居简而行简，无乃大简乎？”邢昺疏：“言居身宽略而行又宽略，乃大简也。”不宰：出于《老子》：“生而不有，为而不恃，长而不宰。”王弼注：“物自长足，不吾宰成。”即听其自然的意思。

臣前所谓“若夫任贤惕厉，宵衣旰食，宜黜左右之纤佞，进股肱之大臣”者，实以陛下忧劳之至也。臣闻不宜忧而忧者，国必衰；宜忧而不忧者，国必危。①今陛下不以国家存亡之计、社稷安危之策而降于清问，臣未知陛下以为布衣之臣不足以（新唐书作与）定大计耶？②或万几之勤，而圣虑有所未至也。不然，何宜忧者而不先忧乎？臣以为陛下之所虑者，宜先忧（七字诸本作所宜先忧者）宫闱将变，社稷将危，天下将倾，海内将乱。此四者乃国家已然之兆，故臣谓圣虑宜先及之。夫帝业既艰难而成之，胡可容易而守之？昔太祖肇其基，高祖勤其绩，太宗定其业，玄宗继其明，至于陛下，二百有余载矣。其间明圣相因，扰（唐书作忧）乱继作，未有不委用贤士，亲近正人，而能绍兴徽烈者也。③或一日不念，则颠覆大器，宗庙之耻，万古为恨。④臣谨按《春秋》：人君之道，在体元以居正。昔董仲舒为汉武帝言之略矣。其所未尽者，臣得为陛下备而陈之。夫继故必书即位，所以正其始也；终必书所终之地，所以正其终也。故君者，所发必正言，所履必正道，所居必正位，所近必正人。臣又按《春秋》："阍寺杀吴子余祭。"⑤书其名（三字旧唐书作不书其君），《春秋》讥其疏远贤士，昵近刑人，有不君之道矣。⑥伏唯陛下思祖宗开国之勤，念《春秋》继故之戒。将明法度之端，则发正言而履正道；将杜篡弑之渐，则居正位而近正人。远刀锯之残，亲骨鲠之直，⑦辅（文粹作相）臣得以专其任，庶寮（唐书作职）得以守其官，奈何以亵近五六人，总天下之大政？⑧外专陛下之命，内窃陛下之权；威慑朝廷，势倾海内；群臣莫敢指其状，天子不得制其心，祸稔萧墙，奸生帷幄，臣恐曹节、侯览复生于今日矣，此宫闱之所以将变也。⑨臣谨按《春秋》："（鲁定公）元年春，王。"不书正月者，《春秋》以为先君不得正其终，则后君不得正其始，故曰"定无正"也。⑩今忠贤无腹心之寄，阍寺专废立之权。陷先帝不得正其终，致陛下不得正其始。⑪况皇储未建，郊祀未修，将相之职不归，名分之宜不定，⑫此社稷之所以将危也。臣谨按《春秋》："王札子（旧唐书作礼字）杀召伯、毛伯。"《春秋》之义，两下相杀不书，而此书者，重其专王命也。⑬夫天之所授者在君，君之所操者在命。操其命而失之者，是不君也；侵其命而专之者，是不臣也。君不君，臣不臣，此天下所以将倾也。臣谨按《春秋》：晋赵鞅以晋阳之兵叛，入于晋。书其归者，以其能逐君侧之恶人，以安其君，故《春秋》善之。⑭今威柄陵夷，藩臣跋扈。⑮或有不达人臣之节，首乱者以安君为名；不究《春秋》之微，称兵者以逐恶为义；则政刑不由乎天子，征伐必自于诸侯，此海内所以将乱也。⑯故樊哙排闼而雪涕，袁盎当车以抗辞，京房发愤以殒身，窦武不顾而毕命，此陛下皆明知之耳（旧唐书作矣）。⑰臣谨按《春秋》：晋狐射姑杀阳处父，书襄公杀之者，以其君漏言也。⑱襄公不能固阴重之机，处父所以及戕贼之祸，故《春秋》非之。夫上漏其情，则下不敢尽意；上泄其事，则下不敢尽言。故《传》有"造膝""诡辞"之文，《易》有"失身""害成"之戒。⑲今公卿大臣，非不欲为陛下言之，虑陛下必不能用之（新唐书作不能用也文粹作忽而不用之）。陛下既忽之而不用，必泄其言；臣下既言之而不行，必婴其祸；适足以钳直臣之口，而重奸臣之威。⑳是以欲尽其言，则有（诸本作起）失身之惧；欲尽其意，则有害成之忧。故低（旧唐书作徘）徊郁塞，以俟陛下感悟，然后尽其启沃耳。㉑陛下何不以听朝之余，明御便殿，召当时贤相与旧德老臣，访持变安危之谋，求定倾救乱之术；㉒塞阴邪之路，屏亵狎之臣；制侵陵迫胁之心，复门户扫除之役；戒其所宜戒，忧其所宜忧。既不得理于前，当理于后；不得正其始，当正其终；则可以虔奉典谟，克承丕构，终任贤之效，无旰食之忧矣。

注释：

① 宜：应该。

② 清问：清审详问。

③ 绍兴：承继前业，振兴昌盛。汉桓宽《盐铁论·诛秦》：“赖先帝大惠，绍兴其后。”《南齐书·王融传》：“融以父官不通，弱年便欲绍兴家业。”徽烈：宏业，伟业。三国魏应璩《与王将军书》：“雀鼠虽愚，犹知徽烈。”

④ 大器：宝器。《左传·文公十二年》：“君不忘先君之好，照临鲁国，镇抚其社稷，重之以大器，寡君敢辞玉。”杜预注：“大器，圭璋也。”《左传·哀公十一年》：“初，辕颇为司徒，赋封田以嫁公女，有余，以为己大器。”杜注：“大器，钟鼎之属。”比喻重要的事物。这里喻社稷。

⑤ 阍寺：阍人和寺人。古代宫中掌管门禁的官。《礼记·内则》：“深宫固门，阍寺守之。男不入，女不出。”郑玄注：“阍，掌守中门之禁也；寺，掌内人之禁令也。”这里指宦官。班固《西都赋》：“虎贲赘衣，阉尹阍寺，陛戟百重，各有攸司。”

⑥“春秋”二句：讥刺帝王疏远贤士亲近宦寺，失去为君之道。《春秋公羊传·襄公二十九年》解此事云：“阍者何？门人也，刑人也。刑人则曷为谓之阍？刑人非其人也。君子不近刑人，近刑人则轻死之道也。”《穀梁传》云：“阍，门者也，寺人也。不称名姓，阍不得齐于人；不称其君，阍不得君其君也。礼：君不使无耻，不近刑人，不狎敌，不迁怨，贱人非所贵也，贵人非所刑也，刑人非所刑也。举至贱而加之吴子，吴子近刑人也。阍弑吴子余祭，仇之也。”刘蕡借此事以言宦官为刑余之人君主若与之亲近，则将蹈吴子之覆辙，失为君之道。

⑦ 刀锯之残：指代刑人，此指宦官。鲠（gěng）：鱼骨，鱼刺。骨鲠，比喻刚直，刚直的人。《史记·吴太伯世家》：“方今吴外困于楚，而内空无骨鲠之臣，是无奈我何。”

⑧ 辅臣：大臣。庶寮：众官；寮，通“僚”。亵（xiè）：原指内衣，引申为不正当之亲近；亵近之臣即指用事之宦官。

⑨ 祸稔萧墙：内部危害已经酿成。萧墙，后世的照壁；稔（rěn），本指庄稼成熟，这里指祸患酿成。曹节、侯览为东汉桓帝灵帝时的大宦官，把持朝政、无恶不作。刘蕡鉴于当时宦官专权，故举此例以为君戒。

⑩“臣谨”六句：言我谨按《春秋》鲁定公元年春王，不说正月；《春秋》以为前面的君主不得正常终结，继任的君主就不能算正常开始，所以说定公无正月。《春秋穀梁传·定公元年》云：“不言正月，定无正也。定之无正何也？昭公之终，非正终也；定之始，非正始也。昭无正终，故定无正始。不言即位，丧在外也。”

⑪“今忠”四句：意谓现在忠贤之臣不能当作心腹委以重托，而宦官擅权废立皇帝，使先帝不能善其终，使当今皇上不能正其始。唐敬宗李湛为宦官刘克明所弑；宦官王守澄等杀克明，拥皇弟江王涵即位，是为文宗。刘蕡此处即指此而言。

⑫“况皇”四句：言何况太子未立，郊祀之礼未能照办，将相之职责未归复于将相，名分之事宜均未确定。皇储：皇太子。名分：人的地位和身份；孔子所谓君君臣臣父父子子，名实要相符。宜：事宜。

⑬ 专：或作“尊”，据《文苑英华》及两《唐书》作“专”，是也。

⑭“书其”四句：意谓记录赵鞅回晋这件事，因为他能驱除君侧的恶人使君安其位，所以《春秋》以此事为善。刘蕡引此，意在逐君侧之恶人。

⑮ 威柄陵夷：指大权落于宦官之手。陵夷：联绵词，或作“凌迟”、“陵迟”，言凡事由盛而衰渐至颓替。藩臣跋扈：指藩镇割据，王命不行。跋扈：专横暴戾，欺上压下。

⑯“则政”二句：言政令刑法二典不由天子作主，征伐都从诸侯自己发动。

⑰ 樊哙：助刘邦取天下之功臣。排闼：撞开门。刘邦晚年怕见群臣，樊哙排闼直入，大臣随之，见刘邦独枕宦者卧，因而流涕急谏，刘邦乃起而与大臣计事。袁盎：楚人，汉文帝时人。汉文帝出，宦者赵谈骖乘，盎伏车前曰：“臣闻天子所与共六尺舆者，皆天下豪英。今汉虽乏人，陛下独奈何与刀锯之余共载。”于是，文帝笑着赶赵谈下车。京房：顿丘人，精于《易》，因见宦官石显居中

用事，蒙蔽君主，上疏极谏，为石显诬以谋反而被杀。窦武：其女为汉桓帝皇后，灵帝时谋诛宦官，因不果断，谋泄后兵败自杀。

⑱“臣谨”三句：言我谨按《春秋》晋国狐射姑杀阳处父而记晋襄公杀他（阳处父），是因为晋君泄露了阳处父的话语。《春秋穀梁传·文公六年》：“称国以杀，罪累上也。襄公已葬，其以累上之辞言之，何也？君漏言也。上泄则下暗，下暗则上聋。且暗且聋，无以相通。射姑，杀者也。射姑之杀奈何？曰：晋将与狄战，使狐射姑为将军，赵盾佐之。阳处父曰：‘不可，古者君之使臣也，使仁者佐贤者，不使贤者佐仁者。今赵盾贤，姑射仁，其不可乎！’襄公曰：‘喏。’谓射姑曰：‘吾始使盾佐汝，今汝佐盾矣。’射姑曰：‘敬喏。’襄公死，处父主竟上事，射姑使人杀之，君漏言也。故士造辟而言，诡辞而出。曰：用我则可，不用我则无乱其德。”

⑲造膝、诡辞：见前注所引《穀梁传》“造辟”，王引之曰：“辟当为膝。隶字左右旁皆相似，故膝误为辟也。造，读为蹙，蹙者促也，近也；蹙膝而言者，君臣蹙膝密语不使左右闻之也。”《易·系辞上》“君不密则失臣，臣不密则失身，机事不密则害成。”害成：指破坏事情使不得成功。

⑳“臣下”二句：言臣下已说，而君不执行，必受其祸。婴：通“撄”，遭遇。

㉑“故低”三句：言所以一定徘徊忍耐，以等待你有所感悟，然后才能尽量竭诚告诫。低徊，也作低回、徘徊。启沃：谓竭诚开导、辅佐君王。《书·说命上》：“启乃心，沃朕心。”孔颖达疏：“当开汝心所有，以灌沃我心，欲令以彼所见，教己未知故也。”启，开启；沃，浇灌。

㉒明御：光明正大地进行。便殿：帝王休息宴游的别殿。持变：控制变故使不发生。安危：使危急形势转安。

臣前所谓“若夫追踪三五，绍复祖宗，宜鉴前古之兴亡，明当时之成败”者，臣闻尧舜之为君而天下大理者，以其能任九官、四岳、十二牧。①不失其举，不二其业，不侵其职，居官惟其能，左右惟其贤。元凯在下，虽微而必举；四凶在朝，虽强而必诛。②考其安危，明其取舍。至秦之二代、汉之元成，咸愿措国如唐虞，致身如尧舜，而终败亡者，以其不见安危之机，不明取舍之道，不任大臣，不辨奸人，不亲忠良，不远谗佞。③伏愿陛下察唐虞之所以兴，而景行于前；鉴秦汉之所以亡，而戒惧于后。④陛下无谓庙堂无贤相，庶官无贤士，今纲纪未绝，典刑犹在。人谁不欲致身为王臣，致时为升平？⑤陛下何忽而不用之邪？又有居官非其能，左右非其贤，其恶如四凶，其诈如赵高，其奸如恭、显者，陛下又何惮而不去之耶？⑥神器固有归，天命固有分，祖宗固有灵，忠臣固有心，陛下其念之哉！昔秦之亡也，失于强暴；汉之亡也，失于微弱。强暴则贼臣畏死而害上，微弱则奸臣擅权而震主。臣伏见敬宗皇帝，不虞亡秦之祸，不翦其萌。伏惟陛下深轸亡汉之忧，以杜其渐，则祖宗之鸿绪可绍，三五之遐轨可追矣。⑦

注释：

① 九官：古传舜设置的九个大臣。《汉书·刘向传》：“臣闻舜命九官，济济相让，和之至也。”颜师古注：“《尚书》：禹作司空，弃后稷，契司徒，咎繇作士，垂共工，益朕虞，伯夷秩宗，夔典乐，龙纳言，凡九官也。”九官即指司空（平水土）、后稷（粮食生产）、司徒（文化教育）、士（刑法）、共工（建筑工艺）、虞（治草木鸟兽）、秩宗（典礼）、典乐（音乐教育）、纳言（出纳帝命）九种官职。四岳：指四方诸侯之长。十二牧：相传尧舜时分为十二州之州牧。四岳、十二牧具体名字均为后人臆说。

②“元凯”二句：言好的人才在下面，虽然地位卑微，也一定举用。元凯：八元八凯（亦作“恺”）。

高阳帝有才子八人，谓之八恺；高辛氏有才子八人，谓之八元。见前注。“四凶”二句：言坏人在朝，虽然力量强大也一定诛灭。四凶：据《尚书·尧典》，以舜所诛共工、驩兜、三苗、鲧（gǔn）四人为四凶，又或指浑敦、穷奇、梼杌、饕餮（tāo tiè）四人。刘蕡此处用“四凶”，暗指居中用事之宦者。

③ 秦之二代：即秦二世；唐人避李世民讳，以代为世。汉之元成：汉元帝刘奭、汉成帝刘骜皆任用宦官弘恭、石显等，使元老重臣等不得其死。

④ 景行：语出《诗经·小雅·车舝》：“高山仰止，景行行止。”景行：高尚的德行；此指景仰，仰慕。

⑤ 升平：儒家以最理想之社会为太平世，次之为升平世。

⑥ 赵高：秦朝宦官，为宦官专权的首恶。

⑦“伏惟”两句：言希望您痛念亡汉之忧，以杜绝祸乱于萌芽。轸（zhěn）：痛，有深刻沉痛之意。

臣前所谓“陛下心有所未达，以下情塞而不得上通；行有所未孚，以上泽壅而不得下浃”者，且百姓有涂炭之苦，陛下无由而知；则陛下有子惠之心，百姓无由而信。① 臣谨按《春秋》书“梁亡”不书“取”者，梁自亡也，以其思虑昏而耳目塞，上出恶政，人为寇盗，皆不知其所以然，以自取其灭亡也。② 臣闻国君之所以尊者，重其社稷也；社稷之所以重者，存其百姓也。③ 苟百姓之不存，则虽社稷不得固其重；苟社稷之不重，则虽国君不得保其尊。故理天下者，不可不知百姓之情也。夫百姓者，陛下之赤子，陛下宜命慈仁者亲之育之，如保傅焉，如乳哺焉（二句文类作如母之乳哺焉），如师之教导焉。④ 故人之于上也，敬之如神明，爱之如父母。今或不然，陛下亲近贵幸，分曹建署，⑤ 补除卒吏，召致宾客，因其货贿，假其气势，大者统藩方，小者为牧守，居上无清惠之政，而有饕餮之害；⑥ 居下无忠诚之节，而有奸欺之罪。故人之于上也，畏之如豺狼，恶之如雠敌。今四海困穷，处处流散。饥者不得食，寒者不得衣，鳏寡孤独者不得存，老幼疾病者不得养。⑦ 加以国权兵柄，专在左右。贪臣聚敛以固宠，奸吏夤缘而弄法。⑧ 冤痛之声，上达于九天，下入于九泉。⑨ 鬼神为之怨怒，阴阳为之愆错。君门九重（唐书作万里），而不得告诉。士人无所归化，百姓无所归命。官乱人贫，盗贼并起。土崩之势，忧在旦夕。即不幸因之以师旅（旧唐书作疾疠），继之以凶荒，臣以谓陈胜、吴广不独生于秦，赤眉、黄巾不独生于汉，臣所以为陛下发愤扼腕腐心泣血也。⑩ 如此，则百姓有涂炭之苦，陛下何由而知之乎？陛下有子惠之心，百姓安得而信之乎？致使陛下“行有所未孚，心有所未达”者，固其然也。臣闻昔汉元帝即位之初，更制七十余事，其心甚诚，其称甚美。然纪纲日紊，国祚日衰，奸凶日强，黎元日困者，以其不能择贤明而任之，失其操柄也。⑪ 自陛下御宇，忧勤兆庶，屡降德音，四海之内，莫不抗首而长息，自喜复生于死亡之中也。⑫ 伏愿陛下慎终如始，以塞万方之望。诚宜揭国权以归其相，持兵柄以归其将，去贪臣聚敛之政，除奸吏夤缘之害，惟忠贤是近，惟正直是用，内宠便辟无所听焉。⑬ 选清慎之官，择仁惠之长，毓之以利，煦之以和，教之以孝慈，导之以德义。⑭ 去耳目之塞，通上下之情，俾万国欢康，兆人苏息，则心无所不达，而信（诸本作行）无所不孚矣。⑮

注释：

① 涂炭：比喻极困苦的境遇。《书·仲虺之诰》："有夏昏德，民坠涂炭。"孔传："民之危险，若陷泥坠火。"借指陷入灾难的人民。涂，指烂泥；炭，指炭火。子惠：慈爱；施以仁惠。《书·太甲中》："先王子惠困穷，民服厥命，罔有不悦。"

② "臣谨按"八句：引自《左传·僖公十九年》："梁亡，不书其主，自取之也。初，梁伯好土功，亟城而弗处，民疲而弗堪，则曰：某寇将至。乃沟公宫，曰：秦将袭我。我惧而溃。秦遂取梁。"刘蕡引此事以警戒唐文宗不能蹈梁自亡之覆辙。

③ "臣闻"四句：强调为君必须重视人民利益。语本《孟子·尽心下》："民为贵，社稷次之，君为轻。是故得乎丘民而为天子。"

④ 保傅：古代保育、教导太子等贵族子弟及未成年帝王、诸侯的男女官员，统称为保傅。贾谊《治安策》："及太子既冠成人，免于保傅之严，则有记过之史，彻膳之宰。"

⑤ 贵幸：位尊且受君王宠信。《战国策·楚策四》："园女弟承间说春申君曰：'楚王 之贵幸君，虽兄弟不如。'"分曹：官署分部治事，犹后之分科。《后汉书·百官志二》："成帝初置尚书四人，分为四曹。"

⑥ 统藩方：指为节度使，管领数州之地。为牧守：指为州刺使。古人行文，对官制名称古今混用不别，此处牧守即为一例。饕餮：原指一种贪食无厌的恶兽，古代铜器多以之为纹饰。此处引申为贪残之意。

⑦ 鳏寡：老而无妻曰鳏，老而无夫曰寡。

⑧ 夤缘：攀援；攀附。《文选·左思〈吴都赋〉》："夤缘山岳之岊，幂历江海之流。"刘逵注："夤缘，布藤上貌。"这里比喻拉拢关系，阿上钻营。《宋史·神宗纪一》："秋七月庚辰，诏察富民与妃嫔家昏因夤缘得官者。"

⑨ 九天：天之高处，极言其高。九泉：犹黄泉，指人死后的葬处。汉阮瑀《七哀》诗："冥冥九泉室，漫漫长夜台。"引申指地下极深处。

⑩ 陈胜、吴广：秦末农民起义发起人。赤眉：亦作"赤麋"，指汉末以樊崇等为首的农民起义军。因以赤色涂眉为标志，故称。《汉书·王莽传下》："赤眉樊崇等众数十万人入关，立刘盆子，称尊号。"又："赤麋闻之，不敢入界。"颜师古注："麋，眉也。以朱涂眉，故曰赤眉。古字通用。"泛指农民起义军。黄巾：东汉末年张角所领导的农民起义军，因头包黄巾而得名。《后汉书·皇甫嵩传》："角（张角）等知事已露，晨夜驰敕诸方，一时俱起，皆著黄巾为摽帜，时人谓之'黄巾'。"借指"作乱者"，"寇盗"。

⑪ 国祚：国运。奸凶：两《唐书》作"奸宄"。宄（guǐ），作乱或盗窃的坏人。《书·舜典》："蛮夷猾夏，寇贼奸宄。"孔传："在外曰奸，在内曰宄。"

⑫ 兆庶：万民，极言数之多。抗首：昂首，举首。《汉书·朱云传》："抗首而请，音动左右。"长息：长叹。

⑬ 便辟：谄媚逢迎。《论语·季氏》："友便辟，友善柔，友便佞，损矣。"邢昺疏："便辟，巧辟人之所忌以求容媚者也。"此指君主左右受宠幸的小臣。《管子·立政》："三本者不审，则邪臣上通，而便辟制威。"辟同嬖，此处专指宦官。

⑭ 毓（yù）：繁殖；养育。《周礼·地官·大司徒》："以蕃鸟兽，以毓草木。"郑玄注："毓，古育字。"

⑮ 苏息：休养生息。《书·仲虺之诰》"后来其苏"孔传："待我君来，其可苏息。"唐姚合《闻魏州破贼》诗："生灵苏息到元和，上将功成自执戈。"

臣前所谓“欲人之化也，在修己以先之”者，臣闻德以修己，教以导人。修己也（旧唐书作修之也唐文类作修之德），则人不劝而自至；导人也（唐书作道之也文类作导之教），则人敦行而率从。①是以君子欲政之必行也，故以身先之；欲人之从化也，故以道御之。今陛下先之以身而政未必行，御之以道而人未从化，岂不以立教之旨未尽其方耶？夫立教之方，在乎君以明制之，臣以忠行之。君以知人为明，臣以匡时为忠。知人则任贤而去邪，匡时则固本而守法。贤不任，则重赏不足以劝善；邪不去，则严刑不足以禁非；本不固则人流，法不守则政散；而欲教之使必至，化之使必行，不可得也。陛下能斥奸邪不私其左右，举贤正不遗其疏远，则化洽于朝廷矣。②爰（文粹作劝）人以敦本，分职而奉法，修其身以及其人，始于中而成于外，则化行于天下矣。③

臣前所谓“欲气之和也，在安其情以和之”者（诸本作在遂性以导之者），当纳人于仁寿也。④夫欲人之仁寿也，在乎立制度，修教化。夫制度立则财用省，财用省则赋敛轻，赋敛轻则人富矣；教化修则争竞息，争竞息则刑罚清，刑罚清则人安矣。既富则仁义兴焉，既安则寿考生（唐书作至）焉。⑤仁寿之心感于下，和平之气应于上，故灾害不作，休祥荐臻，四方底宁，万物咸遂矣。⑥

臣前所谓“救灾旱在致乎精诚”者，臣谨按《春秋》鲁僖公一年之中三书“不雨”者，以其人君有恤人之志也。⑦鲁文公三年之中一书“不雨”者，以其人君无恤人之心也。⑧故僖致精诚而不害物，文无悯恤而变（唐书作旱）成灾。陛下诚能有恤人之心，则无成灾之变矣。

注释：

① 敦行：笃行。《逸周书·小明武》：“敦行王法，济用金鼓。”

② 化洽：教化普沾。汉蔡邕《司空文烈侯杨公碑》：“功成化洽，景命有倾。帝乃震悼，执书以泣。”《三国志·魏志·苏则传》：“若陛下化洽中国，德流沙漠，即不求自至，求而得之，不足贵也。”

③ 敦本：注重根本。本，古时多指农业。《宋书·武帝纪中》：“公抑末敦本，务农重积，采繁实殷，稼穑惟阜。”唐孟郊《蓝溪元居士草堂》诗：“读书业虽异，敦本志亦同。”古人以为“民为邦本，本固邦宁”，爱民能使国本牢固。

④ 仁寿：谓有仁德而长寿。语出《论语·雍也》：“知者动，仁者静，知者乐，仁者寿。”邢昺疏：“言仁者少思寡欲，性常安静，故多寿考也。”言仁者安静，故多长寿。国家太平，人与人关系亲密，则人多寿。

⑤ 寿考：年高；长寿。《诗·大雅·棫朴》：“周王寿考，遐不作人。”郑玄笺：“文王是时九十余矣，故云寿考。”

⑥ 休祥：吉祥。《书·泰誓中》：“朕梦协朕卜，袭于休祥，戎商必克。”孔传：“言我梦与卜俱合于美善。”荐臻：频接而来。《国语·楚语下》：“嘉生不降，无物以享，祸灾荐臻，莫尽其气。”古人以为天下政治清明，天下就会出现许多祥瑞，如景星、庆云、凤凰、麒麟、嘉禾等。休祥荐臻即指吉祥的征兆频繁出现。底宁：安宁；安定。晋潘岳《〈秋兴赋〉序》：“夙兴晏寝，匪遑底宁。”底，一本作“厎”。

⑦“臣谨按”一句：言《春秋》在鲁僖公一年之中三次记录天不下雨，是因为鲁僖公有体恤人民之心。恤：忧虑；忧患。《春秋·僖公二年》：“冬，十月，不雨。”《公羊传》：“何以书？记异也。”《春秋·僖公三年》：“春，王正月，不雨。”《公羊传》：“不雨者，勤雨也。”《春秋·僖公三年》：

"夏，四月，不雨。"《公羊传》："何以书？记异也。"《穀梁传》："一时言不雨者，悯雨也。悯雨者，有志乎民者也。"《春秋·僖公三年》："六月，雨。"《穀梁传》："雨云者，喜雨也。喜雨者，有志乎民者也。"《左氏传》："三年春，不雨。夏，六月，雨。自十月不雨至于五月。不曰旱，不为灾也。"据此，从僖公二年十月至三年五月，时间跨度约八个多月，故言"一年之中三书'不雨'。"书"不雨"而不书"旱灾"，是为了体现僖公有"恤人之志"，此乃春秋笔法，于用词中见褒贬。

⑧"鲁文公"句：见《春秋·文公二年》："自十又二月不雨至于秋七月。"《公羊传》："何以书？记异也。大旱以灾书，此亦旱也。曷为以异书？大旱之日短而云灾，故以灾书。此不雨之日长而无灾，故以异书。"《穀梁传》："历时而言不雨，文不忧雨也。不忧雨者，无志乎民也。"刘蕡此处取《穀梁传》之说。

臣前所谓"广播植在视乎食力"者，臣谨按《春秋》："君人者必时视人之所勤，人勤于力则功筑罕，人勤于财则贡赋少，人勤于食则百事废。"①今财食与人力皆勤矣，愿陛下废百事之用（旧唐书作劳），以广三时之务，则播植不愆矣。②

臣前所谓"国廪罕蓄，本乎冗食尚繁"者，臣谨按《春秋》："臧孙辰告籴于齐。"春秋讥其国无九年之蓄，一年不登而百姓饥。③臣愿斥游惰之徒（旧唐书作人），以督其耕植；省不急之务（文粹作费），以赡其黎元，则廪蓄不乏矣。④

臣前所谓"吏道多端，本乎选用失当"者，由国家取人不尽其材，任人不明其要故也。今陛下之用人也，求其声而不求其实；故人之趋进也，务其末而不务其本。臣愿核考课之实，定迁序之制，则多端之吏道息矣。⑤

注释：

① 君人：为人之君；国君。此句语出《春秋穀梁传·庄公二十九年》，其中"视人"、"人勤"（三处）之"人"，本作"民"。刘蕡引此劝文宗爱惜民力，作为人君应该随时注视百姓在为何事而忙碌。如果忙于劳力，人君就要尽量少兴土木；如果百姓为钱财奔波，人君就要尽量减少贡赋；如果百姓忙于饮食，人君就要让一切用民力的事情停下来。

② 三时：指春、夏、秋三季农作之时。《左传·桓公六年》："洁粢丰盛，谓其三时不害而民和年丰也。"杜预注："三时，春、夏、秋。"古代根据农业生产特点，一切土木兴造多在农事完成之后。《孟子》所谓"不违农时，谷不可胜食。"刘蕡此处即申明此意。

③ 籴（dí）：买进谷物。《公羊传·庄公二十八年》："臧孙辰告籴于齐。"何休注："买谷曰籴。"告籴，向人请求准予买粮。《穀梁传》："国无九年之蓄曰不足，无六年之蓄曰急，无三年之蓄曰国非其国也。"《春秋》讥刺鲁国粮食一年歉收，老百姓就闹灾荒。

④ 赡（shàn）：赡养，使之富足。黎元：百姓。

⑤"臣愿"三句：意谓严格官吏考核及升迁制度，就可杜绝用吏之道多端之弊。两《唐书》均无"道"字，则指由各种不正当途径而产生之官吏。

臣前所谓"豪猾逾检，由中外之法殊"者，以其官禁不一也。①臣谨按《春秋》：齐桓公盟诸侯不书日，而葵丘之盟特以日者，美其能宣明天子之禁，率奉王官之法，故《春秋》备而书之。②夫官者，五帝、三王之所建也；法者，高祖、太宗之所制也。法宜画一，官宜正名。今又分外官、中官之员，立南司、北司之局。③或犯禁于南，则亡命于北；或正刑于外，则破律于中。法出多门，人无所措。实由兵农势异，而中外法殊也。臣闻古者因井田以制军职，间农事以修武备。提封约卒乘之数，命将在公卿之列，故兵农一致而文武同方。④可以保乂邦家，式遏乱略（旧唐书作祸乱）。⑤暨太宗皇帝，肇建邦典，亦置府兵；台省军卫，文武参掌。居闲岁则櫜弓力穑，将有事则释耒荷戈，所以修复古制，不废旧物。⑥今则不然。夏官不知兵籍，止于奉朝请；大将（文粹作六军）不主兵（诸本作武）事，止于养勋阶。⑦军容合中官之政，戎律附内臣之职。⑧首一戴武弁，嫉文职如仇雠；足一蹈军门，视农夫如草芥。⑨谋不足以翦除奸凶，而诈足以抑扬威福；勇不足以镇卫社稷，而暴足以侵轶里闾。⑩羁绁藩臣，干陵宰辅，隳裂王度，汩乱朝经。⑪张武夫之威，上以制君父；假天子之命，下以驭英豪。有藏奸观衅之心，无仗节死难之义。岂先王经文纬武之旨耶？臣愿陛下贯文武之道，均兵农之功，正贵贱之名，一中外之法，还军伍之职，修省署之官；近崇贞观之规，远复成周之制，自邦畿以刑于万国，始天子而（诸本作以）达于诸侯，则可以制豪猾之强，而无逾检之患矣。

注释：

① 官禁：官府的禁令。《周礼·秋官·士师》："士师之职，掌国之五禁法，以左右刑罚：一曰宫禁，二曰官禁。"孙诒让正义："云官府有无故擅入者证周之官禁也，谓非当官有职事者不得擅入。"

②"齐桓"五句：言齐桓公约诸侯会盟，照例不记日期，而葵丘之会特别记日期，是为了赞美他能够宣扬周天子的禁令，一切遵行王官之成法。

③ 外官：古指外朝卿大夫。《国语·周语中》："内官不过九御，外官不过九品。"这里指宫外百官。非近侍之臣，与内官相对。《周礼·春官·世妇》："凡内事有达于外官者，世妇掌之。"中官：宫内、朝内之官。这里指宦官。《汉书·高后纪》："诸中官、宦者令丞，皆赐爵关内侯，食邑。"颜师古注："诸中官，凡阉人给事于中者皆是也。"《后汉书·朱穆传》："当今中官近习，窃持国柄。"南司：南北朝时南朝御史台在尚书省之南，称南台，因称南台之长御史中丞为"南司"。这里指唐时中书、门下、尚书三省均在大内（皇宫）南面，故称"南衙"，亦称"南司"。《旧唐书·宋申锡传》："会内官马存亮同入，诤于文宗曰：'谋反者适宋申锡耳，何不召南司会议。'"北司：指唐内侍省。因设在皇宫之北，故名。《新唐书·刘蕡传》："方宦人握兵，横制海内，号曰'北司'，凶丑朋挺，外胁群臣，内掣侮天子，蕡常痛疾。"宦官原为皇宫侍奉服役之徒，不当干预朝政，而中唐以后，此辈把持朝政，甚至天子废立均由宦官，故刘蕡对宦官干政尤为愤慨。

④ 提封：这里指版图，疆域。《旧唐书·东夷传·高丽》："辽东之地，周为箕子之国，汉家玄菟郡耳！魏晋已前，近在提封之内，不可许以不臣。""提封"二句：意谓根据封域大小来决定兵车的数量，在公卿中选任将帅。此数句刘蕡发挥古代兵农合一、文武同方的思想，针对唐代中期以后藩镇割据而言。

⑤ 乂（yì）：治理、安定。

⑥"居闲"二句：意谓没事之年就藏起兵器，努力耕种，将要打仗就放下农具扛起干戈。櫜弓：藏弓。意谓战事平息。唐李德裕《幽州纪圣功碑铭》："亭徼櫜弓，万里昆吾，九译而通，蛮夷既同。"櫜：收藏盔甲、弓矢器具。耒：古代一种农具，此处即指代农具的总名。

⑦"夏官"四句：意谓今日军政一切都名存实亡。主持军政的不知道兵力情况，只在"奉朝请"；大将不主持用兵之事，只在养勋阶。夏官：官名。《周礼》载周时设置六官，以司马为夏官，掌军政和军赋。唐武则天时，曾改兵部尚书为夏官，不久仍复旧名。参阅《文献通考·职官六》。后用为

兵部的别称。奉朝请：古代诸侯春季朝见天子叫朝，秋季朝见为请。因称定期参加朝会为奉朝请。汉代退职大臣、将军和皇室、外戚多以奉朝请名义参加朝会。晋代以奉车、驸马、骑三都尉为奉朝请，南北朝设以安置闲散官员，隋初罢之，另设朝请大夫、朝请郎，为文散官。后代多以奉朝请安置闲散官员。刘蕡此处用以言大司马不掌兵政但随例上朝而已。养勋阶：指不能真正从事战斗，而只是增加资望勋级。唐代从事实职工作者为职事官，有功者授予很高地位而无实职者为勋官，有上柱国、柱国至武骑尉等十二级。勋阶与勋级同义。

⑧“军容”二句：意谓军政完全为宦官所把持。唐中叶后以宦官为观军容使，主帅都得仰其鼻息。军容：指军队和军人的礼仪法度、风纪阵威和武器装备。《司马法·天子之义》：“古者，国容不入军，军容不入国。”

⑨“首一”四句：意谓戴上武人的帽子就把文职人员看成仇敌；踏进军门，就把农夫看同草芥。弁（biàn）：男子所戴的一种帽子；武弁，军帽；草芥，芥亦指草。

⑩侵轶：侵犯袭击。《左传·隐公九年》：“北戎侵郑。郑伯御之，患戎师，曰：‘彼徒我车，惧其侵轶我也。’”杜预注：“轶，突也。”

⑪“羁绁”四句：概举宦官掌军之罪恶。控制藩镇，侵陵宰辅大臣，破坏王法，搅乱朝纲。羁绁（xiè）：马络头和马缰绳。这里指控制。干陵：亦作“干凌”。干犯欺凌。隳（huī）：毁坏。王度：朝廷之法度。汩乱：当作“汩乱”，扰乱。汩（gǔ），乱，扰乱。三国魏徐干《中论·考伪》：“昔杨朱、墨翟、申不害、韩非、田骈、公孙龙汩乱乎先王之道，诪张乎战国之世。”

臣前所谓“生徒惰业，由学校之官废”者，盖以国家贵其禄而贱其能，先其事而后其行，故庶官乏通经之学，诸生无修业之心矣。①

臣前所谓“列郡干禁，由授任非其人”者，臣以为刺史之任，理乱之根本系焉，朝廷之法制在焉。权可以抑豪猾，恩可以惠孤寡，强可以御奸寇，政可以移风俗。其将校有曾经战阵，及功臣子弟，各请随宜酬赏；如（新唐书作苟）无理人之术者，不得授任此官，则绝干禁之患矣。②

臣前所谓“百工淫巧，由制度不立”者，臣请以官位禄秩，制其器用车服，禁金银珠玉，锦绣雕镂，不蓄于私室，则无荡心之巧矣。③

臣前所谓“辨枝叶”者，在考言以询行也。

臣前所谓“形于耻格”者，在道德而齐礼也。

臣前所谓“念生寡而食众，可罢斥游惰”者，已备之于前矣。

臣前所谓“令烦而理鲜，要在察其行否”者，臣闻号令者，乃理国之具也，君审而出之，臣奉而行之。或亏益止留（五字旧唐书文粹作或亏上旨），罪在不赦。④今陛下令烦而理鲜，得非持之者为所蔽欺乎？⑤

臣前所言谓“博延群彦，愿陛下必纳其言，造庭待问，则小臣岂敢爱死”者，臣闻晁错为汉画削诸侯之策，非不知其祸之将至也。忠臣之心，壮夫之节，苟利社稷，死无悔焉。今臣非不知言发而祸应，计行而身戮，盖所以痛社稷之危，哀生人之困，岂忍姑息时忌，窃陛下一命之宠哉？昔龙逄死而启殷，比干死而启周，韩非死而启汉，陈蕃死而启魏。⑥今臣之来也，有司或不敢荐臣之言，陛下又无以察臣之心，退必受戮于权臣之手。臣幸得从四子游于地下，固臣之愿也。所不知杀臣者，臣死之后，将孰为启之哉？

注释：

①“盖以”四句：言因为国家只看中禄位而轻视能力，把做事放在前而将品行放在后，所以众学官缺乏博通经典的学问，学生也就没有进修学问的心思了。

② 理人：治人。

③ 荡心：惑乱心志。

④“或亏”二句：意谓臣下必须不折不扣执行法令。亏：减损；益：增添；止留：不下达，不执行。

⑤ 为：两《唐书》作“有”，则“持之者”指官吏；依本文作“为”，则“持之者”指君王。两《唐书》似妥。

⑥ 龙逢：即关龙逢。夏之贤人，因谏而被桀所杀，后用为忠臣之代称。启殷：启，启发、开导。启殷指殷王朝开业。《新唐书》作“启商”，成汤始灭夏称商朝，盘庚迁于殷，亦称殷代。赵匡胤父名弘殷，宋人讳殷多改为商。比干：商纣王的叔父，官少师。因屡次劝谏纣王，被剖心而死。《史记·殷本纪》：“纣愈淫乱不止。微子数谏不听，乃与大师、少师谋，遂去。比干曰：‘为人臣者，不得不以死争。’乃强谏纣。纣怒曰：‘吾闻圣人心有七窍。’剖比干，观其心。”韩非：韩国诸公子，与李斯同学于荀卿；韩非见秦王政，出其所为书，为李斯所谗下狱，李斯又逼其自杀。陈蕃：东汉末忠臣，谋诛宦官，反为宦官所杀害，并借兴党锢之狱，东汉终以衰亡。

至于人主之阙，政教之疵，前日之敝，臣既言之矣。若乃流下土之惠，修近古之治，而致其和平者，在陛下行之而已。①然上之所陈者，实以臣亲承圣问，敢不条对！虽臣之愚，以为未及教化之大端、皇王之要道。伏惟陛下事天地以教人敬，奉宗庙以教人孝，养高年以教人悌（二唐书有长字），育百姓以教人慈（二唐书作幼字），调元气以煦育，扇太和于仁寿，可以逍遥而无为，端（二唐书作垂字）拱而成化。②至若念陶钧之道，③在择宰相而任之，使权造化之柄；念保定之功，在择将帅而任之，使修阃外之寄；④念百度之未正，⑤在择庶官而任之，使专职业之守；念万姓之愁痛⑥，在择长吏而任之，使明惠养之术。自然言足以为天下教，动足以为天下法，仁足以劝善，义足以禁非，又何必宵衣旰食，劳神惕虑然后以致其理哉？谨对。

注释：

① 治：《旧唐书》作“理”，本文前皆作“理”，避唐高宗李治之讳。流下土之惠：把恩惠传布到百姓身上。

② 悌：两《唐书》下有“长”字。端拱：端身拱手，谓帝王敛手无为而治。

③ 陶钧：制陶器的转轮，比喻对事物的控制。

④ 阃（kǔn）：门槛。《文选·扬雄〈甘泉赋〉》：“天阃决兮地垠开，八荒协兮万国谐。”李善注引郑玄《礼记注》：“阃，门限也。”这里指国门。《史记·冯唐传》：“阃以内者，寡人制之；阃以外者，将军制之。”此二句言要国家安全，在于慎择将帅，使其专任国防，中官不得干预。

⑤ 百度：百事；各种制度。《书·旅獒》：“不役耳目，百度惟贞。”《新唐书·陈子昂传》：“今百度已备，但刑急罔密，非为政之要。”未正：《旧唐书》作“未贞”，宋祁避宋仁宗讳作“正”。

⑥ 万姓：两《唐书》作“百姓”。万姓，万民。《书·立政》：“式商受命，奄甸万姓。”

文苑英华卷四百九十四

宋　李昉等编

历代帝王为理

（见四百八）[①]

吴师道

纳谏（上封章广视听）[②]

白居易

问：国家立谏诤之官，开启沃之路久矣，[③]而謇谔者未尽其节，谋猷者未竭其诚。[④]思欲取天下之耳目裨我视听，尽天下之心智为我思谋，政之壅蔽者决于中，令之灭绝者通于外，上无违德，下无隐情，何为何方得至于此？

又问：先王立训，唯谏是从。然则历代君臣，有贤有否，至若献替之际，是非之间，或（集作若）君过臣规，固宜有言必纳，如上得下失，岂可从谏如流？[⑤]以是训人，其义安在？[⑥]

注释：

① 四百八，中华书局本作：四百八十二卷题作贤良策第五道。查中华书局本所言为是。

② 本卷自此以下共九道，皆白居易作。白居易为准备应试专门编制有“小类书”——《策林》，计三卷七十五类，其问答皆白居易拟作，见今《全唐文》卷六百七十至卷六百七十一。参阅卷四百七十四白居易《试进士策问》注①。封章：言机密事之章奏皆用皂囊重封以进，故名封章。亦称封事。

③ 启沃：言开臣子心中所有，以丰富君王的智识，谓竭诚开导、辅佐君王。源自《书·说命上》：“启乃心，沃朕心。”孔颖达《疏》云：“当开汝心所有，以灌沃我心，欲令以彼所见，教己未知故也。”

④ 謇谔（jiǎn è）：亦作“謇鄂”、“謇愕”。正直敢言。《后汉书·陈蕃传》：“忠孝之美，德冠本朝；謇愕之操，华首弥固。”谋猷：指思谋智慧。

⑤ 献替：即“献可替否”，进献可行者，废去不可行者。谓对君主进谏，劝善规过。亦泛指议论国事兴革。语出《左传·昭公二十年》：“君所谓可而有否焉，臣献其否以成其可。君所谓否而有可焉，臣献其可以去其否。”

⑥ 训人：指教诲百姓。

对：臣闻天子之耳不能自聪，合天下之耳听之而后聪也；天子之目不能自明，合天下之目视之而后明也；天子之心不能自圣，合天下之心思之而后圣也。若天子唯以两耳听之，两目视之，一心思之，则十步之外不能闻也，百步之外不能见也，殿廷之间不能知也，而况四海之大，万几之重（集作万枢之繁）者乎？圣人知其然，故立谏诤讽议之官，开献替启沃之道，俾乎补察遗阙，辅佐聪明；犹惧其未也，于是设敢谏之鼓，建进善之旌，立诽谤之木，①工商得以流议，士庶得以传言，②然后过日闻，而德日新矣，是以古之圣王由此涂出焉。

臣又闻不弃死马之骨，然后良骥可得至也；不弃狂夫之言，然后嘉谋可得闻也。③苟臣管见之中有可取者，陛下取而行之；苟臣刍言之中有可采者，陛下采而用之；④则闻之者必曰：如某之言，如某之见，犹且不弃，况愈于某之徒欤？则天下谋猷之士，得不比肩而至乎？天下謇谔之臣，得不继踵而来乎？故览其谋猷，则天下之利病如悬之（集作于）握中矣；纳其謇谔，则朝廷之得失如措诸掌内矣。

所谓用天下之耳听之，则无不聪也；用天下之目视之，则无不明也；用天下之心思谋之，则无不圣神也。圣神启于上，聪明达于下，如此则何壅塞之有耶，何灭绝之有耶？臣又尝观历代之人君，有愚有贤，举事非尽失也；人臣者有能有否，出言非尽得也。然则先王勤勤恳恳，劝从谏、戒自用者，又何哉？⑤岂不以自古以来，君虽有得，未有拒谏而理者也，况其有失乎？臣虽有失，未有从谏而乱者也，况其有得乎？勤恳劝戒之义在于此矣，伏惟陛下鉴之。

注释：

① 鼗（gǔ）：同“鼓”。谏鼓，设于朝廷供进谏者敲击以闻的鼓。《管子·桓公问》：“舜有告善之旌，而主不蔽也；禹立谏鼓于朝，而备讯唉。”旌：此指古代用以规谏帝王的旌旗。谤木：相传尧舜时于交通要道竖立木柱，让人在上面写谏言，称“谤木”。《后汉书·杨震传》：“臣闻尧舜之世，谏鼓谤木，立之于朝。”后世因于宫外立木以示纳谏，仍称“谤木”。《大戴礼记·保傅》：“有进善之旍，有诽谤之木。”卢辩注：“旍（旌），尧置之，令进善者立于旍下也。木，尧置之，使书政之愆失也。”

② 流议：流俗的议论；这里指任意议论。

③ 不弃死马之骨：言战国时燕昭王求贤故实。见《史记·燕召公世家》。狂夫：无知妄为的人。《史记·淮阴侯列传》：“故曰：‘狂夫之言，圣人择焉。’”

④ 刍言：浅陋的言论，卑贱者的言论。亦多用为自谦之词。刍：割草采薪。刍荛，割草采薪之人。《诗·大雅·板》：“先民有言，询于刍荛。”毛传：“刍荛，薪采者。”《淮南子·主术训》：“使言之而是，虽在褐夫刍荛，犹不可弃也。”

⑤ 自用：谓自行其是，不接受别人的意见。

去谄佞（从说直）①

问：天地无私，贤愚间生焉；理乱有时，邪正迭用焉。然则理代岂遂无愚邪者耶，将有而不任耶？乱代岂遂无贤正者耶，将有而不用耶？思决所疑，其征何验（集作可征其验）？②

又问：历代之君，无不知用贤则理、用愚则乱，从谏兴、从佞亡也，而取舍之际，纷然自迷，故诛放者多非小人，宠用者鲜有君子，至使衰亡危乱，历代相仍（集作望)。[3]岂臣之邪正惑其心乎？将己之爱恶昏其鉴乎？[4]昏惑之由，必有其故。

注释：

① 谄佞：花言巧语，阿谀逢迎。亦指花言巧语阿谀逢迎的人。《汉书·贡禹传》："选贤以自辅，开进忠正，致诛奸臣，远放谄佞。"谠直：正直；亦指正直的人。谠（dǎng）：正直，敢于直言；借指敢于直言的人。

② 其征何验：言贤正者和愚邪者之间有什么征验呢？

③ 诛放：谓责其罪而放逐之。《书·多方》"非天庸释有夏。"孔传："桀纵恶自弃，故诛放。"其实，"诛"有二解，或曰责罚、责备，或曰杀戮；"放"亦有二解，或曰罢黜、舍弃、免职，或曰驱逐、流放。一轻一重，都可说通。相仍：相继，连续不断；依然，仍旧。

④ 将：副词。岂；何。

对：臣闻昏明不并兴，邪正不两废，盖贤者进则愚者退矣，曲者用则直者隐矣，[1]亦犹昼夜相代，寒暑相推，必然之理也。然则兴盛之代非无小人，小人之道消，不能见而为乱也[2]；昏衰之代非无君子，君子之道消，不能出而为理也。故殷纣之末，三仁在朝；[3]虞舜之初，四凶在位。[4]虽仁在朝不能用之，所以丧天下速于旋踵也；虽凶在位，卒能去之，所以理天下易于覆掌也。用舍兴亡之验，唯明主能察焉。

注释：

① 曲：邪曲，不正派。

② 道：方法，途径，通路。见：同"现"。

③ 三仁：相传殷商末世，纣王当政，昏庸无道，却有三个贤臣当朝，即微子、箕子和比干，合称殷之"三仁"。三仁下场惨烈，微子流亡，箕子为奴，比干谏而死。

④ 四凶：相传舜辅佐尧的时候，有共工、三苗、伯鲧及驩兜四人作乱，舜乃"流共工于幽州，放驩兜于崇山，窜三苗于三危，殛鲧于羽山，四罪而天下咸服"（《尚书·尧典》）。

然则历代之主，莫不知邦以贤盛、以愚衰，君以谏安、以佞危，然则犹前车覆而后车不诫者，何也？盖常人之情，逊志者悦其从命，[1]守道者又恶其违已，君子难进而易退，况恶之乎？小人易进而难退，况悦之乎？是则常主之待君子也，必敬而疎；其遇小人也，必轻而狎。[2]狎则恩易下及，疎则情难上通。是以面从者日亲，动则假虎威而自负也；骨鲠者日疎，言则犯龙鳞而必死也。[3]故政令日以坏，邦家日以倾，斯所以变盛为衰、转安为危者矣。是以明王知君子之守道也，虽违于己，引而进之；知小人之徇惑也，[4]虽从于命，推而远之；知谠言之为良药也，虽逆于耳，恕而容之；知佞言之为美疢也，虽逊于心，忍而绝之。[5]故政令日以和，邦家日以理，斯所以变衰为盛、转危为安者矣。盛衰安危之效，唯明主能鉴焉。

注释：

① 逊志：顺他人之心，有意迎合。逊，顺。志，心。

② 疎：同“疏”，疏远，不亲近。狎：亲近。
③ 骨鲠：本指鱼骨、鱼刺，以喻刚直之人。
④ 徇惑：谋求惑主之道。
⑤ 美疢：溺爱、姑息。《左传·襄公二十三年》：“季孙之爱我，疾疢也；孟孙之恶我，药石也。美疢不如恶石。夫石，犹生我；疢之美，其毒滋多。”疢（chèn）：疾病。引申指疵病。晋葛洪《抱朴子·博喻》：“小疵不足以损大器，短疢不足以累长才。”

问睦亲（选左用）①

对：臣闻南面而理天下，自人道始也；②人道之始，始于亲亲。③故尧之教也，睦九族而平百姓；④文王之教也，刑寡妻而御邦家。⑤斯可谓教之源、理之本也。今陛下诚欲推其恩、广其爱，使惠洽九族、化流万人，⑥则宜乎先亲后疏、自近及远者也。

注释：

① 左用：辅佐之臣。左，同佐。
② 人道：犹言人伦，指社会的伦理等级关系。
③ 亲亲：爱自己的亲属。第一个亲用作动词，谓亲和，爱睦；第二个则用作名词，谓亲属，指父子等。
④ 九族：以自己为本位，上推至四世之高祖，下推至四世之玄孙为九族。此处泛指亲属。相传尧之治国，富而不骄，贵而不淫，以和顺九族为国治之本。
⑤ 刑：法度；此引申指作为法式，楷模。寡妻：正妻，嫡妻。御：治理。《诗·大雅·思齐》：“刑于寡妻，至于兄弟，以御于家邦。”
⑥ 洽：浸润，沾湿。

然则置其师傅，闲之以教训，①选其贤能，授之以官政，或出为牧守，②或入为公卿，如此则虽无三代封建之官，③而有三代翼戴之实也。④使棣华之咏协于内，⑤麟趾之风著于外，⑥所谓枝叶茂而本根可庇，⑦骨肉厚而家国自肥，则天下之人相从而化矣。⑧故曰：未有九族睦而万人叛者也，未有九族离而万人和者也。盖先王所以布六顺而化百姓、⑨敷五教而协万邦者，⑩由此道素行故也。

注释：

① 闲：法度，规范，尤指道德礼义准则。
② 牧守：泛指地方州郡的长官。一般州官称牧，郡官称守。
③ 三代封建之官：指夏、商、周三朝封邦建国的政治制度。古代帝王把爵位、土地分赐亲戚或功臣，使之在各该区域内建立邦国，各自相对独立地治理，也起到护卫中央政权的作用。秦汉开始，这一制度逐渐消解。
④ 翼戴：辅佐拥戴。
⑤ 棣华之咏：《诗·召南·何彼襛矣》：“何彼襛矣，唐棣之华。曷不肃雝，王姬之车。”古人认为，

此诗赞美了王妃肃穆雍容的言貌和德行。

⑥ 麟趾之风：《诗·周南·麟之趾》："麟之趾，振振公子。"麟是古代的一种图腾，形状相似于鹿，古人以其为"仁兽"。麟趾则喻有仁德之贤人。

⑦ 庇：得以庇护。

⑧ 化：受感化，受教化。

⑨ 六顺：《左传·隐公三年》："君义、臣行、父慈、子孝、兄爱、弟敬，所谓六顺。"

⑩ 五教：五常之教，指父义、母慈、兄友、弟恭、子孝五种伦理道德的教育。

问养老（在使之寿富贵）

对：臣闻昔者西伯善养老，而天下归之（集作心）。① 善养者，非家至户见衣而食之也，② 盖能为其立田里之制，以安其业，③ 树畜养之产，以厚其生，④ 使生有所养、老有所终、死有所送也。

近代之主，⑤ 以为老者非帛不暖，非肉不饱，⑥ 而时颁其布帛肉粟之赐，则为养老之道尽于是矣。臣以为此小惠也，非大德也，何则？赐之以布帛，仁则仁矣，不若劝其桑麻之业，使天下五十者可以衣帛矣；赐之肉粟，惠则惠矣，不若教其鸡豚之畜，使天下七十者可以食肉矣。然后牧以仁贤，慎其刑罚，虽不与之年，而老者得以寿矣；不夺其力，不扰其时，⑦ 虽不与之财，而老者得以富矣；使幼者事长，少者敬老，虽不与之爵，而老者得以贵矣。此三代盛王所以不遗年而兴孝者，用此道也。⑧

注释：

① 西伯：指周文王。据《孟子·离娄上》记载，时伯夷因避纣王而居北海之滨，太公因避纣王而居东海之滨，听闻文王兴起，皆甘愿归附于他。

② 食：意为供养。指提供衣食所需。

③ 田里：田地和庐舍。

④ 树：建立。

⑤ 近代：指过去不远之时代。

⑥ 老者非帛不暖，非肉不饱：《孟子·尽心上》："五十非帛不暖，七十非肉不饱。不暖不饱，谓之冻馁。"在古代，老人是生产及生活经验的重要传授者，因此古人认为在圣王统治的天下，老人应当享有最好的物质生活条件。

⑦ 夺：强取。不扰其时：不扰乱正常农作的时节。

⑧ 遗年：谓遗弃老年人。《礼记·祭义》："昔者有虞氏贵德而尚齿，夏后氏贵爵而尚齿，殷人贵富而尚齿，周人贵亲而尚齿，虞、夏、殷、周，天下之盛王也，未有遗年者。"

问御功臣之术

对；臣闻明王之御功臣也，① 量其功而限之以爵，审其罪而纠之以法。限之以爵，②

故爵加而知荣矣；纠之以法，故法行而知恩矣。恩荣并加，畏爱相济，下无贰志，③上无疑心，此明王所以念功劳而全君臣之道也。若不限之以爵，则无厌之心生矣，虽极人臣之位而不知荣也；若不纠之以法，则不忌之心起矣，④虽竭人主之宠而不知恩也。恩荣不知，畏爱不立，而望奉上之心尽，念功之道全，或恐难矣。故《传》曰："报者倦矣，施者未厌。"⑤此由爵无限而法不行使之然也，惟陛下察之。

注释：

① 御：驾驭、控制；言明主之用人。
② 限之以爵：在一定范围内提拔、加官。
③ 贰志：不专一，怀有二心。
④ 不忌：全无顾忌，毫不忌惮。
⑤ 报者倦矣，施者未厌：是说受恩惠者已多次回报施恩者而感到倦怠了，可施恩者却仍然希望回报而没有满足。语出《左传·僖公二十四年》："夏。狄伐郑，取栎。王德狄人，将以其女为后。富辰谏曰：'不可。臣闻之曰：报者倦矣，施者未厌。狄固贪惏……'"

辨兴亡之由（由善恶之积）

问：万姓亲怨之由，百王兴亡之渐，①将独系于人乎，抑亦系于君乎？②

对：臣观前代，邦之兴由得人也，邦之亡由失人也。得其人，失其人，非一朝一夕之故，其所由来者，渐矣。③天地不能顿为寒暑，必渐于春秋；人君不能顿为兴亡，必渐于善恶。善不积，不能勃然而兴；恶不积，不能忽焉而亡。④

善与恶始系于君也，兴与亡终系于人也。何则？君苟有善，人必知之；知之又知之，其心归之；归之又归之，则载舟之水由是积焉。君苟有不善（二字集作恶），人亦知之；知之又知之，其心去之；去之又去之，则覆舟之水由是积焉。故曰：至高而危者，君也；至愚而不可欺者，人也。圣人知其然，故法上天不息之道以修己，法下地不动之德以安人。⑤修己者，慎于中也，栗然如履薄冰；⑥安人者，敬其下也，凛然如驭朽索，⑦犹惧其未也。⑧加以乐人之乐，人亦乐其乐；忧人之忧，人亦忧其忧。忧乐同于人，敬慎著于己。如是而不兴，反是而不亡者，自生人以来，⑨未之有也。臣愚以为百王兴亡之渐，在于此矣。

注释：

① 渐：此处指开端，起始；兴亡之渐，犹言"兴亡之由"。《新唐书·王綝传赞》："及建言不斥太子名，以动群臣，示中兴之渐，所谓人难言者，于方庆难乎哉！"
② 系：关系，涉及。
③ 渐：缓进；逐步。《易·坤》："臣弑其君，子弑其父，非一朝一夕之故，其所由来者渐矣。"
④ 忽：古代极小的度量单位名。《孙子算经》卷上记载："蚕吐丝为忽。十忽为一丝，十丝为一毫，十毫为一厘，十厘为一分。"引申为指极短的时间。

⑤“故法上天”句：古人以为，动转不息是天之道，安持不移是地之道，人君修身安民，当效法天地之道。《易·乾》：“天行健，君子以自强不息。”《易·坤》：“地势坤，君子以厚德载物。”
⑥ 如履薄冰：如同行于薄冰之上，比喻身处险境，戒慎恐惧之至。语出《诗·小雅·小旻》：“战战兢兢如临深渊，如履薄冰。”
⑦ 如驭朽索：如同以朽腐的绳索驾驭奔马一般，亦喻临事虑危，时存戒惧。语在《尚书·五子之歌》：“予临兆民，懔乎若朽索之驭六马。”
⑧ 惧其未：即使祸事尚未发生，也心存戒惧。
⑨ 生人以来：自从有人类的历史以来。

问王泽流人心感（在恕己及物）

对：夫欲使王泽旁流，①人心大感，则在陛下恕己及物而已。夫恕己及物者，②无他，以心度心，以身观身，推其所为以及天下者也。故己欲安，则念人之重扰也；己欲寿，则念人之嘉生也；③己欲逸，则念人之惮劳也；己欲富，则念人之恶贫也；己欲温饱，则念人之冻馁也；己欲声色，则念人之怨旷也。④

注释：

① 泽：恩泽。旁：广泛，普遍。
② 恕己及物：谓扩充自己的仁爱之心，恩及万物。
③ 重扰：增加困扰。此言在自己享受安乐时，是不是给别人增加了困扰？
④ 怨旷：本指长期别离。《诗·邶风·雄雉序》：“军旅数起，大夫久役，男女怨旷。”引申指女无夫，男无妻。

今陛下念其重扰，则烦暴之吏退矣；念其嘉生，则苛酷之吏黜矣；念其惮劳，则土木之役息矣；念其恶贫，则服御之费省矣；①念其冻馁，则布帛禾麦之税轻矣；念其怨旷，则妓乐嫔嫱之数减矣。②推而广之，念一知十，盖圣人之道也。始则恕己以及人，终则念人而反己，故恕之又恕之，则泽不得不流矣；念之又念之，则人心不得不感矣。泽流心感，而天下不太平者，未之有也。

注释：

① 服御：指服饰车马器用之类。
② 妓乐嫔嫱（qiáng）：歌舞女艺人与姬妾。

问君不行臣事（委任宰相）

对：臣闻建官施令者，①君所执也；率职知事者，②臣所奉也。臣行君道则政专，③

君行臣道则事乱，专与乱其弊一也。然则臣道者，百职至众，万事至繁，诚非一人方寸所能尽也，④故王者但操其要、择其人而已。将在乎分务于群司，各令督责考课，⑤受成于宰相，⑥不以劳倦自婴，⑦然后谨殿最而赏罚焉，⑧审幽明而黜陟焉，⑨则万枢之要毕矣。故失君道者，虽多夕惕若厉之虑，⑩而彝伦未必叙也；⑪行臣事者，虽多日昃不食之勤，⑫而庶绩未必凝也。⑬得其要，逸而有终；非其宜，劳而无功故也。

注释：

① 建官施令：设置官职，施行政令。
② 率职：奉行职事。率，遵循。知事：主管事务。
③ 专：指官员擅自行事。
④ 方寸：指心。心处胸中方寸间，故称。晋葛洪《抱朴子·嘉遁》："方寸之心，制之在我，不可放之于流遁也。"
⑤ 督责考课：指令官员上下级之间督察责罚，并按一定标准考核官吏优劣，分别等差，决定升降赏罚。
⑥ 受成于宰相：指依照宰相前定计划而行，不自作主张。"受成"即接受已成之谋。"宰相"，本为掌握政权的大官的泛称，后来用以指历代辅助皇帝、统领群僚、总揽政务的最高行政长官，不一定是专门职称。
⑦ 婴：纠缠，羁绊。
⑧ 殿最：古代考核政绩或军功，下等称为"殿"，上等称为"最"。此处泛指考课、评比而确定的等级上下。
⑨ 黜陟：指人才的进退，官吏的升降。黜谓贬斥，陟谓提拔。
⑩ 夕惕若厉：朝夕戒惧，如临危境，指工作不敢稍懈。
⑪ 彝伦：常理；常道。《书·洪范》："王乃言曰：'呜呼，箕子！惟天阴骘下民，相协厥居，我不知其彝伦攸叙。'"蔡沈集传："彝，常也；伦，理也。"
⑫ 日昃：日光斜照，指黄昏人夜之时。
⑬ 庶绩：各种事业。

臣又闻，坐而论道，①三公之任也；②作而行之，卿大夫之职也。故陈平不知钱谷、③丙吉不问死伤者，④此有司之职，非宰相之任也。夫以宰相尚不可侵有司之职，况人君可侵宰相之任乎，可侵百执事之事乎？⑤

臣又闻，宰相之任者，上代天工，⑥下执人柄，⑦群职由之而理乱，庶政由之而弛张，君之心膂待宰相而启沃⑧，君之耳目待宰相而聪明，设其位不可一日无其人，得其人不可一日无其宠，疑则勿用，用则勿疏，然后能欣合其心，驯致其道。⑨盖先王所以端拱凝旒、而天下大理者，无他焉，委务于有司也，仰成于宰相也。⑩

注释：

① 坐而论道：古指王公大臣陪侍帝王议论政事。《周礼·考工记序》："国有六职，百工与居一焉。或坐而论道，或作而行之……坐而论道，谓之王公；作而行之，谓之士大夫。"郑玄注："论道，谓谋虑治国之政令也。"
② 三公：古代中央三种最高官衔的合称，各代职称不一，此处泛指中央执政要员。

③ 陈平：汉高祖功臣，吕后、文帝时任丞相。文帝问陈平以钱谷之事，陈平答曰不知，认为问决狱当问廷尉，问钱谷当问治粟内史，宰相的职分在于统领群臣，而不在事事躬亲。事见《史记·陈丞相世家》。
④ 丙吉：汉宣帝时任御史大夫、丞相等职。丙吉出门路遇少年群斗，死伤横道，并不过问，以为民斗相杀伤，是长安令、京兆尹职责所在；丞相不亲小事，只在岁末考其高下，奏行赏罚而已。事见《汉书·丙吉传》。
⑤ 百执事：为数众多的各级行政官员。
⑥ 天工：天的职任。古以为王者法天而建官，代天行职事。
⑦ 人柄：治理民众的权柄。
⑧ 膂（lǚ）：脊骨。
⑨ 欣合：受感而动，和合融洽。《礼记·乐记》："是故大人举礼乐，则天地将为昭焉。天地欣合，阴阳相得。"引申为情意投合。驯致：亦作"驯至"。逐渐达到。《易·坤》："履霜坚冰，阴始凝也；驯致其道，至坚冰也。"
⑩ 端拱凝旒：端拱：正身拱手；指恭敬有礼，庄重不苟。引申指帝王庄严临朝，清简为政。《魏书·辛雄传》："端拱而四方安，刑措而兆民治。"凝旒：冕旒静止不动。形容帝王态度肃穆专注。前蜀韦庄《和郑拾遗秋日感事》诗："负扆劳天眷，凝旒念国章。"旒（liú）：冕冠前后悬垂的玉串。《礼记·玉藻》："天子玉藻，十有二旒。"

人之困穷由君之奢欲

白居易

问：近古以来，君天下者，皆患人之困①，而不知困之由②。皆欲人之安③，而不得安之术。今欲转劳为逸，用富易贫。究困之由，矫其失于既往④；求安之术，致其利于将来⑤。审而行之，以康天下⑥。

注释：

① 人之困：此"人"字与题"人之困穷"之"人"均当作"民"，盖避唐太宗李世民讳改。
② 困之由：造成贫困的原因。
③ 皆欲人之安：都希望百姓能够安居乐业。
④ 矫其失于既往：矫正过去的失误。
⑤ 致其利于将来：获得将来好的发展。
⑥ 审而行之：深思熟虑而付诸实践。康：安。

对：臣闻近古以来，君天下者，皆患人之困，而不知困之由。皆欲人之安，而不得安之术。臣虽狂瞽①，然粗知之。臣窃观前代人庶之贫困者，由官吏之纵欲也。官吏之纵欲者，由君上之不能节俭也。何则？天下之人亿兆也②，君者一而已矣。以亿兆之人奉其一君，则君之居处，虽极土木之工③，殚金玉之饰④；君之衣食，虽穷海陆之味⑤，尽文彩之华⑥；君之耳目，虽慆郑卫之音⑦，厌燕赵之色⑧；君之心体，虽倦畋渔之乐⑨，疲辙迹之游⑩；犹未全扰于人，伤于物。何者？以至多奉至少故也。然则一纵一放而敝及于人者，又何哉？盖以君之命行于左右，左右颁于方镇⑪，方镇布于州牧，州牧达于县宰，县宰达于乡吏⑫，乡吏转于村胥⑬，然后至于人焉。自君至臣，等级若是，所求既众，所费滋多，则君取其一，而臣已取其百矣。所谓上开一源，下生百端者也，⑭岂直若是而已哉？盖君好则臣为，上行则下效⑮。故上苟好奢，则天下贪冒之吏将肆心焉⑯。故上苟好利，则天下聚敛之臣将寘力焉。雷动风行⑰，日引月长⑱，上益其侈，下成其私。其费尽出于人，人实何堪其弊！此又为害十倍于前也。夫如是，则君之躁静，为人劳逸之本⑲；君之奢俭，为人贫富之源。故一节其情而下有以获其福，一肆其欲而下有以罹其殃，一出善言则天下之心同其善，一违善道则天下之心共其忧。盖百姓之殃不在乎鬼神，百姓之福不在乎天地，在乎君之躁静奢俭而已。是以圣王之修身化下也⑳，宫室有制，服食有度，声色有节，畋游有时。不徇己情，不穷己欲，不殚人力，不耗人财㉑。夫然，故诚发乎心，德形乎身，政加乎人，化达乎天下。以此禁吏，则贪欲之吏不得不廉矣；以此牧人，则贫困之人不得不安矣。困之由，安之术，以臣所见，其在兹乎！

注释：

① 狂瞽：狂妄与昏盲。自谦之词。
② 天下之人亿兆：极言天下之人多。万万为亿，万亿为兆。
③ 极土木之功：大肆兴建宫殿园囿等。
④ 殚金玉之饰：穷尽金玉的装饰。
⑤ 海陆之味：山珍海味。
⑥ 文彩之华：指华丽的服饰。
⑦ 慆郑卫之音：沉湎靡靡之音。《礼记·乐记》："郑卫之音，乱世之音也。"郑卫之音：指春秋战国时郑国与卫国的音乐。因与孔子等提倡的雅乐不同，故受儒家排斥。《论语·卫灵公》："放郑声，远佞人。郑声淫，佞人殆。"慆（tāo）：喜悦，喜欢。《尚书大传》卷三："师乃慆，前歌后舞。"郑玄注："慆，喜也。"
⑧ 厌燕赵之色：满足于燕赵美色的享受。厌：饱食；引申指满足。
⑨ 畋鱼之乐：渔猎之乐。畋（tián）：打猎；古代特指国君春季打猎。
⑩ 辙迹之游：指帝王乘车游佚。
⑪ 方镇：指掌握兵权、镇守一方的军事长官。如晋持节都督，唐观察使、节度使、经略等。参阅清吴廷燮著唐、辽、金《方镇年表》。
⑫ 乡吏：唐朝百户为里，五里为乡。
⑬ 村胥：即村正。唐制，里及村，坊皆有正。
⑭ "所谓"二句：意谓皇上只要开了一个出口，臣子就会生出一百个端倪来。这两句话出自魏征《论治道疏》："君开一源，下生百端。"
⑮ "盖君"二句：意谓国君喜欢什么，佞臣就会投其所好；上面怎么做，下面就怎么效仿。
⑯ 贪冒：贪得；贪图财利。《左传·成公十二年》："诸侯贪冒，侵欲不忌。"肆心：肆无忌惮。
⑰ 雷动风行：本指万物运动变化迅速；比喻推行政令的严厉迅猛。
⑱ 日引月长：谓事物随时光流逝而日渐增长。语本《国语·齐语》："昔吾先君襄公筑台以为高位，田、狩、罼、弋，不听国政，卑圣侮士，而唯女是崇……是以国家不日引，不月长。"韦昭注：

“引，申也；长，益也。”

⑲“君之躁静”句：谓君躁则民劳，君静则民逸。躁静：急躁与安静；此指帝王或兴师动众以劳役，或清静无为。

⑳ 修身化下：身体力行，以为天下表率。

㉑“宫室”八句：意谓皇帝的衣食住行及声色之好，限制在一定的范围之内，不过分骄奢淫逸。

文苑英华卷四百九十五

宋　李昉等编

议庶官迁次迟速①

白居易

问：先王建官，升降有制，迁次有恒②，此经久之道也。或云赏善罚恶者，不踰时月③；又曰为官吏者，可长子孙④。岂今古之制殊乎？不然何迟速之异如此乎？今欲速迁而劝善，恐诱躁求之心；令久次而望功，虑兴滞用之叹。疾徐之制⑤，何以为中？

（此卷并于《白居易集》准备制科七十五门中摘取一十二篇，其问答皆白居易拟作。）

注释：

① 迁：官职升迁或贬降。次：指官阶或职守不变。

② 恒：法则，规律。

③ 踰：超过。

④ 长子孙：《汉书·食货志》："为吏者长子孙。"如淳注曰："时无事，吏不数转，至于生长子孙而不转职也。"

⑤ 疾：快。徐：慢。

对：臣闻孔子曰："苟有用我者，三年有成。"①《舜典》曰："三载考绩，三考，黜陟幽明。"②虽圣贤为政，未及三年，不能成也；虽善恶难知，不过九载，必自著也③。由此而论，为官吏者不可速迁也，不可久次也。若未三年而迁，则政未立，绩未成，且躁求之心生，而驯致之化废矣④。若过九载而不转⑤，则明不陟，幽不黜，而劝善之法缺，惩恶之典隳矣⑥。大凡内外之官，其略如此。然则最与天子共理者，莫先于二千石乎。臣窃见比来诸州刺史，有未两考而迁者，岂为善（集作成）政之速于圣贤邪？将有司考察之不精邪？不然何迁之遽也⑦。又有逾一纪而不转者⑧，岂善恶未著莫得而知邪？将有司遗忘而不举邪？不然何转之迟也。臣伏见顺宗皇帝诏曰："凡内外之职，四考递迁。"⑨斯实革今之弊，行古之道也。然臣犹以为吏能有闻者，既以四考迁之；政术无取者，亦宜四考黜之。将欲循其名，辨其实，则在陛下奖纠察之吏，督考课之官，使别其否臧⑩，明知黑白，仍命曰：虽久次者，不得踰于四载；虽速迁者，亦待及于三年。此先王较能之大方⑪，致理之要道也。伏惟陛下试垂意而察焉。

注释：

①"苟有用我"句：语出《论语·子路》："子曰：'苟有用我者，期月而已可也，三年有成。'"有成：有成效；有成就。

②"三载考绩"句：语出《尚书·舜典》："三载考绩，三考，黜陟幽明，庶绩咸熙。"考绩：按一定标准考核官吏的成绩。黜：贬降，罢退。陟：提拔，升迁。黜陟幽明：黜退昏愚的官员，晋升贤

明的官员。
③ 著：明显，显著。
④ 驯致：逐渐达到，逐渐招致。
⑤ 转：官员迁任。
⑥ 隳：毁坏，废弃。
⑦ 遽：急速；匆忙。
⑧ 纪：古时纪年单位，十二年为一纪。
⑨ 递：即“递”字，顺次，依次。
⑩ 臧：善，好。否：恶。
⑪ 大方：大道，常道。

革吏部之弊

问：吏部之弊，为日久矣。今吏多于员[①]，其故何因？官不得人，其由安在？奸伪日起，其计何生？驰骛日滋[②]，其风何自？欲使吏与员而相得，名与实而相符，趋竞巧滥之弊消，公平政理之道长，妍媸者不能欺于藻镜[③]，锱铢者不敢冒于铨衡[④]，岂无良谋，以救其弊？

注释：

① 员：官吏人数的定额。
② 驰骛：奔走追逐。
③ 妍：美好。媸：丑恶。藻镜：品藻和鉴别人才，引申为负责品评鉴别人才的官职。
④ 锱铢：锱和铢皆为古代细小的重量单位，喻轻微细小。冒：假充，假冒。铨衡：考核、选拔人才，引申为主管选拔官吏的官职。

对：臣伏见吏部之弊，为日久矣。时皆共病，不知其然。臣请备而言之。臣闻古者计户以贡士，量官而署吏，故官不乏吏，士不乏官，士吏官员，必相参用[①]。今则官倍于古，吏倍于官，入色者又倍于吏也[②]。此由每岁假文武而筮仕者众[③]，冒资荫而出身者多[④]，故官不得人，员不充吏，是以争求日进（集作至），奸滥日生，斯乃为弊之一端也。臣又闻古者州郡之吏，牧守选而用之[⑤]；府寺之寮，公卿辟而署之[⑥]，其余者乃归有司。有司所领既少，则所选必精，此前代所以得人也。今则内外之官，一命已上；岁羡千数，悉委吏曹[⑦]。吏曹按资署官，犹惧不给[⑧]，则何暇考察名实，区别臧否者乎？至使近代以来，寖而成弊[⑨]，真伪争进，共征循资之书[⑩]；贤愚莫分，同限停年之格[⑪]。才能者淹滞而不振[⑫]，巧诈者因缘以成奸，此又为弊之一端也。今若使内外师长者，各选其人，分署其吏，则庶乎官得其才矣。使诸色入仕者[⑬]，量省其数，或间以年，则庶乎士不乏官矣。官得其才，则公平政理之道所由长也。士不乏官，则趋竞巧滥之弊所由消也。矧又减铨衡之偏重，则力不挠而易平矣[⑭]；分藻镜之独鉴，则照不疲而易明矣。与夫群（集作千）品折于一面，百职断于一心，功相万也，得失相悬，岂不远矣。臣以为芟烦划弊⑮，莫尚于斯⑯。

注释：

① 叅：即“参”字。参用：间杂而用；兼用。
② 色：履历。人色，指交纳履历备选。
③ 筮仕：指初出做官。
④ 资荫：凭先代的勋功或官爵而得到授官封爵。出身：指为官。
⑤ 牧守：州牧和郡太守，指地方长官。
⑥ 府寺：三公所居谓之府，九卿所居谓之寺，泛指高级官员的府邸或官署。辟：征召。署：任用。
⑦ 羡：超过，泛滥。
⑧ 资：年资，官吏的任职年限及资历。给：丰足，充裕。
⑨ 寖：逐渐。
⑩ 循资：按年资逐级晋升。
⑪ 停年之格：即“停年格”。停年格乃北魏崔亮所创的选官制度。不问贤愚，专以年资深浅为录用标准。《魏书·崔亮传》：“亮乃奏为格制，不问士之贤愚，专以停解日月为断。虽复官须此人，停日后者终于不得；庸才下品，年月久者灼然先用。沉滞者皆称其能。亮外甥司空咨议刘景安书规亮曰：‘……宜须改张易调，如之何反为停年格以限之？天下士子谁复修厉名行哉！’”参阅清顾炎武《日知录·停年格》。
⑫ 淹滞：谓有才德者而久沦下位。不振：不振作，不兴旺。
⑬ 色：种类。
⑭ 矧：况且；而况。挠：削弱。
⑮ 芟：刈除，除去。划：削除，废除。
⑯ 尚：超过，胜过。

牧宰考课（议殿最未精又政不由己）①

问：今者勤恤黎元之隐②，精求牧宰之才，亦既得人，使之为政，何以抚字之方尚未副我精求之旨③，疲困之俗尚未知我勤恤之心？岂才未称官，将人不求理？备陈其故，以革其非。

注释：

① 殿最：古代考核政绩或军功，下等称为“殿”，上等称为“最”，借指考课、评比。
② 隐：忧伤，疾苦。
③ 抚字：对百姓的安抚体恤。字：抚爱；爱护。副：相称，符合。

对：臣闻王者之设庶官，无非共理者也。然则庶官之理同归，而牧宰之用为急。盖以邦之赋役，由之而后均，上之风化，由之而后行，人之性命系焉，国之安危属焉，故与夫庶官之寄，轻重不可齐致也。臣伏见陛下勤恤黎元之心至矣，慎择牧宰之旨深矣。

然黎元之理尚未副陛下勤恤之心，牧宰之政尚未称陛下慎择之旨，非人不求理，非才不称官，以臣所窥，粗知其由矣。臣闻古之贤者，为善不待劝也①，何哉？性不忍为恶耳。愚者为不善，虽劝而不迁也，何哉？性不能为善耳。贤愚之间，谓之中人。中人之心，可上可下，劝之则迁于善，舍之则陷于恶，故曰惩劝之废也，推中人而坠于小人之域；惩劝之行也，引中人而纳诸君子之涂②。是劝沮之道③，不可一日无也。况天下之牧宰，中人者多，去恶迁善，皆待劝沮。伏见当今殿最之法具备，黜陟之令甚明。然则就备之中，察之者未甚精也；就明之中，奉之者未甚行也。未甚精则臧否同贯，未甚行则善恶齐驱。虽有和璞之真④，不能识也；虽有齐竽之滥⑤，何由知之？如此则岂独利淫⑥，亦将失善。善苟未劝，淫或未惩，欲副陛下勤恤之心，称陛下慎择之旨，或恐难矣。臣又请以古事验之。臣闻唐虞之际也，敷求俊乂，而四凶见用⑦；及三考黜陟，而四罪乃彰。则知虽至明也，尚或迷真伪之徒；虽至圣也，不能去考察之法。故其法张，则变曲为直，如蓬生于麻也⑧；其法弛，则变香为臭，似兰化为艾也⑨。且圣人之为理，岂尽得贤而用之乎？岂尽知不肖而去之乎？将在乎秉其枢，操其要，划邪为正，变觚为圆⑩，能使善之必迁，不谓善之尽有；能使恶之必改，不谓恶之尽无。成此功者，非（集作无）他惩劝之所致也。则考课之法，其可轻乎？臣又见当今牧宰之内，甚有良能，委之理人，亦足成政，所未致者，义有其由。臣闻牧宰，古者五等之国也。于人有父母之道焉，于吏有君臣之道焉，所宜弛张举措由其心，威福赏罚悬于手，然后能镇其俗，移其化也。今县宰之权，受制于州牧；州牧之政，取则于使司⑪。迭相拘持⑫，不敢专达。虽有政术，何由施行？况又力役之限，赋敛之期，以用之费省为求，不以人之贫富为度；以上之缓急为节，不以下之劳逸为程⑬。县畏于州，州畏于使，虽有仁惠，何由抚绥？此犹束舟楫而望济川，绊骐骥而求致远，臣恐龚黄卓鲁复生⑭，于今日亦不能为理矣。

注释：

① 劝：奖勉，鼓励。

② 涂：道路。

③ 沮：阻止。劝沮：鼓励和禁止。《墨子·非命中》："发宪布令以教诲；明赏罚以劝沮。"

④ 和璞：即和氏璧。《韩非子·和氏》："楚人和氏得玉璞楚山中，奉而献之厉王。厉王使玉人相之，玉人曰：'石也。'王以和为诳，而刖其左足。……文王即位……王乃使玉人理其璞，而得宝焉，遂命曰'和氏之璧'。"

⑤ 齐竽：犹言"滥竽"。比喻没有真才实学的人，冒充有本领，混在行家里充数。《韩非子·内储说上》："齐宣王使人吹竽，必三百人。南郭处士请为王吹竽，宣王说之，廪食以数百人。宣王死，愍王立，好一一听之，处士逃。"

⑥ 淫：此言邪恶，奸邪。

⑦ 唐虞：唐尧和虞舜。俊乂：才德出众的人。四凶：相传为尧、舜时代四个恶名昭彰的部族首领，其名诸说不同，亦即后文之"四罪"。《左传·文公十八年》："舜臣尧，宾于四门，流四凶族浑敦、穷奇、梼杌、饕餮，投诸四裔。"《尚书·舜典》："流共工于幽州，放驩兜于崇山，窜三苗于三危，殛鲧于羽山。"

⑧ 蓬生于麻：此言受到良好的影响。《荀子·劝学》："蓬生麻中，不扶而直。"
⑨ 兰化为艾：兰，兰草；艾，艾草。古人认为兰香艾臭。
⑩ 觚（gū）：多角棱形的器物。《史记·酷吏列传序》："汉兴，破觚而为圜，斫雕而为朴。"司马贞索隐引应劭曰："觚，八棱有隅者。"
⑪ 则：规章，法度。使司：唐特派负责某种政务者称"使"，州郡之佐吏称"司"。
⑫ 迭相：相继；轮番。拘持：挟制。汉荀悦《汉纪·宣帝纪四》："望之自奏：'职在总领天下，闻事不得不问，而为延寿所拘持。'"
⑬ 程：限度。
⑭ 龚黄卓鲁：指西汉汉循吏龚遂、黄霸及东汉循吏卓茂、鲁恭。

问使百职修皇纲振（在乎革慎默之俗）①

对：夫百职不修，万事不举，皇纲弛而不振，颓俗荡而不还者，由乎君子谠直之道消，小人慎默之道长也。臣伏见近代以来，时议者率以拱默保位者为明智②，以柔顺安身者为贤能，以直言危行者为狂愚，以中立守道者为凝滞。故朝寡敢言之士，庭鲜执咎之臣。自国及家，寖而成俗。故父训其子曰，无介直以立仇敌；兄教其弟曰，无方正以贾悔尤③。识者腹非而不言④，愚者心竞而是效。致使天下有目者如瞽也⑤，有耳者如聋也，有口者如含锋刃也，慎默之俗，一至于斯。此正士直臣所以退藏而长太息也⑥。岂直如此而已哉？盖慎默积于中，则职事废于外。强毅果断之心屈，畏忌因循之性成。反谓率职而举政者，不达于时宜；当官而行法者，不通于事变。是以殿最之文，虽书而不实；黜陟之法，虽备而不行。欲望善者，劝恶者，惩百职，修万事，举不可得也。然臣以为历代之颓俗，非国朝不能革也。国朝之皇纲，非陛下不能振也。振革之术，臣粗知之。何者？夫人之蚩蚩⑦，惟利是务，若利出于慎默，则慎默之风大起；若利出于谠直，则谠直之风大行。亦犹冬日之阳，夏日之阴，不召物而物自归之者，无他，温凉之利所在故也。伏惟陛下以至公统天下，以至明御群臣，使情伪无所逃，言行无所隐。有若谠直强毅举正弹违者，引而进之；有若慎默畏忌吐刚茹柔者⑧，推而远之。使此有利，彼无利，安得不去彼取此乎？斯谓俾人日徙善远罪而不自知也。如此则百职修，万事举，皇纲振，颓俗移，太平之风，由斯而致矣。

注释：

① 百职：各种职位和事务。皇纲此指朝廷的纲纪。慎默：谨慎沉默。
② 拱默：拱手缄默。《汉书·鲍宣传》："以苟容曲从为贤，以拱默尸禄为智。"
③ 贾（gǔ）：招引，招致。悔尤：犹怨恨。语本《论语·为政》："言寡尤，行寡悔，禄在其中矣。"
④ 腹非：口里不言，心中讥笑。
⑤ 瞽：失明的人，盲人。
⑥ 太息：大声长叹，深深地叹息。
⑦ 蚩蚩：惑乱貌，纷扰貌。《文选·刘孝标〈广绝交论〉》："于是素交尽，利交兴，天下蚩蚩，鸟惊雷骇。"李善注："《广雅》曰：'蚩，乱也。'"吕延济注："蚩蚩，犹扰扰也。"

⑧ 茹：吃，吞咽。

议封建论郡县①

问：周制五等，其弊也王室衰微；秦废列国，其败也天下崩坏；汉封子弟，其失也侯王僭乱；何则为制不同，同归于弊也？②故自古及今，议其是非者多矣。今若建侯开国，恐失随时之宜；如置守专城，虑乖稽古之议。考其要旨，其谁可从？

注释：

① 封建：封邦建国。古代帝王把爵位、土地分赐亲戚或功臣，使之在各该区域内建立邦国。相传黄帝为封建之始，至周制度始备。《礼记·王制》："王者之制禄爵，公、侯、伯、子、男凡五等……天子之田方千里，公、侯田方百里，伯七十里，子、男五十里。"郡县：郡和县的并称。郡县之名，初见于周。秦始皇统一中国，分国内为三十六郡，为郡县政治之始，汉初封建制与郡县制并行，其后郡县遂成常制。《史记·秦始皇本纪》："今陛下兴义兵，诛残贼，平定天下，海内为郡县。"

② 五等：指公、侯、伯、子、男五等爵制。列国：此言"封建制"。关于"分封制"与"郡县制"的利弊，可以参阅《文选·陆机〈五等论〉》等。

又问：封建之制，肇自黄唐①；郡县之规，始于秦汉。或沿或革，以至国朝。今欲子兆人②，家四海，建不拔之业，垂无疆之休③，大鉴兴亡，从长而用；无论古今，择善而行。侯将守而何先？郡与国而孰愈？具书于策，当举行之。

注释：

① 黄唐：指黄帝与唐尧。
② 子：意动用法，以……为子；即慈爱。兆人：指天下万民，"兆"极言数之多。
③ 休：喜庆，美善。

对：臣闻封建之废久矣，是非之论多矣，异同之要，归于三科。或曰周人制五等，封亲贤，其弊也诸侯擅征伐，陪臣执国命①，故蚕食瓜剖，以至于衰灭也，而李斯、周青之议②，繇是兴焉。又曰秦皇废列国，弃子弟，其弊也万人无定主，九族为匹夫，故鱼烂土崩③，以至于覆亡也，而曹冏、士衡之论繇是作焉④。又曰汉氏侯功臣，王同姓，其失也爵号太尊，土宇太广⑤，故鸱张瓦解⑥，以至于悖乱也，而晁错、主父之计由是行焉⑦。然则秦惩周之弊也，既以孤立而易衰；汉鉴秦之亡也，亦以矫枉而过正。历代之说，无出于此焉。以臣所观，窃谓知其一，未知其二也。何者？臣闻王者将欲家四海，子兆人，垂无疆之休，建不朽之业者，在乎操理柄，立人防，导化源，固邦本而已矣。是故刑行德立，近悦远安，恩信推于中，惠化流于外，如此则四夷为臣妾，况海内乎？虽置守罢侯亦无害也。若法坏政荒，亲离贤弃，王泽竭于上，人心叛于下，如此则九族为雠敌，况天下乎？虽废郡建邦又何益也？故臣以为周之衰灭者，上失其道，天厌其德，非惟封建之弊也；秦之覆亡者，君流其毒，人离其心，非惟郡县之咎也；汉之祸乱者，宠而失教，立不选贤，非独强大之故也。由是观之，苟固其本，导其源，虽郡与县俱可理而安矣；苟逾其防，失其柄，虽侯与守俱能乱且危矣。伏惟陛下虑远忧近，鉴古观今，以敦睦亲族为先，不以封王为急；以忧（集作优）勤劳逸为念，不以建侯为私（集作思）；以尊贤宠德为心，不以开国为意；以安抚黎元为事，不以废郡为谋。则无疆之休，不拔之业，在于此矣。况国家之制，垂二百年，法著一王⑧，理经十圣⑨，变革之议，非臣敢知。

注释：

① 陪臣：古代天子以诸侯为臣，诸侯以大夫为臣，大夫又自有家臣。因之大夫对于天子，大夫之家臣对于诸侯，都是隔了一层的臣，称为“陪臣”。

② 李斯：秦朝丞相，秦统一后，向秦始皇建议废除封建制，在全国实行郡县制。周青：秦朝博士仆射，曾进言称颂秦始皇废诸侯为郡县的功业。

③ 鱼烂：鱼腐烂。比喻自内部糜烂腐败。

④ 曹冏：曹冏，字元首，魏少帝曹芳族祖。《魏氏春秋》载宗室曹冏上书言历代兴亡之迹，主张恢复封建制。参阅《文选·曹元首〈六代论〉》，论说了五等封建制中央与地方共治同安的优点。士衡：即陆机，字士衡，西晋人，作《辨亡论》二篇论述孙氏吴国之兴亡。繇：通“由”，自，从。

⑤ 土宇：疆土，国土。

⑥ 鸱张：像鸱鸟张翼一样；比喻嚣张，凶暴。《三国志·吴志·孙坚传》：“卓不怖罪而鸱张大语，宜以召不时至，陈军法斩之。”

⑦ 晁错：西汉景帝时任御史大夫，上书请削诸侯封地。主父：即主父偃，西汉武帝时官至中大夫，提出削弱诸侯王势力的“推恩法”。

⑧ 一王：一代王朝。《史记·太史公自序》：“孔子之时，上无明君，下不得任用，故作《春秋》，垂空文以断礼义，当一王之法。”

⑨ 十圣：历代圣贤，“十”言其多。

问官吏清廉（在均其禄厚其俸）

对：臣闻为国者，皆患吏之贪，而不知去贪之道也；皆欲吏之清，而不知致清之由也。臣以为去贪致清者，在乎厚其禄均其俸而已矣。夫衣食阙于家，虽严父慈母不能制其子，况君长能检其臣吏乎？冻馁切于身①，虽巢由夷齐不能固其节②，况凡人能守其清白乎？臣伏见今之官吏所以未尽贞廉者，由禄不均而俸不足也。不均者，由所在课料重轻不齐也③；不足者，由所在官长侵克不已也④。甚者则有官秩等而禄殊，郡县同而俸异，或削夺以过半，或停给而弥年⑤，至使衣食不充，冻馁并至，如此则必蹈白刃冒水火而求私利也⑥，况可使抚人字物、断狱均财者乎⑦？夫上行则下从，身穷则心滥。今官长日侵其吏，而望吏之不日侵于其人，不可得也。盖所谓渴马守水，饿犬护肉，则虽日用刑罚，不能惩贪而劝清必矣。陛下今欲革时之弊，去吏之贪，则莫先于均天下课料重轻，禁天下官长侵克，使天下之吏温饱充于内，清廉形于外，然后示之以耻，纠之以刑，如此则纵或为非者，百无一二矣（集作也）。

注释：

① 馁：饥饿。
② 巢由：巢父和许由，相传皆为尧时隐士，尧让位于二人，皆不受。夷齐：伯夷和叔齐，周灭商后，隐居于首阳山，不食周粟而饿死。
③ 课料：计算、发给俸禄。料：此指禄料。
④ 侵克：侵吞克扣。
⑤ 弥年：经年，终年。
⑥ 蹈：踏上，投入。
⑦ 字：抚养，教化。

问省官并俸减使职

对：臣闻古者因人而置官，量赋而制禄，故官之省置，必稽人户之众寡；禄之厚薄，必称赋入之多少。俾乎官足以理人，人足以奉吏，吏有常禄，财有常征，财赋吏员，必参相得者也。顷以兵戎屡动，荒沴荐臻①，户口流亡，财征减耗，则宜量其官而省之，并其禄而厚之。故官省则事简，事简则人安，禄厚则吏清，吏清则俗阜②，而天下所由理也。然则知清其吏而不知厚其禄，则饰诈而不廉矣；知厚其禄而不知省其官，则财费而不足矣；知省其官而不能选其能，则事壅而不理矣③。此三者迭为表里④，相须而成者也⑤。伏惟陛下详而行之。臣又见兵兴以来，诸道使府⑥，或因权宜而置职，一置而不停；或因暂劳而加俸⑦，一加而无减。致使职多于郡县之吏，俸优于台省之官⑧，积习生常，烦费滋甚。今若量其职员，审其禄秩，使多寡有常数，厚薄得其中，则费不广，而下无侵削之患矣；职有常数，则事不烦，而人无劳扰之弊矣。此又利害之相悬远者，伏惟陛下念而抹之。

注释：

① 荒沴：灾害。沴（lì）：此谓天地四时之气不和而生的灾害。《汉书·五行志中之上》：“气相伤，谓之沴。沴犹临莅，不和意也。”荐臻：接连地来到，一再遇到。
② 阜：丰厚，富有。
③ 壅：聚积，堆积。
④ 迭：互相。
⑤ 相须：互相依存，互相配合。
⑥ 道：地方行政区划名。唐初分全国为十道，后增为十五道。《新唐书·地理志一》：“太宗元年，始命并省，又因山川形便，分天下为十道……开元二十一年，又因十道分山南、江南为东西道，增置黔中道及京畿、都畿，置十五采访使。”

⑦ 暂劳：一时的劳苦。

⑧ 台省：台，尚书台；省，中书省；都是代表皇帝发布政令的中枢机关。后因以“台省”指政府的中央机构。南北朝以来，虽然尚书台已多改称尚书省，并逐渐形成中书、门下、尚书三省分权的制度，但“台省”之称仍沿用不变。唐代尚书、门下、中书三省又分别称为中台、东台、西台，故统称“台省”。

问议百司食利钱①

对：臣伏见百司食利，利出于人。日给而经费有常，日征而倍息无已②。然则举之者无非贫户，征之者率是远年③。故私财竭于倍称（集作相非），官课积为逋债④。至使公食有阙⑤，人力不堪，弊既滋深，法宜改作。且王者恶言求利，患其不均，况天下之钱一也，谓之曰利，曷若谓之曰征乎？取之于寡，曷若取之于众乎？今者日计其费，岁会其用，举为定数，命曰食征，随两税以分征⑥，使万人而均出，散之天下，其数几何？故均之于众，则贫户无倍息之弊矣；入之有程，则公食无告阙之虑矣。公私交便，其在兹乎？

注释

① 食利：获利；受益。特指取得利润或钱财。

② 倍息：加倍的利息。

③ 率：一概，都。远年：长期，长年。

④ 倍称：加倍偿还，借一还二。逋债：欠债。

⑤ 食：俸禄。阙：欠，应给而未给。

⑥ 两税：夏税和秋税的合称，唐德宗时杨炎作两税法，并租庸调为一，令以钱输税。夏输不超过六月，秋输不超过十一月，故称两税。参见《新唐书·杨炎传》、《新唐书·德宗纪》。

问议百官职田①

对：臣伏以职田者职既不同，田亦异数，内外上下，各有等差，此亦古者公田稍食之制也②。国家自多事已来，厥制不举，故稽其地籍而田则具存③，考以户租而数多散失，至有品秩等，官署同，而廪禄厚薄之相悬近乎十倍者矣④。今欲辨内外之职，均上下之田，不必乎创新规，其在乎举旧典也。臣谨按，国朝旧典，因品而授地，计田而出租。故地之多少，必视其品之高下；租之厚薄，必视其田之肥硗⑤。如此则沃瘠齐而户租均⑥，等列辨而禄食足矣。今陛下求其典而典存焉，索其田而田在焉，诚能申明而举行之，则前弊必自革矣。

注释

① 职田：即“职分田”。古代按品级授予官吏作俸禄的公田。北魏太和九年（485）均田，地方官吏

也按级分给公田，为授职分田之始。隋时已有职分田之称，以后历代相沿，唯授田数量各有增减。职分田于解任时移交后任，不得买卖。官吏受田佃给农民耕种，收取地租。明以后废除，但仍有养廉田、庄田等名目。《隋书·食货志》："京官又给职分田，一品者给田五顷，每品以五十亩为差，至五品，则为田三顷，六品二顷五十亩。其下每品以五十亩为差，至九品为一顷。外官亦各有职分田。又给公廨田，以供公用。"省称"职田"。

② 稍食：指官府按月发给的官俸。《周礼·天官·宫正》："几其出入，均其稍食。"郑玄注："稍食，禄禀。"贾公彦疏："云稍食禄禀者，稍则稍稍与之，则月俸是也。"

③ 厥：代词，其，起指示作用。不举：不施行。稽：考核，查考。

④ 廪：俸米。相悬：差别大，相去悬殊。

⑤ 肥硗：土地肥沃或瘠薄。

⑥ 沃瘠：指土地的肥瘦。

审官（量才受职则政成事举）

问：官既备而事未举，才既用而政未成，将欲正之，其失安在？

对：臣闻夫官既备而事未举，才既用而政未成者，由官与才不相得也。且官有大小繁简之殊，才有短长能否之异，称其任则其政立，枉其能则其事乖。故先王立庶官而后求人，使乎各司其局也；辨众才而后入仕，使乎各尽其能也。如此则官虽省，才虽半，可得而理矣。若以短任长，以大授小，委其不可而望其可，强其不能而责其能，如此则官虽备，才虽倍，无益于理矣。故曰任小能于大事者，犹狸捕虎而刀伐木也；屈长才于短用者，犹骥捕鼠而斧剪毛也。所以不相及，岂不宜哉？王者诚能量众才之短长，审庶官之小大，俾操凿枘者无圜方之谬①，备轮辕者适曲直之宜②，自然人尽其能，职修其要，彝伦日序③，庶绩日凝④，又何患乎事不举而政未成哉？

注释：

① 俾：使。凿枘：凿，凿子，打孔、挖槽的工具；枘（ruì），器物的榫头；凿方而枘圆。凿枘，榫眼和榫头。

② 轮辕：轮，车轮。辕（yuán），车前驾牲口用的直木。压在车轴上，伸出车舆的前端。轮辕，指车辆。

③ 彝伦：常理，常道。

④ 庶绩：各种事业。凝：形成。

大官乏人（由不慎选小官）

问：国家台衮之材①，台省之器，胡然近日稍乏其人②，将欲救之，其故安在？

注释：

① 台衮：三公宰辅之臣。衮（gǔn），古代帝王及上公的礼服。

② 胡然：谓不知何故，表示不明原因。稍：渐，逐渐。

对：臣伏见国家公卿将相之具选于丞郎给舍①，丞郎给舍之材选于御史遗补郎官②，御史遗补郎官之器选于秘著校正畿赤簿尉③，虽未尽是，十恒八九焉④。然则畿赤之吏不独以府县之用求之，秘著之官不独以校勘之用取之，其所责望者乃丞郎之椎轮，公卿之滥觞也⑤。则选用之际，宜得其人。臣窃见近日秘著校正，或以门地授⑥；畿赤簿尉，惟以资序求。未（集作不）商较其器能，不研覆其才行⑦，至使顷年以来，台官空不知所取，省郎阙不知所求，岂直（集作唯）乏贤，诚亦废事。且以资序得者，仅能参其簿领⑧；以门地进者，或未任于铅黄⑨。臣恐台衮之才，台省之具，十年以后，稍乏其人。又顷者有司惩趋竞之流，杜徼幸之路⑩，俾进士非科第者不授校正⑪，校正欠资考者不署畿官⑫，立而为文，权以救弊。盖一时之制，非可久之术。今者有司难于抡材⑬，易于注拟⑭，因循勿改，守以为常。至使两畿之中⑮，数县之外，虽资序皆当其任，而名实莫得而闻。故每台省缺员，曾莫议拟，则守文之弊，一至于斯。伏愿思以后艰，革其前失，广丞郎椎轮之本，疏公卿滥觞之源。如此则良能之材必足用矣，要剧之职不乏人矣⑯。

注释：

① 丞郎：唐尚书省的左右丞和六部侍郎的总称。尚书在左右丞之上，也称丞郎。给舍：给事中及中书舍人的并称。

② 御史：官名，唐有侍御史、殿中御史、监察御史等，宰辅多从中提拔。遗补：唐代拾遗、补阙同是谏官，因其职掌相同，故并称之。郎官：谓侍郎、郎中等职。

③ 秘著：秘书郎和著作郎的并称。校正：校书、正字二官名的连称。畿赤：指京城及附近地区的地方官，唐代京城所治之县为赤县，京之旁邑为畿县，合称“畿赤”。簿尉：主簿和县尉，泛指地方官府佐理官员。

④ 恒：常。

⑤ 椎轮：本指原始的无辐车轮，后用来比喻事物草创。滥觞：比喻事物的起源、发端。

⑥ 门地：犹“门第”，古代指家庭在社会上的地位等级。《晋书·王述传》：“〔王述〕年三十，尚未知名，人或谓之痴，司徒王导以门地辟为中兵属。”

⑦ 商较：研究比较。器能：犹才能。研覆：研究审查。才行：才智和德行。

⑧ 资序：资历，资格。参：检验。簿领：谓官府记事的簿册或文书。

⑨ 铅黄：铅粉和雌黄，古人常用来点校书籍，故称校勘之事为“铅黄”。

⑩ 徼幸：即侥幸，希望获得意外成功。

⑪ 科第：指科举考试。

⑫ 资考：资格和考绩。

⑬ 抡材：选拔人才。抡：选择；选拔。《国语·晋语八》：“君抡贤人之后，有常位于国者，而立之。”韦昭注：“抡，择也。”

⑭ 注拟：唐代选举官员，凡应试获选者先由尚书省登录，经考询后再按其才能拟定官职，称为“注拟”。唐封演《封氏闻见记·颂德》：“从前注拟，皆约循资格，至国忠创为押例，选深者尽留，乃无才与不才也。”

⑮ 两畿：犹两京，唐代指长安、洛阳。

⑯ 要剧：重要而繁剧；此指要职。《新唐书·李绛传》：“洎林甫、国忠得君，专引倾邪之人，分总要剧。”

问使臣尽忠人爱上（在乎明报施之道）

对：夫欲使臣尽忠节，人心爱上，则在乎明报施之道也。《传》曰：“美恶周必复。”①又曰：“其事好还。”②然则复与还，皆报施之谓也。夫日月不复，则昼夜不分；阴阳不复，则寒暑不行；善恶不复，则君臣不成。昔者五帝接其臣以道③，故臣致其君以德也；三王使其臣以礼，故其臣事君以忠也。秦汉以降，任其臣以利，故其臣奉君以贾道④。贾道者，利则进，不利则退。故君昏寡救恶之士，国危鲜致命之臣。是以其君独安独危，其臣亦独忧独乐。君臣之道，既阻于上，则亿兆之心不得不离于下也。故曰君视臣如股肱，则臣视君如元首⑤；君待臣如犬马，则臣视君如路人；君爱人如赤子，则人爱君如父母；君视人如草芥，则人视君如寇雠⑥。孔子曰：“审吾之所以适（集作道）人，知人之所以来（集作求）我也。”⑦则尽忠爱上之理，在于此不在于彼矣。

注释：

① 报施：语出《左传·僖公二十四年》：“报者倦矣，施者未厌。”杜预注：“施，功劳也，有劳则望报过甚。”“美恶”句：语出《左传·昭公十一年》。周：循环。

② 其事好还：语出《老子》：“以道佐人主者，不以兵强天下，其事好还。”好还：谓极易得到报应。

③ 五帝：上古传说中的五位帝王，说法不一。《史记·五帝本纪》以黄帝、颛顼、帝喾、唐尧、虞舜为五帝。

④ 贾道：经商之道。《文选·沈约〈奏弹王源〉》：“贩鬻祖曾，以为贾道。”

⑤ 股肱：大腿和胳膊。《书·益稷》：“臣作朕股肱耳目。”元首：头。

⑥ 草芥：草和芥；常用以比喻轻贱。寇雠：仇敌，敌人。

⑦ “审吾”句：语出《荀子·王霸篇》：“孔子曰：‘审吾所以适人，适人之所以来我也。’此之谓也。”唐杨倞注：“适人，往与人也。审慎其与人之道，为其复来报我也。”

文苑英华卷四百九十六

宋　李昉等编

政理

（见四百八十三卷题作贤良方正策）

吴师道

政必成化必至（在敬始慎终）

白居易

问：先王之教，布在方册，① 事虽易举，政则难成，岂文之空垂，将行之未至，思臻其极，② 伫质所疑。③

（此卷并于《白居易集》准备制科七十五门中摘取十篇，其问答皆居易拟作。）

注释：

① 布在方册：陈述在典籍内容里。布，陈述，表达。方，方形木版。册，编连成排的竹简。方册为古代书文记录工具，引申指典籍、法令。

② 臻：至，达到。

③ 伫：企盼；期待。唐陆贽《博通坟典达于教化科问》："虚襟以伫，侧席以求。"质：对质，验证；询问，就正。汉扬雄《太玄·数》："爰质所疑。"此言希望质解为政之疑惑。

对：夫欲使政必成、化必至者，无他焉，在陛下敬始慎终之所致耳。

臣闻先王之训不徒言也，先王之教不虚行也，浅行之则小理，深行之则大和，浅深大小之应，其由影响矣。① 然则天下至广，王化至大，增减损益，难见其形，是以政之损者，虽不见其日损，必有时而乱也；② 教之益者，虽不见其日益，必有时而理也。陛下但推其诚，勤其政，敬其始，慎其终，日用而不知，③ 自臻其极。此先王终日所务者也，终日所行者也。不可月会其教化之浅深，④ 岁计其风俗之厚薄焉。

臣又闻《易》曰："圣人久于其道而天下化成。"⑤《诗》曰："靡不有初，鲜克有终。"⑥ 此言王者之教（当作政），待久而成也；王者之化，待终而至也。陛下诚而久之，敬而终之（八字集作诚能久而终之），则何虑政不成而化不至乎？

注释：

① 影响：影子和回声。多用以形容感应迅捷。隋李谔《上隋高祖革文华书》："下民从上，有同影响，争骋文华，遂成风俗。"

② 有时：有时候。表示间或不定。《周礼·考工记·序》："天有时以生，有时以杀；草木有时以生，

有时以死。"

③ 日用而不知：恒常每日实施应用，因而不知其功力的日日增长。此言事物的量变与质变过程。见《易·系辞上》："百姓日用而不知，故君子之道鲜矣。"

④ 月会：按月总计。

⑤ "圣人"句：语见《易·恒·彖》："日月得天，而能久照；四时变化，而能久成；圣人久于其道，而天下化成。"化成：教化成功。

⑥ "靡不有初，鲜克有终"：都有一个好的开始，但很少能够善终的。此言王者之施政、教化要善始善终。靡，非。克，能够。语见《诗经·大雅·荡》。

不劳而理（在顺人心立教）

问：方今勤恤忧劳，夙夜不怠，而政教犹缺，惩劝未行，何则？①上古之君，无为而理，令不严而肃，②教不劳而成，何施何为得至于此？

注释：

① 惩劝：即惩恶劝善，惩罚邪恶，劝勉向善。语本《左传·成公十四年》："《春秋》之称微而显，志而晦……惩恶而劝善。非圣人谁能修之？"

② 不严而肃：谓法令并不严酷，而百姓儆戒守持。严，严厉。肃，儆戒，守持。

对：臣请以三五之道言之。①臣闻三王之为君也，无常心，以天下之心为心；②五帝之为君也，无常欲，以百姓之欲为欲。顺其心以出令，则不严而理；因其欲以设教，则不劳而成。故风号无闻而人从，刑赏不施而人服，三五所以无为而天下理者，由此道也。后代反是，③故不及者远焉。

臣请以三代已后之事言之。臣闻后代之天下，三五之天下也；后代之人，三五之人也；后代之位，三五之位也。居其位、得其人、有其天下，而不及三五者何哉？臣窃惊怪之，然亦粗知其由矣。岂不以己心为心，抑天下以奉一人之心也？以己欲为欲，咈百姓以从一人之欲也，④苟或心与道未合，政与欲并行，得失交争，利害相半，如此则虽宵衣旰食、劳体厉精，才可以致小康，不足以弘大道。⑤故出令而吏或犯，设教而人敢违，刑虽明而寡惩，赏虽厚而鲜劝，此由舍人而从己，是以勤多而功少也。

伏惟陛下去彼取此，执古御今，以三五之心为心，则政教何忧乎不洽？⑥以亿兆之欲为欲，则惩劝何畏乎不行？⑦政教洽，则不殷忧而四海宁；惩劝行，则不勤劳而万人化。此由舍己而从众，是以事半而功倍也。

臣又闻太宗文皇帝尝曰："朕虽不及古，然以百姓心为心。"⑧臣以为致贞观之理者，由斯一言始也（集作矣）。伏愿陛下从而鉴之，嗣而行之，则天下幸甚，天下幸甚！

注释：

① 三五：指三皇五帝。《楚辞·刘向〈九叹·思古〉》："背三五之典刑兮，绝《洪范》之辟纪。"王逸注："言君施行，背三皇五帝之常典。"
② 常心：犹成见；私心。《老子》："圣人无常心，以百姓心为心。"
③ 反是：反此道而行之。
④ 咈：违背；违逆。《新唐书·萧复传》："及为相，临事严方，数咈帝意，故居位亟解。"
⑤ 宵衣旰（gàn）食：天不亮就穿衣起身，天黑了才吃饭。形容非常勤劳，多用以称颂帝王勤于政事。小康：稍安。语见《诗·大雅·民劳》："民亦劳止，汔可小康。"
⑥ 洽：原意浸润，沾湿；引申为周遍，广博之意。
⑦ 亿兆：指庶民百姓。犹言众庶万民。
⑧ 太宗文皇帝：指唐太宗李世民。

风化浇朴[①]（由教不由时）[②]

问：甿俗之理乱，[③]风俗之盛衰，何乃得于往而失于来，薄于今而厚于古？或曰兴替之道执于（集作在）君臣，又云浇朴之风系于时代，二说相反，其谁可从？

注释：

① 浇朴：指社会风气，浅薄浮躁或朴实敦厚。浇：薄，不厚；指社会风气浮薄不好。朴，质朴。
② 时：此处指天时。
③ 甿（méng）：古称种田的人，后泛指民间百姓。

对：臣闻代之浇漓，[①]人之朴略，由上而不由下，在教而不在时。盖政之臧否定于中，则俗之厚薄应于外也。何以验核？[②]伏请以周秦已降之事言之。

臣闻周室寖衰，[③]君臣陵替、蚕食、瓜割分为战国，秦氏得之，以暴易乱，曾未旋踵，[④]同归覆亡。炎汉勃兴，[⑤]奄有四海，仅能除害，未暇化人。迨于文帝、景帝，勤（集作始）思理道，躬行慈俭，人用富安、礼让自兴，[⑥]刑罚不试，[⑦]升平之美邻于成康，[⑧]载在《汉书》，陛下熟闻之矣。降及魏晋，迄于梁隋，[⑨]丧乱弘多，殆不足数。我高祖始造（集作建）区夏，[⑩]未遑缉熙；[⑪]迨于太宗、玄宗，抱圣神文武之姿，用房杜姚宋之佐，[⑫]谋猷启沃，无怠于心，德泽施行，不遗于物，所以刑措而百姓欣戴，[⑬]兵偃而万方悦随，近无不安，远无不服，虽成康文景，无以尚之，载在国史，[⑭]陛下熟知之矣。

注释：

① 浇漓：指社会风气浮薄不厚。南朝齐王融《为竟陵王与刘虬书》："淳清既辨，浇漓代袭。"漓（lí）：浇薄；浅薄。

② 验核：检验核实。
③ 寖（jìn）：逐渐。
④ 旋踵：掉转脚跟，形容时间短促。
⑤ 炎汉：汉自称以火德王，故称炎汉。三国魏曹植《徙封雍邱王朝京师上疏》："笃生我皇，奕世载聪……受禅炎汉，临君万邦。"
⑥ 用：以。
⑦ 试：运用，应用。
⑧ 邻：近似；相仿。成康：周成王与周康王的并称。史称其时天下安宁，刑措不用，故用以称至治之世。《诗·周颂·执竞》："不显成康，上帝是皇。"
⑨ 梁：指南朝萧衍所建梁朝。公元502至557年。定都建业，今江苏省南京市。
⑩ 区夏：中原区域内诸夏之地，指华夏、中国。《书·康诰》："用肇造我区夏。"孔传："始为政于我区域诸夏。"
⑪ 缉熙：指光明；引申为光辉。《诗·大雅·文王》："穆穆文王，于缉熙敬止。"毛传："缉熙，光明也。"
⑫ 房杜姚宋：房杜，唐太宗时名相房玄龄、杜如晦的并称。房玄龄多谋，杜如晦善断。两人同心济谋，传为美谈。见《旧唐书·房玄龄杜如晦传》。姚宋，姚崇和宋璟的合称。唐玄宗开元时相继为相，旧史以开元之治二人之力为多，史称姚宋。
⑬ 刑措：谓置刑罚而不用。
⑭ 国史：指当朝官修史书。

然则周秦之乱极矣，及文景继出而昌运随焉；梁隋之弊甚矣，及二宗嗣兴而王道融焉。若谓天地生成之德渐衰，国家君臣之道渐丧，则当日甚一日、代甚一代，不应衰而复盛、浇而复和。必不尔者何？①乃清平朴素之风，薄于周秦之交、而复厚于文景之代耶！顺成和动之俗，丧于梁隋之际，而独兴于贞观开元之年耶！由斯言之，不在时矣。故魏征有云："若言人渐浇讹，不反质朴，至今应为鬼魅，②宁可复得而教化耶！"斯言至矣，故太宗嘉之。

臣又按《礼记》曰：教者，人之寒暑也；事者，人之风雨也。③此言万人之从王化，如百谷之委岁功也。④若寒暑以时，则禾黍登而菽麦熟；⑤若风雨不节，⑥则稂莠殖而秕稗生也。⑦故教化优深，则廉让兴而仁义作；刑政偷薄，⑧则讹伪起而奸宄臻。⑨虽百谷在地，成之者天也；虽万人在下，化之者上也。必欲以凉德弊政、严令繁刑而求仁义行、奸宄息，⑩亦犹飘风暴雨、愆阳伏阴，⑪而望禾黍丰、稂莠死，其不可也，亦甚明矣。故曰尧舜率天下以义，比屋可封；⑫桀纣率天下以暴，比屋可戮，斯则由上、在教之明验也。伏惟圣心无疑焉。

注释：

① 尔：如此，这样。
② 鬼魅：鬼怪精灵；喻指阴谋祸害之人。
③"教者"句：此为作者读书感悟之语，下文自有注解。相关见《礼记·孔子闲居》："天有四时，春秋冬夏，风雨霜露，无非教也；地载神气，神气风霆，风霆流形，庶物露生，无非教也。"
④ 委：随顺，顺从。

⑤ 登：成熟，丰收。

⑥ 节：节令、时节；此言风雨顺应时节，风调雨顺。

⑦ 稂莠：泛指对禾苗有害的杂草。秕：中空或不饱满的谷粒。稗：形貌似谷之草，种实细小，常混生于谷田中。

⑧ 偷薄：浇薄；不敦厚。《后汉书·廉范传》："建初中，迁蜀郡太守，其俗尚文辩，好相持短长，范每厉以淳厚，不受偷薄之说。"

⑨ 奸宄（guǐ）：违法作乱的事情；引申指违法作乱的人。

⑩ 凉德：薄德。凉：薄；轻微。《左传·昭公四年》："君子作法于凉，其敝犹贪；作法于贪，敝将若之何？"杜预注："凉，薄也。"

⑪ 飘风：旋风，暴风。愆阳伏阴：谓气候反常。愆阳：阳气过盛。本谓冬天温和，有悖节令。后亦指天旱或酷热。伏阴：盛夏中出现的寒气。《左传·昭公四年》："夫冰以风壮，而以风出，其藏之也周，其用之也遍，则冬无愆阳，夏无伏阴。"杜预注："愆，过也。谓冬温。伏阴，谓夏寒。"

⑫ 比屋可封：谓上古之世教化遍及四海，家家都有德行，堪受旌表。《尚书大传》卷五："周人可比屋而封。"比屋：所居屋舍相邻；引申指家家户户。常用以形容众多、普遍。

致和平复雍熙（在念今而思古也）①

问：今欲感人心于和平，致王化于朴厚，何思何念得至于斯？

对：臣闻政不念今，则人心不能交感；道不思古，则王化不能流行。将欲感人心于和平，则在乎念今而已。

伏惟陛下，知人安之至难也，则念去烦扰之吏；爱人命之至重也，则念黜苛酷之官；恤人力之易罢也，则念省修葺之劳；忧人财之易匮也，则念减服御之费；惧人之有馁也，则念薄麦禾之税；畏人之有寒也，则念轻布帛之征；虑人之有愁苦也，则念节声乐之娱；恐人之有怨旷也，则念损嫔嫱之数。②故念之又念之，则人心交感矣；感之又感之，则天下和平矣。将欲致王化于雍熙，则在乎思古而已。

伏惟陛下，仰羲轩之道也，③则思兴利而除害；侔唐虞之圣也，④则思明目而达聪；师夏禹之德也，则思泣辜而恤人；⑤法殷汤之仁也，则思祝网而爱物；⑥鉴汉之盛也，则思罢露台，而海内流化；⑦观周之兴也，则思瘗枯骨，而天下归心；⑧弘贞观之理也，则思闻房、魏之说议以致升平；⑨嗣开元之政也，则思得姚、宋之嘉谋而臻富寿。故思之又思之，则王化（一作泽）流行矣；行之又行之，则天下雍熙矣。

注释：

① 和平：政局安定，没有战乱。《易·咸·彖》："圣人感人心而天下和平。"雍熙：谓和乐升平。《文选·张衡〈东京赋〉》："百姓同于饶衍，上下共其雍熙。"薛综注："言富饶是同，上下咸悦，故能雍和而广也。"

② 服御：指服饰、车马、器用等王用及官用物资。怨旷：即怨女、旷夫，指已到婚龄而无合适配偶的男女。语见《孟子·梁惠王下》："当是时也，内无怨女，外无旷夫。王如好色，与百姓同之，于王何有？"

③ 羲轩：伏羲氏和轩辕氏（黄帝）的并称。

④ 侔（móu）：谋取，索求。

⑤ 辜：罪，罪过。泣辜：泣罪；因哀怜罪人而哭泣。语本汉刘向《说苑·君道》："禹出见罪人，下车问而泣之。"泛指帝王怜恤罪人。恤：周济，救济。

⑥ 祝网：亦作"祝禽"，传说商汤畋猎而网开一面；成为帝王施行仁德之典。《史记·殷本纪》："汤出，见野张网四面，祝曰：'自天下四方，皆入吾网。'汤曰：'嘻，尽之矣！'乃去其三面，祝曰：'欲左，左；欲右，右；不用命，乃入吾网。'"

⑦ 罢露台：露台：露天台榭。此处指汉文帝为省百金用于民事、而罢作露台之事，后遂以"罢露台"为帝王节俭之典。语见《史记·孝文本纪》："孝文帝从代来，即位二十三年，宫室苑囿狗马服御无所增益，有不便，辄弛以利民。尝欲作露台，召匠计之，直百金。上曰：'百金中民十家之产，吾奉先帝宫室，常恐羞之，何以台为！'"

⑧ 葬枯骨：葬，同"葬"。此处指周文王厚葬偶掘尸骸的传说。语见《吕氏春秋》："周文王使人掘地，得死人骸。文王曰：'更葬之。'吏曰：'此无主。'文王曰：'有天下者天下之主，今我非其主邪？'遂令吏以衣棺葬之。天下闻之，曰：'文王贤矣，泽及枯骨，又况人乎！'"

⑨ 魏：魏征。谠议：刚直的议论，直言不讳的议论。

号令（令一则行推诚则化）

问：号令者，所以齐其俗、一其心，故圣王重之慎之，然则号（集无号字）令既出而俗犹未齐者，其故安在？令既下（集作行），而心犹未一者，其失安归？①欲使下令如风行，出言如响应，②导之而人知劝，防之而人不逾，③将致于斯，岂无其要？

注释：

① 归：归结，归咎。

② 响应：回声相应，喻回应之敏捷迅速。

③ 导：教导，正面的号令。防：禁令。

对：臣闻王者发号施令，所以齐其俗、一其心。俗齐则和，心一则固，人于是乎可任使也。《传》曰："人心不同，如其面焉。"①故一人一心，万人万心，若不以令一之，则人人之心各异矣。于是积异以生疑，积疑以生惑。除乱莫先乎令者也，故圣王重之。

然则令者出于一人，加于百辟，②被于万姓，渐于四夷，如风行，如雨施，有往而无返也。其在《周易》涣汗之义，③言号令如汗涣然，一出而不可复也，故圣王慎之。然则令既出而俗犹未齐者，由令不一也。不一者，非独朝出夕改、晨行暮止也，盖谨于始、慢于终，则不一也；张于近、弛于远，则不一也；急于贱、宽于贵，则不一也；行于疏、废于亲，则不一也；且人之心，犹不可以不一而理，况君之令，其可二三而行者乎？④

然则令既一，而天下之心犹未悦随者，由上之不能行于己、推于诚者也。凡下之从上也，不从口之言，从上之所好也；不从力之制，从上之所为也。盖行诸己也诚，则化诸人也速；求诸己也至，则感诸人也深。若不推之于诚，虽三令五申而令不明也（集作矣）；苟不行之于己，虽家至日见，而人不信也（集作矣）。

圣王知其如此，故以礼自修，以法自理，慎其所好，重其所为，有诸己者而后求诸人。⑤责于下者，必先禁于上，是以推之而往，引之而来，导之斯行，禁之斯止，使天下之人（集作心）颙颙然，⑥唯望其令、听其言而已。故言出则千里之外应如响，令下则四海之内行如风。故曰禁胜于身，⑦则令行于人者矣。又曰下令如流水之（集作浚）源⑧，盖谓是也。如此，则何虑乎海内之令，不如身之使臂、臂之使指者哉？

注释：

①“人心”句：言人人各怀心思，如各生面相。语见《左传·襄公三十一年》：“子产曰：‘人心之不同，如其面焉。吾岂敢谓子面如吾面乎？’”

② 百辟：此指诸侯、百官。

③ 涣汗：喻帝王的圣旨、号令；引申指发号施令。语出《周易·涣》：“九五，涣汗其大号。涣，王居无咎。象曰：王居无咎，正位也。”

④ 二三：不专一，反复无定。

⑤ 有诸己者而后求诸人：语出《大学》第九章：“君子有诸己而后求诸人，无诸己而后非诸人。所藏乎身不恕，而能喻诸人者，未之有也。故治国在齐其家。”

⑥ 颙颙（yóng）然：仰慕貌；期待盼望貌。汉荀悦《汉纪·平帝纪》：“建辟雍，立明堂，班大法，流圣化，天下颙颙，引领而叹，颂声洋洋满耳。”

⑦ 胜：加于，使承受。

⑧ 浚，中华书局本作“发”。

问达聪明致理化

对：夫欲达聪明、致理化，则在乎奉成式，不必乎创新规也。①

臣闻尧之所以神而化者，聪明文思也；舜之所以圣而理者，明四目、达四聪也。盖古之理化皆由聪明出也。自唐虞以降，斯道寖衰，②秦汉以还，③斯道大丧，上不以聪接下，下不以明奉上。聪明之道既阻于上下，则讹伪之俗不得不流于内外也。

国家承百王已弊之风，振千古未行之法，于是始立匦使，④始加谏员，⑤始命待制官，⑥始设登闻鼓。⑦故遗补之谏入，⑧则朝廷之得失所由知也；匦使之职举，则天下之壅蔽所由通也；待制之官进，则众臣之谋猷所由展也；登闻之鼓鸣，则群下之冤滥所由达也。⑨此皆我烈祖所刱，累圣所奉，⑩虽尧舜之道无以出焉。⑪故贞观之太和，开元之至理，率由斯而驯致矣。

注释：

① 成式：旧有的法规。《书·毕命》：“子孙训其成式惟乂。”孔传：“言后世子孙顺公之成法惟以治。”

② 寖：通“寖”（jìn），逐渐。
③ 以还：意同以降，以后。
④ 匦使：匦院的主持人。匦（guǐ）：匣子，小箱子。此处指朝廷专设信匣，以受臣民上状投书，以控朝廷内外。唐朝武则天垂拱元年，始置匦院，属中书省，以谏议大夫及补阙、拾遗一人为知匦使。设方函，四面分别涂青丹白黑四色，每日暮进晨出，列于署外，凡臣民有怀才自荐、匡政补过、申冤辩诬、进献赋颂者，均可以状分类投匦。事见《旧唐书·则天皇后本纪》：“三月，初置匦于朝堂，有进书言事者听投之，由是人间善恶事多所知悉。”参阅《唐六典》卷九、唐封演《封氏闻见记·匦使》。
⑤ 谏员：以上谏为职责的官员。唐高祖设谏议大夫之官，后代屡增其员数。
⑥ 待制官：大略为随时待命引见的皇帝专属答疑官。唐太宗即位，命京官五品以上，于中书、门下两省更替值班待制，以备访问。后有小变，但常制。参阅《旧唐书·职官志》。
⑦ 登闻鼓：古代帝王为表示听取臣民谏议或冤情，在朝堂外悬鼓，许臣民击鼓上闻，谓之“登闻鼓”。此制由来已久，史书记载晋代已有之，非唐始置。
⑧ 遗补：指遗补官。谏官。
⑨ 冤滥：谓断狱冤枉失实。滥，虚妄不实。
⑩ 刱（chuàng）：同“创”。累圣：历代、累代的圣主。
⑪ 出：超出。

自贞元以来，①抗疏而谏者，留而不行；投书于匦者，寖而不报；②待制之官，经时而不见于一问；登闻之鼓，终岁而不闻于一声。臣恐众臣之谋猷或未尽展，朝廷之得失或未尽知，壅蔽者有所未通，冤滥者有所未达。今幸当陛下，践阼体元之始，③施令布和之初，则宜申明旧章，修（集作条）举废事，使列圣之述作不坠，④陛下之聪明惟新。以初为常，今其时矣。时不可失，惟陛下措而行之，则尧舜之化（一作风）、祖宗之理，可得而致矣。臣故曰，达聪明、致理化，在乎奉成式，不必乎刱新规也。

注释：

① 贞元：唐德宗年号，时在公元785—805年。
② 抗疏：向皇帝上书直言。寖：谓隐蔽，湮没不彰。
③ 践阼：走上阼阶主位，指帝王登基即位。古代庙寝堂前两阶，主阶在东，称阼阶，阼阶上为主位。体元：谓以天地之元气为本。语见班固《东都赋》：“体元立制，继天而作。”
④ 述作：传承和创新。述，继承，传承。作，创新，发明。语见《礼记·乐记》：“作者之谓圣，述者之谓明。明圣者，述作之谓也。”

问决壅蔽（在不使人知所欲）

对：臣闻国家之患，患在于臣之壅蔽也；壅蔽之由，由生于君（集作壅蔽之生生于君）之好欲也。盖欲见于此，则壅生于彼；壅生于彼，则乱作其间。

历代有之，可略言耳。昔秦二代好佞，赵高饰谄谀之言以壅之；周厉好利，荣夷公陈聚敛之计以壅之；①殷辛好音，师涓作靡靡之乐以壅之；②周幽好色，褒人纳艳妻以壅之；③齐桓好味，易牙蒸首子以壅之。④虽所好不同，同归于壅也（集作矣）。所壅不同，同归于乱也。故曰人君无见其意，将为下饵，盖谓此矣。⑤

然则明王非无欲也，非无壅也，盖有欲则节之，有壅则决之。节之又节之，以至于无欲也；决之又决之，以至于无壅也。其所然者，将在乎静思其故，动防其微。故闻甘言，则虑赵高之谀进于侧矣；见厚利，则虑荣夷公之计陈于前矣；听新声，则虑师涓之音诱于耳矣；顾艳色，则虑褒氏之女感于目矣；尝异味，则虑易牙之子入于口矣。⑥夫如是，安得不昼夜虑之，寤寐思之？立则见其参于前，⑦行则想其随于后，自然兢兢业业，日慎一日，使左不知其所欲，右不知其所好，虽欲壅蔽，其可得乎？此明王节欲决壅之要道也。

注释：

① 壅：障蔽；遮盖。《晏子春秋·问上九》："左右为社鼠，用事者为猛狗，主安得无壅，国安得无患乎？"荣夷公：周厉王宠臣，专爱利而不知体察民情，擅于厚赋税于百姓、聚敛钱财之道，正投厉王所好。事见《史记·周本纪》。

② 殷辛：即商纣王，辛乃其名；好酒淫乐。《史记·殷本纪》："帝纣……好酒淫乐，嬖于妇人。爱妲己，妲己之言是从。于是使师涓作新淫声，北里之舞，靡靡之乐。"靡靡之乐：指柔弱、颓靡的音乐。与礼乐、雅乐相对而言。

③"褒人"句：言褒国人进献褒姒讨好周幽王事。褒姒，周时褒国女子，姒姓。周幽王伐褒，褒侯进褒姒，为幽王所宠幸。褒姒性不好笑，幽王为博褒姒笑，烽火戏诸侯，终以亡身。《诗·小雅·正月》："赫赫宗周，褒姒灭之。"参阅《国语·晋语一》、《史记·周本纪》。

④ 易牙：又称狄牙、雍巫。春秋时齐桓公宠臣，长于调味，善逢迎，传说曾烹其子为羹以献桓公。事见《左传·僖公十七年》、《战国策·魏策二》、《史记·齐太公世家》。

⑤ 将为下饵：将被臣下当作引诱之物。

⑥ 异味：异常的美味。

⑦ 参：罗列，并立。

问去盗贼（在举德选能安业厚生）

对：臣闻圣王之去盗贼也，有二道焉。始则举有德、选有能，使教化大行，奸宄者去；次又安其业、厚其生，使廉耻大兴，贪暴者息。①故舜举皋陶，不仁者远；晋用士会，盗奔于秦，此举德选能之效也。成康阜其俗，②礼让兴行；文景富其人，盗贼衰息，此安业厚生之验也。由是观之，则俗之贪廉、盗之有无，系于人之劳逸、吏之贤否也。

方今科禁（集作禁科）虽严，③桴鼓未静，④敚攘时闻于道路，⑤穿窬或纵于乡闾，⑥无乃陛下之人，有多穷困冻馁者乎？无乃陛下之吏，有非循良明白者乎？伏惟陛下大推爱人之诚，广谕称善之旨，厚其生业，使俗知耻格，⑦举其（集作以）贤德，使国无幸人，⑧自然廉让风行，奸滥日息，则重门罕闻于击柝，⑨外户庶见于不扃者矣。⑩

注释：

① 廉耻：廉洁，知耻。

② 士会：士会，字季。因迎公子雍之事流亡秦国，河曲之战中为秦国献计，成功抵御晋军。后被赵盾用计迎回晋国。足智多谋，位至上卿。食邑先封在随（今山西介休东南），后封在范（今地不详），故亦称随会、随季、范会、范季。卒谥武，又称随武子、范武子。生卒年不详，主要活动在晋文公、襄公、灵公、成公、景公时期（前636—前581）。《左传·宣公十六年》："十六年春，晋士会帅师灭赤狄、甲氏及留吁、铎辰。三月，献狄俘。晋侯请于王，戊申，以黻冕命士会将中军，且为大傅。于是晋国之盗逃奔于秦。羊舌职曰：吾闻之：'禹称善人，不善人远。'此之谓也。"阜：原意指土山，丘陵；引申指敦厚，淳厚；此言使之淳厚。

③ 科禁：戒律，禁令。

④ 桴（fú）鼓：以鼓槌击鼓，此处指民众诉讼。桴，通"枹"。

⑤ 敚：同"夺"。夺攘：抢夺。《书·吕刑》："罔不寇贼，鸱义奸宄，夺攘矫虔。"

⑥ 穿窬（yú）：挖墙洞和爬墙头，指偷窃行为。语见《论语·阳货》："色厉而内荏，譬诸小人，其犹穿窬之盗也欤！"

⑦ 耻格：知羞耻而归于正。格，纠正，匡正。语本《论语·为政》："道之以德，齐之以礼，有耻且格。"

⑧ 幸人：侥幸得利之人。

⑨ 重门：宫内之门，常设多重，故称。击柝（tuò）：击柝巡夜，为警备而设。柝，古代巡夜人敲以报更的木梆。

⑩ 外户：从外面关闭的门。《礼记·礼运》："是故谋闭而不兴，盗窃乱贼而不作，故外户而不闭，是谓大同。"泛指大门。庶见：普遍可见。不扃（jiōng）：不闭门户。扃，从外关闭门户的门闩。

问议赦①

对：臣谨案《书》曰："眚灾肆赦。"②又《易》曰："雷雨作解，君子以赦过宥罪。"③斯则赦之不可废也必矣。《管子》曰："赦者，奔马之委辔也；不赦者，痤疽之砭（集作礦管子作矿）石也。"④又谚曰："一岁再赦，妇儿喑哑。"⑤斯又赦之不可数也明矣。⑥

然则赦之为用，用必有时，数既失之，废亦未为得也何者？赦之为德大矣，为贼亦甚矣。⑦大凡王者践阼改元之初，一用之，则为德也；居常致理之际，数用之，则为贼也。故践阼而无赦，则布新之义缺、而好生之德废矣；居常而数赦，则惠奸之路启、而召乱之门开矣。由此而观，盖赦者可疏而不可数也，可重而不可废也，用舍之要，其在兹乎。

注释：

① 赦：减轻或免除罪犯的刑罚。

②"眚（shěng）灾肆赦"：指即使因过失而造成灾害，也应当宽宥、缓刑或赦免。眚，眼睛生翳；引

申指过失。肆，赦宥，延缓。语见《尚书·舜典》："眚灾肆赦，怙终贼刑。钦哉钦哉，惟刑之恤哉！"孔传："眚，过；灾，害；肆，缓；贼，杀也。过而有害，当缓赦之。"

③ 宥（yǒu）罪：赦免罪过。《易·解·象》："象曰：雷雨作，解，君子以赦过宥罪。"孔颖达疏："过轻则赦，罪重则宥，皆解缓之义也。"

④ 委辔（pèi）：坠落、放松驾驭马的缰绳。痤（cuó）疽（jū）：犹痈疽，毒疮。砭石：古代用以治痈疽、除脓血的石针。《管子·法法篇》："故赦者，奔马之委辔；毋赦者，痤雎之矿石也。"

⑤ 再：两次，再次。喑（yīn）哑：谓沉默不语。《新唐书·刑法志》："吾闻语曰：'一岁再赦，好人喑哑。'"

⑥ 数（shuò）：屡次。

⑦ 贼：害。

典章禁令

问：子大夫才膺间出，①副我旁求，②宜当悉心，靡有所隐。其或典章有违于古，禁令不便于今，尔无面从。予将亲览焉（集无焉字）。③

注释：

① 才膺间出：才能自心胸间流溢而出。

② 副：辅助；符合。旁求：四处征求，广泛搜求。

③ 面从：谓当面顺从。

对：臣伏以今之典章，百王之典章也，安有戾于古道者欤？①今之禁令，列圣之禁令也，安有乖于今（集作昔）时者欤？但在乎奉与不奉、行与不行耳。陛下之念至此，诚思理之心切、好问之旨深也。此臣所以极千虑、昧万死、而献狂直者，以副天心之万一焉。②

臣闻典章不能自举，待教令而举；教令不能自行，待诚信而行；今百王之典具存，列圣之法明备，而禁未甚止、令未甚行者，臣愚以为待陛下诚信以行之也（三字集作将之）。昔宓贱行化，德及泉鱼（一作夜渔），③非严刑所致也，推其诚而已；鲁恭为理，仁及春翟，非猛政所驱也，委其信而已。④今以陛下上圣之资，仁惠之力，令行禁止之势，万万于一邑一宰也，何虑教不敷而化不洽乎？⑤臣又闻周公之理也，周年而变，⑥三年而化，五年而定，陛下苟能勤教令以抚之，推诚信以奉之，则三年化成、五年理定，臣窃未以为迟矣。伏惟陛下少垂意而行（集作待）焉。

注释：

① 戾（lì）：乖张，违逆。

② 狂直：疏狂率直。此谦辞。万一：万分之一。

③ 宓贱：即宓子贱，春秋时鲁国人。名不齐，字子贱，孔子弟子。曾为单父（或作"亶父"）宰，弹

琴而治，为后世儒家所称道。《吕氏春秋·察贤》："宓子贱治单父，弹鸣琴，身不下堂而单父治。"德及泉鱼：言宓子贱以德施政，泽及小鱼。《吕氏春秋·具备》："宓子敬诸，乃得行其术于亶父。三年，巫马旗短褐衣弊裘而往观化于亶父。见夜渔者得则舍之，巫马旗问焉，曰：'渔，为得也。今子得而舍之何也?'对曰：'宓子不欲人之取小鱼也。所舍者，小鱼也。'巫马旗归告。孔子曰：'宓子之德至矣。'"

④ 鲁恭为理，仁及春翟：鲁恭，字仲康，扶风平陵人。主要活动在东汉章帝、和帝时；为政施仁，泽及鸟兽。翟：长尾的野鸡。《后汉书》卷二十五《鲁恭传》："熹（太尉赵憙）复举恭（鲁恭）直言，待诏公车，拜中牟令。恭专以德化为理，不任刑罚。……建初七年，郡国螟伤稼，犬牙缘界，不入中牟。河南尹袁安闻之，疑其不实，使仁恕掾肥亲往廉（察视）之。恭随行阡陌，俱坐桑下，有雉过止其傍。傍有童儿，亲曰：'儿何不捕之?'儿言：'雉方将雏。'亲瞿然而起，与恭诀曰：'所以来者，欲察君之政迹耳。今虫不犯境，此一异也；化及鸟兽，此二异也；竖子有仁心，此三异也。久留，徒扰贤者耳。'"

⑤ 令行禁止：有令即行，有禁即止。形容法令或纪律严明。《逸周书·文传》："令行禁止，王始也万万：万万倍。宰：古代官吏的通称。

⑥ 周年：满一年。

文苑英华卷四百九十七

宋　李昉等编

议礼乐

白居易

问：礼乐之（集作并）用，其义安在？礼乐共理，其效何征①？礼之崩也，何方以救之乎？乐之坏也，何术以济之乎？

（此卷礼乐门并于白居易准备制科七十五门中摘取五篇，其问答皆居易拟作）

注释：

① 征：证明，验证。

对：臣闻序人伦①，安家国（集作国家），莫先于礼；和人神，移风俗②，莫上（集作尚）于乐。二者所以并天地，参阴阳③，废一不可也。何则？礼者纳人于别，而不能和也；乐者致人于和，而不能别也。必待礼以济乐，乐以济礼，然后和而无怨，别而不争。是以先王并建而用之，故理天下如指诸掌耳。《志》曰：“六经之道同归，而礼乐之用为急。”④故前代有乱亡者，由不能知之也；有知而危败者，由不能行之也；有行而不至于理者，由不能达其情也。能达其情者，其惟宗周乎？周之有天下也，修礼建（集作达）乐者七年⑤，刑措不用者四十年⑥，负扆垂拱者三百年⑦，龟鼎不迁者八百年⑧，斯可谓达其情，臻其极也。故孔子曰：“吾从周。”⑨然则继周者，其惟皇家乎？臣伏闻礼减则消，消则崩；乐盈则放，放则坏⑩。故先王减则进之，盈则反之，济其不及，而泄其过用，能正人道，反天性，奋至德之光焉⑪。国家承齐、梁、陈、隋之弊，遗风未殄（集作弭）⑫，故礼稍失于杀⑬，乐稍失于奢。伏惟陛下虑其减销，则命司礼者大明唐礼；防其盈放，则诏典乐者少抑郑声。如此则礼备而不偏，乐和而不流矣⑭。继周之道，其在兹乎？

注释：

① 人伦：封建礼教所规定的人与人之间的关系，特指尊卑长幼之间的等级关系。序人伦，即使人伦有序。

② 移：变动；改变。

③ 参：并列。

④ “六经”句：语出《汉书·礼乐志》。

⑤ “修礼”句：《尚书大传》：“周公居摄六年，制礼作乐，天下和。”又《史记·周本纪》：“周公行政七年。”

⑥ 刑措：亦作“刑错”，置刑法而不用。《史记·周本纪》：“故成康之际，天下安宁，刑错四十余年不用。”

⑦ 负扆：背靠屏风；指皇帝临朝听政。扆（yǐ），形似屏风之物。三百年：指西周统治时期，三百年举其约数。

⑧ 龟鼎：元龟与九鼎，古时为国之重器；因以比喻帝位。八百年：指西周与东周，八百年举其约数。
⑨“吾从周”句：语出《论语·八佾》：“子曰：周监于二代，郁郁乎文哉！吾从周。”
⑩ 放：放任，放纵。
⑪ 反：即“返”，回归。奋：发扬。
⑫ 殄（tiǎn）：灭绝；绝尽。
⑬ 稍：渐渐。杀：减省，凋落。
⑭ 流：放纵，无节制。

议沿革礼乐

问：礼乐之用，百王共之。然则历代以来，或沿而理，或革而乱①，或损而兴，或益而亡，何述作之迹同②，而得失之效异也？方今大制虽立③，至理未臻，岂沿袭损益，未适其时宜？将文物声名④，有乖于古制？思欲究盛礼之本（集作旨），审至乐之情，不和者改而更张⑤，可继者守而勿失，具陈其要，当举而行。

注释：

① 革：更改；变革。
② 述：传承。作：创新。《论语·述而》：“子曰，述而不作，信而好古，窃比于我老彭。”
③ 大制：国家大法。
④ 文物：指礼乐典章制度。古代用文物明贵贱，制等级，故云。《左传·桓公二年》：“夫德，俭而有度，登降有数，文物以纪之，声明以发之，以临百官。”声名：声教和名教，亦即礼乐。南朝陈徐陵《为贞阳侯重与王太尉书》：“文物以纪之，声名以发之。”
⑤ 更张：原指重新摆设，比喻变更或改革。

对：臣闻议者曰，礼莫备于三王，乐莫盛于五帝，非殷周之礼不足以理天下，非尧舜之乐不足以和神人。是以总章、辟雍、冠服、簠簋之制①，一不备于古，则礼不能行矣；干戚、羽旄、屈伸俯仰之度②，一不修（集作循）于古，则乐不能和矣。古今之论，大率如此。臣窃谓斯言失其本，得其末，非通儒之达识也。何者？夫礼乐者非天降，非地出也，盖先王酌于人情，张为通理者也③。苟可以正人伦，宁家国，是得制礼之本意矣（集作也）；苟可以和人心，厚风俗，是得作乐之本情矣。盖善沿礼者，沿其意不沿其名；善变乐者，变其数不变其情哉④。得其意，则五帝三王不相沿袭，而同臻于理矣；失其情，则王莽屑屑习古⑤，适足为乱矣。故曰行礼乐之情者王，行礼乐之饰者亡⑥，盖谓是矣。且礼本于体，乐本于声，文物名数，所以饰其体；器度节奏，所以文其声，圣人之理也。礼至则无体，乐至则无声。然则苟至于理也，声与体犹可遗，况于文与饰乎？则本末取舍之宜，可明辨矣。今陛下以上圣之资，守列祖之制，不待损益，足以致理⑦。然苟有沿革，则愿陛下审本末而述作焉。盖礼者以安上理人为体，以别疑防欲为用⑧，以玉帛俎豆为数⑨，以周旋裼袭为容⑩。数与容可损益也，体与用不可斯须失也⑪。乐者以易直子谅为心⑫，以中和孝友为德⑬，以律度铿锵为饰⑭，以缀兆舒疾为文⑮。饰与文可损益也，心与德不可斯须失也。夫然则礼得其本，乐达其情，虽沿袭损益不同，同归于理矣。

注释：

① 总章：古代天子明堂之西向室，取西方总成万物而章明之之意。辟雍：本为西周天子所设大学，东汉以后，历代皆有辟雍，除北宋末年为太学之预备学校（亦称“外学”）外，均为行乡饮、大射或祭祀之礼的地方。冠服：帽子和衣服，古代官吏的冠服因官爵不同而有别。簠簋（fǔ guǐ）：簠与簋，两种盛黍稷稻粱之礼器。簠，长方形，口外侈，有四短足及二耳。簋，一般为圆腹，侈口，圈足。《礼记·乐记》：“簠簋俎豆，制度文章，礼之器也。”

② 干戚：盾与斧，古代的两种兵器，亦为武舞所执的舞具。羽旄：旄 máo。乐舞时所执的雉羽和旄牛尾。屈伸俯仰：《礼记·乐记》：“屈伸俯仰，缀兆舒疾，乐之文也。”度：规范。

③ 张：施行；举用。

④ 数：礼数；仪节。

⑤ 屑屑：劳瘁匆迫貌。《左传·昭公五年》：“礼之本末将于此乎在，而屑屑焉习仪以亟。”《汉书·王莽传上》：“晨夜屑屑，寒暑勤勤，无时休息，孳孳不已者，凡以为天下，厚刘氏也。”

⑥ 饰：修饰；装饰。

⑦ 致理：使国家在政治上安定清平。致，达到。

⑧ 别：分开。疑：迷惑；惑乱。

⑨ 玉帛：圭璋和束帛。古代祭祀、会盟、朝聘等均用之。《周礼·春官·肆师》：“立大祭用玉帛牲牷。”俎（zǔ）豆：俎和豆，古代祭祀、宴飨时盛食物用的两种礼器。亦泛指各种礼器。

⑩ 周旋：古代行礼时进退揖让的动作。裼袭：古代礼服之制：袒外衣而露裼衣，且不尽覆其裘，谓之裼；不裼，谓之袭。盛礼以袭为敬；非盛礼以裼为敬。裼（xī）：裼衣，古行礼时覆加在裘外之衣，也称中衣。袭：穿衣加服；亦专指古代盛礼时掩上敞开的外服。《礼记·乐记》：“升降上下，周还裼袭，礼之文也。”

⑪ 斯须：须臾；片刻。

⑫ 易直子谅：易，平易。直，正直。子，慈爱。谅，诚信。《礼记·乐记》：“致乐以治心，则易直子谅之心油然生矣。”

⑬ 中和：中正平和。孝友：事父母孝顺，对兄弟友爱。

⑭ 律度：规矩，法度；古代计度皆出于黄钟之律，故称律度。铿锵：形容金玉或乐器等声洪亮。

⑮ 缀兆：谓古代乐舞中舞者的行列位置。舒疾：迟速；缓急。《礼记·乐记》：“屈伸俯仰，缀兆舒疾，乐之文也。”郑玄注：“缀，谓酇舞者之位也。兆，其外营域也。”

复乐（古器古曲）

问：时议者，或云乐者声与器迁①，音随曲变。若废今器，用古器，则哀淫之音革矣②；若舍今曲，奏古曲，则正始之音兴矣③。其说若此，以为如何？

注释：

① 器：器具；此指乐器。迁：变更，变化。

② 哀：指声音凄清尖利。淫：过度，无节制。
③ 正始：合乎礼仪、法则之始。《毛诗序》："《周南》、《召南》，正始之道，王化之基。"

对：臣闻乐者本于声，声者本于情，情者系于政①。盖政和则情和，情和则声和，而安乐之音由是作焉。政失则情失，情失则声失，而哀淫之音由是作焉。斯所谓音声之道，与政通矣。伏观（集作睹）时议者，臣窃以为不然。何者？夫器者所以发声，声之邪正，不系于器之今古也；曲者所以名乐，乐之哀乐，不系于曲之今古也。何以考之？若君政骄而荒，人心动而恐（集作动而怨），则虽舍今器用古器，而哀淫之音不散矣；若君政善而美，人心平而和，则虽奏今曲废古曲，而安乐之音不流矣。是故和平之代，虽闻桑间濮上之音②，人情不淫也，不伤也；乱亡之代，虽闻咸濩韶武之音③，人情不和也，不乐也。故臣以为，销郑卫之声④，复正始之音者，在乎善其政，和其情，不在改其器，易其曲也。故曰乐者不可以伪，唯明圣者能审而述作焉。臣又闻，若君政和而平，人心安而乐，则虽援蕢桴击野壤⑤，闻之者必融融泄泄矣⑥；若君政骄而放，人心困而怨，则虽撞大钟伐鸣鼓⑦，闻之者，适足惨惨戚戚矣⑧。故臣以为，谐人神，和风俗者，在乎善其政，欢其心，不在乎变其音，极其声也。

注释：

① 系：涉及；关系。
② 桑间：指桑间之咏。濮上：指濮水之滨，古卫地。春秋时濮上以侈靡之乐闻名于世，男女亦多于此处幽会，故后用以指代侈靡淫乱的音乐、风俗的流行地。《礼记·乐记》："桑间濮上之音，亡国之音也。其政散，其民流，诬上行私而不可止也。"郑玄注："濮水之上，地有桑间者，亡国之音于此之水出也。昔殷纣使师延作靡靡之乐，已而自沈于濮水，后师涓过焉，夜闻而写之，为晋平公鼓之。"后因以"桑间濮上"指淫靡之音。
③ 咸濩（hù）：尧乐《大咸》与汤乐《大頀》的并称，泛指典雅的古乐。韶武：舜乐《韶》和周武王乐《武》的并称，亦泛指高雅的古乐。
④ 郑卫：春秋战国时郑国与卫国的并称，古称郑卫之俗轻靡淫逸。
⑤ 援：执，持。蕢桴（fú）：用草和土抟成的鼓槌，用来击打土鼓，为上古一种原始简陋的乐器。野壤：郊野的土壤，特指土鼓。
⑥ 融融泄泄（yì）：形容和乐舒畅。《左传·隐公元年》："公入而赋：大隧之中，其乐也融融。姜出而赋：大隧之外，其乐也泄泄。"
⑦ 伐：敲击。《诗·小雅·鼓钟》："鼓钟伐鼛。"鸣鼓：即鼓。《楚辞·九歌·国殇》："援玉枹兮击鸣鼓。"
⑧ 惨惨：忧闷；忧愁。戚戚：悲伤。

议 祭 祀

问：圣王立郊庙、重祭祀者①，将以展诚敬而事鬼神乎②？将以（集作欲）裨教化而利生人乎③？又问：近者敬失于鬼，祭祀以淫，禳祷者有僭滥谄媚之风④，烝尝者失疏数丰俭之节[5]。今欲使俗无淫祀[6]，家不黩神[7]，物省费而厚生人[8]，守义而不惑，何为何作，可以救之？

注释：

① 郊庙：古帝王祭天地的郊宫和祭祖先的宗庙。
② 展：显现。诚敬：诚恳恭敬。
③ 裨：补益。
④ 禳（ráng）祷：祭神以消灾祈福。僭（jiàn）滥：过而无度。《诗·商颂·殷武》："不僭不滥，不敢怠遑。"谄媚：奉承讨好。
⑤ 烝（zhēng）尝：本指秋冬二祭，后亦泛称祭祀。疏数：指稀少和频繁。疏，稀疏。数，密集。
⑥ 淫祀：不合礼制的祭祀，妄滥之祭。《礼记·曲礼下》："非其所祭而祭之，名曰淫祀。"
⑦ 黩（dú）：轻慢不敬。
⑧ 厚生人：使人民生活充裕。厚，使之多。

对：臣闻祭祀之义，大率有三。禋于天地，所以示人报本也[1]；祠于圣贤，所以训人崇德也[2]；享于祖考，所以教人追孝也[3]。三者行于天下，则万人顺，百姓和，此先王所以重祭祀者也。臣又观之，岂直若是而已哉[4]。盖先王因事神以（集作而）设教，因崇祀以利人，俾乎人竭其诚[5]，物尽其美，美致于鬼，则利归于人焉。故阜（集作备）其牲牷[6]，则牛羊不得不蕃矣；丰其黍稷，则仓廪不得不实矣[7]；美其祭服，则布帛不得不精矣。不畜者无牲，不田者无盛[8]，则游惰者不得不惩矣[9]，勤本者不得不勉矣[10]。四者行于天下，虽曰事鬼神，其实厚生业也。故曰礼行于祭祀，则百货可极焉[11]，斯之谓矣。然则礼物（集作物力）有余[12]，则奢淫之弊起；祀事不节，则谄黩之萌生，先王又防其然也。是以宗庙有数，丰约有度，疏数有时。非其度者，则鬼不享而礼不容；非其类者，则神不歆而刑不舍[13]。二者行于天下，则人与鬼（集作神）不相黩矣，不相伤矣。近代已（集作以）来，稍违祀典[14]，或礼物失于奢俭，或巫史假于淫昏[15]，追远者昧从王之文[16]，徼福者有媚神之祭[17]，虽未甚弊，亦宜禁之。伏惟陛下崇设人防[18]，申明国典，烝尝不经者示之以礼[19]，禳祷非鬼者纠之以刑[20]。所谓存其正，抑其邪，则人不惑矣；著其诚[21]，谨其物，则人厚生矣。斯亦齐风俗，和人神之大端也，惟陛下详之。

注释：

① 禋（yīn）：禋祀，升烟祭天。古代祭天的一种礼仪，先燔柴升烟，再加牲体或玉帛于柴上焚烧。《周礼·春官·大宗伯》："以禋祀祀昊天上帝，以实柴祀日月星辰，以槱燎祀司中、司命、风师、雨师。"郑玄注："禋之言烟。周人尚臭，烟气之臭闻者。槱，积也……三祀皆积柴、实牲体焉。或有玉帛燔燎，而升烟所以报阳也。"报本：受恩思报，不忘本源。《礼记·郊特牲》："所以报本反始也。"
② 祠：祭祀。《书·伊训》：" 伊尹祠于先王。"训：教诲；教导。
③ 享：供祭品奉祀祖先。祖考：祖先。考，对死去的父亲的称呼。追孝：追行孝道于前人，指敬重宗庙、祭祀等，以尽孝道。

④ 直：仅仅。
⑤ 俾：使。
⑥ 阜：使多，使丰厚。牲牷：古代祭祀用的纯色全牲，泛指祭品。《左传·桓公六年》：“吾牲牷肥腯，粢盛丰备。”杜预注：“牲，牛羊豕也；牷，纯色完全也。”
⑦ 仓廪：贮藏米谷的仓库。
⑧ 盛：祭祀时放在容器中的黍稷等祭品。
⑨ 游惰：游荡懒惰。《商君书·垦令》：“则辟淫游惰之民无所于食。”惩：克制；制止。
⑩ 本：古代指农业生产。勉：劝勉；鼓励。
⑪ 极：穷尽，竭尽。《礼记·礼运》：“礼行于社，而百货可极焉。”孔颖达疏：“尽为国家之用，故云可极焉。”
⑫ 礼物：典礼文物。《书·微子之命》：“统承先王，修其礼物。”
⑬ 歆（xīn）：飨，嗅闻；谓祭祀时神灵享用祭品的香气。《诗·大雅·生民》：“其香始升，上帝居歆。”郑玄笺：“其馨香始上行，上帝则安而歆享之。”
⑭ 稍：渐渐。祀典：祭祀的仪礼。
⑮ 淫昏：极度昏庸；淫乱昏愦。
⑯ 昧：不了解。文：礼乐制度。
⑰ 徼（yāo）福：祈福，求福。《左传·成公十三年》：“君亦悔祸之延，而欲徼福于先君献穆。”
⑱ 人防：即人伦之防，封建礼教所规定的尊卑长幼之间的等级关系的原则界限。
⑲ 不经：不合常法。
⑳ 纠：纠正；矫正。
㉑ 著：显露。

忠敬质文损益

问：忠敬质文①，百代循环之教也，五帝何为而不用？三王何故而相承？将时有同异邪？道有优劣邪？又三代之际，损益不同，所祖三才②，其义安在？岂除旧布新，务与相反相异乎？复扶衰救弊，其道不得不然乎？又国家祖述五帝，宪章三王③，质文忠敬，大备于今，而尚人鲜朴而忠，俗多利而巧。欲救斯弊，其道如何？

注释：

① 忠：忠诚。敬：恭敬。质：质朴。文：此指礼节仪式；礼乐制度。
② 三才：天、地、人。《易·说卦》：“是以立天之道曰阴与阳，立地之道曰柔与刚，立人之道曰仁与义。兼三才而两之，故《易》六画而成卦。”
③ 宪章：效法。《礼记·中庸》：“仲尼祖述尧、舜，宪章文武。”

对：臣闻步骤殊时①，质文异制。五帝以道化，三王以礼教。道者无为，无为故无失，无失故无革，是以唐虞相承，无所改易也。礼者有作，有作则有弊，有弊则有救②，故殷周相代，有所损益也。损益之教，本乎三才。夏之教尚忠，忠本于人，人道以善教人，忠之至也，故曰忠者人之教也。忠之弊，其人野，救野莫若敬，故殷之教尚敬。敬本于地，地道谦卑，天之所生，地敬养之，故曰敬者地之教也。敬之弊，其人鬼③，救鬼莫若文，故周之教尚文。文本于天，天道垂文，而人则之，故曰文者天之教也。文之弊，其人僿④，救僿莫若忠。然则三王之所祖不同者，非欲自异而相反也，盖扶衰救弊，各随其运也⑤。运苟有异，教亦不同。虽忠与敬，各系于时，而质与文，俱致于理。标其教则殊制，臻其极则同归。亦犹水火之相形（集作鳌）⑥，同根于冥化⑦，共济于人用也；寒暑之相代，同本于元气⑧，共成于岁功也⑨。三王之道，亦如是焉。我国家钦若五帝⑩，宪章三王，典谟不易之道⑪，祖述而大用；忠敬迭救之教，具举而兼行。可谓文质协和，礼乐明备之代也。然臣闻之孔子曰："殷因于夏礼，周因于殷礼。"⑫损益始终若循环，然其继周若百代可知也。臣观周之弊也，爵赏黩⑬，刑罚穷⑭。而秦反用刑名，祚因中绝⑮。及汉杂以霸道，德又下衰。迨于魏晋以还，未有继而救者。是以周之文弊，今有遗风，故人鲜朴而忠，俗犹利而巧。伏惟陛下以继周为己任，以行夏为时宜，稍益质而损文，渐尚忠而救僿，斟酌于教，曲纬其人⑯，使瞻其（集无其字）前，而道继三王；顾于（集无于字）后，而光垂万叶，则尽善之道，大同之风，不专美于上古矣。⑰

注释：

① 步骤：事情进行的程序、次第。《后汉书·崔寔传》："故圣人执权，遭时定制，步骤之差，各有云设。"殊：不同。

② 救：纠正。

③ 鬼：谓迷信鬼神。《逸周书·命训》："极祸则民鬼，民鬼则祭淫。"此句化用《史记》文。《史记·高祖本纪论》："敬之敝，小人以鬼，故周人承之以文。"裴骃集解引郑玄曰："文，尊卑之差也。"

④ 僿（sài）：浇薄，不诚实。《史记·高祖本纪》："文之敝，小人以僿，故救僿莫若以忠。"裴骃集解："徐广曰：'〔僿〕一作薄。'……郑玄曰：'文，尊卑之差也。薄，苟习文法，无悃诚也。'"

⑤ 运：世运；国运。《汉书·高帝纪赞》："由此推之，汉承尧运。"

⑥ 相形：互相衬托显现。

⑦ 冥化：自然的化育。

⑧ 元气：指天地未分前的混沌之气。《汉书·律历志上》颜师古注引孟康曰："元气始起于子，未分之时，天地人混合为一。"

⑨ 岁功：一年的时序。

⑩ 钦若：敬顺。《书·尧典》："乃命羲和，钦若昊天。"

⑪ 典谟（mó）：《尚书》中《尧典》、《舜典》、《大禹谟》、《皋陶谟》等篇的并称，借指经典。

⑫"殷因于夏礼"句：语出《论语·为政》。

⑬ 黩：滥用。

⑭ 穷：完，尽。

⑮ 祚（zuò）：福运；此处指国运。

⑯ 曲：周遍，详尽。纬：治理。《南史·文学传序》："至于经礼乐而纬国家。"

⑰ 叶：世，代。《后汉书·郭躬传》："三叶皆为司隶。"大同：儒家学派提出的一种理想社会，与"小康"相对。《礼记·礼运》："大道之行也，天下为公，选贤与能，讲信修睦……是谓大同。"

罢刑狱（北齐天保八年策秀才）

问：帝王之柄①，赏罚为首。虽三代损益，百代可知，未有舍此二途，而能弘风阐化②。圣贤为治，咸出斯道③。明狱讼之来，非关叔世④。孔子三日而诛少正卯⑤，太公下车而戮华士⑥。康王（疑作诰）文王作罚，刑兹无赦。明措刑由于用刑，非去杀而刑清也。然子产相郑，唯杀一人⑦；子文治兵，刑遂无用⑧；伯禹引罪自归，武王见辜而泣⑨。虽政治不殊，而理亦相反。朕恭临万国，袛御兆人⑩，视之如伤，有同赤子⑪。未能以理代刑，舍其律宪⑫，亦轻罚缓死，渐就蠲除⑬。去凝脂之网，收刺骨之怨⑭。临麦秋而生惆怅⑮，望穷冬而载怀思⑯。使画服象刑⑰，同唐虞之世；罢狱息罪，等成康之时。循酷俱治⑱，宜有辨析，诚有未遂，想望其中。

注释：

① 柄：比喻权力。
② 阐化：阐扬教化。
③ 咸：皆，都。
④ 叔世：犹末世，衰乱的时代。《左传・昭公六年》："三辟之兴，皆叔世也。"孔颖达疏引服虔云："政衰为叔世。"
⑤ 少正卯：春秋鲁国大夫，据说孔子担任鲁国大司寇时以乱政的罪名将其诛杀。《荀子・宥坐》曰："孔子为鲁摄相，朝七日，而诛少正卯。"《史记・孔子世家》："定公十四年，孔子年五十六，由大司寇行摄相事……于是诛鲁大夫乱政者少正卯。"
⑥ 华士：西周初齐地隐士，据说姜太公封齐后将其诛杀。《韩非子・外储说右上》："太公望东封于齐，齐东海上有居士曰狂矞、华士昆弟二人者……太公望至于营丘，使执杀之以为首诛。"
⑦ 子产：春秋时郑国大夫。《盐铁论・周秦》："子产刑二人，杀一人，道不拾遗，而民无诬心。"
⑧ 子文：春秋楚国令尹。《左传・僖公二十七年》："楚子将围宋，使子文治兵于睽，终朝而毕，不戮一人。"
⑨ 伯禹：即夏禹。《书・舜典》："伯禹作司空。"孔颖达疏引贾逵曰："伯，爵也。禹代鲧为崇伯，入为天子司空，以其伯爵，故称伯禹。""伯禹引罪"句：《说苑》："禹出见辜人，问而泣之，左右问其故，禹曰：尧舜之民，皆以尧舜之心为心，今吾为君，百姓皆以其心为心，是以痛之。"
⑩ 袛：敬。
⑪ 赤子：婴儿。《尚书・康诰》："若保赤子，惟民其康乂。"
⑫ 宪：法令，法度。
⑬ 蠲（juān）除：废除；免除。
⑭ 凝脂之网：像凝冻的脂油一样无间隙的法网。《盐铁论・刑德》："昔秦法繁于秋荼，而网密于凝脂。"刺骨：深入骨髓，形容程度极深。
⑮ 麦秋：麦熟的季节，通指农历四、五月。《礼记・月令》："靡草死，麦秋至。"
⑯ 载：产生。《释名・释天》："载，生物也。"怀思：怀念；思念。
⑰ 画服：古指罪人之服，古时罪犯的衣服画有五刑之象，以示警戒。象刑：相传上古无肉刑，仅用与众不同的服饰加之犯人以示辱，谓之象刑。《书・益稷》："皋陶方祗厥叙，方施象刑，惟明。"

⑱ 循酷：即循吏和酷吏，守法循理的官吏和滥用刑法残害人民的官吏。

对

李德林

对：逖听风声，企踵文武，未之逮也，而有志焉①。大道之行，结绳而治；无德之世，有罪更惭。殆是天爱昔人②，唯令设教；神化（一作仇）末俗，要须密网。又岂淳风已降③，同往者之不追；浇法自然④，遂确乎而不变。然而成康之众，逮幽厉而为毁⑤；嬴项之人，至文景而刑措⑥。方知桀纣居羲昊之世，亦比屋可诛⑦；勋华处桓灵之时，即垂衣而治⑧。唯应宣尼去杀，必期之以百年⑨；周人太平，会资之以三世⑩。我国家之杀龙斩蛇，断鳌猎猰，牧羊驱鸡之法，烹鲜放马之功⑪，莫不因冥冥之心，受苍苍之命⑫，十轩九舜⑬，千尧万禹，抑特扬搉⑭，俱何足称？至于约法凭威⑮，行师用武，怨起后征之地⑯，哀切自犯之辜⑰。故上下千官，遐迩兆庶⑱，风化之所遵达⑲，政教之所抑扬，皆肃肃然若严刑之在侧矣。但皋陶之类，常问黄沙⑳；定国之流，恒持丹笔㉑。分陕有棠阴之德，剖符致蒲鞭之美㉒。梁狱决疑，不假陶朱之璧㉓；楚国以理，无用庄生之金㉔。稍简刑书，渐行礼教，使駃騠远至，悬感仁心㉕；獬豸来仪，不知所触㉖。然后升东岳而揖群后㉗，望西方以谢圣人，复何如也？谨对。

注释：

① 逖（tì）听：在远处听到，表示恭敬。企踵：踮起脚跟，多形容急切仰望之状。司马相如《封禅文》："率迩者踵武，逖听者风声。"逮：及。

② 殆：大概。

③ 淳风：敦厚古朴的风俗。已降：以来。

④ 浇：薄，浮薄。指社会风气不好。

⑤ 成康：西周成王与康王的并称。史称其时天下安宁，刑措不用，故用以称至治之世。幽厉：周代昏乱之君幽王与厉王的并称。

⑥ 嬴项：嬴姓之秦朝和项羽之西楚的并称。文景：西汉文帝与景帝的并称。两帝相继，社会比较安定富裕，史称"文景之治"。

⑦ 羲昊：太昊伏羲氏与少昊的合称，皆为传说中的上古圣王。

⑧ 勋华：尧舜的并称，尧名放勋，舜名重华。桓灵：东汉末世桓帝与灵帝的并称。

⑨ 宣尼：即孔子，汉平帝元始元年追谥孔子为褒成宣尼公。《论语·子路篇》："子曰：善人为邦百年，亦可以胜残去杀矣。"

⑩ 资：积累。三世：指《春秋》公羊家主张的历史演变的三个阶段，即乱世、升平世、太平世。《公羊传·隐公元年》何休注："于所传闻之世，见治起于衰乱之中……于所闻之世，见治升平……至所见之世，著治太平。"

⑪ 烹鲜：烹鱼，比喻治国便民之道，应是像烹制小鱼一样无为而治。《老子》："治大国若烹小鲜。"放马：放牧战马，比喻止兵休战。

⑫ 冥冥：专心致志貌。《荀子·劝学》："是故无冥冥之志者，无昭昭之明。"苍苍：指天，苍苍之命即天命。

⑬ 轩：即轩辕黄帝。

⑭ 特：出众卓异。推（què）：敲击；压榨。
⑮ 约法：谓约束以法。《韩诗外传》卷十："制礼约法于四方。"
⑯ 后征：此用成汤之治，远国思慕圣化典实。《孟子·梁惠王下》："东面而征，西夷怨；南面而征，北狄怨。曰：'奚为后我？'"
⑰ 辜：罪，此指罪犯。
⑱ 遐迩：远和近。兆庶：即兆民，古称天子之民，后泛指众民，百姓。《书·吕刑》："一人有庆，兆民赖之。"
⑲ 风化：风教，风气。
⑳ 皋陶：传说虞舜时的司法官。黄沙：即黄沙狱，古时诏狱名；泛指牢狱。《晋书·高光传》："是时武帝置黄沙狱，以典诏囚。以光历世明法，用为黄沙御史，秩与中丞同。"
㉑ 定国：即于定国，西汉宣帝时廷尉，治狱以公平宽恕著称当世。丹笔：朱笔。谢承《后汉书》："盛吉为廷尉，每至冬节，罪囚当断，妻夜执烛，吉持丹笔，夫妻相对，垂泣决罪。"
㉒ 分陕：陕即今陕西省陕县。相传周初周公旦、召公奭分陕而治，周公治陕以东，召公治陕以西。后谓封建王朝官僚出任地方官为"分陕"。棠阴：棠树树荫，比喻惠政或良吏的惠行。剖符：古代帝王分封诸侯、功臣时，以竹符为信证，剖分为二，君臣各执其一，后因以"剖符"、"剖竹"为分封、授官之称。蒲鞭：以蒲草为鞭，常用以表示刑罚宽仁。
㉓ 梁狱：汉邹阳受诬陷系狱，自狱中上书梁孝王辩白，终获释。后因以"梁狱"代指冤狱。事见《史记·鲁仲连邹阳列传》。陶朱：即陶朱公，春秋时越国大夫范蠡的别称，范蠡弃官后居于陶，称朱公，以经商致巨富，后泛指大富者。
㉔ 庄生：相传为陶朱公之友，在楚国为官，陶朱公之子犯罪后陶朱公曾赠金与他请求帮助。事见《史记·越王勾践世家》。
㉕ 駃騠（jué tí）：古良马名。《逸周书·王会》："请令以橐驼、白玉、野马、騊駼、駃騠、良弓为献。"悬：遥远。
㉖ 獬豸（xiè zhì）：传说中的异兽，一角，能辨曲直，见人有罪则以角触之。古人视为祥物。
㉗ 东岳：即泰山，古代为皇帝封禅之处。后：君主，帝王。群后指历代圣王。

用刑宽猛

问：狱市之寄①，自昔为难；宽猛之宜，当今不易。缓则物情恣其诈②，急则奸人无所容。曹相国所以殷勤③，路廷尉于焉太息④。韦弦折衷⑤，历代未闻。轻重浅深，伫承嘉议⑥。

注释：

① 狱市：指狱讼以及市集交易。《史记·曹相国世家》："参去，属其后相曰：以齐狱市为寄，慎勿扰也。"寄：委托，托付。
② 物情：众情，民心。《后汉书·爰延传》："事多放滥，物情生怨。"恣：放纵；放肆。
③ 曹相国：即曹参，西汉惠帝时继萧何为丞相，以无为为治。参注①。殷勤：关注；急切。魏曹操《请追赠郭嘉封邑表》："贤君殷勤于清良。"
④ 路廷尉：即路温舒，西汉昭帝时为廷尉，宣帝时上书建议尚德缓刑。事见《汉书·贾邹枚路传》。
⑤ 韦弦：指缓急。韦，皮绳。弦，弓弦。《文选·任昉〈王文宪集序〉》："夷雅之体，无待韦弦。"

李善注："韦，皮绳，喻缓也；弦，弓弦，喻急也……言王公平雅之性，无待此韦弦以成也。"《韩非子·观行》："西门豹之性急，故佩韦以自缓；董安于之性缓，故佩弦以自急。"折衷：调节使适中。

⑥ 伫（zhù）：企盼；期待。

对

上官仪①

对：攘袂九流，披怀万古②，览七书（一作玉篆）之奥义，觌金简之遗文③，睹皇王临御之迹，详政术枢机之旨④，莫不则乾纲而张礼乐，法霆震而置威刑⑤。纵使轩去鼎湖，非无涿鹿之戮⑥；舜辞雷泽，遂有崇山之诛⑦。自皋陶不嗣，怨（疑忿）生长往，甫侯设法，徒有说于轻重⑧；子产铸书，竟无救于衰败⑨。是知风淳俗厚，草艾而可惩⑩；主僻时昏，黥凿而犹犯⑪。我君出震继天，承国（一作图）宰化⑫，孕十尧而遐举，吞九舜而上征。犹以为周书三典⑬，既疏远而难从；汉律九章⑭，已偏杂而无准。方当采韦弦于往古，施折衷于当今，若能诏彼刑章，定金科之取舍⑮；征其张赵⑯，平丹书之去留，必使楚国受金，不为庄生所责；长陵盗土，必用张子之言⑰。谨对。

注释：

① 上官仪：字游韶，陕州陕人。幼度为沙门。贞观初举进士，授宏文馆直学士，累迁起居郎。高宗朝迁秘书少监，加银青光禄大夫西台侍郎同东西台三品。许敬宗诬与梁王谋反，下狱死。中宗时追赠中书令秦州都督楚国公。见今《全唐文》卷一百五十四至一百五十五。

② 攘袂（rǎngmèi）：捋起衣袖，形容奋起貌。披怀：敞开胸怀，喻诚心相待。

③ 奥义：精深的义理；深奥的含义。金简：金质的简册，指帝王诏书。

④ 枢机：枢与机，比喻事物的关键部分。

⑤ 则：仿效；效法。《易·系辞上》："河出图，洛出书，圣人则之。"乾纲：天的纲维，天道。法：效法。霆震：雷霆震动。

⑥ 鼎湖：地名，古代传说黄帝在鼎湖乘龙升天。涿鹿：地名。故城在今河北省涿鹿县南。《史记·五帝本纪》："于是黄帝乃征师诸侯，与蚩尤战于涿鹿之野，遂禽杀蚩尤。"

⑦ 雷泽：古泽名，本名雷夏泽。传说舜帝曾在此捕鱼。《史记·五帝本纪》："舜耕历山，渔雷泽。"崇山：山名。相传舜放驩兜之处。《尚书·舜典》："流共工于幽州，放驩兜于崇山。"

⑧ 甫侯：周穆王时大臣，原封吕侯，后改封甫侯，制定颁布了有关刑罚的文告《吕刑》，又称《甫刑》。《礼记·缁衣》孔颖达疏："甫侯为穆王说刑，故称《甫刑》。"

⑨ 铸书：把刑法铸在鼎上。《左传·昭公六年》："郑人铸刑书。"杜预注："铸刑书于鼎，以为国之常法。"

⑩ 草：即草缨，古代罪犯冠上加草带，以示羞辱，相传是虞舜时的一种象征性刑罚，用以代替割鼻的酷刑。艾：即艾韠，上古象刑之一，谓割去罪人之韠以代替宫刑。韠，古代官服上的蔽膝。艾，通"刈"。

⑪ 僻：邪僻，偏离正道。黥（qíng）凿：指黥刑，古代一种在犯人面上刺字的酷刑，也称凿面。

⑫ 出震：八卦中的"震"卦位应东方。出震，即出于东方。南朝陈徐陵《劝进梁元帝表》："伏惟陛下出震等于勋华，鸣谦同于旦奭。"

⑬ 三典：轻、中、重三种刑法。《周礼·秋官·大司寇》："掌建邦之三典，以佐王刑邦国，诘四方。一曰刑新国用轻典，二曰刑平国用中典，三曰刑乱国用重典。"
⑭ 九章：指《九章律》。汉萧何著。《汉书·刑法志》："相国萧何捃摭秦法，取其宜于时者，作律九章。"
⑮ 金科：指法律；法令。
⑯ 张赵：指西汉武帝时的张汤和赵禹。《史记·酷吏列传》："（赵禹）与张汤论定诸律令，吏传得相监司。用法益刻，盖自此始。""（张汤）与赵禹共定诸律令，务在深文，拘守职之吏。"
⑰ 长陵：西汉高祖陵。张子：指张释之，西汉文帝时廷尉，公平宽恕。《史记·张释之列传》："释之免冠顿首谢曰：……今盗宗庙器而族之，有如万分之一，假令愚民取长陵一抔土，陛下何以加其法乎？……乃许廷尉当。"

刑狱用舍二道

问：玄默垂拱，理归上德，法令滋彰，事钟浇季①。是以唐虞画象，四罪而咸服；姬夏训刑，三千而愈扰。故知胜残去杀②，必在于弘仁；反朴还淳，不务于多辟（一作不胜于群恶）③。方知削兹三尺，专循五礼④，幸陈用舍之宜，以适当时之要。

注释：

① 钟：汇聚；集中。浇季：道德风俗浮薄的末世。
② 胜残：遏制残暴的人，使之不能作恶。胜，制止。
③ 辟：法，法度，特指刑法。
④ 三尺：指法律。《史记·酷吏列传》："周曰：'三尺安出哉?'"裴骃集解引《汉书音义》："以三尺竹简书法律也。"五礼：古代的五种礼制，即吉礼、凶礼、军礼、宾礼、嘉礼。

对

张昌龄①

对：两仪亭育②，蓄严刑于积阴；四气平分③，降明罚于秋序。是知观象设教，圣人所以胜残；因物造端，懿后由其立辟④。故妫川受命，士师陈九德之歌⑤；瑶山载刑，吕侯训百锾之典⑥。然则激扬神化，鼓舞皇偕（疑），资粉泽而弘风，俟德刑而振俗⑦。是故六辔在御，飞龙之驾可期；九罭不施，奔鲸之害斯兆⑧。纵使业优卷领，道迈橧巢⑨，齐饮啄于鹑居，绝往来于犬吠⑩，犹未可长悬三礼，永摈五刑，削兹噬嗑之科，专行忠信之薄⑪。况今时推纂圣运，属升皇猷⑫，犹劳丹浦之诛，尚漏青丘之罪⑬。伯夷典礼，与猾夏而同科⑭；司寇祥刑，共春官而联事⑮。自可远稽九代，近命三驱⑯，释刀锯于凶魁⑰，休甲兵于原野。然后施（疑作弛）威象阙，展事天宗⑱，继美娲皇，追风火燧⑲。石渠未灭，岂待（一作得）辄议寝刑⑳？中岳既封，自可专循大礼㉑。谨对。

注释：

① 张昌龄：冀州南宫人，第进士，贞观中补长安尉。出为襄州司户，后为北门修撰。乾封元年卒。见今《全唐文》卷一百六十一。

② 两仪：指天地。亭育：养育；培育。

③ 四气：指春、夏、秋、冬四时的温、热、冷、寒之气。

④ 懿后：有美德的圣王。

⑤ 妫川：妫（guī），指舜，传说舜旧居妫水之畔。《史记·陈杞世家》："昔舜为庶人时，尧妻之二女，居于妫汭。"士师：古代执掌禁令刑狱的官名。《周礼·秋官·士师》："士师之职，掌国之五禁之法，以左右刑罚。"九德之歌：古代乐曲。《左传·文公七年》："九功之德，皆可歌也，谓之《九歌》。"《楚辞·离骚》王逸注："《九歌》，九德之歌。"

⑥ 锾（huán）：古重量单位。《书·吕刑》："墨辟疑赦，其罚百锾，阅实其罪。"锾重一说为六两，一说为十铢二十五分之十三，一说为六两大半两。

⑦ 粉泽：修饰，润色。《新唐书·员半千传》："半千不颛任吏，常以文雅粉泽，故所至礼化大行。"俟：等待。

⑧ 九罭：罭（yù），一种带有囊袋以捕捞小鱼的网，比喻严密的法网。奔鲸：奔跑的鲸鱼，喻指不义凶暴之人。兆：征兆。

⑨ 卷领：领翻于外，古人认为是较原始的服式，借指上古时代。橧巢：橧聚柴薪造的巢形住处。《礼记·礼运》："昔者先王未有宫室，冬则居营窟，夏则居橧巢。"橧（zēng）：用柴薪堆造的住处。

⑩ 饮啄：饮水啄食，引申为饮食，生活。鹑居：谓野居无常处。《庄子·天地》："夫圣人鹑居而鷇食，鸟行而无彰。"绝往来于犬吠：《老子》八十章："邻国相望，鸡犬之声相闻，民至老死，不相往来。"

⑪ 噬嗑（shì hé）：《易》卦名。六十四卦之一，象征以刑法治国。薄：指人心、世道、纲纪等衰微。

⑫ 皇猷（yóu）：帝王的谋略或教化。

⑬ 丹浦：丹水之滨。《文选·沈约〈应诏乐游苑饯吕僧珍〉诗》："丹浦非乐战，负重切君临。"李善注："《六韬》曰：'尧与有苗战于丹水之浦。'高诱《吕氏春秋》注曰：'丹水在南阳。浦，崖也。'"青丘：泽名。《淮南子·本经训》："杀九婴于凶水之上，缴大风于青邱之泽。"

⑭ 伯夷：舜的臣子，明礼仪之官。《尚书·舜典》："帝曰：咨！四岳。有能典朕三礼？佥曰：伯夷。"猾夏：蛮夷外族，《尚书·尧典》："帝曰，皋陶，蛮夷猾夏，寇贼奸宄，汝作士。"同科：同罚；同等判处。

⑮ 司寇：官名，掌管刑狱、纠察等事。《周礼》曰秋官大司寇。祥刑：善用刑罚。春官：《周礼》六官之一，掌礼法、祭祀。

⑯ 稽：考核，查考。三驱：古王者田猎之制，谓田猎时须让开一面，三面驱赶，以示好生之德。《易·比》："九五，显比，王用三驱。"孔颖达疏："褚氏诸儒皆以为三面著人驱禽。必知三面者，禽唯有背己、向己、趣己，故左右及于后，皆有驱之。"

⑰ 凶魁：元凶。

⑱ 象阙：古代天子、诸侯宫门外的一对高建筑，为悬示教令的地方。展事：行事，办事。天宗：指日月星辰。《礼记·月令》："天子乃祈来年于天宗。"

⑲ 娲皇：即女娲氏，中国传说中人类的始祖，并继伏羲而为帝。火燧：即燧人氏，传说中的古帝王，钻木取火的发明者。

⑳ 石渠：即石渠阁，西汉皇室藏书之处。寝：止息；废置。

㉑ 中岳：指嵩山。《史记·封禅书》："昔三代之居，皆在河洛之闲，故嵩高为中岳，而四岳各如其方。"大礼：庄严隆重的典礼。《礼记·乐记》："大乐与天地同和，大礼与天地同节。"

同　前

郝连梵[1]

对：法星垂象，列九霄而照烛[2]；习坎分爻，疏六位而辉焕[3]。故有皇王慎罚，正俗以经时；圣哲祥刑，开物而成务。莫不克清函夏，载穆黎元[4]，制天讨之威严，弘秋官之典宪。舜游妫汭，乃去四凶；汤出镳宫，骤除三面[5]。然则质文异代，兴废殊途。微禹会昌，仁流于下泣[6]；独夫受戮，祸招于剖心[7]。自运往道消，淳离朴散，王风不竞，菀柳之刺斯闻[8]；后德方衰，杞（疑作棘）槐之刺（疑作制）斯阙[9]。望夷招败[10]，酷甚凝脂；函谷生灾[11]，冤多精气。虽复萧何改创，爰始九章；温舒上言，仍讥一失。网漏吞舟之罪[12]，主苟持宽，律加盈阁之繁，吏还舞智[13]。邈乎遗法，允属升平[14]。大唐执纪先天，凝图王气，化轶胥庭之上[15]，功超出（疑）骤之前，扫氛祲于乾枢，静嚣尘于地轴[16]。紫微君圣，时乘光于得一[17]；黔首安生，日用陶其吹万[18]。皇帝上元统历，下武嗣徽[19]，道叶顺风，契黄神之罔象[20]；精通就日，符赤运之文明[21]。于是职列英奇，朝班俊乂[22]，载升降之节，既著礼容；临甲乙之科，方在政辟。道无为以端拱[23]，思有罪而责躬。念向隅之独噘，乃纳隍而轸虑[24]。曲询管库，取荐刍荛[25]，诚宜妙简平反，旁求庶狱[26]。渭桥惊马，必归张季之言[27]；禁囿射兔，勿爽高柔之旨[28]。于公阴德，委以廷尉之司；盛吉深仁，授以宪曹之任[29]。剖符寄刘宽之辈，蒲鞭之教可追；分陕趋召奭之俦，棠阴之德斯在。[30]加以五词咸备，两造兼持[31]，运静躁于韦弦，听迟速于宽猛。犴豸虽触，咎繇行其惠化；苍鹰辍号，郅都息于烦苛[32]。自然圄犴空虚，靡怨黄沙之罪[33]；钳钛安用，无施白粲之刑[34]。则迹迈成康，道逾文景，不仁自远，无得而称。谨对。

注释：

① 郝连梵：武后朝对策擢第。见今《全唐文》卷二百六十。

② 照烛：照耀；照亮。

③ 习坎：《易·坎》："《彖》曰：习坎，重险也。"后因称险阻为"习坎"。六位：即《易》卦之六爻。

④ 函夏：《汉书·扬雄传上》颜师古注引服虔曰："函夏，函诸夏也。"后以"函夏"指全国。黎元：即黎民百姓。

⑤ 镳（biāo）宫：古宫名，相传为商汤承受天命之所。骤除三面：《吕氏春秋·孟冬纪·异用篇》："汤见祝网者置四面……汤收其三面，置其一面……汉南之国闻之曰：汤之德及禽兽矣！四十国归之。"

⑥ 微禹：语本《左传·昭公元年》："美哉禹功！明德远矣。微禹，吾其鱼乎！"本为歌颂禹治水的功绩，谓如无禹治水，则人皆将成鱼；后成为颂扬功德的套语。会昌：谓会当兴盛隆昌。

⑦ 独夫：指残暴无道、众叛亲离的统治者。《尚书·泰誓》："独夫受，洪惟作威，乃汝世雠。"剖心：破胸取心，古代的一种酷刑。其事起于商纣王怒比干之谏，遂剖其心，见《尚书·泰誓》。

⑧ 菀（yù）柳：指《诗经·小雅·菀柳》，据说是讽刺周幽王时刑狱繁重的诗歌。

⑨ 棘槐：即三槐九棘，《周礼·秋官·朝士》："左九棘，孤卿大夫位焉，群士在其后；右九棘，公侯伯子男位焉，群吏在其后；面三槐，三公位焉，州长众庶在其后。"后以"三槐九棘"为三公九卿之代称。

⑩ 望夷：秦代宫名，因东北临泾水以望北夷，故名。秦末赵高迫杀秦二世于此。

⑪ 函谷：即函谷关，秦地与东方之间最重要的关卡，常用以指代秦。

⑫ 网漏吞舟：网漏，谓法网疏宽。吞舟，吞舟之鱼的略语；常以喻人事之大者，如大奸。网漏吞舟，喻法网疏宽，大奸得脱。《史记·酷吏列传序》："汉兴，破觚而为圜，斫雕而为朴，网漏于吞舟之鱼，而吏治烝烝，不至于奸，黎民艾安。"

⑬ 舞智：玩弄智巧；弄小聪明。

⑭ 邈：遥远；久远。升平：太平。

⑮ 胥庭：上古帝王赫胥氏和大庭氏的并称。《后汉书·王充王符等传论》："世非胥庭，人乖彀饮。"李贤注："赫胥氏、大庭氏，并古之帝号。"

⑯ 氛祲（jìn）：雾气，指预示灾祸的云气。乾枢：天轴，古人认为天体之运行如车有轴，故云。嚣尘：喧闹扬尘，指纷扰的尘世。地轴：古代传说中大地的轴，泛指大地。

⑰ 紫微：即紫微垣。星官名，三垣之一。借指皇帝。《晋书·天文志上》："一曰紫微，大帝之座也，天子之常居也，主命主度也。"得一：得道。《老子》："昔之得一者：天得一以清；地得一以宁；神得一以灵；谷得一以盈；万物得一以生；侯王得一以为天下贞。"亦代称"天"。

⑱ 吹万：《庄子·齐物论》："夫吹万不同，而使其自己也。"吹，指风而言；万，万窍。谓风吹万窍，发出各种音响；比喻恩泽广被天下。

⑲ 武：足迹，引申为继承。嗣徽：语本《诗·大雅·思齐》："大姒嗣徽音。"郑玄笺："徽，美也。嗣大任之美音，谓续行其善教令。"后以"嗣徽"指帝王继承前人的盛美德业。

⑳ 顺风：此喻顺从风俗；顺应时尚。黄神：黄帝之神，指黄帝。《淮南子·览冥》："西老折胜，黄神啸吟。"高诱注："黄帝之神，伤道之衰，故啸吟而长叹也。"罔象：古代传说中的水怪。或谓木石之怪。此言当今圣上施政之道，顺应风俗，符合黄帝之时的治国精神。

㉑ 就日：比喻对光明伟大之帝尧的崇仰或思慕。语出《史记·五帝本纪》："帝尧者，放勋。其仁如天，其知如神。就之如日，望之如云。"司马贞索隐："如日之照临，人咸依就之，若葵藿倾心以向日也。"赤运：指汉朝的气数。谶纬家谓汉以火德王，火色赤，故称。文明：文德辉耀；文教昌明。汉焦赣《易林·节之颐》："文明之世，销锋铸镝。"此言当今皇帝仰慕帝尧，治国符合汉朝盛世的文明昌盛。

㉒ 朝班：古代群臣朝见帝王时按官品分班排列的位次，后泛称朝廷百官之列。俊乂：才德出众的人。《尚书·皋陶谟》孔颖达疏："马、王、郑皆云，才德过千人为俊，百人为乂。"

㉓ 端拱：指帝王庄严临朝，清简为政。

㉔ 嚬（pín）：同"颦"，皱眉。纳隍：汉张衡《东京赋》："人或不得其所，若己纳之于隍。"谓推人城池中。按，《孟子·万章下》称伊尹"思天下之民，匹夫匹妇，有不与被尧舜之泽者，若己纳之沟中"。张赋本此意。后以"纳隍"指出民于水火的迫切心情。轸虑：忧虑。

㉕ 刍荛（ráo）：割草采薪，指草野之人。

㉖ 妙简：精选。庶狱：诸凡刑狱诉讼之事。

㉗ 张季：即张释之。《史记·张释之列传》："顷之，上行出中渭桥，有一人从桥下走出，乘舆马惊。于是使骑捕，属之廷尉。……释之曰：'法者，天子所与天下公共也。今法如此而更重之，是法不信于民也。且方其时，上使立诛之则已。今既下廷尉，廷尉，天下之平也，一倾而天下用法皆为轻重，民安所措其手足？唯陛下察之。'良久，上曰：'廷尉当是也。'"

㉘ 高柔：《太平御览》引《魏志》曰："高柔字文惠，迁廷尉。时猎法甚峻，而宜阳典农刘龟窃于禁

内射兔，其功曹张京诣授事言之。帝匿名收龟付狱。……柔曰：‘廷尉，天下之平也，安得以至尊喜怒而毁法乎？’”

㉙ 于公：即西汉人淳于公，名意。做过齐太仓令，故谓太仓公，史称淳于公。他喜爱医学，辞官，长期在民间行医，不屈承权贵，成西汉初期著名医学家。汉文帝时，某大商人的妻子生了病，请淳于意医治而未好，淳于意因此招致官司，被当地的官吏判处肉刑，要把他押解到长安去受刑。其小女缇萦随父至长安，上书请入身为官婢，以赎父罪。帝怜之，为除肉刑，意乃得免。事见《史记·孝文本纪》、《汉书·刑法志》、刘向《列女传·齐太仓女》。阴德：暗中做的有德于人的事；此言淳于意行医治病，做了很多善事。盛吉：谢承《后汉书》：“盛吉为廷尉，每至冬节，罪囚当断，妻夜执烛，吉持丹笔，夫妻相对，垂泣决罪。”

㉚ 刘宽：东汉桓帝时人。为官宽仁。《后汉书·刘宽传》：“典历三郡，温仁多恕……吏人有过，但用蒲鞭罚之，示辱而已，终不加苦。”棠阴：棠树树荫。《史记·燕召公世家》：“召公巡行乡邑，有棠树，决狱政事其下，自侯伯至庶人各得其所，无失职者。召公卒，而民人思召公之政，怀棠树不敢伐，哥咏之，作《甘棠》之诗。”后因以“棠阴”喻惠政或良吏的惠行。

㉛ 五词：谓诉讼时原告被告双方的述词。两造：指诉讼的双方，原告和被告。《尚书·吕刑》：“两造具备，师听五辞，五辞简孚，正于五刑。”孔颖达疏：“凡断狱者，必令囚之与证，两皆来至，囚证具备，取其言语……乃据辞定罪，与众狱官共听其辞，观其犯状，斟酌入罪，或入墨、劓，或入宫刵。”

㉜ 郅（zhì）都：西汉景帝时为都尉。《史记·酷吏列传》：“是时民朴，畏罪自重，而都独先严酷，致行法不避贵戚，列侯宗室见都侧目而视，号曰苍鹰。”

㉝ 圄犴（yǔ àn）：牢狱。犴，古指乡亭牢狱。《荀子·宥坐》：“狱犴不治，不可刑也。”

㉞ 钳钛：钳和钛，古代的两种刑具。钛（dì），古代脚镣类刑具，用以钳足趾。《汉书·陈万年传》颜师古注：“钳在颈，钛在足，皆以铁为之。”白粲：令罪人选精米以供祭祀。秦汉时的一种刑罚，施于高级官员命妇及其后裔中的女子犯罪者。《汉书·惠帝纪》：“上造以上及内外公孙、耳孙有罪当刑及当为城旦舂者，皆耐为鬼薪白粲。”颜师古注引应劭曰：“坐择米使正白为白粲。”

折狱之理①

问：大道未隐，教而不诛，比屋可封，画象无犯。是知金科玉条，不制淳厚之俗；严刑峻法，定施交丧之年②。皇家化轶无为，德高邃古，弃丛棘而去嘉石，投丹笔以废黄沙③。愿言此道，则防萌之术无寄；苟违斯理，则削觚之化阙如④。且齐国遗冠，楚人封府，肆眚之制，无复前闻⑤。欲摈多幸之心，便复作解之义⑥。用舍之要，咸宜具举，若其法术之兴，非无首倡；律令之起，固有厥先。何王绝锯钻之科⑦？何帝易肌肤之痛？方知折狱之理，宜（一作庶）详先代之规，幸可缕陈故实，无为毛举而已⑧。

注释：

① 折狱：判决诉讼案件。《易·丰》：“君子以折狱致刑。”孔颖达疏：“断决狱讼。”

② 交丧：《庄子·缮性》：“由是观之，世丧道矣，道丧世矣，世与道交相丧也。”后因以“交丧”喻衰乱。

③ 丛棘：古时囚禁犯人的地方，四周用荆棘堵塞，以防犯人逃跑，故称。嘉石：有纹理的石头，上

古惩戒罪过较轻者时，于外朝门左立嘉石，命罪人坐在石上示众，并使其思善改过。黄沙：指牢狱。见前《罢刑狱》李德林“对”注⑳。

④ 防萌：谓消弭错误、祸患于萌芽状态。觚：多角棱形的器物。《史记·酷吏列传序》：“汉兴，破觚而为圜，斫雕而为朴。”阙如：缺少；没有。

⑤ 遗冠：《韩非子·难二》：“齐桓公饮酒醉，遗其冠，耻之，三日不朝。管仲曰：此非有国之耻也，公胡其不雪之以政？公曰：胡其善！因发仓赐贫穷，论囹圄出薄罪。外三日而民歌之曰：公胡不复遗冠乎！”肆眚：宽赦罪人。

⑥ 作解：谓解救百姓。

⑦ 锯：古代刑具名。《国语·鲁语上》韦昭注：“割鼻用刀，断截用锯。”钻：去髌的刑具。亦用作刑法名。

⑧ 毛举：此指粗略地列举。

对

张处信①

对：五材递用②，前圣因而设刑；四象代兴③，往贤则而为治。所以明弼五教，敬成三德④，为安上之鞭策，作御下之堤防，粉黛帝猷，脂泽王化⑤。故轩皇六禁，设言而不违；妫帝三居，画象而无犯。既而末代多僻，乱政滋章，网密凝脂，文深刺骨，威逾夏日，苦烈秋荼⑥，或酷甚弃灰⑦，或刑深盗土。遂使棘林之下，鬼哭昼祆（一作日闻）⑧；函谷之前，冤魂表畛（疑）。虽汉文易肌肤之痛，孝景减鞭朴之科⑨，竟未革薙除烦，焉能救焚拯溺？方今膺期千载，保业重光⑩，表至德以泣辜，布深仁于解网，敬刑若祭，重狱如伤。诚宜削季业之惨科，袭至安之有美⑪。自可驾三皇而骈五帝，超千古而笼万方⑫。欲废彼黄沙，赦兹丹笔，眷言斯理，蒙窃惑焉⑬。何者？德刑递施，宽猛相济，是知明君至乂，不独任于诗书；哲后钦明，岂专行于礼乐？此乃杀以止杀，刑期无刑，绵绝代而不渝，迈终古而无替⑭。愚谓摈苍鹰之酷吏，弃乳虎之屠伯⑮，然后举皋陶而作士，命随会以守官⑯，则内盗自奔，不仁斯远，自然防萌之术无阙，削觚之化有余。岂止封府之赦不施，遗冠之宥无设⑰，用舍之义，夫何足疑？且律之兴，其来尚矣。盖三光列景，法星丽乎天文；六位成形，习坎彰于易象⑱。爰洎贰负（见山海经），初沿维絷之科⑲；降及四凶，始受殛流之罚⑳。及庭坚翼舜，狱律遂此陶情㉑；萧相佐刘，甲令于焉刻意㉒。至如锯钻之绝，班固书而可知；肉刑之兴，孙卿论而已备㉓。谨对。

注释：

① 张处信：生卒不详。见今《全唐文》卷九百五十一。

② 五材：五种物质。指金、木、水、火、土。

③ 四象：指春、夏、秋、冬四时。

④ 五教：五常之教，指父义、母慈、兄友、弟恭、子孝五种伦理道德的教育。

⑤ 帝猷：帝王治国之道。

⑥ 秋荼：荼至秋而繁茂，因以喻繁多；此喻繁多的刑罚。汉桓宽《盐铁论·刑德》：“昔秦法繁于秋荼，而网密于凝脂。”

⑦ 弃灰：把灰烬弃在路上。殷代对弃灰于道者断其手，商君对弃灰于道者处黥刑用以立威治国。《韩非子·内储说上》："殷之法刑弃灰于街者。子贡以为重，问之仲尼。仲尼曰：'知治之道也。夫弃灰于街必掩人……虽刑之可也。且夫重罚者，人之所恶也；而无弃灰，人之所易也。使人行之所易，而无离所恶，此治之道。'"

⑧ 祆：古人称反常怪异的事物。

⑨ 鞭朴：亦作鞭扑，用作刑具的鞭子和棍棒，指用鞭子或棍棒抽打的刑罚。

⑩ 重光：比喻累世盛德，辉光相承。

⑪ 季业：即季世，末代，衰败时期。

⑫ 骓（fēi）：驾在车辕两旁的马。笼：控制。

⑬ 眷言：回顾貌。言，词尾。《诗·小雅·大东》："睠言顾之，潸焉出涕。"

⑭ 绵：延续；连续。无替：不废；无尽。

⑮ 乳虎：育子的母虎。《汉书·酷吏传·义纵》："宁成为济南都尉，其治如狼牧羊……号曰：'宁见乳虎，无直宁成之怒。'"屠伯：犹屠夫。多以指酷吏或惯于屠杀生灵的人。《汉书·酷吏传·严延年》："冬月，传属县囚，会论府上，流血数里，河南号曰屠伯。"

⑯ 随会：春秋时晋国大夫士会。详见卷四百九十六白居易《问去盗贼》注②（舜举皋陶，不仕者远；晋用士会，盗奔于秦）。

⑰ 宥：宽仁，宽待。

⑱ 法星：星名。此指荧惑星。《文选·刘孝标〈辨命论〉》："宋公一言，法星三徙。"李善注引《广雅》："荧惑谓之罚星，或谓之执法。"丽：附著；依附。六位：即《易》卦之六爻。《易·乾》："大明终始，六位时成。"习坎：《易·坎》："《彖》曰：习坎，重险也。"

⑲ 贰负：古代传说中的神名。《山海经·海内西经》："贰负之臣曰危，危与贰负杀窫窳，帝乃梏之疏属之山，桎其右足，反缚两手与发，系之山上木，在开题西北。"比喻叛贼或罪囚。维系：系缚；羁绊。

⑳ 殛流：放逐，流放。殛（jí）：流放，放逐。《书·舜典》："流共工于幽洲，放驩兜于崇山，窜三苗于三危，殛鲧于羽山。"

㉑ 庭坚：古代相传为高阳氏八个有才德的人（"八恺"）之一。详见《左传·文公十八年》。陶情：怡悦情性。

㉒ 甲令：第一道法令，指朝廷颁发的重要的法令。刻意：克制意志。《后汉书·党锢传》："刻意则行不肆，牵物则其志流。"李贤注："刻意，刻削其意不得自恣也。"

㉓ 肉刑：残害肉体的刑罚，古指墨、劓、剕、宫、大辟等。《荀子·正论》："治古无肉刑，而有象刑。"

文苑英华卷四百九十八

宋　李昉等编

恤刑二道

问：《易》称议狱，《书》载恤刑①，人命所悬，于兹为重。然姬旦制三典之宜，萧何定九章之律，汉文除肉刑之科，孝景减笞棰之令，互相沿革，虽复不同，意在明威，终资慎罚。今既道符太古，德侔往初②，化越可封，时当刑措，专欲道德齐礼，才画衣冠，反朴还淳，肌肤不惨，复恐随时之义，草艾不足惩其僁，揆事立方，赭墨无以防其伪③。历代轻重舍用之规，幸为陈之，何者便俗。

注释：

① 恤（xù）刑：慎用刑法，特指减刑。语本《书·舜典》："钦哉钦哉，惟刑之恤哉。"
② 侔（móu）：齐等；相当。
③ 僁：同"愆"，罪过，过失。赭（zhě）墨：服赭衣，受墨刑。指刑罚。

对

辛崇敏①

对：某闻天播四时，资寒暑而成岁；国持二柄，慎赏罚而称权。然逖听上皇，异冠韠而知禁②；洎乎后叶，乃黥刖以惩非③。故议狱缓刑，著乎易象；钦哉惟恤，勒在虞书。姬旦佐周，量国政而为三典；萧何辅汉，取秦法而定九章。逮文景仁明，几称刑措，减笞棰之令，除肉刑之科。降及当涂，至于典午④，或递相轻重，笔削异端。虽变易随时，各殊涂而并驾；禁邪助礼，乃一揆而同归⑤。我皇睿哲钦明，丕承宝祚⑥，道高连陆，绩迈羲轩，玄德潜通，神功侔于造化；损己利物，惠泽洽于含灵⑦。驭俗调风，布春官之大礼；明威止杀，削秋荼之繁刑。任皋陶以士师，命定国为廷尉，惟明克允，人自不偷，比屋有可封之人，道路无赭衣之伍。纳黎元于仁寿，反甿俗于淳和⑧。荡荡巍巍，无德而称矣。五刑八议，金科玉条，沿革合其规模，损益得其轻重，较如画一⑨，法无二门。用化洽于时雍，将行之而不犯，循之为美，改作非宜。谨对。

注释：

① 辛崇敏：高宗朝官户部员外郎。见今《全唐文》卷二百。
② 韠（bì）：古代朝觐或祭祀时遮蔽在衣服上的一种服饰。
③ 刖（yuè）：砍掉脚或脚趾，古代酷刑之一。
④ 当涂：即当涂高，汉代谶书中的隐语，指三国魏。《三国志·魏志·文帝纪》裴松之注："当涂高者，魏也；象魏者，两观阙是也；当道而高大者魏。"典午："司马"的隐语，晋帝姓司马氏，后因以"典午"指晋朝。明胡应麟《少室山房笔丛·史书占毕四》："典，司也；午，马也。"
⑤ 一揆（kuí）：《孟子·离娄下》："得志行乎中国，若合符节，先圣后圣，其揆一也。"意谓古代圣人舜和后代圣人文王的所作所为是完全相同的。后因以"一揆"谓同一道理；一个模样。
⑥ 睿哲：圣明；明智。丕：奉，《汉书·郊祀志下》："丕天之大律。"颜师古注："丕，奉也。"

⑦ 含灵：指具有灵性的人类。《晋书·桓玄传论》："夫帝王者，功高宇内，道济含灵。"
⑧ 甿俗：民俗；风尚。
⑨ 较：法。《史记·律书》："岂与世儒暗于大较，不权轻重。"司马贞索隐："大较，大法也。"画一：一致；一律。《史记·萧相国世家》："萧何为法，顜若画一。"

同 前

刘藏器①

对：结绳以往，阙文字而不传；观迹以来，焕图书而可瞩②。日温月冷，既畅之以阴阳；左春右秋，亦效之以生杀。方之四序，取则二仪，震雷霆以曜威，象天讨而明罚。至如赭衣艾笔（管子治古无肉刑，而有象刑，供艾毕，设赭衣，注毕与韠同，又古字笔毕通用）之制，用于唐虞之朝；劓刖宫割之刑③，施于夏殷之日。既申之以三刺，亦放之以五流。郑产铸书，吕侯训赎，秦吹鼎镬，汉调菹醢④，变三章而制九章，减五百而笞二百，历当涂而互用，涉典午而兼行。今德冠往初，功高邃古，既反真淳之俗，还归仁义之衢，解网泣辜，惟刑是恤。断而难续，夙采缇萦之言⑤；议狱缓刑，久纳温舒之奏。不轻不重，非省非繁，既合时宜，无劳横议⑥。谨对。

注释：

① 刘藏器：徐州彭城人。高宗时为侍御史，稍迁比部员外郎监察御史，出为宋州司马，卒。见今《全唐文》卷一百六十三。
② 瞩：见；看见。
③ 宫割：施以宫刑。
④ 鼎镬（huò）：古代的酷刑，用鼎镬烹人。菹醢（zū hǎi）：古代把人剁成肉酱的酷刑。
⑤ 缇萦（tí yíng）：西汉文帝时太仓令淳于意之幼女。淳于意有罪当刑，系长安狱。缇萦随父至长安，上书请人身为官婢，以赎父罪。文帝感其意，废肉刑。事见《史记·孝文本纪》、《史记·仓公传》、刘向《列女传·齐太仓女》。
⑥ 横议：恣意议论。

刑法得失

问：象五星七宿，法壅水胜金①，是何刑焉，深惑其义。卖爵缗钱之令，越官朝会之律②，见知腹诽之法，直指夏兰之使③，不知谁制，莫委所由。因戏加杖，其人绝命；解斗触刃，从子殒躬。有若此流，将欲何断？夫杖妻面，致大辟之科；妇搏姑耳④，从减死之论。斯之所决，于礼安乎？鲍昱赦东海之杀人，陈忠纵颍川之请代⑤，如其得失，亦可闻诸。

注释：

① 象、法：皆是“效法，仿效”。《汉书·礼乐志》：“天禀其性而不能节也，圣人能为之节而不能绝也，故象天地而制礼乐，所以通神明，立人伦，正情性，节万事者也。”《易·系辞上》：“知崇礼卑，崇效天，卑法地。”五星：指水、木、金、火、土五大行星，即东方岁星（木星）、南方荧惑（火星）、中央镇星（土星）、西方太白（金星）、北方辰星（水星）。《史记·天官书论》：“水、火、金、木、填星，此五星者，天之五佐。”七宿：七星，指北斗星。壅水：因水流受阻而产生的水位升高现象。

② 卖爵：出售爵位。汉初，民得爵位后可以出卖。后则多为公家拍卖官爵以敛财。《史记·孝文本纪》：“帝加惠：令诸侯毋入贡，弛山泽，减诸服御狗马，损郎吏员，发仓庾以振贫民，民得卖爵。”司马贞索隐引崔浩曰：“富人欲爵，贫人欲钱，故听买卖也。”缗钱：用绳穿连成串的钱。缗（mín），穿钱的绳索。此指以千文结扎成串的铜钱，乃汉代作为计算税课的单位。《史记·平准书》：“异时算轺车贾人缗钱皆有差，请算如故。诸贾人末作贳贷卖买，居邑稽诸物，及商以取利者，虽无市籍，各以其物自占，率缗钱二千而一算。诸作有租及铸，率缗钱四千一算。”越官朝会：《太平御览》引张裴《律序》曰：“张汤制《越官律》，赵禹作《朝会正见律》。”

③ 见知：汉律，吏知他人犯罪而不举，以故纵论处，谓“见知法”。《史记·酷吏列传》：“（赵禹）与张汤论定诸律令，作见知，吏传得相监司。”腹诽：专制时代有所谓“腹诽之法”。《史记·平准书》：“（张）汤奏当异九卿见令不便，不入言而腹诽，论死。自是之后，有腹诽之法。”直指：汉武帝时朝廷设置的专管巡视、处理各地政事的官员。也称“直指使者”，因出巡时穿著绣衣，故又称“绣衣直指”，或称“直指绣衣使者”。《史记·平准书》：“而御史大夫张汤方隆贵用事，减宣、杜周等为中丞，义纵、尹齐、王温舒等用惨急刻深为九卿，而直指夏兰之属始出矣。”颜师古注引苏林曰：“夏兰，人姓名。”

④ 妇搏姑耳：妇，儿媳。姑，丈夫的母亲，婆婆。搏，拍；击。搏耳，即打耳光。

⑤ 鲍昱：东汉明帝时汝南太守，后任司徒。《后汉书·鲍昱传》：“建初元年，大旱，谷贵。肃宗召昱问曰：‘旱既太甚。将何以消复灾眚？’对曰：‘……但臣前在汝南，典理楚事，系者千余人，恐未能尽当其罪。……宜一切还诸徙家属，蠲除禁锢，兴灭继绝，死生获所。’”陈忠：东汉安帝时尚书。《后汉书·应奉传》：“初，安帝时河间人尹次、颍川人史玉皆坐杀人当死，次兄初及玉母军并诣官曹求代其命，因缢而物故。尚书陈忠以罪疑从轻，议活次、玉。”请代：即请求代替受罚。

对：某闻弧矢以威①，用刑之迹遂兆；雷电皆至，折狱之义仍明。乃有金朴异俦，行乎舜日；劓刖殊类，施于姬年②。莫不疏密随时，轻重沿事，语其数，各有像焉。土壅水而不流，宫条斯准；火胜金而逾墨，黥法是依。于（疑作放）七宿异节之精，实惟膑罚；则五星应改之变，爰在劓科。上郡罹旱，孝景复循（汉食货志作修）卖爵③；南亩不出，武帝遂下缗钱④。越官起于（一作自）张汤，朝会兴于赵禹。公孙生见知之渐，颜异为腹诽之初⑤，直指夏兰之辈，出于惨刻之日，斯并虚生（疑作虐主）所得（一作行），佞臣攸致⑥。至若因戏杖而绝命，触斗刃以亡身，既有误致之由，断取罚金之议。妻则为室，夫亦称天，虽云杖面，陷（一作讵）容大辟？良为情疑后主，肆其不敬；由斯之故，方致极刑。妇之承姑，严于子道，岂此陵辱，以从减论？然则鲍昱之科，于义失矣；仲远之驳，与礼符焉。赦子母之情，非无高趣；纵昆季之代⑦，已在前讥。谨对。

注释：

① 弧矢：古星名，又名天弓，简称弧。共九星，在天狼星东南，八星如弓形，外一星象矢。《史记·天官书》正义曰："弧九星，在狼东南，天之弓也，以伐叛怀远，又主备盗贼之知奸邪者。"

② 侔：同类。劓（yì）：割鼻，古代五种酷刑之一。

③ 事见《史记·平准书》："孝景时，上郡以西旱，亦复修卖爵令，而贱其价以招民。"

④ 事见《史记·平准书》："（武帝时）商贾以币之变，多积货逐利。于是公卿言：而民不齐出于南亩，商贾滋众。贫者畜积无有，皆仰县官。异时算轺车贾人缗钱皆有差，请算如故。"

⑤ 公孙：即公孙弘，西汉武帝时任丞相。《史记·平准书》："自公孙弘以春秋之义绳天下取汉相，张汤用峻文决理为廷尉，于是见知之法生。"颜异：西汉武帝时任大司农。《史记·平准书》："异与客语，客语初令下有不便者，异不应，微反唇。汤奏当异九卿见令不便，不入言而腹诽，论死。自是之后，有腹诽之法。"

⑥ 攸：助词，所。与上句"所行"之"所"变文同义而偶对。

⑦ 昆季：兄弟，长为昆，幼为季。

往代为刑是非

问：乾灵著象，圣人仰则，左生右杀，天之道也；先宽后猛，王之度焉。何则？反鲁删诗，下车而诛少正；入关约法，缔构而封雍齿①。为往迹之浮言，为后涂之令则。若云刑法不施于淳朴，杀戮必用于凋讹②，则感电前皇，不应染刃③；望云后帝，方示草缨④。沉吟久之，未知孰是。至于宜狱宜犴，五刑九刑，清室黄沙之肇基，执秩仆区之创迹⑤。墨幪抵罪，点服记刑⑥。误法理而挥刀，谬刑名而伏剑。咸晦胎祖⑦，侧伫根由。方听安于之言，复迓（疑作讶）温舒之奏；景慕埋桐之术，欣闻观璧之规⑧。欲揆何人，得阶斯理⑨。钟繇、王朗，尚且相持⑩；叔向、郑侨，犹疑竞爽⑪。度长絜大，谁最指南⑫？胜躅高纵（音踪）⑬，何代为是？

注释：

① 缔构：犹缔造。谓经营开创。雍齿：西汉开国功臣之一，与高祖有隙。《史记·留侯世家》："留侯曰：今急先封雍齿以示群臣，群臣见雍齿封，则人人自坚矣。于是上乃置酒，封雍齿为什方侯，而急趣丞相、御史定功行封。群臣罢酒，皆喜曰：雍齿尚为侯，我属无患矣。"

② 凋讹：衰替讹乱。

③ 感电：犹感应。

④ 望云：仰望白云，谓仰慕君王。语出《史记·五帝本纪》："帝尧者，放勋。其仁如天，其知如神。就之如日，望之如云。"草缨：古代罪犯冠上加草带，以示羞辱。相传是虞舜时的一种象征性刑罚，用以代替割鼻的酷刑。

⑤ 五刑九刑：五刑指五正刑，即墨、劓、刵、宫、大辟。九刑指五刑加上另外四种刑罚。《汉书·刑法志》颜师古注引韦昭曰："谓正刑五，及流、赎、鞭、扑也。"清室：请罪的住所，狱室。肇基：谓始创基业。执秩：主管爵秩的官名。仆区：春秋楚刑书名。《左传·昭公七年》："吾先君文王作《仆区》之法，曰'盗所隐器，与盗同罪'。所以封汝也。"杜预注："《仆区》，刑书名。"

⑥ 墨幪（méng）：古代象刑的一种，在犯人头上蒙以黑巾。《尚书大传》卷一：“唐虞之象刑：上刑，赭衣不纯；中刑，杂屦；下刑，墨幪。以居州里而民耻之。”点服：犹言“赭服”，即赭衣，古代囚衣。因以赤土染成赭色，故称。《荀子·正论》：“杀，赭衣而不纯。”杨倞注：“以赤土染衣，故曰赭衣……杀之，所以异于常人之服也。”

⑦ 胎：事物的根源或初基。

⑧ 安于：即董安于（或写作“董阏于”），春秋时晋国赵简子家臣，善于言辩，为政能治。《韩非子·内储说上·倒言》：“董阏于为赵上地守，行石邑山中，涧深峭如墙，深百仞。因问其旁乡左右曰：‘人尝有入此者乎？’对曰：‘无有。’曰：‘婴儿痴聋狂悖之人，尝有入此者乎？’对曰：‘无有。’‘牛马犬彘尝有入此者乎？’对曰：‘无有。’董阏于喟然太息曰：‘吾能治矣！使吾治之无赦，犹入涧之必死也，则人莫之敢犯也。何为不治之？’”另参阅《史记·赵世家》等。温舒：即路温舒，字长君，西汉巨鹿东里人。举孝廉为山邑丞，官至右扶风丞、临淮太守。《汉书·贾邹枚路传》：“宣帝初即位，温舒上书，言宜尚德缓刑。”闻观璧之规：此用“决狱观璧”典故，言治国理狱当从宽仁。贾谊《新书·连语》：“梁尝有疑狱，半以为当罪，半以为不当罪，虽梁王亦疑。梁王曰：‘陶之朱叟以布衣而富侔国，是必有奇智。’乃召朱公而问之曰：‘梁有疑狱，吏半以为当罪，半以为不当罪，虽寡人亦疑，为吾决是。奈何？’朱公曰：‘臣，鄙人也，不知当狱。然臣家有二白璧，其色相如也，其径相如也，其泽相如也，然其价也一者千金、一者五百金。’王曰：‘径与色泽皆相如也，一者千金一者五百金，何也？’朱公曰：‘侧而视之，其一者厚倍之，是以千金。’王曰：‘善！故狱疑则从去，赏疑则从予。’梁国大悦。以臣义窃观之：墙薄则亟坏，缯薄则亟裂，器薄则亟毁，酒薄则亟酸，夫薄而可以旷日持久者，殆未有也。故有国畜民施政教者，臣窃以为厚之而可耳。”

⑨ 揆：度量，揣度；此言咨询。阶：此指到达。韩愈《释言》：“二公者，吾君朝夕访焉，以为政于天下，而阶太平之治。”

⑩ 钟繇：三国时魏国太傅，《三国志·魏志》有传。王朗：三国时魏国司空，《三国志·魏志》有传。

⑪ 叔向：春秋时晋国大夫，有贤名，曾向晋卿韩宣子进言要注重德行，事见《国语·晋语》。郑侨：春秋时郑国大夫，字子产，郑简、定、献、声公时执政，有贤名。竞爽：媲美；争胜。

⑫ 度长絜（xié）大：谓比量长短大小。指南：比喻指导或指导者。《文选·张衡〈东京赋〉》：“鄙哉予乎！习非而遂迷也，幸见指南于吾子。”薛综注：“言已之惑，不知南北，今先生指以示我，我足以三隅反也。”

⑬ 胜：指被灭亡的，过去的。如“胜国”、“胜朝”。躅（zhuó）：足迹，踪迹。《汉书·叙传上》：“伏周孔之轨躅。”比喻人的行为、业迹。高踪：发生在遥远的过去的事迹。《汉书·扬雄传上》：“轶五帝之遐迹兮，蹑三皇之高踪。”晋陆云《盛德颂》：“绍轩辕之睿哲，越三代之高踪。”此言过去的行迹，哪个朝代是对的呢？

对：天道未醨，混彼我于非马；上德云失，迫聚散于驱鸡①。所以圣照几先，贤图事始②。创礼崇敬，攸开揖让之端③；设法明威，用杜奸邪之路④。然则昌户受历，斩凶残于凤墟⑤；寿丘驭图，剪奸回于鹿野⑥。将衔勒以控奔马，兴堤防以给群流。既系事以惨舒⑦，亦随时而赏戮。遂使仲尼反鲁，先诛少正；高祖入秦，遽封雍齿。上如黄神摄运，丹陵纂历⑧，步骤之轨，仿佛殊涂；亭毒之规，依稀一致⑨。况乎时屯竞逐，理便于干戈⑩；道秦（疑作泰）让夷，义归于玉帛⑪。斯则铜兵玉玦，固可举于轩皇⑫；艾服草缨，岂谬施于唐帝⑬？至于宜狱宜犴，诗人因赋以诫时；五刑九刑，晋臣贻书以训俗⑭。卯金启汉，诏青室以惩奸⑮；典午承曹，建黄沙而肃物。晋疏执秩，楚设仆区。令尹之调驭长安，点服化探丸之子⑯；唐侯之光宅天下，墨幪致凿顶之夫⑰。法或谬加，李离伏剑⑱；刑疑滥及，勾践挥刀。属以安于绝简之词，温舒缓刑之奏。候埋桐以察理，拟观璧以照奸。擅彼高踪，虽云可尚，自我作古，夫复何远？且魏朝御史，议驳钟繇之疏⑲；晋室大夫，书谴郑产之丑⑳。荷校灭耳，迷悔吝于六爻㉑；骋辙荒心，垂钦恤于三锾㉒。欲允时须，议将安属？未若践皋陶之胜躅，诏于公以度长。详彼刑书，无溺情于爱恶；揣兹心称，不挠法于重轻㉓。自然束影还淳，并三皇以比迹㉔；削雕归朴，局（一作并）五帝而遐踪㉕。谨对。

注释：

① 醨（lí）：薄，不厚。非马：战国时名家学派学者公孙龙子提出“白马非马”的逻辑命题。驱鸡：赶鸡。比喻作官御民。汉荀悦《申鉴·政体》：“睹孺子则驱鸡也，而见御民之方。孺子驱鸡者，急则惊，缓则滞。方其北也，遽要之，则折而过南；方其南也，遽要之，则折而过北。迫则飞，疏则放，志闲则比之，流缓而不安则食之。不驱之驱，驱之至者也。志安则循路而入门。”

② 几先：事物的迹象、先兆。

③ 揖让：宾主相见的礼仪，指礼乐文德。《汉书·礼乐志》：“揖让而天下治者，礼乐之谓也。”

④ 杜：断绝，制止。

⑤ 昌户：指周文王姬昌的门庭。传说文王诞日，有赤雀衔丹书止于门庭的祥瑞，丹书戒言应以仁义守天下。参阅《史记·周本纪》“〔太任〕生昌，有圣瑞”张守节正义引《尚书帝命验》语。受历：犹言承天受命。凤墟：凤，此借喻帝王。凤墟，言化为废墟的帝王府第。

⑥ 寿丘：古地名。在今山东省曲阜县东。《史记·五帝本纪》：“〔舜〕作什器于寿丘。”晋皇甫谧《帝王世纪》：“生黄帝于寿邱。”奸回：指奸恶邪僻的人或事。鹿野：即涿鹿之野。在今河北省涿鹿县境。《史记·五帝本纪》：“于是黄帝乃征师诸侯，与蚩尤战于涿鹿之野，遂禽杀蚩尤。”此句言黄帝战蚩尤事。

⑦ 惨舒：汉张衡《西京赋》：“夫人在阳时则舒，在阴时则惨，此牵乎天者也。”后以“惨舒”指忧乐、宽严、盛衰等。

⑧ 黄神：即黄帝。丹陵：地名。传说为尧的诞生地。晋皇甫谧《帝王世纪》：“〔庆都〕孕十四月，而生尧于丹陵。”纂历：嗣位。

⑨ 亭毒：《老子》：“长之育之，亭之毒之，养之覆之。”后引申为养育，化育。

⑩ 时屯：时世艰难。屯（zhūn）：艰难，困顿。《新唐书·陆贽传》：“若以时屯，当有变革，不若引咎降名，以祗天戒。”

⑪ 让夷：将方便让给别人。《国语·鲁语上》：“贤者急病而让夷。”

⑫ 铜兵：铜制的兵器。玉玦（jué）：佩玉的一种，形如环而有缺口。

⑬ 艾服：犹艾韠，亦作“艾毕”。上古象刑之一，谓割去罪人之韠以代替宫刑。韠，古代官服上的蔽膝。艾，通“刈”。草缨：古代罪犯冠上加草带，以示羞辱。相传是虞舜时的一种象征性刑罚，用以代替割鼻的酷刑。《太平御览》卷六百四十五引《慎子》：“以幪巾当墨，以草缨当劓，以菲履当刖，以艾韠当宫，布衣无领当大辟，此有虞之诛也。”

⑭ 狱犴：牢狱。犴（àn），古指乡亭牢狱。“宜狱宜犴”，语本《诗经·小雅·小宛》：“哀我填寡，宜岸宜狱。”《释文》云：“《韩诗》（岸）作犴，云：乡亭之系曰犴，朝廷曰狱。”晋臣贻书：此言圣人慎用刑法。郑人铸刑书，叔向诒书乃谏酷刑。《左传·昭公六年》“三月，郑人铸刑书。叔向使诒子产书，曰：‘始吾有虞于子，今则已矣。昔先王议事以制，不为刑辟，惧民之有争心也……夏有乱政而作禹刑，商有乱政而作汤刑，周有乱政而作九刑，三辟之兴，皆叔世也。今吾子相郑

国，作封洫，立谤政，制参辟，铸刑书，将以靖民，不亦难乎！”

⑮ 卯金：即卯金刀，谓劉姓。《汉书·王莽传中》：“夫‘劉’之为字，卯、金、刀也。”

⑯ 令尹：指尹赏，西汉时任长安令。探丸：即“探丸借客”之省，喻游侠杀人报仇。《汉书·酷吏传·尹赏》：“长安中奸猾浸多，闾里少年群辈杀吏，受赇报仇，相与探丸为弹，得赤丸者斫武吏，得黑丸者斫文吏，白者主治丧。”

⑰ 唐侯：指尧，初封于陶，又封于唐，故称。《史记·五帝本纪》考证：“孔安国云，尧年十六，以唐侯升为天子。”光宅：广有。《书·尧典序》：“昔在帝尧，聪明文思，光宅天下。”

⑱ 李离：春秋时期晋国的掌管刑罚的最高长官。《史记·循吏列传》：“李离曰：理有法，失刑当刑，失死当死。公以臣能听微决疑，故使为理。今过听杀人，罪当死。遂不受令，伏剑而死。”伏剑：以剑自刎。

⑲ 魏朝御史，议驳钟繇之疏：钟繇，字符常，魏国颍川长社人也。为大理、廷尉，迁相国，进封崇高乡侯。曹魏自太祖至文帝，有平议死刑可宫割者事，繇以为“古之肉刑，更历圣人，宜复施行，以代死刑。”司空王朗等廷议时极力反对。事见《魏志·钟繇列传》。

⑳ 晋室大夫，书谴郑产之丑：指郑人铸刑书，晋臣叔向寄书郑子产而谏阻酷刑事。参阅前“晋臣贻书”注。

㉑ 荷校：以肩荷枷，即颈上带枷。校，枷。

㉒ 钦恤：谓理狱量刑要慎重不滥，心存矜恤。语本《尚书·舜典》：“钦哉钦哉，惟刑之恤哉！”三锾：此或双关：（1）指用金钱赎罪。锾（huán），古重量单位。《书·吕刑》：“墨辟疑赦，其罚百锾，阅实其罪。”言用黄金（古指铜）百锾赎罪。锾重一说为六两，一说为十铢二十五分之十三，一说为六两大半两。（2）“锾”通“缓”，谓刑政等宽弘、宽恕。《尚书·舜典》：“象以典刑，流宥五刑，鞭作官刑，扑作教刑，金作赎刑，眚灾肆赦，怙终贼刑。”孔安国传：“金，黄金。误而入刑，出金以赎罪。……眚，过；灾，害；肆，缓；贼，杀也；过而有害，当缓赦之；怙奸自终，当刑杀之。”孔颖达疏：“金，为黄金。《吕刑》其罚百锾，传为黄铁，俱是赎罪。而金铁不同者，古之金银铜铁总号为金，别之四名耳。……此传黄金、《吕刑》黄铁，皆是今之铜也。古之赎罪者，皆用铜，汉始改用黄金，但少其斤两令与铜相敌。故郑玄《驳异义》言：赎死罪千锾。锾，六两大半两，为四百一十六斤十两大半两铜与金赎死罪，金三斤为价相依附，是古赎罪皆用铜也。”

㉓ 挠法：枉法。《汉书·酷吏传》：“所爱者，挠法活之；所憎者，曲法灭之。”

㉔ 束影：收束身影，指约束自己。

㉕ 遐踪：先贤的事迹。《文选·卢谌·赠刘琨》：“慷慨遐踪，有愧高旨。”李善注：“言心慷慨，慕古贤之远踪。”

眚灾肆赦（礼部试第二道）

问：《书》曰：“眚灾肆赦。”①又曰：“宥过无大。”②而《礼》云：“执禁以齐众，不赦过。”③若然，岂为政以德，不足耻格④，峻立必罚，斯为礼乎⑤？《诗》称：“既明且哲，以保其身。”⑥《易》称：“利用安身，以崇德也。”⑦而《论语》云：“无求生以害仁，有杀身以成仁。”⑧若然，则明哲者不成仁欤⑨？杀身者非崇德欤？

注释：

① 语出《尚书·舜典》：“眚灾肆赦，怙终贼刑。”孔传：“眚，过；灾，害；肆，缓；贼，杀也。过

而有害，当缓赦之。”

② 语出《尚书·大禹谟》：“宥过无大，刑故无小。”

③ 语出《礼记·王制》。

④ 格：纠正，匡正。《论语·为政》：“道之以德，齐之以礼，有耻且格。”

⑤ 峻：严酷；严厉。

⑥ 语出《诗经·大雅·烝民》。

⑦ 语出《周易·系辞下》。

⑧ 此言儒家为了“仁”的最高道德准则而不惜舍弃生命。语出《论语·卫灵公》：“志士仁人，无求生以害仁，有杀身以成仁。”

⑨ 明哲：即明哲保身，原指明智的人不参与可能给自己带来危险的事，后多指生怕有损于自己，回避原则斗争的处世态度。语本《诗·大雅·烝民》：“既明且哲，以保其身。”

对

白居易

对：圣王以刑礼为大宩（集作忧），理乱系焉；君子以仁德为大宩（集作宝），死生一焉。故邦有用礼而不（集作大）理者，有用刑而小康者①；古人有崇德而远害者，有蹈仁而守死者②。其指归之义，可得而知焉。在乎圣王乘时，君子行道也。何者？当其王道融，人心质，善者众而不善者鲜，一人不善，众人恶之，故赦之可也。所以表好生恶杀，且臻乎仁寿之域矣。而肆赦宥过之典③，由兹作焉。及夫大道隐，至德衰，善者鲜而不善者众，一人不善，众人效之，故杀（集作赦）之不可也。所以月日惩恶劝善，且革其浇醨之俗矣。而执禁不赦之制（集作文），由兹兴焉。此圣王（集有所以二字）随时以立制，顺变而致理，非谓德政之不若刑罚也。然则君子之为君子者，为能先其道后其身，守其常，则以道善乎身，罹其变④，则不以身害乎道，故明哲保身亦道也。巢许得之；求仁杀身亦道也，夷齐得之。虽殊时异致，同归于一揆矣。何以核诸？观乎古圣贤之用心也，苟守道而死，死而（集作且）不朽，是非死也。苟失道而生，生而不仁，是非生也。向使夷齐生于唐虞之代，安知不明哲保身欤？巢许生于殷周之际，安知不求仁杀身欤？盖否与泰，各系于时也，生与死，同归于道也。由斯而观，则非谓崇德者不为成人，杀身者不为明哲矣。呜呼！圣王立教，同出而异名，君子行道，百虑而一致，亦犹水火之相戾，同根于冥数，共济于人用也，亦犹寒暑之相反，同本于元气，共济于岁功乎。则用刑措刑之道，保身杀身之义，昭昭可知欤。谨对。

注释：

① 小康：稍安，儒家理想中的所谓政教清明、人民富裕安乐的社会局面，低于“大同”理想。见《礼记·礼运》。

② 蹈仁：遵循仁义之道。

③ 肆赦：犹缓刑，赦免。

④ 罹（lí）：被；遭受。

止狱措刑（在富而教之）

问：成康御宇，囹圄空虚；文景继统，刑罚不用；太宗化下，而人不犯。成此功者，其效安在？桀纣在上，比屋可诛；秦氏为君，赭衣满道。致此弊者，其故安在？今欲鉴桀、纣、秦氏之弊，继周、汉、太宗之功，使人有（集无有字）耻且格，刑措不用。备详本末，著之于篇。

（自此至卷终并于《白居易集》准备制科七十五门中摘取五篇，其问答皆居易拟作。）

对：臣闻仲尼之训也，既庶矣，而后富之；既富矣，而后教之①。管子亦云："仓廪实，知礼节；衣食足，知荣辱。"②然则食足财丰，而后礼教所由兴也；礼行教立，而后刑罚所由措也。盖前事之不忘，后事之元龟③，臣请以前事明之。当周成康之时，天下富寿，人知耻格，故囹圄空虚四十余年。当汉文景之时，节用劝农，海内殷实，人人自爱，不犯刑法，故每岁决狱，仅至四百④；及我太宗之朝，勤俭化人，人用富庶，加以德教，致于升平，故一岁断刑，不满三十。虽则明圣慎刑，贤良恤狱之所致也。然亦由天下之人，生厚德正而寡过也。当桀纣之时，暴征仇敛，万姓穷苦，有怨无耻，奸宄并兴⑤，故是时也，比屋可戮。及秦之时，厚赋以竭人财，远役以殚人力⑥，力殚财竭，尽为寇贼，群盗满山，赭衣塞道，故每岁断罪，数至十万。虽则暴君淫刑，奸吏弄法之所致也，然亦由天下之人，贫困思邪而多罪也。由是观之，刑之繁省，系于罪之众寡也；教之废兴，系于人之贫富也。圣王不患刑之繁，而患罪之众；不患教之废，而患人之贫。故人苟富，则教斯兴矣；罪苟寡，则刑斯省矣。是以财产不均，贫富相并，虽尧舜为主，不能息忿争而省刑狱也；衣食不充，冻馁并至，虽皋陶为士，不能止奸宄而去盗贼也。若失之于本，求之于末，虽圣贤并出（集作生），臣窃以为难矣。至若察小大之狱，审轻重之刑，定加减于科条，得情伪于声（集作察）色，此有司平刑之要也，非王者恤刑之德也。至若尽钦恤之道，竭哀矜之诚，使生者不怨，死者不恨，此王者恤刑之德也，非圣人措刑之道也。必欲端影于表⑦，澄流于源，则在乎富其人，崇其教；开其廉耻之路，塞其冤滥之门，使人内乐其生，外畏其罪，则必过犯自省，刑罚自措，斯所谓致群心于有耻，立大制于不严，古者有画衣冠，异章服，而人不犯者，由此道素行也。

注释：

① 语本《论语·子路》："子曰：'庶矣哉。'冉有曰：'既庶矣，又何加之？'曰：'富之。'曰：'既富矣，又何加之？'曰：'教之。'"

② 语出《管子·牧民》。

③ 元龟：大龟，古代用于占卜，比喻可资借鉴的往事。

④"仅至四百"句：《汉书·刑法志》："及孝文即位……选张释之为廷尉，罪疑者予民，是以刑罚大

省，至于断狱四百，有刑错之风。”

⑤ 奸宄（guǐ）：违法作乱的事情。《书·舜典》：“蛮夷猾夏，寇贼奸宄。”孔传：“在外曰奸，在内曰宄。”《左传·成公十七年》：“德刑不立，奸轨并至。”陆德明《释文》：“轨，本又作宄。”

⑥ 殚：尽，竭尽。

⑦ 表：古代天文仪器圭表的组成部分，为直立的标竿，用以测量日影的长度。《旧唐书·魏玄同传》：“流清以源洁，影端由表正。”

论刑法之弊（升法科选法吏）

问：今之法，贞观之法；今之官，贞观之官。昔何为而大和，今何为而未理？事同效异，其故何哉？将刑法不便于时耶？而官吏不得其人耶？

对：臣伏以今之刑法，太宗之刑法也；今之天下，太宗之天下也，何乃用于昔而俗以宁一①，行于今而人未和平（集作休和）②？臣以为刑法不便于时，是官吏不循其法也。此由朝廷轻法学，贱法吏，故应其科与补其吏者，率非君子也，其多小人也。盖刑法者，君子行之，则诚信而简易，简易则人安；小人行之，则诈伪而滋章，滋章则俗敝③。此所以刑一而用二，法同而理殊者也。矧又律令尘蠹于栈阁，制敕堆盈于案几④，官不遍睹，法无定科⑤。今则条理轻重之文，尽询于法直⑥，是使国家生杀之柄，假手于小人。小人之心，孰不可忍，至有黩货贿者矣，有怙亲爱者矣⑦，有陷仇怨者矣，有畏权豪者矣，有欺贱弱者矣。是以重轻加减，随其喜怒，出入比附⑧，由乎爱憎，官不察其所由，人不知其所避。若然，则虽有贞观之法，苟无贞观之吏，欲其行善，无乃难乎？陛下诚欲申明旧章，划革前弊⑨，则在乎高其科重其吏而已。臣谨按汉制，以四科辟士⑩，其三曰：明习法（集作律）令，足以决狐疑，能按章覆问，文中（一作任）御史者⑪，辟而用之。伏惟陛下悬法学为上科，则应之者必俊乂也；升法直为清列⑫，则授之者必贤良也。然后考其能，奖其善，明察守文者擢为御史，钦恤用情者迁为法官。如此，则仁恕之诚，廉平之气，不散于简牍之间矣；掊克之心，舞文之弊，不生于刀笔之下矣⑬。与夫愚诈小吏，窃而弄之者，功相万也。臣又闻管仲夺伯氏之邑，没无怨言⑭；季羔刖门者之足，亡而获宥⑮；孔明黜廖立之位，死而垂泣⑯。三子者，可谓能用刑矣。臣伏思之，亦何代无其人乎（集作哉）？在乎求而用之，考而奖之而已。伏惟陛下再三察焉。

注释：

① 宁一：安定统一。《史记·曹相国世家》：“载其清净，民以宁一。”

② 和平：和谐；和睦。《魏书·高宗纪》：“上下和平，民无怨谤。”

③ 滋章：增加，增多。《老子》：“法令滋彰，盗贼多有。”敝：衰败。《礼记·礼运》：“刑肃而俗敝，则法无常。”

④ 尘蠹（dù）：被尘土污染，蠹虫蛀坏。形容陈旧破烂。制敕：皇帝的诏令。

⑤ 遍睹：普遍见到；观览周遍。

⑥ 法直：《新唐书·百官志四》列叙“外官”有：“节度使、副大使知节度事、行军司马、副使、判官、支使、掌书记、推官、巡官、衙推各一人，同节度副使十人，馆驿巡官四人，府院法直官、要籍、逐要亲事各一人，随军四人。”据上海辞书出版社《中国历代职官词典》，宋代有此官，属大理寺者掌检选法律条文以供断狱，以幕职、州县官充任。如以京官充任，则称检法官。属刑部者掌置簿抄录拘管各处奏到旬中大辟人数，检查执行情况。此处当指检选法律条文以供断狱的“法直”官。

⑦ 怙（hù）：依赖；凭恃。

⑧ 比附：谓比照条律、事例。

⑨ 刬革：革除。刬（chǎn），同“铲”，削除；引申为灭除，废除。

⑩ 四科：汉代举士的四种科目。《通典·选举一》：“汉武帝建元初……令郡国举孝廉各一人，限以四科：一曰德行高洁，志节清白；二曰学通行修，经中博士；三曰明习法令，足以决疑，能按章覆问，文中御史；四曰刚毅多略，遭事不惑，明足决断，材任三辅县令。”

⑪ 覆问：审察讯问。中：符合。

⑫ 清列：高贵的官位。

⑬ 掊克（póu kè）：聚敛；搜括。舞文：玩弄文字，曲解法律。刀笔：古代书写工具，古时书写于竹简，有误则用刀削去重写。此处指刀笔吏，即掌管文案法律的官吏。

⑭ 管仲夺伯氏之邑：《论语·宪问》：“问管仲。曰：‘人也。夺伯氏骈邑三百，饭疏食，没齿，无怨言。’”孔颖达疏：“伯氏，齐大夫。骈邑，地名。……伯氏食邑于骈邑三百家，管仲夺之，使贫但饭疏食，至于终年，亦无怨言。以其管仲当理故也。”

⑮ 季羔：卫国士师。《孔子家语》曰：“季羔为卫士师，刖人之足。俄而卫有乱，季羔逃，刖者守门……既罢，羔问曰：吾亲刖子之足，而逃我，何也？刖者曰：曩者，君理人以法令，先君后臣，欲臣之免也，臣知之。临当论刑，君愀然不乐，见于颜色，臣又知之。君岂私臣哉！天生君子，其道固然，此臣之所脱君也。”

⑯ 廖立：三国时蜀长水校尉。《三国志·蜀志》本传：“亮表立曰：‘长水校尉廖立，坐自贵大，臧否群士……诽谤先帝，疵毁众臣。’于是废立为民，徙汶山郡。立躬率妻子耕殖自守，闻诸葛亮卒，垂泣叹曰：‘吾终为左衽矣！’”

使人畏爱悦服（理大罪赦小过）

问：政不可宽，宽则人慢①；刑不可急，急则人残。故失于恢恢②，则漏网而为弊；务于察察③，则及泉而不祥。将使宽猛适宜，疏密合制，上施畏爱之道，下有悦服之心，刑政之中，何者为得？

注释：

① 慢：轻忽；怠忽。

② 恢恢：宽阔广大貌。《老子》：“天网恢恢，疏而不失。”

③ 察察：明辨；清楚，引申为苛察；烦细。《老子》：“其政察察，其民缺缺。”

对：臣闻圣人在上，使天下畏而爱之，悦而服之者，由乎理大罪赦小过也。《书》

曰："宥过无大。"况小者乎？"刑故无小"①，况大者乎？故宥其小者仁也，仁以容之，则天下之心，爱而悦之矣；刑其大者义也，义以纠之，则天下之心，畏而服之矣。臣窃见国家用法，似异于是。何则？纠察之政，急于朝官，而宽于外官；惩戒之刑，加于小吏，而纵于长吏。是故权轻而过小者，或反绳之②；寄重而罪大者③，或反赦（集作舍）之。臣伏思之，恐非先王宥过刑故之道也。然则小大之喻，其犹鱼耶？鱼之在泉者小也，察之不祥；鱼之吞舟者大也，漏之不可。刑烦犹水浊，水浊则鱼喁④；政慢（集作宽）犹防决⑤，防决则鱼逝。是以善为理者，举其纲⑥疏其网，纲举则所罗者大矣，网疏则所漏者小矣（集作也）。伏惟陛下举其纲于长吏，疏其网于朝官，舍小过以示仁，理大罪而明义，则畏爱悦服之化，暗（集作闇）然而日彰于天下矣。

注释：

① 语出《尚书·大禹谟》："宥过无大，刑故无小。"
② 绳：制裁。
③ 寄：委托，托付。
④ 喁（yóng）：鱼口露出水面呷动貌。《韩诗外传》："水浊则鱼喁，令苛则民乱。"
⑤ 防：堤岸，堤坝。
⑥ 纲：提网的总绳。《书·盘庚上》："若网在纲，有条而不紊。"

议肉刑（可废不可用）

问：肉刑者，其来尚矣，其废久矣。前贤之论，是非纷然。今欲弃而不行，法或乖于稽古；若举而复用，义恐失于随时。取舍之间，何者为可？

对：臣伏以汉除肉刑，迨今千有余祀①，其间博闻达识之士，议其是非者多矣。欲废之者，则曰刻肤革，断支体，人主忍而用之，则恺悌恻隐之心乖矣②，此缇萦所谓虽欲改过自新，其道亡繇者也；其欲复之者，则曰任棰令③，用鞭刑，酷吏倚而行之，则专杀滥死之弊作矣，此班固所谓以死罔人，失本惠者也。臣以为议事者宜征其实，用刑者宜酌其情，若以情实言之，则可废而不可复也。何者？夫肉刑者，盖刵劓椓黥刖之类耳，《书》所谓"五虐之刑"也④。昔苗人始淫为之，而天既降咎⑤；及秦人又虐用之，而天下亦离心。夫如是，则岂无滥死者耶？汉文帝始除去之，而刑罚以清；我太宗亦因而弃之，而人用不犯。夫如是，则岂有罔人者耶？此臣所谓征其实者也。臣又闻圣人之用刑也，轻重适时变，用舍顺人情，不必乎反今之宜，复古之制也。况肉刑废之久矣，人莫识焉，今一朝卒然用之，或绝筋，或折骨，或伤面（集作面伤），则见者必痛其心，闻者必骇其耳，又非圣人适时变，顺人情之意者。征之于实既如彼，酌之于情又若（集作如）此，可否之验，岂不明哉。《传》曰："君子为政，贵因循而重改作。"⑥又曰："利不百，不变法。"⑦臣以为复之有害而无利也，其可变而改作乎？

注释

① 祀：岁；年。《尚书·伊训》："惟元祀，十有二月，乙丑。"蔡沈集传："夏曰岁，商曰祀，周曰

年，一也。”

② 恺悌（kǎitì）：和乐平易。《左传·僖公十二年》：“《诗》曰：‘恺悌君子，神所劳矣。’”杜预注：“恺，乐也；悌，易也。”恻隐：同情，怜悯。《孟子·公孙丑上》：“今人乍见孺子将入于井，皆有怵惕恻隐之心。”

③ 棰（chuí）令：笞刑之法。《汉书·刑法志》：“笞者，所以教之也，其定棰令。”

④ 五虐之刑：《尚书·吕刑》：“苗民弗用灵，制以刑，惟作五虐之刑曰法。杀戮无辜，爰始淫为劓、刵、椓、黥。”

⑤ 苗：我国古代部族名，也称三苗、有苗。参上注。

⑥ 语出《汉书·食货志上》：“盖君子为政，贵因循而重改作，然所以改者，将以救急也。”

⑦ 语出《商君书·更法》：“杜挚曰：臣闻之，利不百，不变法；功不十，不易器。”

刑礼道（迭相为用）

问：圣人之致理也，以刑纠人恶，故人知劝惧；以礼道人情，故人知耻格；以道率人性，故人反淳和。三者之用，不可废也。议者将偏举而行耶？将并建而用耶？从其宜先后有次耶？成其功优劣有殊耶？然则相今日之所宜，酌今日之所急，将欲致理，三者奚先？

对：臣闻人之性情者，君之土田也，其荒也则薙之以刑，其辟也则莳之以礼，其植也则获之以道①。故刑行而后礼立，礼立而后道生，始则失道而后礼，中则失礼而后刑，终则修刑以复礼，修礼以复道。故曰刑者礼之门，礼者道之根，知其门，守其根，则王化成矣。然则王化之有三者，犹天之有两曜（集作曜），岁之有四时，废一不可也，并用亦不可也。在乎举之有次，措之有伦而已。何者？夫刑者可以禁人之恶，不能防人之情；礼者可以防人之情，不能率人之性；道者可以率人之性，又不能禁人之恶。循环表里，迭相为用。故王者观理乱之深浅，顺刑礼之后先，当其惩恶抑淫，致人于劝惧，莫先于刑；划邪窒欲②，致人于耻格，莫尚于礼。反和复朴，致人于敦厚，莫大于道。是以衰乱之代，则弛礼而张刑；而平定之时，则省刑而弘礼；清净之日，则杀礼而任道。亦如祁寒之节③，则疏水而附火；徂暑之候④，则远火而狎水。顺岁候者，适水火之用，达时变者，得刑礼之宜，适其用，达其宜，则天下之理毕矣，王者之化成矣。将欲校（集作较）其长短，原其始终⑤，顺其变而先后殊，备其用而优劣等，离而言之则异致，合而理之则同功，其要者在乎举有次，措有伦，适其用，达其宜而已。方今华夷有截⑥，内外无虞，人思休和，俗已平康。是则国家杀刑罚之日，崇礼乐之时，所以文易化成，道易驯致者，由得其时也。今其时得矣，伏惟陛下措而不失焉。

注释：

① 土田：土地；田地。薙（tì）：除草。辟（pì）：开垦。莳（shì）：移栽；种植。获：收割庄稼。

② 窒欲：抑制欲望。

③ 祁寒：严寒。《尚书·君牙》：“冬祁寒，小民亦惟曰怨咨。”蔡沈集传：“祁，大也。”

④ 徂暑：盛暑，盛夏。《诗·小雅·四月》："四月维夏，六月徂暑。"郑玄笺："徂，犹始也，四月立夏矣，而六月乃始盛暑。"后世因以称之。

⑤ 原：推究；考究；研究。

⑥ 截：整治；整齐。《诗·商颂·长发》："相土烈烈，海外有截。"郑玄笺："截，整齐也……四海之外率服，截尔整齐。"

文苑英华卷四百九十九

宋　李昉等编

工商货币

问：夫贸迁化居①，资货以通；守位聚人，理财为用。故龟贝赡于夏殷，金币富于周汉。顷国弗崇侈，而府无盈储；赋不加厚，而黎庶弥贫。实由货重物轻，以臻斯弊。若有单子推权之宜②，贾生敛散之术③，其具陈之。

注释：

① 贸迁：贩运买卖。汉荀悦《申鉴·时事》："贸迁有无，周而通之。"化居：谓居货为贾，化，古"货"字。《书·益稷》："懋迁有无化居，烝民乃粒，万邦作乂。"

② 单子：指东周景王卿士单穆公，其为人也敬、俭、让、咨，他曾反对周景王铸大钱和大钟。《国语·周语下》载："景王二十一年，将铸大钱。单穆公（韦昭注："穆公，王卿士单靖公之曾孙。"）曰：'不可。古者天灾降戾，于是乎量资币、权轻重，以振救民。民患轻，则为作重币以行之，于是乎有母权子而行，民皆得焉。……'王弗听，卒铸大钱。"又："二十三年，王将铸无射而为之大林。单穆公曰：'不可。作重币以绝民资，又铸大钟以鲜其继……'"

③ 贾生：指贾谊，西汉文帝时太中大夫，出为长沙王太傅，迁梁怀王太傅而卒，多次上疏陈政事，言时弊。有著名的《论积贮疏》。敛散：古代国家对粮食物资的买进和卖出。语本《管子·国蓄》："夫民有余则轻之，故人君敛之以轻；民不足则重之，故人君散之以重。"

对

丘真孙①

对：臣闻哲王之统俗也，陈货洪范，通有无之用②；取市噬嗑，致交易之所③。至乎九府立其法④，资币量其宜，盖理本救人，而轻重随代。故周景铸金，穆公规其实⑤；汉文造币，梁傅议其违⑥。虽贯朽费滥，而市非物轻⑦；粱肉不匮，而家非货重⑧。何者？淳朴既散，浇伪成俗，惰农夺其岁功，徇利昧其日用⑨。所以负贩盈廛⑩，分谷布野。崇朝思飡，则物不得贵⑪；争利因阜，则货不得贱⑫。故弋绨虽御国之所先，蒸人乃乂邦之攸本⑬。故贾谊慷慨陈力农之戒，仲舒殷勤明重谷之说。今宜思五土之宜，勤三时之务⑭，教养殖人，赏课田畯⑮。重游适之赋，轻力穑之役⑯，师李悝于魏邦，式蔡癸于汉代⑰。用能遗穗委亩，红粟露积⑱，垂拱岩廊，击壤衢巷，咏歌升平，岂不盛欤⑲？臣学不师古，识昧政化，勉酬（一作充赋）枉问，敢献瞽言⑳。

注释：

① 丘真孙：生卒不详。见今《全唐文》卷九百五十四。

② 哲王：贤明的君主。《书·酒诰》："在昔殷先哲王。"洪范：大法；楷模。此指《尚书·洪范》篇："八政：一曰食，二曰货。"

③ 噬嗑：《易》卦名，六十四卦之一。震下离上。谓颐中有物，啮而合之。象征市集聚合天下货物以交易。

④ 九府：周代掌管财币的机构。《史记·货殖列传》："其后齐中衰，管子修之，设轻重九府。"张守节正义："周有大府、玉府、内府、外府、泉府、天府、职内、职金、职币，皆掌财币之官，故云九府也。"

⑤ 周景：指东周景王。穆公：即单穆公，见前注。《汉书·食货志下》："周景王时患钱轻，将更铸大钱，单穆公曰：'不可。……'弗听，卒铸大钱。"

⑥ 梁傅：即贾谊，时任梁怀王太傅。《汉书·食货志下》："孝文五年，为钱益多而轻，乃更铸四铢钱，其文为半两。除盗铸钱令，使民放铸。贾谊谏曰：……'"

⑦ 贯朽：穿钱的绳子朽断，形容积钱多而经久不用。《汉书·食货志上》："至武帝之初七十年间……京师之钱累百巨万，贯朽而不可校。"

⑧ 粱肉：以粱为饭，以肉为肴，指精美的膳食。粱，古时品种优良的小米。匮：空乏，缺乏。

⑨ 徇利：不惜身以求利。

⑩ 负贩：担货贩卖。《礼记·曲礼上》："虽负贩者，必有尊也。"廛（chán）：古时公家所建供商人存储货物的邸舍或空地。

⑪ 飧（sūn）：晚饭。

⑫ 阜：丰厚，富有。

⑬ 弋绨：黑色粗厚的丝织物，比喻俭朴。《汉书·文帝纪赞》："身衣弋绨……以示敦朴，为天下先。"蒸人：民众；百姓。攸：助词。所。《易·坤》："君子有攸往。"

⑭ 五土：山林、川泽、丘陵、水边平地、低洼地等五种土地。《孔子家语·相鲁》："乃别五土之性，而物各得其所生之宜。"三时：指春、夏、秋三季农作之时。《左传·桓公六年》："洁粢丰盛，谓其三时不害而民和年丰也。"

⑮ 课：要求，索取。田畯（jùn）：即田啬夫。《诗·小雅·甫田》："馌彼南亩，田畯至喜。"郑玄笺："田畯，司啬，今之啬夫也。"掌管税赋、徭役及农事等。后泛指农民。

⑯ 游适：犹游乐。力穑：努力耕作。

⑰ 李悝（kuī）：战国时魏文侯相，施行变法，鼓励耕作开荒，使魏国富强。蔡癸（guǐ）：西汉宣帝时人。《汉书·艺文志》农家："《蔡癸》一篇。宣帝时，以言便宜，至弘农太守。"《汉书·食货志上》："而蔡癸以好农使劝郡国，至大官。"

⑱ 红粟：储藏过久而变为红色的陈米，亦指丰足的粮食。

⑲ 击壤：古代的一种游戏。把一块鞋子状的木片侧放地上，在三四十步处用另一块木片去投掷它，击中的就算得胜。汉王充《论衡·刺孟》："夫毁瓦画墁，犹比童子击壤于涂，何以异哉！"《艺文类聚》卷十一引晋皇甫谧《帝王世纪》："〔帝尧之世〕天下大和，百姓无事，有五十老人击壤于道。"后因以"击壤"为颂太平盛世的典故。

⑳ 瞽言：不明事理的言论。谦词。

泉　货

问：羲农之时，市井爰立；夏殷以往，泉货无闻①。太公立九府之法，夷吾通万钟之藏，轻重良由于出令，敛散实在于得时②。自此以还，资币数改。景王宝货，单穆立母子之讥；文帝四铢，贾生深博换之叹。既而白金易贱，赤仄难行③，小则米石至万，大乃一当五百。禁铸弥重，奸钱益多。虽复弃市相寻④，黥罪日报，苟非其术，为害更深。且示以厚利，随以重辟，是诱良民，陷之坑阱。朕瞩此流弊，情甚伤之，故罢均输之官，省塩铁之利[5]，复欲收铜于断铸，劝百姓于农桑，夺商贾之权，塞兼并之路。而象称交易，书载懋迁[6]，历代相承，行之已久，一日变改，公私非便。且军国所须，虚（一作縻）费犹广，尺寸为用，分裂亦难。益国宁民，应有长策，明言尔志，以沃朕心[7]。

注释：

① 羲农：伏羲氏和神农氏的并称。市井：古代城邑中集中买卖货物的场所。爰（yuán）：连词，乃，就。泉货：钱币，货币。

② 九府：周代掌管财币的机构。后泛指国库。《史记·货殖列传》："其后齐中衰，管子修之，设轻重九府。"张守节正义："周有大府、玉府、内府、外府、泉府、天府、职内、职金、职币，皆掌财币之官，故云九府也。"

③ 白金：古指银子。亦指银合金的货币。《汉书·食货志下》："（汉武帝）又造银锡白金。以为天用莫如龙，地用莫如马，人用莫如龟，故白金三品：其一曰重八两，圜之，其文龙，名'白撰'，值三千；二曰以重养小，方之，其文马，值五百；三曰复小，椭之，其文龟，值三百。"又："白金稍贱，民弗宝用，县官以令禁之，无益，岁余终废不行。"赤仄：古代一种外边为赤铜的钱币，汉武帝时始铸。《汉书·食货志下》："郡国铸钱，民多奸铸，钱多轻，而公卿请令京师铸官赤仄，一当五，赋官用非赤仄不得行。"

④ 相寻：相继；接连不断。

⑤ 均输：汉武帝实行的一项经济措施，在大司农属下置均输令、丞，统一征收、买卖和运输货物。塩（yán）：同"盐"。盐铁：盐和铁，指煮盐、冶铁之事，汉武帝时一律收归国家经营。参见《史记·平准书》等。

⑥ 交易：物物交换。《易·系辞下》："日中为市，致天下之民，聚天下之货，交易而退，各得其所。"懋迁：贸易。《书·益稷》："懋迁有无化居。"孔传："勉劝天下，徙有之无，鱼盐徙山，林木徙川泽，交易其所居积。"

⑦ 沃：启沃，竭诚忠告。《书·说命上》："启乃心，沃朕心。"

对

宋伯宜[1]

对：臣闻楚王明月之珠，寒而不可服[2]；魏王照室之宝，饥而不可饵[3]。然则养群黎之气命，为万姓之衣被[4]，苟异农桑，义难丰渥。虽继天象日之际，犹为血饮[5]；但立地甄海而还，谁不粟食[6]？质文空变，高深自徙，亲籍躬桑，殊途共致。故得时名有道，世号无为，英声鼓而未穷，茂实飞而讵已[7]。方验称为宝者不劳气白如虹，谓之天者不假圆而似盖[8]。且铸金为贝[9]，信有从来。汉改四铢，秦行半两[10]，用舍更互，废轻就重之宜；损益不常，地马天龙之异[11]。复有豫章铜岳，蜀道铜山，全归佞幸之炉，顿入诸侯之冶[12]。所以公私太半，伪实相蒙，奸佞由此而兼并，豪戚因兹而聚敛[13]。洛京三鄽之内，贾客云屯；齐宫七市之间，商人雾塞[14]。乃令东汉楚子，高阁浮空；西蜀彭家，连楼跨术[15]。雷车电骑，多出工巧之家；列鼎撞钟，无非货殖之里[16]。宾徒藿肉，鲍书不足伦[17]；僮仆藜余，张诗莫能序[18]，三田为之废业，五稼由此多荒[19]。

伏惟陛下依乾度，立神功，道则光格四天，德乃牢笼九地。五羊衔粟，时和之义先表[20]；双雀飞鸣，岁稔之征已见[21]。尚留情天下之命，置怀天下之本。欲绝彼工商，断兹塩铁，乃还淳之要术，非进取之权道。何者？今东南虽欵[22]，西北未平，戎马可驰，兵车骤转。假复铜头铁额，本无敌于黄轩[23]；缮甲行师，固有劳于苍帝[24]。诚宜立彼田畯，辟兹泉府，既笃垦草之功，还修上林之务。耕疆抗陆，织室开扉，采彼三条，籍兹千亩。时行范子擒吴之秘计，兼弘管相霸齐之远略[25]。陇西马援，监旧铸之司[26]；淮阳汲黯，塞奸炉之巧[27]。乃复罄杜冶之便宜，疏郑陂之浩森，羽林创其始，中郎嗣其末[28]。王基进业，劳就沮漳；邓艾申权，功成陈蔡[29]。丘陵灭矣，禾粟之饶未亏；洛水竭焉，资贮之蓄宁减。于是修天阵，纵天兵，既饮马于南池，遂征鹣于西海[30]。然后收铜勿用，沈璧而归，崇士女于耕桑，禁绮绣于商贾。则尧心舜行，并可陵胜，火职云司，翻能度越者矣[31]。谨对。

注释：

① 宋伯宜：生卒不详。见今《全唐文》卷九百五十七。
② 服：穿著。
③ 饵：食；吃。《后汉书·马援传》："初，援在交趾，常饵薏苡实。"
④ 气命：犹性命。衣被：穿衣盖被；给人穿衣盖被，比喻养护，加惠。
⑤ 血饮：即茹毛饮血，谓原始人类不知用火，连毛带血生食禽兽。《礼记·礼运》："未有火化，食草木之实、鸟兽之肉，饮其血，茹其毛。"
⑥ 甄：原指制作陶器，引申为造就；化育。而还：以还，以来。
⑦ 茂实：茂盛而多实，指盛美的德业。讵：副词，表示否定，相当于"无"；"非"；"不"。已：停止。
⑧ 气白如虹：白虹，日月周围的白色晕圈。《礼记·聘义》："气如白虹，天也。"圆而似盖：我国古代认为天像一个圆形的盖子，地像覆着的盘子，天在上，地在下，日月星辰随天盖而运动。《周髀算经》："天圆如张盖，地方如棋局。"
⑨ 贝：古代货币。《易·震》："亿丧贝。"王弼注："贝，资货粮用之属也。"
⑩ 四铢：即四铢钱，汉币。《史记·平准书》："至孝文时，荚钱益多，轻，乃更铸四铢钱，其文为半两，令民纵得自铸钱。"半两：古代钱币名。秦始皇统一中国后，以半两钱为全国统一的铸币，每枚重量为当时的半两，即十二铢。
⑪ 地马天龙：《汉书·食货志下》："（汉武帝）又造银锡白金。以为天用莫如龙，地用莫如马，人用莫如龟，故白金三品。"
⑫ "复有"句：《资治通鉴·汉纪·文帝五年》："太中大夫邓通方宠幸，上欲其富，赐之蜀严道铜山，使铸钱。吴王濞有豫章铜山，招致天下亡命者以铸钱。"
⑬ 豪戚：指豪门贵戚。《后汉书·应奉传》："纠举奸违，不避豪戚。"
⑭ 七市：指谷米市、衣服市、众香市、饮食市、花鬘市、工巧市、淫女市七种市场；后泛指繁华的集市。《战国策·东周策》云："齐桓公宫中七市，女闾七百，国人非之。"
⑮ 术：道路。
⑯ 列鼎撞钟：击钟列鼎而食，形容富贵豪华。
⑰ 宾徒藿肉，鲍书不足伦：藿（huò），豆叶，嫩时可食。鲍，指鲍宣。《汉书·鲍宣传》："董贤贵幸，宣以谏大夫从其后，上书谏曰：'……奴从宾客，浆酒藿肉；苍头卢儿，皆用致富。'"颜师古曰："刘德曰：'视酒如浆，视肉如霍也。'师古曰：'霍，豆叶也，贫人茹之。'"
⑱ 藜（lí）：称灰藋、灰菜。一年生草本植物，嫩叶可食，老茎可为杖。
⑲ 五稼：即五谷，《孟子·滕文公上》赵岐注："五谷谓稻、黍、稷、麦、菽也。"
⑳ 五羊：相传南海人高固任楚相，有五仙人乘五色羊执六穗秬而聚于庭，以为祥瑞，因以为地名。。参阅晋顾微《广州记》。（案：《太平御览》引作"裴渊"。）《太平御览·服用部·囊》引裴渊《广州记》曰："州厅事梁上画五羊象，又作五谷囊，随象悬之，云：'昔高固为楚相，五羊衔谷萃

于楚庭。因是图其象。'"

㉑ 稔（rěn）：庄稼成熟，丰收。

㉒ 欵（kuǎn）：归顺；求和。

㉓ 铜头铁额：形容异常勇猛强悍，刀枪不入。《史记·五帝本纪》张守节正义引《龙鱼河图》云："黄帝摄政，有蚩尤兄弟八十一人，并兽身人语，铜头铁额，食沙石子，造立兵仗刀戟大弩，威振天下，诛杀无道，不慈仁。"

㉔ 苍帝：传说中主东方之神。《史记·天官书》："苍帝行德，天门为之开。"张守节正义："苍帝，东方灵威仰之帝也。"

㉕ 范子：指范蠡，春秋时越王勾践之大夫，献计灭吴。弘：推弘，光大。管相：管仲。《论语·宪问》："管仲相桓公，霸诸侯，一匡天下，民到于今受其赐。"

㉖ 马援：东汉开国功臣，光武帝时任陇西太守、伏波将军。《后汉书·马援传》："初，援在陇西上书，言宜如旧铸五铢钱。"

㉗ 汲黯：西汉武帝时任九卿之位，正直敢言，后出任淮阳太守。《汉书·汲黯传》："会更立五铢钱，民多盗铸钱者，楚地尤甚。上以为淮阳，楚地之郊也，召黯拜为淮阳太守。……黯居郡如其故治，淮阳政清。"

㉘ 杜冶之便宜：杜冶当作"杜治"。杜，指杜延年；杜治，杜延年治事的方法。杜延年为武帝时御史大夫杜周第三子，从小学习法令，行法尚宽大。昭帝时，霍光执政，以杜延年明习法令辟其为僚属；后屡有升迁，官至御史大夫，入侍皇帝，出参朝议，尊贵无比，为汉宣帝麒麟阁十一功臣之一。《汉书·杜延年传》载：杜延年"见国家承武帝奢侈师旅之后，数为大将军霍光进言：'年岁比不登，流民未尽还，宜修孝文时政，示以俭约宽和，顺天心，说民意，年岁宜应。'光纳其言，举贤良，议罢酒榷盐铁，皆自延年发之。吏民上书言便宜，有异，辄下延年平处复奏。"郑陂：《三国志·魏书·郑浑传》："文帝即位……浑于萧、相二县界，兴陂遏，开稻田。……民赖其利，刻石颂之，号曰'郑陂'。"

㉙ 王基：三国魏明帝时任荆州刺史。《三国志·魏书·王基传》："时朝廷议欲伐吴，诏基量进趣之宜。基对曰："……今江陵有沮、漳二水，溉灌膏腴之田以千数。"邓艾：三国时魏城阳太守，镇西将军，灭蜀之战立有大功。《三国志·魏书·邓艾传》："时欲广田畜谷，为灭贼资……又以为……陈、蔡之间，土下田良，可省许昌左右诸稻田，并水东下。……正始二年，乃开广漕渠，每东南有事，大军兴众，泛舟而下，达于江、淮，资食有储而无水害，艾所建也。"

㉚ 饮马：给马喝水。引申指使战争临于某地，通过战争扩大疆土至某地。语本《左传·宣公十二年》："楚子北，师次于郔。沈尹将中军，子重将左子反将右，将饮马于河而归。"鹣（jiān）：即鹣鹣，鸟名，比翼鸟。《尔雅·释地》："南方有比翼鸟焉，不比不飞，其名谓之鹣鹣。"《史记·封禅书》："古之封禅……东海致比目之鱼，西海致比翼之鸟，然后物有不召而自至者。"后因以代指海外进贡的珍异。征鹣：征集进贡之物鹣鹣——比翼鸟；比喻用战事使某国臣服。

㉛ 火职云司：火：兵制单位，十人为火。《通典·兵一》："五人为列，二列为火，五火为队。"《新唐书·兵志四》："十人为火，五火为团，皆有首长。"火职，犹言军队辖辖。云司：指朝廷掌握刑法的官。唐陈子昂《为司刑袁卿让官表》："诚使荣加天宠，职察云司，必能利用文明，哀矜庶狱。"

问钱不行

对

岑文本①

对：去智绝巧，圣人之至德；斫雕为朴，先王之令图②。是以贾多端则贫，士多技则匮。未有崇兹剞劂③，竞彼奢淫，而能匡国安家，宣风致化者矣。自文明御宇，大拯黔黎，继礼乐于将绝，反淳风于已散。庶绩伊凝，彝伦攸叙④。虽复工商异类，四民之禁惟宜⑤；而锥刀必争，三农之务或失⑥。诚宜绝其丽美，敦兹质朴。刻玉雕金，弃之如草芥，挥锄执耒，纪之以贤良。则稼穑惟兴，勤体之夫知劝；怠惰方革，游手之人自除。谨对。

注释：

① 岑文本：字景仁，邓州棘阳人。高祖朝为行台考功郎中。贞观时累授中书侍郎，专典机密，封江陵县子，拜中书令。从太宗伐辽，至幽州，暴疾卒，年五十一，赠侍中广州都督，谥曰宪。见今《全唐文》卷一百五十。

② 斫：砍；削。雕：雕刻，绘饰。令图：善谋；远大的谋略。《左传·昭公元年》："臣闻君子能知其过，必有令图。"

③ 剞劂（jījué）：雕琢刻镂。唐玄奘《大唐西域记·劫比他国》："经制轮奂，工穷剞劂，圣形尊像，务极庄严。"

④ 彝伦：常理；常道。《书·洪范》："惟天阴骘下民，相协厥居，我不知其彝伦攸叙。"

⑤ 四民：旧称士、农、工、商为四民。《汉书·食货志上》："士、农、工、商，四民有业：学以居位曰士，辟土殖谷曰农，作巧成器曰工，通财鬻货曰商。"

⑥ 锥刀：小刀。《荀子·议兵》："以诈遇齐，辟之犹以锥刀堕太山也。"后喻微薄，微细，特指微利。三农：古谓居住在平地、山区、水泽三类地区的农民，后泛称农民。《周礼·天官·大宰》："一曰三农，生九谷。"郑玄注引郑司农云："三农，平地、山、泽也。"

问鄽肆

对

郭正一①

对：鄽肆之兴，用存交易；山泽之利，事属贸迁。是以先王因井而制居，往圣观爻而立义。将以致兹百族，通彼万商。罗肆巨千，广充上积之货；旗亭五里②，俯映星繁之珍。是使蹀马回辕，历阛阓而流溢③；往商来贾，候朝夕以盈途。岂唯灼蓍蔡以观贞，旁临季主之肆④；泛萍蚁而开宴，近对文君之垆⑤？讵比夫齐宫七市，女闾连闭⑥；殷室九君，姬屋成列？但负贩之徒，异业趣竞，刺绣谢其倚门，多财归其善贾。由此聂政屠养，无辞屈辱⑦；平仲有求，终甘湫隘⑧。故知析毫之子，不可责以忘机⑨；徇利之夫，难以征其重义。况墆翳之侣，本异夷齐⑩；货殖之徒，率同猗白⑪。若通其小利，谅无拥于四人；处以淳心，恐有乖于一物。诚可除兹滥贿，禁彼邪赢⑫。则奸党自消，不待曹参之令；市无二价，讵止黄轩之风。谨对。

注释：

① 郭正一：定州彭城人。贞观中进士，累官中书舍人宏文馆学士；永隆二年迁秘书少监中书侍郎同

中书门下平章事。武后临朝，转国子祭酒，罢知政事，历麟台监。永昌元年为酷吏所陷，流死岭南。见今《全唐文》卷一百六十八。

② 罗肆：并列的商肆。《文选·左思〈魏都赋〉》："班列肆以兼罗，设阛阓以襟带。"旗亭：市楼，古代观察、指挥集市的处所，上立有旗，故称。

③ 蹀：蹈，踏；多指马行貌。南朝宋谢庄《从驾顿上》："冀马依风蹀，边箫当夜闻。"阛阓（huán huì）：街市；街道。《文选·左思〈魏都赋〉》："班列肆以兼罗，设阛阓以襟带。"吕向注："阛阓，市中巷绕市，如衣之襟带然。"也借指店铺。

④ 蓍蔡：犹蓍龟，筮卜。《楚辞·王褒〈九怀·匡机〉》："蓍蔡兮踊跃，孔鹤兮回翔。"王逸注："蓍，筮也；蔡，大龟也。"贞：卜问；占卜。季主：指司马季主，西汉文帝时善占卜者。《史记·日者列传》："司马季主者，楚人也。卜于长安东市。"

⑤ 萍蚁：酒面上的浮沫，借指酒。文君：指卓文君，西汉司马相如之妻。《史记·司马相如列传》："相如与俱之临邛，尽卖其车骑，买一酒舍酤酒，而令文君当垆。"垆：古时酒店瑞安放酒瓮的炉形土台子，借指酒店。

⑥ 女闾：春秋时齐桓公设于宫中的淫乐场所。《战国策·东周策》："齐桓公宫中七市，女闾七百，国人非之。"鲍彪注："闾，里中门也。为门为市于宫中，使女子居之。"

⑦ 聂政：战国时人，受严仲子所求刺杀了韩相侠累。《史记·刺客列传》："聂政者，轵深井里人也。杀人避仇，与母、姊如齐，以屠为事。"

⑧ 平仲：指春秋时齐景公相晏婴，字平仲。湫（jiǎo）隘：低下狭小。《左传·昭公三年》："初，景公欲更晏子之宅，曰：'子之宅近市，湫隘嚣尘，不可以居，请更诸爽垲者。'"杜预注："湫，下；隘，小。"

⑨ 析毫：剖析毫毛。语本《汉书·食货志下》："咸阳，齐之大煮盐；孔仅，南阳大冶，皆至产累千金……弘羊，洛阳贾人之子。……故三人言利事析秋豪矣。"此指商人。忘机：消除机巧之心，常用以指甘于淡泊，与世无争。

⑩ 墆（zhì）：囤积；贮积。翳（yì）：遮蔽；隐藏。夷齐：伯夷和叔齐。

⑪ 猗白：指猗顿和白圭，皆为春秋末的大商人。《史记·货殖列传》："猗顿用盬盐起。……与王者埒富。"又："白圭，周人也。当魏文侯时，李克务尽地力，而白圭乐观时变，故人弃我取，人取我与。……盖天下言治生祖白圭。"

⑫ 邪赢：用欺诈手段牟取财利。《文选·张衡〈西京赋〉》："何必昏于作劳？邪赢优而足恃。"薛综注："昏，勉也；邪，伪也；优，饶也。言何必当勉力作勤劳之事乎？欺伪之利，自饶足恃也。"

四民之业优劣

问：士农工商，四甿各业，废一不可，取譬五材①，而阙里致言，鄙于学稼②；漆园起论，爰称绝巧③。岂先圣垂文，义有优劣？将随方设教④，或有（文粹作理或）变通者哉？尔其矢陈⑤，用启前惑。

注释：

① 四甿：犹言四民。五材：五种物质，指金、木、水、火、土。《左传·襄公二七年》："天生五材，民并用之，废一不可。"

② 阙里：孔子故里，因有两石阙，故名。孔子曾在此讲学。《孔子家语·七十二弟子解》："孔子始教

学于阙里。”鄙于学稼：《论语·子路》：“樊迟请学稼，子曰，吾不如老农。……樊迟出。子曰‘小人哉，樊须也！上好礼，则民莫敢不敬；上好义，则民莫敢不服；上好信，则民莫敢不用情。夫如是，则四方之民，襁负其子而至矣；焉用稼！’”

③ 漆园：古地名，战国时庄周曾为漆园吏，后借指庄子。绝巧：摒弃技巧。《老子》：“绝巧弃利，盗贼无用。”《庄子》继承了《老子》这个思想。

④ 随方：依据情势。

⑤ 矢陈：陈述；陈献。《尚书·大禹谟序》：“皋陶矢厥谟。”孔传：“矢，陈也。”

对

骆宾王①

对：出震登皇，垂衣裳而驭箓②；乘乾践帝，顺舒惨以（集作而）字甿③。莫不畏九土以开基（集作列九土以开疆），因四人而安业④。故农为政本，两汉举力田之勤⑤；财曰聚人，九市列维金之利。陟龙门而就日，入仕弹冠⑥；斫蝇翼以成风，追工运斧⑦。咸用因人成事，随利济时，盖五帝通规，三王茂范⑧。然则泣麟上圣，训三千以领徒⑨；梦蝶幽人，抟九万而济物⑩。欲使丘门志学，折（文粹作析）以问农之言；汉渚绝机，杼以灌园之巧⑪。斯乃变通权教，趋舍异（集作适）宜。当今海内乂安，天下乐业，士食旧德，农服先畴⑫。自可孙弘献书，以待公交车之诏⑬；王丹载酒，时慰田家之劳⑭。谨对。

注释：

① 骆宾王：婺州义乌人。初为道王府属，历武功主簿，调长安。武后时数上书言事，下除临安丞，怏怏失志，弃官去。徐敬业举兵，署为府属，军中书檄，皆出骆宾王。见今《全唐文》卷一百九十七。

② 箓（lù）：古称上天赐予帝王的符命文书。张衡《东京赋》：“高祖膺箓受图，顺天行诛，杖朱旗而建大号。”

③ 字：乳哺；养育，引申指教化。隋卢思道《辽阳山寺愿文》：“皇帝体膺上哲，运钟下武，以至德字黔首。”甿：古称种田的人，后泛指百姓。

④ 九土：九州之土地。四人：即四民，士、农、工、商。

⑤ 力田：努力耕田，后泛指勤于农事。

⑥ 陟：登。弹冠：弹去冠上的灰尘；整冠，多用以表示喜庆或敬肃等，比喻相友善者援引出仕。《汉书·王吉传》：“吉与贡禹为友，世称王阳在位，贡公弹冠，言其取舍同也。”

⑦ 运斧：语本《庄子·徐无鬼》：“郢人垩慢其鼻端若蝇翼，使匠石斫之。匠石运斤成风，听而斫之，尽垩而鼻不伤，郢人立不失容。”

⑧ 茂范：仪刑，典范。

⑨ 泣麟：指孔子。《公羊传·哀公十四年》：“十有四年，春，西狩获麟……孔子曰：孰为来哉！孰为来哉！反袂拭面，涕沾袍。”三千：《史记·孔子世家》：“孔子以诗书礼乐教，弟子盖三千焉。”

⑩ 梦蝶：指庄子。《庄子·齐物论》：“昔者庄周梦为胡蝶，栩栩然胡蝶也。自喻适志与，不知周也。”抟：鸟类向高空盘旋飞翔。《庄子·逍遥游》：“鹏之徙于南冥也，水击三千里，抟扶摇而上者九万里。”

⑪ 灌园：浇灌园圃；引申指从事田园劳动；后谓退隐家居。

⑫ 先畴：先人所遗的田地。《文选·班固〈西都赋〉》："士食旧德之名氏，农服先畴之畎亩。"吕延济注："先畴，先人畎亩。"

⑬ 孙弘：指公孙弘，西汉武帝时以对策得中而为官，后官至丞相。《汉书·公孙弘传》："策奏，天子擢弘对为第一。召见，容貌甚丽，拜为博士，待诏金马门。"公车：汉代官署名，为卫尉的下属机构，设公车令，掌管宫殿司马门的警卫，天下上事及征召等事宜。后以指此类官署。

⑭ 王丹：西汉王莽时人。《后汉书·王丹列传》："王丹……家累千金，隐居养志，好施周急。每岁农时，辄载酒肴于田间，候勤者而劳之。"

衣食之源（礼部试第一道贞元十六年）

问：《周礼》："庶人不畜者祭无牲，不耕者祭无盛，不蚕者不帛，不绩者不缞。"①皆所以耻不勉，抑游惰②，欲人务衣食之源也。然为政之道，当因人所利而利之，故修其教不易其俗，齐其政不易其宜，由是农商工贾，咸遂生业。若驱彼齐人，疆以周索，牲盛布帛，必由己出③，无乃物力有限，地宜不然，而匮神废礼，谁曰非阙？且使日中为市，懋迁有无者，更何事焉？

注释：

① 语出《周礼·地官司徒》。绩：缉麻，把麻析成细缕捻接起来。缞（cuī）：粗麻布，多用作丧服。
② 游惰：游荡懒惰。《商君书·垦令》："则辟淫游惰之民无所于食。"
③ 齐人：平民。疆以周索：周索，周代的法度。《左传·定公四年》："聃季授土，陶叔授民……皆启以商政，疆以周索。"杜预注："疆理土地以周法。索，法也。"

对

白居易

对：利用厚生，教之本也；从宜随俗，政之要也。《周礼》云："不畜无牲，不田无盛，不蚕不帛，不绩不缞。"盖劝厚生之道也。《论语》云："因人所利而利之。"①盖明从宜之义也。夫田畜蚕绩四者之所宜者多，土人之所务者众，故《周礼》举而为条目，且使居之者无游惰无惰业焉。其余非四者，虽不具学，则随其土物生业而劝导之可知矣，非谓使物易业，土易宜也。夫先王酌教本，提政要，莫先乎任土辨物，简能易从，然后立为大中，垂之不朽者也。若谓其驱天下之人，责其所无，强其所不能，则何异夫求靡（集无靡字）萍于中陵（集作逵），植橘柚（集无柚字）于江北②？反地利，违物性，孰甚焉？岂直易俗失宜，匮神废礼而已。且圣人辨九土之宜，别四人之业，使各利其利焉，各适其适焉，犹惧生生之物不均也，故日中为市，交易而退，所以通货食，迁有无，而后各得其所矣。由是言之，则《大易》致人之利（集作制），《周官》劝人之典，《论语》利人之道，三科具举，有条而不紊。谨对。

注释：

① 语本《论语·尧曰》："因民之所利而利之，斯不亦惠而不费乎？"因避唐太宗李世民讳改民为人。
② 中陵：山陵之中。《诗·小雅·菁菁者莪》："菁菁者莪，在彼中陵。"毛传："中陵，陵中也。"中逵：道路交错之处，九通路口；泛指大路。理校，当作"中陵"。"植橘柚"句：《晏子春秋·杂下之十》："橘生淮南则为橘，生于淮北则为枳，叶徒相似，其实味不同。所以然者何？水土异也。"

仓廪之实（礼部试第五道）

问：纺绩之弊，出于女工，桑麻不甚加，而布帛日已贱，蚕织者劳焉，公议者知之，欲乎价平，其术安在？又仓廪之实，生于农亩，人有余则轻之，不足则重之，故岁一不登，则种植（集作仓）多竭。往年时雨僭候，宸慈轸怀，遣使赈廪，分官贱粜①，故得馁殍载活，麦禾载登②，思我王度，金玉至轻（集作矣）。窃闻耿寿昌常平③，今古称便，国朝典制，亦有斯仓。开元之二十四年，又于京城大署，贱则加价收籴④，贵则约平出粜，所以时无艰食，亦无伤农。今若官司上闻，追葺旧制⑤，以时敛散，以均贵贱，其于羡（集作美）利，不亦多乎？

注释：

① 赈廪：谓以粮食赈救贫民。粜（tiào）：卖出谷物。《管子·轻重丁》："齐西水潦而民饥，齐东丰庸而粜贱。"
② 馁殍（něi piǎo）：饿殍，饿死的人。载：助词。用在句首或句中，起加强语气的作用。
③ 耿寿昌：西汉宣帝时担任大司农中丞，建立了常平仓制度。常平：古代一种调节米价的方法。筑仓储谷，谷贱时增价而籴，谷贵时减价而粜。此法乃汉宣帝时耿寿昌首创。《汉书·食货志》："寿昌遂令边郡皆筑仓，以谷贱时增其贾而籴，以利农，谷贵时减贾而粜，名曰常平仓。"
④ 籴（dí）：买进谷物。
⑤ 追葺（qì）：谓修治前代遗物。

对：人者邦之本也，衣食者人之所由生也。古者圣人在上，而下不冻馁者，非家衣而户食之，盖能为之开衣食之源，均财用之节也。方今仓廪虚而农夫困，布帛贱而女工劳，以愚所窥，粗知其本。何者？夫天之数无常，故岁一丰必一俭也，衣食之生有限，故物有盈即（一作则）有缩也。古人知其必然也，故敦俭啬以足衣，务储蓄以足食，是以尧有九年之水，汤有七年之旱①，野无青草，人无菜色者，无他故，盖勤俭储积之所致耳。故曰前事之不忘，后事之元龟也。当今将欲开美利利天下，以厚生生烝人，返贞观之升平，复开元之富寿，莫善乎实仓廪，均丰凶，则耿寿昌之常平，得其要矣。今若升闻，率循旧制，上自京邑，下及郡县，谨豆区以出纳，督官吏以监临②，岁丰则贵籴以利农，岁歉则贱粜以恤下，若水旱作沴，则资为九年之蓄，若兵革或动，则馈为三军之粮③，可以均天时之丰俭，权生物之盈缩，循而行之，实百代不易之道也。虞灾救弊④，利物宁邦，莫斯甚焉。然则布帛之贱者，由钱刀之壅也⑤，苟粟麦足用，泉货通流，则布帛之价，轻重平矣。抑居易闻短绠不可以汲深，曲士不可以语道⑥，小子狂简⑦，不知所以裁之，莫究微言，空惭大（集作下）问。谨对。

注释：

① 语本西汉晁错《论贵粟疏》："故尧、禹有九年之水，汤有七年之旱，而国亡捐瘠者，以蓄积多而备先具也。"

② 豆区：豆和区，皆为古代量器。《左传·昭公三年》："齐旧四量，豆、区、釜、钟。四升为豆，各自其四，以登于釜。"出纳：财物的支出和收人。监临：监督。《史记·张耳陈余列传》："且夫监临天下诸将，不为王不可。"

③ 馈（kuì）：运送；输送。《汉书·韩信传》："臣闻千里馈粮，士有饥色。"

④ 虞：准备，防范。

⑤ 钱刀：钱币；金钱。刀，古代一种刀形钱币。壅：堵塞；阻挡，此指货币流通不畅。

⑥ 抑：副词，犹又。短绠：绠，汲水用具的绳索。短绠，常比喻才识浅陋。《荀子·荣辱》："短绠不可以汲深井之泉。"曲士：乡曲之士；比喻孤陋寡闻的人。《庄子·秋水》："曲士不可以语于道者，束于教也。"

⑦ 狂简：志向高远而处事疏阔。《论语·公冶长》："吾党之小子狂简，斐然成章，不知所以裁之。"

息游惰（劝农桑议税赋复租庸罢缗钱用谷帛）①

前　人②

问：一夫不田，天下有受其馁者；一妇不蚕，天下有受其寒者；斯则人之性命系焉，国之贫富属焉。③方今人多游惰，地有遗力，守本业者，浮而不固，逐末作者，荡而忘归。夫然，岂惩戒游惰之失其道耶？将敦劝农桑之教不得其本耶？

（此下并于《白居易集》准备制科七十五门中摘取二篇，其问答皆居易拟作。）

注释：

① 租庸：即"租庸调"制，唐代税法，为唐代对受田课丁征派的三种赋役的并称。导源于北魏到隋代的租、调、力役制度。凡丁男授田一顷，岁输粟二斛、稻三斛，谓之租；岁输绢二匹，绫、绝二丈，布加五之一，绵三两，麻三斤，非蚕乡则输银十四两，谓之调；役人力，岁二十日，闰加二日，不役者日纳绢三尺，谓之庸，有事而加役二十五日者免调，三十日租调皆免。唐开元末年均田制破坏，这种承袭北魏的赋役制度渐不适用；安史之乱后，为两税法所代替。《新唐书·高祖纪》："二月乙酉，初定租庸调法。"缗钱：用绳穿连成串的钱；此指税金。

② 前人：即前一人。编者指对策者与前一人同，仍是白居易。

③ 属：连属。与前句"系"同义偶对。

对：臣伏见今之人，舍本业趋末作者，非恶本而爱末，盖去无利而就有利也。夫人之蚩蚩趋利者甚矣，苟利之所在，虽水火亦蹈焉，虽白刃亦冒焉①。故农桑亦有利也，虽曰禁之，人亦归矣，而况于劝之乎？游惰苟无利也，虽曰劝之，亦不为矣，而况于禁之乎？当今游惰者逸而利，农桑者劳而伤。所以伤者，由天下钱刀重而谷帛轻也。所以轻者，由赋敛失其本也。夫赋敛之失其本者，量桑地以出租，计夫家以出庸②，租庸者，谷帛而已。今则谷帛之外，又责之以钱。钱者，桑地不生铜，私家不敢铸，业于农者，何从得之？至乃吏胥追征，官限迫蹙③，则易其所有，以赴公程。当丰岁则贱粜半价，不足以充缗钱；遇凶年则息利倍称，不足以偿逋债④。丰凶既皆若此，为农者何所望焉？是以商贾大族，乘时射利者⑤，日以豪富；田垄罢人，望岁勤力者，日以困贫。劳逸既悬，利病相诱，则农夫之心，尽思释耒而倚市，织妇之手，皆欲投杼而刺文⑥。至使田卒污莱⑦，室如悬磬⑧，人力罕施而地利多郁⑨，天时虚运而岁功不成。臣尝反复思之，实由谷帛轻而钱刀重也。夫粜甚重（集作贵），钱甚轻，则伤人；粜甚贱，钱甚重，则伤农。农伤则生业不专，人伤则财用不足。故王者平均其贵贱，调节其重轻，使百货通流，四人交利，然后上无乏用，而下亦阜安。方今天下之钱，日以减耗，或积于国府，或滞于私家。若复日月征求，岁时输纳，臣恐谷帛之价转贱，农桑之业转伤，十年已后，其弊或甚于今日矣，非所谓平均调节之道也。今若量夫家之桑地，计谷帛之（集作为）租庸，以石斗登降为差，以匹丈多少为等⑩，但书估价，并免税钱，则任土之利载兴，易货之弊自革。弊革则务本者致力，利兴则趋末者回心，游手于道途市肆者，可易业于西成⑪，托迹于军籍释流者，可反躬于东作⑫，欲其游（集作浮）惰，其可得乎？加以陛下念稼穑之艰难则薄敛，而人足食矣；念纺绩之勤苦则省用，而人丰财矣；念异货之败度则寡欲，而人著诚矣；念奇器之荡心则正德，而人归厚矣。其兴利除害也如彼，又修己化人也如此，是必应之如谷响（集作响答），顺之如风行⑬。斯所谓下令于流水之源，系人于苞桑之本者矣⑭。欲其游（集作浮）惰，其可得乎？谨对。

注释：

① 冒：顶着；不顾。司马迁《报任少卿书》："张空拳，冒白刃。"

② 租：田赋，田租。庸：隋唐时期赋役法规定，成丁者每年服役二十日，若不服役则每日须纳绢数尺，谓之"庸"。

③ 迫蹙：催逼，催促。

④ 逋（bū）债：欠债。

⑤ 射利：谋取财利。左思《吴都赋》："富中之甿，货殖之选，乘时射利，财丰巨万。"

⑥ 杼：织机的梭子。文：色彩交错的纹理，花纹。刺文，犹刺绣。

⑦ 污莱（wū lái）：谓田地荒废。《诗·小雅·十月之交》："彻我墙屋，田卒污莱。"

⑧ 悬磬：悬挂着的磬，形容空无所有，极贫。《国语·鲁语上》："室如悬磬，野无青草，何恃而不恐？"

⑨ 郁：滞积。

⑩ 石斗：石和斗，皆量器，十斗为一石，借指数量。登降：增减。匹丈：匹和丈，皆布帛等织物长度的计量单位，古代四丈为一匹。

⑪ 西成：谓秋天庄稼已熟，农事告成。《书·尧典》："平秩西成。"孔颖达疏："秋位在西，于时万

物成熟。”

⑫ 东作：谓春耕。《书·尧典》：“寅宾出日，平秩东作。”孔传：“岁起于东，而始就耕，谓之东作。”

⑬ 谷响：谷中回响声，古多用回声以形容感应迅捷。风行：风吹，多形容迅疾。《后汉书·吴盖陈臧传赞》：“电埽群孽，风行巴梁。”

⑭ 苞桑：桑树之本。《易·否》：“其亡其亡，系于苞桑。”孔颖达疏：“苞，本也。凡物系于桑之苞本，则牢固也。”比喻牢固的根基。

平百货之价（陈敛散之法请禁销钱铸器）

问：今田畴不加辟，而菽粟之估日轻①；桑麻不加植，而布帛之价日贱。是以射时利者贱收而日富，勤力穑者轻用而日贫。夫然，岂殖货敛散之节失其宜耶②？将布帛轻重之权不得其要耶③？

注释：

① 菽（shū）：豆类的总称。

② 节：调节。

③ 权：平衡。

对：臣闻谷帛者，生于农也；器用者，化于工也；财物者，通于商也；钱刀者，掾于君也①。君掾其一以节其三，三者和钧②，非钱不可也。夫钱刀重则谷帛轻，谷帛轻则农桑困，故散钱以敛之，则下无弃谷遗帛矣；谷帛贵则财物贱，财物贱则工商劳，故散谷以收之，则下无废财弃物矣。敛散得其节，轻重便于时，则百货之价自平，四人之利咸遂，虽有圣智，未有易此而能理也。方今关辅之间，仍岁大稔③，此诚国家散钱敛谷防俭备凶之时也，时不可失，伏惟陛下惜之。臣又见日者（二字集作今日）人之所以弊者，由钱刀重于谷帛也④。所以重者，由铜利贵于钱刀也。何者？夫官家采铜铸钱，成一钱破数钱之费也；私家销钱为器，销（集作破）一钱成数钱之利也。铸者有程，销者无限，虽则官家之岁铸，岂能胜私家之日销哉（集作乎）⑤？此所以天下之钱，日减而日重者也。今国家行挟铜之律，执铸器之禁，使器无用铜。铜既无利，则钱不复销矣。此实当今权节重轻之要也。

注释：

① 掾（cāo）：同“操”。中华书局本即作“操”。《战国策·燕策三》：“秦王惊，自引而起，袖绝。拔剑，剑长，掾其室。”鲍彪注：“掾，把持也，与操同。”

② 和钧：谓使计量标准准确划一。《书·五子之歌》：“关石和钧，王府则有。”

③ 关辅：指关中及三辅地区。《文选·鲍照〈升天行〉》：“家世宅关辅，胜带宦王城。”李善注：“关，关中也。《汉书》曰：右扶风、左冯翊、京兆尹，是为三辅。”仍岁：连年，多年。

④ 日者：往日，从前。此指近日。

⑤ 有程：有期限；有定额。“官家之岁铸”中的“之”，四库全书本作“逐”。

文苑英华卷五百

宋　李昉等编

五运

（见四百八十二卷题作贤良方正策第二道）

吴师道

历　　数

问：玄龟效祉，鼎命昭夏王之祚①；赤乌呈祥，金德总商君之业②。白鱼跃而周道隆，丹雀来而秦德霸③。殷因夏礼，损益可知，秦盛周衰，天人何昧？若水灭火起，殷周之运匪人④；若桀暴纣昏，废兴之期自我。然而龙斗兴于夏日，鼋袄发于周年⑤，灾祥兆于前成⑥，荒败形于后政。荡荡之德，何所加焉？伫尔扬名，为余张目。

注释：

① 效祉：呈现福祉。鼎命：指帝王之位；国家之命运。鼎：相传夏禹铸九鼎，历商至周，为传国的重器；后遂以指代国家政权和帝位。夏王：指禹。

② 赤乌：古代传说中的瑞鸟。《吕氏春秋·有始》："赤乌衔丹书集于周社。"金德：古代阴阳家把金、木、水、火、土五行看成五德，认为历代王朝各代表一德，按照五行相克或相生的顺序，交互更替，周而复始，如黄帝土德，夏代木德，商代金德，周代火德，秦代水德。

③ 白鱼：《史记·周本纪》："武王渡河，中流，白鱼跃入舟中，武王俯取以祭。"丹雀：神话中象征祥瑞的赤色雀。

④ 匪：同"非"，不，不是。此言周代殷，在天命不在人事。

⑤ 龙斗：两龙相斗。《左传·昭公十九年》："郑大水，龙斗于时门之外洧渊。国人谋为禜焉，子产弗许。曰：'我斗龙不我觌也，龙斗我何觌焉？禳之，则彼其室也。吾无求于龙，龙亦无求于我。'乃止。"夏代"龙斗"事，不详。鼋袄：鼋（yuán），大鳖；此通"蚖"，指蜥蜴。《国语·郑语》："王使妇人不帏而噪之，化为玄鼋，以入于王府。"韦昭注："鼋，或为'蚖'。蚖，蜇蜴，象龙。"此即古代传说中神龙的唾液化为玄鼋，玄鼋爬进周厉王后宫，童妾遭之而孕，后生褒姒。参见《史记·周本纪》。《太平御览·皇亲部·幽王褒后》："《国语》曰：夏之衰也，二龙止于夏庭。曰：'余，褒之二君。'夏后卜杀之，留之莫吉。卜请其漦而藏之吉，龙亡而漦在，椟而藏之，三代莫发。厉王之末，发而观之，漦流于庭不可除，王使妇人裸而噪之，漦化为玄鼋入皇后宫，童妾既龀而遭之，既笄而孕，无夫而生子，王惧而弃之。宣王之时，童谣曰：檿弧箕服，实亡周国。有夫妇卖是器者，王使执而戮之，逃于道而见后宫童妾所弃妖子，闻其啼哀而收之，夫妇亡奔褒，褒人有罪，请入所弃女，是是为褒姒。"

⑥ 祥：吉凶的预兆。

对

冯万石①

对：臣闻天地草昧，洪钧列五运之期②；云雷始屯，大德分一人之位③。莫不时来命偶④，人迪（一作游）天将。白环昭虞后之功，玄珪锡夏王之德⑤，空桑负鼎，遇为牲之君⑥；渭水张罗，得非熊之相⑦。伏惟陛下化光坤载，道叶乾行，总五气以发生⑧，笼百王而亭育。粤若稽古，推历数之存亡；感而遂通，酌天人之符命⑨。明扬侧陋，典采刍词⑩，开阐大猷，旁求雅问。则天文幽远，诚匪管窥⑪；然人事昭彰，敢陈壅塞？原夫兴亡有数，符命无差，遽启丹书，俄回白璧。君臣道合，则遐迩乂安；上下情乖，则邦家板荡⑫。水火革而天人顺，暴乱行而桀纣亡，百六为霖旱之灾，七九非汤尧之运⑬。历数斯在，惟德动天，祸福无门，惟人所召。故德者五行之义也，人者两仪之心也，人心动而悔悋生，德义形而阴阳谢⑭。必乘金运，则殷不及于期；果历木行，则周不及于数。龙斗鼋袄之发，人与事并；白鱼丹雀之符，德将时应（一作神契）。神道设教，金土之运匪他；人文化成，狂圣之来自我。荡荡之德，何敢不通？翼翼之心⑮，爰（疑作奚）施不可？天也人也，坦然克分；时乎命乎，昭文斯辨。臣优柔理道（一作致理），杳同河汉，或跃文江，惧深冰谷⑯。谨对。

注释：

① 冯万石：圣历初第进士。大足初中嫉恶科，神龙初中才高位下科，景云中中怀能抱器科。开元初重考及第，六年中超群拔类科，十三年考判入第，十六年又入第，二十六年中文词壮丽科。凡九登科选。见今《全唐文》卷二百八，有《对文词雅丽策》、《对求贤策》、《对历数策》、《对议边塞事策》等。

② 草昧：天地初开时的混沌状态；蒙昧。《易·屯》："天造草昧。"洪钧：天。《文选·张华〈答何劭〉诗之二》："洪钧陶万类，大块禀群生。"李善注："洪钧，大钧，谓天也。"五运：古代据五行生克说推算出的王朝兴替的气运。

③ 屯：聚集；积聚。一人：古代称天子，亦为天子自称。

④ 命偶：与好运为偶，谓命运好。

⑤ 白环：白玉环。《竹书纪年》："帝舜有虞氏……九年，西王母之来朝，献白环玉玦。"玄珪：一种黑色的玉器，上尖下方，古代用以赏赐建立特殊功绩的人。《尚书·禹贡》："禹锡玄圭，告厥成功。"《竹书纪年》："禹治水既毕，天锡玄珪以告成功。"

⑥ 空桑：空心桑树，传说商汤之相伊尹生于空桑之中。《吕氏春秋·本味》："有侁氏女子采桑，得婴儿于空桑之中，献之其君，其君令烰人养之，察其所以然。曰其母居伊水之上孕……故命之曰伊尹。"

⑦ 非熊：《史记·齐太公世家》："西伯将出猎，卜之，曰，所获非龙非彲，非虎非罴；所获霸王之辅。于是周西伯猎，果遇太公于渭之阳。"古熊罴连称，后遂以"非熊"为姜太公代称。

⑧ 五气：五行之气，五方之气。

⑨ 历数：指帝王继承的次序，古代认为帝位相承和天象运行次序相应。《论语·尧曰》："尧曰：咨！尔舜，天之历数在尔躬。"符命：上天预示帝王受命的符兆。

⑩ 刍：卑微；浅陋。刍词：刍言，浅陋的言论，卑贱者的言论。

⑪ 管窥：从管中看物，比喻所见者小。

⑫ 板荡：《板》、《荡》都是《诗·大雅》中讥刺周厉王无道而导致国家败坏、社会动乱的诗篇，后因以指政局混乱或社会动荡。

⑬ 百六：古术数家学说以百六为厄运。《文选·袁宏〈三国名臣序赞〉》："百六道丧，乾戈迭用。"吕延济注："四千六百一十七岁为一元，一百六岁曰阳九之厄。"七九：晁错《论贵粟疏》："故

尧、禹有九年之水，汤有七年之旱。”

⑭ 悔悋（lìn）：亦作“悔吝”，灾祸。《易·系辞上》：“悔吝者，忧虞之象也。”谢：更替；轮替。

⑮ 翼翼：恭敬谨慎貌。《诗·大雅·大明》：“惟此文王，小心翼翼。”

⑯ 优柔：谓从容探索，品味。河汉：指银河。《庄子·逍遥游》：“大而无当，往而不返，吾惊怖其言，犹河汉而无极也。”文江：比喻文章的内容深广犹如大江。冰谷：《诗·小雅·小宛》：“惴惴小心，如临于谷。战战兢兢，如履薄冰。”后用“冰谷”比喻危险的境地。《宋书·明帝纪》：“业业矜矜，若履冰谷。”

祥瑞

（见四百八十二卷题作贤良方正策第三道）

吴师道

议祥瑞辨祆（集作妖）灾

白居易

问：国家将兴，必有祯祥；国家将亡，必有祆孽[①]。斯岂国之兴灭，系于天地之灾祥欤；将物之妖瑞，生于时政之昏明欤？又天地有常道，灾祥有常应，此必然之理也。何则桑谷之妖，反为福于太戊[②]；大鸟之庆，竟有（集作成）祸于帝辛[③]？岂吉凶或僭在人，将休咎不恒其德[④]？儆戒之征安在，改悔之效何明？又祥必偶圣，妖必应昏，何则明时不能（集有为字）无灾，乱代或闻（集有其为二字）有瑞，报应之道，何谬盭（集作滥）哉？

（此下五篇并于《白居易集》准备制科七十五门中摘取，其问答皆居易拟作。）

注释：

① 祆孽：指物类反常的现象，古人认为是不祥之兆。《汉书·礼乐志》：“奸伪不萌，祆孽伏息。”

② 桑谷：二木名，古时迷信以桑谷生于朝为不祥。《书·咸有一德》附《〈亡书〉序》：“伊陟相大戊，亳有祥，桑谷共生于朝。”孔颖达疏：“桑谷二木，共生于朝。朝非生木之处，是为不善之征。”太戊：殷商第十代王。《史记·殷本纪》：“亳有祥桑谷共生于朝一暮大拱。帝太戊惧问伊陟。伊陟曰：臣闻妖不胜德帝之政其有阙与？帝其修德。太戊从之，而祥桑枯死而去。”

③ 大鸟：《孔子家语·五仪解》：“昔者，殷王帝辛之世，帝纣有雀生大鸟于城隅焉，占之曰：凡以小生大，则国家必王而名必昌。于是帝辛介雀之德，不修国政，亢暴无极，朝臣莫救，外寇乃至，殷国以亡。”帝辛：即殷商末代国君。《史记·殷本纪》：“帝乙崩，子辛立，是为帝辛，天下谓之纣。”

④ 休咎：吉凶；善恶。

对：臣闻国家将兴，必有祯祥，国家将亡，必有妖孽者，非孽生而后邦丧，非祥出而后国兴。盖瑞不虚呈，必应圣哲，妖不自作，必候淫昏。则昏圣为灾祥（集作祥孽）之根，妖瑞为兴亡之兆矣。《文子》曰："阴阳陶冶，万物皆乘一气而生。"①然则道之休明，德动乾坤而感之者谓之瑞；政之昏乱，腥闻上下而应之者谓之妖。瑞为福先，妖为祸始（集作生非），将兴将废，实先启焉（一作"瑞为福始，将兴必先示焉；妖为祸始，将废实先启焉"）。然有人君德未及于休明，政不致于昏乱，而天文有异，地物不常，则为瑞为妖，未可知也。或者天示儆戒之意，以悟君心，俾乎德（集作君）修改悔之诚，以答天鉴，如此则转乱为理，变灾为祥，自古有之，可得而考也。臣闻高宗不聪，飞雉雊于鼎②；宋景有罚，荧惑守于心③。及乎懋懿德以修身④，出善言而罪己，则升耳之异自殄，退舍之庆自臻，天人相感，可谓明矣速矣。且高宗，三代之贤主也，有一德之违，亦谪见于物；宋景，列国之常主也，有一言之感，亦宜应于天。则知上之鉴下，虽贤王也，苟有过而必知；下之感上，虽常主也，苟有诚而必应。故王者不惧妖之不灭，而惧过之不悛⑤；不惧瑞之不臻，而惧诚之不至。足明休咎（集作征）在德，吉凶由人矣。失君道者，祥反为妖，悟天鉴者，灾亦为瑞，必然而已矣。抑臣又闻王者之大瑞，在乎天地泰，阴阳和，风雨时，寒暑节，百谷熟，万人安，赋敛（集作役）轻，服用俭，兵甲（集作革）偃，刑罚措，贤者出，不肖者退，声教日被，讴歌日兴，此之谓休征，此之谓嘉瑞也。王者之大妖，在乎两仪不泰，四气不和，风雨不时，水旱不节，五谷不稔，百谷不藏，徭役繁（集作烦），征税（集作赋）重，干戈动，刑狱作，君子隐，小人见，政令日缺，怨讟日兴⑥，此之谓咎征，此之谓妖孽也。至若一星一辰之理，一云一露之祥，一鸟一兽之妖，一草一木之怪，或偶生于气象，或偶得于陶钧⑦，信非休咎之征，兴亡之兆也。何则？隐见出处，亦不于常。明圣之朝，不能无小灾小沴⑧；衰乱之代，亦或有小瑞小祥，固未足质帝王之疑，明天地之意尔。王者但外思其政，内省其身。自谓德之不修，诚之不著，虽有区区之瑞，不足嘉也；自谓政之（川文粹有不字）能立，道之（川文粹有不字）能行，虽有琐琐之妖，不足惧也。臣窃谓妖瑞（集作祥）废兴之由，实在于此，故虽辞费，不敢不备而书之。

注释：

① 一气：指混沌之气，古代认为是构成天地万物之本原。《庄子·大宗师》："彼方且与造物者为人，而游乎天地之一气。"语出《文子·下德》："老子曰：阴阳陶冶，万物皆乘一气而生。"

② 雉雊（gòu）：雉鸣叫。语本《尚书·高宗肜日序》："高宗祭成汤，有飞雉升鼎耳而雊。"孔传："耳不聪之异。"孔颖达疏："雉乃野鸟，不应入室，今乃入宗庙之内，升鼎耳而鸣。孔以雉鸣在鼎耳，故以为耳不聪之异也……《汉书·五行志》刘歆以为鼎三足，三公象也，而以耳行，野鸟居鼎耳，是小人将居公位，败宗庙之祀也。"后因以"雉雊"为变异之兆。

③ 荧惑：古指火星，因隐现不定，令人迷惑，故名。《史记·宋微子世家》："荧惑守心。心，宋之分野也。景公忧之。"

④ 懋（mào）：勤勉，努力。

⑤ 悛：悔改；停止。

⑥ 讟（dú）：指怨言。《汉书·五行志上》："作事不时，怨讟动于民。"颜师古注："讟，痛怨之

言也。”
⑦ 陶钧：制作陶器所用的转轮，比喻天地造化。
⑧ 沴（lì）：水流不畅；此指天地四时之气不和而生的灾害。《庄子·大宗师》：“阴阳之气有沴。”

兴五福销六极

问：周著《九畴》之书，汉述《五行》之志①，皆所以精究天人之际，穷探政化之源。然则五福之祥，何从而作；六极之沴，何感而生②？将欲辨明，可行本末。又今人财耗费，既贫且忧，时沴流行，或疾而夭。思欲销六极，兴（集作致）五福，驱一代于富寿③，纳万人于康宁。何所施为，得至于此也（五字集作可致于此）？

注释：

①《九畴》：畴，类。指传说中天帝赐给禹治理天下的九类大法，即《洛书》。《书·洪范》：“天乃锡禹洪范九畴。”后又指《尚书·洪范》。《五行》：指《汉书·五行志》，记载各种所谓“灾祥”。
② 五福：五种幸福。《书·洪范》：“五福：一曰寿，二曰富，三曰康宁，四曰攸好德，五曰考终命。”六极：谓六种极凶恶之事。《书·洪范》：“六极：一曰凶短折，二曰疾，三曰忧，四曰贫，五曰恶，六曰弱。”孔颖达疏：“六极，谓穷极恶事有六。”
③ 驱：犹举，全。

对：臣闻圣人兴五福销六极者，在乎立大中致大和也。至哉中和之为德，不动而感，不劳而化，以之守则人，以之用则神，卷之可以理一身，舒之可以济万物。然则和者生于中也，中者生于不偏也，不邪也，不过也，不及也。若人君内非中勿思，外非中勿动，动静进退，皆得其中。故君得其中，则人得其所；人得其所，则和乐生焉。是以君人之心和，则天地之气和；天地之气和，则万物之生和。于是乎三平之气，欣合细缊①，积为寿，蓄为富，舒为康宁，敷为攸好德，益为考终命②。其羡者则融为甘露，凝为卿（集作庆）云，垂为德星，散为景风，流为醴泉③，六气叶乎时，七曜顺乎轨。迨于巢穴羽毛之物，皆煦妪而自蕃④；草木鳞介之祥，皆丛萃而继出⑤。夫然者，中和之所致也。若人君内非中是思，外非中是动，动静进退，不得其中。故君不得其中，则人不得其所；人不得其所，则怨叹兴焉。是以君人之心不和，则天地之气不和；天地之气不和，则万物之生不和。于是乎三不平之气，交错堙郁⑥，代为凶短折⑦，攻为疾，聚为忧，损为贫，结为恶，耗为弱。其羡者潜为伏阴，淫为愆阳⑧，守为彗星，发为暴风，降为苦雨。六气失其序，七曜乱其行⑨，迨于襁褓卵胎之生，皆夭阏而不遂；木石华虫之怪，皆杂糅（集作糅杂）而毕呈⑩。夫然者，不中不和之气所致也。则天人交感之际，五福六极之来，岂不昭昭然哉。臣伏见比者兵赋未减，人鲜无忧，时沴所加，重或有疾。德宗皇帝病人之病⑪，忧人之忧，于是救之以广利之方，悦之以中和之乐，将使易忧为乐，变病为和，惠化之恩，莫斯甚也。然臣窃闻善除害者察其本，善理疾者绝其源。伏惟陛下欲纾人之忧，先念人忧之所自；欲救人之病，先思人病之所由。知所自以绝之，则人忧自弭也⑫；知所由而去之，则人病自瘳也⑬。然后申之以救疗之术，则人易康宁；鼓之以安乐之音，则人易和悦。斯则必应疾而化速，利倍而功兼。六极待此而销，五福待此而作。如此（集作是），可以陶三才缪盭（集作滥）之气⑭，发为休祥；驱一代鄙夭之人⑮，臻乎仁寿。中和之化（集作气），夫何远哉？

注释：

① 欣合：谓受感而动，和合融洽。《礼记·乐记》："天地欣合，阴阳相得。"絪缊（yīn yūn）：古代指天地阴阳二气交互作用的状态。《易·系辞下》："天地絪缊，万物化醇。"

② 敷：铺开；扩展。攸：久，长远。《隶释·汉冀州从事张表碑》："令德攸兮宣重光，仕郡州兮迪民康。"考：老；寿。《汉书·元帝纪》："黎庶康宁，考终厥命。"

③ 景风：南风，指祥和之风。《列子·汤问》："景风翔，庆云浮。"醴泉：甜美的泉水。《礼记·礼运》："故天降膏露，地出醴泉。"醴，甜酒，喻泉水甘甜。

④ 煦妪（xù yǔ）：抚育；爱抚；长养。《礼记·乐记》："天地欣合，阴阳相得，煦妪覆育万物。"蕃：生息；繁殖。

⑤ 鳞介：泛指有鳞和介甲的水生动物。丛萃：聚集。

⑥ 堙（yīn）郁：堵塞滞积。

⑦ 凶短折：夭折；早死。《书·洪范》："六极，一曰凶短折。"孔颖达疏："郑玄以为凶短折皆是夭枉之名，未龀曰凶，未冠曰短，未婚曰折。"

⑧ 羡：超过，泛滥。《汉书·沟洫志》："然河灾羡溢，害中国也尤甚。"伏阴：盛夏中出现的寒气。谓气候反常。愆阳：阳气过盛，本谓冬天温和，有悖节令，后亦指天旱或酷热。

⑨ 六气：自然气候变化的六种现象，指阴、阳、风、雨、晦、明。《庄子·在宥》："六气不调，四时不节。"七曜：指日、月和金、木、水、火、土五星。

⑩ 夭阏（è）：夭亡，夭折。华虫：雉的别称。《书·益稷》："予欲观古人之象，日月星辰，山龙华虫，作会。"杂糅：混杂糅合。《汉书·刘向传》："邪正杂糅，忠谗并进。"

⑪ 德宗：唐德宗李适，779—805年在位。即位初，励精图治，整顿吏律，整理财政，推行两税法，削除藩镇割据势力，使安史之乱后的唐朝得到一定程度的恢复。

⑫ 弭：止息。《左传·襄公二十五年》："自今以往，兵其少弭矣。"

⑬ 瘳（chōu）：病愈。

⑭ 陶：陶冶，化育。《管子·地数》："黄帝问于伯高曰：'吾欲陶天下而以为一家，为之有道乎？"缪盭：错乱；违背。《汉书·董仲舒传》："以古准今，台何不相逮之远也！安所缪盭而陵夷若是？"盭（lì）："戾"的古字。

⑮ 鄙夭：谓性情贪鄙，寿命不长。《汉书·董仲舒传》："桀纣行暴，则民鄙夭。"

辨水旱之灾明存救之术

问："狂恒雨若，僭恒旸若"①，此言政教之道，必感于天地。又尧之水九年，汤之旱七年，此言阴阳定数，不由于人也。若必系于政，则盈虚之数徒言；如不由于人，则精诚之祷安用。二义相戾②，其谁可从？又问阴阳不测，水旱无常，欲均岁功于丰凶，救人命于冻馁，凶歉之岁，何方可以足其食？灾危之日何计可以固其心？将备不虞，必有其要，历代之术，可明征焉。

注释：

① 语出《尚书·洪范》：“曰咎征：曰狂，恒雨若；曰僭，恒旸若；曰豫，恒燠若；曰急，恒寒若；曰蒙，恒风若。”蔡沈集传：“某事失，则某咎征应。”案：咎征，过失的报应，灾祸应验。

② 戾：违逆。

对：臣闻水旱之灾，有小有大，大者由运，小者由人。由人者，由君上之失道，其灾可得而移也；由运者，由阴阳之定数，而其灾不可得而迁也。然则大小本末，臣粗知之。其小者或兵戈不戢，军旅有强暴者焉[①]；或诛罚不中，刑狱有冤滥者焉；或小人入用，谗佞有得志者焉；或君子失位，忠良有放弃者焉[②]；或男女臣妾有怨旷者焉[③]；或鳏寡孤独有困死者焉[④]；或赋敛之法无度焉；或土木之功不时焉。于是乎忧伤之气，愤怨之诚，积以伤和，变而为沴。古之君人者，逢一灾，遇（集作偶）一异，则收视反听，察其所由。且思乎军镇之中，无乃有纵暴者耶；刑狱之中，无乃有冤滥者耶；权宠之中，无乃有不肖者耶；放弃之中，无乃有忠贤者耶；内外臣妾，无乃有幽怨者耶；天之穷人，无乃有困死者耶；赋入之法，无乃有过厚者耶；土木之功，无乃有屡兴者耶？若有一于此，则是政令之失，而天地之谴也。又《洪范》云（集作曰）：“狂恒雨若，僭恒旸若。”言不信不乂，亦水旱应之。然则人君苟能改过塞违，率德修政，励敬天之志，虚罪己之心，则虽踰月之霖[⑤]，经时之旱，至诚所感，不能为灾。何则？古人或牧一州，或宰一县，有暴身致雨者，有救火返风者，有飞蝗去境者。郡邑之长，犹能感通，况王者为万乘之尊，居兆人之上，悔过可以动天地，迁善可以感神明[⑥]。天地神明，尚且不违，而况于水旱风雨虫蝗者乎？此臣所谓由人可移之灾也。其大者，则唐尧九年（集作载）之水，殷汤七年之旱是也。夫以尧之大圣，汤之至人，于时德俭人和，刑清兵偃[⑦]，上无狂僭之政，下无怨嗟之声[⑧]，而卒有浩浩滔天之灾，炎炎烂石之沴，非君上之失道也（集无也字），盖阴阳之定数也（集作矣）。此臣所谓由运不可迁之灾也。然则圣人不能迁灾，能御灾也，不能违时，能转（集作辅）时也。将在乎廪积有常，仁惠有素。备之以储蓄，虽凶荒而人无菜色；固之以恩信，虽患苦而人无离心。储蓄者，聚于丰年，散于歉岁；恩信者[⑨]，行于安日，用于危时。夫如是，则虽阴阳之数不可迁，而水旱之灾不能害。故曰人强胜天，盖谓是也（集作矣）。斯亦图之在早，备之在先，所谓思危于安，防劳于逸。若患至而方备，灾成而后图，则虽圣人，不能救矣。抑臣又闻古者圣王在上，而下无冻馁者。何哉？非家至而日见，衣之而食之，盖能均节其衣食之源也。夫天之道无常，故岁有丰必有凶；地之利有限，故物有盈必有缩。圣王知其必然，于是作钱刀布帛之货，以时交易之，以时敛散之，所以持丰济凶，用盈补缩。则衣食之费，谷帛之生，调而均之，不啻足矣[⑩]。盖管氏之轻重，李悝之平籴，耿寿昌之常平者，可谓不涸之仓，不竭之府也。故丰稔之岁，则贵籴以利农人；凶歉之年，则贱粜以活饿殍；若水旱作沴，则资为九年之蓄；若兵甲或动，则馈为三军之粮。上以均天时之丰凶，下以权地利（集作财）之盈缩，则虽九年之水，七年之旱，不能害其人，危其国矣。至若祈祷之术，凶荒之政，历代之法，臣粗闻之。则有雩天地以牲牢，禜山川以圭璧，祈土龙于玄武，舞群巫于灵坛⑪，徙市修城，贬食撤乐，绥刑省礼，务穑劝分，杀哀多昏，弛力舍禁。此皆从人之望，随时之宜，见（集作勤）恤下之心，表恭天之罚，但可以济小灾小弊，未足以救大困（集作危）大荒。必欲保邦邑于危，安人心之（集作于）困，则在乎储蓄充其腹，恩信结其心而已。盖羲农唐虞禹汤文武，皆由此道（集作涂）而王也。

注释：

① 戢（jí）：收藏兵器，引申指停止战争。强暴：强横凶暴。《史记·三王世家》："内褒有德，外讨强暴。"

② 放弃：流放；贬黜。刘向《九叹·思古》："操绳墨而放弃兮，倾容幸而侍侧。"王逸注："言贤者执持法度而见放弃，倾头容身谗谀之人，反得亲近侍于旁侧也。"

③ 怨旷：长期别离，指女无夫，男无妻。《诗·邶风·雄雉序》："军旅数起，大夫久役，男女怨旷。"

④ 鳏（guān）寡孤独：语本《孟子·梁惠王下》："老而无妻曰鳏，老而无夫曰寡，老而无子曰独，幼而无父曰孤；此四者，天下之穷民而无告者。"泛指没有劳动力而独居无依靠的人。

⑤ 踰：超过。霖：久雨，连绵大雨。《左传·隐公九年》："凡雨，自三日以往为霖。"

⑥ 迁善：去恶为善；改过向善。《孟子·尽心上》："杀之而不怨，利之而不庸，民日迁善而不知为之者。"

⑦ 偃：停息，止息。《荀子·儒效》："反而定三革，偃五兵，合天下，立声乐。"

⑧ 狂僭：狂妄僭越。《后汉书·蔡邕传论》："匡导既申，狂僭屡革。"怨嗟：怨恨叹息。

⑨ 恩信：恩德信义。《汉书·韩延寿传》："延寿恩信周遍二十四县，莫复以辞讼自言者。"

⑩ 不啻：不仅；何止。《后汉书·冯衍传上》："四垂之人，肝脑涂地，死亡之数，不啻太半。"

⑪ 雩（yú）：古代为祈雨而举行的祭祀。《左传·桓公五年》："龙见而雩。"牲牢：犹牲畜。《诗·小雅·瓠叶序》："虽有牲牢饔饩，不肯用也。"郑玄笺："牛羊豕为牲，系养者曰牢。"禜（yǒng）：古代禳灾之祭。为禳风雨、雪霜、水旱、疠疫而祭日月星辰、山川之神。圭璧：古代帝王、诸侯祭祀或朝聘时所用的一种玉器。《诗·大雅·云汉》："圭璧既卒，宁莫我听。"朱熹集传："圭璧，礼神之玉也。"土龙：用土制成的龙，古代用以乞雨。《淮南子·说山训》："若为土龙以求雨。"灵坛：祭坛。《汉书·武帝纪》："朕躬祭后土地祇，见光集于灵坛。"

问养动植之物（以丰财用以致麟凤龟龙）

对：臣闻天育物有时，地生物（集作财）有限，而人之欲无极。以有时有限，奉无极之欲，而法制不生其间，则物必暴殄而财乏用矣。先王恶其及此，故川泽有禁，山野有官，养之以时，取之以道。是以豺獭未祭，罝网不布于野泽①；鹰隼未击，矰弋不施于山林②；昆虫未蛰，不以火田③；草木未落，不加斤斧；渔不竭泽，畋不合围④。至于麛卵蚳蝝⑤，五谷百草（集作果），不中杀者，皆有常禁。夫然，则禽兽鱼鳖，不可胜食矣；财货器物（集作用），不可胜用矣。臣又观之，岂直若此而已哉。盖古之圣王，使信及豚鱼，仁及草木，鸟兽不狨，胎卵可窥，麟凤效灵，龟龙为畜者，亦由此涂而致也⑥。

注释：

① 祭：指豺祭和獭祭。豺祭，豺在深秋时杀兽以备冬粮，陈于四周，有似人之陈物而祭，故称。《吕氏春秋·季秋》："菊有黄华，豺则祭兽戮禽。"獭祭，谓獭常捕鱼陈列水边，如同陈列供品祭祀。《礼记·月令》："东风解冻，蛰虫始振，鱼上冰，獭祭鱼，鸿雁来。"豺獭未祭，指春秋渔猎之时令未至。罝（jū）网：渔猎之网。《汉书·货殖传序》："豺獭未祭，罝网不布于壄泽。"

② 矰（zēng）弋：系有生丝绳以射飞鸟的短箭。《汉书·货殖传序》："鹰隼未击，矰弋不施于徯隧。"

③ 蛰：动物冬眠，潜伏起来不食不动。火田：以火焚烧草木而田猎。《礼记·王制》："昆虫未蛰，不以火田。"

④ 畋（tián）：打猎。合围：四面包围。《礼记·王制》："天子不合围，诸侯不掩群。"

⑤ 麛（mí）卵：幼鹿和鸟卵；泛指幼小的禽兽。《礼记·曲礼下》："国君春田不围泽，大夫不掩群，士不取麛卵。"孔颖达疏："麛乃是鹿子之称，而凡兽子亦得通名也。"蚳蝝（chí yuán）：蚂蚁卵和蝗虫子，亦泛指幼虫。《国语·鲁语上》："鸟翼鷇卵，虫舍蚳蝝。"韦昭注："蚳，蚁子也，可以为醢。蝝，蝠陶也，可以食。"

⑥ 豚鱼：豚和鱼，多比喻微贱之物。《易·中孚》："豚鱼，吉，信及豚鱼也。"狨（róng）：金丝猴。此言捕杀狨取其皮做成坐褥等。《埤雅·释兽》："狨，盖猿狖之属，轻捷善缘木，大小类猿，长尾，尾作金色，今俗谓之金线狨者是也。生川峡深山中，人以药矢射杀之，取其尾为卧褥、鞍被、坐毯。"效灵：显灵。

文苑英华卷五百一

宋　李昉等编

议 漕 运①

问：昔在隋季，廒庾空虚②。爰逮皇家，京坻弥望③。既乘前弊，年蓄未登，自东徂西④，依常运漕。今送纳之所，物贱本州，欲赍直买输，利益兼倍。

注释：

① 漕运：旧指从水路运输粮食，供应京城或军需。汉桓宽《盐铁论·刺复》："泾淮造渠，以通漕运。"漕（cáo），水道运输。

② 廒（áo）：贮存粮食的库房。庾（yǔ）：指露天谷仓，泛指粮库。

③ 京坻（chí）：《诗·小雅·甫田》："曾孙之庾，如坻如京。"谓谷米堆积如山，后因以"京坻"形容丰收。弥望：充满视野，满眼。

④ 徂：及，至。《诗·周颂·丝衣》："自堂徂基，自羊徂牛。"

对

卫弘敏①

对：什一而税②，布政之通规；九稔为储，经国之成务。仓廪实而知礼，夷吾之论有征；金汤守而惟粟③，墨翟之言无易。昔隋季凋残，廒庾并竭。洎皇朝缵箓，黎献咸熙④。并孝弟力田，信可封于比屋；家给人足，实委余而栖亩⑤。于是上直常平，将备水旱；下敛薄赋，以蓄京坻。故远近诸州，随方输转⑥，陆挚车而接轸，川漕引而连樯⑦。但六合时雍，菽粟流而衍；五钱标价，水火埒其饶。若政利从机，惠美无费，以送纳之所，物贱本州。欲令赍直买输，不劳而益，如愚管见，切未为宜。何者？任土税田，定差于不刊之籍⑧；配租纳税，设条于惟行之令。岂可取越公途，苟从私益，革送纳之通式，开买输之权利者欤？谨对。

注释：

① 卫弘敏：显庆元年官豫州刺史，徙吴兴，迁右清道府率（古官名）。见今《全唐文》卷二百。

② 什一：古代赋税制度，十分税一，称"什一"。《管子·治国》："关市之租，府库之征，粟什一。"

③ 金汤：即金城汤池，金属造的城，沸水流淌的护城河，形容城池险固。

④ 黎献：黎民中的贤者。《尚书·益稷》："万邦黎献，共惟帝臣。"

⑤栖亩：《初学记》卷九引《子思子》："东户季子之时，道上雁行而不拾遗，耕耨余粮宿诸亩首。"后遂以"栖亩"谓将余粮存积田亩之中，以颂丰年盛世。

⑥ 输转：转运。

⑦ 轸（zhěn）：车后横木；一说为车厢底部四面的横木。樯：船桅杆；代指帆船。

⑧ 不刊：谓不容更动和改变。古代文书书于竹简，有误，即削除，谓之刊。汉刘歆《答扬雄书》："是县诸日月，不刊之书也。"

不夺人利（议盐铁与榷酤诫厚敛及杂税）

白居易

问：盐铁之谋，榷酤之法①，山海之利，关市之征②，皆可以佐助征徭，又虑其侵削黎庶。舍之则乏用于军国，取之则夺利于生人，取舍之间，孰为可者？

（此下五篇并于《白居易集》备制科七十五门中摘取，其问答皆白居易拟作。）

注释：

① 榷酤（què gū）：汉代以后历代政府所实行的酒专卖制度；也泛指一切管制酒业取得酒利的措施。《汉书·武帝纪》天汉三年："春二月……初榷酒酤。"颜师古注引韦昭曰："谓禁民酤酿，独官开置，如道路设木为榷，独取利也。"

② 山海：山与海。山出铜，海出盐。《史记·吴王濞列传论》："能薄赋敛，使其众，以擅山海利。"关市：位于交通要道的市集。《周礼·天官·大宰》："七曰关市之赋。"贾公彦疏："王畿四面皆有关门，及王之市廛二处。"

对：臣闻君之所以为国者，人也；人之所以为命者，衣食也；衣食之所从出者，农桑也。若不本于农桑而兴利者，虽圣人不能也。苟有能者，非利也，其害也。何者？既不自地出，又非从天来，必是强取于人，曲成其利。利则日引而月长，人则日削而月朘①，至使人心穷，王泽竭。故臣但见其害，不见其利也。所以王者不殖货利，不言有无，耗羡之财不入于府库，析毫之计不行于朝廷者，虑其利穴开而罪梯构。然则圣人非不好利也，利在于利万人，非不好富也，富在于富天下。节欲于中，人斯利矣，省用于外，人自富也。故唐尧、夏、禹、汉文之代，虽薄农桑之税，除关市之征，弃山海之饶，散盐铁之利，亦国足用而人富安矣。何则？欲节而用省也。秦皇、汉武、隋炀之时，虽收大半之赋，征逆折之租，建榷酤之法，出舟车之算②，亦国乏用而人糜弊矣。何则？欲不节而用不省也。盖所谓山林不能给野火，江海不能实漏卮③。夫利通（集作散）于下，则人逸而富，利壅于上，则人劳而贫。故下劳则上无以自安，人富则君孰与不足？《记》曰："人以君为心，君以人为体。"④《诗》曰："恺悌君子，人之父母。"⑤由此而言，未有体劳而心逸者也，未有子富而父贫者也，臣又闻之地之生财，多少有限，人之食利，众寡有常，若盈于上，则耗于下，利于彼，则害于此。而王者四海一家，兆人一统，国无异政，家无异风。若夺其利则害生，害不加于人，欲何加乎？若除其害则利生，利不归于人，欲何归乎？故夺之也，若皮尽于毛下，本或不存；与之也，同囊漏于贮中，利将焉往。与夺利害，斯可知焉。是以善为国者，不求非农桑之产，不重非衣食之货，不用计数之利，不蓄聚敛之臣，闻榷筦之谋⑥，则思侵削于下，见羡余之利，则念诛求于人，然后德泽流而咏歌作矣。故曰利出一孔者王，利出二孔者强，利出三孔者弱。此明君立国子人者，贵本业而贱末利也。

注释：

① 朘（juān）：缩减；剥削。《汉书·董仲舒传》："民日削月朘，寖以大穷。"
② 筭：同"算"，计算；此指征税。汉荀悦《汉纪·武帝纪六》："算至船车，租及六畜。"
③ 漏卮：底上有孔的酒器。《淮南子·泛论》："今夫溜水足以溢壶榼，而江河不能实漏卮，故人心犹是也。"
④ 语出《礼记·缁衣》："民以君为心，君以民为体。心以体全，亦以体伤；君以民存，亦以民亡。"
⑤ 恺悌：和乐平易。《诗经·大雅·泂酌》："恺悌君子，民之父母。"
⑥ 榷筦（guǎn）：即"榷管"，谓对盐铁等物实行专管专卖。《汉书·车千秋传》："桑弘羊为御史大夫八年。自以为国家兴榷筦之利。"颜师古注："榷谓专其利使入官也，筦即管字也。"

问议盐法之弊（论盐商之幸）

对：臣伏以国盐之法久矣，盐之利厚矣。盖法久则弊起，弊起则法隳，法隳则利厚，利厚则奸生，奸生则利薄。臣以为隳薄之由，由乎院场太多①，吏职太众故也。何者？今之主者，岁考其课利之多少，而殿最焉，赏罚焉。院场既多，则各虑其商旅之不来也，故羡其盐而多与焉；吏职既众，则各惧其课利之不优也，故慢其货而苟得焉②。盐羡则幸生，而无厌之商趋矣；货慢则滥作，而无用之物入矣。所以盐愈费而官愈耗，货愈虚而商愈饶，法虽行而奸缘，课虽存而利失矣。若今减其吏职，省其院场，审货帛之精粗③，谨盐量之出入，使月有常利，岁有常程，自然盐不诱商，则出无羡盐矣；吏不争课，则入无滥课矣；盐不羡出，货不滥入，则法自彰而利复兴矣。利害之效，岂不然乎？臣又见自关以东④，农夫贸易其货产，入为盐商，率皆多藏私财，别营裨贩⑤，少出官利，惟求隶名⑥，居无征徭，行无榷税，身则庇于盐籍，利尽入于私家（集作室）。此乃下有耗于农商，上无益于筦榷明矣。盖山海之饶，盐铁之利，利归于人，政之上也，利归于国，政之次也。若上既不归于人，次又不归于国，使幸人奸党，得以自资，此乃政之疵，国之蠹也⑦。今若划革弊法，沙汰奸商⑧，使下无侥幸之人，上得析毫之计，斯又去弊兴利之一端也。唯陛下详之。

注释：

① 院场：古代征收盐税的场所。
② 羡：有余，剩余。此言院场为了吸引盐商，而多给盐少征税。慢：轻忽，怠忽。苟得：不当得而得；贪得。《礼记·曲礼上》："临财毋苟得。"孔颖达疏："非义而取，谓之苟得。"
③ 精粗：精密和粗疏。《礼记·王制》："布帛精粗不中数，幅广狭不中量，不粥于市。"
④ 关：特指函谷关或潼关。五代马缟《中华古今注·关塞》："关者，长安之关门也，函谷、潼关之属也。"
⑤ 裨贩：小贩；引申为贩卖。
⑥ 隶名：此指隶属于某部门而册上有名，可借以免服徭役和免税。
⑦ 蠹：蛀虫；比喻祸国害民的人或事。《左传·襄公二十二年》："不可使也，而傲使人，国之蠹也。"

⑧ 沙汰：淘汰。

议罢漕运可否

问：秦居上腴①，利号近蜀，然都畿所理②，征赋不充，故岁漕山东谷四百万斛③，用给京师，其间水旱不时，赈贫贷乏。今议者罢运谷而收脚价④，和籴粟而折税钱，但未知利于彼乎？害于此乎？

注释：

① 上腴（yú）：最肥沃的土地。腴：此谓土地肥沃。《战国策·秦策四》："齐人南面，泗北必举。此皆平原四达，膏腴之地也。"

② 都畿：京都及其周围地区。

③ 斛（hú）：量词，多用于量粮食，唐代一斛为十斗。

④ 脚价：搬运费。唐陆贽《冬至大礼大赦制》："如山路险阻，车乘难通，仍召贫人，令其般运，以米充脚价。"

对：臣闻议者将欲罢漕运于江淮，请和籴于关辅，以省其费，以便于人。臣愚以为救一时之弊则可也，若以为长久之法，则不知其可也。何者？方今自淮以南，逾年旱歉；自雒而西，仍岁丰稔。彼人困于艰食，此谷贱于伤农，困则难于征（集作发）租，贱则易于乞籴，斯则不便于彼，而无害于此。臣所谓救一时之弊则可也，若举而为法，修以为常，臣虽至愚，知其不可。何者？夫都畿者，四方之所凑也，万人之所会也，六军之所聚也，虽野（集作利）称近蜀之饶，犹未能足其用，虽田有上腴之利，犹不能充其用（集作费），况可日削其谷，月朘其粮食乎？故国家岁漕东南之粟以给焉，时发中都之廪以赈焉，所以赡关中之人①，均天下之食，而古今不易之制也。然则用舍利害，可明征矣。夫赍敛籴之资②，省漕运之费，非无利也，盖利小而害大矣，故久而不胜其害。挽江淮之租③，赡关辅之食，非无害也，盖害小而利大矣，故久而不胜其利。大凡事之大害者，不能无小利者也，事之大利者，不能无小害也。盖恤小害则大害不去，爱小利则大利不成也。古之明王，所以能兴利除害者，非他，弃小而取大耳。今若恤泛舟之役④，忘移谷之用，是知小计而不知大会也。此臣所以谓若以为长久之计，则不知其可也。

注释：

① 赡：供给；供养。《盐铁论·本议》："内空府库之藏，外乏执备之用，使备寒乘城之士，饥寒于边，将何以赡之。"

② 赍（jī）：通"剂"。割；引申指侵削。

③ 挽（wǎn）：车运；运输。《史记·留侯世家》："诸侯安定，河渭漕挽天下，西给京师。"

④ 泛（fàn）舟：行船。泛舟之役，此指漕运之事。

立制度（节财用均贫富止盗贼起廉让）

问：天地之利有限也，人之欲无穷也，以有限奉无穷，则必地财耗于僭奢，人力屈于嗜欲。故不足者为奸为盗，有余者为骄为淫。今欲使食力相充，财欲相称，贵贱别而礼让作，贫富均而廉耻行。作为何方，可至于此？

对：臣闻天有时，地有利，人有欲，能以三者与天下共者，仁也，圣也。仁圣之本，在乎制度而已。夫制度者，先王之所以下均地财，中立人极，上法天道者也。且天之生万物也，长之以风雨，成之以寒燠①，圣人之牧万人也，活之以衣食，济之以器用。若风雨淫，寒燠甚，则反伤乎物之生焉；若衣食奢，器用费，则反伤乎人之生焉。故天作四时八节②，所以时寒燠，节风雨，不使之过差为沴也；圣人制五等十伦③，所以伦（一作制）衣食，等器用，不使之逾越为害也。此所谓法天而立极者也。然则地之生财者有常力，人之用财者有常数，若羡于上，则耗于下也，有余于此，则不足于彼也。是以地力人财，皆待制度而均也，尊卑贵贱，皆待制度而别也。大凡爵禄之外，其田宅栋宇，车马仆御器服饮食之制，暨乎宾姻祠葬之度④，自上而下皆有数焉。若不节之以数，用之以（一作有）伦，则必地力屈于僭奢，人财消于嗜欲，而贫困冻馁，奸邪盗贼，尽生于此矣。圣王知其然，故天下奢，则示之以俭，天下俭，则示之以礼，俾乎贫贱区别，贫富适宜，上下无羡耗之差，财力无消屈之弊，而富安温饱，廉耻礼让，尽生于此矣。然则制度者，出于君而加于臣，行于人而化于天下也。是以君人者，莫不唯欲是防，唯度是守。守之不固，则外物攻之。故居处不守其度，则峻宇崇台攻之⑤；饮食不守其度，则殊滋异味攻之⑥；衣服不守其度，则奇文诡制攻之⑦；视听不守其度，则奸声艳色攻之⑧；喜怒不守其度，则僭赏淫刑攻之；玩好不守其度，则妨行之货、荡心之器攻之；献纳不守其度，则谗谄之言、聚敛之计攻之；道术不守其度，则不死之方、无生之法攻之。夫然，则安得不内固其守，甚于城池焉，外防其攻，甚于寇贼焉。将在乎寝食起居，必思其度，思而不已，则其下化之。《诗》曰："仪刑文王，万邦作孚。"⑨此之谓也（集作矣）。

注释：

① 寒燠（yù）：冷热。《汉书·天文志》："故日进为暑，退为寒。若日之南北失节，晷过而长为常寒，退而短为常燠。此寒燠之表也，故曰为寒暑。"

② 八节：古代以立春、立夏、立秋、立冬、春分、夏至、秋分、冬至为八节。

③ 五等：五个等级。《礼记·王制》："王者之制禄爵，公、侯、伯、子、男五等。"十伦：此指儒家提倡的十种伦理关系（十个伦理道德原则）。或称"十义"、"十教"。《礼记·礼运》："何谓人义？父慈、子孝、兄良、弟悌、夫义、妇听、长惠、幼顺、君仁、臣忠……故圣人之所以治人七情，修十义，讲信修睦，尚辞让，去争夺，舍礼何以治之？"

④ 宾姻祠葬：指古代社会四类主要礼仪：宾礼，嘉礼，吉礼，凶礼，《隋书·礼仪志一》："以吉礼敬鬼神，以凶礼哀邦国，以宾礼亲宾客，以军礼诛不虔，以嘉礼合姻好，谓之五礼。"
⑤ 峻宇崇台：高大的屋宇楼台。
⑥ 滋：美味；滋味。《礼记·檀弓上》："丧有疾，食肉饮酒，必有草木之滋焉，以为姜桂之谓也。"
⑦ 诡制：奇异的制作。汉班固《西都赋》："殊形诡制，各异其观。"
⑧ 奸声：奸邪不正的乐音。《礼记·乐记》："凡奸声感人而逆气应之。"
⑨ 仪刑：效法。作孚：信服、信从。语出《诗经·大雅·文王》："上天之载，无声无臭，仪刑文王，万邦作孚。"朱熹集传："仪，象。刑，法。"

议井田阡陌（息游惰止兼并实版图）

问：自三代之牧人也，立井田之制①，别都鄙之名②。其为名制，可得而知乎？其为功利，可得而闻乎？

又问：自秦坏井田，汉修阡陌，兼并大启，游惰实繁③。虽历代因循，诚恐弊深而害甚；如一朝改作，或虑失业而扰人。既废之甚难，又复之非便，斟酌其道，何者得中？

注释：

① 井田：相传古代的一种土地制度，以方九百亩为一里，划为九区，形如"井"字，故名。《穀梁传·宣公十五年》："古者三百步为里，名曰井田。井田者，九百亩，公田居一。"范宁注："出除公田八十亩，余八百二十亩，故井田之法，八家共一井，八百亩。余二十亩，家各二亩半，为庐舍。"
② 都鄙：京城和边邑。《左传·襄公三十年》："子产使都鄙有章。"杜预注："国都及边鄙。"
③ 阡陌：田界。《史记·秦本纪》："〔商鞅〕为田开阡陌。"兼并：并吞。此指土地侵并。《墨子·天志下》："今天下之诸侯，将犹皆侵凌攻伐兼并。"

对：臣闻王者之贵，生于人焉；王者之富，生于地焉。故不知地之数，则生业无从而定，财征无从而平也；不知人之数，则夫力无从而计，军役无从而均也。不均不平，则地虽广，人虽多，徒有贵之名，而无富之实。是以先王度土田之广狭，画为夫井，量人户之众寡，分为邑居。使地利足以食人，人力足以辟土，邑居足以处众，人力（一作众心）足以安家。野无余田，以启专利；邑无余室，以容游人。逃刑避役者，往无所之；弃业迁居者，来无所处。于是生业相固，食力相济。其出财征也，不待征书而已平矣；其起军役也，不待料人而已均矣①。然后天子可以称万乘之贵，四海之富也。洎三代之后，厥制崩坏，故井田废则游惰之路启，阡陌作则兼并之门开。至使贫弱（集作苦）者无容足立锥之居，富强者专笼山络野之利。故自秦汉迄于圣朝，因循未迁，积习成弊。然臣以为井田者，废之已久，复之稍难，未可尽行，且宜渐制。何以言之？昔商鞅开秦之利也，荡然废之，故千载之间，豪夺者得其计；王莽革汉之弊也，卒然复之，故一时之间，农商者失其业。斯则不可久废，不可速成之明验也。故臣请斟酌时宜，参详古制，大抵人稀土旷者，且循（集作按）其阡陌，户繁乡狭者，则复以井田，使都鄙渐有名，夫家渐有数。夫然，则丘田井邑（一作井邑丘田）之地，众寡相维；比闾族党之居，有亡相保。相维则兼并者何所取，相保则游惰者何所容？如此则庶乎人无浮心，地无遗力，财产丰足，赋役平均，市利归于农，生业著于土（集作地）者矣。

注释：

① 料人：即料民，计点人口；清查民户。《国语·周语上》："宣王既丧南国之师，乃料民于太原。"韦昭注："料，数也。"

议边塞事

问：东胡逆命，北海为墟①，朝廷徇修复之功，边境乏折冲之寄②。辽水东西，城池不复；九山左右，职贡犹迷。③其使三圣遗黎，九州故地，飘然零落，可不痛哉。今欲示以威惠，申诱约束，选众之举，未睹于今；出群之略，何必是古？指明其要，无太简焉。

注释：

① 东胡：此盖指唐东边的邻邦朝鲜。东胡逆命：四库全书本改为"东邻入塞"。盖因满人忌讳而改。入塞：言侵入关塞。北海：古代泛指北方最远僻之地。此当指北方突厥族入侵之地。

② 折冲：使敌人的战车后撤，即制敌取胜。冲，冲车，战车的一种。《吕氏春秋·召类》："夫修之于庙堂之上，而折冲乎千里之外者，其司城子罕之谓乎？"唐有折冲都尉，全国各州有折冲府管理府兵。

③ 九山：或当作"丸山"，即丸都山，位于今吉林省集安市西北 2.5 公里处；上有丸都山城遗迹，乃古代高句丽首都。参见卷四百七十八张仲宣《知合孙吴可以运筹决胜策》注㉛。下面"对"文中即出"丸山"。

对

冯万石

对：古之王者，仁覆万类，不以中外为隔，而以兼济为心，固能出门同人，远近感应，含生受气，靡不从助焉。蠢彼林胡，阻分辽汉①，挺而走险，代构其患。昔我大唐之创业也。东举日域，北暨幽陵，不毛之类，佥率贡职②。顷边吏不谨，僭我王度，夷戎怙乱，遂荒塞垣③。致乃虔刘朔辽，骚惊河冀④，天地悔祸，人亦有心，怀我旧章，自相鱼肉，游魂待命，为日久矣。光天纂曜，景号昭升⑤，万灵与能，两仪交际，蠢彼丑裔，何独匪人？但未谕尧心，自疑其谴，累息局蹐，犹昧占风⑥。且舜自侧微舞干，而有苗即叙⑦；汤亦小侯褰罗，而异方怀柔⑧。今若一选王人，以备行李，谕兹天造，慰彼遗黎⑨，则兼程骤步，不日而至。北极夷障，无限于幽荒；东绝扶桑⑩，尽同于封内。何止兵不血刃，野无劳师，复辽水之城地，循丸山之琛赆而已⑪。若乃选众举能之术，五材三略之奇⑫，亦锵锵庙堂，济济朝序。人谁不职（一作仪），知臣在君，何待庸言，而后行是。羲皇之代，战争不兴；文景之时，韩彭勿用⑬。虽欲自效，亦无所施。谨对。

注释：

① 蠢：虫类蠕动。引申为骚动，动乱。林胡：众胡。四库全书本改引为“小腆”。小腆：小国。《尚书·大诰》：“殷小腆，诞敢纪其叙。”孔颖达疏：“殷本天子之国，武庚比之为小，故言小腆。腆是小貌也。郑玄云：腆谓小国也。”辽：指辽河流域。

② 日域：日出之处。古代以喻极东之地。暨：至；到。幽陵：即幽州，指极北之地。《史记·五帝本纪》：“北至于幽陵，南至于交址。”《正义》：“幽州也。”不毛：不生植物，指荒瘠。三国蜀诸葛亮《前出师表》：“故五月渡泸深入不毛。”佥：都；皆。贡职：贡赋；贡品。《穀梁传·庄公三十年》：“贡职不至，山戎为之伐矣。”

③ 怙乱：谓乘乱取利。《左传·僖公十五年》：“且史佚有言曰：无始祸，无怙乱，无重怒。”塞垣：本指汉代为抵御鲜卑所设的边塞，后泛指北方边境地带。

④ 虔刘：劫掠；杀戮。《左传·成公十三年》：“芟夷我农功，虔刘我边陲。”朔：北方。骚：骚扰；动乱。《诗·大雅·常武》：“徐方绎骚，震惊徐方。”毛传：“骚，动也。”河冀：古指黄河流域冀州一带。

⑤ 景号：犹言“大号”，帝王的号令；此指国号，帝号。

⑥ 累息：屏气，因恐惧而不敢喘息。《新唐书·酷吏传·来俊臣》：“拜左台御史中丞，中外累息，至以目语。”局蹐：谨慎小心貌。晋陆机《辨亡论》下：“屏气局蹐以伺子明之疾，分滋损甘以育凌统之孤。”

⑦ 侧微：卑贱。《书·舜典》：“虞舜侧微。”孔颖达疏：“此云侧微，即《尧典》侧陋也。不在朝廷谓之侧，其人贫贱谓之微。”舞干：《书·大禹谟》：“帝乃诞敷文德，舞乾羽于两阶，七旬，有苗格。”后遂以“舞干”指文德感化。此言舜虽微贱，然修文德能有天下。

⑧ 小侯褰罗：小侯：古代用以称小国。《国语·鲁语下》：“今我小侯也，处大国之间，缮贡赋以共从者，犹惧有讨。”褰罗：褰，张开，散开。罗，捕鸟、捕兽的网。“褰罗”犹言“解网”，解开罗网。比喻宽宥，仁德。《史记·殷本纪》：“汤出，见野张网四面，祝曰：‘自天下四方皆入吾网。’汤曰：‘嘻，尽之矣！’乃去其三面，祝曰：‘欲左，左。欲右，右。不用命，乃入吾网。’诸侯闻之，曰：‘汤德至矣，及禽兽。’”此言汤以小诸侯国，施仁德而有天下。

⑨ 王人：指天子使臣。《后汉书·袁术传》：“元恶既毙，幼主东顾，乃使王人奉命，宣明朝恩。”行李：使者。《左传·僖公三十年》：“行李之往来，共其乏困。”杜预注：“行李，使人。”天造：指皇帝。《魏书·礼志二》：“但饮泽圣时，铭恩天造，是以妄尽区区，冀有尘露。”遗黎：亡国之民。《晋书·地理志下》：“自中原乱离，遗黎南渡。”

⑩ 扶桑：神话中的树名，传说日出于扶桑之下，拂其树梢而升，因谓为日出处。

⑪ 丸山：《史记·五帝本纪》：“（黄帝）东至于海，登丸山，及岱宗。”此指高句丽首都丸都山城。见前注。琛赆：献贡的财货。《魏书·匈奴刘聪等传序》：“辫发之渠，非逃则附；卉服之长，琛赆继人。”

⑫ 五材：五种德性。《六韬·龙韬》：“所谓五材者，勇、智、仁、信、忠也。勇则不可犯，智则不可乱，仁则爱人，信则不欺，忠则无二心。”三略：古兵书名，相传为汉初黄石公作，全书分上略、中略、下略，亦以泛指兵书及作战的谋略。唐王勃《常州刺史平原郡开国公行状》：“公道凝三略，

攻标五才。”

⑬ 韩彭：西汉开国名将韩信与彭越的并称。

御戎狄（征历代之策陈当今之宜）

白居易

问：戎狄之患久矣，备御之略多矣，故王恢呈征讨之谋，贾生立表饵之术，娄敬兴和亲之计，晁错建农战之策[①]。然则古今异道，利害殊宜，将欲采之，孰为可者？

又问：今国家北虏欵诚，南夷请命，所未化者其唯西戎乎？讨之则疲困师徒，舍之则侵轶边鄙[②]，许和亲则启贪而厚费，要（则作约）盟誓则饰诈而不诚。今欲遏彼虔刘，化其桀劲[③]，来远人于朔漠，复旧土于河湟[④]。上策远谋，备陈本末。

（此下五篇并于《白居易集》准备制科七十五门中摘取，其问答皆居易拟作。）

注释：

① 王恢：西汉武帝时任大行，即接待宾客的官吏。《汉书·韩安国传》：“明年，雁门马邑豪聂壹因大行王恢言：匈奴初和亲，亲信边，可诱以利致之，伏兵袭击，必破之道也。”表饵：汉贾谊上疏论匈奴，提出“五饵三表”作为制服单于的办法。《汉书·贾谊传》：“赞曰：……及欲试属国，施五饵三表以系单于，其术固以疏矣。”娄敬：西汉高祖时任郎中，提出“和亲”以安边的策略。《汉书·娄敬传》：“敬曰：陛下诚能以适长公主妻单于，厚奉遗之，彼知汉女送厚，蛮夷必慕，以为阏氏，生子必为太子，代单于。”农战：一种重视农业和战争，主张两者结合的经济、军事思想和政策。

② 师徒：士卒，亦借指军队。《左传·成公二年》：“畏君之震，师徒挠败。”侵轶：侵犯袭击。边鄙：边疆；边远的地方。

③ 桀：凶悍，横暴。《韩非子·亡征》：“官吏弱而人民桀，如此则国躁。”

④ 河湟：黄河与湟水的并称，指河湟两水之间的地区。《后汉书·西羌传·羌无弋爰剑》：“乃度河湟，筑令居塞。”

对：臣闻殊域，一气所生，不可翦而灭也，五方异族，不可臣而蓄也，故为侵患之暴久矣。而备御之略亦多矣，考其要者，大较有四焉。若乃选将课兵，长驱深入之谋，自王恢始；建以三表，诱以五饵之术，自贾谊始；厚以赂遗，结以和亲之计，自娄敬始；徙人实边，劝农教战之策，自晁错始。然则由王恢之谋，则殚财耗力，疲竭生人，祸结兵连，功不偿费，故汉武悔焉而下哀痛之诏也[①]；用贾谊之术，则羌胡耳目心腹，虽诱而荒矣，而华夏之财力风教，亦随而弊大矣，故汉文知其不可而不行也；用娄敬之计，则启宠纳侮，厚费偷安，虽侵掠之患渐（集作暂）宁，而和好之约屡背，故汉氏四代为匈奴所欺也；用晁错之策，则边人有安土之惠，未免攻战之劳，匈奴无得志之虞，亦绝归心之望，故汉文病之。有广武（汉匈奴赞文帝聚天下精兵于广武，集作式，非）之役也[②]。是以讨之以兵，不若诱之以饵；诱之以饵，不若和之以亲；和之以亲，不若备之有素。斯皆前代已验之事，可覆而睹也。以今参古，弃短取长，亦可择而用焉。然臣终以为近筭浅图，非帝王久远安边之上策也。何者？臣观前代，若政成德盛，国富人安，则虽六月有北伐之师，不足忧也；若政缺国贫，德衰人困，则虽一时无南牧之马，不足庆也。何则？国富则师壮，师壮则令严，人安则心固，心固则思理，如此久久（一作矣），则天子之守，不独在于诸侯，将在于四夷（一作夷狄）矣，则暂虽有事，何足忧焉？若国贫则师弱，师弱则人困，人困则心离，心离则思乱，如此久久（一作矣），则天子之忧，不独在于边陲，或在于萧墙矣③，则暂虽无事，何足庆焉？盖古之王者，庆在本而不在末，忧在此而不在彼也。今国家柔中怀外，说近来远，北虏向风，南蛮宾贡④，所未化者，其为（一作余）几何？伏愿陛下畜之如犬羊，视之如蜂虿⑤，不以士马强而财力盛，恃之而务战争，不以亭障静而烟尘销⑥，轻之而去守备。但且防其侵轶，遏其虔刘，去而勿追，来而勿纵而已。然后略四子之小术，弘三王之大猷，以政成德盛为图，以人安师壮为计。故德盛而化则服，服则怀柔；师壮而动则威，威必震詟。夫然后可以不糜财用，不顿师徒不盟誓而外成，不和亲而内附。如此则四海之内，五年之间，要荒未服之戎⑦，必匍匐而至，河陇已侵之地，庶从容以归。上策远谋，不出于此矣。

注释：

①《汉书·食货志》上："武帝末年，悔征伐之事，乃封丞相为富民侯。下诏曰：'方今之务，在于力农。'"

②《汉书·匈奴传》："赞曰：……是以文帝中年，赫然发愤，遂躬戎服，亲御鞍马，从六郡良家材力之士，驰射上林，讲习战陈，聚天下精兵，军于广武。"

③ 萧墙：古代宫室内作为屏障的矮墙，借指内部。萧，通"肃"。《论语·季氏》："吾恐季孙之忧，不在颛臾，而在萧墙之内也。"

④ 向风：归依；仰慕。汉贾谊《过秦论》："天下之士，斐然向风。"宾贡：归顺纳贡。

⑤ 蜂虿（chài）：蜂和虿，都是有毒刺的螫虫。《国语·晋语九》："蜹蚁蜂虿，皆能害人，况君相乎！"

⑥ 亭障：古代边塞要地设置的堡垒。《史记·大宛列传》："于是酒泉列亭鄣至玉门矣。"

⑦ 要荒：要，要服；荒，荒服。古代王畿外围，以五百里为一区划，由近及远分为侯服、甸服、绥服、要服、荒服，合称五服。服，服事天子之意。参阅《书·益稷》孔安国传。

议守险（德与险兼用）

问：《易》曰："王公（一作侯）设险，以守其国。"①《记》曰："在德不在险。"②然用之则乖"在德"之训，弃之则违"守国"之诫，二议相反，其指何从？又问：以山河为宝者，万夫不能当也，以道德为藩者，四夷为之守也，何则？苗恃洞庭，负险而亡，汉都天府③，用险而昌，其故何也？今欲鉴昌亡，审用舍，复何如哉？

注释：

① 语出《易·坎》："象曰：……天险不可升也，地险山川丘陵也，王公设险，以守其国。"
② "《记》曰"句：此"《记》"指"《史记》"。《史记·吴起列传》："武侯浮西河而下，中流，顾而谓吴起曰：'美哉乎山河之固！此魏国之宝也！'起对曰：'在德不在险。昔三苗氏左洞庭右彭蠡，德义不修，禹灭之。'"
③ 天府：谓土地肥沃、物产富饶之域。《史记·刘敬叔孙通列传》："因秦之故，资甚美膏腴之地，此所谓天府者也。"

对：臣闻《易》曰："王公设险，以守其国。"又秦得百二，以吞天下；齐得十二，而霸诸侯①。盖恃险之论，兴于此矣。《史记》曰："在德不在险。"《传》曰："九州之险，是不一姓。"②盖弃险之议，生于此矣。臣以为险之为用，用舍有时，恃既失之，弃亦未为得也。何者？夫险之为利大矣，为害亦大矣。故天地闭否③，守之则为利；天地交泰④，用之则为害。盖天地有常险，而圣人无常用也。然则以道德为藩，以仁义为屏，以忠信为甲胄，以礼乐为干橹者⑤，教之险，政之守也。以城池为固，以金革为备，以山河为襟带⑥，以丘陵为咽喉者，地之险，人之守也。王者之兴也，必兼而用之，昔汉高帝除害兴利，以安天下，自谓德不及于周，而贤于秦，故去洛之易，即秦之险，建都创业，垂四百年，是能兼而用之也。桀纣三苗之徒，负大河，凭太行，保洞庭，而不修德政，坐取覆灭者，是专恃其险也。莒子恃其僻陋，不修城郭，丧其三都者，是怠弃其险也。由斯观之，山河之阻，沟墉之固，可用而不可恃也，智以险昌，愚以险亡，昌亡之间，惟陛下（集有能字）鉴之。

注释：

① 百二：以二敌百；后以喻山河险固之地。《史记·高祖本纪》："秦，形胜之国，带河山之险，县隔千里，持戟百万，秦得百二焉。"裴骃集解引苏林曰："得百中之二焉。秦地险固，二万人足当诸侯百万人也。"十二：十分之二。《史记·高祖本纪》："地方二千里，持戟百万，县隔千里之外，齐得十二焉。"裴骃集解引苏林曰："十二，得十中之二。"
② 语出《左传·昭公四年》："九州之险也，是不一姓。"
③ 闭否（pǐ）：阻隔，不相交。
④ 交泰：《易·泰》："天地交，泰。"王弼注："泰者，物大通之时也。"后以"交泰"指天地之气和祥，万物通泰。
⑤ 藩：篱笆，引申为屏障。晋左思《魏都赋》："以道德为藩，不以袭险为屏也。"干橹：小盾、大盾。《礼记·儒行》："儒有忠信以为甲胄，礼义以为干橹；戴仁而行，抱义而处。"郑玄注："干橹，小楯、大楯也。"
⑥ 襟带：衣襟和腰带，谓山川屏障环绕，如襟似带，比喻险要的地理形势。

问备边（并置帅将）

对：臣伏见方今备边之计，未得其宜。何则？京西之兵，其数颇众，城堡甚备，器械甚精，以之遏侵掠，禁夺攘，则可矣，夷戎大至，长驱而来，臣恐将卒虽多，无能抗者。今所以轸陛下虑者，岂非此乎？其所以然者，盖由镇垒太多①，主将太众故也。夫镇多则兵散，兵散则威不相合，而力不相济矣；将众则心异，心异则胜不相让，而败不相救矣。卒然有事，谁肯当之？今若合之为五将，总之以一师，将合则戮力，师一则同心，仍使均握其兵，分守其界，明察其罪，必行赏罚，然后据便宜（一作利便）之地，扼要害之冲，以逸待劳，以寡制众，则虽黠虏，无能为也②。臣又以为自古及今，有不能守塞之兵，而无不可守之塞；有不能备戎之将，而无不可备之戎。故曰十围之木，持千钧之屋，得其宜也；五尺之关，能制其开阖，得其要也。伏惟陛下握戎之要，操塞之关，则西陲之忧，可少息矣。

注释：

① 镇：古代于边境重地设镇，以重兵驻守。中唐时，镇之地位上升，权力增大，而内地亦相继设置，其长官为节度使，掌一方军政大权。

② 利便：谓形势之便利。语出汉贾谊《过秦论》："因利乘便，宰割天下，分裂河山。"黠（xiá）虏：狡猾的敌人。

议兵（用舍逆顺兴亡）

问：《传》曰："谁能去兵？兵之设久矣。"①又曰："先王耀德不观兵。"②二者古之明训也。然则君天下者，废而不用，且涉去兵之罪；资以定功，又乖耀德之美。去就之理，何者得中？又问：兵不妄动，师必有名。议之者颇辨否臧，用之者多迷本末。故有戎而业成王霸，一战而祸及危亡。兴灭之数何由？逆顺之要安在？

注释：

①"谁能去兵"句：语出《左传·襄公二十七年》曰："谁能去兵，兵之设久矣，所以威不轨而昭文德也。"

②"先王耀德"句：语出《国语·周语上》："穆王将征犬戎，祭公谋父谏曰：不可，先王耀德不观兵。夫兵戢而时动，动则威，观则玩，玩则无震。"耀德：显扬德化。观兵：显示兵力。

对：臣闻天下虽兴，好战必亡；天下虽安，忘战必危；不好不忘，天下之王也。祭公曰："先王耀德不观兵。"老子曰："兵者不祥之器，不得已而用之。"①斯则不好之明训也。《传》曰："谁能去兵？兵之设久矣。"又周定天下，偃武修文，犹立司马之官，六军之众，以时教战②。斯又不忘之明训也。然则君天下者，不可去兵也，不可黩武也，在乎用之有本末，行之有逆顺。逆顺之要，大略有三，而兵之名随焉。夫兴利除害，应天顺人，不为名师③，义然后动，谓之义兵；相时观衅④，取乱侮亡，不为祸先，敌至而应，谓之应兵；恃力宣骄，作威逞欲，轻人性命，贪人田土，谓之贪兵。兵贪者亡，兵应者强，兵义者王。王者之兵，无敌于天下也，故有征无战焉；强者之兵，先弱敌而后战也，故百战百胜焉；亡者之兵，先自败而后战也，故胜与不胜同归于亡焉。历代君臣，惑于本末，闻王者之无敌，则思耀武，是获一兔而欲守株也⑤；见亡者之自败，则弭兵，是困一噎而欲去食也⑥。曾不知无敌者根于义，自败者本于贪，而欲归咎于兵，责功于武，不其惑欤？兴废之由，逆顺之要，昭然可见，惟陛下择之。

注释：

① 语出《老子》："兵者不祥之器，非君子之器，不得已而用之。"
② 司马：官名。周时为六卿之一，曰夏官大司马。掌军旅之事。《周礼·夏官》："大司马之职……中春，教振旅……中夏，教茇舍……中秋，教治兵……中冬，教大阅。"
③ 名师：著名的军队。《韩非子·初见秦》："今秦地折长补短，方数千里，名师数十百万。"《战国策·秦策一》："今秦地形，断长续短，方数千里，名师数百万。"
④ 观衅（xìn）：窥伺敌人的间隙。《左传·宣公十二年》："会闻用师，观衅而动。"
⑤"获一兔而欲守株"：语本《韩非子·五蠹》："宋人有耕田者，田中有株，兔走，触柱折颈而死，因释其耒而守株，冀复得兔，兔不可复得，而身为宋国笑。"比喻死守狭隘经验，不知变通。
⑥"困一噎而欲去食"：语本《吕氏春秋·荡兵》："夫有以饐死者，欲禁天下之食，悖。"饐，同"噎"。比喻受过挫折以后，连该做的事情也不去做了。

问选将帅之方

对：臣闻君明则将贤，将贤则兵胜。故有不能理兵之将，而无不可胜之兵；有不能选将之君，而无不可得之将，是以君功见于选将，将功见于理兵者也。然选将之术，在乎因人之耳听之，因人之目视之，因人之好恶而取之舍之。故明王之选将帅也，访于众，询于人①。若十人爱之，十人之将也；百人爱之，百人之将也；千人悦之，必千人之将也；万人伏之，必万人之将也②。臣以为贤愚之际，优劣之间，以此而求，十得八九矣。

注释：

① 访：咨询，征求意见。
② 伏：信服，佩服。《世说新语·捷悟》："众伏其辩悟。"

文苑英华卷五百二

宋　李昉等编

求贤三道

问：选贤举能，秀造参用①，今之所荐，诚为得人。未闻含声待扣②，乃有不耕而获。十室忠信③，理亦难诬。若遂践于清朝，仗何材而（一作于）济物？又二老归周④，见称何德？八元佐（一作仕）舜⑤，见述何功？兹泉以何术见称⑥？莘邑以何辞作相⑦？云台画象述其先⑧，麟阁称名标其道⑨。

注释：

① 秀造：有名望的人。参用：参酌使用、任用。
② 含声待扣：有待敲击（而发声）。亦比喻等待询问。南朝梁何逊《七召·儒学》："响如钟而待扣，明似镜而长悬。"
③ 十室忠信：指在乡里以忠信著称。语本《论语·公冶长》："子曰：'十室之邑，必有忠信如丘者焉，不如丘之好学也。'"
④ 二老：指伯夷和叔齐。
⑤ 八元：古代传说中的八个才子。《左传·文公十八年》："高辛氏有才子八人：伯奋、仲堪、叔献、季仲、伯虎、仲熊、叔豹、季狸，忠肃共懿，宣慈惠和，天下之民，谓之'八元'。"《史记·五帝本纪》："（舜）举八元，使布五教于四方，父义，母慈，兄友，弟恭，子孝，内平外成。"按《史记》的记载，帝尧承帝喾高辛氏之位却不举用前朝贤臣"八恺"、"八元"，而舜举用之以成大功。
⑥ 兹泉：相传为姜子牙垂钓的地方，此代指姜子牙。
⑦ 莘邑：代指伊尹。相传伊尹未为汤臣时耕于有莘之野。
⑧ 云台：汉宫中高台名。东汉明帝曾图画功臣三十二人（二十八将加上王常、李通、窦融、卓茂）于此。
⑨ 麟阁：西汉宣帝时宫中有麒麟阁，为图绘功臣之所，省称麟阁。

对

冯万石①

对：昔者圣人之立极也②，选众举能，列官分职，以通天地之德，以类亭毒之功③，臣哉邻哉！时用远矣。主上重光缵曜④，绍开中兴，拜辎轩于受命之初⑤，希俊贤于御极之日。兹乃羲轩之志⑥，尧禹之心，勤求道要（阙）。所望于清光哉！故邓林有必至之才⑦，昆山无藏价之宝⑧。可不谓然乎！

注释：

① 冯万石：圣历初第进士。大足初中嫉恶科，神龙初中才高位下科，景云中中怀能抱器科。开元初重考及第，六年中超群拔类科，十三年考判入第，十六年又入第，二十六年中文词壮丽科。凡九登科选。见今《全唐文》卷二百八。
② 立极：登帝位；秉国政。
③ 类：比拟，仿依。亭毒：养育，化育。《老子》："长之育之，亭之毒之，养之覆之。"亭之毒之，

一本作“成之熟之”。亭毒之功，犹云造化之功。设官分职而仿依天地造化之德之功，是儒家的理想，这可以从《周礼》分天官、地官、春官、夏官、秋官、冬官的作法看出。

④ 缵（zuǎn）：继承。

⑤ 輶（yóu）轩：本为古代使臣乘坐的一种轻车，此代指使臣。

⑥ 義轩：“義”疑为“羲”之误。羲轩指伏羲神农氏和黄帝轩辕氏。

⑦ 邓林：本指神话中夸父逐日道渴欲死之时弃杖而化的那片树林，此处喻指荟萃之处，聚汇之所。

⑧ 昆山：昆仑山。该山通天神，产美玉。

走（一作臣）以妄庸①，艺无兼采，缪从卑列，应此嘉荐②，诚非钝朽所能塞充③。然天休（一作光）震动④，虚求秀逸，扬于王庭，亦僶俛矣⑤！顾当参明试，献嘉猷，竭谀闻⑥，敷大体⑦，言用身退，以酬万一，岂所谓不耕而获、邀名幸时而已哉⑧！今见属有司，恭承下问，懋陈常务⑨，自谓无奇，若得饬躬召见⑩，对扬天休，下学上达，舒愤竭情，则亦引谕阴阳，较明时政之要，感激狂直，甄摭授受之宜⑪，效其涓埃⑫，以增海岳耳。若遂践清朝，济时成务，其道甚大，惟变所适，俾闻后命，则藏器而动⑬，顾以更仆，亦何尽言！

注释：

① 走：自称的谦词。犹言仆。仆人为主人奔走效劳，故可以“走”简称之。《文选·司马迁〈报任少卿书〉》：“太史公牛马走 司马迁 再拜言。”

② 嘉荐：指被推荐参加科举考试。

③ 塞充：犹言胜任。

④ 天休：天子的恩典。

⑤ 僶俛（mǐnmiǎn）：努力，勤奋。

⑥ 谀（xiǎo）：小。谀闻指孤陋寡闻。常用作谦词。

⑦ 敷：陈述。

⑧ 幸时：希望侥幸得到好运。

⑨ 懋（mào）：勤勉，努力。

⑩ 饬躬：整束自身。

⑪ 甄摭（zhí）：鉴别选择。授受：指授官封爵。

⑫ 涓埃：细流与微尘。

⑬ 器：指才能、能力。在《论语》中，孔子喜以“器”喻弟子之才能。“藏器而动”指怀才待用，相机行事。

曲学鲰生①，居今志古，若乃忠为令德，功实佐时，披卷怀人，恨为异代②，虽惭非博物，敢不扬言！则夫西伯善养，夷齐以让国归老；帝舜举能，元凯以通才授职。维师尚父，韬钤乃适道之功③；相时阿衡，鼎任为献君之术④。云台纪绩，吴邓懿其元勋⑤；麟阁图功，卫霍流其茂实⑥。谨对。

注释：

① 鲰（zōu）生：犹小生。多作自称的谦词。鲰：本为杂小鱼，引申为卑微。

② 披卷怀人，恨为异代：指得到最高统治者的赏识。史载，秦王政读《韩非子》，激赏之，对人说：

"我遗憾不能与此人同时。"而后被李斯告知，乃迎韩非而师事之。

③ 韬钤（qián）：古代兵书《六韬》、《玉钤篇》，相传为吕尚所作。

④ 阿衡：商代官名，相当于后世宰相之职，此处特指曾任此职的伊尹。《史记·游侠列传》："昔者虞舜窘于井廪，伊尹负于鼎俎，傅说匿于傅险，吕尚困于棘津……此皆学士所谓有道仁人也，犹然遭此菑。"鼎饪（rèn）：相传商伊尹以调鼎烹饪之事向商汤喻说治国之理。

⑤ 吴邓：指云台二十八将中的吴汉、邓禹。

⑥ 卫霍：指汉宣帝麒麟阁十一功臣中的卫青、霍去病。

求贤

（见四百八十二卷题作贤良方正第二道策）

吴师道

同　前

问：棘津登辅[①]，不因阶于尺木；莘郊作相[②]，岂凭资于累迁？盖道有攸存，时无可废，爰暨浇讹[③]，必修（一作循）班序，先容乃器[④]，因地拔萃，共相沿袭，遂成标准。今圣上务切悬旌[⑤]，心摇启繇（一作旆）[⑥]。虽衣冠华胤，已乔迁于周列[⑦]；而衡泌幽人，罕遥集于魏鼎[⑧]。岂英灵不孕于山泽，将物理自系于古今[⑨]？无蔽尔辞，切陈其致。

注释：

① 棘津：古代黄河津渡名。地在今河南省延津县东北。相传周文王师姜尚（吕尚）未遇时曾卖食于此。

② 莘郊：相传伊尹未为汤臣时曾耕于有莘之野。

③ 浇讹：浮薄诈伪。

④ 先容乃器：比喻须先考核才授职。

⑤ 悬旌：挂在空中随风飘荡的旌旗。此言以旌招贤。《孟子》曰："齐景公招虞人以旌，不至，将杀之。非其招也。夫招虞人以皮冠，庶人以旃，士以旂，大夫以旌，况以不贤人之招招贤人乎？"

⑥ 启旆（pèi）：旆字亦作斾。指旌旗。"心摇启旆"：《战国策·楚策一》："苏秦为赵合从于楚，威王曰：'寡人西接秦，秦，虎狼之国。卧不安席，食不甘味，心摇摇如悬旌，而无所终薄。'"

⑦ 华胤：贵族之子孙后代。周列：犹言"周行"，原义指周官的行列，后泛指朝班，朝官行列。

⑧ 衡泌：谓隐居之地。语本《诗·陈风·衡门》："衡门之下，可以栖迟。泌之洋洋，可以乐饥。"朱熹集传："此隐居自乐而无求者之词。言衡门虽浅陋，然亦可以游息；泌水虽不可饱，然亦可以玩乐而忘饥也。"魏鼎：宋·苏舜钦《还刘处士先令公（郡）功名录》："当年力战荡妖氛，十万雄师四七勋。将略妙欺班定远，家声高过李将军。铭图魏鼎文犹在，笔勒燕山迹尚分。今日闲披有遗恨，可怜生不遇明君。"

⑨ 物理：事物的道理、规律。

对

上官仪①

对：凤德方亨②，必资英辅；龙光未聘，实俟明君③。既藏器以须时④，亦虚襟而待物，莫不理符灵应，道叶冥通⑤。类霜降而钟鸣⑥，同云蒸而础润，秘策赴之如投水，神心应之若转规⑦。用能感会一时⑧，抑扬千古。是以沉鳞暂跃⑨，遂游泳于天汉；坠羽才迁，乃腾骧于日陆⑩。弘心体之妙旨，播舟水之嘉谟⑪。义列丹青，德融金璧。迨乎时钟季叔⑫，化渐浇讹⑬，拔萃之惠罕流，因地之阶愈笃，使西都金（一作陈）子奕叶称荣⑭，东国袁生八公为贵⑮。廷尉之明穷识理，十载无知⑯；黄门之妙极摛文⑰，八迁宁进。徒使干星秀气⑱，永翳穷尘⑲，照庑奇光⑳，长湮幽石。自可循风市马，袭轨求龙，三年不亏，七年无废。戋戋束帛，指丘园而毕陈㉑；翘翘车乘，望林泉而载辖㉒。则材标海若㉓，雾集丹墀㉔，德表星精，云飞紫阙。岂直高尚之士，遥集于台司，衡泌之俦，乔迁于鼎职。谨对。

注释：

① 上官仪：字游韶，陕州陕人。幼度为沙门。贞观初举进士，授宏文馆直学士，累迁起居郎。高宗朝迁秘书少监，加银青光禄大夫西台侍郎同东西台三品。许敬宗诬与梁王忠谋逆，下狱死。中宗时追赠中书令秦州都督楚国公。见今《全唐文》卷一百五十五。

② 凤德：指统治者能致天下太平之德行。《论语·微子》："楚狂接舆歌而过孔子曰：'凤兮！凤兮！何德之衰！'"

③ 龙光：喻指不同寻常的光辉。或曰天子气、瑞气。聘：此处为延致、请到的意思。

④ 器：喻才能。须：待。

⑤ 叶（xié）：和洽；相合。

⑥ 类霜降而钟鸣：言"霜钟"。指钟或钟声。语本《山海经·中山经》："〔丰山〕有九钟焉，是知霜鸣。"郭璞注："霜降则钟鸣，故言知也。"

⑦ 转规：转动圆形器物。喻一往无阻或毫无阻难。

⑧ 用：因。

⑨ 鳞：代指鱼。暂：突然。腾骧：飞腾；奔腾。《文选·张衡〈西京赋〉》："负笋业而余怒，乃奋翅而腾骧。"薛综注："腾，超也；骧，驰也。"

⑩ 腾骧：奔跃。日陆：指京师朝廷。此或用羲和驭日及太阳中三足乌等典故。

⑪ 舟水之嘉谟：指以舟水关系喻君民、官民关系，即所谓"水则载舟，水则覆舟"的道理。

⑫ 时钟季叔：指国家时运到了季世、末世。古以伯仲季叔排同辈大小，季、叔靠后。《左传·昭公三年》："齐侯使晏婴请继室于晋……既成昏，晏子受礼，叔向从之宴，相与语。叔向曰：'齐其何如？'晏子曰：'此季世也。吾弗知齐其为陈氏矣？'……叔向曰：'然虽吾公室，今亦季世也。'"

⑬ 浇讹：浮薄诈伪。

⑭ 西都金（一作陈）子奕叶称荣：西都，此代指西汉。奕叶：累世，代代。金子，指金日磾（mì dī）（前134—前86），字翁叔。本匈奴休屠王太子，休屠王被杀，金日磾入汉赐姓金，摒弃前嫌为官忠心事汉，其子孙亦因忠孝显名，七世不衰。见《汉书·霍光金日磾传》

⑮ 东国袁生八公为贵：东国，此代指东汉。袁生，指袁安（？—92）东汉大臣，字邵公，汝南汝阳

(今河南商水西南)人。少承家学，举孝廉，任阴平长、任城令，驭属下极严，吏人畏而爱之。明帝时，任楚郡太守、河南尹，政号严明，断狱公平，在职10年，京师肃然，名重朝廷。后历任太仆、司空、司徒。其子孙亦多任大官，汝南袁氏成为东汉有名的世家大族。见《后汉书·袁安传》。

⑯ 无知：无人知晓，无人理睬。

⑰ 黄门：指黄门侍郎或给事黄门侍郎。摛（chī）文：铺陈文采。

⑱ 干星秀气：干，是干犯的意思，指龙泉之类宝剑，埋于地下，而剑气上冲霄汉。

⑲ 翳：遮蔽；隐没。

⑳ 庑（wǔ）：堂下周围的走廊、廊屋。

㉑ "戋戋"句：《易·贲》："六五，贲于丘园，束帛戋戋。吝，终吉。"王肃注："失位无应，隐处丘园。"孔颖达疏："丘谓丘墟，园谓园圃。唯草木所生，是质素之所。"后以"丘园"指隐居之处。朱熹本义："戋戋，浅小之意。"

㉒ "翘翘"句：《左传·庄公二十二年》："诗云：翘翘车乘，招我以弓。岂不欲往，畏我友朋。"杜预注："逸诗也。翘翘，远貌。古者聘士以弓，言虽贪显命，惧为朋友所讥责。"林泉：指贤人隐居之地。

㉓ 海若：传说中的海神。《楚辞·远游》："使湘灵鼓瑟兮，令海若舞冯夷。"王逸注："海若，海神名也。"洪兴祖补注："海若，庄子所称北海若也。"章炳麟《訄书·原教下》："海若者，右倪之龟也，以为瀛之神。"

㉔ 丹墀（chí）：指宫殿的赤色台阶或赤色地面。

高洁之士二道

问：惟尧则天，全颍阳之节①；惟禹奠州，遂沧州之美②。然则高洁之士，出于盛明；廉耻之宾，不生浇季③。自皇唐受命，驱驾前古，贞遁不闻④，风轨莫继。岂端操之范，独秘于往辰；将奔竞之徒，顿骋于兹日？缅怀长往，有懵深衷⑤，贮听离（一作诸）贤，以祛心疚。

注释：

① 则天：以天为法，治理天下。语出《论语·泰伯》："巍巍乎！唯天为大，唯尧则之。"颍阳之节：指许由的节操。许由隐于箕山后，尧又召其为九州长，许由以为污己听闻，乃洗耳于颍水滨。

② 奠：奠定。沧州：古渤海郡地。因为偏远且近海，往往为隐士首选。

③ 浇季：道德风俗浮薄的末世。

④ 贞遁：也写作"贞遯"。《易·遯》："遯，亨，小利贞。"后以"贞遁"指洁身退隐。

⑤ 懵（měng）：昏昧，糊涂。

对

张昌龄①

对：则天分命，箕山多长往之宾②；浚亩劬劳，沧州有肥遁之客③。是以北荒孤竹，甘（一作隐）草泽而轻周④；南岳紫芝，翫林泉而耻汉⑤。此盖为匹夫小节，未达汾阳之旨⑥；独行幽姿，宁动少微之宿⑦。岂若大风在梦，“非熊”入兆，下箕尾而称师，委旄头而作傅⑧。自大君有命，远顿天纮⑨，尽岩穴之英奇，总濠梁之薖轴⑩；脱荷裳而袭朱绂，解薜萝而绾青绶⑪；五尺童子羞称荷篠，三事大夫耻观瓢饮⑫。将使郑君谷口⑬，擅不言之谣；曹相府门⑭，多清净之化。方知圣人在上，真隐不获全其高；淳风所偃，幽真不能固其节。麛卵（一作麛狸）得性⑮，麟凤所以呈姿；山林不夭，风云以之通气。物既禀和而适变，士亦感类而相从。调饪自可怡神，烹鲜足堪养性。犹谓寒泉独善，未臻授手之仁⑯，薪槱兼济⑰，有助兴王之道。谨对。

注释：

① 张昌龄：冀州南宫人，第进士，贞观中补长安尉。出为襄州司户，后为北门修撰，乾封元年卒。见今《全唐文》卷一百六十一。

② 分（fèn）：甘愿；满意。箕山：尧让天下于许由，许由不受，隐于箕山之下。

③ 浚亩：《书·益稷》：“予决九川，距四海。浚畎浍，距川。”劬（qú）：辛劳，劳苦。肥遁：隐居避世。

④ 孤竹：伯夷与叔齐是孤竹君之二子。

⑤ 南岳：这里指长安以南的终南山，是汉初四皓隐居之所在。

⑥ 汾阳：指尧。《庄子·逍遥游》：“尧治天下之民，平海内之政，往见四子藐姑射之山，汾水之阳，窅然丧其天下焉。”

⑦ 少微：星座名。共四星，在太微垣西南。《史记·天官书》：“廷藩西有隋星五，曰少微，士大夫。”张守节正义：“少微四星，在太微西，南北列。第一星，处士也；第二星，议士也；第三星，博士也；第四星，士大夫也。占以明大黄润，则贤士举；不明，反是。”

⑧“非熊”入兆：《六韬·文师》载：文王将往渭水边打猎，行见占卜，卜辞曰：“田于渭阳，将大得焉，非龙非彨，非虎非罴。兆得公侯。天遣汝师以之佐昌。”后果遇太公坐渭水边垂钓，与之语而大悦，遂同车而归拜为师。又见《史记·齐太公世家》。

⑨ 纮（hóng）：天纮即天纲。

⑩ 薖（kē）轴：宽大的车船。

⑪ 荷裳、薜萝：高洁、隐遁者之服。《楚辞·离骚》：“制芰荷以为衣兮，集芙蓉以为裳。”《楚辞·九歌·山鬼》：“若有人兮山之阿，被薜荔兮带女萝。”后借薜萝以指隐者或高士的衣服。《南齐书·高逸传·宗测》：“量腹而进松术，度形而衣薜萝。”绂（fú）：蔽膝。缝于长衣之前，为古代天子、诸侯等礼服的服饰。《易·困》：“朱绂方来。”青绶：本指系官印的丝带。这里代指官印。

⑫ 荷篠（diào）：《论语》中有荷篠丈人，《论语·微子》：“子路从而后，遇丈人以杖荷篠。”此代指隐者，归隐。篠：古代耘田用的竹器。三事大夫：三公之类的高官。《诗·小雅·雨无正》：“三事大夫，莫肯夙夜。”孔颖达疏：“三事大夫为三公耳。”瓢饮：《论语·雍也》：“子曰：‘贤哉！回也。一箪食，一瓢饮，在陋巷。人不堪其忧，回也不改其乐。贤哉！回也。’”

⑬ 郑君谷：汉郑子真隐居于云阳谷口，成帝时大将军王凤礼聘之，不应，世号谷口子真。扬雄在《法言》中称其“不屈其志而耕乎岩石之下”。

⑭ 曹相府：指西汉曹参，他在惠帝时，继萧何为相，以无为为治，一遵萧何所规。

⑮ 麛（mí）：幼鹿。“麛卵”，幼鹿和鸟卵。泛指幼小的禽兽。《礼记·曲礼下》：“国君春田不围泽，大夫不掩群，士不取麛卵。”得性：全其天性。

⑯ 授手：授以援手。谓救援。《后汉书·崔骃传》：“于是乎贤人授手，援世之灾，跋涉赴俗，急斯时也。”

⑰ 槱（yǒu）：木柴。

同　前

田备（总目作田恪）①

对：圣人出震，②博访刍荛；大帝登庸，③询谋师相。是以周称尚父，吕望擢自磻溪；④殷曰得贤，傅说求诸版筑。莫不舟梁羽翮，鼎实盐梅，⑤表区寓之明明，成朝廷之济济。自隆周洎乎幽厉，⑥朝政在于诸侯；炎汉至于哀平，⑦威权任乎卿相。貂蝉耀彩，雄俊遍五侯之门；⑧剑履生光，宾客满四豪之第。⑨吹竽弹剑，犬吠鸡鸣，⑩用才各任所能，取士不求其备。弓旌之命，非道德之门；蒲帛之征，乖有道之室。⑪方今前疑后丞，龙翰凤翼，左辅右弼，岳气星精，加以征逸璞于岩廊，索遗珠于穷海。⑫丘园之下，羔雁成行；闾巷之中，轩轺相次。⑬玄纁之礼既备，巢父长谢山林；珪璧之问不空，夷齐岂食薇蕨。⑭

注释：

① 田备：生平不详。文见今《全唐文》卷九百四十九。

② 出震：八卦中的“震”卦位应东方。出震，即出于东方。南朝陈徐陵《劝进梁元帝表》：“伏惟陛下出震等于勋华，鸣谦同于旦奭。握图秉钺，将在御天；玉胜珠衡，先彰元后。”

③ 大帝：对上古圣德帝王的敬称。登庸：指登帝位。

④ 磻（pán）溪：在陕西宝鸡市东南，源出南山，北流入于渭。

⑤ 舟梁：用船架设的浮桥。羽翮：比喻辅翼或辅佐者。《后汉书·隗嚣传》：“今俊乂并会，羽翮并肩。”鼎实：鼎中所盛之物。语出《易·鼎》：“九二，鼎有实。”汉贾谊《新书·谕诚》：“及智伯分吾以衣服，馅吾以鼎实，举被而为礼，夫国士遇我，我固国士为之报。”盐梅：盐和梅子。盐味咸，梅味酸，均为调味所需。亦喻指国家所需的贤才。《书·说命下》：“若作和羹，尔惟盐梅。”鼎实盐梅代指敬贤之事。

⑥ 洎（jì）：至，到。

⑦ 炎汉：指汉代。汉以火德王，故称炎汉。哀平：指汉哀帝、平帝之时。

⑧ 貂蝉：貂尾和附蝉，古代为侍中、常侍等贵近之臣的冠饰。五侯：汉成帝封其舅王谭平阿侯、王商成都侯、王立红阳侯、王根曲阳侯、王逢时高平侯。见《汉书·元后传》。因以“五侯”泛指权贵豪门。

⑨ 四豪：战国时孟尝君、平原君、信陵君、春申君四人，此处泛指权贵豪门。

⑩“吹竽”二句：指权贵豪门家食客各有本事。吹竽者本指齐宫殿中的南郭处士，弹剑者本指齐国孟尝君之客冯谖。鸡鸣狗盗本亦为齐孟尝君食客之能事，传说孟尝君得其力而脱秦之软禁。

⑪ 弓旌：弓和旌。古代征聘之礼，用弓招士，用旌招大夫。《左传·昭公二十年》：“昔我先君之田也，旃以招大夫，弓以招士。”后遂以“弓旌”泛指招聘贤者的信物。蒲帛：蒲车与束帛。古代作为征召贤者之礼。《文选·桓温〈荐谯元彦表〉》：“若秀蒙蒲帛之征，足以镇静颓风，轨训嚣俗。”吕延济注：“古之征贤者，皆以束帛之礼、蒲裹车轮而征之。”借指征聘，征召。

⑫ 前疑：古官名，四辅之一。后丞：亦古代天子四辅之一。《尚书大传》卷二：“古者天子必有四邻，前曰疑，后曰丞，左曰辅，右曰弼。”按，汉贾谊《新书·保傅》作道、辅、拂、承。王莽托古改

制，乃置四辅三公，其一为后承。为皇帝前后重臣。星精：犹言星之灵气。逸璞：不为人知的美玉。遗珠：遗失的珍珠。此喻指弃置未用的美好事物或贤德之才。

⑬ 羔雁：小羊和雁。古代用为卿、大夫的贽礼。《周礼·春官·大宗伯》："卿执羔，大夫执雁。"郑玄注："羔，小羊，取其群而不失其类。雁，取其候时而行。"泛指用作征召、婚聘、晋谒的礼物。轩轺：轻车。显贵者所乘。轺（yáo）：小车，轻车。

⑭ 玄纁：黑色和浅红色的布帛；后世帝王用作延聘贤士的礼品。《后汉书·隐逸传·韩康》："桓帝乃备玄纁之礼，以安车聘之。"纁（xūn）：浅绛色。巢父：传说为尧时的隐士。汉王符《潜夫论·交际》："巢父木栖而自愿。"晋皇甫谧《高士传·巢父》："巢父者，尧时隐人也，山居不营世利，年老以树为巢而寝其上，故时人号曰巢父。"

请以族类求贤①

白居易

问：自古以来，君者无不思求其贤，贤者罔不思效其用，君贤两不相遇，其故何哉？今欲求之辨之（集无此二字），其术安在？

（此下七篇，并于《白居易集》备制科七十五门中摘取，问、答皆居易作。）

对

对：臣闻人君者无不思求其贤，人臣者无不思效其用，然而君求贤而不得，臣效用而无由者，岂不以贵贱相悬，朝野相隔，堂远于千里，门深于九重，虽臣有慺慺之诚，何由上达？②虽君有孜孜之念，无因下知，上下茫然，两不相遇。如此则岂惟贤者不用，矧又用者不贤，所以从古已来乱多而理少者，实此之由也。③

臣以为求贤有术，辨贤有方。术者，各审其族类，使之推荐而已矣。近取诸喻，其犹线与矢乎。线因针而入，矢待弦而发，虽有线矢，苟无针弦，求自致焉，不可得也。夫必以族类者，盖贤愚有贯，善恶有伦，若以类求，必以类至，此亦犹水流湿，火就燥，自然之理也。④何则？人以德义立身者，必交于德义，不交于险僻；以正直克己者，必朋（集作用）于正直，不朋于颇邪；以贪冒为意者，必比于贪冒，不比于贞廉；⑤以悖慢肆心者，狎于悖慢，不狎于恭谨。⑥何者？事相害而不相习（集作利），性相戾而不相从，此乃天地常伦，人物常理，必然之势也，则贤与不肖以此知之。伏惟陛下欲求而致之也，则思因针待弦之势；欲辨而别之也，则察流湿就燥之徒。得其势，必汇征而自来；审其徒，则（集作必）群分而自见。⑦求之于（集作"人之"）术，辨之于（集作"人之"）方，于是乎在（集有此字）矣。

注释：

① 族类：同族；同类。此指同类的人。

② 慺慺：勤恳貌；恭谨貌。《后汉书·杨赐传》："老臣过受师傅之任，数蒙宠异之恩，岂敢爱惜垂没之年，而不尽其慺慺之心哉！"慺（lóu）：恭谨。

③ 矧（shěn）：况且，而况。

④ 贯：本指串钱的绳索。此指序次；按顺序排列。

⑤ 贪冒：贪得，贪图财利。《左传·成公十二年》："诸侯贪冒，侵欲不忌。"引申指贪图财利的人。《旧唐书·职官志二》："较之优劣，而定其留放，所以正权衡，明与夺，抑贪冒，进贤能。"

⑥ 悖慢：亦作"悖嫚"。违逆不敬；背理傲慢。《后汉书·南匈奴传》："而单于骄踞，自比冒顿，对使者辞语悖慢。"狎（xiá）：接近；亲近。

⑦ 汇征：《易·泰》："初九：拔茅茹，以其汇，征吉。"孔颖达疏："汇，类也，以类相从……征，行也。"后因以"汇征"谓连类而进。唐陆贽《请许台省长官举荐属吏状》："惟广求才之路，使贤者各以汇征；启至公之门，令职司皆得自达。"引申指进用贤者。群分：按类区分。《易·系辞上》："方以类聚，物以群分。"孔颖达疏："物谓物色，群党共在一处而与他物相分别。"

尊贤（用厚礼以致大贤也）

问：国家岁贡俊逸（集作造），日求贤良，何则所得者率寻常之才，所来者非师友之佐？① 岂时无大贤乎？将求之不得其道乎？

对：臣闻政理之先，先于行道；② 行道之本，本于得贤；得贤之由，由乎审礼。若礼之厚薄定于此，则贤之优劣应于彼。有（集作故）黜位而朝，西面而事，则师之才至矣；③ 先之以身，下之以色，则友之才至矣；展皮币之礼，尽揖让之仪，则大臣之才至矣；④ 南面而坐，使者先焉，则左右之才至矣；凭几据床，以令召焉，则厮役之才至矣。⑤ 是以得师者帝，得友者王，得大臣者霸，得左右者弱，得厮役者乱。然则求师而得友、求友而得臣者有矣，未有求臣而得友、求友而得师者也。是故图帝而成王、图王而成霸者有矣，未有图霸而成王、图王而成帝者也。

夫以夷吾之贤，为不可召之臣，桓公所以霸齐也。孔明之才，为非屈致之士，刘氏所以图蜀也。⑥ 夫欲霸一国、图一方，犹审其礼、行其道焉，况于开帝王之业，垂无疆之休，⑦ 苟无尊贤之风，师友之佐，则安能弘其理、恢其化乎！国家有天下二百年，政无不施，德无不备，唯尊贤之礼未与三代同风。⑧ 陛下诚能行之，则尽善尽美之事毕矣。

注释：

① 俊逸：英俊洒脱，超群拔俗；此指超群拔俗的人。寻常：平常，普通。

② 道：指"天下为公"、"选贤授能"之道。

③ 黜（chù）：贬降，罢退；此言空出上卿等高位以待贤者。

④ 皮币：鹿皮和缯帛。古代用作聘享的贵重礼物。《管子·五行》："出皮币，命行人修春秋之礼于天下诸侯。"揖让：宾主相见的礼仪；此言指礼乐文德。《汉书·礼乐志》："揖让而天下治者，礼乐之谓也。"

⑤ 左右：帮助，辅佐。《易·泰》："辅相天地之宜，以左右民。"孔颖达疏："左右，助也，以助养其人也。"厮役：旧称干杂事劳役的奴隶；后泛指受人驱使的奴仆。

⑥ 屈致：委屈招致。《三国志·蜀志·诸葛亮传》："庶曰：'此人可就见，不可屈致也。'"

⑦ 休：喜庆；美善：福禄。

⑧ 风：风教；教化。

请行赏罚以劝举贤[①]

问：顷者累下诏旨，令举所知，献其状莫匪贤能，授以官罕闻政绩，将人不易知耶？[②]将容易其所举耶？[③]

对：臣伏见顷者德宗皇帝颁下诏旨，令举所知，自是内外百寮，岁有闻荐，有司各详其状，咸命以官。语其数，诚得多士之名；考其才，或非尽善之实。[④]何则？得贤由举择慎审，慎审由赏罚必行。自十年以来，未闻有司以得所举赏一人，以失所举罪一人，则内外之荐，恐未专精，出处之贤，或有遗（集作违）滥，斯所以合陛下尚有未得贤之叹也。伏唯申命所举，深诏有司，量其短长之才，授以小大之职，然后明察臧否，精考课最，得人者行进贤之赏，谬举者坐不当之辜。[⑤]自然上下精详，远近惩劝，谨关梁以相保，责轮辕以相承（集作求）。[⑥]俾夫草靡风行，达于天下，则天下之耳，尽为陛下听，天下之目，尽为陛下视。[⑦]明其视，则举不失德；广其听，则野无遗贤。而后官得其才，事得其序，如此则陛下但凝神端拱，而天下理矣。[⑧]

注释：

① 劝：奖勉；鼓励。本策亦出自白居易《策林》，见今《全唐文》卷六百七十。

②“献其状”句：状，行迹、行状，即叙述人物生平行事的文字。此言被举荐之人，从推荐者上奏的行状看很贤能，但居官却少有政绩。

③ 容易：轻易，草率。“容易其所举”意谓草率对待推举之事。

④ 多士：古指众多的贤士。《诗·大雅·文王》：“济济多士，文王以宁。”

⑤ 申命：此言任命。《三国志·魏志·王朗传》：“是以唐虞之设官分职，申命公卿，各以其事，然后惟龙为纳言，犹今尚书也。”臧否：善恶，得失。课最：古时朝廷对官吏定期考核，检查政绩，政绩最好的称“课最”。《汉书·倪宽传》：“输租繦属不绝，课更以最。”或称“课殿最”。古代考核政绩或军功，下等称为“殿”，上等称为“最”。《汉书·宣帝纪》：“其令郡国岁上系囚以掠笞若瘐死者所坐名、县、爵、里，丞相御史课殿最以闻。”颜师古注：“凡言殿最者：殿，后也，课居后也；最，凡要之首也，课居先也。”辜：罪，罪过。

⑥ 关梁：关口和桥梁。此言指对官吏的保举的各环节。《文选·宋玉〈九辩〉》：“猛犬狺狺而迎吠兮，关梁闭而不通。”吕向注：“闭关，喻塞贤路也。”

⑦ 草靡：草顺风倒伏；比喻教化风行。风行：风吹；此亦形容德化广被。汉刘向《说苑·君道》：“夫上之化下，犹风靡草。东风则草靡而西，西风则草靡而东。在风所由，而草为之靡。”

⑧ 凝神：聚精会神。端拱：原指正身拱手，恭敬有礼，庄重不苟。引申指帝王庄严临朝，清简为政；此言闲适自得，清静无为。

议文章（碑碣词赋）①

问：国家抚天下以文明，奖多士以文学，二百余载，文章炳（集作化）焉。②然则述作之文，久而生弊，书事者罕闻于直笔，褒美者多睹其虚词。③今欲去伪抑淫，芟芜刬秽，黜华于枝叶，反实于根原，引而求之，其义（集作道）安在？④

对：臣谨按《易》曰："观乎人文，以化成天下。"⑤《记》曰："文王以文理。"则文之用大矣哉⑥。自三代以还，斯文不振，故天以将丧之弊，授我国家，国家以文德应天，以文教牧人，以文行选贤，以文学取士，二百余载，焕乎文章，故士无贤不肖，率意于文矣。⑦然臣闻大成不能无小弊，大美不能无小疵，是以凡今秉笔之徒，率尔而言者有矣，斐然成章者有矣。⑧故歌词赋颂赞诔碑碣之制，往往有虚美者焉（集作矣），有愧词者焉（集作矣）。若行于时，则诬善恶而惑当世；若传于后，则混真伪而碍将来。⑨臣伏思之，恐非先王之理、化成之教也。

其古之为文者，上以备王教，系国风；下以存警诫，通讽谕。⑩故惩劝善恶之柄，执于文士褒贬之际焉；补察得失之端，操于诗人美刺之间焉。今褒贬之文不核实，则劝惩之义缺矣；⑪美刺之诗不稽政，则补察之义废矣。⑫虽雕章镂句，将焉用之！⑬

臣又闻稂莠稗秕生于谷，反害于谷者也，淫词丽藻生于文，反伤于文者也。⑭故耘者耘稂莠稗秕，所以养谷也；王者删淫词丽藻，所以养文也。伏唯陛下诏主文之司，谕养文之旨，俾词赋合警诫讽谕者，虽质虽野，采而奖之；⑮碑诔有虚美愧词者，虽华虽丽，禁而绝之。若然，则为文者必当尚实，抑美者诚宜去伪，小疵小弊，荡然无遗矣，则何虑乎文章不与三代同风哉（集作同风欤）！

注释：

① 碑碣：石碑方首者称碑，圆首者称碣。后多不分，以之为碑刻的统称。词赋：汉朝人集屈原等所作的赋称为楚辞，因此后人称赋体文学为"词赋"。南朝梁刘勰《文心雕龙·辨骚》："然其文辞丽雅，为词赋之宗。"唐科举"词赋科"，主要考试词赋。

② 炳：光明，明亮；明显，昭著；此指文采鲜明。

③ 直笔：指史官据事直书，无所避忌。虚词：空话，假话。

④ 淫：过度，无节制；滥。此言奢华；浮华。刬秽：铲除杂草。

⑤ 人文：礼乐教化。《易·贲》："观乎天文以察时变，观乎人文以化成天下。"孔颖达疏："言圣人观察人文，则诗书礼乐之谓，当法此教而化成天下也。"化成：教化成功。

⑥"文王以文理"：当作"文王以文治"。《礼记·祭法》"汤以宽治民而除其虐，文王以文治，武王以武功去民之菑，此皆有功烈于民者也。"

⑦ 斯文：指礼乐教化、典章制度。《论语·子罕》："天之将丧斯文也，后死者不得与于斯文也。"文行：文章与德行。《论语·述而》："子以四教，文行忠信。"

⑧ 率尔：急遽貌。《论语·先进》："子路率尔而对。"何晏集解："率尔，先三人对。"引申指轻率貌。

⑨ 诬：歪曲。

⑩ 国风：国家的风俗。讽谕：用委婉的言语进行劝说。

⑪ 劝惩：奖惩。《左传·成公十四年》："惩恶而劝善，非圣人，谁能修之?"美刺：称美与讽恶。南朝宋谢灵运《山居赋》："篇章以陈美刺，论难以核有无。"

⑫ 稽（jī）：考核，查考。

⑬ 雕章镂句：比喻刻意修饰文辞。亦作"雕章琢句"、"雕章绘句"。

⑭ 稂（láng）莠（yǒu）：泛指对禾苗有害的杂草。常比喻害群之人。稗秕：稗，稻田杂草；秕，中空或不饱满的谷粒。比喻不良之物。淫词：邪僻荒诞的言论。《孟子·公孙丑上》："诐辞知其所蔽，淫辞知其所陷。"赵岐注："有淫美不信之辞。"丽藻：华丽的词藻。亦指华丽的诗文。

⑮ 质、野：语本《论语·雍也》："质胜文则野。"后用"质野"形容质朴鄙俗。

采诗（以补察时政）①

问：圣人之致理也，在乎酌人言察人情，而后行为政顺为教者也。②然则一人之耳，焉（集作安）得遍闻天下之言乎？一人之心，安得尽知天下之情乎？今欲立采诗之官，开讽刺之道，察其得失之政，通其上下之情，大夫以为何如？③

对：臣闻圣王酌人之言，补己之过，所以立理本、道（一作遵）化源也。④将在乎选观风之使，建采诗之官，俾乎歌咏之声，讽刺之兴，日采于下，岁献于上者也。所谓言之者无罪，闻之者足以自戒。大凡人之感于事，则必动于情，然后兴于嗟叹，发于吟咏，而形于歌诗矣。故闻《蓼萧》之诗，则知泽及四海也；⑤闻《禾黍》之咏，则知时和岁丰也；⑥闻《北风》之言，则知威虐及人也；⑦闻《硕鼠》之刺，则知重敛于下也；⑧闻"广袖高髻"之谣，则知风俗之奢荡也；⑨闻"谁其获者妇与姑"之言，则知征役之废业也。⑩故国风之盛衰，由斯而见也；王政之得失，由斯而闻也；人情之哀乐，由斯而知也。然后君臣亲览而斟酌焉，政之废者修之，阙者补之；人之忧者乐之，劳者逸之；所谓善防川者，决之使导；善理人者，宣之使言；故政有毫发之善者，下必知也；教有锱铢之失者，上必闻也。则上之诚明，何忧乎不下达？下之利病，何患乎不上知？上下交和，内外胥悦，若此而不臻至理、不致升平，自开辟以来未之闻也。⑪老子曰："不出户，知天下。"斯之谓欤！⑫

注释：

① 采诗：搜集民歌。

② 酌：选取，择善而行。《礼记·坊记》："上酌民言，则下天上施。"郑玄注："酌，犹取也。"

③ 讽刺：以婉言隐语相讥刺；此言讽谏。

④ 理本：至治的根本。化源：教化的本源。

⑤ 蓼萧：《诗·小雅·蓼萧序》："《蓼萧》，泽及四海也。"《左传·襄公二十六年》："国景子相齐侯，赋《蓼萧》。"杜预注："《蓼萧》，《诗·小雅》，言太平泽及远，若露之在萧，以喻晋君恩泽及诸侯。"后因以"蓼萧"指君王的恩泽。

⑥ 禾黍：此当指《诗经》之六笙诗之一《华黍》，其小序曰："《华黍》，时和岁丰，宜黍稷也。有其义而亡其辞。"

⑦ 北风：《诗经》篇名。《诗·邶风·北风》："北风其凉，雨雪其雱。"威虐：凶恶残酷。《诗·邶风·北风序》："卫国并为威虐，百姓不亲，莫不相携持而去焉。"

⑧ 硕鼠：硕鼠，大鼠；比喻横征暴敛的贪婪官吏。《诗·魏风·硕鼠序》："《硕鼠》，刺重敛也。国人刺其君重敛，蚕食于民，不修其政，贪而畏人，若大鼠也。"后遂用作重敛之下，民不聊生的典实。

⑨ 广袖：宽大的衣袖。《玉台新咏·汉时童谣歌》："城中好广袖，四方用匹帛。"高髻：高绾之发髻。《后汉书·马廖传》："长安语曰：'城中好高髻，四方高一尺。'"

⑩ 谁其获者妇与姑：获，收割庄稼；妇、姑，婆、媳。宋·叶庭珪《海录碎事》卷十下"鼓咙胡"条："桓帝初，谣曰：'小麦青青大麦枯，谁其获者妇与姑。文（案，当作'丈'）夫何在西击胡。吏买马君具车，请为诸君鼓咙胡。'（是时羌叛，征役作'鼓咙胡'者，不敢正言，私咽语也。）"

⑪ 胥：相互。

⑫ 不出户，知天下：《老子·鉴远》："不出户，知天下；不窥牖，见天道；其出弥远，其知弥少。是以圣人不行而知，不见而名。"

救学者之失（礼乐诗书）

问：学者，政之根，理之本。国家设庠序以崇儒术，张礼乐而厚国风，师资肃以尊严，文物焕其明备，何则学《诗》、《书》者，拘于文而不通其旨？①习礼乐者，滞于数而不达其情？②故安上之礼未行，化人之学将落。今欲使工祝知先王之道，生徒究圣贤之心，《诗》、《书》不失于愚诬，礼、乐无闻于盈減，积之为言行，播之为风化，何为何作，得至于斯？

对：臣闻：化人动众，学为先焉；安上尊君，礼为本焉；故古之王者，未有不先于学本于礼，而能建国君人，经天纬地者也。③国家删定六经之义，裁成五礼之文，为学者之先知，生人之大惠也。④故命太常以典礼乐，立太学以教《诗》、《书》，将欲以（集作使）四术并举而行之，万人相从而化之（集无之字）。⑤然臣观太学生徒，读无字（集作诵）《诗》、《书》之文而不知《诗》、《书》之旨；太常工祝，执礼乐之器而不识礼乐之情。⑥遗其旨，则作忠兴孝之义不彰；失其情，则同敬同爱之诚不著；所谓弃本而从末，弃精而得粗。至使陛下语学有将落之忧，顾礼有未行之叹者，此由官失其业，师非其人，故但有修习之名，而无训道之实也。⑦伏望审官（集作工）师之能否，辨教学之是非，讲《诗》者以六义风赋为宗，不专于鸟兽草木之名也；⑧读《书》者以四代典谟为旨，不专于章句诂训之文也；⑨习礼者以上下长幼为节，不专于俎豆之数、裼袭之容也；⑩学乐者以忠和孝友为德，不专于节奏之变、缀兆之度也。⑪夫然，则《诗》、《书》无愚诬之失，礼乐无盈减之差。积而行立者，乃升之于朝廷；习而事成者，乃用之于宗庙。是故温柔敦厚之教，疏通知远之训，畅于中而和于外矣。⑫庄敬威严之貌，易直子谅之心，行于上而流于下矣。⑬则睹之者莫不承顺，闻之者莫不率从，管乎人情，出乎理道，欲人不化上不安，其可得乎？

注释：

① 师资：指教师。《老子》："善人者，不善人之师也；不善人者，善人之资也。"文物：有纹饰的车服旌旗仪仗等；引申指礼乐制度，因为古代用文物明贵贱，制等级。《左传·桓公二年》："夫德，俭而有度，登降有数，文物以纪之，声明以发之，以临百官。"

② 数：礼数；仪节。情：思想，精神。

③ 君人：为人之君；统治人民。

④ 六经：六部儒家经典，指《易》、《诗》、《书》、《礼》、《乐》、《春秋》。五礼：古代的五种礼制。即吉礼、凶礼、军礼、宾礼、嘉礼。《周礼·春官·小宗伯》："掌五礼之禁令与其用等。"郑玄注引郑司农云："五礼，吉、凶、军、宾、嘉。"

⑤ 四术：诗、书、礼、乐四种经术。《礼记·王制》："乐正崇四术，立四教，顺先王诗、书、礼、乐以造士，春秋教以礼、乐，冬夏教以诗、书。"《通典·选举一》："诗、书、礼、乐，谓之四术。四术既修，九年大成。"

⑥ 工祝：古时在祭祀时专司祝告的人。《诗·小雅·楚茨》："工祝致告，徂赉孝孙。"高亨注："工祝即祝官。"《楚辞·招魂》："工祝招君，背行先些。"王逸注："男巫曰祝。"

⑦ 但：只，仅。

⑧ 六义：亦称"六诗"。《〈诗〉大序》："诗有六义焉：一曰风，二曰赋，三曰比，四曰兴，五曰雅，六曰颂。"孔颖达 疏："风、雅、颂者，诗篇之异体；赋、比、兴者，诗文之异辞耳。大小不同而得并为六义者，赋、比、兴是诗之所用，风、雅、颂是诗之成形，用彼三事，成此三事，是故同称为义，非别有篇卷也。"风赋：风雅颂赋比兴的省称。

⑨ 四代：指虞、夏、商、周四个朝代。《礼记·学记》："三王四代唯其师。"典谟：《尚书》中《尧典》、《舜典》和《大禹谟》、《皋陶谟》等篇的并称。《书序》："典谟训诰誓命之文凡百篇，所以恢弘至道，示人主以轨范也。"引申指经典，法言。

⑩ 俎豆：俎和豆，古代祭祀、宴飨时盛食物用的两种礼器。亦泛指各种礼器。裼（xī）袭：古代礼服之制：袒外衣而露裼衣，且不尽覆其裘，谓之裼；不裼，谓之袭。盛礼以袭为敬；非盛礼以裼为敬。《礼记·表记》："裼袭之不相因也，欲民之毋相渎也。"郑玄注："不相因者，以其或以裼为敬，或以袭为敬。礼盛者，以袭为敬，执玉龟之属也；礼不盛者，以裼为敬，受享是也。"孔颖达疏："行礼之时，礼不盛者，则露见裼衣；礼盛之时，则重袭上服。是行礼初盛则袭衣，礼不盛则裼衣，是裼袭不相因也……其行礼之时，或初袭而后裼，或初裼而后袭。所以然者，欲使人民无相亵渎使礼相变革也。"

⑪ 缀兆：谓古代乐舞中舞者的行列位置。《礼记·乐记》："屈伸俯仰，缀兆舒疾，乐之文也。"郑玄注："缀，谓酂舞者之位也。兆，其外营域也。"

⑫ 温柔敦厚：温和宽厚。儒家认为这是《诗经》的基本精神和教育意义之所在。后来也被一派人当作对所有诗作的要求。《礼记·经解》："其为人也，温柔敦厚，《诗》教也。"孔颖达疏："温，谓颜色温润；柔，谓情性和柔。《诗》依违讽谏，不指切事情，故云温柔敦厚，是《诗》教也。"疏通：通达。《礼记·经解》："疏通知远，《书》教也。"畅于中而和于外：指音乐教化。

⑬ 易直：平易正直；平易质直。《礼记·乐记》："致乐以治心，则易直子谅之心油然生矣。"子谅：慈爱诚信。《礼记·乐记》："致乐以治心，则易直子谅之心油然生矣。"孔颖达疏："易谓和易，直谓正直。子谓子爱，谅谓诚信，言能深远详审此乐以治其心，则和易正直子爱诚信之心，油油然从内而生矣。"

黜　子　书①

对：臣闻："仲尼没而微言绝，七十子丧而大义乖。"②大义乖则小说兴，微言绝则异端起，于是乎岐分派别，而百氏之书作焉。③然则六家之异同，马迁论之备矣；九流之得失，班固序之详矣；是非取舍，较然可知。④今陛下将欲抑诸子之殊途，遵圣人之要道，则莫若弘四术之正义，崇九经之格言。⑤故正义著明，则六家之异见，不除而自退矣；格言具举，则九流之偏说，不禁而自隐矣。夫如是，则六家九流，尚为之隐退，况百氏之殊文诡制，得不藏匿而消荡乎？⑥斯所谓排小说而扶大义，斥异端而阐微言，辨惑、向方、化人、成俗之略也。⑦伏惟陛下必行之。

注释：

① 黜子书：中华书局本作"问子书"。黜：摈弃，废除；按文理此言罢黜子书（诸子之书）。

② 微言：精深微妙的言辞。大义：正道，大道理。《汉书·艺文志》："昔中尼没而微言绝，七十子丧而大义乖。"

③ 百氏：犹言诸子百家。

④ 六家：指先秦至汉初学术思想的主要派别：阴阳家、儒家、墨家、名家、法家、道德家。汉司马谈有《论六家之要指》，见司马迁《史记·太史公自序》。九流：先秦的九个学术流派。《汉书·叙传下》："刘向司籍，九流以别。"颜师古注引应劭曰："儒、道、阴、阳、法、名、墨、纵横、杂、农，凡九家。"泛指各学术流派。较然：明显貌。

⑤ 四术：指诗、书、礼、乐四种经术。正义：正确的或本来的意义。九经：唐代列在学官的九部儒家经典，指《易》、《诗》、《书》、《周礼》、《仪礼》、《礼记》、《春秋》、《孝经》、《论语》。格言：含有教育意义可为准则的话。

⑥ 诡制：奇异的制作。班固《西都赋》："殊形诡制，各异其观。"消荡：消灭，清除。

⑦ 辨惑：辨别疑惑，解除疑惑。《论语·颜渊》："子张问崇德辨惑。子曰：'主忠信，徙义，崇德也。爱之欲其生，恶之欲其死。既欲其生，又欲其死，是惑也。'"向方：崇尚正直，遵循正道。白居易《田颖可亳州刺史制》："故临戎则士乐为用，抚下而众知向方。"化人：劝化人，教化人。成俗：形成良好的风俗。《礼记·学记》："君子如欲化民成俗，其必由学乎！"

书史百家三道①

问：卦分江使（庄子：神龟为清江使河伯之所），图演天文，文籍于是滥觞，书契以之抽绪。②皇坟帝典，述纪言以联镳；五传六经，贮礼乐而齐骛。③斯并悬诸日月，焕乎文章。至如诸子相腾，小说奔竞，有惭屑玉之化，无异杂铅之宝。④请用于火，恐招傅奕之讥；将扇其风，复爽芟夷之义。⑤上涂交战，一为解环。⑥百两之篇，孰关其善？⑦七分之术，孰著其能？⑧谁求天下之书？⑨谁决冢中之篆？⑩识二简者何子？⑪观四辙者何人?⑫京兆耆旧之篇，起于何代?⑬陈留神仙之传，创自何人?⑭谁先孝子之图?⑮谁首逸人之记?⑯倘无谈于雕棘，将有荐于拔茅。⑰

注释：

① 书史：典籍，指经史一类书籍。百家：指学术上的各种派别。《荀子·解蔽》："今诸侯异政，百家异说，则必或是或非，或治或乱。"

② 卦：《周易》中一套有象征意义的符号。以阳爻、阴爻相配合，每卦三爻，组成八卦（即经卦），如乾、坎、离等。象征天地间八种基本事物及其阴阳刚柔诸性。八卦互相重叠，组成六十四卦（即别卦），如乾、需、蹇等，象征事物间的矛盾联系。古代视占卜所得之卦判断吉凶。文籍：文字书籍。滥觞：本指江河发源处水很小，仅可浮起酒杯；比喻事物的起源、发端。书契：指文字。《易·系辞下》："上古结绳而治，后世圣人易之以书契。"《书序》："古者伏羲氏之王天下也，始画八卦，造书契，以代结绳之政，由是文籍生焉。"抽绪：抽引丝头；此亦比喻起源、发端。

③ 坟、典：三坟、五典的并称，后转为古代典籍的通称。联镳：联鞭；比喻相等或同进。五传：指传述《春秋》的左氏、公羊、穀梁、邹氏、夹氏五家。"邹氏无师，夹氏未有书。"见《汉书·艺文志》。后世仅传三传。齐骛：犹齐驱。骛：疾速行进，驰骋。

④ 屑玉：碾碎玉石；屑玉之化，犹言纯洁的教化。杂铅：指铸造钱币时为了赢利而在铜中掺杂铅粉或铁粉。班固《汉书·食货志》："然铸钱之情，非殽杂为巧则不可得赢。"师古注曰："殽，谓乱杂也，亡余利也。言不杂铅铁则无利也。殽音爻。"

⑤ 用于火：言焚书以禁毁。傅奕（555—639），相州邺（今河北临漳西南）人。唐初的自然科学家和无神论者。曾做过隋朝礼部的属官。唐初任太使丞，又升太史令。在自然科学方面，他精通天文历法，初唐时奉诏做"漏刻新法"，通行全国。他反对佛教神学，武德七年（624）上书指斥佛教，明确提出"生死寿夭，本诸自然；刑德威福，系之人主"，与信佛与否毫无关系。他建议皇帝把十万僧尼配成夫妇，繁育后代，益国足兵。后来，他又上书十二论，揭露寺院"剥削民财，割截国贮"，"寺多僧众，损费为甚"，"军民逃役，剃发隐中"等流弊。其著作有《老子注》，又集魏晋以来反对佛教思想的言行为《高识传》共十卷。皆佚。见《旧唐书·傅奕传》。爽：伤败；败坏。

⑥ 交战：此指两种不同的思想互相斗争。解环：即"解连环"。《战国策·齐策六》："秦始皇尝使使者遗君王后玉连环，曰：'齐多智，而解此环不?'君王后以示群臣，群臣不知解；君王后引椎椎破之，谢秦使曰：'谨以解矣!'"后以"解连环"比喻解决难题。

⑦ 百两之篇：言张霸伪造《尚书》成一百零二篇事。王充《论衡·书解篇》："至孝成皇帝时，征为《古文尚书》学。东海张霸，案百篇之序，空造百两之篇献之。成帝帝出秘百篇以校之，皆不相应，于是下霸于吏。吏白霸罪当至死，成帝高其才而不诛，亦惜其文而不灭。故百两之篇传在世间者，传见之人则谓《尚书》本有百两篇矣。"

⑧ 七分之术：言汉人京房用《周易》演灾变学说。京房（前77—前37），西汉学者，本姓李，字君明，东郡顿丘（今河南清丰西南）人。他开创了今文《易》学"京氏学"。京房的《易》学得之于焦延寿。焦延寿讲《易》，喜推灾异，以自然灾害解释卦象，推衍人事。《汉书·京房传》概括焦延寿的学术道："其说长于灾变，分六十卦更值日用事，以风雨寒温为候，各有占验。"汉代《易》学流变为术数，焦延寿是始作俑者。京房从焦延寿学《易》，深得焦氏《易》学"真谛"，他把焦延寿以灾异讲《易》的做法推向极端，到处宣讲，以之乾政，使《易》学此一流派在当时声名显赫，以致人们把这一流派称之为今文《易》学"京氏学"。见《汉书·京房传》。

⑨ 求天下之书：言汉成帝命谒者陈农求遗书于天下事。见《汉书·成帝纪》、《汉书·艺文志》。"成帝时以书颇散亡，使谒者陈农求遗书于天下。诏光禄大夫刘向校经传、诸子、诗赋……"

⑩ 决冢中之箓：箓（lù）：古称上天赐予帝王的符命文书；泛指簿籍。此言汲冢竹书事。晋太康二

年，汲郡人不准盗发魏襄王墓（或言安厘王冢）所得的数十车竹书。内有《纪年》、《易经》、《易繇阴阳卦》、《卦下易经》、《公孙段》、《国语》、《名》、《师春》、《琐语》、《梁丘藏》、《缴书》、《生封》、《大历》、《穆天子传》、《图诗》、及杂书《周食田法》、《周书》、《论楚事》、《周穆王美人盛姬死事》等，共计七十五篇。竹书皆先秦科斗字。晋武帝命荀勖撰次，以为《中经》。原简早已不传。参阅《晋书·束晳传》、《荀勖传》。

⑪ 识二简：言束晳整理汲冢竹书事。束晳，字广微，阳平元城（今河北大名）人。西晋文学家、史学家，官尚书郎。因《诗经·小雅》中《南陔》、《白华》等"笙诗"六篇"有其声而亡其辞"，乃据《毛诗序》作《补亡诗》。他精通古文字，能辨析"汲冢书"。撰《七代通纪》及《晋书》"纪"、"志"，多佚。参与整理《竹书纪年》。原有集，已佚，明人辑有《束广微集》。

⑫ 观四辙：用周穆王事。《穆天子传》："天子北征，至于群玉之山，河平无险，四辙中绳，先王所谓策府。"

⑬ 京兆耆旧之篇：耆旧，年高望重者。光武提倡儒学，表彰气节光武继承了西汉时期独尊儒术的传统，东汉建立后，即兴建太学，设置博士，各以家法传授诸经。在提倡儒学神学的同时，光武鉴于西汉末年一些官僚、名士醉心利禄，依附王莽，乃表彰气节，对于王莽篡汉时期隐居不仕的官僚、名士加以表彰、礼聘，表扬他们忠于汉室、不仕二姓的"高风亮节"，企图养成重名节的社会风气，为巩固东汉封建统治服务。

⑭ 陈留神仙之传：指汉时阮苍作《列仙图》事。

⑮ 孝子之图：刘向（前77—前6），字子政，本名更生，汉沛县人。汉高祖弟楚元王刘交的第四代孙。汉元帝时为中垒校尉，后因权臣专政，被废十多年。汉成帝时，改名为向，任光禄大夫，校阅经传诸子诗赋等书籍，撰成《别录》一书，为我国最早的分类目录。另著有《新序》、《说苑》、《洪范五行》、《列女传》、《列士传》、《孝子图》等书。《孝子图》已佚，《太平御览》卷四百一十一《孝感》有引，述及郭巨、董永之孝行故事。

⑯ 逸人之记：逸人，犹逸民。梁鸿，字伯鸾，东汉扶风平陵（今陕西咸阳市西北）人，生卒年不详。王莽末，梁鸿幼年，随父寓居北地（在今甘肃庆阳西北）。东汉初，曾人太学受业。学毕，在上林苑牧猪。后归平陵，娶孟氏女子，有德无容，为她取名孟光，字德曜。"居有顷，妻曰：'常闻夫子欲隐居避患，今何为默默？无乃欲低头就之乎？'鸿曰：'诺。'乃共人霸陵山中，以耕织为业，咏诗书，弹琴以自娱。仰慕前世高士，而为四皓以来二十四人作颂。"汉章帝时，因事出函谷关，经过京城，作《五噫歌》讽世，章帝闻知，不悦，下诏搜捕。于是改姓易名，南逃至吴，为人雇工。东家见孟光进食"举案齐眉"，认为妻子对丈夫如此敬重，可见并非一般佣工，乃礼遇之，梁鸿遂在吴闭门著书。见《后汉书·逸民列传》。

⑰ 拔茅：即"拔茅连茹"之省，比喻递相推荐引进。语出《易·泰》："拔茅茹以其汇。"王弼注："茅之为物，拔其根而相牵引者也。茹，相牵引之貌也。"朱熹本义："三阳在下，拔茅连茹之象。"明李贽《续藏书·逊国名臣·文学博士方公》："拔茅连茹，随汇并进。"

对

许南容①

对：夫皇王范物，经籍训人。②浇浮之说渐列，文质之规斯变。③故九流异轸（一作轶），百氏齐镳。④枝分叶布，千门万户。虽复言有踳驳，理或丛残，时招屑玉之讥，乍起杂铅之议。⑤妨工惑善，招恶（左传昭德今作招恶疑）塞违。比夫群岳参差，各有蔽亏之势；众川浩荡，俱资润泽之功。且夫三代之道，未能无弊；六经之教，尚皆有失。其于子史，何独尤之？⑥若以失而便废，则《书》、《礼》之法，可舍短而从长，去泰而除恶。咸用于火，窃未为得。各言其志，亦何伤乎？乃好尚不同，撰述各异。⑦并流铅椠，咸著蓬山。⑧京房惟善于七分，张霸心明于百两。荀勖决冢中之箓，陈农求天下之书。识二简者广微（束皙字也），观四辙者周穆。京兆耆旧，光武创其篇；陈留神仙，阮苍述其事。梁鸿作逸人之传（一作记），刘向修孝子之图。斯并贤者，传之不朽。谨对。

注释：

① 许南容：见《新唐书·艺文志》：“《五子策林》十卷，集许南容而下五人策问。”见今《全唐文》卷九百二。

② 范物：本指用模子制造器物；比喻示范于人。《宋书·武帝纪上》：“高祖以身范物，先以威禁内外，百官皆肃然奉职，二三日间，风俗顿改。”

③ 浇浮：犹浇薄，指社会风气浮薄。

④ 轸（zhěn）：车后横木；代指车子。辙（zhé）：通“辙”，车迹。此处当作“辙（辙）”，言九流异辙。齐镳：并驾。《文选·张衡〈南都赋〉》：“騄骥齐镳，黄闲机张。”吕延济注：“齐镳，齐辔也。”

⑤ 踳驳：当作“踳驳”，错乱，驳杂。晋左思《魏都赋》：“非醇粹之方壮，谋踳驳于王义。”丛残：琐碎，零乱。亦指琐碎零乱的事物。汉牟融《理惑论》：“众道丛残，凡有九十六种。”

⑥ 尤：过失，罪愆；此指责备，怪罪。

⑦ 好尚：爱好和崇尚。三国魏曹植《与杨德祖书》：“人各有好尚。”

⑧ 铅椠：本指古人书写文字的工具。铅，铅粉笔；椠，木板片。引申指文章，典籍。蓬山：本指蓬莱山，相传为仙人所居。此指官署名，即秘书省的别称。

同　前

李令琛①

对：日月经天，星辰助其明耀；江河纪地，畎浍资其广深。②俱丽于乾纲，同归于坤（一作坎）轴。③况六经既出，百子并骛，万卷五车，《七略》四部，组织仁义，琢磨道德。④虽非全璧之珍，亦是连珠之宝。当有求书之官，远探禹穴。⑤近闻汲冢之文，具修蠹简。或阴阳不谬，朱紫自分。仲任丛残之讥，并非通论；稚用翡翠之喻，实得大方。⑥岂重以芟夷，加之翦截，敢申直笔，以塞异端。则有百两之篇，张霸所善；七分之术，京房独精。陈农访天下之书，荀勖决冢中之策。识二简者束皙，观四辙者穆王。京兆耆旧之篇，创于光武；陈留神仙之传，起自阮苍。刘向修孝子之图，梁鸿首逸人之记。谨对。

注释：

① 李令琛：生平不详。见今《全唐文》卷九百五十五。

② 畎（quǎn）浍：田间水沟。泛指溪流、沟渠。《书·益稷》：“予决九川距四海，浚畎浍距川。”郑

玄注："畎浍，田间沟也。"

③ 丽：附著，依附。《易·离》："象曰：离，丽也。日月丽乎天，百谷草木丽乎土，重明以丽乎正，乃化成天下，柔丽乎中正，故亨。"王弼注："丽，犹著也，各得所著之宜。"乾纲：天的纲维，天道。坤轴：古人想象中的地轴。晋张华《博物志·地》："昆仑山北地转下三千六百里，有八玄幽都，方二十万里。地下有四柱，四柱广十万里，地有三千六百轴，犬牙相举。"

④ 七略：书名，汉刘歆撰，是我国最早的图书目录分类著作。分《辑略》、《六艺略》、《诸子略》、《诗赋略》、《兵书略》、《术数略》和《方技略》。原书已佚。《汉书·艺文志》即据《七略》为蓝本。亦用以泛指各类著作。四部：中国古代图书分类名称。将群书分为甲、乙、丙、丁或经、史、子、集四类，称"四部"。晋荀勖将群书分为四部：六艺、小学为甲部；诸子、兵书、术数为乙部；历史记载和杂著为丙部；诗赋、图赞、《汲冢书》为丁部。东晋李充加以调整，以五经为甲部，历史记载为乙部，诸子为丙部，诗赋为丁部。隋唐以后沿用此种分法，称为经、史、子、集。后亦用以泛指群书。

⑤ 禹穴：此指会稽宛委山。相传禹于此得黄帝之书而复藏之。唐李白《送二季之江东》诗："禹穴藏书地，匡山种杏田。"王琦注："贺知章《纂山记》曰：黄帝号宛委穴为赤帝阳明之府，于此藏书。大禹始于此穴得书，复于此穴藏之，人因谓之禹穴。"禹于宛委山得黄帝金简书之说，见《吴越春秋·越王无余外传》。

⑥ 仲任丛残之讥：王充字仲任，会稽上虞人，他从魏国元城郡迁徙而来。丛残：琐碎，零乱。亦指琐碎零乱的事物。王充《论衡·佚文》："杨子山为郡上计吏，见三府为《哀牢传》不能成，归郡作，上孝明，奇之，徵在兰台。夫以三府掾吏，丛积成才，不能成一篇，子山成之。"

同　前

孙嘉之①

对：自龙马出河，爰分八卦；灵龟荐洛，乃见九畴；文字以兴，典谟斯起。②即有姬公秀出，制礼乐以匡周；宣父挺生，删诗书而反鲁；莫不宪章文武，祖述唐虞，开兆庶之心灵，启群主之耳目。③洎乎尼山落构，梁木兴歌；大义云亡，诸子爰（一作漫）起。④于是墨承诸庙，孟系司徒（八字一作承请庙系司徒）；⑤文子开教于五神，范蠡逞能于千树；⑥孙武绚其韬略，蒙叟混其鹏蜩；⑦葛洪述内外之篇，刘安论黄白之秘；⑧杨托思于全性，邹锐想于谈天；⑨商君既擅于刑书，尹文亦谅于名实；⑩吕韦博识，载摘悬市之文；⑪鬼谷多才，爰初《飞箝》之作。⑫自兹以后，其流甚繁，虽云有异于微言，亦可观于小道。或激扬仁义，或囊括政刑，或富国成家，或惩恶劝善。进既资于助国，退亦取于理身，实翰墨之泉源，信文章之隆薮。⑬故马迁修史，列之九流；班固叙书，著之《七略》。今欲议其删削，语以芟夷，便是绝学者之多闻，爽国家之广略。学虽不敏，未敢从命。谨对。

注释：

① 孙嘉之：河朔人。武则天"天册万岁"年间进士擢第，久视初又中拔萃科，解褐蜀州新津县主簿。开元二十七年卒。见今《全唐文》卷二百五十九。

② 龙马：古代传说中龙头马身的神兽。《书·顾命》“天球，河图，在东序。”孔传：“伏牺王天下，龙马出河。遂则其文，画八卦，谓之河图。”北魏郦道元《水经注·河水一》：“粤在伏羲，受龙马图于河，八卦是也。”灵龟荐洛：言洛出书事。古代儒家关于《周易》卦形来源及《尚书·洪范》“九畴”创作过程的传说。《易·系辞上》：“河出图，洛出书，圣人则之。”河，黄河。洛，洛水。汉孔安国、刘歆等解说：伏羲时有龙马出于黄河，马背有旋毛如星点，称作龙图。伏羲取法以画八卦生蓍法。夏禹治水时有神龟出于洛水，背上有裂纹，纹如文字，禹取法而作《尚书·洪范》“九畴”。见《书·顾命》、《洪范》之孔传、《汉书·五行志上》。九畴：畴，类。指传说中天帝赐给禹治理天下的九类大法，即《洛书》。《书·洪范》：“天乃锡禹洪范九畴，彝伦攸叙。初一曰五行，次二曰敬用五事，次三曰农用八政，次四曰协用五纪，次五曰建用皇极，次六曰乂用三德，次七曰明用稽疑，次八曰念用庶征，次九曰向用五福、威用六极。”

③ 姬公：此指周公姬旦。秀出：美好特出。宣父：旧时对孔子的尊称。《新唐书·礼乐志五》：“〔贞观〕十一年诏尊孔子为宣父，作庙于兖州。”挺生：挺拔生长；此谓杰出。《后汉书·西域传论》：“灵圣之所降集，贤懿之所挺生。”宪章：本指典章制度；此言效法。祖述：效法，仿效；阐述，发扬。《礼记·中庸》：“仲尼祖述尧舜，宪章文武。”

④ 尼山：即尼丘。此指孔子。尼丘山在山东曲阜县东南，连泗水、邹县界。相传孔子父叔梁纥、母颜氏祷于此而生孔子。故孔子名丘，字仲尼。《史记·孔子世家》：“纥与颜氏女野合而生孔子，祷于尼丘得孔子。”梁木：栋梁；亦以喻能负重任的人才。

⑤ 墨：墨家的简称。《汉书·艺文志》：“墨家者流，盖出于清庙之守，茅屋采椽，是以贵俭。”孟：孟子。

⑥ 文子：文子其人，生平不详。《汉书·艺文志》道家类著录《文子》九篇，班固自注：“老子弟子，与孔子同时，而称周平王问，似依托者也。”范蠡（前517—前448）：字少伯，春秋战国末期的政治家、军事家和经济学家。楚国宛（今河南南阳）人。公元前四九六年前后入越，辅助勾践廿余年，终于使勾践于公元前四七三年灭吴。范蠡以为大名之下，难以久居，遂乘舟泛海而去。后至齐，父子戮力耕作，致产数十万。齐人闻其贤，使为相。范蠡辞去相职，定居于陶（今山东定陶西北），经商积资巨万，称“陶朱公”。

⑦ 孙武：兵家，著有《孙武兵法》。韬略：古代兵书《六韬》、《三略》的并称；泛指兵书。蒙叟：指庄周。《史记·老子韩非列传》：“庄子者，蒙人也，名周。周尝为蒙漆园吏。”鹏蜩：鹏鸟和知了；比喻大小悬殊之二物。见《庄子·逍遥游》。

⑧ 葛洪述内外之篇：葛洪（284—364），字稚川，自号抱朴子，晋丹阳郡句容（今江苏句容县）人。三国方士葛玄之侄孙，世称小仙翁。为东晋道教学者、著名炼丹家、医药学家。他曾受封为关内侯，后隐居罗浮山炼丹。著有《抱朴子》（分内外篇）、《肘后备急方》、《西京杂记》等。其中丹书《抱朴子·内篇》具体地描写了炼制金银丹药等多方面有关化学的知识，也介绍了许多物质性质和物质变化。例如“丹砂烧之成水银，积变又还成丹砂”，即指加热红色硫化汞（丹砂），分解出汞，而汞加硫黄又能生成黑色硫化汞，再变为红色硫化汞。描述了化学反应的可逆性。又如“以曾青涂铁，铁赤色如铜”，就描述了铁置换出铜的反应，等等。刘安论黄白之秘：刘安，汉淮南王，《汉书·艺文志》归属其著作《淮南子》为杂家。黄白：黄金和白银；此指术士所谓炼丹化成金银的法术。汉应劭《风俗通·正失·淮南王安神仙》：“淮南王安，招致宾客方术之士数千人，作《鸿宝》、《苑秘》、枕中之书，铸成黄白，白日升天。”又：“招募方伎怪迂之人，述神仙黄白之事，财殚力屈，无能成获。”

⑨ 杨托思于全性：杨，杨朱，又称阳子居或阳生，魏国人，他本人是位隐士，生平不详。杨朱认为，必须“知生之暂来，知死之暂往”，从而“乐生”，以“存我为贵”。既不能“损一毫而利天下”，也不能“悉天下奉一身”，如此“天下治矣”。不能为贪羡“寿”、“名”、“位”、“货”所累，从而“全生”，使“君臣皆安，物我兼利”（《列子·杨朱篇》）。如何实现“全性保真，不以物累

形。”这是杨朱学派的思想核心。(《淮南子·泛论》）全性：保全天性。《淮南子·览冥》：“全性保真，不亏其身；遭急迫难，精通于天。”邹锐想于谈天：邹，战国齐人邹衍，阴阳五行家代表。谈天：邹衍（邹，一作驺）其语宏大迂怪，故称“谈天”。《史记·孟子荀卿列传》：“故齐人颂曰：‘谈天衍，雕龙奭，炙毂过髡。’”裴骃集解引刘向《别录》：“驺衍之所言，五德终始，天地广大，尽言天事，故曰‘谈天’。”后专指以天人感应来解释自然与人事的关系。

⑩ 商君：商鞅，法家代表人物。尹文亦谅于名实：尹文，尹文子，名家的代表人物。名实，事物的名称与实质、实际。《汉书·艺文志》名家类著录《尹文子》一篇，班固自注：“说齐宣王，先公孙龙。”

⑪ 吕韦：秦相国吕不韦，召集门人著成《吕氏春秋》。书成，公布于咸阳城门，声言有能增删一字者，赏予千金。见《史记·吕不韦列传》。

⑫ 鬼谷：战国楚人鬼谷子，因隐于鬼谷，故自号鬼谷子，长于养性持身和纵横捭阖之术，纵横家代表。世传《鬼谷子》一书，今人研究认为系后人伪托。

⑬ 隆薮：犹言“渊薮”，根源。

射　御①

问：五曹演妙，六辔腾英，吹齑延奇，贯叶骋术。②眷兹兼艺，理国曰资，取要适时，何者为急？然则旁观往籍，逖听前规，六艺之道同归，十哲之流必习。③何则？书数之事，独列于学官；而射御之利，不分于师氏。④今欲鸣鹰逐水，落雁穿杨，并列胶庠，可乎不可？⑤至若魏台汉帐，谁擅其能？⑥三正一侯，孰当其礼？⑦轩辕访道，骖其乘者何人？⑧夏禹奠山，究其理者奚是？⑨近从曹、马，远逮羲、轩，所创之功，并宜别白。⑩

注释：

① 射、御：射箭、御马之术，古代六艺中的两种，都属尚武的技艺。泛指战术技能等武事。

② 五曹：此谓秤、尺、地、仓、金五曹算法。宋钱易《南部新书》癸：“近有钟离令王仁岫，善功算，因集八卦五曹算法……五曹：秤、尺、地、仓、金。”六辔：辔，缰绳。古一车四马，马各二辔，其两边骖马之内辔系于轼前，谓之轫，御者只执六辔。

③ 逖听：犹逖闻，常表示恭敬。逖（tì），远。司马相如《封禅文》：“率迩者踵武，逖听者风声。”十哲：指十位或十数位德才出众者或某一方面突出的名人。相传孔子的十个弟子颜渊、闵子骞、冉伯牛、仲弓、宰我、子贡、冉有、季路、子游、子夏各有所长，自唐定制，从祀孔庙，列侍孔子近侧。参阅《论语·先进》、《旧唐书·礼仪志四》。

④ 师氏：周代官名，掌辅导王室，教育贵族子弟以及朝仪得失之事。《书·顾命》：“师氏、虎臣、百尹、御事。”后泛称学官或教师。

⑤ 胶庠：周代学校名。周时胶为大学，庠为小学。后世通称学校为“胶庠”。语本《礼记·王制》：“周人养国老于东胶，养庶老于虞庠。”

⑥ 魏台汉帐：魏台，指三国魏明帝时所建凌云台，曾要韦诞题署于其上，见下“仲将”注。汉帐，此指曹操之行营军帐，见下“梁鹄”注。

⑦ 三正：指中心朱色、次白、次苍的三色射靶。《周礼·夏官·射人》：“乐以《狸首》，七节、三正。”郑玄注：“正之言正也。射者内志正，则能中焉。画五正之侯，中朱，次白，次苍，次黄，

玄居外。三正损玄、黄。”侯（hóu）：箭靶，以兽皮或画上兽形的布为之。《仪礼·乡射礼》：“乃张侯下纲，不及地武。”郑玄注：“侯谓所射布也。”《汉书·吾丘寿王传》：“《诗》云‘大侯既抗，弓矢斯张。’”颜师古注：“侯，所以居的，以皮为之。天子射豹侯，诸侯射熊侯，卿大夫射麋侯，士射鹿豕侯。”

⑧ 轩辕：传说中的古代帝王黄帝的名字。传说姓公孙，居于轩辕之丘，故名曰轩辕。曾战胜炎帝于阪泉，战胜蚩尤于涿鹿，诸侯尊为天子。见《史记·五帝本纪》。访道：询问治理国家的办法。

⑨ 夏禹奠山：奠：此言“定”。《书·禹贡》：“禹敷土，随山刊木，奠高山大川。”孔传：“奠，定也。高山、五岳、大川、四渎，定其差秩，祀礼所视。”

⑩ 曹、马：指魏、晋。魏为曹氏，晋为司马氏，故云。《北齐书·文宣帝纪》：“洎两汉承基，曹、马属统，其间损益，难以胜言。”唐刘知几《史通·载文》：“昔大道为公，以能而授，故尧咨尔舜，舜以命禹。自曹、马已降，其取之也则不然。”羲轩：伏羲氏和轩辕氏（黄帝）的并称。

对①

对：观天察地，必籍于四时；奠主安人，莫先于六艺。②若乃九官（筭法六艺数也）秘法，六范（辔也六艺御也）奇功，悬针垂露（六艺书也）之能，落雁啼猿（六艺射也）之妙。③永言四术，咸济于时，譬以五行，理难废一。至于出入军国之谋，道达阴阳之气，取要适时，射御为急者。先王建国，正位辨方，顺文武以分官，仰星辰而布教，使仆者知其五御，射者掌其六耦，各班师氏，咸有司存。④此则垂范将来，为国要道。何必附舆执辔，同归雁序之庭；七礼五耙（射也），并列鸿都之学。⑤事资仍旧，无或改焉。尔其仲将之署魏台，梁鹄之题汉帐，声传千载，能抗两朝。⑥三正实诸侯之仪，一侯乃大夫之礼。轩辕访道，昌寓驂其乘；夏后奠山，竖亥穷其理。⑦纷纶前史，逖听可寻。窃以远览羲、轩，近观曹、马，心计不过于隶首，善御孰若于王良？⑧史籀飞毫，钟繇骋翰，后羿持箭，李广张弦。⑨所创之人，所工之事，略陈一二，固难悉备。谨对。

注释：

① 此对策见今《全唐文》卷九百四十九，作者标为袁玘。

② 奠：同“尊”。

③ 九官：泛指九卿六部的中央官员。六范：当言“六辔”，古一车四马，马各二辔，其两边驂马之内辔系于轼前，御者只执六辔；此言御马之术。悬针：书法中称竖画的名词之一；凡竖画下端出锋的，其锋如针之悬，故称“悬针”。垂露：露珠下滴；此指垂露书。

④ 五御：即“五驭”。驾车的五种技术。《周礼·地官·保氏》：“乃教之六艺……四曰五驭。”郑玄注：“五驭：鸣和鸾，逐水曲，过君表，舞交衢，逐禽左。”谓行车时和鸾之声相应，车随曲岸疾驰而不坠水，经过天子的表位有礼仪，过通道而驱驰自如，行猎时追逐禽兽从左面射获。

⑤ 雁序：此喻指朝廷官员的排班、行列。五耙：即五射，古代行射礼时的五种射法。《周礼·地官·保氏》：“养国子以道，乃教之六艺：一曰五礼，二曰六乐，三曰五射，四曰五驭，五曰六书，六曰九数。”郑玄注引郑司农曰：“五射：白矢、参连、剡注、襄尺、井仪也。”贾公彦疏：“云白矢者，矢在侯而贯侯过，见其镞白；云参连者，前放一矢，后三矢连续而去也；云剡注者，谓羽头高镞低而去，剡剡然；云襄尺者，臣与君射，不与君并立，襄（让）君一尺而退；云井仪者，四矢贯侯，如井之容仪也。”鸿都：东汉宫门名，其内置学校及书库。

⑥ 尔其：连词，表承接，辞赋中常用作更端之词。犹言至于，至如。仲将：指韦诞（179—253），字仲将，东汉末至三国魏京兆（今西安）人。有文才，善属辞章，与邯郸淳、卫觊以善书有名。魏氏宝器铭题，皆诞书。诞尤精题署，南宫凌云台既建，明帝令诞以古篆书之。梁鹄：生卒年不详，字孟皇，安定乌氏（今甘肃平凉）人。梁鹄在八分书法上的卓越成就，一直受到历代书法评论家的好评。曹操平荆州，慕求鹄，授鹄以军假司马，使在秘书以勤书自效。当时曹操聚天下书法英才于许都，其中如师宜官、梁鹄、钟繇、邯郸淳、韦诞等，皆精八分书，但曹操独爱梁鹄书，常将梁鹄书迹悬于帐中，或挂于壁间观赏。

⑦ 昌寓：神话传说人物，为黄帝之御者。竖亥：竖亥，神话传说中的人物。《淮南子·墬形》："使竖亥步自北极，至于南极，二亿三万三千五百里七十五步。"高诱注："太章、竖亥，善行人，皆禹臣也。"

⑧ 心计：计算；计算的才能。隶首：黄帝史官，始作算数。亦借指善算数者。晋葛洪《抱朴子·道意》："隶首不能计其多少，离朱不能察其仿佛。"王良：春秋时之善驭马者。《孟子·滕文公下》："昔者赵简子使王良与嬖奚乘，终日而不获一禽，嬖奚反命曰：'天下之贱工也。'或以告王良，良曰：'请复之。'强而后可，一朝而获十禽，嬖奚反命曰：'天下之良工也。'"

⑨ 史籀：周太史史籀。《法书要录》卷七载唐张怀瓘《书断上·籀文》："案籀文者，周太史史籀之所作也。与古文大篆小异，后人以名称书，谓之籀文。"籀，籀文，我国古代书体的一种，也叫"籀书"、"大篆"。因著录于《史籀篇》而得名。今存石鼓文即这种字体的代表。钟繇（151—230），字符常，颍川长社（今河南长葛县东）人。举孝廉为郎，历官侍中尚书仆射，封东亭武侯；魏国初建，迁相，明帝即位，迁太傅，人称钟太傅。工书，师法曹喜、蔡邕、刘德升，博取众长，兼善各体，尤精于隶、楷。点画之间，多有异趣，结体朴茂，出于自然，形成了由隶入楷的新貌。与张芝、王羲之齐名，并称"钟张"、"钟王"。同张芝、王羲之、王献之合称书中"四贤"。其真迹不传，宋以来法帖中所刻《宣示表》、《贺捷表》、《荐季直表》、《力命表》、《墓田帖》等，都出于后人临摹。唐张怀瓘《书断》称他："真书绝妙，乃过于师，刚柔备焉。点画之间，多有异趣，可谓幽深无际，古雅有余，秦汉以来，一人而已。"

《中国科举文化通志》书目

历代制举史料汇编
历代律赋校注
七史选举志校注
唐代试律试策校注
八股文总论八种
游戏八股文集成
翰林掌故五种
贡举志五种(上)
贡举志五种(下)
明代科举与文学编年(上)
明代科举与文学编年(中)
明代科举与文学编年(下)
明代状元史料汇编(上)
明代状元史料汇编(下)
四书大全校注(上)
四书大全校注(下)
钦定四书文校注
《游艺塾文规》正续编
钦定学政全书校注
《清实录》科举史料汇编
梁章钜科举文献二种校注
二十世纪科举研究论文选编
《礼部韵略》与宋代科举
科举废止前后的晚清社会与文学
《儒林外史》的现代误读
游戏八股文研究
元明科举与文学考论
明代八股文选家考论
唐代科举与试赋